Die Schriftenreihe
„Revolutionen in Geschichte und Gegenwart"

wird herausgegeben von

Prof. Dr. Andreas Fahrmeir, Frankfurt am Main
Prof. Dr. Alexander Gallus, Chemnitz
Prof. Dr. Klaus Schlichte, Bremen

Band 2

Ingmar Ingold

Vom Anfang und Ende der Revolution

Eine legitimitätstheoretische Untersuchung unter besonderer Berücksichtigung der Revolutionen in Mexiko, China und Iran

© Titelbild: Wikimedia Commons, Ahmad Moftizadeh, the Iranian Revolution.

Die Deutsche Nationalbibliothek verzeichnet diese Publikation in
der Deutschen Nationalbibliografie; detaillierte bibliografische
Daten sind im Internet über http://dnb.d-nb.de abrufbar.

Zugl.: Basel, Univ., Diss., 2014

ISBN 978-3-8487-3110-7 (Print)
ISBN 978-3-8452-7480-5 (ePDF)

1. Auflage 2016
© Nomos Verlagsgesellschaft, Baden-Baden 2016. Printed in Germany. Alle Rechte, auch
die des Nachdrucks von Auszügen, der fotomechanischen Wiedergabe und der Übersetzung, vorbehalten. Gedruckt auf alterungsbeständigem Papier.

Vorwort der Herausgeber

Während die neuzeitliche Geschichte spätestens ab dem 17. Jahrhundert (Glorious Revolution) und insbesondere an der Wende vom 18. zum 19. Jahrhundert (Französische Revolution; „Zeitalter der Revolutionen") bis ins 20. Jahrhundert hinein (Oktoberrevolution) wiederholt von revolutionären Verwerfungen und Neuformungen geprägt wurde, schienen Revolutionen nach der Zeitenwende von 1989/90, die manch zeitgenössischem Beobachter sogar das „Ende der Geschichte" markierte, an Bedeutung verloren zu haben. Diese Revolutionsflaute währte aber nicht lange. Die sogenannten Farbenrevolutionen und der „Arabische Frühling" signalisierten ebenso eine Renaissance von Revolutionsbegehren wie Stimmen einer radikalen Globalisierungs- und Kapitalismuskritik.

Die Schriftenreihe „Revolutionen in Geschichte und Gegenwart" will einerseits ein Forum für neue Einsichten in den konkreten Verlauf revolutionärer Prozesse bieten und damit innovative Zugänge zum Verständnis raschen und plötzlichen politischen und gesellschaftlichen Wandels eröffnen. Andererseits soll sie ein Ort der theoretischen Reflexion über revolutionären Wandel sein, der klassische Zugänge weiterdenkt und für einen Vergleich fruchtbar macht, der insbesondere ein vertieftes Verständnis aktueller Entwicklungen ermöglicht.

Über die Thematik der Revolution will die Buchreihe zudem einen Brückenschlag zwischen Geschichts- und Politikwissenschaft sowie weiteren Geistes- und Sozialwissenschaften ermöglichen. Dem zugrunde liegt ein breites Revolutionsverständnis: politisch-gesellschaftliche, kulturelle ebenso wie ökonomische Umbrüche und Systemwechsel seit der europäischen Frühen Neuzeit bis in die Gegenwart sind Gegenstand der Bände in dieser Reihe. Sie ist offen für empirische Fallstudien, vergleichende Untersuchungen oder stärker theoretisch orientierte Arbeiten. Die Reihe steht ohne chronologische oder regionale Einschränkungen für Monographien und Sammelbände offen.

Eine Fortsetzung erfährt die Reihe durch die Dissertation von Ingmar Ingold. Dieser fragt aus einem herrschaftssoziologischen Blickwinkel nach dem geschichtlichen Ort der Revolution: nach ihrem Anfang und ihrem möglichen Ende. Die großen politischen Revolutionen der Neuzeit werden im Kern als demokratische Revolutionen begriffen. Nach den geschichtlichen Voraussetzungen und Gründen für die Seltenheit der Revolution wird ebenso gefragt wie nach der Möglichkeit ihrer Institutionalisierung im demokratischen Rechtsstaat und ihrer Zukunft am „Ende der Geschichte". Als heuristisches Schema dient Ingold ein dreidimensionales Legitimitätskonzept. Dieses wird nicht nur für die Historisierung des Phänomens eingesetzt, sondern darüber hinaus für eine systematisierende Analyse der Ursachen und Auslöser der Revolutionen in China (1911-1949), Mexiko (1910-1920) und Iran (1977-1979). Im Mittelpunkt der historisch-empirischen Fallstudien steht die Modellierung einer typischen Verlaufskurve von Revolutionen.

Vorwort

Auch wenn die Reihe, in welcher dieses Buch erscheint, für die nachstehende Behauptung ein Gegenbeispiel ist (und genau deswegen Hoffnung macht): Politische Revolutionen beschäftigen die heutige Soziologie kaum, und zwar nicht einmal die politische Soziologie. Zwar gibt es einige wenige jüngere soziologische Publikationen, die sich mit dem Thema befassen. Unter diesen wären etwa die Arbeiten John Forans zu nennen.[1] Dennoch hat es, soweit ich das Feld überblicke, vielleicht mit einer gewissen Einschränkung hinsichtlich einiger Arbeiten über die mittel- und osteuropäischen Revolutionen von 1989/90,[2] seit Theda Skocpols *States and Social Revolutions* aus dem Jahre 1979 aus soziologischer Feder keinen substanziellen theoretischen Beitrag zur Revolutionsforschung mehr gegeben.[3]

Ohne Frage handelt es sich bei Skocpols Buch um einen Meilenstein der historisch-politischen Soziologie, erledigt aber hat die Revolutionstheorie sich seither keinesfalls, nicht nur, weil es in der Zwischenzeit auf unserem Globus zu einer ganzen Reihe weiterer revolutionärer Erschütterungen von Herrschaftsordnungen gekommen ist, sondern weil schon die Iranische Revolution, wie Skocpol übrigens selbst einzuräumen bereit war, mit ihrer insbesondere auf die revolutionäre Rolle der Bauern abstellenden Revolutionstheorie nicht oder nur unzureichend zu erklären war.[4] Nach wie vor gilt darum Dahrendorfs Verdikt aus dem Jahre 1961, dass die Erforschung der „Strukturelemente der revolutionären Situation" im Vergleich zur Rekonstruktion und Analyse einzelner Revolutionen ein sozialwissenschaftliches Desiderat ist.[5]

---

1 Siehe u.a. John Foran: Taking Power: On the Origins of Third World Revolutions, Cambridge 2005.
2 Vgl. Krishan Kumar: 1989: Revolutionary Ideas and Ideals, Minneapolis 2001.
3 Theda Skocpol: States and Social Revolutions: A Comparative Analysis of France, Russia and China, Cambrigde 1979.
4 Siehe Theda Skocpol: Rentier State and Shi'a Islam in the Iranian Revolution, in: Theory and Society, 11/1982, Nr. 3, S. 265-283.
5 Ralf Dahrendorf: Über einige Probleme der soziologischen Theorie der Revolution, in: European Journal of Sociology, 2/1961, Nr. 1, S. 153-162, hier S. 159.

Vorwort

Es ist diese Herausforderung, der sich Ingold in der vorliegenden Arbeit stellt. Er nimmt sich vor, zwar nicht eine gänzlich neue Revolutionstheorie zu entwerfen, wohl aber einen für das Verständnis des Phänomens politischer Revolutionen überhaupt wichtigen, wenn nicht unabdingbaren, von der bisherigen Revolutionsforschung entweder gar nicht erst in die Hand genommenen oder aber lediglich für das Beiwerk gebrauchten, *legitimitätstheoretischen* Baustein zu liefern. Die Generalthese lautet, dass die großen politischen Revolutionen der Neuzeit und noch der Gegenwart sich nicht ohne einen ihnen vorauslaufenden und damit zugrundeliegenden Wandel des Legitimitätsprinzips, die Umstellung der Rechtfertigung staatlicher Herrschaft von transzendenten auf immanente Gründe einsichtig gemacht werden können, dass sich in ihnen, mit anderen Worten, neben der konkreten Unzufriedenheit der Herrschaftsunterworfenen mit der bestehenden politischen Ordnung immer auch die praktische Umkehr der „Richtung" ausdrückt, aus der Herrschaft sich legitimiert: an die Stelle „von oben" gerechtfertigter, im weitesten Sinne sakraler Herrschaft tritt das die neue Ordnung „von unten" legitimierende Prinzip der Volkssouveränität. Gegenstand oder Ziel „der" Revolution sei darum die Demokratie, unabhängig davon, dass einige der unzweifelhaft großen Revolutionen wie die Russische oder die Chinesische Revolution wie auch etliche der antikolonialen nationalen Befreiungsrevolutionen alles andere als demokratische Verhältnisse zeitigten. Dieser nur vordergründig schlichte Befund wurde von der bisherigen Revolutionsforschung allerdings kaum in Rechnung gestellt, geschweige denn fruchtbar gemacht. Während den einen, vor allem der radikalen Linken, alle Herrschaft immer schon als illegitim gilt, verwechseln die anderen, und das sind in diesem Falle die bekennenden und heimlichen Strukturfunktionalisten, faktische Herrschaft allzu leicht mit immer auch schon legitimer Herrschaft. Auf der einen Seite wird Max Weber zum Trotz die Bedeutung des Legitimitätsglaubens als für die Stabilität von Herrschaft wesentlich heruntergespielt, während auf der anderen Seite übersehen wird, dass Legitimität selbst dann, wenn ein gegebenes Herrschaftssystem sich zu legitimieren weiß, kein Zustand, sondern ihre Herstellung vielmehr eine dauerhaft zu vollbringende Aufgabe ist. Die bisherigen Revolutionstheorien unterschätzen mithin entweder den „ideellen Faktor" oder aber die Schwierigkeiten, einmal etablierte Ideen praktisch einzulösen.

Ingold belässt es allerdings nicht dabei, den Einbau von Legitimität in die Revolutionstheorie einzuklagen beziehungsweise Legitimität in „ansonsten brauchbare" Revolutionstheorien einzubauen, sondern er (re-)konzeptualisiert die Kategorie der Legitimität auf eine Weise, die erstens die Universalität des Bezugsproblems, das heißt die prinzipielle Rechtfertigungsbedürftigkeit neuzeitlicher Herrschaft und zweitens die historisch konkreten Besonderheiten ihrer tatsächlichen Rechtfertigung in den Blick zu bekommen und drittens einen idealtypischen Verlauf von Revolutionen zu modellieren erlaubt. Das Buch ist darum ein Beitrag nicht nur zur Revolutions-, sondern auch zur Legitimitätstheorie, an der, wie zum Beispiel der von Anna Geis, Frank Nullmeier und Christopher Daase besorgte Sammelband über den *Aufstieg der Legitimitätspolitik* dokumentiert,[6] anders als an jener in den letzten Jahren recht fleißig gearbeitet worden ist. Insofern bestellt Ingold nicht bloß ein brachliegendes Feld; ebenso bezieht er Position in einer aktuellen Debatte.

Das Buch schlägt dabei einen ungewöhnlich weiten Bogen von sozialtheoretischen Grundsatzfragen über die historische Gesellschaftstheorie bis hin zur empirischen Forschung. Im ersten Kapitel werden die Begriff Gewalt, Macht und Herrschaft messerscharf zueinander in Verhältnis gesetzt – ich bin geneigt zu sagen: in das richtige – und das der weiteren Untersuchung zugrundeliegende legitimitätstheoretische Modell entwickelt. Kapitel 2 rekonstruiert gleichermaßen ideen- wie strukturgeschichtlich die Genese und den Durchbruch des „bürgerlichen", das heißt im Kern auf einer revisionsoffenen und damit freien Übereinkunft gleich(berechtigt)er (Staats-)Bürger ruhenden Legitimitätsprinzips als notwendiger Voraussetzung neuzeitlich-demokratischer Revolutionen.[7] In Kapitel 3 untersucht Ingold die Bedingungen, unter denen der revolutionäre Anspruch der Herrschaftsunterworfenen, an der Herrschaft teilzuhaben oder sie zumindest zu konditionieren, eingelöst und auf Dauer gestellt werden kann. Das vierte Kapitel schließlich enthält Fallstudien zur Chinesischen, Mexikanischen und Iranischen Revolution. Neben und zur Theoriebildung arbeitet Ingold also mit historischen Daten, ist „die Geschichte" sein empirisches Material, bringt er mithin eine zwar von den Klassikern unseres Fachs hochgehaltene, von der präsentistischen Lehrbuchsoziologie unserer Tage indes sträflich vernachlässigte Methode in Anschlag.

---

6 Anna Geis, Frank Nullmeier, Christopher Daase (Hg.): Der Aufstieg der Legitimitätspolitik. Rechtfertigung und Kritik politisch-ökonomischer Ordnungen (= Leviathan Sonderband 27), Baden-Baden 2012.
7 Zum Begriff und Typ der bürgerlichen Legitimität vgl. Dolf Sternberger: Herrschaft und Vereinbarung. Eine Vorlesung über bürgerliche Legitimität [1964], in: ders.: Herrschaft und Vereinbarung, Frankfurt/M. 1980, S. 115-134.

Vorwort

Das innere Gliederungsprinzip des Buches ist die im ersten Kapitel entwickelte *Dreidimensionalität aller Legitimität*. Im Anschluss an gemeinsame Überlegungen lautet sein Vorschlag, Webers drei Typen von legitimer Herrschaft mit David Beetham in drei Dimensionen von Legitimität überhaupt zu übersetzen, diese Dimension jedoch auf andere Weise, als Beetham es tut, auszuformulieren und zu begründen.[8] Durch eine derartige Systematisierung des Legitimitätsbegriffs wird es möglich, „die" Revolution nicht nur historisch zu verorten, sondern darüber hinaus ihre innere Dynamik, ihre auffällige, auf den ersten Blick indes unverständliche typische Verlaufskurve einsichtig zu machen. Während Beetham Webers Legitimitätstypen legaler, traditioneller und charismatischer Herrschaft in die allgemeinen Dimensionen regelgemäßer, gerechtfertigter und sichtbar akzeptierter Herrschaft übersetzt, substituiert Ingold erstens den Begriff der bloßen Regelhaftigkeit, oder genauer der als regelhaften immer auch partiell legitimen Herrschaft, durch das ursprünglich von Popitz und von Trotha entwickelte Konzept der Basislegitimität.[9] Basis- oder basal-pragmatisch legitim ist bereits die gewaltsam als Ordnung gesetzte Ordnung, insofern sie den Herrschaftsunterworfenen anders als in einer bürgerkriegsartig verworrenen Lage die Ausbildung stabiler Erwartungen und immerhin ein Arrangement mit dem Status quo erlaubt. Zweitens wird Beethams Dimension der ideellen Rechtfertigung oder normativen Richtigkeit von Herrschaft um einen kognitiven Aspekt erweitert, indem der Autor im Gefolge der historisch-genetische Theorie davon ausgeht, dass die Entsakralisierung von Herrschaft erst unter neuzeitlichen, wenn man so will, „realkonstruktivistischen" Bedingungen denkbar wird.[10] Und drittens werden die drei basal-pragmatisch, theoretisch-reflexiv und performativ-expressiv genannten Dimensionen dadurch gekreuzt beziehungsweise verdoppelt, dass er nicht allein nach dem Verhältnis zwischen Herrschern und Be-

---

8 Vgl. David Beetham: The Legitimation of Power, Basingstoke 1991; Ingmar Ingold, Axel T. Paul: Multiple Legitimitäten. Zur Systematik des Legitimitätsbegriffs, in: Archiv für Rechts- und Sozialphilosophie, 100/2014, Nr. 2, S. 243-262.
9 Vgl. Heinrich Popitz: Phänomene der Macht, Tübingen ²1992, S. 221-227; Trutz v. Trotha: „Streng, aber gerecht" – „hart, aber tüchtig". Über Formen von Basislegitimität und ihre Ausprägungen am Beginn staatlicher Herrschaft, in: Wilhelm J.G. Möhlig, Trutz v. Trotha (Hg.): Legitimation von Herrschaft und Recht, Köln 1994, S. 69-90.
10 Vgl. Günter Dux: Von allem Anfang an: Macht, nicht Gerechtigkeit. Studien zur Genese und historischen Entwicklung des Postulats der Gerechtigkeit, Weilerswist 2009.

herrschten, sondern ebenso nach der wenigstens implizit stets mit-, wenn nicht vorausgesetzten Unterscheidung zwischen den Angehörigen und den Nichtmitgliedern eines Herrschaftsverbands fragt.[11] Ingolds meisterliche Leistung besteht darin, dieses nur erst abstrakte, aus theoretischen Überlegungen heraus gewonnene Schema einerseits für die Historisierung, das heißt die historische Verortung des Phänomens Revolution, und andererseits für die Untersuchung und die Modellierung des Verlaufs einzelner Revolutionen fruchtbar zu machen.

Aus der Untersuchung hervorheben möchte ich drei Perlen, nicht um ihre zentralen Resultate vorwegzunehmen, sondern ganz im Gegenteil um Lust zu machen auf die Lektüre des ganzen Textes, obwohl – und das ist kein geringer Vorzug dieses durchkomponierten Werkes – die meisten der Unterkapitel sich auch separat durchaus mit Gewinn lesen lassen.

Im zweiten Kapitel sind es die von James Scott als Begriff eingeführten „hidden scripts" der Herrschaftsunterworfenen sowie die symbolpolitischen Praktiken der Herrschenden,[12] deren Analyse unter Ingolds Feder dem Leser ebenso überraschende wie erhellende Einsichten beschert. Der Clou des Arguments besteht darin, dass eine auch und gerade insbesondere aus Gründen der Vorsicht und Angst nur gespielte, „bloß symbolische" Zustimmung der Herrschaftsunterworfenen zur Herrschaft diese in der performativ-expressiven Dimension faktisch ebenso stabilisiert wie die Inszenierung von Macht und/oder die Zulassung „formatierter" Kritik durch die Herrschenden, dass, mit einem Wort, Symbolisierungsfragen legitimitätspolitisch nicht sekundär sind. Es zeigt sich, dass Herrschaft, ebenso wenig wie sie in letzter Instanz ohne Gewalt auszukommen vermag, im Alltag davon lebt, dass Herrscher und Beherrschte Responsivität und Zustimmung simulieren, genauer gesagt davon, dass die Herrschaftsunterworfenen selbst, zumindest dann wenn eine kritische Öffentlichkeit fehlt, nicht zwischen einer nur gespielten und tatsächlicher Zustimmung der anderen zur Herrschaft unterscheiden können.

Wie Ingold im dritten Kapitel unter Rückgriff auf ein weithin vergessenes Buch von Jouvenel zeigt,[13] war der neben der Demokratisierung zwei-

---

11 Vgl. Kalevi J. Holsti: The State, War, and the State of War, Cambridge 1996, S. 82-98.
12 Vgl. James C. Scott: Domination and the Arts of Resistance: Hidden Transcripts, New Haven 1990.
13 Siehe Bertrand de Jouvenel: Über die Staatsgewalt. Die Naturgeschichte ihres Wachstums [1947], Freiburg 1972.

te entscheidende Faktor für das nach-„revolutionäre" Wachstum der Staatsgewalt im 19. und 20. Jahrhundert die Verwandlung des alten Stände- in einen neuen Nationalstaat. Mehr noch, Ingold dokumentiert, dass die Definition einer Gemeinschaft, die mehr oder weniger deutliche Scheidung eines Herrschaftsverbands von seiner Umwelt, das Wissen darum, wer dazu gehört und wer nicht, die Bedingung dafür ist, Herrschaft nicht nur zu dulden, sondern zu akzeptieren. „Horizontale Legitimität" geht „vertikaler Legitimität" mithin voraus.[14] Die demokratische Intensivierung von Herrschaft muss darum notwendig mit der (Re-)Integration von Herrschern und Beherrschten in ein neues, die alte Stände- (oder Clan-)Ordnung überwindendes oder vielmehr diese zugunsten einer neuen Einheit aufhebendes Kollektiv einhergehen. Eben dies war die Leistung des modernen, im 19. Jahrhundert ausgebildeten Nationalstaats. Dass (das Konstrukt) nationale(r) Egalität der (Forderung nach) Demokratie Vorschub verleiht, wird in der Forschung zwar weithin gesehen. Ingold aber weist darüber hinaus darauf hin, dass Demokratie ihrerseits einer Idee von Zugehörigkeit aufruhen muss. Er formuliert damit einen unbequemen Befund, den in Rechnung zu stellen, die Demokratietheorie zukünftig kaum wird umhin kommen können.

Die für mich stärkste Fallstudie des vierten, historischen Kapitels ist die Untersuchung der Iranischen Revolution, weil sie erstens in Ergänzung zu Skocpols Revolutionstheorie herausarbeitet, dass Revolutionen zum einen sehr wohl *gemacht* werden können und sich nicht „bloß ereignen" und Ideen zum anderen eine außerordentlich wichtige, ja eine für die Revolution unverzichtbare Rolle spielen können. Zweitens und vor allem aber zeigt Ingold, dass es sich im Unterschied zu in der Literatur verbreiteten Vorstellungen bei der Iranischen Revolution zunächst einmal um eine moderne Revolution handelte: Der Iran war kein typisches Entwicklungsland; getragen wurde die Revolution von den Städten; sie war wie die mittel- und osteuropäischen Revolutionen von 1989/90 im wesentlichen friedlich; und schließlich ging es den meisten Revolutionären nicht um den Ausbruch aus der Moderne, sondern um eine Alternative zur westlichen Moderne. Darüber hinaus aber, so entwickelt der Autor in einer subtilen Analyse, sei die Revolution, obwohl im Namen der Religion und damit eines transzendenten Prinzips geführt, nicht un- oder gar antidemokratisch gewesen. Dies, weil zum einen in der Revolution überhaupt noch nicht ab-

---

14 Die Begriffe stammen von Kalevi Holsti; vgl. Anm. 11.

sehbar war, ob sich die religiösen Radikalen und nicht vielmehr die säkular-demokratischen Kräfte würden durchsetzen können, zum anderen weil sich selbst die schließlich errichtete, heutige „islamische Republik" nicht allein auf eine geoffenbarte Wahrheit beruft, sondern das in der Revolution artikulierte Verlangen der Massen nach politischer Partizipation nicht zuletzt in Form regelmäßiger Wahlen bedient wird. Auch wenn es die Theologen sind, die im Iran in letzter Instanz über die Geschicke des Landes entscheiden, konkurrieren diese sehr wohl untereinander wie auch um die Zustimmung der Bürger.

Doch was folgt daraus für die Zukunft der Revolution, der Demokratie oder allgemeiner des Staates? Heißt das, dass selbst die Iranische Revolution nicht nur von demokratischem Elan getragen war, sondern in ihrem Ergebnis eine Demokratisierung der Verhältnisse bewirkt hat, dass es, wie Ingold verschiedentlich betont, hinter das mit der Französischen Revolution zum Durchbruch gelangte Prinzip der bürgerlichen Legitimität kein Zurück mehr gibt? Der Autor (be-)schreibt die Legitimitätsgeschichte des modernen Staates. Und immer wieder konfrontiert er uns dabei mit dem zumindest vordergründig paradoxen Befund, dass die Teilung von Macht die Macht in der Regel mächtiger macht und dass insbesondere der demokratisch konditionierte und rechtsstaatlich gezähmte Staat mehr Macht über seine Bürger besitzt als alle früheren Herrschaftsverbände über ihre Untertanen, dass der Sieg „der Revolution" den Staat als Staat mithin nicht etwa schwächt, sondern die Staatsgewalt stärkt. In Hinblick auf die Vergangenheit scheint dieser Befund, diese, mit Jouvenel, „eigentliche Dialektik" vielleicht nicht „der Geschichte", sondern „nur" der Geschichte des Staates plausibel. Doch hat der Staat den Zenit seiner Macht nicht längst überschritten? Bröckelt das Gewaltmonopol nicht auch in den reichen, an sich gefestigten Staaten der westlichen Welt? Verwandeln sich zusehends nicht auch Teile dieser in Zonen prekärer Staatlichkeit? Versagen angesichts der Herausforderungen durch Klimawandel und globale Migration nicht auch und gerade die demokratischen Staaten?

Es wäre zu wünschen, Ingold gäbe uns auf diese Fragen in einem späteren Buch eine Antwort.

Axel T. Paul

Danksagung

Die vorliegende Arbeit wurde im Herbstsemester 2014 von der Philosophisch-Historischen Fakultät der Universität Basel als Dissertation angenommen. Abgeschlossen hatte ich das Manuskript im Juli 2014.

Mein besonderer Dank gilt meinem geschätzten Doktorvater, Herrn Prof. Dr. Axel Paul, für die Betreuung und Förderung der Arbeit. Schon während meines Studiums in Freiburg weckte er in mir nicht nur die Leidenschaft für die Soziologie, sondern ermunterte er mich vor allem in meinem Interesse für das Phänomen (il-)legitimer Herrschaft. „Wenn das Ihr Dämon ist", waren seine verständnisvollen Worte, als ich mich ihm zum wiederholten Male zu nähern beabsichtigte, dieses Mal dessen klientelistischer Spielart aus gabentauschtheoretischer Perspektive. Ich kann wohl von Glück sagen, dass es nicht nur mich nicht mehr loslassen, ja, ganz im Gegenteil immer weiter antreiben sollte. Ein regelmäßiger und stets anregender Austausch war mir so (auch aus der Ferne) über Jahre hinweg vergönnt. Eine Auseinandersetzung mit dem Phänomen der Revolution lag vor dem Hintergrund nahe, wo doch umgekehrt die Stabilität und der Fortbestand von Herrschaft maßgeblich auf deren Legitimität beruhen. Für das dabei in mich gesetzte Vertrauen bin ich meinem Doktorvater genauso wie für die großzügig gewährten Freiheiten auf immer dankbar.

Des Weiteren möchte ich Herrn Prof. Dr. Ueli Mäder für die Lektüre des umfangreichen Manuskripts und die Anfertigung des Zweitgutachtens danken. Es bestärkte mich, ob gewollt oder nicht, in meinem Befund, dass die Revolution zuvörderst ein *politisches* Phänomen ist: Der Wunsch nach politischer Teilhabe steht (schichtübergreifend) an ihrem Anfang, während sich deren soziale Ausweitung erst *nachher* einstellt. Insofern greift eine *rein* klassenkampfzentrierte Betrachtungsweise meines Erachtens zu kurz.

Janine Schourdom wiederum bin ich zu tiefem Dank verpflichtet, weil sie mich während der Promotionszeit immer wieder daran erinnerte, dass es ein Leben neben der Arbeit am Schreibtisch gibt – zu meinem großen Glück sogar an ihrer Seite.

Dafür, den Dank meinen Eltern gegenüber gebührend auszudrücken, fehlen mir die Worte. Ihnen widme ich diese Arbeit.

Bielefeld, im Februar 2016 *Ingmar Ingold*

Inhaltsverzeichnis

Einleitung	19
1. Herrschaft – (Il-)Legitimität – Revolution	63
1.1 Gewalt, Macht und Herrschaft – Arbeit an den Begriffen	65
1.1.1 Macht und Gewalt	74
1.1.2 Macht und Herrschaft	85
1.2 Die Kategorie der Legitimität – neoweberianisch	91
1.2.1 Max Webers Legitimitätsbegriff	95
1.2.2 Webers Dreiertypologie legitimer Herrschaft – eine Kritik	101
1.2.3 Ein dreidimensionales Konzept von Legitimität – Weber revisited	106
1.2.3.1 Die basal-pragmatische Dimension von Legitimität	108
1.2.3.2 Die theoretisch-reflexive Dimension von Legitimität	112
1.2.3.3 Die performativ-expressive Dimension von Legitimität	115
Nachtrag: Zum Verhältnis der drei Dimensionen zu Webers drei Typen	118
1.3 Revolution und (Il-)Legitimität – Hypothesen zu einem Konnex	123
2. Vom Anfang der Revolution	129
2.1 Legitimation von Herrschaft – vormodern	137
2.2 Ein anklingender Richtungswechsel in der Legitimation von Herrschaft	159
2.3 Die Ur-Sache der Revolution	178
2.4 Über die Seltenheit der Revolution	188
2.5 Der Aufstieg des heimlichen Souveräns	206
2.6 Die symbolische Entzauberung des alten Souveräns	221

3. Vom Ende der Revolution 237
   3.1 Die Revolution – eine kurze Familiengeschichte 242
   3.2 Der Aufstieg des Nationalstaats 264
   3.3 Die Institutionalisierung der Revolution 297
   3.4 Ein Ende der Revolution? 335

4. Analyse: Die Revolutionen in China, Mexiko und Iran 383
   4.1 Die chinesische Revolution (1911-1949) 397
      4.1.1 Ihre Voraussetzungen und Ursachen 401
      4.1.2 Die politische Krise und der Ausbruch der Revolution 416
   4.2 Die mexikanische Revolution (1910-1920) 445
      4.2.1 Die Entstehung des Porfiriats und seine Legitimation 454
      4.2.2 Die Krise des Porfiriats und der Ausbruch der Revolution 465
   4.3 Die iranische Revolution (1977-1979) 501
      4.3.1 Die Herrschaft Mohammad Reza Schah Pahlavis 512
      4.3.2 Das Pahlavi-Regime in der Krise 526
   4.4 Multipler Legitimitätsverlust und Revolution. Eine Sequenz 574

Schluss 591

Literaturverzeichnis 613

Einleitung

> Nothing appears more surprizing to those, who consider human affairs with a philosophical eye, than the easiness with which the many are governed by the few.[15]

David Hume lehrt uns staunen. Staunen im aristotelischen Sinne ob der Leichtigkeit, mit der die Vielen von den Wenigen regiert werden. Prima facie erscheint es uns selbstverständlich, bei genauerem Hinsehen aber regt sich leiser Zweifel. Ist es nicht vielmehr so, dass aller Herrschaft dadurch eine *prinzipielle Fragwürdigkeit* eignet, dass sie immer schon Fremdbestimmung bedeutet, einen Eingriff in die individuelle Selbstbestimmung also? Erklärungsbedürftig scheint aus dieser Sicht weniger zu sein, dass sich Menschen Herrschaft zuweilen *widersetzen*, nein, erklärungsbedürftig wird, warum diejenigen, die Herrschaft unterworfen sind, in aller Regel *gehorchen*. Diese Frage nach den Gründen des Gehorsams bildet den Ausgangspunkt der vorliegenden Arbeit über das (seltene) Phänomen der Revolution. Sie ist der Ausgangsfrage von Ted Gurr diametral entgegengesetzt. Dieser fragte in seiner sozialpsychologischen Revolutionsstudie von 1970: „Why men rebel"? Ich dagegen stelle mir als Erstes die Frage: „Why men obey"?[16] Warum leisten die Herrschaftsunterworfenen Befehlen Folge, *obwohl* sie selbst nur Empfänger, nicht aber Absender dieser Befehle sind? Verbunden mit der Hoffnung, *anschließend* klarer zu sehen, warum sie von Zeit zu Zeit *nicht* gehorchen. Man könnte auch sagen: Ich gehe einen Umweg. Ich nähere mich der außeralltäglichen Revo-

---

15 Hume, David: Of the First Principles of Government, in: ders.: Essays. Moral, Political, and Literary, hrsg. von Eugene F. Miller, Indianapolis 1987, S. 32-36, hier S. 32. Die gleiche Verwunderung ergreift auch Laski, Harold J.: Authority in the Modern State, New Haven 1919, S. 32: „The problem of authority then becomes clear. We want to know why men obey government. We want the causes that explain the surely striking fact of a voluntary servitude of a large mass of men to a small portion of their number."
16 In der Reihenfolge geht in seiner ingeniösen Analyse der mexikanischen Revolution auch Alan Knight vor, siehe ders.: The Mexican Revolution. Bd. 1: Porfirians, Liberals and Peasants, Cambridge 1986, v.a. S. 165f. Für Gurrs Studie siehe ders.: Why Men Rebel, Princeton/N.J. 1970.

Einleitung

lution über die alltägliche Herrschaft, über die Frage nämlich, wie sich deren Alltäglichkeit begreifen lässt.

Nach potentiellen Gehorsamsmotiven muss man nicht lange suchen. Es fallen einem sogleich mehrere ein. Die Folgsamkeit kann sich auf die herrschaftliche Ausübung und Androhung von Gewalt oder anderen Sanktionen zurückführen lassen, mithin auf das, was man (etwas ungenau) als Zwang bezeichnet. Oder darauf, dass einem materielle Vorteile winken, die einem entgingen, sofern man sich nicht folgsam zeigte. Denkbar ist auch ein Gehorchen aus purer Gewohnheit, bei dem man sich die Frage nach den eigenen Motiven gar nicht mehr bewusst stellt. Die wohl berühmteste Differenzierung von „Motiven der Fügsamkeit" stammt von Max Weber. Er nimmt sie in „Wirtschaft und Gesellschaft" vor. Noch viel berühmter aber ist jenes Motiv, das Weber zufolge für die Erklärung von zuverlässigem Gehorsam ausschlaggebend ist, jenes Motiv also, dem Herrschaft maßgeblich ihre Stabilität und damit ihren Fortbestand zu verdanken hat. Die Rede ist vom *Legitimitätsglauben*. „Aber Sitte oder Interessenlage so wenig wie rein affektuelle oder rein wertrationale Motive der Verbundenheit", gibt Weber zu bedenken,

> könnten verläßliche Grundlagen einer Herrschaft darstellen. Zu ihnen tritt normalerweise ein weiteres Moment: der *Legitimitäts*glaube. Keine Herrschaft begnügt sich, nach aller Erfahrung, freiwillig mit den nur materiellen oder nur affektuellen oder nur wertrationalen Motiven als Chancen ihres Fortbestandes. Jede sucht vielmehr den Glauben an ihre ‚Legitimität' zu erwecken und zu pflegen.[17]

Wie „Legitimitäts*glaube*" bereits impliziert, spielt es keine Rolle, ob die Herrschaft von Außenstehenden für legitim erachtet wird. Entscheidend ist vielmehr, ob die jeweils Betroffenen sie für legitim erachten, eben an deren Legitimität *glauben*. Die Anführungszeichen, in die Weber das Wort „Legitimität" zu setzen pflegte, sind daher nicht Ausdruck von Ungläubigkeit, sondern ganz im Gegenteil Ausdruck dessen, dass er sich eines Werturteils darüber, was in den Augen der Beteiligten legitim ist, *enthält*. Er fragt, anders gesagt, nicht im Stile eines politischen Philosophen (normativ), unter welchen Bedingungen Herrschaft legitim *ist*, sondern im Stile eines Soziologen (empirisch), unter welchen Bedingungen Herrschaft von

---

17 Weber, Max: Wirtschaft und Gesellschaft. Grundriß der verstehenden Soziologie, hrsg. von Johannes Winckelmann, Tübingen 1980/1921, S. 122. Wenn im Folgenden nicht anders gekennzeichnet, sind die Hervorhebungen in Zitaten jeweils aus dem Original übernommen.

den Betroffenen für legitim *gehalten* wird. Zynismus – eine Haltung, deren weite Verbreitung unter Soziologen Roberto Cipriani und Thomas Luckmann gerade in Hinblick auf die Frage der Legitimität von Herrschaft beklagen –[18] ist Weber darum fremd. In aller Deutlichkeit hält Luckmann demgegenüber fest:

> Weber denkt [...] nicht daran, auf Grund eigener Wertvorstellungen bestimmte Ordnungen und Herrschaftsformen für legitim und andere für illegitim zu halten. Für einen Ansatz, der gesellschaftliche Wirklichkeit über das Handeln und über die Vorstellungen, an denen sich das Handeln konkreter Menschen orientiert, zu erschließen sucht, besteht eine legitime Ordnung dann, wenn sie in der *Vorstellung der Handelnden* legitim ist.[19]

Von dieser Warte aus betrachtet, liegt der Umkehrschluss nahe, dass die *Aufkündigung* des Gehorsams vor allem dann droht, wenn die Herrschaft in der Vorstellung der Handelnden *nicht* länger legitim ist. Während legitime Herrschaft über eine gewisse *Stabilität* verfügt, weil sie den Handelnden subjektiv „als vorbildlich oder verbindlich, also gelten *sollend* vorschwebt"[20], eignet illegitimer oder nicht-legitimer Herrschaft eine gewisse *Labilität*, weil das Interesse an einer Ordnung genauso rasch erlischt wie die kritische Hinterfragung der alltäglichen Ordnung einsetzt. Darauf weist Weber in seiner Herrschaftssoziologie mehrfach hin, deren Kardinalfrage genau die nach den Voraussetzungen ist, unter denen Herrschaft Bestand hat. Ungehorsam mündet nun zwar nicht zwangsläufig in eine Revolution, revolutionärer Widerstand ist vielmehr, wie noch zu erläutern sein wird, eine *besondere* und *voraussetzungsreiche* Form von Widerstand, aber ein Zusammenhang von (Il-)Legitimität und Revolution drängt sich nichtsdestotrotz auf. Revolutionen liegt, wie ich argumentieren möchte,

---

18 Vgl. Cipriani, Roberto: The Sociology of Legitimation. An Introduction, in: Current Sociology, Bd. 35/1987, Heft 2, S. 1-20 und Luckmann, Thomas: Einige Bemerkungen zum Problem der Legitimation, in: Bohn, Cornelia/Willems, Herbert (Hrsg.): Sinngeneratoren. Fremd- und Selbstthematisierung in soziologisch-historischer Perspektive, Konstanz 2001, S. 339-345.
19 Luckmann 2001 – Einige Bemerkungen zum Problem der Legitimation, S. 340, meine Hervorhebungen (nachfolgend abgekürzt mit „m.H."').
20 Weber 1980 – Wirtschaft und Gesellschaft, S. 16. Siehe auch ders.: Die drei reinen Typen der legitimen Herrschaft (1922), in: ders.: Wirtschaft und Gesellschaft. Die Wirtschaft und die gesellschaftlichen Ordnungen und Mächte. Nachlaß, Teilbd. 4: Herrschaft (Bd. 22 der Max Weber Gesamtausgabe), hrsg. von Edith Hanke und Thomas Kroll, Tübingen 2005, S. 726-742, hier S. 726, wo es ausdrücklich heißt: „[D]ie Erschütterung dieses Legitimitätsglaubens pflegt weitgehende Folgen zu haben".

Einleitung

ein „Streit der Legitimitäten" (Klaus Schlichte) zugrunde. Die bisherige Form der Legitimität – und zwar die der *Herrschaftsordnung insgesamt*, nicht bloß die Legitimität einer bestimmten Politik oder eines bestimmten Herrschers – überzeugt die Beteiligten nicht länger und wird von diesen angefochten. „[F]ür politischen Wandel, für die Erosion von Institutionen der Herrschaft wie für deren Entstehung, ist", wie Schlichte richtig erkennt, „die Dynamik des ‚Geltungsglaubens', die Frage der Legitimität, zentral"[21]. Legitime Herrschaft mag beständig(er) sein, aber darum ist die *Legitimität selbst* nicht zwangsläufig auch beständig. Legitimität ist keine unabänderliche Qualität, keine Konstante, vielmehr wird sie kontinuierlich in Frage gestellt und bestritten; sie muss sich in einem fort beweisen und immer wieder aufs Neue (wieder-)hergestellt werden. Weber selbst erwähnt in der zitierten Passage, der Legitimitätsglaube bedürfe über die „Erweckung" hinaus der ständigen „Pflege". Das heißt, nicht obwohl, sondern gerade weil Herrschaft diese Fragwürdigkeit innewohnt, die eine regelmäßige Thematisierung erfährt, wird die Konservierung, den Wandel oder den Zusammenbruch von Herrschaft nur verstehen, wer deren Legitimitätsstruktur in Augenschein nimmt, genauer: die *Veränderungen* in deren Legitimitätsstruktur, die nicht statisch, sondern zutiefst *dynamisch* ist. Nochmal anders: Nicht trotz, sondern gerade aufgrund der Tatsache, dass *grundlose* Herrschaft mit Widerstand rechnen muss – eben weil Herrschaft *als solche* begründungspflichtig ist –, muss den gegebenen *Gründen*, die entweder akzeptiert oder aber abgelehnt werden, umso mehr Aufmerksamkeit zuteilwerden.

---

21 Schlichte, Klaus: Der Streit der Legitimitäten. Der Konflikt als Grund einer historischen Soziologie des Politischen, in: Zeitschrift für Friedens- und Konfliktforschung, Bd. 1/2012, Heft 1, S. 9-43, hier S. 17. Vgl. ähnlich schon Cohen, Ronald: Introduction, in: ders./Toland, Judith D. (Hrsg.): State Formation and Political Legitimacy, New Brunswick/N.J. 1988, S. 1-21, hier S. 2: „What is and what is not acceptable power over the lives of others is a problem that never ends. Conditions of obedience change, governments change, and above all, people change in their willingness to comply. Business as usual is not forever. The issue, then, is to ask how and why people come to *accept* and identify with new forms of authority – especially statehood. This same question should also provide us with answers about how and why they chose to *withdraw* their support from state-level forms of government and authority. It is this acceptance and its withdrawal and those factors that affect such outcomes that lead to the analysis of legitimacy."

Einleitung

Insofern muss ein herrschaftssoziologischer Blickwinkel, aus dem das Phänomen Revolution in dieser Arbeit betrachtet wird,[22] der einerseits *konfliktorientiert* und andererseits *legitimitätsorientiert* ist, keinen Widerspruch bilden. Im Gegenteil: Gerade weil Herrschaft immerzu Grund zu Konflikten gibt, spielt die den Konflikt (immer nur *vorläufig*) beilegende, oder besser vielleicht: stillende, Legitimität eine so wichtige Rolle; und gerade weil um Legitimität so vortrefflich gestritten werden kann, bleibt alle (auch legitime) Herrschaft umstritten. Als Widerspruch muss dies dagegen all jenen erscheinen, die entweder (meist unter Berufung auf Marx) zwar das Konflikthafte sehen, zugleich jedoch die Legitimierbarkeit von Herrschaft in Abrede stellen, oder aber statt einer herrschaftssoziologischen eine strukturfunktionalistische Perspektive einnehmen. Gesellschaftliche Stabilität und Integration bilden hier den Normalfall, aus dem alles Konfliktive eliminiert wurde. Auf diesen Hinweis wird an dieser Stelle deshalb nicht verzichtet, weil neben Marx auch der Strukturfunktionalismus Parsonsscher Provenienz großen Einfluss auf die Revolutionsforschung ausgeübt hat. Schlichte weist ihn und damit die Tendenz, das Konflikthafte auszublenden, sogar noch in aktuellen Definitionen von „Politik" und, wichtiger noch, im gegenwärtigen Governance-Paradigma nach, in dem alle Politik zur reinen Verfahrensfrage verkommen sei.[23] Von beiden Einflüssen, dem marxistischen wie dem strukturfunktionalistischen, gilt es sich daher ein Stück weit zu befreien – im Ausgang von Weber und dessen Herrschaftssoziologie.

Um ein kurzes Zwischenfazit zu ziehen: So sehr sich der besagte Zusammenhang von Revolution und Fragen der Legitimität auch aufdrängt,

---

22 Der Blickwinkel bringt es mit sich, dass ich mich in erster Linie der *politischen* Seite des Phänomens der Revolution zuwende, obwohl „Revolution" spätestens seit dem beginnenden 19. Jahrhundert in immer mehr Bereichen Anwendung findet, in denen es zu grundlegenden Transformationen kommt. Der Begriff erfährt mit anderen Worten angesichts der Pluralität des Phänomens eine Ausdifferenzierung (politische Revolution, soziale Revolution, industrielle Revolution, kulturelle Revolution etc.). Vgl. hierzu Koselleck, Reinhart et al.: Revolution (Rebellion, Aufruhr, Bürgerkrieg), in: Brunner, Otto/Conze, Werner/Koselleck, Reinhart (Hrsg.): Geschichtliche Grundbegriffe. Historisches Lexikon zur politisch-sozialen Sprache in Deutschland, Bd. 5/1984, Stuttgart 1972–1997, S. 653-788, hier S. 766-774 und Grosser, Florian: Theorien der Revolution zur Einführung, Hamburg 2013, S. 24-28.
23 Vgl. Schlichte 2012 – Der Streit der Legitimitäten, S. 9-12. Schlichte dagegen geht vom „unselbstverständliche[n] Gehorsam" aus (ebd., S. 33).

Einleitung

er wird in der Forschung entweder nicht gesehen, ja, geradezu geflissentlich ignoriert, oder aber nicht mit der nötigen Gründlichkeit und Systematik untersucht. Meines Erachtens liegen diesem Defizit unterschwellig drei Ursachen zugrunde, die teilweise zusammen-, teilweise aber auch unabhängig voneinander wirken: (1) der angesprochene „soziologische Zynismus", (2) die (latente) Tendenz zur Pathologisierung der Revolution sowie (3) ein unzulängliches Legitimitätsverständnis und -konzept. Das heißt, (1) die *Möglichkeit* legitimer Herrschaft wird entweder gänzlich geleugnet, so dass dem Verlust der Legitimität für die „Erklärung" einer Revolution keine Bedeutung zufallen kann – illegitim war die Herrschaft schließlich schon zuvor. Marxistisch inspirierte Theoretiker neigen hierzu. Oder (2) die *Wirklichkeit* legitimer Herrschaft wird immer schon unterstellt, mit der Folge, dass Revolutionen als störend und unerwünscht, ja, als eine Art Krankheit gesehen werden, jedenfalls nicht als etwas, dessen tieferer Grund in einer illegitim gewordenen Herrschaft besteht. Diese Tendenz lässt sich nicht nur, doch auch unter den Strukturfunktionalisten nachweisen. Oder (3) der Konnex wird bemerkt, ohne aber über den richtigen Begriff im Wortsinne zu verfügen, um die Legitimität in all ihrer Komplexität zu „be-greifen". Den einer Revolution vorausgehenden vielschichtigen Prozessen des Verlustes von Legitimität kann mit anderen Worten in Ermangelung eines adäquaten Legitimitätskonzepts nicht differenziert genug nachgespürt werden. Ein knapper und ob der schier unendlichen Fülle notwendig selektiver Überblick über die unterschiedlichen Theorien der Revolution soll den Nachweis für das unterstellte Defizit erbringen.

Eine Theorie der Revolution muss sich einer Reihe von Fragen stellen.[24] (1) Was ist eine Revolution? Wie lässt sich das Phänomen begrifflich abgrenzen? (2) Wo findet sie statt, d.h. was genau wird zum Objekt der Revolution? (3) Warum nehmen Menschen an ihr teil? Worin liegt deren Motivation? (4) Was sind die Folgen einer Revolution? Gibt es überhaupt wiederkehrende Ergebnisse? Das Herzstück einer Theorie der Revolution aber bildet (5) die Frage nach ihren *Bedingungen*: Wodurch wird eine Revolution verursacht? Nach einer Durchsicht der Literatur kommt Ralf Dahrendorf 1961 zu dem Schluss, dass die Ursachenforschung bzw. „die Erforschung der Strukturelemente der revolutionären Situation vergleichsweise" – verglichen nämlich mit der Erforschung der *kurzfristig*

---

24 Vgl. für die folgenden fünf Aufgaben einer Theorie der Revolution Kimmel, Michael S.: Revolution. A Sociological Interpretation, Cambridge 1990, S. 3-12.

wirksamen Faktoren, die im Rahmen einer bereits gegebenen „revolutionären Situation" zur *Auslösung* einer Revolution führen – „sehr im argen [liegt]. Diese voranzutreiben, ist die trockenere, soziologischere, aber wohl auch wichtigere Aufgabe der Theorie der Revolution: Die Ermittlung der Sozialstruktur der revolutionären Situation ist das Kernstück der Theorie der Revolution"[25]. Mehr als 50 Jahre später hat sich an diesem Befund Dahrendorfs nur wenig geändert. Ohne die gemachten Fortschritte im Bereich der Ursachenforschung, gerade von Seiten der „strukturellen" Revolutionstheorien (einer Theda Skocpol und anderer), in Abrede stellen zu wollen, fehlt meines Erachtens nach wie vor die Spezifizierung dessen, was man die „Ur-Sache" der Revolution nennen könnte: die strukturelle(n) Voraussetzung(en) dafür, dass die Revolution allererst *möglich* wird. Diese „Ur-Sache" der Revolution ist nicht die alleinige Ursache, eine jede Revolution ist vielmehr das Produkt *mehrerer* und je nach Revolution *unterschiedlicher* Ursachen, doch sie stellt so etwas wie eine *notwendige* Bedingung dar, ohne die es überhaupt nicht zu einer Revolution kommen kann. Zu fassen kriegt man sie indes meiner Meinung nach erst dann, wenn man das Phänomen der Revolution aus einer strikt *herrschaftssoziologischen* Perspektive beleuchtet, genauer: wenn man es *legitimitätstheoretisch* einrahmt. Ein kurzer und dabei notwendig vergröbernder Blick auf die bestehenden Revolutionstheorien soll die Forschungslücke bezeugen – und damit zugleich die Dringlichkeit vor Augen führen, diese zu schließen.

Ein Überblick über die Revolutionstheorien müsste eigentlich mit den Klassikern beginnen: mit Alexis de Tocqueville und Karl Marx. Beide üb(t)en einen allgegenwärtigen Einfluss auf die Theorie der Revolution aus, Ersterer in zunehmendem, Letzterer in leicht abnehmendem Maße. Darüber, ob Tocqueville eine Theorie vorgelegt hat, kann man sicherlich streiten, wertvolle Erkenntnisse über das Phänomen der Revolution verdanken wir ihm zweifellos. Nicht zuletzt deshalb, weil er sich als ein scharfsinniger Denker der *Ambivalenz* erwies. Marx wiederum haben wir laut Dahrendorf die „kohärenteste Theorie der Revolution" zu verdanken, die „ohne Zweifel von außerordentlicher Erklärungskraft"[26] sei. Auch

---

25 Dahrendorf, Ralf: Über einige Probleme der soziologischen Theorie der Revolution, in: European Journal of Sociology, Bd. 2/1961, Heft 1, S. 153-162, hier S. 159.
26 Ebd., S. 157. Vgl. daneben auch ders.: Karl Marx und die Theorie des sozialen Wandels (1964), in: ders.: Pfade aus Utopia. Arbeiten zur Theorie und Methode der Soziologie, München 1986, S. 277-293. Eine pointierte Zusammenfassung

Einleitung

Hannah Arendt nennt ihn den „größte[n] Theoretiker der Revolutionen überhaupt"[27]. Und doch möchte ich hier Tocqueville für den Moment ausklammern und auf Marx nur in aller Kürze eingehen. Tocqueville wird uns im Laufe der Arbeit noch mehrmals begegnen. Marx ist – ungeachtet seiner unbestreitbaren Verdienste für die Theorie der Revolution – für eine folgenschwere Tendenz verantwortlich, die ich anhand von Skocpols Revolutionstheorie ausführlicher kritisieren werde: die Leugnung der *Möglichkeit legitimer* Herrschaft. Alle (staatliche) Herrschaft ist bei Marx immer schon illegitim, alle Legitimität nur scheinbare, auf einem „falschen Bewusstsein", d.h. auf (ideologischer) Täuschung der Herrschaftsunterworfenen, beruhende. Der Staat wird als Unterdrückungsinstrument in den Händen der herrschenden Klasse aufgefasst: Staatliches Handeln, das vorgibt, im allgemeinen Interesse zu sein, ist in Wahrheit ein Ausfluss *partikularer* Interessen.[28] Wenn aber alle (staatliche) Herrschaft im Grunde genommen immer schon illegitim ist, dann kann dem Faktor „(Il-)Legitimität" für die Erklärung oder das Verständnis einer Revolution keine Bedeutung zufallen. Wenn überhaupt, dann im Rahmen eines Prozesses der Bewusstmachung: Die Beherrschten müssen sich der Illegitimität der Verhältnisse, die Proletarier also ihrer objektiven Klassenlage, *bewusst* werden, um aus der Klasse *an sich* eine Klasse *für sich* zu machen. Der Schleier will heruntergerissen werden, soll die „an sich böse Macht" (Jacob Burckhardt) zum Vorschein kommen. In letzter Instanz aber ist eine jede Revolution bei Marx auf eine Veränderung der *ökonomischen* Grundlagen zurückzuführen: auf den *Widerspruch* von gesellschaftlichen Produktivkräften einerseits und Produktionsverhältnissen (bzw. Eigentumsverhältnissen) andererseits. Oder, was nicht ganz dasselbe ist, auf den *Klassenkampf*, der sich durch die gesamte Geschichte zieht, und sich in der kapitalistischen Gesellschaft zuspitzt auf den Kampf zwischen der (sich in der Minderheit befindlichen) Bourgeoisie einerseits und dem (die überwiegende Mehrheit repräsentierenden) Proletariat andererseits. „Die Marxsche Revolutionstheorie", kann Klaus von Beyme daher pointieren,

---

der Revolutionstheorie von Marx und Engels findet sich bei Grosser 2013 – Theorien der Revolution, S. 93-110.
27 Arendt, Hannah: Über die Revolution, München 1974/1963, S. 76. Bei aller Kritik, die sie sonst an ihm übt.
28 Vgl. kritisch auch Cohen 1988 – Introduction, S. 13f.

„beruhte auf der *ökonomischen* Analyse"[29]. Sie argumentiert insofern nicht nur merkwürdig „unpolitisch", sondern auch ausgesprochen *monokausal*, ja, kennt nur *eine* Ursache der Revolution.

Die auf Marx folgenden Revolutionstheorien des 20. Jahrhunderts hat Jack Goldstone in einem wirkungsreichen Aufsatz aus dem Jahre 1980 in drei Generationen unterteilt: (1) die „naturgeschichtlichen" Arbeiten von Anfang des Jahrhunderts bis in die 1940er Jahre, (2) die modernisierungstheoretischen bzw. strukturfunktionalistischen und sozialpsychologischen Arbeiten von 1940 bis zur Mitte der 1970er Jahre, sowie (3) die „strukturellen" Arbeiten seit 1975.[30] (1) Die bekanntesten „naturgeschichtlichen"

---

29 Beyme, Klaus von: Einleitung, in: ders. (Hrsg.): Empirische Revolutionsforschung, Opladen 1973, S. 7-38, hier S. 13, m.H. Vgl. auch Kimmel 1990 – Revolution, S. 18: „[W]e can say that Marx's theory of revolution is *structural*, in that it involves dynamics between objective structural forces; *economistic*, in that the development of a revolutionary situation, in the final analysis, depends upon the sharpening of contradictions in the sphere of economic production; *non-voluntaristic*, in that revolutions do not depend upon internal psychological states of members of any collectivity, but rather on the appearance of a revolutionary situation based on the differential rates of development of the means and relations of production; and *progressive*, in that revolutions are the culmination of historical processes and, by implication, should occur first in the most advanced societies as well as in the most advanced economic sectors within any one society." Die Revolution bedarf zwar der *Durchführung* durch eine Klasse, worin man ein voluntaristisches bzw. subjektives Element erblicken kann, doch diese Klasse ist wiederum das Produkt *ökonomischer* (und damit auch struktureller) Verhältnisse (genauer: das Produkt der, verglichen mit den Produktionsverhältnissen, schnelleren Entwicklung der Produktivkräfte). Und zum Agenten der Revolution kann das Proletariat wiederum nur deshalb werden, weil zuvor *strukturelle* Bedingungen für die Entstehung einer „revolutionären Situation", für ein revolutionäres Potential also, gesorgt haben. Kimmel (ebd.) kann daher, Marx zitierend, pointieren: „,A radical social revolution is connected with certain historical conditions of economic development'; revolutions cannot be made, no matter how much people may struggle, in a non-revolutionary situation." In seinen späteren Analysen konkreter Revolutionen wird Marx dagegen die Agency etwas stärker gewichten. Nichtsdestotrotz bleibt das *Primat der Struktur* bestehen.
30 Vgl. Goldstone, Jack A.: Review: Theories of Revolution. The Third Generation, in: World Politics, Bd. 32/1980, Heft 3, S. 425-453 und ergänzend ders.: The Comparative and Historical Study of Revolutions, in: Annual Review of Sociology, Bd. 8/1982, S. 187-207. Wie so oft ist nicht nur die Einteilung als solche umstritten, sondern auch die Zuordnung einzelner Theoretiker. Charles Tilly beispielsweise wird von Goldstone der zweiten, von Foran, John: Theories of Revolution Revisited. Toward a Fourth Generation?, in: Sociological Theory, Bd. 11/1993, Heft 1, S. 1-20, hier S. 1, aber „by both period and perspective" der dritten Generation

Einleitung

Arbeiten stammen von Lyford Edwards, Crane Brinton, George Pettee und Louis Gottschalk.[31] Zugutezuhalten ist ihnen (mindestens) dreierlei: Erstens haben sie den historisch fundierten Vergleich in der Revolutionsforschung etabliert (auch wenn ihre wesentliche Orientierung der Französischen Revolution gilt), zweitens haben sie die Möglichkeit einer (von Marx noch ausgeschlossenen) klassenübergreifenden revolutionären Koalition aufgezeigt, und drittens wurde mit ihnen Abschied von monokausalen Erklärungsversuchen genommen. „Um zu einer befriedigenderen Erklärung revolutionären Wandels zu gelangen", heißt es bei Gottschalk, „muß man sich auf eine *multiple Kausalität* einstellen"[32]. Und doch ist fraglich, ob es sich bei den genannten Arbeiten um Theorien im strengen Sinne handelt. Sicher, eine Reihe von Revolutionsursachen werden identifiziert, aber reicht eine bloße Auflistung schon für die „Erklärung" einer Revolution?[33] Müssen nicht zusätzlich die Ursachen und Auslöser miteinander in ein *Verhältnis* gebracht werden? Und werden langfristig wirksa-

---

zugerechnet. Auch Kimmel 1990 – Revolution, S. 206-216 stuft die Arbeiten Tillys als *Synthese* der zweiten und dritten Generation ein, da er die *motivationale* Seite des revolutionären Prozesses vor dem *strukturellen* Hintergrund der Zentralisierung des Staates einerseits und der Entwicklung des Kapitalismus andererseits ergründet.

31 Siehe Edwards, Lyford P.: The Natural History of Revolution, Chicago 1927; Brinton, Crane: Die Revolution und ihre Gesetze, Frankfurt/M. 1959/1938; Pettee, George S.: The Process of Revolution, New York 1938 und Gottschalk, Louis: Ursachen der Revolution (1944), in: Jaeggi, Urs/Papcke, Sven (Hrsg.): Revolution und Theorie. Bd. 1: Materialien zum bürgerlichen Revolutionsverständnis, Frankfurt/M. 1974, S. 135-148. Edwards und Brinton vergleichen vier Revolutionen: die „puritanische" in England (1642-1649), jene in den USA und Frankreich Ende des 18. Jahrhunderts sowie die russische Oktoberrevolution von 1917.
32 Ebd., S. 141. Und zuvor (ebd., S. 136): „Alle außer den einfachsten Formen historischer Kausalbeziehungen weisen multiple Ursachen auf, da einzelne Ursachen in der Regel zur Erklärung komplizierter Wirkungen nicht ausreichen."
33 Brinton etwa zählt auf: „wirtschaftlicher Aufschwung, verschärfte Gegensätze zwischen Klassen und Schichten, Entfremdung der Intellektuellen, ein nicht funktionierender staatlicher Verwaltungsapparat, Elitendissens und eine staatliche Finanzkrise" (Meyer, Georg P.: Revolutionstheorien heute. Ein kritischer Überblick in historischer Absicht, in: Wehler, Hans-Ulrich (Hrsg.): 200 Jahre amerikanische Revolution und moderne Revolutionsforschung, Göttingen 1976, S. 122-176, hier S. 133, Fn. 33). Gottschalk 1974 – Ursachen der Revolution, S. 145 zufolge brechen Revolutionen aus „wegen (1) eines Verlangens nach Veränderung, das seinerseits das Ergebnis (a) einer weitverbreiteten Provokation und (b) einer konsolidierten öffentlichen Meinung ist, und (2) einer Aussicht auf Veränderung, die ihrerseits das Ergebnis (a) eines populären Programms und (b) einer [revolutionären]

me Ursachen, sprich Dahrendorfs „Strukturelemente der revolutionären Situation", überhaupt bestimmt oder handelt es sich „lediglich" um kurzfristig wirksame Ursachen und Auslöser einer Revolution? Welchen Status haben die angeführten Ursachen? Sind manche oder gar alle *notwendig*? Und gibt es weitere Ursachen oder ist die Aufzählung vollständig? Brintons Arbeit trägt im Original aus gutem Grund den Titel „The *Anatomy* of Revolution". Es geht in erster Linie um den *Verlauf* der Revolution, nämlich um die Beschreibung der unterschiedlichen (geschichtlich in erstaunlichem Maße wiederkehrenden) *Phasen* oder *Stadien*.[34] Der primäre Zweck ist mit anderen Worten ein *deskriptiver*. Und so kann Michael Kimmel zuspitzen:

> The narrative quality of the natural history approach brings us no closer to the sociological variables that cause revolutions in the first place, that structure the parameters for human action within those revolutionary events, and that structure the potential transformations that revolutions promise. We may understand sequences of revolution better as a result of the natural history approach, but we are no closer to an adequate theoretical explanation of revolutions.[35]

(2) Aus der zweiten Generation ragen vor allem die strukturfunktionalistischen Arbeiten auf der einen und die sozialpsychologischen auf der anderen Seite heraus. Letztere legen von den behaupteten Forschungsdefiziten insofern Zeugnis ab, als sie *rein ökonomisch* argumentieren – ohne im Übrigen die potentiell *de*stabilisierenden Folgen von Wirtschaftswachstum zu

---

Führung ist, die das Vertrauen der Bevölkerung besitzt" sowie (3) bzw. (5) wegen „*der Schwäche der konservativen Kräfte*".

34 Brintons Phasenmodell ist wohl das bekannteste: (1) Herrschaft der Gemäßigten, (2) Aufstieg der Radikalen und Sturz der Gemäßigten, (3) Herrschaft des Terrors und der Tugend, (4) Thermidor.
35 Kimmel 1990 – Revolution, S. 53. Vgl. außerdem kritisch zu den „naturgeschichtlichen" Arbeiten Dahrendorf 1961 – Theorie der Revolution, S. 157-161; Beyme 1973 – Einleitung, S. 19; Rittberger, Volker: Über sozialwissenschaftliche Theorien der Revolution – Kritik und Versuch eines Neuansatzes, in: Beyme, Klaus von (Hrsg.): Empirische Revolutionsforschung, Opladen 1973, S. 39-80, hier S. 46-51; Meyer 1976 – Revolutionstheorien, S. 130-140; Goldstone 1980 – Review: Theories of Revolution, S. 426f.; Zimmermann, Ekkart: Krisen, Staatsstreiche und Revolutionen. Theorien, Daten und neuere Forschungsansätze, Opladen 1981, S. 206f.

Einleitung

problematisieren –[36], mithin das *politische* Element der Revolution völlig ausblenden. „Revolutionen sind", so James Davies,

> dann am wahrscheinlichsten, wenn eine anhaltende Periode tatsächlichen wirtschaftlichen und sozialen Wachstums von einer kurzen und schweren Rezession abgelöst wird. Derartige Ereignisse wirken sich auf das Bewußtsein der Menschen in einer bestimmten Gesellschaft aus: während der Wachstumsperiode wird die Erwartung genährt, man sei auch zukünftig in der Lage, seine wachsenden Bedürfnisse zu befriedigen; und während der Rezession, wenn die Realität und diese optimistischen Erwartungen weit auseinanderklaffen, greifen Angst und Frustration um sich.[37]

Davies verknüpft mit anderen Worten die Marxsche Verelendungsthese, derzufolge sich das Proletariat dann erheben wird, wenn es nichts als seine Ketten zu verlieren hat, mit dem Tocquevilleschen Paradoxon, dass Revolutionen nicht eine Verschlechterung, sondern eine Verbesserung der wirtschaftlichen Lage vorausgeht (die Lage mithin als umso unerträglicher empfunden wird, je besser sie wird).[38] Marx und Tocqueville seien, um die Widersprüchlichkeit ihrer beiden Aussagen aufzulösen, lediglich „in die richtige Reihenfolge" zu bringen: Man müsse „sozusagen Tocqueville vor Marx schieben"[39]. Denn die (Frustration auslösende) Diskrepanz zwischen erwarteter und tatsächlicher Bedürfnisbefriedigung sei gerade dann besonders hoch, wenn die Erwartungen (mit ihrer entsprechenden Erfüllung) über einen längeren Zeitraum angestiegen sind und plötzlich de facto immer weniger erfüllt werden. Eine weitere Verfeinerung erfährt diese Theorie relativer Deprivation bei Ted Gurr, der u.a. zu einer zusätzlichen Differenzierung von Typen relativer Deprivation gelangt.[40]

---

36 Vgl. etwa Olson, Mancur: Rapides Wachstum als Destabilisierungsfaktor (1971), in: Beyme, Klaus von (Hrsg.): Empirische Revolutionsforschung, Opladen 1973, S. 205-222.
37 Davies, James C.: Eine Theorie der Revolution (1962), in: Beyme, Klaus von (Hrsg.): Empirische Revolutionsforschung, Opladen 1973, S. 185-204, hier S. 186. Man spricht in dem Zusammenhang von der „J-Kurven-Hypothese".
38 Vgl. Tocqueville, Alexis de: Der Alte Staat und die Revolution, München 1978/1856, S. 176. Dieses Paradoxon wird im Laufe der Arbeit wieder aufgegriffen.
39 Davies 1973 – Eine Theorie der Revolution, S. 186 und 199.
40 Siehe Gurr 1970 – Why Men Rebel. Darauf, worin sich die Typen (decremental, aspirational, progressive und accelerated deprivation) genau unterscheiden, braucht an dieser Stelle nicht eingegangen zu werden. Vgl. hierzu bündig Kimmel 1990 – Revolution, S. 77f. Der Vollständigkeit halber sei hinzugefügt, dass Gurr –

Einleitung

Doch ungeachtet mancher Fortschritte – etwa gegenüber krude „psychologisierenden" Ansätzen, die im revolutionären ein krankhaft gestörtes Verhalten sehen – leisten Theorien relativer Deprivation „bestenfalls eine *partielle* Erklärung revolutionären politischen Wandels"[41]. Im Hinblick auf die von mir bescheinigten Forschungsdefizite sind vor allem drei Kritikpunkte relevant.[42] Erstens wird nicht gefragt, woher die (relative) Deprivation rührt, was also ihre tieferen Ursachen sind.[43] Desgleichen schweigt man sich über das Objekt der sich revolutionär entladenden Unzufriedenheit genauso aus wie über alternative Reaktionsmöglichkeiten. Georg Meyer attestiert in dem Zusammenhang ein „Defizit an gesamtgesellschaftlicher Theorie"[44]. Zweitens wird die normative Dimension, werden Fragen der Legitimität ausgeblendet: Begriffe wie „Frustration" und „Deprivation" implizieren noch nicht, dass man es für sein gutes *Recht* hält, dass den (insofern normativen) Erwartungen Folge geleistet wird. „Indignation" wäre vielleicht besser geeignet, um auszudrücken, dass die Bewertung der Performance anhand von normativen Maßstäben erfolgt.[45] Drittens, und hiermit zusammenhängend, wird die politische Dimension nicht berücksichtigt. Weder ist klar, wie es vom Stadium der Frustration zur *Mobilisierung* der revolutionären Massen kommt, von hierfür erforderlicher *Organisation* (die dagegen Theoretiker wie Tilly oder Aya in den Mittelpunkt rücken, zusammen mit den jeweils verfügbaren Ressourcen) ist keine Rede. Die Theorie relativer Deprivation muss sich daher auch

---

    anders als Davies – den Begriff der relativen Deprivation nicht allein auf wirtschaftliche Umstände bezieht.
41 Rittberger 1973 – Über sozialwissenschaftliche Theorien der Revolution, S. 55, m.H.
42 Bei der folgenden Kritik greife ich zurück auf ebd., S. 51-55; Meyer 1976 – Revolutionstheorien, S. 143-149; Aya, Rod: Theories of Revolution Reconsidered: Contrasting Models of Collective Violence, in: Theory and Society, Bd. 8/1979, Heft 1, S. 39-99, hier S. 53-59; Zimmermann 1981 – Krisen, S. 210-213 und Kimmel 1990 – Revolution, S. 79-82.
43 Das gilt zumindest für Davies. Gurr dagegen sieht den Anstieg der Erwartungen als im weitesten Sinne „modernisierungsbedingt" an. Vgl. Meyer 1976 – Revolutionstheorien, S. 147.
44 Ebd., S. 148, bezogen auf die Arbeiten Gurrs.
45 Vgl. Kimmel 1990 – Revolution, S. 80, der hier auf die Kritik Peter Lupshas verweist. Auch Aya 1979 – Theories of Revolution Reconsidered, S. 79 rät ganz allgemein: „instead of generalized frustration as a cause for political irritation, look to the nexus of established rights and obligations in which groups of ordinary people are embedded and which, once violated, make for grievances."

Einleitung

den Vorwurf gefallen lassen, nicht erklären zu können, warum relative Deprivation manchmal eine Revolution, in der Mehrzahl der Fälle aber *keine* Revolution nach sich zieht. „Far more individuals, groups, and classes suffer situations of misery and deprivation (relative or absolute) than ever engage in public protest, much less revolution."[46] Noch wird in ihr die Legitimität einer Herrschaftsordnung problematisiert, zum Beispiel der Ausschluss innergesellschaftlicher Schichten oder Gruppen von Herrschaftspositionen; Legitimität wird stattdessen als gegeben vorausgesetzt.[47] Genauso wenig wird die Reaktion der Herrschenden auf die unter den Herrschaftsunterworfenen gegebenenfalls weitverbreitete Unzufriedenheit thematisiert, die von Repressionen bis hin zu Konzessionen reichen kann, Unzufriedenheit also entweder steigern (unter Umständen aber zugleich deren Artikulation unterbinden) oder abbauen kann.

Auf den ersten Blick vielversprechender ist die Revolutionstheorie von Chalmers Johnson.[48] Nicht nur weil sie in eine umfassende Gesellschaftstheorie eingebettet ist und derart (sich wandelnde) gesellschaftliche Rahmenbedingungen mit einzubeziehen in der Lage ist, sondern weil sie die *normative* Dimension in Rechnung stellt, darunter auch legitimatorische Fragen. Am Anfang einer jeden potentiell revolutionären Entwicklung steht Johnson zufolge ein aus dem Gleichgewicht geratenes soziales System. Diesem Ungleichgewicht können vier (sozialen Wandel im weitesten Sinne anzeigende) Ursachen zugrundeliegen: ein Wertewandel, der entweder endogen oder exogen induziert ist, oder aber ein Wandel der Umwelt, der wiederum entweder endogen oder exogen induziert ist. Der Verlust des Gleichgewichts kann, muss aber nicht revolutionäre Folgen haben. Eine revolutionäre Situation stellt sich erst dann ein, wenn zwei weitere (not-

---

46 Ebd., S. 58. Und wie merkt Stone, Lawrence: Ursachen der englischen Revolution, 1529–1642, Frankfurt/M. 1983/1972, S. 27 so schön an: „Beherrscht von der durch Umweltbedingungen entstandenen Frustration kann jemand sich betrinken, seine Frau schlagen, sich in ein Kloster zurückziehen, ein Buch schreiben, eine Bombe werfen oder eine Revolution anzetteln."
47 Rittberger 1973 – Über sozialwissenschaftliche Theorien der Revolution, S. 39f. sieht hierin, was ich nur bestätigen kann, ein Defizit der Revolutionsliteratur *insgesamt*: „daß sie fast vollkommen die ungleiche Verteilung der Inhaberschaft von und des Zugangs zu Herrschaftspositionen in Gesellschaft und Staat als der fundamentalen Ursache für Angriffe auf die bestehende Gesellschafts- und Staatsordnung vernachlässigt".
48 Siehe Johnson, Chalmers: Revolution and the Social System, Stanford/Calif. 1964 und ders.: Revolutionstheorie, Köln 1971.

wendige) Bedingungen erfüllt sind: „Machtdeflation" auf der einen und „Autoritätsverlust" auf der anderen Seite. „Machtdeflation" will sagen, dass die herrschenden Eliten um der Systemintegration willen zunehmend auf Gewalt zurückgreifen müssen, weil die gesellschaftlichen Werte und Normen immer mehr ihre sozialintegrative Wirkung verlieren („multiple dysfunction"). „Autoritätsverlust" heißt, dass die herrschenden Eliten zu keinen Zugeständnissen bereit sind („elite intransigence"), die infolgedessen – also aufgrund ausbleibender Anpassungsmaßnahmen – an der Wiederherstellung des systemischen Gleichgewichts scheitern. Die Eliten büßen in der Folge ihre Legitimität ein und vermögen das soziale System schließlich nur noch mit den Mitteln des Terrors aufrechtzuerhalten. Tritt in einer durch „Machtdeflation" *und* „Autoritätsverlust" revolutionär aufgeladenen Situation sodann ein Auslöser („accelerator") hinzu – der in *nicht*-revolutionären Situationen *keine* revolutionäre Wirkung hätte (als ein Beispiel nennt Johnson den Zusammenbruch der Streitkräfte im Zuge einer Kriegsniederlage) –, bricht die Revolution aus. Vorausgesetzt, es existiert eine revolutionäre Bewegung, die vorsätzlich entsprechende Maßnahmen in die Wege leitet.

Zu Recht wurde gegen Johnsons Theorie eingewandt, dass sie zwar die notwendigen und hinreichenden Bedingungen für Revolutionen zu spezifizieren wisse, dass dies indes „nur in rein formalem Sinne zu[trifft]. In substantieller Hinsicht bleibt seine Theorie ausgesprochen vage."[49] In unserem Zusammenhang wichtiger als die zu abstrakte Begrifflichkeit sind jedoch die theoretischen *Prämissen*, die Johnson dem Parsonsschen Strukturfunktionalismus entlehnt. Den Ausgangspunkt und Normalzustand stellt eine durch Werte und Normen hochgradig integrierte Gesellschaft dar. Statt Dissens und Konflikt herrschen in ihr Konsens und Eintracht vor.[50] Weshalb wiederum mit Blick auf die Systemintegration – und das

---

49 Zimmermann 1981 – Krisen, S. 165. Und ebd., S. 164: „Doch bleibt gänzlich unklar, was mit Dysfunktionalität gemeint ist." Ähnlich auch die Kritik bei Goldstone 1980 – Review: Theories of Revolution, S. 430f. mit Blick auf die zweite Theorie-Generation insgesamt.
50 Dahrendorf unterzieht den Strukturfunktionalismus Parsonsscher Prägung schon Mitte der 1950er Jahre einer aufsehenerregenden (externen) Kritik. Er hält ihm u.a. vor, zu statisch zu sein und Strukturwandel weder beschreiben noch erklären zu können – eben weil er durch das Zeichnen des Bildes einer hochintegrativen Gesellschaft die (positive) Funktion von Konflikten missdeutet. Siehe ders.: Struktur und Funktion. Talcott Parsons und die Entwicklung der soziologischen Theorie (1955), in: ders.: Pfade aus Utopia. Arbeiten zur Theorie und Methode der Sozio-

Einleitung

heißt: bezüglich der Stabilisierung von Herrschaft – der Anteil von *Zwang* und *Repression* systematisch unterschätzt wird. Anders gesagt: Die strukturfunktionalistischen Prämissen lassen die Revolutionstheorie Johnsons auf dem Auge der „Gewalt" blind sein; sie sieht – von ungleichgewichtigen (Ausnahme-)Zuständen abgesehen – nur die „Zustimmung". Obwohl doch alle Herrschaft, das scheint inzwischen Allgemeingut zu sein, auf „Gewalt" *und* „Zustimmung" beruht.[51] Volker Rittberger bringt es sehr schön auf den Punkt, wenn er meint:

> Der mehr grundlegende Nachteil einer Analyse sozialer und politischer Prozesse mit den Begriffen der Systemanalyse ist der, daß sie zunächst eine ungetrübte Harmonie zwischen allen Gesellschaftsmitgliedern voraussetzt. Gesellschaft ist eine ‚sittliche Gemeinschaft', sagt Ch. Johnson in Übereinstimmung mit Parsons; sie ist ‚a collectivity of people who share certain […] values which legitimize the inequalities of social organization and cause people to accept them as morally justified'.[52]

Letztlich krankt Johnsons Revolutionstheorie mithin an der Gleichsetzung von bestehender und legitimer Herrschaft: Weil Herrschaft fortdauert, ist sie legitim. Der Status quo erfährt so immer schon eine implizite Rechtfertigung. Dass die pure Dauer von Herrschaft (quasi-)legitimatorische Folgen haben kann, ist zwar nicht gänzlich falsch, wie im Laufe des ersten Kapitels darzulegen sein wird, aber so gefasst als Aussage viel zu ungenau. Zugleich geht mit jener Gleichsetzung, wie gesagt, eine Vernachlässigung anderer herrschaftsstabilisierender, insbesondere repressiver Fakto-

---

logie, München 1986, S. 213-242; ders.: Pfade aus Utopia. Zu einer Neuorientierung der soziologischen Analyse (1958), in: ders.: Pfade aus Utopia, S. 242-263 und ders.: Die Funktionen sozialer Konflikte (1961), in: ders.: Pfade aus Utopia, S. 263-277. Eine Ausnahme bildet freilich Coser, Lewis A.: Continuities in the Study of Social Conflict, New York 1967, der, obwohl Strukturfunktionalist, Konflikten im Ausgang von Georg Simmel eine *positive* Funktion einräumt.

51 So die Formel bei Godelier, Maurice: Zur Diskussion über den Staat, die Prozesse seiner Bildung und die Vielfalt seiner Formen und Grundlagen, in: Breuer, Stefan/ Treiber, Hubert (Hrsg.): Entstehung und Strukturwandel des Staates, Opladen 1982, S. 18-35, hier S. 18. Alternativ ist von „Faktizität" und „Geltung" die Rede (Habermas) oder von dem „Erzwingungsstab" und der „Legitimation" (Henner Hess). Auch Luhmann, Niklas: Systemtheoretische Ansätze zur Analyse von Macht, in: Kurzrock, Ruprecht (Hrsg.): Systemtheorie, Berlin 1972, S. 103-111, hier S. 104, betont, politische Macht sei „von Zwangsmitteln und von Konsens zugleich abhängig".

52 Rittberger 1973 – Über sozialwissenschaftliche Theorien der Revolution, S. 62, Johnson zitierend.

ren einher – eben weil der gesamtgesellschaftliche Wertkonsens und Zusammenhalt aus theorieimmanenten Gründen überschätzt wird. Wie auch Kimmel in Hinblick auf die systemischen Revolutionstheorien generell bemerkt:

> This overvaluation of cultural values at the expense of structural analysis leads system theorists to identify legitimacy with political power, no matter how it is constituted and exercised. [...] Systems theories generally overestimate the degree of cohesion and consensus within any society, and underestimate the level of coercive and repressive behavior on the part of any government in maintaining what stability is achieved.[53]

Hierdurch entgeht der Theorie jedoch, erstens, der *dynamische* Aspekt, dass um Legitimität kontinuierlich gerungen werden muss, sie umstritten bleibt, niemals endgültig gegeben ist und dementsprechend auch jederzeit wieder verloren gehen kann. Alle Legitimitäten sind – nicht erst in der „postnationalen Konstellation" (Habermas) – „*prekäre* Legitimitäten"[54]. Zweitens wird übersehen, dass Gewalt und Zwang nicht nur eine stabilisierende, sondern sogar eine *(quasi-)legitimierende* Wirkung auf Herrschaft haben können. Und drittens gerät die Revolutionsbedingung „Illegitimität" insgesamt aus dem Blick. Denn illegitim kann Herrschaft aus dieser Perspektive immer nur *im Nachhinein* sein – wenn und weil sie zusammengebrochen ist. Als Normalzustand unterstellt wird dagegen eine durch Wertkonsens legitimierte Herrschaft.

Charles Tilly, der mit seinen Arbeiten *zwischen* der zweiten und dritten „Generation" anzusiedeln ist, bringt demgegenüber die *politische* Dimension zurück in die Revolutionsforschung. Unzufriedenheit innerhalb der Bevölkerung stellt für ihn nicht die Ausnahme, sondern die *Regel* dar. Tilly argumentiert daher wesentlich *konfliktorientierter*. Die Frage muss lauten: Unter welchen Bedingungen resultiert die ohnehin vorhandene Unzufriedenheit in einer *Mobilisierung*? Wann kommt es zur *Artikulation* des

---

53 Kimmel 1990 – Revolution, S. 65. Kimmel handelt hier neben der Revolutionstheorie von Johnson auch jene von Huntington, Samuel P.: Political Order in Changing Societies, New Haven/Conn. 2006/1968; Smelser, Neil J.: Theorie des kollektiven Verhaltens, Köln 1972/1962 bzw. ders.: Social Change in the Industrial Revolution. An Application of Theory to the Lancashire Cotton Industry 1770–1840, London 1960/1959 und Eisenstadt, Shmuel N.: Revolution und die Transformation von Gesellschaften. Eine vergleichende Untersuchung verschiedener Kulturen, Opladen 1982 ab.
54 Vgl. Nullmeier, Frank (Hrsg.): Prekäre Legitimitäten. Rechtfertigung von Herrschaft in der postnationalen Konstellation, Frankfurt/M. 2010.

Einleitung

Unmuts, d.h. unter welchen Umständen wird dieser zum Grund für eine politische Aktion? Sein Blick fällt hierbei auf Fragen der *Organisation* (formaler wie informaler Natur) einerseits und der *Ressourcenausstattung* andererseits. Gegen die sozialpsychologischen und strukturfunktionalistischen Arbeiten gleichermaßen gerichtet, stellt er heraus:

> Despite the many recent attempts to psychologize the study of revolution by introducing ideas of anxiety, alienation, rising expectations, and the like, and to sociologize it by employing notions of disequilibrium, role conflict, structural strain, and so on, the factors which hold up under close scrutiny are, on the whole, *political* ones. The structure of power, alternative concepts of justice, the organization of coercion, the conduct of war, the formation of coalitions, the legitimacy of the state – these traditional concerns of political thought provide the main guides to the explanation of revolution.[55]

Doch so sehr die Richtung, die Tilly vorgibt, auch grundsätzlich zu begrüßen ist, kritisch sehe ich zweierlei. Zum einen erfahren wir wenig über die Ursachen bzw. Strukturbedingungen der Revolution. Tillys Ressourcen-Mobilisierungs-Theorie ist mehr eine Theorie der *Dynamik* revolutionärer Bewegungen, oder genauer noch: sozialer Bewegungen.[56] Sein Hauptaugenmerk gilt mit anderen Worten dem *Prozess* der Revolution, weniger den Bedingungen, die sie allererst möglich machen. Zum anderen verfällt Tilly gegenüber den Strukturfunktionalisten ins andere Extrem. Während für Letztere alle (staatliche) Herrschaft immer schon legitim ist, ist sie für ihn immer schon *illegitim*. Dies deshalb, weil Tilly den Staat als einen nimmersatten und raffgierigen (sich mitunter auch krimineller Methoden bedienenden) Akteur auffasst, der sich mit dem erreichten Ausmaß an Macht niemals zufrieden gibt, vielmehr stets darauf aus ist, *mehr* Ressourcen aus der Bevölkerung zu extrahieren, um wiederum den staatlichen Ap-

---

55 Tilly, Charles: Does Modernization Breed Revolution?, in: Comparative Politics, Bd. 5/1973, Heft 3, S. 425-447, hier S. 447. Für seine Revolutionstheorie am wichtigsten sind ders.: Revolutions and Collective Violence, in: Greenstein, Fred I./Polsby, Nelson W. (Hrsg.): Handbook of Political Science. Bd. 3: Macropolitical Theory, Reading/Mass. 1975, S. 483-556 und ders.: From Mobilization to Revolution, Reading/Mass. 1978.

56 Vgl. Foran 1993 – Theories of Revolution Revisited, S. 3. Vielleicht gerät ihm die Definition von „Revolution" auch deshalb viel zu weit. Gleichwohl schweigt sich Tilly über die Strukturbedingungen der Revolution nicht gänzlich aus: Er wehrt sich zwar gegen undifferenzierte Pauschalaussagen derart, dass „die" Modernisierung Revolutionen hervorruft, aber er hat nichtsdestotrotz zwei zentrale (und *moderne*) Strukturentwicklungen im Blick: den Aufstieg des modernen Nationalstaats auf der einen und die Entwicklung des Kapitalismus auf der anderen Seite.

parat weiter auszubauen, Krieg zu führen und dem seinen Klienten gegebenen Schutzversprechen nachzukommen.[57] „Legitimacy is *always* problematic for Tilly, as power-holders are constantly seeking to expand their purviews."[58] In der Leugnung der Möglichkeit legitimer Herrschaft trifft sich Tilly wiederum mit Theda Skocpol.

(3) Skocpol ist die wohl bekannteste Vertreterin aus der dritten „Generation" von Revolutionstheoretikern, zu der Goldstone außerdem Jeffery Paige, Ellen K. Trimberger und Shmuel Eisenstadt zählt. Mit ihrem 1979 erschienenen Hauptwerk „States and Social Revolutions" rückten endgültig die *strukturellen* Bedingungen von Revolutionen in den Fokus. Ihre komparative Revolutionsstudie besticht dabei nicht nur durch eine historisch umfassend informierte Analyse der drei „großen" Revolutionen in Frankreich, China und Russland, sondern zusätzlich durch eine seltene systematische Klarheit, mit der sie ihre Revolutionstheorie entwirft.[59] Mit dieser erfolgt nachfolgend auch deshalb eine etwas intensivere Auseinandersetzung, weil sie nach Aussage von Goldstone „the dominant paradigm for analysis of revolutions"[60] repräsentiert. Damit eine soziale Revolution ausbricht, sind laut Skocpol, wenn man ihre Argumentation aufs Wesentliche reduziert, drei Bedingungen notwendig. (1) Der Staat muss gegenüber anderen Staaten militärisch und ökonomisch ins Hintertreffen geraten sein, so dass er sich im Inneren zu umfassenden Reformen genötigt sieht, um im zwischenstaatlichen Wettbewerb bestehen zu können. Am Anfang einer jeden (potentiellen) Revolution steht mithin ein (durch externen Druck) geschwächter Staat, der Anstrengungen zur Selbststärkung unternimmt. (2) Die herrschende landbesitzende Klasse – deren Interessen ge-

---

57 Vgl. Tilly, Charles: War Making and State Making as Organized Crime, in: Evans, Peter B./Rueschemeyer, Dietrich/Skocpol, Theda (Hrsg.): Bringing the State Back In, Cambridge 1985, S. 169-191, wo er seine bekannte „racketeering"-These verficht, derzufolge der Staat, der seiner Bevölkerung Schutz (an-)bietet, dieses Schutzbedürfnis allererst schafft (oder verstärkt), mithin im Stile eines Schutzgelderpressers für Angebot und Nachfrage zugleich sorgt.
58 Kimmel 1990 – Revolution, S. 207, m.H.
59 Ihre Revolutionstheorie umfasst dabei nicht nur die Ursachen, sondern auch ganz wesentlich die – wiederkehrenden – *Ergebnisse* von Revolutionen. Im Gegensatz zu Marx und auf einer Linie mit Tocqueville führen bei Skocpol Revolutionen weder zu einem Fortfall noch zu einer Schwächung, sondern zu einer *Stärkung* des Staates. Auf diese wichtige Erkenntnis wird an anderer Stelle noch einzugehen sein.
60 Goldstone, Jack A.: Toward a Fourth Generation of Revolutionary Theory, in: Annual Review of Political Science, Bd. 4/2001, S. 139-187, hier S. 171.

Einleitung

rade *nicht* (wie Marx behaupten würde) notwendig identisch mit denen der staatlichen Eliten sind – muss auf nationaler Ebene über so viel politische Macht verfügen, dass sie die Reformanstrengungen des Staates blockieren kann.[61] Mit der Folge, dass der Staat zusätzlich geschwächt wird und allererst zum Opfer eines (klassenbasierten) Aufstands „von unten" werden kann. Entscheidend ist in Skocpols Modell mit anderen Worten die Lähmung des staatlichen Apparats – auch und gerade seiner Zwangsmittel – nicht durch die Unter-, sondern die Oberschicht. Zugleich betont sie gegenüber Marx die *Autonomie* des Staates: Dieser ist nicht das Unterdrückungsinstrument der herrschenden Klasse, seine Repräsentanten verfolgen vielmehr (zumindest potentiell) ihre *eigenen*, von den Produktionsverhältnissen nicht vorgegebenen Interessen. (3) Es bedarf unter den Bauern einer hohen Autonomie und Solidarität. Nur so verfügt der bäuerliche Massenaufstand über die nötige Durchschlagskraft, um den geschwächten Staat und damit das Ancien Régime zu Fall zu bringen. Was im Umkehrschluss heißt: Gegen einen starken Staat kann eine revolutionäre Bewegung, und sei sie noch so gut organisiert, ob seiner überlegenen Gewaltmittel nichts ausrichten. Die Ironie ist also eine zweifache. Zum einen sind es die staatlichen Repräsentanten selbst, die mittels Reformen jenen revolutionären Prozess in Gang setzen, dem sie letztlich zum Opfer fallen. Zum anderen ist es allererst der Widerstand der Grundbesitzer auf dem Land, der den Staat in administrativer und repressiver Hinsicht auf eine Weise schwächt, die ihn – und damit den Garanten auch der gesellschaftlichen Stellung und Privilegien der Grundbesitzer – verwundbar gegenüber Revolten „von unten" macht. Die Sequenz zusammengefasst: Die erste Bedingung löst eine politische Krise aus, die zusammen mit der zweiten in einer politischen Revolution mündet, die sich wiederum durch die dritte Bedingung zu einer sozialen Revolution ausweitet.[62] Man muss, anders

---

61 Zugleich muss die Struktur der Agrarwirtschaft so beschaffen sein, dass sie nicht *von sich aus*, d.h. nicht ohne grundlegende Reformen, zu erhöhten Einnahmen des Staates führt.
Der tiefere Grund dafür, warum die staatlichen Eliten eine Politik verfolgen, die den wirtschaftlichen Interessen der herrschenden Klasse widerspricht, besteht in erster Linie darin, dass sich der Staat, wie gesagt, einem verschärften internationalen Wettbewerb ausgesetzt sieht. Vgl. Skocpol, Theda: States and Social Revolutions. A Comparative Analysis of France, Russia, and China, Cambridge 1979, S. 49f.
62 Skocpol (ebd., S. 4) definiert soziale Revolutionen wie folgt: „Social revolutions are rapid, basic transformations of a society's state and class structures; and they

gesagt, in die Revolutionsanalyse (a) die Beziehungen der Staaten untereinander, (b) die Beziehungen zwischen Staat und herrschender Klasse und (c) die Beziehungen der Klassen untereinander einbeziehen. Insbesondere (a) und (b), d.h. der internationale Kontext und die staatliche Autonomie, seien bislang zu kurz gekommen, so Skocpol. „Bringing the State Back In" lautet folgerichtig der Aufruf Skocpols und anderer einige Jahre später.[63]

Obschon Skocpols Arbeit zunächst überschwänglich gefeiert wurde und die Theorie der Revolution ihrer Grundlagenforschung ohne Frage bleibende Erkenntnisse verdankt, blieb sie nicht ohne Kritik. Vor allem an zwei (miteinander zusammenhängenden) Punkten stößt man sich.[64] Zum einen an ihrer Vernachlässigung der *menschlichen Agency*. Skocpol nimmt nach eigener Aussage eine „nonvoluntarist structural perspective" ein, ihr Diktum (das sie Wendell Phillips entlehnt) lautet: „,Revolutions are not made; they come.'"[65] Entsprechend *deterministisch* mutet ihre Argumentation an. Anders gesagt, verpasst es Skocpol, die „duality of structure" (Anthony Giddens) in Rechnung zu stellen: Strukturen grenzen „lediglich" den Bereich des wählbaren Verhaltens ein (ja, ermöglichen in gewisser Weise sogar allererst eine bewusste Wahl), doch sie determinieren es nicht. Nicht gerecht wird Skocpol deshalb der prinzipiellen *Kontingenz* aller Geschichte, die ihren tieferen Grund darin hat, dass es letztlich immer mehr oder weniger freie Menschen sind, die sich so *oder auch anders* (hätten) entscheiden können. Menschen sind keine programmierbaren Au-

---

are accompanied and in part carried through by class-based revolts from below. " Von politischen grenzt sie soziale Revolutionen (ebd.) folgendermaßen ab: „Political revolutions transform state structures but not social structures, and they are not necessarily accomplished through class conflict."

63 Siehe Evans, Peter B./Rueschemeyer, Dietrich/Skocpol, Theda (Hrsg.): Bringing the State Back In, Cambridge 1985.
64 Für eine Kritik an Skocpols Revolutionstheorie siehe v.a. Himmelstein, Jerome L./Kimmel, Michael S.: Review: States and Revolutions. The Implications and Limits of Skocpols Structural Model, in: The American Journal of Sociology, Bd. 86/1981, Heft 5, S. 1145-1154; Sewell, William H.: Ideologies and Social Revolutions. Reflections on the French Case, in: The Journal of Modern History, Bd. 57/1985, Heft 1, S. 57-85; Kimmel 1990 – Revolution, S. 185-187; Laitin, David D./Warner, Carolyn M.: Structure and Irony in Social Revolutions, in: Political Theory, Bd. 20/1992, Heft 1, S. 147-151 und Sewell, William H.: Three Temporalities. Toward an Eventful Sociology (1996), in: ders.: Logics of History. Social Theory and Social Transformation, Chicago 2005, S. 81-123, hier S. 91-100.
65 Beide Zitate Skocpol 1979 – States and Social Revolutions, S. 14 und 17.

Einleitung

tomaten.⁶⁶ Wie schon Marx wusste, der nicht im Verdacht steht, die menschliche Agency sonderlich hoch zu hängen. Er betont in seinen berühmten Zeilen aus dem „Achtzehnten Brumaire" zwar, dass die Menschen ihre Geschichte „nicht aus freien Stücken unter selbstgewählten, sondern unter unmittelbar vorhandenen, gegebenen und überlieferten Umständen" machen, aber er hält bei aller Relativierung eingangs dennoch fest: „Die Menschen machen ihre eigene Geschichte"⁶⁷. Zum anderen wird Skocpol vorgeworfen, die Rolle der *Ideologie* bzw. *Kultur* für die politische Mobilisierung der revolutionären Massen zu unterschätzen. Beide Defizite offenbaren sich bereits in der iranischen Revolution (1977-1979), wie Skocpol in ihrer eigenen Analyse selbstkritisch feststellen musste, ohne hieraus indes die nötigen *theoretischen* Schlüsse zu ziehen.⁶⁸ In den letzten Jahren ist es wohl auch deshalb – und wegen anderer „Revolutionen" u.a. in Ost- und Mitteleuropa (1989/90), die mit ihrer Theorie nur schwer zu vereinen sind – erstaunlich still um ihre Revolutionstheorie geworden.

Wenngleich ich (Teilen von) Skocpols Theorie aus den genannten Gründen ebenfalls skeptisch gegenüberstehe, richtet sich meine Hauptkritik gegen ein anderes, allerdings direkt hiermit zusammenhängendes Merkmal derselben: ihre Einschätzung des Faktors „(Il-)Legitimität". Hierin spiegelt sich unverkennbar der marxistische Einfluss wider. Staatliche Herrschaft ist für Skocpol nicht deshalb stabil, weil sie gegenüber den Herrschaftsunterworfenen erfolgreich Legitimität beanspruchen kann, sondern weil sie über *überlegene Gewalt*- bzw. *Zwangsmittel* verfügt. An zentraler Stelle führt sie aus: „Not only does an organizational, realistic perspective on the state entail differences from Marxist approaches", insofern

---

66 Vgl. Sewell, William H.: A Theory of Structure. Duality, Agency, and Transformation (1992), in: ders.: Logics of History. Social Theory and Social Transformation, Chicago 2005, S. 124-151, v.a. S. 125. Oder auch Himmelstein/Kimmel 1981 – Review, S. 1153: Skocpol „simply assumes that the appropriate actors are always there, waiting to perform the role required by structural conditions – peasants ever ready to make massive uprisings and marginal elites ever able to reconsolidate power. She rarely regards their response to structural conditions as problematic, and thus she systematically undervalues the role of ideology, political organization, and self-conscious social action."
67 Beide Zitate Marx, Karl: Der achtzehnte Brumaire des Louis Bonaparte, Frankfurt/M. 2007, S. 9.
68 Siehe Skocpol, Theda: Rentier State and Shi'a Islam in the Iranian Revolution, in: Theory and Society, Bd. 11/1982, Heft 3, S. 265-283.

als der Staat als ein eigenständiger und -williger Akteur eingeführt wird, nein,

> it also contrasts with non-Marxist approaches that treat the *legitimacy* of political authorities as an important explanatory concept. [...] Even after great loss of legitimacy has occurred, a state can remain quite stable – and certainly invulnerable to internal mass-based revolts – especially if its coercive organizations remain coherent and effective.[69]

Skocpol geht zwar nicht so weit, die Möglichkeit legitimer Herrschaft überhaupt zu bestreiten, doch sie misst dem positiven oder negativen Legitimitätsurteil der Herrschaftsunterworfenen keinerlei – oder allenfalls eine nachrangige und zu vernachlässigende – Bedeutung für die „Erklärung" von Revolutionen bei. Stabil (genug) sei auch illegitime Herrschaft, vorausgesetzt, sie verfüge über einen genauso intakten wie loyalen Verwaltungs- und Erzwingungsstab. „[T]he administrative and coercive organizations are the basis of state power as such"[70]. Und so entbehrt es aus heutiger Sicht nicht ganz der Ironie, welches Beispiel Skocpol als Beleg für die vermeintliche Irrelevanz legitimatorischer Fragen in Bezug auf die Stabilität von Herrschaft anführt: „the prolonged survival of such blatantly repressive and domestically illegitimate regimes as the South African"[71]. Die Apartheid in Südafrika aber fand Anfang der 1990er Jahre ein Ende. Nur weil mit anderen Worten die Illegitimität – wobei noch zu klären sein wird, wie sich der Begriff weiter differenzieren ließe – keine *hinreichende* Bedingung für den Ausbruch einer Revolution (oder eine auf anderem Wege erfolgende grundlegende Transformation der Herrschaftsordnung) ist, folgt daraus noch nicht, dass sie nicht eine *notwendige* Bedingung ist. Mit David Beetham möchte ich vielmehr die These aufstellen, dass eine politische erst und nur dann zu einer revolutionären Krise wird, wenn die theoretische Legitimität der Herrschaftsordnung öffentlich in Abrede gestellt wird.

> Revolutions are complex events, subject to multiple causation, both long and short term, systemic and contingent, predisposing and precipitating, etc. I have no wish to underestimate the role that governmental failure, whether it be the product of internal and external pressures, organizational incapacity, personal incompetence, or whatever combination, plays in the creation of a revolutionary situation; nor to discount the importance of intra-élite division,

---

69 Skocpol 1979 – States and Social Revolutions, S. 31f.
70 Ebd., S. 29.
71 Ebd., S. 16.

especially among the military, to the final outcome. Yet none of these are sufficient to make a governmental crisis a revolutionary one, without the *loss of moral authority* that has its origin in some weakness in the regime's *source* of authority, and that is intensified by the impact of mass delegitimation.[72]

Darüber hinaus möchte ich aufzeigen, inwieweit uns eine (de-)legitimationsorientierte Analyse einem Verständnis der *Dynamik* vorrevolutionärer und revolutionärer Prozesse bis hin zum Sturz des Ancien Régime näherbringt. Skocpol entgeht mithin der konstitutive Zusammenhang von Revolution und (Il-)Legitimität bzw. (De-)Legitimation, weil sie eine solche analytische Verknüpfung mit jener der (ehedem dominanten) Strukturfunktionalisten um Johnson gleichsetzt.[73] Was aber keinesfalls zwingend ist. Man muss, wenn man für ein Verständnis der Revolution auf die Kategorie der Legitimität zurückgreift, *nicht* von einer qua Wertkonsens integrierten Gesellschaft ausgehen. Ganz im Gegenteil, eine legitimitätstheoretische Perspektive *sensibilisiert* für die (bleibende!) *Fragwürdigkeit* aller Herrschaft, für das unentwegte In-Frage-Stellen ihrer Legitimität, für das Vorherrschen von Konflikt statt Konsens, ja, für den niemals beigelegten, weil nicht beizulegenden, „Streit der Legitimitäten" (Schlichte), der mit aller Politik (die im Kern Konflikt ist) stets verbunden ist. Die vorliegende Arbeit nimmt ihren Ausgang daher nicht bei Durkheim oder Parsons, sondern bei Weber, genauer: bei der *Weberschen Herrschaftssoziologie*.[74] An-

---

72 Beetham 1991 – The Legitimation of Power, S. 220, m.H.
73 Das wird besonders in der Einleitung deutlich, siehe Skocpol 1979 – States and Social Revolutions, v.a. S. 11-32.
74 So überrascht es nicht, dass Weber in Skocpols „States and Social Revolutions" lediglich vier Mal erwähnt wird, davon drei Mal höchst beiläufig. Wieso das so ist, wird eher versteckt, in einer Fußnote nämlich, deutlich: „Weber tended to theorize about major forms of political structure in terms of the dominant kinds of ideas – tradition, charisma, rational-legal norms – through which the authority of rulers or their staffs was legitimated, whereas the focus here is much more on the material-resource base and organizational form of state power." Ebd., S. 304, Fn. 4. Den Vorwurf, dass Weber materielle und organisatorische Fragen, gerade im Zusammenhang mit staatlicher Herrschaft, vernachlässigt, hört man auch nicht oft. Ich kann mir diese Lesart nur dadurch erklären, dass Skocpol Weber, wie viele andere Amerikaner auch, durch die Brille von Parsons liest, der eine eigenwillige Synthese von Durkheim und Weber vorgenommen hat. Unter Berücksichtigung der folgenden Sätze würde Skocpol sicherlich anders über Weber urteilen: „Bei *allen* Herrschaftsverhältnissen aber ist für den kontinuierlichen Bestand der tatsächlichen Fügsamkeit der Beherrschten höchst entscheidend vor allem die Tatsache der Existenz des Verwaltungsstabes und seines *kontinuierlichen* auf Durchführung der Ordnungen und (direkte oder indirekte) Erzwingung der Unterwerfung unter die

ders gesagt: Die Vernachlässigung der Legitimitätskategorie bei Skocpol und weiten Teilen der Revolutionsforschung insgesamt hat weniger sachliche denn *konzeptionelle* Gründe.[75] Es mangelt an einem adäquaten Verständnis und Konzept der Legitimität. Genau diesen Mangel aber möchte ich in dieser Arbeit beheben, indem über eine kritische Fortschreibung der Weberschen Systematik des Legitimitätsbegriffs ein dreidimensionales Legitimitätskonzept entworfen wird. Es stellt dies ein Unterfangen dar, für das Beetham mit „The Legitimation of Power" (1991) eine wesentliche Vorarbeit geleistet hat. Wenngleich sein multidimensionales Legitimitätsschema dennoch der Überarbeitung bedarf, man könnte auch sagen: einer etwas anderen Akzentuierung.

Dafür, dass der Verzicht auf die Legitimitätskategorie in der Revolutionsforschung in erster Linie auf eine unzureichende bzw. unterkomplexe Konzeptualisierung von Legitimität zurückzuführen ist, scheint mir Goldstone – ein Schüler Skocpols und aktuell einer der führenden Revolutionsforscher – ein letztes und vielleicht sogar das beste Beispiel zu liefern. Man könnte in ihm einen Vertreter der vierten „Generation" von Revolutionstheorien erblicken.[76] Eine (Revolutionen vorausgehende) Staatskrise definiert er zwar als „a situation in which politically significant numbers of elites, or popular groups, or both, consider the central state to be operating in a manner that is ineffective, unjust, or obsolete"[77], aber er lehnt es ab, diese veränderte Einstellung dem Staat gegenüber legitimitätstheoretisch einzufangen. Warum nämlich? Die Begründung ist nach meinem Dafürhalten bezeichnend. Goldstone beklagt, dass das Konzept der Legitimität einerseits viel zu *legalistische* Konnotationen trage – obwohl selbst legal konstituierte Herrschaft für illegitim und umgekehrt auch illegal zustande gekommene Herrschaft für legitim gehalten werden könne, Fragen

---

Herrschaft gerichteten Handelns. Die Sicherung dieses die Herrschaft realisierenden Handelns ist das, was man mit dem Ausdruck ‚Organisation' meint. Für die hiernach so überaus wichtige Herrenloyalität des Verwaltungsstabes selbst wiederum ist dessen Interessensolidarität mit dem Herrn – ideell sowohl wie materiell – ausschlaggebend." Weber 2005 – Die drei reinen Typen, S. 738f.; vgl. ähnlich auch ders. 1980 – Wirtschaft und Gesellschaft, S. 154.

75 Das scheint mir auch Beetham 1991 – The Legitimation of Power, S. 219 so zu sehen.
76 Vgl. Foran 1993 – Theories of Revolution Revisited, S. 14-16 und Goldstone 2001 – Toward a Fourth Generation.
77 Goldstone, Jack A.: Revolution and Rebellion in the Early Modern World, Berkeley 1991, S. 8.

Einleitung

der Legalität für die Beurteilung der Legitimität also zumeist von nachgeordneter Relevanz seien – und dass in ihm andererseits der Fokus zu sehr auf Fragen der *Gerechtigkeit* und zu wenig auf Fragen der *Effektivität* von Herrschaft liege.[78] Kurz gesagt, Goldstone bemängelt die *geringe Komplexität* der Legitimitätskategorie. Eben diesen Makel beabsichtige ich indes mit jenem *mehrdimensionalen* und daher hoffentlich hinreichend komplexen Legitimitätsschema zu beheben, das ich gemeinsam mit Axel Paul entwickelt habe.[79] Auch und gerade Fragen der Effektivität von Herrschaft finden in ihm explizit Berücksichtigung – in der *performativ*-expressiven Dimension und, bezüglich der staatlichen Leistung, die Ordnung aufrechtzuerhalten, ebenso in der basal-pragmatischen. Goldstone ist daher unbedingt zuzustimmen, wenn er meint: „Political allegiance depends on the extent to which elite and popular groups view the state as just *and* effective in performing the duties of governance."[80] *Beides* aber ist meiner Meinung nach eine Frage der Legitimität und sollte daher Eingang in deren Konzeptualisierung finden.

Auch in einem jüngeren Überblick über die „Generationen" der Revolutionstheorie ist Goldstone in Hinblick auf den Konnex von Revolution und (Il-)Legitimität nah – näher zumal als Skocpol – am entscheidenden Punkt. Allein, er verpasst es aus den genannten Gründen, den Gedankengang *legitimitätstheoretisch* einzukleiden.

> The joint need to manage state tasks and cultural standing can be summed up in two words: effectiveness and justice. States and rulers that are perceived as ineffective may still gain elite support for reform and restructuring if they are

---

78 Im Wortlaut (ebd., S. 9): „Much of the political science literature describes such a shift in attitudes as a crisis of ‚legitimacy'. I prefer to avoid this term; it does not capture my meaning – in part because legitimacy has legalistic connotations that suggest that a ‚legitimate' government is duly constituted whereas an ‚illegitimate' government is illegally constituted. These considerations are often irrelevant. Moreover, ‚legitimacy' is inadequate because this term generally focuses attention only on matters of justice and ignores state effectiveness."
79 Siehe Ingold, Ingmar/Paul, Axel T.: Multiple Legitimitäten. Zur Systematik des Legitimitätsbegriffs, in: Archiv für Rechts- und Sozialphilosophie, Bd. 100/2014, Heft 2, S. 243-262.
80 Goldstone 1991 – Revolution and Rebellion, S. 9, m.H. Der originäre Beitrag von Goldstones „Revolution and Rebellion in the Early Modern World" liegt gleichwohl woanders: Er fragt, warum Revolutionen und Rebellionen in *Wellen* vorzukommen pflegen, die mehrere Länder gleichzeitig oder kurz nacheinander erfassen – und stößt bei der Erklärung auf (indirekt wirkende) *demographische Veränderungen*.

perceived as just. States that are considered unjust may be tolerated as long as they are perceived to be effective in pursuing economic or nationalist goals, or just too effective to challenge. However, states that appear *both* ineffective *and* unjust will forfeit the elite and popular support they need to survive.[81]

Wenn Herrschaft, anders formuliert, nicht nur ein *theoretisches Legitimitätsdefizit* eignet, sondern sie zusätzlich in *performative Schwierigkeiten* gerät, dann droht eine Revolution. Diese Aussage wird im Laufe dieser Arbeit noch genauer zu differenzieren sein. Und dass das, was Goldstone „(un-)just" nennt und ich als „theoretisch (il-)legitim" bezeichne, für ihn einen immer wichtigeren Platz einnimmt, ja, wie weit er sich inzwischen von Skocpols Aussagen über die Ursachen von Revolutionen entfernt hat, davon zeugt nicht minder seine jüngste Publikation. Revolutionen definiert er dort folgendermaßen:

> We can [therefore] best define revolution in terms of both observed mass mobilization and institutional change, and a driving ideology carrying a vision of social justice. Revolution is the forcible overthrow of a government through mass mobilization (whether military or civilian or both) *in the name of social justice*, to create new political institutions.[82]

„In the name of social justice" impliziert, dass man sich in Revolutionen gegen eine ungerecht und das heißt in theoretisch-reflexiver Hinsicht illegitim gewordene Herrschaft wendet.

Mit dem mehrere Dimensionen unterscheidenden Legitimitätsschema, so viel sei vorweg gesagt, soll keineswegs die Bedeutung von Zwang und Gewalt für die Stabilität und damit den Fortbestand von Herrschaft in Abrede gestellt werden. Die Argumentation soll vielmehr *ausgewogener* werden: Alle Herrschaft beruht auf Zustimmung *und* auf Gewalt. Zugleich soll sie jedoch *differenzierter* werden, indem zum einen in Rechnung gestellt wird, dass von Gewalt eine nicht bloß delegitimierende Wirkung insofern ausgehen kann, als die Herrschaftsunterworfenen durch ihren Einsatz weiter aufgebracht werden, sondern ebenso eine *(quasi-)legitimierende* Wirkung. Gewalt und Legitimität bilden mit anderen Worten *kein* einfaches Gegensatzpaar, stehen also nicht in einem einander (völlig) ausschließenden, sondern in einem (teilweise) *komplementären* Verhältnis. Die Herrschaft, die laut Skocpol Bestand hat, *obwohl* sie einen Legitimitätsverlust erlitten hat, verfügt mit anderen Worten weiterhin über Legitimität,

---

81 Goldstone 2001 – Toward a Fourth Generation, S. 148, m.H.
82 Goldstone, Jack A.: Revolutions. A Very Short Introduction, New York 2014, S. 4, m.H.

Einleitung

genauer: über eine *bestimmte Form* von Legitimität, die als „basal-pragmatische" vorzustellen sein wird. Zum anderen ist an die weisen Worte Jean-Jacques Rousseaus im *Contrat Social* zu erinnern: „Le plus fort n'est jamais assez fort pour être toujours le maître, s'il ne transforme sa force en droit et l'obéissance en devoir." Selbst der stärkste Herrscher ist nur unter der Bedingung stark genug, dass er über einen ihm treu ergebenen *Erzwingungsstab* verfügt. Das heißt, wenn schon nicht dem Gros der Herrschaftsunterworfenen, so doch wenigstens dem Stab gegenüber muss sich der Herrscher legitimieren, in Henner Hess' Terminologie: wenn nicht generell, so doch immerhin *speziell*.[83]

Wie immer gilt: keine Regel ohne Ausnahmen. Jene Arbeiten, die sich zur Revolutionsanalyse nicht nur explizit, sondern auch gewinnbringend der Legitimitätskategorie bedient haben, sollen nicht verschwiegen werden. Zu nennen wäre Randall Collins, der sich jedoch weitestgehend auf die delegitimatorische Wirkung einer erfolglosen Außenpolitik beschränkt.[84] Auf die Pionierarbeit von Beetham – mit Blick sowohl auf die Systematik des Legitimitätsbegriffs als auch die Anwendung auf das Phänomen der Revolution – braucht an dieser Stelle noch nicht näher eingegangen zu werden. Bliebe noch die Studie von Ekkart Zimmermann zu erwähnen. Dieser identifiziert in seinem „Kausalmodell von Revolutionen" drei notwendige Bedingungen. Es gebe im Falle jeder einzelnen Revolution zwar eine Vielzahl an (kaum zu systematisierenden) Ursachen bzw. Bedingungen, doch *stets* bedürfe es für den Ausbruch einer Revolution (1) eines Verlusts an Regimelegitimität, (2) eines Abfalls der Eliten sowie (3) der Schwäche oder Illoyalität der Zwangskräfte der Regierung.[85] Doch bei aller bemerkenswerten analytischen Schärfe mangelt es Zimmermann an

---

83 Vgl. Hess, Henner: Die Entstehung zentraler Herrschaftsinstanzen durch die Bildung klientelärer Gefolgschaft. Zur Diskussion um die Entstehung staatlich organisierter Gesellschaften, in: Kölner Zeitschrift für Soziologie und Sozialpsychologie, Bd. 29/1979, Heft 4, S. 762-778. Im Hinblick auf die Notwendigkeit einer „speziellen" Legitimation weiß Weber zu pointieren: „Für die Beziehung des Herrn zu ihm [dem Verwaltungsstab] gilt der Satz: daß der auf jene [ideelle und materielle Interessen-]Solidarität gestützte Herr jedem *einzelnen* Mitglied gegenüber stärker, *allen* gegenüber schwächer ist." Weber 1980 – Wirtschaft und Gesellschaft, S. 154.
84 Siehe Collins, Randall: Weberian Sociological Theory, Cambridge 1986, S. 145-166. Es ist wohl kein Zufall, dass auch Collins ein erklärter „Weberianer" ist.
85 Siehe Zimmermann 1981 – Krisen, S. 249-257.

einem angemessenen Legitimitätskonzept. Er orientiert sich diesbezüglich in hohem Maße an David Easton (der wiederum stark von Weber beeinflusst wurde).[86] Dessen analytische Unterscheidung von diffuser und spezifischer Unterstützung – wobei diese das *direkte* Resultat des System*outputs* ist, während jene eine nur *indirekte* Verbindung zum Output aufweist – leuchtet zwar unmittelbar ein und versetzt Zimmermann in die Lage, zwischen einem Verlust der Legitimität nur der *Amtsträger* und dem schwerwiegenderen (weil der Möglichkeit nach revolutionäre Folgen habenden) Legitimitätsverlust des *Regimes* bzw. der Herrschaftsordnung als Ganzes zu differenzieren. Auch wird ergiebig zwischen verschiedenen Legitimationsadressaten differenziert: den Eliten, den Intellektuellen, der Armee und Polizei sowie den Massen. Nur wird das verwendete Konzept der Vielgesichtigkeit des Phänomens Legitimität nichtsdestotrotz bei Weitem nicht gerecht. Einerseits wird nicht genau erörtert, woraus sich die (theoretische) Regimelegitimität speist, andererseits wird das in Teilen komplementäre Verhältnis von Gewalt und Legitimität insofern übergangen, als für Zimmermann alle (starke) Repression zwangsläufig Legitimitätsverluste nach sich zieht.

Was sind die Gründe für die Defizite im Verständnis des Phänomens der Legitimität? Mit Wilhelm Hennis scheint mir ein ganz wesentlicher Grund darin zu liegen, dass die Sozialwissenschaft insgesamt im Hinblick auf die Kategorie der Legitimität nach wie vor „im Bannkreis Max Webers"[87] steht. Was zur Folge hat, dass man entweder dessen Begriff und Typologie der Legitimität zu analytischen Zwecken mehr oder weniger *unverändert*

---

86 Vgl. ebd., S. 26-47. In dem Zusammenhang maßgeblich sind Easton, David: A Systems Analysis of Political Life, New York 1965 und Easton, David: A Re-Assessment of the Concept of Political Support, in: British Journal of Political Science, Bd. 5/1975, Heft 4, S. 435-457.
87 Hennis, Wilhelm: Legitimität. Zu einer Kategorie der bürgerlichen Gesellschaft (1976), in: ders.: Politikwissenschaft und politisches Denken. Politikwissenschaftliche Abhandlungen II, Tübingen 2000, S. 250-289, hier S. 262. Noch in der Einleitung zu einem 2012 erschienenen Sammelband zur „Legitimitätspolitik" wird welcher Autor zuerst genannt? Richtig: Weber. Siehe Nullmeier, Frank/Geis, Anna/Daase, Christopher: Der Aufstieg der Legitimitätspolitik. Rechtfertigung und Kritik politisch-ökonomischer Ordnungen, in: dies. (Hrsg.): Der Aufstieg der Legitimitätspolitik. Rechtfertigung und Kritik politisch-ökonomischer Ordnungen. Leviathan Sonderband 27, Baden-Baden 2012, S. 11-38, hier S. 11. Vgl. zum Folgenden auch Ingold/Paul 2014 – Multiple Legitimitäten, S. 245f.

Einleitung

übernimmt.[88] Oder aber man verwendet in teils expliziter, teils impliziter Abgrenzung zu Weber *alternative* Legitimitätskonzeptionen.[89] Zu kurz kommt in *beiden* Fällen eine *kritische Fortschreibung* der Weberschen Systematik. Selbst die legitimitätstheoretischen „Weberianer" belassen es in der Regel bei einer bloßen *Rekonstruktion* der Systematik.[90] Gelegentlich erfährt sie zwar eine *punktuelle* Erweiterung, wie besonders prominent der legale Legitimitätstypus bei Niklas Luhmann und Jürgen Haber-

---

88 Siehe z.B. Rigby, Thomas H./Fehér, Ferenc (Hrsg.): Political Legitimation in Communist States, London 1982 sowie Breuer, Stefan: Max Webers Herrschaftssoziologie, Frankfurt/M. 1991 und ders.: Der Staat. Entstehung, Typen, Organisationsstadien, Reinbek bei Hamburg 1998.
89 Zu nennen wären hier u.a.: Easton 1965 – A Systems Analysis; Schaar, John H.: Legitimacy in the Modern State (1970), in: Connolly, William E. (Hrsg.): Legitimacy and the State, Oxford 1984, S. 104-133; Scharpf, Fritz W.: Demokratietheorie zwischen Utopie und Anpassung, Konstanz 1970; Kielmansegg, Peter: Legitimität als analytische Kategorie, in: Politische Vierteljahresschrift, Bd. 12/1971, Heft 3, S. 367-401; Sternberger, Dolf: Herrschaft und Vereinbarung. Eine Vorlesung über bürgerliche Legitimität (1964), in: ders.: Herrschaft und Vereinbarung, Frankfurt/M. 1980, S. 115-134; Hennis 2000 – Legitimität; Möllers, Christoph: Gewaltengliederung. Legitimation und Dogmatik im nationalen und internationalen Rechtsvergleich, Tübingen 2005; Boltanski, Luc/Thévenot, Laurent: Über die Rechtfertigung. Eine Soziologie der kritischen Urteilskraft, Hamburg 2007 und Rosanvallon, Pierre: Demokratische Legitimität. Unparteilichkeit – Reflexivität – Nähe, Hamburg 2010 sowie Nullmeier, Frank/Nonhoff, Martin: Der Wandel des Legitimitätsdenkens, in: Nullmeier, Frank (Hrsg.): Prekäre Legitimitäten. Rechtfertigung von Herrschaft in der postnationalen Konstellation, Frankfurt/M. 2010, S. 16-44 (wobei Letztere bemüht sind, die Anschlussfähigkeit ihrer eigenen konzeptionellen Überlegungen an Weber herauszustellen).
90 Siehe u.a. Willer, David E.: Max Weber's Missing Authority Type, in: Sociological Inquiry, Bd. 37/1967, S. 231-239; Spencer, Martin E.: Weber on Legitimate Norms and Authority, in: The British Journal of Sociology, Bd. 21/1970, Heft 2, S. 123-134; Satow, Roberta L.: Value-Rational Authority and Professional Organizations. Weber's Missing Type, in: Administrative Science Quarterly, Bd. 20/1975, Heft 4, S. 526-531; Heidorn, Joachim: Legitimität und Regierbarkeit. Studien zu den Legitimitätstheorien von Max Weber, Niklas Luhmann, Jürgen Habermas und der Unregierbarkeitsforschung, Berlin 1982; Matheson, Craig: Weber and the Classification of Forms of Legitimacy, in: British Journal of Sociology, Bd. 38/1987, Heft 2, S. 199-215; Bader, Veit-Michael: Max Webers Begriff der Legitimität. Versuch einer systematisch-kritischen Rekonstruktion, in: Weiß, Johannes (Hrsg.): Max Weber heute. Erträge und Probleme der Forschung, Frankfurt/M. 1989, S. 296-334; Baumann, Peter: Die Motive des Gehorsams bei Max Weber, in: Zeitschrift für Soziologie, Bd. 22/1993, Heft 5, S. 355-370 und (in beispielloser Klarheit) Breuer, Stefan: Legitime Herrschaft, in: ders.: Max Webers tragische Soziologie. Aspekte und Perspektiven, Tübingen 2006, S. 63-79.

mas, die diesen – keineswegs unumstritten – in Entscheidungs- und Begründungsverfahren „übersetzen", um einsichtig zu machen, unter welchen Voraussetzungen Legalität Legitimität generieren kann. Eine Weiterentwicklung der *Systematik selbst* aber bleibt auch hier aus.[91] Gleiches gilt für Rodney Barkers wiederum an Weber orientierten Versuch, (die Beanspruchung von) Legitimität in erster Linie als *endogene* Legitimation zu verstehen.[92] Einzig die (relativ spärlich rezipierten) Arbeiten Beethams stechen diesbezüglich heraus.[93] Sein mehrdimensionales Konzept von Le-

---

91   Vgl. insbesondere Luhmann, Niklas: Legitimation durch Verfahren, Frankfurt/M. 1983/1969; Habermas, Jürgen: Wie ist Legitimität durch Legalität möglich?, in: Kritische Justiz, Bd. 20/1987, Heft 1, S. 1-16 und ders.: Faktizität und Geltung. Beiträge zur Diskurstheorie des Rechts und des demokratischen Rechtsstaats, Frankfurt/M. 1998/1992. Auch die Fundierung der Weberschen drei Typen legitimer Herrschaft durch Kategorien der Piagetschen Kognitionspsychologie bei Breuer und Hallpike, so plausibel sie auch ist, stellt diesbezüglich keine Ausnahme dar. Denn theoretisch *erweitert* oder *überarbeitet* wird die Typologie gerade nicht. Siehe Breuer 1991 – Webers Herrschaftssoziologie und Hallpike, Christopher R.: The Evolution of Moral Understanding, Alton 2004.
92   Vgl. Barker, Rodney: Legitimating Identities. The Self-Presentations of Rulers and Subjects, Cambridge 2001. So richtig und originell der (noch dazu empirisch reichhaltig unterfütterte) Hinweis Barkers ist, dass die Herrschenden *auch* sich selbst (samt Gefolgschaft) von der eigenen Legitimität zu überzeugen wünschen, die exogene Legitimation durch die Herrschaftsunterworfenen deshalb als *nachrangig* einzustufen – also den primären Adressaten des Legitimitätsanspruchs in den Herrschenden selbst zu sehen –, geht meiner Meinung nach zu weit. Herrscher sind zwar zuweilen von der eigenen Legitimität überzeugt – insofern überwindet auch Barker einen pauschalen „soziologischen Zynismus" (Luckmann) – und ein Verlust dieser Überzeugung bleibt nicht folgenlos – auch typischerweise am Vorabend von Revolutionen nicht –, aber letztlich muss alle Legitimität durch die *Herrschaftsunterworfenen* (und, wichtiger noch, durch den Stab) anerkannt, ja, zugesprochen werden, zumal in der Moderne. Siehe kritisch hierzu auch Beetham, David: The Legitimation of Power, Basingstoke 2013/1991, S. 254-256. Und doch hat Barker dahingehend Recht, dass *historisch variiert*, wer den herrschaftlichen Anspruch auf Legitimität öffentlich bestätigen muss. Diesem Umstand wird die performativ-expressive Dimension Rechnung tragen.
93   Siehe v.a. Beetham, David: Max Weber and the Legitimacy of the Modern State, in: Analyse und Kritik, Bd. 13/1991, Heft 1, S. 34-45 und ders. 1991 – The Legitimation of Power sowie die um eine Einleitung und zwei weitere Kapitel erweiterte Neuauflage von „The Legitimation of Power" von 2013. Von einem begrüßenswerten neuerlichen Rezeptionsschub – nach Alagappa, Muthiah (Hrsg.): Political Legitimacy in Southeast Asia. The Quest for Moral Authority, Stanford/Calif. 1995 – der Beethamschen Systematik künden u.a. die Arbeiten von Heike Holbig, siehe etwa dies.: International Dimensions of Legitimacy. Reflections on Western

gitimität fungiert daher als Ausgangspunkt für die anvisierte – gleichwohl etwas anders akzentuierte – kritische Fortschreibung der Weberschen Systematik, in die zusätzlich Anregungen von Heinrich Popitz, Trutz von Trotha, Kalevi Holsti und Günter Dux eingehen.

So viel zu den beiden sich wechselseitig bedingenden Forschungslücken – einem mangelnden Verständnis der Ursachen von Revolutionen einerseits und des Phänomens der Legitimität andererseits –, die (wenigstens ein Stück weit) zu füllen das Ziel der vorliegenden Arbeit ist. Von einer eingehenden Beschäftigung mit dem meiner Meinung nach *konstitutiven* Zusammenhang des Phänomens der Revolution mit Fragen der herrschaftlichen (Il-)Legitimität darf man sich indes keine (eigenständige) Theorie der Revolution versprechen. Meine Absicht ist sehr viel bescheidener: Ich möchte die Theorie der Revolution *um einen wichtigen Baustein ergänzen*. Es geht, um es mit Beetham zu formulieren, um Folgendes: „to identify the contribution that an understanding of legitimacy can make to the analysis of revolution, as one element in a complex whole"[94]. Auf der Grundlage eines differenzierteren Verständnisses von Legitimität – das es im ersten Kapitel zu entwickeln gilt – gelangt man, so die Hoffnung, zu einem differenzierteren Verständnis der Revolution: in Hinblick auf ihr Wesen, ihre Ursachen, ihr Objekt und die Motivation der Teilnehmenden genauso wie hinsichtlich ihrer Ergebnisse. Damit aber eröffnet sich zugleich ein spezifischer Zugang zur *Historisierung* der Revolution insofern, als ein legitimitätstheoretisch fundiertes Verständnis erkennen lässt, dass sie allererst das Resultat geschichtlicher Prozesse ist.

Wenn es zutrifft, dass einer jeden Revolution – gleich einer *notwendigen* Bedingung – eine bestimmte Form von Legitimitätsverlust vorausgehen muss, ein solcher in der theoretisch-reflexiven Dimension nämlich, so stellt sich im nächsten Schritt die Frage, ob (auch „frühe" bzw. „archaische") staatliche Herrschaft dieser Legitimität *immer schon* verlustig gehen konnte. Falls ja, dann wäre für die historische Eingrenzung des Phänomens Revolution nicht viel gewonnen; es wäre von Bedingungen abhängig, die bereits mit dem „frühen Staat" (Claessen/Skalník) gegeben waren. Falls aber nein, falls es also gewisser *Voraussetzungen*, genauer: gewisser

---

Theories and the Chinese Experience, in: Journal of Chinese Political Science, Bd. 16/2011, Heft 2, S. 161-181 und dies.: Ideology After the End of Ideology. China and the Quest for Autocratic Legitimation, in: Democratization, Bd. 20/2013, Heft 1, S. 61-81.

94 Beetham 1991 – The Legitimation of Power, S. 214.

geschichtlicher Voraussetzungen bedurft hatte, bevor die bestehende Herrschaftsordnung reflexiv problematisiert werden konnte, so wäre zu untersuchen, worin genau diese Voraussetzungen bestanden (Kapitel 2). Zu unterscheiden werden in dem Zusammenhang sein: ein Bewusstsein von der *Kontingenz* sozialer Ordnungen einerseits und ein Bewusstsein von der (politischen) *Freiheit* jedes Einzelnen andererseits.[95] Negativ formuliert: Was *hinderte* all jene, die staatlicher Herrschaft unterworfen waren, die längste Zeit an ihrer uneingeschränkten reflexiven Problematisierung, die wiederum zur Aberkennung der theoretischen Legitimität hätte führen können? Ein Blick auf *vormoderne* Weisen der theoretischen Legitimation wird Hindernisse *kognitiver* Art offenbaren, deren Vorliegen die „historisch-genetische Theorie" von Dux einsichtig zu machen vermag (Kapitel 2.1). Wann genau wurden diese Hindernisse erstmals überwunden? Worin äußerte sich dies? Ich werde argumentieren: in den neuzeitlichen Vertragstheorien (Kapitel 2.2). Es gilt mithin nicht nur der Historizität der Revolution gewahr zu werden, sondern ebenso der Historizität aller Legitimität. Oder in die richtige Reihenfolge gebracht: Ein historisches – nämlich ein spezifisch neuzeitliches (wie u.a. auch Karl Griewank, Arendt und Reinhart Koselleck meinen) – Phänomen ist die Revolution deshalb, weil die *Legitimität selbst* historisch ist, d.h. weil die Formen der Legitimität von Herrschaft *historisch variabel* sind und es zum die Revolution allererst ermöglichenden „Konflikt von Legitimitätsgründen" (Dolf Sternberger) erst in der Neuzeit kommt: zum Konflikt zwischen transzendenten und immanenten Formen von theoretischer Legitimität, zwischen, wie wiederum Sternberger sagen würde, der „numinosen" und der „bürgerlichen" Legitimität.[96] Wie und wann es zur *offenen Austragung* dieses latent über einen langen Zeitraum schwelenden Konflikts kommt – der während der Aufklärung eine weitere Akzentuierung und Verschärfung erfährt (Kapitel 2.3) –, wird anhand der Genese der „bürgerlichen Öffentlichkeit" (Habermas) zu erörtern sein (Kapitel 2.5). Dem voraus gehen die Multidimensionalität aller Legitimität in Rechnung stellende Gedankenspiele darüber, warum Revolutionen selbst dann noch *selten* sind, wenn in Gestalt eines theoretischen Legitimitätsdefizits die notwendige Bedingung bereits erfüllt ist (Kapitel 2.4). Den Abschluss bildet eine Untersuchung desjenigen Ereig-

---

95 Vgl. zu diesen geschichtlichen Prämissen der Problematisierung von Macht insbesondere Popitz, Heinrich: Phänomene der Macht, Tübingen 2004/1992, S. 12-21.
96 Vgl. Sternberger 1980 – Über bürgerliche Legitimität und ders.: Grund und Abgrund der Macht. Über Legitimität von Regierungen, Frankfurt/M. 1986.

Einleitung

nisses, durch das der besagte Konflikt von Legitimitätsgründen auf der ideellen Ebene endgültig zugunsten des bürgerlichen entschieden wird: die öffentliche Hinrichtung Ludwigs XVI. (Kapitel 2.6). Leitende Annahme für die Bestimmung des *Anfangs* der Revolution ist mit anderen Worten, dass es sich hierbei um ein zutiefst voraussetzungsreiches und eben deshalb historisierbares Phänomen handelt: Revolutionen umfassen eine *intendierte Neugestaltung der Herrschaftsordnung*. Als solche will sie aber zunächst einmal denkbar, ja, vorstellbar sein, bevor im nächsten Schritt Ideen darüber entwickelt und eingeklagt werden können, wie eine legitime Herrschaftsordnung gestaltet sein und vor allem von wo bzw. wem legitime Herrschaft ihren Ausgang nehmen müsste.

Ein legitimitätsorientiertes Verständnis gibt allerdings nicht nur Einblicke in den Anfang, sondern ebenso in das *Ende* der Revolution, oder genauer: unter welchen Umständen ein Ende *möglich* wäre (Kapitel 3). Hierzu gilt es sich die Funktion oder das Thema der Revolution zu vergegenwärtigen. Revolutionen zielen, wie gesagt, auf eine planvolle Umgestaltung der Herrschaftsordnung. Gesellschaftliche Strukturen, die bislang als *unabänderbar* erfahren wurden, werden nun als *änderbar*, als der menschlichen Verfügung *offen* vorgestellt. Mehr noch: Sie sollen nicht bloß umgestaltet, sondern sie sollen *nach den Vorstellungen derer, die ihnen unterworfen sind,* neu gestaltet werden. Thema der Revolution ist mit anderen Worten die *Demokratie* (oder mit Arendt: die „Freiheit"[97]). Demokratie freilich in einem sehr weiten Sinne. Hiervon ausgehend, lautet meine Hypothese (Kapitel 3.3): Wenn es in funktional differenzierten Gesellschaften gelingt, (1) gesellschaftliche Strukturen paradoxerweise einerseits *verfügbar*, andererseits aber auch *unverfügbar* zu machen (damit sie überhaupt noch strukturierend wirken können), sowie (2) diese Strukturen in ihrer jeweiligen Form nicht nur theoretisch-reflexiv, sondern auch kontinuierlich performativ-expressiv – auf dem Verfahrenswege nämlich – *demokratisch zu legitimieren*, dann wäre die Revolution *institutionalisiert*. Wie im Übrigen schon George Herbert Mead ahnte.[98] Ihre Funktion, die ich in der *Geltendmachung des Prinzips der Volkssouveränität* erblicke, sie wäre *auf Dauer gestellt*, in die bestehende (Herrschafts-)Ordnung *integriert*. So gesehen, ließe sich auch der erstaunliche und in hohem Maße

---

97 Vgl. Arendt 1974 – Über die Revolution.
98 Vgl. Mead, George H.: Naturrecht und die Theorie der politischen Institutionen (1915), in: ders.: Gesammelte Aufsätze, hrsg. von Hans Joas, Frankfurt/M. 1983, S. 403-423.

Einleitung

erklärungsbedürftige empirische Befund einsichtig machen, dass bislang noch keine etablierte Demokratie einer Revolution zum Opfer gefallen ist.[99] Wobei eine alternative Erklärung, die man keineswegs voreilig ausschließen darf, freilich auch darin liegen könnte, dass moderne Demokratien über wirksamere Mechanismen zur *Unterdrückung* von Revolutionen verfügen. Die Formel von der „Legitimation durch Verfahren" – derer sich sowohl Habermas als auch Luhmann um der „Übersetzung" des Weberschen legalen Legitimitätstyps willen bedienen – könnte sich demgemäß auch als Schimäre entpuppen: als „Demobilisation durch Verfahren".

Die in dieser Arbeit vorgenommene Assoziierung von Revolution und Demokratie wird unweigerlich Widerspruch auslösen (Kapitel 3.1). Goldstone etwa hält sie für nichts weiter als eine *Illusion*: „[R]evolutions tend to produce not democracy but authoritarianism"[100]. Und ganz Unrecht hat er damit nicht, auch wenn einen jüngere „Revolutionen" seit 1989 teilweise eines Besseren belehren. Doch wie schon Lawrence Stone wusste, sollte man Revolutionen vielleicht weniger an ihren unmittelbaren Resultaten als an den *Ideen* messen, die durch sie in die Welt gesetzt werden und die auf diese eine *langfristige* Wirkung ausüben.[101] Nur weil mit anderen Worten im Zuge einer Revolution demokratische Verhältnisse nicht sogleich hergestellt werden, sollte man nicht den Fehler begehen, auf die Irrelevanz demokratischer Ideen für die Verursachung, den Verlauf und das kurz- wie langfristige Ergebnis der Revolution zu schließen. Ich sage daher lediglich: Der *Idee* nach geht es in Revolutionen (zumindest auch und wesentlich) um Demokratie. Nur, dass selbst junge postrevolutionäre Herrschaft dem Prinzip der Volkssouveränität in welcher konkreten Form auch immer ebenso *faktisch* Rechnung tragen muss, bestätigt sich regelmäßig, sobald man einen genaueren Blick auf deren Legitimitätsstruktur wirft. Stets findet sich hier auf einer sowohl theoretischen als auch praktischen Ebene der Versuch wieder, die Massen in die Politik zu integrieren. Insbesondere am Beispiel der Legitimitätsstruktur sozialistischer bzw. kommunistischer Regime soll der Nachweis hierfür erbracht werden.

---

99 Siehe Goodwin, Jeff: No Other Way Out. States and Revolutionary Movements, 1945–1991, Cambridge 2001, S. 300.
100 Goldstone 1991 – Revolution and Rebellion, S. 483; angesichts neuerer Entwicklungen im Urteil etwas vorsichtiger dagegen ders. 2001 – Toward a Fourth Generation, S. 167-170 und ders. 2014 – Revolutions, S. 37f.
101 Vgl. Stone 1983 – Ursachen der englischen Revolution, S. 187f.

Einleitung

Die positive Funktion der Revolution muss all jenen entgehen, die dazu neigen, sie zu *pathologisieren*. Gerade die ersten beiden „Generationen" von Revolutionstheoretikern waren anfällig hierfür, worin ich einen maßgeblichen Grund dafür sehe, warum eine adäquate Historisierung des Phänomens Revolution bis heute aussteht. Das kann besonders unverhohlen geschehen, wenn Edwards und Brinton sich der Metaphern eines tödlichen Krebsgeschwürs oder Fiebers bedienen, oder aber unterschwelliger, wie bei den Strukturfunktionalisten, die Revolutionen als das Resultat einer im weitesten Sinne modernisierungsbedingt aus dem Gleichgewicht geratenen Gesellschaft sehen, als eine lästige Begleiterscheinung der Modernisierung also.[102] Eine Pathologie aber kann ihren tieferen Grund nicht in dem legitimen Wunsch der Beteiligten haben, das Joch einer illegitimen Herrschaft abzuschütteln. Krankheiten stören nur. Ihr Gewinn liegt allenfalls darin, dass man (bzw. das Immunsystem) gestärkt aus ihnen hervorgeht, so dass so schnell keine neue Krankheit droht. Durch sie wandelt sich jedoch nichts zum Besseren, d.h. Missstände aus der Zeit *vor* dem Ausbruch der Krankheit werden nicht behoben, ja, im Grunde genommen gar nicht anerkannt. Dass die Revolution dafür Sorge trägt, dass Herrschaft, nachdem sich die Voraussetzungen für ihre Legitimierung grundlegend gewandelt haben, wieder legitimierbar wird – *qua Demokratisierung* nämlich –, ist aus dieser Sicht nur schwer zu erfassen. Kimmel weiß diese Pathologisierungstendenz überzeugend mit dem biographischen Hintergrund bzw. gesellschaftlichen Entstehungskontext in Verbindung zu bringen:

> [M]ost of the best-known sociological theorists of revolution – especially between the end of the First World War and the outbreak of the Vietnamese revolution – were Americans, who generalized from an observed stability in American society to stability as a normative condition of modern society. Revolutions were seen as disruptive, destructive, and regressive; they were anachronistic moments when the legitimacy of political institutions was chal-

---

102 Vgl. hierzu auch Aya 1979 – Theories of Revolution Reconsidered. Siehe zum Hang, das Phänomen der Revolution zu pathologisieren, außerdem Schieder, Theodor: Theorie der Revolution, in: ders. (Hrsg.): Revolution und Gesellschaft. Theorie und Praxis der Systemveränderung, Freiburg/Br. 1973, S. 13-45, hier S. 26 und Drake, Michael S.: Revolution, in: Nash, Kate/Scott, Alan (Hrsg.): The Blackwell Companion to Political Sociology, Malden/Mass. 2001, S. 195-207, hier S. 198.

lenged by angry malcontents. And they were unnecessary, especially when society was functioning properly.[103]

Der marxistischen Revolutionstheorie ist dieser Hang selbstredend fremd. Revolutionen sind ihr, ganz im Gegenteil, die „Lokomotiven der Geschichte" (Marx). Sie liest die Geschichte der Revolution als eine Geschichte des *Fortschritts* und der *Emanzipation* der Menschheit. Der Revolutionsbegriff selbst ist, wie Koselleck bemerkt, von einer *Heilserwartung* imprägniert: Von der Revolution verspricht man sich irdisches Glück und Herrschaftsfreiheit.[104] Zwar kann sich Marx noch nicht vollends von einem zyklischen Geschichtsverständnis lösen, doch die kreisende Bewegung, mit der Revolutionen wiederkehren, ist eine solche, die zugleich nach dem Bild einer Spirale nach oben steigt, vorwärts schreitet: Nach der *letzten* Revolution wird es keiner weiteren Revolutionen mehr bedürfen, ja, streng genommen werden diese mit dem Ende der Klassengegensätze, d.h. mit dem Fortfall der objektiv erforderlichen strukturellen Voraussetzungen, auch gar nicht mehr möglich sein. Wiederholung und Fortschritt werden also *zusammen* gedacht. Revolutionen erscheinen so als *Kulmination* historischer Prozesse (die sich *notwendig* aus der wachsenden Spannung zwischen den Produktivkräften und den Produktionsverhältnissen ergeben).[105] Doch auch „die" marxistische Revolutionstheorie tut sich mit so mancher Entwicklung schwer, die zu integrieren oder wenigstens zu plausibilisieren einem jeden Versuch obliegt, der Revolution ihren historischen Ort zuzuweisen. Zu diesen Herausforderungen zähle ich die folgenden. (1) Die industrielle Revolution findet *nach* der bürgerlichen Revolution in Frankreich statt. Die noch von Hobsbawm vertretene These von der „Doppelrevolution", der industriellen in England und der politischen in Frankreich, gilt inzwischen als widerlegt.[106] Die industrielle Revolution wird stattdessen (einschließlich ihrer sozialstrukturellen Auswirkungen) erst im 19. Jahrhundert verortet. Wie aber kann dann, wie bei Marx ge-

---

103 Kimmel 1990 – Revolution, S. 47.
104 Vgl. Koselleck, Reinhart: Revolution als Begriff und als Metapher. Zur Semantik eines einst emphatischen Worts, in: ders.: Begriffsgeschichten. Studien zur Semantik und Pragmatik der politischen und sozialen Sprache, Frankfurt/M. 2006, S. 240-251, hier S. 244, und daneben auch ders. et al. 1984 – Revolution, S. 655, wobei sich eine solche Heilserwartung nicht allein im sozialistischen bzw. kommunistischen Revolutionsbegriff wiederfinde.
105 Siehe ebd., S. 753, und Kimmel 1990 – Revolution, S. 18.
106 Vgl. Osterhammel, Jürgen: Die Verwandlung der Welt. Eine Geschichte des 19. Jahrhunderts, München 2009, S. 776f.

schehen, der tiefere Grund für die Revolution in Veränderungen der *materiellen* bzw. *ökonomischen* Basis gesehen werden? Und wie lässt sich, eng mit diesem Punkt zusammenhängend, erklären, warum eine führende Rolle vor und während der Französischen Revolution nicht allein das Bürgertum, sondern ebenso Teile des *Adels* innehatten (wie übrigens schon Tocqueville feststellte)? Es sind dies Fragen, denen noch im Rahmen des zweiten Kapitels nachzugehen sein wird. (2) Revolutionen bewirken – auch langfristig gesehen – nicht eine Schwächung, geschweige denn eine Beseitigung, sondern ganz im Gegenteil eine *Stärkung* der Staatsgewalt. Eine Revolutionstheorie, die ihren Ausgang von Marx statt von Tocqueville nimmt, dem dieses Ergebnis in seinem Rückblick auf die Französische Revolution nicht entgeht,[107] kann dies nicht erklären. Sozial(istisch)e Revolutionen münden bei ihm in der Auflösung von Staatlichkeit, ja, von Herrschaft überhaupt, weil mit der Beseitigung des Privateigentums im Übergangsstadium der „Diktatur des Proletariats" sämtliche Klassen(unterschiede) und damit auch Klassenkonflikte verschwinden. Ich möchte demgegenüber argumentieren: Postrevolutionäre Herrschaft ist stärker, nicht obwohl, sondern *gerade weil* sie sich (auch) „von unten" statt (nur) „von oben" legitimiert, unter Berufung auf das Prinzip der Volkssouveränität nämlich, wie indirekt auch immer (Kapitel 3.2). Dass mit der „letzten" Revolution aller Staatlichkeit und Unterdrückung ein Ende gesetzt wird, entlarvt Franz Borkenau schon früh als Ammenmärchen der (sozialistischen) Revolution.[108] (3) Die Französische Revolution ist nicht nur der Beginn des Prinzips der Volkssouveränität, sondern auch die Geburtsstunde der Idee der *Nation*. Meine diesbezügliche These lautet: Beides hängt unmittelbar zusammen (ebenfalls Kapitel 3.2). Die Idee der Volkssouveränität macht die Frage nach der *Zugehörigkeit* zu diesem Souverän allererst virulent, die wiederum eine Antwort in der Vorstellung der Nation findet. Die Idee der Nation ist, mit Holsti gesprochen, das *horizontale* Gegenstück zum *vertikal* legitimierenden Prinzip der Volkssouveränität.[109] Marx

---

107 Siehe Tocqueville 1978 – Der Alte Staat Staat und die Revolution.
108 Siehe Borkenau, Franz: State and Revolution in the Paris Commune, the Russian Revolution, and the Spanish Civil War, in: The Sociological Review, Bd. 29/1937, Heft 1, S. 41-75. Auch Skocpol wird übrigens im Hinblick auf die Ergebnisse von Revolutionen von Borkenau beeinflusst. „Part II" eröffnet sie mit einem Zitat desselben (vgl. Skocpol 1979 – States and Social Revolutions, S. 161).
109 Vgl. Holsti, Kalevi J.: The State, War, and the State of War, Cambridge 1996, S. 82-98.

dagegen vermag die Bedeutung des Phänomens Nation in seiner Fixierung auf Klassen und das Proletariat im Besonderen nicht zu erfassen. Tatsächlich formieren sich viele revolutionäre Koalitionen, wovon mitunter die mexikanische und die iranische Revolution zeugen, klassen*übergreifend*; und manche von ihnen werden dabei unter Verwendung *nationalistischen* Gedankenguts mobilisiert und zusammengehalten. (4) Schließlich wird ein jeder Versuch, die Revolution zu historisieren, nicht umhin kommen, die symbolische Wirkung der „Revolutionen" zwischen 1989 und 1991 in Mittel- und Osteuropa zu thematisieren (Kapitel 3.4). Wenn seither weltweit die liberale Demokratie in „ideologischer" Hinsicht *konkurrenzlos* geworden ist, dann hat dies unweigerlich Folgen für die Einschätzung des Themas der Revolution. Als *Systemalternative* scheint der Kommunismus bzw. Sozialismus ausgedient zu haben, von ihm geht keine Revolutionen motivierende Kraft mehr aus. Anders gesagt, ist die Frage nach dem etwaigen Ende der Revolution – zwar nicht weltweit, aber doch in bestimmten Gesellschaften – ergänzend im Zusammenhang mit der Diagnose eines „Endes der Geschichte" (Francis Fukuyama) zu stellen.

Indem die Position vertreten wird, der (neuzeitlichen) Revolution hafte das Streben nach Demokratie an, gerät die Gedankenführung deshalb gleichwohl *nicht* (zwangsläufig) in geschichtsphilosophische Fahrwasser. Es ist ein gewaltiger Unterschied, ob die Geschichte oder ob die Revolution auf eine Verwirklichung des Prinzips der Volkssouveränität drängt – zumal wenn die Geschichte *nicht notwendig*, wie bei Marx, auf eine Revolution zuläuft, wenn deren Eintreten mit anderen Worten als *vermeidbar* angesehen wird. Unterstellt wird keineswegs, die Geschichte sei ein zielgerichteter Prozess, dessen „Bewegungsgesetze" es lediglich offenzulegen brauche. Stattdessen gehe ich von der *prinzipiellen Kontingenz* (nicht: Zufälligkeit) aller Geschichte aus. Alles hätte auch anders kommen können, nichts von dem, was geschehen ist, geschah notwendig. Denn, ohne die Handlungsmacht einzelner Individuen überhöhen zu wollen, in letzter Instanz sind es dennoch die *Menschen*, die Geschichte *machen*. Sie sind darin nicht völlig frei, sondern unterliegen strukturellen Zwängen, das ist richtig. Auch verdanken sie Strukturen allererst die Fähigkeit zum Handeln. Doch ein Rest an Entscheidungsfreiheit – und damit an Möglichkeiten, anders zu handeln – bleibt immer. Nicht nur das: Zugleich können Menschen *realisieren*, dass ihrem Handeln Strukturen zugrundeliegen, *und* sie können Handlungen zur *Änderung* dieser Strukturen in Angriff nehmen. William Sewell drückt es in seiner Kritik an versteckt und gedämpft teleologisch und deterministisch argumentierenden historischen Soziolo-

Einleitung

gen (zu denen er Immanuel Wallerstein, Tilly und Skocpol zählt) folgendermaßen aus: „Humans, unlike planets, galaxies, or subatomic particles, are capable of *assessing* the structures in which they exist and of acting – with imperfectly predictable consequences – in ways that *change* them."[110] Und genau das passiert meines Erachtens in der Neuzeit: Bestehende gesellschaftliche Strukturen werden ihrer Selbstverständlichkeit beraubt und vor dem Hintergrund ihres möglichen Auch-anders-Seins problematisiert. Ein Bewusstsein von deren Kontingenz und Plastizität erwacht. So, wie die Verhältnisse sind, müssen sie nicht bleiben; und sie bleiben nur so, wie sie sind, wenn wir sie mit unserem Handeln kontinuierlich reproduzieren – anstatt sie zu transformieren.

Allerdings folgt aus der Kontingenz aller Geschichte nicht, dass sich deren Verlauf nicht retrospektiv beobachten ließe, mehr noch: dass sich nicht nachträglich *Entwicklungslinien* nachzeichnen (oder allgemeiner: Regelmäßigkeiten erkennen) ließen. Deren künftiger Verlauf bleibt ungewiss und auch ihr vergangener Verlauf war nicht vorab determiniert, aber dieser lässt sich nichtsdestotrotz *im Nachhinein* bestimmen. Wenn daher in der demokratischen Intention eine Gemeinsamkeit aller bisherigen Revolutionen gesehen wird, so ist damit nicht ausgesagt, dass die Revolution notwendig die Demokratie intendiert(e), wohl aber, dass sie *bisher* die Demokratie (zumindest mit) intendierte. Was sich in der Zukunft gleichwohl ändern könnte. Wenngleich Zweifel angebracht wären, ob künftige Revolutionen, denen die Demokratie als Anliegen fremd ist, sinnvollerweise noch als „Revolutionen" bezeichnet werden sollten. Das Phänomen der Revolution hat eine *Geschichte* – gerade deshalb ist dessen Bestimmung, frei nach Nietzsche, nicht dem Belieben anheimgestellt. Andere Begriffe könnten erforderlich werden. Ferner bin ich der Meinung, dass bisherige Revolutionen (genauer: deren Akteure) auch und gerade deshalb die Demokratie intendierten, weil die *erste* Revolution, die ein *Bewusstsein* ihres revolutionären Charakters entwickelte, die Französische Revolution, dies tat. Sie sollte darin einen erheblichen Einfluss auf alle *späteren* Revolutionen haben, ja, ihr ideelles Vermächtnis entfaltete – und entfaltet noch immer – eine enorme Fernwirkung. *Pfadabhängigkeiten* lassen sich in der Geschichte, ungeachtet ihrer Kontingenz, nicht leugnen. Bei alledem darf gleichwohl nicht außer Acht gelassen werden, inwieweit mein retrospektiver Blick auf die Revolution womöglich von jüngeren Entwicklungen, vor

---

110 Sewell 2005 – Three Temporalities, S. 88, m.H.

allem von den Ereignissen zwischen 1989 und 1991, vom (vermeintlichen) „Ende des Sozialismus" und dem „Triumph der Demokratie" geprägt ist. Eric Hobsbawm ist zuzustimmen, wenn er in Hinblick auf die historische Untersuchung von Revolutionen herausstellt: „[I]t can never be separated from the history of the period in which the scholar studies it, including that scholar's personal bias"[111]. Würde ich *die* Revolution also *anders* einschätzen, wenn es die bolschewistischen Parteidiktaturen noch gäbe und die Oktoberrevolution weiterhin in ein so gleißendes Licht getaucht wäre, dass man über die „ursprüngliche" demokratische Intention der Revolution hinwegsähe? Gut möglich – und darum unbedingt zu reflektieren.

Ihren Ausgang nimmt die vorliegende Arbeit, wie gesagt, von der Frage, wie in Anbetracht der prinzipiellen Fragwürdigkeit aller Herrschaft trotzdem Gehorsam hergestellt wird (Kapitel 1). Es gilt daher zunächst zu präzisieren, woher genau die Rechtfertigungsbedürftigkeit aller Herrschaft rührt. Hierzu muss man sich die prinzipielle Handlungsautonomie des Menschen vor Augen führen. Erst vor diesem Hintergrund lassen sich die Begriffe „Gewalt", „Macht" und „Herrschaft" bestimmen (Kapitel 1.1). Nachdem die (verschärfte) Legitimationsbedürftigkeit aller Herrschaft herausgearbeitet wurde, sollen der Webersche Legitimitätsbegriffs rekonstruiert, die Webersche Lehre von den Typen legitimer Herrschaft problematisiert und ein „eigenes" (tatsächlich aber Anregungen u.a. von Popitz, Beetham, von Trotha, Holsti und Dux aufnehmendes) Legitimitätsschema entwickelt werden, das der Mehrdimensionalität aller Legitimität Genüge tut (Kapitel 1.2). Abschließend wird über die Formulierung von Hypothesen bezüglich des Zusammenhangs von Revolution und (Il-)Legitimität das weitere Vorgehen in den Folgekapiteln erläutert (Kapitel 1.3).

Das heuristische (Legitimitäts-)Schema erfährt eine vertiefte Anwendung in einer vergleichenden Analyse dreier Revolutionen: der chinesischen (1911-1949), der mexikanischen (1910-1920) und der iranischen (1977-1979). Der analytische Fokus ist dabei ausgesprochen eng, er liegt auf den spezifisch lokalen *Ursachen* und ihrer untergründigen *Systematik*, die es mit Hilfe der Legitimitätskategorie aufzudecken gilt (Kapitel 4 mit separaten Unterkapiteln zu den einzelnen Revolutionen). Einerseits soll

---

111 Hobsbawm, Eric J.: Revolution, in: Porter, Roy (Hrsg.): Revolution in History, Cambridge 1986, S. 5-46, hier S. 7. Dem voraus geht (ebd.) der Hinweis: „the historical study of revolutions cannot usefully be separated from that of the specific historical periods in which they occur".

Einleitung

auf der Grundlage des dreidimensionalen Legitimitätsschemas den verschiedenen und kumulativen Prozessen der (De-)Legitimation im Vorfeld der Revolutionen differenziert nachgegangen werden. Andererseits sollen die Legitimitätsverluste in den jeweiligen Dimensionen in ein Verhältnis zu den sonstigen Ursachen und Auslösern der jeweiligen Revolution gebracht werden. Zwar steht die vergleichende Analyse insofern in der Tradition der (historischen) Soziologie, als die *Ursachen* im Vordergrund stehen. In erster Linie aber geht es um die Identifizierung jener Bedingungen, die eine Revolution in den drei Fällen allererst *möglich* machten, weniger, was sie (unvermeidlich) *bewirkte*. Von der Suche nach „harten Kausalitäten", nach irgendwelchen „Gesetzmäßigkeiten" oder „Unausweichlichkeiten" wird mit anderen Worten Abstand genommen. Die Analyse trägt daher etwas *narrativere* Züge, ohne deshalb jedoch die multiplen Ursachen im weiteren Sinne und deren Verhältnis zueinander aus den Augen verlieren zu wollen.[112] Stattdessen soll dafür sensibilisiert werden, wie leicht alles (trotz „revolutionärer Situation") auch anders hätte kommen können – der Ausbruch einer Revolution also ausgeblieben wäre –, gerade wenn die Herrschenden zu bestimmten Zeitpunkten andere Entscheidungen getroffen hätten. Ergänzend sollen die besondere *Dynamik und Kumulation delegitimatorischer Prozesse* am Vorabend und zu Beginn der Revolution beleuchtet werden, die letztlich im Sturz des jeweiligen Ancien Régime kulminierten. Die in allen drei Revolutionen zu überprüfenden Hypothesen werden, aufbauend auf dem im ersten Kapitel zu entwickelnden Analyseschema, zu Beginn von Kapitel vier zu präzisieren sein. In zweiter Linie aber – gleichsam „hintergründiger" – geht es in diesem Kapitel ebenso darum, Begriffe wie „Legitimität" und „Revolution", die in einem *westlichen* Kontext entstanden sind und die ich einem solchen entnehme, in einem *nicht-westlichen* Kontext zu testen. Eine detailliertere Begründung

---

112 Darin sieht Sewell 2005 – Three Temporalities, S. 100, bei aller Kritik, auch die große (und versteckte) Stärke von Skocpols vergleichender Revolutionsstudie: „What persuades Skocpol's reader is not the formal logic of a tabular array. It is the fact that all three revolutions can be *narrated* convincingly in terms of the operation of analogous causal processes, which in practice means above all that narratives based on these analogies make sense of the numerous details that otherwise would seem purely accidental. The ‚proof' is less in the formal logic than in the successful narrative ordering of circumstantial detail. The true payoff of Skocpol's comparative history, then, is not the rigorous testing of abstract generalizations but the discovery of analogies on which new and convincing narratives of eventful sequences can be constructed."

der Fallauswahl erfolgt in der Einleitung. Den Abschluss bildet sodann der abstrahierende Versuch, zu einer *idealtypischen „Sequenz"* der den drei Revolutionen vorangehenden delegitimatorischen Prozesse zu gelangen (Kapitel 4.4). Es gilt, anders formuliert, die „herrschaftliche Logik" herauszuarbeiten, die Revolutionen zugrundeliegt.

1. Herrschaft – (Il-)Legitimität – Revolution

> [T]here is a factor making for the stability of states and systems of authority *over* and *above* coercion and the compliance which it compels.[113]

Diesem „Faktor", den Alan Knight in Übereinstimmung mit Weber „Legitimität" nennt, widmet sich das vorliegende Kapitel. Es bildet die Grundlage für ein Verständnis der Revolution insofern, als man, wie in der Einleitung erläutert, nicht zu einem Verständnis derselben gelangt, ehe man nicht verstanden hat, wie es zum (freiwilligen) Gehorsam kommt. Den roten Faden bildet somit die Frage, warum (stabile) Herrschaft überhaupt der Legitimität bedarf. Sobald sie eine eingehende Antwort erfahren hat, wird das Ziel darin bestehen, das Phänomen der Legitimität begrifflich weiter zu differenzieren, um auf dieser Grundlage wiederum den Konnex von Revolution und (Il-)Legitimität zu präzisieren. Das sich im Wesentlichen aus begrifflich-theoretischen Erkundungen zusammensetzende Kapitel gliedert sich wie folgt.

(1) Begriffsarbeit: Worum handelt es sich bei Gewalt, Macht und Herrschaft? Wie lassen sie sich begrifflich sowohl voneinander abgrenzen als auch zueinander in ein Verhältnis bringen? Vor allem aber: Worin liegt deren spezifische Fragwürdigkeit begründet? Was ist, anders gefragt, für deren Legitimationsbedürftigkeit verantwortlich?

(2) Bestandssicherung und Fortschreibung: Was ist Legitimität? Und welche Rolle fällt ihr für Ordnungen überhaupt, insbesondere aber für Herrschaftsordnungen zu? Mit Weber, für den die Legitimitätskategorie das Herzstück seiner Herrschaftssoziologie bildet und dessen spezifische Fassung des Legitimitätsbegriffs es zu rekapitulieren gilt, sollen legitime als zusätzlich stabilisierte (Herrschafts-)Ordnungen verstanden werden. Woraus im Umkehrschluss folgt: Illegitime Herrschaftsordnungen laufen größere Gefahr, zusammenzubrechen, als legitime. Der Konnex von Fragen der Revolution mit Fragen der (Il-)Legitimität von Herrschaft dürfte sich vor dieser Folie deutlicher abzeichnen. Die Typologie Webers wiederum soll im nächsten Schritt kritisch befragt werden auf ihre Vollständigkeit einerseits und ihre Kohärenz andererseits, man könnte auch sagen: auf

---

113 Knight 1986 – The Mexican Revolution 1, S. 165f., m.H.

ihre „Tauglichkeit" für die Analyse von Revolutionen. Hieran schließt sich der Versuch einer Systematisierung an: Wie lässt sich, deren zuvor konstatierten Defizite in Rechnung stellend, die Webersche Systematik des Legitimitätsbegriffs sinnvoll weiterentwickeln? Unter (gleichwohl revidierendem) Rückgriff auf Arbeiten Beethams werden Webers drei Typen legitimer Herrschaft nicht als eigenständige Typen, sondern als drei analytisch zu scheidende *Dimensionen* von (und das heißt: aller) Legitimität gelesen. Ziel ist mit anderen Worten in Anlehnung an und Abgrenzung von Weber die Entfaltung eines mehrdimensionalen Konzepts von Legitimität, das deren Komplexität bzw. inneren „Systematizität" gerecht(er) zu werden verspricht.

(3) Formulierung von Hypothesen: Wie genau hängen (in historisierender Absicht allgemein die) Ermöglichung und (im konkret-historischen Fall der) Ausbruch von Revolutionen mit dem Phänomen der (Il-)Legitimität zusammen? Erst auf der Basis eines neoweberianisch-mehrdimensionalen Verständnisses von Legitimität, so die These, lässt sich konkretisieren, einerseits in welcher Dimension Herrschaft ihrer Legitimität verlustig gehen musste, damit Revolutionen das Licht der Welt erblicken konnten, und andererseits welche Steine einem derartigen Legitimitätsverlust vor der Neuzeit in den Weg gelegt wurden. Ein Legitimitätsdefizit in der, wie Axel Paul und ich sie nennen, theoretisch-reflexiven Dimension wird als notwendige Bedingung für die Schaffung einer „revolutionären Situation" im Dahrendorfschen Sinne gesehen,[114] aus der sich sodann potentiell eine Revolution ergeben kann. Wohlgemerkt: *kann*, nicht muss. Unterstellt werden sollen keinerlei Monokausalitäten oder Gesetzmäßigkeiten. Aus bestimmten Legitimitätsdefiziten allein folgen weder zwangsläufig noch unmittelbar revolutionäre Umwälzungen – wie sich empirisch wieder und wieder beobachten lässt. Zum einen, weil sich Herrschaft in *mehreren Dimensionen* (de-)legitimieren kann und folglich ein Mangel an Legitimität in der einen nicht notwendig mit einem Mangel an Legitimität in den anderen Dimensionen verbunden ist. Was dagegen passiert, wenn es zur *Kumulation* von Delegitimationsprozessen in den verschiedenen Dimensionen kommt, wird bei der Analyse der drei Revolutionen in Mexiko, China und im Iran genauer unter die Lupe genommen. Zum anderen münden legitimatorische Probleme nicht immer und nicht sofort in Revolutionen, weil es nicht nur eine *Vielzahl an Gehorsamsmotiven* neben jenem

---

114 Siehe Dahrendorf 1961 – Theorie der Revolution.

der Legitimität gibt, sondern ebenso eine *Vielzahl an Legitimationsadressaten*, die nicht alle zum selben Urteil über die (Il-)Legitimität der Herrschaftsverhältnisse gelangen müssen. Analytisch zu sondern sind in dem Zusammenhang, wie schon Weber wusste, zumindest a) die Herrschenden, b) die Herrschaftsunterworfenen sowie c) der Verwaltungs- und Erzwingungsstab.

Dessen ungeachtet lassen sich meines Erachtens aber dennoch gewisse Ermöglichungsbedingungen für das Phänomen der Revolution angeben, gewissermaßen dessen „Ur-Sache" oder Strukturproblem, und, in einem zweiten Schritt, wie diese „Ur-Sache" mit weiteren unmittelbareren Ursachen und Auslösern von Revolutionen zusammenhängt (bzw. mit diesen in Mexiko, China und im Iran konkret zusammenhing).

1.1 Gewalt, Macht und Herrschaft – Arbeit an den Begriffen

Macht lässt sich in einem ersten Zugang systemtheoretisch definieren als Form von Selektionsübertragung, bei der das Handeln Alters als Prämisse weiteren Handelns von Ego übernommen wird.[115] In dieser abstrakten, all-

---

115 Je nachdem, ob die Selektivität dem System selbst oder seiner Umwelt (die wiederum aus Systemen bestehen kann) zugeschrieben wird, unterscheidet Luhmann zwischen Handeln und Erleben. Hieraus ergeben sich prinzipiell vier – und nur vier – Möglichkeiten der Selektionsübertragung, entlang derer sich Luhmann zufolge symbolisch generalisierte Kommunikationsmedien ausdifferenziert haben. „Erfolgsmedien" werden sie deshalb genannt, weil sie die Kommunikation – deren Erfolg für Luhmann an sich höchst unwahrscheinlich ist – mit Annahmechancen ausstatten: Sie selektieren so, dass mit der Selektion zugleich eine Motivation zur Übernahme dieser Selektion verquickt ist. (1) Geld (und Kunst): Das Handeln Alters wird zur Prämisse weiteren Erlebens Egos (d.h. Ego erlebt nur – statt zu handeln bzw. einzuschreiten –, obwohl Alter ein knappes Gut an sich reißt, weil Alter mit der Selektion seines Handelns etwas ab- und übergibt: Geld, und das ist: Freiheit für die Auswahl beliebiger Güter). (2) Wahrheit: Das Erleben Alters wird zur Prämisse weiteren Erlebens Egos (Alter und Ego schauen nacheinander durchs Mikroskop – und sehen beide die Zellteilung). (3) Liebe: Das Erleben Alters wird zur Prämisse weiteren Handelns Egos (d.h. weil Alter von Ego geliebt wird, handelt Ego entsprechend, schaut zum Beispiel sonntags den „Tatort" mit, sogar den mit Til Schweiger). (4) Macht: Das Handeln Alters wird zur Prämisse weiteren Handelns Egos. Siehe v.a. Luhmann, Niklas: Generalized Media and the Problem of Contingency, in: Loubser, Jan J./Baum, Rainer C./Effrat, Andrew/Lidz, Victor M. (Hrsg.): Explorations in General Theory in Social Science. Essays in Honor of Talcott Parsons, Bd. 2, New York 1976, S. 507-532, hier

zu weiten Fassung droht indes ein spezifischer Zug von Machtkommunikation aus dem Blick zu geraten, der deren Problematik allererst begründet. Denn dass ein Handeln Egos an ein Handeln Alters anschließt, ist nicht weiter ungewöhnlich. Franz bringt einen Fußball mit, woraufhin Uli und er miteinander zu spielen beginnen. Oder: Müller hält mit seinem Fahrzeug an einer Kreuzung und macht sein weiteres Vorgehen vom Verhalten Meiers abhängig, der kurz zuvor die Kreuzung erreicht hat.

Zu präzisieren gilt es daher, dass Machtkommunikation zusätzlich etwas *Appellatives* eignet: Wer Macht ausübt, wartet nicht einfach passiv ab, wie sich sein Gegenüber verhält, um hierauf ein eigenes Verhalten anzuschließen, nein, wer Macht ausübt, der fordert durch sein eigenes Handeln sein Gegenüber aktiv zu einem bestimmten Handeln auf, genauer: zu einem *von Alter bestimmten* Handeln. Alle Macht ist mithin: versuchte Fremdbestimmung; in extenso: der Versuch Alters, Ego in seinem an sich selbst bestimmten Handeln fremd zu bestimmen.

Allein, und hiermit klärt sich das spezifische Bezugsproblem von Macht allmählich auf: Sie ist Fremdbestimmung *im Wissen* um die *Selbst*bestimmung bzw. im Wissen um die *Verletzung* der Selbstbestimmung. Könnte Ego sein Handeln gar nicht selektiv selbst bestimmen – wäre es etwa durch Instinkte vor-bestimmt –, erübrigte sich für Alter der Machteinsatz. Genau genommen gäbe es dann überhaupt gar keine Macht. Macht setzt mithin die Ausgangslage doppelter Kontingenz voraus: Ohne diese wäre, mit Luhmann gesprochen, die Selektivität anderer Subjekte gar nicht selektiv verfügbar.[116] Nur weil Ego in seinem Handeln *frei* ist, eröffnet sich für Alter die Möglichkeit, dessen Freiheit so zu steuern, dass

---

S. 514-518 und ders.: Die Gesellschaft der Gesellschaft, 2 Bde., Frankfurt/M. 1997, S. 332-358. Das kommt der Foucaultschen Machtkonzeption nebenbei bemerkt recht nahe. „Machtausübung" definiert Foucault „als ein auf Handeln gerichtetes Handeln" (ders.: Subjekt und Macht (1982), in: ders.: Analytik der Macht, hrsg. von Daniel Defert und François Ewald, Frankfurt/M. 2005, S. 240-263, hier S. 257). „Das charakteristische Merkmal der Machtbeziehungen" besteht für ihn darin, „dass wir es hier mit einem Handlungsmodus zu tun haben, der auf Handeln einwirkt" (ebd., S. 258).

116 Vgl. Luhmann 1976 – Generalized Media, S. 509; ähnlich auch ders.: Macht, Stuttgart 2003/1975, S. 7f. Ganz ähnlich sieht im Übrigen auch Foucault „Freiheit" als Voraussetzung für Macht. „Macht kann nur über ‚freie Subjekte' ausgeübt werden, insofern sie ‚frei' sind." Foucault 2005 – Subjekt und Macht, S. 257. Siehe hierzu auch Lemke, Thomas: Nachwort: Geschichte und Erfahrung. Michel Foucault und die Spuren der Macht, in: Foucault: Analytik der Macht, S. 317-347, hier S. 338.

1.1 Gewalt, Macht und Herrschaft – Arbeit an den Begriffen

sie seinen eigenen Absichten dient.[117] Macht ist darum, so paradox das klingen mag, Missachtung *und* Achtung der Selbstbestimmung des Ange-

---

„Doppelte Kontingenz" ist jeder Interaktion inhärent. Sie meint bei Luhmann, dass trotz – oder gerade wegen – der wechselseitigen Wahlfreiheit Alters Selektion (seines Erlebens und Handelns) von Egos Selektion abhängt, während Egos Selektion wiederum von Alters Selektion abhängt. Das heißt, der Mensch lebt nicht nur in einer komplexen Welt, in der es stets mehr Möglichkeiten des Erlebens und Handelns gibt, als aktualisiert werden können (Selektionszwang), sondern noch dazu in einer kontingenten Welt, in der trotz Selektion das „Woraus" der Selektion latent gegenwärtig bleibt. Den Beteiligten bleibt somit die Selektivität (potentiell) bewusst: Alles, was war, ist und sein wird, *könnte auch anders sein*. Eine weitere Verschärfung – nämlich Verdoppelung – erfährt das Kontingenzproblem schließlich durch die Gegenwart *anderer Subjekte*, durch „ichgleiche Quelle[n] originären Handelns und Erlebens" also. Alter erlebt Ego als *alter ego*. Im sozialen Miteinander erfolgt daher eine Bestätigung der Erwartung Alters nur dann, wenn Ego sich erwartungsgemäß verhält, *obwohl* dieser frei wäre, es nicht zu tun (Enttäuschungsproblem). Die Unruhe, die hierdurch einer jeden sozialen Situation anhaftet, wurzelt indes noch tiefer. Denn Ego kann gerade die Selektivität (bzw. Kontingenz) der Selektion Alters zum Anlass nehmen, diese zu negieren, d.h. Ego enttäuscht die Erwartung Alters vorsätzlich, weil er nicht geneigt ist, im erwarteten Sinne zu handeln *und* weil er weiß, dass Alters Erwartung an Egos Verhalten auch anders sein könnte. Doppelte Kontingenz ist „'double négation virtuelle'": Beide Seiten können die Selektion des jeweils anderen – die immer eine Negation, also einen Ausschluss anderer Möglichkeiten impliziert – negieren, kurz: Negationen negieren. Zitate siehe Luhmann, Niklas: Rechtssoziologie, Wiesbaden 2008/1972, S. 32 sowie ders. 1976 – Generalized Media, S. 509. Das Problem doppelter Kontingenz erfährt in der Luhmannschen Konzeption eine doppelte Bearbeitung durch (Erwartungs-)Strukturen einerseits und symbolisch generalisierte Kommunikationsmedien andererseits. Erstere grenzen den Bereich möglichen und zu antizipierenden Verhaltens ein, indem sie Alter *Erwartungserwartungen* an die Hand geben. Alter wird so in den Stand versetzt, die Erwartungen – und darüber vermittelt das Verhalten – Egos zu erwarten. Letztere wiederum beziehen sich anders als Strukturen nicht auf die Vor-Wahl, sondern auf die Aus-Wahl: Sie sorgen dafür, dass das gewählte Erleben oder Handeln Alters auf Seiten Egos als Prämisse weiteren Erlebens oder Handelns *übernommen* wird. Für eine der pointiertesten Darstellungen vgl. Luhmann 1976 – Generalized Media, für eine Vertiefung siehe ders.: Soziologie als Theorie sozialer Systeme, in: Kölner Zeitschrift für Soziologie und Sozialpsychologie, Bd. 19/1967, S. 615-644, ders.: Sinn als Grundbegriff der Soziologie, in: Habermas, Jürgen/Luhmann, Niklas: Theorie der Gesellschaft oder Sozialtechnologie – Was leistet die Systemforschung?, Frankfurt/M. 1971, S. 25-100 sowie ders.: Soziale Systeme. Grundriß einer allgemeinen Theorie, Frankfurt/M. 1987/1984, v.a. S. 148-190.

117 Man sieht zudem: Nicht nur Ego, sondern auch Alter muss in seinem Handeln frei sein, wenigstens bedingt.

1. Herrschaft – (Il-)Legitimität – Revolution

wiesenen in einem. Einerseits erkennt Alter durch den Einsatz von Macht die Handlungsautonomie Egos praktisch an – sonst bräuchte er keine Macht „aufzubringen". Andererseits pfeift er indes im selben Moment auf ebendiese Handlungsautonomie – indem er danach trachtet, Ego nach seiner Pfeife tanzen zu lassen. Die Folge ist: Qua Machtausübung bringt sich der Anweisende gegenüber dem Angewiesenen – und sich selbst – *in Erklärungsnot*, wenigstens potentiell (dann nämlich, wenn der Angewiesene die Achtung der eigenen Handlungsautonomie verlangt). Darin liegt die implizite Widersprüchlichkeit und innere Spannung aller Machtkommunikation begründet: Stillschweigend erkennt der Machtausübende die Legitimationsbedürftigkeit seines Handelns immer schon an. Womöglich empfinden Herrschende genau deshalb regelmäßig das Bedürfnis, ihre Machtposition, wenn schon nicht den Herrschaftsunterworfenen, so doch wenigstens sich selbst gegenüber zu rechtfertigen.[118] Das spezifische Nebeneinander von Missachtung und Achtung der Selektionsfreiheit bringt es jedenfalls mit sich, dass die der Situation doppelter Kontingenz eigene Brisanz durch den Einsatz von Macht *akut* wird: Alter erwartet Ego als jemanden, der ihn durch sein Handeln *überraschen* könnte (et vice versa).

Als Bezugsproblem der Macht lässt sich dementsprechend, abgeleitet vom hintergründigen Problem doppelter Kontingenz, die *prinzipielle Handlungsautonomie* anderer Subjekte angeben. Die Freiheit Egos ist ein mögliches Hindernis für die Durchsetzung des Willens von Alter.[119] Nur deshalb setzt Alter Macht ein. Macht dient der zweckgerichteten Fremdmotivation, Macht bewirkt planvoll fremdes Handeln.[120] Das hat auch Weber so gesehen, ja, auf ebendieses Problem hat er Macht bezogen: „Macht bedeutet jede Chance, den eigenen Willen auch gegen Widerstreben durchzusetzen, gleichviel worauf diese Chance beruht."[121] In dieser

---

118 Vgl. zu diesem Bedürfnis auch Weber 1980 – Wirtschaft und Gesellschaft, S. 549.
119 Vgl. Hahn, Alois: Herrschaft und Religion, in: Fischer, Joachim/Rehberg, Karl-Siegbert (Hrsg.): Kunst, Macht und Institution. Studien zur philosophischen Anthropologie, soziologischen Theorie und Kultursoziologie der Moderne, Frankfurt/M. 2003, S. 331-346, hier S. 331.
120 Siehe Tyrell, Hartmann: Gewalt, Zwang und die Institutionalisierung von Herrschaft. Versuch einer Neuinterpretation von Max Webers Herrschaftsbegriff, in: Pohlmann, Rosemarie (Hrsg.): Person und Institution. Helmut Schelsky gewidmet, Würzburg 1980, S. 59-92, hier S. 61f.
121 Weber 1980 – Wirtschaft und Gesellschaft, S. 28. Dass Weber das Machtproblem hierdurch ein Stück weit verengt (vielleicht, weil er in erster Linie Herrschafts-

1.1 Gewalt, Macht und Herrschaft – Arbeit an den Begriffen

wohl bekanntesten aller Machtdefinitionen finden wir beinahe alle Komponenten wieder, wenn auch in etwas anderer Terminologie.

Es dreht sich (a) um die *Durchsetzung des eigenen Willens*: Jener, der Macht ausübt, will seinen gegen fremde Willen durchsetzen. Das ist, wie gesehen, insofern problematisch, als Alter damit in die Handlungsautonomie Egos eingreift – und zwar im wahrsten Sinne des Wortes *willkürlich*. Alter *entscheidet* so (und nicht anders) zu handeln *und* entscheidet darüber hinaus so (und nicht anders) *über* das Handeln von Ego. Die Kontingenz der Entscheidungen Alters tritt im Falle von Macht besonders unverhohlen zutage – und erregt gerade deshalb potentiell Anstoß, weil nicht nur (wie im Falle von Wahrheit und Geld) ein Erleben, sondern ein *Handeln* zugemutet wird.[122]

Deshalb auch (b) die Gefährlichkeit und Konfliktnähe von Machtkommunikation: *Auch gegen Widerstreben* (im Sinne von: äußerstenfalls auch gegen den Widerstand des Angewiesenen) setzt der Anweisende seinen eigenen Willen durch. Das heißt zwar nicht, dass jede Machtausübung auf einen widerstrebenden Willen treffen muss,[123] sehr wohl aber, dass jede Machtausübung, erstens, einen widerstrebenden Willen und damit, zweitens, eine Eskalation des Konflikts immer schon *antizipiert*.[124] Webers Machtbegriff ist mit anderen Worten *vom Grenzfall her* konstruiert: Wenn der Angewiesene aufbegehrt, dann ist der Machtausübende darauf vorbereitet – oder zumindest sollte er dies sein. Womöglich wird Macht deshalb so oft fälschlicherweise mit der Androhung oder gar Anwendung von Sanktionen gleichgesetzt.

---

    verhältnisse im Auge hatte – und das sind bei ihm vor allem: Befehls-Gehorsams-Verhältnisse), sei nur angemerkt. Denn Weber setzt voraus, dass die Kommunikation immer schon *als* Kommunikation erfasst worden ist, dass Ego also die *Differenz* aus Information und Mitteilung verstanden hat – und insofern auf dieses Sinnangebot mit „Ja" oder „Nein" reagieren kann. Das Kommunikationsproblem im engeren Sinne – die Frage der Anschlusskommunikation nicht mit einbegriffen – ist demnach immer schon gelöst. Vgl. zu dieser Kritik auch Hahn 2003 – Herrschaft und Religion, S. 331: Die Freiheit von Ego ist für Alter in der Weberschen Fassung nur insoweit ein Hindernis, als Ego dem Willen Alters nicht folgen *will* – nicht insoweit, als Ego nicht um den Willen Alters *weiß*.

122 Siehe Luhmann 1997 – Die Gesellschaft der Gesellschaft, S. 356.
123 Vgl. Tyrell 1980 – Herrschaft, S. 60f.
124 Vgl. Breuer 1998 – Der Staat, S. 16.

Macht wird (c) *innerhalb einer sozialen Beziehung* angewandt. Das heißt, sie wird nicht über Objekte, sondern nur über *Subjekte* ausgeübt.[125] Zugleich impliziert dies, dass Macht kein Gegenstand, keine Ressource ist, den oder die man „hat" oder „besitzt". Macht konstituiert sich vielmehr erst im sozialen Raum, *im Verhältnis* zwischen zwei (oder mehr) Subjekten. Macht ist ein relationaler Begriff, den Weber auf das aufeinander gegenseitig eingestellte Sichverhalten mehrerer beschränkt.[126]

Macht ist (d) „soziologisch amorph"[127]: Sie kann die verschiedensten Quellen haben – *gleichviel worauf diese Chance beruht* – und für die verschiedensten Zwecke in den verschiedensten Situationen gegenüber verschiedensten Personen eingesetzt werden – eben *jede Chance*.[128] Ihre Omnipräsenz und gleichzeitige „Fluidität" (im Sinne einer äußerst schweren Fassbarkeit) bewegt Weber letztlich dazu, Herrschafts- anstelle von Machtsoziologie zu betreiben.

Macht meint (e) nur die *Chance*, den eigenen Willen durchzukämpfen. Macht auszuüben heißt nicht, den anderen sprichwörtlich in der Hand zu haben. Macht meint nichts Mechanistisches, die Durchsetzung des Willens ist keineswegs garantiert – denn: Ego *bleibt frei*, sich dem fremden Willen zu widersetzen. Macht bedeutet mithin „nur", dass der Erfolg einer bestimmten Art von Kommunikation – der Übertragung einer Handlungsselektion Alters auf die Handlungsselektion Egos – *wahrscheinlicher* wird, vielleicht sogar: dass er erwartet wird.[129] Exakt in diesem Zusammenhang offenbart sich auch die Sonderrolle von Gewalt als Form von Macht. Zuvor allerdings noch ein paar Worte (1) zur Technik der Macht sowie (2) zur Universalität von Macht.

(1) Macht zeichnet in ihrer Funktionsweise eine gewisse Dualität aus, die gerne unterschlagen wird: Um Ego zu einem geforderten Verhalten zu

---

125 Wobei Macht über Subjekte durchaus *durch* Objekte (genauer: durch andere Subjekte objektvermittelt) ausgeübt werden kann. Vgl. nur zur „datensetzenden Macht" Popitz 2004 – Phänomene der Macht, S. 29-39, 160-181.
126 Vgl. zur Definition „sozialer Beziehungen" Weber 1980 – Wirtschaft und Gesellschaft, S. 13f.
127 Ebd., S. 28.
128 Nochmal Weber: „Alle denkbaren Qualitäten eines Menschen und alle denkbaren Konstellationen können jemand in die Lage versetzen, seinen Willen in einer gegebenen Situation durchzusetzen" (ebd., S. 28f.).
129 Weshalb wiederum das Scheitern von Machtkommunikation auch für so große *Überraschung* auf Seiten des Anweisenden sorgen kann – ein Moment, das sich wiederum der Angewiesene zunutze machen kann.

bewegen, kann Alter entweder *Sanktionen* oder *Gratifikationen* in Aussicht stellen. Stets wird dabei das künftige Verhalten Egos auf *zwei Alternativen* reduziert: Fügsamkeit oder Nichtfügsamkeit (worin sich eine immense Komplexitätsreduktion ausdrückt, die auf beiden Seiten ein Höchstmaß an Fokussierung auf jene soziale Beziehung zur Folge hat). Das heißt, Ego kann fortan nicht nicht auf die Machtausübung reagieren, alles Verhalten wird zur Antwort auf die eine Frage, die Alter ihm aufoktroyiert. Wobei Ego stets eine Antwort dadurch nahegelegt wird, dass beide Alternativen *ungleich belastet* werden: Im Falle der Fügsamkeit winkt Ego entweder eine Belohnung oder aber er entgeht einer Bestrafung. Und spiegelverkehrt gilt für den Fall der Nichtfügsamkeit: Ego entgeht entweder eine Belohnung oder aber ihm winkt eine Bestrafung. Eine weitere Besonderheit liegt nun darin, dass idealerweise Ego nicht nur aus den genannten Gründen die Fügsamkeit der Nichtfügsamkeit vorzieht, sondern dass zugleich Ego der unliebsame Fall *unliebsamer* ist als Alter: Sowohl die verpasste Gratifikation als auch die erlittene Sanktion „schmerzten" Ego jeweils mehr als es Alter „schmerzte", Ego die Gratifikation oder die Sanktion zukommen zu lassen.[130]

Ob die Verhaltensanweisung Erfolg hat, hängt daher im Wesentlichen von zwei Bedingungen ab: (a) von der *Stimulanz* der angekündigten Konsequenzen für Ego: Wie sehr begehrt bzw. fürchtet Ego das Versprochene bzw. Angedrohte, auch und gerade in Relation zu den „Kosten", die ihm durch die Erfüllung der Verhaltensforderung entstehen? Und b) von der *Glaubwürdigkeit* Alters für Ego in zweierlei Hinsicht: hinsichtlich der *Verfügbarkeit* über die Gratifikation bzw. Sanktion einerseits, hinsichtlich der *Entschlossenheit*, nachfolgend Fügsamkeit tatsächlich zu belohnen bzw. Nichtfügsamkeit tatsächlich zu bestrafen, andererseits.[131]

---

130 Vgl. hierzu auch Luhmann 2003 – Macht, S. 65 und Popitz 2004 – Phänomene der Macht, S. 81f.
131 Wobei Glaubwürdigkeit als Ressource mit der Häufigkeit – Spieltheoretiker würden sagen: durch den per Iteration geworfenen „Schatten der Zukunft" – an Wert gewinnt. Eine sich als leer herausgestellte Drohung oder eine nachträglich nicht honorierte Fügsamkeit erschweren einen abermaligen Erfolg der Machtkommunikation ungemein. Hieran offenbart sich im Übrigen auch die „Ökonomie" der Drohung: Ist sie erfolgreich, braucht der Drohende weder sein Drohpotential zu realisieren, so dass er es für weitere Drohungen einsetzen kann, noch erfährt der Bedrohte zwingend, ob der Drohende das Potential überhaupt realisiert hätte, geschweige denn, ob er darüber wirklich verfügte, was wiederum Tür und Tor zum

1. Herrschaft – (Il-)Legitimität – Revolution

Unter Berücksichtigung der Bedingungen erfolgreicher Machtkommunikation wird sodann ebenso deren *Grenze* offenkundig.[132] Die Machtausübung scheitert dann, wenn Alter und Ego in ihrer individuellen Rechnung darüber, welche die Vermeidungs- und welche die Vorzugsalternative ist, nicht zum selben Ergebnis gelangen, wenn also die vermeintlich *beid*seitige sich als lediglich *ein*seitige Vermeidungsalternative herausstellt. Oder dynamischer: Die Grenze der Macht beginnt dort, wo für Ego die vormals zweite Wahl zur ersten Wahl wird, wo er mithin die Nichtfügsamkeit dem Erleiden der Sanktion oder dem Entgehen der Gratifikation vorzieht – aus welchen konkreten Gründen immer.[133]

Doch einerlei, wie genau der Anweisende seinen Willen punktuell durchsetzt, ob auf begünstigende oder auf bedrohende Weise: Soll die Macht Alters *von Dauer* sein, so bedarf es *beider* Elemente, des sanktionierenden genauso wie des gratifizierenden. Nicht nur muss dem Angewiesenen bewusst gemacht werden, dass ihm die gewährten Vorzüge auch wieder *entzogen* werden können, um ihn gefügig zu halten. Auch muss es unter den Angewiesenen wenigstens einen kleinen Teil geben, der von der Machtbeziehung auch *profitiert*. Jan Philipp Reemtsma, der mit Blick auf die Notwendigkeit, dauerhafte Machtbeziehungen in ihrer Sanktions- und Gratifikationslastigkeit wenigstens partiell auszutarieren, zu einem ganz ähnlichen Schluss kommt, führt die Insuffizienz einer rein sanktionsgesicherten Machtbeziehung auf das folgende „simple Gedankenspiel" zurück:

> Der Mächtigste, hätte er nichts als seine Gewaltmittel, könnte seine Macht nur so lange ausüben, wie er vermöchte wach zu bleiben. Nach etwas mehr als 48 Stunden braucht er einen, der bereit ist, ihn zu unterstützen. Einen Freiwilligen, einen, der durch Gewalt nicht zu zwingen ist.[134]

Bluffen öffnet; siehe Tyrell 1980 – Herrschaft, S. 65f. und Popitz 2004 – Phänomene der Macht, S. 91-94.

132 Vgl. hierzu ähnlich (aber mit einem verkürzten Machtverständnis) auch Luhmann 1997 – Die Gesellschaft der Gesellschaft, S. 356.

133 Sei es, weil Ego die „Kosten", die mit dem geforderten Verhalten verbunden sind, zu hoch *sind* oder erst im Zeitablauf, etwa durch den Gewinn neuer Informationen, zu hoch *werden*, oder sei es, weil ihm *Zweifel* an der Glaubwürdigkeit Alters kommen, die für Ego in der Bewertung seiner beiden Alternativen – Fügsamkeit und Nichtfügsamkeit – den Ausschlag geben: Alter spricht nach Ansicht Egos *nur leere* Versprechungen bzw. Drohungen aus.

134 Reemtsma, Jan P.: Vertrauen und Gewalt. Versuch über eine besondere Konstellation der Moderne, Hamburg 2008, S. 146.

Insofern sind gängige Machtkonzeptionen, man denke nur an jene Luhmanns auf der einen und Arendts auf der anderen Seite, zu einseitig gestrickt. Reduziert der eine Macht ganz bewusst auf Drohungsmacht, behält die andere alle konsensualen Elemente ihrem Macht- und alle konfliktären Elemente ihrem Gewaltbegriff vor.[135] Blind sind damit beide Autoren, eben weil sie nur auf je einem Auge sehen, für den spezifisch *dualen*, man könnte auch sagen: janusköpfigen Charakter aller Macht. Man muss indes mit beiden Augen sehen, will man der Legitimations*bedürftigkeit und* parallelen Legitimations*fähigkeit* aller Macht gewahr werden. Verlockung und Verschüchterung sind zwei Seiten ein und derselben Medaille: Macht.

(2) Einen vollends ambivalenten Zug erhält Macht schließlich dadurch, dass sie ein *universales Element* menschlicher Vergesellschaftung ist. Wo Gesellschaften entstehen, ist Macht notgedrungen beteiligt. Keine Vergesellschaftung ohne Machtprozesse. Wenn das stimmt, so müssten sich hierfür anthropologische Gründe angeben lassen. Genau diesen Anspruch löst Popitz ein – indem er zeigt, dass der Mensch aufgrund von vier *vitalen Abhängigkeiten* und, komplementär, vier *konstitutiven Handlungsfähigkeiten* regelrecht zur Macht verdammt ist.[136] (a) Weil der Mensch zugleich *verletzungsoffen* und *verletzungsmächtig* ist, kann er (physische, ökonomische und soziale) Verletzungen sowohl selbst erleiden als auch anderen zufügen („Aktionsmacht"). (b) Weil der Mensch unter Rückgriff auf Erwartungen bezüglich des zukünftigen Erlebens und Handelns anderer Menschen sein eigenes Erleben und Handeln wählt, treibt ihn eine *Sorge um die Zukunft* um, die von Mitmenschen um der Verhaltenssteuerung willen per Versprechen hoffnungs- oder per Drohung angstschürend ausgenutzt werden kann („instrumentelle Macht"). (c) Weil der Mensch der Anerkennung bedarf und ihm nur Mitmenschen – insbesondere wiederum von ihm selbst als maßgebend anerkannte Mitmenschen – diese vermitteln können, kann sein Verhalten über die Konditionierung von Anerkennungszusprache oder -absprache gesteuert werden („autoritative Macht").[137] (d)

---

135 Siehe Luhmann, Niklas: Klassische Theorie der Macht. Kritik ihrer Prämissen, in: Zeitschrift für Politik, Bd. 16/1969, Heft 2, S. 149-170, hier S. 168 und ders. 1997 – Die Gesellschaft der Gesellschaft, S. 357 sowie Arendt, Hannah: Macht und Gewalt, München 1971, v.a. S. 36-58.
136 Vgl. Popitz 2004 – Phänomene der Macht, S. 22-39.
137 Die Anerkennungsbedürftigkeit des Menschen – die Notwendigkeit sozial anerkannt zu werden, um sich selbst anzuerkennen – ließe sich über die Plessnersche Figur der „exzentrischen Positionalität" begründen, worauf an dieser Stelle indes verzichtet werden muss. Vgl. in Ansätzen (explizit mit Mead, implizit mit Pless-

1. Herrschaft – (Il-)Legitimität – Revolution

In Machtbeziehungen befindet sich der Mensch als Mensch schließlich deshalb zwangsläufig, weil er *auf eine Objektwelt angewiesen* ist, die wiederum von Mitmenschen machtkonstitutiv modifiziert werden kann („datensetzende Macht"). Die vierfache, anthropologisch bedingte Machtwurzel kurz und bündig zusammengefasst: „Menschen können anderen Menschen *unmittelbar etwas antun*; sie können darüber hinaus *Erwartungen*, *Maßstäbe* und *Artefakte* für andere bestimmend verändern."[138] Soziale Beziehungen, so lässt sich konstatieren, denen nicht zu jeder Zeit zumindest die *Chance* zur Machtausübung innewohnt, sind dem Menschen ob seiner anthropologischen Ausstattung nicht vergönnt. Macht wird damit zum universalen Element menschlicher Vergesellschaftung. Sie aus der Welt zu schaffen, ist illusorisch; einzig die Bedingungen, unter denen ihr Einsatz als legitim oder illegitim gelten soll, lassen sich gesellschaftlich definieren.

Die Sonderstellung von physischer Gewalt als Machtform, auch in ihrer Funktion, den dauerhaften Bestand sozialer Ordnungen zu begünstigen, zeichnet sich vor diesem Hintergrund bereits ab. Sie soll nachstehend schärfer konturiert werden.

1.1.1 Macht und Gewalt

Das Verhältnis von Macht und Gewalt lässt sich nicht leicht bestimmen. In der Frage herrscht allerlei Konfusion. Sagen (1) die einen, dass alle Macht *letztlich* auf Gewalt beruht,[139] sagen (2) die anderen, dass in dem Moment,

---

ner argumentierend) Popitz 2004 – Phänomene der Macht, S. 116-118. Interessanterweise geht auch der „frühe", noch offen(er) anthropologisch argumentierende Luhmann von einem Selbstdarstellungsbedürfnis des Menschen aus, über das wiederum der Anerkennungsdurst gestillt wird. Gerade im Verwehren der Selbstdarstellung erkennt er nämlich einen der Gründe für das Unbehagen an der an sich „lobenswerten" und insofern zu Unrecht gescholtenen Routineprogrammierung in Verwaltungen – und zwar für den routinemäßig Behandelten wie Handelnden selbst (vgl. Luhmann: Lob der Routine (1964), in: ders.: Politische Planung. Aufsätze zur Soziologie von Politik und Verwaltung, Opladen 1971, S. 113-142, hier S. 134-138). Und Behinderung der Selbstdarstellung resp. des Anerkanntwerdens ist für Luhmann gleichbedeutend mit *Entfremdung*.

138 Popitz 2004 – Phänomene der Macht, S. 33.
139 Literatur zu dieser Position, die in der Hobbesschen Tradition steht und von Luhmann als „klassische Theorie der Macht" abgestempelt und für deren Gleichsetzung von Macht und Gewalt kritisiert wird, findet sich bei diesem selbst (Luh-

1.1 Gewalt, Macht und Herrschaft – Arbeit an den Begriffen

in dem es zum Einsatz von Gewalt kommt, alle Macht immer schon *gescheitert* ist.[140] Welche Position ist die richtige? Ich möchte nachfolgend argumentieren: keine von beiden.

(1) In ihrer einfachsten Fassung besagt die erste Position: Alle Macht ist Gewalt.[141] Alter kann gegen Ego seinen Willen durchsetzen, weil er in einem Zweikampf mit ihm die Oberhand gewinnt. Das heißt, nur wenn es tatsächlich zum Kampf kommt, wenn sich eindeutig Sieger und Verlierer bestimmen lassen, liegt eine gelungene Machtausübung vor.

Nun hängt zwar, wie gesehen, jeder Machtkommunikation eine gewisse Konflikthaftigkeit an, ja, Alter und Ego müssen damit rechnen, dass beide Seiten äußerstenfalls auf Gewalt als Ultima Ratio zurückgreifen. Aber daraus zu schließen, alle Macht sei Gewalt, ist nicht nur überzogen, sondern schlichtweg falsch. Sehr viel häufiger ist vielmehr zu beobachten, dass Macht auf der bloßen *Androhung* von Gewalt beruht. Machtkonstitutiv ist dann jedoch nicht der Ausgang des Kampfes, sondern die *Antizipation* desselben: Weil Ego davon ausgeht, dass er Alter in einem Zweikampf unterlegen *wäre*, fügt er sich – auch *ohne* die Probe aufs Exempel zu machen. Eine derartige „Kausalität des Unterlassens"[142] vermag indes nicht zu erklären, wer Macht mit Gewalt gleichsetzt, wie Luhmann in seiner Kritik an der „klassischen Machttheorie" scharf herausarbeitet. Denn Macht beruht dann nicht auf der *Realisierung*, sondern auf der *Virtualisierung* von Gewalt. Wiederum mit Luhmann:

> Machtbildung steht in einem ambivalenten Verhältnis zur physischen Gewalt. Sie benutzt Gewalt gleichsam im Irrealis, nämlich unter der Voraussetzung, daß Gewalt nicht angewandt wird. Die Gewalt wird virtualisiert, wird als negative Möglichkeit stabilisiert.[143]

---

mann 1969 – Klassische Theorie der Macht) und bei Reemtsma 2008 – Vertrauen und Gewalt, S. 141-147. Gegen diese Gleichsetzung wendet sich auch Arendt 1971 – Macht und Gewalt, S. 36-58. Wenngleich die Macht- und Gewaltkonzeptionen, die sie dem entgegensetzt, nicht überzeugen – warum sollte Macht nur auf Konsens beruhen?

140 So explizit Luhmann 1972 – Systemtheoretische Ansätze zur Analyse von Macht, S. 106.
141 Wobei der Begriff der Gewalt in dieser Arbeit nicht unnötig dadurch verwässert werden soll, dass man zum Beispiel Fälle von „struktureller Gewalt" (Johan Galtung) darunter subsumiert. Unter Gewalt soll vielmehr verstanden werden „eine Machtaktion, die zur absichtlichen körperlichen Verletzung anderer führt" (Popitz 2004 – Phänomene der Macht, S. 48).
142 Luhmann 1969 – Klassische Theorie der Macht, S. 168.
143 Luhmann 1972 – Systemtheoretische Ansätze zur Analyse von Macht, S. 107.

1. Herrschaft – (Il-)Legitimität – Revolution

Aber selbst wenn man die erste Position so liest, als beruhe alle Macht auf der erfolgreichen *Androhung* von Gewalt, hält sie der Kritik nicht stand. Insofern nicht, als der Angewiesene über eine Drohung mit den *verschiedensten* Mitteln zu einem bestimmten Handeln bewegt werden kann. Wenn mein Widersacher mich kompromittierende Fotos besitzt und mir mit einer Veröffentlichung derselben droht, dann folge ich seinen Anweisungen nicht deshalb, weil ich mein Unterliegen in einem physischen Zweikampf schon jetzt antizipiere, sondern weil mir an der Vermeidung eines öffentlichen Gesichtsverlusts gelegen ist. Die vielen Gesichter der Macht lassen sich weder auf das Gewalt anwendende noch auf das Gewalt androhende Gesicht reduzieren.

Gleichwohl kann physischer Gewalt eine besondere Prominenz als Drohmittel nicht abgesprochen werden, worin womöglich einer der Gründe für den Fehlschluss der ersten Position zu sehen ist. Warum nämlich eignet sich Gewalt so vortrefflich für Drohungen? Sechs Gründe lassen sich hierfür meines Erachtens anführen (ohne Anspruch auf Vollständigkeit): (a) Aufgrund der Verletzungsoffenheit, die den Menschen anthropologisch auszeichnet, ist *niemand vor Gewalt gefeit*. Demgemäß ist Gewalt nahezu universell verwendbar, „nämlich weitgehend indifferent gegen Zeitpunkt, Situation, personalen Träger und Thema der Handlung, die motiviert werden soll"[144]. (b) Als Konsequenz dessen erspart sich der Anweisende Mühe und Zeit, herauszufinden, was dem Angewiesenen subjektiv schadet – eben weil der Verlust körperlicher Integrität *jedem* schadet. Gewalt ist mithin eine *ökonomische* Machtquelle. Sie sprudelt für jedermann.[145] (c) Weil die Gewalterfahrung so, wie sie vom Betroffenen vorweggenommen wird, weder übergangen noch (wenigstens in aller Regel nicht) herbeigesehnt werden kann, gewährt sie dem Drohenden eine rela-

---

[144] Luhmann 1969 – Klassische Theorie der Macht, S. 156f.
[145] Wobei die Ökonomie des Weiteren darin ihren Grund hat, dass Gewaltdrohungen äußerst *dehnbar* sind, in zeitlicher wie sozialer Hinsicht. Der zeitliche Aspekt war bereits Thema: Wer erfolgreich droht, bewahrt sich sein Drohpotential. Zu beachten ist hier aber auch die soziale Dehnung: „Bedroht jemand, der evident nur eine Kugel in der Pistole hat, zwei Menschen gleichzeitig, so müssen beide damit rechnen, daß sie diese eine Kugel mit voller Wirkung trifft, obgleich beide sicher sein können, daß sie nicht beide trifft. Die Drohung gegen beide ist eindeutig überzogen, unausführbar. Aber gegen jeden ist sie glaubwürdig – und jeder der beiden *ist* jeder. Präventiv wirkt hier die Drohung aufgrund ihrer möglichen Selektivität und aufgrund der Unberechenbarkeit dieser Selektivität." Popitz 2004 – Phänomene der Macht, S. 94.

tiv hohe Sicherheit, seinen Willen durchzusetzen.[146] Neben der Effizienz besticht Gewalt als Drohmittel also zusätzlich durch eine *hohe Effektivität*. (d) Gewalt ist, wenngleich dieser Punkt vorrangig für (staatliche) Herrschaftsverhältnisse relevant ist, „da es um relativ einfaches Handeln geht, *gut organisierbar* und damit unter Ausschluß von Selbstbefriedigung zentralisierbar"[147]. Ein überlegenes bzw. ein vom Betroffenen als überlegen imaginiertes Gewaltpotential ist mit anderen Worten schnell auf- und ausgebaut. (e) Gewalt ist ferner, was den vorigen Punkt berührt, *weitgehend unabhängig von Systemstrukturen*, da sie im Grunde genommen nichts weiter als überlegene Kampfeskraft voraussetzt.[148] Als Drohmittel ist sie demnach mit den verschiedenartigsten Systemstrukturen kompatibel. (f) Schließlich erfüllt Gewalt die für Drohungen so elementare Bedingung, dass für gewöhnlich (von Masochisten und Märtyrern einmal abgesehen) Drohendem wie Bedrohtem an der *Vermeidung* der Gewaltanwendung gelegen ist *und* zugleich dem Bedrohten *stärker* daran gelegen ist, so dass dieser sich fügt.

(2) Wenn man Macht nun wie Luhmann als reine Drohungsmacht auffasst,[149] dann ist die Schlussfolgerung zwar nur konsequent, Macht scheitere just in dem Moment, in dem die Androhung von Gewalt nicht hinreicht, um den Bedrohten zu einem bestimmten Handeln zu motivieren.[150] Doch von der Sanktionslastigkeit einer solchen Machtkonzeption unter

---

146 Luhmann spricht ganz ähnlich von einer sehr hohen, gut abschätzbaren Leistungs- bzw. Belastungsgrenze der Drohung mit physischer Gewalt; vgl. Luhmann 1969 – Klassische Theorie der Macht, S. 156 und ders. 1972 – Systemtheoretische Ansätze zur Analyse von Macht, S. 106f.
147 Luhmann 2003 – Macht, S. 65.
148 Siehe Luhmann 1972 – Systemtheoretische Ansätze zur Analyse von Macht, S. 106f. Die Drohung mit Gewalt bedarf zum Beispiel, wie Luhmann konkretisiert, keinerlei „Statusordnungen, Rollenzusammenhänge, Gruppenzugehörigkeiten, Informationsverteilungen oder Wertvorstellungen" (ders. 1969 – Klassische Theorie der Macht, S. 157).
149 „Alle Macht hängt letztlich davon ab, daß der Rückgriff auf ihre Basis unterbleibt: daß physische Gewalt *nicht* angewandt wird; daß peinliche Informationen *nicht* preisgegeben werden; daß der Rückzug des Unabhängigen aus der Kooperation *nicht* erfolgt; daß die Entscheidungslast *nicht* voll auf den Vorgesetzten abgeschoben wird." Ebd., S. 168.
150 „Mit der *Anwendung* physischer Gewalt scheitert zugleich die Macht, und das gilt in den beiden denkbaren Fällen: wenn die Gewalt *durch* den Machthaber angewandt wird und – ebenso – wenn sie *gegen* den Machthaber angewandt wird." Luhmann 1972 – Systemtheoretische Ansätze zur Analyse von Macht, S. 106; ähnlich auch Luhmann 2003 – Macht, S. 9, 61.

völliger Ausblendung der gratifizierenden Seite von Macht einmal abgesehen, ist diese zweite Position zusätzlich aus zwei weiteren Richtungen angreifbar.

Zum einen wird übersehen, dass gerade die punktuelle Anwendung von (insbesondere exzessiver) Gewalt dazu dienen kann, künftige Drohungen „aufzufüllen".[151] Ein Exempel wird vorsätzlich statuiert, um sich anschließend den Gewalteinsatz (wieder) *sparen* zu können und *trotzdem* die gewünschte Machtwirkung zu erzielen. Die Zweifel, die der Bedrohte an der Glaubwürdigkeit des Drohenden hegte, werden ausgeräumt. Erwidern könnte man hierauf wiederum, dass selbst dann, wenn ein solches Kalkül vorläge, dies nichts daran ändere, dass die Machtausübung zumindest *vorerst* gescheitert ist. Doch die zweite, „Luhmannianische" Position ist noch aus einem weiteren Blickwinkel zu kritisieren.

Zum anderen – und an dieser Stelle ungleich wichtiger – nimmt sie nämlich nicht zur Kenntnis, dass es neben *vor*greifenden ebenso *durch*greifende Formen von Macht gibt. Nicht immer beruht die Machtwirkung darauf, dass die Konsequenzen, welche die Nichtfügsamkeit nach sich zöge, vom Angewiesenen vorab in Gedanken durchgespielt werden. Vielmehr übt Alter auch dann Macht aus, wenn er Ego vorsätzlich physisch, ökonomisch oder sozial *verletzt*: ihn bewusstlos schlägt, dessen Haus anzündet oder ihn vor anderen bloßstellt – gleichviel aus welchem konkreten Motiv.[152] Nichts Anderes meint Popitz mit der erwähnten „Aktionsmacht". Auch sie ist, wie alle Macht, eine *Durchsetzungsform*, wahrscheinlich die *direkteste*.[153] Dass aus Aktionsmacht wiederum andere For-

---

151 Ähnlich auch Tyrell 1980 – Herrschaft, S. 65. Vor diesem Hintergrund kann von Trotha provokant schlussfolgern, das Massaker sei ein *systematischer* – nicht pathologischer – Bestandteil der Staatswerdung bzw. Gewaltmonopolisierung; vgl. ders.: Koloniale Herrschaft. Zur soziologischen Theorie der Staatsentstehung am Beispiel des „Schutzgebietes Togo", Tübingen 1994, S. 38f. Als blutiger Beweis der Überlegenheit künde es von der Aussichtslosigkeit jedweden Widerstands.
152 Offen gelassen wird also, *warum* Alter beispielsweise Ego bewusstlos schlägt. Sei es, um ihn auszurauben, oder sei es um der reinen Gewalthandlung willen.
153 Siehe zur „Aktionsmacht" Popitz 2004 – Phänomene der Macht, S. 23-78. Ähnlich lässt sich auch Canettis Versuch lesen, Gewalt und Macht voneinander abzugrenzen: „Mit *Gewalt* verbindet man die Vorstellung von etwas, das nah und gegenwärtig ist. Sie ist zwingender und unmittelbarer als die Macht. […] Wenn die Gewalt sich mehr Zeit läßt, wird sie zur Macht. […] Macht ist allgemeiner und geräumiger als Gewalt, sie *enthält* viel mehr, und sie ist nicht mehr ganz so dynamisch. Sie ist umständlicher und hat sogar ein gewisses Maß von Geduld." Canetti, Elias: Masse und Macht, Düsseldorf 1978/1960, S. 323.

men von Macht *resultieren können*, die antizipativer Natur sind, spricht für sich genommen jedenfalls *nicht* dagegen, ihre Eigenständigkeit einzusehen.

Physische Gewalt nimmt somit (gemeinsam mit den anderen Formen von Aktionsmacht) eine Sonderrolle im Machtgefüge ein, für die uns schon Simmel mit Nachdruck sensibilisiert. Sie könnte wiederum mitverantwortlich für den verbreiteten Fehlschluss sein, alle Macht letzten Endes mit Gewalt zu identifizieren. Simmel stößt nämlich auf einen feinen und doch grundlegenden Unterschied von Macht in Gestalt von Zwang (bzw. als Sanktionsdrohung) und Macht in Gestalt von Gewaltanwendung:

> Nun ist die Ausschaltung jeglicher Spontaneität innerhalb eines Unterordnungsverhältnisses in Wirklichkeit seltener, als die populäre Ausdrucksweise schließen läßt, die mit den Begriffen des ‚Zwangs', des ‚Keine-Wahl-habens', der ‚unbedingten Notwendigkeit' sehr freigiebig ist. Selbst in den drückendsten und grausamsten Unterworfenheitsverhältnissen besteht noch immer ein erhebliches Maß an persönlicher Freiheit. Wir werden uns ihrer nur nicht bewußt, weil ihre Bewährung in solchen Fällen Opfer kostet, die auf uns zu nehmen ganz außer Frage zu stehen pflegt. Der ‚unbedingte' Zwang, den der grausamste Tyrann auf uns ausübt, ist tatsächlich immer ein durchaus bedingter, nämlich dadurch bedingt, daß wir den angedrohten Strafen oder sonstigen Konsequenzen der Unbotmäßigkeit entgehen wollen.[154]

Simmel bringt das elementare Hindernis, vor dem alle Macht steht, das aber, wie gesehen, zugleich auch deren Ermöglichungsbedingung ist, meisterhaft auf den Punkt: *die Freiheit eines jeden, sein Handeln selbst zu wählen.* Alter kann auf Egos Wahl noch so sehr einwirken, indem er ihn mit Belohnungen lockt oder mit Strafen schreckt, „das Andershandelnkönnen des Anderen bleibt ein unaufhebbares Faktum"[155]. Und die Handlungsautonomie des Angewiesenen wird nicht aufgehoben, sondern *gerade spezifisch in Rechnung gestellt*.[156] Mit der Folge, dass die Motivationsbemühungen Alters von Erfolg gekrönt sein können – oder eben nicht. Ja, paradoxerweise ist die Macht Alters sogar umso größer, je größer die Freiheit Egos ist: Die Macht über jemanden, der Zugang zum „Roten Telefon" hat, ist in der Regel mehr wert als die Macht über einen „gewöhnlichen"

---

154 Simmel, Georg: Soziologie. Untersuchungen über die Formen der Vergesellschaftung, hrsg. von Otthein Rammstedt, Frankfurt/M. 1992, S. 161.
155 Tyrell 1980 – Herrschaft, S. 62. Zwang „*beläßt das zu einer bestimmten Handlung gezwungene ‚alter ego', das Opfer des Zwanges begriffsnotwendig in seiner ‚Rolle' als Subjekt, das selbst entscheiden und handeln muß*" (ebd., S. 64).
156 Vgl. ebd., S. 65.

Telefonisten.[157] Die Attraktivität dessen, die Handlungskapazität eines anderen Subjekts auszuschöpfen, steigt demnach mit der Zunahme ebendieser Handlungskapazität. Kurzum: je mächtiger Ego, desto mächtiger Alter.

Das fundamentale Problem und die Technik der (nicht-gewaltförmigen bzw. nicht-aktionsförmigen) Macht in Rechnung stellend, erschließt sich Simmel sodann die Einzigartigkeit aller Gewalt, genauer: die Einzigartigkeit aller Gewalt*ausübung*:

> Genau angesehn, vernichtet das Über- und Unterordnungs-Verhältnis die Freiheit des Untergeordneten *nur im Falle von unmittelbaren physischen Vergewaltigungen*; sonst pflegt es nur einen Preis, den wir nicht zu bezahlen geneigt sind, für die Realisierung der Freiheit zu fordern und kann den Umkreis der äußeren Bedingungen, in dem sie sich sichtbar realisiert, mehr und mehr verengern, aber, außer in jenem Fall physischer Übergewalt, niemals bis zu völligem Verschwinden.[158]

Der Ausübung von Gewalt fällt demnach als Machtform insofern eine herausragende Rolle zu, als sie die Freiheit anderer Subjekte nicht nur *minimieren*, sondern geradezu *eliminieren* kann. Und dies, sofern die Gewalt bis zum Definitivum, dem Tod, eingesetzt wird, sogar *ein für alle Mal*. Helfen alle Drohungen und Versprechungen nichts, so kann im äußersten Falle immer noch physische Gewalt angewandt werden: Alter sperrt Ego weg, reißt ihm die Zunge raus oder schlägt ihm Arme und Beine ab – oder gleich den Kopf.[159] Die Ausübung physischer Gewalt, so könnte man zuspitzen, *verringert oder vernichtet Kontingenz bzw. soziale Komplexität*: Wenn Ego der Anweisung Alters schon nicht Folge leistet, dann soll er diesen wenigstens nicht auch noch überraschen und ihm lästig werden können. Entsprechend erblickt Luhmann „[d]as Faszinierende am Phänomen physischer Gewalt" darin, „daß sie [...] den Zustand praktischer Alternativlosigkeit [...] bezeichnet, in dem nichts mehr gewählt [...] werden

---

157 Vgl. zu dieser „Paradoxie der Machtsteigerung" explizit Hahn 2003 – Herrschaft und Religion, S. 332f. Gestreift wird sie auch schon von Luhmann 2003 – Macht, S. 9.
158 Simmel 1992 – Soziologie, S. 161, m.H.
159 Wenngleich die interne Abgrenzung der jeweils ausgeübten Aktionsmacht schwer ist: Wer einen anderen wegsperrt, der verletzt nicht nur körperlich, sondern mindert ebenso die soziale Teilhabe und schädigt materiell. Siehe zu diesem Problem auch Popitz selbst, der jedoch meint, dass in der Regel Schwerpunkte erkennbar seien (Popitz 2004 – Phänomene der Macht, S. 44).

1.1 Gewalt, Macht und Herrschaft – Arbeit an den Begriffen

kann"[160]. Das Problem doppelter Kontingenz wird auf wundersame Weise entschärft.

Der Nachteil ist offensichtlich: Alter beschneidet sich in seinem eigenen Handlungspotential. Er verhindert bestimmte Handlungsoptionen, die Ego vormals offenstanden, aber zugleich begibt er sich hierdurch der Möglichkeit, dessen Handlungskapazität positiv auszunutzen.[161] Überspitzt formuliert: Alter kann nur noch (restriktiv) *ver*bieten, nicht mehr (direktiv) *ge*bieten. Und er bezahlt diese physische Verunmöglichung von Handlungen letztlich mit dem Aufwand, eigenhändig Gewalt anzuwenden – das heißt, er geht immer auch das Risiko ein, als Verlierer aus dem Zweikampf hervorzugehen. Verletzungsoffen ist nicht allein Ego und verletzungsmächtig nicht allein Alter.

Aber allen Abstrichen zum Trotz setzt Alter durch eine erfolgreiche Gewaltausübung dennoch zur Gänze oder zum Teil seinen Willen durch. Entweder, weil er von Anfang an eine körperliche Verletzung Egos beabsichtigte – sei es als Mittel zu einem anderen Zweck oder sei es als Selbstzweck. Oder aber, weil er – im Falle einer gescheiterten Drohung – zwar seinen ursprünglichen Willen nicht durchsetzen konnte, qua Gewalteinsatz aber immerhin weitere unerwünschte Handlungen Egos unterbinden und damit zumindest partiell seinen (den neuen Begebenheiten „angepassten") Willen durchsetzen kann. Paradoxerweise ist daher der, der Gewalt anwendet, mächtiger und ohnmächtiger als jener, der Sanktionen oder Gratifikationen in Aussicht stellt, in einem. Mächtiger, weil er im eigentlichen, nicht populären Sinne des Wortes „zwingen", nämlich *un*bedingt zwingen kann. Ohnmächtiger, weil er nur *negativ* zu zwingen, also nur zu vereiteln vermag und nicht umhin kommt, Verletzungen aktiv zuzufügen (oder durch Dritte zufügen zu lassen).

Es muss daher, auch wenn es in der Praxis natürlich zu Überschneidungen kommt, analytisch unterschieden werden zwischen: (aa) der konditionalen Verknüpfung von Unbotmäßigkeit mit Gewalt zwecks Steuerung des Verhaltens: *angedrohter* Gewalt; (ab) nachträglich oder vorab ausgeübter Gewalt zwecks Unterfütterung zukünftiger Gewaltdrohungen: *demonstrativer* Gewalt; und (b) ausgeübter Gewalt zwecks Verhinderung bestimmter

---

160 Luhmann 1972 – Systemtheoretische Ansätze zur Analyse von Macht, S. 106.
161 Luhmann spricht von einer „Substitution eigenen Handelns für unerreichbares Handeln anderer" bzw. von einem „Verzicht darauf, die *Selektivität* des Partners zu steuern" (Luhmann 2003 – Macht, S. 9).

Handlungen: *restriktiver* Gewalt.[162] In Fall (aa) wird die Gewalt virtualisiert, in Fall (b) wird sie realisiert und in Fall (ab) wird sie realisiert, um sie hierauf zu virtualisieren. Oder anders: In Fall (b) steht die *materielle* Wirkung und in den Fällen (aa) und (ab) die *symbolische* Wirkung der Gewalt im Vordergrund.

Das Verhältnis von Macht und Gewalt lässt sich demgemäß wie folgt zusammenfassen: Nicht alle Macht ist Gewalt, doch alle Gewalt ist Macht. Gewalt kann der Durchsetzung des eigenen Willens halber angedroht oder angewandt werden (sprich als Macht antizipativ oder aktiv wirken), je nachdem, ob man dem (virtuellen bzw. realen) Gewaltopfer für den Moment einen Rest an Handlungsautonomie zubilligt oder nicht.

Abschließend seien noch ein paar Worte zu den Folgen gestattet, die sich daraus für die exklusive Funktion von Gewalt für soziale Ordnungen ergeben. Auf sie wird später, im Zusammenhang mit einer basalen Form von Legitimität einerseits und mit dem Ausbruch und dem Erfolg von Revolutionen andererseits, wieder einzugehen sein.

Jede Gesellschaft sieht sich fortwährend dem Problem der Gewaltbegrenzung ausgesetzt.[163] Der Mensch ist und bleibt bis zu seinem Tod offen für Verletzungen durch Mitmenschen, die in ihrem Verhalten letztlich unberechenbar sind und damit potentiell verletzend agieren können. Infolgedessen trachtet er nach gesellschaftlichen Vorkehrungen, um zwischenmenschliche Gewalt, die niemals gänzlich aus der Welt geschafft werden kann, wenigstens einzudämmen.[164] Das Ergebnis sind soziale Ordnungen, in denen festgelegt wird, wer wem gegenüber in welchen Situationen welche Gewalthandlung unterlassen soll und was geschieht, falls gegen diese Gewaltverbote verstoßen wird. Das oder ein zentrales Movens für soziale Ordnung ist demnach die Furcht vor Gewalt, der Wunsch nach physischer Sicherheit.

---

162 Den Terminus „restriktive Gewalt" übernehme ich von Tyrell, der darunter solche Fälle versteht, in denen die Anwendung physischer Gewalt zielgerichtet mit der Intention erfolgt, „bestimmte Handlungsmöglichkeiten des Anderen physisch auszuschalten" (Tyrell 1980 – Herrschaft, S. 63). Er nennt die restriktive Gewaltanwendung daher, ganz auf einer Linie mit meiner und abseits von Luhmanns Argumentation, einen *Grenzfall* der Durchsetzung des eigenen Willens (ebd., S. 63).
163 Zum Folgenden siehe insbesondere Popitz 2004 – Phänomene der Macht, S. 61-66 und Trotha 1994 – Koloniale Herrschaft, S. 37-44.
164 „Es gibt aus *anthropologischen* Gründen […] keine Konstellation, die vollkommene Sicherheit vor Gewalt bietet." Popitz 2004 – Phänomene der Macht, S. 265, Fn. 2, m.H.; ähnlich auch Luhmann 2008 – Rechtssoziologie, S. 109.

Damit indes Gewaltverbote – oder genereller: Normen – befolgt werden, ja, damit letztlich gegebene Ordnungen aufrechterhalten werden können, bedarf es (nicht nur, aber auch) der Gewalt. Soziale Ordnungen dienen zwar der Eingrenzung von Gewalt und sind hierfür unerlässlich, können aber ohne die Verfügung über Eigengewalt nicht fortdauern. Das ist das Dilemma. Allein, warum das so ist, lässt sich nun, da die Rolle der Gewalt im Machtgefüge geklärt ist, präzisieren.

Einerseits sind soziale Ordnungen auf Gewalt angewiesen, weil es aus den erwähnten Gründen das Drohmittel schlechthin ist. Es ist beinahe universell verwendbar, sparsam, von durchschlagender Effektivität, gut organisierbar, in struktureller Hinsicht weitgehend voraussetzungslos und es überzeugt in aller Regel bereits auf der antizipativen Ebene. Eine Folge ist, dass die Wahrscheinlichkeit, dass sich ein jeder im normativ erwarteten Sinne verhält, steigt. Von sehr viel größerer Tragweite ist indes eine andere Folge: Die Normen genießen hierdurch ein *Gesamtvertrauen*.[165] Das ist ein wichtiger Unterschied. Das Vertrauen in Normen spielt sich auf der reflexiven Erwartungsebene ab: Wenn normative Erwartungen mit Gewalt gedeckt sind, dann ist jeder imstande, die Erwartungen anderer zu erwarten. Denn jeder erwartet, dass alle erwarten, dass Normen gewaltsam sanktioniert werden, so dass jeder erwartet, dass alle normenkonformes Verhalten erwarten. Es geht mithin primär um die *Gewissheit der Erwartbarkeit von Erwartungen*, die durch Gewaltdrohungen gewährleistet wird – und nur sekundär um die Sicherung der *Erfüllung* von Erwartungen.

Andererseits können soziale Ordnungen aber auch die punktuelle *Realisierung* von Gewalt nicht entbehren. Dies aus primär zwei Gründen, einem demonstrativen und einem restriktiven. (a) Das Vertrauen in die Normen würde schwinden, wenn Normbrüche zunehmend nicht geahndet würden. Die Sanktionierung mit Gewalt und die mit Gewalt sichergestellte Sanktionierung haben eine elementare *symbolische* Funktion: Durch sie *vergewissert* sich „die Gesellschaft" der Geltung ihrer Normen. Dass die Erwartungen kontrafaktisch generalisiert sind, dass an ihnen also auch im Enttäuschungsfall festgehalten wird, muss dargestellt werden – sonst drohen Lernprozesse: Anpassungen der Erwartungen an veränderte Umstände. Eine Sanktionierung unter Einsatz von Gewalt aber ist unbequem, läs-

---

165 Vgl. ebd., S. 114f.

tig – und muss daher auferlegt werden: den jeweils Betroffenen selbst oder einer „neutralen" Instanz.[166]

Daneben (b) bedarf es ausgeübter Gewalt aber auch deshalb, weil die Erfüllung normativer Erwartungen von Zeit zu Zeit gewaltsam (also unbedingt) erzwungen werden muss. Ordnungsgrundsätze müssen mitunter – wenn aller bedingte Zwang scheitert – *durchgesetzt* werden (etwa der Ablauf des öffentlichen Gerichtsverfahrens garantiert werden, indem Ruhestörer entfernt werden). Die Ordnung muss äußerstenfalls gegen innere und äußere Feinde verteidigt werden. Störenfriede müssen gegebenenfalls ruhiggestellt werden (etwa Gewaltaktionen von Hooligans gewaltsam unterbunden werden). Genau dazu dient restriktive Gewalt – und zwar *einzig und allein* restriktive Gewalt.

> Restriktive Gewalt ist in solcher Situation ersichtlich das *letzte 'Verhütungsmittel'*, das dann aktualisiert wird, wenn die Muster der expliziten Fremdmotivation (zu einem entsprechenden Handeln des Adressaten ‚von sich aus') nichts ausrichten.[167]

Überlegene Gewalt vermag mit anderen Worten dann als Ultima Ratio *ordnend* einzugreifen, wenn alle anderen (insbesondere Macht-)Mittel versagen. Darum können Popitz und Luhmann auch formulieren, Gewalt sei die *„ordnungsstiftende Erfahrung schlechthin"* bzw. Gewalt bezeichne den *„Nullpunkt sozialer Ordnung"*[168]: Jener, der das Opfer überlegener Gewalt wird, wird ganz oder teilweise handlungsunfähig gemacht. Ihm werden

---

166 Von Trotha reduziert die historischen Ordnungsformen der Gewalt auf zwei Grundformen: die Ordnung der gewalttätigen Selbsthilfe auf der einen und die Ordnung des staatlichen Gewaltmonopols auf der anderen Seite; siehe Trotha 1994 – Koloniale Herrschaft, S. 38.
167 Tyrell 1980 – Herrschaft, S. 64, m.H. Und Reemtsma 2008 – Vertrauen und Gewalt, S. 153 meint ganz ähnlich: „Denn in einem ist die Macht, zu verletzen und wegzunehmen (Vermögen, Freiheit), vor den anderen Möglichkeiten der Machtausübung ausgezeichnet: Sie hütet das gesamte Gefüge. Sie ist das Mittel, den ‚Aufstand gegen die Verhältnisse' niederzuschlagen."
168 Popitz 2004 – Phänomene der Macht, S. 61, m.H., Luhmann 1972 – Systemtheoretische Ansätze zur Analyse von Macht, S. 106, m.H. Nullpunkt ist meines Erachtens in dreierlei Hinsicht treffend: (1) als Gefrierpunkt: Handlungsmöglichkeiten werden eingefroren; (2) als Ursprung: am Anfang von sozialer Ordnung steht die Gewalt; (3) als Tiefpunkt: einfacher, weniger komplex als im Moment der Gewaltüberwältigung kann eine soziale Ordnung nicht sein.

Handlungsalternativen physisch entzogen. Kontingenz wird eingefroren.[169]

Insofern kann überlegene Gewalt soziale Ordnungen sowohl begründen als auch bewahren. Und: beseitigen.[170] Denn gerade die (Quasi-)Universalität und Strukturunabhängigkeit von Gewalt als Machtmittel ermöglicht es umgekehrt ebenso, dass sich Gewalt *gegen* eine bestehende Ordnung richtet. Obsiegt diese Gewalt, das heißt, wird die ehemals überlegene zur dauerhaft unterlegenen Gewalt, dann ändern sich sukzessive auch die Normen: Alle beginnen, jene Erwartungen zu erwarten, die von der neuen, nunmehr überlegenen Gewalt gedeckt werden. Dies gilt es im Hinterkopf zu behalten für die basal-pragmatischen Legitimierungsprozesse einerseits und für jene (darin eben spezifisch *de*legitimatorischen) Prozesse, die Ausbruch wie Erfolg von Revolutionen, in denen es stets um die Begründung von *neuen* Ordnungen geht, begleiten und bedingen, andererseits.

Bleibt noch zu klären, wie Macht und Herrschaft begrifflich zu scheiden sind. Dies vor allem deshalb, weil sich Revolutionen in ihrer politischen Stoßrichtung nicht gegen singuläre Akte der Machtausübung richten, sondern gegen eine bestehende Herrschaft bzw. Herrschaftsordnung. Was aber macht Herrschaft derart fragwürdig? Oder gilt es umgekehrt zu fragen: Schafft es Herrschaft, über das Handeln der Beherrschten zu verfügen, ohne hierfür jedes Mal aufs Neue (explizit) auf Macht zurückzugreifen? Wenn ja: wie?

1.1.2 Macht und Herrschaft

In der Frage, in welchem Verhältnis Herrschaft und Macht zueinander stehen, scheiden sich die Geister sehr viel weniger. Sie kann daher zügiger abgehandelt werden. Vermutlich ist dieser Umstand vornehmlich Weber zu verdanken, dem an einem möglichst trennscharfen Herrschaftsbegriff schon deshalb gelegen war, weil ihm sein Machtbegriff zu weit, zu weich

---

169 Und der symbolischen Implikationen wegen kann diese Gewalterfahrung auch für Dritte, sofern sie diese beobachten oder mitgeteilt bekommen, ordnungsstiftend oder -bestätigend wirken.
170 Pointiert drückt Luhmann 2008 – Rechtssoziologie, S. 111 diese Ambivalenz aus Konservierung und Revolutionierung aus: „Physische Gewalt kann die vorhandene Ordnung stützen oder stürzen."

1. Herrschaft – (Il-)Legitimität – Revolution

und damit wissenschaftlich unbrauchbar erschien.[171] „Herrschaft" sollte gegen ihren Oberbegriff vergleichsweise griffiger sein.

> Soziologisch greifbar wird [für Weber] die Macht nur dort, wo sie einen spezifischen Aggregatzustand annimmt, in dem ihre proteische Qualität, wenn auch niemals für immer, gebändigt ist: den Zustand der Herrschaft.[172]

Herrschaft ist bei Weber zwar nicht den Begriffen, wohl aber der Sache nach *institutionalisierte Macht*. Sie geht aus einem Prozess der Institutionalisierung von Macht hervor. So weit herrscht unter seinen Interpreten weitgehend Einigkeit.[173] Nur, was genau mit Institutionalisierung gemeint ist, differiert bzw. erweist sich bei genauerem Hinsehen als eine Frage der jeweiligen Akzentuierung. Es lassen sich grob zwei Blickwinkel unterscheiden, die einander meiner Meinung nach indes nicht ausschließen, sondern ergänzen. Keiner der beiden ist falsch. Vielmehr gewähren sie einen Blick auf je unterschiedliche, jedoch gleichermaßen wichtige Facetten des Institutionalisierungsvorgangs. Dem ersten Blickwinkel (1) ordne ich Heinrich Popitz und Stefan Breuer zu, dem zweiten (2) Hartmann Tyrell und Alois Hahn.

(1) Popitz und Breuer zufolge manifestieren sich im Zuge der Institutionalisierung von Macht drei Tendenzen: Macht erfährt (a) eine zunehmende *Entpersonalisierung* bzw. eine *Ablösung von Interaktionen*, (b) eine zunehmende *Formalisierung* und (c) eine zunehmende *Integrierung* in eine übergreifende Ordnung. Per Herrschaftswerdung vermögen Machtverhältnisse sich mithin, erstens, sukzessive von den jeweiligen Personen und Interaktionen zu lösen: Macht hat fortan der, der bestimmte (überpersonale) Positionen, Ämter oder Funktionen innehat, nicht (nur) der, der bestimmte hervorstechende Eigenschaften aufweist oder unter Anwesenden interaktiv

---

171 Siehe Weber 1980 – Wirtschaft und Gesellschaft, S. 28. Vgl. hierzu auch Tyrell 1980 – Herrschaft, S. 60 und Hahn 2003 – Herrschaft und Religion, S. 334.
172 Breuer 1998 – Der Staat, S. 16f.
173 Vgl. Tyrell 1980 – Herrschaft, Popitz 2004 – Phänomene der Macht, S. 233-260, Breuer 1998 – Der Staat, S. 14-25 und Hahn 2003 – Herrschaft und Religion. Popitz meint, das gehe insbesondere aus Webers Beispielen hervor (Popitz 2004 – Phänomene der Macht, S. 232), wirft demselben aber im selben Atemzug vor, „die spezifischen Beziehungen zwischen Machtausübenden und Machtabhängigen, die er Herrschaft nennt, begrifflich [nicht] genauer zu bezeichnen" (ebd., S. 233). In seinen späteren Arbeiten kommt auch Foucault zu einer ähnlichen Bestimmung von „Herrschaft" bzw. „Herrschaftszuständen": „eine auf Dauer gestellte und mit ökonomischen, politischen oder militärischen Mitteln institutionalisierte Ausübung von Macht" (Lemke 2005 – Nachwort, S. 338).

besticht. Daneben wird die Machtausübung, zweitens, mehr und mehr an Regeln orientiert und hierdurch berechenbar: Ein Herrscher – zumal der erste – mag diese Regeln zwar wesentlich geprägt haben, aber letztlich wird auch das herrschaftliche Handeln daran gemessen, ob und inwieweit es sie befolgt. Zu Herrschaft geronnene Macht bindet demnach immer Beherrschte *und* Herrschende.[174] Schließlich fügt sich Macht, drittens, in bestehende sie tragende und von ihr getragene Verhältnisse ein: Was vorher gegen den Strom schwamm, schwimmt nun mit dem Strom. Das Machtverhältnis entledigt sich mit anderen Worten seiner Zweifelhaftigkeit – und wird zu etwas ganz Selbstverständlichem.

Zusammengenommen haben diese drei Tendenzen zur Folge, dass Macht *kristallisiert*, sich wesentlich *stabilisiert*:

> Sucht man nach einem anderen Wort für Institutionalisierung, scheint mir die Umschreibung mit ‚Verfestigung' am treffendsten. Macht setzt sich fest, nimmt feste Formen an, wird fester. Institutionalisierung von Macht gehört zu den fundamentalen Prozessen der ‚Verfestigung', ‚Festlegung', ‚Feststellung' sozialer Beziehungen und damit zu den Prozessen, die für die Verfaßtheit menschlichen Zusammenlebens, so wie wir es kennen, konstitutiv sind.[175]

Popitz und Breuer lassen damit schon ahnen, dass bestimmte Formen der Legitimation von Herrschaft in den Institutionalisierungsprozess selbst eingebaut sind. Dazu weiter unten mehr.

Die fünffache Stufenfolge, die Popitz aus der dreifachen Transformation von Macht ableitet – von der (a) sporadischen Macht über die (b) normierende Macht bis hin zur (c) positionalisierten Macht und damit Herrschaft, die dann über die (d) Entstehung von Herrschaftsapparaten ihren Ausbau findet und schließlich (e) in der Verstaatlichung von Herrschaft gipfelt –, soll hier nicht näher thematisiert werden.[176] Stattdessen weiter

---

174 Diese Ambivalenz erfasst schon Simmel 1992 – Soziologie, S. 164: „Alle Führer werden auch geführt, wie in unzähligen Fällen der Herr der Sklave seiner Sklaven ist."
175 Popitz 2004 – Phänomene der Macht, S. 234. So auch Breuer 1998 – Der Staat, S. 17: „Alle diese Veränderungen fügen sich zu einer Stabilisierung von Macht zusammen. Sie bewirken eine Verfestigung, ein Auf-Dauer-Stellen sozialer Beziehungen, durch das diese in gewissem Umfang erwartbar und berechenbar werden. In diesem Sinne ist der Schritt von Macht zu Herrschaft gleichbedeutend mit dem Schritt von relativ chaotischen, unstrukturierten Beziehungen zu einer wie immer gearteten Ordnung."
176 Vgl. Popitz 2004 – Phänomene der Macht, S. 236-260. Mit der Genese von „früher Staatlichkeit" habe ich mich an anderer Stelle auseinandergesetzt (Ingold,

1. Herrschaft – (Il-)Legitimität – Revolution

mit der zweiten, komplementären Perspektive: Was verrät sie über die Prozesse der Machtinstitutionalisierung?

(2) Tyrell und Hahn bleiben in der Bestimmung von Herrschaft zunächst sehr viel näher an Weber. Dieser grenzt „Herrschaft" in einem ersten Schritt begrifflich auf „die Chance" ein, „für einen *Befehl* Fügsamkeit zu finden"[177]. Wiederum dreht es sich um Fügsamkeit, darum also, ob Alter seinen Willen gegen Ego durchzusetzen vermag. Das Bezugsproblem ist das gleiche: die Freiheit bzw. prinzipielle Handlungsautonomie anderer. Aber anders als im Falle von Macht fallen nur solche Fälle der Fügsamkeit unter Herrschaft, denen ein *Befehl* vorausgeht. Und Weber präzisiert an späterer Stelle, im eigentlichen Herrschaftskapitel: „Nicht also jede Art von Chance, ‚Macht' und ‚Einfluß' auf andere Menschen auszuüben"[178]. Doch wieso verknüpft Weber das Phänomen Herrschaft ausgerechnet mit dem Vorliegen von Befehlen? Wodurch genau zeichnen sich diese aus? Die Antwort führt einen auf den grundlegenden Unterschied von bloßer Macht einerseits und Herrschaft andererseits.

Der Befehlende fordert sein Gegenüber nicht schlicht zu einem bestimmten Verhalten auf. Vielmehr kann nur befehlen, wer sich in einer bestimmten *Rolle* oder *Position* befindet, die ihn befugt, (in Grenzen) über das Handeln seines Gegenübers zu verfügen, der die zum Befehlsberechtigten komplementäre Rolle des Gehorsamspflichtigen einnimmt. Die Handlungskette von Befehl und Gehorsam ist mithin nicht nur an bestimmte Rollen gebunden, sondern zugleich mit einem *Anspruch auf Nachachtung* ausgestattet.[179] Das aber heißt im Umkehrschluss:

> [D]ie Nichtbefolgung eines Befehls negiert, wenn auch vielleicht nur punktuell, das Herrschaftsverhältnis *als solches*, nämlich als eine soziale Beziehung mit Befehlsgewalt des einen und Gehorsamspflicht des anderen; sie negiert den Anspruch auf den Gehorsam des Beherrschten; die Nichtbefolgung eines Befehls [...] bedeutet [...] im spezifischen Sinne ‚Ungehorsam'; dabei ist es zunächst von nur sekundärer Bedeutung, ob solcher Ungehorsam [...] explizit

---

Ingmar: Die Genese des frühen Staates. Eine legitimitätstheoretische Beleuchtung, Freiburg/Br.: unveröffentlichtes Manuskript 2009); mit der Absicht, sie legitimitätstheoretisch zu begründen.

177 Weber 1980 – Wirtschaft und Gesellschaft, S. 29.
178 Ebd., S. 122. Und dieser Konkretisierung stellt Weber die berühmte Definition voran: „Herrschaft soll [...] die Chance heißen, für spezifische (oder: für alle) Befehle bei einer angebbaren Gruppe von Menschen Gehorsam zu finden" (ebd.).
179 Vgl. Tyrell 1980 – Herrschaft, S. 77f. und Hahn 2003 – Herrschaft und Religion, S. 335.

1.1 Gewalt, Macht und Herrschaft – Arbeit an den Begriffen

(als ‚Befehlsverweigerung') geltend gemacht wird oder nur schlichte Nichtbefolgung ist. Jedenfalls aber bringt die Erteilung eines Befehls ein bestimmtes Handeln derart in Perspektive, daß sich der Adressat daraufhin nur noch im Modus des Gehorsams oder des Ungehorsams verhalten kann. Dritte Möglichkeiten hat er nicht.[180]

Mit anderen Worten: Herrschaft ist (wenigstens teilweise) davon *entlastet*, Fügsamkeit explizit über die Kommunikation von Macht immer wieder aufs Neue zu generieren. Fügsamkeit wird als Gehorsam vielmehr *normativ zugemutet*.[181] Das widerstrebende Element, das Weber als mögliches Hindernis im Falle von bloßer Macht auf Seiten des Angewiesenen noch ausmacht, ist mithin (mehr oder weniger weitgehend) verschwunden, zumindest aber: ins Stadium der Latenz abgetaucht. Und das, *obwohl* Gehorsam *pauschal* verlangt wird, also *ohne* den Inhalt des Befehls vorab zu kennen. Genau darin liegt für Hahn denn auch die evolutionär höchst unwahrscheinliche Leistung von Herrschaft: in der *Erwartbarkeit* des Gehorsams bei gleichzeitiger *Un*erwartbarkeit des Befehlsinhalts.[182]

Insofern lässt sich Herrschaft als *dreifach generalisierter Handlungszusammenhang* begreifen: als eine soziale Beziehung, die in *sozialer*, *zeitlicher* und *sachlicher* Hinsicht generalisiert ist.[183] (a) Soziale Generalisierung betrifft die soziale Reichweite: Die Pflicht zum Gehorsam findet die Zustimmung von (nahezu) allen Herrschaftsunterworfenen, genauer: nahezu alle unterstellen, dass nahezu alle dieser Pflicht zustimmen: Konsens

---

180 Tyrell 1980 – Herrschaft, S. 77f., m.H.
181 Siehe ebd., S. 69f. Wobei normative Zumutung (so, wie ich sie verstehe) noch keine Legitimität einschließt: Ob man weiß, dass Normen gelten und Verstöße gegen sie entsprechend sanktioniert werden, ist nicht deckungsgleich mit dem Fall, dass man die Normen auch für legitim oder gültig erachtet.
182 Vgl. Hahn 2003 – Herrschaft und Religion, S. 339.
183 Vgl. Tyrell 1980 – Herrschaft, S. 59, 78-80, 90f., der allerdings statt von sachlicher von inhaltlicher Generalisierung spricht. Ich halte mich dagegen stärker an die drei Generalisierungsdimensionen, die Luhmann unterscheidet; siehe u.a. Luhmann 2008 – Rechtssoziologie, S. 53-106. Dies deshalb, weil Herrschaft nicht nur die Indifferenz gegenüber dem Inhalt des Befehls umfasst, sondern auch eine sinnhafte *Identifikationsleistung*: Jemand weiß, dass von ihm in einer bestimmten Situation Gehorsam erwartet wird, weil und sofern er sich in der *Rolle* des Herrschaftsunterworfenen befindet. Die Identifikation von Erwartungszusammenhängen erfolgt Luhmann zufolge indes nicht nur über Rollen, vielmehr dienen hierzu daneben, je nach erforderlichem Abstraktionsniveau, auch Personen, Programme und Werte.

1. Herrschaft – (Il-)Legitimität – Revolution

wird gleichsam fingiert.[184] (b) Zeitliche Generalisierung bezieht sich auf die zeitliche Streckung: Zum Gehorsam sind die Herrschaftsunterworfenen nicht nur momentan, sondern dauerhaft verpflichtet – also auch kontrafaktisch: selbst dann, wenn der Gehorsamspflicht vereinzelt nicht nachgekommen wird. (c) Sachliche Generalisierung schließlich zielt auf die inhaltliche Breite: Unabhängig vom konkreten Inhalt des Befehls wird er befolgt, sofern dessen Ursprung der richtige ist – nämlich vom kraft seiner Rolle zum Befehlen Berechtigten kommt. Die Generalisierungstrias, die sich im Zuge der Institutionalisierung von Macht ausprägt, lässt sich alternativ auch als *dreifache Indifferenz* ausdrücken: Herrschaftsunterworfene gehorchen als Herrschaftsunterworfene auch dann, (a) wenn Einzelne die Gehorsamspflicht öffentlich zurückweisen, (b) wenn es gelegentlich zu faktischem Ungehorsam kommt und (c) wenn der Befehlsinhalt verblüfft. Mit Tyrell zielt Webers Herrschaftsbegriff darum „primär auf ein (über alles Punktuelle und bloß Sporadische hinausweisende) *auf Dauer* gestelltes, *inhaltlich* mehr oder minder *offenes* Befehls- und Gehorsamsverhältnis von *sozialer Breitenwirkung*"[185].

Herrschaft meint für Weber mithin im Unterschied zur reinen, nicht institutionalisierten Macht (nicht nur, aber vor allem) die in aller Regel *nicht* auf Widerstand treffende, ganz und gar *mühelose*, „wie von selbst" erfolgende Fügsamkeit. Wenigstens ein Teil der Herrschaftsunterworfenen *will* gehorchen: „Ein bestimmtes Minimum an Gehorchen*wollen*, also: Interesse (äußerem oder innerem) am Gehorchen, gehört zu jedem echten Herrschaftsverhältnis"[186], wie Weber betont. Es kann sich freilich trotzdem

---

184 Die Präzisierung ist wichtig: Anders als bei Tyrell (bzw. anders als bei Weber, so wie Tyrell ihn liest; vgl. Tyrell 1980 – Herrschaft, v.a. S. 81f.) ist in dieser Arbeit Herrschaft begrifflich nicht immer schon gleichbedeutend mit legitimer Herrschaft. Aber Herrschaft, deren Illegitimität offen zutage tritt, indem sie öffentlich kommuniziert wird, gerät (wie zu konkretisieren sein wird: performativ-expressiv) derart unter Druck, dass sie droht, hieran zugrunde zu gehen. Illegitime Herrschaft wird daher stets darum bemüht sein, den Schein der Legitimität zu wahren – eben „Konsens" zu fingieren. Vgl. hierzu unerreicht Scott, James C.: Domination and the Arts of Resistance. Hidden Transcripts, New Haven/Conn. 1990. Alternativ könnte man das Ergebnis sozialer Generalisierung auch so ausdrücken: Jeder erwartet, dass (sofern die Erwartung bereits zeitlich generalisiert ist: normativ) erwartet wird, dass man gehorcht.
185 Tyrell 1980 – Herrschaft, S. 80, m.H.
186 Weber 1980 – Wirtschaft und Gesellschaft, S. 122. Vgl. hierzu auch Hahn, demzufolge dieses Gehorchenwollen es ausschließe, dass Herrschaftsverhältnisse primär vom äußeren Zwang begründbar wären (Hahn 2003 – Herrschaft und Religi-

Widerstand und Ungehorsam einstellen. Weber argumentiert an keiner Stelle mechanistisch: Auch im Herrschaftskontext spricht er immer nur von der *Chance*, für Befehle Gehorsam zu finden. Herrschaftsunterworfene werden der Möglichkeit, ihr Handeln selbst zu wählen, keineswegs beraubt, wenngleich sie in dieser Wahl dennoch geleitet werden. Die Entscheidung darüber, ob sie auf dem Pfad der Tugend wandeln oder nicht, wird ihnen nur in den äußersten Fällen abgenommen – wenn die Herrschaft Gewalt anwendet. Wovon hängt die Erfüllung dieser Chance auf Gehorsam nun aber ab? Woher rührt die für gewöhnlich problemlose Fügsamkeit? Die Frage bringt Weber auf mehrere Gehorsamsmotive, unter denen eines ganz besonders herausragt: der *Legitimitätsglaube*.

1.2 Die Kategorie der Legitimität – neoweberianisch

Wenn dieser Arbeit der Webersche Herrschaftsbegriff zugrundegelegt wird, dann ist es nur folgerichtig, in Hinblick auf den Legitimitätsbegriff genauso zu verfahren. Nicht nur, weil an ihr kein Weg vorbeizuführen scheint, hat doch die Feststellung Wilhelm Hennis' aus dem Jahre 1976 ungebrochen Gültigkeit: „Wo immer die Kategorie der Legitimität in der modernen Sozialwissenschaft auftaucht, steht sie im Bannkreis Max Webers"[187]. Sondern auch und vor allem, weil sie im Zentrum von Webers eigener Herrschaftskonzeption steht, in systematischer wie typologischer Hinsicht.[188] In systematischer Hinsicht insofern, als Weber sich vornehmlich der Frage zuwendet, unter welchen „Voraussetzungen [...] Herrschaft Dauer und Bestand entfaltet"[189]. Und er eben dessen Lösung im Phänomen der Legitimität erblickt. Wohlgemerkt, *ohne* dadurch zum Verfechter einer „starken Legitimationshypothese"[190] zu werden: Herrschaft wird

---

on, S. 334). Wiederum schimmert mithin der duale Charakter aller Macht durch, auf Abschreckung *und* Zustimmung basieren zu können – und zu müssen, sofern sie fortwähren will.

187 Hennis 2000 – Legitimität, S. 262.
188 Vgl. Tyrell 1980 – Herrschaft, S. 81f.
189 Ferber, Christian von: Die Gewalt in der Politik. Auseinandersetzung mit Max Weber, Stuttgart 1970, S. 63. Worin Weber mit den Herrschaftssoziologien anderer „Klassiker" einig ist; siehe Hahn 2003 – Herrschaft und Religion, S. 334.
190 Vgl. zu den Begriffen der „starken" und „schwachen Legitimationshypothese" Heins, Volker: Strategien der Legitimation. Das Legitimationsparadigma in der politischen Theorie, Münster 1990, S. 10.

1. Herrschaft – (Il-)Legitimität – Revolution

durch Legitimität nicht allererst konstituiert. Dazu gleich mehr. In typologischer Hinsicht bildet das Kriterium der Legitimität das Kernstück dadurch, dass er es für die Unterscheidung von Herrschaftstypen verwendet: dem charismatischen, dem traditionalen und dem legal-rationalen.

Das vorliegende Unterkapitel hat daher die Funktion, die Webersche Systematik des Legitimitätsbegriffs einerseits nach- und andererseits fortzuschreiben. Es gliedert sich in drei Teile: Den Auftakt bildet (1) eine Bestandssicherung dessen, was Weber unter Legitimität versteht (und was gerade nicht). Seine spezifische Fassung des Legitimitätsbegriffs wird hierbei unter vier Schlagworte subsumiert: (a) Entnormativierung, (b) Universalisierung und Pluralisierung, (c) (Binnen-)Differenzierung und (d) Konditionalisierung. Danach wird (2) seine (wie sich herausstellt: zu Unrecht prominentere) Typologie kritisch überprüft erstens auf deren Vollständigkeit und, daran anschließend, zweitens auf deren Kohärenz. Es wird argumentiert, dass Webers Typenlehre einerseits unter einem parallelen organisationssoziologischen Interesse leidet, das er auch ausdrücklich einräumt. Und dass andererseits eine flüchtig-vage Intuition Webers nicht Eingang in seine Typenlehre findet: die Mehrdimensionalität aller Legitimität. Anstatt in den jeweiligen Herrschaftstypen nur unterschiedliche Facetten ein und desselben Phänomens – Legitimität – zu erblicken, konzipiert Weber sie als je eigenständige, voneinander losgelöste Typen. Diese implizit bleibende Idee Webers wird in der Folge (3) aufgegriffen, um unter (gleichwohl modifizierendem) Rückgriff auf Arbeiten David Beethams ein mehrdimensionales Konzept von Legitimität zu entwickeln. Unterschieden werden im Zuge dessen (a) eine basal-pragmatische, (b) eine theoretisch-reflexive und (c) eine performativ-expressive Dimension. Nur wenn man analytisch zwischen diesen drei Dimensionen unterscheidet (die in einem nicht nur systematischen, sondern desgleichen genetisch-dynamischen Verhältnis stehen), wird man, so die These, ein sowohl vollständiges als auch differenziertes Bild der legitimatorischen Struktur von (staatlicher) Herrschaft gewinnen. Woraus im Umkehrschluss folgt: Nur in dem Bewusstsein, dass Herrschaft der Möglichkeit nach nicht nur in einer, sondern in drei Hinsichten delegitimiert werden kann, vermag man nuanciert jenen Prozessen nachzugehen, die (typischerweise) dem Bedrängnis und Niedergang von Herrschaft überhaupt und besonders dem Ausbruch von Revolutionen vorausgehen. Dies stets unter der Prämisse, dass in der Legitimität von Herrschaft der zwar bei weitem nicht einzige, sehr wohl aber wichtigste Stabilisator von Herrschaft zu sehen ist – so dass Minderungen ebendieser Legitimität nicht folgenlos für die „Statik" der Herr-

1.2 Die Kategorie der Legitimität – neoweberianisch

schaft bleiben, ja, diese unter Umständen ins Wanken geraten lassen. Insbesondere dann, wenn Prozesse der Delegitimation in den verschiedenen Dimensionen *kumulieren*; um beim Bild zu bleiben: wenn nicht nur ein, sondern mehrere Stützpfeiler des „Herrschaftsgebäudes" umstürzen.[191]

Doch bevor Webers Legitimitätsbegriff rekapituliert wird, seien noch ein paar Worte zur allgemeinen Legitimationsbedürftigkeit von Herrschaft gestattet. Man könnte sagen, alle Herrschaft bedürfe der Legitimation, weil sie die (bzw. das Recht zur) Fremdbestimmung institutionalisiert. Und man läge damit nicht verkehrt. Als (noch dazu wiederkehrender und im Hinblick auf die konkrete Weisung vorab unbekannter) Eingriff in die prinzipielle Handlungsautonomie ist alle Herrschaft fragwürdig. Und doch lässt sich der Sachverhalt nun, da die Technik all jener Macht, die nicht oder nicht nur Gewalt anwendet, bzw. nun, da die Paradoxie der Machtsteigerung herausgearbeitet worden ist, präzisieren.

Zur Erinnerung: Will der eine seine Macht steigern, so muss er dem oder den anderen möglichst viel Freiraum und damit Macht zubilligen. Wer seine Macht nicht nur über die Anwendung von (restriktiver) Gewalt ausübt, sondern auch über deren Androhung oder über die Versprechung von Gratifikationen, der vermag das Handlungspotential des oder der Angewiesenen produktiv zu verwerten und nicht nur (bis zur Destruktion) zu restringieren. Eine eminent wichtige Konsequenz – je nach Standpunkt die Sonnen- *oder* die Schattenseite – dieser Paradoxie ist jedoch: Je freier die Beherrschten in der Wahl ihrer Handlungen (und damit mächtiger die Herrschenden) sind, desto freier sind sie auch, verbal und non-verbal ihre Meinung kundzutun.[192] In der Paradoxie kann mithin der tieferliegende Grund für das Erfordernis aller Herrschaft gesehen werden, sich zu legiti-

---

[191] Ganz bewusst ist von Stützpfeilern und nicht von einem Fundament die Rede. Fundament würde nämlich (ganz im Sinne der „starken Legitimationshypothese") implizieren, dass Herrschaft ohne Legitimität gar nicht existierte. Das Bild der Stützpfeiler wiederum lässt offen, über wie viele Stützen Herrschaft *neben* den legitimatorischen verfügt und auf wie viele sie *verzichten* kann, bevor es zum Zusammenbruch des ganzen Gebäudes kommt.

[192] Foucault spitzt diesen Sachverhalt zu: Wenn es Machtbeziehungen nur in dem Maße geben kann, in dem beide Subjekte „frei" sind, dann sind Möglichkeiten des *Widerstands* Machtbeziehungen *inhärent*; vgl. ders.: Die Ethik der Sorge um sich als Praxis der Freiheit, in: ders.: Analytik der Macht, hrsg. von Daniel Defert und François Ewald, Frankfurt/M. 2005, S. 274-300, hier S. 288f. Das heißt, nicht obwohl, sondern *gerade weil* Macht überall ist, kann es der Möglichkeit nach auch überall Widerstand geben.

1. Herrschaft – (Il-)Legitimität – Revolution

mieren: Gerade weil Herrschaft sich steigert, wenn sie den Beherrschten einen Rest Handlungsfreiheit überlässt, ist sie darauf angewiesen, dass durch ebendieses „freie" Handeln eine *Legitimation*, wenigstens aber: *keine De*legitimation, der bestehenden Herrschaftsverhältnisse zum Ausdruck kommt.[193] Darin liegt gewissermaßen das Risiko für die Herrschenden: Je mehr Freiheit sie den Beherrschten gewähren, desto mehr Macht können jene ausüben, aber desto verletzlicher machen sie sich zugleich, indem sie diesen Raum geben, ihren Unmut zu äußern und damit die Herrschaft praktisch zu delegitimieren – und sei es nur dadurch, dass sie mit den Füßen abstimmen: sich also dem herrschaftlichen Zugriff über *Flucht* entziehen.[194] Das heißt, die Herrschenden haben sogar (auf lange Sicht) ein *Eigen*interesse an der Legitimierung ihrer Herrschaft: der Machtexpansion wegen und, wie zu zeigen sein wird, der Bestandssicherung von Herrschaft wegen. Allerdings verlangt die Legitimation der Herrschaft auch etwas ab, gleichsam einen Preis, der für die Stabilisierung von Herrschaft zu entrichten ist. Legitimität ist ein zweischneidiges Schwert, sie begründet *und* begrenzt Macht.

Der Sachverhalt lässt sich jedenfalls abstrakt wie folgt formulieren: Legitimation setzt Freiheit voraus: nur (bedingt) Freie vermögen Herrschaft zu legitimieren. Und Freiheit macht Legitimation erforderlich: (bedingt) Freie verlangen nach legitimer Herrschaft.[195]

---

193 Und es ist höchst aufschlussreich, dass im *Handeln* – und nicht schon in der bloßen privaten Meinung bzw. Überzeugung – der Herrschaftsunterworfenen Prozesse der (De-)Legitimation erfolgen (oder wenigstens zum Abschluss kommen). Die jeweilige Überzeugung mag zwar hinter einem bestimmten Handeln stehen, dieses motivieren, aber letztlich ist das Handeln, genauer: das *beobachtete*, das *öffentliche* und *öffentlichkeitswirksame* Handeln entscheidend. Dem wird weiter unten vor allem durch die Differenzierung einer performativ-expressiven Dimension von Legitimität Rechnung getragen.

194 Insofern kann in der *Unterbindung der Fluchtoption*, mit welchen Mitteln auch immer, ein wesentlicher Entwicklungsschritt in der Institutionalisierung von (staatlicher) Herrschaft gesehen werden. Vgl. hierzu auch Mann, Michael: The Sources of Social Power. Volume 1: A History of Power from the Beginning to AD 1760, Cambridge 1986, Popitz 2004 – Phänomene der Macht, S. 237f., 247 und Paul, Axel T.: Traditionelles Erbe, kolonialer Import, Opfer der Globalisierung? Geschichte und Perspektiven afrikanischer Staatlichkeit am Beispiel Ruandas, in: ders./Pelfini, Alejandro/Rehbein, Boike (Hrsg.): Globalisierung Süd, Wiesbaden 2011, S. 21-53, hier S. 29f.

195 Einschränkend könnte man, was in Hinblick auf den Anfang der Revolution (Kapitel 2) nicht unbedeutend ist, sagen: Bedingt Freie, die sich ihrer Freiheit *bewusst* sind, verlangen nach legitimer Herrschaft.

1.2.1 Max Webers Legitimitätsbegriff

Webers Begriff der Legitimität und dessen Leistungspotential lassen sich gut einfangen, wenn man sich der Reihe nach vier unterschiedliche Aspekte vergegenwärtigt: (1) die Entnormativierung, (2) die Universalisierung und Pluralisierung, (3) die Binnen- und Außendifferenzierung sowie (4) die Konditionalisierung von Legitimität.

(1) Anders als der politische Philosoph – oder wie Weber selbst sagen würde: der Sozialphilosoph – fragt (geschweige denn beantwortet) Weber als Soziologe nicht, unter welchen Bedingungen Herrschaft das Prädikat „Legitimität" verdient. (Wert-)Urteile über die Anerkennungswürdigkeit einer Herrschaftsordnung gehören für ihn nicht zum Aufgabenbereich einer Erfahrungswissenschaft, ja, lassen sich seinem Verständnis nach wissenschaftlich gar nicht erst herleiten.[196] Stattdessen fungiert Legitimität in den Arbeiten Webers als „empirische Kategorie"[197]: Ihn interessiert, zugespitzt formuliert, nicht, was – nach welchen moralischen Maßstäben (der Forschenden) auch immer – *legitim ist*, sondern was faktisch von den Akteuren *für legitim gehalten wird*. Am Beispiel charismatischer Herrschaft illustriert er diese nicht-normative, aus seiner Sicht spezifisch soziologische Vorgehensweise:

> Es versteht sich, daß der Ausdruck ‚Charisma' hier in einem gänzlich wertfreien Sinne gebraucht wird. Der manische Wutanfall des nordischen ‚Berserkers', die Mirakel und Offenbarungen irgendeiner Winkelprophetie, die demagogischen Gaben des Kleon sind der Soziologie genau so gut ‚Charisma' wie die Qualitäten eines Napoléon, Jesus, Perikles. Denn für uns entscheidend ist nur, ob sie als Charisma galten und *wirkten*, d.h. Anerkennung fanden.[198]

Was zählt, ist, wie Weber an anderer Stelle fortfährt, ob das Handeln „von seiten der Beteiligten an der *Vorstellung* vom Bestehen einer *legitimen Ordnung* orientiert"[199] wird. Und zwar unabhängig davon, welch konkre-

---

196 Vgl. Weber, Max: Die „Objektivität" sozialwissenschaftlicher und sozialpolitischer Erkenntnis (1904), in: ders.: Gesammelte Aufsätze zur Wissenschaftslehre, hrsg. von Johannes Winckelmann, Tübingen 1988, S. 146-214, hier S. 151-157.
197 Heidorn 1982 – Legitimität und Regierbarkeit, S. 13.
198 Weber 2005 – Die drei reinen Typen, S. 737.
199 Weber 1980 – Wirtschaft und Gesellschaft, S. 16. Vgl. zum nicht-normativen Legitimitätsbegriff Webers auch Beetham 1991 – The Legitimation of Power, S. 3-41 und Steffek, Jens: The Legitimation of International Governance. A Discourse Approach, in: European Journal of International Relations, Bd. 9/2003, Heft 2, S. 249-275, hier S. 253f.

ten Inhalts sie ist. Sein Legitimitätsbegriff ist demnach deskriptiv-analytischen, nicht präskriptiv-normativen Zuschnitts. Dadurch ist das Webersche Legitimitätskonzept zugleich vor dem gefeit, was Cipriani „soziologischen Zynismus" nennt und was meiner Meinung nach der Revolutionsursachenforschung, wie weiter oben ausgeführt, bis dato im Weg stand und weiterhin steht: Eine, wie auch Luckmann beklagt, um sich greifende Haltung unter Soziologen, durch die diesen – anders als Weber – vorschnell die Einsicht entgeht, dass Herrschende wie Beherrschte wenn auch nicht immer, so doch regelmäßig so sehr von der Legitimität einer (Herrschafts-)Ordnung überzeugt sind, dass sie ihr Handeln danach ausrichten.[200] Legitimität ist mit anderen Worten nicht (oder wenigstens nicht immer) ein Schleier, den es lediglich herunterzureißen gilt, um die dahinterliegende „an sich böse Macht" (Jacob Burckhardt) bloßzustellen und derart den Herrschaftsunterworfenen die „eigentliche" Fragwürdigkeit der Herrschaftsverhältnisse vor Augen zu führen.[201] Sie ist vielmehr, in einem noch näher zu bestimmenden basalen Sinne, *macht*konstitutiv, eine Quelle, ein Grund der Macht.

(2) Folgerichtig ist Legitimität für Weber ein *allgemeines Element* der Konstitution von Ordnungen überhaupt wie Herrschaftsordnungen im Besonderen. An dieser Stelle soll indes die Konzentration auf Letzteren liegen. Weber schreibt:

> Keine Herrschaft begnügt sich, nach aller Erfahrung, freiwillig mit den nur materiellen oder nur affektuellen oder nur wertrationalen Motiven als Chancen ihres Fortbestandes. Jede sucht vielmehr den Glauben an ihre ‚Legitimität' zu erwecken und zu pflegen.[202]

(Das Streben nach und Kultivieren von) Legitimität ist demnach nicht auf wenige Formen von Herrschaft beschränkt, und schon gar nicht darf sie als eine „Kategorie [nur] der bürgerlichen Gesellschaft"[203] missverstanden werden. Variabel und historisch relativ sind einzig die konkreten *Spielar-*

---

200 Siehe Cipriani 1987 – The Sociology of Legitimation, S. 5-9 und Luckmann 2001 – Einige Bemerkungen zum Problem der Legitimation, S. 339-343.
201 Wenngleich natürlich nicht in Abrede gestellt werden soll, dass der Legitimitätsanspruch der Herrschenden zuweilen durchaus zynisch ist. Im Übrigen sei ferner dahingestellt, ob Jacob Burckhardt selbst der Ansicht war, Macht an sich sei böse. Popitz jedenfalls meint, aus dem Kontext gehe hervor, dass für Burckhardt nur *ungeregelte*, *willkürliche* Macht „böse" sei; vgl. Popitz 2004 – Phänomene der Macht, S. 263, Fn. 19.
202 Weber 1980 – Wirtschaft und Gesellschaft, S. 122.
203 Hennis 2000 – Legitimität, S. 272-279.

1.2 Die Kategorie der Legitimität – neoweberianisch

ten von Legitimität. Legitimität ist mithin ein nicht nur allgemeines, sondern gleichermaßen *verschieden begründetes* Phänomen.[204]

Fragt man weiter, warum Herrschaft immer und überall um Legitimität bemüht ist, so stößt man bei Weber einerseits auf das (pauschal unterstellte) psychologische Bedürfnis der Herrschenden, ihre eigene Herrschaft für gerechtfertigt zu halten.[205] Andererseits – und empirisch weniger unergründlich – verleiht Legitimität einer (Herrschafts-)Ordnung *Stabilität* und damit Permanenz. Eine Wirkung, welche die Zentralität der Kategorie der Legitimität für die Webersche Herrschaftssoziologie erklärt, zielt deren „Kardinalfrage" doch, wie angesprochen, „auf die Voraussetzungen, unter denen eine Herrschaft Dauer und Bestand entfaltet"[206]. Inwiefern aber trägt Legitimität dazu bei? Und wie ist sie im Verhältnis zu anderen Gehorsamsmotiven einzuordnen?

(3) Weber grenzt Legitimität von anderen „Motiven der Fügsamkeit" ab, so dass sich eine Klassifikation von Gehorsamsmotiven ergibt:

> Aber Sitte oder Interessenlage so wenig wie rein affektuelle oder rein wertrationale Motive der Verbundenheit könnten verläßliche Grundlagen einer Herrschaft darstellen. Zu ihnen tritt normalerweise ein weiteres Moment: der *Legitimitäts*glaube.[207]

Weber ist kein Verfechter einer „starken Legitimationshypothese" im Sinne Volker Heins': Herrschaft wird durch Legitimität nicht konstituiert; vielmehr kann sie sowohl illegitim als auch legitimitätslos sein, sie ist nicht per se legitim.[208] Stattdessen lassen sich Webers Ausführungen als

---

204 Siehe auch Sternberger, Dolf: Max Weber und die Demokratie (1964), in: ders.: Herrschaft und Vereinbarung, Frankfurt/M. 1980, S. 135-158, hier S. 139.
205 Weber spricht von „dem sehr allgemeinen Tatbestand des Bedürfnisses jeder Macht [...] nach Selbstrechtfertigung", davon, dass ganz allgemein „der günstiger Situierte das nicht rastende Bedürfnis fühlt, den zu seinen Gunsten bestehenden Kontrast als ‚legitim' [...] ansehen zu dürfen" (Weber 1980 – Wirtschaft und Gesellschaft, S. 549).
206 Ferber 1970 – Die Gewalt in der Politik, S. 63; zustimmend auch Tyrell 1980 – Herrschaft, S. 67 und Hahn 2003 – Herrschaft und Religion, S. 334.
207 Weber 1980 – Wirtschaft und Gesellschaft, S. 122.
208 Vgl. Heins 1990 – Strategien der Legitimation, S. 10 und Baumann 1993 – Motive des Gehorsams, S. 356. Dafür, dass Herrschaft nicht nur legitim oder illegitim, sondern auch *legitimitätslos* sein kann, macht sich Spittler, Gerd: Herrschaftsmodell und Herrschaftspraxis. Eine Untersuchung über das legitimitätslose Herrschaftsmodell von Bauern in Niger, in: Kielmansegg, Peter (Hrsg.): Legitimationsprobleme politischer Systeme (Politische Vierteljahresschrift, Sonderheft 7), Opladen 1976, S. 270-288 stark.

1. Herrschaft – (Il-)Legitimität – Revolution

"schwache Legitimationshypothese" lesen: Herrschaft (und damit nicht die reine Fügsamkeit, sondern die Institutionalisierung eines Handlungszusammenhangs, der sozial, zeitlich und sachlich generalisiert ist) kann auf *mehreren* Gehorsamsmotiven fußen, worunter Legitimität nur *eines* ist – wenn auch das zentrale.[209] Zentral insofern, als Weber verschiedentlich legitime (Herrschafts-)Ordnungen mit solchen kontrastiert, die rein auf Interesse oder rein auf „dumpfer Gewöhnung" beruhen.[210] Letzteren eigne dadurch, dass sie nicht „mit dem Prestige der Vorbildlichkeit oder Verbindlichkeit, wir wollen sagen: der *Legitimität*"[211] aufträten, eine spezifische Labilität. Die Stabilität legitimer Herrschaft entspringt mithin umgekehrt der spezifischen *sinnhaften Orientierung* auf Seiten der Beteiligten, will sagen: legitimitätsbedingter Gehorsam erfolgt weder aus Eigennutz noch aus Routine, sondern weil den Beteiligten die Ordnung subjektiv als „gelten *sollend* vorschwebt"[212]. Es ist diese *bewusste normative* Orientierung, diese „innere Anerkennung"[213] – im Gegensatz zu einer Konformität, zu der sich die Beteiligten entweder aus Gründen der Zweckrationalität oder aber bar jedweder Rechtfertigungsgründe (nämlich routinebedingt) veranlasst sehen –, die Herrschaft konsolidiert und Gehorsam verlässlich werden lässt.[214] Denn nicht nur kann sehr schnell ein anderes Verhalten opportun erscheinen – schließlich muss zur Fügsamkeit immer aufs Neue motiviert werden, sei es durch Erzeugung von Furcht, sei es durch Inaussichtstellung von (relativen) Vorteilen –, auch können Zweifel am Sinn eines bestimmten Verhaltens aufsteigen. Zwar weiß Weber sehr wohl, dass keine Herrschaft dauerhaft den Interessen aller Herrschaftsunterwor-

---

209 Vgl. Breuer 2006 – Legitime Herrschaft, S. 72.
210 Siehe Weber 1980 – Wirtschaft und Gesellschaft, S. 16, 122 und ders. 2005 – Die drei reinen Typen, S. 726.
211 Weber 1980 – Wirtschaft und Gesellschaft, S. 16.
212 Ebd. Das wird inzwischen auch von Seiten der Psychologie bestätigt; siehe v.a. den Sammelband Jost, John T./Major, Brenda (Hrsg.): The Psychology of Legitimacy. Emerging Perspectives on Ideology, Justice, and Intergroup Relations, Cambridge 2001 sowie Tyler, Tom R.: Psychological Perspectives on Legitimacy and Legitimation, in: Annual Review of Psychology, Bd. 57/2006, S. 375-400.
213 Heidorn 1982 – Legitimität und Regierbarkeit, S. 13.
214 In der Unterscheidung normativer und nicht-normativer Orientierung sehen Baumann 1993 – Motive des Gehorsams, S. 361-364 und Breuer 2006 – Legitime Herrschaft, S. 66f. den zwar nicht den Begriffen, wohl aber der Sache nach einheitlichen Gesichtspunkt der Weberschen Klassifizierung von Gehorsamsmotiven.

1.2 Die Kategorie der Legitimität – neoweberianisch

fenen zuwider laufen kann,[215] auch ist er sich der theoretischen Kombinierbarkeit wie faktischen Kombiniertheit der verschiedenen Gehorsamsmotive durchaus bewusst,[216] letztlich aber zeichnet legitime Herrschaft nach seiner Lesart aus, dass sie Eigennutz als Verhaltensorientierung zu *überragen*, ihr den Rang abzulaufen vermag.[217] Legitimitätsmotivierter Gehorsam ist *mehr* als zweckrational, aber auch *mehr* als gewohnheitsmäßig und affektuell motivierter Gehorsam. Denn legitime Herrschaftsordnungen genießen die Anerkennung des *an sich* Verbindlichen.[218]

Eine weitere ebenfalls auf Weber zurückgehende Differenzierung ist die der *Adressaten* des Legitimitätsanspruchs. Die Herrschenden können diesen Anspruch zum einen dem Gros der Herrschaftsunterworfenen, zum anderen dem Verwaltungs- und Erzwingungsstab gegenüber erheben. Einem terminologischen Vorschlag Henner Hess' folgend, wäre im ersten Fall von „genereller", im zweiten Fall dagegen von „spezieller Herrschaftslegitimation" zu sprechen.[219] Letzterer misst Weber unmissverständlich eine größere Bedeutung bei, vermag Herrschaft doch „gegenüber den Beherrschten [...] den Anspruch auf ‚Legitimität' zu verschmähen"[220], solange sie zumindest über spezielle Legitimität verfügt. Denn diese garantiert den Fortbestand einerseits der Drohkulisse gegenüber den Herrschaftsunterworfenen und andererseits des Potentials, äußerstenfalls restriktive Gewalt zu aktualisieren, und ist damit ein wesentliches Gehorsamsmotiv.[221] Noch einmal also zeigt sich, „daß Weber keineswegs ein

---

215 Wie bereits zitiert: „Ein bestimmtes Minimum an Gehorchen*wollen*, also: *Interesse* (äußerem oder innerem) am Gehorchen, gehört zu jedem echten Herrschaftsverhältnis." Weber 1980 – Wirtschaft und Gesellschaft, S. 122.
216 Vgl. Tyrell 1980 – Herrschaft, S. 89.
217 So auch Barker, Rodney: Political Legitimacy and the State, Oxford 1990, S. 24. Weshalb im Übrigen rational-choice-theoretische Konzeptualisierungen von Legitimität regelmäßig scheitern. Diese Theorie übersieht in der Erklärung von Gehorsam zudem, dass nur ein Bruchteil von Handlungen das Resultat bewusst-rationaler Entscheidungen eines andernfalls maßlos überforderten Menschen ist; vgl. Cohen 1988 – Introduction, S. 10-13.
218 Siehe Popitz 2004 – Phänomene der Macht, S. 197.
219 Vgl. Hess 1979 – Die Entstehung zentraler Herrschaftsinstanzen, S. 766.
220 Weber 1980 – Wirtschaft und Gesellschaft, S. 123.
221 Weber 2005 – Die drei reinen Typen, S. 738. Die Gehorsamsmotive des Stabes, die Weber neben dem Legitimitätsglauben aufzählt, – Sitte, affektuelle, zweckrationale und wertrationale Motive – reduziert er an anderer (und älterer) Stelle auf „materielles Entgelt und soziale Ehre" (ders. 1980 – Wirtschaft und Gesellschaft, S. 823).

‚Legitimitätsillusionist' war; daß Herrschaft, auch die stabil legitimierte Herrschaft nicht ohne Zwang und Gewalt auskommen *kann*, war für ihn eine Selbstverständlichkeit"[222].

(4) Schließlich arbeitet Weber die *Zuschreibungsbedürftigkeit* faktischer Legitimität heraus. Es ist nicht ausgemacht, dass sich Legitimitätsanspruch „von oben" und Legitimitätsglaube „von unten" decken. Vielmehr ist Legitimität als ein zutiefst *soziales* Konzept anzusehen: Sie muss von den Betroffenen allererst *anerkannt, zugeschrieben* werden.[223] Ein Vorgang, der *möglich* und *nötig* wird, weil und sofern die Beherrschten in ihrem Handeln (wenigstens in Grenzen) *frei* sind. Davon war bereits die Rede. Erforderlich ist mit anderen Worten, dass der Legitimitätsanspruch auf Resonanz stößt, wenngleich die Legitimitätszuschreibung durch andere nicht allein in der sozialen Vertikalen erfolgt. Ein Teil der Legitimation, so auch und gerade die bereits erwähnte „spezielle Herrschaftslegitimation", kann sich durchaus – und, wie Popitz vermutet, zunächst – in der sozialen *Horizontalen* vollziehen.[224] Unabhängig davon bleibt festzuhalten, dass die Legitimität von Herrschaft in letzter Instanz eine Frage der Zubilligung dieser Legitimität durch die Beherrschten ist. Ja, radikaler noch könnte man formulieren: *Notwendig* sagt das Handeln von Menschen, die als prinzipiell frei angesehen werden, etwas darüber aus, ob sie die bestehenden Herrschaftsverhältnisse für legitim halten oder nicht. Zumindest kann es sich für Beobachter *so darstellen, als ob* das konforme oder nichtkonforme Verhalten das Ergebnis eines vorhandenen oder fehlenden Legitimitätsglaubens auf Seiten der Beherrschten ist.[225] Auch wenn (Un-)Gehorsam – gar keine Frage – das Ergebnis vieler anderer Motive sein kann.

---

222 Tyrell 1980 – Herrschaft, S. 90. Auf die in diesem Punkt falsche Weber-Lektüre durch Skocpol wurde bereits hingewiesen. In Webers Betonung des zweckrationalen unter den Gehorsamsmotiven seitens des Stabes – er spricht von „Interessengemeinschaft" und „Interessensolidarität" (Weber 1980 – Wirtschaft und Gesellschaft, S. 123, 823 und ders. 2005 – Die drei reinen Typen, S. 738f.) – könnte ein Hinweis darauf stecken, dass schon für ihn alle (dauerhafte) *Macht* nicht nur der (Androhung von) Sanktionen, sondern zugleich der (Lockung mit) Gratifikationen bedarf (dualer Charakter von Macht).
223 Vgl. Weber 1980 – Wirtschaft und Gesellschaft, S. 19.
224 Vgl. Popitz 2004 – Phänomene der Macht, S. 198-200.
225 Auf das darin steckende Dilemma für Herrschaftsunterworfene, die Herrschaft für illegitim halten und sich dennoch gezwungen sehen, sich nach außen hin konform zu verhalten, wird im zweiten Kapitel zurückzukommen sein.

1.2 Die Kategorie der Legitimität – neoweberianisch

Soweit zu Webers spezifischer Fassung des Legitimitätsbegriffs. Doch wie steht es um seine berühmte Legitimitätstypologie? Hält sie der Kritik stand? Ist ihr Ruhm gerechtfertigt? Ich möchte im Folgenden argumentieren: Ja – und Nein. Sie bedarf der Revision, soll sie den Anforderungen für die Analyse (der Legitimitätsstruktur) von Herrschaftsordnungen Genüge tun.

1.2.2 Webers Dreiertypologie legitimer Herrschaft – eine Kritik

Welche Typen legitimer Herrschaft Weber unterscheidet, ist hinlänglich bekannt. Neben der legalen (bzw. rationalen) Legitimitätsgeltung „kraft Satzung" kennt er die traditionale „kraft Glaubens an die Heiligkeit der von jeher vorhandenen Ordnungen und Herrengewalten" sowie die charismatische „kraft affektueller Hingabe an die Person des Herrn und ihre Gnadengaben"[226]. Unklar bzw. umstritten ist jedoch, ob und inwiefern die drei reinen Typen *legitimer Herrschaft* das Spektrum bzw. die Typen der *Legitimität selbst* erschöpfend abdecken. Es fällt zumindest auf, dass Weber nicht nur beabsichtigt, Herrschaft nach ihrem jeweiligen Legitimitätsgrund zu klassifizieren. Weitergehend sollen die Legitimitätsgründe Aufschluss über die „Struktur der Herrschaft"[227] geben. Peter Kielmansegg, der Weber die Intention, Legitimitätsgründe zu klassifizieren, gänzlich abspricht, argumentiert gar, dass aus einem herrschaftsorganisatorischen Typ allenfalls auf den Legitimitätsgrund geschlossen werden könne, nicht aber umgekehrt aus einem Legitimitätstyp auf die Herr-

---

226 Weber 2005 – Die drei reinen Typen, S. 726, 729, 734. Dass Weber im ersten Fall eine Legitimitätsgeltung kraft *formal korrekt* zustande gekommener Satzung meint, wird an anderer Stelle deutlich (vgl. ebd., S. 726 und Weber 1980 – Wirtschaft und Gesellschaft, S. 19). Legalität im Weberschen Sinne zeichnet sich durch *ordnungsgemäße* Gesatztheit, nicht durch reine Gesatztheit aus; siehe Lübbe, Weyma: Legitimität kraft Legalität. Sinnverstehen und Institutionenanalyse bei Max Weber und seinen Kritikern, Tübingen 1991, S. 116f. Die nachstehende Kritik an der Weberschen Legitimitätstypologie ist das Ergebnis einer Koproduktion mit Axel Paul; vgl. Ingold/Paul 2014 – Multiple Legitimitäten, S. 246-249.
227 Weber 1980 – Wirtschaft und Gesellschaft, S. 122f., 822f. An anderer Stelle ist von der „grundverschiedenen soziologischen Struktur des Verwaltungsstabs und der Verwaltungsmittel" die Rede, die mit den drei Legitimitätsgründen „verknüpft ist" (ders. 2005 – Die drei reinen Typen, S. 726).

1. Herrschaft – (Il-)Legitimität – Revolution

schaftsform.²²⁸ Auf jeden Fall gilt, dass Weber mit seiner Typologie parallel ein organisationssoziologisches Ziel verfolgt.²²⁹ Allein, so muss man fragen, kommt er sich durch dieses doppelte Ziel selbst ins Gehege? So dass aus der eigentlich unabhängigen Variable, dem Legitimitätsgrund, heimlich die abhängige Variable wird – abhängig von der Herrschaftsorganisation? Vor diesem (Problem-)Hintergrund zeichnen sich zwei Fragen ab, denen im Folgenden nachgegangen werden soll: (1) Ist die Legitimitätstypologie vollständig? Oder hat Webers Neigung, von der Herrschaftsorganisation auf den Legitimitätsgrund zu schließen, ihn dazu verleitet, weitere Legitimitätsgründe außen vor zu lassen?²³⁰ (2) Was ist der leitende Gesichtspunkt der Weberschen Legitimitätstypologie? Ist sie, anders gefragt, kohärent?

(1) Wiederholt wurde der Versuch unternommen, Webers Legitimitätstypologie um einen vierten Typus zu erweitern, sei es in Analogie zu seiner Handlungstypologie oder zu seinen vier Geltungsgründen legitimer Ordnung.²³¹ Dessen ungeachtet, dass Weber selbst es bei drei Typen beließ,²³² gehen jene Versuche großzügig über die Bezugsgrößendifferenz

---

228 Vgl. Kielmansegg 1971 – Legitimität als analytische Kategorie, S. 376f.; ähnlich auch Matheson 1987 – Forms of Legitimacy, S. 213.
229 Vgl. Spittler 1976 – Herrschaftsmodell und Herrschaftspraxis, S. 287, Barker 1990 – Political Legitimacy, S. 15, Beetham 1991 – Weber and the Legitimacy of the Modern State, S. 36 und Breuer 1991 – Webers Herrschaftssoziologie, S. 19.
230 Etwa solche Legitimitätsgründe, denen nicht eindeutig ein Organisationstyp entspricht. Ohnehin hat Weber Matheson zufolge mehr als drei Legitimitätsgrundlagen erkannt, diese aber um des organisationssoziologischen Akzents willen auf drei reduziert; vgl. Matheson 1987 – Forms of Legitimacy, S. 211-214.
231 Siehe Willer 1967 – Weber's Missing Authority Type, S. 234-239, Spencer 1970 – Legitimate Norms and Authority, v.a. S. 129-131, Satow 1975 – Value-Rational Authority, S. 526-529 und Heidorn 1982 – Legitimität und Regierbarkeit, S. 41-43. Die vier Geltungsgründe im Wortlaut: „*Legitime* Geltung kann einer Ordnung von den Handelnden zugeschrieben werden: a) kraft *Tradition*: Geltung des immer Gewesenen; b) kraft *affektuellen* (insbesondere: emotionalen) Glaubens: Geltung des neu Offenbarten oder des Vorbildlichen; c) kraft *wertrationalen* Glaubens: Geltung des als absolut gültig Erschlossenen; d) kraft positiver Satzung, an deren *Legalität* geglaubt wird. Diese Legalität [(d)] kann [den Beteiligten] als *legitim* gelten α) kraft Vereinbarung der Interessenten für diese; β) kraft Oktroyierung (auf Grund einer als *legitim* geltenden Herrschaft von Menschen über Menschen) und Fügsamkeit." Weber 1980 – Wirtschaft und Gesellschaft, S. 19.
232 Und das, *obwohl* Weber im Oktober 1917 in Wien – also *vor* dem Verfassen des ersten (und *jüngeren*) Teils von *Wirtschaft und Gesellschaft* – einen Vortrag über

hinweg. Hierauf wurde mehrfach hingewiesen, ohne damit indes auf (genügend) offene Ohren zu stoßen.[233] Im Falle der (a) vierfachen Legitimitätstypologie handelt es sich um *Ordnungen schlechthin*, denen aus vier Gründen Legitimität zugeschrieben werden kann, die Dreiertypologie hingegen wird auf *Herrschafts*ordnungen bezogen, denen insofern eine erhöhte Fragwürdigkeit – und damit eine *anders* gelagerte Legitimationsbedürftigkeit – eignet, als sie, wie gesehen, die Unterteilung in Herrschende und Beherrschte samt Befehlsrecht und Gehorsamspflicht zementieren. Es handelt sich, anders gesagt, nicht nur um eine *irgendwie geordnete* soziale Beziehung, um irgendeine Form von faktischer Regelmäßigkeit des Sichverhaltens mehrerer, sondern um eine soziale Beziehung, die in *sozialer, zeitlicher und sachlicher Hinsicht generalisiert* ist, in der mithin von jedem erwartet wird, unaufhörlich Befehlen Gehorsam zu schenken, deren (nahezu beliebiger) Inhalt im Voraus nicht bekannt ist. In Hinblick auf die (b) Handlungstypologie steht die Analogie (und Extrapolation eines wertrationalen Legitimitätsglaubens) schon deshalb auf tönernen Füßen, weil selbst die bestehenden drei Legitimitätstypen nicht den Handlungstypen entsprechen: Traditionales Handeln – um nur ein Beispiel herauszugreifen – meint bei Weber gewohnheitsmäßiges Handeln an oder jenseits der Grenze sinnhafter Orientierung, während Gehorsam, der durch traditionale Legitimitätsgeltung motiviert wird, unter *Hinweis* auf seine unterstellte Althergebrachtheit erfolgt.[234] Handelt der eine (weitgehend unbegründet) *aus* Tradition, handelt der andere (begründet) *ob* der Tradition.

Nur, spricht aus diesen Bemühungen um einen weiteren (wertrationalen) Legitimitätsgrund von Herrschaftsordnungen noch etwas anderes als

---

die „Probleme der Staatssoziologie" gehalten hat, in dem er auf das „allmähliche Entstehen eines *vierten Legitimitätsgedankens*" eingegangen sein soll, „derjenigen Herrschaft, welche wenigstens offiziell ihre eigene Legitimität aus dem Willen der Beherrschten ableitet" (ders.: Probleme der Staatssoziologie. Vortrag am 25. Oktober 1917 in Wien, in: ders.: Wirtschaft und Gesellschaft. Die Wirtschaft und die gesellschaftlichen Ordnungen und Mächte. Nachlaß, Teilbd. 4: Herrschaft (Bd. 22 der Max Weber Gesamtausgabe), hrsg. von Edith Hanke und Thomas Kroll, Tübingen 2005, S. 745-756, hier S. 755). Ein Manuskript des Vortrags ist leider nicht überliefert, als Quelle hält lediglich ein Bericht aus der *Neuen Freien Presse* (Wien), Nr. 19102 vom 26.10.1917, her (ebd., S. 752-756).

233 Vgl. Kielmansegg 1971 – Legitimität als analytische Kategorie, S. 375-377, Baumann 1993 – Motive des Gehorsams, S. 358-361 und Breuer 2006 – Legitime Herrschaft, S. 68-70.
234 Vgl. hierzu auch Hahn 2003 – Herrschaft und Religion, S. 338.

1. Herrschaft – (Il-)Legitimität – Revolution

der Wunsch, die Typologien zur Deckung zu bringen? Womöglich ein gewisses Unbehagen mit dem legalen Legitimitätstypus? Unbehagen insofern, als bei Weber offen bleibt, wie aus Legalität Legitimität resultiert.[235] Denn (nur) zu sagen, dass die Legitimität einer Satzung der Legalität, d.h. dem formal ordnungsgemäßen Zustandekommen der Satzung, entspringt, führt in einen infiniten Regress.[236] Die Rechtsordnung, die festlegt, was legal ist, ist hierdurch noch nicht legitimiert. „Ohne Legitimität der Legalität definierenden Ordnung keine Legitimität der legal gesatzten Ordnung"[237], wie Weyma Lübbe pointiert. Hierzu bedarf es zusätzlich eines Legitimitätsprinzips – das Weber offenbar nicht nennt.

Es stellt sich daher die Frage, ob die legale Legitimitätsgeltung, wie von Weber vorgesehen, tatsächlich einen eigenständigen Legitimitätstypus bildet oder ob sie nicht vielmehr bruchstückhaft bleibt. Bruchstückhaft deshalb, weil sie einerseits zwar durchaus das Prozedurale moderner Legitimation einfängt, andererseits aber einen spezifischen Legitimitätsgrund, der (der *Idee* nach) in und durch Verfahren realisiert wird, vermissen lässt.

Erblickt man, simpler als Habermas und Luhmann suggerieren, den spezifisch modernen Legitimitätsgrund im Prinzip der Volkssouveränität (im weitesten Sinne),[238] und sucht dieses in Webers Schriften, so stellt

---

235 Zwar stimmen Habermas und Luhmann darin überein, dass Weber für dieses Problem keine Lösung gefunden habe, ihre jeweiligen Antworten weichen indes signifikant voneinander ab: Für den Ersteren generieren Begründungsverfahren (Habermas 1987 – Legitimität durch Legalität und ders. 1998 – Faktizität und Geltung), für den Letzteren hingegen Entscheidungsverfahren (Luhmann 1983 – Legitimation durch Verfahren) „legale Legitimität". In ordnender Absicht siehe Lübbe, Weyma: Wie ist Legitimität durch Legalität möglich? Rekonstruktion der Antwort Max Webers, in: Archiv für Rechts- und Sozialphilosophie, Bd. 79/1993, S. 80-90. Wie aus Legalität bei Weber Legitimität resultiert, beantwortet Winckelmann (wenig überzeugend) derart, dass er dessen rationalen als (nicht nur, aber wesentlich) *wert*rationalen Legitimitätstypus liest; vgl. Winckelmann, Johannes: Legitimität und Legalität in Max Webers Herrschaftssoziologie, Tübingen 1952, v.a. S. 60f.

236 Siehe Beetham 1991 – Weber and the Legitimacy of the Modern State, S. 39.

237 Lübbe 1991 – Legitimität kraft Legalität, S. 117.

238 Wenn von einem spezifisch modernen Legitimitätsgrund die Rede ist, impliziert dies nicht, dass Volkssouveränität zum einzigen Legitimitätsprinzip wird, wohl aber, dass in der Moderne eine jede legitime Herrschaft, zumindest formal, Zugeständnisse an dieses Prinzip machen muss. Siehe klassisch zur Idee der Volkssouveränität immer noch Kielmansegg, Peter: Volkssouveränität. Eine Untersuchung der Bedingungen demokratischer Legitimität, Stuttgart 1977.

1.2 Die Kategorie der Legitimität – neoweberianisch

sich Ernüchterung ein. Eine ausgereifte Theorie genuin demokratischer Legitimität wird man nicht finden.[239]

Um auf die erste Frage zurückzukommen: Unvollständig ist die Webersche Legitimitätstypologie nicht, weil ein vierter Typ fehlt, sondern weil sie anstelle eines vollwertigen nur einen fragmentarischen dritten Typus enthält. Und dasselbe dürfte, ohne dies hier näher ausführen zu können, für die anderen beiden Typen gelten.

(2) Wenn nun aber der legale kein vollwertiger Legitimitätstyp ist, drängt sich umso mehr die Frage nach dem roten Faden oder dem Bauprinzip der Weberschen Legitimitätstypologie auf. Sind es tatsächlich die Legitimitätsgründe? Oder sind es die Formen der Organisation von Herrschaft?[240] Oder aber der Typologie liegt intuitiv ein anderer Leitgedanke zugrunde: die Multidimensionalität von Legitimität. Das aber hieße, dass Weber nicht unterschiedlichen Gründen, sondern unterschiedlichen *Facetten* von Legitimität auf der Spur ist. Genau in diese Richtung zielt Beethams Vorwurf: Weber werde der Komplexität von Legitimität nicht gerecht, da er für eigenständige Legitimitätstypen halte, was de facto nichts anderes als verschiedene Aspekte ein und desselben Phänomens –

---

239 Vgl. Heidorn 1982 – Legitimität und Regierbarkeit, S. 48. Sternberger kommt gar zu dem Schluss, dass Weber gänzlich blind für das Spezifikum demokratischer Legitimität gewesen sei und sich Demokratie bei ihm als „eine Art von verdrehtem Nebenprodukt des charismatischen Führertums" entpuppe (Sternberger 1986 – Max Weber und die Demokratie, S. 143f.). Vgl. Weber 2005 – Die drei reinen Typen, S. 741f. und ders. 1980 – Wirtschaft und Gesellschaft, S. 155-157; unter seinen politischen Schriften sind aufschlussreich: ders.: Parlament und Regierung im neugeordneten Deutschland (Mai 1918), in: ders.: Gesammelte Politische Schriften, hrsg. von Johannes Winckelmann, Tübingen 1988, S. 306-443 und ders.: Der Reichspräsident (Februar 1919), in: ders.: Gesammelte Politische Schriften, S. 498-501. Man könnte im Übrigen argumentieren, dass Webers „Anreicherung" der legalen Herrschaft (die er im Deutschen Reich vorfindet) mit Charisma nur folgerichtig ist, wenn, wie oben argumentiert, der reinen legalen Herrschaft in Ermangelung eines Legitimitätsprinzips ein Legitimitätsdefizit eignet. Anders formuliert: In seinen politischen Schriften hat der (wenn man so will: „wollende") Weber durchaus um die legitimatorische Schwäche der legalen Herrschaft gewusst – und deshalb seine Hoffnung für das Deutsche Reich in die „plebiszitäre Führerdemokratie" gesetzt.
240 Wobei dahingestellt sei, ob und inwieweit sich der von Weber proklamierte Zusammenhang von Legitimität und Organisation als zutreffend herausgestellt hat; vgl. hierzu skeptisch Breuer 2006 – Legitime Herrschaft, S. 77-79.

Legitimität – seien.[241] Was Beetham Webers Typologie einerseits gegenüberstellt, andererseits aber aus ebendieser destilliert, ist ein *mehrdimensionales* Verständnis und Konzept von Legitimität. Dieser grundlegenden Einsicht folgend, soll nachstehend dargelegt werden, welche Legitimitätsdimensionen in dieser Arbeit in Anlehnung an und Abweichung von Beetham analytisch unterschieden werden sollen.[242]

1.2.3 Ein dreidimensionales Konzept von Legitimität – Weber revisited

> Social scientists since Weber have, if anything, been more transfixed by his threefold typology than by his definition of legitimacy itself; indeed it has become a straightjacket into which, either singly or in combination, every example of legitimate power has, willy-nilly, to be forced.[243]

Beethams Kunstgriff, mit Hilfe dessen er sich aus den „Fesseln" der Weberschen Typologie befreit, besteht darin, Webers drei Typen legitimer Herrschaft als prinzipielle Dimensionen aller Legitimität zu lesen. Er unterscheidet (1) eine legale – (wann) wird Herrschaft gemäß geltender Regeln ausgeübt? –, (2) eine normativ-moralische – (wie) lässt sich Herrschaft anhand von Überzeugungen rechtfertigen, die Herrschende und Beherrschte teilen? – und (3) eine praktische Dimension – (wodurch) erfährt Herrschaft seitens der Herrschaftsunterworfenen öffentlich artikulierte Zustimmung?[244] Pate stehen diesen Dimensionen der legale, traditionale und charismatische Herrschaftstyp.[245] Wie im vorstehenden Abschnitt am Beispiel der legalen Herrschaft diskutiert, bedarf indes auch diese einer normativen Unterfütterung einerseits und praktischen (oder wenigstens sym-

---

241 Siehe Beetham 1991 – Weber and the Legitimacy of the Modern State, S. 43-45 und ders. 1991 – The Legitimation of Power, S. 24f.
242 Das folgende Legitimitätsschema ist das Ergebnis einer jahrelangen Auseinandersetzung mit dem Thema. Hauptgesprächspartner und -anreger war mir während dieser Zeit stets Axel Paul. Unsere gemeinsamen Überlegungen sind in den besagten Aufsatz zur Systematik des Legitimitätsbegriffs eingegangen; siehe Ingold/Paul 2014 – Multiple Legitimitäten. Wer dabei Urheber welcher Idee war, lässt sich mit letzter Gewissheit nicht mehr sagen.
243 Beetham 1991 – The Legitimation of Power, S. 24.
244 Siehe insbesondere ebd., S. 15-25 und 64-99.
245 Auch wenn Beetham diese Patenschaft zuweilen herunterzuspielen neigt. Er kehrt mit anderen Worten das *Neo*weberianische seines Konzepts stärker hervor als das Neo*weberianische*.

1.2 Die Kategorie der Legitimität – neoweberianisch

bolischen) Darstellung andererseits. Dasselbe gilt mutatis mutandis für alle anderen legitimen Herrschaftsformen.

Beethams Ordnungsvorschlag ist grundsätzlich einleuchtend und wird von ihm selbst ertragreich zur Untersuchung politischer Transformationsprozesse eingesetzt.[246] Aus drei miteinander zusammenhängenden Gründen jedoch weichen Axel Paul und ich von seinem Vorschlag ab: Erstens erscheint uns Beethams Schema noch als zu statisch; es erlaubt es nicht hinreichend, Konstitutionsprozesse von Herrschaft einzufangen, sondern unterstellt allen Umbrüchen zum Trotz immer schon irgendwie „fertige" Herrschaftsformationen. Demgegenüber wird hier der Versuch unternommen, die Dimensionen selbst in ein *genetisch-dynamisches* Verhältnis zu bringen. Zweitens halten wir Beethams „legale" Dimension der Regelkonformität (ähnlich wie Webers legal-legitimen Herrschaftstyp) für zu „legalistisch", nur dass ihr bei Beetham nicht etwa ein notwendiges ideelles Moment fehlte – dieses verortet er vielmehr in einer anderen, der normativ-moralischen Dimension –, sondern ganz im Gegenteil insofern, als dass Beetham die *praktische Selbstläufigkeit* von Legitimationsprozessen übersieht oder zumindest unterschätzt. Legitimität qua Regelkonformität heißt weder allein noch notwendigerweise, dass die Herrschaft sich an Regeln hält, sondern auch und ebenso sehr, dass die Herrschaft gewaltförmig (sei es angedroht und/oder angewandt) Regeln zu *setzen* und *durchzusetzen* vermag. Drittens scheint es uns gleichermaßen möglich wie angezeigt, das Schema durch drei zusätzliche Kategorien bzw. Differenzierungen zu bereichern: (a) die Kategorie der *Basislegitimität*, die wir an Stelle von Regelkonformität setzen, (b) die Unterscheidung von *horizontaler* und *vertikaler* Legitimität, die, wie zu erläutern sein wird, *quer* zur Unterscheidung der drei Dimensionen steht, und (c) die Kategorie der *subjektivischen Logik*, welche den Spielraum normativer Reflexion unter vormodernen Bedingungen notwendig begrenzt und damit ein spezifisches Licht auf die Ermöglichungsbedingungen von Revolutionen wirft, wie im zweiten Kapitel zu zeigen sein wird.

Unterschieden werden nachstehend mithin folgende drei Dimensionen von Legitimität: (1) eine *basal-pragmatische*, (2) eine *theoretisch-reflexive* und (3) eine *performativ-expressive*.

---

246 Vgl. ebd., S. 161-242.

1. Herrschaft – (Il-)Legitimität – Revolution

1.2.3.1 Die basal-pragmatische Dimension von Legitimität

Die erste Legitimitätsdimension, für die Popitz den Begriff der „Basislegitimität"[247] geprägt hat, kennzeichnet etwas Intermediäres: *Nicht mehr* nicht-normatives Gehorsamsmotiv, zugleich aber *noch nicht* vollends Legitimität, hat sie einen quasi- bzw. protolegitimen Zug. Einerseits stecken in ihr schon Gründe der Rechtfertigung für die bestehende Herrschaftsordnung, andererseits gehen diese indes aus keinem Rechtfertigungssystem hervor. Woraus aber stattdessen? Kurz gesagt: aus der bloßen Faktizität einer (Herrschafts-)Ordnung. Ordnung *als solcher*, das heißt unabhängig von ihrer konkreten Ausgestaltung und damit auch von der jeweiligen sozialen Position, die Beteiligte in ihr einnehmen, eignet ein „Ordnungswert"[248]. Dieser gründet in der erwartungs- und infolgedessen handlungsorientierenden Funktion von Ordnung.[249] Vermittels Ordnung werden dem

---

247 Popitz 2004 – Phänomene der Macht, S. 227. Schon früh würdigt Luhmann in einer Rezension die Einführung der Kategorie der „Basislegitimität" durch Popitz: Es sei „eindrucksvoll, wie Popitz [...] den herrschenden Legitimitäts*begriff* unterlaufen kann" (Luhmann: Buchbesprechung. Heinrich Popitz: Prozesse der Machtbildung (1968), in: Soziale Welt: Zeitschrift für sozialwissenschaftliche Forschung und Praxis, Bd. 20/1969, Heft 3, S. 369-370, hier S. 369, m.H.).
248 Popitz 2004 – Phänomene der Macht, S. 224.
249 Welche fundamentale Rolle Erwartungen für den Menschen zukommt, wurde in Kapitel 1.1 angedeutet. Weil eine jede soziale Situation für die Beteiligten im Lichte doppelter Kontingenz problematisierbar ist, kann Ordnung für sie jederzeit zum Problem werden. Doppelte Kontingenz ist als *Bezugs*problem ein *Dauer*problem; es kann immer akut werden, weil es niemals definitiv gelöst ist. Die Beteiligten bleiben auf Erwartungserwartungen angewiesen, um in den Stand versetzt zu werden, das (im Wesentlichen) durch Erwartungen gesteuerte Verhalten anderer zu erwarten. Diese Erwartung(serwartung)en können zwar enttäuscht werden – Primat hat die Bildung, nicht die Erfüllung von Erwartungen bzw. das Raten an sich, nicht das richtige Raten des Verhaltens anderer –, sollten dies indes nicht unentwegt tun, weil sie andernfalls von den Beteiligten aufgegeben werden, was wiederum auf die Funktion von Erfolgsmedien (zusätzlich zu jener von Strukturen) verweist.
Dass die basal-pragmatischen quasilegitimierenden Effekte von Herrschaft damit letztlich anthropologisch auf die Ordnungsbedürftigkeit und -mächtigkeit des Menschen zurückgeführt werden können – etwa mit Gehlen, Arnold: Der Mensch. Seine Natur und seine Stellung in der Welt, Wiebelsheim 2009 oder, daran anschließend, Berger, Peter L./Luckmann, Thomas: Die gesellschaftliche Konstruktion der Wirklichkeit. Eine Theorie der Wissenssoziologie, Frankfurt/M. 2007/1966, S. 100ff. und Berger: Zur Dialektik von Religion und Gesellschaft. Elemente einer soziologischen Theorie, Frankfurt/M. 1973, S. 31f. –, schwingt

1.2 Die Kategorie der Legitimität – neoweberianisch

Einzelnen Erwartungen in Hinblick auf die „dingliche" Umwelt und Erwartungserwartungen in Hinblick auf die soziale Umwelt an die Hand gegeben, die maßgeblich für dessen Erwartungssicherheit und, darüber vermittelt, dessen Handlungsentwürfe sind. Mit anderen Worten: Ordnungen versprechen Ordnungssicherheit.

> Ordnungssicher sind die Beteiligten, wenn sie ein sicheres Wissen haben, was sie und was andere tun dürfen und tun müssen; wenn sie eine Gewißheit entwickeln können, daß sich alle Beteiligten mit einiger Verläßlichkeit auch wirklich so verhalten, wie es von ihnen erwartet wird; wenn sie damit rechnen können, daß Übertretungen in der Regel bestraft werden; wenn sie voraussehen können, was man tun muß, um Vorteile zu erringen, Anerkennung zu finden. Man muß mit einem Wort wissen, woran man ist.[250]

Freilich, bevor eine (neue) Ordnung für die Beteiligten einen Ordnungswert erlangt, muss sie allererst von ebendiesen in ihrer Faktizität anerkannt werden – was die Basislegitimität zu einem (nicht nur, aber auch und wesentlich) *macht-* und insbesondere *gewalt*vermittelten Phänomen macht.[251] Gewalt ist, wie unter Rückgriff auf Luhmann und Popitz bereits diskutiert wurde, der „Nullpunkt sozialer Ordnung" bzw. „die *ordnungsstiftende* Erfahrung schlechthin"[252], und dies in zweierlei Hinsicht. Weil sie das Verlangen weckt, künftig Gewalt qua Ordnung einzugrenzen; aber auch und gerade, weil sie ihrer *restriktiven* Wirkung wegen schon *für den Moment* und ihrer *symbolisch-demonstrativen* Wirkung wegen *über diesen Moment hinaus* Ordnung stiftet: Die Erfahrung überlegener Gewalt lässt den Menschen die (momentane *und* fortdauernde) Existenz einer Ordnung samt sanktionsgedeckter Normen am eigenen Leib spüren. In Gestalt von

---

     also unbestritten mit. Wie übrigens schon bei Luhmann 1967 – Soziologie als Theorie sozialer Systeme, S. 617-619, der indes dieses philosophisch-anthropologische Erbe (insbesondere Gehlens und Plessners) mit der Zeit zusehends zu verdecken suchte; vgl. Fischer, Joachim: Philosophische Anthropologie. Eine Denkrichtung des 20. Jahrhunderts, Freiburg/Br. 2008, S. 430-432, 465-467.

250 Popitz 2004 – Phänomene der Macht, S. 223.

251 Mit anderen Worten: Gewalt und Legitimität stehen in einem (wenigstens partiell) *komplementären* und nicht etwa grundsätzlich exklusiven Verhältnis zueinander; vgl. explizit Trotha, Trutz von: „Streng, aber gerecht" – „hart, aber tüchtig". Über Formen von Basislegitimität und ihre Ausprägungen am Beginn staatlicher Herrschaft, in: Möhlig, Wilhelm J. G./Trotha (Hrsg.): Legitimation von Herrschaft und Recht, Köln 1994, S. 69-90, hier S. 74-77, 88 und, allerdings eher vage bleibend, Luhmann 2003 – Macht, S. 69.

252 Luhmann 1972 – Systemtheoretische Ansätze zur Analyse von Macht, S. 106 und Popitz 2004 – Phänomene der Macht, S. 61.

angewandter physischer Gewalt materialisiert sich gleichsam die Ordnung, materialisiert sich vor allem der von ihr ausgehende Zwang; ein Zwang, der im wahrsten Sinne des Wortes zwingend ist, in seiner restriktiven und überwältigenden Wirkung also (anders als andere Machtformen, die über Drohungen und Versprechungen funktionieren) tatsächlich keine Wahl lässt. Und der in der Folge größtenteils transformiert und dabei ökonomisiert werden kann: Sanktionsvollzug wird zu Sanktionsdrohung. Wie gesehen: Gewalt begründet und bewahrt Ordnungen, weil sie das Drohmittel par excellence ist und weil sie ob ihrer materiellen Wirkung deren „letztes ‚Verhütungsmittel'" (Tyrell) ist. Ersichtlich wird hieran, wie wichtig die (auch nur Ad hoc-)Konzentration von Gewaltmitteln im Allgemeinen und der herrschaftliche Aufbau eines Erzwingungsstabs im Besonderen für die Basislegitimierung sozialer Ordnung ist.

Gleichwohl stellen Macht- und Gewalterfahrungen nicht die einzigen Erfahrungen dar, mittels derer nicht nur anfangs, sondern immer wieder die Existenz einer Ordnung vor Augen geführt wird. Von Trotha zählt vielmehr sechs solcher „Evidenzerfahrungen" auf und differenziert entsprechend zwischen sechs Formen von Basislegitimität,[253] wobei insbesondere die beobachtete und eigene *Teilhabe* an der Ordnung hervorzuheben sind. Einerseits leben andere vor, dass man sich mit den Verhältnissen arrangieren kann, und beginnen, dies allgemein zu erwarten. Andererseits ist es nicht nur häufig ein – pragmatisches und eben nicht „ideologisches" – Gebot der Stunde, sondern gleichfalls schier unvermeidlich, an der Ordnung selbst teilzuhaben – zumindest für all jene, die nicht die offene Ab- und Auflehnung proben.[254] In die Ordnung Interessen investierend (etwa in die eigene Ausbildung, den Beruf, die Familie oder den Freundeskreis), erlangt diese nach Art eines Anlagevermögens einen „Investitionswert",[255] so dass ein jeder eben doch mehr (wenn auch womöglich nicht viel mehr) als seine Ketten zu verlieren hätte und daher ein langfristiges Interesse an deren Fortbestand entwickelt. Gebundenes wird gleichsam zu bindendem Kapital, bindend an die vorhandene Ordnung.

---

253 Vgl. Trotha 1994 – Basislegitimität, S. 75-88.
254 Der Eindruck eines Gefangenseins in der bestehenden Ordnung kann sich daneben durch herrschaftliche Artefakte verfestigen, ja, geradezu materialisieren: über den Bau einer (oder „der") Mauer etwa. Worin wiederum ein Mittel liegt, die Flucht- bzw. Migrationsoption der Beherrschten einzuschränken.
255 Siehe Popitz 2004 – Phänomene der Macht, S. 224f. und Trotha 1994 – Basislegitimität, S. 81-84.

1.2 Die Kategorie der Legitimität – neoweberianisch

Daher gewinnt auch das Angebot anderer, besserer Ordnungen so schwer Überzeugungskraft. Es geht eben nicht nur um das ohnehin problematische Tauschgeschäft einer wirklichen gegen eine gedachte Ordnung, sondern vor allem auch um die Zumutung, den jeweils individuellen Investitionswert der bestehenden Ordnung aufs Spiel zu setzen.[256]

Wer nur fragt, ob Herrschaft im Interesse der Herrschenden *oder* der Beherrschten ist, simplifiziert deshalb das Problem. Denn in gewisser Weise profitieren immer auch die Beherrschten von Herrschaft.[257]

Doch hier bleibt die basal-pragmatische Legitimierung nicht stehen. Sukzessive verwebt sich die Herrschaftsordnung mit dem eigenen Alltag, wodurch diese zusätzlich zum Investitions- einen „Alltagswert" ausbildet.[258] Infolgedessen steht sie immer weniger auf dem Prüfstand. Argwohn weicht Vertrautheit. Von hier an wird der Vorgang der (Quasi-)Legitimierung zum Selbstläufer. Mit jedem weiteren Tag, den die Ordnung dauert, erhöht sich ihr Ordnungswert. Basislegitimität ist eine Funktion der Dauer der Ordnung.

Damit erweitert sich nicht nur der Radius, sondern auch die „Penetranz" der (Basis-)Legitimation: Ihre Rechtfertigung findet die Herrschaftsordnung nicht mehr nur in der Gewährleistung von an sich schon wertvoller Ordnung – die im Zeitablauf ebenso als konkrete Ordnung an Wert zulegt –, sondern zunehmend auch im vorreflexiv-habituellen Raum. Dass die Ordnung ist, wie sie ist, wird zur Selbstverständlichkeit, ihre Kontingenz, das heißt ihr So-aber-auch-anders-Sein-Können wird ausgeblendet. Zugespitzt formuliert: Die, wenn man so will: fortgeschrittene, Basislegitimierung einer Herrschaftsordnung besteht darin, deren eigentliche Fragwürdigkeit aus dem allgemeinen Bewusstsein zu drängen. Was nicht anders gedacht wird, braucht sich (jedenfalls vorerst) auch nicht zu rechtfertigen.[259]

Zusammengefasst: Die Legitimität ist in der ersten Dimension *basal*, zum einen, weil sie in zweierlei Hinsicht ein Fundament bildet: (a) für die Herrschaftsordnung, insofern als sie Ordnung als solcher – und damit auch der gesamten und nicht nur Teilen der Herrschaftsordnung – zugrunde-

---

256 Popitz 2004 – Phänomene der Macht, S. 225.
257 Vgl. hierzu auch Anter, Andreas: Die Macht der Ordnung. Aspekte einer Grundkategorie des Politischen, Tübingen 2007, S. 103.
258 Siehe Trotha 1994 – Basislegitimität, S. 81-84.
259 Darauf, dass dieses Sicheinfügen der Macht in bestehende Verhältnisse bereits mit dem Institutionalisierungsprozess von Macht als solchem verbunden ist, wurde weiter oben mit Blick auf den Herrschaftsbegriff hingewiesen.

1. Herrschaft – (Il-)Legitimität – Revolution

liegt, und zwar vom Standpunkt der Herrschenden wie der Beherrschten; (b) für eine weitergehende, vielleicht könnte man sagen: die „füllige" Legitimierung, insofern als sie ihrer inhaltlichen Unbestimmtheit wegen eine spätere inhaltliche Konkretisierung (in der theoretisch-reflexiven Dimension) nicht verbaut. Zum anderen ist sie basal, weil sie lediglich eine Zwischenlage bezeichnet, nämlich zwischen interessen- und gewohnheitsbedingtem Gehorsam auf der einen und legitimitätsbedingter Folgebereitschaft auf der anderen Seite oszilliert. Und sie ist *pragmatisch*, zum einen, weil sie auf der Praxis von Herrschenden und Beherrschten gründet, also darauf, dass Erstere die Ordnung machtvermittelt durchsetzen und Letztere sich mit ihr arrangieren;[260] zum anderen, weil ein Verhalten, das den geltenden Normen entspricht, angesichts der herrschaftlichen Übermacht jenseits aller „Dogmatik" oftmals schlicht opportun ist.

1.2.3.2 Die theoretisch-reflexive Dimension von Legitimität

Doch so sehr mittels basal-pragmatischer Legitimierung ein kritisches Hinterfragen der Ordnung auch unterdrückt wird, zugleich, und das macht ihre spezifische Zweischneidigkeit aus, *befähigt* sie – wenigstens im Prinzip – allererst zur Problematisierung der Ordnung, indem sie von Schwierigkeiten der unmittelbaren (Über-)Lebenssicherung, von den Unwägbarkeiten des Alltags entlastet. Damit ist die theoretisch-reflexive Dimension erreicht. Ob eine Herrschaftsordnung für legitim oder illegitim befunden wird, entscheidet sich hier im Zuge ihrer reflexiven Thematisierung. Gefragt wird von den Akteuren selbst nicht nur kognitiv nach dem Ursprung und (damit) Wesen der gegebenen Herrschaftsordnung, sondern auch normativ, ob diese nach Maßgabe der geltenden Wertvorstellungen gerecht sind.[261]

---

260 Das Sich-Arrangieren der Herrschaftsunterworfenen hat wiederum etwas Basales, bestätigt doch die „Basis" durch ihr konformes Handeln fortwährend die Ordnung.

261 Wenn von Trotha zufolge das gemeinsame Merkmal von Legitimitäten „ihr hochabstrakter Charakter, ihre Bezugnahme auf ‚Meta-Modelle', auf allgemeinste Interpretationsmuster besonders religiöser Art" ist, dürfte er damit das meinen, was hier innerhalb der theoretisch-reflexiven Dimension abgehandelt wird (ders.: Einleitung, in: Möhlig, Wilhelm J. G./Trotha (Hrsg.): Legitimation von Herrschaft und Recht, Köln 1994, S. 9-30, hier S. 28).

1.2 Die Kategorie der Legitimität – neoweberianisch

Die theoretisch-reflexive Dimension, zumal deren Historisierung, steht im Zentrum des zweiten Kapitels zum Anfang der Revolution. Wichtig ist indes eine Unterscheidung, die sowohl in dieser wie den beiden anderen Dimensionen eine Rolle spielt und gewissermaßen *orthogonal* zu ihnen steht: die nämlich von horizontaler und vertikaler Legitimität.[262]

Diese Differenzierung ist wichtig, schon insofern Prozesse der Legitimierung ihren Anfang nicht, wie man anzunehmen neigt, in der Vertikalen, sondern in der Horizontalen nehmen. Und horizontale Legitimitätsfragen sind Fragen der politischen Gemeinschaft. Wer gehört ihr an – und wer nicht? Eine jede Bestimmung der Gemeinschaft schließt Ausschluss mit ein, ohne Alterität keine (kollektive) Identität.[263] Diesseits der Grenze, innerhalb des „Wir" wird jedoch eine grundsätzliche Gleichheit und Gemeinsamkeit begründet.[264] Was wiederum Ausgangspunkt für die Ableitung von Solidaritätsforderungen ist: Als Teil der Gemeinschaft ist ein jeder angehalten, in der Politik für das gemeine (und nicht partikulare) Wohl zu sorgen. Wie vage das Gemeinwohl auch umrissen sein mag, als Desiderat drängt es auf seine Realisierung. Die politische Gemeinschaft ist immer auch eine Interessens- resp. „Schicksalsgemeinschaft". Horizontale geht vertikaler Legitimität mithin voraus. Was im Umkehrschluss freilich bedeutet: Verliert Herrschaft horizontale Legitimität, verliert sie zwangsläufig auch vertikale Legitimität. Oder kürzer noch: ohne horizontale keine vertikale Legitimität.

Allerdings darf die politische Gemeinschaft nicht vorschnell mit dem Gros oder gar der Gesamtheit der Mitglieder einer Gesellschaft gleichgesetzt werden. Bis die Idee der Nation auf den Plan tritt, bleibt sie, wie in Kapitel zwei zu erläutern sein wird, auf kleinere und privilegierte innergesellschaftliche Gruppen (wie den Adel, den Klerus oder die städtische

---

262 Vgl. Holsti 1996 – The State, S. 82-98. Aufgegriffen und für die Analyse (der Schwäche) afrikanischer Staaten fruchtbar gemacht wird diese Unterscheidung u.a. auch von Englebert, Pierre: State Legitimacy and Development in Africa, Boulder/Colo. 2000, S. 76-90.
263 Siehe statt vieler Barth, Fredrik: Introduction, in: ders. (Hrsg.): Ethnic Groups and Boundaries. The Social Organization of Culture Difference, Bergen 1969, S. 9-38 und Reinhard, Wolfgang: Geschichte der Staatsgewalt. Eine vergleichende Verfassungsgeschichte Europas von den Anfängen bis zur Gegenwart, München 1999, S. 440.
264 Vgl. Müller, Klaus E.: Ethnicity, Ethnozentrismus und Essentialismus, in: Eßbach, Wolfgang (Hrsg.): Wir – ihr – sie. Identität und Alterität in Theorie und Methode, Würzburg 2000, S. 317-343, hier S. 319f., passim.

Oberschicht) beschränkt. Diese bilden für die Herrschenden die primären Legitimationsadressaten; deren und zunächst nur deren Legitimitätsurteil fällt ins Gewicht.[265]

Theorien vertikaler Legitimation nennt Bertrand de Jouvenel „Souveränitätstheorien".[266] In ihnen wird die innergemeinschaftliche Gleichheit zwar nicht geleugnet – im Gegenteil: horizontale Legitimität vielmehr vorausgesetzt –, gleichwohl aber auf einen Souverän rekurriert, der *außer-* und *ober*halb der innergemeinschaftlichen Beziehungen steht, und allen Beteiligten als (rechtmäßiger) Urheber der Ordnung gilt.[267] Der Souverän – in den historisch bedeutendsten Spielarten: Gott oder Volk –, dem sich sogar der Herrscher unterordnet, ist indes außerstande, selbst als Agens tätig zu werden. Weshalb „er" ein Mandat erteilt – eben an den (zentralen) Herrscher, der hierdurch zum primus inter pares wird. Ein solches Mandat kann, sofern die herrschaftliche Praxis den theoretischen Vorgaben nicht genügt, bestritten und wieder entzogen werden, und zwar von den Angehörigen der Gemeinschaft.[268] – Das aber ist eine (wiederum) praktische Frage und gehört somit in die dritte Dimension.

---

265 Basal-pragmatische Legitimität dagegen kennzeichnet, wie gesagt, dass sie immer schon die *gesamte* Bevölkerung, also ebenso das „gemeine Volk", umschließt.
266 Vgl. Jouvenel, Bertrand de: Über die Staatsgewalt. Die Naturgeschichte ihres Wachstums, Freiburg/Br. 1972/1947, S. 39-57.
267 Vgl. ebd., S. 53. Für Arendt legitimiert sich jede über Autorität verfügende Herrschaft „dadurch, daß sie sich auf eine Quelle beruft, die außerhalb und über der Machtsphäre derer liegt, die gerade die Gewalt innehaben – also auf ein Gesetz, das entweder von Menschen überhaupt nicht erlassen wurde [...] oder auf uralte, durch Tradition geheiligte Bräuche, die zumindest nicht von denen gemacht sind, die gerade regieren" (Arendt: Was ist Autorität?, in: dies.: Fragwürdige Traditionsbestände im politischen Denken der Gegenwart. Vier Essays, Frankfurt/M. 1957, S. 117-168, hier S. 121). Ähnlich auch Cohen 1988 – Introduction, S. 9, der in dieser Figur das legitimatorische Prinzip auch von Ursprungsmythen entdeckt: „An authority above and beyond real-world authority relationships is referred to as the source or reason for the acceptability of unequal powers in the polity."
268 Die Zweideutigkeit lässt sich historisch an der Formel des Gottesgnadentums verfolgen: Sie ist Ausdruck sowohl von Selbsterhöhung als auch von Demut des Herrschers – und impliziert zugleich Widerrufbarkeit; siehe Sternberger 1986 – Grund und Abgrund der Macht, S. 393f.

1.2.3.3 Die performativ-expressive Dimension von Legitimität

> It is therefore, on opinion only that government is founded; and this maxim extends to the most despotic and most military governments, as well as to the most free and most popular.[269]

Herrschaft muss nicht nur Ordnung garantieren und theoretisch legitim sein, sondern sich immerzu auch performativ-expressiv legitimieren. Das folgt, wie erörtert, allein schon aus der Paradoxie der Machtsteigerung; daraus also, dass den Herrschaftsunterworfenen der Steigerung herrschaftlicher Macht halber Handlungsspielräume gewährt werden, die sie für positive oder negative Kritik an der Herrschaft nutzen können.[270] Erfolgreich ist dieser Vorgang der performativ-expressiven Legitimation, wenn und solang seitens der Herrschaftsunterworfenen öffentliche Zustimmungshandlungen erfolgen.[271] Es sind demnach die Beherrschten selbst, die die Legitimität nach Maßgabe der herrschaftlichen Performanz beglaubigen – oder bestreiten. Wobei, je nach Standort, das Glück oder das Pech darin besteht, dass die Beherrschten zwar *unterschiedliche* (darunter auch zweckrationale) Motive für die öffentliche Zustimmung zur Herrschaft haben können, der Effekt aber unabhängig hiervon *derselbe* bleibt: die Legitimierung von Herrschaft. Im Ergebnis wird Zustimmung also in der Öffentlichkeit so gewertet, *als ob* sie aus Gründen der Legitimität erfolgte. Das ist für die vorliegenden Erwartungen und Erwartungserwartungen der Beherrschten entscheidend: Wer beispielsweise wählen geht, dem kann immerhin *unterstellt* werden, er tue dies, weil er die Herrschaftsordnung für legitim hält. Dies vor allem dann, wenn ein herrschaftskritischer Diskurs – aus welchen (häufig repressiven) Gründen immer – das Licht der Öffentlichkeit scheut und daher die wahre Motivation zum Urnengang nur

---

269 Hume 1987 – First Principles of Government, S. 32.
270 Und daneben kann die Freiheit ebenso für gehorsames *oder* ungehorsames Verhalten genutzt werden; das heißt, die Paradoxie der Machtsteigerung hat auch Folgen für die basal-pragmatische (De-)Legitimierung.
271 Auch Luckmann zufolge wird Legitimität in legitimatorischen Praktiken – also in bestimmten Typen kommunikativen Handelns – erzeugt, befestigt, geschwächt, verworfen; vgl. Luckmann 2001 – Einige Bemerkungen zum Problem der Legitimation, S. 342.

1. Herrschaft – (Il-)Legitimität – Revolution

für die nächste Umgebung (statt für das Gros der restlichen Beherrschten) offen zutage tritt.²⁷²

Bemerkenswert ist dabei, dass die performativ-expressive ein Derivat der theoretisch-reflexiven Dimension bildet. Indem die Herrschenden einen theoretischen Legitimitätsanspruch erheben, geben sie ein Versprechen ab, das sie praktisch einzulösen verpflichtet sind. Tun sie es nicht, so ist es das gute Recht der Herrschaftsunterworfenen, dies anzumahnen. Anders formuliert: In der theoretisch-reflexiven Dimension werden jene (im weitesten Sinne normativen) Maßstäbe formuliert, anhand derer sich Herrschaft fortan performativ messen lassen muss. Die Ironie besteht folglich darin, dass die Herrschenden dadurch, dass sie sich theoretisch legitimieren, die Beherrschten immer schon mit den Mitteln ausstatten, mit deren Hilfe diese jene kritisieren können – und zwar *legitimerweise*. Das heißt, Herrschaft öffnet sich qua theoretisch-reflexiver Legitimierung für eine eigentümliche Form von Kritik, die normativ gerechtfertigt und ebendeshalb so schlagfertig ist, weil sie die Herrschenden beim Wort nimmt.²⁷³ James Scott spricht in dem Zusammenhang von einer „symbolischen Achillesferse" legitimer Herrschaft.²⁷⁴

Darüber, dass diese spezifische Verwundbarkeit *Folge* der Legitimität ist, gibt der negative Fall legitimitätsloser – und wir können nun präzisieren: theoretisch-reflexiv und performativ-expressiv, nicht aber basal-pragmatisch legitimitätsloser – Herrschaft Aufschluss, den Gerd Spittler am Beispiel der Haussa-Bauern im Niger untersucht.²⁷⁵ Zwar entbehren die

---

272 Vgl. hierzu v.a. Scott 1990 – Domination, der diesen (dilemmaartigen) Tatbestand mit Hilfe seiner analytischen Unterscheidung von „public" und „hidden transcript" präzise erfasst. Hierzu im zweiten Kapitel mehr.
273 Deren Wirksamkeit ist zwar insofern begrenzt, als sie, die Mittel der Herrschaftsordnung verwendend, stets *innerhalb* derselben verharrt. Nichtsdestoweniger kann sie bis zum Sturz eines Herrschers führen. Die Begründung lautet dann, theoretisch-reflexiv aufbereitet, er habe sein Mandat als (Stellvertreter des) Souverän(s) verloren. Gerade insofern also die Kritik die theoretisch-reflexiven Prämissen der Herrschaft übernimmt, vermag sie dem aktuellen Herrscher die performativ-expressive Legitimität abzusprechen.
274 Vgl. ebd., S. 105; ähnlich Cohen, der darin den „Preis der Macht" erkennt oder Beetham, der die inhärenten Grenzen legitimer Macht akzentuiert (Cohen 1988 – Introduction, S. 17, Beetham 1991 – The Legitimation of Power, S. 35). Zur Ambivalenz von Legitimität vgl. klassisch Balandier, Georges: Politische Anthropologie, München 1976, S. 53f., 129-132, passim.
275 Siehe Spittler 1976 – Herrschaftsmodell und Herrschaftspraxis. Als Eingriff in die Selbstbestimmung des Menschen ist zwar alle Macht fragwürdig, paradoxer-

1.2 Die Kategorie der Legitimität – neoweberianisch

Herrschenden dort einer theoretischen oder besser ideellen Machtbegründung und sind insofern vorrangig auf ihr überlegenes Machtpotential angewiesen. Zugleich aber sehen sie sich keinen legitimitätsimmanenten Verpflichtungen ausgesetzt.[276] Ein genereller Zug von Legitimität gibt sich zu erkennen: ihre Ambivalenz. Stets begründet *und* begrenzt sie Macht. Legitime ist nicht mehr (gänzlich) willkürliche Macht. Denn als legitime Macht steht sie in der Pflicht.

Bloß *wem* gegenüber sie performativ-expressiv in der Pflicht steht, variiert historisch. Das betont schon David Hume.[277] Es können der Erzwingungsstab bzw. die Gefolgschaft des Herrschers und/oder sozial und ökonomisch Privilegierte sein. Die Notwendigkeit, sich der Legitimation halber öffentlich artikulierte Zustimmung zu verschaffen, ist jedenfalls *kein* Spezifikum von Demokratien oder der Moderne. Immer schon ließen sich Herrschende ein solches Zeugnis der Rechtmäßigkeit ihrer Herrschaft ausstellen, das sie Machtkonkurrenten, weiteren Herrschaftsunterworfenen und nicht zuletzt sich selbst vorzeigen konnten. Doch während der Adressatenkreis in der performativ-expressiven Dimension in der Vormoderne weitestgehend auf mächtige Intermediäre beschränkt blieb, weitet er sich, wie oben bereits angedeutet, in dem „Moment" aus, in dem die *Idee* der Nation die Weltbühne betritt. Mit der Nation wird das *ganze* Volk politisch (mobilisiert).[278] Es zeigt sich, dass die Definition der politischen Gemeinschaft in der theoretisch-reflexiven Dimension bestimmt, wem gegenüber sich Herrschaft praktisch bewähren muss. Nur wer der politischen Gemeinschaft angehört, hat eine „legitimitätskritische" Stimme; wer ihr nicht

---

weise aber rechtfertigt sie sich, wie gesehen, zumindest ein Stück weit *selbst*. Gänzlich, also in jedweder Hinsicht legitimitätslose Herrschaft wird damit zu einem *theoretischen* Grenzfall.

276 Womöglich bleibt es deshalb vielerorts bei dem, was von Trotha diesseits institutionalisierter Staatlichkeit „Herrschaft der Razzien" nennt; vgl. ders. 1994 – Koloniale Herrschaft, S. 79.

277 „The soldan of *Egypt*, or the emperor of *Rome*, might drive his harmless subjects, like brute beasts, against their sentiments and inclination: But he must, at least, have led his *mamalukes*, or *praetorian bands*, like men, by their opinion." Hume 1987 – First Principles of Government, S. 32f.

278 Vgl. Alter, Peter: Nationalismus, Frankfurt/M. 1985, S. 16 und Reinhard 1999 – Geschichte der Staatsgewalt, S. 440-447.

angehört, ist zwar nicht notgedrungen stumm, wohl aber stößt er auf taube Ohren.[279]

Aber nicht nur das. In der theoretisch-reflexiven Dimension wird ferner bestimmt, in welcher wiederum historisch variablen *Form* die Zustimmung seitens der Beherrschten zu erteilen ist. Sie kann reichen von der reinen *Gefolgschaft* des Stabs über die *Akklamation* der Soldaten über das Leisten eines *Eids* durch die Vasallen über die *Wahl* durch die Kurfürsten bis hin zum *Vertrag* unter formal Gleichen.[280] Entscheidend ist, dass sie keinen Raum für Zweifel lässt: „Actions must provide evidence of express consent to authority on the part of those qualified to give it."[281] Darin unterscheidet sich diese expressive Variante der Zustimmung von jener stillschweigenden und kulturunabhängigen aus der basal-pragmatischen Dimension.

Nachtrag: Zum Verhältnis der drei Dimensionen zu Webers drei Typen

Der grundlegende Irrtum, dem Weber aufgesessen war, ist, wie angesprochen, dass er als eigenständige und voneinander unabhängige *Typen* von Legitimität begriff, was in Wahrheit unterschiedliche *Dimensionen* von Legitimität *an sich* sind. Und doch bot die dreifache Typologie eine gute

---

279 Generalisierend meint Beetham 1991 – The Legitimation of Power, S. 19: „What is common to legitimate power everywhere, however, is the need to ‚bind in' at least the most significant members among the subordinate, through actions or ceremonies publicly expressive of consent, so as to establish or reinforce their obligation to a superior authority, and to demonstrate to a wider audience the legitimacy of the powerful."
280 Wobei hier weniger ein „Urvertrag" als ein fortlaufend neu auszuhandelnder Konsens zwischen Herrschenden und Beherrschten gemeint ist. Habermas würde sagen, dass sich im Laufe von (Begründungs-)Verfahren – performativ also – immer wieder die allgemeine Zustimmungsfähigkeit, Angemessenheit, Vollständigkeit sowie Unparteilichkeit der vorläufigen Ergebnisse erweisen müsse. Im Übrigen lässt sich mit Nullmeier und Nonhoff an der Entwicklung der Zustimmungsformen eine „postmoderne" Tendenz ausmachen: weg vom Folgebereitschaftsmodell hin zum Bewertungsmodell von Legitimität (vgl. Nullmeier/Nonhoff 2010 – Der Wandel des Legitimitätsdenkens). Die Herrschaftsunterworfenen partizipieren immer stärker an der herrschaftlichen Performanz. Das heißt, mit der Durchsetzung des Prinzips der Volkssouveränität wird der „Volkswille" nicht mehr nur ideologisch, sondern auch operativ Bestandteil des Legitimierungsprozesses.
281 Beetham 1991 – Weber and the Legitimacy of the Modern State, S. 41.

1.2 Die Kategorie der Legitimität – neoweberianisch

erste Orientierung für die Identifizierung der drei Dimensionen. Hierin könnte auch einer der Gründe dafür liegen, warum die Typologie einen so großen und nachhaltigen Einfluss auf spätere Generationen von Soziologen und Politikwissenschaftlern hatte: Eben weil in den drei Typen – wenn auch versteckt und auf eine irreführende Weise – schon die wesentlichen Elemente aller Legitimität enthalten sind.[282] Ich möchte daher nachfolgend zumindest kurz andeuten, wie sich die drei Typen mit den herausgearbeiteten drei Dimensionen zur Deckung bringen ließen. Man ist es Weber schuldig. Als problematisch wird sich dabei jedoch erweisen, so viel sei vorweg gesagt, dass sich in allen Typen – aus dem einfachen Grund, weil sie als Typen und eben nicht als Dimensionen konzeptualisiert wurden – immer Elemente aus *mehr* als einer Dimension wiederfinden. Der Fokus wird daher auf dem jeweils *dominanten* Element bzw. Charakteristikum des Legitimitäts- bzw. Herrschaftstyps liegen.

(1) Am offenkundigsten ist vielleicht die Verbindung zwischen dem charismatischen Legitimitätstypus und der performativ-expressiven Dimension. Dies insofern, als die charismatische Legitimität in hohem Maße abhängig ist einerseits von der Performance des charismatischen Herrschers und andererseits (bzw. davon abgeleitet) von den expressiven Zustimmungshandlungen der Gefolgschaft, die hiermit das Charisma anerkennen. Alles Charisma muss sich, wie Weber betont, in einem fort *bewähren*: „[L]egitim ist sie [die charismatische Herrschaft] nur soweit und solange, als das persönliche Charisma kraft Bewährung ‚gilt', das heißt: Anerkennung findet"[283]. Es existieren auf Seiten der Beherrschten also an die *Praxis* der Herrschaft gerichtete Erwartungen, deren Erfüllung die Beherrschten wiederum *praktisch* (durch ihre Handlungen nämlich) bestätigen oder bestreiten können. Die *Dynamik* aller Legitimität, den Umstand, dass um sie kontinuierlich gerungen wird, fängt Weber im charismatischen

---

282 So erklärt sich auch Beetham (ebd., S. 44) die hartnäckige Persistenz der Weberschen Typologie.
283 Weber 1980 – Wirtschaft und Gesellschaft, S. 141. Und an anderer Stelle (ebd., S. 140): „Über die Geltung des Charisma entscheidet die durch *Bewährung* – ursprünglich stets: durch Wunder – gesicherte, freie, aus Hingabe an Offenbarung, Heldenverehrung, Vertrauen zum Führer geborene, *Anerkennung* durch die Beherrschten. […] Bleibt die Bewährung dauernd aus, zeigt sich der charismatisch Begnadete von seinem Gott oder seiner magischen oder Heldenkraft verlassen, bleibt ihm der Erfolg dauernd versagt, vor allem: *bringt seine Führung kein Wohlergehen für die Beherrschten*, so hat seine charismatische Autorität die Chance, zu schwinden."

Typ am besten ein (auch wenn die performativ-expressive Dimension freilich nicht allein die Legitimität der Person des Herrschers, sondern auch die der Herrschaftsordnung insgesamt umfasst). Dessen spezifische „Regelfremdheit"[284] und sein die Vergangenheit umstürzender und insofern revolutionärer Zug lassen ihn in einen scharfen Gegensatz zur basal-pragmatischen Legitimität treten (wenngleich der charismatische Herrscher auch – und zwar mit Hilfe eines Erzwingungsstabs – eine neue Ordnung *schafft*). Die Abgrenzung zur theoretisch-reflexiven Dimension fällt schwerer, was aber nicht zuletzt daran liegt, dass Weber auf Phänomene wie das Amts- oder das Erbcharisma eingeht, auf Fälle also, in denen das Charisma bereits „veralltäglicht" – und das heißt: entweder traditionalisiert oder legalisiert – worden ist.[285]

(2) Die traditionale Legitimität wiederum entspricht am ehesten der Legitimität in der theoretisch-reflexiven Dimension. Weber benennt hier ausdrücklich den Grund bzw. das Prinzip der Legitimität: Traditionale Herrschaft ist legitim kraft *Abstammung* (dynastisches Prinzip), genauer: weil es die normative *Überzeugung* („Legitimitäts*glaube*") der Beherrschten ist, dass sich Herrschaft kraft Abstammung bzw. Herkunft zu legitimieren hat. Anders gesagt: Herrschaft ist ihrem *Ursprung* nach legitim, weil bei der Bestimmung des Herrschers die überlieferten (heiligen) Regeln befolgt werden (legitimer Macht*erwerb*). Oder mit Weber selbst: „*Traditional* soll eine Herrschaft heißen, wenn ihre Legitimität sich stützt und geglaubt wird auf Grund der Heiligkeit altüberkommener (,von jeher bestehender') Ordnungen und Herrengewalten. Der Herr (oder: die mehreren Herren) sind kraft traditional überkommener Regel bestimmt."[286] Gleichzeitig spricht Weber an, dass alle – insofern *ambivalente* – theoretische Legitimität der Herrschaft immer schon Grenzen bzw. Pflichten auferlegt: Zumindest im Bereich des „material traditionsgebundenen Herrenhandelns"[287] kann der Herrscher nicht willkürlich handeln, wenn er nicht *legitimen* Wi-

---

284 Ebd., S. 141. Weber (ebd., S. 142) spricht auch vom „spezifisch *außeralltäglichen* Charakter[s]" genuin charismatischer Herrschaft.
285 „Bleibt diese [kraft Charisma geknüpfte soziale Beziehung] nun aber nicht rein ephemer, sondern nimmt sie den Charakter einer *Dauer*beziehung [...] an, so muß die charismatische Herrschaft, die sozusagen nur in statu nascendi in idealtypischer Reinheit bestand, ihren Charakter wesentlich ändern: sie wird traditionalisiert oder rationalisiert (legalisiert) oder: beides in verschiedenen Hinsichten." Ebd., S. 142f.
286 Ebd., S. 130.
287 Ebd.

1.2 Die Kategorie der Legitimität – neoweberianisch

derstand provozieren will (legitime Macht*ausübung*). „Dieser Widerstand richtet sich, wenn er entsteht, gegen die *Person* des Herrn (oder: Dieners), der die traditionalen Schranken der Gewalt mißachtete, nicht aber: gegen das System als solches (‚traditionalistische Revolution‘)."[288] Aus dem theoretischen Legitimitätsanspruch des Herrschers ergeben sich mithin Pflichten, denen dieser performativ nachzukommen hat – Weber streift den *derivativen* Status der performativ-expressiven gegenüber der theoretisch-reflexiven Dimension. Man mag zwar einwenden, dass der Aspekt der Gewohnheit, des Alltäglichen und des Althergebrachten auf die basalpragmatische Dimension hindeutet, aber zu beachten gilt es in dem Zusammenhang unbedingt die bei Weber begegnende Differenz zwischen traditionalem Handeln und traditionaler Legitimität. Bei dieser gehorche ich, zugespitzt gesagt, nicht (unbewusst) *aus* Tradition, sondern (bewusst) *ob* der Tradition, d.h. weil ich die Tradition *reflektiere* und ich mich auf sie berufe – um der *Rechtfertigung* willen. Aufschlussreich ist ferner, dass Weber solche Formen von traditionaler Herrschaft kennt, bei denen die Herrscher über *keinen* Erzwingungsstab verfügen, in denen Ordnung mit anderen Worten nicht eigenmächtig *durchgesetzt* werden kann: die Gerontokratie und den primären Patriarchalismus.[289]

(3) Dass bei der legalen Herrschaft das eigentliche *Prinzip* der Legitimität von Weber nicht genannt wird, wurde bereits kritisiert – insofern kann sie schwerlich Pate für die theoretisch-reflexive Dimension stehen. Gefragt wird lediglich, ob Herrschaft legal ist, nicht, ob die Legalität definierende Ordnung legitim ist. Elemente der performativ-expressiven Dimension, genauer: einer *modernen* Ausprägung von Legitimität in dieser Dimension, enthält der legale Legitimitätstypus dahingehend, dass Legitimität *prozedural* hergestellt werden muss. Gleichwohl liegt der Schwerpunkt eindeutig auf dem *Ordnungs*aspekt, was wiederum eine Identifikation von legaler und basal-pragmatischer Legitimität nahelegt. Es geht pri-

---

288 Ebd., S. 131. Es scheint fast, als thematisierte Weber hier *Grenzen* der reflexiven Problematisierung von Herrschaft unter vormodernen Bedingungen. Die Legitimität des Herrschers, nicht aber die der Herrschaftsordnung, kann in Zweifel gezogen werden.
289 Siehe ebd., S. 133: „Das, bei *diesen* Typen, *völlige* Fehlen eines rein *persönlichen* (‚patrimonialen‘) Verwaltungsstabs des Herrn ist dafür bestimmend. Der Herr ist daher von dem Gehorchen*wollen* der Genossen noch weitgehend abhängig, da er keinen ‚Stab‘ hat. Die Genossen sind daher noch ‚Genossen‘, und noch nicht: ‚Untertanen‘."

mär um die Berechenbarkeit und Erwartbarkeit, kurz: um die *Ordnungssicherheit* legaler Herrschaft. Wie Weber ausführt:

> Die rein bureaukratische, also: die bureaukratisch-monokratische aktenmäßige Verwaltung ist nach allen Erfahrungen die an Präzision, Stetigkeit, Disziplin, Strafheit und Verläßlichkeit, also Berechenbarkeit für den Herrn wie für den Interessenten, Intensität und Extensität der Leistung, formal universeller Anwendbarkeit auf alle Aufgaben, rein *technisch* zum Höchstmaß der Leistung vervollkommenbare, in all diesen Bedeutungen: formal *rationalste,* Form der Herrschaftsausübung.[290]

Selbst der Befehlende muss sich an der unpersönlichen Ordnung orientieren, d.h. sogar der Herrscher darf nicht willkürlich handeln („rule of law").[291] Weber sieht deshalb auch in der Bürokratie eine unabdingbare Voraussetzung für den Kapitalismus – ihrer *Kalkulierbarkeit* wegen.[292] Und doch trägt Weber beim legalen Legitimitätstypus (wie Beetham bei der legalen Dimension auch) weniger dem (quasi-)legitimierenden Effekt von Regel*setzung* und *-durchsetzung* Rechnung und stattdessen mehr jenem der Regel*befolgung*.[293] Folgerichtig wird übersehen, dass von der (gewaltsamen) *Machtnahme selbst* eine basislegitimierende Wirkung ausgehen kann – eben weil mit ihr Ordnung (durch-)gesetzt wird. Die (Evi-

---

290 Ebd., S. 123. Wohlgemerkt: Sie ist berechenbar für die *Herrschenden* wie für die *Herrschaftsunterworfenen*, erfüllt also auch insofern die Bedingungen basalpragmatischer Legitimität.
291 Vgl. ebd., S. 125 und Weber 2005 – Die drei reinen Typen, S. 726. Dass das Recht positiv und damit jederzeit änderbar ist, muss seiner ordnenden Funktion nicht widersprechen. Denn das Recht kann *nur* auf dem dafür vorgesehenen prozeduralem Wege geändert werden. In allen *anderen* Situationen dagegen – und damit auch in jenen, die es ordnen soll – ist es invariant. Dennoch lässt sich nicht leugnen, dass der Webersche legale Legitimitätstyp seine „Legitimität" weniger als die basal-pragmatische Dimension aus der *vorbewusst-habituellen* Sphäre bezieht. Die Variabilität aller Ordnung bzw. allen Rechts ist vielmehr *allgemein bekannt*. Man könnte auch zuspitzen: Nicht trotz, sondern gerade wegen der Variabilität ist bestehendes Recht legitim – es kann schließlich (so die fadenscheinige Argumentation) jederzeit geändert werden, *würde* also geändert werden, wenn es illegitim *wäre*. Da aber *de facto* nicht permanent alles Recht hinterfragt werden kann, verdankt dieses einen Gutteil seiner Geltung doch wieder seiner Nicht-Problematisierung.
292 Siehe Weber 1980 – Wirtschaft und Gesellschaft, S. 129, wobei er ein wechselseitiges Bedingungsverhältnis von Kapitalismus und Bürokratie annimmt.
293 Oder anders gesagt: Wenn Recht gesatzt wird (was dessen Positivierung voraussetzt), dann geht es weniger um die Satzung als solche als um die *Legalität* der Satzung, d.h. um deren *formal korrektes Zustandekommen.*

denz-)Erfahrung überlegener Gewalt führt auf Seiten der Betroffenen zur Anerkennung der Ordnung. Dahingegen hat Weber ein Auge für das, was man die *„Objektivität"* von Ordnung nennen könnte: Unter den Bedingungen legaler Herrschaft wird – anders als unter den Bedingungen traditionaler oder charismatischer Herrschaft – einer (unpersönlichen!) Ordnung, nicht der Person des Herrschers gehorcht.[294]

So viel zur Systematisierung des Legitimitätsbegriffs. Sie gestattet es nicht nur, den Konstitutionsprozessen „früher Staatlichkeit" differenzierter nachzugehen,[295] sondern – weshalb ihr hier solch große Aufmerksamkeit zuteilwurde – ganz allgemein die legitimatorische Struktur von (staatlicher) Herrschaft einerseits und die Ursachen von Revolutionen andererseits schärfer in den Blick zu bekommen. Nachstehend gilt es, den nun präzisierbaren Zusammenhang von Revolution und Legitimität thesenartig zu umreißen. An diesen Hypothesen werden sich die weiteren (Analyse-)Kapitel orientieren.

1.3 Revolution und (Il-)Legitimität – Hypothesen zu einem Konnex

Was Herrschaft ist und welche kritische Funktion deren Legitimation erfüllt, ist vorstehend geklärt worden. Dem vermuteten Zusammenhang zwischen den beiden Phänomenen der Revolution und der (Il-)Legitimität kann nun wesentlich fundierter und nuancierter nachgegangen werden. Hierfür bedarf es indes zunächst einer groben Vorstellung dessen, was unter Revolution verstanden werden soll, einer Art Arbeitsdefinition also.

In einer ersten Annäherung soll Revolution wie folgt definiert werden: eine plötzliche, tiefgreifende, intendierte und irreversible Umgestaltung der Herrschaftsordnung durch neue Eliten, die in der Regel unter massenhafter Beteiligung und gewaltsam erfolgt, und im Zuge derer neue legitimatorische Grundlagen entstehen.[296] (a) Es wird dieser (herrschaftssoziologischen) Arbeit mithin eine relativ enge Definition von Revolution zu-

---

294 Siehe ebd., S. 124.
295 Vgl. Ingold/Paul 2014 – Multiple Legitimitäten, S. 256-259.
296 Diese Definition ist eine Synthese aus den Definitionen v.a. von Griewank, Karl: Der neuzeitliche Revolutionsbegriff. Entstehung und Geschichte, Frankfurt/M. 1973/1955, S. 21f., Zimmermann 1981 – Krisen, S. 138-144, Kimmel 1990 – Revolution, S. 4-7, Beetham 1991 – The Legitimation of Power, S. 213f. und Osterhammel 2009 – Die Verwandlung der Welt, S. 736-738.

1. Herrschaft – (Il-)Legitimität – Revolution

grunde gelegt, die ihren Akzent auf die *politische* Seite des Phänomens legt, obwohl sich Revolutionen auch auf andere Sphären (wie das Soziale, das Kulturelle usw.) ausdehnen können. Eine Revolution liegt jedoch nur unter der Voraussetzung vor, dass es nicht bloß zum Austausch des Herrschaftspersonals oder zu einem Politikwechsel, sondern zu einem (tiefgreifenden) Wandel der *Herrschaftsordnung als Ganzes* kommt. Was im Grunde genommen immer schon Änderungen in der Sozialstruktur impliziert: Der Zugang zu Machtpositionen wird modifiziert. (b) Der plötzliche Aspekt impliziert, dass Revolutionen sowohl unerwartet als auch erwartet auftreten: Einerseits überraschen sie, auch angesichts der in ihnen steckenden Wucht, andererseits sind sie jedoch zugleich der Ausfluss von etwas, das sich über einen längeren Zeitraum aufgestaut (und insofern angekündigt) hat – und sich nun mit einem Mal entlädt. (c) „Intendiert" soll nicht heißen, dass das, was am Ende herauskommt, so intendiert war, wohl aber, dass die grundlegende Transformation *vorsätzlich* in Angriff genommen wurde. (d) Inwiefern es regelmäßig der Massenhaftigkeit und Gewaltsamkeit bedarf, soll eine legitimitätstheoretische Begründung finden, auf die für den Moment jedoch noch verzichtet wird (auch wenn sie durch die obigen Ausführungen womöglich bereits in ihren Konturen sichtbar geworden ist). (e) An dem Umsturz müssen solche Gruppen mitwirken, die bislang von den Machtpositionen *ausgeschlossen* waren, neue Eliten also, die den herrschenden Eliten den Rang streitig machen und die Herrschaft an sich reißen. (f) Mit der Irreversibilität soll angedeutet werden, dass ein Weg zurück zur alten Ordnung verbaut ist: Vorrevolutionäre Zustände lassen sich nicht wiederherstellen, so sehr sich die „Konterrevolution" auch müht, die im wahrsten Sinne des Wortes *r*eaktionär ist, also über das, was sich (gesellschaftlich und politisch) durch die revolutionäre *Aktion* verändert hat, nicht einfach hinweggehen kann. (g) Dies auch und vor allem deshalb nicht, weil sich die Bedingungen für bzw. die Anforderungen an die Legitimation von Herrschaft qua Revolution nachhaltig wandeln.

Die Hypothesen über den Konnex von Legitimität und Revolution lassen sich drei Fragenkomplexen zuordnen, die jeweils in den noch ausstehenden drei Kapiteln bearbeitet werden. Hypothesen aus legitimitätstheoretischer Perspektive bzw. von der Warte eines dreidimensionalen Verständnisses und Konzepts von Legitimität, erstens, zum Anfang der Revolution (Kapitel 2), zweitens, zum Ende der Revolution (Kapitel 3) sowie, drittens, zu den Ursachen und Auslösern der Revolutionen in Mexiko, China und im Iran (Kapitel 4).

1.3 Revolution und (Il-)Legitimität – Hypothesen zu einem Konnex

(1) Die leitende Hypothese für den ersten Fragenkomplex lautet: Die Historisierung der theoretisch-reflexiven Dimension von Legitimität offenbart die „Ur-Sache" oder das Strukturproblem der Revolution und erlaubt es darüber, einen Anfang derselben anzugeben. Kurz: Über die Historisierung der theoretisch-reflexiven Legitimitätsdimension gelangt man zu einer Historisierung des Phänomens der Revolution (von seinem Anfang her).

Ein Legitimitätsdefizit in der theoretisch-reflexiven Dimension wird demgemäß als notwendige Bedingung dafür angesehen, dass Revolutionen überhaupt in Erscheinung treten können. Mit performativ-expressiven und basal-pragmatischen Legitimationsproblemen hatte Herrschaft schon immer zu kämpfen, aus ihnen allein erwuchsen indes keine revolutionären Umbrüche. Zu fragen wird daher sein: Wie kommt es historisch zu diesem theoretisch-reflexiven Legitimitätsdefizit? Oder umgekehrt: Was hat die Beteiligten zuvor – vor der Neuzeit – daran gehindert, die Herrschaftsordnung theoretisch-reflexiv zu problematisieren und in der gegebenen Fassung für illegitim zu befinden? Die (oder eine) Antwort wird in den kognitiven Strukturen vorneuzeitlicher Gesellschaften vermutet, die an der Schwelle zur Neuzeit einen radikalen Bruch erleben – der in der Folge einem Wechsel von transzendenten hin zu immanenten Legitimierungsideen den Weg bereitet. Daran anschließend wird zu prüfen sein, durch welchen Akteur und welches Medium diese neuen Legitimierungsideen *kommuniziert* werden, womit wiederum die performativ-expressive Dimension in den Vordergrund tritt. Das mehrdimensionale Legitimitätskonzept verspricht mithin einen differenzierteren Blick auf die Ermöglichungsbedingungen der neuzeitlichen Revolution.

Da die analytische Differenzierung von vertikaler und horizontaler Legitimität orthogonal zu den drei Legitimitätsdimensionen liegt, müssten sich Verschiebungen innerhalb der theoretisch-reflexiven und, davon abgeleitet, in der performativ-expressiven Dimension u.a. auch in Fragen der kollektiven Identitätsbildung niederschlagen. Zu erörtern ist daher, in welchem Maße das Phänomen der Revolution und die Delegitimierung bestehender Herrschaft an der Schwelle zur Neuzeit mit dem Aufkommen der Idee der Nation zusammenhängt.[297]

---

[297] Inwieweit die „Anciens Régimes" in Mexiko, China und im Iran am Vorabend der Revolution unter einem horizontalen Legitimitätsdefizit litten, soll daher ebenfalls untersucht werden. Das ist allerdings eine Frage des vierten Kapitels bzw. dritten Fragenkomplexes.

(2) Die leitende Hypothese für den zweiten Fragenkomplex lautet: Wenn man in Rechnung stellt, was genau sich die (neuzeitliche) Revolution legitimitätstheoretisch und -praktisch auf die Fahnen geschrieben hat, dann schließt sich daran die Frage an, ob sich für manche Gesellschaften möglicherweise Revolutionen inzwischen erübrigt haben. Die legitimatorischen, und hier insbesondere: die prozeduralen, Veränderungen, die durch Revolutionen oder durch deren reformerische (und evolutionäre?) Vorwegnahme herbeigeführt wurden, legen einen Abschluss der Revolution in den jeweiligen Gesellschaften nahe. Der Fokus liegt im dritten Kapitel auf der performativ-expressiven (und nicht, wie im zweiten Kapitel, auf der theoretisch-reflexiven) Dimension. Diese ist zwar, wie erläutert, ein Derivat der theoretisch-reflexiven Dimension. Aber die spezifische praktische Über- und Umsetzung der Idee der Volkssouveränität und des allgemeinen Kontingenzbewusstseins in Entscheidungs- und/oder Begründungsverfahren wird, so die These, Aufschluss darüber geben, welches Revolutionspotential heute in funktional differenzierten Gesellschaften noch schlummert. Zu fragen gilt es insofern: Ist die Idee der Revolution mittlerweile erfolgreich institutionalisiert worden? Oder anders: Sind an die Stelle von Revolutionen funktionale Äquivalente getreten? Oder skeptischer noch: Werden Revolutionen heutzutage nur erfolgreicher unterdrückt? In jedem Fall wird der Hypothese nachzugehen sein, dass (v.a. politischen und Rechts-)Ordnungen, die es schaffen, einen bewussten Umgang mit Kontingenz zu institutionalisieren, ein Flexibilitäts- und damit Stabilitätsvorteil eigen ist. Auf die Funktion reflexiver Mechanismen wird dabei eingegangen.

Derlei Fragen sollen eingebettet werden in den Fukuyamaschen Kontext vom „Ende der Geschichte". Dies mitnichten in dem Sinne, dass eine gesetzmäßige, geschweige denn lineare Entwicklung „der Geschichte" unterstellt wird. Vielmehr in dem Sinne, dass die Geschichte in manchen Teilen der Erde dahingehend zu einem Ende gelangt sein könnte, dass der Konflikt darüber, welche Ideen die Legitimität von Herrschaft begründen, einstweilen beigelegt worden ist.

(3) Die leitende Hypothese für den dritten Fragenkomplex lautet: Nur wenn Legitimitätsdefizite in den drei Dimensionen kumulieren, wird der Ausbruch von Revolutionen möglich (nicht: zwingend). Jede einzelne Dimension bildet eine Art Stützpfeiler für die Stabilität der Herrschaft, so dass diese beispielsweise ungeachtet theoretisch-reflexiver oder performativ-expressiver Legitimationsprobleme weiterhin Bestand haben kann, so-

1.3 Revolution und (Il-)Legitimität – Hypothesen zu einem Konnex

fern und solang sie in ihrer ungebrochenen basal-pragmatischen Legitimität Halt findet.

Inwieweit die dreidimensionale Kumulierung in den drei konkreten Fällen mit weiteren (und lokaleren) Ursachen oder Auslösern einhergehen musste, damit es zum Ausbruch einer Revolution kommt, wird untersucht. Genauso, ob sich die „sonstigen" Ursachen und Auslöser mit Hilfe des Legitimitätskriteriums systematisieren lassen; etwa, ob sich die in der Literatur genannten Ursachen in ihrer jeweiligen Wirkung einer oder mehrerer der drei Dimensionen zuordnen lassen. Womöglich lässt sich in diesem Zusammenhang deren mitunter rätselhaft anmutende „Durchschlagskraft" erst vollends plausibilisieren.

Darüber hinaus gilt es in den drei Revolutionsfällen zwischen den Legitimationsadressaten zu differenzieren. Dies vor allem in der Frage, ob, und wenn ja: inwieweit, den jeweiligen basal-pragmatischen Delegitimationsprozessen für die Gesamtheit der Herrschenden und Herrschaftsunterworfenen eine Delegitimation der Herrschaft in den Augen des Erzwingungsstabs vorausging. Eine ungebrochene Gehorsamsbereitschaft auf Seiten des Stabes wird mit anderen Worten als ausschlaggebend für die Legitimität in der basal-pragmatischen Dimension erachtet. Dessen spezifische Motivation zum (Un-)Gehorsam ist daher sorgfältig zu durchleuchten. Letztlich muss also die Vermutung überprüft werden, dass das überlegene (restriktive und einschüchternde) Gewaltpotential von Herrschaft irgendwie gebrochen werden muss, falls Revolutionen von Erfolg gekrönt sein sollen.

Generell wird zu analysieren sein, ob sich aus den delegitimatorischen und Macht deinstitutionalisierenden Prozessen, die den jeweiligen Revolutionen vorgelagert sind, weitere Erkenntnisse über das systematische und dynamisch-genetische Verhältnis zwischen den drei Legitimitätsdimensionen gewinnen lassen. Sind Legitimitätszunahmen in der einen Dimension stets mit solchen in den anderen Dimensionen verbunden? Oder gibt es auch gegenläufige Tendenzen? Zu denken wäre hierbei zum Beispiel an ein besonders repressiv-brutales Vorgehen, durch das sich ein Regime zwar (kurzfristig) ein Mehr an basal-pragmatischer Legitimität verschaffen kann, dies aber zulasten der theoretisch-reflexiven und performativ-expressiven Legitimität geht. Und: Steht am Ende einer Herrschaft genau das, was auch an deren Anfang steht: deren basal-pragmatische (De-)Legitimierung?

2. Vom Anfang der Revolution

> Offensichtlich bedarf jegliches unter Menschen neu Erscheinende eines Wortes, um es gleichsam dingfest zu machen, wobei es nie ohne Belang ist, ob ein neues Wort geprägt wird oder ob ein altes Wort plötzlich seinen Bedeutungsgehalt entscheidend ändert.[298]
> Das Wort ‚Revolution' ist in seiner politischen Anwendung ein Erzeugnis der Neuzeit.[299]

Begriffe helfen begreifen, sie machen Erfahrenes begreifbar. So auch der Begriff der „Revolution", der hilft, eine bestimmte Form von Umwälzung mit einschneidenden Veränderungen zu fassen, diese gleichsam in den Griff zu bekommen. Allein, es hat ihn, wie ein Blick auf die Begriffsgeschichte verrät, nicht zu allen Zeiten gegeben, zumindest nicht so, wie wir ihn seit der Französischen Revolution verstehen und verwenden. Das aber hieße, dass am Beginn der Neuzeit womöglich eine neuartige Erfahrung steht, eine Erfahrung, die sich mit althergebrachten Begriffen bzw. mit Begriffen in ihrer herkömmlichen Bedeutung nicht länger einfangen lässt. Um welche Erfahrung – oder Erfahrungen – könnte es sich hierbei handeln? Eine Gegenüberstellung von vorneuzeitlicher und neuzeitlicher Semantik des Wortes „Revolution" verschafft, gemeinsam mit einem Blick auf andere Termini des politischen Aufstands, Aufschluss.

Als Begriff tritt „revolutio" erstmals in der Spätantike in Erscheinung, wo er – wie schon das Präfix „re" anzeigt – eine *Rück*kehr im Sinne einer kreisförmigen Bewegung bezeichnet, die zu ihrem Ursprung *zurück*kehrt.[300] In ebendiesem Sinne hält der Begriff frühzeitig Einzug in die Sprache der Astronomie. Kopernikus, um ein spätes, aber umso wirk-

---

298 Arendt 1974 – Über die Revolution, S. 42.
299 Griewank 1973 – Der neuzeitliche Revolutionsbegriff, S. 17.
300 Für die folgende Begriffsgeschichte siehe v.a. Griewank 1973 – Der neuzeitliche Revolutionsbegriff; Seidler, Franz W.: Die Geschichte des Wortes Revolution. Ein Beitrag zur Revolutionsforschung, München 1955; Arendt 1974 – Über die Revolution, S. 50-57; Schieder, Theodor: Revolution, in: Kernig, Claus D. (Hrsg.): Sowjetsystem und demokratische Gesellschaft. Eine vergleichende Enzyklopädie, Bd. 5/1972, Freiburg/Br. 1966–1972, S. 692-719, hier S. 692-696; Schieder 1973 – Theorie der Revolution, S. 13-16; Koselleck, Reinhart: Historische Kriterien des neuzeitlichen Revolutionsbegriffs, in: ders.: Vergangene Zukunft. Zur Semantik geschichtlicher Zeiten, Frankfurt/M. 1979, S. 67-86; ders.

2. Vom Anfang der Revolution

mächtigeres Beispiel zu geben, gebraucht ihn für den zirkulären und gesetzmäßigen Umlauf der Himmelskörper, genauer: für das Kreisen der Erde (und anderer Planeten) um die Sonne einerseits und die Rotation der Erde um die eigene Achse andererseits. Sein 1543 erscheinendes Hauptwerk „De Revolutionibus Orbium Coelestium" trägt den Begriff im Titel.

Von hier aus kommt es im Laufe des 17. Jahrhunderts zu dessen metaphorischer Übertragung in den Bereich des Politischen, wo „Revolution" für die von alters her bekannte Um- und Wiederkehr einer prinzipiell begrenzten Anzahl von Verfassungen bzw. Staatsformen zu stehen beginnt. Tumulte, Empörungen, Rebellionen, Bürgerkriege und Auflehnungen gegen eine Tyrannis – um nur einige der zahlreichen Termini für Formen von politischem Aufstand bzw. für das hiermit verbundene Blutvergießen zu nennen – gehörten seit jeher zum Erfahrungsbereich und wurden in entsprechende Begriffe gegossen. In aller Regel wurden sie gewaltsam niedergeschlagen, wiederholt sahen sich die Herrscher in deren Verlauf zu Zugeständnissen gezwungen, gelegentlich gar zur Abdankung. Und äußerstenfalls führten sie einen Wechsel der Herrschaftsordnung herbei, ja, in gewisser Weise mochte den Beteiligten dieser vollzogene Wechsel, der darauf (ab dem 17. Jahrhundert) als „Revolution" begriffen wurde, sogar natürlich anmuten. Nur – und das ist der springende Punkt –, dieser Wandel lief stets in altbekannten, von der Natur vorgezeichneten und sich wiederholenden – eben revolvierenden – Bahnen. Und er beschränkte sich noch dazu auf Fragen der Herrschaftsverfassung: Die stratifikatorische Differenzierung der Gesellschaft hingegen, deren ständische Ordnung selbst, blieb davon unberührt.[301] Es handelte sich mit einem Wort um „einen Wandel, der nichts Neues unter der Sonne hervorlockte"[302]. Die neuen waren neue *alte* Herrschaftsformen und ließen sich entsprechend weiterhin unter die geläufigen griechischen Bezeichnungen subsumieren: Monarchie, Aristokratie oder Demokratie auf der einen („guten") sowie Tyrannis, Oligarchie und Ochlokratie auf der anderen („entarteten") Seite deckten, in Anlehnung an den wirkmächtigen von Polybios im 2. Jahrhundert v. Chr. entworfenen Kreislauf der Verfassungen, den Erfahrungsraum

---

2006 – Revolution als Begriff und als Metapher und ders. et al. 1984 – Revolution sowie Grosser 2013 – Theorien der Revolution, S. 14-20.
301 Vgl. Koselleck 1979 – Historische Kriterien, S. 72. Soziale Nivellierungstendenzen zeigen immer schon den Beginn der Moderne an; siehe Luhmann 1997 – Die Gesellschaft der Gesellschaft, S. 694f.
302 Koselleck 1979 – Historische Kriterien, S. 70.

vollständig ab.³⁰³ Noch Niccolò Machiavelli maß diesem in seinen *Discorsi* absolute Gültigkeit bei.³⁰⁴ „Revolution" war also fürs Erste ein „physikopolitischer" Begriff (Rosenstock-Huessy).³⁰⁵

> So wie die Sterne unabhängig von den irdischen Menschen ihre kreisenden Bahnen ziehen, den Menschen aber gleichwohl beeinflussen oder gar determinieren, so schwang seit dem 17. Jahrhundert auch im politischen Revolutionsbegriff jener Doppelsinn mit: die Revolutionen vollziehen sich zwar über die Köpfe der Beteiligten hinweg, aber jeder Betroffene bleibt [...] ihren Gesetzen verhaftet.³⁰⁶

Noch in der sogenannten „Glorious Revolution" von 1688/89 spiegelt sich (nicht nur, aber vorwiegend) dieser *restaurative* Bedeutungsgehalt wider. Deren „Gloriosität" wurde darin erblickt, dass sie, verglichen mit dem von 1642 bis 1649 währenden Englischen Bürgerkrieg, wesentlich unblutiger verlief. Aber in ihren Folgen war sie, wie sich argumentieren ließe, weitaus weniger revolutionär (im heutigen Sinne) als Letzterer (der im Übrigen schon früh konkurrierend als die „Great Rebellion"³⁰⁷ geführt wird). Denn der offiziellen Lesart nach wurde in jener mit Wilhelm III. von Oranien der vakant gewordene Thron *wieder* besetzt, eine legitime Ordnung mithin *restauriert*, während der Bürgerkrieg zur (wenn auch nur zeitweiligen) Abschaffung der Monarchie an sich führte – im Namen des Volkes, repräsentiert durch das Parlament, wohlgemerkt.³⁰⁸

Sukzessive ändert sich nun aber der Bedeutungsgehalt des Wortes „Revolution", und zwar parallel zu neuen Erfahrungen im Bereich der Politik und deren Reflexion durch die europäische Aufklärung. War schon die „Glorious Revolution" insofern nicht gänzlich „unrevolutionär", als an ihrem Ende nicht weniger als die Durchsetzung einer gewaltenteiligen,

---

303 Polybios wiederum setzte mit seiner Kreislauflehre eine Tradition fort, die mit Platon (Aristokratie, Timokratie, Oligarchie, Demokratie und Tyrannis) und Aristoteles (Monarchie, Aristokratie, Politie, Tyrannis, Oligarchie und Demokratie bzw. Ochlokratie) ihren (überlieferten) Anfang nahm.
304 Vgl. Reinhard 1999 – Geschichte der Staatsgewalt, S. 106f.
305 „Es ist der astronomisch-astrologische Begriff der Naturumwälzung, der hier [in der ‚Glorious Revolution'] fruchtbar gemacht wird, um ein *objektives* Faktum scharf von moralischen Bedenklichkeiten abzuheben" (Rosenstock-Huessy, Eugen: Die europäischen Revolutionen und der Charakter der Nationen, Stuttgart 1951/1931, S. 8).
306 Koselleck 1979 – Historische Kriterien, S. 71.
307 So laut Rosenstock-Huessy 1951 – Die europäischen Revolutionen, S. 9 bereits vom Earl of Clarendon im Jahre 1658.
308 Siehe statt vieler Stone 1983 – Ursachen der englischen Revolution, S. 66, 188.

2. Vom Anfang der Revolution

parlamentarischen Regierungsform stand, einer Herrschaftsweise also, die sich nicht mehr ohne Weiteres in die bisherigen endlich begrenzten Formen politischen Zusammenlebens einfügte, so vollzieht sich die eigentliche bzw. endgültige Zäsur letztlich mit der Französischen Revolution. Durch diese wird der bisher vorhandene Erfahrungsraum gesprengt – im Anblick einer *neuen Ordnung*. Es entsteht in den Worten Arendts schlagartig „ein Bewußtsein davon, daß es das absolut Neue auch im Politischen geben könne"[309]. Infolgedessen werden den Akteuren und Beobachtern um des Begreifens willen neue bzw. in ihrer Bedeutung wesentlich abgewandelte Begriffe abverlangt.

Symptomatisch ist in dem Zusammenhang eine Szene zwischen Ludwig XVI. und dem Duc de La Rochefoucauld. Unterrichtet über die Ereignisse rund um den Sturm auf die Bastille tags zuvor, fragt der König: „C'est une révolte?" Woraufhin der Duc entgegnet: „Non sire, ce n'est pas une révolte, c'est une révolution." So sehr auch bezweifelt werden darf, dass dieser gern zitierte Wortwechsel wirklich in der überlieferten Fassung stattgefunden hat, so viel sagt er nichtsdestotrotz über die (bleibende) semantische Verschiebung aus: „Revolution" meint nun nicht mehr – präziser: nicht mehr *nur* –[310] eine repetitive Abfolge bekannter Herrschaftsordnungen, meint nicht länger das unentwegte Durchlaufen eines Verfassungskreislaufs, der nicht durchbrochen werden kann. Nein, „Revolution" meint nun *Innovation*, meint *Neuanfang*: Am Anfang der Revolution im

---

[309] Arendt 1974 – Über die Revolution, S. 57. Vgl. ähnlich schon Griewank 1973 – Der neuzeitliche Revolutionsbegriff, S. 19f., dessen leider fragmentarisch gebliebenes Werk die Blaupause für Arendts geschichtsphilosophische Revolutionsstudie bildet. Auch Christian Meier sieht im Bewusstsein des Neuanfangs das Spezifikum der neuzeitlichen Revolution. Politischen Veränderungen und Umstürzen in der Antike, auch bei den Griechen, fehlte dieser Zug. „Kein Gedanke an eine neue Ära oder an eine ganz andere Zukunft" (Koselleck et al. 1984 – Revolution, S. 662). Und Schieder 1973 – Theorie der Revolution, S. 13 hält die Komponente des Neuanfangs bzw. der Diskontinuität für unabdingbar, um die Revolution begrifflich sowohl von Evolution als auch von Reform abzugrenzen.

[310] Koselleck zufolge sollte die Spiralmetapher die geschichtsphilosophisch wirkmächtigste aller Metaphern werden, erlaubt sie es doch, Wiederholung und Fortschritt *zusammen* zu denken: in Gestalt einer zwar kreisenden, aber dennoch aufsteigenden Bewegung; siehe Koselleck 2006 – Revolution als Begriff und als Metapher, S. 246, 249. Das rekursive Element, das dem Phänomen der Revolution (etwa bei Marx) zugeschrieben wird, ist mithin ein Erbe der vorneuzeitlichen Semantik von „Revolution", von dem sich Theoretiker und Analytiker des Phänomens nur schwer frei machen können.

2. Vom Anfang der Revolution

neuzeitlichen Sinne steht die Erfahrung, *von Grund auf neu beginnen zu können*, die Schatten vergangener Ordnungen hinter sich zu lassen und Kurs auf eine noch unbekannte, weil offene Zukunft zu nehmen. So verwundert nicht, dass 1789 im Französischen Revolutionskalender zu *l'an I de (l'ère de) la liberté* erklärt wird. Eine neue Zeitrechnung bricht an.

Doch das ist nur die eine Seite. In den Bereich des Möglichen (weil Erfahrenen) rückt mit und seit der Französischen Revolution nicht nur der Neuanfang als solcher, sondern zugleich dessen *eigenständige Verwirklichung*. Es reift die Überzeugung, *eigenmächtig* (neu) gründen zu können.[311] Soziale Ordnungen, darunter auch Herrschaftsordnungen, werden in der allgemeinen Wahrnehmung zu etwas Plastischem und die ihnen unterstehenden Menschen zu deren Plastikern. Der Mensch wird mit anderen Worten seiner Ordnungsmächtigkeit im Allgemeinen und der Machbarkeit von Machtverhältnissen im Speziellen gewahr.[312] Parallel zum Bewusstsein der Kontingenz aller sozialen Ordnung, des So-aber-auch-anders-Sein-Könnens gesellschaftlicher Verhältnisse erwacht mithin das Bewusstsein der menschlichen Verfügung über eine jede soziale Ordnung, des So-aber-auch-anders-Gestalten-Könnens gesellschaftlicher Verhältnisse. Und *jede* soziale Ordnung impliziert im nächsten Schritt: auch die *Gesell-*

---

311 Genau hieran macht Habermas denn auch den Unterschied der Französischen zu den vorangegangenen bürgerlichen Revolutionen fest. Diese wurden noch nicht als solche begriffen. „Anders als die Amerikanische Revolution, die aus den Ereignissen gleichsam *resultierte*, ist die Französische von den Protagonisten im Bewußtsein einer Revolution *betrieben* worden. [...] Man könnte auch sagen, daß die bürgerlichen Revolutionen, die holländische, die englische und die amerikanische, erst in der französischen *als* Revolutionen zu sich gekommen sind." Habermas: Volkssouveränität als Verfahren (1988), in: ders.: Faktizität und Geltung. Beiträge zur Diskurstheorie des Rechts und des demokratischen Rechtsstaats, Frankfurt/M. 1998, S. 600-631, hier S. 604; ähnlich schon Schieder 1972 – Revolution, S. 695.

312 Popitz sieht im Glauben an die Machbarkeit von Machtordnungen die grundlegende *geschichtliche* Prämisse der Problematisierung von Macht. Sie flackert kurz in der griechischen Polis auf, bricht sich indes erst vollends mit den „bürgerlichen" Revolutionen der Neuzeit Bahn; siehe Popitz 2004 – Phänomene der Macht, S. 12-15. Die „Konstruierbarkeit von Machtverhältnissen", so Popitz (ebd., S. 20), „ist Teil des modernen Bewußtseins der Machbarkeit der Welt, in der wir leben. Es gibt weder geheiligte noch naturnotwendige Machtordnungen. Nachdenken über Macht bedeutet ein Nachdenken über etwas, das im Prinzip dem planvollen Eingriff des Menschen zugänglich ist."

2. Vom Anfang der Revolution

schaftsstruktur selbst. Wodurch sich die politische schließlich zur *sozialen* Revolution ausweitet.[313]

Demgemäß wird „Revolution" (niemals ausschließlich, aber doch zunehmend) zu einer *Tat*-Sache, zu etwas, das von Menschenhand *gemacht* und nicht einfach nur wie der planetarische Umlauf passiv erlebt und ertragen wird. Bestehende Verhältnisse werden willentlich revolutioniert.[314] Ebendeshalb charakterisiert Arendt in historisierender Absicht das Phänomen der (neuzeitlichen) Revolution über *zwei* Momente: das Pathos des Neubeginns auf der einen und die Idee der *Freiheit* auf der anderen Seite.[315] Wobei Freiheit bei ihr nicht im liberalen, negatorischen Sinne missverstanden werden darf, vielmehr *positiv* gemeint ist: Freiheit *zu*, nicht Freiheit (bzw. Befreiung) *von*.[316] Die Revolution präsentiert sich als eine Form des Umschwungs, im Zuge dessen „die Untertanen selbst zu Herrschern werden"[317]. Das heißt, die politische Welt wird mit einem Mal – und in vollem Bewusstsein – als etwas erfahren, das sich durch die in ihr lebenden und emanzipierten Menschen, durch deren aktive und selbstbestimmte Partizipation *verändern* und *verbessern* lässt, das zum *Objekt* (um-)gestaltender menschlicher Subjekte wird, die in diesem schöpferischen Prozess, der zugleich in eine *fortschrittliche Zukunft* weist, nicht

---

313 Vgl. Koselleck 1979 – Historische Kriterien, S. 79.
314 Gleichwohl partizipiert der Begriff der neuzeitlichen Revolution, worauf Koselleck aufmerksam macht, seinem Sinn nach an zwei Gegenbegriffen: der (angesprochenen) *Machbarkeit* einer *Reform* einerseits, aber ebenso der *Selbstläufigkeit* der *Evolution* andererseits. Sie bezeichnet mithin die kurzfristigen mit Gewalt verbundenen Unruhen eines (primär politischen) Aufstands wie auch einen langfristigen (sozialen) Strukturwandel (vgl. Koselleck 2006 – Revolution als Begriff und als Metapher, S. 241). Letztere Konnotation ist (insbesondere im 19. Jahrhundert) wiederum Ausgangspunkt dafür, dass die Revolution Züge einer unwiderstehlichen, unvermeidbaren Bewegung erhält, ja, zunehmend als eine geschichtliche Notwendigkeit gedacht wird – womit der anfängliche naturale Unterton des Revolutionsbegriffs wieder durchschlägt (siehe ebd., S. 246f.). Und Arendts Schrift ist meines Erachtens von dem Vorhaben beseelt, demgegenüber die freiheitliche, die willentliche Komponente der Revolution wieder stärker hervorzukehren, um dieser womöglich zum „Sieg" über das Objektive, das Notwendige, das (vorab) Determinierte zu verhelfen.
315 Vgl. Arendt 1974 – Über die Revolution, S. 34, 41.
316 Vgl. für eine Gegenüberstellung dieser beiden Freiheitsbegriffe klassisch Berlin, Isaiah: Zwei Freiheitsbegriffe, in: ders.: Freiheit. Vier Versuche, Frankfurt/M. 1995, S. 197-256.
317 Arendt 1974 – Über die Revolution, S. 49.

länger naturhaft-astronomischen Vorgaben unterliegen – und sich eben darin als spezifisch revolutionär erweisen.[318]

Doch weshalb lässt diese Bewusstwerdung, diese Aufklärung im Kantschen Sinne eines Austritts aus der selbstverschuldeten Unmündigkeit so lange auf sich warten? Warum taucht die Revolution der Sache (und in ihrer politischen Anwendung dem Begriff) nach erst in der Neuzeit auf? Deren Abwesenheit auf der vorneuzeitlichen Bühne versteht sich keineswegs von selbst. *Eine* (sicherlich nicht die) Antwort hierauf, die auf einer extrapolierten Linie mit Karl Griewanks Position liegt, möchte ich nachfolgend in einem spezifisch vormodernen Weltverständnis suchen, das – anders als dessen modernes Pendant – noch nicht von „der Einsicht in die wechselseitige Bedingtheit aller menschlichen Verhältnisse"[319] durchdrungen ist. Aus dieser Wirklichkeitsauffassung wiederum ergibt sich, so die Argumentation, ein spezifisch vormodernes „Muster" der Legitimation, genauer: der Legitimation in der theoretisch-reflexiven Dimension, das als eine schier unüberwindliche Hürde für eine (uneingeschränkte) reflexive Problematisierung von Herrschaftsordnungen gewirkt haben dürfte. Legitimationsfragen sind niemals nur Fragen der Rechtfertigung, sondern berühren immer auch und vorgängig Fragen der Erklärung. Insofern wird argumentiert, dass in vorneuzeitlichen Gesellschaften eine kritische Thematisierung von (Strukturen der) sozialen Ordnungen unter der Prämisse ihrer Kontingenz und Plastizität dadurch verhindert wurde, dass einmal etablierte Ordnungen aus *kognitiven* Gründen immer schon legitim waren – so ungerecht sie den Beteiligten auch erscheinen mochten.

Das Kapitel gliedert sich wie folgt: (1) Den Auftakt bildet eine Auseinandersetzung mit vormodernen Formen der (insbesondere theoretisch-reflexiven) Legitimation von staatlicher Herrschaft. Gemeinsam ist diesen, wie sich herausstellt, ein transzendentes, „von oben" erfolgendes Legitimationsmuster. Die Gründe für diese weitgehende Parallelität werden mit Günter Dux in vorneuzeitlichen Denkstrukturen resp. kosmischen Deu-

---

318 Michael Drake versteht die Revolution „as the opening of political possibility" (ders. 2001 – Revolution, S. 196). Und Eisenstadt bemerkt beim Anblick „der modernen revolutionären Symbolik und ihrer strukturellen Implikationen […], daß hier zum ersten Mal in der Geschichte der bewußte Versuch unternommen wurde, die politische und gesellschaftliche Ordnung zu verändern" (ders. 1982 – Revolution und die Transformation von Gesellschaften, S. 190, ähnlich auch ebd., S. 195).
319 Griewank 1973 – Der neuzeitliche Revolutionsbegriff, S. 22.

2. Vom Anfang der Revolution

tungsschemata vermutet. (2) Daraus ergibt sich, dass an der Schwelle zur Neuzeit ein Umbruch im Denken stattgefunden haben dürfte: Die Kognition muss einen evolutionären Sprung „nach vorn" gemacht haben. Niedergeschlagen hat sich diese Zäsur, so die These, in den (eben darin spezifisch neuzeitlichen) Theorien vom Gesellschaftsvertrag. Insbesondere anhand der Hobbesschen Theorie soll der Nachweis hierfür erfolgen. Sie stellt die erste rein innerweltliche Ableitung von Souveränität dar. (3) In einem dritten Schritt gilt es sodann, grob zu skizzieren, wie die Anregungen der ersten Gesellschaftsvertragstheoretiker durch die (europäische) Aufklärung radikal zu Ende gedacht werden – und welche Folgen dies in der theoretisch-reflexiven Dimension von Legitimität nach sich zieht. In einem „Konflikt von Legitimitätsgründen" (Sternberger) wird dabei die „Ur-Sache" der Revolution erblickt. (5) Wie sich dieser zunächst nur latente Konflikt daraufhin manifestiert, ist Thema des folgenden Unterkapitels, dem wiederum (4) ein Unterkapitel über die Notwendigkeit dieser Manifestation (das heißt, der Kommunikation eines theoretisch-reflexiven Legitimitätsdefizits) und damit über die Seltenheit der Revolution vorausgeschickt wird. An der Entstehung der (zwar bürgerlichen, sich aber nicht bürgerlich gebärdenden) Öffentlichkeit bzw. „öffentlichen Meinung" und deren spezifischem Bezugsproblem lässt sich ablesen, wie und durch welchen „Akteur" es zur Einklagung neuer Legitimationsprinzipien und -praktiken und damit zur zunehmenden Destabilisierung vorhandener (alter) Herrschaftsordnungen kommt.[320] Die performativ-expressive Dimension rückt hier analytisch in den Vordergrund: das Aufwerfen der Legitimitätsfrage unter veränderten Rahmenbedingungen. (6) Zu diskutieren sein wird in dem Zusammenhang ebenso und abschließend die öffentliche Hinrichtung Ludwigs XVI., die ich (im wahrsten Sinne des Wortes) als symbolträchtigen Wendepunkt für die – oder wenigstens als Indikator für einen Richtungswechsel in der – theoretisch-reflexive(n) Legitimation von Herrschaft deute. Mit dem Tod des Königs findet der Konflikt von Legitimitätsgründen vor aller Augen seinen symbolischen Abschluss, samt eindeutigem „Sieger". Der untersuchte Prozess kulminiert letztlich in der ers-

---

320 Schon Gottschalk führt in seinem „Ursachenkatalog" von Revolutionen u.a. eine „konsolidierte öffentliche Meinung" (im Original besser: „solidified public opinion") als mittelbar wirkende Ursache an, die dem „Verlangen nach Veränderung" Ausdruck verleiht (siehe Gottschalk 1974 – Ursachen der Revolution, S. 142-148). Mir geht es darum, diese Aussage legitimitätstheoretisch anzureichern und zu plausibilisieren.

ten „echten", der Französischen Revolution. Das soll, um Missverständnissen vorzubeugen, nicht heißen, dass dieselbe als unausweichlich angesehen wird. Ein Wissen um die Kontingenz allen Geschehens verbietet es, einem derartigen retrospektiven Teleologismus anzuhängen. Wohl aber möchte ich argumentieren, dass der Französischen Revolution kognitive und *damit* legitimatorische Entwicklungen *vorausgingen*, die dieselbe allererst in den Rang des *Möglichen* hoben. Dieses Kapitel handelt mithin von *notwendigen*, nicht aber von hinreichenden Bedingungen der Französischen Revolution, ja, vielleicht *der* Revolution überhaupt. Untersucht wird jener steinige Weg, der sowohl die Kontingenz als auch die Plastizität sozialer Ordnung allgemein bewusst machte und öffentlich thematisierte, so selbstverständlich uns beides heute auch erscheinen mag. Mit anderen Worten: Um den Anfang der Revolution historisch verorten zu können, muss man in soziologischer Manier deren Bedingtheit, deren Nichtselbstverständlich-Sein erkennen und ernstnehmen. Zu einer Historisierung des Phänomens Revolution gelangt man, so die Hoffnung, indem man dem Verlauf folgt, den die Legitimität in ihren historischen Ausprägungen genommen hat.

2.1 Legitimation von Herrschaft – vormodern

> Legitimacy can be instrumental or consummatory, sacred or secular, rational or befuddled. It can be all of these things and more, but what it cannot be is absent. We must find our political order acceptable and supportable in some sense, even though we must never blindly accept all its actions.[321]

Cohens Aussage ist auf moderne wie vormoderne Formen von Herrschaft gemünzt. Sie beherzigt die Einsicht Webers in die universelle Anwendbarkeit der Legitimitätskategorie: Die konkreten historischen Ausprägungen der Legitimität mögen wechseln, doch der Wunsch nach legitimen Herrschaftsverhältnissen auf Seiten der Herrschenden wie auch Beherrschten dauert, ja, er ist vermutlich so alt wie Herrschaft selbst, und sicher kein Spezifikum der „bürgerlichen Gesellschaft" wie uns Hennis weismachen will.[322] Warum das so ist, was Herrschaftsausübende auf der einen und Herrschaftsunterworfene auf der anderen Seite dazu treibt, Legitimität zu beanspruchen resp. zu reklamieren, wurde eingehend erläutert: Streben je-

---

321 Cohen 1988 – Introduction, S. 20.
322 Vgl. Hennis 2000 – Legitimität.

2. Vom Anfang der Revolution

ne nach Konsolidierung und Expandierung ihrer Herrschaft, befinden diese den damit verbundenen Eingriff in die Handlungsautonomie – nicht immer konkret und bewusst, aber wenigstens potentiell – für begründungspflichtig.

Doch der Vielgestaltigkeit des Phänomens der (Il-)Legitimität zum Trotz stößt man in Hinblick auf die *theoretisch-reflexive* Legitimation *vor*moderner Herrschaft auf ein einheitliches Muster, zumindest dann, wenn man von *staatlicher* Herrschaft ausgeht, die hier über zwei Kriterien definiert werden soll: die Institutionalisierung von Herrschaftspositionen einerseits und die Ausbildung eines herrschaftlichen Erzwingungsstabs andererseits.[323] Es gibt sich bereits dort zu erkennen, wo die theoretisch-reflexive Legitimitätsdimension sich erstmals ausdifferenziert: in Fällen von „früher" bzw. „archaischer Staatlichkeit".[324] Ihnen allen ist eine *transzendente* Form der Legitimation gemein.[325] Der Ursprung der Herrschaftsord-

---

323 Zugrundegelegt wird also anstatt des Weberschen Idealtypus moderner Staatlichkeit ein transhistorisch-universaler und wesentlich weicherer Staatsbegriff, wie er sich aus ethnographisch-historischen Vergleichen zum „frühen" bzw. „archaischen" Staat ergeben hat. Vgl. Claessen, Henri J. M./Skalník, Peter (Hrsg.): The Early State, The Hague 1978; Cohen, Ronald/Service, Elman R. (Hrsg.): Origins of the State. The Anthropology of Political Evolution, Philadelphia 1978; Breuer, Stefan: Der archaische Staat. Zur Soziologie charismatischer Herrschaft, Berlin 1990 und Popitz 2004 – Phänomene der Macht, S. 233-260.

324 In die politische Anthropologie eingeführt wurde das Konzept des „frühen Staates" Ende der 1970er von Claessen und Skalník. Konkurrierend ist auch vom „archaischen Staat" (Breuer) die Rede. Gemeinsam ist diesen Begriffen und jenen Forschern, die sie verwenden, dass sie für politische Organisationsformen schon in der Vormoderne sensibilisieren wollen, die (proto-)staatlicher Art sind, obwohl sie die strengen Kriterien des Weberschen Idealtypus *moderner* Staatlichkeit – im Sinne eines institutionalisierten Herrschaftsverbands, dessen Verwaltungsstab innerhalb eines bestimmten Territoriums erfolgreich das Monopol legitimen physischen Zwangs für die Durchsetzung sozialer Ordnung(en) in Anspruch nimmt – nicht (alle) erfüllen. Doch nur weil einem politischen Gebilde nach Maßgabe eines Idealtypus einige Merkmale fehlen oder diese noch nicht vollends ausgeprägt sind, muss es deshalb nicht notgedrungen als Nicht-Staat qualifiziert werden. Vgl. hierzu auch Paul 2011 – Traditionelles Erbe, S. 28.

325 Claessen und Skalník erheben die transzendente Herrschaftslegitimation zum Grundcharakteristikum früher Staatlichkeit (siehe Claessen/Skalník: The Early State. Models and Reality, in: dies. (Hrsg.): The Early State, The Hague 1978, S. 637-650, hier S. 639, und Claessen: On Early States. Structure, Development, and Fall, in: Social Evolution and History, Bd. 9/2010, Heft 1, S. 3-51, hier S. 14). Auch Godelier und Breuer ist in archaischen Staaten die dauerhafte Kontrolle der Heilsmittel bzw. die Monopolisierung des Charismas durch die herr-

nung, die als die Ordnung der Gesellschaft selbst erscheint,[326] wird nicht im innerweltlichen, sondern im außerweltlichen, also die menschliche Verfügbarkeit übersteigenden Bereich verortet.[327] Wie lässt sich dieser empirische Befund erklären? Und wieso ist er an die Ausbildung von (früher) Staatlichkeit gebunden? Auf beide Fragen gibt Dux, dessen historisch-genetische Theorie ihn für die Historizität aller Legitimität sensibilisiert, eine Antwort, die es nachfolgend abzuklopfen gilt.[328]

> Daß Legitimation sowohl eine kognitive als auch eine normative Seite hat, darf nicht außer acht gelassen werden. Sie ist, mit anderen Worten, keineswegs einfach eine Frage der ‚Werte', sondern impliziert immer auch ‚Wissen'.[329]

Dieser Hinweis Peter Bergers und Thomas Luckmanns kann als Ausgangspunkt der Argumentation Duxens genommen werden: Legitimationsfragen haben niemals nur eine normative, sondern immer auch und vorgängig eine *kognitive* Seite, die den jeweils gegebenen normativen Spielraum eingrenzt.[330] Um zu verstehen, wie es zur theoretisch-reflexi-

---

schende Gruppe (die über einen exklusiven Zugang zu den Göttern und Ahnen verfügt) das entscheidende Differenzierungskriterium; vgl. Godelier 1982 – Zur Diskussion über den Staat und Breuer 1990 – Der archaische Staat, S. 56-58.
326   Siehe Luhmann 1997 – Die Gesellschaft der Gesellschaft, S. 714.
327   „Das ‚Grundrezept' für religiöses Legitimieren ist die Verwandlung menschlicher Produkte in über- oder außermenschliche Faktizitäten. Die von Menschen errichtete Welt wird auf eine Weise erklärt, die ihren Produktcharakter verleugnet. Menschlicher Nomos wird göttlicher Kosmos oder jedenfalls eine Wirklichkeit, die ihren Sinn von jenseits der menschlichen Sphäre herleitet." Berger 1973 – Zur Dialektik von Religion und Gesellschaft, S. 87.
328   Zu seiner historisch-genetischen Theorie siehe grundlegend Dux, Günter: Historisch-genetische Theorie der Kultur. Instabile Welten – Zur prozessualen Logik im kulturellen Wandel, Weilerswist 2000 sowie einleitend Holz, Klaus/Wenzel, Ulrich: Einleitung. Handlungen und Subjekte in der historisch-genetischen Theorie, in: Wenzel/Bretzinger, Bettina/Holz, Klaus (Hrsg.): Subjekte und Gesellschaft. Zur Konstitution von Sozialität, Weilerswist 2003, S. 9-42.
329   Berger/Luckmann 2007 – Die gesellschaftliche Konstruktion der Wirklichkeit, S. 100; siehe ähnlich auch Berger 1973 – Zur Dialektik von Religion und Gesellschaft, S. 29f.
330   In Kapitel 1.2 zur Systematik des Legitimitätsbegriffs wurde die theoretisch-reflexive Dimension daher über das Nebeneinander von (kognitiver) Erklärung *und* (normativer) Rechtfertigung charakterisiert. Dies in Rechnung stellend, ist man meines Erachtens in legitimatorischen Fragen auch vor einem allzu voreiligen „soziologischen Zynismus" gefeit, den Cipriani und Luckmann an anderer Stelle beklagen (siehe Fn. 18).

2. Vom Anfang der Revolution

ven Legitimation vormoderner Herrschaftsordnungen kam, muss daher zunächst die Frage beantwortet werden, wie in vormodernen Gesellschaften die Welt verstanden wurde und ob sich diesbezüglich überhaupt eine einheitliche und wiederkehrende Logik ausmachen lässt. Anders gefragt: Lässt sich ein spezifisch modernes von einem spezifisch vormodernen (oder wenigstens spezifisch archaischen) Weltverständnis abgrenzen?

Dux bejaht diese Frage unter (erweiterndem) Rückgriff auf die Piagetsche Entwicklungspsychologie. Er nimmt an, dass das Denken eine *universale* Stufenfolge kennt, alles Denken also *ontogenetisch* – und daher: immer wieder von Neuem – *und historisch* verschiedene Stadien durchläuft.[331] Die einzelnen Stadien folgen notwendig aufeinander, d.h. die (im wertfreien Sinne) „unteren" müssen durchlaufen worden sein, bevor „höhere" Stadien erreicht werden können. Wobei in der kognitiven Entwicklung eines Individuums oder einer Gesellschaft nicht notwendig alle Stufen „erklommen" werden.[332] Das erreichte kognitive Niveau wiederum entscheidet darüber, wie die Welt in der abstrahierenden Form von Weltbildern wahrgenommen wird bzw. überhaupt wahrgenommen werden *kann*.

Die vorneuzeitlich dominante Struktur des Weltverständnisses entdeckt Dux in der *subjektivischen* Struktur. Sie geht hervor aus der Abstraktion und Reflexion jenes universalen Prozesses, der auf Seiten des Kindes (bzw. jedes nachwachsenden Gattungsmitglieds) im Aufbau der Handlungskompetenz – und mit ihr: der je subjektiven Welt – mündet.[333] An-

---

331 Vgl. v.a. Dux: Die ontogenetische und historische Entwicklung des Geistes, in: ders./Wenzel, Ulrich (Hrsg.): Der Prozeß der Geistesgeschichte. Studien zur ontogenetischen und historischen Entwicklung des Geistes, Frankfurt/M. 1994, S. 173-224. Für eine Fundierung von Webers drei Typen legitimer Herrschaft durch Kategorien der Piagetschen Kognitionspsychologie (um zu einer Entwicklungsgeschichte von Herrschaftsformen zu gelangen) siehe auch Breuer 1991 – Webers Herrschaftssoziologie.
332 Zwar schlummert das Potential hierzu im Prinzip in jedem Individuum, aber es muss auch abgerufen werden – und das heißt wiederum: von der Gesellschaft (und deren Organisationsniveau) „provoziert" werden.
333 Eine Rekonstruktion der ontogenetischen Entwicklung des Denkens verspricht deshalb Aufschluss über die historische bzw. phylogenetische Entwicklung des Denkens zu geben, weil alle Kultur von den nachwachsenden Gattungsmitgliedern immer wieder von Grund auf „neu" erworben werden muss; siehe Holz/Wenzel 2003 – Einleitung, S. 15 und Paul, Axel T.: Sohn-Rethel auf dem Zauberberg. Über phantastische Ideen, intellektuelle Isolation und den Abstieg der Philosophie zur Wissenschaft, in: Bröckling, Ulrich/Paul/Kaufmann, Stefan (Hrsg.):

hand seiner primären Bezugspersonen (bzw. der kompetenteren Anderen) erfährt das Kind im Zuge der sozial eingebetteten Ontogenese nicht nur eine Subjekt-Objekt-Differenz, sondern zugleich, dass Objekte *handlungsmächtige Subjekte*, mithin grundsätzlich *beseelt* sind (zumindest die zu Beginn dominanten „Objekte" der Außenwelt). In explikativer Hinsicht, also in Hinblick auf die Erklärung von dem, was vorgefunden wird und geschieht, bedeutet dies, dass sich dem Kind die (Außen-)Welt anfänglich über die *Struktur der Handlung* erschließt: Objekte werden als handelnde Subjekte und (die hiervon unterschiedenen) Ereignisse als Handlungen verständlich.[334] Für die Selbstdeutung des Kindes bzw. Subjekts in der Welt folgt daraus: „Was es tut und was ihm geschieht, wird von einem subjektivischen Agens bewirkt."[335] Als Ursache wird demnach hinter allem Geschehen ein handelndes Subjekt vermutet. Das heißt, das Subjekt überträgt die basale kognitive (Handlungs-)Struktur auf alles Weltverstehen: Seine gesamte „Wirklichkeitsauffassung [wird] durch die Vorstellung subjektivisch konzipierter Agenzien bestimmt"[336].

Welche Auswirkungen hat nun aber das Vorherrschen dieser subjektivischen Logik auf die Wahrnehmung früher staatlicher Herrschaft? Zur Erinnerung: Mit dem Erreichen von Staatlichkeit wird Herrschaft dank des nunmehr zur Verfügung stehenden Erzwingungsstabs erstmals in den Stand versetzt, (zentral) Ordnungen durchzusetzen – unter Androhung und, äußerstenfalls, Anwendung von Gewalt, die sich in aller Regel als überlegen herausstellt und entsprechend antizipiert wird.[337] Das hat zu-

---

Vernunft – Entwicklung – Leben. Schlüsselbegriffe der Moderne, München 2004, S. 73-96, hier S. 91.

334 „Die Welt wird materialiter in der Struktur der Handlung konstruiert und hernach über die Handlungslogik als explikative Struktur erklärt." Dux 2000 – Historisch-genetische Theorie, S. 380f.

335 Holz/Wenzel 2003 – Einleitung, S. 18.

336 Dux: Religion, Geschichte und sozialer Wandel in Max Webers Religionssoziologie, in: Seyfarth, Constans/Sprondel, Walter M. (Hrsg.): Seminar: Religion und gesellschaftliche Entwicklung. Studien zur Protestantismus-Kapitalismus-These Max Webers, Frankfurt/M. 1973, S. 313-337, hier S. 332.

337 Indem ich (frühe) Staatlichkeit (wie Claessen und Skalník) begrifflich an das Vorliegen eines Erzwingungsstabs knüpfe, lasse ich sie entwicklungsgeschichtlich gesehen *später* als Breuer beginnen. Dessen „archaischer Staat" kennt zwar ebenfalls (wie schon das Häuptlingstum) eine Positionalisierung von Macht (erstes Minimalkriterium), nicht aber einen Erzwingungsstab bzw. eine beginnende Monopolisierung von faktischer Gewalt durch den zentralen Herrscher (zweites Minimalkriterium), der bzw. die für Breuer erst unter den Bedingungen von patri-

2. Vom Anfang der Revolution

nächst einmal eine basal-pragmatische Legitimation der Herrschaft zur Folge: Der Ordnungsmacht wird allseits ein „Ordnungswert" gutgeschrieben, je länger sie dauert, desto mehr, und ungeachtet des konkreten „Inhalts" der jeweiligen Ordnung. Hierdurch allein schon erfährt frühe staatliche Herrschaft eine nicht unwesentliche Stabilisierung, ja, hierin mag *einer* der Gründe dafür liegen, warum den frühen Staat eine solche Langlebigkeit und damit Stabilität auszeichnet.[338] Doch das Faktum der (Über-

---

monialer Staatlichkeit gegeben ist. Trotzdem erfährt der Herrscher im archaischen Staat eine transzendente Legitimation: Er wird „vergöttlicht", genauer: zu einem direkten Abkömmling der obersten Gottheit, d.h. er entwickelt sich „aus einem Repräsentanten der Gemeinde gegenüber den Göttern zu einem Repräsentanten der Götter gegenüber der Gemeinde". Genau das unterscheidet ihn Breuer zufolge vom Häuptling: Dessen Rang bestimmt sich zu gleichen Teilen aus der genealogischen Rangordnung (die Auskunft gibt über die Beziehung der jeweiligen Lineage zum Übernatürlichen und zur Welt der Ahnen und Geister) *und* aus dem (Gaben-)Tausch, der Rang muss hier also weiterhin *zusätzlich* in Interaktionsbeziehungen gewonnen und bestätigt werden, während der Rang des staatlichen Herrschers *allein* durch die konische Struktur definiert wird, und das heißt: vorgegeben ist. Vor *diesem* Hintergrund muss Breuer die Transformation des Häuptlingstums zum archaischen Staat als eine Entwicklung erscheinen, die (anders als bei Morton Fried, Elman Service, Dux u.a.) stärker von Kontinuität als von Diskontinuität geprägt ist – denn institutionalisiertes Charisma (bzw. hierarchisierte Verwandtschaftsbeziehungen) kennen schon Erstere; es ist nur noch nicht erfolgreich durch eine Lineage monopolisiert worden. Vgl. v.a. Breuer: Magisches und religiöses Charisma. Entwicklungsgeschichtliche Perspektiven, in: Kölner Zeitschrift für Soziologie und Sozialpsychologie, Bd. 41/1989, Heft 2, S. 215-240, Zitat S. 222 und ders. 1991 – Webers Herrschaftssoziologie, S. 45-59. Ich dagegen sehe auf einer Linie mit Dux das Neue – und insofern „Brechende" – an staatlicher Herrschaft nicht so sehr in der Monopolisierung des institutionalisierten Charismas, sondern darin, dass sie auf Grundlage der kognitiven Strukturen gar nicht anders als legitim gedacht werden *kann*, wenn sie erst einmal imstande ist, eine Ordnung auch *ohne* die Zustimmung der Herrschaftsunterworfenen durchzusetzen, nämlich unter Androhung und Anwendung von Gewalt (was regelmäßig durch den Aufbau einer klientelären Gefolgschaft möglich wurde; vgl. Mair, Lucy: Primitive Government, Harmondsworth 1962, Hess 1979 – Die Entstehung zentraler Herrschaftsinstanzen und Paul, Axel T.: Reciprocity and Statehood in Africa. From Clientelism to Cleptocracy, in: International Review of Economics, Bd. 55/2008, Hefte 1-2, S. 209-227, hier S. 211-215). Anders gesagt: Die Gewalt spielt bei mir eine prominentere Rolle für die Erklärung der Stabilität des (frühen) Staates als bei Breuer, aber nur deshalb, und das ist die Pointe, weil sie bestimmte *legitimatorische Folgen* hat (d.h. ich vernachlässige das Element der Legitimität keineswegs, im Gegenteil).

338 Vgl. Claessen 2010 – On Early States, S. 13, 32-34. Claessen kommt, um nur ein Beispiel zu nennen, für die dynastische Linie der Tu'i Tonga im frühen polynesi-

2.1 Legitimation von Herrschaft – vormodern

oder Ordnungs-)Macht hat noch weitere der Beständigkeit zuträgliche Folgen: Es *erzwingt* eine transzendente Legitimation in der theoretisch-reflexiven Dimension. Frühe staatliche „Herrschaft ist, sobald sie sich als Organisationsform durchgesetzt und als Unterwerfung der Menschen stabilisiert hat, auch legitim"[339]. Aus der basal-pragmatischen ergibt sich *wie von selbst* eine theoretisch-reflexive Legitimation. Wieso das? Eben, so Dux, aus *kognitiven* Gründen. Dieser Gedanke, diese gleichsam „steile" These bedarf einer gründlichen Erläuterung.[340]

Dux nähert sich der *Idee* der Legitimität (bzw. in seinen Termini: der Idee der Gerechtigkeit) so, wie er sich von seiner historisch-genetischen Warte aus allen soziokulturellen (Lebens-)Formen nähert: indem er nach deren Entstehungsbedingungen fragt. Das Phänomen der theoretisch-reflexiven Legitimität – und mit ihm: seine spezifischen „Verwerfungen" – sucht er demgemäß über die Rekonstruktion seiner Genese zu erklären. Zunächst fällt ins Auge, dass die Idee der (Un-)Gerechtigkeit vor der Ausbildung von Staatlichkeit nicht auftaucht – sie ist, ganz im Gegenteil, *staatlichen Ursprungs*. Erst mit der Entstehung des (frühen) Staates machen Menschen die Erfahrung zwar nicht mit Ungerechtigkeit überhaupt, wohl aber mit einer Form von Ungerechtigkeit, die *systemischen* Charakters, also ordnungs*inhärent* ist.[341] Nicht nur, weil sich die Herrschenden dadurch, dass ihnen ein Erzwingungsstab zur Seite steht, von der Zustim-

---

schen Staat Tonga auf nicht weniger als 36 Herrscher, was geschätzten 900 Jahren entspricht. Aber auch die Geschichte des Alten Ägyptens ist in dem Zusammenhang aufschlussreich, insbesondere jene des Alten und des Neuen Reiches. Beide währten jeweils ungefähr 500 Jahre. Selbstverständlich gibt es empirische (z.B. indochinesische) Gegenbeispiele – doch deren Instabilität führt Hagesteijn interessanterweise auf *Legitimitätsprobleme* zurück; vgl. Hagesteijn, Renée R.: Circles of Kings. Political Dynamics in Early Continental Southeast Asia, Dordrecht 1989.

339 Dux: Gerechtigkeit. Die Genese einer Idee, in: Dölling, Dieter (Hrsg.): Jus humanum. Grundlagen des Rechts und Strafrecht. Festschrift für Ernst-Joachim Lampe zum 70. Geburtstag, Berlin 2003, S. 81-105, hier S. 86.

340 Zurückgegriffen wird dabei insbesondere auf Dux 2003 – Gerechtigkeit und ders.: Von allem Anfang an: Macht, nicht Gerechtigkeit. Studien zur Genese und historischen Entwicklung des Postulats der Gerechtigkeit, Weilerswist 2009, S. 86-123.

341 „Herrschaft nämlich, wie sie sich in den archaischen Gesellschaften mit dem Staat ausbildet, ist die Organisation weniger, eines Herrschaftsstabes, zur Unterwerfung der vielen und der Aneignung ihrer Arbeitskraft." Dux 2003 – Gerechtigkeit, S. 82.

2. Vom Anfang der Revolution

mung vieler unabhängig(er) machen, gleichsam rücksichtsloser agieren können.[342] Sondern auch, weil sich Herrschaft als staatliche Herrschaft positional verfestigt hat: Die konkreten Herrschaftsträger mögen wechseln, doch die Herrschaftsposition besteht fort – mit dem Ergebnis, dass auf einen Herrscher *faktisch* und vor allem der *allgemeinen Erwartung nach* unausweichlich der nächste folgt. Was im Umkehrschluss bedeutet: Die Herrschaftsunterworfenen *bleiben* der Herrschaft unterworfen. Die Einteilung in Herrschende und Beherrschte hat sich in die Gesellschaft ein- und festgeschrieben, sie ist aus ihr nicht länger wegzudenken. Mit etwas anderem Akzent formuliert: Strukturelle Ungleichheit wird zum integralen Moment der Herrschafts- und Gesellschaftsordnung selbst, weil mit der Verstaatlichung zugleich die Stratifizierung der Gesellschaft(smitglieder) einhergeht.[343] Das aber heißt, dass die soziale Ungleichheit eine neue *Quali-*

---

342 Noch ganz anders in segmentären Gesellschaften, wo fehlende Zustimmung der Herrschaftsunterworfenen – bedingt vor allem durch ungenügende Redistribution (bzw. Freigebigkeit) von Seiten des Herrschers – die Abspaltung von Segmenten zur Folge hatte, die sich daraufhin einem anderen Häuptling anschlossen. Man denke nur an das eindrucksvolle Zeugnis, das Claude Lévi-Strauss mit seinem Reisebericht über die Nambikwara davon abgelegt hat (ders.: Traurige Tropen, Frankfurt/M. 1978, v.a. S. 300-314). Breuer liefert eine ergänzende Erklärung dafür, warum der Herrscher im „archaischen Staat" von der Zustimmung der Herrschaftsunterworfenen unabhängig(er) wird: Weil das Charisma nicht länger interaktiv erworben und bestätigt werden muss, sondern (allein) durch die genealogische Rangordnung vorgegeben (d.h. durch die Lineage des Herrschers monopolisiert worden) ist. Siehe Breuer 1989 – Charisma und ders. 1990 – Der archaische Staat.

343 Was zuerst kam, die Stratifizierung oder die Verstaatlichung der Gesellschaft, darüber herrscht in der Ethnologie bzw. politischen Anthropologie weiterhin Uneinigkeit (siehe Fried, Morton H.: The Evolution of Political Society. An Essay in Political Anthropology, New York 1967, hier S. 185-187, 230f.; ders.: The State, the Chicken, and the Egg. Or, What Came First?, in: Cohen, Ronald/Service, Elman R. (Hrsg.): Origins of the State. The Anthropology of Political Evolution, Philadelphia 1978, S. 35-47; Cohen, Ronald: Introduction, in: ders./Service, Elman R. (Hrsg.): Origins of the State. The Anthropology of Political Evolution, Philadelphia 1978, S. 1-20, hier S. 7; Breuer 1989 – Charisma, S. 228; Luhmann 1997 – Die Gesellschaft der Gesellschaft, S. 681f. und Kradin, Nikolay N.: State Origins in Anthropological Thought, in: Social Evolution and History, Bd. 8/2009, Heft 1, S. 25-51, hier S. 32). Letztlich wird man sich die beiden Prozesse wohl als ineinander verschlungen und sich wechselseitig verstärkend vorstellen dürfen. Von Stratifikation als Systemdifferenzierung soll hier mit Luhmann die Rede sein, wenn „eine Oberschicht sich ausdifferenziert und ein Teilsystem der Gesellschaft bildet, in dem interne Interaktionen anders behandelt werden als In-

tät (und nicht einfach nur: neue Höhen) erreicht. In der Gesellschaft „oben" steht man nicht, wie noch in segmentären und Ranggesellschaften, durch seine Taten – durch kriegerischen Erfolg, großzügiges Geben, Jagdgeschick u.v.m. –, aufgrund derer einem – immer nur vorläufig, im wahrsten Sinne des Wortes „auf Bewährung" – Charisma (oder statt mit Weber mit Bourdieu: symbolisches Kapital) zugeschrieben wird.[344] Vielmehr wird über die Schichtzugehörigkeit fortan qua Geburt entschieden: Die Oberschicht schottet sich endogam („heiratspraktisch" also) von der Unterschicht ab.[345] Spätestens jetzt wird mit der Vorstellung gebrochen, die Gesellschaft sei ein einziger Verwandtschaftszusammenhang. Stattdessen gilt: „Die Angehörigen einer anderen Schicht sind anders als man selbst; sie sind von anderer Geburt und anderer Qualität."[346] Soziale Ungleichheit wird damit zu etwas Vorherbestimmtem und Unveränderlichem, zu Faktum und Fatum in einem. Der höhere Status – und mit ihm der Herrschafts- bzw. Führungsanspruch – muss zwecks Demonstration des Charismas nicht immer wieder neu redistributiv in Form von Gaben, Festen und Nothilfen oder Ähnlichem begründet werden, der (eben darin ehedem zutiefst flüchtige) Herrscher sieht sich nicht länger zur permanenten Verausgabung gezwungen.[347]

Nur, die bittere Ironie oder, besser noch, die Tragik besteht darin, dass die Herrschaftsunterworfenen in genau dem „Moment", in dem sie erstmals mit dieser systembedingten strukturellen Ungleichheit konfrontiert werden, außerstande sind, diese zu lokalisieren. Zwar kommt es in deren Angesicht zum Anstimmen von Klageliedern, zwar werden Herrschafts- und damit Gesellschaftsordnung, die in diesem Denken zusammenfallen,

---

teraktionen mit der gesellschaftinternen Umwelt des Systems" (Luhmann 1997 – Die Gesellschaft der Gesellschaft, S. 659).

344 Vgl. Weber 1980 – Wirtschaft und Gesellschaft, S. 140-142 sowie Bourdieu, Pierre: Sozialer Sinn. Kritik der theoretischen Vernunft, Frankfurt/M. 1993, S. 180-245, v.a. S. 236f. und ders.: Praktische Vernunft. Zur Theorie des Handelns, Frankfurt/M. 1998, S. 139-183.
345 Siehe Claessen/Skalník 1978 – Models and Reality, S. 638 und Luhmann 1997 – Die Gesellschaft der Gesellschaft, S. 659, 680.
346 Ebd., S. 695.
347 Darüber hinaus zeichnet die Schichtzugehörigkeit in stratifizierten Gesellschaften aus, dass sie *multifunktional* wirkt, das heißt, sie bündelt Vor- und Nachteile in nahezu allen Funktionsbereichen der Gesellschaft; vgl. ebd., S. 679. Als Mitglied der Oberschicht verfüge ich nicht nur über einen privilegierten Zugang zu wirtschaftlichen Ressourcen, sondern zugleich über einen politischen Herrschaftsanspruch, über rituelle Kenntnisse in religiösen Fragen usw.

2. Vom Anfang der Revolution

als Ganzes reflexiv thematisiert, vermutlich sogar erstmals.[348] Aber die subjektivische Logik, jener spezifisch vorneuzeitliche Modus der Wirklichkeitsauffassung *verhindert* im selben Moment eine Negation ebendieser Herrschaftsordnung. Wie das? Kurz gesagt, durch das *Zusammentreffen* von kosmischen bzw. metaphysisch-religiösen Deutungsschemata, die sich aus der Handlungslogik (und daher zwingend!) ergeben, einerseits und (neuartiger) faktischer (Ordnungsdurchsetzungs-)Macht des Herrschers andererseits.

Die kosmische Ordnung, welche die gesellschaftliche Ordnung umschließt, wird – hiervon zeugen diverse Ursprungsmythen –[349] im frühen Denken auf eine absolute Substanz zurückgeführt, die in der Regel als Gott personifiziert ist. Wenn alles, was geschieht, seine Erklärung darin findet, dass man auf die Handlungen eines Subjekts zurückgeht, dann besagt das, auf die Weltbildebene übertragen: Der Grund aller kosmischen wie gesellschaftlichen Ordnung liegt im Handeln eines transzendenten Agens: Gott.[350] Und es sind wiederum dessen fortgesetzte Handlungen, die dafür sorgen, dass beide Ordnungen fortbestehen und die immerwährende Gefahr des Chaos abgewendet wird. Denn für ein Denken, das von der Struktur der Handlung her geleitet wird, dauert ein Zustand nur so lang an, wie er immerzu handelnd hergestellt wird.[351] Diese von der subjektivischen Logik durchdrungene Erklärung von Gesellschaft und Universum

---

348 So Dux 2003 – Gerechtigkeit, S. 87.
349 Siehe Cohen 1988 – Introduction, S. 6 und Anter 2007 – Die Macht der Ordnung, S. 47.
350 Auch Selz meint, dass in Mesopotamien in der Akkadezeit gesellschaftliche Institutionen „nicht als Ergebnis entwicklungsgeschichtlicher Prozesse, als historisch geworden, vorgestellt" wurden, sondern als „Epiphänomene einer magischen (göttlichen) Macht" (Selz, Gebhard J.: „Streit herrscht, Gewalt droht". Zu Konfliktregelung und Recht in der frühdynastischen und altakkadischen Zeit, in: Wiener Zeitschrift für die Kunde des Morgenlandes, Bd. 92/2002, S. 155-203, hier S. 161).
351 Vgl. Dux 2003 – Gerechtigkeit, S. 92. Ein prominentes Beispiel aus der Physik möge diesen Sachverhalt illustrieren: Der Aristotelischen Bewegungslehre zufolge würde, nein *müsste* sogar ein geworfener Speer in genau dem Moment senkrecht zu Boden fallen, in dem er die Hand des Werfers verlässt, wenn Aristoteles nicht zusätzliche Kräfte, mithin zusätzliche Agenzien am Werk sähe, die „handelnd" den (Weiter-)Flug des Speers verursachen. Vgl. Wenzel, Ulrich: Vom Ursprung zum Prozeß. Zur Rekonstruktion des Aristotelischen Kausalitätsverständnisses und seiner Wandlungen bis zur Neuzeit, Opladen 2000. Die Vorstellung von Bewegung als *Zustand* zeigt daher eine Revolutionierung des Denkens an.

bleibt für sich genommen noch ohne Wirkung für die Legitimation von Herrschaft oder, besser noch, ohne *eine spezielle* Wirkung. Was sich indes jäh mit dem Aufkommen *staatlicher* Herrschaft ändert. Sobald Herrschaft die institutionelle Schwelle zur Staatlichkeit überschreitet, durchdringen dieselben Deutungssysteme unwillkürlich auch deren Verständnis.

Der folgende kognitiv-explikative Hergang mitsamt normativen Implikationen lässt sich beobachten: Dadurch, dass der weltliche staatliche Herrscher für alle ersichtlich eigenmächtig die Ordnung durchsetzt und Macht *über* das Land (die auf ihm lebenden Menschen nämlich) ausübt,[352] wird er zum Ursprung der gesellschaftlichen Ordnung erklärt. Das heißt, die gesellschaftliche Ordnung konvergiert seit dem Beginn früher Staatlichkeit auf Gott *und* den zentralen Herrscher.[353] Insofern es jedoch dieser zweistellig-relationalen (Handlungs-)Logik zufolge immer nur *einen* Ursprung geben kann – in dem Fall: Herrscher *oder* Gott – *und* zugleich die gesellschaftliche Ordnung als Teil der kosmischen Ordnung verstanden wird, partizipiert der Herrscher nach Ansicht aller Beteiligten *kraft Herrschaftsausübung* strukturnotwendig an der absoluten Macht Gottes (die als die Macht *des* Landes aufgefasst wird); sei es als Gott selbst, sei es als Sohn Gottes, als Gesandter Gottes oder in welchem genauen Verhältnis Schöpfergott und Herrscher auch immer gedacht werden.[354] Die tatsächlich als höchst repressiv erfahrene Herrschaftsordnung verwandelt sich infolgedessen gedanklich in eine göttliche Ordnung – und die ist immer schon gut oder steht wenigstens nicht zur Disposition.

---

352 Für diese Leistung erweist sich, wie gesagt, der Erzwingungsstab (bzw. die klienteläre Gefolgschaft) als ausschlaggebend. Auch deshalb ist die spezielle Legitimität diesem gegenüber wohl wichtiger gewesen als die generelle dem Gros der Herrschaftsunterworfenen gegenüber.

353 Eingehender: „Mit der Eroberung des Landes [durch den staatlichen Herrscher] kommt eine Symbiose zwischen Land und Herrschaft zustande. Die Macht über das Land ist die Macht des Landes. Der Herrscher setzt sich deshalb mit der Macht über das Land in den Konvergenzpunkt der Macht des Landes, und der liegt in der absoluten Substanz Gottes. Fortan konvergiert deshalb alles, wovon das Land bestimmt wird: sein Aussehen und seine Gestalt, die Fruchtbarkeit des Bodens und vor allem: Wohnsitz und Spender des Lebens derer, die es bebauen, ebenso auf Gott wie auf den Herrscher." Dux 2003 – Gerechtigkeit, S. 88f.

354 Vgl. ebd., S. 87-89. Ganz ähnlich sieht schon Balandier den (noch in „säkularisierten" Gesellschaften vorhandenen) sakralen Charakter der Macht darin begründet, dass durch sie eine jede soziale Ordnung „mit einer sie transzendierenden Ordnung [verknüpft wird], die sich bei den traditionellen Gesellschaften bis zum Kosmos erweitert" (Balandier 1976 – Politische Anthropologie, S. 111).

2. Vom Anfang der Revolution

Das soll nicht heißen, dass konkrete Herrscher unter den Bedingungen früher Staatlichkeit nicht auch gestürzt werden konnten. Im Gegenteil, Ungerechtigkeit wird gemäß der erläuterten Struktur der Argumentation, in der Ereignisse und Zustände in der Welt wahrgenommen werden, sogar *ausschließlich* den subjektiven Handlungen von Akteuren zugeschrieben – und damit potentiell auch: dem (Fehlverhalten des) Herrscher(s). Doch dazu gleich mehr. Unmöglich ist dagegen in diesem Denken, die ordnungsinhärente Natur der Unterdrückung, die systemische Bedingtheit der Ungerechtigkeit zu erkennen. Diese *muss* denen, die der subjektivischen Logik verhaftet sind, verborgen bleiben. Um beim Bild der Klagelieder zu bleiben, könnte man auch sagen: Der „Chor" richtet sie an das falsche Publikum.[355] Woraus wiederum folgt, dass die Ungerechtigkeit bei allem Austauschen der Herrscher anhält – eben weil die Herrschaftsordnung (und mit dieser deren eigentlicher Grund) als transzendent bzw. sakral legitimierte fortdauert. Das Übel wird, wenn überhaupt, nicht an seiner Wurzel, sondern am jeweiligen Sprössling gepackt.

Und exakt hierin liegt denn auch die Undurchsichtigkeit und innere Widersprüchlichkeit im Begriff der Gerechtigkeit begründet: „Im legitimatorischen Verständnis ein Akzept auf die Herrschaftsverfassung ausstellen zu müssen, im Postulat der Gerechtigkeit sich implizit gegen sie zu wenden."[356] Reklamierbar ist unter diesen Umständen allenfalls eine gute Herrschaft, keineswegs aber eine gute Herrschaftsordnung. Insofern als Letztere als göttliche über jeden Zweifel erhaben ist. Die Pointe ist mithin: Nicht obwohl, sondern *gerade weil* die Herrschaftsordnung reflexiv problematisiert wird, wird sie entproblematisiert, nämlich transzendent legitimiert. Die Suche nach den Ursachen der Unterdrückung und hiermit nach Möglichkeiten, sie abzuwenden oder wenigstens abzumildern, führt geradewegs zur *Stärkung* dieses Ungerechtigkeit generierenden Systems. Denn von Beginn an gerät die theoretisch-reflexive Legitimitätsdimension,

> gerät die Konzeptualisierung des Begriffs [der Gerechtigkeit] unter die Zwänge einer Logik, die die gesellschaftliche Ordnung Teil einer kosmischen Ordnung sein lässt und sie als gute Ordnung gegen die dauernden Verletzungen,

---

355 Worin im Übrigen eine besondere Ironie liegt: Ausgerechnet vom zentralen staatlichen Herrscher erhoffen sich die Beherrschten eine Besserung ihrer Situation (etwa Befreiungen aus der Schuldknechtschaft) – obwohl doch mit ihm erst die systematische Ungerechtigkeit ihren Anfang nimmt.
356 Dux 2003 – Gerechtigkeit, S. 86.

2.1 Legitimation von Herrschaft – vormodern

wie sie realiter von den multiplen Potentaten der Herrschaftsordnung erfahren werden, absetzt.[357]

Sobald eine (frühe) staatliche Ordnung sich faktisch konsolidiert hat, so kann zusammengefasst werden, fällt ihr zusammen mit der basal-pragmatischen im Moment ihrer reflexiven Thematisierung auch eine theoretische Legitimität zu. Diese, kann Dux zuspitzen, „muss nicht gesucht werden, sie wird der Welt hinzugedacht". Warum? Weil sie „in den Strukturen des Denkens vorgezeichnet"[358] ist. Wie aber sieht es mit der performativ-expressiven Legitimation aus? Müsste nicht wenigstens in dieser Dimension ein Regulativ stecken, das möglichen Exzessen der Herrschaft entgegenwirkt? Nachfolgend soll argumentiert werden: ja, aber nur teilweise.

Mit der performativ-expressiven Dimension wurde im kategorialen ersten Kapitel jene dynamisch-prekäre Legitimitätsdimension vorgestellt, in der sich Herrschende durch ihre Performanz, gleichsam durch das Walten ihres Amtes, der öffentlichen Zustimmung zu ihrer Herrschaft versichern wollen und müssen. Diese „vor aller Augen" erfolgenden Zustimmungshandlungen können verschiedenster Art sein und dem Grad nach mal mehr und mal weniger formalisiert sein. Außer Zweifel steht jedenfalls, dass auch frühe staatliche Herrscher sich von diesem Erfordernis nicht frei machen können: Ihnen wird um der performativ-expressiven Legitimation willen – also der öffentlichkeitswirksamen „Zusprache" von Legitimität

---

357 Ebd., S. 82. Ähnlich Luhmann 1997 – Die Gesellschaft der Gesellschaft, S. 714: „In der älteren Ordnung erscheint politische Herrschaft als die Ordnung der Gesellschaft selbst. Die Alternative zu ihr wäre Chaos. Der Herrscher ist Moment einer kosmologisch begründeten Ordnung." Auch Gundlach bestätigt für die altägyptische Geschichte, dass die Existenz des Königtums zu keiner Zeit legitimiert zu werden *brauchte* – insofern als es *immer schon* göttlich legitimiert war. Und mit Dux könnte man anfügen: Da es sich durch seine Faktizität basal-pragmatisch und (nach seiner reflexiven Problematisierung) auch theoretisch *wie von selbst* legitimierte. Hingegen habe, so Gundlach weiter, der ägyptische König – im Gegensatz zum Königtum – durchaus unter Legitimationsdruck gestanden (worin sich die Ägyptologie im Übrigen schon lange einig sei); vgl. Gundlach, Rolf: Weltherrscher und Weltordnung. Legitimation und Funktion des ägyptischen Königs am Beispiel Thutmosis III. und Amenophis III., in: ders./Weber, Hermann (Hrsg.): Legitimation und Funktion des Herrschers. Vom ägyptischen Pharao zum neuzeitlichen Diktator, Stuttgart 1992, S. 23-50, hier S. 40.
358 Beide Zitate Dux 2003 – Gerechtigkeit, S. 89 und 86. Auch Barker 1990 – Political Legitimacy, S. 6-8 meint, in früheren Zeiten hätten die Erklärung und die Rechtfertigung von Herrschaft noch eine notwendige Einheit gebildet. Deren Differenzierung sei erst das (historische) Produkt der Säkularisierung.

2. Vom Anfang der Revolution

halber – unweigerlich Rücksichtnahme auf die Meinung der „legitimitätskritischen" Stimmen abverlangt. Hieraus entspringt, wie dargelegt, die *aller legitimen* Herrschaft eignende „symbolische Achillesferse" (J. Scott): Erfüllt der Herrscher jene Pflichten, die in der theoretisch-reflexiven Dimension mehr oder minder explizit *von ihm selbst* „formuliert" worden sind, in der Praxis nicht, so kann dies *legitimerweise* moniert werden. Nur – und hiermit relativiert sich das dieser Legitimitätsdimension an sich innewohnende regulative Moment bereits –, kritisch für die Legitimität ist mitnichten die Stimme aller Herrschaftsunterworfenen. Vielmehr ist als Legitimationsadressat – wie gesehen: eine Frage der *horizontalen* Legitimität – in staatlichen bzw. stratifizierten Gesellschaften lediglich ein relativ kleiner und privilegierter Kreis relevant, der wahlweise als die „Großen des Landes", die Aristokratie oder die Oberschicht bezeichnet werden kann. Dessen Stimme wird in der Öffentlichkeit gehört, das heißt, aus dessen – und zu einem großen Teil *nur* aus dessen – Mund droht Herrschaft der Möglichkeit nach eine expressive Delegitimation. Dies auch und vor allem deshalb, weil alle Angehörigen der Oberschicht im Rang *gleich* sind: Der zentrale Herrscher befindet sich zwar dank seines göttlichen Mandats in einer herausgehobenen Stellung,[359] ist *Primus* inter Pares, aber nichtsdestoweniger eben „nur" Primus inter *Pares*. Stratifizierte Gesellschaften sind darum gewissermaßen chronisch „krank": Sie leiden aus

---

[359] Weinfurter weist am Beispiel der ottonischen und salischen Herrscher im 10. und 11. Jahrhundert nach, inwieweit die sakrale Legitimation des Königs dazu diente, den eigenen von konkurrierenden Herrschaftsansprüchen – insbesondere aus der eigenen, vom Herrscheramt ausgeschlossenen Familie – *abzusetzen*. Allein den einzelnen Herrscher umgab durch die Königssalbung eine sakrale Sphäre, er wurde mit ihrer Hilfe zum *einzigen* Stellvertreter Gottes erhoben. Vgl. Weinfurter, Stefan: Idee und Funktion des „Sakralkönigtums" bei den ottonischen und salischen Herrschern (10. und 11. Jahrhundert), in: Gundlach, Rolf/Weber, Hermann (Hrsg.): Legitimation und Funktion des Herrschers. Vom ägyptischen Pharao zum neuzeitlichen Diktator, Stuttgart 1992, S. 99-127, hier S. 104. Ähnlich auch Bendix, demzufolge der Herrschaft der Merowinger und Karolinger dahingehend eine Schwachstelle eignete, dass *alle* Mitglieder einer bestimmten Sippe als mit Charisma (mana) begabt galten, so dass die Thronfolge zwangsläufig Probleme aufwarf – die erst mit Hilfe der katholischen Kirche eine Lösung fanden: indem diese neben das Kriterium der Vererbung das (eindeutigere) der Königsweihe setzte. Karl der Große schließlich fügte dem Symbol der Salbung die Formel „durch Gottes Gnaden" hinzu (auch, um die Unmittelbarkeit seiner Beziehung zu Gott zu unterstreichen – und hierdurch die Macht der Kirche zu schmälern). Siehe Bendix, Reinhard: Könige oder Volk. Machtausübung und Herrschaftsmandat, Bd. 1, 2 Bde., Frankfurt/M. 1980, hier S. 46-60.

strukturellen Gründen unter dem Dauerproblem politischer Rivalität.[360] Der (bzw. die Legitimität des) Herrschaftsanspruch(s) des amtierenden Herrschers kann von Angehörigen des (unter gewissen Bedingungen widerstandsberechtigten!) Adels jederzeit in Abrede gestellt werden, der Herrscher konnte in der öffentlichen Wahrnehmung sein „Mandat des Himmels" verwirken, um es in der klassischen (theoretisch-reflexiv aufbereiteten) Formel des chinesischen Kaiserreichs auszudrücken. Aus den genannten legitimitätsimmanenten Gründen einerseits, wozu sich insbesondere Gelegenheit bietet, wenn Herrschaft durch „Missmanagement", durch einen verlorenen Krieg, durch eine Hungersnot o.Ä. performativ unter Druck gerät.[361] Ohnehin gilt es zu bedenken, dass frühe staatliche Herrschaft nicht nur expansiv *ist*, sondern auch *sein muss*. Denn zum einen wächst die Bevölkerung infolge einer gesteigerten Surplusproduktion, vertieften gesellschaftlichen Arbeitsteilung und erweiterter Tauschbeziehungen; eine größere Bevölkerung aber erfordert wiederum eine Produktionssteigerung. Zum anderen unterliegt die Herrschaft aber auch deshalb einem Wachstumsimperativ, weil Gefolgsleute honoriert bzw. versorgt werden wollen. „Am königlichen Hof sammeln sich verdiente Würdenträger, die für ihre Leistungen mit Pfründen oder Naturaldeputaten belohnt zu werden erwarten, nicht erbberechtigte Prinzen und andere Mitglieder des königlichen Haushaltes, die ihrem Status entsprechend versorgt werden müssen."[362] In den Wachstumsimperativen lag daher immer auch ein Anreiz u.a. für das Führen von Kriegen, das Jagen von Sklaven und das Betreiben von Fernhandel, um so an zusätzliche (nachfolgend redistribuierbare) Ressourcen zu kommen (und die Abhängigkeit von günstigen

---

360 Vgl. Luhmann 1997 – Die Gesellschaft der Gesellschaft, S. 715f.
361 Michael Walzer zufolge ist die Monarchie als solche von dem geprägt, was er die „Ideologie personaler Herrschaft" nennt (ders.: Regicide and Revolution, in: ders. (Hrsg.): Regicide and Revolution. Speeches at the Trial of Louis XVI, London 1974, S. 1-89, hier S. 1). Daraus folgt dann aber meines Erachtens auch, dass Verfehlungen des Monarchen (primär) der *Person* und eben nicht dem *Amt* des Königs zugeschrieben werden. Ganz auf einer Linie hiermit meint auch Bendix, dem Königtum sei ein Wechselmechanismus buchstäblich eingebaut. Dies insofern, als der Glaube an dasselbe *charismatischen* Ursprungs sei, was wiederum impliziert, dass der König in der herrschaftlichen Praxis „Erfolg" haben muss, sofern ihm sein Charisma nicht aberkannt werden soll. Vgl. Bendix 1980 – Könige oder Volk 1, S. 41f.
362 Breuer 1989 – Charisma, S. 225; hier auch zum ersten Grund für den expansiven Charakter.

2. Vom Anfang der Revolution

Umweltbedingungen wie beispielsweise fruchtbaren Böden zu mindern). Andererseits war der Herrschaftsanspruch aber auch deshalb kontinuierlich gefährdet, weil die Position des Adels „auf einer *eigenen* Ökonomie, auf *selbständig* bewaffneten Haushalten und entsprechendem Anhang"[363] beruht. Kurz: Weil er selbst über Macht und Gewalt im Besonderen verfügt. Fürstliche und ständische Gewalt existieren *nebeneinander*. Es wäre indes falsch, die (Eigen-)Macht des Adels ausschließlich im Sinne eines Hindernisses, einer *Gegen*macht zu verstehen, die dem zentralen Herrscher gefährlich werden könnte und die dieser daher zu beschwichtigen sucht. Nein, zugleich handelt es sich beim Adel um eine Macht, die sich der Herrscher produktiv zunutze machen muss, um seine eigene Macht zu steigern. Wiederum begegnet einem die Paradoxie der Machtsteigerung als dem „eigentlichen", dem tieferen Grund der (Notwendigkeit zur) Legitimation. Der Arm des zentralen Herrschers reicht (noch) nicht weit genug, um direkten Zugriff auf alle Herrschaftsunterworfenen in seinem Territorium zu erlangen, vor allem nicht in der Peripherie. Er oder, genereller noch, vormoderne staatliche Herrschaft bleibt daher auf die *Mithilfe lokaler Potentaten* angewiesen. Weshalb sie sich – nolens volens – genötigt sieht, sich gegenüber diesen Machtintermediären performativ-expressiv zu legitimieren.[364] Das Verhältnis zwischen Adel und König in stratifizierten Gesellschaften bezeichnet Luhmann demgemäß, anders als jenes zwischen Ober- und Unterschicht, nicht als *Ab*hängigkeit, sondern als *An*hängigkeit und die ist *kündbar*.[365] Genau das ist die Kehrseite der horizontalen Legitimität: dass alle Legitimierung von politischer Ungleichheit unter Rang-

---

[363] Luhmann 1997 – Die Gesellschaft der Gesellschaft, S. 716, m.H.; vgl. ähnlich Hagesteijn 1989 – Circles of Kings, S. 137-146.

[364] Diese innere Spannung zwischen den beiden Polen *zentraler* Herrschaft und *lokaler* Selbstverwaltung kennzeichnet für Bendix das (vormoderne) Königtum als solches. Gerade deshalb sind die unablässigen Fehden und der damit verbundene blutige Unfriede diesem *inhärent*. Obwohl das Königtum sakrosankt war und lange Zeiträume überdauerte, war die Herrschaft eines jeden einzelnen Königs häufig gefährdet; siehe Bendix 1980 – Könige oder Volk 1, S. 16, 320ff. Die Bedeutung von Fehde*recht* und Fehde*praxis*, die beide dem Adel vorbehalten waren, für die *Reproduktion gesellschaftlicher Ungleichheit* (bzw. stratifikatorischer Differenzierung) im späten (europäischen) Mittelalter erhellt Algazi, Gadi: Herrengewalt und Gewalt der Herren im späten Mittelalter. Herrschaft, Gegenseitigkeit und Sprachgebrauch, Frankfurt/M. 1996.

[365] Siehe Luhmann 1997 – Die Gesellschaft der Gesellschaft, S. 716. Untersuchungsgegenstand sind ihm dabei die stratifizierten Gesellschaften des spätmittelalterlich-frühmodernen Europas.

gleichen *prekär* bleibt. Doch: Vom performativ-expressiven Legitimationsdruck, der auf dem zentralen Herrscher lastet, profitiert anstelle der gesamten Bevölkerung einzig der Adel.

Damit wäre der erste Grund angesprochen, warum sich die breite Masse der Herrschaftsunterworfenen von dem Umstand, dass schon frühe staatliche Herrschaft sich zusätzlich zur basal-pragmatischen und theoretisch-reflexiven auch in der performativ-expressiven Dimension legitimieren muss, keine Linderung oder gar Aufhebung ihres Leids erwarten darf – eben weil deren Legitimitätsurteil hier kaum Gewicht hat. Der zweite (streng genommen bereits angeschnittene) Punkt ist indes vielleicht noch wichtiger, weil ernüchternder. Er betrifft die *Auswirkungen* einer möglichen performativ-expressiven Delegitimierung auf die Herrschaftsordnung als Ganzes. Kritik am zentralen Herrscher durch Angehörige der Oberschicht, d.h. durch Mitglieder der politischen Gemeinschaft, pflegt durchaus vorzukommen, ja, sie ist, wie gezeigt, in der staatlich-stratifikatorischen Ordnung als solcher angelegt. Und „schlimmstenfalls" mag sie durchaus in der Absetzung oder Tötung des jeweiligen Herrschers gipfeln. Aber – und das ist der springende Punkt – letztlich wird die Herrschaftsordnung hierdurch nicht geschwächt, geschweige denn abgeschafft, sondern – ganz im Gegenteil – *gestärkt*. Zum einen, weil alle Kritik sich ordnungs*eigener* Mittel bedient (z.B. des Widerstandsrechts), mithin system*intern* bleibt: Die theoretisch-reflexiven Prämissen der Herrschaftsordnung übernehmend, verharrt sie in derselben (im Beispiel: innerhalb der Rechtsordnung, die besagt, dass nur der *legitime* Fürst ein Fürst ist).[366] Die Herrschaftsordnung selbst gerät dagegen nicht ins Kreuzfeuer. Von den besagten kognitiven Gründen, die einer solchen „Fundamentalkritik" im Wege stehen, einmal abgesehen, dürfte aus dem Adel – also von den Nutznießern dieser Ordnung – ohnehin niemand ein Interesse daran haben. König und Adel sitzen gewissermaßen in einem (Luxus-)Boot. Zum anderen profitiert die Herrschaftsordnung insgesamt von performativ-expressiven Legitimationseinbußen, weil deren äußerste – aber eben *nur* äußerste – Folge darin besteht, dass ein (schwacher) Herrscher durch einen anderen (und womöglich stärkeren) Herrscher ersetzt wird. „Der König ist tot, es lebe der König." Das Königs*amt* als solches bleibt hiervon unberührt. Und wenn der Herrscher, statt gestürzt zu werden, lediglich geschwächt aus

---

[366] Die Kritik verharrt indes nicht nur in der vorhandenen Herrschaftsordnung, sie sorgt darüber hinaus für eine *Verlebendigung* ihrer Normen. Ohne Normbruch, das weiß man spätestens seit Durkheim, kein Normbewusstsein.

2. Vom Anfang der Revolution

den Machtkämpfen hervorgeht? Dann wird ihm dies Mahnung genug sein, künftig die Interessen des Adels stärker in Betracht zu ziehen – jenes intermediären Elements also, ohne das die Ausübung staatlicher Herrschaft in vormodernen Gesellschaften nicht (oder räumlich nur sehr begrenzt) realisierbar ist. Wenn man so will, schützt das Sich-Bemühen-Müssen um Zustimmung vonseiten des Adels monarchische Herrschaft mithin vor ihrer eigenen destruktiven Dynamik – indem es sie an ihre (Macht-)Grenzen erinnert. Was im Umkehrschluss freilich bedeutet, dass das System der Ungerechtigkeit durch die Notwendigkeit der performativ-expressiven Legitimation nicht nur nicht abgemildert, sondern letztlich sogar auf Dauer gestellt wird.

Es lässt sich zusammenfassen: Die performativ-expressive Dimension ist einerseits Sprachrohr und Korrektiv allein für eine *Minderheit* von Privilegierten,[367] und sorgt andererseits für eine *Kanalisierung* potentiellen „innersystemischen" Unmuts. Dieser wird umgeleitet: statt gegen die Herrschafts*position* und damit die Herrschaftsordnung insgesamt richtet er sich gegen die Person des Herrschers, den jeweiligen Positions*inhaber* also. Die Ungerechtigkeit generierende (Herrschafts-)Ordnung wird also letzten Endes *perpetuiert*. An der Schichtung der Gesellschaft ändert sich nichts. Soziale Mobilität mag zwar in stratifizierten Gesellschaften vereinzelt durchaus vorgekommen sein,[368] immer handelte es sich in solchen Fällen aber um den Aufstieg einzelner Individuen, niemals um den einer ganzen Schicht. Nivellierungstendenzen, weiß Luhmann, zeigen immer schon den Beginn der Moderne an.[369] Plausibel wird dieser Befund vor dem umrissenen Hintergrund, dass soziale Ordnungen bis dahin aus denknotwendigen Gründen nicht zur Disposition standen. Frühe staatliche Herrschaftsordnungen mögen, obschon „*ideologisch*" unverbrüchlich, auf internen oder externen Druck hin *faktisch* in sich zusammenstürzen, zum Objekt einer Revolution aber, d.h. einer *intendierten Umgestaltung*, wer-

---

367 Die sich für die Dauer ihrer Herausforderung des Königs selbstverständlich mit dem Volk solidarisieren können, so dass ein Bündnis von Adel und Volk dem König entgegentritt. Letztlich wird hierdurch gleichwohl eine unterdrückerische Herrschaftsordnung *restituiert* – allen (zeitweiligen) „Befreiungen" zum Trotz. Wie Dux etwa am Beispiel des vom Adel initiierten Sturzes eines Pharaos aus der Ersten Zwischenzeit darlegt (Dux 2003 – Gerechtigkeit, S. 83-86).
368 Ja, sie war in gewisser Hinsicht sogar unausweichlich, allein schon um die Oberschicht „aufzufüllen". Die permanenten Kriege und Fehden forderten nämlich ihren Tribut (sprich Menschenleben).
369 Vgl. Luhmann 1997 – Die Gesellschaft der Gesellschaft, S. 694f.

den sie unter diesen Denkvoraussetzungen (die wiederum eine spezifische Form der theoretisch-reflexiven Legitimation herbeiführen) nicht. Diese verlangt vielmehr ein allgemeines Denkenkönnen und Sich-Bewusstmachen der Kontingenz und Plastizität sozialer Ordnung.

Dux zufolge *bleibt* die subjektivische nicht nur in der Frühzeit, sondern bis zur Neuzeit die dominante Struktur des Weltverständnisses.[370] Ob (allein oder auch nur vorwiegend) aus *diesem* Grund staatliche Herrschaft vor der Neuzeit eine transzendente Legitimation erfährt, kann hier nicht entschieden werden. Weitere Forschung wird in der Frage nötig sein. Das *Faktum* transzendent legitimierter staatlicher Herrschaft begegnet gleichwohl vorneuzeitlich beinahe durchgehend. Ein paar Belege seien genannt: Für Rolf Gundlach ist das *sakrale* Königtum die typische Staatsform der menschlichen Geschichte zwischen dem vierten vorchristlichen Jahrtausend und dem 18. bzw. 19. nachchristlichen Jahrhundert.[371] Darauf, dass Claessen und Skalník den „frühen Staat", der in weiten Teilen der Erde und (bis ins 19. Jahrhundert) epochenübergreifend (wieder-)auftritt, über das Kriterium der transzendenten Legitimität definieren, wurde bereits hingewiesen. Jürgen Osterhammel wiederum charakterisiert (auch frühe) „Imperien" u.a. durch eine spezifische Legitimierungsrichtung: In ihnen wird Herrschaft „von oben" legitimiert.[372] Reinhard Bendix erkennt bei allen Unterschieden, die die abendländische, islamische und chinesische Tradition aufweisen, eine Gemeinsamkeit darin, dass weltliche Herrschaft unter Berufung auf eine „höhere Macht" legitimiert wurde.[373] Wolfgang Reinhard sieht eine gemeinsame Eigenschaft der Herrschaft von mittelalterlichen Vorläufern der modernen (europäischen) Staatsgewalt darin, dass sie auf „sakraler Fremdlegitimation"[374] beruhen. Und laut Peter Herz teilen die von ihm untersuchten orientalischen Völker eine Konzeption von Herrschertum, in der der Herrscher „als Stellvertreter des jeweiligen Gottes auf Erden eingesetzt wurde, um die praktische Sicherung der göttlichen Grundordnung zu gewährleisten"[375]. Angesichts dieser zahlreichen

---

370 Siehe Dux 2000 – Historisch-genetische Theorie, S. 119.
371 Vgl. Gundlach 1992 – Der Sakralherrscher, S. 6.
372 Siehe Osterhammel 2009 – Die Verwandlung der Welt, S. 608.
373 Vgl. Bendix 1980 – Könige oder Volk 1, S. 92f.
374 Reinhard 1999 – Geschichte der Staatsgewalt, S. 22.
375 Herz, Peter: Die frühen Ptolemaier bis 180 v.Chr., in: Gundlach, Rolf/Weber, Hermann (Hrsg.): Legitimation und Funktion des Herrschers. Vom ägyptischen Pharao zum neuzeitlichen Diktator, Stuttgart 1992, S. 51-97, hier S. 65.

2. Vom Anfang der Revolution

raum- und kulturübergreifenden empirischen Befunde hat Duxens Argumentation einiges für sich. Gerade verglichen mit solchen Ansätzen, die entweder die Legitimität vormoderner Herrschaft gänzlich abstreiten – und deren Stabilität in der Folge nicht zu erklären vermögen – oder aber die Legitimität auf eine „große Täuschung" der Massen zurückführen – und vor dem Rätsel stehen, wieso diese sich hierfür rund um den Globus und noch dazu in so grundverschiedenen Kulturen empfänglich zeigten.

Wenn nun aber an der Schwelle zur Neuzeit soziale Ordnungen zunehmend als immanente Produkte aufgefasst werden und daraus die Pflicht zur Gestaltung derselben abgeleitet wird, dann müsste hierfür ein Umbruch im Denken, ein Wandel in den kognitiven Strukturen verantwortlich zeichnen. Und exakt ein solcher Wandel tritt ein. Die alte Subjektlogik wird durch ein *systemisch-prozessuales* Denken, durch eine *funktional-relationale* Logik ersetzt, aus der sich wiederum eine neue Wirklichkeitsauffassung herleitet.[376] Phänomene werden nicht länger dadurch erklärt, dass man auf ihren subjekthaft-absolutistischen Ursprung zurückgeht. Stattdessen werden sie als komplexer verursacht vorgestellt: als Resultate eines *interrelationalen Verbunds*, als Ergebnisse eines *systemischen Wirkungszusammenhangs*.[377] Die innere Dynamik des Beziehungszusammenhangs tritt mit anderen Worten in der Neuzeit als Ursache an die Stelle der Figur eines allmächtigen Schöpfers, das heißt, Kausalität wird seither als *kontingente Interdependenz* gedacht. Wodurch genau dieser Umbruch bewirkt wird, lässt sich (derzeit noch) nicht eindeutig sagen. Es scheinen technische und wirtschaftliche, insbesondere monetäre Prozesse hieran beteiligt gewesen zu sein.[378] Licht ins Dunkel dieses kausalen Zusammen-

---

376 Siehe v.a. Dux 1994 – Die ontogenetische und historische Entwicklung des Geistes und ders. 2000 – Historisch-genetische Theorie, S. 29-40, 425-451.

377 Genau das meint (einer höchst anregenden Interpretation Duxens nach) Weber mit „*Entzauberung*": dass Objekte und Ereignisse nicht mehr subjektivisch, also als das Ergebnis von Handlungen eines transzendenten Agens aufgefasst werden. In der neuzeitlichen entzauberten Welt erlangt der Mensch vielmehr sachlich-rationale Herrschaft, er gewinnt mit anderen Worten die Verfügungsgewalt über die Dinge und Vorgänge; vgl. Dux 1973 – Religion. Dux zieht in seinen späteren Arbeiten den Begriff der *Säkularisierung* vor, unter der er einen Prozess versteht, durch den „das, was in der Welt geschieht, einem *systemischen, innerweltlichen Bedingungszusammenhang* zugerechnet und so der Eingriffskausalität Gottes oder sonst subjektivischer Mächte entzogen" wird (ders. 2000 – Historisch-genetische Theorie, S. 33, m.H.).

378 Siehe Borkenau, Franz: Der Übergang vom feudalen zum bürgerlichen Weltbild. Studien zur Geschichte der Philosophie der Manufakturperiode, Darmstadt

hangs zu bringen, ist jedenfalls nicht Aufgabe der vorliegenden Arbeit. Dass zu Beginn der Neuzeit eine Revolutionierung des Denkens stattgefunden hat, wird hier vielmehr als Prämisse übernommen. Niedergeschlagen (bzw. ausgebildet) hat sie sich erstmals in den Naturwissenschaften, namentlich in Gestalt des „Maschinenparadigmas".[379] Die Natur nach Art einer Maschine zu verstehen, ist insofern symptomatisch für das neue (funktional-relationale) Denken, als diese es erlaubt, jene als einen einerseits *entseelten* – und damit entsubjektivierten – und andererseits dennoch *selbstläufigen* Mechanismus zu begreifen.[380] Obwohl ein subjektivischer Agens fehlt, liegt trotzdem ein gesetzmäßiger Zusammenhang vor. Die klassische Mechanik illustriert diesen grundlegenden Wandel: Bewegung wird in dieser erstmals als *Zustand* denkbar. Es braucht in der Vorstellung von Bewegung keinen permanenten Beweger mehr, der (wie bei Aristoteles und dessen Erklärung des Speerwurfs) für die gesamte Dauer der Bewegung als Ursache hinter derselben wirkt.[381]

1976/1934, Dux 2000 – Historisch-genetische Theorie, Remmele, Bernd: Das Maschinenparadigma im Umbruch der Logiken, in: Wenzel, Ulrich/Bretzinger, Bettina/Holz, Klaus (Hrsg.): Subjekte und Gesellschaft. Zur Konstitution von Sozialität, Weilerswist 2003, S. 259-276 und Bockelmann, Eske: Im Takt des Geldes. Zur Genese modernen Denkens, Springe 2004.

379 Vgl. Remmele 2003 – Das Maschinenparadigma.
380 Vgl. Paul 2004 – Sohn-Rethel auf dem Zauberberg, S. 96. „Das machinale Muster wirkt deshalb revolutionär, weil es den Rückgriff auf subjektivische Intelligenzen innerhalb des kosmischen Gefüges obsolet werden läßt." Dux 2000 – Historisch-genetische Theorie, S. 31. Wobei sich die spezifische *Scharnierstellung* des mechanistischen Denkens innerhalb des Umbruchs der Logiken darin erweist, dass sich noch Reste der alten Subjektlogik finden. Das Maschinenparadigma bedarf noch des („äußeren") planvollen Schöpfungsaktes durch einen göttlichen Mechaniker bzw. Ingenieur – auch wenn *alles Weitere*, die innere Struktur schon als ein geschlossener und regelhafter Funktionszusammenhang verstanden wird; siehe Remmele 2003 – Das Maschinenparadigma, S. 260, 274.
381 Siehe Wenzel 2000 – Vom Ursprung zum Prozeß, S. 169. Vgl. zur Notwendigkeit einer permanenten Verursachung von Bewegung noch im Mittelalter: Remmele 2003 – Das Maschinenparadigma, S. 272. Erst das Trägheitsprinzip bricht mit dieser Vorstellung. Wobei Dux betont, dass der Umbruch im Weltbild der Neuzeit (und der damit verbundene Wechsel der Logik) durch die paradigmatische Verwendung der Maschine als Muster der (Welt-)Erklärung lediglich *möglich* wurde. Wieso indes die Maschine – die im Laufe des Mittelalters auch wirtschaftlich immer mehr Einsatzmöglichkeiten erfuhr – zu Erklärungszwecken überhaupt herangezogen wurde, bleibt erklärungsbedürftig. Siehe Dux 2000 – Historisch-genetische Theorie, S. 30-32.

2. Vom Anfang der Revolution

Doch nicht die Physik steht im Mittelpunkt des kommenden Unterkapitels, sondern die politische Theorie. An ihr, genauer: an den neuzeitlichen Theorien vom Gesellschaftsvertrag lässt sich jener grundlegende kognitive Wandel ablesen, der in der Herrschaftsgewinnung über die Natur seinen Anfang nahm, gleichsam in den Naturwissenschaften heranreifte, wie im Übrigen schon Griewank feststellt,[382] um hernach auf den politischen Bereich überzugreifen. „Wenn am Beginn der Neuzeit eine Epochenschwelle zu überschreiten war", so Dux, „dann liegt sie gerade auch in dem Gewinn der bewußten Herrschaft über die Sozialordnung"[383]. Dieser Gewinn aber bleibt nicht ohne Folgen für die theoretische Legitimation von Herrschaft, „[d]enn in eben dem Moment, in dem die gewonnene Herrschaftsmächtigkeit die urwüchsig überkommenen Sozialordnungen aufreißt, versagt auch ihre Legitimation"[384]. Man könnte es mit John Schaar auch so zum Ausdruck bringen (freilich ohne dessen konservative Sorge zu teilen), dass die Legitimität eine „epistemological route" zurücklegt.

> Political societies were not works of human art and will, but were embedded in and even constituted by a larger order of being. Human authority rested on bases more ‚solid' than individual choice and will. [...] In the newer view, order becomes dependent upon will, with no source of rewards and punishments external to the system and its members. With that, the social and political world becomes ‚unfrozen' as it were, movable by skill and power, for it is seen that there is no necessity in any given arrangement of things. All things could be other than they are.[385]

Und genau dieser epistemischen Route, diesem „Auftauen" aller sozialen Ordnung möchte ich nachstehend folgen – angefangen mit Thomas Hobbes, der sich des epochalen Wandels seiner Zeit wie kein Zweiter bewusst war.

---

382 Vgl. Griewank 1973 – Der neuzeitliche Revolutionsbegriff, S. 22. Und seine leider fragmentarisch gebliebene Monographie, das sei hier ausdrücklich betont, wurde schon 1955 veröffentlicht – und das posthum.
383 Dux 1973 – Religion, S. 336.
384 Ebd.
385 Schaar 1984 – Legitimacy in the Modern State, S. 112f., zur „epistemological route" vgl. ebd., S. 112-114.

2.2 Ein anklingender Richtungswechsel in der Legitimation von Herrschaft

> Die Übereinstimmung dieser Lebewesen ist natürlich, die der Menschen beruht nur auf Vertrag, der künstlich ist. Und deshalb ist es kein Wunder, daß außer dem Vertrag noch etwas erforderlich ist, um ihre Übereinstimmung beständig und dauerhaft zu machen, nämlich eine allgemeine Gewalt, die sie im Zaum halten und ihre Handlungen auf das Gemeinwohl hinlenken soll.[386]

Als Thomas Hobbes' *Leviathan* 1651 erscheint, sind soziale Ordnungen problematisch und zu einem Gegenstand erbitterter Kämpfe geworden. Konfessionell-politisch motivierte (Bürger-)Kriege erschütterten und brachten Leid über weite Teile Europas, England eingeschlossen, dessen Bürgerkrieg sich von 1642 bis 1649 (bzw. 1651) erstreckte. Was den historischen Erfahrungshintergrund, den Kontext anbelangt, kann Hobbes mithin als ein Kind des 16. und 17. Jahrhunderts gelten – und das heißt in erster Linie: als ein gebranntes Kind. Von Interesse sind nun aber vor allem die theoretischen Schlüsse, die er hieraus zieht. Denn sie lassen ihn mit der bis dahin vorherrschenden aristotelischen Naturrechtstradition brechen und zugleich die politische Theorie der Neuzeit (mit-)begründen, die auf den neuen Begründungsbedarf politischer Ordnungen mit dem „kontraktualistischen Argument" reagiert.[387] Hobbes' Argumentation ist dabei, was manch einen überraschen mag, von tiefer Ambivalenz durchzogen. Angefangen mit der Rechtfertigungsbedürftigkeit von Herrschaft *überhaupt* schließt sie mit dem Gerechtfertigtsein *jeder* de facto souveränen Herrschaft. Wie geht das zusammen?

Soziale Ordnungen sind nicht naturhaft-vorgegeben. Diese Einsicht kann man als Ausgangspunkt des Hobbesschen Gedankengangs wählen. Vielmehr sind alle Ordnungen künstlich, kulturelle Produkte des Menschen. Dieser wird demgemäß bestimmt als ein Wesen, das von Natur aus frei, ungebunden ist, und das folglich nicht per se in natürlicher Harmonie mit seinen Mitmenschen lebt. Der Mensch ist Hobbes, anders als Aristoteles, *kein* Zoon politikon. Woraus sich zunächst zweierlei ergibt: Zum einen, dass das soziale Miteinander gestaltbar ist, es dem Menschen mit-

---

386 Hobbes, Thomas: Leviathan. Oder Stoff, Form und Gewalt eines kirchlichen und bürgerlichen Staates, hrsg. von Iring Fetscher, Frankfurt/M. 1984, S. 134. Gemeint sind mit „diesen Lebewesen" die Bienen und Ameisen aus Aristoteles' „Politik".
387 Vgl. Kersting, Wolfgang: Die politische Philosophie des Gesellschaftsvertrags, Darmstadt 1994.

2. Vom Anfang der Revolution

hin möglich ist, sich Ordnung(en) selbst zu schaffen. Das Hobbessche (vorgeblich natürliche, tatsächlich aber, wie noch zu sehen sein wird, zutiefst *geschichtliche*, manch einer würde sagen: bürgerliche) Subjekt ist ein „poietisches Subjekt"[388]: Es *macht* Ordnung; es findet sie nicht vor, sondern stellt sie im Stile eines Baumeisters allererst her. Zum anderen resultiert aus der Weigerung, den Menschen als ein politisches Wesen zu bestimmen, dass alle Ordnung die ursprüngliche menschliche Freiheit einschränkt und deshalb *prinzipiell fragwürdig* ist. Konkrete Ordnungen, und das sind bei Hobbes vornehmlich (wenn nicht ausschließlich): *Herrschafts*ordnungen, brauchen eine konkrete Rechtfertigung.[389] In diesem Punkt unterscheidet sich Hobbes' politische Philosophie grundsätzlich von den vorangegangenen: Herrschaft *an sich* gibt mit einem Mal zu Bedenken Anlass, nicht nur ihre jeweilige (ethische) Qualität.[390] Denn sie könnte auch *anders* oder sogar *gar nicht* sein – eben weil sie ursprünglich von Menschen ins Werk gesetzt wurde und dementsprechend von genau diesen auch wieder überarbeitet oder gleich ganz niedergerissen werden könnte.

Und doch hält Hobbes Herrschaft ihrer prinzipiellen Fragwürdigkeit zum Trotz für unabdingbar. Wieso? Kurz gesagt, aufgrund seiner skeptischen Anthropologie: *homo homini lupus*, der Mensch ist des Menschen

---

388 Willms, Bernard: Die Antwort des Leviathan. Thomas Hobbes' politische Theorie, Neuwied am Rhein 1970, S. 117. Hobbes sei Hennis zufolge fasziniert von der „Erwartung, einen Zustand *herstellen* zu können, der das von allen erwünschte Leben möglich macht. Dieser Zustand, dieser artifizielle status ist der Leviathan. Für die Gewährleistung dieses Zustandes kommt es nun aber gerade nicht darauf an, wie die Menschen leben, auf ihre Praxis, sondern alles hängt von der richtigen Errichtung, der richtigen Bauweise dieses artificial body ab. Würde ein Staat durch innere Unruhen aufgelöst, so liege der Fehler nicht an den Menschen, sofern sie der Stoff eines Staates, sondern insofern als sie seine Macher, seine Baumeister sind. Das Problem ist keines der Praxis, der rechten Lebensführung, sondern des Produzierens, der Poietik." Hennis, Wilhelm: Politik und praktische Philosophie. Eine Studie zur Rekonstruktion der politischen Wissenschaft, Neuwied am Rhein 1963, S. 49. An Hobbes lässt sich mithin die „Ablösung einer praktischen, am rechten Handeln, durch eine poietische, am richtigen Herstellen orientierte politische Philosophie" beobachten (ebd., S. 50).

389 Dazu, dass Hobbes Ordnungsleistungen ausschließlich als *herrschaftliche* Ordnungsleistungen auffasst, vgl. u.a. Luhmann 1976 – Generalized Media, S. 507.

390 Siehe Kersting 1994 – Die politische Philosophie des Gesellschaftsvertrags, S. 4. Wie sollte Herrschaft als solche zuvor auch in Frage gestellt werden, wenn sie immer schon als göttliche Herrschaft gedacht wurde? In der *prinzipiellen Legitimierungsbedürftigkeit* politischer Herrschaft sieht Kersting übrigens die *Radikalität* der politischen Philosophie der Neuzeit insgesamt begründet (ebd., S. 11).

2.2 Ein anklingender Richtungswechsel in der Legitimation von Herrschaft

Wolf – mitnichten unter allen, wohl aber unter bestimmten, nämlich *herrschaftslosen* Umständen.[391] Für Hobbes ist der Mensch zwar nicht von Natur aus böse, aber die Tatsache, dass er mit anderen Menschen in einer Welt prinzipiell knapper Güter lebt und sich zur Befriedigung seiner nicht nur momentanen, sondern auch (etwaigen) zukünftigen Bedürfnisse,[392] die sein Handeln leiten, skrupellos aller zur Verfügung stehenden Mittel bedient, würde ihn, sofern keine „allgemeine Gewalt" ihn zügelte, in letzter Konsequenz geradewegs in den (virtuellen) Krieg aller gegen alle, einen Zustand allgegenwärtiger Gewalt also, führen, wie Hobbes mit Hilfe des Naturzustandstheorems zu zeigen versucht. Herrschaft ist daher, eben weil sie den *bellum omnium contra omnes* zu verhindern vermag, im Interesse aller. Es ist das Zusammenspiel aus Verlangen („desire") und Angst („fear"), dessen Einzelheiten an dieser Stelle nicht weiter von Belang sind, das die (darin vernunftbegabten!) Menschen zur Einsicht kommen lässt, dass die Herstellung von (Herrschafts-)Ordnungen nicht nur möglich, sondern auch *geboten* ist.

Und so schließen sie einen Vertrag, durch den dem allgemeinen Wunsch nach gewaltfreien Verhältnissen Ausdruck verliehen wird. Nur, der einhellige Wunsch nach Frieden *allein* reicht, wie Hobbes ernüchtert feststellen muss, nicht aus, um den Frieden dauerhaft zu sichern. Denn „Verträge ohne das Schwert sind bloße Worte und besitzen nicht die Kraft, einem Menschen auch nur die geringste Sicherheit zu bieten"[393]. Zu unbeständig ist das (Eigen-)Interesse, als dass sich eine Ordnung auf es gründen ließe.[394] Es bedarf vielmehr zusätzlich der Übertragung aller (legiti-

---

391 Hobbes gebraucht den Ausspruch im Übrigen nicht im *Leviathan*, sondern in der Widmung von *De Cive* (1642). Er geht zurück auf Titus Maccius Plautus, einen römischen Komödiendichter, der im dritten und zweiten vorchristlichen Jahrhundert lebte.
392 In *De homine* charakterisiert Hobbes den Menschen als ein Wesen, das (anders als Wölfe, Bären und Schlangen) „„sogar der künftige Hunger hungrig macht"". Zitiert nach Münkler, Herfried: Thomas Hobbes, Frankfurt/M. 2001, S. 93. Noch Popitz spricht, wenn auch weniger drastisch, von der „Sorge um die Zukunft", die den Menschen auszeichnet, bzw. von der „konstitutiven Zukunftsorientiertheit von Interaktionen" (Popitz 2004 – Phänomene der Macht, S. 32, 26).
393 Hobbes 1984 – Leviathan, S. 131. Worin Koselleck das eigentliche moralphilosophische Problem erkennt, vor dem Hobbes steht; vgl. Koselleck, Reinhart: Kritik und Krise. Eine Studie zur Pathogenese der bürgerlichen Welt, Frankfurt/M. 1973/1959, S. 19.
394 Siehe hierzu klassisch Durkheim, der diese Erkenntnis indes nutzt, um auf die Notwendigkeit einer allgemeinen *Moral* – nicht einer allgemeinen Gewalt – zu

2. Vom Anfang der Revolution

men) Gewalt auf *eine* Instanz, die insofern zur *staatlichen* (im modernen gewaltmonopolisierenden Sinne) wird:

> Der *alleinige* Weg zur Errichtung einer solchen allgemeinen Gewalt, die in der Lage ist, die Menschen vor dem Angriff Fremder und vor gegenseitigen Übergriffen zu schützen und ihnen dadurch eine solche Sicherheit zu verschaffen, daß sie sich durch eigenen Fleiß und von den Früchten der Erde ernähren und zufrieden leben können, liegt in der Übertragung ihrer gesamten Macht und Stärke auf *einen* Menschen oder *eine* Versammlung von Menschen, die ihre Einzelwillen durch Stimmenmehrheit auf einen Willen reduzieren können.[395]

Am Abtreten eigener Freiheit führt um des lieben Friedens willen also kein Weg vorbei. Ganz im Gegenteil, der Hobbessche Gesellschaftsvertrag ist derart einseitig auf eine Herrschafts*begründung* unter Ausklammerung von Fragen der Herrschafts*begrenzung* ausgelegt, dass herrschaftlicher Willkür Tür und Tor geöffnet werden – was Hobbes indes billigend in Kauf nimmt.[396] Ungerechte Herrschaft ist allemal besser als gar keine Herrschaft, bedeutet fehlende Herrschaft in seinen Augen doch zwangsläufig: Bürgerkrieg. „Die *unendliche* Gefahr des Kriegs aller gegen alle wird verwandelt in das *begrenzte* Risiko des Missbrauchs der Herrschaft."[397] Der Begünstigungsvertrag, den die Gesellschaftsmitglieder un-

---

    schließen: „Wenn man tiefer schaut, dann sieht man, daß jede Interessenharmonie einen latenten oder einfach nur vertagten Konflikt verdeckt. Denn wo das Interesse allein regiert, ist jedes Ich, da nichts die einander gegenüberstehenden Egoismen bremst, mit jedem anderen auf dem Kriegsfuß, und kein Waffenstillstand kann diese ewige Feindschaft auf längere Zeit unterbrechen. Das Interesse ist in der Tat das am wenigsten Beständige auf der Welt. Heute nützt es mir, mich mit Ihnen zu verbinden; morgen macht mich derselbe Grund zu Ihrem Feind." Durkheim, Emile: Über soziale Arbeitsteilung. Studie über die Organisation höherer Gesellschaften, Frankfurt/M. 1992/1893, S. 260.

395 Hobbes 1984 – Leviathan, S. 134, m.H. Mit Hobbes beginnt Reinhard zufolge der *moderne Staatsdiskurs*, „denn dieser Souverän [des Thomas Hobbes] hat die Haupteigenschaften des Staates: das Gewaltmonopol über die als homogen angenommene Untertanenschaft für ein klar umgrenztes Gebiet, vor allem das Recht zu töten, um Herrschaft und Recht durchzusetzen" (Reinhard 1999 – Geschichte der Staatsgewalt, S. 116). Und der Souverän gilt bereits „als Repräsentant des Volkes" (ebd.).

396 Vgl. Kersting 1994 – Die politische Philosophie des Gesellschaftsvertrags, S. 96.

397 Hahn 2003 – Herrschaft und Religion, S. 344, m.H. Ähnlich auch Hennis, demzufolge die Bürgerkriegssituation, aus der heraus Hobbes den Leviathan konzipiert, die Tyrannislehre in den Hintergrund treten lässt (Hennis 1963 – Politik

tereinander zugunsten des Staates schließen,[398] enthält daher für den Herrscher weder Grenzen noch Pflichten oder, um genau zu sein, keine dem Vertrag *selbst* innewohnenden Grenzen und Pflichten, deren Missachtung die Beherrschten vis-à-vis dem staatlichen Herrscher legitimerweise beanstanden könnten. Die performativ-expressive Dimension bleibt gewissermaßen „leer" – insofern als der Herrscher selbst nicht Vertragspartei ist. Folgerichtig kennt Hobbes auch kein politisches Widerstandsrecht. Die politische Gewalt wird bei ihm vielmehr „als vertraglich dekonditioniert" gedacht, „nämlich als vertraglich eingesetzt, ohne von weiteren Bedingungen abhängig zu sein, an deren Verletzung Widerstand anknüpfen könnte"[399]. Der staatliche Herrscher mag handeln wie er will; solange er einerseits seiner funktionalen – man könnte auch sagen: impliziten basal-pragmatischen – Pflicht nachkommt, für Frieden zu sorgen,[400] und er andererseits den privaten Gesinnungsraum der Herrschaftsunterworfenen achtet,[401] ist seine Herrschaft legitim. Die Beherrschten sollen bei Hobbes

---

und praktische Philosophie, S. 72). „Schon Hobbes hat für das Problem der Tyrannis nur noch Ironie übrig." Ebd., S. 73.

398 Und zwar, was wichtig ist, *nur* untereinander, ausnahmslos in der Horizontalen also, weshalb es sich streng genommen um einen Gesellschafts- und eben keinen Herrschaftsvertrag handelt.

399 Luhmann, Niklas: Widerstandsrecht und politische Gewalt (1984), in: ders.: Soziologische Aufklärung. Bd. 4: Beiträge zur funktionalen Differenzierung der Gesellschaft, Opladen 1987, S. 169-179, hier S. 171; siehe ähnlich auch Fetscher, Iring: Einleitung, in: Hobbes, Thomas: Leviathan. Oder Stoff, Form und Gewalt eines kirchlichen und bürgerlichen Staates, hrsg. von Iring Fetscher, Frankfurt/M. 1984, S. IX-LXVI, hier S. XXXII. Hobbes lehnt zudem einen gesonderten Vertrag mit Gott ab, der die Untertanen instand setzen würde, aus gegebenem Anlass den Gehorsam gegenüber dem (weltlichen) Herrscher aufzukündigen; siehe Hobbes 1984 – Leviathan, S. 137.

400 Insofern wird der Staat bei Hobbes nicht zum Selbstzweck, er bleibt vielmehr qua Zweckgebundenheit ein „bloßes" Mittel. Dies betonen u.a. auch Fetscher 1984 – Einleitung, S. XXXI f. und Reinhard 1999 – Geschichte der Staatsgewalt, S. 117. Erfüllt der Staat seinen Zweck nicht, so sind die Herrschaftsunterworfenen berechtigt, eigenmächtig für ihre Sicherheit zu sorgen; vgl. Hobbes 1984 – Leviathan, S. 171.

401 Und das heißt für Hobbes vor allen Dingen, dass der Staat davon absieht, sich in religiöse Angelegenheiten einzumischen. Der innere Glaube der Untertanen entzieht sich souveräner Regelung; vgl. Fetscher 1984 – Einleitung, S. XXXIII. Darin, dass Hobbes diese private Sphäre schützt, ja, genau genommen allererst konstituiert, ist übrigens der maßgebliche Grund dafür zu sehen, weshalb der Hobbessche zwar ein autoritärer Staat, *keineswegs* aber eine gedankliche Vorwegnahme des totalitären Staates ist, welcher die Grenzen zwischen privater und öffentli-

2. Vom Anfang der Revolution

zwar die Herrschaft konstituieren, per Vertrag nämlich, aber zugleich „Konsens zur Nichtnotwendigkeit ihres Konsenses erteilen"[402], wobei es noch dazu für die Geltung des (unwiderruflichen) Vertrags einerlei ist, ob die anfängliche vertraglich zugesicherte Zustimmung freiwillig erfolgte oder nicht.[403] Der Frage, inwieweit die staatliche Praxis auf die kontinuierliche Zustimmung der Beherrschten trifft, wird mit anderen Worten jedwede legitimatorische Relevanz abgesprochen.

Hobbes bringt mit alledem den *Primat der Ordnung* gegenüber der Gerechtigkeit auf den Begriff. Er schließt hierdurch an eine theoretische Wende an und diese konsequent ab, wie sie ursprünglich von Machiavelli in die Wege geleitet wurde, für den Ordnung nichts Vorgefundenes mehr ist; stattdessen muss sie der Welt mühsam *abgerungen* werden.[404] Ordnung *als solche* erhält infolgedessen eine völlig neue Wertigkeit, ganz un-

---

cher Sphäre gerade *aufreißt*, um *alles* öffentlich werden zu lassen. Inwieweit die bürgerlichen Aufklärer den privaten Gesinnungsraum, den Hobbes bzw. der absolutistische Staat ihnen gewährt, in der Folge zu nutzen verstehen, wird weiter unten zu besprechen sein.

402 Luhmann, Niklas: Selbstlegitimation des Staates, in: Achterberg, Norbert/Krawietz, Werner (Hrsg.): Legitimation des modernen Staates. Archiv für Rechts- und Sozialphilosophie, Beiheft 15, Wiesbaden 1981, S. 65-83, hier S. 72. Konsens im Sinne von Zustimmung („consent"), wohlgemerkt. Wegen „schlechter Amtsführung" kann der Herrscher also aus zwei Gründen nicht abgesetzt werden: Weil mit ihm (wie bereits angesprochen) überhaupt gar kein Vertrag geschlossen wurde einerseits und weil seine Handlungen sämtlich der Gesamtheit der Beherrschten zugerechnet werden andererseits. Zu letzterem Punkt vgl. Hobbes 1984 – Leviathan, S. 134.

403 Vgl. Pauen, Michael: Gottes Gnade – Bürgers Recht. Macht und Herrschaft in der politischen Philosophie der Neuzeit, in: Imbusch, Peter (Hrsg.): Macht und Herrschaft. Sozialwissenschaftliche Konzeptionen und Theorien, Opladen 1998, S. 27-44, hier S. 35 und Hobbes 1984 – Leviathan, S. 135, 155-162. Legale und usurpierte Herrschaft stehen demnach auf einer Stufe, ein Vorwurf, wie er im Übrigen auch Weber gemacht wurde; siehe Sternberger 1986 – Max Weber und die Demokratie, S. 139-141.
Wieso der Hobbessche Vertrag unwiderruflich ist, obwohl sein Abschluss für die Menschen doch anfänglich ein Gebot der Vernunft war, gehört zu den gerne thematisierten Widersprüchen. Denn wieso kann dieselbe Vernunft in den Menschen nicht die Überzeugung heranreifen lassen, dass der Vertrag in der vorliegenden Fassung mehr schadet als nutzt und daher gekündigt werden sollte?

404 „Ordnung ist [...] etwas, das dem Chaos der einander widerstreitenden Interessen und Leidenschaften der Menschen abzuringen und aufzuprägen ist." Münkler, Herfried: Im Namen des Staates. Die Begründung der Staatsraison in der Frühen Neuzeit, Frankfurt/M. 1987, S. 189.

2.2 Ein anklingender Richtungswechsel in der Legitimation von Herrschaft

abhängig von ihrer konkreten Ausgestaltung. Der politischen Theorie der Neuzeit geht es darum nicht länger wie der mittelalterlichen „um die *Bewahrung* der guten Ordnung, sondern um die *Überwindung* von Chaos und Unordnung"[405]. Man könnte auch sagen: Das Ordnungs*defizit* gerät ihr zum systematischen Angelpunkt aller Überlegungen. Wobei die Betonung auf Angel- und nicht Ausgangspunkt liegt, wie das Eingangszitat u.a. deutlich machen sollte: Alle Ordnung ist künstlich, *deshalb* eignet ihr eine solche Labilität, ja, deshalb stellt sich dem Leviathan die Aufgabe der Chaosüberwältigung *permanent*, der insofern ein, wie Hobbes selbst akzentuiert, *sterblicher* Gott ist, der an dieser Aufgabe jederzeit *scheitern* kann.[406] Alle Ordnung *bleibt prekär*, ist in einem fort Gefährdungen ausgesetzt. Festhalten lässt sich demnach, dass das politische Denken Hobbes' und damit der Moderne seinen Ausgang nicht nur genealogisch beim Problem der Ordnung nimmt. Nein, zugleich haftet ihm ein spezifisches Ordnungs*wollen* an, eine normative Befangenheit also: Ordnung *soll* sein.[407] Mit Münkler: Hobbes führt ein neues Gegensatzpaar in die politische Philosophie ein. Er fragt nicht mehr, ob eine Herrschaft gerecht oder ungerecht ist, sondern, ob (staatliche) Herrschaft *überhaupt existiert oder nicht*.[408] Herrschaft oder Herrschaftslosigkeit, das ist die (in legitimatorischer Hinsicht entscheidende) Frage – und darin besteht der Paradigmenwechsel.

Doch noch aus einem weiteren und vielleicht wichtigeren Grund, der mit dem vorigen gleichwohl untrennbar verbunden ist, stellt Hobbes die Frage danach, ob Herrschaft in ihrer jeweiligen Ausführung gerecht oder ungerecht ist, hintan. Gemeint ist ein Grund, der die große Konfusion der damaligen Zeit widerspiegelt. *Man weiß schlichtweg nicht mehr, was Gerechtigkeit ist.* Und gerade *deshalb*, so paradox diese Logik auf den ersten Blick auch anmuten mag, gehorcht man der herrschenden Staatsgewalt, sei

---

[405] Ebd., S. 188, m.H. Ähnlich Schmitt, Carl: Der Leviathan in der Staatslehre des Thomas Hobbes. Sinn und Fehlschlag eines politischen Symbols, Köln 1982/1938, S. 50: „Der Souverän ist nicht *Defensor Pacis* eines auf Gott zurückgehenden Friedens; er ist Schöpfer eines nichts als irdischen Friedens, *Creator Pacis*."

[406] Vgl. Hobbes 1984 – Leviathan, S. 134 und Koselleck 1973 – Kritik und Krise, S. 24f.

[407] Vgl. Anter 2007 – Die Macht der Ordnung, S. 60.

[408] Siehe Münkler 2001 – Thomas Hobbes, S. 37f., 56-72.

2. Vom Anfang der Revolution

sie nun gerecht oder nicht.[409] Ehedem stellte sich diese Gerechtigkeitsfrage gar nicht, sie war vielmehr, wie gesehen, immer schon beantwortet: Als (aus denknotwendigen Gründen) von Gott kommende Ordnung war die Herrschaftsordnung (in theoretisch-reflexiver Hinsicht) gerecht(fertigt). Zu Beginn der Neuzeit aber wandeln sich die Bedingungen entscheidend. Die funktional-relationale Logik erlaubt es nicht länger, in der Frage nach dem Ursprung der Herrschaftsordnung auf einen transzendenten Agens zu rekurrieren.[410] Mit den kognitiven Voraussetzungen aber wandeln sich zugleich die normativen Anforderungen – die Frage der Gerechtigkeit stellt sich neu.

Von der Religion werden diesbezüglich keine „konsensfähigen" Antworten mehr erwartet.[411] Im Gegenteil, es sind ja gerade die in Europa wütenden *religiös motivierten* Bürgerkriege, die den Beteiligten – und so auch Hobbes – schmerzhaft vor Augen führen, dass die Religion, statt zu helfen, die Uneinigkeit nur noch verschärft. Was die politischen Akteure wiederum ihr Heil *jenseits* der Religion suchen lässt: in einer spezifisch *neutralen* Instanz, in einem Staat also, der aller Einmischung in religiösen bzw. konfessionellen Fragen entsagt, indem er sie zur nichts als *privaten* (Gewissens-)Angelegenheit erklärt und als solche toleriert. Der Staat wird *säkularisiert*, „verweltlicht" und damit letztlich: *entsakralisiert*.[412] Was

---

409 Vgl. Hahn 2003 – Herrschaft und Religion, S. 344f. Das spezifische Muster, sich aus der Verlegenheit, nicht mehr zu wissen, was gerechte und was ungerechte Herrschaft ist, in eine Legitimation von gerechter *und* ungerechter Herrschaft zu flüchten, entdeckt Hahn in Reinform bei Blaise Pascal Mitte des 17. Jahrhunderts. Im Unterschied zu Hobbes verzichte jener indes noch nicht auf eine religiöse Legitimation (vgl. ebd.). Die Verlegenheit Pascals bemerkt auch Borkenau 1976 – Vom feudalen zum bürgerlichen Weltbild, S. 483-559.
410 Insofern ist es nach meinem Dafürhalten höchst aufschlussreich, wenn Carl Schmitt behauptet, Hobbes habe sich bei der Konstruktion seines Leviathans am Modell der *Maschine* orientiert. Dazu gleich mehr.
411 Gott und Natur fallen für die politische Philosophie der Neuzeit „als Normativitätsspender" aus (Kersting 1994 – Die politische Philosophie des Gesellschaftsvertrags, S. 23).
412 Die Wurzeln dieses „Vorgangs der Säkularisation" entdeckt Böckenförde bekanntermaßen im Investiturstreit (1057-1122), im Zuge dessen sich die Opposition von „weltlich" und „geistlich" ausbilden und zum Grundthema der europäischen Geschichte werden konnte, wenn auch *fürs Erste* die päpstliche Seite den Sieg davontrug; vgl. Böckenförde, Ernst-Wolfgang: Die Entstehung des Staates als Vorgang der Säkularisation (1967), in: ders.: Staat, Gesellschaft, Freiheit. Studien zur Staatstheorie und zum Verfassungsrecht, Frankfurt/M. 1976, S. 42-64. Auch Münkler sieht in den Konfessionskriegen des 16. und 17. Jahrhunderts – und in

2.2 Ein anklingender Richtungswechsel in der Legitimation von Herrschaft

folgt daraus für die theoretisch-reflexive Legitimität staatlicher Herrschaft in der Moderne? Zunächst einmal, dass sie auf transzendentem Wege (wenigstens dem Selbstverständnis „der" Moderne nach) nicht länger hergestellt werden kann. Die jenseitigen Verbindungen sind gleichsam gekappt worden – und das ziemlich abrupt, herrscht in Europa doch noch um 1600 ein religiös fundiertes Legitimitätsverständnis.[413] Stattdessen sieht sich der moderne Staat fortan gezwungen, sich *selbstständig*, aus *eigener* Kraft zu legitimieren – auf *immanentem* Wege also. Die *Fremd*legitimation (vor allem unter Bezugnahme auf die Religion) weicht der *Selbst*legitimation. Genau das besagt schließlich Säkularisierung: Dass sich die zuvor miteinander verwobenen Sphären der Religion und Politik *trennen* bzw. *funktional ausdifferenzieren*, dass sich Letztere mithin von Ersterer *emanzipiert*.[414] Weshalb Alois Hahn mit Blick auf die Politik pointieren kann: „Der moderne Staat konstituiert sich geradezu als das diesseitige Jenseits alles Jenseitigen."[415]

Die Frage der Gerechtigkeit (oder theoretisch-reflexiven Legitimität) wird hierdurch gleichwohl alles andere als hinfällig. Vielmehr drängt sie nach wie vor auf Antworten, ja, in dem Moment, in dem die Politik ins

---

deren Beendigung durch die konfessionelle Neutralisierung des Staates – den vorläufigen Endpunkt der mit dem Investiturstreit begonnenen Entsakralisierung von Macht und Herrschaft (Münkler 1987 – Im Namen des Staates, S. 172). Die Säkularisierung (bei Münkler: der Geschichte) deutet er so, dass alles Geschehen der Entscheidungs- und Handlungsfreiheit des Menschen anheimgegeben wird, womit im Besonderen die Übernahme der Dispositionsgewalt über die Politik gemeint ist (ebd., S. 78-88).

413 Siehe Luhmann 1981 – Selbstlegitimation des Staates, S. 66. Was meiner Meinung nach einerseits deutlich macht, wie schnell Hobbes die Verschiebungen seiner Zeit erfasst, und andererseits erklärt, wieso der Hobbessche Mensch als ein derart verwirrter, desorientierter erscheint.

414 Falsch wäre es dabei indes, die Säkularisierung mit einem Bedeutungsverlust der Religion gleichzusetzen. Diese verselbstständigt sich vielmehr durch jene. Doch gerade deren Verselbstständigung bringt es mit sich, dass „das Religiöse radikal zum Religiösen [wird], so wie sich das Politische zum Politischen *politisiert*. Beide Sphären sind nichts anderes mehr als sie selbst." Hahn 2003 – Herrschaft und Religion, S. 345.

415 Ebd. Interessant ist in dem Zusammenhang ein Hinweis Münklers, demzufolge Ideologie erst mit der Säkularisierung möglich wird, dann nämlich, wenn religiöse Legitimation als *Instrument* der Herrschaftssicherung *in dem Wissen* eingesetzt wird, dass Gott eigentlich die Geschichte und damit auch das politische Geschehen längst verlassen hat; vgl. Münkler 1987 – Im Namen des Staates, S. 85f. Ideologie könnte man demnach verstehen als *wissentliche Täuschung*.

2. Vom Anfang der Revolution

Diesseits und damit mehr und mehr in die Verfügungsgewalt der Menschen geholt wird, vermutlich sogar vehementer denn je. Hobbes ist sich dessen bewusst und reagiert auf den neuen und akuten Begründungsbedarf. Wobei er die gewandelten Legitimationsbedingungen durchaus in Rechnung stellt, ist die Hobbessche doch die erste Souveränitätstheorie, in der die Souveränität eine *rein innerweltliche* Ableitung erfährt.[416] Und doch „beantwortet" er die Frage auf höchst ungewöhnliche Weise – indem er sie *unbeantwortet* lässt, genauer: indem er sie für *grundsätzlich unbeantwortbar* erklärt. Der Wertepluralismus, der „Polytheismus der Werte" (Weber) ist auf dem Vormarsch, er dringt ein in die Gesellschaft und in das Denken Hobbes'. Dieser weiß hieraus die Konsequenzen zu ziehen: Wenn und weil man sich in Fragen der Gerechtigkeit nicht mehr einigen kann, einigt man sich darauf, sich nicht mehr einigen zu brauchen. Da dies a) ohnehin verlorene Mühe wäre und obendrein b) nur in Anarchie und weiterem Blutvergießen endete. Hahn spricht in dem Zusammenhang von einem „Münchhausen-Effekt solcher Verständigungen"[417], weil der Staat sich gleichsam an den eigenen Haaren aus dem Sumpf zieht: Obwohl er nicht mehr (einvernehmlich) legitimiert werden kann, legitimiert er sich dennoch. Die Paradoxie löst sich meiner Meinung nach vor der Folie der Multidimensionalität aller Legitimität ein Stück weit auf: Obwohl der moderne Staat sich theoretisch-reflexiv – religiös nämlich – nicht mehr legitimieren kann, legitimiert er sich dennoch basal-pragmatisch – über seine Ordnungs- bzw. Friedensleistung nämlich.

Zusammenfassen kann man die Hobbessche „Legitimationstheorie" daher wie folgt: Der moderne Staat ist dadurch, dass er eine friedliche Ordnung garantiert, legitim, *gleichviel* ob er gerecht oder ungerecht ist bzw. *auch wenn* er ungerecht ist.[418] Hobbes sucht den Ausweg aus dem seiner Ansicht nach unlösbaren Problem der Gerechtigkeit mithin – und darin liegt die Pointe – in einer Legitimation von gerechter *und* ungerechter Herrschaft, *ohne* hierbei jedoch auf die Religion Bezug nehmen zu müs-

---

416 Siehe Borkenau 1976 – Vom feudalen zum bürgerlichen Weltbild, S. 100; ähnlich auch Fetscher 1984 – Einleitung, S. XXV.
417 Hahn 2003 – Herrschaft und Religion, S. 344.
418 Gerade weil, um es nochmals zu wiederholen, keine (vormals religiös begründete) Einigkeit mehr darüber hergestellt werden kann (geschweige denn konkret besteht), was (un-)gerecht ist.

2.2 Ein anklingender Richtungswechsel in der Legitimation von Herrschaft

sen.[419] Nochmal anders und die Unterschiede zum vormodernen Legitimationsmuster stärker akzentuierend: Dadurch, dass ein Herrscher einer staatlichen Herrschaftsordnung faktisch Geltung verschafft, ist diese vor der Neuzeit legitim *und* gerecht, mit dem Beginn der Neuzeit dagegen legitim, *aber nicht* gerecht.

Vor diesem Hintergrund ist die Versuchung groß, in Hobbes einen Theoretiker allein der Basislegitimität zu sehen.[420] Und was die Gewichtung anbelangt, läge man hiermit sicher nicht falsch: Hobbes spricht sich eindeutig für einen starken (Macht-)Staat aus, dessen Dasein schon darin seine Rechtfertigung findet, dass er den Bürgerkrieg verhindert oder beendet, indem er eine verbindliche Ordnung setzt und durchsetzt.[421] Und an dem Umstand, dass sich der Hobbessche Staat zum *alleinigen* Ordnungsgaranten aufschwingt, der konkurrierende Herrschaftsträger verdrängt (namentlich universale wie Papst und Kirche auf der einen und intermediäre wie Adel und Städte auf der anderen Seite), kann zweierlei abgelesen werden. Erstens steckt hierin eine spezifische Zeitdiagnose. Dies insofern, als Hobbes' vermeintlicher „Naturzustand" sich bei näherem Hinsehen als ein zutiefst *historischer* Zustand entpuppt: In den Prämissen – einem atomisierten, auf sich allein gestellten Individuum, dem seine sozialen, politi-

---

419 Dass man sich den von Hobbes gezeichneten Menschen als *orientierungslosen* Menschen vorstellen muss – und zwar orientierungslos nicht aus natürlichen Gründen, sondern aufgrund der besonderen *zeitlichen Umstände* –, bringt Kersting 1994 – Die politische Philosophie des Gesellschaftsvertrags, S. 64 treffend zum Ausdruck: „Zwischen den Sternen des Hobbesschen Himmels hängen keine ewigen unveränderlichen Naturrechtsprinzipien mehr, von denen die verbindlichen Regeln menschlichen Zusammenlebens abgelesen werden könnten; ebensowenig gibt es noch eine vorgegebene Naturordnung, der die normativen Sozialformen eingeschrieben wären, die dem menschlichen Wesen gerecht würden. Der Hobbessche Mensch steht auf den Ruinen zerfallener Orientierungssysteme; er hat keinen metaphysischen Außenhalt mehr. Er ist auf sich selbst verwiesen und muß die für ihn notwendigen Ordnungen aus eigener Kraft herstellen und aus eigener Vernunft begründen."
420 Wenn die basal-pragmatische Dimension bei ihm auch eine Verengung erfährt: Hobbes geht es mehr um die Friedensleistung des Staates, um die Verhinderung physischer Bedrohungen also, weniger um die tiefer greifende Gewährleistung von Ordnungssicherheit.
421 Und das heißt wiederum, dass der Staat „den unentscheidbaren Kampf um Wahrheit beenden und die Kombattanten entwaffnen und befrieden sollte" (Anter 2007 – Die Macht der Ordnung, S. 211). Das Ordnungsverlangen, das an der Wiege des neuzeitlichen Staates steht, treibt die politischen Akteure mithin in die Hände eines Gewalt- und Entscheidungsmonopolisten.

2. Vom Anfang der Revolution

schen und religiösen Bindungen von vornherein problematisch sind, und das sich dem direkten Zugriff der Staatsgewalt ausgesetzt sieht – wird das eigentliche Ergebnis schon vorweggenommen: der neuzeitliche (zunächst: absolutistische) Staat.[422] Zweitens steigt mit der nahezu monopolisierten Verantwortung des Staates für alle Ordnung im selben Zug dessen basal-pragmatische Legitimität. Der Staat ist in der Hobbesschen Konstruktion basislegitimer als jemals zuvor. Dies im Hinterkopf, kann man sich meines Erachtens des Eindrucks nicht erwehren, dass Hobbes die basal-pragmatische geradezu in den Rang einer theoretisch-reflexiven Legitimation zu heben versucht. Ordnung wird hier nicht bloß zur (quasi-)legitimierenden *Praxis*, sondern überdies zur („voll") legitimierenden *Idee*. Der „Ordnungswert" (Popitz) verlässt den Bereich des Vorbewusst-Habituellen und steigt von dort ins allgemeine Bewusstsein auf, ja, er erlangt zusehends den Status eines *ausdrücklichen Arguments* für eine bestimmte Ordnung, für die Beibehaltung des Status quo also (so ungerecht bzw. illegitim in theoretisch-reflexiver und performativ-expressiver Hinsicht dieser auch erscheinen mag). Diese Entwicklung, durch die Ordnung (bzw. das vermeintliche Entweder-Oder von Ordnung und Unordnung) allmählich zum *theoretischen* Gegenstand wird, zeichnet sich am Begriff der *„Staatsraison"* ab.[423] Staatsraison erstrebt die „Verstaatlichung der Politik" und wird damit zur „Generallegitimation dafür, daß der Staat das *Wie* seiner Ordnung hintanstellt, weil es – tatsächlich oder vorgeblich – um das bloße

---

[422] Vgl. für diese Kritik Koselleck 1973 – Kritik und Krise, S. 18f. Zur fortschreitenden Nivellierung und Atomisierung bzw. Individualisierung der Herrschaftsunterworfenen durch den (nicht nur, aber auch absolutistischen) Staat siehe klassisch Jouvenel 1972 – Über die Staatsgewalt, S. 189-231, wobei für diesen der Absolutismus nur eine Etappe unter anderen (und wichtigeren wie der Französischen Revolution) auf dem Weg der expandierenden Staatsgewalt ist.

[423] Wenn es richtig ist, dass das Konzept der Staatsraison, anders als die (reinen) Vertragstheorien, „darüber Auskunft gibt, daß der neuzeitliche Staat nicht vor allem *gegen* die Gewalt, sondern *mit* Gewalt errichtet worden ist", wie Münkler anmerkt, dann gibt es meines Erachtens den Blick auf *gewaltförmige* Legitimationsprozesse frei (Münkler 1987 – Im Namen des Staates, S. 14). Hierauf kann an dieser Stelle indes nicht näher eingegangen werden.

2.2 Ein anklingender Richtungswechsel in der Legitimation von Herrschaft

Daß seiner Fortexistenz geht"[424]. Der Stachel des Bürgerkriegs sitzt tief bei Hobbes.

All das deckt sich auch mit seiner Rechtauffassung. Für Hobbes ist (als einem der ersten) alles Recht *positives* Recht.[425] Das heißt, Rechtsnormen sind nichts Unveränderlich-Vorgegebenes mehr, sondern müssen von der Rechtsgemeinschaft *selektiert* werden. Sie gelten fortan (nur noch!) *kraft Entscheidung* (folglich auch nur so lang, bis *anders* entschieden wird). Wenn man sich nun aber in einer Welt pluraler Werte weiß, in der die Einigung im Sinne einer einvernehmlichen Entscheidung (wenigstens dem Anschein nach) zur Unmöglichkeit wird, dann gewinnt die Entscheidung *als solche* einen Eigenwert – denn sie beendet den Streit über die „richtige" Entscheidung.[426] Damit man überhaupt zu (Rechts-)Entscheidungen gelangt, *lässt* Hobbes daher entscheiden – eben den (absoluten) Souverän. „*Auctoritas, non veritas facit legem.*" Der Wert eines *jeden de facto* souveränen Herrschers liegt einem solchen Verständnis zufolge darin begründet, dass er kraft Letztentscheidungsgewalt aus Situationen nicht nur der *Unentschiedenheit*, sondern, schlimmer noch, der *Unentscheidbarkeit* heraushilft – *indem* er entscheidet (und hiermit verbindlich Ordnung setzt).[427]

---

424 Ebd., S. 9 und 11. Verstaatlichung der Politik meint „Entmachtung aller bisherigen Herrschaftsträger sowie Überantwortung der Macht an einen Fürsten und den ihn umgebenden Apparat politischer Spezialisten" (ebd., S. 9f.). Auch Koselleck zufolge findet die Ausbildung eines staatlichen Eigenbereichs – also eines *über*religiösen, *rationalen* Handlungsbereichs, der staatlich-politisch bestimmt wird – in der Lehre von der Staatsraison ihren theoretischen Ausdruck (Koselleck 1973 – Kritik und Krise, S. 12f.).

425 Vgl. Kersting 1994 – Die politische Philosophie des Gesellschaftsvertrags, S. 73. Auch wenn ihm in diesem kühnen Schritt längst nicht alle Zeitgenossen folgten – „im Gegenteil, Hobbes stieß auf entrüstete Ablehnung" (Euchner, Walter: Einleitung, in: Locke, John: Zwei Abhandlungen über die Regierung, hrsg. von Walter Euchner, Frankfurt/M. 1977, S. 9-59, hier S. 47). Die Positivierung des Rechts, die im dritten Kapitel zum tatsächlichen oder vermeintlichen Ende der Revolution Thema sein wird, behandeln Luhmann und Habermas ausgiebig. Siehe statt vieler Luhmann 2008 – Rechtssoziologie, S. 190-205 und Habermas 1987 – Legitimität durch Legalität.

426 Zur Unabhängigkeit des Hobbesschen Staates von religiöser und rechtlicher „Wahrheit" bzw. „Richtigkeit" vgl. auch Schmitt 1982 – Der Leviathan, S. 67f.

427 Für ein Verständnis, demzufolge Entscheidungen erst dann nötig (und möglich) werden, wenn Situationen *prinzipiell unentscheidbar* (und nicht nur: unentschieden) sind, vgl. u.a. Luhmann, Niklas: Das Recht der Gesellschaft, Frankfurt/M. 1995, S. 308. Der sich hieraus ergebende besondere Wert von Entscheidungen *an sich* spielt für den Dezisionismus eine große Rolle.

2. Vom Anfang der Revolution

Bei Hobbes trifft man auf so etwas wie die *Notwendigkeit* willkürlicher Machtausübung.

Und doch täte man Hobbes mit dem Vorwurf, nur basal-pragmatisch zu argumentieren, Unrecht. Jedenfalls in Anbetracht dessen, *wie* sich Herrschaft bei ihm *konstituiert*. Hobbes ist Kontraktualist: Die Gesellschafts- bzw. Herrschaftsordnung wird *vertraglich vereinbart*, und zwar von den ursprünglich als *frei* und *gleich* gedachten Herrschaftsunterworfenen *selbst*.[428] Das *neue Legitimitätsprinzip*, das an der Schwelle zur Neuzeit in Erscheinung tritt, deutet sich bei ihm folglich in Umrissen schon an. Ja, Hobbes erfasst sofort und vollständig, wie sich Herrschaft der *Tendenz* oder, besser noch, der *Richtung* nach in der Moderne zu legitimieren hat: „von *unten*" nämlich statt wie bislang „von *oben*"; immanent statt transzendent. Auch wenn er sich zweifelsohne beeilt, diesen Punkt im Weiteren kleinzureden, eben weil ihm – aus vorgeblich anthropologischen, tatsächlich aber zeitbedingten (den Zusammenbruch der Ständeordnung widerspiegelnden) Gründen – zuvörderst an Stabilität und daher an maximaler Bemächtigung des Herrschers (bzw. des herrschenden Organs) bei gleichzeitiger maximaler „Entmächtigung" der Beherrschten (die universalen und intermediären Herrschaftsträger eingeschlossen) gelegen ist. Um der (prekären) Ordnung willen willigt er ein in ein krasses Machtungleichgewicht zwischen Herrschenden und Beherrschten einerseits und eine fehlende Gewaltenteilung bzw. -kontrolle andererseits.[429]

Die zwei Seiten der Hobbesschen Medaille veranschaulicht vielleicht am besten jenes Modell, das Hobbes einer einflussreichen Interpretation Schmitts zufolge beim Entwurf seines Leviathans vor Augen hatte: das der *Maschine*.[430] Die Maschine – die erst *denkmöglich* wird, wenn man, wie Hobbes, die subjektivische Logik hinter sich lässt – steht nämlich für zwei Dinge, die sich zwar genau genommen nicht ausschließen, die sich aber

---

428 Zur Annahme einer wesentlichen Gleichheit vgl. Hobbes 1984 – Leviathan, S. 94-98. Das Element der Freiheit relativiert sich freilich dadurch, dass Hobbes, wie angesprochen, keinen Unterschied zwischen freiwillig und unfreiwillig entstandenen Ordnungen gelten lässt.
429 Siehe Pauen 1998 – Gottes Gnade, Bürgers Recht, S. 35f. Was wiederum auch daran sichtbar wird, dass der Herrscher, indem er alles (positive) Recht selber schafft, selbst an dieses Recht nicht gebunden ist. Ohnehin galt Hobbes' Augenmerk der beliebigen Änderbarkeit des Rechts, weniger den sich daraus ergebenden Missbrauchschancen (oder Begründungsdefiziten); siehe Habermas 1987 – Legitimität durch Legalität, S. 6f.
430 Vgl. Schmitt 1982 – Der Leviathan.

2.2 Ein anklingender Richtungswechsel in der Legitimation von Herrschaft

nichtsdestotrotz in einem Spannungsverhältnis zueinander befinden.[431] Es ist wieder diese Ambivalenz, die Hobbes zu einem *modernen* Denker macht. Maschine impliziert zum einen, dass der Staat ein *Produkt der Menschen* anstelle einer göttlichen Schöpfung ist. Zum anderen aber wird hierdurch eine spezifische *Selbstläufigkeit* des Staates betont, der auf (wert-)neutrale, gleichsam seelenlose Art und Weise seine Leistung erbringt. Das heißt, das Bild der Maschine vereint kurioserweise Kontrollgewinn *und* -verlust des Menschen über die Sozialordnung in einem. Zwar sind die Menschen die Konstrukteure der Maschine, sie müssen sie allererst gemeinschaftlich herstellen – per Vertragsschluss –, aber, einmal in Gang gesetzt, entzieht sie sich mehr und mehr menschlicher Kontrolle. Um es mit Goethes *Zauberlehrling* auszudrücken: „Die ich rief die Geister, werd ich nun nicht los". Mit dem wichtigen Unterschied gleichwohl, dass es sich streng genommen gerade um *keine* Geister mehr handelt, sondern um ein *geistloses*, *sinnentleertes* Prozedieren – eben um eine Maschine –, hinter dem nicht länger die Handlungen eines subjektivischen (transzendenten) Agens angenommen werden. Der Staat ist *entzaubert*, seiner vermeintlichen „demiurgischen" Ursprünge entkleidet. Er wird nun endlich wahrgenommen als ein systemischer, nach inneren Gesetzmäßigkeiten verfahrender Zusammenhang, der indes in Hinblick auf seine Funktion, derentwegen er geschaffen worden ist – der Ordnungsleistung –, von seinen ursprünglichen Konstrukteuren – das heißt, von deren Zustimmung – *unabhängig* ist. Der Hobbessche Leviathan kennt, wie gesehen, keinerlei Korrektive, vor allem kein Widerstandsrecht, für die unter seiner Herrschaft lebenden Menschen. Diese sind „ihm" und „seiner" Willkür vielmehr direkt und entsprechend hilflos ausgesetzt. Es ist, als stellten die Beherrschten dem Herrscher einen Blankoscheck aus, der weder widerrufen werden kann, noch notgedrungen von den Beherrschten selbst unterzeichnet zu sein braucht. Was sich an Hobbes und seinem politischen Denken beobachten lässt, ist mithin eine Phase der Neuorientierung, ein spannungsgeladenes „Dazwischen". Man weiß schon, dass die alten Legitimitätsprinzipien nicht mehr überzeugen, aber man beginnt erst zu erahnen,

---

431 Das Maschinenmodell weckt freilich noch ganz andere Assoziationen wie Verlässlichkeit, Berechenbarkeit bzw. Gesetzmäßigkeit, Output-Zentriertheit, Mittel-Charakter, Rationalität und Kälte, aber im vorliegenden Zusammenhang sind zwei andere von erheblich größerer Bedeutung.

was an deren Stelle treten wird. Die politische Theorie der Neuzeit steckt noch in den Anfängen.[432]

Zu ihrer Weiterentwicklung tragen spätere Kontraktualisten bei, allen voran John Locke, der sich speziell an der Vernachlässigung machtbegrenzender Momente bei Hobbes und anderen Autoren stößt und der deshalb jenes Mittel „überarbeitet", das immer schon Grund *und* Grenze der Macht in einem ist: die Legitimität. Dessen *Two Treatises of Government* von 1689 sind zwar als eine Replik auf die Schriften Robert Filmers entstanden, zwischen den Zeilen aber kann man sie sehr wohl auch als Entgegnung auf Hobbes' *Leviathan* lesen. Während dieser gedanklich den Absolutismus aus der Taufe hebt, bemüht sich jener um eine Einhegung desselben, gleichsam um eine Relativierung des Absolutismus. In dem Maße aber, wie alle Kontraktualisten von der gleichen Grundprämisse ausgehen – der Konstruktivität und Kontingenz sozialer Ordnung – und daraus den gleichen (im Detail freilich jeweils stark variierenden) Schluss ziehen – dass alle, die der Ordnung angehören, diese auch selbst begründen und legitimieren müssen –, nehmen sie den Hobbesschen Faden wieder auf. Im Folgenden soll dies an Locke kurz dargelegt werden.

Dolf Sternberger sieht in Lockes *Two Treatises of Government* mit Recht „das schönste und schlüssigste Zeugnis einer neuen Begründung politischer Legitimität", für jenen allgemeinen Vorgang also, vermittels dessen der „Charakter, das Prinzip, die Quelle der Legitimität"[433] umgewalzt worden ist. „Die Legitimität", schreibt er, „ist revolutioniert worden"[434]. Was genau heißt das? Und inwiefern zeugt Lockes Werk von dieser Revolution? Auf vier unmittelbar miteinander zusammenhängende Punkte möchte ich eingehen: (1) Locke *konditioniert* Herrschaft: Die Herrschaftsunterworfenen *betrauen* („trust") den Herrscher mit einem Amt. Enttäuscht dieser das in ihn gesetzte Vertrauen, so sind sie berechtigt, ihm dieses Amt wieder zu entziehen. Anders als bei Hobbes wird die Souverä-

---

432 Ernst, Werner W.: Legitimationswandel und Revolution. Studien zur neuzeitlichen Entwicklung und Rechtfertigung politischer Gewalt, Berlin 1986, S. 61 bringt den „Bruch im traditionellen Denken", welcher der „Great Rebellion" in England vorausgeht und in der Folge Royalisten und Parlamentaristen entzweit, wie folgt auf den Punkt: „Herrschaft beruht nun nicht mehr auf der konstitutiven Grundlage einer im Einklang mit dem Willen Gottes und den Gesetzen der Natur stehenden Ordnung, sondern basiert auf einem ursprünglichen Vertrag, der durch die Übereinkunft von Freien und Gleichen eingegangen wurde."
433 Beide Zitate Sternberger 1986 – Grund und Abgrund der Macht, S. 35 und 34.
434 Ebd., S. 34.

nität mithin nicht übertragen, sondern lediglich *verliehen* – bis auf Widerruf.[435] (2) Locke stärkt die *voluntaristische* Komponente: Die Herrschaftsunterworfenen sollen *selbst* und *freiwillig* die gemeinsame Vereinbarung schließen. Aufoktroyierte Herrschaftsordnungen entbehren jedweder Gültigkeit.[436] Und diese eigenhändig-zwanglose Zustimmung muss – wie schon Punkt (1) impliziert –, nicht bloß anfänglich erfolgen, vielmehr *kontinuierlich*. Mit anderen Worten, performativ-expressiv *bleiben* alle Beherrschten als Legitimationsadressaten relevant, ihnen wird auch über den ursprünglichen (hypothetischen) Vertragsschluss hinaus Gehör geschenkt.[437] Wodurch der *faktische und fortlaufend neu auszuhandelnde „Vertrag"* – die *prozedurale* Seite also – in legitimatorischer Hinsicht an Relevanz gegenüber dem hypothetischen „Urvertrag" gewinnt oder, genauer noch, jener diesem den Rang abläuft. (3) Entsprechend kennt Locke, anders als Hobbes, ein *Recht auf Widerstand*, das immer dann greift, wenn

---

435 Im Original: „Denn da alle Gewalt, die im Vertrauen auf einen bestimmten Zweck übertragen wird, durch diesen Zweck begrenzt ist, so muß, wenn dieser Zweck vernachlässigt oder ihm entgegen gehandelt wird, dieses Vertrauen notwendigerweise verwirkt sein und die Gewalt in die Hände derjenigen zurückfallen, die sie erteilt haben und die sie nun von neuem vergeben können, wie sie es für ihre Sicherheit und ihren Schutz am besten halten. Und so behält die Gemeinschaft beständig eine höchste Gewalt für sich, um sich vor den Angriffen und Anschlägen einer Körperschaft, selbst ihrer Gesetzgeber, zu sichern" (Locke, John: Zwei Abhandlungen über die Regierung, hrsg. von Walter Euchner, Frankfurt/M. 1977, S. 294, m.H.). Vgl. auch Reinhard 1999 – Geschichte der Staatsgewalt, S. 120.

436 „Da die Menschen [...] von Natur aus alle frei, gleich und unabhängig sind, kann niemand ohne seine Einwilligung aus diesem Zustand verstoßen und der politischen Gewalt eines anderen unterworfen werden. Die einzige Möglichkeit, mit der jemand diese natürliche Freiheit aufgibt und die Fesseln bürgerlicher Gesellschaft anlegt, liegt in der Übereinkunft mit anderen, sich zusammenzuschließen und in eine Gemeinschaft zu vereinigen, mit dem Ziel eines behaglichen, sicheren und friedlichen Miteinanderlebens, in dem sicheren Genuß ihres Eigentums und in größerer Sicherheit gegenüber allen, die nicht zu dieser Gemeinschaft gehören." Locke 1977 – Zwei Abhandlungen, S. 260, m.H.

437 „Konsens wird", so resümiert Reinhard in Hinblick auf Locke, „großgeschrieben: der Mensch ist keineswegs durch stillschweigende Hinnahme an das Gemeinwesen gebunden, in dem er geboren wurde, sondern nur durch *ausdrückliche* Zustimmung" (Reinhard 1999 – Geschichte der Staatsgewalt, S. 119, m.H.). Mit der Einschränkung gleichwohl, dass Locke darunter noch ausschließlich die besitzende Klasse, die Eigentümer versteht; siehe Euchner 1977 – Einleitung, S. 38.

2. Vom Anfang der Revolution

der Staat die Interessen oder Rechte seiner Bürger grob missachtet.[438] (4) Schließlich sieht Locke, der Absicherung der drei genannten Punkte halber, eine *Gewaltenteilung* vor.[439] Um eine gegenseitige Kontrolle der Gewalten zu gewährleisten einerseits und eine zu große Machtkonzentration in den Händen einer Gewalt zu verhindern andererseits. Bezweckt wird also, Machtmissbrauch, so er denn eintritt, möglichst rasch zu *bemerken* und in seinen Auswirkungen von vornherein zu *begrenzen*.

Was bei Hobbes der Sache nach zwar angelegt ist, aber doch nur kurz aufscheint, um im nächsten Moment ganz bewusst wieder verdunkelt zu werden, weiß Locke, der gemeinhin als Vordenker der Aufklärung oder erster Aufklärer gilt, mithin zu explizieren: ein *neues Legitimitätsprinzip*. Die Konkretisierung besteht dabei im Wesentlichen aus einer „Übersetzung" des Legitimitätsprinzips in die performativ-expressive Dimension. Locke spinnt im Ausgang und in Abgrenzung von Hobbes weiter, was es in Hinblick auf die performativ-expressive Dimension mit sich bringt, wenn sich Herrschaft theoretisch-reflexiv „von unten" legitimiert, also durch eine gemeinsame Vereinbarung derer, die der jeweiligen Herrschaft unterworfen sind. Sternberger gibt dieser neuen Legitimität den Namen der „bürgerlichen Legitimität" oder auch „humanistischen Legitimität" (im Gegensatz zur „numinosen Legitimität").[440] Sie entsteht *kraft gemeinsamer Vereinbarung unter Freien und Gleichen*.[441] Und neu ist an ihr insbesondere, dass nicht nur die jeweilige *Person* des Herrschers – das gab es schon lange zuvor, man denke nur an die Wahl der Könige durch das Kurfürstenkollegium –, sondern darüber hinaus das *Amt selbst* aus ursprünglicher menschlicher Vereinbarung hervorgeht und von der kontinuierlichen

---

438 Vgl. Locke 1977 – Zwei Abhandlungen, S. 293, Pauen 1998 – Gottes Gnade, Bürgers Recht, S. 37 und Reinhard 1999 – Geschichte der Staatsgewalt, S. 120.
439 Siehe Locke 1977 – Zwei Abhandlungen, S. 291-301.
440 Siehe insbesondere Sternberger 1986 – Grund und Abgrund der Macht, S. 20-38 und ders. 1980 – Über bürgerliche Legitimität, aber auch ders.: Typologie de la Légitimité, in: Institut International de Philosophie Politique (Hrsg.): L'idée de Légitimité, Paris 1967, S. 87-96 sowie ders.: Legitimacy, in: Sills, David L. (Hrsg.): International Encyclopedia of the Social Sciences, Bd. 9, New York 1968-1979, S. 244-248.
441 Auch Habermas, Jürgen: Legitimationsprobleme im modernen Staat, in: Kielmansegg, Peter (Hrsg.): Legitimationsprobleme politischer Systeme (Politische Vierteljahresschrift, Sonderheft 7), Opladen 1976, S. 39-61, hier S. 44, kommt zu dem Ergebnis: „Die Idee der Vereinbarung, die unter allen, und zwar als Freien und Gleichen zustandekommt, bestimmt den prozeduralen Legitimitätstypus der Neuzeit."

2.2 Ein anklingender Richtungswechsel in der Legitimation von Herrschaft

Zustimmung der Herrschaftsunterworfenen abhängt. „Numinose" Momente haben in der „bürgerlichen" Legitimation, die an der Schwelle zur Neuzeit emporsteigt, ausgedient. Weshalb den eigentlichen theoretischen Gegenpol für Locke, aber auch schon für Hobbes und den Kontraktualismus insgesamt, ja, womöglich sogar für die gesamte neuzeitliche Philosophie die *Tradition des Gottesgnadentums* bildet, die in Europa über Jahrhunderte hinweg und bis in die Neuzeit hinein als Legitimationsmuster dominierte.[442] Wurde Legitimität hier direkt von Gott abgeleitet, kommt sie dort durch Rückbindung an den Willen (oder die Interessen) der Beherrschten zustande, mithin gänzlich *ohne* irgendwelche metaphysischen Prämissen:

> Das Recht, das eine Herrschaft legitimiert, kann, so sagt er [der Kontraktualismus], nicht ‚von oben' oder aus der Natur, sondern nur ‚von unten' kommen, nämlich von denen, die der Herrschaft unterworfen sind. Sie selbst müssen, soll die Herrschaft legitim sein, dem Herrscher das Recht zu herrschen verleihen.[443]

Dieser fundamentale Wandel der Legitimierungsrichtung, in dem ich die *notwendige* Bedingung, die „*Ermöglichungs*bedingung" für die neuzeitliche Revolution erblicke, hat Folgen für die faktische Legitimität und damit für die Stabilität und den Bestand bestehender (monarchischer) Herr-

---

442 Die Tradition des Gottesgnadentums setzt sich aus zwei ursprünglich getrennten Wurzeln zusammen, einer *germanischen* und einer *christlichen*. Das heißt, einmal aus einer Vorstellung, derzufolge der *gesamten* königlichen Sippe von den Göttern ein besonderes „Heil" (mit Weber: Charisma) verliehen wurde. Und zum anderen aus der Vorstellung, dass es sich beim königlichen Amt um ein solches handelt, das *einzig* dem Inhaber verliehen wurde, und dies *direkt* von Gott. Dies hatte zur Folge, dass über die Thronfolge zwei Kriterien entschieden: das der *Vererbung* einerseits und das der *Königsweihe* (durchgeführt durch die katholische Kirche) andererseits. Vgl. Bendix 1980 – Könige oder Volk 1, S. 44-60, Weber, Hermann: Sakralkönigtum und Herrscherlegitimation unter Heinrich IV., in: Gundlach, Rolf/Weber, Hermann (Hrsg.): Legitimation und Funktion des Herrschers. Vom ägyptischen Pharao zum neuzeitlichen Diktator, Stuttgart 1992, S. 233-258, hier S. 234f. und Pauen 1998 – Gottes Gnade, Bürgers Recht, S. 30-33 sowie klassisch die Studien von Kern, Fritz: Gottesgnadentum und Widerstandsrecht im früheren Mittelalter. Zur Entwicklungsgeschichte der Monarchie, hrsg. von Rudolf Buchner, Münster 1954/1914, v.a. S. 13-120, 241-247 und Schramm, Percy E.: Der König von Frankreich. Das Wesen der Monarchie vom 9. zum 16. Jahrhundert, Weimar 1960/1939, v.a. S. 258-266.
443 Stemmer, Peter: Moralischer Kontraktualismus, in: Zeitschrift für philosophische Forschung, Bd. 56/2002, S. 1-21, hier S. 1; ähnlich auch Ballestrem, Karl L.: Vertragstheoretische Ansätze in der politischen Philosophie, in: Zeitschrift für Politik, Bd. 30/1983, Heft 1, S. 1-17, hier S. 4.

2. Vom Anfang der Revolution

schaftsformen. Nicht auf einen Schlag, aber doch Schritt für Schritt. Den wichtigsten Schritten möchte ich im kommenden Unterkapitel nachgehen. Der Fokus ist dabei ein zweifacher. Erstens muss der *Raum* oder die *Bühne* in Augenschein genommen werden, innerhalb dessen bzw. auf der die neuen Legitimitätsideen ausgetauscht und kommuniziert werden und deren Anerkennung eingefordert wird. Zweitens muss die wesentliche Attacke gegen die Tradition des Gottesgnadentums und damit die „alte" Form der Legitimation nachgezeichnet und in ihrer (über Frankreich und die damalige Zeit hinausreichenden) symbolischen Bedeutung offengelegt werden. Thematisiert werden demnach (1) die Entstehung und Funktion der *öffentlichen Meinung*, eine Entwicklung, die in der Französischen Revolution kulminiert, sowie, als Ausdruck derselben, (2) die *öffentliche Hinrichtung* Ludwigs XVI. Die Pointe ist bei alledem, dass der absolutistische Staat dadurch, dass er die Voraussetzungen für die Aufklärung schuf, gewissermaßen sich selbst sein Grab schaufelte. Ein Umstand, der selbst von solchen Denkern wie Hobbes nicht vorausgesehen wurde, im Gegenteil.

2.3 Die Ur-Sache der Revolution

> Nur ein großes Genie vermag einen Fürsten zu retten, der es unternimmt, seinen Untertanen nach langer Bedrückung Erleichterung zu gewähren. Das Übel, das man als unvermeidlich in Geduld ertrug, erscheint unerträglich, sobald man auf den Gedanken kommt, sich ihm zu entziehen. Alles was man alsdann an Mißbräuchen beseitigt, scheint das noch Übrige nur um so deutlicher zu zeigen und läßt es schmerzlicher empfinden: Das Übel ist geringer geworden, aber die Empfindlichkeit ist lebhafter.[444]

Tocqueville deckt in seiner klassischen Revolutionsstudie ein Paradoxon sondergleichen auf. Paradox insofern, als es üblichen teleologischen Erzählungen, aber auch der wirkmächtigen marxistischen Revolutionstheorie zuwiderläuft. Beide gehen von einer zunehmenden Verelendung der breiten Masse aus, die schließlich, sobald jene (sich bewusst werden) nichts als ihre Ketten zu verlieren (zu) haben, die Revolution unausweichlich werden lässt. Anders Tocqueville. Dieser beobachtet für Frankreich, dass Wirtschaft und Gesellschaft in den Jahrzehnten vor der Revolution einen zwar nicht übermäßigen, aber doch *steten Aufschwung* nehmen. Und so liegt der zunächst verwunderliche (weil kontraintuitive) Schluss nahe, dass

---

444 Tocqueville 1978 – Der Alte Staat Staat und die Revolution, S. 176.

die Französische Revolution ausbricht, nicht obwohl, sondern *gerade weil* sich die allgemeinen Lebensumstände zuvor, auch für die breite Masse, *verbessert* – und eben nicht: verschlechtert – haben.[445] Und er fährt sogleich fort:

> Die Regierung, die durch eine Revolution vernichtet wird, ist fast stets besser als die unmittelbar voraufgegangene, und die Erfahrung lehrt, daß der gefährlichste Augenblick für eine schlechte Regierung der ist, wo sie sich zu reformieren beginnt.[446]

Ich denke, vor dem bislang skizzierten Hintergrund löst sich der Widerspruch ein Stück weit auf, ja, ich möchte behaupten, dass er Aufschluss über den Anfang der Revolution gibt.

Auf einer rein abstrakten Ebene hat sich der Mensch mit dem Beginn der Neuzeit bereits zum Herren über Natur und Gesellschaft aufgeschwungen, hiervon künden die Naturwissenschaften auf der einen und die Theorien vom Gesellschaftsvertrag auf der anderen Seite, wie im vorigen Unterkapitel gesehen. Im 17. und vor allem 18. Jahrhundert nun holt er dies auf der konkreten, lebenspraktischen Ebene nach. Die steigende Naturbeherrschung offenbart sich ihm an einem Mehr an Wohlstand, während sich die zunehmende Beherrschung der Sozialordnung in den institutionellen Veränderungen im Bereich des Rechts und der Politik und hier vor allem in der Entwicklung des modernen absolutistischen Staates manifestiert. Natur und Gesellschaft werden mithin zunehmend nicht nur als veränder- und gestaltbar gedacht, sondern auch *erfahren*. Es stellt sich der allgemeinen Anschauung nach so etwas wie *Fortschritt* ein.[447] Damit aber dringt

---

445 Die Beobachtung Tocquevilles von der günstigen Entwicklung der französischen Wirtschaft in der zweiten Hälfte des 18. Jahrhunderts, die in einer großen, relativ wohlhabenden Bevölkerung mündete, wird übrigens von der gegenwärtigen Forschung bestätigt. Siehe u.a. Tilly, Charles: Die europäischen Revolutionen, München 1999, S. 237. Sie ist auch Ausgangspunkt für die „sozialpsychologischen" Untersuchungen von Davies 1973 – Eine Theorie der Revolution und Gurr 1970 – Why Men Rebel. Streng genommen, kennt indes auch Marx diese paradoxe Argumentation, ist die kapitalistische Gesellschaft – aus der heraus sich die sozial(istisch)e Revolution entwickelt – doch die erste, in der das wirtschaftliche Potential so sehr angewachsen ist, dass die materiellen Bedürfnisse *aller* Gesellschaftsmitglieder befriedigt werden könnten – wenn man nur wollte.
446 Tocqueville 1978 – Der Alte Staat Staat und die Revolution, S. 176.
447 Wiederum mit Tocqueville (ebd.): „Im Jahre 1780 behauptete niemand mehr, daß Frankreich im Verfall begriffen sei; man möchte im Gegenteil sagen, daß seine Fortschritte um diese Zeit keine Grenzen mehr kennen. Damals entsteht denn auch die Theorie der kontinuierlichen und unbegrenzten Vervollkommnungsfä-

mehr und mehr ins Bewusstsein, dass auch ein Gutteil des *Elends* auf Erden von *Menschen* verantwortet und damit grundsätzlich durch *Menschen* zu beheben ist. Marx wird diesen Sachverhalt später auf den Begriff der *Ausbeutung* bringen. Er lehrt die Armen, „Armut nicht als ein Naturphänomen, als das Resultat des Mangels, sondern als ein *politisches* Phänomen zu verstehen, das durch Gewalt und Vergewaltigung entstanden ist"[448]. Elend ist kein natürliches, Elend ist vielmehr ein künstliches Produkt. Und gerade die USA bieten den Zeitgenossen Anschauungsmaterial dafür, dass sogar Gesellschaften bar jedweden (also nicht bloß minderen) Elends im Bereich des Möglichen liegen.[449]

Jedenfalls werden bestehende Verhältnisse, um auf das Eingangszitat zurückzukommen, nicht mehr als unvermeidbar angesehen. Hierdurch aber schlägt deren Bewertung um: *als* vermeidbare werden sie nunmehr *unerträglich*. Mit Unabwendbarem mag man sich noch arrangieren, und sei es noch so ungerecht. Manche meinen gar, Menschen neigten dazu, dem Unabwendbaren Legitimität zuzusprechen.[450] Abwendbares dagegen wird schnell zur Zielscheibe *moralischer Empörung*, die in der Folge *politische Wirksamkeit* zu entfalten vermag. Gerade deshalb ist die These Bar-

---

    higkeit des Menschen. Zwanzig Jahre früher erhoffte man nichts von der Zukunft; jetzt fürchtet man von ihr nichts."

448 Arendt 1974 – Über die Revolution, S. 78, m.H. Niemand habe Arendt zufolge „so zündend von dem Elend der Massen als dem *Resultat menschlichen Unrechts*, von Unterdrückung und Ausbeutung, gesprochen wie er", der junge Marx (ebd., S. 79, m.H.).

449 Siehe ebd., S. 26. Die Berichte der Amerikareisenden des 18. Jahrhunderts künden davon, dass „Amerika bereits zum Symbol einer Gesellschaftsordnung geworden [war], in der es wirkliche Verelendung nicht gab". Die „einfache[n] Tatsache des ‚verblüffenden Wohlstandes'" der USA hat die Unterscheidung von Arm und Reich ihres natürlichen Charakters beraubt (ebd.).

450 Besonders prominent Moore, der indes mit einer interessanten Begründung aufwartet: Weil das unabwendbare Leid als ungerechtes Leid nicht zu ertragen wäre; vgl. Moore, Barrington: Ungerechtigkeit. Die sozialen Ursachen von Unterordnung und Widerstand, Frankfurt/M. 1982/1978, S. 604f. Siehe kritisch hierzu Scott 1990 – Domination, v.a. S. 79. Letzterer bezweifelt, dass Herrschaftsunterworfene von der empfundenen Unvermeidlichkeit und Alternativlosigkeit einer Ordnung auf deren Gerechtigkeit und Legitimität schließen. Er mahnt vielmehr zur strengen Unterscheidung. Das vorgestellte Legitimitätsschema beherzigt dies dahingehend, dass in ihr analytisch zwischen basal-pragmatischer und theoretisch-reflexiver Legitimität differenziert wird. Doch wenngleich die erste Dimension nichts mit Gerechtigkeit zu tun hat, so eignet ihr dennoch etwas (Quasi-)Legitimes.

rington Moores, dass das „Gefühl der Unvermeidbarkeit" zunächst *überwunden* werden muss, bevor sich Widerstand regen kann. Ungerechtigkeit muss als *von Menschen verursachte* Ungerechtigkeit erkannt werden, damit sich moralisch aufgeladene Rebellionen und Revolutionen potentiell ereignen können.[451] Wohlgemerkt, können, nicht müssen: Der Schritt von der Überwindung des Gefühls der Unabwendbarkeit zur „Woge moralischen Zorns"[452] ist *notwendige*, nicht hinreichende Bedingung.

Doch gerade um jene die neuzeitliche Revolution (mittelbar) *ermöglichenden* Bedingungen ist es mir in diesem Kapitel zu tun, nicht um das, was sie (unmittelbar) verursachte. Es wird den *Ursprüngen* („origins") – nicht: Ursachen („causes") – der (Französischen) Revolution nachgespürt, mit Dahrendorf: „den Bedingungen, unter denen eine *revolutionäre Situation* in einer Gesellschaft zustandekommt"[453]. Hierin sehe ich eine der Stärken der spezifisch soziologischen Herangehensweise: etwas über allgemeine Entwicklungen aussagen zu können.[454] Alle Revolutionen haben lokale Ursachen, das ist unbestritten.[455] Sie dürfen nicht außer Acht gelassen werden. Insbesondere der Historiker, aber gleichfalls der historisch arbeitende Soziologe hat sich dieser anzunehmen. Gleichwohl wäre es naiv, darauf zu beharren, dass *alle* Ursachen im weiteren Sinne, die Ursprünge bzw. „Ur-Sache" eingeschlossen, *ausschließlich* lokaler und damit besonderer Natur sind. Historische Ereignisse sind einmalig, ja, aber das heißt nicht, dass ihnen nicht auch *allgemeine* Entwicklungen, die über den Einzelfall hinaus von Relevanz sind, vorausgehen können, *Vor*bedingungen also, die einen indirekten, allererst möglich machenden Einfluss nicht nur auf *dieses eine*, sondern auf *mehrere* Ereignisse haben, in dem Fall: auf verschiedene Revolutionen und womöglich sogar: auf die Revolution als

---

451 Vgl. Moore 1982 – Ungerechtigkeit, v.a. S. 604f.
452 Ebd., S. 605.
453 Dahrendorf 1961 – Theorie der Revolution, S. 158. Wobei „revolutionäre Situation" die „Strukturlage [meint], aus der der revolutionäre Prozeß herauswächst" oder, vielleicht besser: herauswachsen *kann* (ebd.). Denn: „Es gibt Gesellschaften, die sich längere Zeit im Zustand der revolutionären Situation halten, ohne daß die Revolution selbst zum Ausdruck kommt." Ebd., S. 159.
454 So auch Dahrendorf (ebd.); ohnehin stellt Hagopian die Möglichkeit in Frage, alle Ursachen eines so komplexen Phänomens, wie es die Revolution ist, zu erfassen. Er empfiehlt daher, sich auf die notwendigen Bedingungen zu beschränken; siehe Hagopian, Mark N.: The Phenomenon of Revolution, New York 1974, S. 184f.
455 Siehe Osterhammel 2009 – Die Verwandlung der Welt, S. 747.

solche – womit man das Feld einer *Theorie* der Revolution betritt.[456] Es ist die Differenzierung von langfristig wirkenden, der Revolution *zugrunde liegenden* Ursprüngen einerseits und (darauf aufbauenden) kurzfristig wirkenden, Revolutionen *auslösenden* Ursachen (die sehr viel lokalerer und damit individuellerer Natur sein können) andererseits, die die Einwände von Historikern, die in dem Zusammenhang immer wieder geäußert werden, abschwächt, wenn nicht gar hinfällig macht.[457] Um es mit einer Erdbeben-Analogie auszudrücken, die Jack Goldstone bemüht:

> The causes of revolutions and major rebellions operate in ways that seem remarkably similar to the forces that build up to cause earthquakes. That is, in the years before such a revolution or major rebellion, social pressures for change build. Yet the existing social and political structures for some time resist change (even though pressures and deformations may be visible). Suddenly, however, some response to the mounting pressure – a state bankruptcy, a regional rebellion – occurs which weakens that resistance (like a block breaking off along the fault). At that point, there is a sudden release of the pent-up forces and a crumbling of the old social structure – a revolution or major rebellion. [...] The causes of revolutions and major rebellions therefore need not be sought solely among sudden events. Such events can be considered as ‚triggers', or ‚releasers', of pent-up social forces, but they are not the fundamental causes.[458]

Insofern hilft Moore fraglos weiter, wenn er mit Blick auf die „fundamental causes" festhält:

> Auch wenn man zugesteht, daß Ideen nicht ohne ökonomische (und andere) Veränderungen wirksam werden können, so muß man doch auch festhalten, daß *ohne* starke moralische Empfindungen und Entrüstung Menschen *nicht* gegen die gesellschaftliche Ordnung handeln werden.[459]

---

456 Bendix zufolge hat ein jedes Land seinen historischen Besonderheiten zum Trotz an einer *allgemeinen Bewegung der Geschichte* teil. In seiner Untersuchung deckt er jene Bewegung auf, die in Richtung auf das *Mandat des Volkes* geht; vgl. Bendix 1980 – Könige oder Volk 1, S. 15.
457 Siehe v.a. Stone 1983 – Ursachen der englischen Revolution, S. 19 und 38, im Übrigen seines Zeichens Historiker. Er bescheinigt Historikern eine Antipathie gegen begriffliche Schematisierungen jedweder Art, die in der Regel die naive Form einer Betonung der Einzigartigkeit allen historischen Geschehens annehme; ähnlich auch Osterhammel 2009 – Die Verwandlung der Welt, S. 15.
458 Goldstone 1991 – Revolution and Rebellion, S. 35.
459 Moore 1982 – Ungerechtigkeit, S. 618f., m.H. Dem vorangestellt, wird Moore noch expliziter (ebd., S. 618, m.H.): „Ideensysteme und kulturelle Bedeutungen evozieren auch eine *selbständige* Dynamik des Wandels, die sehr bedeutende Folgen für die ökonomischen Institutionen haben kann. [...] Allgemeine Behaup-

2.3 Die Ur-Sache der Revolution

Ideen soll hier demnach, wie dies klassisch Reinhard Bendix vorführt,[460] eine Gesellschaften transformierende, formativ-kausale Kraft zugeschrieben werden. Gleichzeitig darf indes nicht vergessen werden, dass bloße Ideen ohne ein sie fundierendes *Interesse* in aller Regel verpuffen. In Otto Hintzes anschaulichen Worten:

> Alles menschliche Handeln, im politischen wie im religiösen Leben, stammt aus einer einheitlichen Wurzel. Die realen Interessen – die politischen wie die wirtschaftlichen [...] – geben überall in der Regel den ersten Impuls für das soziale Handeln der Menschen. Die ideellen Interessen aber beflügeln sie, vergeistigen sie, dienen zu ihrer Rechtfertigung. Der Mensch lebt nicht von Brot allein; er will ein gutes Gewissen haben, wenn er seine Lebensinteressen verfolgt; und er entwickelt das ganze Höchstmaß seiner Kräfte in ihrer Verfolgung nur dann, wenn er das Bewußtsein hat, damit zugleich höheren als den rein egoistischen Zwecken zu dienen. Interessen ohne solche geistigen Flügel sind lahm; aber andererseits können sich auch Ideen im geschichtlichen Leben nur durchsetzen, wenn und soweit sie sich mit realen Interessen verbünden.[461]

Obschon Ideen, auch und erst recht solche über die Legitimität von Herrschaft, unheimlich anspornend und hartnäckig, ja, geradezu unnachgiebig und unausrottbar sind, und in sozialer Hinsicht noch dazu hoch ansteckend, reichen sie allein in aller Regel nicht hin, um eine politische Aktion hinreichend zu erklären.[462] Wenn sie aber zusätzlich von materiellen Interessen flankiert werden müssen, dann richtet sich unweigerlich der Blick auf ihre *Träger*, die sich für die Um- und Durchsetzung der neuen Legitimitätsideen einsetzen – und sich hiervon *auch* materielle Vorteile versprechen. Im Falle der Französischen Revolution kommt diese Aufgabe dem aufstrebenden Bürgertum zu, dessen wirtschaftliche und politische Potenz im Ancien Régime in einem eklatanten Missverhältnis stehen; daneben

---

tungen vom Primat ökonomischen Wandels müssen, selbst wenn sie durch die probate Umgehungsklausel ‚auf längere Sicht' eingeschränkt werden, energisch zurückgewiesen werden."

460 Vgl. Bendix 1980 – Könige oder Volk 1 und ders.: Könige oder Volk. Machtausübung und Herrschaftsmandat, Bd. 2, 2 Bde., Frankfurt/M. 1980.
461 Zitiert nach Bendix 1980 – Könige oder Volk 1, S. 36.
462 Vgl. Osterhammel 2009 – Die Verwandlung der Welt, S. 771. Lederer macht drei Gruppen aus, ohne die Revolutionen nicht erfolgreich sein können: (1) die Intellektuellen, welche die revolutionären Ideen ausarbeiten, (2) Gruppen, die ein (materielles) Interesse am Wandel haben, und (3) die verärgerten, erregten Massen, denen die Funktion eines Rammbocks zukommt; siehe Lederer, Emil: On Revolutions, in: Social Research, Bd. 3/1936, Heft 1, S. 1-18, hier S. 9.

2. Vom Anfang der Revolution

aber auch Teilen der Aristokratie, die sich politisch gegen die zunehmende Marginalisierung durch den absolutistischen Staat zur Wehr setzen, indem sie staatliche Reformen blockieren. Dies gilt es im Hinterkopf zu behalten, wenn weiter unten vorrangig die ideelle Seite Beachtung findet. Der Grund für diese Einseitigkeit wurde bereits angesprochen, er besteht in dem erklärten Ziel, das Phänomen der Revolution zu historisieren, was meines Erachtens nur gelingt, wenn man die (Legitimitäts-)Ideen in den Brennpunkt rückt. Mit Jonathan Israel, der um das komplexe Nebeneinander von „Ideen" und „Interessen" weiß, lässt sich formulieren:

> But while great revolutions are always fueled by pre-existing social grievances, to create *genuine* revolution these grievances must be *articulated in new, forthright, and much broader terms* than previously such as were actually propounded in the 1770s and 1780s through a veritable deluge of subversive literature in continental Europe, Britain, and the New World alike.[463]

Und ganz auf einer Linie mit dieser Argumentation stellt auch Moore die *Historizität* solcher Formen von Widerstand heraus, die (planvoll) den Umsturz einer alten und die Errichtung einer neuen Gesellschaftsordnung bewirken. Eben weil Ordnungen nicht immer schon als *menschengemacht* vorgestellt wurden.[464] Mit anderen Worten: Die Einsicht in die prinzipielle Kontingenz und Plastizität von Herrschaftsordnungen und ein sich daraus ergebendes theoretisch-reflexives Legitimitätsdefizit machen das Phänomen Revolution allererst möglich.

Die Aufklärung trägt diesbezüglich eine Menge bei: Ideengeschichtlich sind die (atlantischen) Revolutionen allesamt „Kinder der Aufklärung"[465]. Ein Satz, der indes der Präzisierung bedarf. Zum einen sollte deutlich ge-

---

463 Israel, Jonathan I.: A Revolution of the Mind. Radical Enlightenment and the Intellectual Origins of Modern Democracy, Princeton/N.J. 2010, S. 87, m.H.
464 Moores Historisierungsversuch bleibt gleichwohl etwas vage. Revolutionen könnten erst dann auftreten, „wenn die Menschheit ein komplexeres Zivilisationsniveau erreicht hat" (Moore 1982 – Ungerechtigkeit, S. 122). An anderer Stelle wird er präziser, auch was seine Nähe zu Tocqueville anbelangt. Der (insbesondere durch die Entstehung der Handelsstädte im späten Feudalismus angestoßene) Fortschritt in der Produktion von Gütern und Dienstleistungen müsse groß genug sein, um Armut allererst *als* (prinzipiell zu bewältigendes!) *Problem* und nicht als Teil der natürlichen Ordnung erscheinen zu lassen (siehe ebd., v.a. S. 609, 617 und 650). Das heißt, am Anfang der Revolution steht auch für Moore die *Verbesserung* der gesellschaftlichen und hier v.a. ökonomischen Verhältnisse. Frei nach Brecht: Erst kommt das Fressen, dann kommt die Moral.
465 Osterhammel 2009 – Die Verwandlung der Welt, S. 771.

worden sein, dass die Aufklärung nicht ohne Vorläufer, vielmehr selbst wiederum „Kind" ist – Kind der Theorien vom Gesellschaftsvertrag nämlich. Von diesen übernehmen die Aufklärer die Einsicht in die prinzipielle (Um-)Gestaltbarkeit aller gesellschaftlichen Verhältnisse. Zugleich gehen sie freilich *weiter*, indem sie diese Erkenntnis konsequent(er) mit (dem Programm) einer *politischen Emanzipation* verknüpfen.[466] Wie Beetham zu Recht vorbringt:

> Revolutions result not only from the exclusion of the masses from political influence, but from their assertion of the *right to be included*. Before the emergence of popular sovereignty as a principle, there could only be rebellions or civil wars, not revolutions.[467]

Das heißt, das vertragstheoretische Denken erfährt in der Aufklärung eine weitere Radikalisierung, die sich gleichwohl, wie angesprochen, bei Locke schon überdeutlich abzeichnet, der daher nicht ohne Grund als „geistiger Vater der bürgerlichen Aufklärung"[468] gilt. Dass die Aufklärer den Faden der Gesellschaftsvertragstheoretiker wieder aufnehmen und weiterspinnen, ja, dass sie die *Zustimmung des Volkes* für die einzige legitime Quelle von Herrschaft halten, wird vielleicht am besten an Denis Diderot deutlich, einem der führenden Köpfe während der „enzyklopädischen Publikation" ab 1751, mit der die Aufklärung in Frankreich in ihre *politische* Phase tritt. Er schreibt:

> ‚Kein Mensch hat von der Natur das Recht erhalten, den anderen zu gebieten. Die Freiheit ist ein Geschenk des Himmels, und jedes Individuum von derselben Art hat das Recht, sie zu genießen, sobald es Vernunft besitzt. Wenn die Natur irgendeine *Autorität* geschaffen hat, so ist es die väterliche Macht; aber die väterliche Macht hat ihre Grenzen, und im Naturzustand würde sie aufhören, sobald die Kinder in der Lage wären, sich selbst zu leiten. Jede andere *Autorität* entspringt einer anderen Quelle als der Natur ... [man wird] sie immer auf eine der zwei folgenden Quellen zurückführen können: entweder auf die Stärke und die Gewalt desjenigen, der sie an sich gerissen hat, oder auf die Zustimmung derjenigen, die sich ihr tatsächlich oder angeblich durch

---

466 Vgl. Koselleck 1979 – Historische Kriterien, S. 74.
467 Beetham 1991 – The Legitimation of Power, S. 215, m.H. Ähnlich auch schon Huntington, der die *Forderung* nach einer Ausweitung politischer Partizipationsmöglichkeiten von Seiten gesellschaftlicher Gruppen, die bislang von der Politik ausgeschlossen gewesen sind, zu einer Voraussetzung von Revolutionen erhebt; vgl. Huntington, Samuel P.: Modernisierung durch Revolution, in: Beyme, Klaus von (Hrsg.): Empirische Revolutionsforschung, Opladen 1973, S. 92-104, hier S. 103.
468 Koselleck 1973 – Kritik und Krise, S. 41.

2. Vom Anfang der Revolution

einen Vertrag zwischen ihnen und demjenigen, dem sie die *Autorität* übertrugen, unterworfen haben.'[469]

Und Diderot hat keinen Hehl aus seiner Bevorzugung der zweiten, auf Konsens fußenden Autoritätsquelle gemacht.[470]

Zum anderen sollte man bedenken, dass das, was wir heute als „die Aufklärung" auffassen, zum Teil – und vor allem in dieser Geschlossenheit – erst das Produkt der *späteren* französischen Revolutionäre ist.[471] Rousseau ist hierfür das beste Beispiel: *Vor* dem Ausbruch der Französischen Revolution als politischer Autor kaum gelesen, avanciert er *während* der Revolution für die Akteure dennoch im Nachhinein zu deren Wegbereiter schlechthin.[472] Die retrospektive Sichtweise mit einem Hang zum Teleologismus hat ihre Tücken – die es immer wieder ins Gedächtnis zu holen gilt. Gerade weil sie alternativlos ist, muss sie bedacht eingenommen werden.[473] Ein notwendiger Verlauf von europäischer Aufklärung und Französischer Revolution wird somit bestritten. Stattdessen wird davon ausgegangen, dass die Aufklärung (als Ideenvorrat), und Israel würde ergänzen: speziell die *radikale* Aufklärung,[474] der Revolution *förderlich*

---

469 Zitiert nach Bendix 1980 – Könige oder Volk 2, S. 192.
470 Siehe ebd.
471 Vgl. Linton, Marisa: The Intellectual Origins of the French Revolution, in: Campbell, Peter R. (Hrsg.): The Origins of the French Revolution, Basingstoke 2006, S. 139-159, hier S. 147.
472 Chartier – der überspitzend formulieren kann, dass erst die Französische Revolution die Aufklärung erfand – und Linton führen dies darauf zurück, dass die französischen Revolutionäre mit Hilfe von bestimmten Aufklärern und deren Texten ihr eigenes Wirken zu rechtfertigen versuchten (Chartier, Roger: The Cultural Origins of the French Revolution, Durham 1991, S. 5 und Linton 2006 – Intellectual Origins, S. 147). Wobei es zu ergänzen gilt, dass Rousseaus kulturkritische Schriften vor der Revolution durchaus Anklang fanden. Sein *Contrat Social* aber wurde nachweislich so gut wie gar nicht rezipiert; siehe ebd., S. 143 und Schulin, Ernst: Die Französische Revolution, München 2004, S. 181.
473 Auch ein guter historischer Roman zeichnet sich dadurch aus, dass er der historischen Situation ihre Kontingenz wiedergibt: Alles hätte so leicht auch anders kommen können. Daraus bezieht er, anders als ein Kriminalroman, seine Spannung, *obwohl* jeder weiß, wie es am Ende ausgeht.
474 Vgl. Israel 2010 – A Revolution of the Mind. Und wo es eine radikale Aufklärung gibt, gibt es selbstverständlich ebenso eine moderate Aufklärung. Anders als die Wortwahl vermuten lässt, treten die radikalen Aufklärer (wie Diderot und d'Holbach) indes nicht für eine direkte, sondern für eine repräsentative Demokratie ein. Radikal sind sie gleichwohl darin, dass sie die Zustimmung des Volkes als die *einzige* legitime Quelle von Herrschaft erachten; siehe ebd., S. 83.

2.3 Die Ur-Sache der Revolution

war – insofern als sie diese allererst *denkbar* machte.[475] Wie gesagt: Die „Ur-Sache" der Revolution steht im Mittelpunkt.

Die *Vorbereitung* jenes Angriffs, der die (absolutistische) Monarchie bis in ihre Grundfesten erschüttern wird und in dem ich den Anfang der Revolution überhaupt erblicke, war Gegenstand des vorangegangenen Unterkapitels. In Gestalt der „bürgerlichen Legitimität" (Sternberger) kündigt sich zu Beginn der Neuzeit ein neues Legitimitätsprinzip an, dessen Ausbildung auf die Entstehung eines neuen Denkens zurückgeführt wurde – des funktional-relationalen –, das sich, aus den Naturwissenschaften kommend, innerhalb der politischen Philosophie erstmals in den Theorien vom Gesellschaftsvertrag manifestiert. Mit diesem neuen, bürgerlichen Legitimitätsprinzip sind die Voraussetzungen für das geschaffen, was Sternberger einen „Konflikt von Legitimitätsgründen" nennt, der „erst dann und dort ein[tritt], wo dem *göttlichen* Recht der Könige der *gesellschaftliche* Ursprung der Gewalt des Herrschers und Richters entgegengehalten wird"[476].

Nachfolgend gilt es, diesem Konflikt von Legitimitätsgründen weiter zu folgen. Obschon ich ihn als die Ermöglichungsbedingung des Phänomens der Revolution begreife, darf dieser Konflikt, sollen gesellschaftlich relevante Wirkungen von ihm ausgehen, nicht in einem Stadium der Latenz verharren, er muss vielmehr an die Oberfläche geholt, d.h. *expliziert und offen ausgetragen* werden: im Mooreschen Sinne einer „moralischen Empörung". Der bloß schwelende muss zu einem lodernden Konflikt angefacht werden. Das ergab schon die Auseinandersetzung mit Webers „Legitimitätstheorie" im ersten Kapitel: Nur ein *kommuniziertes*, nur ein *mit-geteiltes* Legitimitätsdefizit, das einige Herrschaftsunterworfene empfinden – nicht schon die Tatsache eines solchen Defizits allein –, hat Folgen, darunter auch und gerade Herrschaft destabilisierende. Die bürgerliche Legitimität will demnach *öffentlich eingeklagt*, ja, für sie muss *unverhohlen* Partei ergriffen werden. Wieso genau? Den Gründen für das *Erfordernis*

---

475 Vgl. Chartier 1991 – Cultural Origins, S. 2 und Linton 2006 – Intellectual Origins, S. 141. Für die Verbreitung der neuen, aufklärerischen Ideen im vorrevolutionären Frankreich gilt nach wie vor Daniel Mornets „Les origines intellectuelles de la Révolution française" von 1933 als grundlegend. Er legt dar, wie sie sich (1) von den oberen, hochgebildeten Schichten „nach unten" und (2) vom Zentrum in die Peripherie ausbreiten, und wie sich (3) dieser Vorgang zudem immer mehr beschleunigt; siehe Chartier 1991 – Cultural Origins, S. 3.

476 Sternberger 1986 – Grund und Abgrund der Macht, S. 32, m.H.

2. Vom Anfang der Revolution

wie auch die *Schwierigkeit* der Kommunikation eines theoretisch-reflexiven Legitimitätsdefizits soll im Folgenden eingehend nachgespürt werden. Sie werfen ein eigentümliches Licht auf die Unwahrscheinlichkeit bzw. Seltenheit von Revolutionen *auch dann noch*, wenn die grundlegenden, „strukturellen" Voraussetzungen für ihr Eintreten erfüllt sind. Im Anschluss daran werden zwei Dinge im Vordergrund stehen: (1) die Genese und Funktion der (politischen) Öffentlichkeit bzw. „öffentlichen Meinung" in Kapitel 2.5 sowie, im darauf folgenden Unterkapitel, (2) die öffentliche Anklage, Verurteilung und Hinrichtung König Ludwigs XVI. im Namen der französischen Nation. Während sich an Ersterer die allmähliche Zuspitzung des besagten Konflikts ablesen lässt, setzen Letztere – mit dem „Sieg" des einen Legitimitätsgrunds – einen symbolischen Schlusspunkt unter ihn.

2.4 Über die Seltenheit der Revolution

> Revolution is a rare phenomenon.[477]

Ich möchte acht wesentliche Gründe, die allesamt mit Prozessen der (De-)Legitimation zusammenhängen, dafür anführen, warum Revolutionen selbst dann eher die Ausnahme als die Regel bilden, wenn weite Teile der Bevölkerung der Herrschaft die Legitimität in theoretisch-reflexiver Hinsicht (innerlich) schon absprechen.

(1) Beinahe sämtliche Gründe, insbesondere aber der erste Grund, lassen sich nur mit Hilfe einer analytischen Unterscheidung hinreichend präzise fassen, die James Scott im Zuge seiner qualitativen Untersuchungen von Widerstandsformen entwickelt hat: jener zwischen „public transcript" auf der einen und „hidden transcript" auf der anderen Seite. Ersteres meint die in aller „Öffentlichkeit" erfolgende Interaktion zwischen Herrschenden und Beherrschten, Letzteres die von Beherrschten individuell im Stillen gehegte oder kollektiv hinter vorgehaltener Hand geäußerte Kritik an den Herrschaftsverhältnissen, die jedenfalls der herrschaftlichen Gegenseite

---

[477] Goldfrank, Walter L.: Theories of Revolution and Revolution without Theory. The Case of Mexico, in: Theory and Society, Bd. 7/1979, Hefte 1/2, S. 135-165, hier S. 137; siehe übereinstimmend auch Huntington 1973 – Modernisierung durch Revolution, S. 92 und Skocpol 1979 – States and Social Revolutions, S. 3.

verborgen bleibt.[478] Scott eröffnet sich hiermit ein Blick auf die *strategische* Seite des Verhaltens von Herrschenden und Beherrschten. Was *vor* den Kulissen geschieht, darf nicht ohne Weiteres für bare Münze genommen werden. Vielmehr ist das Sich-Verstellen der „Schwachen" und „Starken" im Machtkontext ubiquitär.[479] Die Herrschaftsunterworfenen betreffend, bedeutet dies: Sie haben in aller Regel gute, nämlich rationale Gründe dafür, im Angesicht der Macht ihren Unmut zu kaschieren und die von den Herrschenden an sie adressierten Erwartungen (das „Skript") zu erfüllen.[480] Sofern sie sich also nach außen hin gehorsam verhalten, muss der Grund nicht unbedingt, ja, für Scott nicht einmal in der Mehrzahl der Fälle, darin liegen, dass sie die Herrschaftsverhältnisse für legitim befinden. Das public transcript erzählt insofern nur die *halbe* Geschichte.

Herrschende und andere Herrschaftsunterworfene – sowie Forscher –, die sich *ausschließlich* diesem zuwenden, erhalten daher ein systematisch verzerrtes Bild.

> In the short run, it is in the interest of the subordinate to produce a more or less credible performance, speaking the lines and making the gestures he knows are expected of him. The result is that the public transcript is […] systematically skewed in the direction of the libretto, the discourse, represented by the dominant. In ideological terms the public transcript will typically, by its accommodationist tone, provide convincing evidence for the hegemony of dominant values, for the hegemony of dominant discourse. It is precisely in this public domain where the effects of power relations are most manifest, and any analysis based exclusively on the public transcript is likely to con-

---

478 Wobei Scott genau genommen ebenso ein hidden transcript der *Herrschenden* kennt. Sobald sich diese von den Beherrschten unbeobachtet wissen oder wähnen, verhalten auch sie sich anders. Vgl. Scott 1990 – Domination, S. 10f. Nachfolgend soll mit dem hidden transcript indes, wenn nicht anders markiert, durchgehend das der Beherrschten gemeint sein.

479 Siehe ebd., S. 1. Wobei der Unterschied in der Performance zwischen Herrschenden und Beherrschten darin besteht, dass die Notwendigkeit zum „Schauspiel" bei Letzteren aus relativer Schwäche resultiert, während sie bei Ersteren die Folge der Erhebung von Legitimitätsansprüchen ist; vgl. ebd., S. 11.

480 „With rare, but significant, exceptions the public performance of the subordinate will, out of prudence, fear, and the desire to curry favor, be shaped to appeal to the expectations of the powerful." Ebd., S. 2. Daher kann Kersting 1994 – Die politische Philosophie des Gesellschaftsvertrags, S. 38, m.H. auch formulieren: „Damit das Schweigen legitimations*theoretisch* signifikant sein kann, muss das Reden in jeder Hinsicht risikolos sein."

clude that subordinate groups endorse the terms of their subordination and are willing, even enthusiastic, partners in that subordination.[481]

Vor solch einem voreiligen Fehlschluss hütet sich dagegen, wer von einer *Pluralität* von Diskursen ausgeht, mithin zusätzlich das hidden transcript berücksichtigt: jenes Verhalten, das die Beherrschten offstage – jenseits der Herrschaftsbeziehungen – und vor einem gänzlich anderen Publikum an den Tag legen.[482] Erst hierdurch offenbart sich einem die *ganze* Geschichte (so schwierig es im Einzelnen auch sein mag, Zugang zum hidden transcript zu erhalten).

Und doch ist auch das public transcript *Teil* der Geschichte und nimmt insoweit *tätigen* Anteil an der Verhinderung von offenen Auflehnungen. Legitimität mag noch so sehr vorgespiegelt sein: „Appearances do matter"[483], gleich einer self-fulfilling prophecy. Schlicht und ergreifend deshalb, weil niemand – weder die Herrschenden noch die Herrschaftsunterworfenen selbst (zumal wenn man einander nicht näher kennt) – mit letzter Sicherheit sagen kann, ob etwas nur Schein oder nicht doch „Wirklichkeit" ist. Mit der Folge, dass auch bloßer Schein von höchst wirklicher Wirkung sein kann. Der tiefere Grund für diese nicht auszumerzende Unsicherheit wurde bereits im ersten Kapitel gestreift. Gemeint ist das Problem doppelter Kontingenz. Die soziale Umwelt bleibt für mich undurchsichtig, eine Welt voller Blackboxes; und die nahezu einzige Möglichkeit, die sich mir bietet, etwas über die Motivation meines Nächsten zu erfahren, ist die, Schlüsse aus dessen Verhalten zu ziehen. Wenn dieses aber – frei von Widerwillensbekundungen – auf Legitimität zumindest hindeutet, wenn er sich mit anderen Worten so verhält, *als ob* die Verhältnisse legitim wären, so fällt es mir schwer, hieraus auf eine die Legitimität eigentlich in Abrede stellende Position zu schließen. Ich erwarte stattdessen, dass der andere legitimitätsbedingt gehorcht und, mehr noch, dass er oder gar „man" von mir erwartet, dass ich ebenfalls legitimitätsbedingt gehor-

---

481 Scott 1990 – Domination, S. 4.
482 Das hidden transcript ist deshalb gleichwohl nicht gänzlich unverfälscht, auch hier werden Rollen gespielt. Aber es ist nichtsdestotrotz in dem Maße authentischer als das public transcript, als es weniger machtdurchdrungen und das Publikum vertraut(er) ist. Siehe ähnlich ebd., S. 4f. Grundsätzlich gibt es zwei Möglichkeiten, zu Aussagen über die Authentizität von Performances zu gelangen: Entweder man spricht mit dem Performer hinter der Bühne (sprich außerhalb des Machtkontextes) oder aber der Performer zieht auf der Bühne selbst die Glaubwürdigkeit seiner Performance in Zweifel (vgl. ebd.).
483 Ebd., S. 49.

che. Erst recht, wenn er sich im Angesicht der Macht nicht lediglich äußerlich fügt, sondern an der Darstellung von Legitimität *selbst mitwirkt*, indem er kulturell vorgesehene Zustimmungshandlungen ausführt, etwa dem Herrscher öffentlich zujubelt und damit Herrschaft performativ-expressiv legitimiert. Der Eindruck von Legitimität drängt sich so regelrecht auf, während die womöglich „wahren" Beweggründe – die Furcht vor Repressionen oder auch die Aussicht auf Gratifikationen – hinter der Fassade zu verschwinden drohen. *Es sei denn*, ich kann hinter sie gucken und das hidden transcript desjenigen erkennen, der sich (insofern dann lediglich) opportun verhält.

Vor dem Hintergrund darf Herrschaft denn auch ein Interesse daran unterstellt werden, den offstage-Raum, innerhalb dessen die Beherrschten (macht-)bedenkenlos miteinander kommunizieren und (kritische) Meinungen austauschen können, so gut es geht zu beschränken – per Überwachung einerseits und Atomisierung der Beherrschten andererseits.[484] Ziel muss bei alledem insbesondere sein, die *Veröffentlichung* des jeweiligen hidden transcript zu unterbinden, die es einem sehr viel breiteren Kreis (als beispielsweise der unmittelbaren Nachbarschaft, der eigenen Plantage oder den nächsten Verwandten) bekannt machen würde. Doch dazu weiter unten mehr.

Sensibilisiert wird man jedenfalls, Scott sei Dank, für die eminent wichtige Rolle, die im Allgemeinen der *Symbolisierung* von Herrschaft (und das heißt in den hier entwickelten Termini vor allem: der *performativ-expressiven* Legitimation von Herrschaft) zufällt. Sie kann den Herrschenden durchaus (mehr oder weniger) bewusst sein und entsprechend instrumentalisiert werden, wovon die mit größtem Aufwand inszenierten Paraden, feierlichen Amtseinführungen, Prozessionen, Krönungszeremonien usw. zeugen. Bei der Errichtung Potemkinscher Dörfer wird, so sie denn nötig sind, keine Mühe gescheut. „To be sure, dominant elites would prefer a willing affirmation of their norms; but if this is not available, they will extract, whenever they can, at least the simulacrum of a sincere obedience."[485] Der Preis aber, den die Beherrschten für ihr Zurschaustellen von Konformität zu zahlen haben, einerlei mit welch unterschwelligem Widerwillen es einhergeht, ist dementsprechend hoch. Er besteht in ebendem:

---

484 Vgl. ebd., S. 64.
485 Ebd., S. 58.

2. Vom Anfang der Revolution

einem *Anstrich von Legitimität* – und damit letztlich in der *Perpetuierung* von Herrschaft. Die Vermeidung von offenem Widerstand

> is purchased at the considerable cost of contributing to the production of a public transcript that apparently ratifies the social ideology of the dominant. Subordinates appear deferential, they bow and scrape, they seem amiable, they appear to know their place and to stay in it, thereby indicating that they also know and recognize the place of their superiors.[486]

Individuelle Rationalität erweist sich so im Hinblick auf die Gesamtheit der Herrschaftsunterworfenen als kollektive Irrationalität.[487] Auf die Ausgangsfrage zurückkommend, lässt sich demnach präzisieren: Auch dann, wenn Herrschaft keine theoretisch-reflexive Legitimität mehr genießt, kann sie dennoch den *Anschein erwecken*, als genösse sie sie nach wie vor.

(2) Aus einem weiteren, eng mit dem ersten zusammenhängenden Grund sind Revolutionen selten: Herrschaft legitimiert sich ergänzend in der *basal-pragmatischen* Dimension. Das heißt, die Beherrschten beschleicht ein Gefühl der Unabwendbarkeit im Mooreschen Sinne, weil sie sich den Macht- und insbesondere Gewaltmitteln der Herrschaft hoffnungslos unterlegen fühlen und auf kurz oder lang keine andere Wahl sehen, als sich mit den bestehenden Verhältnissen zu arrangieren; aber auch, weil sie im Zuge der Hinnahme der Verhältnisse diese mehr und mehr auf einer vorbewusst-habituellen Ebene – mithin ob sie (bewusst) wollen oder nicht – für ganz „natürlich" halten. Die schiere Dauer lässt im Zusammenwirken mit dem überlegenen Drohpotential die Kontingenz der Herrschaftsverhältnisse verblassen.[488] Zumal auf einer bewussteren Ebene der Anstieg des „Investitionswerts" dafür Sorge trägt, dass die Beherrschten sogar ein *Interesse* am Fortbestand der konkreten Ordnung entwickeln. Wenn Scott schreibt: „Relations of domination are, at the same time, relations of resistance. Once established, domination does not persist of its own momentum"[489], so ist ihm zwar einerseits dahingehend Recht zu geben, dass eine jede Herrschaft zwecks Stabilisierung auf Legitimität angewiesen ist, andererseits wäre aber zu korrigieren, dass *ein Teil* der Legitimierung – in der basal-pragmatischen Dimension – sehr wohl dem „eigenen Schwung" entstammt: der faktischen gewaltvermittelten Durchset-

---

486 Ebd., S. 33; ähnlich auch ebd., S. 35.
487 Frei von jeder moralischen Verurteilung wohlgemerkt.
488 So verstehe ich denn auch Cohen 1988 – Introduction, S. 7, wenn er schreibt: „Longevity is a form of legitimacy in its own right."
489 Scott 1990 – Domination, S. 45.

zung von Ordnung nämlich. Auf lange Sicht wird diese Form der Legitimität allein nicht ausreichen – im Gegenteil: in gewisser Weise provoziert sie sogar, wie gesehen, allererst Fragen nach der („fülligen") theoretisch-reflexiven Legitimität –, theoretisch blind sollte man für sie indes trotzdem nicht sein.

Die Punkte (1) und (2) erhellen somit, warum Revolutionen und anderen Aufstandsformen, so sie denn ausbrechen sollen, eine Schwächung oder, besser noch, *Krise* der Herrschaft vorangehen muss.[490] Ein allgemein verbreitetes Bewusstsein dafür also, dass die vorhandene Herrschaft an einem *Wendepunkt* steht. *Wie* die Entscheidung ausfallen wird, ob zu Gunsten des Status quo oder nicht, ist noch *ungewiss*, *gewiss* aber ist, *dass* eine Entscheidung naht.[491] Genau hierauf will Tocqueville meines Erachtens auch in der zitierten Passage hinaus.[492] Er spricht die Reformbereitschaft eines Regimes an, ein leichtes Nachlassen des herrschaftlichen Drucks auf die Herrschaftsunterworfenen. Hier geht es also nicht um abstrakte, sondern um *konkrete*, äußerst *handfeste* Transformationsmöglichkeiten. Ein Regime zeigt – *durch* sein Entgegenkommen (in dem Fall: v.a. durch die Einberufung der Generalstände) – Schwäche. Und obwohl die Beherrschten von den erfolgten oder wenigstens in Aussicht gestellten Reformen durchaus profitieren (könnten), wittern sie Morgenluft, sehen und ergreifen sie mit einem Male neue Handlungschancen. Die Kontingenz der Ordnung ist nicht länger reine Theorie, nein, sie rückt vielmehr in Reichweite, ihre Änderung scheint sowohl *realistisch* als auch *realisierbar*.[493]

Die Krise kann vielerlei Gründe haben: von finanziellen Schwierigkeiten über verlorene Kriege oder diplomatische Niederlagen bis hin zu Na-

---

490 Für Revolutionen betonen die Notwendigkeit einer vorherigen Schwächung des Ancien Régime (durch „endogene" oder „exogene" Schocks) u.a. Gottschalk 1974 – Ursachen der Revolution, S. 145-148, Arendt 1974 – Über die Revolution, S. 148 und Skocpol 1979 – States and Social Revolutions, S. 285.
491 Vgl. zum Begriff der „Krise" Koselleck 1973 – Kritik und Krise, v.a. S. 105.
492 Vgl. Fn. 444 und 446.
493 Dies erhellt, warum Dahrendorf im Anschluss an Gottschalk meint, dass sich im Hinblick auf jene Faktoren, die Revolutionen (kurzfristig) auslösen, das Begriffspaar „Hoffnung" und „Schwäche" eignet: Hoffnung auf Seiten der Herrschaftsunterworfenen (durch eine politische Führungsgruppe, ein Reformprogramm oder überhaupt die herrschaftliche Bereitschaft zu Reformen) und Schwäche auf Seiten der Herrschenden (durch die Spaltung von Adel und Klerus oder Adel und König, durch die Unzuverlässigkeit der Armee, durch militärische Niederlagen, durch den Abfall der Intellektuellen usw.). Siehe Dahrendorf 1961 – Theorie der Revolution, S. 159 und Gottschalk 1974 – Ursachen der Revolution, S. 142-148.

2. Vom Anfang der Revolution

turkatastrophen oder Inflation. Von Belang sind indes weniger die (unmittelbaren) Ursachen der Krise als deren *Folgen* (die zugegebenermaßen wiederum die Krise verstärken können), wobei hier zwei aufgegriffen werden sollen. Teil und Ausdruck dieser Krise mag einerseits ein *Verlust von spezieller Legitimität* (in den Augen des gesamten oder Teilen des Erzwingungsstabs) sein, wodurch sich die Fähigkeit der Herrschaft zur Anwendung von drohender, demonstrativer und restriktiver Gewalt vermindert.[494] Was mit Zweifeln über die Glaubwürdigkeit der Gewaltdrohung beginnt, setzt sich fort mit ersten Normverstößen, die nicht oder nicht mehr mit der alten Konsequenz geahndet werden. Nicht sanktionierte Normen aber büßen auf kurz oder lang ihre Geltung ein. Damit sinken wiederum zum einen die basal-pragmatische Legitimität – Herrschaft vermag Ordnung faktisch nicht mehr durchzusetzen – und zum anderen die Anreize für die Herrschaftsunterworfenen sich in der „Öffentlichkeit" weiterhin ordnungsgemäß aufzuführen – denn das herrschaftliche Sanktions- und Gratifikationspotential nimmt ab.[495] Anders formuliert: Der „Ordnungswert" im vorbewusst-habituellen wie auch im bewusst-zweckrationalen Sinne verringert sich.

Grund und Folge dieser Krise können andererseits, ob nun alternativ oder daneben, Differenzen innerhalb der herrschenden Schicht sein – die berühmte *Spaltung der Eliten*.[496] Hieraus mögen Herrschaftsunterworfene auf eine Schwächung des herrschaftlichen Machtpotentials schließen. Im zuvor erläuterten Zusammenhang ist indes besonders wichtig, dass sich *Risse in der Legitimitätsfassade* zeigen. Zumindest Teile der Herrschenden selbst bekunden offen Zweifel an der eigenen Legitimität (aus welchem, mitunter selbstsüchtigen Motiv immer). Wenn aber die Privilegierten einer Ordnung nicht länger von deren Legitimität überzeugt sind, wieso sollten es dann ausgerechnet die Negativprivilegierten noch sein? Herrschaft gelingt es fortan nicht einmal mehr, Legitimität mit Erfolg zu fingieren (geschweige denn realiter zu „erzeugen").[497] Für das Ancien Régime in

---

494 Überlegene Gewalt sorgt zumindest für eine in diesem Zusammenhang entscheidende Erwartung: für die Erwartung, dass alle erwarten, dass niemand rebelliert. Vgl. Luhmann 2008 – Rechtssoziologie, S. 262.
495 Schon Lederer konstatiert, dass keine Revolution erfolgreich sein kann, wenn Militär und Polizei funktionstüchtig und der Herrschaft treu ergeben bleiben (Lederer 1936 – On Revolutions, S. 1, 5, 12–16).
496 Siehe u.a. Gottschalk 1974 – Ursachen der Revolution, S. 146.
497 Insofern mag es zutreffen, dass Herrschende, wie schon Weber feststellt, das (psychologische) Bedürfnis haben, ihre eigene Herrschaft zu legitimieren. Immer

2.4 Über die Seltenheit der Revolution

Frankreich ist in dem Zusammenhang besonders die Uneinigkeit zwischen Krone und Parlamenten relevant. König und Adel blockierten und bekämpften sich in den Jahrzehnten vor der Revolution gegenseitig, woraus letztlich ein Reformstau resultierte.[498]

(3) Der dritte Grund für die Unwahrscheinlichkeit von Revolutionen ist vielleicht der interessanteste, weil ambivalenteste. Er hängt mit dem im Laufe dieser Arbeit bereits angesprochenen Umstand zusammen, dass sich den Herrschaftsunterworfenen immer auch legitime (und insofern risikolose!) Kritikmöglichkeiten *innerhalb* der Herrschaftsordnung eröffnen, durch die sie ihre eigene Situation (wenn auch nur punktuell und zeitweilig) zu *verbessern* vermögen – und zwar nicht obwohl, sondern *gerade weil* die Herrschenden einen theoretisch-reflexiven Legitimitätsanspruch formulieren, dem sie in der Praxis nachzukommen verpflichtet sind. Legitimität ist ein zweischneidiges Schwert, an dem sich ebenso der Herrscher schneiden kann, sobald er das unweigerlich gegebene Performance-Versprechen nicht einlöst – aber, und das ist die Pointe, *ebendeshalb*, aufgrund dieser spezifischen Zweischneidigkeit ist sie erst imstande, die Herrschaftsordnung *als Ganzes* so nachhaltig zu stabilisieren. Die Politik mag im Zuge der Einklagung von herrschaftlichen Pflichten genauso wechseln wie die Herrscher, die Herrschaftsordnung selbst bleibt hiervon

---

aber geht es hierbei *auch* um die *Außen*wirkung: die untereinander in der Horizontalen oder durch einzelne Herrschaftsunterworfene in der Vertikalen gegebene Bestätigung der Legitimität lässt Herrschaft für Letztere legitim *wirken*. Und den europäischen Absolutismus dürfte gegenüber vorangegangenen „Epochen" u.a. ausgezeichnet haben, dass ein sich in seiner Machtfülle, insbesondere aber auch kulturell deutlich absetzender zentraler Herrscher nicht mehr (in dem Maße) in den Genuss von horizontaler Legitimation durch den Adel kommt. Für die Krise und folgende Revolutionierung des Ancien Régime scheint mir dies ein wichtiger Faktor gewesen zu sein.

498 Vgl. Skocpol 1979 – States and Social Revolutions, S. 51-67 und Tilly 1999 – Die europäischen Revolutionen, S. 239f. Aber auch der Umstand, dass Adlige selbst – und nicht nur Bürger – die Legitimitätsgrundlage des Ancien Régime in Zweifel zogen, wäre hier zu nennen. Vgl. für die zumindest latente Übereinstimmung der Anschauungen von Adel (hier vor allem der parlementaires) und philosophes Bendix 1980 – Könige oder Volk 2, S. 167f. Zur Rolle des Adels als Rezipient *und* Autor der Aufklärung vgl. Linton 2006 – Intellectual Origins, S. 149. Für die europäischen Monarchien insgesamt betont Reinhard, dass die wachsenden finanziellen Bedürfnisse der (rüstenden und kriegführenden) Monarchen ihre stärksten innerstaatlichen Rivalen (zeitweise oder dauerhaft) stärkten: die Ständeversammlungen, von deren Zustimmung die Steuerzahlungen abhängig waren (Reinhard 1999 – Geschichte der Staatsgewalt, S. 24).

2. Vom Anfang der Revolution

indes unberührt. Wieso? Weil sich die Kritik *ordnungseigener* Mittel bedient und die Akzeptanz und Legitimität dieser Ordnung gerade dadurch *bestätigt*. Moore führt diesen „Mechanismus" am Beispiel der Reziprozität vor.[499] Als *Vorstellung*, d.h. theoretische Rechtfertigung, vermag Reziprozität zwar Formen von Ausbeutung „ideologisch" einzuhüllen – und welcher Herrscher kann es sich schon leisten, nicht zu behaupten, zum Wohle der Beherrschten zu herrschen? –, zugleich aber *befähigt* ebendiese Rhetorik der Reziprozität die Beherrschten allererst, im Gegenzug für eigene Leistungen auch Leistungen der Herrschenden einzufordern.[500] Noch allgemeiner mit Scott:

> Every publicly given justification for inequality thus marks out a kind of *symbolic Achilles heel* where the elite is especially vulnerable. Attacks that focus on this symbolic Achilles heel may be termed critiques within the hegemony. One reason they are particularly hard to deflect is simply because they begin by adopting the ideological terms of reference of the elite.[501]

Nur, so legitim und daher schlagkräftig diese Kritik auch ist, hinsichtlich des subversiven Ausmaßes sind ihr immer schon „inhärente Grenzen ge-

---

499 Siehe Moore 1982 – Ungerechtigkeit, S. 668-671.
500 So auch Scott 1990 – Domination, S. 95, m.H.: „The *plasticity* of any would-be hegemonic ideology which must, by definition, make a claim to serve the real interests of subordinate groups, provides antagonists with political resources in the form of political claims that are *legitimized* by that ideology. Whether he believes in the rules or not, only a fool would fail to appreciate the possible benefits of deploying such readily available ideological resources." Vielleicht noch pointierter (ebd., S. 103, m.H.): „Any ruling group, in the course of justifying the principles of social inequality on which it bases its claim to power, makes itself vulnerable to a particular line of criticism. Inasmuch as these principles of inequality unavoidably claim that the ruling stratum *performs* some valuable social function, its members open themselves to attack for the *failure* to perform these functions honorably or adequately. The basis of the claim to privilege and power creates, as it were, the groundwork for a blistering critique of domination on the terms invoked by the elite. Such a critique from within the ruling discourse is the ideological equivalent of being hoisted on one's own petard." Ganz auf einer Linie hiermit streicht Reinhard heraus, „daß auch von geheucheltem Interesse am Gemeinwohl der Zwang einer ‚self fulfilling prophecy' ausgehen kann" (Reinhard 1999 – Geschichte der Staatsgewalt, S. 22).
501 Scott 1990 – Domination, S. 103, m.H. Scott demonstriert dies konkret anhand des Zaren-Mythos, mit dessen Hilfe es die russischen Bauern schafften, ihren gewaltsamen Protest gegen die bestehende Unterdrückung (durch Herrschaftsintermediäre, in einem anderen Fall aber auch durch den „falschen Zaren") in einen Akt der Loyalität gegenüber der Krone zu verwandeln; vgl. ebd., S. 96-98.

setzt"[502]. Denn mit der Kritik an der Verletzung von Pflichten, werden die Pflichten selbst (und damit die Herrschaft als solche) grundsätzlich *akzeptiert* – wenn nicht (wahrhaftig) vom einzelnen Kritiker selbst, so doch wenigstens für die Allgemeinheit *allem Anschein nach* – und deren Geltung in Erinnerung gerufen. Die Frage nach der Legitimität der Pflichtenverteilung an sich – gleichsam die „Systemfrage" – wird gar nicht erst gestellt.[503] Und so gleicht eine jede theoretisch-reflexive Legitimation einer *Einladung zum Streit* – der indes *strukturiert* und damit in seinen Auswirkungen stets *limitiert* ist. Zumindest so lange, wie er nicht mit einer *Krise* des Regimes zusammenfällt. Den gleichen Sachverhalt alternativ ausgedrückt: Herrschaft fällt Revolutionen deshalb so selten zum Opfer, weil sie sich fortlaufend *performativ-expressiv* legitimieren muss – und kann.[504] Nicht obwohl, sondern gerade weil ihr aus der theoretischen-reflexiven Legitimität performative Pflichten erwachsen, ist die Herrschaft insgesamt derart stabil.

(4) Der vierte Grund, warum Revolutionen für gewöhnlich ausbleiben, ist darin zu sehen, dass (staatliche) Herrschaft die längste Zeit der Geschichte ein viel zu heterogenes Gebilde ist. Die Erfahrungen, die Herrschaftsunterworfene im Umgang mit ihr machen und aus denen sich die Kritik speist, sind in der Folge viel zu disparat, als dass sich hieraus ein einheitliches hidden transcript nicht nur einiger weniger Individuen, sondern einer ganzen Großgruppe entwickeln könnte. Als intermediäre Herrschaft hängen die (Leidens-)Erfahrungen der Herrschaftsunterworfenen wesentlich von ebendiesen Intermediären ab – und differieren entsprechend.

Mit diesem Hindernis räumt erst der frühe *moderne* Staat auf: der absolutistische. Über das tatsächliche Ausmaß an „absoluter" Macht des abso-

---

502 Moore 1982 – Ungerechtigkeit, S. 671.
503 Ein anderes „moderneres" Beispiel wäre der Kläger vor Gericht, der die Legitimität des Klagewesens – und damit auch eine mögliche Abweisung der Klage oder Niederlage vor Gericht – durch seine Klage immer schon anerkennt.
504 Und Scott weist neben den ordnungsinhärenten „Widerstandsformen" ebenso auf eine Vielzahl von Widerstandsformen hin, die sich zwar gegen die Ordnung wenden, dabei aber *verdeckt* vorgehen, also ihre eigentlich ordnungsnegierende Absicht *verhüllen*. Er spricht in dem Zusammenhang von „infrapolitics". Beispiele wären Wilderei, Diebstahl und heimliche Steuerhinterziehung. Darunter fallen aber auch solche Fälle, in denen etwas (beispielsweise die Verletzung oder Ermordung eines Herrschaftsintermediärs) glaubhaft als „Unfall" dargestellt werden kann. Vgl. Scott 1990 – Domination, v.a. S. 183-201.

2. Vom Anfang der Revolution

lutistischen Fürsten mag man streiten, vieles wurde hier in der älteren Forschung sicherlich überzeichnet, doch an der *grundsätzlichen Richtung* bestehen kaum Zweifel: Der moderne Staat *weitet seine direkte Herrschaft zunehmend aus*, indem er Machtintermediäre (wie Adel, Kirche und Stadt) ausschaltet, wodurch sich wiederum die innerstaatlichen Herrschaftsbedingungen insgesamt angleichen.[505] Überspitzt könnte man auch sagen: Die Revolution setzt als Phänomen einen erstarkenden (Zentral-)Staat voraus.

Hinzu kommt, dass mit dem modernen Staat klientelistische Herrschaftsstrukturen überwunden werden, und das heißt für Europa: der Feudalismus bzw. das Lehnswesen bzw. die Grundherrschaft. Dies ist nicht nur deshalb von hohem Stellenwert, weil hiermit eine verbreitete Form von indirekter Herrschaft verschwindet, sondern vor allem, weil sich hierdurch die Herrschaftsunterworfenen untereinander solidarisieren können. Patron-Klient-Beziehungen wirk(t)en dem durch ihre *dyadische* Struktur entgegen: miteinander verbunden werden *ein* Patron und *ein* Klient (obgleich ein Patron natürlich mehrere Klienten haben kann und in Ausnahmefällen sogar ein Klient mehrere Patrone hat), keineswegs aber Klienten untereinander.[506] Zugehörig fühlt sich der Klient infolgedessen ausschließ-

---

505 Young beschreibt den Vorgang wie folgt: „The rise of the early modern absolutist state saw the extension of regulative authority by the royal bureaucracy down to local levels, and the enforcement of the king's law in all corners of the kingdom." Young, Crawford: The African Colonial State in Comparative Perspective, New Haven 1994, S. 28. Und wenngleich eine zentralisierte Bürokratie vor der Französischen Revolution laut Bendix nur auf dem Papier bestand, leugnet auch er nicht, dass sich im Absolutismus die Untertanen zunehmend in *direkte* Untertanen des Königs verwandelten (Bendix 1980 – Könige oder Volk 2, S. 144). Die Geschichte der Staatsgewalt in ihrer Gesamtheit liest besonders Jouvenel als Geschichte der kontinuierlichen Expansion derselben (Jouvenel 1972 – Über die Staatsgewalt). Obschon das Wachstum der Staatsgewalt keineswegs kontinuierlich verlief, vielmehr sowohl Schübe (v.a. im Gefolge von Kriegen) als auch Rückschritte (v.a. unter schwachen Herrschern) kannte, gilt nichtsdestotrotz: „Als langfristiger historischer Trend vom hohen Mittelalter bis in die siebziger Jahre des 20. Jahrhunderts ist es dennoch unverkennbar." Reinhard 1999 – Geschichte der Staatsgewalt, S. 22.
506 Vgl. statt vieler Scott, James C./Kerkvliet, Benedict: How Traditional Rural Patrons Lose Legitimacy, in: Schmidt, Steffen W. (Hrsg.): Friends, Followers, and Factions. A Reader in Political Clientelism, Berkeley 1977, S. 439-458, hier S. 440. Hier findet sich auch eine relativ unstrittige Definition von Klientelismus (ebd.): „A patron-client link is an exchange relationship or instrumental friendship between two individuals of different status in which the patron uses his own influence and resources to provide for the protection and material welfare of his

lich einer *vertikalen* Gemeinschaft. In der Horizontalen dagegen ist er sozial weitgehend isoliert. Ein Grund, warum der Klientelismus allgemein als Hindernis für die Ausbildung eines Klassenbewusstseins bzw. für die politische Organisation von bäuerlichem Widerstand gesehen wird.[507] Das schwere Los, obschon von vielen Klienten getragen, wird nicht geteilt, nicht als *gemeinsames* Los wahrgenommen. Der *systematische* Charakter der Ausbeutung bleibt gewissermaßen verborgen und mit ihm der Einsatzpunkt für das hidden transcript einer ganzen Gruppe, für eine „Gegenkultur" gleichsam. Scott bringt den Unterschied wie folgt auf den Punkt:

> An individual who is affronted may develop a personal fantasy of revenge and confrontation, but when the insult is but a variant of affronts suffered systematically by a whole race, class, or strata, then the fantasy can become a collective cultural product.[508]

Wobei die Betonung auf „können" liegt. Dadurch, dass der absolutistische Staat seine direkte Herrschaft ausweitet und den Klientelismus zurückdrängt, schafft er nicht mehr – aber auch nicht weniger – als die Voraussetzungen dafür, dass die Herrschaftsbedingungen und damit Leidensgeschichten sich nicht nur *de facto*, sondern auch *im allgemeinen Bewusstsein* angleichen können. Für das faktische Bewusstwerden der „Systematizität" ihrer Unterdrückung benötigt eine Gruppe indes noch mehr: eine Sphäre, die es ihr (unbehelligt vom Staat) erlaubt, ihre Erfahrungen untereinander auszutauschen und daraus eine gemeinsame Herrschaftskritik abzuleiten – was unmittelbar zum nächsten Punkt überleitet.

---

lower status client and his family who, for his part, reciprocates by offering general support and assistance, including personal services, to the patron." Auch in Bezug auf Klientelnetz(werk)e spricht Spittler lediglich von *Quasi*-Gruppen, denn „die einzelnen Transaktionen [spielen sich] doch immer noch zwischen zwei Personen ab" (Spittler, Gerd: Staat und Klientelstruktur in Entwicklungsländern. Zum Problem der politischen Organisation von Bauern, in: Europäisches Archiv für Soziologie, Bd. 18/1977, Heft 1, S. 57-83, hier S. 62). Den Feudalismus bzw. das Lehnswesen als eine (stärker formalisierte bzw. institutionalisierte) Spielart des Klientelismus liest u.a. Maquet, Jacques: Herrschafts- und Gesellschaftsstrukturen in Afrika, München 1971, S. 195-197.

507 Siehe v.a. Spittler 1977 – Staat und Klientelstruktur sowie Scott/Kerkvliet 1977 – How Traditional Rural Patrons Lose Legitimacy, S. 439f. Zur *vertikal* solidarisierenden Funktion des Klientelismus siehe klassisch Lemarchand, René/Legg, Keith: Political Clientelism and Development. A Preliminary Analysis, in: Comparative Politics, Bd. 4/1972, Heft 2, S. 149-178, hier S. 173.

508 Scott 1990 – Domination, S. 9.

2. Vom Anfang der Revolution

(5) Offstage- oder backstage-Freiheiten können wiederum das Ergebnis einer Regimeschwäche sein, aufgrund derer sich der herrschaftliche „Kontrollgriff" ein wenig lockert. Für die Anbahnung einer Revolution ist die Existenz solcher Freiräume deshalb so wichtig, weil nur in Bereichen, die außerhalb der Kontrolle des Staates liegen, Herrschaftsunterworfene zusammenfinden und frei ihre (kritische) Meinung äußern werden, ohne Repressionen von herrschaftlicher Seite befürchten zu müssen. Sie verschaffen sich auf diese Weise Gewissheit darüber oder erkennen gar erstmals, dass nicht nur das eigene Gesicht, sondern auch das der nächsten Herrschaftsunterworfenen hinter den Kulissen ein anderes als vor den Kulissen ist. Sie vermögen mit anderen Worten die Masken fallen zu lassen und einander ihr „wahres" (womöglich auch jetzt erst bewusst werdendes) Gesicht zu zeigen: ihre im Hinblick auf die Legitimität der bestehenden Ordnung zutiefst kritische Haltung. Zugleich kann neben der Negation auch eine gemeinsame Vision einer neuen Ordnung mit alternativer Legitimitätsgrundlage entstehen. Die wirkliche wird der vorgestellten Ordnung gegenübergestellt und ihr Austausch in Gedanken vorweggenommen.[509]

Und doch verbleibt das hidden transcript in den Grenzen einer kleinen Gruppe. Diese überschreitet es erst in dem Moment, in dem es *auf* die Bühne gebracht, sprich *veröffentlicht* wird. Folgerichtig wird die öffentliche Verkündung des hidden transcript (in Form von Auflehnungen, Pamphleten o.Ä.) Scott zufolge von den Beteiligten oftmals als *Moment der Wahrheit* erlebt: Endlich spricht jemand aus, was alle (bewusst oder vorbewusst) immer schon dachten, ohne sich vollends sicher zu sein, ob wirklich alle so denken; endlich kommt zu Tage, was so lange verdeckt ward.[510] Dabei eignet einer jeden Verkündung etwas Unwiderrufliches: Hat die Fassade der Legitimität erst einmal Risse bekommen, ist sie als

---

[509] Wobei es mit Blick auf die Französische Revolution wider den retrospektiven Teleologismus zu ergänzen gilt, dass die vorrevolutionäre oppositionelle Kultur weniger auf eine Revolutionierung als auf eine *Reformierung* der monarchischen Herrschaft ausgerichtet war – wenn es freilich auch ein *revolutionäres Potential* gab; siehe Linton 2006 – Intellectual Origins, S. 150.

[510] Vgl. Scott 1990 – Domination, S. 207f. Und (ebd., S. 223, m.H.): „It is only when this hidden transcript is openly declared that subordinates can fully recognize the full extent to which their claims, their dreams, their anger is shared by other subordinates with whom they have not been in direct touch." Was wiederum die politische „Elektrizität", die solchen Ereignissen innewohnt, im Allgemeinen und das abrupte, sich überstürzende Moment von Revolutionen im Speziellen ein Stück weit erklärt: Illegitim war die Herrschaft in theoretisch-reflexiver Hinsicht schon

Fassade entlarvt. Was wiederum erhellt, warum so viele Revolutionen eine Vorgeschichte „kleinerer" Aufstände haben, die zumindest *eine* enthüllende Botschaft hinterlassen, ja, geradezu ins kulturelle Gedächtnis einbrennen: *Nicht alle* Herrschaftsunterworfenen halten die Herrschaft für legitim.[511]

> It is now public knowledge that relations of subordination, however immovable in practice, are not entirely legitimate. In a curious way something that everyone knows at some level has only a shadowy existence until that moment when it steps boldly onto the stage.[512]

Die Durchschlagskraft oder Explosivität dieser Verkündung hängt wiederum von der Größe der Gruppe ab: Je mehr die Kritik an der alten Ordnung bzw. das hidden transcript teilen – oder auch: je größer die Gruppe ist, für die der „Deklarierende" zu sprechen *vorgeben* kann –, desto stärker bröckelt die Fassade der theoretisch-reflexiven Legitimität.[513] Weshalb meines Erachtens die Vorstellung der Nation eine für das Phänomen der Revolution so entscheidende Rolle spielt. Denn sie solidarisiert und mobilisiert nicht nur eine ganze Schicht, sondern sogar schichtübergreifend. Und sie impliziert, dass alle Herrschaft „irgendwie" von unten, nämlich *national* legitimiert werden muss.

Vor diesem Hintergrund erschließt sich erst vollends die Bedeutung, die der Genese der „bürgerlichen Öffentlichkeit" (Habermas) zufällt. Anfangs noch rein privat und auf unpolitische Fragen beschränkt, lädt sie sich in Frankreich zusehends politisch auf – endgültig mit der Abschaffung der Zensur auf der einen und Einberufung der Generalstände auf der anderen

---

zuvor, nur wurde dies nicht eingestanden – gleich einem offenen Geheimnis, das nur darauf wartet, gelüftet zu werden.

Habermas würde an dieser Stelle womöglich einwenden, dass nicht schon von vornherein „fertige" Meinungen auf Seiten der Individuen unterstellt werden dürfen, dass die Meinungsbildung vielmehr erst das *Ergebnis* eines vorhergehenden Diskurses ist. Doch genau das bestreitet Scott nicht, nur dass es sich eben um einen *verdeckten* Diskurs, um ein hidden transcript handelt.

511 Worin im Übrigen auch ein Grund dafür gesehen werden kann, warum von Revolutionen in *anderen* Ländern solch eine Signalwirkung bzw. solch ein Flächenbrand ausgehen kann, gerade wenn es sich um kulturell verwandte Länder handelt. Der bisherige äußere Eindruck, dass dort die Herrschaft auf große Zustimmung stieß, verflüchtigt sich – und die Frage drängt sich auf, ob es im eigenen Land nicht doch *ebenso* Herrschaftsunterworfene gibt, die der Herrschaft insgeheim die Zustimmung verweigern.
512 Ebd., S. 215f.
513 Siehe ebd, S. 8.

2. Vom Anfang der Revolution

Seite –, um schließlich in Gestalt der „öffentlichen Meinung" am Vorabend der Französischen Revolution zum heimlichen Souverän aufzusteigen, auf den sich sogar der Herrscher zur Legitimierung seiner Politik beruft. Dabei resultiert die politische Öffentlichkeit ironischerweise allererst aus jener Trennung zwischen privater und öffentlicher Sphäre, die der absolutistische Staat – *nolens volens*, wie es weiter unten zu spezifizieren gilt – vollzieht, und der dieser am Ende selbst zum Opfer fällt. Ohne die (bürgerliche) Öffentlichkeit hätte es jedenfalls, so meine im kommenden Unterkapitel zu entfaltende These, nicht zu diesem Widerhall, nicht zu dieser Verbreitung der aufklärerischen Ideen kommen können. Die Öffentlichkeit ist das Medium, durch das sich einerseits das theoretisch-reflexive Legitimitätsdefizit des Ancien Régime *kommunizieren* und andererseits das bürgerliche Legitimitätsprinzip als Substitut *einklagen* lässt. Von hier aus ist es nicht mehr weit, bis die neuen Legitimitätsideen Eingang in die herrschaftliche Praxis finden.

Den vierten und fünften Hinderungsgrund zusammengefasst, sind Revolutionen Legitimitätsverlusten zum Trotz so überaus rar, da sie voraussetzen, dass (zentrale) staatliche Herrschaft einerseits sich weiter ausdehnt und relativ einheitliche Verhältnisse schafft, und andererseits (dennoch) weder das Aufkommen eines herrschaftskritischen Diskurses noch dessen Bekanntwerden zu verhindern vermag. Notwendig ist, dass „anything like an unguarded discourse by subordinate groups"[514] entstehen kann, was vornehmlich dann der Fall ist, wenn ein Regime Schwächen offenbart.

Die zwei nächsten Gründe sind schnell abgehandelt. (6) Zum einen dürfen die oder wenigstens Teile der Herrschaftsunterworfenen nicht zu stark im täglichen Kampf um die Subsistenz verhaftet sein, was wieder in Richtung des Tocquevilleschen Paradoxons geht. Sie müssen sich sowohl kritisch-reflexiv mit der gegebenen Ordnung auseinandersetzen können als auch „Energie" für den politischen Kampf übrig haben.

(7) Zum anderen darf die Vergangenheit nicht allzu sehr von Misserfolgen geprägt sein. Sind Versuche, die Herrschaftsordnung und mit ihr auch die eigene Situation zum Guten zu wenden, immer wieder aufs Neue gescheitert, macht sich ein Ohnmachtsgefühl und damit politische Passivität breit, die bis zum Zynismus reichen kann.[515]

---

514 Ebd., S. 102.
515 Vgl. ebd., S. 85f.

2.4 Über die Seltenheit der Revolution

(8) Der achte Grund für das allgemeine Ausbleiben von Revolutionen ist sozialkonstruktivistischer Art, er wurde vorstehend bereits berührt.

> If unheard by any living creature, does a tree falling in the forest make a sound? Does ‚resistance' by subordinates that is purposely overlooked by elites or called by another name, qualify as resistance? Does resistance, in other words, require recognition as resistance by the party being resisted?[516]

So weit, zu behaupten, jedweder Widerstand sei auf die Anerkennung durch die Gegenseite angewiesen, braucht man zwar sicherlich nicht zu gehen.[517] Und doch weist Scott hier auf zwei elementare Dinge hin: Einerseits darauf, dass ein jeder Akt der Insubordination erst als ein solcher *sozial konstruiert* werden muss. Er ist es nicht schon von selbst.[518] Das heißt mit anderen Worten, dass nicht nur Herrschaft, sondern ebenso Widerstand in hohem Maße *symbolisierungsbedürftig* ist. Andererseits ruft Scott in Erinnerung, dass die Herrschenden in der Regel über eine ungleich *größere Definitionsmacht* als die Herrschaftsunterworfenen verfügen. Wie ein Ereignis interpretiert wird, ja, sogar ob es überhaupt wahrgenommen und zum Gegenstand der Interpretation wird, bestimmen Erstere wenn nicht einseitig, so doch in weitaus stärkerem Maße als Letztere.

Aus beiden Punkten zusammen folgt: „The political struggle to impose a definition on an action and to make it stick is frequently at least as important as the action per se."[519] Immer geht es im Vorfeld und Verlauf von

---

516 Ebd., S. 79.
517 Auch wenn die Einberufung der Generalstände in Frankreich 1789 (neben dem Eingeständnis von Schwäche) genau das ist: die offizielle Anerkennung des Widerstands durch den Herrscher.
518 Nichts Anderes meinen Popitz und Luhmann mit der „Präventivwirkung des Nichtwissens" bzw. mit der Notwendigkeit, Verstöße gegen Normen zu kommunizieren, wenn diese entwurzelt werden sollen (Popitz, Heinrich: Über die Präventivwirkung des Nichtwissens. Dunkelziffer, Norm und Strafe, in: ders.: Soziale Normen, hrsg. von Friedrich Pohlmann und Wolfgang Eßbach, Frankfurt/M. 2006, S. 158-174, Luhmann 2008 – Rechtssoziologie, S. 55). Zugleich könnte man indes mit Luhmann herausstreichen, dass die Herrschenden an dieser sozialen Konstruktion von Insubordination zwangsläufig mitwirken – dadurch nämlich, dass sie die Regeln (teilweise) allererst aufstellen, von denen man dann abweichen kann, aber auch, weil Normen das Verhalten niemals determinieren, sondern „lediglich" in Gestalt von (generalisierten, desiderativen) Erwartungen an einen herantreten; vgl. ebd., S. 116-131.
519 Scott 1990 – Domination, S. 206.

2. Vom Anfang der Revolution

Revolutionen um die *Deutungshoheit*, darum, wer sie besitzt oder erlangt.[520] Das hidden transcript bloß publik zu machen, genügt nicht, es muss obendrein auf möglichst *eindeutige* Art und Weise erfolgen.

Zwei Merkmale, die in vielen Definitionen von Revolutionen (meistens: unerklärt) Erwähnung finden, ergeben in dem Zusammenhang einen besonderen Sinn: die *Massenhaftigkeit* auf der einen sowie die *Gewaltsamkeit* auf der anderen Seite. Beide schränken gleichermaßen den interpretativen Spielraum der Herrschenden ein. Die Massenhaftigkeit dadurch, dass eben nicht nur einige wenige, sondern virtuell *alle* Herrschaftsunterworfene der bestehenden Herrschaft die Legitimität absprechen. Ein massenhafter Normbruch (bzw. die massenhafte Enttäuschung der allgemeinen Erwartung, dass die Herrschaft als legitim gilt) aber kann weder durch Erklärung noch durch Nichtbeachtung noch durch Sanktionierung abgewickelt werden.[521] Es können plausiblerweise nicht alle auf einen Schlag verrückt oder kriminell geworden sein.[522] Massenaktionen lassen sich nicht ohne Weiteres ignorieren. Und wie soll man alle auf einmal bestrafen bzw. Personen, die in der Anonymität der Masse untertauchen? Mit Gewalt wiederum geht eine Einengung des Interpretationsspielraums immer schon deshalb einher, weil sie eindeutiger Natur ist. Gewalt zu deuten, erübrigt sich in aller Regel, sie ist eine „Sprache", die jeder auf Anhieb versteht. Der Sturm auf die Bastille, dem nachträglich eine hohe symbolische Bedeutung beigemessen wird, lässt sich nicht umdeuten in einen Akt der Loyalität dem Ancien Régime gegenüber.

---

520 Und in genau dieser Hinsicht verändern moderne Informationstechnologien die Ausgangslage. Selbst ein repressives Regime wie das chinesische hat in Zeiten des Internets Schwierigkeiten, Herr über den Informationsfluss zu bleiben, auch wenn es die Technik des Verschweigens (von Aufständen, Protesten o.Ä.) wie kein zweites beherrschen dürfte. Auch die Strategie der Stigmatisierung findet dort Anwendung. Ai Weiwei beispielsweise wurde der *Wirtschafts*verbrechen bezichtigt, um jegliches Politisierungspotential sogleich im Keim zu ersticken. Ein Krimineller stiftet nicht zu Widerstand an. Weshalb umgekehrt Robin Hood eben kein bloßer Dieb ist – er nimmt den Reichen, *um den Armen zu geben*, beabsichtigt also mit seinen Taten *gerechtere* Verhältnisse. Er wird damit zu einem Beispiel dafür, wie auch die Seite der Beherrschten an der Legendenbildung mitwirken, mithin Deutungsmacht ausüben kann.
521 Um Luhmanns drei Mechanismen zur Abwicklung von Erwartungsenttäuschungen aufzugreifen; siehe Luhmann 2008 – Rechtssoziologie, S. 53-64.
522 Auch wenn es Versuche in diese Richtung gegeben hat. Was ist Gustave Le Bons „Psychologie der Massen" anderes als ein Versuch, die Irrationalität der Masse(n), genauer: von Menschen *in* Massen, zu „beweisen"?

2.4 Über die Seltenheit der Revolution

Wie also wirken Massenhaftigkeit und Gewaltsamkeit von Widerstand in legitimatorischer Hinsicht? Sie delegitimieren Herrschaft (direkt) in performativ-expressiver und basal-pragmatischer Hinsicht. Ersteres, weil man kaum ausdrucksstärker als durch massenhaften und gewaltsamen Widerspruch Herrschaft die Gefolgschaft kündigen kann (was indirekt wiederum unweigerlich die Frage nach der theoretisch-reflexiven Legitimität aufwirft). Letzteres, weil nicht nur en masse gegen geltende Normen verstoßen wird und die Ordnungssicherheit entsprechend sinkt, sondern auch weil das herrschaftliche Gewaltmonopol zur Durchsetzung von Ordnung gebrochen – das heißt v.a.: die Drohung mit Gewalt unglaubwürdig geworden und das Vermögen oder der Wille zur Anwendung von restriktiver Gewalt verlorengegangen – zu sein scheint.

Wenn aber zwischen Herrschenden und Beherrschten ständig ein (diskursiver) Kampf um die Deutungshoheit tobt, der über die faktische Delegitimation und damit Destabilisierung von Herrschaft entscheidet, dann sind in dieser Beziehung zwei historische Entwicklungen, denen sich die zwei kommenden Unterkapitel der Reihe nach widmen, von ausschlaggebender Bedeutung. Erstens die Genese der „bürgerlichen" Öffentlichkeit bzw. „öffentlichen Meinung", zweitens der Prozess gegen Ludwig XVI., der mit der öffentlichen Hinrichtung desselben endet. Wenn im Bereich der Politik mehr und mehr publik wird (wie das Ausmaß der Staatsverschuldung in Frankreich vor der Revolution), so dass sich jeder eine Meinung darüber nicht nur *bilden* kann, sondern diese private Meinung auch *in die Öffentlichkeit tragen* und hierdurch an der *Konstituierung einer „öffentlichen Meinung" mitwirken* kann, dann verliert Herrschaft ihr (Quasi-)Monopol sowohl darüber, *was* überhaupt zur Kenntnis genommen wird, als auch darüber, *wie* es bewertet wird. Und das öffentliche Verfahren gegen Ludwig XVI. wiederum macht unmissverständlich klar, dass nicht nur ein einzelner Repräsentant, sondern eine ganze alte Ordnung (samt Legitimitätsgrundlage) zur Rechenschaft gezogen wird – im Namen der (französischen) Nation. Daran, dass sich diese Nation „selbst" regieren möchte, daran, dass nur noch solche Herrschaft legitim sein soll und als legitim erwartet wird, die sich ideell „von unten" legitimiert, besteht fortan kein Zweifel mehr. Könige mögen wiederkehren, deren alte (sakrale) Legitimität indes nicht mehr.

„What is rare, then, is not the negation of domination in thought but rather the occasions on which subordinate groups have been able to act

2. Vom Anfang der Revolution

openly and fully on that thought."[523] So ließen sich die vorstehenden Gedankenspiele über die Seltenheit der Revolution auf den Punkt bringen. Wobei ich ergänzen möchte: Nicht ungewöhnlich ist die gedankliche Negation von Herrschaft *in der Neuzeit*, sobald sich also die prinzipielle Einsicht in die Kontingenz und Plastizität von sozialen Ordnungen durchgesetzt hat und sich infolgedessen die theoretischen Anforderungen an die Legitimation von Herrschaft gewandelt haben. Allein, prinzipielle Kontingenz ist nicht gleich konkrete Kontingenz. Ein allgemeines Wissen darum, dass Ordnungen intendiert (um-)gestaltet werden können, impliziert noch nicht, dass auch eine realistische Chance dafür gesehen wird, die vorliegende (Herrschafts-)Ordnung zu transformieren. Hierzu bedarf es vielmehr besonderer „Gelegenheiten", die nachfolgend – für den Fall der ersten, der Französischen Revolution – im Zentrum stehen. Nachgezeichnet wird, wie der latente Konflikt von bürgerlichen und sakralen Legitimitätsgründen *manifest* und schließlich *entschieden* wird. Den Auftakt bildet hierbei eine Spezifikation jener offstage-Freiheiten, die das Ancien Régime in seiner Eigenschaft als absolutistischer Staat dem aufstrebenden Bürgertum gewährt.

2.5 Der Aufstieg des heimlichen Souveräns

> The first open statement of a hidden transcript, a declaration that breaches the etiquette of power relations, that breaks an apparently calm surface of silence and consent, carries the force of a symbolic declaration of war.[524]

Im europäisch-feudalen Mittelalter trifft man die heute so geläufige Scheidung von öffentlicher und privater Sphäre nicht an. Es gibt zwar etwas, das Habermas die „repräsentative Öffentlichkeit" nennt, in dieser aber geht es, wie dieser im Anschluss an Carl Schmitt festhält, ausschließlich um die *öffentliche Repräsentation von Herrschaft*: um die distinguierende Darstellung des gesellschaftlichen Status von König und Adel, keineswegs aber um so etwas wie politische Kommunikation.[525] Oder anders noch: Politische Geltungsansprüche werden in einem Zug sowohl (vom Reprä-

---

523 Scott 1990 – Domination, S. 102.
524 Ebd., S. 8.
525 Vgl. Habermas, Jürgen: Strukturwandel der Öffentlichkeit. Untersuchungen zu einer Kategorie der bürgerlichen Gesellschaft, Frankfurt/M. 1990/1962, S. 60-62.

2.5 Der Aufstieg des heimlichen Souveräns

sentanten) *sichtbar gemacht* als auch (von den Repräsentierten) *sichtbar anerkannt*.

Die „repräsentative Öffentlichkeit" erfährt nun aber im Barock einen grundlegenden Wandel. Sie zieht sich zunehmend auf den fürstlichen Hof zusammen, der eigenständige, auf seine Grundherrschaft gestützte Landadel dagegen verliert an repräsentativer Kraft.[526] Damit aber ist der Keim gelegt, aus dem der Spross, der öffentliche und private Sphäre in einem spezifisch modernen Sinne trennen wird, allmählich wachsen kann. Fortan ist alles, was dem absolutistischen Herrscher und damit dem Staat angehört, „öffentlich", während alles, was dem staatlichen Bereich (genauer: dem Staats*apparat*) nicht unmittelbar angehört, „privat" ist.[527] Mit anderen Worten: Die Komprimierung der „repräsentativen Öffentlichkeit" lässt eine neue Sphäre sich entfalten: jene der *öffentlichen Gewalt*, die sich in der Folge mehr und mehr *objektiviert*, was sich in erster Linie an der Ausbildung eines *stehenden* Heeres einerseits und einer *ständigen* Verwaltung andererseits offenbart.[528]

---

526 Genauer: Die aristokratische „Gesellschaft" repräsentiert nur noch den Monarchen, nicht mehr die eigene Grundherrschaft; siehe ebd., S. 64f. Freist deutet den Erfolg der Herrschaft eines dem *Anspruch* (nicht unbedingt den realen Verhältnissen) nach „absoluten" Herrschers (wie Ludwigs XIV.) – und damit die Bildung moderner Staatlichkeit – wesentlich auch als Sieg der *höfischen Kultur* (Freist, Dagmar: Einleitung. Staatsbildung, lokale Herrschaftsprozesse und kultureller Wandel in der Frühen Neuzeit, in: Asch, Ronald G./Freist (Hrsg.): Staatsbildung als kultureller Prozess. Strukturwandel und Legitimation von Herrschaft in der Frühen Neuzeit, Köln 2005, S. 1-47, hier S. 27). Der Wandel in den Beziehungen zwischen König und Adel ab dem 16. Jahrhundert ist gleichwohl weniger, wie oft behauptet, als eine Domestizierung des Adels durch den König aufzufassen denn vielmehr als das Ergebnis einer engen *Zusammenarbeit*, die (zumindest teilweise) so auch im Interesse des (seit der ersten Hälfte des 17. Jahrhunderts in zunehmendem Maße) kriegs- und konfliktmüden Adels lag, dem infolgedessen an der Schaffung einer starken, pazifizierenden Zentralinstanz gelegen war; siehe ebd., S. 12f., 36.
527 In aller Ausführlichkeit: „‚Öffentlich' in diesem engeren Sinne wird synonym mit staatlich; das Attribut bezieht sich nicht mehr auf den repräsentativen ‚Hof' einer mit Autorität ausgestatteten Person, vielmehr auf den nach Kompetenzen geregelten Betrieb eines mit dem Monopol legitimer Gewaltanwendung ausgestatteten Apparats. Grundherrschaft verwandelt sich in ‚Polizei'; die ihr subsumierten Privatleute bilden, als die Adressaten der öffentliche Gewalt, Publikum." Habermas 1990 – Strukturwandel der Öffentlichkeit, S. 75.
528 Vgl. ebd., S. 74.

2. Vom Anfang der Revolution

Wie aber kann hieraus die „bürgerliche Öffentlichkeit" entstehen? Habermas und Koselleck warten mit zwei unterschiedlichen, in Teilen geradezu gegensätzlichen Antworten auf, wobei meiner Meinung nach überrascht, wer welche Position vertritt. Zunächst (1) zur Habermasschen: Bei Habermas ist die „bürgerliche Öffentlichkeit" in erster Linie die Antwort auf eine um sich greifende, bisherige Grenzen *überschreitende* Staatsgewalt.[529] In ihrem Expansionsdrang und Kontrollwahn, der – nachdem sie sich mächtiger Intermediäre (allen voran Adel und Kirche) im Absolutismus mehr oder weniger entledigt hat – selbst vor dem privaten Raum der Herrschaftsunterworfenen nicht Halt macht, fordert sie letztlich die *Kritik eines räsonierenden Publikums* heraus.[530] Dadurch also, dass der Staat in den privaten Haushalt eindringt, vorrangig über die Erhebung von (ständigen) Steuern, regt sich auf Seiten der Privatpersonen bzw. Untertanen Widerstand. „Nicht um die berühmten Kleiderordnungen, sondern um Preistaxen und Steuern, überhaupt um die öffentlichen Eingriffe in den privatisierten Haushalt bildet sich schließlich eine kritische Sphäre."[531] Ironi-

---

529 Siehe ebd., S. 69-85.
530 Unter den „jüngeren" Arbeiten betont vor allem Tilly, dass vormals indirekte Herrschaft unter den Bedingungen moderner Staatlichkeit *direkter* wird, wobei diesbezüglich der größte Schritt *erst mit* (und nicht vor) der Revolution vollzogen wird (wenngleich diese „weit verbreitete Bewegung" für Tilly ab dem 17. Jahrhundert einsetzt); vgl. Tilly, Charles: Coercion, Capital, and European States. AD 990–1992, Cambridge/Mass. 1992, v.a. S. 103-114 und daneben auch Luhmann, Niklas: Die Politik der Gesellschaft, hrsg. von André Kieserling, Frankfurt/M. 2002, S. 212. Der Übergang zu direkter Herrschaft „heißt unter anderem: Es werden lokale Verwaltungen eingerichtet, und das Verhältnis von Staat und Bürger wird rechtlich geregelt. Der Staat kümmert sich jetzt auf lokaler Ebene um Fragen der Gesundheit und der schulischen Erziehung, um Betriebssicherheit der Fabriken und um Baugenehmigungen – neben den klassischen polizeilichen Aufgaben der Sorge für Sicherheit und Ordnung. [...] Intermediäre Gewalten wie zum Beispiel Steuereinnehmer oder grundherrliche Gerichtsbarkeit werden abgeschafft." Ebd.
531 Habermas 1990 – Strukturwandel der Öffentlichkeit, S. 82. Reinhard erkennt hierin einen zirkulären „autonomen Prozess": Die Kriege und Armeen des Staates müssen finanziert werden, was eine Steigerung des Steueraufkommens erforderlich macht, was wiederum einen (Verwaltungs- und Erzwingungs-)Apparat zur effektiven Steuereintreibung bzw. Ressourcenextraktion erforderlich macht, der wiederum finanziert werden muss usw. „Ressourcenextraktion und Erzwingungsapparat schaukelten sich gegenseitig auf, bis das auf diese Weise eingeleitete Wachstum der Staatsgewalt irreversibel geworden war." Reinhard 1999 – Geschichte der Staatsgewalt, S. 24.

2.5 Der Aufstieg des heimlichen Souveräns

scherweise bedient sich der Widerstand hierbei genau jenes Mittels, das zuvor dem Staat dabei half, mit seinen Forderungen in den privaten Raum vorzudringen: der *Presse*, die das Publikum, das zuvor reiner Adressat der Verwaltung war, „nur umzufunktionieren braucht"[532]. Eine „bürgerliche Öffentlichkeit" konstituiert sich demnach

> in dem Maße, in dem das öffentliche Interesse an der privaten Sphäre der bürgerlichen Gesellschaft nicht mehr nur von der Obrigkeit wahrgenommen, sondern ebenso von den Untertanen als ihr *eigenes* in Betracht gezogen wird.[533]

Die Vorform der *politisch* fungierenden Öffentlichkeit, auf deren genaue Funktion weiter unten eingegangen wird, erblickt Habermas wiederum in der „literarischen Öffentlichkeit": für ihn „das Übungsfeld eines öffentlichen Räsonnements, das noch in sich selber kreist"[534] und deren Institutionen jene Kaffeehäuser, Lesegesellschaften, Salons bzw. Clubs und Geheimgesellschaften sind, die sich hauptsächlich in den Städten – als kulturelles Gegengewicht zum „Hof" – entwickeln.

Anders (2) Koselleck: Für ihn ist die (kritische) Öffentlichkeit nicht wie bei Habermas das Ergebnis einer Grenzüberschreitung, sondern, ganz im Gegenteil, das Ergebnis einer anfänglichen Grenz*ziehung* und anschließenden Grenz*einhaltung* durch die Staatsgewalt. Beide sehen demgemäß im absolutistischen Staat die Voraussetzung für die Entwicklung einer politischen Öffentlichkeit, nur dass der eine (Habermas) sie aus der schleichenden *Missachtung* und der andere (Koselleck) sie aus der fortwährenden *Achtung* der privaten Sphäre hervorgehen sieht. Wie meint Koselleck das? Koselleck streicht wieder und wieder heraus, dass der absolutistische

---

532 Habermas 1990 – Strukturwandel der Öffentlichkeit, S. 83. Die Frage ist meiner Meinung nach daher, ob es nicht der absolutistische oder frühe moderne Staat selbst ist, der dadurch, dass er *alle* Herrschaftsunterworfenen als *Untertanen* und damit *Gleiche* adressiert, einer Entwicklung Vorschub leistet, die darin endet, dass er sich gegenüber *allen* Herrschaftsunterworfenen – und nicht mehr nur wenigen Machtintermediären gegenüber – legitimieren muss. Auch Chartier 1991 – Cultural Origins, S. 14, m.H. gibt im Anschluss an Tocqueville zu bedenken: „Viewing the construction of the absolutist state and the development of critical thought as two autonomous and parallel histories is too simple an opposition. It was precisely *because* it tended to monopolize all exercise of government that the royal power, become administrative and centralized, produced both intellectual politics and public opinion.".
533 Habermas 1990 – Strukturwandel der Öffentlichkeit, S. 82, m.H.
534 Ebd., S. 88.

2. Vom Anfang der Revolution

Staat ohne den ihm eigenen *Entstehungskontext* unverständlich bleibt.[535] Geboren wird er, davon war bereits die Rede, aus einer Bürgerkriegslage, die die politischen Akteure, aber auch die politischen Theoretiker auf die Wiederherstellung von Ordnung dringen lässt. Da der tiefere Grund für das aktuelle Unwesen indes in religiösen bzw. konfessionellen Streitigkeiten vermutet wird, ist die Lösung die folgende: ein in konfessionellen Fragen spezifisch *neutraler* Staat, womit zugleich eine *eigene* staatlich-politische Sphäre geschaffen wird, die a-religiöser Natur ist, nein, mehr noch: die sich außer- *und* oberhalb der Religion befindet, sich diese also unterordnet.[536] Anders formuliert: Der Frieden wird dadurch gestiftet, dass der „neue" Staat sich von religiösen und damit zugleich moralischen Fragen zurückzieht und diese stattdessen ins durch und durch *private* Belieben stellt, das in der *Öffentlichkeit* gerade *keine* Rolle mehr spielen soll. Mit der Reinigung der Politik von der Religion, die sich im und durch den Absolutismus vollzieht, werden das Öffentliche und das Private als je eigene Sphären allererst konstituiert.

Wie Kosellleck anhand von Hobbes darlegt, den er als exemplarisch für die Genese der modernen Staatstheorie auffasst,[537] zerfällt der Mensch dementsprechend in zwei Hälften: (a) eine *private*, die vom Staat unbehelligt bleibt, was der Gesinnung des Einzelnen weitgehende Freiheiten eröffnet, und (b) eine *öffentliche*, von welcher der Staat lediglich gehorsames Verhalten verlangt.[538] Den *inneren* Motiven des Gehorsams – in Scotts Termini: dem hidden transcript – schenkt der absolutistische Staat folglich keine Aufmerksamkeit, vielmehr einzig dem *äußeren* Verhalten (dem public transcript). „Soweit er als Untertan seiner Gehorsamspflicht genügt, ist der Souverän an seinem Privatleben desinteressiert."[539] Genau hier aber liegt, wie Koselleck fortfährt,

> der spezifische Einsatzpunkt der Aufklärung. Sie breitet sich in jener Lücke aus, die der absolutistische Staat ausgespart hat, um den Bürgerkrieg überhaupt zu beenden. Die Notwendigkeit, einen dauerhaften Frieden herbeizuführen, veranlaßt den Staat, dem Individuum einen Binnenraum zu konzedie-

---

535 Vgl. Koselleck 1973 – Kritik und Krise, S. 13f., passim.
536 Reinhard sieht den (unfreiwilligen) Beitrag der Reformation diesbezüglich darin, dass durch sie die Kirchen (und indirekt auch die katholische Kirche) dem Zugriff der Staatsgewalt ausgeliefert werden (Reinhard 1999 – Geschichte der Staatsgewalt, S. 24).
537 Siehe Koselleck 1973 – Kritik und Krise, S. 17.
538 Vgl. ebd., S. 29.
539 Ebd., S. 30.

2.5 Der Aufstieg des heimlichen Souveräns

ren, der die souveräne Entscheidung so wenig beeinträchtigt, daß er vielmehr unabdingbar wird für sie.[540]

Das heißt, den Innenraum der Gesinnung, den der aus einer spezifischen (Not-)Situation entstandene Staat den Beherrschten gezwungenermaßen gewährt, weiß die Aufklärung sodann sukzessive auszuweiten. Die Trennung von Moral und Politik schlägt gewissermaßen um und zurück in eine *Re-Moralisierung der Politik*. Die im Privaten (also im Austausch mit anderen Privatpersonen) entwickelten moralischen Maßstäbe werden an die staatliche Politik angelegt, um sich darüber ein moralisches Urteil zu bilden. Das hidden transcript wird gleichsam entworfen und enthüllt. Oder anders herum: Die eigentlich ins Private zurückgedrängte Moral kehrt in die Politik zurück, wird *re-politisiert* – und damit mit einem Male zu etwas *Öffentlichem*.[541]

Diesen „entscheidenden Einbruch in die absolutistische Ordnung" führt Koselleck an Locke vor: Bei diesem ist „die Moral [...] nicht mehr eine formale Gehorsamsmoral, nicht einer absolutistischen Politik untergeordnet, sondern sie tritt den staatlichen Gesetzen *gegenüber*"[542]. Der vormals politisch *indifferente* Innenraum der Gesinnung – in dieser Eigenschaft schlicht *konstitutiv* für den absolutistischen Staat – lädt sich politisch auf. Neben der *direkt* durch das staatliche Zwangspotential wirkenden staatlichen Gesetzgebung wirkt fortan

> die moralische Gesetzgebung *indirekt*, durch den Druck der *öffentlichen Meinung*. [...] Die bürgerliche Moral wird zu einer *öffentlichen Gewalt*, die zwar nur geistig wirkt, aber in ihrer Auswirkung *politisch* ist, indem sie den Bürger

---

540 Ebd.
541 Schulin datiert den entscheidenden Verbreitungs- und Politisierungsschub der zuvor weitgehend unpolitischen Aufklärungsideen für Frankreich auf die 1770er Jahre, wobei anfänglich die antiklerikale gegenüber der antiaristokratischen Richtung dominierte (Schulin 2004 – Die Französische Revolution, S. 192). Habermas dagegen setzt die Zäsur früher an: Mit dem Stadium ihrer enzyklopädischen Publikation, ab 1750 also, entfalte sich die moralische Intention der „philosophes" bereits zur politischen (Habermas 1990 – Strukturwandel der Öffentlichkeit, S. 135).
542 Koselleck 1973 – Kritik und Krise, S. 46, m.H. Mit Blick auf Frankreich meint Baker, dass die Politik in dem Moment aus dem absolutistischen Muster ausbrach, in dem aus „opinion" schließlich „opinion publique" wurde, was im Laufe der 1750er und 1760er Jahre geschah (Baker, Keith M.: Zum Problem der ideologischen Ursprünge der Französischen Revolution, in: Conrad, Christoph/Kessel, Martina (Hrsg.): Geschichte schreiben in der Postmoderne. Beiträge zur aktuellen Diskussion, Stuttgart 1994, S. 251-282, hier S. 273f.).

zwingt, seinen Handlungen nicht nur den Gesetzen des Staates, sondern zugleich und vor allem dem Gesetz der öffentlichen Meinung anzupassen.[543]

Die spezifische *Zweischneidigkeit* aller basal-pragmatischen Legitimation, die *abstrakt* bereits im ersten Kapitel berührt wurde, einerseits grundsätzliche Fragen nach der Legitimität zu *unterdrücken*, andererseits aber die Beherrschten zum Aufwerfen dieser Fragen allererst zu *befähigen*, bestätigt sich demnach ebenso *empirisch* an der Geschichte bzw. am „Schicksal" des absolutistischen Staates. Innerhalb – und *erst* innerhalb – einer basal-pragmatisch legitimierten Ordnung war es den Beherrschten möglich, (diskursiv) eigene normative Maßstäbe in der theoretisch-reflexiven Dimension zu entwickeln, anhand derer ein positives oder negatives Urteil über die Legitimität des bestehenden Staates gefällt wurde. Mit Koselleck gesprochen:

> Erst auf dem Hintergrund der herrschenden Sekurität gewann der geschichtsphilosophische Glaube an den moralischen Fortschritt des bürgerlichen Menschen seine geschichtliche Evidenz. Der *moralische Fortschritt* ist also, in den geschichtlichen Zusammenhang gestellt, ein *Produkt der politischen Stabilität*. Die Stabilität beruhte aber ihrerseits auf einer politischen Verfassung, der zwangsläufig die Moral unterzuordnen ist. Im Zuge ihrer Entfaltung mußte daher die moralische Welt ebenso zwangsläufig, wie sie in der politischen Ordnung *gründete*, dieser Ordnung *entwachsen*.[544]

Darin erweist sich die ganze Ironie der Geschichte: Der absolutistische Staat ruht auf Grundlagen, denen er am Ende selbst zum Opfer fällt.[545] Die Verbannung der Moral *aus* der Politik *ins* Private, die am Anfang des Absolutismus steht, macht es jener allererst möglich, sich eigenmächtig zu entfalten und sich dabei gegen die bestehende Ordnung zu wenden – in Gestalt einer „moralischen Empörung" (B. Moore).

Die Gegensätze in der Argumentation zusammengefasst: Während Habermas zunächst den Staat „sündigen" lässt, um ihn *dann* von den sich in die Öffentlichkeit wagenden Privatleuten schuldigsprechen zu lassen, erwacht bei Koselleck *zuerst* die private Moral von sich aus,[546] um die weitgehend unveränderte staatliche Praxis hernach öffentlich zu kritisieren.

---

543 Koselleck 1973 – Kritik und Krise, S. 47, m.H.
544 Ebd., S. 38, m.H. Ein Resultat, das meines Erachtens mit dem thematisierten Tocquevilleschen Paradoxon bestens vereinbar ist.
545 Vgl. ebd., S. 30.
546 Genau genommen natürlich nur, weil ihr unter den Bedingungen des Absolutismus der Raum hierfür gegeben wird.

Nichtsdestotrotz stimmen aber beide im Ergebnis überein: Die öffentliche Meinung ist ein Produkt der Aufklärung, die wiederum als ein Produkt des Absolutismus anzusehen ist.[547]

Was genau *leistet* nun aber die öffentliche Meinung? Wieso ist sie unter die Revolution anbahnenden Gesichtspunkten so zentral? Kurz, *weil sie die Frage der Legitimität provoziert*, augenscheinlich in performativ-expressiver, untergründig und bedeutsamer aber ebenso in theoretisch-reflexiver Hinsicht. Durch sie spitzt sich der neuzeitliche Konflikt von Legitimitätsgründen gleichsam zu, der im wahrsten Sinne des Wortes *an die Öffentlichkeit gebracht* und *in aller Öffentlichkeit ausgefochten* wird. Dies bedarf der näheren Erläuterung. „Öffentliche Meinung" impliziert in begrifflicher Hinsicht zweierlei, sie ist (1) Problem*bekenntnis* und (2) Problem*behandlung* in einem.

(1) Zunächst einmal meint „öffentliche Meinung" die Anerkennung eines Problems, das sich vor der Neuzeit so nicht gestellt hat: das der *Kontingenz* des politisch und rechtlich Möglichen. Alles, was rechtlich und politisch entschieden wird – und Geltung kann in Zeiten positiven Rechts nur noch beanspruchen, was entschieden wurde –, könnte auch *anders* entschieden werden bzw. hätte auch anders entschieden werden können. „Öffentliche Meinung", so lässt sich mit Luhmann im Hinblick auf deren Be-

---

547 Bei Freist konstituiert sich die Öffentlichkeit (entgegen der herrschenden Sichtweise) früher als bei Habermas und Koselleck, sie bezahlt dies aber – wissentlich – mit einem erweiterten Öffentlichkeitsbegriff, der den Zeitpunkt zu verwischen droht, ab dem sie politisch an Relevanz gewinnt (vgl. Freist, Dagmar: Öffentlichkeit und Herrschaftslegitimation in der Frühen Neuzeit. Deutschland und England im Vergleich, in: Asch, Ronald G./Freist (Hrsg.): Staatsbildung als kultureller Prozess. Strukturwandel und Legitimation von Herrschaft in der Frühen Neuzeit, Köln 2005, S. 321-351).
Auch wenn die Forschung seit Langem dazu neigt, das „Nichtabsolutistische im Absolutistischen" (G. Oestreich) herauszustreichen, also die unumschränkte Macht des absoluten Herrschers immer mehr zu relativieren oder gänzlich in Frage zu stellen – und stattdessen ständisch-beratende Elemente hervorzuheben –, bleibt die Bedeutung des Absolutismus (bzw. der zeitgenössischen Vorstellung von einer *potestas absoluta*) als *ideengeschichtliches Konzept* unbestritten. Siehe Nagl, Dominik/Stange, Marion: Staatlichkeit und Governance im Zeitalter der europäischen Expansion. Verwaltungsstrukturen und Herrschaftsinstitutionen in den britischen und französischen Kolonialimperien, in: SFB-Governance Working Paper Series, 2009, Heft 19, S. 9f. Zumal ein faktischer „Wachstumsschub der Staatsgewalt" im 16. und 17. Jahrhundert von der Forschung gar nicht in Abrede gestellt wird; vgl. Reinhard 1999 – Geschichte der Staatsgewalt, S. 119.

2. Vom Anfang der Revolution

zugsproblem formulieren, „ist gleichsam *substantivierte politische Kontingenz* – ein Substantiv also, dem man die Lösung des Problems der Reduktion der Beliebigkeit des rechtlich und politisch Möglichen anvertraut"[548]. Das Bewusstsein für die Kontingenz schärft die öffentliche Meinung vornehmlich, indem sie *Alternativen* zum politischen Geschehen formuliert (etwa über das Abfassen *und* Veröffentlichen von Petitionen an den König oder das *öffentliche* Ermahnen desselben durch die Parlamente) – und hierdurch die politischen Akteure zwingt, das gegenwärtige Geschehen vor aller Öffentlichkeit zu *rechtfertigen*, dessen Willkür erst vor dem Hintergrund dieser Problematisierung vollends evident wird.[549] Mit der allgemeinen Einsicht in die Kontingenz, die durch die öffentliche Meinung eine offene Thematisierung erfährt, kommt aber zugleich die Frage auf, *woran* man sich bei diesen notwendig gewordenen Entscheidungen orientieren soll. Mit anderen Worten, das Aufkommen einer öffentlichen Meinung zeigt den akuten Bedarf an einem „neuartigen Orientierungsrahmen, der so hoher Kontingenz des rechtlich Möglichen gewachsen"[550] ist, an.

(2) Doch das Aufkommen der öffentlichen Meinung indiziert diesen Bedarf nicht nur, sie „deckt" ihn zugleich, *ist* also auch (ein Stück weit) neuer Orientierungsrahmen.[551] Statt mit (naturrechtlichen) Wahrheiten, die mit dem Beginn der Neuzeit im Bereich der Politik nicht mehr erreichbar sind, wartet sie indes mit *Meinungen* auf. Doch nicht mit bloßer Meinung im alten, abfälligen Sinne, mit Meinungswissen (dóxa) im Unterschied zu sicherem Wissen (epistéme),[552] sondern – wenigstens der liberalen Konzeption zufolge – mit Meinungen *allgemeingültiger* Art, die „gewisse Kontrollen der *subjektiven Vernunft* und der *öffentlichen Diskussion*

---

548 Luhmann, Niklas: Öffentliche Meinung (1970), in: ders.: Politische Planung. Aufsätze zur Soziologie von Politik und Verwaltung, Opladen 1971, S. 9-34, hier S. 10, m.H.
549 Vgl. Luhmann 2002 – Die Politik der Gesellschaft, S. 277 und Freist 2005 – Einleitung, S. 34; ähnlich auch schon Habermas 1990 – Strukturwandel der Öffentlichkeit, S. 84.
550 Luhmann 1971 – Öffentliche Meinung, S. 10.
551 Und Luhmann sieht den Vorzug der öffentlichen Meinung darin, dass es sich hierbei um eine äußerst *labile* „Führungsgröße" handelt, die je nach Entscheidungsbedarf (des politischen Systems) ihre Themen und Meinungen ändern kann. Indem sie *Themen* setzt, regt sie zu einer *geordneten Meinungsbildung* an (ebd., S. 12-15).
552 Vgl. Luhmann 2002 – Die Politik der Gesellschaft, S. 280.

2.5 Der Aufstieg des heimlichen Souveräns

durchlaufen"[553] haben. Das Wesen der (liberal begriffenen) öffentlichen Meinung besteht im *rationalen Argument*,[554] ja, ihrer Idee nach beansprucht „eine aus der Kraft des besseren Arguments geborene öffentliche Meinung", wie Habermas sich ausdrückt, „das *Rechte* und *Richtige* in einem zu treffen"[555]. Die subjektive Vernunft wird gewissermaßen einer öffentlichen Prüfung unterzogen. Gerade hierauf, auf die *Bedingungen* bzw. den *Prozess* der politischen Kommunikation, gründen sich die Hoffnungen auf rationale(re) Ergebnisse.[556] So nimmt „opinion publique" erstmalig bei den Physiokraten die nachhaltige „Bedeutung einer Meinung an, die *durch kritische Diskussion in der Öffentlichkeit* zur wahren Meinung geläutert ist"[557]. Das heißt, eine fertige, vorgegebene Meinung seitens der Individuen wird gerade nicht angenommen, vielmehr soll die jeweilige Meinung (bzw. der konkrete Wille) sich erst *im Zuge* der Deliberation ausbilden, mithin an deren *Ende* und nicht Anfang stehen.[558] Die öffentliche Meinung stellt somit ein Medium der Meinungsbildung dar, durch das noch offene Alternativen oder schon beschlossene Entscheidungen auf

---

553 Luhmann 1971 – Öffentliche Meinung, S. 10, m.H. Aus der Vorgeschichte der liberalen Konzeption der öffentlichen Meinung gehe laut Luhmann (ebd.) hervor, „daß sie die alteuropäisch-naturrechtliche Wahrheitsbindung der Politik abzulösen bestimmt war".
554 Siehe Blanning, Timothy C. W.: Das alte Europa 1660–1789. Kultur der Macht und Macht der Kultur, Darmstadt 2006, S. 20.
555 Habermas 1990 – Strukturwandel der Öffentlichkeit, S. 119, m.H.
556 Vgl. Luhmann 2002 – Die Politik der Gesellschaft, S. 279. „In der öffentlichen Meinung zählt nur, was in ihr selbst diskutiert worden ist. Sie läßt keine von außen qua Autorität oder Tradition eingeführten Meinungen zu." Ebd. „Er [der Begriff der öffentlichen Meinung] verschmilzt mit der Vorstellung, daß die menschliche Vernunft der Öffentlichkeit bedürfe, um sich selbst zu testen. Öffentliche Meinung wird damit für den Funktionsbereich der Politik zum Wahrheitsäquivalent." Ebd., S. 280.
557 Habermas 1990 – Strukturwandel der Öffentlichkeit, S. 168, m.H.; ähnlich auch Baker, Keith M.: Politics and Public Opinion under the Old Regime. Some Reflections, in: Censer, Jack R./Popkin, Jeremy D. (Hrsg.): Press and Politics in Pre-Revolutionary France, Berkeley 1987, S. 204-246, hier S. 234.
558 Wie Habermas in seinem Vorwort zur Neuauflage von 1990 akzentuiert, in dem er bemüht ist, den Bogen von seiner frühen Arbeit zum Strukturwandel der Öffentlichkeit zu seinem späteren Konzept einer deliberativen Demokratie zu spannen; siehe Habermas 1990 – Strukturwandel der Öffentlichkeit, v.a. S. 36-44. Hieran entzündet sich denn auch von Beginn an Habermas' Kritik an Rousseaus Demokratiemodell (ebd., S. 171): „Die volonté générale ist eher ein Konsensus der Herzen als der Argumente." Rousseau strebt mithin eine Demokratie *ohne* öffentliche Diskussion an.

2. Vom Anfang der Revolution

ihre „objektive" (Un-)Richtigkeit hin begutachtet werden. Was vor dem *tribunal du public* besteht, gilt daher als *legitim* – und dies im Angesicht der vollen Kontingenz: Man *könnte* anders entscheiden, *will* aber (noch) nicht anders entscheiden, weil man (zumindest vorläufig) *richtig* entscheidet. Die öffentliche Meinung vermag mit anderen Worten die hohe Kontingenz – auf legitime Weise – zu bewältigen, weil sie eine „vorübergehend verfestigte Ansicht des Richtigen"[559] dort herzustellen erlaubt, wo endgültige Wahrheiten nicht mehr auffindbar sind.

Ob die Zuversicht in die Rationalität der öffentlichen Meinung berechtigt ist, soll hier nicht weiter thematisiert werden.[560] An der öffentlichen Meinung interessiert für die weitere Argumentation weniger die Output- als vielmehr ihre *Input*-Seite. An ihr wird nämlich die eigentliche *legitimatorische Umwälzung* deutlich. „Öffentliche Meinung", so gilt es sich zu vergegenwärtigen, ist ein „Medium [...], durch das *Privat*personen öffentlich ihre Ansichten äußern können"[561]. Konstituiert wird die öffentliche Meinung mithin durch Personen, die vorher gänzlich von der Politik ausgeschlossen waren und stattdessen (seit dem Absolutismus) im Privaten ausharrten. Und die *Tatsache, dass* diese öffentlichen Äußerungen von privaten, individuellen Meinungen mit Blick auf die *(De-)Legitimation* von Herrschaft an Relevanz gewinnt, im 18. Jahrhundert also die öffentliche Meinung zunehmend zu einer Herrschaft unter Legitimationszwang setzenden *Kontrollinstanz* bzw. zum allgemein anerkannten *Gradmesser der Legitimität* wird,[562] lässt wiederum unter Hinzuziehung der entwickelten Analysekategorien zwei Entwicklungen hervortreten.

---

559 Luhmann 1971 – Öffentliche Meinung, S. 10. Und weiter (ebd., S. 12, m.H.): „Die hohe Beliebigkeit des politisch und rechtlich Möglichen soll, wenn nicht durch Wahrheiten, so doch durch *diskussionsgestählte Meinungen* reduziert werden."

560 Luhmann zufolge scheitern sie jedenfalls in und an der Realität (ebd., S. 11). Insbesondere den über die Kontrollfunktion hinausgehenden Herrschaftsanspruch müsse die öffentliche Meinung in dem Moment aufgeben, in dem der ideologische Charakter dieses Anspruchs – der praktisch der des Bürgertums sei – offenkundig werde (ebd., S. 20). Vgl. zur im 19. Jahrhundert dann erkannten *Einseitigkeit* aller „öffentlichen Meinung", die deren Anspruch auf Vernünftigkeit der Ergebnisse breitenwirksam in Zweifel zieht, nochmals Luhmann 2002 – Die Politik der Gesellschaft, S. 281.

561 Blanning 2006 – Das alte Europa, S. 20, m.H.; ähnlich Linton 2006 – Intellectual Origins, S. 148.

562 Vgl. Freist 2005 – Öffentlichkeit und Herrschaftslegitimation, S. 324.

2.5 Der Aufstieg des heimlichen Souveräns

Zum einen eine massive *Ausweitung* in der performativ-expressiven Dimension: Zwar ist die politische Öffentlichkeit zunächst eine rein *bürgerliche* Öffentlichkeit, so dass sich die Teilnahme an der öffentlichen Meinungsbildung anfänglich auf die gebildeten Schichten beschränkt,[563] aber nicht nur haben diese im Zuge der „intellektuellen Mobilisierung"[564] (Bendix) deutlich an Größe zugenommen, auch bedeutet dies immerhin, dass die *Herrschaftsunterworfenen selbst*, und seien es nur Teile, *in den Legitimationsprozess einbezogen werden*. Gehör schenkt die Herrschaft notgedrungen nicht mehr nur der Zustimmung oder Ablehnung mächtiger Herrschaftsintermediäre, nein, zusätzlich stößt bei ihr nun auch die Stimme der Bürger auf offene Ohren. Und der Umstand, dass all die (vornehmlich adligen) Kritiker, Berater und Bittsteller des absolutistischen Systems „plötzlich" dazu übergehen, die Petitionen und Ermahnungen – alles formale Mittel, die neben anderen informalen schon zuvor existierten – zu *veröffentlichen*, obwohl sie sich doch eigentlich einzig und allein an den Monarchen richten, lässt erkennen, dass zugleich um *öffentliche Unterstützung* geworben wird.[565] Fragt man weiter, wieso das so ist, gelangt

---

[563] Koselleck unterscheidet diesbezüglich zwischen a) antiabsolutistischem Adel, b) finanzkräftiger Bürgerschicht, c) Emigranten (die vor allem nach England und Holland auswichen) sowie d) Philosophen der Aufklärung. So heterogen diese neue Schicht auch war, sie einte die politische Bedeutungslosigkeit im Absolutismus – „denn es lag im System der absolutistischen Ordnung, daß sie gerade nichts zu entscheiden hatten; sie waren alle Untertanen" (Koselleck 1973 – Kritik und Krise, S. 49-52, Zitat S. 52).

[564] Unter der im 15. und 16. Jahrhundert sich vollziehenden „intellektuellen Mobilisierung", die Bendix als *selbstständige* Ursache sozialen Wandels konzipiert, versteht er „das Anwachsen eines Lesepublikums und einer von wissenschaftlichen Berufen abhängigen weltlichen Bildungselite" (Bendix 1980 – Könige oder Volk 2, S. 39). Für die große gesellschaftliche und geistige Transformation sieht Bendix mehrere (miteinander zusammenhängende) Ursachen: u.a. a) das *Bevölkerungswachstum* (das für die Kommerzialisierung von Land, Arbeit und Kapital sorgte einerseits und die Städte rapide anwachsen ließ andererseits); b) die Brechung des geistigen Monopols der Kirche durch die *Reformation*; c) den Aufstieg des *Humanismus*; d) die Erfindung des *Buchdrucks* (wodurch ein Markt für Gedrucktes allererst entstehen konnte, der wiederum die Voraussetzung für die Möglichkeit eines reinen Schriftstellerdaseins war); siehe ders. 1980 – Könige oder Volk 1, v.a. S. 23-25.

[565] Siehe Baker 1987 – Politics and Public Opinion, S. 208-214 und Luhmann 2002 – Die Politik der Gesellschaft, S. 277. Die Bedeutung der zunehmenden *Publizität* kann in dem Zusammenhang – das heißt: bei der Expansion des Adressatenkreises in der performativ-expressiven Dimension – gar nicht hoch genug veran-

2. Vom Anfang der Revolution

man zur zweiten Entwicklung, die für die erste die *theoretische* Fundierung bildet.

Zum anderen nämlich zeigt der Aufstieg der öffentlichen Meinung zur Legitimation einfordernden Kontrollinstanz von Herrschaft, dass sich still und leise die *ideelle Basis* der politischen Legitimation geändert hat. Zunehmend mehr Herrschaftsunterworfene sind von einem neuen Legitimitätsprinzip in der theoretisch-reflexiven Dimension beseelt: dem bürgerlichen bzw. dem der Volkssouveränität.[566] Denn nur wenn theoretisch der

---

schlagt werden, sie wird auch von Habermas durchgängig betont: Nur das, was *öffentlich gemacht* wird, kann auch *öffentlich diskutiert* und entsprechend *öffentlich* (im Sinne von: durch „die Öffentlichkeit") *abgelehnt* werden; vgl. Habermas 1990 – Strukturwandel der Öffentlichkeit, S. 154-156, passim. Nachvollziehen lässt sich dies vor allem an der Veröffentlichung des *Staatshaushalts* durch den damaligen Finanzminister Necker im Jahre 1781. Der politischen Öffentlichkeit wurde hierdurch eine Bresche ins absolutistische System geschlagen, weil für das Bürgertum am Ausmaß der Staatsverschuldung das Missverhältnis von wirtschaftlicher Macht und politischer Ohnmacht besonders ins Auge fiel (siehe ebd., S. 136). „Seit Neckers Compte Rendu läßt sich diese Öffentlichkeit in ihrer politischen Funktion nur mehr unterdrücken, nicht eigentlich unwirksam machen." Ebd. Am ersten Tag ihrer Veröffentlichung sollen 3.000 und in den nächsten Wochen jeweils rund 10.000 Kopien verkauft worden sein, so Baker 1987 – Politics and Public Opinion, S. 239.

566 Linton spricht von einer „common culture", an der in Frankreich alle gebildeten Klassen – auch und vor allem der Adel, als Rezipient und mehr noch als Autor – in den letzten Dekaden des Ancien Régime partizipiert hätten, wobei sie darunter schlicht ein „common repertoire of concepts of political ideas" versteht, mit dem *jeder* Teilnehmer vertraut war, aus dem ein jeder aber im jeweiligen Kontext höchst *unterschiedliche* Standpunkte ableiten konnte. „Common culture" meint demnach gerade kein allseits geteiltes „set of political beliefs" bzw. keine „common ideology". Und eine der Komponenten dieser „common culture" seien die Vertragstheorien (u.a. von Locke und Diderot) gewesen; vgl. Linton 2006 – Intellectual Origins, S. 150f. Für meine Argumentation hier folgt daraus, dass sich zwar allmählich die Meinung durchzusetzen scheint, die Legitimation müsse „irgendwie" von unten erfolgen, dass aber die konkreten Ansichten darüber, in welcher *Form* dies umgesetzt werden solle – und auch auf welchem *Wege*, ob auf reformerischem oder revolutionärem –, stark divergieren. *Das* bürgerliche Legitimitätsprinzip existiert demnach nicht, es ist vielmehr als weicher, schemenhafter Begriff zu verstehen, unter den sich allerlei subsumieren lässt – der aber nichtsdestotrotz ein *revolutionäres Potential* birgt. Aus dem Boden dieser „common culture" konnte, wie Linton weiter argumentiert, nur deshalb eine Revolution sprießen, weil das Ancien Régime *kollabierte* (vgl. ebd., S. 150). Auf die Notwendigkeit einer Krise wurde bereits im vorangegangen Unterkapitel eingegangen.

2.5 Der Aufstieg des heimlichen Souveräns

Ursprung der Legitimität (bzw. der Herrschaftsbevollmächtigung) in den Beherrschten selbst bzw. im Volk verortet wird, kann daraus auf die Signifikanz der individuellen Zustimmung oder Ablehnung der Beherrschten für die herrschaftliche Performanz geschlossen werden. Der Satz David Humes, dass alle Regierung auf *Meinung* beruht – ein Satz, der allgemeingültig daherkommt, tatsächlich aber zutiefst *historisch* ist, zumindest dann, wenn man ihn auf die *Gesamtheit* der Regierten bezieht –, ist somit Ausdruck des noch jungen, bürgerlichen Legitimitätsprinzips.[567] Und dass die öffentliche Meinung ihre legitimierende Wirkung *einbüßt*, sobald sie nicht mehr „als Meinung der *faktisch lebenden Individuen* begriffen"[568] wird bzw. sich (theoretisch) nicht mehr als solche *denken* lässt, betont auch (oder sollte man sagen: selbst?) Luhmann.

Die neu gewonnene Autorität der öffentlichen Meinung, die diese in der zweiten Hälfte des 18. Jahrhunderts in Frankreich genießt, illustriert nicht nur der Umstand, dass die Krone nun ihre eigene Autorität *riskiert*, wenn sie diese zur Entscheidung eines öffentlichen Konflikts heranzieht, sondern vor allem, dass sich die Krone und damit die *Herrschenden selbst* auf die öffentliche Meinung berufen, um die eigene Politik zu legitimieren.[569] Keith Baker spricht pointiert von einem „transfer of ultimate authority from the public person of the sovereign to the sovereign person of the public"[570]. Der Souverän hat (in der allgemeinen Vorstellung) gewechselt, je-

---

567 Vgl. Fn. 269. In der Einschränkung, dass in „the most despotic and most military governments" lediglich die Meinung *weniger* zähle – etwa die der Mamluken in Ägypten oder die der Prätorianer in Rom – erweist sich Hume, noch *vor* Weber, als ein Denker der *speziellen* Legitimation: Primat hat die Legitimität von Herrschaft in den Augen des Erzwingungsstabs (Hume 1987 – First Principles of Government, S. 32f.).

568 Luhmann 2002 – Die Politik der Gesellschaft, S. 280, m.H. Was auch mit einschließe, dass die öffentliche Meinung nicht der Presse zugerechnet werden dürfe – diese soll als Sprachrohr, nicht aber als originärer Sprecher fungieren. Im Übrigen wird durch den Bezug auf die Individuen laut Luhmann der Übergang von einer indirekten zur *direkten* politischen Herrschaft *bestätigt* (ebd.).

569 Vgl. Baker 1987 – Politics and Public Opinion, S. 208-212. An anderer Stelle meint Baker, das *tribunal du public* sei „zur politischen Kategorie geworden, zum höchsten Anrufungsgericht sowohl für die Autorität der Monarchie als auch für ihre Kritiker" (ders. 1994 – Zum Problem der ideologischen Ursprünge, S. 273f.).

570 Baker 1987 – Politics and Public Opinion, S. 214. Den Rang, den die öffentliche Meinung als oberster Richter in Fragen der Politik Ende des 18. Jahrhunderts in Frankreich eingenommen haben muss, offenbart vielleicht am anschaulichsten eine Maßnahme Ludwigs XVI. Dieser, ohnehin schon bekannt für seine Verses-

2. Vom Anfang der Revolution

ner Souverän also, aus dem in der theoretisch-reflexiven Dimension alle Legitimität entspringt und von dem sich die normativen Maßstäbe für die Bewertung der und konsekutiven (Nicht-)Zustimmung zur Herrschaftspraxis herleiten.[571]

> ‚The public' emerged in eighteenth-century political discourse as a conceptual entity – the ‚tribunal of the public', or ultimate court of appeal. As such, it was an abstract category of authority, invoked by actors in a new kind of politics to secure the legitimacy of claims that could no longer be made binding in the terms (and within the traditional institutional circuit) of an absolutist political order. The result was an implicit *new system of authority* in which the government and its opponents competed to appeal to ‚the public' and to claim the judgment of that tribunal in their own behalf.[572]

Nur, so sehr sich auch die Quelle der Legitimität gewandelt zu haben scheint, es handelt sich dennoch nach wie vor um ein *„implicit* new system of authority"*.* Die öffentliche Meinung ist für die Beherrschten wie für die Herrschenden zum *heimlichen* Souverän geworden, auf den sich zwar im-

---

senheit auf öffentliche Beliebtheit, lässt 1789, ein Jahr nachdem er verkündet hat, die Generalstände erstmals seit 175 Jahren wieder einberufen zu wollen, die öffentliche Meinung befragen, wie die Generalstände sich verhalten sollen (siehe Blanning 2006 – Das alte Europa, S. 392). Jener absolutistische Herrscher also, der eigentlich doch mit dem *souveränen Entscheidungsrecht* ausgestattet ist. Man sieht: Nicht nur die Beherrschten, sondern *der König selbst* scheint vom alten Legitimitätsglauben verlassen. Ein weiteres Beispiel wäre „Necker's roller-coaster political career": Nachdem man ihn noch 1781 entlassen hatte und trotz durchaus (regierungs-)kritischer Wortmeldungen in der Folgezeit, setzte man ihn 1788 als Finanzminister wieder ein. Wieso? Wegen der *öffentlichen Unterstützung*, derer er teilhaftig wurde. Vgl. Baker 1987 – Politics and Public Opinion, S. 237f., Zitat S. 237.

571 Die *horizontale* Seite dieser Zäsur in der theoretisch-reflexiven Dimension wird im dritten Kapitel behandelt. In dem Moment, in dem sich „staatliche Herrschaft über das Prinzip der Volkssouveränität legitimiert", weiß Lepsius, muss „der *Träger* dieser Legitimitätsquelle bestimmt werden" (Lepsius, M. R.: Nation und Nationalismus in Deutschland, in: Winkler, Heinrich A. (Hrsg.): Nationalismus in der Welt von heute. Geschichte und Gesellschaft, Sonderheft 8, Göttingen 1982, S. 12-27, hier S. 14, m.H.). Bestimmt wird dieser hauptsächlich über die *Idee der Nation*.

572 Baker 1987 – Politics and Public Opinion, S. 213, m.H. Und weiter (ebd., m.H.): „I wish to emphasize the extent to which the concept of ‚the public' took on meaning in France in the context of a crisis of absolute authority [...] as the Crown and its opponents within the traditional political system appealed to a *principle of legitimacy beyond* that system in order to press their competing claims.".

plizit schon alle berufen, um die eigenen Forderungen zu legitimieren, der aber in seinem Status als ultimative Legitimitätsquelle noch nicht offiziell anerkannt ist.[573] Was fehlt, ja, was der Realisierung des bürgerlichen Legitimitätsprinzips im Wege steht, ist also „nur" noch, dass der neue Souverän auch als solcher *allgemein beglaubigt* wird und, parallel hierzu, der alte Souverän seiner Autorität *beraubt* wird. Beides vollzieht die Französische Revolution, und hier besonders: der öffentliche Prozess gegen den citoyen Louis Capet, vormals besser bekannt als König Ludwig XVI. Dessen *symbolische* Bedeutung – mit dem im vorigen Unterkapitel thematisierten Kampf um die Deutungshoheit im Hinterkopf – soll nachstehend erörtert werden. Mit ihm wird das alte, numinose Legitimitätsprinzip ein für alle Mal verabschiedet, mit ihm wird die Ära der Revolution eingeläutet.

Die (vollständige) *Institutionalisierung* der öffentlichen Meinung dagegen wird erst im dritten Kapitel zum Thema gemacht. Der Idee nach bedeutet sie die Übersetzung der bürgerlichen Legitimität in die politische Praxis, oder auch: die *Kontinuierung* des „Vertrags" zwischen Herrschenden und Beherrschten, die *stete Neuaushandlung* der gemeinsamen Vereinbarung unter Freien und Gleichen, die *dauerhafte Bindung* der Herrschaft an die Zustimmung jener, die ihr (unmittelbar) unterworfen sind. Eine ihrer Funktionen, wenn nicht *die* Funktion der institutionalisierten öffentlichen Meinung besteht demnach in der *reflexiven Problematisierung von Herrschaft im Lichte sowohl der Kontingenz wie auch der politischen Mündigkeit.*

2.6 Die symbolische Entzauberung des alten Souveräns

> Die Französische Revolution von 1789 war der wesentliche Wendepunkt beim Übergang von der Herrschaft von Königen zum Herrschaftsmandat durch das Volk.[574]
> Erstmals behauptet die französische Revolution, Politik ganz auf sich selbst, nämlich auf die Individuen zu gründen, die als Träger der Politik, als volonté

---

573 Siehe auch Luhmann 2002 – Die Politik der Gesellschaft, S. 279, demzufolge sich im späten 18. Jahrhundert die Vorstellung durchgesetzt habe, „daß die öffentliche Meinung der heimliche Souverän, die unsichtbare Hand des politischen Systems sei".
574 Bendix 1980 – Könige oder Volk 2, S. 123.

générale, als Gegenstand der Repräsentation oder eben: als öffentliche Meinung die politische Herrschaft begründen.[575]

[A] public humiliation can be fully reciprocated only with a public revenge.[576]

Die Französische Revolution hat viele Ursachen, darunter solche lang-, mittel- und kurzfristiger Natur, die nur in dieser Gesamtheit revolutionsauslösend waren.[577] So wirkten, um nur einige wichtige zu nennen, *langfristig* im 18. Jahrhundert in Frankreich (a) eine – wie schon von Tocqueville beobachtet – alles in allem *günstige* wirtschaftliche Entwicklung, (b) ein (zum Teil hiermit einhergehendes) starkes Bevölkerungswachstum,[578] und (c) eine träge, sich Reformen weitgehend unzugänglich zeigende Staatsverfassung und -verwaltung. *Mittelfristig* machte dem Ancien Régime zu schaffen: (a) eine ökonomische Krise in den 1770er Jahren, (b) eine eklatant steigende und in ihrem Ausmaß öffentlich werdende Staatsverschuldung (auch bedingt durch hohe Kriegsausgaben), und (c) das Beispiel der amerikanischen Unabhängigkeit (an dem die nicht nur prinzipielle, sondern ganz *konkrete Machbarkeit* von Reformideen abgelesen wird). *Kurzfristig* wiederum beförderte in den späten 1780er Jahren den Ausbruch der Revolution, (a) dass privilegierte Schichten um ihren Status fürchten und, wie v.a. der Amtsadel, politisch über die *parlements* Reformanstrengungen der Krone zunichtemachen, und (b) dass das (sich in politischen Clubs politisch aktivierende) Bürgertum in politischer Hinsicht nach wie vor nicht anerkannt ist. Darüber hinaus leidet (c) eine untere, städtische Schicht zunehmend unter einer Krise der Textilbranche und unter wiederkehrenden Missernten (und damit Brotmangel). (d) Die Bauern wiederum leiden nicht nur (direkt) unter den besagten Missernten, sondern bekommen zusätzlich den beginnenden Agrarkapitalismus zu spüren.

---

575 Luhmann 2002 – Die Politik der Gesellschaft, S. 280f.
576 Scott 1990 – Domination, S. 215.
577 Vgl. für die folgende Systematisierung von Ursachen insbesondere Schulin 2004 – Die Französische Revolution, S. 192 und Campbell, Peter R.: Introduction. The Origins of the French Revolution in Focus, in: ders. (Hrsg.): The Origins of the French Revolution, Basingstoke 2006, S. 1-34, hier S. 11-28 und zu den Ursachen generell den besagten Sammelband insgesamt.
578 Dem langfristig wirkenden demographischen Faktor hat sich (auch für Frankreich) insbesondere Goldstone in einer komparativen Revolutions- und Rebellionsstudie gewidmet. Dies mit dem vorrangigen Ziel, das *wellenhafte* Auftreten von Revolution in der Weltgeschichte zu erklären; vgl. Goldstone 1991 – Revolution and Rebellion.

2.6 Die symbolische Entzauberung des alten Souveräns

Schließlich spitzt sich (e) eine politische Krise zu, die einerseits aus der Reformunfähigkeit und den außenpolitischen Misserfolgen der Staatsleitung folgt, diese andererseits aber auch bewirkt und verstärkt. Im Zuge dessen erleidet (f) die Staatsleitung einen herben Autoritätsverlust und wird zur Zielscheibe einer anklagenden Öffentlichkeit. (g) Zu guter Letzt spaltet sich der Dritte Stand von der geistlichen und adligen Elite ab.

Und doch konnten all die Ursachen im weiteren Sinne nur deshalb in einer Revolution münden – und nicht bloß in einem Staatsstreich, einer Rebellion oder einem Bürgerkrieg –, so meine bisherige Argumentation, weil sich zuvor sukzessive die *Bedingungen der Legitimation* gewandelt hatten. Nur weil das Legitimitätsprinzip, durch das (staatliche) Herrschaft eine theoretische Rechtfertigung erfährt, in einer Weise umschlägt, welche die spezifisch neuzeitliche Einsicht in die prinzipielle Kontingenz und Plastizität sozialer Ordnungen aufgreift, können nicht nur die jeweils konkret Herrschenden, sondern kann die Herrschaftsordnung in ihrer Gesamtheit, kann das komplette Ancien Régime, ins Visier genommen werden – von Herrschaftsunterworfenen, in denen ein politisches Bewusstsein erwacht, ein „Könnens-Bewusstsein" (Christian Meier). Zur Debatte steht hierdurch nicht nur die (performativ-expressive) Legitimität und damit Absetzung eines einzelnen Herrschers, nein, zur Debatte steht die (theoretisch-reflexive) Legitimität einer gesamten Herrschaftsordnung.

Die theoretisch-reflexive Dimension der Legitimität verspricht demnach insofern Aufschluss über den Anfang der Revolution überhaupt zu geben, als ein Defizit bzw. eine Kehrtwende in dieser Dimension meiner Meinung nach eine *notwendige* Bedingung für die Revolution bildet. Das heißt, *ohne* diese Bedingung *kann* es eine Revolution nicht geben. Das heißt aber nicht, *mit* ihr *muss* es zwingend zur Revolution kommen. Denn dann wäre sie notwendige und hinreichende Bedingung in einem.[579] Ohnehin ist bei der Bestimmung hinreichender Bedingungen generell Vorsicht geboten – denn das *einzige* Indiz für die Unausweichlichkeit einer Revolution besteht in ihrem faktischen Eintreten.[580]

---

579 England ist vermutlich das beste Beispiel dafür, dass einer Revolution auf „evolutionärem" bzw. „reformerischem" Wege zuvorgekommen worden ist. Das bürgerliche Legitimitätsprinzip wurde hier nicht nur eingeklagt, sondern auch „innerhalb" der bestehenden Herrschaftsordnung implementiert – insbesondere durch die Transformation der Ständeversammlung in ein modernes Parlament, durch eine Institutionalisierung der „öffentlichen Meinung" also.
580 Vgl. Stone 1983 – Ursachen der englischen Revolution, S. 23.

2. Vom Anfang der Revolution

Dementsprechend reicht eine Zäsur in der theoretisch-reflexiven Dimension, wie weiter argumentiert wurde, allein nicht aus. Vielmehr will ein Legitimitätsdefizit, das sich vor dem Hintergrund einer Ablösung des sakralen durch das bürgerliche Legitimitätsprinzip ergibt, auch *kommuniziert* sein. Die bestehende Herrschaftsordnung muss mit anderen Worten unter dem Gesichtspunkt einer neuen Quelle von Legitimität *explizit* reflexiv problematisiert werden – eine Funktion, die der im Entstehen begriffenen politischen Öffentlichkeit bzw. öffentlichen Meinung zufällt.[581]

Damit der Kampf um die Deutungshoheit der Geschehnisse zugunsten der Revolutionäre entschieden wird, ist indes nicht nur das Aufsteigen der „öffentlichen Meinung" zum heimlichen Souverän nötig, auf den sich zwecks Legitimierung die Beherrschten wie auch nolens volens die Herrschenden stützen. Sondern nötig ist darüber hinaus, dass der bisherige Souverän (Gott), zu dem sich der neue Souverän (Volk bzw. Nation bzw. öffentliche Meinung) gesellt, *ausdrücklich zurückgewiesen,* für ungültig erklärt, außer Kraft gesetzt wird. Der „Konflikt von Legitimitätsgründen" muss mit anderen Worten einen *eindeutigen* Sieger hervorbringen. Der „Schlag", durch den dies zwar nicht allein, aber doch in einzigartiger Symbolträchtigkeit geschieht, ja, durch den der heimliche zum *alleinigen* und *ausgewiesenen* Souverän wird, soll abschließend Thema sein. Michael Walzer hat sich diesem Schlag auf ingeniöse Weise zugewandt, seine Argumentation gilt es daher nachstehend zu rekonstruieren.[582]

„Revolutions come when the old regime is attacked in its fundamentals, not in the most recent exaggerations or absurdities of its leaders and spokesmen."[583] Den europäischen Monarchien wurde laut Walzer nicht dadurch ein Ende gesetzt, dass zwei ihrer führenden Repräsentanten, namentlich Karl I. in England und Ludwig XVI. in Frankreich, einfach nur

---

581 Und es mag sein, dass sich kritische Stimmen eher zu Wort melden, wenn eine allgemeine Unzufriedenheit mit der Herrschaft vorliegt oder wenn die Herrschenden sich reformbereit zeigen oder, noch brisanter, wenn sich diese als reformwillig *und* -unfähig zugleich erweisen – denn dann sinkt die Hoffnung, dass sich als möglich und notwendig erkannte Veränderungen noch innerhalb der bestehenden Herrschaftsordnung vornehmen lassen.
582 Siehe Walzer 1974 – Regicide and Revolution und ders.: The King's Trial and the Political Culture of the Revolution, in: Lucas, Colin (Hrsg.): The French Revolution and the Creation of Modern Political Culture. Bd. 2: The Political Culture of the French Revolution, Oxford 1988, S. 183-192.
583 Walzer 1974 – Regicide and Revolution, S. 17.

2.6 Die symbolische Entzauberung des alten Souveräns

ermordet wurden.[584] Solche Vorkommnisse waren der Geschichte der Monarchie nicht fremd, ja, dieser vielmehr geradezu eigentümlich, wie im Laufe dieses Kapitels bereits ausgeführt worden ist: als eine Art Schutzmechanismus für die Herrschaftsordnung als Ganzes, der potentiell aufkommenden Unmut *umleitet* – vom Herrschafts*amt* zum Herrschafts*träger* – und damit letztlich *eindämmt*. Neu und im wahrsten Sinne des Wortes revolutionär ist vielmehr die *öffentliche Anklage* und daraus resultierende *öffentliche Hinrichtung* der zwei Könige. Um indes die Tragweite dieser öffentlichen Prozesse gegen die Monarchen zu erfassen, die sich als solche gegen die Monarchie an sich erweisen sollten, muss man einen Schritt zurücktreten und zunächst einmal verstehen, wieso die Monarchien *bis dahin* all die Ermordungen ihrer Könige relativ schadlos überstehen konnten.

Den maßgeblichen Grund hierfür entdeckt Walzer in der Monarchien spezifischen Form der Legitimation, genauer: in dem, was er die „Ideologie personaler Herrschaft" nennt.

> Monarchy depends upon an ideology of personal rule. While it acquires over time a great variety of justifications, including utilitarian justifications, it *remains* fundamentally dependent upon a set of beliefs about the person of the king. Subjects must feel some awe in the royal presence; they must sustain some faith in the king's sanctity, power, and wisdom; they must believe in his inviolability.[585]

Dieser Glaube an die Göttlichkeit, göttliche Abkunft oder wenigstens göttliche Berufung des Herrschers kann zuweilen erschüttert werden – jedoch nicht im Hinblick auf die Monarchie insgesamt, nicht auf das königliche Amt als solches, sondern lediglich auf den jeweiligen Amtsinhaber. Vor dem Hintergrund des entwickelten mehrdimensionalen Konzepts von Legitimität könnte man auch formulieren: *Qua Amt* (oder qua Herkunft, die

---

584 Im Folgenden soll der englische Fall weitgehend ausgeblendet werden, auch wenn die Hinrichtung Karls I. vermutlich die erste *öffentliche* Hinrichtung darstellt. Warum von ihr gleichwohl nicht dieselbe Wirkung wie von der Hinrichtung Ludwigs XVI. ausging, wäre eine interessante und komplexe Frage, für deren Beantwortung mir Raum und Wissen fehlen.

585 Ebd., S. 1, m.H. Betont sei an dieser Stelle, dass Walzer mit der Ideologie personaler Herrschaft nicht meint, dass die Legitimität der Monarchie insgesamt vorrangig oder gar einzig von der Person des Herrschers, von dessen Taten abhängt. Es handelt sich um keine Reinform von Webers charismatischer Legitimität, sondern um eine Legitimität, die dem König *als König* zuwächst – das heißt, kraft seines *Amtes*, dem eine grundlegende sakrale Legitimität (in theoretisch-reflexiver Hinsicht) innewohnt, die wiederum auf den Amtsinhaber ausstrahlt.

2. Vom Anfang der Revolution

sie für dieses Amt qualifiziert) sind die Könige *transzendent* legitimiert – Stellvertreter Gottes auf Erden –, weshalb diese Form der Legitimität auch von Amtsinhaber zu Amtsinhaber *übertragen* werden kann. Mit der *Faktizität* von Herrschaft ist diese auch theoretisch-reflexiv *legitim*. Nur, den *einzelnen Herrscher* feit dies nicht vor Angriffen, kann er doch als *Person*, als jeweiliger *Träger* von Herrschaft sehr wohl Legitimitätsverluste erleiden, performativ-expressive nämlich. In *dieser* Dimension bleibt die Herrschaft prekär. Sofern die Herrschaftsausübung den Interessen bisheriger Gefolgsleute zuwider läuft, können diese ihre Gefolgschaft öffentlich kündigen – und den zentralen Herrscher äußerstenfalls sogar ermorden (lassen).

Die Pointe bei alldem ist nur: All die politischen Rivalen, all die Möchtegernkönige übernehmen für die Ermordung des Königs, sofern sie überhaupt daran beteiligt waren, niemals offen die Verantwortung. Es handelt sich durchweg um *heimliche* Attentate, um Ermordungen *hinter verschlossenen Türen*, von denen sich jene, die dem ermordeten König auf den Thron folgen – denn dass der Thron nicht unbesetzt bleiben darf, steht völlig außer Frage –, anschließend aufs Schärfste distanzieren.[586] Die Folge ist: „The personal suffering and degradation of a *particular* monarch, once thought almighty and godlike, was never to my knowledge made into an argument against monarchy."[587] Allein schon deshalb nicht, weil die Prätendenten und Nachfolger hieran nicht das geringste Interesse haben, denn:

> They intrigued and killed precisely *in order to become king*, and in this way offered their own deeply felt testimony to the power of kingship. Once installed, they sought always to preserve for themselves the personal authority of the man at whose death they had connived; so they connived again at the perpetuation of the myths of monarchy and sometimes at their invention.[588]

Die Legitimitätsgrundlage der monarchischen Herrschaft bleibt von den Königsmorden mit anderen Worten deswegen weitgehend unerschüttert, weil die nachrückenden Regenten ihrerseits die Herrschaft hierauf stützen wollen.[589] Was im Übrigen nicht heißen soll, dass diese im Regelfall von

---

586 Vgl. ebd., S. 3.
587 Ebd., S. 1, m.H.
588 Ebd., S, 2, m.H. Als Beispiel führt Walzer an dieser Stelle die Ermordung Richards III. in England an, dem Heinrich VII. auf den Thron folgte.
589 Und jene wenigen, die dies nicht beabsichtigen, jene also, die den Königsmord *aus Prinzip* begehen – weil sie nicht nur den Monarchen, sondern die *Monarchie*

2.6 Die symbolische Entzauberung des alten Souveräns

der eigenen Legitimität nicht überzeugt gewesen wären. Die Stärke Walzers besteht meiner Meinung nach gerade darin, dass er *nicht* im Stile eines soziologischen Zynikers argumentiert. Nur so vermag er ein Gespür für die Bedeutung von (Il-)Legitimität auf Seiten der Beherrschten wie auch der Herrschenden zu entwickeln. So schreibt er im Hinblick auf die fundierenden Mythen der Monarchie:

> Though these were consciously sponsored by kings and their publicists, they cannot be regarded simply as propaganda. They attained to the status of popular beliefs, were probably believed by kings and their publicists, and lived on until and even after monarchy was decisively overthrown. [...] It is as if every king until the revolution preened himself before the same magic mirror and saw the same gratifying image: himself God's deputy, head and soul of the body politic, sole knower of the mysteries of state, father of his subjects, husband of the realm, healer, peacemaker, sovereign lord.[590]

Was die Praxis der bisweilen von Erfolg gekrönten Königsmorde anbelangt, lässt sich somit festhalten, dass sie über die Jahrhunderte hinweg zwar gängig war, doch das Königtum selbst unbeeindruckt fortbestehen ließ.[591] Wieso? Kurz gesagt, weil die Herrschenden sich die Deutungshoheit bewahren konnten. Sie bestimmten die offizielle Lesart – und die besagte, dass ein Herrscher nur als Person, nicht als König ermordet oder angegriffen wurde, so dass ein Attentat *ohne* Folgen für die theoretische Legitimitätsgrundlage blieb.

Das alles ändert sich gleichwohl mit einer von Grund auf neuen Form von Königsmord, die der europäischen Monarchie dauerhaft die Grundla-

---

  ablehnen und für illegitim halten –, dringen mit ihren grundsätzlichen Erwägungen jedenfalls nicht an die breite Masse der Beherrschten. Sie werden daran gehindert, ihre Motive offen zu kommunizieren; vgl. ebd., S. 1.
590 Ebd., S. 9. Von der Teilhabe an göttlicher Wirksamkeit der französischen Könige zeugt u.a. die zugeschriebene Wunderkraft, die diesen jahrhundertelang im Zuge des *sacre* (also der Königsweihe und -inthronisation) verliehen wurde und die sie von Zeit zu Zeit öffentlich unter Beweis zu stellen hatten, indem sie an den Skrofeln leidende Kranke „heilten". *Le Roi te touche, Dieu te guérit.* Vgl. hierzu Weber 1992 – Sakralkönigtum und Herrscherlegitimation, S. 248-258 und Reinhard 1999 – Geschichte der Staatsgewalt, S. 94f. Und *bis zum Ende* des Ancien Régime blieben, wie Ersterer hervorhebt, „Sacre und Toucher Royal auch weiterhin Manifestationen der traditionellen Legitimation eines Sakralkönigtums" (Weber 1992 – Sakralkönigtum und Herrscherlegitimation, S. 258).
591 „So kings for centuries were killed in corners, the murders hushed up, the murderers unthanked, neglected, condemned. That is the substance of the sad stories. And monarchy survived." Walzer 1974 – Regicide and Revolution, S. 3.

ge ihrer Legitimität entziehen wird: mit der Hinrichtung König Ludwigs XVI.[592] Was zeichnet diese gegenüber vorherigen Königsmorden aus? Zunächst: ihr *öffentlicher* Charakter. Nicht im Verborgenen, sondern *vor aller Augen*, nicht im Dunkeln, sondern *im Lichte der (Welt-)Öffentlichkeit* wird der König exekutiert. Weiterhin: Dass dem „public regicide" ein *öffentlicher Prozess* vorausgeht, an dessen Ende der angeklagte König *im Namen der Nation* schuldig gesprochen und zum Tode verurteilt wird. Beides zusammen bewirkt eine *symbolische Entzauberung des vormals geheimnisumwobenen Königtums*.[593] Monarch und Monarchie werden, so Walzer, ihrer legitimierenden Mythen und Mysterien beraubt, unter denen insbesondere die Theorie des Gottesgnadentums auf der einen und jene des „body politic" auf der anderen Seite herausragen.[594] Diesen Vorgang gilt es näher zu erläutern.

Zunächst einmal stehen die französischen Revolutionäre bzw. Mitglieder der Nationalversammlung vor dem praktischen Problem, dass der König als *unantastbar* gilt, und folglich juristisch nicht zu belangen ist. Er *kann* gar kein Unrecht begehen, das ist Teil des Mysteriums. Und erst recht untersteht er keinem (höheren) weltlichen Gericht. Verantwortung schuldet er lediglich Gott, und zwar direkt, so dass er diesseitig formal auch nicht angeklagt, geschweige denn verurteilt werden kann.[595]

Um einer Anklage des Königs dennoch den Weg zu ebnen, gilt es daher zunächst, dessen *Status* zu ändern. Erreicht wird dies über die Erfindung und Einführung des theoretischen Konzepts der Staatsbürgerschaft.[596] *Als Bürger* kann der König sehr wohl vor Gericht gestellt werden, das ist der Kniff. Der Bürgerstatus impliziert dabei zweierlei. Zum einen eine *Degradierung*: Der König wird herabgesetzt zu einem „bloßen" Bürger – Louis Capet. *Ohne* Privilegien und (oder weil) *ohne* Geheimnisse. Er ist nicht länger unantastbar und unerreichbar, nicht länger König von Gottes Gna-

---

592 Siehe ebd., S. 3f.
593 Für die vorausgehende sukzessive Entsakralisierung des französischen Königtums ab 1750, durch die der König von direkter öffentlicher Kritik nicht länger ausgenommen war, vgl. Chartier 1991 – Cultural Origins, S. 111-135.
594 Vgl. Walzer 1974 – Regicide and Revolution, S. 14.
595 Vgl. ebd., S. 35-46. Was freilich nicht bedeutet, dass der König sich nicht auch bestimmten normativen Pflichten und Grenzen (in der performativ-expressiven Dimension) ausgesetzt gesehen hätte, deren Beachtung v.a. der Adel (legitimerweise!) einklagen konnte. Darauf wurde bereits in den Kapiteln 2.1 und 2.4 hingewiesen. Aber auch Walzer betont dies (ebd., S. 8, 35-46, 48f.).
596 Siehe ebd., S. 4, 35-46.

2.6 Die symbolische Entzauberung des alten Souveräns

den und als solcher diesem allein Rechenschaft schuldig.[597] Nein, er wird zu „einem von uns", der demselben Recht unterliegt wie alle anderen auch, der also wie jeder Bürger vor dem Gesetz *gleich* ist – ein beispielloser Akt der Nivellierung, der innerhalb der mittelalterlichen Ständeordnung undenkbar gewesen wäre.[598] Zum anderen aber wird exemplarisch ein *neuer Souveränitätsanspruch durchgesetzt*: jener der Nation. Über Louis Capet richtet nicht Gott, sondern virtuell die gesamte Nation, als deren Repräsentanten sich die Delegierten der Nationalversammlung verstehen. Und als richtende erhebt sie sich *vollends* zur *souveränen* Nation, womit abgeschlossen wird, was mit der Erklärung des Dritten Stands zur Assemblée nationale am 17. Juni 1789 und der Erklärung der Menschen- und Bürgerrechte am 26. August 1789 begonnen wurde und mit der Verfassung vom 3. September 1791 und der Ausrufung der Republik ein Jahr später seine Fortsetzung findet.[599] Louis Capet wird dadurch, dass er sich

---

597 Streng genommen macht indes schon die Französische Verfassung von 1791 (verabschiedet am dritten September), durch die Frankreich in eine konstitutionelle Monarchie umgewandelt wird, Ludwig XVI. zu einem König von *Volkes* statt von Gottes Gnaden, zumindest stillschweigend. Er selbst schwört ihr wenige Tage später höchstpersönlich Treue. Offiziell entthront wird Ludwig XVI. schließlich durch die erste Sitzung des Nationalkonvents und die damit einhergehende Ausrufung der Republik am 21. September 1792.

598 Die Anwendung des egalitären Prinzips der Gleichheit auf den ehemaligen König impliziert dann aber auch, dass diesen ein *faires* Verfahren zu erwarten hat, kein bloßer Schauprozess. Ihm muss also, unter Wahrung seines Rechts auf Verteidigung, eine *Schuld nachgewiesen* werden, sofern er verurteilt werden soll – und erst recht, sofern er zu Tode verurteilt werden soll. Tatsächlich gelingt dies im Laufe des Prozesses.

Dass die Jakobiner sich zunächst weigerten, dem König den Bürgerstatus zuzusprechen (siehe ebd., S. 6, 62f.), ist meines Erachtens unter *horizontalen* Legitimitätsgesichtspunkten interessant. Der König sollte erst gar nicht als Teil der Nation angesehen werden – denn andernfalls hätte er als Herrscher gegenüber den Bürgern über horizontale Legitimität verfügt. Und vor dem Ausbruch der Revolution ging es weiten Teilen der bürgerlichen „Opposition" ja gerade darum: die nationale Sache zu ihrer exklusiven, eigenen Sache zu machen, also einen Gegensatz von Nation und König bzw. Aristokratie zu konstruieren. Vgl. Blanning 2006 – Das alte Europa, S. 345.

599 In Artikel 3 der *Déclaration des Droits de l'Homme et du Citoyen* heißt es: „‚Der Ursprung jeder Souveränität ruht seinem Wesen nach in der Nation; keine Körperschaft, kein einzelner kann eine Autorität ausüben, die nicht ausdrücklich von ihr ausgeht.'" Zitiert nach Gauchet, Marcel: Die Erklärung der Menschenrechte. Die Debatte um die bürgerlichen Freiheiten 1789, Reinbek bei Hamburg 1991/1989, S. 10. Wobei es nicht unüblich ist, „nation" mit „Volk" zu übersetzen,

2. Vom Anfang der Revolution

vor Gericht verantworten muss – und daraufhin von ebendiesem zum Tode verurteilt wird –, mithin für alle (innerhalb *und* außerhalb Frankreichs) sichtbar nicht nur der Macht, sondern ebenso der Souveränität der Nation unterworfen.[600]

Auf die Einzelheiten des gerichtlichen Prozesses soll an dieser Stelle nicht näher eingegangen werden. Wichtig ist in dem Zusammenhang einzig, *dass* es der Nationalversammlung gelingt, den König für schuldig zu befinden, hauptsächlich auf Basis von dessen (wiederum: *öffentlich* werdender) privater Korrespondenz mit europäischen Fürstenhäusern, aus der (wie auch aus seiner gescheiterten Flucht nach Varennes, die zunächst noch als „Entführung" euphemisiert wird) konterrevolutionäre Absichten hervorgehen und vermittels derer der König nicht irgendeines Verbrechens, sondern des Hochverrats überführt wird.[601] Wichtig deshalb, weil dem König hiermit *schlechte Absichten* (bzw. ein fehlender guter Wille) nachgewiesen werden können, wo zuvor stets *schlechte Beratung* als Entschuldigung für schlechte Politik herhalten konnte.[602] Die darauf folgende Strafe nimmt hierdurch für die Beteiligten den Charakter einer *gerechten* Strafe an, einer *berechtigten Abrechnung* mit Monarch und Monarchie gleichermaßen. Doch der Prozess ist nicht nur rückwärtsgewandt, er weist auch in die Zukunft. Insofern als sich in ihm bereits zwei ineinander verschränkte Prinzipien der *neuen* Ordnung niederschlagen: Dass alle (auch königliche) Macht *vom Volk anvertraute* Macht ist zum einen, dass der Machthaber deren Gebrauch *gegenüber dem Volk verantworten* muss und sie entsprechend von diesem wieder entzogen werden kann zum anderen.[603] Das Volk setzt ein und setzt ab.

Die am Vormittag des 21. Januar 1793 erfolgende Exekution selbst ist nun aus primär zwei miteinander zusammenhängenden Gründen von höchster symbolischer Relevanz. Zum einen wird hiermit die geheimnis-

---

weil Artikel 3 gemeinhin als Festschreibung des Prinzips der Volkssouveränität gedeutet wird.
600 Vgl. Walzer 1974 – Regicide and Revolution, S. 78f.
601 Mit denkbar knappem Ergebnis gleichwohl: 361 Abgeordnete stimmen am 17. Januar 1793 für, 360 gegen die Verurteilung Louis Capets wegen „Verschwörung gegen die öffentliche Freiheit und die Sicherheit des gesamtes Staats" auf Antrag Robespierres. Vorwürfen der *ex-post-facto*-Bestrafung entgegnet Walzer (ebd., S. 76): „What the revolutionaries invented after the fact was not the crime but the possible criminality of the king.".
602 Vgl. ebd., S. 26.
603 Siehe ebd., S. 87.

2.6 Die symbolische Entzauberung des alten Souveräns

volle Unverwundbarkeit und Unsterblichkeit des Königs widerlegt.[604] Wie? Indem vor aller Augen die Möglichkeit, ihn (tödlich) zu verletzen, bezeugt wird – die Legende von den gottgleichen Qualitäten des Königs wird vollends ins Reich der Legenden verwiesen (also *als* Legende erkannt). Der König und die Oberschicht sind nicht mehr, wie noch in stratifizierten Gesellschaften, von grundlegend anderer Qualität. Zum anderen landen des Königs *beide* Körper, der natürlich-sterbliche wie der übernatürlich-unsterbliche, auf dem Schafott.[605] Der Grund hierfür liegt im öffentlichen Charakter: Sobald der König *onstage*, in seiner öffentlichen Rolle umgebracht wird, geht zusammen mit dem privaten auch der politische Körper, das, was der König verkörpert, zugrunde. Das folgt zwingend aus der Theorie des „body politic": Wenn eintritt, was für unmöglich erklärt wurde – dass allenfalls „the man who wore the crown", niemals aber „the king with his crown"[606] sterben könne –, dann geht mit dem Tod des Königs als König auch dessen Staat zugrunde.[607] Erst vor diesem Hintergrund stirbt unter der Guillotine nicht ein einzelner Regent, sondern gleich ein ganzes *Regime* – das Ancien Régime.[608]

---

604 Nun mag man einwenden, dass es doch durch all die vorherigen Königsmorde bereits zur Widerlegung hätte kommen müssen. Aber gerade deren nicht-öffentliche Natur machte sie zu die Regel *bestätigenden* Ausnahmen; vgl. ebd., S. 76. Attentaten fielen allenfalls die natürlichen Körper der Könige zum Opfer, nicht aber das, was sie verkörperten.

605 Vgl. für die Lehre von den zwei Körpern des Königs klassisch Kantorowicz, Ernst H.: Die zwei Körper des Königs. Eine Studie zur politischen Theologie des Mittelalters, München 1990/1957.

606 Walzer 1974 – Regicide and Revolution, S. 13.

607 Ein weiteres (etwas anders gelagertes) Beispiel für das, was Scott die legitimitätsimmanente „symbolische Achillesferse" von Herrschaft nennt: Qua Legitimierung macht sich Herrschaft verletzbar – gegenüber Angriffen mit den eigenen „ideologischen" Waffen. Ohnehin hätte Scott vermutlich, wie in Kapitel 2.4 gesehen, viel zur Signifikanz der öffentlichen Hinrichtung zu sagen, gerade weil er um die Wirkung öffentlich-symbolischer Handlungen weiß. „A divine king must act like a god, a warrior king like a brave general [...] Actions by elites that *publicly* contradict the basis of a claim to power are threatening." Scott 1990 – Domination, S. 11.

608 Und Walzer geht sogar so weit, zu behaupten, das Ancien Régime hätte gar nicht anders als durch einen öffentlichen Königsmord vernichtet werden können – gerade weil die alte Ordnung im Zuge der Theorie von des Königs „body politic" aufs engste mit dem physischen Körper des Königs verknüpft war, weil der König also „,twice born'" war. Ein am Leben gelassener König hätte auch die alte

2. Vom Anfang der Revolution

Wenn aber die gesamte alte (Herrschafts-)Ordnung *samt* ihrer Mysterien und Mythen, samt ihrer Legitimitätstheorien also, stirbt, dann, so lässt sich resümieren, ist der besagte „Konflikt von Legitimitätsgründen" *entschieden* – zugunsten des Volksmandats und zuungunsten des Gottesmandats. Der Wechsel in der theoretischen Legitimierungsrichtung wird endgültig vollzogen. Und dies auf zutiefst *expressive* Weise: per öffentlicher Verhandlung und Exekution. Öffentlich zur Darstellung kommt sowohl die *Verfehlung* des einen Königs als auch das *Ende* des ganzen (legitimen) Königtums.[609] Ja, dem ganzen „Spektakel" eignet etwas geradezu *Pädagogisches*: Die Allgemeinheit – und damit sind gemeint: die breite Masse der Beherrschten, die alten Eliten, nicht minder aber die verbliebenen europäischen Monarchen, ja, im Prinzip die gesamten Menschheit – soll belehrt werden, dass der alte durch einen neuen Souverän abgelöst worden ist.[610] In den Worten Walzers:

> Once the king has been judged by his peers [...] monarchy was never the same; it can survive a thousand assassinations but not one execution. [...] Kings may return for a time, but [...] ‚they are never more than phantoms'. Majesty cannot be restored. Though they called themselves godlike, there was no resurrection for kings; divine right itself was killed at Whitehall and the *Place de la Révolution*.[611]

Ordnung am Leben gelassen; siehe Walzer 1974 – Regicide and Revolution, S. 13.
609 Vgl. ebd., S. 85.
610 Den erhofften die „menschliche Rasse" erziehenden Aspekt der öffentlichen Verhandlung und Hinrichtung weist Walzer bei Condorcet nach (ebd., S. 58). Das deckt sich mit Arendts Ergebnis, dass die Revolution – und zwar nicht nur die Französische – von Anfang an behauptet, die *Sache der Menschheit* zu vertreten, für sie *der* die *Modernität* ausmachende Aspekt der Revolution schlechthin; vgl. Arendt 1974 – Über die Revolution, S. 10. „Es handelte sich nicht nur um Freiheit, sondern um Freiheit *für alle*" (ebd.).
Die symbolische Bedeutung, die Walzer der öffentlichen Exekution zuschreibt, scheint sich mit der Interpretation der (demokratischen) Französischen Revolution durch Claude Lefort zu decken: „Die Verbindung zum transzendenten Legitimationsgrund der Gesellschaft, der im Körper des Königs inkarniert war, wurde in dem Moment gekappt, in dem der Körper des Königs seinen Kopf verlor. In diesem Moment wurde [...] der Ort der Macht zu einer *Leerstelle*. Von nun an gab es keinen legitimen Eigentümer dieses Ortes, sondern der Ort der Macht konnte nur noch von konkurrierenden Gruppen *auf Zeit* okkupiert werden", wie Marchart die These Leforts zusammenfasst (Marchart, Oliver: Neu beginnen. Hannah Arendt, die Revolution und die Globalisierung, Wien 2005, S. 150).
611 Walzer 1974 – Regicide and Revolution, S. 5. Walzer zitiert hier Jean Jaurès.

2.6 Die symbolische Entzauberung des alten Souveräns

Oder kürzer noch: „The magic of kingship was never restored."[612] Ludwig XVI. war der *letzte sakrale* König. Stattdessen kann fortan nur noch solche Herrschaft Gültigkeit beanspruchen, die sich theoretisch glaubwürdig und praktisch „irgendwie" (wie mittelbar auch immer) vom Willen des Volkes bzw. der Nation herleitet. Wobei es, um es nochmals zu wiederholen, nicht genügt, den jeweiligen Herrscher „von unten" zu legitimieren. Vielmehr muss die Legitimität des Herrscher*amts* selbst (gedacht) von dort entspringen. Wahlen zur eindeutigen und möglichst friedlichen Bestimmung oder Bestätigung von Königen waren dem Mittelalter nicht unbekannt, genauso wenig wie (trotz Wahl nicht auszuräumende) Zweifel an der Rechtmäßigkeit des Herrschaftsanspruchs regierender oder designierter Könige. Sehr wohl war ihm aber eine nicht-numinose Legitimierung des Throns bzw. der Monarchie an sich fremd. Das Herrscheramt war stets göttlich eingesetzt.[613] Und um den Bruch mit genau dieser „Tradition" geht es hier. Die öffentliche Hinrichtung König Ludwigs XVI. im Namen und auf Geheiß der Nation ist „an absolutely decisive way of breaking with the myths of the old regime" *und* „the founding act of the new"[614] in einem. Und die Prinzipien dieses neuen „Regimes" werden, wie angesprochen, im Laufe des Prozesses erstmals offen exerziert, insofern kommt

---

612 Walzer 1988 – The King's Trial, S. 190. Zu einem ganz ähnlichen Urteil kommen auch Furet und Richet: „Der Gesalbte Gottes, der mit allen Heilskräften Begabte wird ein für allemal mit Ludwig XVI. zu Staub. Man kann zwar zwanzig Jahre später die Monarchie wieder aufrichten, nicht aber die Mystik des geweihten Königs." Furet, François/Richet, Denis: Die Französische Revolution, München 1968, S. 239. Auch Eisenstadt 1982 – Revolution und die Transformation von Gesellschaften, S. 189 meint: „Der entscheidende Schritt bei der Weiterentwicklung der politischen Legitimationssymbolik bestand [...] im Übergang vom Königsmord zur Revolution. Das heißt, die Tendenz, einen einzelnen (schlechten) Herrscher durch einen anderen (guten) zu ersetzen und Aufstände gegen schlechte Herrscher zu rechtfertigen, wich der Idee [...] von der Umgestaltung der gesamten gesellschaftspolitischen Ordnung, ihrer Grundlagen und Prämissen durch ihre rechtmäßigen Vertreter."
613 Vgl. Sternberger 1986 – Grund und Abgrund der Macht, S. 23-38.
614 Walzer 1974 – Regicide and Revolution, S. 5. Auch Claude Lefort hält diesen symbolischen Bruch, den die demokratische bzw. Französische Revolution vollzieht, für unumkehrbar: Herrschaft lässt sich nicht länger transzendent legitimieren – weshalb auch totalitäre Herrschaftsformen (in denen den Versuch unternommen wird, die „Leerstelle" der Macht mit Wesenheiten wie „Volk", „Klasse" oder „Führer" wieder zu besetzen) auf kurz oder lang zum Scheitern verurteilt sind. Siehe Marchart 2005 – Neu beginnen, S. 150f.

2. Vom Anfang der Revolution

diesem eine gleichermaßen symbolisch-expressive Funktion zu, nicht nur der Strafe selbst, wie auch Walzer betont:

> Without the public acting out of revolutionary principles, not merely in front of the nation, but in ways that involve and implicate the nation, those principles remain a party creed, the revolution itself nothing more than a seizure of power. The revolutionaries must settle with the old regime: that means they must find some *ritual process* through which the ideology it embodies (and the man who embodies it) can be publicly repudiated. [...] And so the trial was an act of destruction as well as the vindication of a new political doctrine; it represents the symbolic disenchantment of the realm as well as the establishment of a *secular republic*.[615]

Man kann nicht mehr zurück, die aufklärenden Ereignisse lassen sich nicht ungeschehen machen, die Zäsur ist endgültig, der Neuanfang gemacht. Die numinose Legitimität wurde entwertet, ein für alle Mal. Ein allgemeiner „Lernvorgang" hat stattgefunden, der so etwas wie ein Zeitalter der Revolution eröffnet. Es hält nicht mehr nur niemand königliche Herrschaft für sakral legitimiert, es *erwartet* vor allem niemand mehr, dass *andere* sie für sakral legitimiert halten. Das hidden transcript hat sich zur *öffentlichen* Herrschaftskritik einer *ganzen Nation* entwickelt, die in Gestalt der „öffentlichen Meinung" die politische Deutungshoheit an sich gerissen hat. Dass dieser Umsturz der alten Ordnung *mit Symbolik beladen*, ja, geradezu *überladen* sein muss, bringt meiner Meinung nach auch Arendt zum Ausdruck, wenn sie meint, die Revolution als Phänomen sei vom *Pathos* des Neubeginns erfüllt.[616]

Besonders aufschlussreich scheint mir in dem Zusammenhang das Verhalten Napoleons wenige Jahre nach der Französischen Revolution. Dessen

> Herrschaft durchlief eine ganze Serie von Legitimationsversuchen. Wie man eine alte Uhr, die vor einiger Zeit stehengeblieben ist, beim Aufziehen die versäumten Stundenschläge nachholen läßt, so repetierte dieser Usurpator in großer Hast die verschiedenen historischen Legitimitätsarten, die verfügbar schienen, so die Erinnerung des römischen Konsulats, [...] so die Erinnerung des mittelalterlichen Kaisertums mitsamt der Krönung durch den Papst; er

---

615 Walzer 1974 – Regicide and Revolution, S. 88, m.H. An anderer Stelle nennt er den Prozess gegen Ludwig XVI. „an exercise in demystification" (Walzer 1988 – The King's Trial, S. 190). Mit Albert Camus stimmt Walzer daher darin überein, dass die Verurteilung des Königs die *Säkularisierung* unserer Geschichte symbolisiert (Walzer 1974 – Regicide and Revolution, S. 86f.).
616 Siehe Arendt 1974 – Über die Revolution, S. 41.

2.6 Die symbolische Entzauberung des alten Souveräns

suchte indessen auch die moderne Bestätigung der volonté générale, indem er Plebiszite ausschreiben ließ; und schließlich kann man in seiner Heirat mit der Habsburgerin [...] einen Versuch erblicken, sich wie zum Überfluß auch noch ein Stück dynastischer Legitimität zu sichern.[617]

Napoleon dokumentiert hiermit mancherlei: (a) das bleibende Erfordernis für Herrschaft, sich überhaupt (auch und gerade als Usurpator, dann aber nachträglich) zu legitimieren, (b) die neue Rat- und Orientierungslosigkeit, wie sich Herrschaft noch, wenn nicht numinos, legitimieren kann, und (c) den gestiegenen Druck, dem bürgerlichen Legitimitätsprinzip (hier: durch den Einbau plebiszitärer Elemente) wenigstens äußerlich Genüge zu tun. Insofern ist Osterhammel zuzustimmen, wenn er es zu einem Grundcharakteristikum der Revolutionen des *langen* 19. Jahrhunderts (die Französische eingeschlossen) erhebt, dass ein Weg zurück zur alten Ordnung verbaut ist.[618] Die reaktionären Kräfte räumen dies auf der begrifflichen Ebene selbst ein: Konterrevolution *kann* nur Konter sein, ist also immer schon implizite Anerkennung sich gewandelter Bedingungen – und das heißt im Besonderen: sich gewandelter Legitimationsbedingungen. *Not* the same procedure as usual, heißt es seit der Französischen Revolution mit Blick auf die Legitimation(sanforderungen) von Herrschaft. Sie wird damit zur Geburtsstunde der Demokratie, mit Arendt: zum Anfang der Freiheit.[619] Revolution, das ist die intendierte Um- und Neugestaltung von Herrschaftsordnungen durch die ehemaligen Untertanen; ihr historischer Anfang liegt dort, wo dies erstmals prinzipiell *und* konkret möglich wird, und das heißt vor allem: wo die legitimatorischen Hürden für eine solche reflexive Problematisierung von Herrschaft in aller Öffentlichkeit aus dem Weg geräumt worden sind.

---

617 Sternberger 1986 – Grund und Abgrund der Macht, S. 21.
618 Vgl. Osterhammel 2009 – Die Verwandlung der Welt, S. 736f. „Nirgends gelang die Wiederherstellung vorrevolutionärer Zustände." Ebd., S. 737.
619 Vgl. Arendt 1974 – Über die Revolution.

3. Vom Ende der Revolution

> Jede revolutionäre Bewegung hatte die Tendenz, sich in einer relativ unveränderlichen Regierungsform zu fixieren, damit die Erfolge, für die sie gekämpft und sich verausgabt hatte, bewahrt und abgesichert blieben. Sie hatte damit förmlich die Ausgangslage für die nächste Revolution vorbereitet, die ihrerseits danach trachtete, aus ihren Errungenschaften eine neue Struktur zu bauen, die halten sollte, ‚wenn Krieg um uns entbrennt und Häuser stürzen zu Ruinen nieder'.[620]

Will man der Revolution einen historischen Ort zuweisen, darf man nicht an ihrem Anfang und damit auf halber Strecke haltmachen. Aus dem einfachen Grund, weil die Historisierung auf diese Weise unvollständig bliebe, vorausgesetzt, ein Ende, sei es bereits erreicht oder sei es dereinst erreichbar, existiert überhaupt. Und wer hinterlässt schon gern Lücken? Vor allem aber, weil man sich so womöglich um einen entscheidenden Vorteil brächte, gibt doch der Anfang immer schon Aufschluss über das Ende oder, um genau zu sein, über die *Möglichkeit* eines Endes. Wenn das Phänomen der Revolution, wie vorstehend argumentiert, nicht in Erscheinung treten konnte, ehe gewisse Voraussetzungen erfüllt waren, die erst in der Neuzeit erfüllt wurden und es möglich machten (nicht: verursachten), dann dürfte ein genauerer Blick auf ebendiese grundlegenden Voraussetzungen verraten, wie es um sein Ende oder seine Zukunft gegenwärtig bestellt ist. Sind diese grundlegenden Bedingungen nach wie vor gegeben? Und wenn ja, in unveränderter oder in abgewandelter Form? Es könnte sich mit anderen Worten am Schluss herausstellen, dass man mit der Bestimmung des Anfangs der Revolution schon weitaus mehr als die halbe Strecke gelaufen ist – gesetzt den Fall, man läuft auch weiter.

In Revolutionen werden alte Strukturen aufgerissen und durch neue ersetzt. Darauf deutet das Eingangszitat George Herbert Meads hin. Die Revolution wird demgemäß, zumindest als ein *bewusster*, als ein zu sich kommender kollektiver Akt – und als solcher begegnet er nicht vor der Französischen Revolution –[621], erst in dem „Augenblick" möglich, in dem

---

620 Mead 1983 – Theorie der politischen Institutionen, S. 403f. Er zitiert hier Shakespeare aus seinem Sonett 65.
621 Vgl. Schieder 1972 – Revolution, S. 695 und Habermas 1998 – Volkssouveränität als Verfahren, S. 604 sowie meine Einleitung zu Kapitel 2.

3. Vom Ende der Revolution

gesellschaftliche und darunter insbesondere herrschaftliche Strukturen *als einer intendierten Um- und Neugestaltung prinzipiell offen* vorgestellt werden. Eine voraussetzungsreiche Entwicklung, wie im vorigen Kapitel dargelegt wurde. Doch das ist nicht der eigentliche Grund, warum dem Kapitel hier die Worte Meads vorangestellt worden sind. Wesentlich wichtiger ist der Hinweis auf den eigentümlichen Zirkel, in dem revolutionäre Bewegungen gefangen zu sein scheinen. Jeder Versuch, unveränderliche Strukturen zu beseitigen, endet letztlich in der Festschreibung neuer Strukturen, die nicht minder unveränderlich sind oder sein sollen. Womit indes kommenden Revolutionen zugleich unfreiwillig der Boden vorbereitet wird. Die Sorge der Protagonisten, das, was in einer Revolution mühsam ertrotzt worden ist, sogleich wieder zu verlieren, lässt sie, so scheint es, die Strukturen so gestalten, wie sie sie vorgefunden hatten: *invariabel*, der weiteren Verfügung der Zeitgenossen, aber auch kommender Generationen verschlossen. Das Bestreben, das revolutionäre Erbe für alle Zukunft zu retten und insbesondere nicht der Konterrevolution preiszugeben, führt – und darin erweist sich das Dilemma in seinem ganzen Ausmaß – geradewegs ins genaue Gegenteil: in die Anfechtbarkeit.

Man kann darin den Ausdruck einer gewissen Eitelkeit und Arroganz der Revolutionäre sehen, maßen diese sich doch an, mit ihrem Neuanfang auf einen Schlag alle künftigen Neuanfänge hinfällig zu machen. Thomas Jefferson, obschon selbst maßgeblich an der Amerikanischen Revolution beteiligt, tat und beklagte dies.[622] Nur, die Gegenmaßnahmen, die er vorschlug, verhallten. So trat er anfangs – zumindest bis ihn „la Terreur" in Frankreich eines Besseren belehrte – für ein unveräußerliches Revolutionsrecht aller Bürger ein, den Einsatz von Gewalt mit eingeschlossen; später dann immerhin noch dafür, dass in regelmäßigen Abständen nachfolgende Generationen über den Inhalt der Verfassung abstimmen sollten.[623] Letztlich aber wurde nichts davon verwirklicht. Das, wofür die Gründerväter sich aufopferungsvoll eingesetzt hatten, wurde vielmehr in Stein ge-

---

[622] Vgl. hierfür und für das Nachstehende Arendt 1974 – Über die Revolution, S. 277-362.
[623] Wenngleich auch Jefferson Grenzen der Dispositionsgewalt kannte. Die Menschenrechte waren für ihn unantastbar – denn sie kamen von Gott bzw. waren der menschlichen Natur inhärent, jedenfalls nicht Menschenwerk. Vgl. ebd., S. 297.

meißelt: in Gestalt einer für unantastbar, weil heilig erklärten Verfassung.[624]

Arendt kann vor diesem Hintergrund zuspitzen, darin dem Meadschen Gedankengang sehr nahe kommend, „daß nichts die revolutionären Errungenschaften mehr gefährdet als eben der Geist, der sie hervorbrachte"[625]. Woran sie unmittelbar die Frage anschließt: „Sollte Freiheit, die sich in ihrer erhabensten Form im Handeln manifestiert, der Preis sein, den wir für die Gründung zu zahlen haben?"[626] Ist der Neuanfang, anders gefragt, notwendig mit einer Aufgabe der Freiheit im positiven, politisch-partizipatorischen Sinne verknüpft? So dass der Neuanfang ein *einmaliges*, den Gründervätern vorbehaltenes Ereignis bleiben muss? Verraten also die Revolutionäre immer schon die (Idee der) Revolution, dieses charakteristische Neben- und Miteinander von Freiheit und Neubeginn? Oder widerfuhr dies (wenigstens in den Augen Arendts) lediglich allen *bisherigen* Revolutionen? Was aber wäre die Alternative? Wie müsste die Revolution verlaufen, was müsste anders gemacht werden, damit ihre Dynamik nicht erlahmt?

Die Lösung, gleichsam der Ausbruch aus dem Meadschen Zirkel liegt auf der Hand. Die neuen Strukturen dürfen von den Revolutionären der ersten Stunde nicht unveränderlich festgeschrieben werden, sondern sie müssen *für Veränderungen offen gehalten* werden. Zweifelsohne eine höchst widersprüchliche Leistung. Die Strukturen sollen variabel und invariabel in einem sein. Sie sollen einerseits verfügbar bleiben, um nicht allein auf revolutionärem Wege umgewandelt werden zu können, andererseits aber dennoch in den Situationen, die sie (noch dazu: *neuerdings*) strukturieren, nicht in Frage gestellt werden, vielmehr unbestritten gelten, eben unverfügbar sein. Die Revolution wäre in dem Fall *institutionalisiert* – und damit paradoxerweise an ihr *Ende* gelangt. Zwar auf Dauer gestellt, aber gleichfalls gezähmt. Ein Ende der Revolution in ihrer bisherigen *Form* also, doch keineswegs in ihrer *Wirkung*. „Eine Institutionalisierung der Revolution", kann Mead darum pointieren, „ist in bezug auf die *Revolution selbst* nicht weniger revolutionär als in bezug auf bestehende Regie-

---

624 Die dann im weiteren Verlauf der Geschichte immerhin noch Ergänzungen in Form von Zusatzartikeln („amendments") erlauben sollte, unter denen die ersten zehn, die „Bill of Rights", besonders hervorstechen.
625 Ebd., S. 299.
626 Ebd.

3. Vom Ende der Revolution

rungsformen"[627]. Revolutionär im Hinblick auf die Revolution selbst insofern, als der revolutionäre Zirkel, diese ewige Wiederkehr der „wilden" Revolution durchbrochen wäre. Erst dann, so ließe sich argumentieren, hätte der Begriff der Revolution seine *vor*moderne kreisende Bedeutung vollends abgestreift, erst dann nämlich wäre der von den Herrschaftsunterworfenen selbst eingeleitete und einzuleitende Neuanfang *permanent*.

Doch die Institutionalisierung(sfähigkeit) der Revolution wird uns in aller Ausführlichkeit erst in Kapitel 3.3 beschäftigen. Sie bildet das Herzstück des gesamten dritten Kapitels. Zu erörtern wird sein, wie in funktional differenzierten Gesellschaften mit Strukturen verfahren wird. Was leisten diesbezüglich „reflexive Mechanismen" (Luhmann)? Gestatten sie es, mit Helmut Schelsky ausgedrückt, die Dauerreflexion zu institutionalisieren, *ohne*, wie noch von Arnold Gehlen befürchtet, die Institutionen hierdurch zu zersetzen? Und wäre hiermit die fast schon panisch anmutende Angst Max Webers vor der Erstarrung der gesellschaftlichen Dynamik in der Moderne gebannt? Welche Rolle fällt in dieser Hinsicht der Demokratie zu, faktisch oder wenigstens der Idee nach? Worin liegt ihr originärer Beitrag im Umgang mit sozialen Konflikten? Ist die Demokratie einfach nur erfolgreich im Vereiteln der Revolution oder übernimmt sie als Äquivalent deren Funktion, *ist* sie also die institutionalisierte Form der Revolution? Eine Leitannahme wird dabei sein, dass die heilsame Wirkung der Revolution (und von sozialen Konflikten generell) nicht verstehen kann, wer sie als Pathologie begreift, und dass dem, der ihre Funktionalität verkennt, auch die Möglichkeit zu ihrer Institutionalisierung entgehen muss.[628]

Hieran schließen sich sodann Fragen nach dem Ende der Revolution an, eingerahmt in die seit 1989 (wieder) aufgekommene Diskussion ums Ende der Geschichte (Kapitel 3.4). Welche Bedeutung für die Zukunft der Revolution kommt jener von 1989/90 zu? Spielt es eine Rolle, dass sie gerade nicht in einer vormodernen, sondern in einer (alternativ-)modernen Gesellschaft stattfindet? Und was sagt dies über das „unvollendete Projekt der

---

627 Mead 1983 – Theorie der politischen Institutionen, S. 403, m.H.
628 Vgl. zu dieser Tendenz, die Revolution zu pathologisieren, u.a. Schieder 1973 – Theorie der Revolution, S. 26, Meyer 1976 – Revolutionstheorien, S. 157f. und Kimmel 1990 – Revolution, S. 46-82. Sie lässt sich in den einflussreichen „naturgeschichtlichen" Arbeiten von Lyford Edwards, Crane Brinton und George Pettee nachweisen, aber auch noch im Strukturfunktionalismus Parsonsscher Provenienz, etwa bei Neil Smelser und Chalmers Johnson.

Moderne" (Habermas) aus? Werden wir 1989 überhaupt Zeugen einer „echten" Revolution? Und wenn nein, wäre dies nicht umso aufschlussreicher mit Blick auf deren Ende? Wie verhalten sich Ende der Revolution und Ende der Geschichte zueinander? Und was versteht Fukuyama als „Schüler" Hegels bzw. Alexandre Kojèves unter Letzterem – und was, zahlreichen Missverständnissen zum Trotz, gerade nicht? Um keine Irrtümer aufkommen zu lassen: Einem Ende der Geschichte soll hier keinesfalls das Wort geredet werden. Aber so leicht und v.a. so arrogant abtun, wie es weithin üblich ist, kann man Fukuyama meines Erachtens nicht. Was sich daran zeigt, dass manch eine(r) seine Ansichten, ohne es kenntlich zu machen oder gar ohne sich dies selbst einzugestehen, teilweise übernommen hat. Auch wenn man ihm nicht zustimmen muss, sollte man ihn dennoch ernst nehmen. „Man lache nicht über Fukuyama" – so hat es Rudolf Burger schon früh auf den Punkt gebracht.[629]

Zunächst aber gilt es in den beiden kommenden Kapiteln zu explizieren, was bislang mehr oder weniger verborgen blieb, und nur hier und da durchschimmerte. Die Rede von *der* „Ur-Sache" der Revolution, ja im Grunde genommen bereits die Verwendung des Kollektivsingulars „Revolution" unterstellt, dass alle Revolutionen die *gleichen Grundvoraussetzungen* bzw. eine gewisse *Verwandtschaft* aufweisen, ohne dass ich deshalb gleich in geschichtsphilosophische Spekulationen verfallen wollte – oder gar müsste.[630] Alle Revolutionen haben, wie ich darlegen möchte, ein *gemeinsames Thema*, das mal mehr und mal weniger deutlich hervortritt, oder auch so etwas wie einen *evolutionären Rahmen*, der in den klassischen Revolutionsstudien des 19. Jahrhunderts (insbesondere bei Tocqueville und Marx, wenn auch auf unterschiedliche Weise) noch so überaus

---

629 Vgl. Burger, Rudolf: Man lache nicht über Fukuyama, in: Leviathan: Zeitschrift für Sozialwissenschaft, Bd. 18/1990, Heft 4, S. 453-461.
630 Koselleck erhebt es zum grundlegenden Merkmal des Begriffsfeldes von „Revolution", dass diese sich seit 1789 zum Kollektivsingular verdichtet. „Revolution" wird so „zu einem metahistorischen Begriff, nur daß er sich von seinem naturalen Ursprung vollends abhebt und jetzt darauf zielt, die jeweilig umstürzenden Erfahrungen geschichtlich zu ordnen" (Koselleck 1979 – Historische Kriterien, S. 76). Osterhammel insistiert zwar darauf, von dieser (geschichts-)philosophischen eine strukturelle Auffassung von „Revolution" zu unterscheiden, die er auch vorzuziehen scheint. Erstere würde im langen 19. Jahrhundert ein Zeitalter der Revoluti*on*, Letztere dagegen ein solches der Revolutio*nen* sehen. Aber für *beide* Auffassungen sprechen ihm zufolge gute Gründe; vgl. Osterhammel 2009 – Die Verwandlung der Welt, S. 737.

präsent ist, dann aber im Folgejahrhundert zunehmend der Vergessenheit anheimfällt. Stattdessen dominieren hier (bei Lenin, Mao, Giáp, Guevara, Debray u.a.) Erwägungen über die „Technik" der Revolution, d.h. diejenigen Mittel und Methoden, die einen Erfolg der Revolution im Angesicht einer übermächtig wirkenden Staatsgewalt versprechen.[631] Meiner Ansicht nach geraten darüber indes die grundlegenden Bedingungen der Revolution aus den Augen, ja, es wird vorschnell angenommen, sie seien immer schon gegeben. Die *Theorie* der Revolution tritt in den Hintergrund, weshalb sie Dahrendorf noch 1961 zu einem Desiderat der Forschung erklärt.[632] „[A] military understanding seemed more important than an understanding of the society in which revolution was plotted."[633] Nachfolgend soll mit anderen Worten die „Familiengeschichte" der Revolution im Mittelpunkt stehen, in die sich überdies weiteres Licht bringen lässt, indem man vertikale und horizontale Aspekte der Legitimation analytisch scheidet. Dann nämlich, so meine Vermutung in Kapitel 3.2, erschließt sich der in dieser Arbeit bislang zu kurz gekommene Zusammenhang von Revolution, Demokratie und Nation. Die Französische Revolution war die Geburtsstunde für die Idee der Nation, das wird immer wieder festgestellt.[634] Weshalb das so ist bzw. inwieweit dies kein Widerspruch, sondern ganz im Gegenteil eine *Folge* der „Ur-Sache" und des Themas der Revolution ist, gilt es nachstehend einsichtig zu machen.

3.1 Die Revolution – eine kurze Familiengeschichte

> Eine große demokratische Revolution ist bei uns im Gange; alle nehmen sie wahr, aber nicht alle beurteilen sie auf die gleiche Weise.[635]

---

631 Vgl. Kumar, Krishan: The Revolutionary Idea in the Twentieth-Century World (2000), in: ders.: 1989. Revolutionary Ideas and Ideals, Minneapolis 2001, S. 215-237, hier S. 218.
632 Siehe Dahrendorf 1961 – Theorie der Revolution, S. 159.
633 Kumar 2001 – The Revolutionary Idea, S. 218.
634 Siehe statt vieler Winkler, Heinrich A.: Einleitung. Der Nationalismus und seine Funktionen, in: ders. (Hrsg.): Nationalismus, Königstein/Ts. 1985, S. 5-46, hier S. 5f.
635 Tocqueville, Alexis de: Über die Demokratie in Amerika, Stuttgart 2011/1835, S. 15f.

3.1 Die Revolution – eine kurze Familiengeschichte

> There is a tradition of revolution, and the starting point for thinking about the future of revolution must be to ask what that tradition is and what has become of it.[636]

Wer zu gesicherten Aussagen über die Zukunft der Revolution gelangen will, ruft uns Krishan Kumar ins Gedächtnis, muss zunächst deren Vergangenheit in Augenschein nehmen, um ihre Geschichte zu verstehen. Auf den ersten Blick springen hierbei gehörige Unterschiede zwischen einzelnen Revolutionen ins Auge, Unterschiede synchroner, vor allem aber diachroner Art, die es rechtfertigen, je nach Gewichtung zwischen unterschiedlichen *Typen* von Revolutionen zu differenzieren. Jenseits der Dichotomisierung von bürgerlicher Revolution auf der einen und sozialistischer bzw. kommunistischer Revolution auf der anderen Seite, die analytisch nur von begrenztem Nutzen ist und im Hinblick auf meine nachstehende Argumentation eher Verwirrung als Klarheit stiftet,[637] bietet Noel Parker mit seiner Typologie eine gute erste Orientierung. Als Kriterien liegen ihr (implizit) zugrunde: (1) das Ziel der Revolution, (2) die Träger der Revolution sowie (3) die Umstände, die für den Ausbruch der Revolution den Ausschlag geben.

Die Entwicklung des Revolutionsbegriffs ist mit der Französischen Revolution nicht abgeschlossen. Sie läuft vielmehr weiter. „Revolution" meint im Zeitablauf etwas anderes, als Idee („concept") unterliegt sie einem historischen Wandel. Parker ist daher der Auffassung, dass man nicht nur nach dem Wesen der Revolution fragen müsse, nicht allein danach, was die Revolution *ist*. Diesbezüglich weiß er mit einer bündigen

---

636 Kumar, Krishan: The Future of Revolution. Imitation or Innovation?, in: Foran, John/Lane, David S./Zivkovic, Andreja (Hrsg.): Revolution in the Making of the Modern World. Social Identities, Globalization, and Modernity, Milton Park 2008, S. 222-235, hier S. 224.
637 Vollends verwirrt die Entgegensetzung, wenn die bürgerliche als *politische* und die sozialistische als *soziale* Revolution geführt wird, legt dies doch nahe, dass es sich bei Ersterer lediglich um einen Austausch der Herrschenden drehe, während die Transformation der Gesellschaftsordnung den Letzteren vorbehalten sei. So gewendet, rückt die politische bzw. bürgerliche Revolution in die Nähe eines bloßen Staatsstreichs, von dem sie indes terminologisch meiner Meinung nach streng zu scheiden ist. Schon die Französische Revolution hatte dahingehend einen „totalitären" Anspruch, dass sie die ganze Herrschafts- und Gesellschaftsordnung zum Gegenstand hatte. Und wenn man den einen Revolutionstyp „politisch" nennt, könnte man zudem auf die (fälschliche) Idee kommen, der andere Typus speise sich nicht primär aus politischen Konflikten. Vgl. zu diesen terminologischen Einwänden auch Zimmermann 1981 – Krisen, S. 145f.

3. Vom Ende der Revolution

Definition aufzuwarten, die nach meinem Dafürhalten viele der wesentlichen Elemente enthält: „‚a revolution' consists of a sudden, profound, deliberately provoked crisis about legitimate power over a society, tending to produce an upheaval and change both the political and the social spheres"[638]. Nein, darüber hinaus müsse, so Parker, der *historische Kontext* erforscht werden, in den ihre jeweiligen Ausprägungen eingebettet sind, und der diesen erst eine spezifische und kohärente Bedeutung verleiht. „The coherence of the past conception of revolutions lay not only in likening one revolution to another, but also in being able to place them all in a coherent historical framework."[639] Wie Hobsbawm warnt er davor, die Untersuchung einer Revolution von der spezifischen historischen Epoche zu trennen, in der die Revolution stattfindet.[640] Entsprechend teilt Parker Revolutionen in vier (bzw. fünf) Gruppen oder Typen ein, die er zugleich in eine sequenzielle Folge bringt: (a) „constitutional-republican revolutions", (b) „communist (‚social-democratic') revolutions", (c) „national liberation revolutions" sowie (d) „contemporary revolutions".[641] Zwar

---

638 Parker, Noel: Revolutions and History. An Essay in Interpretation, Cambridge 1999, S. 4.
639 Ebd., S. 3.
640 Siehe Hobsbawm 1986 – Revolution, S. 7. Wobei Hobsbawm hier zugleich darauf hinweist, dass die Untersuchung einer Revolution ebenso wenig von der historischen Epoche getrennt werden kann, in der die *Untersuchung* unternommen wird. Für die vorliegende Arbeit und insbesondere für Kapitel 3.4 bedeutet dies, dass mein Blick auf die Geschichte der Revolution immer schon getrübt ist von der heutigen Zeit bzw. vom Geschehen der jüngeren Vergangenheit. Das gilt es fortab stets zu bedenken.
641 Vgl. hierzu und für die folgende Erläuterung der Typologie Parker 1999 – Revolutions and History, S. 15-43. Eine weitere fünfte (und eigentlich erste) Kategorie wurde hier nicht genannt, da Parker selbst deren Fälle nicht als „vollwertige" Revolutionen auffasst: die sogenannten „reformation revolts". In ihnen dominiert das Streben nach Sezession, ihnen fehlt daher jener Revolutionen auszeichnende Totalitätsanspruch, die *ganze* Gesellschaft zu transformieren.
Eine weitere bekannte und relativ komplexe Typologie stammt von Johnson, in der dieser allerdings nicht nur Revolutionstypen untereinander, sondern diese zusätzlich von anderen Aufstandstypen unterscheidet. Revolutions- und Aufstandstypologie in einem also (und meiner Meinung nach daher auch zu ambitioniert). Unter Zugrundelegung von vier Kriterien – (1) Zielobjekt revolutionärer Aktivität („government", „regime" oder „community"), (2) Träger der Revolution (Massen, elitengeführte Massen oder Eliten), (3) Zielsetzungen revolutionärer Ideologien und (4) Charakter der Revolution (spontan oder geplant) – gelangt er zu sechs Typen: (a) jacquerie, (b) millenarian rebellion, (c) anarchistic rebellion, (d) jacobin communist revolution, (e) conspiratorial coup d'état sowie (f) milita-

3.1 Die Revolution – eine kurze Familiengeschichte

spricht aus der letzten Kategorie unverkennbar eine gewisse Verlegenheit, die sich Parker auch selber eingesteht und die er auf die Undurchsichtigkeit der Geschichte bzw. auf fehlende oder noch nicht sichtbare historische Entwicklungslinien am Ende des 20. Jahrhunderts zurückführt. Auch sieht er sich außerstande, alle Fälle von Revolutionen eindeutig einer Gruppe zuzuordnen, die Möglichkeit von Doppelzuweisungen bzw. die Existenz von Grenzfällen wird vielmehr eingeräumt. Aber nichtsdestotrotz klärt die Typologie in einer ersten Annäherung über die Akzente in bestimmten Revolutionen bzw. Gruppen von Revolutionen auf, die sich im Zeitablauf verschieben. Wie wir spätestens seit Weber wissen, kann es bei der Bildung von Idealtypen ohnehin nicht um eine getreue Abbildung, geschweige denn um ein Wunschbild der Wirklichkeit gehen. Sie sind weder real noch ideal im normativen Sinne. Idealtypen bringen stattdessen eine gedachte Ordnung in das Chaos der wirklichen Erscheinungen, sie reduzieren notgedrungen Komplexität, sie vereinfachen, indem sie bestimmte Merkmale unter Ausklammerung anderer herauspicken und „überdehnen" – andernfalls kämen sie ihrer ordnenden Funktion nicht nach. Inwieweit bestimmte Ausschnitte der sozialen Wirklichkeit von diesen Typen abweichen und welchen sie am nächsten kommen, lässt sich im Anschluss daran bestimmen. Wie Begriffe und Definitionen allgemein sind sie daher niemals richtig oder falsch, sondern immer nur mehr oder weniger *brauchbar*.

Die (a) „constitutional-republican revolutions" des späten 18. und 19. Jahrhunderts kennzeichnet ihr „focus on overarching programmes for rational restructuring of the political order on the basis of values of justice and public well-being"[642]. Staatliche Macht wird also nicht einfach nur errungen, sie wird darüber hinaus umgeformt, institutionell (um-)gestaltet. Als Mittel dienen ihnen hierzu vornehmlich Verfassungen. Die „constitutional-republican revolutions" tragen historisch so geradewegs dazu bei, die *absolutistischen* Monarchien zu überwinden. Obschon sie deshalb ihrem Wesen nach mitnichten als anti-monarchisch einzuordnen sind. Europa erlebt im 19. Jahrhundert vielmehr eine neue (und letzte) „„Monar-

---

    rized mass insurrection. Siehe Johnson 1964 – Revolution and the Social System, S. 26-68 und kritisch hierzu Meyer 1976 – Revolutionstheorien, S. 137-139.
642 Parker 1999 – Revolutions and History, S. 31.

chisierung'"⁶⁴³. Republiken, die entweder noch aus der Frühneuzeit stammen oder aber erst in den Revolutionen ausgerufen werden, verschwinden vorerst wieder von der politischen Landkarte Europas. Monarchien, wie die bourbonische in Frankreich, werden im Gegenzug restauriert, zugleich aber auch schrittweise neu erfunden – vor allem in *konstitutionalisierter* Gestalt. Die nächste republikanische Welle wird erst wieder mit den 1848/49er Revolutionen hochsteigen. Genauso wenig ist diesem Typ von Revolution indes die Verwirklichung von Demokratie eigen. Demokratische Herrschaft wird durch sie „lediglich" auf einer ideellen Ebene *ermöglicht*, d.h. dank jener Ideen, die vor, während, aber auch weiter *nach* der Revolution proklamiert werden, zur Möglichkeit erhoben. Demokratische Herrschaft wird dagegen *nicht* immer schon direkt realisiert,⁶⁴⁴ worauf weiter unten noch zu sprechen kommen sein wird. Wesentlich eindeutiger ist dahingegen der liberale Zug: Staatliche Herrschaft soll rechtlich eingeschränkt werden, um Freiräume des Individuums zu garantieren. Als „bourgeois revolutions" will Parker sie gleichwohl nicht verstanden wissen. Zu selten sei die Bourgeoisie als die treibende Kraft hervorgetreten und nur in wenigen Fällen habe sie, wenigstens kurzfristig gesehen, von diesen profitiert, worin wiederum ein Grund dafür liege, dass sie sich in einigen Fällen stattdessen für autoritäre Herrschaftsformen eingesetzt oder sezessionistischen Bestrebungen angehängt habe.⁶⁴⁵ Ein Faktor, der den Ausbruch dieser Gruppe von Revolutionen maßgeblich gefördert hat, ist laut Parker die dem Absolutismus inhärente Tendenz zur Überschuldung. Eindeutige Fälle sind die Amerikanische und die Französische Revolution.⁶⁴⁶

---

643 Osterhammel 2009 – Die Verwandlung der Welt, S. 829, Peter Brandt et al. zitierend. Zu den „Neuerfindungen der Monarchie" im 19. Jahrhundert vgl. ebd., S. 828-848.
644 Siehe Parker 1999 – Revolutions and History, S. 36f.
645 Vgl. ebd., S. 32f.
646 Wenngleich die Amerikanischen Revolution, darauf sei wenigstens kurz verwiesen, insofern einen Sonder- oder hybriden Status hat, dass sie sich gegen eine Kolonialmacht richtete. Der (fremde, englische) Staat wurde nicht „erobert", sondern ein (eigener) Staat wurde gegründet. Ein Grund, warum sich manch eine(r) gar scheut, überhaupt von einer Revolution zu sprechen. Wie gesagt, fehlte des Weiteren das *Bewusstsein*, eine Revolution durchzuführen.
Als Grenzfall innerhalb der ersten Kategorie fungiert bei Parker die mexikanische Revolution, da sie zugleich Elemente der „national liberation revolutions" enthalte; vgl. ebd., S. 34. Mit Blick auf die revolutionäre Rolle der Bauern mag das zutreffen, nicht aber mit Blick auf die Rolle externer Mächte, weder koloina-

3.1 Die Revolution – eine kurze Familiengeschichte

Demgegenüber ist die Verbindung der (b) „communist (,social-democratic') revolutions" aus der ersten Hälfte des 20. Jahrhunderts zur Demokratie eine wesentlich direktere. Sie verfügen einerseits – den mächtigen Parteiapparaten sei Dank – über eine große und gut organisierte Massenbasis, andererseits sind sie – wenigstens der Rhetorik nach – sehr viel stärker auf das gesellschaftliche Wohl bedacht. Die „soziale Frage" nimmt, verglichen mit der ersten Gruppe von Revolutionen, einen wesentlich größeren Raum ein, auch und vor allem gegenüber politischen Verfassungsfragen. Inwieweit sie *tatsächlich* die sozialen Folgen der Industrialisierung abgemildert bzw. die gesellschaftliche Not gelindert sowie zu einem Mehr an Demokratie beigetragen haben, darüber lässt sich zweifellos streiten. „Communist revolutions" vollziehen sich, von der Warte des internationalen Systems aus betrachtet, in eher randständigen und agrarisch geprägten Staaten, die über einen relativ geringen Industrialisierungsgrad verfügen. Und es ist Parker zufolge genau diese Marginalität, die diesen (im Übrigen äußerst raren) Typ von Revolution begünstigt – die Staaten waren für die Revolutionäre relativ leichte Beute.[647] Zu denken ist bei hierbei vor allem an die russische Revolution von 1917 oder die chinesische Revolution von 1911 (die sich allerdings erst im weiteren Verlauf zu einer sozialen Revolution ausweitet).

Die (c) „national liberation revolutions" im 20. Jahrhundert (1945 bis Mitte der 1970er) dagegen sind Teil und Ausdruck anti-kolonialen Widerstands, sie setzen mithin koloniale Strukturen voraus. Wenngleich hinzuzufügen wäre, dass solchem Widerstand nur dann etwas genuin Revolutionäres eignet, wenn er auch die Errichtung einer neuen und unabhängigen Ordnung, und das heißt zumeist: eines eigenen, souveränen Nationalstaates, anstrebt.[648] Dieser Typ Revolution weist zudem wesentlich stärker eine agrarische Komponente auf, gerade im Unterschied zu den „constitutional-republican revolutions". Nicht von den Bürgern in den Städten, son-

---

ler noch benachbarter (wie den USA). Darauf wird in Kapitel 4 zurückzukommen sein.
647 Die eigentliche Schwierigkeit bestand demnach nicht im Sturz der alten, sondern in der *Durchsetzung* einer neuen Ordnung. Macht zu konservieren, war das Problem, nicht sie zu erringen. Vgl. ebd., S. 38.
648 Siehe Osterhammel 2009 – Die Verwandlung der Welt, S. 746. „Auf *längere* Sicht war der Kolonialismus vor allem dadurch revolutionär, dass er *nach* der Eroberung Spielräume für den Aufstieg neuer Gruppen in der indigenen Gesellschaft schuf und dadurch eine zweite Welle von Revolutionen vorbereitete." Ebd., S. 739.

3. Vom Ende der Revolution

dern von den Bauern auf dem Land ging die Initiative aus. Doch auch mit Blick auf die „communist" bzw. „social-democratic revolutions" war die Bauernschaft als endogene Kraft des Wandels von größerer Bedeutung. Möglich wurde dieser Typus nicht nur, aber auch durch die relative Schwächung der Kolonialmächte nach dem Zweiten Weltkrieg. Beispiele wären Vietnam (1945), Algerien (1962) und Kenia (1963).

Die Gruppe der (d) „contemporary revolutions" (seit 1978) ist der eigentliche Untersuchungsgegenstand Parkers. Seiner Meinung nach steht die Bestimmung ihrer genauen historischen Bedeutung noch aus. Dennoch unterscheidet er in einem ersten Schritt innerhalb dieser diffusen, schwer fassbaren Kategorie grob zwei Untergruppen: eine anti-westliche, worunter er den Iran (1978/79) und Afghanistan (1979) subsumiert, und eine pro-westliche, womit insbesondere die „Revolutionen" in Mittel- und Osteuropa von 1989/90 angesprochen sind. Exogenen Faktoren, genauer: dem Kalten Krieg, wird gegenüber endogenen Faktoren (d.h. sozialen Bewegungen innerhalb der Gesellschaft) in der „Erklärung" des Auftretens beider Untergruppen von Revolutionen ein vergleichsweise größeres Gewicht beigemessen.

Abseits dieser im Wesentlichen dem jeweiligen historischen Kontext geschuldeten unterschiedlichen Gewichtungen bzw. Gruppencharakteristika aber, so möchte ich argumentieren, gibt es nichtsdestotrotz einen gemeinsamen Kern, den *alle* Revolutionen aufweisen und der die Rede von *der* (neuzeitlichen) Revolution allererst rechtfertigt. Um es ein weiteres Mal mit den Worten Kumars zu formulieren: „Every revolution [...] has a particular and a general aspect; differing according to the circumstances of time and place, they are nevertheless members of the *same family*."[649] Und genau diesem die „Familiarität" begründenden Aspekt soll nachstehend weiter auf den Grund gegangen werden. Die Grundlage hierfür wurde im vorangegangenen Kapitel gelegt. Sicher, wie alle Familien kennt auch die Familie der Revolution schwarze Schafe. Mitglieder also, die auf den ersten Blick aus der Reihe zu fallen scheinen. Was allein indes noch kein Grund ist, ihnen die Familienzugehörigkeit gänzlich abzusprechen. Zum einen, weil es dessen ungeachtet Gemeinsamkeiten geben kann, die hinter den offenkundigen Differenzen allzu leicht aus dem Blick geraten – schwarze Schafe bleiben Schafe. Ausgangspunkt und Maßstab sollte daher

---

649 Kumar, Krishan: The 1989 Revolutions and the Idea of Revolution (1996), in: ders.: 1989. Revolutionary Ideas and Ideals, Minneapolis 2001, S. 104-141, hier S. 114, m.H.

3.1 Die Revolution – eine kurze Familiengeschichte

die Wesensbestimmung von „Revolution" sein (die wiederum aufgrund der Tatsache, dass die Revolution eine *Geschichte* hat, nicht ganz willkürlich erfolgen kann). Zum anderen, weil die Abweichung womöglich erst die Folge einer *retrospektiven* (Schwarz-Weiß-)Sicht- und Denkweise ist. Denn was aus *heutiger* Sicht als Abweichung erscheint, da spätere „Generationen" wieder näher an die „urväterlichen" Revolutionen rücken und sich als dessen Erben gerieren – wir kommen darauf in Kapitel 3.4 zurück –, wurde zur *damaligen* Zeit womöglich ganz anders wahrgenommen: als Einschlagen einer neuen Richtung, gleichsam als Evolution (der Idee) der Revolution. Und zum dritten schließlich, weil aus dem Bestreben, einige Revolutionen aus der Familienchronik zu streichen, womöglich – mal mehr, mal weniger offensichtlich – ein *normatives* Motiv spricht. Unliebsame Züge sollen nachträglich eliminiert und delegitimiert werden. Arendt wurde dieser Vorwurf gelegentlich in Hinblick auf ihren Umgang mit der marxistischen Revolutionstradition gemacht. Sie stutze die revolutionäre Tradition der Neuzeit nach ihren eigenen normativen Vorstellungen zurecht.

Kehren wir also zunächst zur Definition der Revolution und zu ihrer „Ur-Sache", gleichsam ihrem strukturellen Problem zurück. Was eint alle Revolutionen? Die Revolution wurde bestimmt als eine schlagartige, tiefgreifende, intendierte und irreversible Transformation der Herrschaftsordnung durch neue (bislang von der Macht ausgeschlossene) Eliten, die mit einer Massenmobilisierung einhergeht und normalerweise den Einsatz von Gewalt mit einschließt. Für die „family resemblance" der Revolution sind meiner Meinung nach nun zwei Elemente besonders wichtig: die Intentionalität auf der einen und die Massenhaftigkeit auf der anderen Seite. Beide verweisen auf das, was im vorigen Kapitel als die „Ur-Sache" der Revolution bezeichnet wurde. Im Falle des ersten Elements insofern, als die feste Absicht zur Transformation ein Bewusstsein sowohl des Anders-Sein-Könnens als auch des Anders-Machen-Könnens von sozialer Ordnung voraussetzt. Man muss mit anderen Worten um die Kontingenz und Plastizität der Gesellschafts- und Herrschaftsstrukturen wissen. Beide werden – und eben darin erweist sich die erst in der Moderne möglich werdende Überwindung kognitiver Schranken der reflexiven Problematisierung – als prinzipiell transformierbar erfahren. Die zweite Komponente, die massenhafte Mobilisierung, indiziert wiederum, dass sich der Kreis derjenigen, die in der Politik und damit an der (Neu- und Um-)Gestaltung der Gesellschafts- und Herrschaftsordnung mitwirken wollen, *ausweitet* – und auch ausweiten muss, sofern es sich um eine Revolution handeln soll. Politik

3. Vom Ende der Revolution

hört auf, reine Elitenpolitik zu sein.[650] Das Volk beansprucht für sich eine Stimme in der Politik und es verleiht diesem Anspruch über die eigene Erhebung den erforderlichen Nachdruck. Beetham bringt diesen Sachverhalt in aller Klarheit zum Ausdruck, er sei daher nochmals zitiert:

> Revolutions result not only from the exclusion of the masses from political influence, but from their assertion of the right to be included. Before the emergence of popular sovereignty as a principle, there could only be rebellions or civil wars, not revolutions.[651]

Strukturen werden allgemein für veränderbar gehalten, wovon sich der normative Anspruch herleitet, an der Veränderung teilzuhaben, sei es faktisch oder sei es hypothetisch. Herrschaftsordnungen sind in den Augen der breiten Masse nur noch legitim, wenn sie sich der Idee nach als „von unten" legitimiert *vorstellen* lassen und in der Praxis als „von unten" legitimiert *erfahren* werden. Sie sind theoretisch legitim, weil es Grund zur Annahme gibt, dass sie von jenen vereinbart worden sind oder würden, die in und mit ihnen leben müssen: von den Herrschaftsunterworfenen. Und sie sind praktisch legitim, weil ihr ebendiese Masse der Herrschaftsunterworfenen öffentlich ihre (mehrheitliche) Zustimmung verleiht: durch entsprechende Handlungen, sei es in Wahlen oder sei es per Akklamation, in jedem Fall aber: „von unten". Das heißt, performativ-expressiv haben sich die Herrschenden nun fortlaufend gegenüber einem sehr viel größeren Kreis zu legitimieren: der Gesamtheit der Beherrschten. Alle öffentlichen Zustimmungs- oder Ablehnungshandlungen aus dieser Gruppe fallen von diesem Zeitpunkt an (de-)legitimatorisch ins Gewicht. Was zunächst Gegenstand allein der politischen Theorie bzw. Vertragstheorie ist, wird, wie gesehen, während der Aufklärung als der „Allgemeinheit" sich stellendes Legitimitätsproblem zunehmend virulent. Es ist insbesondere die im Entstehen begriffene (bürgerliche) Öffentlichkeit, in der und durch die die bestehenden Legitimitätsdefizite offen zur Sprache kommen. Die „Ur-Sache" der Revolution ist, kurz gesagt, die Ablösung transzendenter durch immanente Weisen der theoretischen Legitimation. Am Anfang der Revolution steht das „bürgerliche Legitimitätsprinzip" (Sternberger) und dessen Einklagung durch einen wachsenden Teil der Herrschaftsunterworfenen.

Diese Zäsur in der theoretisch-reflexiven Dimension von Legitimität lässt sich, so scheint es, nicht mehr rückgängig machen. Sie ist irreversi-

---

650 Vgl. Bendix 1980 – Könige oder Volk 1, S. 21f.
651 Beetham 1991 – The Legitimation of Power, S. 215.

bel. Auf symbolischer Ebene wurde sie definitiv mit dem Vollzug des Definitivums schlechthin: mit der Hinrichtung Ludwigs XVI. Davon war bereits die Rede. Die Umkehr in der Legitimierungsrichtung lässt zweifellos viel Interpretationsspielraum, sie ist (zunächst wenigstens) mit zahlreichen Varianten von Herrschaft vereinbar, darunter nicht nur demokratischen, sondern desgleichen monarchischen, diktatorischen und sozialistischen. Herrschaft im Namen des Volkes hat sich in der Praxis als äußerst vielgestaltig erwiesen.[652] Und doch kann Herrschaft fortab theoretisch nicht mehr auf *rein* transzendentem Wege wirksam legitimiert werden. Das ist der springende Punkt. Dem Erfordernis einer Legitimation „von unten" muss *irgendwie* Rechnung getragen werden. Insofern möchte ich mit Tocqueville und Kumar das allen Revolutionen gemeinsame Thema oder die sie verbindende Idee in der *Demokratie* sehen.

> Marx's category of ‚bourgeois revolutions' links many of these revolutions; but it was Tocqueville who made us most aware that the sequence of revolutions – including the ‚communist' revolutions – have a common theme. That theme is democracy.[653]

Demokratie in einem sehr *weiten*, gerade zu Beginn noch äußerst vagen Sinne, versteht sich. Entscheidend ist, dass um der theoretischen Legitimation willen auf das Prinzip der Volkssouveränität rekurriert wird. Das Volk wird als (neuer) Souverän anerkannt, wenigstens äußerlich. Erst dadurch, dass es den Herrschenden ein Mandat erteilt, wird die Herrschaft legitim. Wie das Prinzip der Volkssouveränität konkret in die Praxis übersetzt wird, ist demgegenüber zweitrangig und höchst variabel.[654] Dass die Herr-

---

652 Vgl. Bendix 1980 – Könige oder Volk 1, S. 17.
653 Kumar 2001 – The Idea of Revolution, S. 114; ähnlich auch Dahrendorf, Ralf: Müssen Revolutionen scheitern? (1990), in: ders.: Der Wiederbeginn der Geschichte. Vom Fall der Mauer zum Krieg im Irak, München 2004, S. 15-29, hier S. 20: „Demokratie. Kein anderes Wort verkörpert besser die Träume der Revolutionäre in Europa und der Welt in den letzten 200 Jahren. ‚Wir das Volk' sind zugleich Träger und Thema der Revolution." Den demokratischen Charakter der Revolution (allerdings nur der sogenannten „atlantischen Revolution" in den letzten drei bis vier Jahrzehnten des 18. Jahrhunderts) unterstreichen auch Palmer, Robert R.: Das Zeitalter der demokratischen Revolution. Eine vergleichende Geschichte Europas und Amerikas von 1760 bis zur Französischen Revolution, Frankfurt/M. 1970/1959 und Godechot, Jacques L.: France and the Atlantic Revolution of the Eighteenth Century, 1770–1799, New York 1965/1963.
654 Was nicht heißen soll, dass diese Übersetzung nicht auch glaubhaft sein muss. Die Herrschaftsunterworfenen müssen in der politischen Praxis zu der Überzeu-

3. Vom Ende der Revolution

schenden *der Idee nach* eins mit den Beherrschten sind, darauf kommt es an. Das Volk „herrscht", hat teil an der Herrschaft. „Demokratie" trägt als Begriff ein Versprechen auf politische Partizipation in sich, das sie sich über alle semantischen Transformationen hinweg bewahrt hat und das einen Gutteil ihrer anhaltenden Faszination (auch und gerade für Revolutionäre) ausmacht.[655] Es dürfte von der eigentümlichen Verbindung von „demos" und „kratos" rühren. Zu einem Schlüsselbegriff der politischen Kämpfe konnte „Demokratie" seit dem 19. Jahrhundert schließlich infolge mehrerer semantischer Verschiebungen aufsteigen. Zu nennen wären hier u.a. das allmähliche Abstreifen ihrer negativen Konnotationen, vor allem aber ihre Ausdehnung in die Zukunft.[656] Sie wird seit Tocqueville nicht länger (wie noch bei Montesquieu, Locke, den Federalists und teilweise sogar Rousseau) als Teil der antiken, auf Stadtstaaten begrenzten Vergangenheit wahrgenommen, sondern als ein Projekt der Zukunft, an dessen Realisierung und Vervollkommnung unablässig zu arbeiten ist. Das Eingangszitat Tocquevilles kündet hiervon insofern, als die demokratische Revolution *im Gange* und damit noch unabgeschlossen ist. Mochten die gegenwärtigen Verhältnisse auch noch so ernüchternd sein, die Zukunft versprach Besserung – ein Mehr an Demokratie.

Doch das Thema der Revolution in der Demokratie zu sehen, provoziert unweigerlich Einwände. Auf zwei möchte ich nachfolgend eingehen. Wenn das Thema der Revolution die Demokratie ist, (1) wieso sprechen dem dann die unmittelbaren Resultate unzähliger Revolutionen Hohn, und (2) inwieweit liegt die sozialistisch-marxistische Revolutionstradition auf einer (genealogischen) Linie mit dieser demokratischen Tradition?

---

gung gelangen, dass sie partizipieren können, ja, dass ihre Stimme (de-)legitimatorisch und damit politisch Gewicht hat.
655 Siehe Buchstein, Hubertus/Jörke, Dirk: Das Unbehagen an der Demokratietheorie, in: Leviathan: Zeitschrift für Sozialwissenschaft, Bd. 31/2000, Heft 4, S. 470-495, hier S. 471, 474, 487f.
656 Vgl. zu dieser Positivierung und Futurisierung des Demokratiebegriffs ebd., S. 472f. Eine dritte wesentliche semantische Transformation erblicken Buchstein und Jörke in der Institutionalisierung des Demokratiebegriffs, man könnte auch sagen: in seiner Liberalisierung. Demokratie bedarf der Ergänzung, namentlich einer Verfassung, eines Repräsentativsystems, eines Rechtsstaats, einer Gewaltenteilung usw. (ebd., S. 473f.). Das Bestreben, eine „Tyrannei der Mehrheit" zu verhindern, findet sich wiederum in Tocquevilles Buch über Amerika (aber auch schon überdeutlich in den Federalist Papers).

3.1 Die Revolution – eine kurze Familiengeschichte

(1) Die unmittelbaren Resultate vieler Revolutionen widersprechen dem angenommenen Thema auf den ersten Blick insofern, als sie in der Regel nicht in demokratischen Verhältnissen mündeten. Die Amerikanische Revolution stellt diesbezüglich eine bedeutende Ausnahme dar. In Europa dagegen folgt auf die Französische Revolution zunächst eine *Restauration der Monarchie*, mancherorts gar (und im Falle Frankreichs sogar noch davor) die Errichtung von *Diktaturen*, einer im Übrigen spezifisch *modernen* Regierungsform, die es vorher nicht gab.[657] „Wenn die Enthauptung Ludwigs XVI. der Monarchie als Ordnungs- und Bewusstseinsform in Europa die Grundlage entzogen haben soll, wie mitunter bemerkt wird", so Osterhammel, „dann erlebte sie danach noch eine lange und fröhliche Agonie"[658]. Bis zum Aufbau und zur Durchsetzung demokratischer Herrschaftsstrukturen ist es noch ein weiter Weg. So weit, dass man beinahe geneigt ist, sie als von der Revolution losgelöstes Resultat anzusehen. Und doch wäre dies meiner Meinung nach zu kurz gegriffen. Denn worauf es ankommt, sind nicht allein und vermutlich nicht einmal vorrangig die tatsächlichen unmittelbaren Veränderungen, nein, entscheidend ist vielmehr das langfristig wirksame *ideelle Vermächtnis* der Revolution(en), hinter das man, wie es scheint, weder zurück konnte noch kann.[659] Die Revolutionen von 1776 und 1789 sind etwas, das man mit Osterhammel die „revolutionäre Urerzeugung"[660] nennen könnte. Sie schaffen Ideen, an denen sich – wahrscheinlich auch und gerade weil sie keine unmittelbare Umsetzung erfuhren – spätere Generationen von Revolutionen bzw. Revolutionären weiter orientieren und abarbeiten, Ideen, die *über*leben und dementsprechend auch immer wieder *auf*leben, gleichsam in die politische Kultur sedimentieren. Jede Revolution nach 1789 ist insofern in einem gewissen Sinne *imitativ*.[661] Was bei Kumar in einer paradoxen Feststellung gipfelt: „Revolutionaries are the most tradition-minded of political actors, even as they announce their aim of renewing the world."[662] Es ist, als gingen sie rückwärtsgewandt vorwärts. Wobei die Französische Revolution gerade

---

657 Vgl. Osterhammel 2009 – Die Verwandlung der Welt, S. 820-826.
658 Ebd., S. 829.
659 Vgl. Stone 1983 – Ursachen der englischen Revolution, S. 188.
660 Osterhammel 2009 – Die Verwandlung der Welt, S. 738.
661 So Osterhammel (ebd.).
662 Kumar, Krishan: The Revolutions of 1989. Socialism, Capitalism, and Democracy (1992), in: ders.: 1989. Revolutionary Ideas and Ideals, Minneapolis 2001, S. 31-70, hier S. 40.

3. Vom Ende der Revolution

aufgrund ihrer wechselvollen Geschichte – man denke nur an die gemäßigte konstitutionelle Phase einerseits und die radikal(demokratisch)e Phase andererseits – Gelegenheit für vielerlei „Anschlussversuche" bietet, seien sie wie 1848/49 überwiegend liberaler oder seien sie wie 1917 überwiegend sozialistischer Art. Wenngleich diese Anschlussversuche auch gelegentlich in erster Linie den gegenteiligen Zweck hatten, sich von der Französischen Revolution *abzugrenzen* oder dem eigenen Anspruch nach *weiter* als sie zu gehen, wie ihn besonders prominent Lenin erhob. Jedenfalls dürfte der zurückblickende Zug späterer Revolutionen – wodurch auch immer im Einzelnen verursacht –, ihr Zehren von den Ideen von 1776 und 1789 seinen Teil zum „familiären Charakter" der Revolutionen beigetragen haben. Keine sieht sich imstande, darüber hinwegzugehen, dass sich die Legitimationsbedingungen gewandelt haben und dass die Amerikanische und Französische Revolution ebendiesem Wandel zum ersten Mal Ausdruck verliehen. Die Demokratie – wie gesagt, in einem sehr weiten, diffusen Sinne – war immer, ob vorder- oder hintergründig, Thema. Revolutioniert werden 1776 und 1789 nicht so sehr die vorhandenen Herrschaftsstrukturen, revolutioniert werden vielmehr die *Ideen* über die Legitimität von Herrschaftsstrukturen. In dieser ideellen Kontinuität liegt der Grund dafür, dass Revolution und Demokratie zusammengedacht werden.

Dass die demokratischen Ideen einen zwar nur mittelbaren, aber nichtsdestotrotz *nachhaltigen* Einfluss ausüben, lässt sich nicht zuletzt am schleichenden Wandel der „alten" Herrschaftsformen im Laufe des 19. Jahrhunderts beobachten. Denn so sehr die Monarchie in Frankreich und Europa auch wiedereingesetzt und bestätigt wird, besonders symbolträchtig im Wiener Kongress (1814/15), sieht sie sich doch – jedenfalls ab 1830 – zu Zugeständnissen an die neuen „bürgerlichen" Legitimations(an-)forderungen gezwungen. Eine Entwicklung, die am Beispiel Napoleons und seiner hastigen, nachgerade undogmatisch-wahllos anmutenden Suche nach (auch plebiszitären) Legitimitätsgründen bereits angesprochen wurde, lässt sich nicht minder am „*Bürger*könig" Louis-Philippe nachzeichnen, der im Zuge der Julirevolution von 1830 (als letzter König von Frankreich) den Thron besteigt und dessen Verfassung – anders als noch die Chartre constitutionnelle von 1814 – formal auf einer *Vereinbarung* zwischen dem Volk und ihm beruht. Oder mehr noch an Napoleon III., der eine Meisterschaft darin entwickelt, sich auf *plebiszitärem* Wege Legitimität zu beschaffen, „von unten" also.[663] Den tiefsten Grund seiner Legitimität erblickt er in einer Volksabstimmung vom Dezember 1851, die ihm die Zustimmung von mehr als 90 Prozent der rund acht Millionen abstimmenden Franzosen sichert. Es handelt sich also um eine Monarchie, um eine *neue Form* von Monarchie, die ihre Legitimität – wenigstens formal – aus der Zustimmung weiter Teile der Bevölkerung bezieht. Es gibt Monarchen, die sich von dieser Entwicklung noch bis ins 20. Jahrhundert weitgehend unbeeindruckt zeigen, keine Frage. Kaiser Franz Joseph wäre hier zu nennen. Aber der allgemeine Trend geht eindeutig in die Richtung, dass sich Herrschaft hinsichtlich ihrer Legitimierung nicht oder wenigstens nicht mehr allein auf transzendente bzw. dynastische Quellen verlässt. Sie legitimiert sich vielmehr zunehmend *auch* auf immanentem Wege, d.h. unter Rückgriff auf das Prinzip der Volkssouveränität.

(2) Eine Verbindungslinie zwischen sozialistischer und demokratischer Revolutionstradition zu ziehen und jene dieser zuzuordnen, ist aus zwei Gründen problematisch.[664] Zum einen dominiert in Ersterer die „soziale Frage", d.h. das Bestreben zusätzlich zur rechtlichen und politischen eine wirtschaftliche und soziale Gleichheit zu schaffen. Genau das hält Arendt der marxistischen Revolutionstradition denn auch vor: Dass durch den ihr eigentümlichen Fokus der ursprüngliche Sinn, die eigentliche Funktion der Revolution verschüttet werde.[665] Im marxistisch geprägten Konzept der Revolution nehme der (wirtschaftliche) Überfluss die Stelle der (politischen) Freiheit ein. Statt der Republik werde das Schlaraffenland zum mit dem Begriff der Revolution assoziierten Ideal. Arendt wirft Marx *nicht* vor, das gilt es richtigzustellen, für die sozialen Verwerfungen der Industrialisierung zu sensibilisieren – im Gegenteil: kein anderer, so Arendt,

---

663 Zum Charakter der Herrschaft Napoleons III. vgl. Osterhammel 2009 – Die Verwandlung der Welt, S. 827, 843-846. Streng genommen handelte es sich indes, zumindest von 1848 bis 1851/52, bei der Herrschaft Napoleons III. um eine Republik und nicht um eine Monarchie. Er war ein gewählter Staatspräsident. Das in der Folge ausgerufene „Zweite Kaiserreich" (1852-1870) wiederum trug stark die Züge einer Diktatur. Osterhammel wertet die Kaiserherrschaft als eine *neue Form* von Monarchie.
664 Die Fragwürdigkeit des Unterfangens, die marxistische Revolutionstradition von der westlichen Revolutionstradition auszuschließen, obwohl doch der Marxismus eindeutig westlichen Ursprungs ist, betont Kumar 2001 – The Idea of Revolution, S. 115f.
665 Siehe hierzu v.a. das zweite Kapitel in Arendt 1974 – Über die Revolution, S. 73-146.

3. Vom Ende der Revolution

hätte energischer auf deren soziale Bedingtheit und damit auch prinzipielle Vermeidbarkeit bzw. Abmilderungsfähigkeit hingewiesen –, wohl aber, dass er die „Lösung" dieses Problems der Revolution überantwortet, mithin ins *Konzept* der Revolution einschreibt. Der Kampf um soziale und wirtschaftliche Gleichheit ist legitim, hat für Arendt aber nichts oder nur sekundär etwas mit dem ursprünglichen Wesen und Ziel der neuzeitlichen, eben primär *politischen* Revolution zu tun.[666] Revolution, das ist für Arendt im Kern die Neuordnung der Gesellschaft durch die aktive politische Mitwirkung der in ihr lebenden Menschen. Die wirtschaftlichen und sozialen Verhältnisse grundlegend zu überarbeiten, kann Ausdruck dieser Freiheit sein, doch sollten Freiheit und Neuanfang nicht auf diesen einen Aspekt reduziert werden.

Allein, Arendts (sicherlich etwas zu drastisch geratener) Polemik zum Trotz gilt es einmal mehr hervorzuheben, dass eine jede (Gruppe von) Revolution(en) ihre eigenen Akzente hat, ihren orts- und zeitbedingten „particular aspect", der es verbietet, alle Revolutionen vorbehaltlos über denselben Kamm zu scheren. Arendts Revolutionsverständnis erscheint demgegenüber zu eng, vermutlich aus normativen Gründen.[667] Zwar würde auch ich darauf insistieren, dass die neuzeitliche Revolution einen Wesenskern hat, dass sie auf ein bestimmtes strukturelles Problem antwortet, ja, dass sie eine spezifische „Ur-Sache" hat, die eben nicht wirtschaftlich-

---

[666] Auch weiß Arendt um die Bedeutung des wirtschaftlichen Wohlstands für den nachhaltigen Erfolg der Revolution in den USA. Wirkliches soziales Elend hätte es dort nicht gegeben – anders als in Frankreich. Zur Überfrachtung des Konzepts der Revolution durch und im Anschluss an Marx siehe auch Kumar 2001 – The Revolutionary Idea, S. 220f. Dagegen scheint mir Arendt zu übersehen, inwieweit ein bestimmtes Maß an wirtschaftlicher und sozialer Gleichheit eine *Voraussetzung* für die Ausübung politischer Freiheit bildet. Anders gesagt: In den sozialistischen Revolutionen ging es ursprünglich um die Schaffung jener Bedingungen, die erforderlich sind, damit *alle* Gesellschaftsmitglieder politisch partizipieren können, um eine *Ausweitung* der Demokratie also. Auch insofern bildet die sozialistische Revolutionstradition *keinen* Widerspruch zum (demokratischen!) Thema der Revolution.

[667] Man darf im Übrigen nicht außer Acht lassen, zu welcher Zeit „Über die Revolution" entstanden ist: 1963, mitten im Kalten Krieg. Die Sorge um die Demokratie und die Angst vor totalitären Systemen (mit denen sich Arendt bekanntlich ebenfalls ausführlich auseinandersetzte) dürften zur damaligen Zeit noch wesentlich größer gewesen sein als nach 1989/90.

sozialer, sondern primär politischer Natur ist.[668] Die industrielle Revolution (im vollen Sinne) fand schließlich erst im 19. Jahrhundert statt, die u.a. von Hobsbawm vertretene These von der „Doppelrevolution", der industriellen in England und der politischen in Frankreich, gilt daher mittlerweile als widerlegt.[669] Aber anders als Arendt möchte ich darauf aufmerksam machen, dass die Geschichte zeigt, dass auch die sozialistische Revolution außerstande war, den allgemeinen legitimatorischen Wandel zu ignorieren, sich also der Fernwirkung der Ideen der Französischen Revolution zu entziehen, wie ein Blick auf die legitimatorische Struktur der kommunistischen Parteidiktaturen verrät. Sternberger und Beetham kommen in ihren ingeniösen Analysen kommunistischer Herrschaftssysteme beide zu dem Schluss, dass sich deren Legitimität aus zwei Quellen speist.[670] Aus der marxistisch-leninistischen Doktrin einerseits, derzufolge der Gang der Geschichte zwar schon feststeht, aber noch der Aufdeckung harrt. Der Einblick in die Gesetze der Geschichte ist dabei der Kommunistischen Partei vorbehalten, er bildet ein exklusives Herrschaftswissen, gleich einer Offenbarungslegitimation, der hierdurch unweigerlich ein transzendentes Moment anhaftet. Den Verlauf der Geschichte frei zu legen, wird zwar zu einer Frage der „innerweltlichen" Erkenntnis, die wissenschaftlicher Methoden bedarf, doch zugleich handelt es sich um eine Legitimitätsquelle, die außerhalb der Gesellschaft steht und dementsprechend dem menschlichen Eingriff verschlossen ist.[671] Eine säkularisierte Spielart von Offenbarungslegitimation also, in der die *Geschichte* als Souverän fungiert.

> Was sich in den Weissagungen und Offenbarungen kundtut, von denen die Legitimität der bolschewistischen Parteidiktatur sich herleitet und aus denen sie sich fortdauernd speist, ist nicht die Stimme Gottes, sondern die Stimme der Geschichte, und zwar der Geschichte als Entwicklung und Bewegung.

---

668 Wenngleich ich betonen würde, dass zur Verwirklichung der politischen Ziele (und vor allem: zum Ausbau der politischen Integration) auch bestimmte wirtschaftlich-soziale Voraussetzungen geschaffen werden müssen – und dass die sozialistischen Revolutionen den Fokus eben darauf legten, wenigstens äußerlich.
669 Siehe Osterhammel 2009 – Die Verwandlung der Welt, S. 776f.
670 Vgl. Sternberger 1986 – Grund und Abgrund der Macht und Beetham 1991 – The Legitimation of Power, S. 179-190.
671 Es gehört zu den bekannten Ungereimtheiten der marxistisch-leninistischen Doktrin bzw. Ideologie, dass die Geschichte, obwohl determiniert, dennoch (von der Partei bzw. den Berufsrevolutionären) in die richtigen Bahnen gelenkt oder zumindest in ihrem Fortgang beschleunigt werden muss.

3. Vom Ende der Revolution

Diese Herrschaft ist nicht von Gottes Gnaden, sondern von Gnaden der Geschichte, historiae gratia.[672]

Doch daneben existiert andererseits noch ein weiterer Legitimitätsgrund, der meines Erachtens die ideelle Kontinuität der neuzeitlichen Revolutionen zu erkennen gibt: das Volk. Obschon das Volk in der Bestimmung dahingehend eingeschränkt wird, dass es lediglich die Arbeiterklasse umfasst, zu deren alleinigem Repräsentanten sich wiederum die Kommunistische Partei aufschwingt (da sie nicht nur bessere Kenntnis vom Gang der Geschichte, sondern ebenso von den Interessen des Proletariats habe), kommt die kommunistische Herrschaft dennoch nicht umhin, sich die Zustimmung ebendieses Volkes einzuholen. Diese Zustimmung ist anderer Natur als im demokratischen Rechtsstaat, sie ist kein Akt der Bestellung von Regierungen, keine Wahl zwischen verschiedenen Politik- und Politikerangeboten, ihr fehlen die Alternativen, die Ent-scheidungen voraussetzenden Unter-scheidungen. Und doch handelt es sich um eine Form von performativ-expressiver Legitimation, die „von unten" ihren Ausgang nimmt: um eine Akklamation durch breite Bevölkerungskreise. Stalin mag die Erklärung von Jalta mit ihrer Verpflichtung auf freie Wahlen, nachdem er sie unterzeichnet hatte, mit Füßen getreten haben – und doch unterzeichnete er sie. Die politischen Wahlen in der Sowjetunion mögen noch so sehr zur Farce verkommen sein – und doch wurden sie (und werden sie in modernen Diktaturen – siehe Nordkorea – nach wie vor) abgehalten. Es erweckt den Eindruck, als hätte Stalin sich der Verbindlichkeit des bürgerlichen Legitimitätsprinzips nicht gänzlich entziehen können und als erfüllten die „Wahlen" auch in Diktaturen eine spezifische Funktion. Bloßer Schein zwar, aber deshalb nicht müßig. Auch Eisenstadt ist der Meinung, die Sowjetführer hätten der Wahlen bedurft, „because the regime's legitimacy, couched in modern political terms, accepted the necessity of political participation"[673]. Beetham nennt diesen Modus der performativ-expressiven Legitimation „Mobilisierung", die er von jenem in demokratischen Rechtsstaaten angewandten Modus der „(politischen) Wahl" abgrenzt. Mobilisierung zeichnet sich dadurch aus, dass breite Bevölkerungsschichten zwar politisch aktiviert werden, damit sie Herrschaft öffentlich ihre einhellige (in ihrem Ausmaß jedenfalls geradezu absurd er-

---

672 Sternberger 1986 – Grund und Abgrund der Macht, S. 130.
673 Eisenstadt, Shmuel N.: The Breakdown of Communist Regimes and the Vicissitudes of Modernity, in: Daedalus, Bd. 121/1992, Heft 2, S. 21-41, hier S. 32.

scheinende) Zustimmung zukommen lassen. Im selben Schritt aber werden die Zustimmungsbefugten zu Ablehnungsunbefugten degradiert. Kritik wird im Keim erstickt, typischerweise durch eine Kombination von Repression auf der einen und umfassender Überwachung auf der anderen Seite. Das brutale Vorgehen gegen (vermeintliche) Regimegegner bildet somit nicht, wie man im ersten Moment vielleicht meinen könnte, einen Widerspruch zur Legitimität, nein, es bildet ein notwendiges *Komplement* zu dieser Legitimationsform:[674] Herrschaft ist auf die Legitimation durch das Volk angewiesen und fördert diese deswegen aktiv durch die dauerhafte Mobilisierung in Massenorganisationen, darf dessen Meinungsfreiheit indes gleichzeitig nicht zu groß werden lassen, weil es sie andernfalls dazu nutzen könnte, *de facto* nicht existente Mitbestimmungsrechte einzuklagen (oder allgemeiner noch: Missstände aller Art zu beklagen). Mobilisierung und Unterdrückung *ergänzen* sich, um eine kontinuierliche Legitimation zu gewährleisten und zugleich jeden Anflug von Delegitimation zu unterbinden. Das Volk darf und soll Beifall klatschen, nichts weiter.[675] Aus welchen tatsächlichen Motiven ein Herrschaftsunterworfener öffentlich seine Zustimmung kundtut, verschwimmt zwangsläufig – für die übrigen Herrschaftsunterworfenen ebenso wie für die Herrschenden.[676] Geschieht

---

674 Das arbeitet auch Beetham 1991 – The Legitimation of Power, S. 183 sehr schön heraus. Dieser scheinbare Widerspruch von Legitimität und Unterdrückung dürfte wesentlich dafür verantwortlich sein, warum westliche Beobachter geneigt sind, kommunistischen Parteidiktaturen vorschnell jegliche Legitimität abzusprechen. Sie schließen daraus, dass die Artikulation von Dissens unterdrückt wird, dass die Herrschaft illegitim sein muss, ohne in Rechnung zu stellen, dass sich die Herrschaft auf anderem (nämlich mobilisierendem) Wege durchaus öffentlichkeitswirksam Legitimität verschafft und eben hierfür die Fassade einhelliger Zustimmung benötigt.
675 Eine Steigerung erfährt das ständige In-Bewegung-Halten des Volkes, dessen fortlaufendes Engagiertwerden für die Ziele der Partei unter den Bedingungen totalitärer Herrschaft. Der Ausnahme- wird dort zum Normalzustand.
676 Vielleicht sind die Handlungsmotive sogar manchen Akteuren selbst unklar. Denn kritische Reflexion setzt ein Innehalten, ein Zur-Ruhe-Kommen voraus, was die Herrschenden durch das permanente In-Bewegung-Halten zu verhindern suchen. Die Einbindung der Massen in Massenorganisationen hätte dann nicht nur den Zweck, durch die Zustimmungshandlungen der Beherrschten Legitimität zu generieren, sondern daneben auch eine individuelle Meinungsbildung über die (Il-)Legitimität der Herrschaft zu unterbinden. Flankiert wird dieser ganze Prozess außerdem von einer ideologischen Indoktrination, wobei in der Hinsicht die (heranwachsenden) herrschenden Eliten selbst der Hauptadressat gewesen sein dürften.

3. Vom Ende der Revolution

es aus Überzeugung? Aus Angst vor Sanktionen? Ohne Zugang zum „hidden transcript" (Scott), der durch das enge Überwachungsnetz versperrt wird oder den man nicht nutzen will, weil man nicht sicher sein kann, ob das Gegenüber nicht ein Spitzel ist, ja, ohne eine unabhängige kritische Öffentlichkeit, in der man seine Meinung allererst bilden und ungefährdet äußern kann, muss diese Frage offen bleiben, teilweise sogar mit Blick auf engste Angehörige.[677] Herrschaft gewinnt mit anderen Worten qua performativ-expressiver Legitimation wenn nicht das Faktum, so doch wenigstens den Anschein von theoretisch-reflexiver Legitimität. Vor dem Hintergrund nimmt es nicht wunder, dass offiziell von „Volksdemokratien" die Rede ist, obwohl sich die politische Beteiligung des Volkes im Spenden von Beifall erschöpft, oder von der „Sowjetrepublik", obwohl die Arbeiter- und Soldatenräte eine der ersten sind, die nach der Oktoberrevolution der Kommunistischen Partei zum Opfer fallen. Sichtbar wird an alledem jedenfalls, dass die Demokratie auch in sozialistischen Revolutionen Thema war.

Zum anderen – und wichtiger noch – wirft die Integration der sozialistischen Revolutionstradition deshalb Probleme auf, weil sie sich die Beseitigung des Staates auf die Fahnen schreibt. Das aber steht in krassem Widerspruch zum Wesen der Revolution, in der es doch um das *Legitim-Machen von staatlicher Herrschaft unter gewandelten Bedingungen* geht. Bisherige Weisen der theoretisch-reflexiven (und infolgedessen: performativ-expressiven) Legitimation verlieren ihre Überzeugungskraft, so dass neue an ihre Stelle treten müssen. „Legitim-Machen" impliziert indes, dass staatliche Herrschaft legitim gemacht werden *kann*, das heißt, sie wird gerade nicht *an sich* abgelehnt. Revolutionen bewirken nicht die Abschaffung des Staates oder gar von Herrschaft überhaupt. Die revolutionäre Rhetorik mag diesen Schluss zwar gelegentlich nahelegen, aber schon Tocqueville bringt in seinem Rückblick auf die Französische Revolution ans Licht, dass das Ergebnis von Revolutionen faktisch nicht in einer Schwächung, geschweige denn in einem Fortfall, sondern ganz im Gegen-

---

677 Wobei man es – zumindest in Hinblick auf totalitäre Herrschaftsbedingungen – auch anders wenden könnte: Nicht weil eine Öffentlichkeit fehlt, sondern weil *alles öffentlich wird*, wird ein kritischer Austausch zwischen den Herrschaftsunterworfenen unterbunden. Die Privatsphäre sinkt auf ein Minimum, ein jeder hat sich in Massenorganisationen zu engagieren, wird Teil einer Bewegung – von Kindesbeinen an. Die Partei weitet mit anderen Worten die Öffentlichkeit zwar aus, kontrolliert sie aber zugleich in äußerstem Maße.

3.1 Die Revolution – eine kurze Familiengeschichte

teil in einer *Stärkung* der Staatsgewalt besteht.[678] Marx wird diese Kritik mit dem Hinweis kontern, dies sei weiter nichts als das Ergebnis aller *bisherigen*, spezifisch *bürgerlichen* Revolutionen. Die sozialistische bzw. kommunistische Revolution dagegen würde den Untergang des Staates (und aller Unterdrückung) besiegeln. Doch 1937 entlarvt Franz Borkenau in seiner Analyse u.a. der Pariser Kommune (1871) und der russischen Revolution (1917) auch dies als *Ammenmärchen* der (sozialistischen) Revolution, ohne freilich dessen Wirkmächtigkeit, dessen enormes (Massen-)Mobilisierungspotential deshalb bestreiten zu wollen.[679] Bertrand de Jouvenel stimmt ebenfalls mit ein: „Regeneration und Stärkung der Staatsgewalt scheinen [...] die eigentliche historische Funktion der Revolutionen zu sein." Weshalb er sich dafür ausspricht, „damit auf[zu]hören, in ihnen *nur* die Reaktionen freiheitsliebender Bürger gegen eine oppressive Staatsgewalt zu sehen"[680]. „Nur" deshalb nicht, weil oft genug das Bedürfnis der Herrschaftsunterworfenen nach legitimen Verhältnissen unverhofft auf einen mächtigen Verbündeten trifft: die jeweiligen Vertreter der Staatsgewalt. „Letzten Endes", so kann Jouvenel daher zu- oder besser überspitzen, „sind die Revolutionen nicht für den Menschen, sondern für die Staatsgewalt gemacht"[681]. Nur, wie passt dies zusammen? Der Staat soll durch die Revolution gestärkt werden, obwohl mit ihr erweiterte Legitimationsbedingungen verbunden sind, obwohl also der Herrschaftsausübung neue Grenzen abgesteckt und neue Pflichten auferlegt werden? Meine These, die ich nachfolgend untermauern möchte, lautet: ja, aber nicht trotz, sondern *gerade aufgrund* der gesteigerten Legitimationsanforderungen.

---

678 Vgl. Tocqueville 1978 – Der Alte Staat Staat und die Revolution.
679 Siehe Borkenau 1937 – State and Revolution. Und was schließlich die Ereignisse von 1989/90 für ein Licht auf den Traum von der klassen- und herrschaftsfreien Gesellschaft werfen, wird in Kapitel 3.4 eingehend zu diskutieren sein.
680 Jouvenel 1972 – Über die Staatsgewalt, S. 260, m.H. Skocpol wird diesen Faden in ihrer Analyse der Französischen, russischen und chinesischen Revolution wieder aufnehmen und beruft sich dabei sogar explizit auf Borkenau. An zentraler Stelle schreibt sie: „In each New Regime, there was much greater popular incorporation into the state-run affairs of the nation. And the new state organizations forged during the Revolutions were more centralized and rationalized than those of the Old Regime. Hence they were more potent within society and more powerful and autonomous over and against competitors within the international state systems." Skocpol 1979 – States and Social Revolutions, S. 161f.
681 Jouvenel 1972 – Über die Staatsgewalt, S. 281; zu einem ähnlichen Ergebnis kommt auch Bendix 1980 – Könige oder Volk 2, S. 207-209.

3. Vom Ende der Revolution

Das reale Wachstum staatlicher Macht fristete in der Staatslehre als theoretischer Gegenstand lange Zeit ein Schattendasein. Zu sehr dominierte über weite Strecken die liberale – jedoch keineswegs nur auf liberale Kreise begrenzte – Anschauung, dass man dem Staat gegenüber wachsam und misstrauisch bleiben müsse, ihn ja nicht zu groß und damit unkontrollierbar werden lassen dürfe. Es war dies eine Lehre, die in erster Linie aus dem Abgleiten der Französischen Revolution in die jakobinische Terrorherrschaft, teilweise aber auch aus der darauf folgenden napoleonischen Diktatur gezogen wurde – aus staatlichen „Exzessen" also –, was sich nicht zuletzt in den vorwiegend liberalen Forderungen der 1848/49er Revolutionen niederschlagen sollte. Edmund Burke verleiht dieser Sorge in seinen „Reflections on the Revolution in France" von 1790 klassisch Ausdruck (interessanterweise schon *bevor* in Frankreich der Terror ausbricht). Im gesamten 19. Jahrhundert verstummt die Forderung nach einem „starken Staat" zusehends.[682] Der Widerspruch, wieso sich parallel hierzu dennoch eine *reale* Entwicklung vollzieht, die dem Staat nicht weniger, sondern *immer mehr* Verfügungsmittel an die Hand gibt, löst sich meiner Meinung nach ein Stück weit auf, wenn die Veränderungen in der legitimatorischen Struktur staatlicher Herrschaft mit einbezogen werden.

Man kann in der allmählichen Aufnahme demokratischer Legitimitätsprinzipien den Ausdruck einer herrschaftlichen Sorge sehen, andernfalls auf kurz oder lang von revolutionären Massen überrollt zu werden. Die Zugeständnisse wären dann *vorbeugender* Natur, gleich einer konservativen Flucht nach vorn. Aber neben Erwägungen über die Stabilität und Überlebenssicherung von Herrschaft könnten, ja dürften auch solche eine Rolle gespielt haben, die in Formen der Legitimation „von unten" eine ungeheure *Machtchance* erblickten. *Legitime* Herrschaft ist nicht nur stabiler, sie ist noch dazu *weitreichender*. Herrschaftsunterworfenen, denen gegenüber sich Herrschaft *direkt* legitimiert, kann im Gegenzug auch *direkt* etwas abverlangt werden – *ohne* hiermit Widerstand auszulösen bzw. *ohne* der Forderung mit Gewalt nachhelfen zu müssen. Diese eminent wichtige „Paradoxie der Machtsteigerung" war schon im ersten Kapitel Thema. Aus ihr wird ersichtlich, dass Herrschenden ein mal mehr, mal weniger

---

[682] Vgl. Osterhammel 2009 – Die Verwandlung der Welt, S. 901f. Dass die im Zuge der „liberal-bourgeois revolutions" erfolgte *Expansion* der staatlichen Macht durch deren Betonung der internen, v.a. rechtlichen *Schranken* des Staates aus dem Blick – auch der Historiker – geriet, bemerkt auch Hobsbawm 1986 – Revolution, S. 30.

3.1 Die Revolution – eine kurze Familiengeschichte

bewusstes *Interesse* daran unterstellt werden darf, sich auf breiter Front zu legitimieren. Dem neuartigen Legitimationsbedarf „von unten" entsprach somit „von oben" das Bestreben des Staates, seine Macht weiter auszubauen und mehr Ressourcen zu mobilisieren. Die ungemeinen Mobilisierungserfolge während der Französischen Revolution, insbesondere die „levée en masse" (bzw. deren Mythos), hinterließen europaweit einen tiefen Eindruck und luden – gerade in einem kompetitiven Staatensystem, in dem man jederzeit drohte, anderen (kriegsbereiten) Staaten gegenüber ins Hintertreffen zu geraten – zur Nachahmung ein.

Die Expansion der Staatsgewalt und die diesbezügliche (paradoxe) Funktion der Revolution wird man indes nur verstehen, wenn man außer den Veränderungen in der vertikalen auch jene in der *horizontalen* Dimension von Legitimität berücksichtigt. Andernfalls bliebe das Bild unvollständig. Das Prinzip der Volkssouveränität mag begründen, wieso jenen, die dem Volk angehören, in der performativ-expressiven Dimension eine „legitimitätskritische" Stimme gebührt. Das Volk soll herrschen, wie mittelbar auch immer. Eine (imaginable) Legitimationskette, die von unten nach oben reicht, muss existieren. Doch wer gehört dem Volk (bzw. „demos") an? Wie lässt es sich bestimmen? Weite Teile der Bevölkerung, das ist wichtig zu sehen, können nur dann erfolgreich das Recht beanspruchen, in die politische Gemeinschaft aufgenommen zu werden, wenn sie glaubhaft machen können, dem (souveränen) Volk anzugehören. Oder anders herum: Der Staat vermag sich über das Prinzip der Volkssouveränität nur dann wirksam gegenüber dem Gros der Herrschaftsunterworfenen zu legitimieren, wenn sich diese dem Volk auch zugehörig fühlen. Es muss mit anderen Worten möglich sein, eine *grundlegende Gleichheit* zu begründen, die *quer* zu jenen Schichten verläuft, die in stratifizierten Gesellschaften noch darüber entscheiden, ob man über politische Mitwirkungsmöglichkeiten verfügt oder nicht. Hier fand man lediglich als Angehöriger der Elite politisch Gehör. Fragen der Zugehörigkeit stellten sich auf gesamtstaatlicher Ebene ohnehin für die unteren Schichten nicht oder kaum. Die „community" war in erster Linie eine „face-to-face community", d.h., man identifizierte sich als gemeiner Untertan mit der nächsten Umgebung, beispielsweise mit seiner Grundherrschaft, seinem Dorf oder seiner Stadt. „Wenn der König, und nicht das Volk, die Autorität war, hatte das Thema ‚wir' und ‚sie' keine so große Bedeutung. Alle waren Untertanen eines

3. Vom Ende der Revolution

universalen Monarchen"[683], mit dem sie, wie zu ergänzen wäre, auf direktem Wege so gut wie gar nicht in Kontakt kamen. Lokalherrschaft war in erster Linie Herrschaft nicht durch Beamte der Zentralgewalt, sondern durch lokale Machthaber, die ihr Herrschaftsrecht nicht selten aus *eigenem* Recht ausübten, ohne es also vom Monarchen verliehen bekommen zu haben.[684] Durch die zunehmend Anklang findende Idee aber, wonach staatliche Herrschaft einer Legitimation „von unten" bedarf, muss die Frage danach, wer dieses „Unten" alles umschließt, besonders virulent werden. Sie findet, wie ich nachstehend argumentieren möchte, eine Antwort in Gestalt der *Idee der Nation*.

Was aber ist die Nation? Wann und wie entsteht sie (erstmals)? Gibt es unterschiedliche Typen? Wenn ja, welche? Und wieso vermag die Nation eine grundlegende Gleichheit zu begründen? Schließlich: Inwiefern trägt sie zur Ausweitung staatlicher Macht bei? Meine leitende Annahme lautet, anders gesagt, dass man ihrer durch die neuzeitliche Revolution bewirkten Umbildung zum *Nationalstaat* nachgehen muss, wenn man die Expansion der Staatsgewalt begreifen will. Die Geschichte der Revolution ist mit anderen Worten auch die Geschichte einer wachsenden Staatsgewalt.

3.2 Der Aufstieg des Nationalstaats

Das Phänomen der Nation zu bestimmen, fällt schwer. Die Tautologiegefahr scheint groß, wie nicht nur jene Arbeitsdefinition belegt, die Hobsbawm seiner Untersuchung aus dem Jahre 1990 zugrunde legt. Unter „Nation" versteht er dort (zunächst) „jede ausreichend große Gemeinschaft von Menschen [...], deren Mitglieder sich als Angehörige einer ‚Nation' betrachten"[685]. Doch bei aller förmlich mit Händen zu greifender Tautolo-

---

683 Bayly, Christopher A.: Die Geburt der modernen Welt. Eine Globalgeschichte 1780–1914, Frankfurt/M. 2006, S. 271.
684 Vgl. Bendix 1980 – Könige oder Volk 1, S. 328-335, passim und Reinhard, Wolfgang: Geschichte des modernen Staates. Von den Anfängen bis zur Gegenwart, München 2007, S. 53-60.
685 Hobsbawm, Eric J.: Nationen und Nationalismus. Mythos und Realität seit 1780, Frankfurt/M. 2005/1990, S. 19. Hobsbawm dürfte bei der Wahl seiner Definition maßgeblich von Hugh Seton-Watson beeinflusst worden sein, demzufolge eine Nation existiert, wenn „‚a siginificant number of people in a community consider themselves to form a nation, or behave as if they formed one'". Zitiert nach Alter 1985 – Nationalismus, S. 19.

gie verweist die Definition auf eine wichtige Kontinuitätslinie in der Nations- und Nationalismusforschung, die sich seit Ernest Renan bis heute durchzieht. Als sich dieser im März 1882 die Frage stellt: „Qu'est-ce qu'une nation?", gelangt er zu der berühmten Antwort: „L'existence d'une nation est [...] un plébiscite de tous les jours"[686], ein tägliches Plebiszit. Darin steckt zunächst einmal eine gehörige Portion Voluntarismus: Das Bestehen einer Nation hängt davon ab, ob die Menschen *wollen*, dass sie besteht. Renan mag mit dieser Einschätzung teilweise richtig liegen. Doch sicher hängt das Dasein einer Nation nicht *allein* vom (politischen) Willen ihrer Angehörigen ab.[687] Wichtiger ist indes ein anderes (wenn auch eng mit dem ersten verwandtes) Element, das sich in seiner Antwort versteckt. Gemeint ist die Absage an all jene Versuche, die Nation als solche anhand von *objektiven* Kriterien zu bestimmen, gleichsam an ein Substrat zu binden. Derer gab es viele. Sie bedienten sich der unterschiedlichsten Merkmale und Kombinationen von Merkmalen: der Sprache, der ethnischen Zugehörigkeit, der gemeinsamen Geschichte, der biologischen Abstammung, der Religion bzw. Konfession, der Bräuche und Sitten oder allgemeiner noch der Kultur. Doch schon Weber wusste: „‚Nation' ist ein Begriff, der, wenn überhaupt eindeutig, dann jedenfalls nicht nach empirischen gemeinsamen Qualitäten der ihr Zugerechneten definiert werden kann."[688] Wieso nicht? Weil sich zwangsläufig *Ausnahmen* auftun werden, Fälle also, die entweder Nationen sind, obwohl sie die genannten Kriterien nicht aufweisen, oder Fälle, die zwar die objektiven Kriterien erfüllen, aber dennoch keine (oder noch keine) Nationen sind.[689] Renan hält dem

---

686 Renan, Ernest: Qu'est-ce qu'une Nation? (1882), in: ders.: Qu'est-ce qu'une Nation? Et autres écrits politiques, Paris 1996, S. 221-246, hier S. 241.
687 So auch Alter 1985 – Nationalismus, S. 22. Doch selbst Renan lässt sich nicht auf den voluntaristischen Aspekt, nicht auf die Formel vom täglichen Plebiszit reduzieren. Vielmehr sieht auch er die Nation zusätzlich an eine *gemeinsame Geschichte* gebunden. Diese mag noch so sehr manipuliert sein, sie schränkt den politischen Willensakt bzw. das subjektive Bekenntnis zur Nation dennoch ein – dahingehend nämlich, dass nur diejenigen sich zur Nation erklären können, die über eine gemeinsame Geschichte verfügen. Vgl. Langewiesche, Dieter: Nachwort zur Neuauflage. Eric J. Hobsbawms Blick auf Nationen, Nationalismus und Nationalstaaten, in: Hobsbawm, Eric J.: Nationen und Nationalismus. Mythos und Realität seit 1780, Frankfurt/M. 2005, S. 225-241, hier S. 234f.
688 Weber 1980 – Wirtschaft und Gesellschaft, S. 528.
689 Siehe Hobsbawm 2005 – Nationen und Nationalismus, S. 16. Vgl. zu diesem Problem essentialistischer Definitionen von „Nation" oder „Ethnie" auch Elwert, Georg: Nationalismus und Ethnizität. Über die Bildung von Wir-Gruppen,

3. Vom Ende der Revolution

eine *subjektivistische* Auffassung von Nation entgegen, die (nicht zuletzt unter den jüngeren konstruktivistischen Arbeiten) Schule machen sollte. Die Nation ist bei ihm eine Bewusstseinsgemeinschaft. Sie besitzt keine „objektive Realität" – und man sollte ihr auch nicht in essentialistischer Manier mittels Begriffen eine solche zuweisen. Genauer gesagt: Sie ist real nur in dem Maße, wie an sie *geglaubt* wird. Was zählt, ist die *Vorstellung* einer Nation, das *subjektive Bewusstsein* also, einer Nation anzugehören. Renan widersteht mithin der Versuchung, die Nation zu hypostasieren, indem er sie an das Bewusstsein der Menschen rückbindet und derart das Prozesshafte der Nation in den Blick bekommt: ihr historisches Entstehen und Vergehen. Benedict Anderson wird diesen Gedanken 1983 wieder aufgreifen und pointieren, die Nation sei eine „*vorgestellte* (politische) Gemeinschaft".[690] Hören die Angehörigen einer Nation auf, sich als Nation zu verstehen, so hört die Nation auf zu existieren. Statt auf eine Essenz von Abstammung, Kultur, Sprache o. Ä., die sich bei genauerem Hinsehen als Konstrukt (und gerade nicht: als *vor*gegebener Tatbestand) herausstellt, wird also auf den „formalen Akt der sozialen Handlung des Grenzziehens als solchen"[691] abgestellt. Bei solch einem formalistischen Begriff von „Nation" rückt – anders als bei essentialistischen Definitionen – das Kriterium der *Selbstzuschreibung* in den Mittelpunkt, die wiederum

---

in: Kölner Zeitschrift für Soziologie und Sozialpsychologie, Bd. 41/1989, Heft 3, S. 440-464, hier S. 446f.

690 Siehe Anderson, Benedict: Die Erfindung der Nation. Zur Karriere eines erfolgreichen Konzepts, Frankfurt/M. 1993/1983. Wie so oft ist der Originaltitel („Imagined Communities") treffender. In der deutschen Übersetzung hat man offenbar mehr Wert darauf gelegt, auf der konstruktivistischen Welle mitzuschwimmen und den „erfundenen" Charakter einer jeden Nation herauszustellen.
Auf die seit Renan sich durchziehende Kontinuitätslinie (die parallel zur Herderschen Tradition verläuft) macht Anter aufmerksam. Er zählt neben Weber und Anderson außerdem u.a. noch Georg Jellinek, Ernst-Wolfgang Böckenförde, Peter Alter, Rainer Lepsius und Ernest Gellner auf; siehe Anter 2007 – Die Macht der Ordnung, S. 244f.

691 Elwert 1989 – Nationalismus und Ethnizität, S. 446. Und doch bedarf es freilich im *konkreten* Fall solcher (variabler) Kriterien, die eine Abgrenzung allererst ermöglichen. Anders gewendet: ohne Material keine Konstruktion. Ebenso soll nicht bestritten werden, dass es *bestimmte* Kriterien gibt, die sich *besonders gut* für eine *dauerhafte* Abgrenzung eignen. Smith etwa schreibt *gemeinsamen Mythen* eine Schlüsselrolle für den Erhalt ethnischer Identitäten zu (Smith, Anthony D.: The Ethnic Origins of Nations, Oxford 1986).

komplementär der *Fremdzuschreibung*, der Anerkennung von Identität durch andere bedarf.[692]

Die Nation *konstituiert* sich demnach durch einen Akt der Abgrenzung. Wie jede Gemeinschaft zieht und hat sie Grenzen. Diesseits der Grenze sind „wir", jenseits der Grenze aber sind „sie", die „anderen", die „Fremden". Zwar braucht eine jede Wir-Gruppe und damit auch jede Nation „objektive" Merkmale, anhand derer sich bestimmen lässt, wer ihr angehört und wer nicht. Ob diese Merkmale authentisch sind, ob sie also tatsächlich und in der behaupteten Form vorliegen, ist dabei zweitrangig – ausschlaggebend ist allein der Umstand, dass die Angehörigen von dieser Gemeinsamkeit *ausgehen*.

> Das freiwillige Bekenntnis zur Nation im Sinne Renans bleibt leer, wenn es sich nicht auf bestimmte grundlegende Gemeinsamkeiten beziehen kann. Das plebiszitäre Element ist mithin nur *ein* Faktor unter anderen. Dies heißt: Im Begriff der Nation sind objektive Gegebenheiten und das Moment der subjektiven politischen Selbstbestimmung miteinander *verschränkt*, und zwar in einer Weise, die sich in jedem einzelnen Fall anders darstellt.[693]

Insofern haben die oben genannten „harten" Kriterien wie (unterstellte) gemeinsame Abstammung, Geschichte, Sprache, Religion und Kultur für die kulturelle Herstellung (und die Erhaltung) von Nationen historisch sehr wohl eine Rolle gespielt. Es spricht sogar, ganz im Gegenteil, viel dafür, dass die Bildung einer Nation nur dann Erfolg verspricht, wenn ein entsprechendes „Rohmaterial" zur Verfügung steht. Dies ändert zwar nichts an der grundsätzlich *künstlichen* Natur des Phänomens Nation. Die Nation ist und bleibt eine menschliche Schöpfung. Und so ist es richtig, dass all jene, die eine (neo-)romantische Sichtweise auf die Nation einnehmen, in die „Falle der Selbstdarstellung"[694] zu tappen pflegen, die von nationalistischen Bewegungen (mehr oder weniger bewusst) gelegt wurde – so dass am Ende jene selbst fleißig weiter am Mythos der natürlichen oder wenigstens altehrwürdigen Nation stricken. Aber nichtsdestotrotz wäre es nicht minder falsch, die kulturelle Konstruktion einer Nation völlig losgelöst von gesellschaftlichen Voraussetzungen zu betrachten. Die Nation

---

692 Grundlegend ist diesbezüglich immer noch der Aufsatz von Barth 1969 – Introduction; siehe hierzu auch Elwert 1989 – Nationalismus und Ethnizität, S. 446-450.
693 Alter 1985 – Nationalismus, S. 22, m.H. Wie gesagt: Renan stellt die Notwendigkeit objektiver Gegebenheiten bereits in Rechnung. Vgl. Fn. 687.
694 Elwert 1989 – Nationalismus und Ethnizität, S. 441.

3. Vom Ende der Revolution

wird nicht rein kulturalistisch bestimmt. Weshalb es wohl in die Irre führen, auf jeden Fall aber (so sehr die Breitseite auf das ehemals vorherrschende essentialistische Denken in der Sache auch richtig ist) zu weit gehen dürfte, von einer *puren* „Erfindung" der Nation zu sprechen. Vielleicht sind dem geflügelten Wort von der „Invention of Tradition" (Hobsbawm/ Ranger) inzwischen zu große Flügel gewachsen. Denn auch wenn man – berechtigterweise – einer konstruktivistischen Sichtweise auf das Phänomen Nation anhängt, befreit einen dies dennoch nicht von der Aufgabe, die *Bedingungen* zu präzisieren, unter denen es überhaupt möglich wurde, Nationen zu konstruieren.[695] Insbesondere Anthony Smith hat sich in seinen zahlreichen Arbeiten hierum verdient gemacht. Er hat herausgearbeitet, wie wichtig in vielen Fällen das Vorliegen einer ethnischen Kontinuität bzw. eines „ethnischen Kerns" für den Erfolg von Nationsbildungen gewesen ist.[696] Nationen haben eine ethnische Vorgeschichte, so selektiv und

---

695 Vgl. Bayly 2006 – Die Geburt der modernen Welt, S. 250. Zu diesen Bedingungen muss ebenso der entstehende „Druckkapitalismus" mit seiner Verbreitung von Büchern und Zeitungen gezählt werden, der die Vorstellung einer Nation nährt; zunächst innerhalb der Eliten, später dann innerhalb der stetig wachsenden lesenden Bevölkerung; siehe Anderson 1993 – Die Erfindung der Nation. Wobei die Stärke von Andersons Theorie, darauf weist wiederum Bayly hin, weniger in der Erklärung der *Entstehung* des Nationalismus liegt als in der Erklärung von dessen *Verbreitung* (Bayly 2006 – Die Geburt der modernen Welt, S. 251). Allgemeiner gefasst, könnte man auch feststellen, dass die Kommunikation innerhalb der betreffenden Großgruppe dichter werden muss. Hierzu trägt der „Druckkapitalismus" ohne Frage bei, aber auch die Urbanisierung, technologische Entwicklungen (wie die Eisenbahn), das verbesserte Schulwesen usw. haben hieran Anteil, von staatlichen Maßnahmen (darunter vor allem die Einführung der allgemeinen Wehrpflicht und Schulpflicht) ganz zu schweigen, von denen noch gesondert die Rede sein wird. Insofern ist die Nation immer auch eine *Kommunikationsgemeinschaft*, eine Gemeinschaft, die für die Bewusstwerdung ihrer Identität intern eine intensive soziale Kommunikation zur Voraussetzung hat, was wiederum um der Verständigung willen die Bedeutung einer gemeinsamen Sprache und Kultur vor Augen führt. Hierauf weist schon relativ früh Deutsch hin, wenngleich man das Phänomen Nation sicherlich nicht auf diesen einen Aspekt reduzieren sollte. Vgl. Deutsch, Karl W.: Nationalism and Social Communication. An Inquiry into the Foundations of Nationality, Cambridge/Mass. 1966/1953 sowie kondensiert ders.: Nation und Welt (1966), in: ders.: Nationenbildung – Nationalstaat – Integration, hrsg. von Abraham Ashkenasi und Peter W. Schulze, Düsseldorf 1972, S. 202-219.
696 Als Einführung in die Smithsche Argumentation im Dreieck aus Ethnie (die er im Kern historisch und kulturell definiert, worin ihm sicherlich nicht alle folgen würden), Staat und Nation eignet sich sehr gut ein Aufsatz von ihm selbst (Smith,

3.2 Der Aufstieg des Nationalstaats

manipulativ diese auch immer verwendet wird. Sie können nicht aus dem Nichts geschöpft werden.[697] Smiths kulturelle (deshalb aber nicht kulturalistische) Nationalismustheorie dürfte gegenwärtig die elaborierteste ihrer Art darstellen. Doch auch Hobsbawm fügte man Unrecht zu, wenn man ihn auf die Formel von der „Invention of Tradition" reduzierte. Hobsbawm ist Sozialhistoriker. Er weiß, wie Dieter Langewiesche unterstreicht, um die Bindung des Phänomens Nation „an harte gesellschaftliche und politische Strukturen, die darüber entscheiden, welche Imagination und ‚Erfindungen' sich durchsetzen können und welche nicht"[698]. Langewiesche kann daher in generalisierender Absicht das spezifische Neben- und Miteinander von „Erfindung" und Anknüpfung wie folgt pointieren:

> Die kulturelle Erfindung der Nation gelingt nur, wenn sie auffindet, was sie vorfindet. *Nation* ist als Wirklichkeitskonstruktion stets objektive Faktizität und subjektiv gemeinter Sinn. Und Sinn wird erzeugt, indem man aus dem, was man als vorhanden erkennt, auswählt. Deshalb meinen Nationalismus als

---

Anthony D.: State-Making and Nation-Building, in: Hall, John A. (Hrsg.): States in History, Oxford 1986, S. 228-263). Nur am Rande sei erwähnt, dass auch für Smith Nation und Nationalismus streng *moderne* Phänomene sind und bei *allen* Pfaden der Nationsbildung, die er unterscheidet, der Staat der Nation vorausgeht und wesentlichen Anteil an der Bildung von Letzterer nimmt. Die Verortung Smiths auf der kulturnationalistischen Seite, deren Gegenseite die staatsnationalistische bildet, bei Bayly erscheint mir daher problematisch; siehe Bayly 2006 – Die Geburt der modernen Welt, S. 249f.

697 Zum „längst vorhandenen ‚Rohmaterial'" bzw. zur „historischen Verfügungsmasse", aus der „die Vordenker des Nationalismus ein Gutteil ihrer Konstruktionselemente entnehmen" konnten, vgl. auch Wehler, Hans-Ulrich: Nationalismus. Geschichte, Formen, Folgen, München 2007, S. 36-40, Zitat S. 38. Präzise fährt er fort: „Wie alle Utopien operierte auch die ‚gedachte Ordnung' der Nation nicht im luftleeren Raum. Der in der Tat erfindungsreiche Kunstgriff des Nationalismus bestand vielmehr darin, die andersartige Vergangenheit von Ethnien durch Neuinterpretationen in eine nationale Vergangenheit zu verwandeln, so dass die Illusion einer lückenlosen, langlebigen Traditionskontinuität entstehen konnte." Ebd., S. 38.

698 So in seinem vortrefflichen Nachwort zu Hobsbawms „Nationen und Nationalismus" (Langewiesche 2005 – Nachwort, S. 233). Zu den Kriterien, die Hobsbawm zufolge ein Volk erfüllen muss, um zur Nation zu werden, vgl. Hobsbawm 2005 – Nationen und Nationalismus, S. 50f. Er zählt hierzu (1) die historische Verbindung eines Volkes mit einem Staat, (2) eine kulturelle Elite, die sich als Träger einer nationalen Literatur- und Amtssprache erweist sowie (3) die erfolgreiche Behauptung des Staates im zwischenstaatlichen Kampf um Territorien.

3. Vom Ende der Revolution

inventing traditions (Hobsbawm) und Nation als *imagined community* (B. Anderson) stets Auffinden im Reservoir des historisch Vorgegebenen.[699]

Und doch darf zweifellos nicht übersehen werden, mit welch großen Freiheiten die Konstrukteure ausgestattet waren, ja, wie erfindungsreich sie vorgingen, wenn es darum ging, aus den vorliegenden (divergent-diffusen) historischen Traditionen eine (einheitliche und einigermaßen scharf umrissene) nationale Vergangenheit zu formen. „‚Keine Nation ohne Fälschung der eigenen Geschichte'"[700], wusste schon Renan. Reinhard bringt es schließlich auf den Punkt, wenn er mit Blick auf Nationsbildungen im Allgemeinen bemerkt: „In allen Fällen haben geographische, ethnische und sprachliche Sachverhalte ihre Rolle gespielt, jedoch nicht als starre Determinanten, sondern als plastische Komponenten."[701]

Sprachliche und kulturelle Gegebenheiten haben nicht nur, aber ganz besonders im Falle jener Nationen bzw. Nationalstaaten eine wichtige Rolle gespielt, die sich nicht durch eine *Transformation* bestehender, alter Staaten gebildet haben (wie Frankreich, England oder die USA), und stattdessen entweder per *Unifizierung* (wie Deutschland und Italien) oder aber per *Sezession* (wie Belgien von den Niederlanden, Norwegen von Schweden oder Griechenland vom Osmanischen Reich) entstanden.[702] In Ermangelung einer „Staatsnation", bei der die staatlichen mit den nationalen

---

699 Langewiesche 2005 – Nachwort, S. 235.
700 Zitiert nach Hobsbawm 2005 – Nationen und Nationalismus, S. 24.
701 Reinhard 1999 – Geschichte der Staatsgewalt, S. 445. Als entscheidendes Kriterium für die Binnendifferenzierung Europas in Nationalstaaten, so Reinhard weiter, sollte sich schließlich (nach der Reformation) die *Konfession* erweisen. Abgrenzen konnte man sich mit ihrer Hilfe nicht nur gegenüber Nicht-Christen *außerhalb* Europas, sondern außerdem als Protestanten (oder Katholiken) gegenüber Katholiken (oder Protestanten) *innerhalb* Europas.
702 Ich greife an dieser Stelle die berühmte und immer noch ungemein hilfreiche Typologie der Nationalstaatsbildung von Schieder auf, die indes nicht nur inhaltliche, sondern darüber hinausgehend auch räumliche und zeitliche Aussagen enthält, darüber also, wo und wann (innerhalb Europas) die jeweiligen Typen von Nationalstaaten sich bildeten (vgl. Schieder, Theodor: Nationalismus und Nationalstaat. Studien zum nationalen Problem im modernen Europa, hrsg. von Otto Dann und Hans-Ulrich Wehler, Göttingen 1991). In eine ganz ähnliche Richtung zielt im Übrigen die Einteilung von Breuilly in Reform-, Vereinigungs- und Separationsnationalismus, die er zusätzlich danach differenziert, ob sich die nationalistische Opposition gegen einen Nationalstaat richtet oder nicht, so dass sich am Ende sechs Typen von Nationalismus ergeben; vgl. Breuilly, John: Nationalismus und moderner Staat. Deutschland und Europa, hrsg. von Johannes Müller, Köln 1999/1982, S. 24-31.

Grenzen zusammenfallen, sind sie in noch stärkerem Maße darauf angewiesen, eine „Kulturnation" zu konstruieren, um mit dem von Friedrich Meinecke eingeführten Gegensatzpaar zu sprechen.[703] Anders formuliert: Weil der staatsbürgerliche Begriff der Nation keine Option ist, bedarf es (in der Tradition Johann Gottfried Herders stehend) *anderer*, insbesondere kulturell-sprachlicher Kriterien für die Bestimmung einer Nation. Angehörige(r) dieser vorgeblich vorgegebenen, tatsächlich aber allererst herzustellenden Nation ist man nicht aus freiem (und damit widerrufbarem!) Entschluss (subjektive Nation), sondern von Natur aus oder aus Gründen der Geschichte, die Zugehörigkeit ist jedenfalls vorab bestimmt (objektive Nation).

Doch in *allen* Fällen, „staatsnationalistischen" wie „kulturnationalistischen", ist es – womit erneut der für die Nation konstitutive ab- und ausgrenzende Aspekt angesprochen wäre – die erfahrene *Differenz* der einen von der (oder den) anderen Gemeinschaft(en), die jener ihre *Identität* vermittelt, ihr die eigenen Charakteristika bewusst macht. Ohne Alterität, so könnte man sagen, keine Identität. „Selbstbild durch Gegenbild, nicht selten gesteigert zum Feindbild"[704], wie es Langewiesche ausdrückt, der Fremdenhass und Krieg daher als *integrale* Bestandteile der Nationsbildung auffassen kann. Weil sich Identität ganz wesentlich durch die Erfahrung von Differenz herausbildet und stabilisiert, ist die Nation (jedenfalls in Europa und wie der moderne Staat europäischen Ursprungs überhaupt) ein Produkt nicht nur, aber auch und vornehmlich von zwischenstaatlichen

---

Dass solche im Entstehen begriffene Nationen, die über keinen einzelnen Staat verfügten (wie die deutsche oder die italienische), in erhöhtem Maße auf eine kulturell-sprachlich geprägte nationale Identifikation angewiesen waren, hebt auch Hobsbawm 2005 – Nationen und Nationalismus, S. 50f. hervor.

703 Eine bündige Gegenüberstellung der unterschiedlichen Konzepte von „Staatsnation" und „Kulturnation" findet sich bei Buchheim, Hans: Das Prinzip „Nation" und der neuzeitliche Verfassungsstaat, in: Zeitschrift für Politik, Bd. 42/1995, Heft 1, S. 60-67, hier S. 60-62, und Alter 1985 – Nationalismus, S. 19-24.
Da jedoch jede Nation einiger grundlegender Gemeinsamkeiten bedarf, lastet auf *jeder* Nation – auch der „Staatsnation" – ein (sprachlich-kultureller) *Homogenisierungsdruck*, der wiederum den nach innen hin wirksamen aggressiven Zug des Nationalismus erklärt, der sich gegenüber (ethnischen) Minderheiten wahlweise als Assimilation, Ausgrenzung oder Auslöschung äußert. Siehe Langewiesche, Dieter: Nationalismus im 19. und 20. Jahrhundert. Zwischen Partizipation und Aggression, hrsg. von Dieter Dowe, Bonn 1994, S. 21-23; zur diesbezüglichen Rolle des Staates weiter unten mehr.

704 Ebd., S. 11.

3. Vom Ende der Revolution

Kriegen – eine Kriegsgeburt also.[705] Denn nichts lässt die Grenzen und das Anderssein zwischen zwei Gruppen deutlicher hervortreten und sich verhärten als ein Krieg, der, insofern er bis zum Äußersten: dem Tod geht, auch die äußerste Form von Gegensätzlichkeit, von Polarisierung darstellt. Polarisierung auch deshalb, weil der Krieg die Gruppe *im Inneren* zusammenschweißt, indem er sie ein nicht nur fiktives, sondern überaus „*reales* Element von Kameradschaft im Beistand der Kämpfenden"[706] erleben lässt, das wiederum dadurch, dass es (samt der füreinander geleisteten Opfer) gemeinsam erinnert wird, über lange Zeit und noch nachfolgende Generationen solidarisiert. „Eine Nation", so Reinhard,

> wird durch gegenseitige Sympathie ihrer Angehörigen zusammengehalten, die zwischen diesen und anderen Menschen nicht besteht. Sie kann auf gleicher Rasse und Abstammung beruhen, auf Gemeinsamkeit von Sprache und Religion, auf Besitz eines bestimmten Territoriums. Am wichtigsten aber ist die *gemeinsame Geschichte* mit den kollektiven Gefühlen des Stolzes und der Scham, der Freude und des Leides, die sich daraus ergeben. Sie besteht in der Übereinkunft, diese historische Solidargemeinschaft fortzusetzen.[707]

Der exkludierenden Seite nach außen entspricht mithin nach innen eine inkludierende bzw. integrierende. Sie sind zwei Seiten ein und derselben Medaille, die eine bedingt die andere. Ohne Exklusion keine Inklusion und ohne Inklusion keine Exklusion. Stets handelt es sich um einen ausschließenden Einschluss resp. einschließenden Ausschluss. Die Nation integriert nur (und nur manche) um den Preis der Exklusion (anderer). Das heißt, die emotionale Wärme und Geborgenheit, welche die Nation ihren Angehörigen nach innen spendet, korrespondiert nach außen (in beiderlei Sinne, im Sinne eines inneren wie eines äußeren Außens[708]) mit einer ag-

---

[705] Siehe statt vieler den von Tilly herausgegeben Sammelband (Tilly, Charles (Hrsg.): The Formation of National States in Western Europe, Princeton/N.J. 1975) sowie seine eigenen Arbeiten (ders. 1985 – War Making and State Making und ders. 1992 – Coercion, Capital, and European States, v.a. S. 67-95). Ganz im Gegensatz zur neueren Nationalismusforschung tun sich die genannten Autoren mit der Würdigung „realhistorischer" Faktoren wie Krieg und Revolution für die Nationsbildung nicht so schwer. Vgl. zu diesem Defizit auch Wehler 2007 – Nationalismus, S. 10.
[706] Elwert 1989 – Nationalismus und Ethnizität, S. 460, m.H.
[707] Reinhard 1999 – Geschichte der Staatsgewalt, S. 440, m.H.
[708] Die (notwendige) Abgrenzung *kann* sich also im Außenverhältnis in einem Krieg mit anderen Nationen ausdrücken und im Binnenverhältnis in einer Diskriminierung von ethnischen Minderheiten, denen die Zugehörigkeit zur Nation abgesprochen wird. Das für die eigene Identität konstitutive „Fremde" kann mit anderen

gressiven und gewaltbereiten Seite. Und dies nicht erst, wie Langewiesche betont, seit der Entartung oder Radikalisierung des Nationalismus in späteren Zeiten, sondern schon *von Anbeginn*.[709] Anders gesagt: Die Nationsbildung *als solche* ist ein doppelseitiger Prozess: nach innen Zusammenschluss, nach außen Abgrenzung.

Wie und wann aber fangen die Angehörigen einer Großgruppe an, sich als Nation zu verstehen? Wodurch wird diese Bewusstwerdung ausgelöst? Die Frage verweist auf den Nationalismus. Der Nationalismus lässt sich begreifen als „ein System von Vorstellungen und Werten, ein Symbolsystem", das einer Großgruppe, die sich die Schaffung einer Nation zum Ziel setzt, „ihre Zusammengehörigkeit bewußt macht, ihr einen besonderen Wert zuschreibt und auf diese Weise die betreffende Großgruppe sozial integriert und gegen ihre Umwelt abgrenzt"[710]. Das sagt bereits viel über die

---

Worten ebenso und zusätzlich im Inneren gesucht werden (und das heißt potentiell: assimiliert, wegdefiniert oder aber, wenn auch das nicht ausreicht, eliminiert werden).

709 Vgl. Langewiesche 1994 – Zwischen Partizipation und Aggression, S. 12.

710 Reinhard 1999 – Geschichte der Staatsgewalt, S. 440; ähnlich auch Langewiesche 1994 – Zwischen Partizipation und Aggression, S. 27, demzufolge der Nationalismus „das Bewußtsein [schuf] zusammenzugehören, aus einer gemeinsamen Vergangenheit zu kommen, gemeinsame Gegner zu haben und gemeinsame Ziele für die Zukunft zu besitzen". Mit der genannten Definition orientiert sich Reinhard sehr stark an jener von Eugen Lemberg, auf der wiederum die Definitionen von Schieder und Alter aufbauen. Lemberg bestimmt den Nationalismus als „‚ein System von Vorstellungen, Wertungen und Normen, ein Welt- und Gesellschaftsbild', das einer sozialen ‚Großgruppe' ihre Zusammengehörigkeit bewußt macht und dieser Zusammengehörigkeit einen besonderen Wert zuschreibt, mit anderen Worten: diese Großgruppe integriert und gegen ihre Umwelt abgrenzt'". Zitiert nach Alter 1985 – Nationalismus, S. 14. Schieder wiederum präzisiert die Definition dahingehend, dass es sich beim Nationalismus nicht einfach um eine Integrationsideologie, sondern um eine *„spezifische* Integrationsideologie" handelt, „die immer eine ‚Nation' in irgendeinem Sinne im Auge hat, nicht etwa eine *nur* am Sozialen oder Religiösen orientierte Gruppe" (Schieder, Theodor: Probleme der Nationalismus-Forschung, in: ders.: Nationalismus und Nationalstaat. Studien zum nationalen Problem im modernen Europa, hrsg. von Otto Dann und Hans-Ulrich Wehler, Göttingen 1991, S. 102-112, hier S. 105).

Aus den genannten Nationalismusdefinitionen, auf die ich mich stütze, dürfte bereits hervorgehen, dass ich es (mit Langewiesche) ablehne, einen „bösen" Nationalismus einer „guten" Nation gegenüberzustellen. Der Begriff des Nationalismus ist – besonders stark im Deutschen – pejorativ besetzt, was wesentlich auf die Entartung des Nationalismus in seinen späteren Phasen zurückzuführen sein dürfte. Und doch stehen sowohl Nationalismus als auch Nation von Anfang an

3. Vom Ende der Revolution

Abfolge aus. Der Nationalismus geht der Nation voraus, nicht umgekehrt. Nicht die Nation bringt den Nationalismus hervor, sondern der Nationalismus und seine Anhänger schaffen die Nation.[711] Wer dabei die treibende Kraft des Nationalismus ist, ob bürgerliche Intellektuelle, die breiten Massen oder doch eher staatliche Eliten, bleibt so gefasst offen. Ausgesagt wird vorerst nur, dass die Nation als Ordnung *zuerst er- und gedacht* wird und erst im Anschluss daran mehr oder weniger verwirklicht wird. Die Nation ist nicht immer schon da gewesen. Auch wenn sie sich den Anschein gibt. Sie ist nichts Natürliches, nichts Urwüchsiges, wie uns (Neo-)Romantiker weismachen wollen. Desgleichen reicht sie nicht Jahrtausende zurück in die Vergangenheit, obschon sie den Protagonisten uralt vorkommen mag. Vielmehr ist sie – wie der Nationalismus auch – ein durch und durch *historisches*, nämlich *modernes* und damit noch außerordentlich *junges* Phänomen.[712] Sie mag vor- und frühneuzeitliche Wurzeln und Vorläufer haben. Der Nationsbegriff selbst, das ist richtig, ist uralt; anders übrigens als der Nationalismusbegriff, der erstmalig im 18. Jahrhundert auftaucht. Und doch meinte „Nation" zuvor etwas fundamental *anderes*, in gewisser Weise *weniger*.

> Der Nationsbegriff im Mittelalter und in der Frühen Neuzeit bezieht sich allein auf landmannschaftliche Vereinigungen von Studenten, Kaufleuten, Handwerkern, auch auf Adelseliten, die ihren Herrschaftsverband zu repräsentieren beanspruchten; er hat aber nichts mit der souveränen Handlungseinheit der modernen Nation zu tun.[713]

---

beide im Spannungsfeld von Partizipation *und* Aggression. Die Nation war in ihrer Frühzeit nicht *nur* emanzipatorisch und integrativ – genauso wenig wie der Nationalismus zu späteren Zeiten *nur* feindselig und ausgrenzend war und ist. Vgl. Langewiesche 1994 – Zwischen Partizipation und Aggression. Ein anderer Ausweg, um beim Leser nicht ausschließlich negative Konnotationen zu wecken, bestünde darin, statt von „Nationalismus" vom *Prinzip* „Nation" zu sprechen. So Buchheim 1995 – Das Prinzip Nation.

711 Besonders prägnant arbeitet dies Gellner, Ernest: Nationalismus und Moderne, Berlin 1991/1983, S. 87, passim heraus. Siehe daneben u.a. Lepsius 1982 – Nation und Nationalismus in Deutschland, S. 13, Hobsbawm 2005 – Nationen und Nationalismus, S. 20f. und Wehler 2007 – Nationalismus, S. 13.

712 Vgl. für dieses Paradoxon, dass Nation und Nationalismus (objektiv) relativ *junge* Erscheinungen sind, während sie den Beteiligten (subjektiv) *uralt* vorkommen, Elwert 1989 – Nationalismus und Ethnizität, S. 441 und Wehler 2007 – Nationalismus, S. 39.

713 Ebd., S. 36. Auch Alter meint, den seit der Französischen Revolution vorherrschenden Nationsbegriff von seinen Vorläufern abgrenzend: „*Natio* (von lateinisch ‚nasci' = geboren werden) ist hingegen in seiner Bedeutung wesentlich ein-

3.2 Der Aufstieg des Nationalstaats

Was die moderne Nation, die mit der Französischen Revolution aufsteigt, von vormodernen (Quasi-)Nationen unterscheidet, ist also nicht so sehr das Bewusstsein der Zugehörigkeit als solches. Auch der Adel im Europa des Ancien Régime fasste sich selbst als politische Nation auf. Vielmehr ist es einerseits der *Umfang* derer, die zur Nation gerechnet werden. Die Nation soll das gesamte Volk abdecken – hierzu gleich mehr. Andererseits ist es der mit dieser Gemeinschaft verbundene *Souveränitätsanspruch*, der die Nation zu einem spezifisch modernen Phänomen macht. Wobei der Souveränitätsanspruch der Nation sich sowohl nach außen wie nach innen erstreckt: Die Nation strebt nicht nur nach einem eigenen, von anderen Staaten unabhängigen Staat, sie soll überdies innerhalb dieses Staates selbstbestimmt herrschen.[714] All jene, die sich weigern, die Nation als ein rein modernes Phänomen einzuordnen, können dies nur, indem sie aus ihren Definitionen ebendiesen Wesenskern streichen: den Anspruch auf politische Selbstbestimmung eines ganzen Volkes.[715] Unter der Voraussetzung würden indes vermutlich selbst „Modernisten" die Existenz von „Nationen" in der Vormoderne nicht bestreiten.

Zunächst möchte ich näher auf den exogenen Souveränitätsanspruch eingehen. Er besagt, dass eine jede Nation nach einem eigenen (Natio-

---

geschränkter. Der Begriff bezog sich auf Menschen gemeinsamer Abstammung, gemeinsamer Herkunft. Er deutete auf Siedlungsgebiete, auf Landschaften und ihre Bewohner hin, nicht aber auf einen politischen Verband. ‚Nation' im alten Reich (‚Heiliges Römisches Reich Deutscher Nation') meinte den Hochadel als die führende Schicht in diesem übernationalen Staatsverband." Alter 1985 – Nationalismus, S. 61. In seinem Kapitel „‚Nation' ist nicht Nation" kommt Schulze zum gleichen Ergebnis: „Vom hohen Mittelalter bis gegen das Ende des 18. Jahrhunderts galt: Nationen bildeten nicht die Gesamtheit des Volkes, sondern die herrschende, politisch repräsentierte Schicht; nicht mit ‚Volksnationen' haben wir hier zu tun, sondern mit ‚Adelsnationen'." Schulze, Hagen: Staat und Nation in der europäischen Geschichte, München 2004/1994, S. 108-126, Zitat S. 117f.
714   Siehe Lepsius 1982 – Nation und Nationalismus in Deutschland, S. 14.
715   Vgl. Baycroft, Timothy/Hewitson, Mark: Introduction. What was a Nation in Nineteenth-Century Europe?, in: dies. (Hrsg.): What is a Nation? Europe 1789-1914, Oxford 2006, S. 1-13, hier S. 6, die gegenüber solchen Versuchen feststellen: „even if there are exceptions to the rule, nationalism is an essentially modern phenomenon, since claims for the political legitimacy of national sovereignty which are developed and promoted intensely from the time of the French Revolution onward are central to an understanding of nationalism in Europe".

3. Vom Ende der Revolution

nal-)Staat strebt.[716] Dieser Bezug ist der (modernen) Nation *inhärent*. Man ist verleitet, daraus zu schließen, der Weg führe von der Nation zum Staat (bzw. vom Nationalismus zur Nation und von dort zum Staat). Und doch verhält es sich genau umgekehrt, wie Reinhard (übrigens weitgehend auf einer Linie mit Hobsbawm und Breuilly) überzeugend darlegt. Der Weg führt geschichtlich *vom Staat zur Nation*.[717] Die Nation war, wie er es ausdrückt, die *abhängige*, die Staatsgewalt dagegen die *unabhängige* Variable der historischen Entwicklung. Wie ist das zu verstehen? Derart, dass die Nation immer eine *vorhandene Staatsgewalt voraussetzt*. Denn entweder die Nation strebt danach, den bestehenden, alten Staat zum Nationalstaat zu transformieren. Die staatlichen Grenzen geben hier die Schablone für die nationalen Grenzen ab. Das ist gleichsam der einfache und historisch gesehen zugleich erste Fall. Oder aber die (imaginierte) Nation opponiert gegen den vorhandenen Staat, um auf sezessionistische oder unifizierende Weise einen *neuen*, eigenen Staat zu gründen.[718] Es gibt demnach *nur scheinbar* zwei europäische Wege zur Nation: jenen der „subjektiven" und jenen der „objektiven Nation" (Hans Kohn) bzw. jenen der „Staatsnation"

---

716 Genau genommen, trachten freilich die *Anhänger* des Nationalismus nach einem eigenen Staat für „ihre" zunächst nur imaginierte Nation.

717 So auch der Titel des Kapitels, auf das ich mich nachfolgend beziehe: Reinhard 1999 – Geschichte der Staatsgewalt, S. 440-458.

718 Und *Anlass* zur Opposition gibt der Staat – zumindest wenn es sich hierbei um einen *National*staat handelt – paradoxerweise allein schon dadurch, dass er nichtnationale Minderheiten innerhalb des eigenen Territoriums diskriminiert. Das heißt, das Bemühen des Staates bzw. jener dominanten Großgruppe, die sich zur Staatsnation erklärt, um eine Homogenisierung der Nation führt geradewegs in den Aufstand ebendieser Minderheiten, die – sobald sie einen eigenen Staat wollen – wiederum zu Nationen werden. Die nationale Integration weckt oder schärft mit anderen Worten das nationale (oder, sofern kein eigener Staat angestrebt wird, das ethnische) Bewusstsein anderer innerstaatlicher Gruppen. Was auch insofern große Relevanz besitzt, als die allermeisten Nationalstaaten entgegen der offiziellen Darstellung in Wahrheit *multinationale* Staaten sind; vgl. Connor, Walker: Nation-Building or Nation-Destroying? (1972), in: ders.: Ethnonationalism. The Quest for Understanding, Princeton/N.J. 1994, S. 29-66, ders.: A Nation is a Nation, is a State, is an Ethnic Group, is a… (1978), in: ders.: Ethnonationalism, S. 90-117, Reinhard 1999 – Geschichte der Staatsgewalt, S. 442f. und Osterhammel 2009 – Die Verwandlung der Welt, S. 583. Den multinationalen Charakter offen anzuerkennen, würde indes bedeuten, den Anspruch einer jeden (noch so kleinen) Nation auf einen eigenen Staat gutzuheißen – was wiederum das Ende des jeweiligen Nationalstaats in seiner bisherigen Form einläuten würde, seine „Balkanisierung" nämlich.

und jenen der „Kulturnation" (Friedrich Meinecke). *Tatsächlich* führt in *beiden* Fällen der Weg vom Staat zur Nation, im ersten Fall (wie gesagt: u.a. England, Frankreich und USA) ganz offensichtlich, im zweiten Fall (Mittel- und Osteuropa) auf den zweiten Blick (weil auf Umwegen) auch. Im Hinblick auf die (vermeintliche) „Kulturnation" – ein Ausdruck, den er aufgrund des postulierten Primats des Staates im Grunde genommen ablehnt – kann Reinhard formulieren:

> Der National*staat* ist also auch dort die Bezugsgröße, denn ein politisch mobilisiertes Volk hat infolge der Geschichte der Staatsgewalt keine andere Wahl, als die eigene Nation auf ihren gegenwärtigen oder zukünftigen Staat zu denken; bei Nationalbewußtsein ohne Nationalstaat handelt es sich um ein bloßes *noch nicht*.[719]

Ohne Staatlichkeit – fremde oder eigene, imaginierte oder reale – gibt es keine Nation. Fehlt ihr das Streben nach einem eigenen Staat, handelt es sich nicht um eine Nation; zur „Vollnation" wird sie erst in dem Moment, in dem sie über einen eigenen (National-)Staat verfügt. Das hat zum einen machtpolitische Gründe. Eine Nation muss sich gegenüber anderen Mächten *behaupten* können, muss sich das Territorium, auf das sie Anspruch erhebt, *erkämpfen* und es *verteidigen*.[720] In einem System anderer (National-)Staaten gelingt dies indes nur, wenn man selbst zum Staat wird, genauer: zum möglichst kapitalstarken und bevölkerungsreichen Nationalstaat. Denn nur so ist man imstande, im Rüstungswettlauf mit konkurrierenden Staaten zu bestehen. Aufrüstung und Krieg wollen schließlich finanziert sein, was zunächst – allein schon, um möglichst *schnell* an die erforderlichen Geldmittel zu kommen – zur Aufnahme von Krediten führt, wodurch sich Staat (bzw. Zwangsmittel) und Kapital zunehmend auf sym-

---

719 Reinhard 1999 – Geschichte der Staatsgewalt, S. 442. Auch Schieder meint, das politische Bewusstsein der nationalen Bewegungen werde im Falle jener Nationalstaaten, die sich durch Abspaltung von multinationalen Großreichen gebildet haben, „nicht *im* und *am* Staat entwickelt, sondern durch die Gegnerschaft gegen den bestehenden Staat geprägt" (Schieder, Theodor: Typologie und Erscheinungsformen des Nationalstaats in Europa, in: ders.: Nationalismus und Nationalstaat. Studien zum nationalen Problem im modernen Europa, hrsg. von Otto Dann und Hans-Ulrich Wehler, Göttingen 1991, S. 65-86, hier S. 71).
720 Siehe zu diesem Punkt auch Hobsbawm 2005 – Nationen und Nationalismus, S. 51. Dass der Nation das „Territorialprinzip" eingeschrieben ist, hebt u.a. auch Langewiesche 1994 – Zwischen Partizipation und Aggression, S. 16-21 hervor.

3. Vom Ende der Revolution

biotische Weise verflechten.[721] Kredite aber wollen bedient werden. Auf lange Sicht zwingen drohende und faktische Kriege daher dazu – verstärkt seitdem die Entwicklung von Schießpulver und (stehenden) Massenarmeen die Rüstungskosten in die Höhe schraubt –, immer mehr Ressourcen aus der eigenen Gesellschaft zu extrahieren und das heißt vor allem: das Steueraufkommen zu erhöhen, was wiederum, da die Bevölkerung sich nicht freiwillig schröpfen lässt, den Aufbau eines dauerhaften Extraktions- und Erzwingungsapparats erforderlich macht.[722] Dieser erleichtert im Gegenzug die Ressourcenextraktion, mit dem Ergebnis, dass wiederum der Apparat wachsen kann. Ein sich gegenseitig aufschaukelnder „coercion-extraction-cycle" (Samuel Finer) tut sich auf, der unterm Strich ein Wachstum der Staatsgewalt zur Folge hat.[723]

Die Nation ist aber noch aus einem weiteren Grund auf den Staat angewiesen. Gerade weil sie anfangs lediglich *imaginiert* wird – und auch immer ein Stück weit imaginiert *bleiben* wird, da die Angehörigen dieser großen Gemeinschaft einander unmöglich alle kennen können (und *trotzdem* füreinander töten und sterben sollen!) –, bedarf sie der *Konkretisierung* durch den Staat. Dem Staat obliegt es mit anderen Worten nicht allein, aber doch wesentlich, die Imagination in Realität zu überführen. Er sorgt für *Anhaltspunkte* einer andernfalls reichlich *haltlosen* Annahme, indem er „mit politischen (staatlichen) Mitteln für sprachliche und religiöse, kulturelle und organisatorische *Vereinheitlichung* in dem Territorium" sorgt, „das der Nationalstaat für sich in Anspruch nimmt"[724]. Eine Nation ohne Staat, so könnte man es auch ausdrücken, wird als genauso unvoll-

---

721 Geldwirtschaft und Kapitalismus waren insofern notwendige Bedingungen für den Aufstieg des modernen Staates; siehe Reinhard 2007 – Geschichte des modernen Staates, S. 74.
722 Die gesteigerte Ressourcenextraktion verlangt dem (Steuer-)Staat daneben ebenso *Zugeständnisse* gegenüber den Herrschaftsunterworfenen bzw. Steuerzahlern ab – auch und gerade solche *legitimatorischer* Natur. Dazu gleich mehr.
723 Vgl. zu dieser Akkumulations- und Konzentrationslogik auch Reinhard 1999 – Geschichte der Staatsgewalt, S. 20-26 und Reinhard 2007 – Geschichte des modernen Staates, S. 70-76. Inwieweit Krieg und Kriegsvorbereitungen in Europa für die Entstehung und Transformation des modernen Staates verantwortlich waren, erhellt klassisch Tilly. Siehe Fn. 705; vgl. daneben auch Porter, Bruce D.: War and the Rise of the State. The Military Foundations of Modern Politics, New York 1994. Am Rande sei noch bemerkt, dass bei Tilly die Entwicklung der europäischen Staaten in dem konvergiert, was er „national state" nennt, was jedoch nicht identisch mit „nation-state" ist.
724 Luhmann 2002 – Die Politik der Gesellschaft, S. 210, m.H.

kommen empfunden wie ein Staat ohne Nation. Ethnische Minderheiten sind sowohl Opfer als auch Produkt dieser Homogenisierungspolitik, aus der vor allem die Einführung einer allgemeinen Schulpflicht einerseits und einer allgemeinen Wehrpflicht andererseits herausragt. Schule und Armee (oder allgemeiner noch: der Ausbau des Staatsapparats mit seinem „Heer" von leicht zu disziplinierenden Beamten) erlauben beide eine einheitliche „nationale Erziehung" und treiben so die nationale Integration voran. „Wenn sie nicht zur Staatsbildung führt", kann Luhmann daher trocken resümieren, „bleibt die Idee der Nation eine bloße Idee"[725]. Es handelt sich mithin um einen „*notwendigen* Zusammenhang von Staatsbildung und Nationsbildung"[726], so sehr man sich auch bemühen sollte, beide Prozesse analytisch auseinanderzuhalten. So gesehen, ist der Nationalstaat, wie Osterhammel die Position Reinhards bündig referiert, „nicht die staatliche Hülle einer gegebenen Nation. Er ist ein ‚Projekt' von Staatsapparaten und machthabenden Eliten, aber auch, wie man ergänzen müsste, von revolutionären oder antikolonialen *Gegen*eliten."[727] Auch bei Reinhard ist die Nation somit das Produkt eines vorgängigen Nationalismus – indes eines Nationalismus, der statt „von unten" mehr „von oben" wirkt und entsprechend instrumentalisiert wird.

Doch *wieso* treibt der Staat die Bildung von Nation und Nationalstaat maßgeblich voran? Anfänglich mag dies noch mehr oder weniger ungewollt geschehen, ja, geradezu ein Nebenprodukt von (insbesondere sprachpolitischen) Maßnahmen sein, die vorrangig der Steigerung der administrativen Effizienz dienen. Spätestens mit der Französischen Revolution aber wird die nationale Integration zum erklärten Ziel staatlichen Handelns – und zwar in hohem Maße regimeunabhängig.[728] Dem Staat muss folglich ein *Interesse* an der Bildung von Nationen bzw. an der Umbildung zum Nationalstaat unterstellt werden. Die jeweiligen staatlichen Eliten versprechen sich hiervon offenbar *Vorteile*. Worin diese bestehen, wird deutlicher, wenn man sich das Wesen der (modernen) Nation, speziell:

---

725 Ebd., S. 211.
726 Reinhard 1999 – Geschichte der Staatsgewalt, S. 442, m.H. Auch Elwert 1989 – Nationalismus und Ethnizität, S. 447 präzisiert, dass „[d]er intentionale Bezug auf einen Staatsapparat", den er zum einschränkenden Kriterium für den Begriff der „Nation" erklärt, „nicht unbedingt ein realer Bezug sein [muss]. Separatistische Bewegungen zeichnet etwa das Streben nach, aber nicht die Realität eines solchen Staatsapparates aus."
727 Osterhammel 2009 – Die Verwandlung der Welt, S. 583.
728 Siehe Reinhard 1999 – Geschichte der Staatsgewalt, S. 448.

3. Vom Ende der Revolution

ihren endogenen Souveränitätsanspruch, genauer vor Augen führt. Es zeigt sich dann, dass die Vorteile in erster Linie *legitimatorischer* Natur sind. Vermittels der Idee der Nation vermag sich der Staat, so die These, in beträchtlichem Maße zu *re-legitimieren*. Auf diese Weise stabilisiert er nicht nur seine Macht, er weitet sie gleichfalls aus. Die Nationsbildung dient mit anderen Worten der *Expansion* der Staatsgewalt.

Der Nationalismus ist ein Produkt der Modernisierung. Er entsteht als Antwort auf einen Modernisierungsdruck, der auf der neuzeitlichen Gesellschaft lastet. Da unter Modernisierung sehr vieles verstanden werden kann, bedarf diese Aussage der Konkretisierung. Nicht gemeint ist hiermit die Industrialisierung. Zwar argumentiert Ernest Gellner in seiner funktionalistischen Theorie genau so.[729] Der Nationalismus sei die Reaktion auf den Übergang von der agrarischen zur industriellen Gesellschaft. Ihm falle die Aufgabe zu, der grundlegend gewandelten Gesellschaft die angemessene nationale „Hochkultur" an die Seite zu stellen, was er vorwiegend auf bildungspolitischem Wege erreiche. Doch Gellner bringt sich hierdurch insofern in Erklärungsnot, als die Industrialisierung erst *nach* dem (erstmaligen) Aufstieg des Nationalismus Ende des 18. Jahrhunderts voll einsetzt. Die Industrialisierung mag mit anderen Worten im Laufe des 19. Jahrhunderts ihren Teil zur *Verbreitung* des Nationalismus beigetragen haben, seine ursprüngliche *Entstehung* aber harrt einer anderen Erklärung.[730] Stattdessen möchte ich den entscheidenden Grund für den Aufstieg des Nationalismus im *Zerfall der ständischen Ordnung* sehen. Wie im vorigen Kapitel ausführlich dargelegt, gerät das Ancien Régime in Europa in eine schwerwiegende Legitimitätskrise. Bisherige Weisen der (transzendenten und insofern Fremd-)Legitimation von Herrschaft verfangen nicht mehr, jetzt, da die „Menschengemachtheit" sozialer Ordnung zunehmend bewusst wird. Zugleich demokratisiert sich die Gesellschaft im sozialen Sinne. Der Kapitalismus dringt vor; mit ihm betreten „marktbedingte Klassen" (M. Weber) die gesellschaftliche Bühne, wodurch die ständische Hie-

---

729 Vgl. Gellner 1991 – Nationalismus und Moderne.
730 Vgl. für diese Kritik auch Breuilly 1999 – Nationalismus und moderner Staat, S. 257, Bayly 2006 – Die Geburt der modernen Welt, S. 250 und Wehler 2007 – Nationalismus, S. 24f. Abgesehen davon könnte man ganz allgemein (gegen funktionalistische Theorien) einwenden, dass aus einer Funktion nicht auf die Genese von etwas geschlossen werden darf. Nur weil mit anderen Worten dem Nationalismus eine Funktion zufällt, ist damit noch nichts über die Gründe seiner Entstehung gesagt.

rarchie in Frage gestellt wird. Allen voran das Bürgertum steigt gesellschaftlich auf und klagt mehr und mehr auch politische Mitwirkungsrechte ein. Auf einer Linie mit Hans-Ulrich Wehler, der den frühmodernen westlichen Gesellschaften ebenfalls eine strukturelle Krise attestiert, möchte ich daher in der „Zuspitzung zu einer tiefen Legitimationskrise, die weder mit den herkömmlichen Zwangsmitteln noch mit dem Rekurs auf bisher bewährte disziplinierende Weltbilder gelöst werden kann", den „Kairos des Nationalismus"[731] sehen. Der Nationalismus trägt dazu bei, diese Legitimitätskrise zu überwinden, genauer: erst der Nationalismus *komplettiert*, so meine These, die grundlegend neue Form von demokratischer Legitimation – und damit indirekt auch das „demokratische Programm" der Revolution. Denn der Nationalismus sorgt sowohl (1) für eine *Integration* als auch (2) für eine *politische Mobilisierung* der Herrschaftsunterworfenen.

(1) Die integrative Leistung von Nationalismus und Nation kann unter legitimatorischen Gesichtspunkten nicht hoch genug veranschlagt werden. Der Idee der Nation verdankt demokratisch legitimierte Herrschaft ihre „*horizontale* Legitimität" (Kalevi Holsti). Das vertikale Legitimationsprinzip der Volkssouveränität, das ist wichtig zu sehen und wird meiner Meinung nach in der Forschung nicht genügend gewürdigt, entfaltet seine Wirkung nur dann, wenn sich Herrschende und Beherrschte diesem neuen Souverän auch *zugehörig* fühlen. Anders formuliert: Von der Vorstellung der *kollektiven* Selbstbestimmung geht im Angesicht des mit der Aufklärung erwachenden Rechts auf *individuelle* Selbstbestimmung nur unter der Bedingung ein legitimierender Effekt aus, dass das Individuum sich auch als *Teil* dieses Kollektivs auffasst. Erst dann wird er nicht-einstimmige Beschlüsse des Kollektivs annehmen, *obwohl* sie seinem individuellen Votum zuweilen widersprechen, obwohl er also als Individuum – nicht aber als Angehöriger des Kollektivs – anderer Meinung ist. „Volk" scheint dies begrifflich nicht leisten zu können (vielleicht negativer Konnotationen wegen, die „le peuple" mit sich führt), obschon ja von „*Volks*souveränität"

---

[731] Wehler 2007 – Nationalismus, S. 18. Nicht als Entgleisung, sondern als positives Produkt einer in Bewegung geratenen, sich modernisierenden Gesellschaft verstehen den Nationalismus auch Elias, Norbert: Ein Exkurs über Nationalismus, in: ders.: Studien über die Deutschen. Machtkämpfe und Habitusentwicklung im 19. und 20. Jahrhundert, hrsg. von Michael Schröter, Frankfurt/M. 1992, S. 159-222, 185-196 und Langewiesche 1994 – Zwischen Partizipation und Aggression, S. 13f.

3. Vom Ende der Revolution

die Rede ist; für die Bestimmung des Trägers dieser Legitimitätsquelle ist man offenbar auf die Vorstellung der Nation angewiesen.

Daneben bedürfen Entscheidungen, die dadurch legitim sein sollen, dass *wir* so entschieden haben, aber auch deshalb der starken Identifikation des Ichs mit dem Wir, weil der moderne Staat die Menschen in zunehmendem Maße als *Individuen* anspricht. Staatliche Herrschaft wird in der Neuzeit *direkter*, speziell (und das heißt: auf einer qualitativ neuen Stufe) seit der Französischen Revolution. „Der Mensch, genauer der Mann, kam nicht mehr als Mitglied eines Haushalts, einer Korporation, einer Gemeinde, eines Standes mit der Staatsgewalt in Kontakt, sondern wurde als Individuum *staatsunmittelbar*."[732] Herrschaftsintermediäre verschwinden entweder vollends und werden durch eine staatliche Regional- und Lokalverwaltung ersetzt oder aber ihre Abhängigkeit von der Staatsgewalt nimmt in einer Weise zu, dass sie sich nunmehr der zentralstaatlichen Verwaltung zuordnen lassen. Es scheint dies im Übrigen ein Wesenszug der Demokratie zu sein: das Zurück- und Verdrängen von Intermediären.[733] Wenn der Staat sich aber direkt an die Herrschaftsunterworfenen richtet, dann müssen auch Formen der Integration gefunden werden, die dieser Individualität gerecht werden. Der Nationalismus leistet dies: Einer Nation gehört man *als Individuum* an und jedes Individuum kann nur *einer* Nation angehören.[734]

Vor dem Hintergrund nun, dass die Idee der Nation das *notwendige* horizontale Ergänzungsstück zur vertikal legitimierenden Idee der Volkssouveränität darstellt, wird meiner Meinung nach verständlich, warum Wehler von einer „im Sinne *ideeller Affinität* unauflösliche[n] Verbindung"[735] von Nationalismus und Demokratie spricht. Möglicherweise gibt es funktionale Äquivalente für den Nationalismus – Habermas und mit ihm andere Vertragstheoretiker würden insistieren: ja, den gemeinsamen Vertragsschluss –, aber historisch war es die Idee der Nation, die für jene horizon-

---

732 Reinhard 2007 – Geschichte des modernen Staates, S. 87, m.H. Vgl. zum Übergang von indirekter zu direkter Herrschaft auch Tilly 1992 – Coercion, Capital, and European States, v.a. S. 103-117 und Luhmann 2002 – Die Politik der Gesellschaft, S. 212.
733 Siehe Tocqueville 2011 – Über die Demokratie in Amerika und Jouvenel 1972 – Über die Staatsgewalt. Auch Osterhammel entdeckt im Wegrationalisieren von Zwischengewalten einen Grundgedanken aller demokratischen Programme (Osterhammel 2009 – Die Verwandlung der Welt, S. 905).
734 Vgl. Luhmann 2002 – Die Politik der Gesellschaft, S. 211.
735 Wehler 2007 – Nationalismus, S. 24, m.H.

tale Legitimität gesorgt hat, auf deren Grundlage die vertikale Legitimation durch die Demokratie allererst einsetzen konnte.[736] Die analytische Unterscheidung von horizontaler und vertikaler Legitimität hilft also, die verworrene Beziehung zwischen Nationalismus und Demokratie ein Stück weit zu entwirren. Deutlich wird so, dass die beiden als geistiges Geschwisterpaar auftreten. Die eine Richtung der Beziehung wird gelegentlich gesehen: dass aus der Egalität innerhalb der Nation eine politische Demokratisierung folgt.[737] Die andere aber wird in der Regel übersehen, obschon sie mindestens genauso wichtig ist: dass die Demokratie eine Gemeinschaftlichkeit, eine Zugehörigkeit braucht – die ihr die Nation liefert.

Doch worin genau besteht die integrative Leistung des Nationalismus? Die Vorstellung von der Nation kann, wie gesehen, ihr Zusammengehörigkeitsgefühl bzw. Bewusstsein eines Anders- und Besonders-Seins aus den unterschiedlichsten teils erfundenen, teils belegten Quellen beziehen. Entscheidend ist jedenfalls, dass die Nation innergesellschaftlich eine *grundlegende Gleichheit* begründet. Als Angehörige einer Nation sind alle gleich. In ihr spielen der Idee nach weder Stände noch Klassen eine differenzierende Rolle. Die Nation integriert vielmehr, das ist zentral, *schichten- und klassenübergreifend*.

> Keine soziale Schicht ist mehr oder weniger als eine andere prädestiniert, sich nationalistischen Bewegungen anzuschließen […] Vielmehr gilt es, im politi-

---

736 Das räumt selbst Habermas, Jürgen: Zum Verhältnis von Nation, Rechtsstaat und Demokratie (1996), in: ders.: Philosophische Texte. Studienausgabe in fünf Bänden. Bd. 4: Politische Theorie, Frankfurt/M. 2009, S. 176-208, hier S. 180, ein. Warum die Vorstellung eines Vertragsschlusses bis heute, wenigstens aber die längste Zeit der Geschichte hierfür nicht ausreichte – wenngleich sie insbesondere in Gestalt der Verfassung (v.a. in den USA) durchaus eine Rolle spielte –, ist eine gute Frage. Vielleicht ist das Bild des Vertrages zu kalt, zu rational oder auch in Ermangelung eines tatsächlichen Vertragsschlusses schlicht zu weit hergeholt. Die horizontal legitimierende Funktion der Nation scheint mir jedenfalls auch deshalb theoretisch unterbelichtet zu sein, weil dies hieße, Nation und Nationalismus eine Stellung einzuräumen, die man den beiden aufgrund der Entartung des Nationalismus, speziell im 20. Jahrhundert und speziell in Deutschland, lieber nicht zugesteht. Die „gute" Demokratie soll nicht mit dem „bösen" Nationalismus verunreinigt werden. Zur integrativen Funktion der Nation in modernen Gesellschaften ganz allgemein vgl. auch Weinacht, Paul-Ludwig: Nation als Integral moderner Gesellschaft, in: Gebhardt, Jürgen/Schmalz-Bruns, Rainer (Hrsg.): Demokratie, Verfassung und Nation. Die politische Integration moderner Gesellschaften, Baden-Baden 1994, S. 102-122.
737 Hierzu unter Punkt (2) mehr.

3. Vom Ende der Revolution

schen Kontext den *verbindenden* Aspekt herauszuarbeiten, der die Mobilisierung grundsätzlich *aller* sozialen Schichten [...] im Rahmen nationalistischer Bewegungen ermöglicht und zu einem häufig wiederkehrenden Phänomen gemacht hat.[738]

Dem steht zwar auf den ersten Blick entgegen, dass es vielerorts und lange Zeit *bürgerliche* (Bildungs-)Schichten waren, die den Kern der nationalen Bewegungen bildeten (was wiederum die marxistische Kritik auf den Plan rief). Aber nicht nur waren diese Bewegungen *von Anfang an* auf die Mitwirkung *breiter* Kreise, sprich unterer Schichten angewiesen, sofern sie Erfolg haben sollten. Auch wurden im Laufe der Zeit fortlaufend *neue* soziale Schichten in das Bild der Nation aufgenommen, was sich nicht zuletzt an der politischen Beteiligung dieser Schichten zeigt.[739] Der gesellschaftlichen Schichten und sonstigen (etwa regionalen) Differenzen gegenüber indifferente und insofern massenintegrative Zug der Nation lässt sich schon beim Abbé Sieyès verfolgen. In dessen im Januar 1789 veröffentlichter Flugschrift „Qu'est-ce que le tiers état?" heißt es: „Der dritte Stand umfaßt [...] alles, was zur Nation gehört. Und alles, was nicht dritter Stand ist, kann sich nicht als Bestandteil der Nation betrachten. Was also ist der dritte Stand? Alles."[740] Zugegeben, Sieyès kennt noch einen Dritten und damit auch Ersten und Zweiten Stand. Doch die Pointe ist ja gerade, dass mit dieser Differenzierung von nun an Schluss sein soll. Sieyès stellt es den Adligen und Geistlichen frei, sich der („tatsächlichen"

---

738 Breuilly 1999 – Nationalismus und moderner Staat, S. 273, m.H. Siehe zum schichten- und klassenübergreifenden Charakter des Nationalismus u.a. auch Elwert 1989 – Nationalismus und Ethnizität, S. 451 und Reinhard 1999 – Geschichte der Staatsgewalt, S. 440.
739 Vgl. zu den beiden Punkten Schieder, Theodor: Der Nationalstaat in Europa als historisches Phänomen, in: ders.: Nationalismus und Nationalstaat. Studien zum nationalen Problem im modernen Europa, hrsg. von Otto Dann und Hans-Ulrich Wehler, Göttingen 1991, S. 87-101, hier S. 99f. Auch Wehler bestätigt in seiner Diskussion der sozialen Trägerschichten des Nationalismus: „[E]s gibt keine soziale Schicht, Klasse, Elite, die prima facie für den Nationalismus prädestiniert *oder* gegen ihn gefeit ist. Das Bestechende am Nationalismus ist vielmehr seine erst in Europa, dann weltweit bestätigte Fähigkeit, alle sozialen, konfessionellen, regionalen Grenzen *überspringen* zu können." Wehler 2007 – Nationalismus, S. 41, m.H. Vor allem der Hinweis darauf, dass sich seiner Attraktivität offenbar niemand entziehen kann, ist meines Erachtens aufschlussreich im Hinblick auf das weltweite Diffundieren des Nationalismus.
740 Sieyès, Emmanuel J.: Abhandlung über die Privilegien. Was ist der dritte Stand?, hrsg. von Rolf H. Foerster, Frankfurt/M. 1968/1789, S. 60. Sieyès beklagt bekanntlich, dass der Dritte Stand alles ist – und nichts bedeutet.

im Gegensatz zur „offiziellen") Nation anzuschließen, sofern sie bereit sind, auf ihre Privilegien zu verzichten. Sind sie es nicht, so bleiben sie von der Nation ausgeschlossen. *Intern* aber kennt die Nation fortan *nur noch Gleiche*. Die nationale Bewegung um Sieyès versteht sich mithin wie alle späteren auch als spezifisch *überständische* Bewegung.[741] Und auch mit Blick auf die Erklärung der Menschen- und Bürgerrechte von 1789 sowie die Verfassung von 1791 lässt sich feststellen, dass die Idee der Nation sich nicht auf eine (etwa nach Herkunft oder kulturellen Merkmalen) bestimmte Gruppe beschränkt, sondern die *Summe aller Staatsbürger* umschließen soll.[742]

(2) Parallel zur – oder vielmehr aufs Engste verwoben mit der – integrativen Leistung haftet dem Nationalismus aber auch ein partizipatives Moment an. „Die Nation", kann Peter Alter ganz bewusst verkürzt formulieren, „ist das politisch mobilisierte Volk"[743]. Das heißt, mit der Nation wird das *ganze* Volk politisch. Diese zweite konstitutive Komponente der Nation leitet sich unmittelbar aus der ersten ab: aus dem Bewusstsein der Zusammengehörigkeit bzw. aus der egalitären Grundhaltung des Nationalismus. Alle Angehörigen einer Nation sind gleich, *also* gebührt auch jedem eine politische Stimme. Teil der politischen Gemeinschaft sind nicht mehr nur die Eliten, sondern Teil dieser Gemeinschaft ist und gleichberechtigten Anteil an der Politik hat nun die *gesamte*, nach nationalen Kriterien definierte Bevölkerung. Die Idee der Nation sorgt somit nicht nur für eine Integration der Gesellschaft über alle Schichten, Klassen und sonstigen Unterschiede hinweg, sie sorgt außerdem für eine *politische Mobilisierung* bzw. *politische Aktivierung* der Gesellschaftsmitglieder. Der Kreis derjenigen, deren Urteil in der performativ-expressiven Dimension für die (De-)Legitimation von Herrschaft relevant ist, erweitert sich beträchtlich. Er umfasst nun all jene, die sich dem neuen Souverän „Nation" zugehörig fühlen, auf dessen Willen alle (legitime) Herrschaft beruhen soll.[744] Nati-

---

741 Siehe Schieder 1991 – Der Nationalstaat in Europa, S. 98. „,Nation' war der Kampfbegriff, den die Revolutionäre der ständischen Gesellschaft entgegenhielten." Alter 1985 – Nationalismus, S. 61.
742 Vgl. Breuilly 1999 – Nationalismus und moderner Staat, S. 54.
743 Alter 1985 – Nationalismus, S. 16. Alter sieht in seltener Klarheit die beiden konstitutiven Komponenten der Nation eben darin: im Bewusstsein einer sozialen Gruppe, eine Nation zu sein (oder doch sein zu wollen), und im Anspruch dieser Gruppe auf politische Selbstbestimmung; vgl. ebd., S. 23.
744 Wiederum erweist sich also die performativ-expressive als die derivative Dimension: *Weil* sich in der theoretisch-reflexiven Dimension der Souverän bzw. der

3. Vom Ende der Revolution

on und Nationalismus sind mit anderen Worten unlösbar verbunden mit der Forderung nach sozialer *und* politischer Demokratisierung.[745] Die Nation ist nicht einfach nur eine Gemeinschaft, sie ist eine zutiefst *politische* Gemeinschaft, eine „Partizipationsgemeinschaft"[746]; ihr wohnt ein Demokratisierungsversprechen inne. „Der moderne Nationsbegriff", können Ulrike von Hirschhausen und Jörn Leonhard formulieren, „enthält eine an der Idee der Volkssouveränität ausgerichtete Verheißung demokratischer Partizipation"[747].

Nur, Verheißung ist nicht gleich Einlösung. Zwar werden die Herrschaftsunterworfenen qua Nationalismus politisch mobilisiert, das ist richtig, aber daraus folgt noch lange nicht, dass sie in Fragen der Politik auch tatsächlich nach demokratischer Art mitbestimmen. „Mobilisierung" ist, um die Dichotomie Beethams wieder aufzugreifen, nicht gleichbedeutend mit „(politischer) Wahl". Obschon die Herrschaftsunterworfenen auch im ersten Fall Herrschaft öffentlich ihre Zustimmung erteilen, so dass die performativ-expressive Legitimation de facto „von unten" erfolgt – die neuen Kriterien für die Legitimation von Herrschaft in der Moderne mithin erfüllt werden –, erschöpft sich ihr politischer Beitrag dennoch darin, zu akklamieren. So folgt denn auch auf die Französische Revolution im 19. Jahrhundert kein Zeitalter der Demokratie bzw. Republik. Vielmehr erlebt in Europa zunächst die Monarchie eine (letzte) Renaissance; daneben entstehen erstmals moderne Diktaturen. Es lässt sich nun präzisieren: Im 19. Jahrhundert bilden sich *Nationalstaaten* – die aber nicht notgedrungen de-

---

Ursprung aller legitimen Macht gewandelt hat, hat dies Folgen dafür, wessen Stimme politisch Gewicht hat und das heißt „legitimitätskritisch" wird. In welcher *Form* die öffentliche (Nicht-)Zustimmung erteilt wird, variiert freilich.

745 Siehe Langewiesche 1994 – Zwischen Partizipation und Aggression, S. 13f. Wehler drückt es wie folgt aus: Eben weil für die Nation die Gleichheit aller Nationsgenossen gelten soll, geht der Nationalismus eine unauflösliche ideelle Verbindung mit der egalitären Demokratie ein. Mit Hilfe der Vorstellung von der Nation sollte die Volkssouveränität von jeder rechtlichen und ständischen Einschränkung befreit werden (Wehler 2007 – Nationalismus, S. 23f.).

746 Langewiesche 1994 – Zwischen Partizipation und Aggression, S. 23. Zum *Doppelgesicht* von Partizipationsverheißung auf der einen und Gewaltbereitschaft auf der anderen Seite, das Langewiesche zufolge dem Nationalismus als solchem inhärent ist, vgl. auch Hirschhausen, Ulrike von/Leonhard, Jörn: Europäische Nationalismen im West-Ost-Vergleich. Von der Typologie zur Differenzbestimmung, in: dies. (Hrsg.): Nationalismen in Europa. West- und Osteuropa im Vergleich, Göttingen 2001, S. 11-45, hier S. 28.

747 Ebd., S. 27.

mokratisch sind. Der Nationalismus ist ungeachtet seiner ideellen Nähe zur Demokratie in hohem Maße kompatibel mit *nicht*-demokratischen Herrschaftsformen. Die Vorstellung der Nation eignet sich sogar ganz im Gegenteil besonders gut dafür, individuelle Freiheitsrechte zu beschneiden und demokratische Verfahren zu beschränken – speziell in *säkularisierten* Gesellschaften. Um dies zu erkennen, muss man sich nur die Struktur der nationalen Legitimation (in der theoretisch-reflexiven Dimension) vergegenwärtigen. Nationalstaatliche Herrschaft ist legitim, wenn und weil sie im Interesse der Nation erfolgt. Das heißt, der Staat erhält eine neue Form von Räson: die nationalen Interessen. Wer diese wie definiert, ist zweitrangig. Was zählt, ist, *dass* der Staat sich erfolgreich als Vollstrecker des nationalen Willens stilisieren kann. „Wagte selbst der reaktionärste Monarch nicht länger zu behaupten, *er* selbst sei der Staat, so griff immerhin die Auffassung um sich, der Staat sei die Nation: es nütze der Nation, was dem Staat dient."[748] Im Nationalstaat verfolgen die Herrschenden der offiziellen Lesart nach nicht länger ihr eigenes, *partikulares* Wohl – ein Vorwurf, den Sieyès den Privilegierten im Ancien Régime noch machen kann –, sondern das *gemeine*, das *nationale* Wohl. Auch den Herrschenden, so die Argumentation, ist das Wohl der Nation das oberste Ziel, eben weil auch sie ihr angehören.[749] Während Machiavelli dem Fürsten in der Frü-

---

[748] Osterhammel 2009 – Die Verwandlung der Welt, S. 902. Auch Jouvenel 1972 – Über die Staatsgewalt, S. 23 stellt fest: „In ihrer Anonymität gibt sie [die Staatsgewalt] heute vor, keine Eigenexistenz zu besitzen und nur das unpersönliche, leidenschaftslose Instrument des Gemeinwillens zu sein. Das ist offensichtlich eine Fiktion." Insofern ist die gerade im Englischen in Teilen synonyme Verwendung von „nation" und „state" nicht lediglich eine terminologische Nachlässigkeit, sie ist vielmehr Ausdruck dessen, dass die beiden im „nation-state" miteinander identifiziert werden. Auf ebendieser Vorstellung beruht dessen Legitimität.

[749] Genau hierin liegt denn auch die Möglichkeit zur Delegitimation national legitimierter Herrschaft: Den Herrschenden muss erfolgreich die Zugehörigkeit zur Nation abgesprochen werden. In dem Maße, wie dies gelingt, erhält deren Herrschaft den Charakter einer die Nation unterdrückenden *Fremd*herrschaft. Sie abzuschütteln, ist nicht nur legitim, es wird nachgerade zu einer nationalen Pflicht. Ein klassischer Fall für dieses Verlaufsmuster ist wiederum die Französische Revolution: Der erwachende Nationalismus hatte dort zunächst eine *innen*politische Stoßrichtung (die außenpolitische kam erst danach, wenn auch sehr bald). Er richtete sich gegen die Aristokraten insgesamt, den König eingeschlossen, denen dadurch die horizontale Legitimität streitig gemacht wurde, dass sie als Teil der „offiziellen", nicht aber „tatsächlichen" Nation dargestellt wurden. Der Nationalismus erweist sich demnach nicht nur als ein wirkmächtiges (ideologisches) Instrument zur *Herstellung*, sondern gleichfalls zur *Aberkennung* von horizontaler

3. Vom Ende der Revolution

hen Neuzeit noch rät, das ungezügelte Eigeninteresse zur Richtschnur allen Handelns im zwischenstaatlichen Bereich zu machen, heißt es nun, dass in diesem Bereich zwar alle Politik *Macht*politik bleibt, dass also weiterhin Direktive des Handelns ist, in Relation zu anderen Staaten die eigene Position zu wahren oder besser noch zu stärken. „Aber Machtpolitik, die im Namen einer Nation und nicht eines Fürsten stattfand", bemerkt Norbert Elias treffend, „konnte nicht länger als Politik einer Person oder für eine Person aufgefaßt und vertreten werden. Sie war Politik im Namen eines Kollektivs"[750]. Daraus wird gefolgert, dass hinter dieser Politik fortan auch ein ganzes Kollektiv *steht*. Gerade die öffentlichen Zustimmungsbekundungen der politisch mobilisierten Bevölkerung sollen hiervon zeugen. Weil Herrschaft auf dieses Zeugnis zwingend angewiesen ist, weil mit anderen Worten ihr Anspruch, im Namen der Nation zu handeln, immer aufs Neue der Beglaubigung durch große Teile der Nation bedarf, werden solche Huldigungen mit einem derart großen Aufwand inszeniert und dirigiert.

Die Unterstützung durch die Angehörigen dieses Kollektivs ist auch deshalb so extensiv *und* intensiv, weil die Nation für die Anhänger des Nationalismus zum *höchsten Wert* und zur *letzten Sinnstiftungsinstanz* aufsteigt.[751] Sie mögen weiterhin anderen Gruppen angehören, aber *in erster Linie* gelten emotionale Bindung und Loyalität der Nation. Für sie lebt man, für sie tötet man, ja, wenn nötig, stirbt man sogar für sie. Die Interessen der Nation stehen über allem; sie rangiert höher als alle anderen Solidaritätsverbände. Wodurch der Nationalismus unverkennbar religiöse Züge bekommt: Für die Nation ist man bereit, sich nicht nur aufzuopfern, sondern sich im wahrsten Sinne des Wortes zu opfern, sein Leben (im Krieg, von dem es heißt, von ihm hänge das Überleben der eigenen Nation ab) herzugeben; aus dem ehemals religiösen wird ein politischer Märtyrer. Und insofern als die Nation „heilig" ist, eignet der nationalen bzw. nationalstaatlichen Ordnung aller Kontingenz und Plastizität sozialer Ordnungen in der Moderne zum Trotz eine gewisse *Unverfügbarkeit*. Es verbietet

---

Legitimität. Zum vielgestaltigen, ja, geradezu chamäleonhaften Charakter des Nationalismus vgl. Winkler 1985 – Einleitung, S. 5.
750 Elias 1992 – Ein Exkurs über Nationalismus, S. 189. Elias spricht auch von einem „Wandel im Verständnis einer weithin gleichbleibenden Machtpolitik von einer Sache souveräner Personen zu einer Sache souveräner Kollektive" (ebd.).
751 Vgl. hierzu u.a. Winkler 1985 – Einleitung, S. 6, Alter 1985 – Nationalismus, S. 14-19 und Reinhard 1999 – Geschichte der Staatsgewalt, S. 440f.

sich, sie infrage zu stellen, für die Herrschenden genauso wie für die Beherrschten. Diese Doppelbewegung hat Thomas Nipperdey auf eine berühmte Formel gebracht: „‚Das Religiöse wird im Nationalen säkularisiert, das Säkulare sakralisiert'"[752]. Ein Rest an Transzendenz verbleibt demnach ebenso in vermeintlich säkularisierten Gesellschaften. „Es handelt sich zwar", weiß Reinhard,

> um von Menschen hergestellte Wirklichkeit, aber dennoch um eine heilige Wirklichkeit, weil sie sich der Verfügbarkeit des Menschen entziehen will, indem sie ihn durch den Entwurf einer Weltordnung transzendiert. Statt der Kirche wird das politische Kollektiv als Gemeinschaft der Lebenden, der Toten und der noch Ungeborenen zur profanen Transzendenz (Peter Berghoff).[753]

Dies erklärt, wieso solch eine enorme *emotionale* Mobilisierung von der Idee der Nation ausgehen kann, gerade zu einer Zeit, in der die Säkularisierung mit großen Schritten voranschreitet, in der also die Bedeutung der Religion zumindest im Bereich der Politik stark abnimmt. An ihre Stelle tritt der Nationalismus als *politische Religion*.[754]

Zwei Typen von Nation fällt historisch die Rolle zu, die Demokratie (im liberaldemokratischen Sinne) zu verhindern bzw. aufzuschieben. Rainer Lepsius nennt sie „Volksnation" und „Klassennation" (Letztere kam bereits in der Frage nach der Legitimitätsgrundlage der bolschewistischen Parteidiktatur zur Sprache). In beiden Fällen sei nämlich die folgende Argumentation auszumachen:

> Da der Legitimitätsgrund in den Interessen einer geschichtsphilosophischen Wesenheit liegen soll, ist die Herrschaftsausübung prinzipiell von den Einzelinteressen der Individuen abgekoppelt, die Interpretation der Kollektivinteressen wird dafür ausgewählten Eliten überwiesen.[755]

Die Herrschenden können, anders formuliert, vorgeben, im nationalen Interesse zu handeln, was ihnen grundsätzlich die Möglichkeit gibt, sich legitimerweise über individuelle Interessen hinwegzusetzen, weil für die Herrschaftsunterworfenen die Interessen der Nation höher als die eigenen

---

752 Zitiert nach Alter 1985 – Nationalismus, S. 15.
753 Reinhard 1999 – Geschichte der Staatsgewalt, S. 441.
754 Vgl. hierzu auch Wehler 2007 – Nationalismus, S. 36f. Wenngleich der Nationalismus nicht die einzige politische Religion bleibt. Faschismus und Kommunismus, vielleicht auch der Glaube an den Markt bilden weitere Varianten; siehe Reinhard 2007 – Geschichte des modernen Staates, S. 90f.
755 Lepsius 1982 – Nation und Nationalismus in Deutschland, S. 22. Daneben unterscheidet Lepsius noch zwischen Kultur- und Staatsbürgernationen.

3. Vom Ende der Revolution

rangieren. Im Namen der Gemeinschaft wird die Freiheit des Individuums eingeschränkt – unter dem Applaus der politisch mobilisierten Individuen.

Worin genau äußert sich diese qualitativ neue Unterstützungsbereitschaft der Herrschaftsunterworfenen? Dass sich aufgrund der *dauerhaften Politisierung breiter Bevölkerungskreise,* die zu einer neuen Grunderfahrung wird,[756] diese sehr viel stärker engagieren lassen, ja, sehr viel leichter und umfassender für die Zwecke der Staatgewalt einspannen lassen, wird besonders offenkundig an der Durchsetzung der *allgemeinen Steuerpflicht* einerseits und der *allgemeinen Wehrpflicht* andererseits. Sie erlauben zusammengenommen eine Ressourcenabschöpfung in Form von Geld und Menschen in einem vorher nicht gekannten Ausmaß bzw. in einem Umfang, den sich selbst „absolute" Monarchen – deren Macht *theoretisch* gerade *keine* Grenzen kannte – niemals hätten erträumen lassen. Allgemeine Steuerpflicht will sagen: direkte und laufende Besteuerung aller Einkommen. Allgemeine Wehrpflicht will sagen: ordnungsgemäße und routinemäßige Aushebung ganzer Jahrgänge junger Männer. Beides – und das ist neu – *unabhängig* davon, ob eine Notlage vorliegt oder nicht, und das heißt vor allem: unabhängig davon, ob sich ein Staat im Krieg befindet oder nicht. Die Steuern werden *ständig* erhoben, für den *Alltags*gebrauch. Und das (Volks- und insofern Massen-)Heer ist ein *stehendes* Heer, es muss nicht erst ad hoc formiert werden (und kann erst hierdurch zu einem hervorragenden, weil dauerhaft, d.h. selbst in Friedenszeiten gegebenen Instrument für die Verinnerlichung nationaler Werte werden). Geld und Menschen können demnach nicht lediglich *im* Ausnahmefall und nicht lediglich *für die Dauer* des Ausnahmefalls mobilisiert werden, die Mobilisierung wird vielmehr im wahrsten Sinne des Wortes *alltäglich,* zum *Normalfall.*[757]

---

756 Vgl. Osterhammel 2009 – Die Verwandlung der Welt, S. 769.
757 Anhand des Übergangs vom alteuropäischen Domänenstaat zum modernen Steuerstaat, der maßgeblich durch die zwischenstaatlichen Kriege vorangetrieben wird, die wiederum den bereits erwähnten „coercion-extraction-cycle" in Gang setzen, lässt sich die Zunahme an Ressourcen und damit Machtmitteln des Staates gut veranschaulichen. Ursprünglich finanzierte sich der Monarch vorrangig aus seinem Eigenbesitz: den Domänen im engeren Sinne und den Regalien, d.h. den Hoheitsrechten (worunter u.a. das Recht zur Münzprägung fiel). Nur in und nur für die Dauer von Notfällen, hatte der Herrscher Anspruch auf Leistungen seiner Untertanen, im Kriegsfall etwa auf das Landesaufgebot, das allerdings auf Verteidigungsaufgaben vor Ort beschränkt blieb. In Mittelalter und Frühneuzeit ging der werdende Steuerstaat sodann dazu über, die Untertanen darüber hinaus-

3.2 Der Aufstieg des Nationalstaats

Diese Entwicklung scheint mir, wie bereits angedeutet wurde, die Folge dessen zu sein, was im ersten Kapitel unter dem Begriff „Paradoxie der Machtsteigerung" (Alois Hahn) gefasst wurde. Zieht man diese in die Überlegungen mit ein, lüftet sich meines Erachtens der Schleier etwas. Denn schleierhaft ist zunächst einmal, dass die Herrschaftsunterworfenen in die politische Gemeinschaft aufgenommen werden – und sich die Macht des Staates *trotzdem* vervielfacht. Die „Paradoxie der Machtsteigerung" hilft zu erkennen, dass sich die Macht des Staates nicht trotzdem, sondern *gerade deshalb* vervielfacht, also gerade weil die politische Gleichberechtigung (die freilich anfangs noch äußerst limitiert ist) gesellschaftsweit Einzug hält. Sie besagt, dass legitime Herrschaft auch für die Herrschenden von höherem Nutzen ist als illegitime Herrschaft. Denn legitime Herrschaft kann den Beherrschten Handlungsfreiheiten gewähren, die wiederum von den Herrschenden produktiv weiterverwertet werden können. Und dies, *ohne* befürchten zu müssen, dass die Beherrschten diese Freiheit zum Ungehorsam und zur Delegitimation von Herrschaft einsetzen, die bis zu deren Sturz reichen kann. Konkret heißt das: Der Staat nimmt sich nicht einfach gewaltsam die Ressourcen, sondern er lässt den Beherrschten genügend Raum, um Ressourcen zunächst anzuhäufen, die diese anschließend freiwillig an den Staat abtreten, wobei idealerweise immer nur so viel abgetreten wird, dass die Grundlage für eine künftige Res-

---

gehend im Normalfall zu besteuern: für den Alltagsbedarf und damit ständig. Erforderlich war freilich die Bewilligung seitens eigens hierfür einberufener Ständeversammlungen (in denen die Entscheidungsträger selber in der Regel steuerbefreit waren), die mit dem Monarchen im Gegenzug für die Bewilligung (und Durchführung der Steuerhebung auf lokaler Ebene) zumeist Zugeständnisse in anderen Bereichen aushandeln konnten. Üblich war im 16. und 17. Jahrhundert indes noch die Erhebung von indirekten Steuern und Zöllen, allein schon der besseren Realisierung wegen, fehlte für den Einzug direkter Steuern doch schlicht die nötige Verwaltung. Zur vollen Reife gelangt der moderne Steuerstaat schließlich mit der Durchsetzung der allgemeinen Steuerpflicht, vor allem in Gestalt der (progressiven) Einkommenssteuer, d.h. einer direkten und ständigen Besteuerung aller Einkommen. Um ebendiese Pflicht durchzusetzen, wurde die moderne Bürokratie geschaffen. Vgl. für diese Entwicklung des modernen Steuerstaates v.a. Reinhard 2007 – Geschichte des modernen Staates, S. 97-103. Zur konstitutiven Spannung zwischen zentraler Herrschaft und lokaler Selbstverwaltung, die den Monarchen zwingt, ständig Kompromisse mit der Aristokratie zu finden, siehe auch Bendix 1980 – Könige oder Volk 2, S. 540, passim.

3. Vom Ende der Revolution

sourcenakkumulation nicht entzogen wird.[758] Herrschaft vermag so die Handlungskapazität der Beherrschten dauerhaft und auf indirektem Wege positiv auszuschlachten (anstatt sie lediglich punktuell und direkt an der Ausführung solcher Handlungen zu hindern, die aus Sicht der Herrschenden unerwünscht sind). In etwas anderer Terminologie drückt Elias diesen durch den Nationalismus bewirkten Wandel so aus,

> daß sämtliche Bürger, zusätzlich zu allen Fremdzwängen, auch durch ihr *eigenes* Gewissen und ihre *eigenen* Ideale – also durch einen Zwang, den sie als Individuen *auf sich selbst* ausübten – dazu angehalten wurden, ihre individuellen Bedürfnisse denen des Kollektivs, des Landes oder der Nation, unterzuordnen und gegebenenfalls ihr Leben in die Schanze zu schlagen.[759]

Die Herrschaftsunterworfenen werden mobilisiert, allerdings nicht *gegen*, sondern *für* den Staat. Der Staat „er-mächtigt" andere, die bislang weitestgehend machtlos waren, um auf diese Weise selbst über umso mehr Macht zu verfügen. Als eigentlicher Verbündeter der modernen Staatsgewalt in ihrem Streben nach mehr Verfügungsmitteln entpuppt sich daher nicht die Aristokratie, die ja ganz im Gegenteil entmachtet wird, sondern das *Volk*.[760] Denn der mobilisierte Bürger des durch die Idee der Nation legitimierten Nationalstaats legt die „Bereitschaft zur Hingabe von Gut und Blut"[761] an den Tag.

Doch langfristig gesehen setzt sich die *demokratische* Spielart des Nationalstaats durch.[762] Wie gesagt, der Nationalismus enthält von Anfang an ein Versprechen auf demokratische Beteiligung. Bereits in der Französischen Revolution wird der Grund für diese ideelle Verbindung von Nationalismus und Demokratie gelegt. Die Nation wurde dort *staatsbürgerlich* verstanden: „Der Nationalbegriff Rousseaus oder der Verfassungspolitiker der Französischen Revolution" ist, wie Schieder deutlich macht, „verfassungsrechtlich-demokratisch, nicht etwa primär ethnisch-sprach-

---

758 Und wenn diese Abgabe einmal nicht freiwillig geschehen sollte, gibt es ja immer noch das Gewalt-„Monopol" des Staates.
759 Elias 1992 – Ein Exkurs über Nationalismus, S. 192f., m.H.
760 Wie schon Jouvenel 1972 – Über die Staatsgewalt, S. 210-231, passim in aller Klarheit herausarbeitet.
761 Reinhard 2007 – Geschichte des modernen Staates, S. 89.
762 Wie in Kapitel 3.4 anhand des Wettstreits zweier „ideologischer Rivalen" noch näher zu erläutern sein wird.

lich: Die Nation ist die *Gemeinschaft der mündig gewordenen Bürger*."[763] Danach mögen, darauf wurde eingegangen, andere Nationsbegriffe aufsteigen, Schieder selbst erwähnt den ethnisch-sprachlichen der späteren „Kulturnationen". Doch das alles ändert nichts an der grundsätzlichen ideellen Verkettung von Demokratie und Nationalstaat, die seit der Französischen Revolution Bestand hat und zunächst auf Europa und hernach den Rest der Welt ausstrahlt und sich wenn nicht im 19., so doch spätestens im 20. Jahrhundert zusehends auch *faktisch* durchsetzt.[764] Mit der politischen Aktivierung der Herrschaftsunterworfenen wird ein Prozess in Gang gesetzt, der die Herrschaftsunterworfenen im Laufe der Zeit *mehr* einklagen lässt: vor allem mehr politische Mitbestimmungsrechte. Es ist dies zum Teil eine Folge der staatlichen Politik selbst: Dadurch, dass sich Herrschaft der Verleihung von Legitimität halber performativ-expressiv dem „Votum" breiter Bevölkerungskreise aussetzt, macht sie sich prinzipiell zugleich anfälliger für öffentliche Kritik und Delegitimation. Einmal mündig gesprochene Bürger lassen sich nur sehr schwer fremdbestimmen, ja, begnügen sich nicht mit bloßer Akklamation. Sie wollen politisch mitwirken können, sowohl inhaltlich als auch personell, an der Ausrichtung der Politik genauso beteiligt sein wie an der Bestellung der Politiker. Als Instrument dient ihnen hierbei vorrangig die politische Wahl.

Der springende Punkt dabei ist nur: Sie stoßen – freilich nicht immer konkret, aber doch prinzipiell – auch hier auf die *Gegenliebe* der Herrschenden bzw. des Staates. Es ist dies wiederum eine zwingende Folge der „Paradoxie der Machtsteigerung": Wenn Herrschaft *nur noch* legitim ist, wenn sie die demokratischen Partizipationsmöglichkeiten der Beherrschten ausweitet resp. wenn Herrschaft *umso* legitimer ist, je mehr sie diese ausweitet, dann wird Herrschaft hieran ein langfristiges machtpolitisches Interesse entwickeln. Denn mehr Legitimität bedeutet stets: mehr Machtmittel, sprich mehr Mobilisierung von Geld und Menschen. All die modernen Diktaturen zeugten und zeugen zwar davon, dass man die Gefahr, die von den mobilisierten Massen für die Herrschaft ausgehen *kann*, durch eine strenge Überwachung und ein besonders repressives Vorgehen einzuhegen versucht und auch durchaus einzuhegen versteht, aber ob dies dau-

---

[763] Schieder 1991 – Der Nationalstaat in Europa, S. 91, m.H. Schieder verfolgt dieses Verständnis von Nation bis zu Locke bzw. bis zur Glorious Revolution von 1688 zurück.
[764] Siehe Osterhammel 2009 – Die Verwandlung der Welt, S. 819f. und für Europa Reinhard 2007 – Geschichte des modernen Staates, S. 95.

3. Vom Ende der Revolution

erhaft gelingt, scheint mir sehr die Frage zu sein, auch und gerade in Zeiten, in denen Herrschaft in eine wodurch auch immer begründete Krise schlittert, also beispielsweise nicht mehr wie bislang ein hohes Wirtschaftswachstum generiert, das für eine Beschneidung politischer Rechte teilweise entschädigen mag. Auf lange Sicht dürften meiner Meinung nach daher Lernprozesse einsetzen, die die Herrschenden aus Gründen der gesteigerten Stabilität *und* Machtfülle *für* die Demokratie, d.h. für eine demokratische Legitimation optieren lassen werden. Denn die Behauptung der Herrschenden, im Namen der Nation bzw. des Volkes zu herrschen, wird umso glaubwürdiger sein, je mehr die Herrschaftsunterworfenen an dieser Herrschaft auch faktisch teilhaben. Die Idee der Volkssouveränität nährt mit anderen Worten die Vermutung, dass die Beherrschten es selbst sind, die sich die Befehle geben. Herrschende und Beherrschte werden der Idee nach *eins*. Die *Fremd*bestimmung verwandelt sich so (virtuell) in eine *Selbst*bestimmung – und wird gerade deshalb ohne Murren akzeptiert.

Im Hinblick auf die „große demokratische Revolution" (Tocqueville) im weitesten Sinne (den Nationalismus eingeschlossen), die im Mittelpunkt des vorliegenden Kapitels steht, lässt sich demnach eine, wie ich finde, eminent wichtige *Interessenkonvergenz* feststellen. Es sind nicht allein die Herrschaftsunterworfenen, die für sich eine politische Stimme reklamieren, die in der Politik „wirklich" mitwirken wollen. Deren Forderungen sind nur allzu verständlich: Sie wirken auf die Demokratie hin, weil diese ihnen zur *Mit*bestimmung an der *Fremd*bestimmung verhilft, die hierdurch indirekt Züge einer *Selbst*bestimmung bekommt. Nein, es sind daneben ebenso – und darin liegt meiner Meinung nach die eigentliche Pointe – die Exponenten der Staatsgewalt, die an der Umsetzung der Ideen der Nation *und* der Demokratie ein Interesse haben, zumindest ein *latentes*. Ideen, darauf wurde bereits hingewiesen, vermögen keineswegs von sich aus die Wirklichkeit zu verändern. Sie benötigen hierzu Träger bzw. *Trägergruppen* mit einem handfesten *Interesse* an deren Realisierung. Wenn nun aber sowohl Kräfte „von unten" als auch „von oben" darauf dringen, die Ideen der Nation und der Demokratie in die Tat umzusetzen, wird der weltweite Erfolg ebendieser Ideen, wird die „allgemeine Bewegung der Geschichte" (Reinhard Bendix) in Richtung auf das Mandat des Volkes (wohlgemerkt, *ohne* hierin eine historische Notwendigkeit sehen zu müssen) umso plausibler. Wir müssen uns Tocqueville, der zu seiner Zeit die demokratische Revolution unaufhaltsam vor sich gehen sah, darum nicht als einen Idealisten, sondern als einen *Realisten* vorstellen. Seine Diagnose beruhte nicht auf seiner persönlichen, vielleicht moralisch

3.2 Der Aufstieg des Nationalstaats

begründeten Vorliebe für die Demokratie. Er war sich vielmehr der ungeheuren *Machtchance* bewusst, die für die Herrschenden in der Demokratie lag. Er sah mit anderen Worten, dass es *machtpolitische* Erwägungen waren oder doch sein konnten, die sie zu Fürsprechern der Demokratie werden ließ – vielleicht nicht immer sofort bzw. antizipativ, aber wenigstens im Nachhinein, aus den Erfahrungen lernend. Weil also die demokratische Revolution der modernen Staatsgewalt zum Vorteil gereicht, weil diese paradoxerweise qua Re-Legitimation gestärkt aus ihr hervorgeht, wird sie nicht nur „von unten", sondern gleichfalls „von oben" betrieben. Es mag sein, dass sie nicht im Interesse der *damals* je Herrschenden war, ganz gewiss aber war sie im Interesse der *Staatsgewalt* und damit der *zukünftig* Herrschenden, ob bewusst oder nicht. Es scheint mir dies die eigentliche *Dialektik* der Geschichte zu sein: dass die neue politische Gleichberechtigung, ja, dass das Thema der Revolution: die Demokratie im weitesten Sinne, eine *Steigerung* der Staatsgewalt bewirkt und nicht, wie man im ersten Moment meinen könnte, eine Abschwächung.[765] All jene Versuche, den Aufstieg solcher Phänomene wie Nationalismus und Demokratie entweder „von unten" oder „von oben" zu erklären, schließen sich demzufolge nicht zwingend aus, sondern können sich *ergänzen*. Legitimiert sich Herrschaft direkt gegenüber dem Gros der Herrschaftsunterworfenen – sei es theoretisch über die Vorstellung der Nation bzw. das Prinzip (manche würden zynischer sagen: die Fiktion) der Volkssouveränität und praktisch über den Mobilisierungs- oder den Wahlmodus –, dann kann sie diesem Gros auch sehr viel mehr zumuten, ja, *berechtigterweise* wesentlich mehr abverlangen. Vor allem braucht der zentrale Herrscher nicht mehr den Umweg über mächtige Zwischengewalten zu gehen. Machtpolitik ist darum immer auch Legitimitätspolitik (nicht erst, wie jüngere Veröffentlichungen suggerieren, in der „postnationalen Konstellation"[766]). „Die höchstmögliche Steigerung politischer Partizipation durch Demokratie und die höchstmögliche Steigerung der Identifikation des Bürgers mit dem Staat als Nation erwiesen sich", kann Reinhard daher zuspitzen, „zugleich als Weg zur höchstmöglichen Steigerung der Staatsgewalt zum totalen

---

765 Im Grunde genommen ist Jouvenels gesamtes und insofern bahnbrechendes Werk „Über die Staatsgewalt" von dieser Dialektik durchdrungen. Auch Bendix und Reinhard decken diese dialektische Bewegung auf (Bendix 1980 – Könige oder Volk 1, ders. 1980 – Könige oder Volk 2, Reinhard 2007 – Geschichte des modernen Staates, S. 87).

766 Vgl. Geis/Nullmeier/Daase 2012 – Der Aufstieg der Legitimitätspolitik.

3. Vom Ende der Revolution

Staat"[767]. Total insofern, als der Zugriff des Staates auf das Individuum grenzenlos wird oder, genauer noch, in seinem Ausmaß nicht weiter zu steigern ist. Regionale und lokale Machtrivalen, die dem Staat bis dato im Wege standen, werden beseitigt und durch eine staatliche Verwaltung ersetzt, die Gesellschaftsmitglieder demgemäß allesamt *nivelliert*. Diese Entwicklung kann, muss aber nicht in totalitärer Herrschaft enden. Doch auch der wesentlich „weichere" Zugriff des modernen Interventions- und Sozialstaats ist ungeachtet seiner relativen Friedlichkeit und Rechtsstaatlichkeit ein totaler.[768] Es sind, um den Widerspruch ein weiteres Mal vor Augen zu führen, gerade die (theoretischen) *Schranken*, die staatliche Herrschaft in der Moderne (praktisch) *schrankenlos* werden lassen. Schranken, die sich der Staat selbst auferlegt, der, wie es wiederum Reinhard auf den Punkt bringt, „kraft der Volkssouveränitätsfiktion *legitimatorischer Selbstversorger* geworden ist"[769], sich mithin selbstständig legitimieren kann und daher nicht mehr im Zuge einer Fremdlegitimation von außen (durch Traditionen etwa) begrenzt wird.

Anders als Reinhard würde ich indes nicht sagen, dass Nationalismus und Demokratie – und damit die neuzeitliche Revolution – *allein* der Expansion der Staatsgewalt dienen. So richtig und dringend erforderlich es auch ist, dieses (in Anbetracht der Allgegenwart des liberalen Diskurses) lange Zeit vernachlässigte Thema anzusprechen, so einseitig und zu kurz gegriffen scheint es mir doch im Hinblick auf die Rolle gerade der Demokratie zu sein. Deren Beitrag besteht in sehr viel *mehr* als im „Gefügigmachen" von Herrschaftsunterworfenen mit Hilfe dessen, was Reinhard die „Fiktion" der Volkssouveränität nennt. Reinhard ist womöglich zu sehr auf den *begründenden* Aspekt der Legitimität fixiert und übersieht darüber deren Ambivalenz; den Umstand also, dass auch der *demokratischen* Legitimität etwas *Begrenzendes* bzw. *Verpflichtendes* eignet. Zwar stellt der moderne demokratische Nationalstaat diese Legitimität selbst her, das ist richtig, aber für diese Herstellung genügt es nicht, auf das theoretische Prinzip der Volkssouveränität zu verweisen. Es bedarf vielmehr, wie ich im kommenden Unterkapitel zeigen möchte, besonderer *Verfahren*, die für eine *praktische* Legitimation derart sorgen, dass sie die Herrschaftsunterworfenen nicht nur fiktiv, sondern *tatsächlich* politisch einbeziehen. Recht mag positiv und damit beliebig änderbar geworden sein, doch für staatli-

---

767 Reinhard 2007 – Geschichte des modernen Staates, S. 104.
768 Vgl. ebd., S. 103f.
769 Ebd., S. 110, m.H.

che Herrschaft erübrigt sich deshalb das Legitimitätsproblem nicht – ganz im Gegenteil: es *verschärft* sich. Ich möchte daher die Vermutung aufstellen, dass der *nachhaltig stabilisierende* Effekt, den die Demokratie auf Herrschaftsordnungen hat, erst verständlich wird, wenn man sich vergegenwärtigt, was die Demokratie im Umgang mit gesellschaftlichen Strukturen Originäres leistet und worin genau vor diesem Hintergrund die Verbindung der Demokratie zur „Ur-Sache" der Revolution besteht. Auf dieser Grundlage lässt sich sodann auf einer sehr abstrakten Ebene der Frage nachgehen, ob und, wenn ja, warum die Demokratie das (vorläufige) Ende der Revolution bedeuten könnte.

3.3 Die Institutionalisierung der Revolution

Wer sich mit der *Wirkung* der Revolution befasst, fragt im gleichen Atemzug immer schon nach der *Vermeidbarkeit* revolutionärer Erschütterungen,[770] sei es bewusst oder unbewusst, offen oder verdeckt. Ist erst die Funktion von etwas bekannt, kann und wird die Suche nach funktionalen Äquivalenten beginnen; nach Alternativen also, die zwar dieselbe Wirkung haben, diese aber auf *anderem Wege*, mit *anderen Mitteln* erzielen. Für die Revolution folgt hieraus: Wenn deren Funktion (von mir) darin gesehen wird, die Gesellschafts- und insbesondere Herrschaftsordnung für die in ihnen lebenden Menschen *verfügbar* zu machen, sie der Möglichkeit nach nicht bloß umzugestalten, sondern in *vollem Bewusstsein* umzugestalten, dann stellt sich unweigerlich die Frage, ob *allein* die Revolution hierzu imstande ist oder ob es nicht Alternativlösungen gibt. Dies umso mehr, als einleitend festgestellt wurde, dass auf eine Revolution auf kurz oder lang die *nächste* folgen wird, die Funktion der Revolution mithin eine *wiederkehrende* ist. Gäbe es kein funktionales Äquivalent für die Revolution oder, anders gesagt, gäbe es nicht Mittel und Wege, sie in die Ordnung selbst zu *integrieren*, man wäre auf ewig im Meadschen Zirkel gefangen, in dem eine Revolution die nächste jagt – Ausbruch zwecklos. Die grundlegende und intendierte Änderung der Ordnung wäre auf immer *von außen* induziert, der *Bruch* mit der bisherigen Ordnung somit unumgänglich: bestenfalls aufgeschoben, doch niemals aufgehoben. Die (Funktion der) Revolution in die Ordnung zu integrieren hieße aber, dass es auf

---

770 Vgl. Schieder 1973 – Theorie der Revolution, S. 11.

3. Vom Ende der Revolution

reguläre, auf ordnungs*immanente* Weise möglich sein müsste, die *Ordnung selbst* bzw. deren *Struktur* (von Grund auf!) zu ändern. Das Verfügenkönnen über die Ordnung müsste mit anderen Worten auf Dauer gestellt werden – paradoxer- und kniffligerweise jedoch *ohne* der Ordnung dabei ihre Unverfügbarkeit (gänzlich) zu rauben, die wiederum Voraussetzung dafür ist, dass sie überhaupt ordnet.

Meine Hypothese ist, dass der Demokratie genau das gelingt: Anstatt den Rahmen jedes Mal zu *sprengen*, erlaubt sie revolutionären Wandel *im Rahmen* und *mit den Mitteln* der Ordnung, *ohne* dass diese an Geltung verliert; gleichsam eine kontrollierte Revolution. Doch wie macht sie das? Worauf beruht die Fähigkeit der Demokratie, aus dem Meadschen Revolutionszirkel auszubrechen? Diese Frage soll im Zentrum des vorliegenden Unterkapitels stehen. Sie wird keine befriedigende Antwort darin finden, dass die Demokratie der Revolution dadurch zuvorkommt, dass sie den *friedlichen Machtwechsel* ermöglicht – an der Wahlurne nämlich.[771] Obwohl diese Leistung keineswegs gering zu schätzen ist, würde man doch mit ihr *allein* lediglich erklären können, wieso in Demokratien der Staatsstreich ausbleibt. Revolutionen aber begnügen sich nicht mit dem Sturz der Herrschenden. In ihnen geht es, wie gesagt, um sehr viel mehr: um die intendierte und grundlegende Transformation der *Herrschaftsordnung*, darum also, herrschaftliche Strukturen neu- und umzugestalten. Meine Vermutung ist daher, dass die originäre Leistung der Demokratie in ihrem besonderen *Umgang mit gesellschaftlichen Strukturen* zu suchen ist. Sie trägt der Tatsache Rechnung, dass die Kontingenz und Plastizität gesellschaftlicher Strukturen in der Neuzeit manifest geworden sind, das heißt, sie stellt nicht nur sicher, dass die Strukturen unaufhörlich *änderbar* bleiben, sondern ebenso, dass diese Strukturen in ihrer gegenwärtigen Form für *legitim* gehalten werden. Erst ein solches Verständnis von Demokratie erhellt jene bemerkenswerte und zunächst einmal überraschende Beobachtung Jeff Goodwins: „*No popular revolutionary movement*", stellt dieser zu Beginn des 21. Jahrhunderts rückblickend fest, „*has ever overthrown a*

---

771 So argumentieren u.a. Snyder, Robert S.: The End of Revolution?, in: The Review of Politics, Bd. 61/1999, Heft 1, S. 5-28 und Goodwin 2001 – No Other Way Out. Letzterer meint (ebd., S. 302): „With very few exceptions [...] the ballot box has been the coffin of revolutionaries." Wobei Goodwin eine sehr viel nuanciertere Argumentation entfaltet, wie noch zu sehen sein wird.

consolidated democratic regime"⁷⁷² Und daran hat sich seither nichts geändert.

Geht man den Ursachen dafür nach, wieso sich die Demokratie der Revolution in aller Regel zu entziehen vermag, gelangt man beispielsweise in Goldstones komparativer Revolutionsstudie auf das, was ich die *Ventilfunktion* der Demokratie nennen möchte. Entsteht sozialer Druck, die bestehenden gesellschaftlichen und politischen Strukturen zu ändern, so erweisen sich in Erwiderung auf solchen Druck Demokratien im Unterschied zu traditionellen Herrschaftsordnungen als flexibel genug. Statt den Druck aufzustauen und damit zu riskieren, dass dieser sich eines Tages eruptiv entladen wird, stehen Mechanismen bereit, um den Druck über die Änderung von Strukturen *abzulassen*.⁷⁷³ Ganz ähnlich zeichnet sich auch für Shmuel Eisenstadt die Demokratie dadurch aus, dass sie innergesellschaftliche Spannungen, die der modernen Gesellschaft inhärent seien, zwar nicht zu beseitigen, sehr wohl aber entscheidend *abzuschwächen* vermag. Eine Leistung, die auf der einzigartigen Fähigkeit demokratischer Gesellschaften beruhe, *Protest zu inkorporieren* und sich infolgedessen *selbst zu transformieren*.⁷⁷⁴ Doch inwiefern kann Flexibilität der Stabilität zuträglich sein? Ist es nicht eher umgekehrt so, dass Flexibilität aller Stabilität widerstreitet? Wie soll Festes stabiler werden, indem es sich verflüssigt? Und vor allem: Wie soll von einer sich verflüssigenden Ordnung noch eine Verhaltenserwartungen orientierende Funktion ausgehen? Bevor sich die originäre Leistung der Demokratie einigermaßen präzise erfassen lässt, muss man zunächst und grundsätzlicher danach fragen, was sich mit dem Anbruch der Moderne in Hinblick auf die Bedingungen für die Stabilität von Ordnung geändert hat. Anders gesagt: Es muss nach der Möglichkeit und den Grenzen *institutionellen Wandels* gefragt werden.

Die Grundfrage der Soziologie, wie soziale Ordnung möglich ist,⁷⁷⁵ berührte immer schon die Frage, wie soziale Ordnung *dauern* kann, wenn

---

772 Ebd., S. 300.
773 Siehe Goldstone 1991 – Revolution and Rebellion, S. 35f. Goldstone erwähnt hier „electoral realignments and policy changes".
774 Vgl. Eisenstadt 1992 – The Breakdown of Communist Regimes, v.a. S. 35-39.
775 Oder in der klassischen Wendung Emile Durkheims: Wie ist die „Tatsache Gesellschaft" möglich? In die soziologische Diskussion führt in der Mitte des vergangenen Jahrhunderts Talcott Parsons das Ordnungsproblem als „Hobbesian problem of order" (der Sache nach freilich nur *wieder*) ein. Siehe ders.: The Structure of Social Action. A Study in Social Theory with Special Reference to a Group of Recent European Writers, New York 1964/1937, S. 89-94.

3. Vom Ende der Revolution

sich doch die Bedingungen, unter denen Ordnung hergestellt wird, laufend – und seit der Moderne: immer schneller – *ändern*. Eine interessante Pointe erfährt dieses Problem bei Helmut Schelsky. Wie Arnold Gehlen auch befasst sich Schelsky aus institutionstheoretischer Perspektive mit der modernen Reflexionskultur: mit dem kritischen Hinterfragen von Institutionen durch das moderne Subjekt. Zwar ist sich Schelsky mit Gehlen darin einig, dass das mit der Aufklärung erwachende Bedürfnis nach kritischer Reflexion und die Freiheit hierzu ironischerweise allererst das *Produkt* von Institutionen ist: die Folge also von deren entlastender Wirkung (auf die der Mensch auch Schelsky zufolge nicht wird verzichten können). Gehlen hat diesen Sachverhalt auf die Formel von der „Geburt der Freiheit aus der Entfremdung" gebracht.[776] Aber anders als (der Kulturpessimist) Gehlen betrachtet Schelsky die moderne Reflexionskultur nicht zwingend als einen Institutionen *zersetzenden* Faktor. Institutionen, denen der Mensch seine (insofern: bedingte) Freiheit verdankt, müssen ebendieser Freiheit nicht zwangsläufig zum Opfer fallen. Die Reflexion kann vielmehr zu einem Institutionen *stabilisierenden* Faktor umgewandelt werden – indem sie selbst eine Mitinstitutionalisierung erfährt. Schelsky ist mit anderen Worten der Ansicht, dass in der Moderne nur noch solche Institutionen stabil und „überlebensfähig" sind, die die *Reflexion mitinstitutionalisieren* und sich derart als *anpassungsfähig* an veränderte Umstände erweisen. „Alle Lebensformen, -gruppen und -institutionen, deren Existenz und Legitimität in einer durchgehaltenen Kontinuität der Zeiten beruhen, stehen vor einem neuen Anfang, in dem die Weisheit der Jahrhunderte nicht mehr trägt."[777] Institutionen können hinsichtlich ihrer Stabilität nicht länger auf die Naivität der Individuen zählen: auf deren unreflektierte Anerkennung. Der Zwang, der von ihnen ausgeht, wird nicht mehr ohne Wei-

---

776 Vgl. Gehlen, Arnold: Über die Geburt der Freiheit aus der Entfremdung (1952), in: ders.: Studien zur Anthropologie und Soziologie, Neuwied am Rhein 1963, S. 232-246.

777 Schelsky, Helmut: Ist die Dauerreflexion institutionalisierbar? Zum Thema einer modernen Religionssoziologie (1957), in: ders.: Auf der Suche nach Wirklichkeit. Gesammelte Aufsätze, Düsseldorf 1965, S. 250-275. Vgl. für Schelskys Theorie der Institution v.a. ders.: Zur soziologischen Theorie der Institution, in: ders. (Hrsg.): Zur Theorie der Institution, Düsseldorf 1970, S. 9-26 sowie die bündige Zusammenfassung bei Lübbe, Hermann: Helmut Schelsky und die Institutionalisierung der Reflexion, in: Recht und Institution. Helmut-Schelsky-Gedächtnissymposion (Münster 1985), hrsg. von der Rechtswissenschaftlichen Fakultät der Universität Münster, Berlin 1985, S. 59-70.

teres hingenommen, vielmehr zunehmend hinterfragt. Die Widersprüche totzuschweigen, die hierdurch beim Subjekt ausgelöst werden, ist daher keine Option mehr. Stattdessen gilt es, wie Schelsky in einer frühen religionssoziologischen Arbeit darlegt, die Dauerreflexion zu institutionalisieren.[778] Er sieht hierin sogar, ganz im Gegenteil, die *einzige* Möglichkeit, Traditionen in die Moderne hinüberzuretten. In der Spannung zwischen dem *Allgemeinen* der Institutionen und der *Subjektivität* des modernen Menschen entdeckt er demgemäß die *entscheidende Spannung* unserer gegenwärtigen Kultur – die eben deshalb der institutionellen Bearbeitung und Entschärfung bedarf. Wie Institutionstheoretiker aus Ethnologie und Soziologie vor ihm geht Schelsky nämlich davon aus, dass eine jede institutionelle Befriedigung von Bedürfnissen unmittelbar *Folge*bedürfnisse freisetzt, die wiederum der Institutionalisierung bedürfen. Eine endlose Schleife also, in der *aktuell* die moderne Subjektivität jene „oberste Schicht" von Bedürfnissen bildet, die auf die „Erfüllung" durch Institutionen brennt. Hierzu zählt Schelsky u.a. den Anspruch auf persönliche Freiheit des Individuums, auf seine kritische Distanz zu den sozialen Zwängen, auf einen Vorrang oder wenigstens Schutzraum des Privaten sowie dessen Anspruch auf Gedanken- und Meinungsfreiheit.

Eine Besonderheit der modernen Subjektivität besteht Schelsky zufolge gleichwohl darin, dass sie primär als *Ausdrucksbedürfnis* in die Institutionen eingeht und ihre Erfüllung sucht. Das heißt, sie zielt gerade nicht auf eine *unmittelbare* Veränderung der Institution bzw. setzt sich selbst nicht *an die Stelle* der Institution. Derjenige, der dies fordere, „übersieht, daß jede direkte sachliche oder politische Veränderung der Institution, die aus seiner kritischen Subjektivität folgt, eben diese wiederum in Funktionalität und Herrschaft auflöst"[779]. Damit die kritische Reflexion und deren Äußerung bewahrt bleiben, gilt es vielmehr, sie *mit*zuinstitutionalisieren, als eine Art *Ergänzung* also. Im Ergebnis handelt die reflektierende Subjektivität dann „zwar nicht revolutionär", aber dennoch hält sie „die neuartige Spannung moderner Institutionsformen aus und bewirkt damit einen dau-

---

778 Siehe Schelsky 1965 – Ist die Dauerreflexion institutionalisierbar. Schon 1949 schreibt er: „Die Möglichkeit selbstkritisch-analytischer Kontrolle gehört heute [...] zu den Grundlagen einer stabilen Institution" (ders.: Über die Stabilität von Institutionen, besonders Verfassungen. Kulturanthropologische Gedanken zu einem rechtssoziologischen Thema (1949), in: ders.: Auf der Suche nach Wirklichkeit. Gesammelte Aufsätze, Düsseldorf 1965, S. 33-55, hier S. 47).
779 Schelsky 1970 – Zur soziologischen Theorie der Institution, S. 25.

3. Vom Ende der Revolution

erhafteren sozialen Strukturwandel der Institutionen als die jeweils institutionell reprimitivisierende revolutionäre Handlung"[780]. Schelsky kommt demnach zu einem ganz ähnlichen Schluss wie Mead: Indem die Revolutionäre ihre Vorstellung von Struktur objektive (und das heißt: unveränderliche und Zwang ausübende) Wirklichkeit werden lassen, provozieren sie nur den Widerspruch zukünftiger Revolutionäre. Die Lösung kann insofern einzig und allein sein, das kritische Bewusstsein des Individuums nicht in Institutionen aufgehen zu lassen, sondern *auf Dauer zu stellen* und einen *indirekten* Einfluss ausüben zu lassen. Die Subjektivität soll „in funktions- und herrschafts*freier* Kommunikation"[781] verharren, wie Schelsky die Forderung des jungen Habermas referiert. Die Struktur der Institutionen soll gewissermaßen offen für die unabhängige Kritik der modernen Subjektivität bleiben und ihr immer wieder schrittweise entgegenkommen.

Luhmann wird den Gedanken Schelskys (als dessen Schüler) aufgreifen und weiterspinnen. Auch er sieht es nicht nur als möglich, sondern gleichfalls als geboten an, die Dauerreflexion zu institutionalisieren. Allerdings erweitert er den Schelskyschen Gedankengang dahingehend, dass er die Reflexion zu einer *institutions-* bzw. *systemeigenen* Leistung erklärt. Die hohe Komplexität der Gesellschaft zwinge dazu, die Reflexion vom einzelnen (und somit heillos überforderten) Subjekt zu lösen und stattdessen sozialen Systemen zu überantworten. Um den fortlaufenden Wandel von Institutionen in einer komplexen Umwelt sicherzustellen, wird eine Leistung objektiviert, die bislang stets der kritisch reflektierenden Subjektivität zugeordnet war. Luhmann spricht in dem Zusammenhang von „reflexiven Mechanismen".[782] Diese sind, so Luhmann, für die Bestandssicherung von sozialen Systemen unter modernen Bedingungen insofern unerlässlich, als sie die *Offenheit* für Alternativen und damit die Möglichkeit zur *Variation* garantieren. Reflexive Mechanismen bewahren, anders formuliert, qua reflexiver Problematisierung der (eigenen) Systemstrukturen Komplexität und Kontingenz: Sie erinnern daran (oder schärfen allererst das Bewusstsein dafür), dass alles – die Systemstruktur eingeschlossen – auch anders möglich wäre und sorgen so für eine dynamische Anpassungsfähigkeit der

---

780 Ebd.
781 Ebd., m.H.
782 Siehe für die folgenden Ausführungen Luhmann, Niklas: Reflexive Mechanismen (1966), in: ders.: Soziologische Aufklärung. Bd. 1: Aufsätze zur Theorie sozialer Systeme, Opladen 1970, S. 92-112.

ehemals starren Systeme (bzw. Institutionen). Reflexiv sind die Mechanismen deshalb, weil sie *auf sich selbst* angewandt werden: Die Normierung wird normiert (Recht also positiviert), Lehren wird gelehrt, Forschen wird erforscht usw. Man könnte den Sachverhalt auch so ausdrücken, dass in das System selbst Lernmöglichkeiten eingebaut werden, was insbesondere im normativen und damit eigentlich lernunwilligen Bereich eine überaus voraussetzungsreiche Leistung darstellt. Erwartungen, von denen man selbst im Enttäuschungsfall nicht abrückt, an denen man kontrafaktisch festhält, öffnen sich für Umstellungen.[783] „Ordnung" und „Entwicklung", die in der Soziologie bislang als Gegensatz gegolten hätten, ließen sich, so Luhmann weiter, auf diese Weise zusammendenken: Einzig solche Ordnungen werden in der Moderne fortdauern, die sich immerfort weiterentwickeln.[784]

---

[783] Es gibt für Luhmann prinzipiell zwei Modi, auf Erwartungsenttäuschungen zu reagieren, die konträr und gerade deshalb funktional äquivalent sind. Entweder die enttäuschte Erwartung wird revidiert und der Realität angepasst (kognitives Erwarten) oder aber es wird der Enttäuschung zum Trotz an ihr festgehalten (normatives Erwarten). „To learn or not to learn, that is the question." Die Ausdifferenzierung normativer und kognitiver Erwartungsmodi erlaubt es, einen Ausgleich zu finden zwischen der doppelten Notwendigkeit, einerseits sich lernend der Wirklichkeit anzupassen und andererseits Erwartungen konstant zu halten (um ein gewisses Maß an Sicherheit und sozialer Integration des Erwartens zu wahren). Und dieser Ausgleich lässt sich wiederum steuern: Es kann normativ erwartet werden, dass in bestimmten Situationen normativ erwartet wird (in der Rechtsprechung etwa), aber genauso, dass kognitiv erwartet wird (in der Wissenschaft etwa). Vgl. Luhmann 2008 – Rechtssoziologie, v.a. S. 42-52, Zitat siehe ders. 1976 – Generalized Media, S. 509. Für die Positivierung des Rechts – d.h. für das Einbauen eines *stilwidrigen* Elements: von Lernen in den eigentlich lerngefeiten Bereich – war dabei Luhmann zufolge die Hierarchie der Normen und Normquellen eine wesentliche Etappe (ders. 1966 – Reflexive Mechanismen, S. 95, m.H.): „Mit der Ordnung von lex divina, lex aeterna, lex naturalis und lex positiva wird ein Schema *begrenzter* Flexibilität und Änderbarkeit des Rechts institutionalisiert. Die Differenzierung von ‚oben' und ‚unten', deren Eindruckskraft die Institutionalisierung erleichtert, erlaubt es, die unteren Normen der lex positiva *im Lichte und in den Grenzen der oberen* zu modifizieren, *ohne* diese selbst und damit die Gesamtordnung zu gefährden. Eine Normänderung durch menschliche Entscheidung, ja sogar die Herstellung ‚neuen' Rechts läßt sich nun legitim ausdrücken – und normieren. Damit ist die Reflexivität der Normsetzung schon vorgesehen, aber auf geniale Weise abgestumpft durch einen Überbau unwandelbaren Rechts, der auch die Regelung der Normierung enthält und damit den Regreß ins Unendliche verhindert."

[784] Vgl. ebd., S. 105f.

3. Vom Ende der Revolution

In weiteren Arbeiten wird Luhmann diesen Gedanken in Bezug auf das politische System, dessen Funktion er im Herstellen (bzw. im Bereithalten der Kapazität zur Herstellung) von kollektiv bindenden Entscheidungen verortet, weiter konkretisieren. Er bescheinigt dem politischen System, dass es

> um seiner Funktion willen so weit ausdifferenziert und so autonom und komplex eingerichtet worden [ist], daß es seine Stabilität nun nicht mehr auf feste Grundlagen, Bestände oder Werte gründen kann, sondern sie durch Möglichkeiten der Änderung gewinnen muß. *Variabilität* wird so zur *Stabilitätsbedingung*. Sie muß deshalb *strukturell* gewährleistet werden.[785]

Die Schwelle für die Ermöglichung von struktureller Variation muss folglich spürbar *gesenkt* werden: „Auch geringe Kräfte, normale Bemühungen und nicht nur krisenartige Ausbrüche" – man könnte auch sagen: *nicht allein Revolutionen* – „müssen Einfluß auf die Ausarbeitung und Änderung von Strukturen erhalten – kleine Ursachen also große Wirkungen"[786]. Es muss mit anderen Worten auf strukturellem Wege der lethargischen Neigung von Ordnung entgegengewirkt werden. Alle Ordnung hat immer schon die Tendenz zur Erstarrung, weil sie auch solche Verhaltenserwartungen setzt, die normativ und damit kontrafaktisch stabilisiert sind. Zwar wird Verhalten „lediglich" erwartet und nicht vorab determiniert, das heißt, eine jede Ordnung lässt immer schon ein gewisses Maß an Unordnung zu, indem sie es dem Einzelnen freistellt, die Erwartungen zu erfüllen oder nicht. Strukturen treffen nur eine Vorauswahl: Sie wählen das Wählbare, so dass Komplexität in zwei Stufen reduziert wird.[787] Aber Normen zeichnet, wie gesagt, gerade aus, dass sie *auch im Enttäuschungs-*

---

[785] Luhmann, Niklas: Soziologie des politischen Systems, in: Kölner Zeitschrift für Soziologie und Sozialpsychologie, Bd. 20/1968, S. 705-733, hier S. 722, m.H. An anderer Stelle drückt Luhmann die Formel von der Stabilisierung durch Variabilisierung auch als *unbestimmte Stabilisierung* von Systemstrukturen aus: „Es wird sichergestellt, *daß* entschieden werden kann, nicht aber *was* entschieden wird." Ders.: Politische Soziologie, hrsg. von André Kieserling, Frankfurt/M. 2010, S. 62.

[786] Luhmann 1968 – Soziologie des politischen Systems, S. 726.

[787] „Strukturen orientieren Wahlen, ohne ihnen den Charakter der Wahl zu nehmen, das heißt ohne die Möglichkeit anderer Selektion als Möglichkeit zu vernichten. Lediglich die Zeit, nicht die Wahl, vernichtet die Verwirklichungschance von Möglichkeiten dadurch, daß sie Ereignisse Vergangenheit werden läßt und ihnen dadurch die Möglichkeit entzieht, anders zu sein." Luhmann 2008 – Rechtssoziologie, S. 117.

fall durchgehalten werden. Enttäuschungen *allein* reichen daher nicht aus, um eine Flexibilisierung der normativen Ordnungsstrukturen zu erreichen. Der Schlüssel hierfür liegt vielmehr darin, auf Devianz (und sei es nur eine abweichende Meinung) *positiv* zu reagieren. Devianz darf mithin pauschal weder ignoriert noch sanktioniert werden. Sie muss stattdessen der Möglichkeit nach sowohl zur Kenntnis als auch zum Anlass für Strukturänderungen genommen werden. In der Devianz steckt somit für Ordnung das Innovations- und damit Anpassungspotential schlechthin.[788] Ganz ähnlich kommt Andreas Anter zu dem Schluss, dass „jede Ordnung vor eine paradoxe Aufgabe" gestellt wird: „Sie kann Ordnungen dauerhaft nur garantieren, indem sie Unordnung zuläßt, wenn nicht sogar institutionalisiert. Systeme, die nur Konformität zulassen, sind langfristig jedenfalls nicht überlebensfähig"[789]. Insofern stehen Ordnung und Unordnung in keinem einander ausschließenden, sondern in einem *sich wechselseitig bedingenden* Verhältnis: ohne Unordnung keine (zumindest keine langlebige) Ordnung und ohne Ordnung keine Unordnung (die sich erst im Kontrast zur Ordnung als solche abzeichnet).

Das Herabsetzen der Änderungsschwelle ist jedoch, wie Luhmann erkennt, mit gewissen Risiken verbunden. Was Struktur wird, darf nicht beliebig sein.[790] *Deshalb* fordert er zugleich eine gesteigerte Autonomie für das politische System. An dieser Stelle kommt, wie ich finde, der normative Einschlag der Luhmannschen Systemtheorie ungewöhnlich unverhüllt

---

788 Vgl. hierzu auch ebd., S. 116-131. „Eine rasch veränderliche Gesellschaft mit absehbar hohem Innovationsbedarf [...] muß Mechanismen ausbilden, die auch in abweichendem Verhalten noch die Chance neuer Strukturen entdecken können; die sich also durch das rechtswidrige oder gar unmoralische Erscheinungsbild des Neuen nicht täuschen lassen, sondern in der Lage sind, ohne Entrüstung und lernbereit darauf zu reagieren." Ebd., S. 130.
Die Ausführungen Luhmanns zeugen meines Erachtens davon, dass er sich die Kritik am Parsonsschen Strukturfunktionalismus, an dessen statischem Charakter durch Dahrendorf und andere zu Herzen genommen hat und deshalb theoretisch zu zeigen versucht, wie Strukturveränderung möglich ist.
Dass der Normbruch, genauer: dessen Thematisierung *als* Normbruch, als weitere positive Funktion die Verlebendigung des Normgefühls bewirkt, wissen wir seit Durkheim.
789 Anter 2007 – Die Macht der Ordnung, S. 55.
790 Eine Risikosteigerung, die mit der Moderne verbunden ist, besteht außerdem darin, die ehemals latente Funktion der Struktur, über die Komplexität und Kontingenz der Welt hinwegzutäuschen, *manifest* zu machen: Man weiß nun, dass die Struktur auch anders sein könnte.

3. Vom Ende der Revolution

zum Vorschein. Die Politik *ist* nicht einfach nur operativ geschlossen, sie *soll* operativ geschlossen sein. Wieso? Damit nur noch *systeminterne*, genauer: *systemintern auswählbare* Ursachen für die Änderung (oder Nicht-Änderung) von Strukturen sorgen – und eben nicht beliebige Ereignisse aus der gesellschaftlichen Umwelt.[791] Operativ geschlossene Systeme sind ihrer Umwelt gegenüber zwar keineswegs verschlossen, das wird häufig missverstanden, sie sind vielmehr *umweltoffen*, können die Umwelt aber nur noch mit *systemeigenen* Operationen „wahrnehmen". Umwelt kann internalisiert werden – und *muss* im Grunde genommen auch internalisiert werden, um den selbstreferentiellen Zirkel zu durchbrechen –, doch lediglich nach Maßgabe systemeigener „Regeln", d.h. in der „Sprache" des eigenen Codes.[792]

Woher aber kommt die Unordnung, die eine vorhandene politische Ordnung fortwährend aus ihrer Lähmung aufstört und so deren Anpassungsfähigkeit erhält? Ich möchte argumentieren: von der *Demokratie*. Der zentrale Beitrag der Demokratie in Hinblick auf institutionellen Wandel im politischen Bereich besteht darin, für eine *ständige „Unruhe"* zu sorgen, die wiederum Voraussetzung dafür ist, dass Institutionen bzw. Ordnungen *offen für Veränderungen* bleiben statt zu kristallisieren. Die Demokratie dient in einem Bereich, in dem es eigentlich darum geht, sich *festzulegen*, dazu, sich immer nur *vorläufig*, bis auf *Widerruf* festzulegen. Sehr abstrakt besehen: Obwohl – oder vielmehr: *gerade weil* – die Politik darauf zielt, Komplexität zu reduzieren (nichts anderes ist das Treffen von Entscheidungen), braucht man zugleich Mechanismen, die dafür sorgen, dass Komplexität *aufgebaut* und vor allem *erhalten* bleibt – über die jeweilige „Vernichtung" von Komplexität hinaus. „Demokratie heißt", wie Luhmann akzentuiert, „Erhaltung der Komplexität *trotz* laufender Entscheidungsarbeit, Erhaltung eines möglichst *weiten* Selektionsbereichs für immer wieder neue und andere Entscheidungen"[793]. Und Erhaltung von Komplexität ist wiederum eine Bedingung für die Erhaltung von Kontingenz: Etwas kann nur anders sein (bzw. anders gedacht werden), wenn es mehr als eine Möglichkeit gibt (bzw. man sich mehrerer Möglichkeiten

---

791 Siehe Luhmann 1968 – Soziologie des politischen Systems, S. 726.
792 In dem Zusammenhang ist besonders lesenswert Luhmann 1981 – Selbstlegitimation des Staates.
793 Luhmann, Niklas: Komplexität und Demokratie (1969), in: ders.: Politische Planung. Aufsätze zur Soziologie von Politik und Verwaltung, Opladen 1971, S. 35-45, hier S. 40, m.H.

bewusst ist). Das heißt, die *Selektivität* von Strukturen wird nur dann dauerhaft bewusst bleiben – und möglicherweise zum Anlass für eine *Änderung* der Struktur genommen werden –, wenn das „Woraus" der Selektion gegenwärtig bleibt, wenn also nicht vergessen wird, dass die konkrete Entscheidung *für* eine Möglichkeit zugleich eine Entscheidung *gegen* andere Möglichkeiten war und, sofern und solang die ursprüngliche Entscheidung nicht revidiert wird, auch ist und sein wird.

Nur, wie genau schafft es die Demokratie, sowohl Komplexität als auch Kontingenz zu bewahren? Kurz gesagt: indem sie den *Konflikt institutionalisiert*. Der in institutionelle Bahnen gelenkte Konflikt sorgt dafür, dass die Ordnung anpassungsbereit bleibt, gleichsam *responsiv*. Ihm muss folglich (anders als in Parsons' Strukturfunktionalismus) eine *positive* Funktion zuerkannt werden, er darf nicht vorschnell als rein destruktiv, als nur dysfunktional abqualifiziert werden. Wie schon Lewis Coser im Ausgang von Georg Simmels „Der Streit" und George Sorel pointiert: „What is important for us is the idea that conflict [...] prevents the ossification of the social system by exerting pressure for innovation and creativity."[794] Ein offener Konfliktaustrag in Gesellschaften ist daher nicht notwendig ein Ausweis von Instabilität, sondern kann genau umgekehrt ein Ausweis von *Stabilität* sein. Dies insofern, als bestehende Spannungen – auch und gerade unterschiedliche Vorstellungen darüber, wie die Ordnung zu gestalten ist – an die Oberfläche geholt und verringert oder gar beseitigt werden. Die Abwesenheit von Konflikten dagegen kann darauf hindeuten, dass unterschwellige Spannungen zwar existieren, aber nicht abgebaut werden – und sich stattdessen womöglich eines Tages unkontrolliert und schlagartig entladen werden. Die Demokratie zeichnet mithin aus, dass sie aufkommenden Protest *aufnimmt*, ja mehr noch: *aktiv produziert*. Statt ihn zu unterdrücken, fördert sie ihn und leitet sie ihn in Kanäle, die eine Änderung von Strukturen zwar nicht zur Folge haben müssen, aber doch *können*. In den Worten Norberto Bobbios: „„Democracy can be defined [...] as the political system which is characterized by the transferral of dissent [...] from outside the system to the inside""[795].

Wenn man näher untersucht, wie sozialen Konflikten bzw. der Artikulation von Dissens in der Demokratie der nötige Raum gegeben wird bzw.

---

[794] Coser 1967 – Social Conflict, S. 19. Coser bleibt freilich (im Gegensatz zu Dahrendorf) noch innerhalb des Strukturfunktionalismus. Seine konflikttheoretischen Überlegungen sollen diesen lediglich ergänzen.

[795] Zitiert nach Cipriani 1987 – The Sociology of Legitimation, S. 20.

3. Vom Ende der Revolution

wie es gelingt, eine Art Dauerspannung im politischen System selbst zu institutionalisieren, die immer wieder neuen Wandel einleitet, stößt man auf mehrere Mechanismen, von denen indes *einer* ganz besonders herausragt. Ja, es gibt einen zentralen Konflikt, anhand dessen ich in aller Kürze die flexibilisierende Wirkung auf Strukturen darlegen möchte: jenen zwischen der *Regierung* auf der einen und der *Opposition* auf der anderen Seite. Dieser Konflikt ist nicht zuletzt deshalb so bedeutsam, weil er den Konflikt an genau den Ort trägt, wo kollektiv verbindliche Entscheidungen getroffen werden, wo mithin über die Änderung oder Nicht-Änderung von Strukturen – und das heißt: über die (Nicht-)Änderung von Recht – befunden wird: an die *Spitze* des politischen Systems. Luhmann geht sogar so weit, den Demokratiebegriff selbst über ebendiese Unterscheidung von Regierung und Opposition zu bestimmen. Demokratie sei weder Herrschaft des Volkes noch ein Prinzip, nach dem alle Entscheidungen partizipabel gemacht werden, sondern es gelte, „unter Demokratie die *Spaltung der Spitze* zu verstehen: die Spaltung der Spitze des ausdifferenzierten politischen Systems durch die Unterscheidung von Regierung und Opposition"[796]. Was leistet diese Spaltung nämlich? Beschränkt man sich zunächst einmal auf die Institution der Opposition, so lässt sich feststellen, dass es durch sie ganz grundlegend zur *Reflexion von Kontingenz* kommt: Indem sie Politikalternativen formuliert, ruft sie ins Gedächtnis, dass man auch anders entscheiden könnte bzw. anders hätte entscheiden können. Die Opposition garantiert mit anderen Worten die Dauerreflexion bzw. die „ständige Präsenz einer Optik, in der man sehen kann, daß es auch anders möglich wäre bzw. anders möglich gewesen wäre"[797]. Das allein würde in der politischen Praxis freilich noch keine Strukturänderungen herbeiführen – Opposition ist schließlich nicht gleich Regierung (und daher „Mist", wie Franz Müntefering einmal bemerkte).

Dadurch aber, dass Politiker – und zwar Oppositions- wie auch Regierungspolitiker – sich regelmäßig *politischen Wahlen* stellen müssen,

---

796 Luhmann, Niklas: Die Zukunft der Demokratie (1986), in: ders.: Soziologische Aufklärung. Bd. 4: Beiträge zur funktionalen Differenzierung der Gesellschaft, Opladen 1987, S. 126-132, hier S. 127. Die Unterscheidung von Regierenden und Regierten ist in Luhmanns Konzeption demgegenüber der erste Code des modernen politischen Systems, zu dem mit der Demokratie dann die Codierung Regierung/Opposition hinzutritt; vgl. ders.: Theorie der politischen Opposition, in: Zeitschrift für Politik, Bd. 36/1989, Heft 1, S. 13-26, hier S. 17.
797 Ebd., S. 20.

kommt es zur *Ausweitung* bzw. *Generalisierung* der Kontingenzorientierung, zu einem, wie Luhmann sich ausdrückt, „Ausfließen der Kontingenzreflexion"[798]: Die Kontingenzreflexion der Opposition färbt auch auf die Regierung ab. Denn die Regierung wird nunmehr gezwungen, sich ebenfalls am Auch-Anders-Sein-Können verbindlicher Entscheidungen zu orientieren. Tut sie dies nicht, so droht sie, die Auseinandersetzung nach der nächsten Wahl mit vertauschten Rollen zu führen: mit sich selbst als Opposition und der bisherigen Opposition als neuer Regierung. Es ist mit anderen Worten der *drohende Machtverlust*, der sowohl die Opposition als auch die Regierung immer mit (mindestens) einem Auge auf die „öffentliche Meinung" schielen lässt, die, wenn nicht Auskunft darüber, so doch immerhin Anhaltspunkte dafür gibt, welche politische Position „populär" ist und damit die Chancen für einen Wahlsieg erhöht und welche nicht. Das heißt, indem die „öffentliche Meinung" abwechselnd *mal* die Regierung und *mal* die Opposition begünstigt, kommt es im Endeffekt, und das ist zentral, zu einer *Labilisierung* der Obersten Gewalt bzw. zu einer *Sensibilisierung* des politischen Systems.[799] Bezogen auf jene die Demokratie auszeichnende Leistung, Komplexität zu erhalten, d.h. Möglichkeiten zukünftiger Wahl (trotz ständigen Wählens) *offen zu halten*, Strukturen also je nach Bedarf zu *variieren*, kann Luhmann darum formulieren:

> Der Code, der vorsieht, daß alles, was politisch relevant gemacht werden kann, entweder der Regierung oder der Opposition dient, scheint ein hohes Maß an Offenheit für Ereignisse und Informationen sicherzustellen. Er scheint auch wie eine Art von eingebautem Dauerreiz für Themensuche und Innovation zu fungieren.[800]

So viel zur Wahrung der *Kontingenz* bzw. *Elastizität* von Ordnung(sstrukturen), in deren Zusammenhang die Betonung der Rolle von institutionalisierten Konflikten unmittelbar einleuchtet. Schon Weber scheint mir in eine ähnliche Richtung gedacht zu haben, wenn es darum ging, die Erstarrung der Dynamik gesellschaftlichen Lebens in einem „Gehäuse der Hörigkeit" zu verhindern, die im Gefolge der Rationalisierungs- und Bürokratisierungsprozesse drohte.[801] Desgleichen werte ich jüngere Demokra-

---

798 Ebd.
799 Vgl. Luhmann 1987 – Die Zukunft der Demokratie, S. 128.
800 Ebd., S. 129.
801 Man rufe sich nur sein kompetitives Politikverständnis in Erinnerung: Politik ist Kampf; in ihr sollen (führende) Politiker, nicht (ausführende) Beamte agieren; das Parlament soll als Auslesestätte für politische Führer fungieren und daher mit

3. Vom Ende der Revolution

tiemodelle wie das agonistisch-pluralistische von Chantal Mouffe als Versuch, die positive Funktion des Konflikts in der und für die Politik zu institutionalisieren.[802]

Eine gänzlich *andere* Frage ist jedoch, wieso der jeweilige Konfliktausgang gebilligt wird, wieso und wie es mit anderen Worten zur *Annahme* von Struktur- und das heißt im politischen Kontext: *Rechts*änderungen kommt.[803] Diesbezüglich auf die Kontingenz allen Rechts zu verweisen – darauf also, dass es befolgt wird, weil man es ändern würde, wenn man es für änderungsbedürftig hielte – genügt nicht; ganz im Gegenteil: dessen Kontingenz, dessen mögliches Anders-Sein ist gerade das Problem. Sobald Recht sich aus seinen religiösen und naturrechtlichen Bindungen löst und *positiv* wird, das heißt, sobald es als *Aus*wahl aus *anderen* Möglichkeiten bewusst wird und *kraft* dieser Auswahl bzw. Entscheidung gilt – und damit nur noch solang, bis *anders* entschieden wird –, wird, wie Luhmann zuspitzen kann, „in einer zentralen Frage menschlichen Zusammenlebens Beliebigkeit Institution"[804]. Die Möglichkeit zur willkürlichen Änderung von Recht wird nicht nur bewusst gemacht, sondern darüber hinaus legalisiert. Wenn nun aber Recht verfügbar wird, wie lässt sich gleichzeitig *dennoch* ein Moment *Un*verfügbarkeit retten? Wie lässt sich die paradoxe Leistung vollbringen, Recht *zugleich* als invariant und als variabel zu institutionalisieren? Stünde Recht *jederzeit* zur Disposition, käme es seiner strukturierenden (d.h. Verhaltenserwartungen orientierenden) Funktion nicht mehr nach. Ein jeder würde aus Enttäuschungen lernen (bzw. nach Gutdünken erwarten), die Sicherheit im Erwarten,[805] sie wäre verloren.

---

genügend Machtbefugnissen ausgestattet sein; diese sollen Entscheidungsfreiheiten genießen, dafür aber auch zur Rechenschaft gezogen werden können etc. Siehe hierzu insbesondere Weber 1988 – Parlament und Regierung. Wenngleich Weber noch viel zu viel Vertrauen in einzelne (charismatisch begabte) *Personen* in der Politik setzt (wie nicht nur, aber auch aus seiner Verehrung Bismarcks hervorgeht), weniger also in *Systeme* wie Luhmann.

802 Siehe Mouffe, Chantal: Über das Politische. Wider die kosmopolitische Illusion, Frankfurt/M. 2007/2005 und dies.: Das demokratische Paradox, Wien 2010/2000. Darauf wird noch zurückzukommen sein.

803 Recht stellt für den „frühen" Luhmann im Übrigen noch eine Art Superstruktur der Gesellschaft dar; ein Gedanke, den er später indes aufgeben wird, um die Architektur seiner Theorie funktionaler Differenzierung nicht zu gefährden.

804 Luhmann 1968 – Soziologie des politischen Systems, S. 722.

805 Die daher rührt, dass ich im Falle normativen Erwartens schon *vorher* weiß, wie ich reagieren werde, also *unabhängig* davon, ob meine Erwartung erfüllt wird oder nicht: Ich werde nämlich auf die Richtigkeit meines Erwartens und die Un-

Einen Teil der Lösung erblickt Luhmann in der Differenzierung von Recht*sprechung* einerseits und Recht*setzung* andererseits.[806] Derart wird sichergestellt, dass Recht *für gewöhnlich*, also in den Situationen, die es strukturieren soll, durch Androhung und Vollzug von Sanktionen (über den gegebenenfalls in Gerichtsverfahren entschieden wird) nicht in Frage gestellt wird. *Daneben* werden spezielle Situationen eingerichtet, in denen das Recht „ausnahmsweise" zur Disposition steht: Gesetzgebungsverfahren. Es wird demnach streng danach geschieden, wann die Erwartungssicherheit bzw. Standhaftigkeit und wann die Anpassungsfähigkeit bzw. Beweglichkeit des Rechts im Vordergrund steht.[807]

Doch damit ist immer noch nicht sichergestellt, dass positives, gesetztes Recht auch allseits *befolgt* wird, Recht also, das heute so und morgen anders sein könnte und dem insofern eine gewisse Beliebigkeit eignet. „Mit der zunehmenden, schließlich vollständigen Umformung des Rechts in eine kontingente, entscheidungsabhängige Erwartungsstruktur", bemerkt Luhmann treffend, „mußte das Problem der *bindenden Wirkung* des Rechts sich neu stellen"[808]. Nicht in der *Ent*schärfung, sondern in der *Ver*schärfung des Legitimitätsproblems liegt demgemäß die Wirkung der Kontingent- bzw. Positivwerdung allen Rechts. Herrschaft kann, das wurde in dieser Arbeit mehrmals festgehalten, (dauerhaft) nicht allein auf der Androhung und dem Vollzug von Sanktionen beruhen. Es ist daher zu fragen, wie prinzipiell änderbares Recht, das ohne jedwede religiösen oder metaphysischen Garantien auskommen muss, *trotzdem* mit *Legitimität*

---

richtigkeit des Verhaltens meines Gegenübers pochen, d.h. auch im Enttäuschungsfall nicht lernen – eben weil ich weiß, dass „*man*" so erwartet.

806 Siehe v.a. Luhmann 1983 – Legitimation durch Verfahren, S. 233-241 und ders. 2008 – Rechtssoziologie, S. 234-242.

807 Die primäre Funktion von Verfahren der Rechtsanwendung liegt daher weniger in der Ermöglichung von Lernen im strukturellen Bereich als in der Absorption von Protest; siehe Luhmann 1983 – Legitimation durch Verfahren, S. 237f.

808 Luhmann 2008 – Rechtssoziologie, S. 259, m.H. Vgl. hierzu auch Habermas, Jürgen: Recht und Moral (Tanner Lectures 1986), in: ders.: Faktizität und Geltung. Beiträge zur Diskurstheorie des Rechts und des demokratischen Rechtsstaats, Frankfurt/M. 1998/1992, S. 541-599, hier S. 574: „Darin spiegelt sich die in die Geltungsgrundlagen des positiven Rechts eingebaute Paradoxie: wenn die Funktion des Rechts darin besteht, normativ generalisierte Verhaltenserwartungen zu stabilisieren, wie kann diese Funktion noch erfüllt werden von einem beliebig änderbaren, allein kraft der Entscheidung eines politischen Gesetzgebers geltenden Rechts? Auch Luhmann muß auf die Frage, wie Legitimität durch Legalität möglich ist, eine Antwort geben."

3. Vom Ende der Revolution

ausgestattet werden kann. In der klassischen Wendung Webers: Wie ist Legitimität durch Legalität möglich? Die beiden Antworten, die Luhmann und Habermas hierauf geben und die die Diskussion zumindest im deutschsprachigen Raum wesentlich geprägt haben, werfen meines Erachtens ein eigentümliches Licht auf das „Schicksal", das die Revolution in der Demokratie ereilt. Ich würde die eine ernüchternd, die andere dagegen idealistisch nennen. Sie sollen nachfolgend skizziert werden. Ungeachtet aller Differenzen sind sich Luhmann und Habermas zwar darin einig, (1) dass positives Recht naturrechtlicher Stützen entbehrt und insofern einer „*neuen*" (nicht mehr aus höherem Recht ableitbaren) Legitimation bedarf, (2) dass Legitimität in der Moderne *performativ* hergestellt werden muss, in rechtlich geregelten Verfahren nämlich, und (3) dass Weber, obwohl er die ersten beiden Punkte ebenfalls erkannt zu haben scheint, *nicht* beantwortet, wie aus Legalität Legitimität resultiert.[809] Nur, *welcher Art* die Verfahren sind, die „legale Legitimität" generieren, darüber gehen die Meinungen der beiden gehörig auseinander.[810]

Luhmann definiert Legitimität „als eine *generalisierte Bereitschaft, inhaltlich noch unbestimmte Entscheidungen innerhalb gewisser Toleranzgrenzen hinzunehmen*"[811]. Legitimität umfasst bei ihm folglich nur die im Voraus sichergestellte (und damit von einzelnen Entscheidungen weitestgehend unabhängige, pauschale) *Hinnahme* von Entscheidungen: Diese werden als Prämissen eigenen Handelns und Erlebens übernommen. Legitimität umfasst bei ihm demnach *nicht* – und insofern ist bereits der Legitimitätsbegriff aufschlussreich nicht nur für die weitere Argumentation, sondern desgleichen für die Divergenzen mit Habermas – die faktische (subjektive) *Überzeugung* von der *Richtigkeit* der Entscheidungen. (Habermas dagegen setzt Legitimität mit der „Anerkennungs*würdigkeit* einer

---

809 Darauf wurde im ersten Kapitel bereits eingegangen. Die Behauptung, die Legitimität einer Satzung entspringe ihrem formal ordnungsgemäßen Zustandekommen, führt in einen infiniten Regress, weil hierdurch die Rechtsordnung, die festlegt, wie Satzungen zustande kommen müssen, noch nicht legitimiert ist.
810 Streng genommen wurde diese Frage bereits mit Luhmanns (späterer) Theorie der Opposition gestreift: Denn zwar finden die Meinungen der Herrschaftsunterworfenen *nicht direkt* Eingang in die Entscheidungsprozesse, aber doch auf *indirektem* Wege: (periodisch) über die politische Wahl einerseits und (fortlaufend) über die „öffentliche Meinung" andererseits (die erst aufgrund der politischen Wahl an Relevanz gewinnt).
811 Luhmann 1983 – Legitimation durch Verfahren, S. 28. Nachfolgend greife ich insbesondere hierauf zurück und auf ders. 2008 – Rechtssoziologie, S. 259-266.

politischen Ordnung"[812] gleich.) Die Erzeugung von individueller Zustimmung ist, zumal unter modernen Bedingungen sehr hoher Komplexität, ein viel zu knappes Gut, als dass die Stabilität des politischen Systems hiervon abhängig gemacht werden dürfe. Ohnehin sei niemand in der Lage, sich über alle aktuellen Entscheidungsthemen stets eine Meinung zu bilden. Viel wichtiger noch: Wahrheit und Richtigkeit von Entscheidungen sind für Luhmann nicht begründbar. Er ist – anders als Habermas – kein Kognitivist, das heißt, er traut Gründen *keine* rational motivierende Kraft zu.[813] Ziel kann für Luhmann unter solchen Umständen darum nur sein, den *Schein* allgemeiner Zustimmung zu wahren: Jeder unterstellt jedem, dass er die Entscheidung akzeptiert – so dass (beinahe) jeder sie schlussendlich akzeptiert.

Der Prozess der Legitimation wird, so gefasst, zu einem *Lernvorgang*. Die Herrschaftsunterworfenen müssen, sofern Recht änderbar bzw. anpassungsfähig werden soll, lernen, im normativen und damit eigentlich unbeirrbaren Bereich zu lernen, d.h. ihre Erwartungsstrukturen umzustellen. Darin besteht die Herausforderung. In Hinblick auf normative Erwartungen soll kognitiv erwartet werden. Oder ausführlicher noch: Es wird normativ erwartet, dass man in Hinblick auf normative Erwartungen kognitiv erwartet. Durch diesen Einbau von Lernmöglichkeiten in das Recht wird ein neuer und subtiler Kompromiss zwischen den Notwendigkeiten der *Wirklichkeitsanpassung* einerseits und der *Erwartungskonstanz* andererseits ermöglicht. Ordnungen werden flexibler, *ohne* jedoch im gleichen Zug für die Beteiligten an Ordnungswert verlieren zu dürfen. „Positivität des Rechts als Voraussetzung einer modernen Gesellschaft" lautet denn auch der programmatische Titel eines Aufsatzes von Luhmann.[814]

Doch wie genau wird diese Umstellung der Erwartungsstrukturen, diese pauschale Hinnahme von Entscheidungen bewirkt? Zunächst einmal durch

---

[812] Habermas 1976 – Legitimationsprobleme im modernen Staat, S. 39, m.H. Oder auch: „Das Recht [...] verlangt von seinen Adressaten nicht nur faktische Anerkennung, sondern beansprucht, Anerkennung *zu verdienen*." Ders.: Zur Legitimation durch Menschenrechte, in: ders.: Die postnationale Konstellation. Politische Essays, Frankfurt/M. 1998, S. 170-192, hier S. 170f.
[813] Wie Habermas 1998 – Recht und Moral, S. 575f. selbst bemerkt. Für Luhmann ist der Erfolg von Kommunikation denn auch extrem unwahrscheinlich.
[814] Vgl. Luhmann, Niklas: Positivität des Rechts als Voraussetzung einer modernen Gesellschaft, in: Lautmann, Rüdiger/Maihofer, Werner/Schelsky, Helmut (Hrsg.): Die Funktion des Rechts in der modernen Gesellschaft. Jahrbuch für Rechtssoziologie und Rechtstheorie, Bd. 1, Bielefeld 1970, S. 175-202.

3. Vom Ende der Revolution

physische Gewalt. Eindeutig überlegene Gewalt ist für Luhmann insofern ein unerlässlicher *legitimierender*(!) Faktor (der als solcher freilich stets ergänzungsbedürftig bleibt), als sie *unabhängig* von den jeweils vorliegenden Motiven die Betroffenen zur Annahme neuen Rechts motivieren kann. Davon war bereits im ersten Kapitel die Rede.[815] Im Angesicht der offensichtlich überlegenen staatlichen Gewaltmittel erwartet ein jeder, dass alle erwarten, dass niemand rebelliert. Mit der Folge, *dass* niemand rebelliert. Selbst Habermas, der zwar aufgrund eines anderen Legitimitätsbegriffs der Gewalt keine legitimierende Wirkung zuspricht, räumt ein, dass modernes Recht *immer auch* auf überlegene Gewaltmittel angewiesen bleibt. Ja, dem demokratischen Rechtsstaat sei eigentümlich, dass er es einem gerade *freistellt*, ob man aus Furcht vor Sanktionen die Gesetze befolgt oder weil man sie für gültig befindet.[816] Eine so deutliche Macht- bzw. Gewaltasymmetrie zwischen dem Staat einerseits und potentiellen Revolutionären andererseits bestand nicht immer; insofern hat durchaus ein maßgeblicher Wandel jener allgemeinen Bedingungen stattgefunden, die in der Vergangenheit die „klassischen" europäischen Revolutionen ermöglicht haben und für deren Erfolg mitverantwortlich waren.[817]

---

815 Zur Erinnerung: Gewalt zeichnet sich u.a. dadurch aus, dass sie universell einsetzbar, ökonomisch, effektiv, gut organisierbar und weitgehend unabhängig von Systemstrukturen ist.
Die symbolisch-generalisierende Wirksamkeit physischer Gewalt beschreibt Luhmann 2008 – Rechtssoziologie, S. 262 an dieser Stelle wie folgt: „man kann auch ohne genaue Kenntnis der durchzusetzenden Entscheidungen, der Situationen und der Motivstruktur der Betroffenen unterstellen, daß sie sich eindeutig überlegener physischer Gewalt fügen, ohne einen aussichtslosen Kampf zu versuchen".

816 So besonders pointiert im nachträglich erschienenen Nachwort zu „Faktizität und Geltung", wo er von einem „ambivalenten Geltungsmodus des Rechts" spricht. „Das moderne Recht wendet sich nämlich seinen Adressaten mit einem Janusgesicht zu: es stellt ihnen frei, ob sie die Rechtsnormen nur als Befehle im Sinne faktischer Einschränkungen des eigenen Handlungsspielraums betrachten und mit den kalkulierbaren Folgen möglicher Rechtsverletzungen *strategisch* umgehen wollen oder ob sie dieselben in *performativer* Einstellung als gültige Gebote ansehen und aus ‚Achtung vor dem Gesetz' befolgen wollen." Habermas 1998 – Faktizität und Geltung, S. 661f. Warum das Werk nicht „Faktizität und *Gültigkeit*" heißt, erschließt sich mir nicht.

817 Siehe Kumar, Krishan: Twentieth-Century Revolutions in Historical Perspective, in: ders.: The Rise of Modern Society. Aspects of the Social and Political Development of the West, Oxford 1988, S. 169-205, hier S. 183-187. Nicht zufällig weichen Revolutionäre im 20. Jahrhundert auf den *Guerilakrieg* aus. Oder aber (seit der iranischen Revolution von 1977-79) alternativ auf gänzlich *gewaltlose*

3.3 Die Institutionalisierung der Revolution

Daneben aber bedarf es, so Luhmann weiter, der Legitimation durch *Verfahren*. Und die Begründung, die er für die Notwendigkeit anführt, die gewaltvermittelte Legitimation durch weitere Mechanismen zu ergänzen, ist bezeichnend (wenn nicht entlarvend): Würde die Legitimität auf nichts anderem als Gewalt beruhen, so „liefe [dies] auf ein höchst unstabiles Terrorregime hinaus, das *deshalb* unstabil bleibt, weil es die Möglichkeit der Unterstellung eines *gemeinsamen* Interesses gegen den Terror nicht wirksam ausschließen kann"[818]. Und er fährt fort:

> Normalerweise kommen deshalb Einrichtungen hinzu, die die Konsolidierung eines *erwartbaren* Interesses Dritter gegen bindende Entscheidungen verhindern. Darin liegt eine wesentliche Funktion rechtlich geregelter Verfahren, vor allem der politischen Wahl, des Gesetzgebungsverfahrens und des Gerichtsprozesses.[819]

Aus den Zitaten wird ersichtlich, worin für Luhmann die Funktion von Verfahren in erster Linie liegt: weniger in dem, was nach herkömmlicher Sicht als Legitimation zu bezeichnen wäre, als in dem, was ich die *Abwendung von delegitimierenden (Massen-)Aktionen* in der performativ-expressiven Dimension nennen möchte. Es geht mitnichten um Überzeugungsarbeit, darum also, gute Gründe dafür anzugeben, warum das neu gesetzte Recht angenommen werden sollte, es geht vielmehr darum, *sich regenden Protest sogleich im Keim zu ersticken*, ja, diesen gar nicht erst zur Entfaltung kommen zu lassen. Verfahren verhindern, dass sich individueller Unmut zum Politikum auswächst.[820] Sie sorgen dafür, dass das Individuum mit seinem Protest *allein* gelassen wird, dass er *keine* Unterstützung durch Dritte für sein Anliegen mobilisieren kann, weil es im Zuge von Verfahren als sein *privates* – und eben nicht: allgemeines und damit politisierbares – Anliegen dargestellt wird. Verfahren entziehen mithin nicht erst sozialen

---

Formen des Widerstands, der dann nicht nur auf ländliche Regionen beschränkt bleiben muss, wo die „infrastrukturelle Macht" des Staates geringer ist. Vgl. zum Trend gewaltloser Erhebungen auch Goodwin 2001 – No Other Way Out, S. 295f.

818 Luhmann 2008 – Rechtssoziologie, S. 262f., m.H.
819 Ebd., S. 263, m.H. Im Übrigen sieht Luhmann in der Umstellung auf Legitimation durch Verfahren eine Errungenschaft der „bürgerlichen Revolution"; siehe ders. 1983 – Legitimation durch Verfahren, S. 2. Selten genug lässt sich Luhmann (als funktionaler Theoretiker) zu solchen kausalen bzw. genetischen Aussagen hinreißen.
820 Genau daran drohte „Stuttgart 21" zu scheitern – bis das Vermittlungs*verfahren* kam.

3. Vom Ende der Revolution

Gruppen jene Unterstützung durch einen wesentlichen Teil der Bevölkerung, die u.a. für Tilly (wohlgemerkt trotz seines sehr *weiten* Revolutionsbegriffs) eine Grundvoraussetzung für Revolutionen bildet,[821] sondern setzen sehr viel früher an, indem sie schon die *Bildung von* (gegebenenfalls revolutionären) *Gruppen* behindern, die im Anschluss daran weitere Unterstützung mobilisieren könnten. Stattdessen wird ein soziales Klima geschaffen, in dem die Annahme der Entscheidung zur *Selbstverständlichkeit* stilisiert wird, in dem also jeder erwartet, dass alle anderen normativ von einem erwarten, dass man sich fügt. Verfahren verhindern in Luhmanns eigenen, anschaulichen Worten, dass

> der Betroffene im Protest gegen die Entscheidung weiterzuleben sucht, Widerstand leistet, sein gekränktes Recht immer wieder hervorholt, immer wieder den Schorf von seinen Wunden kratzt und Hilfe und Zustimmung gegen die Entscheidung zu organisieren sucht, kurz: nicht lernt, sondern bei seinen alten, enttäuschten Erwartungen bleibt.[822]

Es handelt sich somit um Mechanismen, die „ganz unmittelbar der Konfliktdämpfung, der Schwächung und Zermürbung der Beteiligten, der Umformung und Neutralisierung ihrer Motive"[823] dienen.

Wie schaffen Verfahren das? Worauf beruht ihre spezifisch *depolitisierende* Wirkung? Ohne zu sehr ins Detail gehen zu wollen und v.a. ohne auf die Spezifika der jeweiligen Verfahrenstypen einzugehen,[824] stellt sich die Funktionsweise von Verfahren, unter denen Luhmann „kurzfristig eingerichtete, auf ein Ende hin konstituierte Sozialsysteme mit der besonderen Funktion, bindende Entscheidungen zu erarbeiten"[825], kurz: *Entscheidungs*verfahren versteht, in seiner Konzeption als *fünfstufiger* Prozess dar. Zunächst ist (1) wichtig, dass die Verfahrensteilnehmer *besondere Rollen* zugewiesen bekommen, die in einem nur noch mittelbaren Verhältnis zu ihren sonstigen Rollen stehen. Die Beteiligten verhalten sich als Wähler, als Volksvertreter, als Kläger, als Beklagter usw., das heißt, sie unterliegen

---

821 Siehe nur Tilly 1999 – Die europäischen Revolutionen, S. 29-31.
822 Luhmann 1983 – Legitimation durch Verfahren, S. 33f.
823 So im neuen Vorwort von 1975 Luhmann 1983 – Legitimation durch Verfahren, S. 4.
824 Eine differenziertere Behandlung der Verfahrenstypen würde zu dem nicht unwichtigen Ergebnis gelangen, dass Gerichtsverfahren stärker noch als Verfahren der politischen Wahl und Gesetzgebung der *Absorption von Protest* dienen, während bei Letzteren die *Anpassungsleistung* der Ordnung stärker im Vordergrund steht.
825 Luhmann 2008 – Rechtssoziologie, S. 142.

3.3 Die Institutionalisierung der Revolution

im Verfahren Erwartungen, die an diese spezifischen Rollen gebunden sind, nicht aber Erwartungen, die mit ihren sonstigen Rollen als Mutter, Punker, Gesellschaftskritiker usw. verbunden sind. (2) Ihre (Verfahrens-)Rollen spielend, sind die Teilnehmer in ihrem Verhalten also einerseits *frei*, so dass das gewählte Verhalten ihnen auch *persönlich zugerechnet* werden kann, andererseits aber dahingehend *eingeschränkt*, dass sie den spezifischen Regeln und Erfordernissen des Verfahrens Rechnung tragen müssen. Sie können beispielsweise entscheiden, wen sie wählen, nicht aber, wer zur Wahl steht oder wie viele Stimmen sie haben. Dadurch, dass sie sich zunehmend ins Verfahren *verwickeln*, durch ihre Selbstdarstellung sukzessive festlegen und so zum Fortgang des (Entscheidungs-)Verfahrens beitragen, kommt es (3) zur allmählichen *Spezifizierung* der eigenen Position. Das eigene Anliegen schält sich langsam heraus, das also, was die Beteiligten im Hinblick auf das noch offene Verfahrensergebnis anstreben. Die Spezifizierung des Anliegens aber hat nun wiederum zur Folge, (4) dass Dritte erkennen, dass ihr Anliegen nicht mit dem dargestellten übereinstimmt, ja, dass sie sich etwas anderes vom Ausgang des Verfahrens versprechen. Die Verfahrensteilnehmer werden mit anderen Worten sozial *isoliert*. Als isoliertes, privates Interesse eignet es sich indes (5) nicht länger für eine Mobilisierung der Zustimmung und Unterstützung Dritter. Die *Entpolitisierung* ist abgeschlossen. „Verfahren", kann Luhmann resümieren, „haben mithin das Ziel, Konfliktsthemen, *bevor physische Gewalt ausgelöst wird*, so zu spezifizieren, daß der Widerstebende als einzelner isoliert und entpolitisiert wird"[826].

Man könnte auch sagen: Durch die Kombination aus Verfahren und eindeutig überlegener Gewalt werden die Herrschaftsunterworfenen *entmutigt* – Aufstand zwecklos! Das spezifische Nebeneinander von Bemächtigung und Machtlosigkeit, das mit dem neuzeitlich erwachenden Kontingenzbewusstsein einhergeht, bringt Luhmann an anderer Stelle folgendermaßen auf den Punkt: „Alles könnte anders sein, und fast nichts kann ich

---

826 Ebd., S. 264. Auch Habermas erfasst die Verfahrensleistung bei Luhmann richtig, wenn er herausstellt: „Es geht also nicht um Konsenserzeugung, sondern nur darum, daß der äußere Schein (oder die Wahrscheinlichkeit der Unterstellung) allgemeiner Akzeptanz entsteht. Sozialpsychologisch gesehen hat die Beteiligung an Rechtsverfahren etwas Entwaffnendes, weil sie den Eindruck fördert, daß sich die jeweils Enttäuschten ‚nicht auf institutionalisierten Konsens berufen können, sondern lernen müssen'." Habermas 1998 – Recht und Moral, S. 575, Luhmann zitierend.

3. Vom Ende der Revolution

ändern."[827] Prinzipiell sind Strukturen zwar änderbar, für *mich allein* aber, *konkret* bleibt ihre Änderung in der Regel unerreichbar. Die „wilde", unkontrollierte Revolution, so ließe sich aus der Position Luhmanns folgern, bleibt nicht deshalb aus, weil es keine Veranlassung mehr gibt, sondern weil umso wirkmächtigere Mechanismen bereitstehen, um sie zu *vereiteln*.[828] Es kommt zwar zur ständigen Revision der Ordnung, die gerade aus dieser Flexibilisierung ihre Stabilität bezieht, und insofern zur *Institutionalisierung der Revolution*, aber nicht so sehr unter Mitsprache der Herrschaftsunterworfenen.

Nur, was bewegt die Entscheidungsbetroffenen dazu, sich allererst auf Verfahren einzulassen? Es mag ja sein, dass sich durch Verfahren Konflikte ins politische System *hineinleiten* lassen (statt sie aus ihm herauszuleiten) und dort schrittweise *absorbieren* lassen, dass also in den Worten Hartmut Essers

> die Akteure gerade durch die für sie nicht durchschaubare *Verwicklung* in ein Verfahren mit formal vorhersehbaren Schritten niemals in einen psychischen Zustand geraten, der die Empörung so ansteigen läßt, daß sie wie Michael Kohlhaas versuchen würden, aus dem ganzen System auszubrechen oder es gar über den Haufen zu werfen.[829]

Aber diese Leistung steht und fällt damit, dass auch alle sich *bereitfinden*, an Verfahren teilzunehmen, sich also um Veränderungen in und mit den Mitteln der Ordnung bemühen. Die Frage wird uns die Antwort bei Habermas suchen lassen – weil Luhmann spätestens hier nicht mehr zu überzeu-

---

827 Luhmann 1971 – Komplexität und Demokratie, S. 44.
828 Es handelt sich wohlgemerkt um eine Überspitzung, die insbesondere späteren Arbeiten Luhmanns nicht ganz gerecht wird. Man darf u.a. nicht die Existenz und Funktion von Verfahren der politischen Wahl und der Gesetzgebung vergessen, durch die das „Publikum" bzw. die „öffentliche Meinung" durchaus zu Wort kommen, also *indirekt-verzerrt* Einfluss auf die Gestaltung der Ordnung haben. Und doch macht sich wieder Ernüchterung breit, wenn Luhmann den Sinn des demokratischen Legitimationsprozesses gerade nicht darin erblickt, dem Einzelnen über das Wahlrecht Einfluss auf die Gesetze zu geben, die er deshalb beachtet, sondern in einer „Rollendifferenzierung, die den Kommunikationsprozeß zwischen Herrscher und Volk über Umwege leitet, so daß die konflikttächtige direkte Konfrontierung entspannt wird" (Luhmann 2010 – Politische Soziologie, S. 101).
829 Esser, Hartmut: Soziologie: Spezielle Grundlagen. Bd. 5: Institutionen, 6 Bde., Frankfurt/M. 2000, S. 362.

gen vermag.[830] Luhmann, der sie keineswegs ausblenden kann, sieht im Wesentlichen drei Gründe für die Verfahrensteilnahme:[831] (1) das *Interesse* am Thema (man will zum Beispiel darüber mitbestimmen, wer an die Macht gelangt; desgleichen ist einem daran gelegen, im Gerichtsverfahren die Rechtmäßigkeit der Einkommensübertragung bestätigt zu bekommen), (2) die Gewissheit, *dass* entschieden wird (am Ende von Verfahren kommt es immer zu Entscheidungen, auch weil keine Entscheidung in Gesetzgebungsverfahren unter den Bedingungen von Positivität ebenso eine zu verantwortende Entscheidung ist – dafür nämlich, dass das Recht so bleibt, wie es ist), sowie (3) die Ungewissheit darüber, *wie* entschieden wird (der Verfahrensausgang ist nicht vorab festgelegt, sondern anfangs stets offen). Insbesondere die Offenheit des Verfahrensausgangs, die, wie gezeigt, zu einem Definitionskriterium von Verfahren erhoben wird, motiviert Luhmann zufolge zur Teilnahme. Das alles mag ja stimmen, aber wieso werden die Interessen nicht auf *anderem* Wege verfolgt, warum nicht *außer*- statt innerhalb der Ordnung? Mit David Graeber gesprochen: Warum nicht per „direkter Aktion"?[832] Gerade wenn die Machtlosigkeit doch so offenkundig ist, der sich die Verfahrensteilnehmer im Verfahrensablauf ausgesetzt sehen. Ich denke, diese Frage kennt letztlich nur eine zufriedenstellende Antwort: Weil die Teilnehmer und Betroffenen *gerechte* Verfahrensergebnisse erwarten oder jedenfalls die *Hoffnung* auf gerechte Ergebnisse nicht aufgeben. Die Verfahrensergebnisse müssen mit anderen Worten *die Vermutung für sich haben, dass alle ihnen zustimmen könnten*.

Wie Luhmann nimmt Habermas seinen Ausgang von der Weberschen Frage, wie Legitimität durch Legalität möglich ist. Vom sakralen Recht lässt sich die Legitimität in säkularisierten, nachmetaphysischen Zeiten

---

830 Spätestens hier deshalb, weil sich schon *zuvor* die Frage stellt, ob die Verfahrensteilnehmer wirklich aus den genannten Gründen dazu motiviert werden können, die Entscheidungen zu akzeptieren – vor allem aber, weil noch fraglicher ist, ob die *Nicht*-Teilnehmer sie akzeptieren werden. Luhmann selbst wird später einräumen, in „Legitimation durch Verfahren" das Verhältnis von Interaktionsbeteiligten auf der einen und Publikum auf der anderen Seite nicht hinreichend berücksichtigt zu haben; siehe Luhmann 1981 – Selbstlegitimation des Staates, S. 80.
831 Vgl. Luhmann 1983 – Legitimation durch Verfahren, S. 51.
832 Siehe Graeber, David: Direkte Aktion. Ein Handbuch, Hamburg 2013. Die „direkte Aktion" stellt für Graeber eine Protestform dar, die sich von anderen darin unterscheidet, dass sie die Legitimität bestehender politischer Institutionen und Rechtsordnungen *nicht* anerkennt – und die daher so tut, als gäbe es dieselben gar nicht. Veränderungen werden *außerhalb* der Ordnung angestrebt.

3. Vom Ende der Revolution

nicht länger ableiten. Und doch bleibt sie, ja, bleibt ein Moment Unverfügbarkeit des Rechts insofern unverzichtbar, als man weiterhin ein *Gegengewicht* für die politische Instrumentalisierbarkeit des Rechts braucht. Für Habermas steht daher fest: „Für das entzauberte sakrale Recht [...] muß ein *Äquivalent* gefunden werden, welches dem positiven Recht ein Moment Unverfügbarkeit erhalten kann."[833] Historisch wurde ein solches Äquivalent zunächst im Vernunftrecht (der Sozialvertragstheoretiker) gesucht. Dieses scheitert aber letztlich daran, so Habermas, ein *ausgewogenes* Verhältnis zwischen Unverfügbarkeit auf der einen und Instrumentalität des Rechts auf der anderen Seite herzustellen. Entweder liegt das Gewicht – wie bei Kant – zu sehr auf der Unverfügbarkeit, so dass der politische Gesetzgeber für die Gestaltung gesellschaftlicher Verhältnisse mangels Spielraum kaum noch auf das Recht zurückgreifen kann.[834] Oder aber es liegt – wie bei Hobbes – so sehr auf der Instrumentalisierbarkeit, dass dem herrschaftlichen Missbrauch des Rechts Tür und Tor geöffnet werden. Dem modernen Recht muss mithin *gerade so viel* Unverfügbarkeit zurückgegeben werden, dass es einerseits geachtet wird (im Übrigen nicht nur von den Herrschenden, sondern ebenso von den Herrschaftsunterworfenen!) und andererseits trotzdem dem modernisierungsbedingten Anpassungsdruck standhält, sich also die nötige Flexibilität bewahrt, um sich kontinuierlich auf veränderte Bedingungen einstellen zu können. Die Lösung kann daher nicht sein, die Moral einfach an die Stelle des Rechts zu setzen. Nicht nur, weil „in pluralistischen Gesellschaften solche integrativen Weltbilder und kollektiv verbindlichen Ethiken ohnehin zerfallen sind", sondern auch und vor allem, weil „sich das moderne Recht schon aufgrund seiner *Formeigenschaften* dem direkten Zugriff einer sozusagen allein übriggebliebenen posttraditionalen Gewissensmoral"[835] entzieht. Worin bestehen nämlich dessen Formeigenschaften?

---

833 Habermas 1998 – Recht und Moral, S. 588, m.H. Die (unaufgelöste) Spannung zwischen Unverfügbarkeit und Instrumentalität hatte schon das mittelalterliche Naturrecht ausgezeichnet, hat sich aber erst wieder bemerkbar gemacht, seit die sakrale Grundlage des Rechts angefochten wurde; vgl. ebd., S. 582f.

834 Bei Kant würden „Politik und Recht in die subordinierte Stellung von Ausführungsorganen für die Gesetze der praktischen Vernunft geschoben". Mit der Folge, dass „die Politik ihre gesetzgeberische Kompetenz und das Recht seine Positivität" verliert (ebd., S. 591).

835 Habermas, Jürgen: Über den internen Zusammenhang von Rechtsstaat und Demokratie (1996), in: ders.: Philosophische Texte. Studienausgabe in fünf Bänden. Bd. 4: Politische Theorie, Frankfurt/M. 2009, S. 140-153, hier S. 143, m.H.

3.3 Die Institutionalisierung der Revolution

Auch Habermas stellt fest, dass sich das Recht in der Moderne (wenn auch in einem etwas anderen Sinne als bei Luhmann[836]) *ausdifferenziert* – und das heißt: sich aus dem „Knäuel" aus Moral, Recht und Politik löst. Im Unterschied zur Moral zeichnet es sich durch zwei maßgebliche Formeigenschaften aus: erstens durch seinen („von außen") *zwingenden* und zweitens durch seinen *kontingent-entscheidungsabhängigen* Charakter. Das heißt, dass das moderne Recht einerseits vom Staat und seinem Erzwingungsstab *durchgesetzt* wird, hauptsächlich unter Androhung, nötigenfalls aber auch unter Einsatz von Sanktionen und Gewalt im Besonderen (also im wahrsten Sinne des Wortes: zwingend); und dass es andererseits *per Entscheidung* des (insofern souveränen) politischen Gesetzgebers *jederzeit änderbar* ist, immer nur *bis auf Weiteres* gilt. Es steht im Gegensatz zur Moral gleichzeitig unter dem Schutz der *Bewehrung* (durch Strafandrohung) wie in der Pflicht zur *Bewährung* (in einem noch weiter aufzuklärenden Sinne). Die zweite Eigenschaft lässt bereits durchblicken, dass Habermas genau wie Luhmann *Entscheidungsverfahren* kennt: zentralisierte Verfahren, in denen verbindlich über die Setzung, Änderung oder Beibehaltung von Recht entschieden wird, und die auf diese Weise gewährleisten, dass das Recht anpassungsfähig bleibt. Es sind *funktionale Erfordernisse*, die auch Habermas an der Positivität des Rechts festhalten lassen.

Gerade die Tatsache, dass positives Recht beliebig änderbar ist, führt nun aber dazu, dass sich das Legitimitätsproblem zuspitzt. Wiederum auf einer Linie mit Luhmann bemerkt Habermas: „Mit der zunehmenden Mobilisierung des Rechts verschärft sich die Frage nach den Legitimitätsbedingungen der Legalität. In gewisser Weise untergräbt ja das positive Recht mit steigender Änderungsgeschwindigkeit seine eigenen Geltungsgrundlagen."[837] Die Lösung, die Habermas hierfür vorsieht, weicht indes deutlich von jener Luhmanns ab. Denn Habermas verzichtet mitnichten darauf, dem Recht eine moralische Grundlage zu geben. Das moderne Recht entzieht sich zwar aus den genannten Gründen einem *direkten* moralischen Zugriff, nicht aber dessen Zugriff *überhaupt*. Oder anders gesagt: Das Recht wird der Moral nicht untergeordnet bzw. aus dieser abgeleitet (wie noch bei Kant), sondern durch Moral *ergänzt*. Habermas sieht

---

836 Ausdifferenzierung meint bei Habermas nämlich Autonomisierung des Rechts *ohne* vollständige Entkoppelung von Moral einerseits und Politik andererseits; vgl. Habermas 1998 – Recht und Moral.
837 Ebd., S. 554.

3. Vom Ende der Revolution

hierin die einzige Möglichkeit, die Verbindlichkeit des Rechts nicht preiszugeben bzw. den „Strudel der Temporalität, in den das positive Recht hineingezogen wird"[838], einzudämmen.

> Einerseits lassen sich die moralischen Grundlagen des Rechts nicht in Gestalt eines übergeordneten Vernunftrechts erklären. Andererseits lassen sie sich auch nicht ersatzlos liquidieren, ohne dem Recht das ihm wesentlich innewohnende Moment von Unverfügbarkeit zu nehmen.[839]

An letzterer Aufgabe scheitert ihm zufolge der Rechtspositivismus, jener Luhmanns eingeschlossen: Er lässt die Politik uneingeschränkt über das Recht verfügen.

Auf welche Weise soll nun aber die Moral in Recht (und Politik) eingebaut werden? Habermas schwebt eine *Verschränkung* von positivem Recht und autonomer Moral (bzw. praktischer Vernunft) derart vor, dass die Verfahren der Rechtsetzung und Rechtsanwendung auf Seiten der Betroffenen die *Vermutung der Vernünftigkeit* begründen. Für die Recht*setzung* bedeutet dies, dass das *Diskursprinzip* Anwendung finden muss, welches besagt, „daß genau die normativen Regelungen und Handlungsweisen Legitimität beanspruchen dürfen, denen alle möglicherweise Betroffenen als Teilnehmer an rationalen Diskursen zustimmen könnten"[840]. Der Gesetzgebung wird mit anderen Worten das *Prinzip allgemeiner Zustimmungsfähigkeit* auferlegt. Nur solches Recht ist legitim, dem alle Betroffenen zustimmen könnten. In der Recht*sprechung* dagegen werden legitime (unparteiliche) Urteile dadurch gefällt, dass „alle relevanten Aspekte einer gegebenen Situation angemessen berücksichtigt"[841] werden. Die Anwendung von Normen steht demnach unter der Beschränkung der *Prinzipien der Vollständigkeit und Angemessenheit*. Zusammenfassend formuliert Habermas:

---

838 Habermas 2009 – Rechtsstaat und Demokratie, S. 143.
839 Habermas 1998 – Recht und Moral, S. 594. Denn: „Max Webers Annahme aber, daß eine eigenständige, moralfreie, dem Recht als solchem innewohnende Rationalität der Grund für die legitimierende Kraft der Legalität sei, hat sich nicht bestätigt." Ebd., S. 563.
840 Habermas 1998 – Faktizität und Geltung, S. 674. „Rationaler Diskurs" soll bei Habermas „*jeder* Versuch der Verständigung über problematische Geltungsansprüche heißen, sofern er unter Kommunikationsbedingungen stattfindet, die innerhalb eines durch illokutionäre Verpflichtungen konstituierten öffentlichen Raums das freie Prozessieren von Themen und Beiträgen, Informationen und Gründen ermöglichen" (ebd., S. 138f.).
841 Habermas 1998 – Recht und Moral, S. 597.

> Legalität kann nur in dem Maße Legitimität erzeugen, wie die Rechtsordnung reflexiv auf den mit dem Positivwerden des Rechts entstandenen Begründungsbedarf reagiert, und zwar in der Weise, daß juristische Entscheidungsverfahren institutionalisiert werden, die für moralische Diskurse *durchlässig* sind.[842]

Wohlgemerkt, die *Rechtsordnung* muss reflexiv reagieren, das heißt, es muss *rechtlich* sichergestellt sein, dass das Recht eine moralische Rechtfertigung erfährt, das Diskursprinzip muss somit *rechtliche Gestalt* annehmen. Demgemäß genügt es *nicht*, „daß bestimmte moralische Prinzipien des Vernunftrechts als *Inhalte* des Verfassungsrechts positiviert werden. Denn um die Kontingenz der Inhalte eines beliebig änderbaren Rechts geht es gerade."[843] Gerade weil das (positive) Recht änderbar *ist* und auch änderbar *bleiben soll*, muss folglich auf *prozeduralem* Wege dessen Legitimität garantiert werden (also auf genau dem Wege, auf dem ebenso die Änderbarkeit des Rechts garantiert wird). Auch die Habermassche Legitimation ist eine Legitimation *durch Verfahren*. Mit dem Unterschied nur, dass die Legitimation nicht (wie bei Luhmann) durch *Entscheidungs*verfahren erfolgt, sondern durch *Begründungs*verfahren, genauer: durch eine *Verknüpfung* beider Verfahrenstypen. Zu Entscheidungen soll es im Verlaufe von Verfahren zwar kommen – auf die Gesetzgebung bezogen: der politische Gesetzgeber muss souverän und das Recht positiv bleiben –, aber diese Entscheidungen unterstehen wiederum Begründungspflichten – und zwar bereits im Verfahren selbst. Es sind nicht länger inhaltliche Prinzipien, die das Recht legitimieren, sondern es sind die Verfahrens*eigenschaften*, es ist die *Struktur* der Verfahren, durch die dies geleistet wird.[844] Wie Habermas schon früh bemerkt: „Die Idee der Vereinbarung, die unter allen, und zwar als Freien und Gleichen zustandekommt, bestimmt den prozeduralen Legitimitätstypus der Neuzeit." Das, was Sternberger das bürgerliche Legitimitätsprinzip nennt, muss eine *praktisch-institutionelle* und das heißt *prozedurale Um- bzw. Übersetzung* erfahren, damit es zur Legitimation auch in der performativ-expressiven Dimension kommt. Entscheidend ist mithin, dass das Niveau der Rechtfertigung in der Neuzeit

---

842 Ebd., S. 565.
843 Ebd., S. 594f.
844 Siehe hierzu auch bündig Habermas, Jürgen: Zum Verhältnis von Nation, Rechtsstaat und Demokratie (1996), in: ders.: Philosophische Texte. Studienausgabe in fünf Bänden. Bd. 4: Politische Theorie, Frankfurt/M. 2009, S. 176-208, hier S. 186f.

3. Vom Ende der Revolution

reflexiv wird, das heißt, „[d]ie Prozeduren und Voraussetzungen des Legitimitätsprozesses sind nunmehr die legitimierenden Gründe"[845].

Darin liegt zweifellos eine gewisse Annäherung an die Position Luhmanns. Denn obschon es sich bei den legitimierenden Verfahren um Begründungsverfahren handelt, sind es nichtsdestotrotz *rechtliche* Vorkehrungen, die für solch eine Begründung erforderlich werden, d.h. für die Rationalität von Entscheidungen sollen nunmehr *rechtsstaatlich verfasste institutionelle* Arrangements bürgen – nicht länger (vorwiegend) die reflektierende Subjektivität des Individuums (wie noch beim „jungen" Habermas). Der Grund scheint zu sein, dass auch Habermas inzwischen die Augen nicht vor der gewaltigen gesellschaftlichen Komplexität verschließen kann. Buchstein und Jörke weisen mit Recht darauf hin, dass „dem Sog der Komplexitätsthese [...] auch Habermas sich nicht entziehen"[846] kann, wie vor allem „Faktizität und Geltung" deutlich mache. Der *demokratietheoretische Diskurs* – man könnte auch sagen: die *Dauerreflexion*, die ehemals Sache des einzelnen kritisch reflektierenden Bewusstseins war – wird in *institutionelle*, in *prozedurale* Bahnen gelenkt. Das entgeht freilich auch Luhmann nicht, der sich hierin bestätigt sieht.[847]

---

845 Beide Zitate Habermas 1976 – Legitimationsprobleme im modernen Staat, S. 44. Nochmal anders: Die *formalen Bedingungen* der Rechtfertigungen selbst erhalten legitimierende Kraft.
846 Buchstein/Jörke 2000 – Das Unbehagen an der Demokratietheorie, S. 477. Mit der (systemtheoretischen) Komplexitätsthese setzt sich Habermas intensiv auseinander, siehe Habermas 1998 – Faktizität und Geltung, u.a. S. 390-435. Wenn man Habermas eins zugutehalten kann, dann meiner Meinung nach dies, dass er seine Argumentation stets *in Auseinandersetzung mit anderen* Argumentationen entwickelt. Hierin, in dieser Einbettung in den Forschungskontext, erweist er sich als Hermeneutiker.
847 Es werde „immer schwieriger, ‚Legitimität' zu verlangen im Sinne einer Orientierung an unbezweifelbaren und damit zeitkonstanten Werten oder Prinzipien. Und selbst die, die am Terminus der Legitimität und damit an transpositiven Grundlagen der Rechtsgeltung festzuhalten versuchen, haben ihre Erwartungen inzwischen auf Verfahren eingeschränkt, haben das Legitimitätsproblem prozeduralisiert." Luhmann 1995 – Das Recht der Gesellschaft, S. 558. Das hat Habermas auch die Kritik eingetragen, mit seinem deliberativen Politikmodell von vornherein solche politischen Positionen auszuschließen, die zunächst einmal als „unvernünftig" erscheinen. Siehe zu dieser Kritik v.a. Young, Iron M.: Activist Challenges to Deliberative Democracy, in: Political Theory, Bd. 29/2001, Heft 5, S. 670-690, die das Habermassche deliberative Modell indes nicht grundsätzlich verwerfen, sondern korrigieren will.

3.3 Die Institutionalisierung der Revolution

Dessen ungeachtet bleiben indes gewichtige Unterschiede zwischen den beiden; auf zwei möchte ich näher eingehen, weil sie mit Blick auf die These von der Institutionalisierung der Revolution besonders relevant sind. (1) Zum einen hält Habermas emphatisch an der *demokratischen Idee der Selbstbestimmung* fest. Sie stellt für ihn in der Moderne das *einzig verbliebene Legitimationsprinzip* dar: „Rechtstheoretisch betrachtet, können moderne Rechtsordnungen ihre Legitimation *nur noch* aus der Idee der Selbstbestimmung ziehen: die Bürger sollen sich jederzeit auch als *Autoren* des Rechts, dem sie als *Adressaten* unterworfen sind, verstehen können."[848] Die Bürger werden durch Verfahren nicht wie bei Luhmann *ent*waffnet, sondern ganz im Gegenteil *be*waffnet: Sie sind es, die mittelbar, auf diskursivem Wege nämlich, über den Inhalt der Gesetze entscheiden. Vor dem Hintergrund besteht die Herausforderung für Habermas folgerichtig gerade darin, diese Idee der Selbstbestimmung in die politische Praxis *hinüberzuretten*, obwohl die Gesellschaft hochkomplex ist, *obwohl* sie „unter Bedingungen des gesellschaftlichen und weltanschaulichen *Pluralismus*"[849] realisiert werden muss. Um es in der im ersten Kapitel entwickelten Sprache auszudrücken: Habermas untersucht, wie sich die theoretisch-reflexiv legitimierende Idee der Volkssouveränität performativ-expressiv *umsetzen* lässt.[850] Zur Bewältigung dieser Herausforderung

---

Besonders offenkundig wird die Kehrtwende, die Habermas vollzieht, in einem Aufsatz mit dem vielsagenden Titel „Volkssouveränität als Verfahren" (vgl. v.a. S. 626). Er spricht hier und an anderer Stelle bereits von „subjektlosen Kommunikationen" bzw. „subjektlosen Kommunikationsformen" (Habermas 1998 – Faktizität und Geltung, S. 362, 365). „Damit wird", wie Habermas (ebd., S. 365) selbst bemerkt, „die Intuition, die sich mit der Idee der Volkssouveränität verbindet, nicht dementiert, jedoch intersubjektivistisch gedeutet. Eine wenn auch anonym gewordene Volkssouveränität zieht sich in die demokratischen Verfahren und in die rechtliche Implementierung ihrer anspruchsvollen Kommunikationsvoraussetzungen nur zurück, um sich als kommunikativ erzeugte Macht zur Geltung zu bringen." Wie so oft lohnt ein Blick ins Inhaltsverzeichnis: Das siebte Kapitel aus „Faktizität und Geltung" ist überschrieben mit „Deliberative Politik – ein *Verfahrensbegriff* der Demokratie".

848 Ebd., S. 663, m.H. „Der demokratische Prozeß trägt die *ganze* Bürde der Legitimation." Ebd., S. 664, m.H. Oder auch (ebd., S. 662, m.H.): „Die *einzige* nachmetaphysische Quelle der Legitimität bildet offensichtlich das demokratische Verfahren der Rechtserzeugung."

849 Ebd., S. 674, m.H.

850 Und schon bei Luhmann stand, wie gesehen, eindeutig die *performative* Dimension im Vordergrund. Welche Bedeutung die theoretisch-reflexive Legitimitätsdimension bei ihm einnimmt, ist schwer zu sagen, auch weil Luhmann zur über-

3. Vom Ende der Revolution

gelangt er, wie gezeigt, auf diskurstheoretischem Wege. Er fragt zunächst, welche Bedingungen bei der (diskursiven) Begründung von Normen gegeben sein müssen, damit sich vernünftige, einen jeden rational motivierende Ergebnisse einstellen, und überträgt die Antwort – die er im Prinzip allgemeiner Zustimmungsfähigkeit findet – sodann auf demokratische Verfahren, genauer: er gießt sie in rechtlich institutionalisierte Formen. „Die Bürger prüfen im Lichte dieses Diskursprinzips, welche Rechte sie sich gegenseitig zuerkennen sollten. *Als* Rechtssubjekte", d.h. als *Adressaten* eines (im Gegensatz zur Moral) immer *auch mit Zwangsmitteln* ausgestatteten Rechts,

> müssen sie diese Praxis der Selbstgesetzgebung im Medium des Rechts selbst verankern; sie müssen die Kommunikationsvoraussetzungen und Verfahren eines politischen Meinungs- und Willensbildungsprozesses, in dem das Diskursprinzip zur Anwendung gelangt, selbst rechtlich institutionalisieren. [...] Auf diesem Wege erhält das Diskursprinzip die rechtliche Gestalt eines Demokratieprinzips.[851]

Es reicht, anders formuliert, nicht aus, den Bürgern das Diskursprinzip an die Hand zu geben, nach Maßgabe dessen sie sodann individuell überprüfen können, ob das gesetzte Recht im moralischen Sinne legitim ist. „Vielmehr bedürfen genau die Kommunikationsformen, in denen sich ein vernünftiger politischer Wille auf diskursive Weise soll bilden können, *selber* der *rechtlichen Institutionalisierung.*"[852] Im politischen Gesetzgebungs-

---

spitzenden Provokation neigt. In seiner posthum veröffentlichten und Mitte der 1960er verfassten „Politischen Soziologie" kennt er immerhin noch einen „Prinzipienglauben" – der indes „nur ein knappes Sondermotiv" sei (Luhmann 2010 – Politische Soziologie, S. 103).

851 Habermas 1998 – Faktizität und Geltung, S. 674. Siehe auch ebd., S. 160f. Freilich stützt sich die demokratische Legitimation des Rechts *nicht nur* auf moralische Gründe, sondern auf ein *breites* Spektrum von Gründen. Das unterscheidet (wie Habermas in den „Tanner Lectures" noch nicht hinreichend präzisiert) das Demokratie- vom Moralprinzip, die beide Spezifizierungen des Diskursprinzips sind. Es müssen beispielsweise *auch Kompromisse* zwischen kollidierenden Interessen gefunden werden. Das Demokratieprinzip kann Rechtsnormen (und *nur* Rechtsnormen) sowohl mit Hilfe von moralischen als auch *ethisch-politischen* als auch *pragmatischen* Gründen rechtfertigen. Vgl. ebd., S. 139. „Aber diese Differenzierung innerhalb des Bereichs politisch entscheidungsbedürftiger Fragestellungen spricht weder gegen den *Vorrang* moralischer Überlegungen, noch gegen die *argumentative Form* der politischen Kommunikation im ganzen." So Habermas 1990 – Strukturwandel der Öffentlichkeit, S. 40, m.H., im Vorwort von 1990.

852 Habermas 1998 – Faktizität und Geltung, S. 670, m.H.

3.3 Die Institutionalisierung der Revolution

verfahren selbst muss eine moralische Argumentation zum Tragen kommen – zusammen mit pragmatischen und ethisch-politischen Argumentationen. Was impliziert, dass allen Betroffenen ein gleiches (Grund-)*Recht* auf Teilnahme an Prozessen der kollektiven Meinungs- und Willensbildung des Gesetzgebers zugestanden werden muss. Habermas *prozeduralisiert* zwar die Volkssouveränität, das ist richtig, „das *Verfahren* deliberativer Politik" bildet nach eigener Aussage „das *Kernstück* des demokratischen Prozesses"[853], und ja, er erntet hierfür naturgemäß Kritik von Teilen der partizipatorischen Demokratietheorie, aber er tut dies, um sie, um die Idee und Praxis kollektiver Selbstbestimmung selbst unter immer komplexer und damit widriger werdenden gesellschaftlichen Bedingungen zu *bewahren*. Genau darin unterscheidet er sich vom wirklichkeitsfernen Neoaristotelismus bzw. Republikanismus Arendtscher Provenienz: „Die Diskurstheorie macht das Gedeihen deliberativer Politik *nicht* von einer kollektiv handlungsfähigen Bürgerschaft abhängig, sondern von der Institutionalisierung entsprechender Verfahren und Kommunikationsvoraussetzungen"[854]. Gleichzeitig bewahrt die Prozeduralisierung der Volkssouveränität Habermas davor, den Pluralismus normativ zu entwerten. Es braucht nicht, wie bei Rousseau und seinen Schülern, von vornherein ein präexistenter einheitlicher Volkswille angenommen zu werden. Es geht ganz im Gegenteil darum, zu zeigen, wie sich *sukzessive*, nämlich erst *im*

---

853 Ebd., S. 359, m.H.
854 Ebd., S. 363, m.H. Deshalb kennt auch Habermas ein ausdifferenziertes *politisches System*, „ein auf kollektiv bindende Entscheidungen spezialisiertes Teilsystem", das in seinem Demokratiemodell gerade nicht beseitigt bzw. „erobert" werden soll, sondern durch eine demokratische Meinungs- und Willensbildung lediglich „nachträglich kontrolliert" und „mehr oder weniger auch programmiert" werden soll. „Die nach demokratischen Verfahren zu kommunikativer Macht verarbeitete öffentliche Meinung *kann nicht selber ‚herrschen'*, sondern nur den Gebrauch der administrativen Macht in bestimmte Richtungen lenken." Ebd., S. 364, m.H. Auch hier zeigt sich meines Erachtens der Einfluss Luhmanns oder genereller der „realistischen Systemtheorie". Selbstkritisch meint Habermas im neuen Vorwort von „Strukturwandel der Öffentlichkeit": „Aber die Unterstellung, daß die Gesellschaft insgesamt als eine Assoziation im großen vorgestellt werden kann, die über die Medien Recht und politische Macht auf sich selbst einwirkt, hat angesichts des Komplexitätsgrades funktional differenzierter Gesellschaften jede Plausibilität verloren." Habermas 1990 – Strukturwandel der Öffentlichkeit, S. 35.

3. Vom Ende der Revolution

Zuge der Deliberation (also verständigungsorientierten Kommunikation) ein präsumtiv-vernünftiger Wille herausbildet.[855]

Im Hinblick auf die Menschenrechte ist Habermas folgerichtig der Ansicht, dass sie, auch wenn sie als moralische Rechte noch so gut begründet sein mögen, *dennoch* den Adressaten des Rechts nicht einfach in paternalistischer Manier *vor*gegeben werden dürfen – eben weil sich die Adressaten des Rechts dann nicht mehr zugleich als dessen Autoren begreifen könnten.[856] Recht – auch Verfassungsrecht – muss in der Demokratie *verfügbar* bleiben, gerade darin unterscheidet es sich von Moral. Hierin, in der – zugleich notwendigen *und* risikobehafteten – Positivität, in der prinzipiellen Beliebigkeit des Rechts, liegt schließlich der tiefere Grund dafür, warum überhaupt *verfahrensrechtliche Voraussetzungen* geschaffen werden müssen, welche die Autoren des Rechts *selbstständig* (und nicht nur Philosophen oder Intellektuelle) zu solchen Ergebnissen gelangen lassen, die (wie die Menschenrechte auch) im Lichte des Diskursprinzips „bestehen", also die Vermutung der Vernünftigkeit für sich haben. Wobei es nur konsequent ist, dass die Betonung auf „Vermutung" liegt: Alles bleibt einem *möglichen Irrtum* unterworfen.

> Wie immer die Prozedur aussieht, nach der wir prüfen wollen, ob eine Norm die zwanglose, d.h. rational motivierte Zustimmung aller möglicherweise Betroffenen finden könnte, sie garantiert weder Unfehlbarkeit, noch Eindeutigkeit, noch fristgerechtes Zustandekommen des Resultats. Eine autonome Moral verfügt nur über fallibilistische Verfahren der Normenbegründung.[857]

Gerade deshalb fordert Habermas ja auch eine *Verschränkung* von Entscheidungs- und Begründungsverfahren. Damit gewährleistet wird, a) dass man *überhaupt* zu Entscheidungen gelangt, die notfalls per Mehrheits-

---

855 Siehe hierzu insbesondere das neue Vorwort zu Habermas 1990 – Strukturwandel der Öffentlichkeit, v.a. S. 33-50 sowie Habermas 1998 – Volkssouveränität als Verfahren, v.a. S. 614f. Klassisch für die gegen Rousseau gerichtete These des a-posteriori-Wesens des Gemeinwohls ist Fraenkel, Ernst: Der Pluralismus als Strukturelement der freiheitlich-rechtsstaatlichen Demokratie (1964), in: ders.: Deutschland und die westlichen Demokratien, hrsg. von Alexander v. Brünneck, Stuttgart 2011, S. 256-280. Zur Verortung von Habermas' eigenem demokratischen Modell, der „deliberativen Politik", zwischen Liberalismus und Republikanismus vgl. Habermas, Jürgen: Drei normative Modelle der Demokratie (1996), in: ders.: Philosophische Texte. Studienausgabe in fünf Bänden. Bd. 4: Politische Theorie, Frankfurt/M. 2009, S. 70-86.
856 Siehe besonders pointiert Habermas 1998 – Faktizität und Geltung, S. 669-673.
857 Habermas 1998 – Recht und Moral, S. 566.

3.3 Die Institutionalisierung der Revolution

beschluss getroffen werden. Die Minderheit gilt es (oder hofft man) dann im Nachhinein zu überzeugen.[858] Gleichzeitig verspricht die Verschränkung aber auch, b) dass moralische Diskurse *weiterlaufen* oder *wiederaufgenommen* werden, im Zuge derer man zu dem Schluss kommen kann,[859] c) dass Entscheidungen *revidiert* werden müssen, wozu wiederum (Entscheidungs-)Verfahren befähigen. Alles moderne Recht hat insofern eine *doppelte* Geltungsgrundlage: eine Geltung, die auf dem *Satzungsprinzip* beruht, einerseits und eine Geltung, die auf dem *Begründungsprinzip* beruht, andererseits.[860]

Aus alledem wird ersichtlich, dass Habermas zwar die konsensstiftende Kraft von Sprache und Kommunikation zuweilen überschätzen mag, zweifellos, dass er aber nicht nur auf diese Kritik reagiert hat, indem er inzwischen in einigen Fällen die Notwendigkeit von Kompromissen einerseits und Mehrheitsbeschlüssen andererseits einräumt, ja, genereller noch die Notwendigkeit, solche rechtlichen Verfahren zu *institutionalisieren*, die

---

858 Vgl. Habermas 1998 – Faktizität und Geltung, S. 371. Oder anders herum: Die fehlbare Mehrheitsmeinung gilt nur solange, bis die Minderheit die Mehrheit von der Richtigkeit ihrer Überzeugung überzeugt. Die Mehrheitsregel lässt sich demgemäß „als ein Arrangement verstehen, das eine nach Möglichkeit diskursive, letztlich wahrheitsorientierte Meinungsbildung mit dem Zwang zur zeitlich terminierten Willensbildung *kompatibel* macht". So Habermas 1990 – Strukturwandel der Öffentlichkeit, S. 42, m.H. im Vorwort von 1990.
859 Wobei das Weiterlaufen des Diskurses bereits darauf hinweist, dass es nicht nur im Rahmen der Gesetzgebung, sondern auch außerhalb des Parlaments Diskurse geben muss. Dazu unter Punkt (2) mehr.
860 Vgl. Habermas 1998 – Recht und Moral, S. 598. „Der Geltungsmodus des Rechts verweist *gleichzeitig* auf die politisch erwartete Fügsamkeit gegenüber Dezision und Zwang wie auf die moralische Erwartung der rational motivierten Anerkennung eines normativen Geltungsanspruchs, der nur durch Argumentation eingelöst werden kann." Ebd., S. 599, m.H. In dieser Gleichzeitigkeit bzw. Doppelgesichtigkeit unterscheidet sich das (moderne) Recht, wie gesagt, von der Moral.
Den nicht zufälligen, sondern *internen* Zusammenhang von Rechtsstaat und Demokratie, der sich hieraus ergibt, bringt Habermas 2009 – Rechtsstaat und Demokratie, S. 141 in aller Klarheit folgendermaßen auf den Punkt: „Der Umstand, daß die mit staatlichen Sanktionsdrohungen bewehrten Normen auf die abänderbaren Beschlüsse eines politischen Gesetzgebers zurückgehen, wird mit der Legitimationsforderung verklammert, daß ein derart gesatztes Recht die Autonomie aller Rechtspersonen gleichmäßig gewährleisten möge; und dieser Forderung soll wiederum das demokratische Verfahren der Gesetzgebung genügen. Auf diese Weise wird ein konzeptueller Zusammenhang hergestellt zwischen dem zwingenden Charakter und der Änderbarkeit des positiven Rechts einerseits, einem legitimitätserzeugenden Modus der Rechtsetzung andererseits."

3. Vom Ende der Revolution

auf den nicht nur, aber vorrangig moralischen Begründungsbedarf positiven Rechts reagieren. Sondern dass er auch aus einem bestimmten *Motiv* am Ideal der Verständigung festhält. Warum nämlich? Ich denke, weil sich seiner Ansicht nach *nur so* die Idee der kollektiven Selbstbestimmung retten lässt, die für ihn unter den Bedingungen nachmetaphysischen Denkens zur einzig verbliebenen Legitimitätsidee geworden ist bzw. als einzige Legitimationsquelle noch nicht versiegt ist. Ein Demokratiebegriff, der wie jener Chantal Mouffes auf Differenz bzw. auf Dissens statt auf Konsens setzt, gibt meines Erachtens notgedrungen das Ideal der kollektiven Selbstbestimmung preis – und damit den *legitimatorischen Wesenskern der Demokratie*.[861] Herrschaft könnte dann nicht mehr Legitimität derart beanspruchen, dass sie mit der *unterstellbaren* bzw. *vermuteten* Zustimmung der Herrschaftsunterworfenen erfolgt, die auf diese Weise virtuell zu Herrschern ihrer selbst werden. Denn eine Politik, die aus dem *Wettstreit* von Gruppen hervorgeht, aus dem *pluralistischen Agonismus* – in den Mouffe (neoschmittianisch) den das Politische auszeichnenden Antagonismus transformieren will –, kann nur die Politik des jeweiligen *Siegers* sein – und eben nicht, wie bei Habermas: (mutmaßlich) die Politik *aller*. Politische Entscheidungen hätten unter solchen Entstehungsbedingungen nicht länger die Vermutung für sich, dass sie auf die Zustimmung aller Betroffenen treffen könnten (wenn diese an den Diskursen teilnehmen würden).

(2) Zum anderen darf bei aller Betonung des Prozeduralen nicht unterschlagen werden, dass die (Begründungs-)Verfahren in der Habermasschen Konzeption von (kommunikativen) Voraussetzungen leben, die sie *selbst nicht* garantieren können, Voraussetzungen nämlich, die (anders als bei Luhmann) *außerhalb* der Verfahren liegen. Darauf kann hier nicht in allen Einzelheiten eingegangen werden. Nur so viel: Eine parlamentarische Öffentlichkeit mag rechtlich organisierbar sein, doch die demokratische *Meinungs*bildung ist daneben *ebenso* auf eine *nicht*-organisierte, *spontane* Öffentlichkeit angewiesen, d.h. vor allem auf eine lebendige Zivilgesellschaft und intakte politische Öffentlichkeit; auf Strukturen also, die zwar für die demokratische Genese des Rechts essentiell sind, die aber *rechtlich* nicht erzwingbar bzw. organisierbar sind, sondern durch einen

---

[861] Siehe v.a. Mouffe 2007 – Über das Politische und dies. 2010 – Das demokratische Paradox. Mouffe tritt freilich mit dem entgegengesetzten Ziel an, den legitmatorischen Kern der modernen liberalen Demokratie wieder frei zu legen und allgemein bewusst zu machen: das Prinzip der Volkssouveränität.

rechtlichen Rahmen lediglich *ermöglicht* werden können.[862] Während die parlamentarische Öffentlichkeit mehr der *Bearbeitung* von Problemen und der *Rechtfertigung* von Problemlösungen dient, kommt jener nicht-verfahrensregulierten Öffentlichkeit, die vom allgemeinen Publikum der Staatsbürger getragen wird, stärker die Aufgabe zu, Probleme zu *entdecken* und in der Folge einflussreich zu *thematisieren*. Es braucht mit anderen Worten sowohl die *formelle* Meinungs- und Willensbildung als auch die *informelle* Meinungsbildung: „Die demokratisch verfaßte Meinungs- und Willensbildung ist auf die Zufuhr von informellen öffentlichen Meinungen angewiesen, die sich idealerweise in Strukturen einer nicht-vermachteten politischen Öffentlichkeit bilden."[863] Demokratische *Verfahren* bleiben demnach *ergänzungsbedürftig*, sofern sie Legitimität generieren sollen:

> Die deliberative Politik zehrt also vom Zusammenspiel der demokratisch verfaßten Willensbildung mit einer informellen Meinungsbildung. Sie verläuft nicht selbstgenügsam in Bahnen einer durch Verfahren geregelten Beratung und Beschlußfassung.[864]

Das sind in groben Zügen die zwei Begründungen, wie in der modernen funktional differenzierten Gesellschaft aus Legalität Legitimität resultiert. Es kann und soll hier nicht entschieden werden, wer „Recht hat", ob Luhmann oder Habermas. Die Stärken und Schwächen beider Positionen wurden angedeutet, ebenso die sukzessive Annäherung insbesondere der Position Habermas' an jene Luhmanns, ohne indes den legitimatorischen We-

---

862 Siehe Habermas 1998 – Faktizität und Geltung, S. 678.
863 Ebd., S. 374. „Politische Öffentlichkeit" begreift Habermas an anderer Stelle „als Inbegriff derjenigen Kommunikationsbedingungen, unter denen eine diskursive Meinungs- und Willensbildung eines Publikums von Staatsbürgern zustande kommen kann" (Habermas 1990 – Strukturwandel der Öffentlichkeit, S. 38).
864 Habermas 1998 – Faktizität und Geltung, S. 374. Der Rolle von Zivilgesellschaft und politischer Öffentlichkeit widmet sich Habermas ausführlich im achten Kapitel von „Faktizität und Geltung" (S. 399-467). Auch im 1990 neu geschriebenen Vorwort von „Strukturwandel der Öffentlichkeit" meint Habermas: „Die in Körperschaften organisierte Meinungsbildung, die zu verantwortlichen Entscheidungen führt, kann dem Ziel der kooperativen Wahrheitssuche nur in dem Maße gerecht werden, wie sie *durchlässig* bleibt für frei flottierende Werte, Themen, Beiträge und Argumente einer sie *umgebenden* politischen Kommunikation." Ders. 1990 – Strukturwandel der Öffentlichkeit, S. 43. Die informelle Meinungsbildung ist wiederum angewiesen auf eine entsprechende politische Kultur, d.h. auf „jene durch Tradition und Sozialisation vermittelten Gesinnungen einer an politische Freiheit *gewöhnten* Bevölkerung" (ders. 1998 – Volkssouveränität als Verfahren, S. 627).

3. Vom Ende der Revolution

senskern der Demokratie – die Idee der kollektiven Selbstbestimmung – deshalb aufzugeben. Ohnehin fiele eine Entscheidung zugunsten des einen oder des anderen Standpunktes insofern schwer, als Habermas sich zwar intensiv mit der Praktikabilität von (radikaler) Demokratie in einer komplexen und pluralistischen Gesellschaft auseinandersetzt und aus ebendiesem Grund ebenfalls zur Erkenntnis gelangt, dass Verfahren unumgänglich sind, ja, dass die Volkssouveränität prozeduralisiert werden muss, sein Konzept von Demokratie aber nichtsdestotrotz nicht ganz frei von (im besten Sinne) idealistischen Elementen ist.[865] Die „Wahrheit", wie es zur Legitimation durch Legalität kommt, liegt vermutlich irgendwo in der Mitte. Nicht direkt am „Luhmann-Ende", weil er (ohne Angabe irgendeiner Legitimitätsidee) mehr erklärt, wie die *De*legitimation durch Legalität verhindert wird, weshalb Hennis' Einwand gegen Luhmann, dass sich die Legitimitätsprobleme des modernen Staates nicht „durch eifriges Kehren, sprich Verfahren aus dem Wege"[866] schaffen, ja, nicht einfach unter den Teppich kehren lassen, durchaus sticht. Nicht direkt am „Habermas-Ende", weil er zwar erklärt, wie die Legitimation durch Legalität möglich wäre, aber dennoch fraglich bleibt, ob sich die hohen diskursiven Anforderungen in der Politik jemals werden verwirklichen lassen. Entscheidend ist womöglich weniger, ob Gerechtigkeit immer hergestellt wird, als dass institutionelle Kanäle vorhanden sind, über die man kritisch auf bestehende Ungerechtigkeiten hinweisen und mehr oder weniger erfolgreich für deren Abbau kämpfen kann.[867]

---

865 In „Volkssouveränität als Verfahren" formuliert Habermas sein Anliegen so, dass er herausfinden möchte, „wie denn heute eine radikal-demokratische Republik überhaupt *gedacht* werden müßte" (S. 609).
866 Hennis 2000 – Legitimität, S. 272.
867 Das ist in stark verkürzter Form die Argumentation der komparativen Studie von Goodwin (über Revolutionen in Zeiten des Kalten Krieges), warum es in Demokratien nicht zum Ausbruch von Revolutionen kommt (Goodwin 2001 – No Other Way Out). „[F]ew people join or support revolutionaries – even when they are more or less in agreement with their demands or ideology – if they feel that doing so will make them more vulnerable to state violence *or* if they believe they can obtain much or even some modicum of what they want, in political terms, through some *routine, institutionalized, and therefore low-risk channel* for political claim making (e.g., voting, demonstrating, or petitioning)." Ebd., S. 26, m.H. Die Herrschaftsunterworfenen werden sich erst und nur dann revolutionären Bewegungen anschließen, wenn sie keinen anderen Ausweg aus ihrer Notlage sehen: „no other way out".

Für meine Fragestellung wichtiger ist der Umstand, dass *beide*, Habermas nicht minder als Luhmann, zum selben Schluss kommen: dass die Revolution in funktional differenzierten Gesellschaften *ausgedient* hat, jedenfalls in ihrer *bisherigen Gestalt*. Beide diagnostizieren ein *Ende der Revolution*. Und beide machen hierfür die *Demokratie* mit ihrer die Revolution institutionalisierenden Leistung verantwortlich (wenngleich sie unter „Demokratie" höchst Unterschiedliches verstehen). Der einen Argumentation zufolge gelangt die Revolution deshalb an ihr Ende, weil inzwischen Mechanismen bereitstehen, welche die „wilde", im Weberschen Sinne „außeralltägliche" Revolution erfolgreich zu *vereiteln* wissen: Entscheidungsverfahren, assistiert von den eindeutig überlegenen Gewaltmitteln des modernen Staates. Der Wandel wird zwar auch hier auf Dauer gestellt, aber dieser lässt sich weniger auf den Willen der Herrschaftsunterworfenen zurückführen. Der anderen Argumentation zufolge deshalb, weil es gelungen ist, das Prinzip „bürgerlicher Legitimität" (Sternberger) in die Praxis umzusetzen: mittels Verfahren, die reflexiv auf den mit dem Positivwerden des Rechts entstandenen Begründungsbedarf reagieren und ihn diskursiv erfüllen. Während man im einen Fall den (potentiellen) Revolutionären die *Waffen* nimmt – sprich die Möglichkeit, die Unterstützung Dritter für die eigenen Zwecke zu mobilisieren –, nimmt man ihnen im anderen Fall die *Gründe* – denn die Adressaten des Rechts sind (oder begreifen sich vielmehr) schon in Personalunion (als) dessen Autoren. Luhmann versucht mit anderen und überspitzenden Worten die *Aussichtslosigkeit* der Revolution zu begründen, Habermas dagegen deren *Gegenstandslosigkeit*. Gegenstandslos insofern, als es seiner Ansicht nach über die Prozeduralisierung der Volkssouveränität bzw. über das Verfahrensmodell deliberativer Politik gelingt, die (demokratische!) Revolution zu etwas *Permanentem* und *Alltäglichem* zu machen.[868] Die Umgestaltung der sozialen Ordnungen wird nicht nur *dauerhaft möglich*, sie wird gleichfalls nicht nur *legalisiert*, sondern sie geht (mittelbar) *von den Herrschaftsunterworfenen selbst* aus, lässt sich also auf den Willen derselben zurückführen – und wird genau hierdurch *legitimiert*. Habermas knüpft damit an Gedanken

---

868 Dieses Vorhaben wird besonders deutlich an Habermas' affirmativer Auseinandersetzung mit dem Gedankengut Julius Fröbels, dessen prozedural-diskursives Demokratiemodell (aus dem Vormärz) darauf zielt, „den Rousseauischen Akt des Gesellschaftsvertrages in der Form einer, wie Fröbel sagt, ‚legalen und permanenten Revolution' auf Dauer zu stellen" (Habermas 1998 – Volkssouveränität als Verfahren, S. 615).

3. Vom Ende der Revolution

von Mead an, der schon 1915 erkennt (oder besser: vorwegnimmt, da es sich mehr um ein Ideal handelt),

> daß die Revolution mit der repräsentativen Regierungsform und der aufkommenden Demokratie geradezu in die Institutionen des Staates eingebaut worden ist. D.h. die Regierungsform hat sich so entwickelt, daß das Volk sie durch Gesetzgebung sowie durch Zusatzartikel zur Verfassung selbsttätig in jeder gewünschten Form verändern kann und dabei dennoch strikt legal und verfassungskonform handelt.[869]

Zugleich fragt Habermas indes – und geht insofern über Mead hinaus –, wie die Demokratie sich auch noch unter solch widrigen Umständen erhalten lässt, wie sie mit der funktionalen Ausdifferenzierung der Gesellschaft verbunden sind. Das „bürgerliche Legitimitätsprinzip", das, wie gesehen, am *Anfang* der neuzeitlichen Revolution steht, wird gleichsam in die performativ-expressive Dimension *übersetzt*, die Idee der Vereinbarung unter Freien und Gleichen, die unter nachmetaphysischen Bedingungen als einzige Legitimitätsidee verblieben ist, wird *prozeduralisiert* – womit die Revolution an ihr *Ende* gelangt. „Ende" jedoch nur im Sinne einer Beendigung des immerwährenden Kreisens im Meadschen Revolutionszirkel, d.h. im Sinne eines (vorläufigen) Endes der „wilden", punktuellen Revolution. Diese wird für das demokratische Projekt, das die neuzeitliche Revolution zum Thema hat, verzichtbar, weil sich das Projekt fortan auf *anderem* Wege fortsetzen lässt, in *institutionellen* Bahnen nämlich. Und dass das demokratische Projekt der *Fortsetzung* bedarf, die Revolution mithin niemals zum Abschluss kommen wird, verrät bereits die Formel von der „permanenten Revolution", steckt darin doch nicht nur der willentliche und bewusste Vorgriff in die Zukunft, sondern ebenso das stillschweigende Eingeständnis, dass sich die Revolution niemals einholen lässt.[870] Die Demokratie bleibt, ganz im Sinne Tocquevilles, auf immer ein *Projekt der*

---

[869] Mead 1983 – Theorie der politischen Institutionen, S. 403; siehe hierzu auch Herborth, Benjamin/Kessler, Oliver: Revolution and Democracy. On the Historical Semantics of Political Change, in: Stopińska, Agata (Hrsg.): Revolutions. Reframed – Revisited – Revised, Frankfurt/M. 2007, S. 51-62. Dass es sich für Mead um ein Ideal radikaler Demokratie handelt, dessen Verwirklichung noch aussteht, zeigt sich nicht zuletzt daran, dass er den „Sitten und Einstellungen" der demokratischen Gemeinwesen bescheinigt, wesentlich *konservativer* als die formalen Institutionen zu sein, woraus sich wiederum auf Seiten der Bürger ein Mangel an politischem Engagement ergibt.

[870] Vgl. Koselleck 1979 – Historische Kriterien, S. 82.

Zukunft, an dessen Verbesserung unablässig gearbeitet werden muss.[871] Bei Luhmann dagegen trägt das Ende der Revolution stärker die Züge eines *Zurücklassens* der Revolution: Die funktional differenzierte Gesellschaft lässt die Revolution „nach getaner Arbeit" hinter sich – sie kennt nichts als (freilich allererst demokratisch ermöglichte!) *Evolution*. „Evolution" meint zwar ebenso einen kontinuierlichen Anpassungsvorgang der sozialen Ordnungen, allerdings einen, der unter größerer Wahrung der Kontinuität verläuft, ausgesprochen langsam nämlich, und der dabei das Element der Steuerbarkeit bzw. Vorsätzlichkeit des Wandels deutlich relativiert.[872] Allein schon deshalb ist es auch nicht der Wille der Herrschaftsunterworfenen, aus dem das Recht seine Legitimität bezieht.

Die Frage, die sich vor diesem Hintergrund aufdrängt, ist, wie die Ereignisse von 1989/90 zu diesem Ergebnis stehen, im Zuge derer es zum revolutionären Sturz der kommunistischen Diktaturen in Ost- und Mitteleuropa kam. Welches Licht werfen sie auf das Ende der (nicht-institutionalisierten) Revolution? *Widerlegen* sie es – oder *bestätigen* sie es? Im kommenden Unterkapitel möchte ich mich an einer Antwort versuchen.

3.4 Ein Ende der Revolution?

Das bicentenaire de la Révolution im Jahre 1989 brachte im Hinblick auf die Idee der Revolution eine allgemeine Ernüchterung und Schwunglosigkeit auf Seiten der Franzosen wie der Europäer insgesamt zutage. Es hatte den Anschein, als seien die einstigen „Lokomotiven der Geschichte" (Marx) aufs Abstellgleis geschoben worden, ja, als hätten sie als historisches Transportmittel im post-industriellen Zeitalter ausgedient.[873] Dieser Eindruck, dem der (konservativ gewordene) François Furet schon 1978 mit den Worten Ausdruck verlieh, die Französische Revolution sei been-

---

871 Vgl. Buchstein/Jörke 2000 – Das Unbehagen an der Demokratietheorie, S. 473 oder auch Balibar, Étienne: Gleichfreiheit. Politische Essays (1989–2009), Berlin 2012, bei dem die (demokratische!) Revolution ebenfalls permanent (statt punktuell) wird und demzufolge die (aktiven, d.h. „rebellischen") Bürger kontinuierlich für die „Demokratisierung der Demokratie" kämpfen müssen.
872 So grenzt Schieder 1973 – Theorie der Revolution, S. 13 den Begriff der „Evolution" von jenem der „Revolution" ab.
873 Siehe Kumar 2001 – The Revolutionary Idea, S. 215f. und Tilly 1999 – Die europäischen Revolutionen, S. 19-31.

3. Vom Ende der Revolution

det,[874] wurde durch die blutige Niederschlagung des Volksaufstands in China im Frühjahr 1989 nur noch verstärkt.

Doch dann überschlagen sich noch im selben Jahr plötzlich die Ereignisse in Ost- und Mitteleuropa. Es brechen „Revolutionen" aus, die den ehemaligen Satellitenstaaten der Sowjetunion im Osten und in der Mitte Europas (d.h. Polen, Ungarn, der ehemaligen DDR, Bulgarien, Rumänien und der ehemaligen Tschechoslowakei) nicht nur den Weg in die eigene Nationalstaatlichkeit, sondern darüber hinaus in den demokratischen Rechtsstaat und die kapitalistische Wirtschaftsordnung weisen. Auf einen Schlag scheint sich die *Universalität* der Ideen von 1789, unter denen besonders die der Volkssouveränität und der Menschenrechte herausragen, wieder zu bestätigen, wie selbst Furet einzuräumen sich veranlasst sieht.[875] Und es sind die in Massen mobilisierten Menschen selbst, welche die „Revolution" *machen*, die mit anderen Worten mit ihrem *Handeln* ein Regime zu Fall bringen, das ihnen die Realisierung dieser Ideen versagte. Die sich vor diesem Hintergrund stellende Frage ist, ob die Ereignisse dem angenommenen Ende der („außeralltäglichen") Revolution *widersprechen*. Erfährt die Revolution also als sowohl erkenntnis- wie auch handlungsleitende Idee eine Wiederbelebung? Oder verhält es sich genau umgekehrt so, dass sich hinter den Ereignissen von 1989/90 in Wahrheit eine *Bestätigung* der ursprünglichen Diagnose verbirgt? Meine These lautet, dass „1989/90" von zwei Entwicklungen Zeugnis ablegt, die unmittelbar miteinander zusammenhängen: (1) dass die neuzeitliche Revolution immer schon – genauer: seit 1989/90 *wieder eindeutiger* – im Kern eine *demokratische* Revolution ist; (2) dass sich die Revolution in eine *andere Gestalt* bringen, nämlich *domestizieren* lässt. Zusammengenommen lässt sich aus diesen beiden Entwicklungen auf ein (freilich nur vorläufig-bedingtes) *Ende der Revolution* für bestimmte Gesellschaftstypen schließen.

(1) In einem sind sich die Beobachter einig: 1989 markiert eine *Zeitenwende*. Für manche symbolisiert es das (oder den Beginn vom) Ende des *Kalten Krieges*, für andere das Ende des *kommunistischen Projekts* oder des *Sozialismus*. Wiederum andere sprechen vom Ende der *Utopie*, oder

---

874 Vgl. Furet, François: 1789 – Vom Ereignis zum Gegenstand der Geschichtswissenschaft, Frankfurt/M. 1980/1978.
875 Siehe Furet, François: From 1789 to 1917 & 1989. Looking Back at Revolutionary Traditions, in: Encounter, 1990, September-Heft, S. 3-7, hier S. 5; vgl. auch mit weiterer Literatur Kumar 2001 – The Revolutionary Idea, S. 232f.

gehen sogar so weit, 1989 mit dem Ende der *Geschichte* gleichzusetzen.[876] Einzig der Zäsurcharakter an sich scheint unumstritten. 1989 geht eine Epoche zu Ende. Mit dem Ende einer Epoche steigt indes naturgemäß der Bedarf nach Orientierung. Man spürt das Bedürfnis, die eigene Zeit in der Geschichte zu verorten, Entwicklungslinien nachzuzeichnen, der Geschichte einen bestimmten „Sinn" abzutrotzen, auch um hieraus Schlüsse für die ferne oder wenigstens nahe Zukunft ziehen zu können, die einen in der neuen und dadurch umso ungewisseren Epoche erwartet. Das Jahr 1989 ist daher ebenso mit der Wiederauferstehung der *Geschichtsphilosophie* verbunden, die erstmals mit dem fortschrittsgläubigen Optimismus der Aufklärung aufsteigen sollte, zu Beginn des 20. Jahrhunderts dann in Anbetracht des Ersten Weltkriegs zunehmend pessimistische Untertöne anschlägt, um schließlich im weiteren Verlauf des 20. Jahrhunderts fast vollständig von der Bildfläche zu verschwinden.

Besondere Aufmerksamkeit wurde dabei den geschichtsphilosophischen Thesen Francis Fukuyamas zuteil, die er noch im Jahre 1989 entwickelt. Wenngleich Aufmerksamkeit es vielleicht nicht ganz trifft, zumindest nicht im Sinne einer eingehenden Beschäftigung. Eher schon war und ist die „Auseinandersetzung" geprägt von einer pauschalen, deshalb aber nicht minder tiefen Empörung, die zuweilen auch Züge einer von Überheblichkeit zeugenden Verspottung seiner Thesen annimmt. Die Reaktionen auf seinen Aufsatz fasst er selbst (nicht ohne Ironie) im Dezember 1989 wie folgt zusammen: Was er erreicht zu haben scheint, sei „‚a uniquely universal consensus, not on the current status of liberalism'", dem eigentlichen Thema seines Aufsatzes, „‚but on the fact that I was wrong'"[877]. Was hatte Fukuyama behauptet? Und, wie man in seinem Falle zugleich mit fragen sollte, was gerade nicht?

Fukuyama liest die Geschichte der Menschheit durch die Brille Hegels bzw. durch die Brille Alexandre Kojèves, der sie (als einer der einflussreichsten Hegel-Interpreten, insbesondere in Frankreich) wiederum durch

---

876 Die unterschiedlichen Reaktionen von Seiten der konservativen Rechten, liberalen Mitte und Linken auf die Ereignisse von 1989 fasst Kumar 2001 – The Revolutions of 1989, S. 31-39 zusammen. Alle (darunter François Furet, Ralf Dahrendorf, Eric Hobsbawm, Zygmunt Bauman, Wolf Lepenies, Norberto Bobbio, Ken Jowitt, Timothy Garton Ash und Francis Fukuyama) teilten „the sense of an ending".
877 So Fukuyama in „The Guardian" vom 15. Dezember 1989, zitiert nach Kumar 2001 – The Revolutions of 1989, S. 35f.

3. Vom Ende der Revolution

die Brille Hegels liest.[878] Das ist ungemein wichtig, wird die Geschichte aus Sicht Hegels doch maßgeblich durch (den Widerstreit von) *Ideen* an-

---

[878] Nachfolgend beziehe ich mich v.a. auf Fukuyama, Francis: Das Ende der Geschichte?, in: Europäische Rundschau, Bd. 17/1989, Heft 4, S. 3-25, weniger auf die drei Jahre später erschienene Monographie, die zwar in den Grundaussagen mit dem Aufsatz weitgehend identisch ist, aber hier und da dennoch abweicht, auch weil Fukuyama sich zur Konkretisierung genötigt sieht. Aufschlussreich sind ferner die nachträglich verfassten Zwischenbilanzen von Fukuyama selbst, in denen er auf die (vielfach unberechtigte und ihn im Grunde genommen bestärkende) Kritik eingeht – oder sogar seine eigene Diagnose angesichts von Ritalin und Prozac, d.h. der biologischen Revolution, sowie des nicht enden wollenden wissenschaftlichen Fortschritts in Frage stellt. Siehe ders.: Reflections on the End of History. Five Years Later, in: History and Theory, Bd. 34/1995, Heft 2, S. 27-43 und ders.: Second Thoughts. The Last Man in a Bottle, in: The National Interest, 1999, 56 der Gesamtfolge, S. 16-33.
Die einflussreiche Kojèvesche Hegel-Interpretation findet sich in Kojève, Alexandre: Hegel, eine Vergegenwärtigung seines Denkens. Kommentar zur „Phänomenologie des Geistes", hrsg. von Iring Fetscher, Frankfurt/M. 2005, v.a. Kapitel I und II zur Dialektik von Herrschaft und Knechtschaft (S. 20-89), die aus seinen Vorlesungen über „Hegels Religionsphilosophie" hervorgegangen sind, die er in den 1930ern an der Pariser École pratique des hautes études gehalten hat. Starken Einfluss auf Fukuyama dürften indes auch spätere Arbeiten Kojèves gehabt haben. Vgl. hierzu Niethammer, Lutz: Posthistoire. Ist die Geschichte zu Ende?, Reinbek bei Hamburg 1989, S. 74-82 und Anderson, Perry: The Ends of History (1992), in: ders.: A Zone of Engagement, London 1992, S. 279-375. Kojèves Deutungen der Weltgeschichte – die zum Teil aus dem Briefwechsel mit Strauss hervorgehen (siehe Strauss, Leo: On Tyranny, hrsg. von Victor Gourevitch und Michael S. Roth, Chicago 2000/1948, S. 213-314, v.a. S. 231-234 und 255f.), vor allem aber aus den wichtigen Fußnoten zu seiner Introduction à la lecture de Hegel (siehe König, Traugott: Die Abenteuer der Dialektik in Frankreich, in: Frank, Manfred/Kittler, Friedrich A./Weber, Samuel (Hrsg.): Fugen. Deutsch-Französisches Jahrbuch für Text-Analytik, Freiburg/Br. 1980, S. 282-289, hier S. 286-289) – unterlagen gleichwohl einem Wandel, wie er stärker fast nicht sein könnte: Sah er in den 1930ern noch Stalins Sowjetunion auf dem besten Wege, die Geschichte mit der Verwirklichung des Kommunismus zu beenden, vertrat er später die Ansicht, dass mit dem konsumfixierten American way of life das Ende der Geschichte bereits eingetreten sei („,da praktisch alle Mitglieder einer ‚klassenlosen Gesellschaft' dort schon jetzt erwerben können, was ihnen gefällt, ohne deshalb mehr arbeiten zu müssen, als sie Lust haben'"; zitiert nach König 1980 – Die Abenteuer der Dialektik, S. 288). Gegen Ende seines Lebens mutmaßt er sogar, dass die japanische Gesellschaft mit ihrer nicht konsum-, sondern zeremonieorientierten Kultur die finale Gesellschaftsform bilden könnte. „Nun, was uns Japan lehrt, ist, daß man den Snobismus demokratisieren kann. Japan, das sind 24 Millionen Snobs. Neben dem japanischen Volk ist die englische High Society ein Sammelsurium von betrunkenen Seeleuten. [...] Ich will sagen, daß, wenn das Menschliche sich auf die Negativität gründet, das Ende des Diskurses der Ge-

3.4 Ein Ende der Revolution?

getrieben. Ein Ende der Geschichte heißt daher weder bei Hegel noch bei Fukuyama, dass die Geschichte im herkömmlichen Sinne zu Ende wäre. Die Ereignisgeschichte läuft unbeirrt weiter. Vielmehr bezieht sich die Aussage einzig auf die Geschichte der *Ideen* oder, genauer noch, auf die Geschichte verstanden als *Geschichte konfligierender Ideologien*: „history understood as the history of thought, of contending ideas about the fundamental principles of government and society"[879]. Hegels Diagnose, dass die ideologische Entwicklung der Menschheit schon 1789 bzw. 1806 mit dem Sieg der napoleonischen (Revolutions-)Truppen über die preußische Monarchie in der Schlacht von Jena zu ihrem Abschluss gekommen ist, erwies sich für Fukuyama in der Rückschau als zwar nicht falsch, aber doch verfrüht. Hegel übersah, dass sich der (politische und wirtschaftliche) Liberalismus zuvor noch zweier Herausforderer erwehren musste: des Faschismus (bzw. des Nationalsozialismus) auf der Rechten und des Kommunismus (bzw. der bolschewistischen Revolution) auf der Linken, die beide ebenfalls als *genuin moderne* Phänomene aufzufassen sind. Während die Niederlage des Ersteren mit dem militärischen Ausgang des Zweiten Weltkriegs besiegelt war, sollte der Wettstreit mit Letzterem bis 1989 währen. Das Jahr 1989 steht daher keineswegs für ein Ende allen Wandels oder von Konflikten überhaupt. Fukuyama weiß sehr wohl um die Fortdauer religiös, ethnisch oder nationalistisch motivierter Konflikte; auch stellt er in Rechnung, dass die Diffusion des Liberalismus noch lange

---

schichte zwei Wege offenläßt, das Abendland zu japanisieren oder Japan zu amerikanisieren, d.h. den Geschlechtsakt auf eine natürliche Weise oder wie gelehrte Affen auszuüben." So Kojève 1968 kurz vor seinem überraschenden Tod im Gespräch mit Gilles Lapouge; vgl. Lapouge, Gilles: Hegel, das Ende der Geschichte und das Ende des philosophischen Diskurses. Gespräch mit Alexandre Kojève (1968), in: Sieß, Jürgen (Hrsg.): Vermittler. H. Mann, Benjamin, Groethuysen, Kojève, Szondi, Heidegger in Frankreich, Goldmann, Sieburg. Deutsch-französisches Jahrbuch 1, Frankfurt/M. 1981, S. 119-125, hier S. 124. Zur Erklärung sei angefügt, dass sich der Mensch für Kojève vom Tier dadurch unterscheidet, dass er nicht das Sein begehrt, sondern etwas Nichtseiendes: das Begehren anderer, d.h. die Anerkennung anderer (um sich selbst anzuerkennen). Durch sein Handeln negiert der Mensch mithin das Seiende. Am Ende der Geschichte verschwindet der Mensch im eigentlichen Sinne daher insofern, als er nur noch das Seiende begehrt – nämlich dem Konsum frönt. Der posthistorische Mensch wird (wieder) zum Tier.

879 Kumar 2001 – The Revolutions of 1989, S. 36. Vgl. für die geschichtsphilosophische Einordnung der Revolution bei Hegel bündig Grosser 2013 – Theorien der Revolution, S. 79-90.

3. Vom Ende der Revolution

nicht abgeschlossen ist, so dass allein hiervon nach wie vor Reibungen, auch in Form von (Bürger-)Kriegen, zu erwarten sind. Nein, 1989 markiert „lediglich" den Augenblick, von dem an die Zeit massiver *ideologischer* Konflikte endgültig vorüber ist. Denn dem Liberalismus, so Fukuyama, stehen keinerlei *Systemalternativen* mehr gegenüber – „alle wirklich großen Fragen [sind] endgültig geklärt"[880], auch und vor allem deshalb, weil es der Liberalismus (anders als von Marx vorausgesehen) vollbracht hat, den zentralen Widerspruch zwischen Kapital und Arbeit, die „Klassenfrage" also, zu lösen. Die liberale Demokratie erweist sich so als die *finale* Regierungsform. Zwar sind (noch) längst nicht alle Gesellschaften liberale Gesellschaften, aber sämtliche Gesellschaften haben Fukuyama zufolge „ihre ideologischen Ansprüche auf[ge]geben, andersartige und höhere Formen der menschlichen Gesellschaft zu repräsentieren"[881]. Wobei Fukuyama selbst einräumt, dass der Sieg des Liberalismus sich womöglich weniger der eigenen Stärke als der Schwäche bzw. Erschöpfung des Kommunismus verdankt, was den Triumphalismus ein wenig relativiert, den man ihm zuweilen vorwirft.[882] Perry Anderson bringt in einem der seltenen Versuche, sich nicht nur ernsthaft, sondern darüber hinaus auch

---

880 Fukuyama, Francis: Das Ende der Geschichte. Wo stehen wir?, München 1992, S. 13. Es sind „die Entwicklungen in der Sowjetunion" so Fukuyama, „die den letzten Nagel am Sarg der marxistisch-leninistischen Alternative zur liberalen Demokratie darstellen" (ders. 1989 – Das Ende der Geschichte?, S. 15f.).

881 Ebd., S. 18. 25 Jahre später sieht er sich in seiner Diagnose bestätigt: „Wenn dieser Modernisierungsprozess in eine Richtung weist, dann ist es die der marktwirtschaftlichen, liberalen Demokratie. Der Meinung bin ich weiterhin." So Fukuyama in einem Interview („Als die Geschichte mal zu Ende war") mit Daniel-C. Schmidt aus der Frankfurter Allgemeinen Sonntagszeitung vom 6. Juli 2014, Nr. 27, S. 32.

882 Insofern ist es vielleicht Fukuyama selbst, der die besten Gründe dafür anführt, warum der Sieg des Liberalismus alles andere als endgültig ist. Der Liberalismus könnte *an sich selbst* zugrunde gehen, etwa an den hausgemachten *ökologischen* Problemen, die auch Fukuyama nicht entgehen. Dem vermeintlichen Triumphalismus stehen aber auch die *melancholischen* Zwischentöne Fukuyamas gegenüber, die insbesondere in der Monographie, aber auch schon am Ende des 1989 erschienen Aufsatzes durchscheinen. Sie dürften daher rühren, dass Fukuyama dem Hedonismus und Konsumismus gegenüber insofern kritisch eingestellt ist – so sehr das Konsumstreben auch (wie Fukuyama u.a. mit dem „späteren" Kojève erkennt) dazu beigetragen hat, die nationalistischen Leidenschaften zu zähmen –, als er bezweifelt, dass sie das Bedürfnis des Menschen nach *Gemeinschaft* zu befriedigen vermögen. Siehe auch Anderson 1992 – The Ends of History, S. 335f. und Kumar, Krishan: The End of Socialism? The End of Utopia? The End of His-

ausgewogen mit der Argumentation Fukuyamas auseinanderzusetzen, dessen Position wie folgt auf den Punkt: „The end of history is not the arrival of a perfect system, but the *elimination of any better alternatives* to this one."[883] Der Liberalismus ist mit anderen Worten *konkurrenzlos* geworden. Um Fukuyama zu *widerlegen*, genügt es daher nicht, wie Ken Jowitt etwa,[884] auf die Allgegenwart (bzw. Vervielfachung) von inner- und zwischenstaatlichen Konflikten auch nach 1989 hinzuweisen, nein, eine effektive Kritik müsste vielmehr den Nachweis erbringen, dass *weiterhin* (mächtige) *Systemalternativen* zum Liberalismus existieren, die Fukuyama entweder gänzlich übersehen oder aber wenigstens in ihrem Potential falsch eingeschätzt hat. „,To refute my hypothesis'", entgegnet Fukuyama seinen Kritikern, „,it is not sufficient to suggest that the future holds in store large and momentous events. One would have to show that these events were driven by a systematic idea of political and social justice that claimed to supersede liberalism'"[885].

Insofern erfolgt die *eigentliche* Erwiderung auf Fukuyama mit Samuel Huntingtons These vom „clash of civilizations", die er erstmals 1993 aufstellt (hier übrigens noch, anders als drei Jahre später in der Monographie, mit einem Fragezeichen versehen).[886] Wenn der zentrale Konflikt, der die Geschichte antreibt (die für Huntington *zyklisch* abläuft und nicht wie für Fukuyama linear fortschreitet), nicht zwischen Ideologien verläuft – eine Perspektive, die ihm zufolge zu sehr im Kalten Krieg verhaftet ist und sich daher, statt außer-westliche Gefährdungen in den Blick zu nehmen, auf rein *inner*-westliche Konflikte beschränkt, stellt doch der Marxismus streng genommen nichts weiter als eine *westliche* Ideologie dar –, sondern

---

tory? (1993), in: ders.: 1989. Revolutionary Ideas and Ideals, Minneapolis 2001, S. 171-193, hier S. 188.

883 Anderson 1992 – The Ends of History, S. 336, m.H.; ähnlich auch Fukuyama 1995 – Five Years Later, S. 29 selbst.

884 Siehe Jowitt, Ken: The Leninist Extinction (1991), in: ders.: New World Disorder. The Leninist Extinction, Berkeley 1992, S. 249-283.

885 So Fukuyama in dem besagten Artikel aus „The Guardian" vom 15. Dezember 1989, zitiert nach Kumar 2001 – The Revolutions of 1989, S. 37. Zustimmend meint auch Anderson 1992 – The Ends of History, S. 336: „No reply to Fukuyama is of any avail, therefore, if it contents itself with pointing out problems that remain within the world he predicts. An effective critique must be able to show that there are powerful systemic alternatives he has discounted."

886 Vgl. Huntington, Samuel P.: The Clash of Civilizations?, in: Foreign Affairs, Bd. 72/1993, Heft 3, S. 22-49 und ders.: Kampf der Kulturen. Die Neugestaltung der Weltpolitik im 21. Jahrhundert, München 2002.

3. Vom Ende der Revolution

zwischen *Kulturen*, dann ist die Geschichte in Zeiten des islamischen Fundamentalismus auf der einen und des aufsteigenden Konfuzianismus auf der anderen Seite weit davon entfernt, zu einem Ende zu gelangen. Die Zukunft der westlichen Kultur wird aus dieser Sicht davon abhängen, wie sie mit der Herausforderung durch andere, aufstrebende Kulturen fertig wird, was u.a. mit einschließt, dass sie mit diesen einen respektvollen Umgang finden muss, also auch den eigenen Universalitätsanspruch zu hinterfragen lernt. Doch ohne an dieser Stelle auf seinen Gedankengang allzu ausführlich eingehen zu wollen, lässt sich feststellen, dass auch Huntington nicht in Abrede stellt, dass der Liberalismus der Reihe nach über Faschismus und Kommunismus gesiegt hat und wenigstens *im Westen* inzwischen der Alternativen entbehrt – vorerst zumindest.[887] Anders gesagt: Für Huntington hat 1989 nicht minder den Charakter einer Zäsur, wenngleich er, verglichen mit Fukuyama, den damit verbundenen Neubeginn stärker ins Auge fasst als das Ende.[888]

---

[887] Auf den Einwand, der religiöse Fundamentalismus (v.a. in Gestalt des Islamismus) könnte den Sieg des Liberalismus gefährden, entgegnet Fukuyama zweierlei: Zum einen, dass die Attraktivität des Islamismus auf bestimmte (eben muslimisch geprägte) Gesellschaften und damit Weltregionen beschränkt bleibt und daher für westliche Gesellschaften bzw. Kulturen keinen Modellcharakter annehmen dürfte. Zum anderen, dass auch der Islam seine „Aufklärung" erleben wird, dass also die Säkularisierung auch hier voranschreiten wird und Hand in Hand mit dem wissenschaftlichen Fortschritt den universellen Wahrheitsanspruch der Religion zurückweisen wird. Siehe hierzu auch Anderson 1992 – The Ends of History, S. 338f., Kumar 2001 – The End of Socialism, S. 188 sowie ders.: Philosophy of History at the End of the Cold War, in: Tucker, Aviezer (Hrsg.): A Companion to the Philosophy of History and Historiography, Malden 2009, S. 550-560, hier S. 556. Das (erste) Argument, den Islamismus dadurch kleinzureden, dass er als politische Ideologie nicht „universalisierungsfähig" ist, weil er im Westen keinen Anklang findet, lässt sich freilich auch umdrehen, wie u.a. Held, David: Liberalism, Marxism, and Democracy, in: Theory and Society, Bd. 22/1993, Heft 2, S. 249-281, hier S. 258f., bemerkt: Fasst denn der Liberalismus als *politische* Ideologie in der muslimischen Welt und in Ländern wie China Fuß? Wobei die jüngsten Entwicklungen im arabischen Raum („Arabischer Frühling") und in Taiwan seit den 1980/90er Jahren sogar vorsichtig darauf hindeuten.

[888] Eine gute und knappe Gegenüberstellung der beiden (und anderer Posthistoire-)Positionen findet sich bei Kumar, Krishan: Post-History. Living at the End, in: Browning, Gary/Halcli, Abigail/Webster, Frank (Hrsg.): Understanding Contemporary Society. Theories of the Present, London 2000, S. 57-70 und Kumar 2009 – Philosophy of History.

3.4 Ein Ende der Revolution?

Ohnehin scheint das Gros der Kritiker interessanterweise, ohne es zu wollen und teilweise auch ohne es sich selbst einzugestehen, mit Fukuyama bei aller (oftmals berechtigten) Kritik an einzelnen Punkten im Hinblick auf seine *Grundaussage* von der (gegenwärtigen) Hegemonie und Konkurrenzlosigkeit des Liberalismus *übereinzustimmen*.[889] Dahrendorfs Einwände etwa erwecken mehr den Eindruck einer Spiegelfechterei, im Zuge derer von der tatsächlichen Kongruenz beider Positionen abgelenkt werden soll. Denn den Nachweis, worin sich die „offene Gesellschaft" Dahrendorfs (bzw. Karl Poppers) und die liberale Demokratie Fukuyamas genau unterscheiden, bleibt Dahrendorf schuldig.[890] Selbst Hobsbawm, der nicht im Ruf stand, ein überzeugter Liberaler zu sein, muss einräumen: „For the time being there is no part of the world that credibly represents an alternative system to capitalism"[891]. Ganz ähnlich gesteht auch Edward Mortimer zu, Fukuyamas „main point – the current lack of competitors against political and economic liberalism in the world ideological marketplace – is surely hard to refute"[892].

Inwiefern genau aber ist der – wie man hinzufügen muss: *demokratische* – Liberalismus als *politische* Ideologie alternativlos geworden? Was folgt daraus für Fragen der Legitimität in der theoretisch-reflexiven Dimension? Und was für die Idee der Revolution? Einen entscheidenden Hinweis für all diese Fragen liefert meines Erachtens Rudolf Burger, der 1990 resigniert feststellen muss: „Man lache nicht über Fukuyama".[893]

---

[889] Kumar 2001 – The Revolutions of 1989, S. 37 äußert sich zu den (kraftlosen) Kritikern Fukuyamas, die er hier versammelt, treffend: „Indeed, despite a frequently arrogant and sneering tone, what is more striking is the degree of coincidence between their views and his.".

[890] Siehe nur Dahrendorf, Ralf: Revolution und Reform, oder Etwas ist mehr als Alles (1998), in: ders.: Der Wiederbeginn der Geschichte. Vom Fall der Mauer zum Krieg im Irak, München 2004, S. 162-174. Gleichwohl weist Dahrendorf an anderer Stelle mit Recht auf die Unhaltbarkeit der Annahme Fukuyamas hin, die Geschichte habe einen *objektiven* Sinn, also ein Ziel, auf das sie sich notwendig hinbewegt; vgl. ders.: Zuvor, in: ders.: Der Wiederbeginn der Geschichte. Vom Fall der Mauer zum Krieg im Irak, München 2004, S. 11-14, hier S. 12f.

[891] Hobsbawm, Eric J.: Goodbye to All That, in: Marxism Today, 1990, Oktober-Heft, S. 18-23, hier S. 21. Obschon Hobsbawm Fukuyama nichtsdestotrotz für seine Kurzsichtigkeit belächelt. Auf kurz oder lang werde der Kapitalismus an seinen systemimmanenten Krisen zugrunde gehen.

[892] Steele, Jonathan/Mortimer, Edward/Stedman Jones, Gareth: The End of History?, in: Marxism Today, 1989, Heft 11, S. 26-33, hier S. 29.

[893] Vgl. Burger 1990 – Man lache nicht über Fukuyama.

3. Vom Ende der Revolution

Wieso nämlich nicht? Was veranlasst ihn zu diesem Schluss, obwohl er ihm doch so offensichtlich widerstrebt? Burger ist der Ansicht, dass mit 1989, d.h. mit dem beispiellosen Scheitern des sozialistischen Experiments tatsächlich das Ende der Geschichte in dem Sinne erreicht worden ist, dass von nun an *alle Utopie begraben* ist: Faktisch läuft die Geschichte zwar weiter, doch der sozialistische Traum von einer *klassenlosen Gesellschaft* – er ist *endgültig ausgeträumt*.[894] Denn „der mit ungeheurer Energie unternommene Versuch", aus dem demokratischen Rechtsstaat auf Basis einer kapitalistischen Ökonomie „eine radikal neue, gerechtere und freiere Form der Vergesellschaftung zusammenzuzwingen, ist erbärmlich schief gegangen"[895]. Geblieben ist angesichts dieser desillusionierenden Erfahrung lediglich

> das Bemühen um Erhaltung und Entfaltung formaler Demokratie und um die Entschärfung von Krisen; um die Verkürzung der Arbeitszeit und um etwas weniger Inhumanität. Das ist nicht wenig. Die Hoffnung aber, daß Klassenherrschaft abgeschafft, daß die Geschichte in *Reichtum und Freiheit für alle* sich vollenden werde, die findet sich heute nicht einmal mehr in Programmen.[896]

Zugespitzt formuliert: 1989 endet die Geschichte, *bevor sie recht begonnen hat*. Zumindest dann, wenn man mit Marx (und Engels) in eschatologischer Manier die eigentliche bzw. eigentlich menschliche Geschichte erst mit dem prophezeiten Anbruch des „Reichs der Freiheit" anheben lässt.[897] Alle Geschichte bliebe so gesehen auf immer im Stadium der *Vor*geschichte stecken.

Wenn die Ereignisse von 1989/90 tatsächlich davon künden, dass das sozialistische bzw. kommunistische Ideal der Aufhebung aller Unterdrü-

---

[894] Man kann sicherlich die Frage stellen, ob sich mit der sozialistischen Utopie auch gleich alle anderen Utopien erledigt haben müssen. Aber Zygmunt Bauman zufolge ist der Sozialismus *die* Utopie der Moderne schlechthin, weil er sämtliche Utopien entweder in sich aufgesogen oder aber marginalisiert hat; vgl. Kumar 2001 – The Revolutions of 1989, S. 33.

[895] Burger 1990 – Man lache nicht über Fukuyama, S. 458.

[896] Ebd., S. 459. Baudrillard meint 1990 ganz ähnlich, wir befänden uns im Stadium „*nach* der Orgie" (der Moderne). Die Utopien sind entweder erfüllt (wie die der klassenlosen Gesellschaft, allerdings in einer nicht-intendierten Form) oder aber sie motivieren nicht länger zum (revolutionären) Handeln. Siehe Baudrillard, Jean: Transparenz des Bösen. Ein Essay über extreme Phänomene, Berlin 1992/1990, S. 9-20.

[897] Siehe hierzu auch Sternberger 1986 – Grund und Abgrund der Macht, S. 130f.

ckung und Herrschaft, das sich die Oktoberrevolution von 1917 auf die Fahnen schrieb, *fallengelassen* wird, dann hätten sie große Auswirkungen auf unser Bild von der neuzeitlichen Revolution. Dies insofern, als ich argumentieren möchte, dass eine jede faktische Revolution auf die Idee der Revolution zurückwirkt, dass also eine jede Revolution die Bedeutung dessen verändert – manchmal nur in Nuancen, manchmal ganz grundlegend –, was mit „Revolution" begrifflich verbunden und entsprechend auch von ihr (im Positiven wie im Negativen) erwartet wird. Die „Revolutionen" von 1989/90 bilden diesbezüglich keine Ausnahme. Auch sie prägen unser Bild von der Revolution, indem sie gleichsam ein neues Kapitel im Buch der Revolution aufschlagen. Die Besonderheit der Geschehnisse liegt gleichwohl darin begründet, so meine These, dass durch sie der *vormals verschüttete Kern der Revolution wieder freigelegt* wird. Es ist, als nähmen die jüngsten Kapitel unter Ausklammerung vorheriger Kapitel wieder (affirmativen) Bezug auf die allerersten Kapitel, ja, als verorteten sie die Funktion der Revolution in etwas, das man glaubte, mit 1917 bereits hinter sich gelassen zu haben. Was für Kapitel künftig noch geschrieben werden, lässt sich vom heutigen Standpunkt nicht mit Sicherheit sagen; die Zukunft ist, allen Geschichtsphilosophien zum Trotz, *kontingent*. Die Geschichte folgt keinen Gesetzmäßigkeiten. Womöglich wird die Idee der Revolution erneut eine grundlegende Bedeutungsverschiebung erfahren, vielleicht aber auch nicht. (Wobei stets die Frage sein wird, wie groß die Bedeutungsverschiebung sein darf, damit noch sinnvoll von einer „Revolution" die Rede sein kann.) Was sich dagegen sagen lässt, ist, welche – noch frischen – Spuren das Kapitel von 1989/90 im Buch der Revolution hinterlassen hat, wie mit anderen Worten die Idee der Revolution im Lichte neuer Realitäten wahrgenommen wird.

Was den Kommentatoren von 1989/90 besonders ins Auge zu fallen scheint, ist der spezifisch *rückwärtsgewandte* Charakter der „Revolutionen". Es geht ihnen, wie u.a. Habermas, Furet und Eisenstadt beobachten, weniger um die Schaffung neuer Ideen als um die *Verdrängung von bisher konkurrierenden Ideen* und die damit einhergehende *Wiederaufnahme alter Ideen*.[898] Der Anspruch auf irgendwie innovative, zukunftsweisende

---

898 Siehe Habermas, Jürgen: Nachholende Revolution und linker Revisionsbedarf. Was heißt Sozialismus heute? (1990), in: ders.: Die Moderne – ein unvollendetes Projekt. Philosophisch-politische Aufsätze, Leipzig 1992, S. 213-241, Furet 1990 – From 1789 to 1917 & 1989 und Eisenstadt 1992 – The Breakdown of Communist Regimes.

3. Vom Ende der Revolution

Ideen wird gar nicht erst erhoben; stattdessen möchte man sich in den ost- und mitteleuropäischen Gesellschaften qua Revolution in eine bestehende (gleichfalls revolutionär begründete) Tradition *einreihen*: die westliche liberal-demokratische Tradition. Habermas nennt sie daher die „nachholende Revolution": Sie „gibt sich als eine gewissermaßen rückspulende Revolution zu erkennen, die den Weg frei macht, um versäumte Entwicklungen *nachzuholen*"[899]. Hinter sich lassen will man die von der Sowjetunion aufgezwungene (staats-)sozialistische Entwicklung, um stattdessen „verfassungspolitisch an das Erbe der bürgerlichen Revolution und gesellschaftspolitisch an die Verkehrs- und Lebensformen des entwickelten Kapitalismus, insbesondere die Europäische Gemeinschaft, Anschluß"[900] zu finden. Der sie auszeichnende Blick zurück ist mit anderen Worten ein äußerst *selektiver*: Referenzpunkt ist nicht die russische Revolution von 1917, die man ganz im Gegenteil zu überwinden hofft, als Referenzpunkte fungieren vielmehr die Französische Revolution auf der einen sowie die 1848/49er Revolutionen auf der anderen Seite.[901] Erstere insofern, als in ihr der Ausgangspunkt für die Ideen sowohl der Volkssouveränität wie auch der Menschenrechte gesehen wird, um deren nachträgliche Verwirklichung es nunmehr geht. Letztere wiederum deshalb, weil die Französische – genau wie die russische – Revolution daneben auch für demokratischen Despotismus und Terror steht, für eine Schattenseite also, welche die Protagonisten von 1989 *als gebrannte Kinder* mit Hilfe der bürgerlich-liberalen Elemente von 1848/49 *auszugleichen* bestrebt sind.[902] Man will nicht wieder zum Opfer einer ideologisch-fanatischen Politik werden, *deshalb* sucht man

---

[899] Habermas 1992 – Nachholende Revolution, S. 214.
[900] Ebd., S. 215.
[901] Siehe hierzu auch sehr instruktiv Kumar 2001 – The Revolutions of 1989, S. 39-50 und ders. 2001 – The Idea of Revolution, S. 113-121. Kumar macht hier auch auf die interessanten Parallelen von 1989 mit den angelsächsischen „Revolutionen" aufmerksam.
[902] Auch Farhi, Farideh: The Democratic Turn. New Ways of Understanding Revolution, in: Foran, John (Hrsg.): The Future of Revolutions. Rethinking Radical Change in the Age of Globalization, London 2003, S. 30-41, hier S. 31, m.H., charakterisiert die 1989er „Revolutionen" wie folgt: „The ideological engine of these revolutions is fueled by a *means*- or *method*- rather than ends-oriented critical reflection. As such it is more consciously aware of the steps taken and the steps *not* to be taken given the perceived disastrous trajectory of previous revolutions." Man versucht aus den gemachten Fehlern zu *lernen*. Das wiederum hat Folgen auch für das Vorgehen während der „Revolutionen"; hierzu unter Punkt (2) mehr.

nach rechtsstaatlichen Mitteln, die einem demokratischen Despotismus entgegenwirken sollen. In dem Zusammenhang ist auch der 1989 lauter werdende Ruf nach einer (starken) „Zivilgesellschaft" zu sehen, die als vom Staat streng geschiedene Sphäre für eine unabhängige Kontrolle desselben sorgen soll.[903] Sollte man einen Theoretiker benennen, der den größten Einfluss auf die Ideen von 1989 genommen hat, die Wahl fiele zweifellos auf Tocqueville.

Was mithin an der Entwicklung von 1989/90 so aufhorchen lässt, ist die Tatsache, dass auf revolutionärem Wege der ebenfalls revolutionär eingeleitete *Irrweg von 1917 verlassen* werden soll: Man sagt sich gerade von *der* Revolution los, die für so viele andere Revolutionen im 20. Jahrhundert das Modell schlechthin war, ja, von genau jener Revolution, die mit dem Anspruch antrat, *weiterzugehen* als die noch im Bürgerlichen verhaftete Französische Revolution. „Indem die nachholende Revolution die Rückkehr zum demokratischen Rechtsstaat und den Anschluß an den kapitalistisch entwickelten Westen ermöglichen soll, orientiert sie sich", und das ist der springende Punkt, „an Modellen, die nach orthodoxer Lesart durch die Revolution von 1917 schon überholt waren"[904]. 1917 stand symbolhaft für das Erklimmen einer neuen, *höheren* Stufe in der Geschichte der (die Geschichte antreibenden) Revolution, für eine *Ausweitung* von 1789. Hobsbawm kann daher freimütig bekennen: „Those of us who believed that the October Revolution was the gate to the future of world history have shown to be wrong."[905] Und auch für Furet entbehrt das Geschehen nicht einer gewissen Ironie: „The Bolsheviks thought that with 1917 they had buried 1789. Here, at the end of our century, we see that the opposite is happening. It is 1917 that is being buried in the name of 1789."[906] 1989 wird 1917 im Namen von 1789 und 1848 zu Grabe getragen.

Doch was genau wird mit „1917" zurückgelassen? Nicht weniger wohl als ein *alternativer Modernisierungspfad*: Der sozialistische Weg in die Moderne galt neben dem „westlichen" liberal-demokratischen lange Zeit, wenn nicht als überlegen, so doch mindestens als *gleichwertig*.[907] Und so

---

903 Vgl. Kumar 2001 – The Idea of Revolution, S. 120f.
904 Habermas 1992 – Nachholende Revolution, S. 215.
905 Hobsbawm 1990 – Goodbye to All That, S. 19.
906 Furet 1990 – From 1789 to 1917 & 1989, S. 5.
907 Siehe Kumar 2001 – The Idea of Revolution, S. 124 und Fukuyama, Francis: Foreword, in: Huntington, Samuel P.: Political Order in Changing Societies, New Haven/Conn. 2006, S. XII-XVII, hier S. XV f.

3. Vom Ende der Revolution

ist es, wie insbesondere Eisenstadt unterstreicht, von kaum zu überschätzender Bedeutung, dass sich die 1989er „Revolutionen" nicht in traditionalen Gesellschaften ereignen, also nicht den Anspruch erheben, diese von der Vormoderne allererst in die Moderne zu leiten. Vielmehr ereignen sie sich in *bereits modernisierten* Gesellschaften; sie sind damit Ausdruck von Spannungen, die der modernen Gesellschaft *an sich* innewohnen. Die Modernität der sowjetischen und unter sowjetischer Hegemonie stehenden Gesellschaften lässt sich nicht zuletzt an der (bereits behandelten) Legitimitätsstruktur ablesen: Auch die kommunistische Parteidiktatur beruft sich zwecks theoretischer Legitimierung auf das Volk (wenn auch in einem beschränkten Sinne, nämlich verstanden als das Proletariat) und zwecks expressiver Legitimierung auf die Zustimmungshandlungen breiter Bevölkerungskreise, genauer: auf deren Akklamation. Dass nur noch solche Politik legitim sein kann, die wesentliche Teile der Beherrschten politisch inkludiert, wird also auch hier anerkannt. Wenn die „Revolutionen" von 1989 dem kommunistischen Modell nun aber die Legitimität absprechen,[908] dann wenden sie sich hiermit im selben Moment gegen einen *bestimmten Typ* von Modernität. Gegen einen Typus nämlich, der das *pluralistische Moment* moderner Gesellschaften negiert.[909] Wie gesehen, erfolgt die praktische Legitimation der kommunistischen Parteidiktatur im Modus der „Mobilisierung" (Beetham), der von einem umfassenden Überwachungs- und Repressionssystem flankiert, ja, genau genommen *komplementiert* wird. Abweichende Meinungen werden nicht toleriert, schon gar nicht deren öffentliche Äußerung. Doch dem vorgelagert findet bereits auf der *theoretischen* Legitimitätsebene eine Missbilligung von Pluralität statt, auf die sich jene auf der performativ-expressiven Ebene letztlich zurückführen lässt: Die kommunistische Partei erhebt den Anspruch, bessere Kenntnis sowohl vom Gang der Geschichte als auch, was unmittelbar hiermit zu-

---

[908] Siehe nur stellvertretend für die Meinung vieler Beetham 1991 – The Legitimation of Power, S. 179, m.H., der meint: „[T]he communist model in the form we have known it since the end of the second world war must now be regarded as a *historical* phenomenon, in the sense that, although it has not been entirely superseded, it *no longer provides a viable alternative model* to liberal democracy, owing to its loss of legitimacy in its own heartlands."

[909] Das ist die zentrale These von Eisenstadt 1992 – The Breakdown of Communist Regimes, auf die ebenso Tilly 1999 – Die europäischen Revolutionen, S. 334f. eingeht. Auch Parker 1999 – Revolutions and History, S. 97 kann pointieren: „In the pro-Westernizing revolutions of the end of the century, we are dealing with rejection of a rejection of a *version* of modernity."

sammenhängt, von den Interessen des Proletariats zu haben. Solange demnach der Glaube daran Bestand hat, dass das kommunistische Ideal der Aufhebung von (staatlicher) Herrschaft eines Tages Wirklichkeit wird, – eine Überzeugung, von der nicht zuletzt die Zustimmungshandlungen der mobilisierten Menschenmassen zeugen sollen – lässt sich die Unterdrückung von Dissens bestens rechtfertigen. Im Namen der Offenbarung wird der Pluralismus *legitimerweise* negiert. „The doctrinal source of authority determined the paternalist character of rule, rather than being in conflict with it,"[910] wie Beetham pointiert.

Das heißt indes umgekehrt, dass in dem Maße, wie dieser Glaube *schwindet*, in dem Beetham folgerichtig den *vitalen Stimulus schlechthin* für die kommunistische Parteidiktatur erblickt, alle Bevormundung und Repression durch den Staat einen zusehends *illegitimen* Anstrich erhalten muss.[911] Das ist ungemein wichtig zu sehen (und kann, nebenbei bemerkt, nur sehen, wer den kommunistischen Parteidiktaturen, bedingt etwa durch einen normativen Legitimitätsbegriff oder durchgängigen „soziologischen Zynismus", die Legitimität nicht von vornherein abspricht): In diesem Denken ist eine bestehende Herrschaft nur legitim, wenn und weil sie dereinst die Aufhebung von Herrschaft an sich herbeiführt. Der Paternalismus ist mit anderen Worten lediglich als *vorübergehender* Paternalismus legitimierbar. Das mit Herrschaft unweigerlich einhergehende fremdbestimmende Moment, um dessen grundsätzliche Fragwürdigkeit man in einer *modernen* Gesellschaft mehr denn je weiß, soll nur *befristeter* Natur sein: gleichsam ein *notwendiges Übel*, das in Kauf genommen wird, damit die Bedingungen für die Realisierung des kommunistischen Ideals geschaffen werden können.[912] *Ohne* diese Zuversicht seitens der Herrschaftsunterwor-

---

910 Beetham 1991 – The Legitimation of Power, S. 182. Mit der Doktrin ist der Marxismus-Leninismus gemeint.
911 Vgl. ebd., S. 185f. Auf diese Quelle der Legitimität wurde in Kapitel 3.1 eingegangen.
912 Auch Sternberger arbeitet heraus, „daß nach der Lehre [des Marxismus-Leninismus] alle Herrschaft dem Zeitalter des *Übergangs* angehöre. Dennoch" – oder, wie ich ergänzen würde: gerade deshalb – „übt die bolschewistische Partei Herrschaft aus in einem Maße und mit einer Ausschließlichkeit wie keine staatliche Macht sonst auf allen fünf Kontinenten" (Sternberger 1986 – Grund und Abgrund der Macht, S. 133, m.H.). Diese Ironie entgeht auch Reinhard 2007 – Geschichte des modernen Staates, S. 21, 105 nicht, wenn er betont, dass der „totale Staat in beiden Varianten", in der nationalsozialistischen wie in der kommunistischen, „auf theoretische Negation des Staates gegründet" war.

3. Vom Ende der Revolution

fenen lässt sich der Pluralismus mithin *nur noch* gewaltsam (oder aber im Austausch gegen materielle Vorteile) unterdrücken. Verliert nun aber zusätzlich zum Versprechen ebenso die Drohung an Glaubwürdigkeit, wird nichts mehr die der modernen Gesellschaft inhärenten pluralistischen Elemente daran hindern, sich Gehör zu verschaffen. Deshalb wird die 1989/90er „Revolutionen" – vor allen Dingen den Zeitpunkt ihres Ausbruchs – auch nicht verstehen, wer nicht die Reformpolitik unter Michail Gorbatschow (Glasnost und Perestroika) in Rechnung stellt bzw. dessen Ankündigung, öffentlichen Protesten in den Satellitenstaaten nicht mehr mit militärischen Mitteln zu begegnen.[913]

Was genau für das Schwinden des Glaubens an eine klassenlose und damit herrschaftsfreie Gesellschaft verantwortlich war, muss hier offenbleiben.[914] Sicher verschwand er nicht von heute auf morgen, sondern verblasste über einen längeren Zeitraum ganz allmählich. Der Umstand aber, dass die alten Machthaber ihren Platz räumen, *ohne* (mit Ausnahme von Rumänien) großen Widerstand zu leisten, vor allem *ohne* mit Gewalt hierzu gezwungen werden zu müssen, lässt darauf schließen, dass selbst die Machthaber vom (Legitimitäts-)Glauben verlassen waren.[915] Goodwin stellt, hierzu passend, die interessante These auf, dass die Legitimität der sowjetischen Herrschaft in den letzten Jahrzehnten ihres Bestehens – auch im Zuge einer leichten „Ent-Totalisierung" der Politik nach Stalin – immer weniger auf einer „ideologischen" und stattdessen immer mehr auf einer *faktischen* Reziprozität beruht („salamis for submission"), so dass die Le-

---

913 Hierzu später unter Punkt (2) mehr.
914 Sicherlich haben die totalitären Erfahrungen unter Stalin diesbezüglich eine große Rolle gespielt, die zunächst auf Seiten der westlichen Intellektuellen dazu führten, dass diese sich mehr und mehr dem (zukunftsnahen) „social engineering" und der (Weiter-)Entwicklung des Sozialstaats zuwandten statt weiter von einer (fernen) Weltrevolution zu träumen. Ohnehin erhielten alle weitreichenden („utopischen") Projekte und Visionen einen zunehmend totalitären Anstrich, wobei in der Hinsicht insbesondere Poppers „Die offene Gesellschaft und ihre Feinde" von 1945 großen Einfluss ausüben sollte. Siehe hierzu auch Kumar 2009 – Philosophy of History, S. 551. Für die Intellektuellen, aber auch für weite Teile der Bevölkerung in Ost- und Mitteleuropa dürften wiederum vor allem die letzten Jahrzehnte den Glauben an eine zeitnahe Realisierung des kommunistischen Ideals erschüttert haben. Gerade die wirtschaftliche Rückständigkeit gegenüber dem Westen ließ sich immer schwerer verbergen.
915 Wenngleich in diesem Verhalten ebenso ein gutes Stück *Opportunismus* steckte, keine Frage. Siehe hierzu auch Goodwin 2001 – No Other Way Out, S. 276-281. Der Sonderfall Rumänien wird noch zu ergründen sein.

gitimität (sofern von Legitimität zu diesem Zeitpunkt überhaupt noch die Rede sein kann) in genau dem Moment prekär wird, in dem wirtschaftliche (bzw. performative) Probleme dazu führen, dass der Herrschaft statt Zuckerbrot und Peitsche nur noch die Peitsche zur Verfügung steht.[916] Demnach hätte jedenfalls das proklamierte kommunistische Fernziel in legitimatorischer Hinsicht während der letzten Jahrzehnte keine allzu große Bedeutung mehr gehabt.

Die 1989 erfolgende „offizielle" Aufgabe der kommunistischen Utopie und des durch sie befeuerten Strebens nach einer tiefgreifenden Umwälzung der Gesellschaft bleibt nun aber nach meinem Dafürhalten nicht folgenlos für die Idee der Revolution. Dieser war durch die Dominanz der sozialistischen Revolution lange Zeit das Ideal der Herrschaftsfreiheit eingeschrieben.[917] Erst in dem Moment, in dem man von dieser Vision abrückt, kann sich die neuzeitliche Revolution wieder auf ihren *demokratischen Kern zurückbesinnen*, der bis zur Oktoberrevolution noch so offen zutage gelegen hatte, dann aber durch sie (teilweise) verschüttet wurde. Immer schon richtet sich die Revolution gegen illegitime Herrschaftsverhältnisse, die demokratische genauso wie die sozialistische. Sobald nun aber allgemein anerkannt wird, dass Herrschaft *auch in dem Wissen* legitimierbar ist, dass sie nicht provisorisch ist, sondern *fortdauern* wird, ändert sich die Zielsetzung der Revolution. Die Idee der Revolution wirft gleichsam den utopischen Ballast ab, den sie seit der Oktoberrevolution mit sich schleppt, sie wird „realistischer" und findet zu ihrem ursprünglichen Thema zurück – erase and rewind. Anstatt den Zustand der Herrschaftsfreiheit zu erstreben, ist ihr Ziel nun (wieder) das *Legitim-Machen* von staatlicher Herrschaft, genauer: das Legitim-Machen von *überdauernder* staatlicher Herrschaft; von Herrschaft also, die nicht deshalb legitim ist, weil sie zu ihrer eigenen Auflösung beiträgt, sondern deshalb, weil sie die ihr auferlegten Bedingungen erfüllt, d.h. *demokratisch eingehegt* wird. Es kommt mit anderen Worten zur (erneuten) Engführung von Revolution und Demokratie

---

916 Siehe ebd., S. 264-266. Goodwin deckt hier auf, inwieweit das Ausbleiben dringend erforderlicher wirtschaftlicher Reformen in der Sowjetunion durch eine *falsche Anreizstruktur* bedingt war. Die verminderte Wettbewerbsfähigkeit der Ökonomie offenbarte sich nicht zuletzt in der Konsumgüterindustrie – so dass sie auch dem gemeinen Bürger ins Auge stach.

917 Wenn auch, wie in Kapitel 3.1 gesehen, die *Idee der Volkssouveränität* für die Legitimierung von Herrschaft durchaus eine Rolle spielte – neben bzw. zusammen mit der Doktrin des Marxismus-Leninismus.

3. Vom Ende der Revolution

im Sinne Tocquevilles, so dass auch der Blick für den „evolutionären Rahmen" abermals freigelegt wird: Die neuzeitliche Revolution gibt sich seit 1989 im Rückblick wieder als eine einzige „große demokratische Revolution" zu erkennen, ihre (keineswegs notwendig so verlaufene) Geschichte erscheint als die einer Verwirklichung der Ideen der Französischen Revolution in Richtung auf die Demokratie bzw. den demokratischen Rechtsstaat.[918]

Wobei man bei aller Betonung der rückspulenden Wirkung, die von den 1989/90er „Revolutionen" auf die Vorstellung der Revolution ausgeht, nicht außer Acht lassen darf, dass das Thema der neuzeitlichen Revolution: die Demokratie, zugleich eine *eindeutigere* Bestimmung erfährt, an Mehrdeutigkeit also einbüßt. Zum einen wird die *Ergänzungsbedürftigkeit* der Demokratie, der erstmals mit den 1848/49er Revolutionen umfassend Ausdruck verliehen wurde, bekräftigt: „Demokratie" umfasst nun semantisch immer auch liberale (Abwehr-)Elemente wie Gewaltenteilung, Rechtsstaatlichkeit, Repräsentation und Föderalismus.[919] Zum anderen (und nur schwer vom ersten Punkt zu trennen) wird die Idee der Volkssouveränität von all jenen *transzendenten Rückständen gereinigt*, die ihr im Ausgang von einem Rousseauschen Demokratieverständnis noch eigneten.[920] Denn das „Volk" wird endlich als eine *pluralistische* Größe anerkannt, die über *keinen* einheitlichen Willen verfügt, schon gar nicht über einen *vorgängigen* Willen, und dessen Elemente daher auch nicht im Zuge einer Homogenisierung zu solch einem einheitlichen Willen „bekehrt" werden müssen. Das „Volk" (oder die „Klasse") bildet mit anderen Worten nicht länger eine semi-transzendente Wesenheit, ja, hört auf, in den Rang eines voluntaristischen, willensbegabten (Makro-)Subjekts gehoben zu werden. Es wird stattdessen in allen Demokratien zum *gespaltenen* Subjekt: Es bleibt zwar der Theorie nach Souverän, aber ein solcher Souverän, der notgedrungen *abwesend* ist – und den es deshalb im Zuge der Repräsentation (mit Habermas: der Deliberation) immer wieder aufs Neue *anwesend* zu machen gilt.[921] Der symbolische Ort der Macht ist mit Claude

---

918 Und es ist meines Erachtens bezeichnend, dass Mead dies zu einer Zeit erkannt hat, in der die Oktoberrevolution seinen Blick noch nicht trüben konnte: 1915 nämlich.
919 Vgl. Buchstein/Jörke 2000 – Das Unbehagen an der Demokratietheorie, S. 473f. und Manin, Bernard: Kritik der repräsentativen Demokratie, Berlin 2007.
920 Ob dieser Reinigungsvorgang heute abgeschlossen ist, sei dahingestellt.
921 Vgl. Marchart 2005 – Neu beginnen, S. 154-159.

3.4 Ein Ende der Revolution?

Lefort gesprochen seit 1789 bzw. seit der Guillotinierung Ludwigs XVI. leer – und seit 1989 haben schließlich auch all jene (totalitären) Versuche, ihn wieder (identitär mit „Volk", „Klasse" oder „Führer") dauerhaft zu besetzen, ein Ende.[922] Stattdessen muss ein politischer Wille, der nicht identisch mit dem pluralistischen Willen des Volkes ist (und in aller Regel auch gar nicht sein kann), aber dennoch vom Volk ausgeht, in der Demokratie *allererst konstruiert* werden. Er kann und braucht nicht einfach nur (von der Partei etwa) „aufgedeckt" zu werden, sondern ist das *Resultat* einer demokratischen Meinungs- und Willensbildung.

Was folgt aus alledem für den Sozialismus insgesamt? Ist er tot?[923] Ich denke nicht. Was 1989 begraben wurde (Wiederauferstehung nicht ausgeschlossen), ist der Sozialismus im Sinne einer *Systemalternative*. So gelesen, ist Fukuyama, fürs Erste jedenfalls, Recht zu geben. Etwas anderes ist indes der Sozialismus in seiner Eigenschaft als *Korrektiv* – in der er mit den „Revolutionen" von 1989/90 nicht notwendig geschwächt wurde. Man muss sich in Erinnerung rufen, dass der Sozialismus erst mit der Oktoberrevolution bzw. erst mit dem dogmatischen Marxismus in *Opposition* zu einer angeblich bloß bürgerlichen Französischen Revolution gerät. Zuvor, im 19. Jahrhundert also, bezeichnete „Sozialismus" die *Ausweitung* der demokratischen Revolution, d.h. die sozialistische Revolution verstand sich als weitere Einlösung des demokratisch-inklusiven Versprechens.[924] Und zu ebendieser ursprünglichen Bedeutung gelangt der Sozialismus seit 1989 (wenn auch unfreiwillig) wieder zurück. Er legt den Anspruch einer systemischen Alternative ab und wird stattdessen zu einer kritisch-korrigierenden Kraft der liberalen Demokratie (eine Rolle, die er im Westen

---

922 Siehe hierzu neben Marchart auch Habermas 1990 – Strukturwandel der Öffentlichkeit, S. 44 im neuen Vorwort von 1990.
923 Eine gute Diskussion der möglichen Rollen, die dem Sozialismus nach 1989 noch zufallen könnten, findet sich bei Anderson 1992 – The Ends of History, S. 357-375; siehe daneben auch Kumar 2001 – The End of Socialism, v.a. S. 186.
924 Vgl. Marchart 2005 – Neu beginnen, S. 161f., der sich hier wiederum auf die Arbeiten von Claude Lefort stützt, sowie Osterhammel 2009 – Die Verwandlung der Welt, S. 864f., der meint: „In Institutionen umgesetzt, bedeutete Sozialismus vor seiner Bolschewisierung zur putschistischen Avantgarde-Partei sowohl kollektive Interessenvertretung im Kampf der Klassen *als auch* Einübung von Demokratie. Der europäische Sozialismus war eine Kraft der Demokratisierung." Auch Habermas betont wider die spätere Entgegensetzung von Sozialismus bzw. Kommunismus und Demokratie, „daß Marx die kommunistische Gesellschaft als die einzig mögliche Verwirklichung von *Demokratie* versteht" (Habermas 1992 – Nachholende Revolution, S. 226, m.H.).

3. Vom Ende der Revolution

schon vor 1989 einnimmt). Sein emanzipatorisches Programm hat denn auch nichts an Aktualität eingebüßt. „Die Hoffnung auf Emanzipation der Menschen aus selbstverschuldeter Unmündigkeit und erniedrigenden Lebensumständen hat ihre Kraft nicht verloren"[925], wie Habermas anmerkt. Der Unterschied ist nur, dass die zusätzlich zur rechtlichen und politischen auch wirtschaftliche und soziale Emanzipation nunmehr *innerhalb* und nicht außerhalb des demokratischen Rechtsstaats verfolgt wird.

Am deutlichsten lässt sich dieses Umdenken meines Erachtens bei Habermas selbst nachweisen: Angesichts der inzwischen erkannten *Unumgänglichkeit* staatlicher Herrschaft (bzw. funktionaler Differenzierung) fragt Habermas nicht länger nach der Möglichkeit von Herrschaftslosigkeit, um endlich frei zu sein, sondern nach der Möglichkeit von Freiheit *unter den Bedingungen von staatlicher Herrschaft*.[926] Die Lösung sieht er, wie dargelegt wurde, in einer Proceduralisierung der Volkssouveränität. In diesem Demokratiekonzept spielen die öffentlichen Diskurse eine zwar ungemein wichtige, aber dennoch *begrenzte* Rolle: „Diskurse herrschen nicht. Sie erzeugen eine kommunikative Macht, die die administrative nicht ersetzen, sondern nur beeinflussen kann. Dieser Einfluß beschränkt sich auf die Beschaffung und den Entzug von Legitimation."[927] An ande-

---

925 Ebd., S. 241.
926 Siehe hierzu insbesondere Habermas 1992 – Nachholende Revolution. Ganz im Zeichen des „Bankrott[s] des Staatssozialismus" schreibt er im neuen Vorwort von 1990: „Ziel ist nicht mehr schlechthin die ‚Aufhebung' eines kapitalistisch verselbständigten Wirtschafts- und eines bürokratisch verselbständigten Herrschaftssystems, sondern die demokratische Eindämmung der kolonialisierenden *Übergriffe* der Systemimperative auf lebensweltliche Bereiche." Ders. 1990 – Strukturwandel der Öffentlichkeit, S. 36. Nach eigener Aussage hat sich Habermas von einem „sozialistischen Demokratie[konzept]" distanziert, das „einem inzwischen fragwürdig gewordenen Totalitätskonzept von Gesellschaft und gesellschaftlicher Selbstorganisation verhaftet" blieb. „[D]ie Unterstellung, daß die Gesellschaft insgesamt als eine Assoziation im großen vorgestellt werden kann, die über die Medien Recht und politische Macht auf sich selbst einwirkt, hat angesichts des Komplexitätsgrades funktional differenzierter Gesellschaften jede Plausibilität verloren." Ebd., S. 35. Vgl. zum Steuerungs- und Organisationsbedarf moderner Gesellschaften auch ders. 1998 – Volkssouveränität als Verfahren, S. 620.
927 So im neuen Vorwort von Habermas 1990 – Strukturwandel der Öffentlichkeit, S. 44; ähnlich auch ders. 1998 – Faktizität und Geltung, S. 364: „Die nach demokratischen Verfahren zu kommunikativer Macht verarbeitete öffentliche Meinung kann nicht selber ‚herrschen', sondern nur den Gebrauch der administrativen Macht in bestimmten Richtungen lenken."

rer Stelle spricht Habermas auch von einem „Modus der Belagerung", in dem die kommunikative Macht auf den Staatsapparat einwirkt, *ohne* ihn zu ersetzen – eine Belagerung also, der die Eroberungsabsicht fehlt.[928] Ganz explizit wendet sich Habermas mithin von der Vision einer sich selbst organisierenden Gesellschaft ab, die ihm zufolge an der Komplexität funktional differenzierter Gesellschaften notwendig scheitern muss. Seine Hoffnung auf Emanzipation ist nicht gewichen, aber doch *geläutert*.[929] Es geht nicht mehr darum, den Staat (und den Kapitalismus) zu überwinden, sondern darum, auch und gerade *institutionelle Vorkehrungen* dafür zu treffen, dass sich seine Machtausübung den legitimatorischen und das heißt (radikal-)demokratischen Standards unterwirft. Für die Institutionalisierung(sbedürftigkeit) der Freiheit blind gewesen zu sein, hält Habermas Marx denn auch konsequent vor: „seine institutionelle Phantasie reicht über die für die ‚Übergangsperiode' vorgesehene Diktatur des Proletariats nicht hinaus"[930].

Nur, Habermas steht nicht allein mit seiner Umkehr. Innerhalb der politischen Linken akzeptiert, wie ich in aller Kürze zumindest andeuten möchte, u.a. auch Chantal Mouffe bei genauerem Hinsehen die Fukuyamasche Aussage von der Alternativlosigkeit der liberalen Demokratie – jedenfalls *unter der Hand*. Ihr „Projekt radikaler und pluraler Demokratie" zielt *nicht* auf die Überwindung der liberalen Demokratie, sondern auf die Freilegung und Bewusstmachung von dessen legitimatorischem Kern, den Mouffe im Prinzip der Volkssouveränität verortet. Es geht ihr, anders gesagt, um eine Stärkung des *demokratischen* gegenüber dem *liberalen* Moment der liberalen Demokratie, nicht aber um die Streichung des Letzte-

---

928 Vgl. Habermas 1998 – Volkssouveränität als Verfahren, S. 626 und 630.
929 Und zwar geläutert, wie Habermas expliziert, durch das fallibilistische Bewusstsein (also die Einsicht, dass man sich trotz besseren Wissens irren kann) einerseits und die historische Erfahrung andererseits (Habermas 1992 – Nachholende Revolution, S. 241).
930 Ebd., S. 226f. Das deckt sich mit der scharfen Beobachtung Schmidts: „Demokratie meint nämlich im Frühwerk von Marx und in der späteren Schaffensperiode nicht in erster Linie Zustand oder Prozess einer Institutionenordnung, sondern wesentlich Form und Instrument eines heilsgeschichtlich interpretierten Übergangs zu einem idealen Endzustand." Schmidt, Manfred G.: Demokratietheorien. Eine Einführung, Opladen 2006, S. 166. Auch dem Begründer der modernen Demokratie, Rousseau, wird vorgeworfen, dass seine Theorie der Volkssouveränität die Frage nach ihrer institutionellen Umsetzung offenlässt; vgl. Vorländer, Hans: Demokratie. Geschichte, Formen, Theorien, München 2010, S. 54f.

3. Vom Ende der Revolution

ren. Genau genommen schließt sie – obschon sie selbst dies vermutlich bestreiten würde – an Fukuyama an, um im Ausgang von *seinen* Schlussfolgerungen die spezifischen Gefährdungen der Demokratie zu benennen: Denn wenn es stimmt, dass die liberale Demokratie als Herrschaftsordnung heute *theoretisch* unbestritten ist, dann müssen umso größere Anstrengungen unternommen werden, um sie *dennoch in der Praxis lebendig zu halten*. Fukuyamas Diagnose darf nicht in dem münden, was Colin Crouch „Postdemokratie"[931] nennt und den modernen Demokratien der Tendenz nach bescheinigt: eine bloß auf dem Papier bestehende Demokratie, in der die aktive und umfassende Mitwirkung der Bürger an der Politik auf ein Minimum reduziert ist und nicht länger über die bloße Wahl hinausgeht, und in der Politiker hauptsächlich die Interessen der Wirtschaft vertreten. „In den liberal-demokratischen Gesellschaften ist", so Mouffe, „ganz klar eine negative Kraft am Werk, die dem Triumphalismus widerspricht, den wir seit dem Fall des Sowjetkommunismus beobachtet haben"[932]. Deshalb gilt es aus ihrer Sicht, die Demokratie, wenn schon nicht von außen, so doch wenigstens *von innen* mit Leben zu füllen und so der zunehmenden Entfremdung der Bürger von ihren politischen Institutionen entgegenzuwirken. Zu diesem Zwecke setzt sie auf *Dissens* – und gerade nicht wie Habermas (oder John Rawls) auf Konsens –, auf die *Institutionalisierung des Konflikts*. „Die Spezifik moderner Demokratie besteht in

---

931 Crouch, Colin: Postdemokratie, Frankfurt/M. 2008.
932 Mouffe 2010 – Das demokratische Paradox, S. 85. Siehe für ihre Demokratietheorie auch dies. 2007 – Über das Politische sowie als eine gute Einführung Marchart, Oliver: Äquivalenz und Autonomie. Vorbemerkungen zu Chantal Mouffes Demokratietheorie, in: Mouffe, Chantal: Das demokratische Paradox, Wien 2010, S. 7-14. Mit deutlichem Bezug auf Fukuyama merkt Mouffe an anderer Stelle an, „dass die unherausgeforderte Hegemonie des Neoliberalismus eine Gefahr für demokratische Institutionen darstellt". Denn „wenn einmal die Idee einer Alternative zur existierenden Machtkonfiguration verschwunden ist", dann verschwindet, wie sie in ihrer Kritik am „Dritten Weg" der europäischen Sozialdemokratie anmerkt, „auch die Möglichkeit legitimer Ausdrucksformen des Widerstands gegen die dominanten Machtverhältnisse" (Mouffe 2010 – Das demokratische Paradox, S. 22f.).
In dem Anspruch, den der Westen gegenüber dem Nicht-Westen erhebt, in Gestalt der liberalen Demokratie die beste und daher universale Herrschaftsform gefunden zu haben, sieht Mouffe einen Grund für die Entstehung neuer Antagonismen, u.a. des internationalen Terrorismus. Sie fordert deshalb, „den Glauben an die einzigartige Überlegenheit der liberalen Demokratie in Frage zu stellen" (dies. 2007 – Über das Politische, v.a. S. 108-117, Zitat S. 114).

der Anerkennung und Legitimierung von Konflikt und in der Weigerung, diesen zu unterdrücken, indem eine autoritäre Ordnung eingerichtet wird."[933] Wobei der institutionalisierte Konflikt wohlgemerkt auf Grundlage einer gemeinsamen Bindung an die ethisch-politischen Prinzipien liberaler Demokratie erfolgen soll:[934] Der *Antagonismus*, der ihr zufolge zum Wesen des Politischen gehört, ja, unauslöschlich mit diesem verbunden ist, insofern als ein rationaler Konsens aufgrund des spezifisch modernen Wertepluralismus nicht immer bzw. nur in den seltensten Fällen erreichbar ist, soll gezähmt, nämlich in einen *Agonismus* verwandelt werden, d.h. in eine Auseinandersetzung nicht zwischen Feinden, sondern (legitimen) Gegnern, die zwar unterschiedlicher Meinung sind und in der Regel auch bleiben, aber einander nichtsdestotrotz achten und beim Versuch, die eigenen (hegemonialen) Projekte durchzusetzen, die „Spielregeln" der politischen Auseinandersetzung beachten.[935] Die Perspektive des „agonistischen Pluralismus", um dessen Begründung es Mouffe geht,

> zwingt uns, indem sie uns vor der Illusion warnt, eine vollständig realisierte Demokratie könne jemals errichtet werden, die demokratische Herausforderung lebendig zu halten. Für eine pluralistische Demokratie ist es lebenswichtig, Dissens Raum zu geben, und die Institutionen, in welchen er manifestiert werden kann, zu stärken, und man sollte die Idee aufgeben, es könnte je eine

---

933 Mouffe 2010 – Das demokratische Paradox, S. 104. Konsens erregt für Mouffe immer schon den Verdacht, er sei *erzwungen*, also in Wahrheit der Ausdruck von Machtverhältnissen; siehe ebd., S. 105f. Die Habermassche Vorstellung eines herrschaftsfreien Diskurses hält sie, anders formuliert, für eine gefährliche Illusion.
934 Vgl. ebd., S. 104. Alle akzeptieren diese Prinzipien von Freiheit und Gleichheit, über deren *konkrete Bedeutung* und *Implementierung* streitet man gleichwohl weiterhin. Mouffe spricht in dem Zusammenhang auch von einem „konfliktualen Konsens" (Mouffe 2007 – Über das Politische, S. 15-47, 158). Wer indes die Prinzipien nicht anerkennt, der wird *ausgeschlossen* vom liberal-demokratischen Diskurs. Auch Mouffe räumt mithin die Notwendigkeit einer gewissen Homogenität des Demos für das Funktionieren von Demokratie ein, aber diese wird nicht (wie bei Schmitt) ethnisch oder national, sondern durch die *Zustimmung* zu den Prinzipien liberaler Demokratie geschaffen. Siehe dies. 2010 – Das demokratische Paradox, v.a. S. 49-67 und 85-106.
935 „Was das deliberativ-demokratische Modell verleugnet, das ist", wie Mouffe in erstaunlicher Übereinstimmung mit Luhmann bemerkt, „die Dimension der Unentscheidbarkeit und die Unauslöschbarkeit von Antagonismus. Beides ist für das Politische konstitutiv." Ebd., S. 106. Die (niemals vollständige) Umwandlung des Antagonismus in Agonismus stellt für sie die Hauptaufgabe und -errungenschaft der Demokratie dar.

Zeit geben, in der Gesellschaft wohlgeordnet wäre und dies nicht mehr nötig wäre.[936]

Mouffe ist mit anderen Worten an einer *Demokratisierung der Demokratie* gelegen. Eine adäquate Demokratietheorie soll dazu dienen, die demokratischen Institutionen zu *festigen* und damit die Emanzipation des Menschen *weiter voranzubringen*. Mouffe richtet sich nicht gegen die „demokratische Revolution", vielmehr trachtet sie danach, diese zu *forcieren*.[937] Und dies, das sei betont, *ohne* mit der bestehenden Ordnung vollständig zu brechen: „Wir sollten", schreibt sie, „keineswegs dem irrigen Glauben verfallen, die Umgestaltung jener Machtverhältnisse setze den völligen Bruch mit dem liberaldemokratischen Rahmen voraus"[938]. Von der sozialistischen Revolution scheint auch sie sich, wie so viele andere Intellektuelle im 20. und 21. Jahrhundert, abgekehrt zu haben, zumindest sofern man Sozialismus und Demokratie als Gegenbegriffe versteht. Sie hat damit die Lehre aus der historischen Erfahrung gezogen, dass die sozialistische Revolution doch immer nur von der vermeintlichen Freiheit in die (gestärkte!) Despotie führte.[939] Machtverhältnisse und Antagonismus sind für

---

936 Ebd. Ganz ähnlich hält auch Balibar 2012 – Gleichfreiheit den *aktiven* Bürger für unverzichtbar, um die Demokratie zu erhalten und weiter zu demokratisieren: den Rebellen, den Dissidenten.

937 Freilich trennt Mouffe zwischen liberaler Revolution einerseits und demokratischer Revolution andererseits. Liberalismus und Demokratie stehen bei ihr in einem unauflöslichen Spannungsverhältnis – gerade deshalb ist ihre These ja, dass die moderne liberale Demokratie auf einem *Paradoxon* gründet: auf zwei widersprüchlichen Prinzipien, die unvereinbar bleiben und doch zusammenwirken und dabei in ein sich ständig wandelndes Verhältnis gebracht werden (wobei gegenwärtig der Liberalismus die Oberhand gewonnen hat); vgl. Marchart 2010 – Äquivalenz und Autonomie, S. 11f. Dass Fukuyama auf dieses Spannungsverhältnis überhaupt nicht eingeht, wird ihm zu Recht vorgeworfen; so u.a. bei Held 1993 – Liberalism, S. 257.
Inwieweit im Übrigen Keane mit seiner (sicherlich eigenwilligen) Deutung richtig liegt, derzufolge es auch Jean-François Lyotard – allem *Post*modernismus zum Trotz – um eine *Weiterführung* der demokratischen Revolution im Tocquevilleschen Sinne und damit der Moderne geht, vermag ich nicht angemessen zu beurteilen (vgl. Keane, John: The Modern Democratic Revolution. Reflections on Lyotard's *The Postmodern Condition, in:* Benjamin, Andrew (Hrsg.): Judging Lyotard, London 1992, S. 81-98).

938 Mouffe 2007 – Über das Politische, S. 46.

939 Kumar sieht hierin den Grund für die Abkehr von der Revolution auf Seiten vieler Intellektueller, die daher nach anderen Wegen such(t)en, um die gewünschten Veränderungen zu erreichen. Oder aber man besann sich auf die frühen utopi-

3.4 Ein Ende der Revolution?

Mouffe *ubiquitär* – man sollte daher aufhören, von deren Beseitigung zu träumen. In aller Klarheit kann sie darum mit Blick auf 1989 resümieren:

> Die Lehre, die aus dem Scheitern des Kommunismus zu ziehen ist, lautet: Das demokratische Ringen sollte nicht als Kampf zwischen Freund und Feind verstanden werden, und die liberale Demokratie ist kein Feind, den es zu zerstören gilt. Wenn wir in ‚Freiheit und Gleichheit für alle' die ‚ethisch-politischen' Prinzipien […] der liberalen Demokratie sehen, dann liegt das Problematische an unserer Gesellschaft nicht in den von ihr proklamierten Idealen, sondern in der fehlenden Verwirklichung dieser Ideale. Die Aufgabe der Linken ist also nicht, sie als Schwindel und Deckmantel kapitalistischer Herrschaft abzulehnen. Die Aufgabe besteht vielmehr im Kampf für die effektive Verwirklichung dieser Ideale.[940]

Die Pointe besteht also darin, dass Mouffe die liberale Demokratie zu *retten* sucht.

Bliebe noch zu fragen, ob nicht der aufflammende Nationalismus im Gefolge des revolutionären Aufbegehrens in Osteuropa dem Charakter einer demokratischen Revolution widerspricht. Hagen Schulze zum Beispiel sieht in ihm einen *Hinderungsgrund* für die Entwicklung der liberalen Demokratie in den ehemaligen Satellitenstaaten und hält daher Fukuyamas „Prophetie vom ‚Ende der Geschichte' und vom Sieg der westlichen Demokratie über einen", wie er Fukuyama zitiert, „‚zahnlosen und unbedeutenden europäischen Nationalismus'", für „voreilig"[941]. Vor dem Hintergrund der Ergebnisse aus Kapitel 3.2 würde ich indes ganz im Gegenteil sagen, dass der Nationalismus eine *Voraussetzung* für die Demokratie bildet, ist er es doch, der ganz maßgeblich für die notwendige *politische Aktivierung und Integration* weiter Teile der Bevölkerung sorgt. Eine Funktion, die im Übrigen Schulze selbst einräumt, weshalb seine Kritik an

---

schen Sozialisten zurück und leitete daraus (wie im Freudo-Marxismus) den Anspruch ab, dass die Revolution, damit sie tatsächlich in die Freiheit und Gleichheit für alle führen würde, auch vor „Seele" und „Körper" nicht Halt machen darf. Vgl. Kumar 2000 – Post-History, S. 222-224.

940 Mouffe 2007 – Über das Politische, S. 45. Balibar würde sagen: Es geht um die (vollständigere) Verwirklichung von „Gleichheit" und „Freiheit", dessen, was er „Gleichfreiheit" nennt (Balibar 2012 – Gleichfreiheit). Auf einem anderen Blatt steht für Mouffe freilich, inwieweit der *Kapitalismus* ein Feind ist, den es zu zerstören gilt (um die vorangegangene Formulierung zu verwenden).

941 Schulze 2004 – Staat und Nation, S. 333f. Die Einbettung von Schulzes Arbeit in den Fukuyamaschen Kontext wird sowohl im Vorwort als auch im Schlusskapitel deutlich (ebd., S. 13-17 und 318-341).

3. Vom Ende der Revolution

Fukuyama auch, wie ich finde, zwischen den Zeilen an Schärfe verliert.[942] Sicher, der Nationalismus hat zwei Seiten, eine emanzipatorisch-partizipative und eine destruktiv-aggressive, aber letztlich wäre auch die „gute" Seite nicht ohne die „böse" zu haben, wie unter Rückgriff auf die Arbeiten v.a. von Langewiesche dargelegt wurde. Die Herausforderung für Ost- und Mitteleuropa sehe ich daher darin, den Nationalismus in einem *staatsbürgerlichen* Sinne zu verankern und zugleich einer *romantischen Verklärung* der Nation entgegenzuarbeiten: Statt als ethnisch-sprachliche Gemeinschaft muss die Nation als Gemeinschaft der mündig gewordenen Bürger (mit in der Regel höchst *unterschiedlichen* Meinungen) begriffen werden. Insofern ist Schulze unbedingt Recht zu geben, wenn er erklärt: „Nicht die Idee der Nation muß in Europa überwunden werden, sondern die Fiktion der schicksalhaften, objektiven und unentrinnbaren Einheit von Volk, Nation, Geschichte, Sprache und Staat."[943] Anders gesagt: Die Nation im alles (v.a. ethnisch) homogenisierenden Sinne gilt es zu überwinden, nicht aber die sich auf Volkssouveränität und Menschenrechte berufende Nation. Das zwischenzeitliche Abebben des aggressiven Nationalismus in Ost- und Mitteleuropa spricht dafür, dass man sich diesbezüglich auf einem guten Wege befindet,[944] ja, dass die „Doktrin" des Nationalismus der weiteren Verbreitung und Konsolidierung der liberalen Demokratie nicht nur nicht hinderlich ist, sondern sogar förderlich sein kann. Man darf mit anderen Worten nicht blind für die Gefahren des Nationalismus sein, man darf aber ebenso nicht blind für seine Chancen, für seine positive Funktion

---

942 „Ohne die einigende und mobilisierende Kraft des Nationalismus in den osteuropäischen Ländern wäre die Befreiung vom Kommunismus kaum möglich gewesen. Nationale Selbstbestimmung und der Wechsel von der leninistischen Klassenkampf-Ideologie zum nationalen Grundkonsens stellten das *einzige* gemeinsame Band dar, das die vielen verschiedenen Gruppen und Interessen in diesen Ländern vereinigte." Ebd., S. 335, m.H.
943 Ebd., S. 337.
944 Zur Einschätzung, dass sich der (zerstörerische) Nationalismus in Ost- und Mitteleuropa als ein (wie von Fukuyama vorhergesagt) *transitorisches* Phänomen erwiesen hat, das die Demokratisierung *begleitete*, siehe u.a. Kumar 2009 – Philosophy of History, S. 555f. Zum allgemeinen Stand der Transformation all jener ehemaligen Ostblockländer, die der EU beigetreten sind, vgl. aktuell den Sammelband Heydemann, Günther/Vodička, Karel (Hrsg.): Vom Ostblock zur EU. Systemtransformationen 1990–2012, Göttingen 2013. Allen individuellen Unterschieden zum Trotz könnten sie, so der Befund, allesamt als „sich konsolidierende Demokratien" betrachtet werden.

sein. Auch künftig wird der Nationalismus ein janusköpfiges und gerade insoweit zutiefst *modernes* Phänomen sein.

So viel zur *konkretisierenden* Wirkung der 1989/90er „Revolutionen" auf die Idee der (neuzeitlichen) Revolution, so viel zur Akzentuierung ihres *demokratischen* Themas. Farideh Farhi spricht diesbezüglich auch von einem „*democratic turn*", den die Idee der Revolution im Lichte neuer Realitäten, d.h. im Lichte der „non-revolutionary revolutions" von 1989 vollzieht.[945] Untrennbar hiermit verbunden ist (2) die *gewandelte Gestalt*, in der die Revolution 1989/90 auftritt. Diese Metamorphose ist meines Erachtens ein weiterer Beleg dafür, dass sich die „wilde" Revolution in vielen Gesellschaften (vorerst jedenfalls) überlebt zu haben scheint. Was nämlich fällt beim Betrachten der Ereignisse von 1989/90 neben ihrer Rückwärtsgewandtheit auf? In erster Linie die ihnen eignende *Unbestimmtheit*: Sie schwanken zwischen Revolution einerseits und Reform andererseits; ein Merkmal, das Timothy Garton Ash dazu veranlasst hat, von einer „*Refolution*" zu sprechen.[946] Man zögert offenbar, sie in den Rang einer „echten", „vollwertigen" Revolution zu erheben. Wieso? Mehrere Gründe lassen sich anführen:[947] Einmal, dass die Umgestaltung zwar dem Druck „von unten" geschuldet ist, aber dennoch in erheblichem Maße „*von oben*" durchgeführt wird. Es sind ehemalige kommunistische Eliten, die den Wandel vielerorts zumindest mitbestimmen. László Bruszt prägt daher früh den Ausdruck einer „negotiated revolution"[948] – sie ist (zumindest in Ungarn und Polen) maßgeblich geprägt durch *Gespräche am Run-*

---

945 Vgl. Farhi 2003 – The Democratic Turn.
946 Siehe Garton Ash, Timothy: Ein Jahrhundert wird abgewählt. Aus den Zentren Mitteleuropas 1980–1990, München 1990.
947 Vgl. hierzu insbesondere Kumar 2001 – The Revolutions of 1989, S. 39-50; Goodwin 2001 – No Other Way Out, S. 256-288; Tilly 1999 – Die europäischen Revolutionen, S. 334-338; Eisenstadt 1992 – The Breakdown of Communist Regimes, S. 21-27; Kis, János: Zwischen Reform und Revolution, in: Berliner Journal für Soziologie, Bd. 9/1999, Heft 3, S. 311-338 und Farhi 2003 – The Democratic Turn, v.a. S. 31.
948 Bruszt, László: 1989: The Negotiated Revolution in Hungary, in: Social Research, Bd. 57/1990, Heft 2, S. 365-387. Siehe auch Stokes, Gale: The Walls Came Tumbling Down. Collapse and Rebirth in Eastern Europe, Oxford 2012, S. 158-162. Goodwin reserviert diesen Ausdruck gleichwohl für die Ereignisse in Polen und Ungarn. Für die DDR und die Tschechoslowakei dagegen spricht er von spontanen Massenprotesten. Das heißt, er unterscheidet zwei Modelle bzw. Sequenzen revolutionären Wandels in Osteuropa; siehe Goodwin 2001 – No Other Way Out, S. 272ff. Dass sich viele Mitglieder der Nomenklatura mit Aus-

3. Vom Ende der Revolution

den Tisch, an dem Vertreter „von unten" ebenso teilnehmen wie solche „von oben" (wohlgemerkt, *ohne* dass sich jene von diesen kooptieren lassen). Zweitens verläuft die Umwälzung, abgesehen vom rumänischen Fall, weitestgehend *gewaltlos*. Aber gehört die Gewalt nicht wesensmäßig zur Revolution, sind also Revolutionen, die sich keiner Gewalt bedienen, überhaupt Revolutionen?[949] Drittens erfolgt der Wandel innerhalb der *bestehenden* politischen Institutionen, d.h. weder werden die alten Institutionen abgeschafft noch werden neue geschaffen. Stattdessen begnügt man sich mit einer Umfunktionierung überkommener Institutionen. Alle drei Gründe eint, dass aus ihnen eine fehlende Diskontinuität spricht: 1989/90, so scheint es, kommt es zu keinem richtigen *Bruch* mit der alten Ordnung, mithin zu keinem echten Neuanfang. Die Ereignisse ähneln folglich in mancher Hinsicht mehr einer tiefgreifenden *Reform*: Veränderungen werden *bewusst* angestrebt, aber unter größerer Wahrung der *Kontinuität* (d.h. auch auf legalem Wege). Eingebürgert hat sich deshalb der Begriff der „Transition", der das *Kontrollierte* und *Geordnete* deutlich werden lässt.[950] In dieses Bild fügt sich der bereits erwähnte Umstand, dass es den Vorgängen an einer *Vision* mangelt: am Ideal einer zukünftigen, noch nie dagewesenen (und insofern risikobehafteten) Ordnung, auf dessen Verwirklichung man kontinuierlich hinwirkt.

Und doch eignet dem Geschehen von 1989/90 zweifellos etwas Revolutionäres.[951] Nicht nur, weil sich die Ereignisse *überschlagen* und die Geschichte, die in den betreffenden Gesellschaften vorher stillzustehen schien, sich gleichsam beschleunigt. Sondern auch, weil die *Ergebnisse* ohne Frage revolutionär sind: Es wird allgemein anerkannt, dass sie den

---

bruch der „Revolution" (aus strategischen Erwägungen) in Fürsprecher eines grundlegenden Wandels verwandeln, beobachtet auch er (ebd., S. 276f. und 281).
949 Im Übrigen verlief schon die iranische Revolution in ihren Anfängen weitestgehend gewaltfrei. Darauf wird im vierten Kapitel zurückzukommen sein.
950 Kis schlägt sogar vor, in dem, was er „koordinierte Transition" nennt, einen *eigenständigen* Typus politischer bzw. sozialer Strukturbrüche zu erblicken, der weder mit dem Begriff der „Revolution" noch mit dem der „Reform" verwechselt werden dürfe (Kis 1999 – Zwischen Reform und Revolution). Meines Erachtens entgeht einem dann aber die Pointe, dass sich die *Form* der Revolution gewandelt hat.
951 Siehe u.a. Habermas 1992 – Nachholende Revolution, Farhi 2003 – The Democratic Turn, S. 31f., Goodwin 2001 – No Other Way Out, S. 256-288, Kumar 2001 – The Revolutions of 1989, S. 39-50, Tilly 1999 – Die europäischen Revolutionen, S. 334-338 und Eisenstadt 1992 – The Breakdown of Communist Regimes, S. 21-27.

3.4 Ein Ende der Revolution?

Sturz der kommunistischen Diktatur, ja, einen *grundlegenden* Wandel der Herrschafts- und Gesellschaftsordnung herbeiführen – der noch dazu, wie gesagt, *intendiert* ist. Pate mag hierbei keine innovative Idee stehen, aber nichtsdestotrotz eine Idee: jene vom demokratischen Rechtsstaat nämlich (zusammen mit jener von der kapitalistischen Wirtschaftsordnung). Man möchte qua revolutionärer Praxis Anschluss finden an die westliche liberal-demokratische Tradition und inszeniert diesen Anschluss zugleich als einen *Wieder*anschluss, als eine *Rückkehr*. Ein Neubeginn zwar, aber ein von *Nostalgie* erfüllter.[952] Wer indes die Orientierung an alten Ideen zu einem Ausschlusskriterium für „echte" Revolutionen erhebt, für den hätte es seit 1789 keine Revolution mehr gegeben – denn in Hinblick auf die Französische Revolution waren *alle* Revolutionen auf die eine oder andere Weise imitativ.[953] Hinzu kommt, dass die Umwälzung – womit neben dem Ergebnis auch der Prozess angesprochen wäre – über eine *Massenbasis* verfügt, also auch insofern die Kriterien einer Revolution erfüllt: Es sind gerade jene die Herrschaft in die Knie zwingenden Massenproteste in Städten wie Budapest, Prag, Leipzig und Temeswar sowie die Arbeiterbewegung der „Solidarność" in Polen, d.h. der „schon totgeglaubte Typus der spontanen Massenaktion"[954], der vor allem westliche Beobachter ins Schwärmen geraten und sie der Revolution eine Wiedergeburt bescheinigen lässt. „The events of the latter half of 1989", frohlockt Fred Halliday, „have restated, in a dramatic form, the most neglected facet of political life, one spurned in east as much as in west, namely the capacity of the mass of the population to take sudden, rapid and novel political action after long periods of what appears to be indifference"[955]. Parallelen zum Sturm auf die Bastille drängen sich rasch auf.

1989/90 versinnbildlicht mithin, dass man es vollbracht hat – was ganz wesentlich auf die führende Rolle der überwiegend liberal gesinnten und in der Vorbereitung und Durchführung umsichtig agierenden Intellektuel-

---

[952] Siehe Kumar 2001 – The Revolutions of 1989, S. 40. Deshalb spricht Habermas ja auch von der *rückspulenden* Revolution.
[953] Vgl. Osterhammel 2009 – Die Verwandlung der Welt, S. 738. Auch Kumar betont, alle Revolutionen nach 1789 hätten immer auch zurückgeschaut (Kumar 2001 – The Revolutions of 1989, S. 39).
[954] Habermas 1992 – Nachholende Revolution, S. 219.
[955] Halliday, Fred: The Ends of Cold War, in: New Left Review, 1990, 180 der Gesamtfolge, S. 5-23, hier S. 5.

3. Vom Ende der Revolution

len zurückgeführt wird –[956], die Revolution selbst da schon zu „zähmen", wo man ihrer noch bedarf, um liberal-demokratische Verhältnisse allererst zu konstituieren. Der revolutionäre Wandel, der der Idee nach im demokratischen Rechtsstaat institutionalisiert und damit auch auf Dauer gestellt werden soll, wird *von Anfang an* in institutionelle Bahnen gelenkt. Aber entbehrt die Revolution dann nicht der nötigen *Wucht*? Wie ist es, anders gefragt, möglich, dass sich die alte Herrschaftsordnung so einfach, so widerstandslos beseitigen lässt? Meine These ist: Weil sich 1989/90 nicht länger verhehlen lässt, was sich schon in den Jahren und Jahrzehnten zuvor zunehmend angedeutet hat: die ideelle Überlegenheit der liberalen Demokratie. Wenn aber die kommunistische Herrschaft schon *vor* 1989 in theoretisch-reflexiver Hinsicht illegitim war – wie angesprochen: vermutlich auch auf Seiten der Herrschenden selbst –, wieso brechen dann die „Revolutionen" erst so spät aus? Wie lässt sich deren Timing verständlich machen? Wäre es stattdessen nicht ratsam, den Faktor „(Il-)Legitimität" für ein Verständnis von 1989/90 gänzlich fallenzulassen, wie es manch einer nahelegt?[957] Ich denke nicht. 1989/90 öffnet sich einem legitimitätstheoretischen Verständnis, sofern man zwei Dinge (gemeinsam!) beachtet: den internationalen Kontext einerseits und die Mehrdimensionalität aller Legitimität andererseits.

Bis 1985 stieß innerhalb der ost- und mitteleuropäischen Satellitenstaaten jeder Versuch, die Gesellschafts- und Herrschaftsordnung zu transformieren, auf den erbitterten Widerstand der Sowjetführung, d.h. auf die nicht nur angedrohte, sondern immer wieder auch angewandte Gewalt der Sowjettruppen, wie man nicht nur am 17. Juni 1953 in der DDR, 1956 in Ungarn und 1968 in der Tschechoslowakei, sondern zuletzt ein weiteres Mal 1980/81 in Polen schmerzhaft hatte erfahren müssen. Diese Ausgangslage ändert sich indes mit den Reformbemühungen unter der Führung von Michail Gorbatschow. Dessen Abkehr von der „Breschnew-Doktrin" zugunsten der sogenannten „Sinatra-Doktrin" signalisiert zweierlei: Zum einen, dass das kommunistische System *reformierungsbedürftig* ist, worin nicht nur das Eingeständnis eigener Versäumnisse liegt, sondern auch ein Zeichen der Veränderbarkeit, der *Kontingenz* – alles könnte of-

---

956 Vgl. Kumar 2001 – The Revolutions of 1989, S. 48. Im Hinblick auf die Intellektuellen meint ders. 2001 – The Idea of Revolution, S. 118: „They were acutely aware of the dangers of democratic despotism and anxious to secure the rights of individuals through constitutions and the rule of law.".
957 Etwa Kumar 2001 – The Idea of Revolution, S. 110.

3.4 Ein Ende der Revolution?

fenbar anders sein. Zum anderen weitet sich mit der neuen Doktrin unweigerlich der Kreis derer aus, die an dieser Umgestaltung teilhaben. Dies insofern, als Reform- und Protestbewegungen „von unten" nun nicht mehr befürchten müssen, gewaltsam niedergeschlagen zu werden (jedenfalls nicht mehr von sowjetischer Seite). Eine jede Gesellschaft in den Satellitenstaaten soll vielmehr fortan von sich behaupten können: „I did it my way". Erneut scheint sich das Tocquevillesche Paradoxon zu bewahrheiten, dass der gefährlichste Moment für ein Regime dann gekommen ist, wenn es sich zu öffnen beginnt. Was nämlich ermöglicht (nicht: bewirkt) der „Gorbatschow-Faktor"? Zum einen eine breite *performativ-expressive Delegitimation*: Die vormals im Stillen vertretene Meinung über die (Il-)Legitimität der kommunistischen Herrschaft kann nun, da die Repression spürbar zurückgeht, bedenkenlos(er) in aller Öffentlichkeit geäußert werden. Das Legitimitätsdefizit wird mit anderen Worten durch die breite Masse *öffentlich kommuniziert* und so auch *sozial wirksam*.[958] Und es liegt eine ausgesprochene Ironie darin, dass diese massive, ja geradezu wütende performativ-expressive Delegitimation ausgerechnet auf jenen öffentlichen Plätzen stattfindet, die ehemals Schauplatz der mit großem Aufwand betriebenen performativ-expressiven Legitimation des Ancien Régime (qua Akklamation) waren.[959] Allerdings wird der Herrschaft die Zustimmung nicht nur „von unten" entzogen, sondern auch, was vielleicht noch wichtiger ist, „von *oben*" bzw. „von *außen*" – von der sowjetischen Führung nämlich. Wie Kumar richtig feststellt:

> The Soviet Union had been at the apex of the power structure of the East European states. So long as its party and army supported the rulers of those states, they were safe from popular uprisings and able to handle the radicals

---

[958] Wobei es interessant zu untersuchen wäre, inwieweit 1989/90 „die Opposition", die eine breite Unterstützung über alle Klassen hinweg genießt, durch den Nationalismus geeint wird. Beetham betont jedenfalls, dass der Wendepunkt, der die legitimatorische Schwäche zur politischen Krise werden ließ, in dem Moment erreicht war, als auch die arbeitende Klasse sich gegen die Herrschaft stellte – die Klasse also, welche die Kommunistische Partei zu repräsentieren beanspruchte (Beetham 1991 – The Legitimation of Power, S. 186). Dem Nationalismus dürfte ferner in seiner vereinigenden Wirkung zuträglich gewesen sein, dass man über einen *externen* „Feind" verfügte: die Sowjetunion, deren „Vasall" man war – und im Namen der Nation nicht länger sein wollte.

[959] Vgl. Goodwin 2001 – No Other Way Out, S. 277. Hierbei bedient man sich äußerst geschickt der elektronischen Medien, um die Aufmerksamkeit der Weltöffentlichkeit zu gewinnen und um den (auch transnationalen) Schneeballeffekt zu verstärken.

3. Vom Ende der Revolution

within their own ranks. Once that support was withdrawn, the ruling elites were deprived of that *legitimacy*.[960]

Ganz ähnlich pointiert auch Goodwin: „Communism in Europe [...] was delegitimated ‚from above and outside' as well as ‚from below'."[961] Zum anderen verliert die „lokale" Herrschaft mit der Unterstützung durch die sowjetische Armee aber noch etwas Weiteres: den *Glauben* auf Seiten der Herrschaftsunterworfenen, dass die bestehende Ordnung äußerstenfalls auch *gewaltsam* aufrechterhalten und durchgesetzt wird. Mit einem Wort: Die Herrschaft büßt an *basal-pragmatischer* Legitimität ein. Für diese ist nicht nur wichtig, ob die Normen eingehalten werden, desgleichen nicht nur, ob *erwartet* wird, dass sie eingehalten werden, sondern mindestens genauso wichtig ist, ob Normübertretungen – der kontrafaktischen Stabilisierung wegen – *sanktioniert* werden, und vor allem ob *erwartet* wird, dass Normübertretungen gegebenenfalls sanktioniert werden. Erst aus dieser Erwartung zukünftigen Verhaltens beziehen Normen aus Sicht der Erwartenden schon gegenwärtig Sicherheit. Eine glaubwürdige Sanktionsdrohung schreckt immer *mehr* Leute ab als tatsächlich sanktioniert werden könnten, weil sich die Bedrohten nicht sicher sein können, wen die Sanktion treffen würde. In dem Maße nun, wie die Drohung an Glaubwürdigkeit verliert – einerlei, über wie viele eigene Gewaltmittel die Herrschenden faktisch weiterhin verfügen –, werden daher auch überproportional viele Leute sich nicht mehr von der Drohung abschrecken lassen – und sich in Devianz üben.[962] Mehr Devianz bedeutet wiederum – erst recht und nachhaltig, sofern sie nicht sanktioniert wird – weniger Ordnungssicherheit. Ein geringer(er) Ordnungswert aber entzieht der Herrschaft auch ihre letzte legitimatorische Stütze. Und so ist es kein Zufall, dass der revolutionäre Umsturz nur in einem Land relativ blutig verläuft: in Rumänien. Bildet Rumänien doch den einzigen Satellitenstaat, in dem die Herrschenden über einen mächtigen *eigenen* Erzwingungsstab verfügen, über Gewaltmittel also, die weitgehend unabhängig von der sowjetischen Armee sind,

---

960 Kumar 2001 – The Revolutions of 1989, S. 45, m.H.
961 Goodwin 2001 – No Other Way Out, S. 272. Das heißt, den Herrschenden in den Satellitenstaaten wird die Legitimität auch in der so wichtigen *Horizontalen* entzogen: von anderen (und höher gestellten) Herrschenden. Die Privilegierten versichern sich nicht länger gegenseitig der Rechtmäßigkeit ihrer Privilegien.
962 Vor allem, wenn sich (wie weiter oben bereits angedeutet wurde) die Konformität fast nur noch der Peitsche verdankt und angesichts wirtschaftlicher Probleme so gut wie gar nicht mehr dem Zuckerbrot.

wie sich spätestens nach den ersten Unruhen in Temeswar im November 1989 zeigen sollte.[963] In den übrigen Fällen dagegen räumen die Machthaber allesamt (mehr oder weniger) „freiwillig" ihren Platz.[964] Nur weil mithin 1989/90 dank des internationalen Kontexts eine *kumulative* Delegitimation der Herrschaft in *sämtlichen* Dimensionen möglich ist und in der Folge auch einsetzt, kann die „Revolution" auf *friedliche* und *dennoch erfolgreiche* Weise erfolgen. Insbesondere an der (De-)Legitimation in der *basal-pragmatischen* Dimension scheiterten gewaltfreie Revolutionen in der Vergangenheit, hierin liegt für mich das eigentliche Novum. Denn frühere Revolutionen waren auf den Gewaltrückgriff stets insofern angewiesen, als es galt, eine *alte* Ordnung basal-pragmatisch zu delegitimieren und eine *neue* Ordnung basal-pragmatisch zu legitimieren. Es muss mit anderen Worten nicht nur der Ordnungswert des Ancien Régime *zerstört*, sondern zugleich auch ein Ordnungswert des Nouveau Régime *geschaffen* werden. Das heißt, die Menschen müssen dazu gebracht werden, sowohl das alte „Ordnungskapital" aufzugeben, als auch in die neue Ordnung zu „investieren", wozu sie sich anfangs nur bereitfinden werden, wenn diese neue Ordnung Ordnungssicherheit verspricht. Für beides aber ist das Mittel der (aktualisierten und virtualisierten) Gewalt immer dann unverzichtbar, wenn die Gegenseite fähig und willens ist, die alte Ordnung gewaltsam zu verteidigen bzw. wiederherzustellen – was 1989 und in den Folgejahren nicht der Fall ist. Im Hinblick auf die erforderliche basal-pragmatische (und daneben performativ-expressive) *De*legitimation der alten Ordnung erweist sich 1989/90 der gezielte Einsatz des Instruments *zivilen Ungehorsams* als Schlüssel zum Erfolg.

Indem man eine „sanfte" Revolution bewerkstelligt, wird indes im selben Moment einer der Gründe dafür hinfällig, warum so mancher schon lange vor 1989 das Zeitalter des *Posthistoire* angebrochen sah.[965] Gehlens

---

963 Siehe Kumar 2001 – The Revolutions of 1989, S. 45f.
964 Goodwin 2001 – No Other Way Out, S. 281 mutmaßt, dass die Herrschenden in Ost- und Mitteleuropa auch deshalb bereitwilliger ihre Macht abgaben, weil sie nicht um ihr Leben fürchten mussten. Auch fällt auf, dass es im Anschluss fast keinerlei Gerichtsverfahren gegen ehemalige Machthaber gab; vgl. Eisenstadt 1992 – The Breakdown of Communist Regimes, S. 24.
965 Zwar nicht (wie ursprünglich angenommen und von Gehlen selbst behauptet) den Begriff, wohl aber die Idee des „Posthistoire" übernehmen Hendrik de Man, Gehlen und andere sowohl rechte als auch linke Intellektuelle zwischen den 1930er und 1970er Jahren von Antoine Augustin Cournot, geben ihm allerdings einen pessimistischen Einschlag. Siehe Niethammer 1989 – Posthistoire, S. 8, 25-30,

3. Vom Ende der Revolution

diesbezügliche Diagnose aus dem Jahre 1961 etwa beruht ganz wesentlich darauf, dass Ideen bzw. Ideensysteme nicht länger handlungsleitend wirken, wenn erst einmal erkannt worden ist, mit welchen *Opfern* deren Verwirklichung verbunden war und wieder wäre. Es habe sich nach zwei Weltkriegen „gezeigt, daß die Realisierung von Ideen, also die Zurechtbiegung der Wirklichkeit derart, daß sie der Reinheit der Idee ähnelt, stets ein Vorhaben ist, bei dem es blutig zugeht. Die Wirklichkeit fügt sich nicht dem Ideal, das sich deswegen an ihr rächt."[966] Daher, so Gehlen weiter,

> scheinen bloß noch diejenigen Ideen und Weltanschauungen die Zukunft für sich zu haben, die bereits in die Funktionsordnung, in die Betriebsgesetze großer Industriegesellschaften eingegangen sind, die im geschichtlichen Verlauf zur wirklichen Verfassung solcher großen Industriegesellschaften wurden, und die also jetzt als teuer bezahlte Wirklichkeit jeder Diskussion entrückt sind.[967]

Die Bildung – zumal die praktische Umsetzung – einer dritten Weltanschauung neben den beiden bereits integrierten im Westen und Osten hält Gehlen deshalb für sehr unwahrscheinlich. Dass neue Ideensysteme mit demselben weltdeutenden und -gestaltenden Anspruch auftreten wie 100 Jahre (oder wie man heute sagen müsste: 150 Jahre) zuvor der Marxismus – „das liegt nicht mehr in den Möglichkeiten der Epoche"[968].

Entscheidend ist meiner Meinung nach weniger, dass Gehlen fälschlicherweise noch von *zwei* ebenbürtigen bzw. gleich fest verankerten „Ideologien" ausgeht, als die Tatsache, dass „1989/90" vor Augen führt, dass die Geschichte alles andere als stillsteht, ja, dass *nach Maßgabe von*

Anderson 1992 – The Ends of History, S. 294-331 und Kumar 2000 – Post-History. Speziell zu Gehlens Posthistoire-Position vgl. auch Jung, Thomas: Vom Ende der Geschichte. Rekonstruktionen zum Posthistoire in kritischer Absicht, Münster 1989, S. 95-148, mit der wichtigen Feststellung: „Das Moment der Nachgeschichtlichkeit, das sein Theorem des Posthistoire behauptet, ist keines der historischen Zäsur, der" – wie bei Oswald Spengler etwa – „eine Verfallszeit folgt, sondern gehört zur Entwicklungsgeschichte der Moderne und ihren epochalen Umwälzungen" (ebd., S. 96).

966 Gehlen 1963 – Über kulturelle Kristallisation, S. 316. Gehlen sieht hierin den *praktischen* Grund dafür, warum die Zeit der „großen Schlüsselattitüde" vorbei ist. Daneben nennt er ebenso *theoretische* Gründe: insbesondere die fortschreitende Spezialisierung der Wissenschaften, die es mit sich bringt, dass der vom Fachmann endgültig getrennte Laie aus den wissenschaftlichen Resultaten nun keine Richtschnur fürs eigene Handeln mehr gewinnt (ebd., S. 318f.).
967 Ebd.
968 Ebd.

3.4 Ein Ende der Revolution?

Ideen sehr wohl noch (oder erneut) versucht wird, die Realität zu verändern.[969] Anders formuliert: Ideen, auch und gerade solche die Legitimität von Herrschaft betreffend, haben 1989 ihre *totgeglaubte Wirkmächtigkeit zurückgewonnen*. Dies vor allem deshalb, weil es gelungen ist, die Realität nach dem Modell von Ideen *ohne Blutvergießen* zu gestalten. In dem Nachweis, dass sich illegitime Herrschaftsverhältnisse überhaupt *friedlich* und „*geordnet*" revolutionieren lassen, liegt somit das eigentliche Vermächtnis von 1989/90.[970] Er ermöglicht das erneute Aufleben der Revolution (die sich gleichwohl in ihrer Form gewandelt hat). Was freilich nicht darüber hinwegtäuschen darf, dass es sich um ein Unterfangen handelt, das an in dieser Koinzidenz sicherlich rare *Vorbedingungen* geknüpft ist, darunter eine (häufig international bedingte) Schwächung des Ancien Régime. Vor allem aber setzt es die mutige Bereitschaft „des Volkes" voraus, sich zu erheben, um die Idee der eigenen Souveränität lautstark für sich zu reklamieren – noch dazu zu einem Zeitpunkt, da niemals ganz ausgemacht ist, ob die Proteste nicht doch gewaltsam niedergeschlagen werden. Die Rolle, die den Massenprotesten 1989 zukommt, wird zwar wie schon in vorherigen Revolutionen retrospektiv verklärt und zur Legende gestrickt, was sich u.a. am Kleinreden der Rolle Gorbatschows und der Probleme der alten Machtstrukturen und -eliten zeigt.[971] Und doch steht ihre Bedeutung für die performativ-expressive (und teilweise auch basalpragmatische) Delegitimation der alten Herrschaftsordnung, ja, für das öf-

---

969 Auch wenn zugegebenermaßen die (von Fukuyama wiederaufgenommene) Frage bleibt, ob denn noch *neue* Ideen entstehen und in Widerstreit mit den bestehenden treten. Gehlen und Fukuyama sind sich mit anderen Worten darin einig, dass die *politische Ideengeschichte abgeschlossen* ist.
970 Goodwin legt überzeugend dar, warum revolutionäre Bewegungen mittlerweile beinahe keine andere Wahl haben, als die Revolution auf friedliche Weise herbeizuführen. Die Übermacht des Staates ist schlicht zu erdrückend, gerade in den Städten. Ferner erleichtert gewaltloser Protest die Mobilisierung breiter Volksmassen (sogar in Städten und nicht nur auf dem Land bzw. in der Peripherie). Umgekehrt erschwert der Verzicht auf Gewalt seitens der Protestierenden den Herrschenden das Vorgehen: Denn staatliche Gewalt gegen unbewaffnete Protestanten lässt deren Reihen eher wachsen als schrumpfen (und erregt darüber hinaus die Aufmerksamkeit der Weltöffentlichkeit) und kann zur Gehorsamsverweigerung auf Seiten des Militärs und/oder der Polizei führen. Siehe Goodwin 2001 – No Other Way Out, S. 296.
971 Vgl. zu dieser Tendenz, die seit der Französischen Revolution besteht, auch Kumar, der vom „myth of *le peuple* as the sovereign force" spricht (Kumar 2001 – The Revolutions of 1989, S. 43).

3. Vom Ende der Revolution

fentliche Aufwerfen der Frage nach ihrer Existenzberechtigung außer Frage. Erst sie vermögen einen Prozess in Gang zu setzen, der im Sturz des Ancien Régime mündet. Anders gesagt: Erst die Massenproteste machen die Idee der Volkssouveränität zu einer *wirkungsvollen* Idee.[972]

Die Vorgänge von 1989/90 legen demnach Zeugnis davon ab, dass nicht die Revolution an sich, dafür aber die Revolution in ihrer „entfesselten" Gestalt zunehmend „ausdient". Farhi bezeichnet sie daher als „non-revolutionary revolutions": „nicht-revolutionär", weil sie in ihrer Gewaltarmut, Besonnenheit und Legalität unübersehbar reformerische Züge aufweisen, „Revolutionen" aber, „because they sought to rearrange the state and its relationship to society through the insertion of popular will"[973]. Ganz ähnlich geht auch Harald Wydra davon aus, dass die „peaceful negotiated revolutions" von 1989 (und später) großen Einfluss auf die moderne Idee der Revolution genommen haben.[974] Man distanziert sich vom Akt radikaler Neugründung, genauer: man bestreitet aus historischer Erfahrung die Möglichkeit, mit einem (gewaltsamen) Streich alles von Grund auf ändern zu können und sieht in einem solchen Irrglauben den Nährboden für Formen von Totalitarismus oder wenigstens besonders ausgeprägte Formen der Despotie.[975] Nicht alles unter der Sonne kann sofort Neues sein. Die

---

972 Beetham mahnt gleichwohl, dass sich das Prinzip der Volkssouveränität 1989/90 nur deshalb durchsetzen und zum Sturz der kommunistischen Diktaturen führen konnte, weil diese im Wettbewerb mit dem kapitalistischen Westen zugleich eine *ökonomische* Niederlage erlitten hatten; vgl. Beetham 1991 – The Legitimation of Power, S. 189f.

973 Farhi 2003 – The Democratic Turn, S. 32.

974 Vgl. Wydra, Harald: Revolution and Democracy. The European Experience, in: Foran, John/Lane, David S./Zivkovic, Andreja (Hrsg.): Revolution in the Making of the Modern World. Social Identities, Globalization, and Modernity, Milton Park 2008, S. 27-44.

975 „Der vielfach gehegte Glaube daran, daß man nach einer Revolution eine gänzlich neue Gesellschaft oder gar einen neuen Menschen schaffen könne, erwies sich in der Geschichte nicht nur als utopisch, sondern auch als totalitär." Anter 2007 – Die Macht der Ordnung, S. 110. Anter (ebd.) kommt ganz grundsätzlich zu dem Schluss, dass jede Revolution immer Bruch *und* Kontinuität ist: „Eine Revolution beseitigt zwar die alte Ordnung und setzt an deren Stelle etwas Neues, aber da man ein neues System nur von einem bereits bestehenden aus errichten kann, ist es schlechterdings unmöglich, etwas in jeder Hinsicht und von Grund auf Neues zu schaffen. [...] Eine revolutionär geschaffene Ordnung entsteht zwar dadurch, daß sie das alte Regime beseitigt, aber indem sie sich in Abgrenzung von ihm definiert, stellt sie stets, wenn auch ungewollt, eine Kontinuität her."

3.4 Ein Ende der Revolution?

Maxime lautet stattdessen: „Etwas ist mehr als Alles".[976] Aus diesem „Etwas" spricht weder Resignation noch Bescheidung, nein, aus ihm spricht die aus zahlreichen (gescheiterten) Revolutionen gewonnene Erkenntnis, dass sich Ideen umso *erfolgreicher* bzw. mit umso *nachhaltigerem* Erfolg realisieren lassen, wenn man sie *bedacht, Schritt für Schritt* und *in geregelten Bahnen* umsetzt. Die hierin steckende Ironie pointiert Andreas Anter so, „daß eine Revolution ‚ordentlich' durchgeführt werden muß, wenn sie erfolgreich sein will"[977]. Diesen Schluss zieht indes nicht nur der liberal gesinnte Dahrendorf, sondern ebenso, wie gesehen, die linksgerichtete Mouffe, die nach eigener Aussage die „Möglichkeit eines Aktes radikaler Neubegründung, der aus dem Stand eine neue gesellschaftliche Ordnung begründet", bestreitet. Sie ist inzwischen vielmehr der Überzeugung, dass „im Kontext der liberalen demokratischen Institutionen eine ganze Reihe sehr bedeutsamer sozioökonomischer und politischer Umgestaltungen mit radikalen Implikationen möglich"[978] ist, sofern man die nötige Beharrlichkeit mitbringt. In Gestalt und im Rahmen des demokratischen Rechtsstaats scheint sich nicht nur für Mead und Habermas die Revolution institutionalisiert zu haben.

Zur Ausgangsfrage zurückkommend, lässt sich demnach festhalten, dass „1989/90" dem Ende der „wilden" Revolution für liberal-demokrati-

---

[976] Siehe Dahrendorf 2004 – Revolution und Reform. Popper würde von der „Sozialtechnik der kleinen Schritte" sprechen, die er der „Technik der Ganzheitsplanung" bzw. „utopischen Sozialtechnik" gegenüberstellt (Popper, Karl R.: Die offene Gesellschaft und ihre Feinde. Bd. 1: Der Zauber Platons, Tübingen 2003, S. 187-200).

[977] Anter 2007 – Die Macht der Ordnung, S. 109. Dieses Erfordernis bringt Anter interessanterweise in Verbindung mit der Notwendigkeit einer jeden revolutionär begründeten Ordnung, sich „Basislegitimität" (Popitz) zu verschaffen. Die neue Ordnung muss Ordnungssicherheit versprechen, wenn die Menschen sich bereitfinden sollen, in sie zu investieren *und* den angehäuften Ordnungswert der alten Ordnung aufzugeben. Das Phänomen der basal-pragmatischen Legitimität *stabilisiert* mithin nicht nur das Ancien Régime, sondern *labilisiert* auch das Nouveau Régime.

[978] Mouffe 2007 – Über das Politische, beide Zitate S. 46. Farhi meint, man sei ganz allgemein zu der Überzeugung gelangt, dass sich *sozioökonomischer* Wandel im Gegensatz zum Wandel politischer Strukturen nicht über Nacht, sondern nur ganz allmählich realisieren lässt; vgl. Farhi 2003 – The Democratic Turn, S. 38f. In zeitlicher Hinsicht *gedehnt* – nämlich permanent statt punktuell – erscheint auch der Revolutionsbegriff bei Balibar 2012 – Gleichfreiheit, wodurch indes der Unterschied zwischen „Revolution" und „Reform" zu verwischen droht; siehe hierzu ebenso Grosser 2013 – Theorien der Revolution, S. 154.

3. Vom Ende der Revolution

sche Gesellschaften deshalb nicht widerspricht, weil die Revolutionen (1) in noch nicht (vollständig) demokratisierten Herrschaftsordnungen stattfinden und (2) in gewandelter, nämlich domestizierter Form auftreten. Ist also das Zeitalter der („entfesselten") Revolution vorüber? John Foran bestreitet dies vehement, grenzt seine Aussage aber sogleich ein: Nur innerhalb der „Dritten Welt" dauere das Zeitalter der (wie er sie nennt: „sozialen") Revolution auch nach 1989 fort.[979] Unausgesprochen gibt er hiermit Goodwin Recht, der v.a. die Funktionsweise der Demokratie dafür verantwortlich macht, dass demokratische Herrschaftsordnungen von neuerlichen Revolutionen verschont bleiben dürften. Ein Muster, das nicht erst seit dem Ende des Kalten Krieges zu beobachten sei, denn:

> The great revolutions of the Cold War era toppled violently exclusionary colonial regimes (as in Vietnam and Algeria), brutal personalist dictatorships (as in Cuba, Iran, and Nicaragua), and the Soviet-imposed Communist regimes of Eastern Europe. However, none overthrew a regime that even remotely resembled a democracy.[980]

Mit dem Ende des Kolonialismus und der kommunistischen Herausforderung einerseits und der sogenannten „dritten Demokratisierungswelle" (Samuel P. Huntington), im Zuge derer es seit 1974 zur weiteren Verbreitung der Demokratie u.a. in Südeuropa, Lateinamerika, Südost- und Ostasien, Teilen Afrikas und schließlich Ost- und Mitteleuropa sowie den baltischen Staaten kam, andererseits dürften demzufolge Revolutionen in Zukunft immer seltener werden. Mehr noch, sie dürften sich nach dieser Lesart einzig auf die noch verbliebenen „personalist dictatorships" beschränken.[981] Steht also einer „global democratic revolution" und nach ihr einem

---

979 Vgl. Foran, John: The Future of Revolutions at the fin-de-siècle, in: Third World Quarterly, Bd. 18/1997, Heft 5, S. 791-820. Dass sich Foran in späteren Arbeiten dem zuwendet, was er „new political cultures of opposition" nennt, zeigt, dass auch er die „klassische" Form der (sozialen) Revolution im 21. Jahrhundert für nicht mehr zeitgemäß hält; vgl. ders.: New Political Cultures of Opposition. What Future for Revolutions?, in: ders./Lane, David S./Zivkovic, Andreja (Hrsg.): Revolution in the Making of the Modern World. Social Identities, Globalization, and Modernity, Milton Park 2008, S. 236-251. Man muss sich dann nur fragen, ob die Rede von „Revolutionen" weiterhin berechtigt ist.
980 Goodwin 2001 – No Other Way Out, S. 300f.
981 Was im Übrigen auch Foran einräumt, indem er als eine von fünf Bedingungen, die *allesamt* gegeben sein müssen, damit Revolutionen ausbrechen und erfolgreich sind, einen „repressive, exclusionary, personalist state" angibt. Andere Autoren würden in dem Zusammenhang den Terminus „neopatrimoniale Herrschaft" verwenden. Entscheidend sei, dass die Herrschaft a) nicht nur gegen die unteren

vollständigen Ende der Revolution nichts mehr im Wege? Werden mit den „personalist dictatorships" auch die letzten Revolutionen verschwinden?

Vorsicht ist in Hinblick auf derlei Vorhersagen geboten, aus mehreren Gründen. Erstens ist nicht ausgemacht, dass wieder so günstige Rahmenbedingungen (v.a. internationaler Art) eintreten werden, die den weitgehend friedlichen Sturz der kommunistischen Diktaturen in Ost- und Mitteleuropa ermöglichten. Die restlichen „personalist dictatorships" könnten sich mit anderen Worten als äußerst hartnäckig erweisen. Wenngleich mittlerweile weitere Beispiele für „friedlich-ausgehandelte" (demokratische) „Revolutionen" vorliegen: der Sturz Slobodan Miloševićs in Serbien 2000, die „Rosenrevolution" in Georgien 2003 und die „Orangene Revolution" in der Ukraine 2004 etwa. Zweitens sind auch einmal konstituierte Demokratien nicht vor dem Untergang gefeit, wie die auf die Demokratisierungswellen historisch stets folgenden „reverse waves" belegen.[982] Wenigstens auf kurze Sicht scheint die Demokratie die Stabilität (gerade in multiethnischen Gesellschaften) häufig eher zu gefährden als sie zu fördern und damit den Rückfall in autoritäre (dafür aber vielleicht stabile und das heißt basal-pragmatisch legitime) Verhältnisse zu begünstigen.[983] Sie ist, anders gesagt, als politische Ordnung zutiefst *voraussetzungsreich*, in kultureller und sozialer Hinsicht genauso wie in institutioneller, internationaler und wirtschaftlicher Hinsicht. Insbesondere ihre ökonomischen Vor-

---

Schichten repressiv vorgeht, sondern darüber hinaus b) auch der Mittelschicht und sogar den wirtschaftlichen Eliten jegliche politischen Partizipationschancen verwehrt sowie c) auf die Person eines einzelnen Herrschers zugeschnitten ist und hierdurch diktatorische Züge aufweist. Siehe Foran 1997 – The Future of Revolutions, S. 792f.

982 Vgl. Huntington, Samuel P.: The Third Wave. Democratization in the Late Twentieth Century, Norman 1991. Die erste „lange" Demokratisierungswelle begann in den 1820ern und dauerte bis etwa 1926, während die zweite von 1945 bis in die 1960er währte. Anders als Huntington stufen manche den demokratischen Wandel seit 1989 nicht als dritte, sondern als vierte Demokratisierungswelle ein. Der „Arabische Frühling" wäre demgemäß, so man ihn denn als „wave of democratization" auffasst, die fünfte. Goldstone würdigt sie (vorsichtig) als solche: „Prior to 2011, the Middle East stood out on the map as the sole remaining region in the world virtually avoid of democracy. The Jasmine and Nile Revolutions look set to change all that." Goldstone 2011 – Understanding the Revolutions of 2011, S. 16.

983 Woraus Huntington 2006 – Political Order im Übrigen schon sehr früh den pikanten Schluss zieht, dass es einer „authoritarian transition" bedürfe, um allererst die Voraussetzungen für eine funktionierende Demokratie zu schaffen.

3. Vom Ende der Revolution

aussetzungen lassen angesichts eines fortbestehenden internationalen Nord-Süd-Gefälles an einer weltweiten Diffusion und Konsolidierung der Demokratie zweifeln. „Liberal democracy could only achieve a universal significance, not to mention a final one", gibt Beetham an die Adresse Fukuyamas gerichtet zu bedenken, „if the *conditions for its realisation* could be universalised; and that would require a different kind of international economic order from any that capitalism has so far produced"[984]. Und doch lässt sich nicht leugnen, dass, um bei der Metapher zu bleiben, der Tidenhub zu steigen scheint: Mit jeder neuen Welle werden *immer mehr* Länder von der Demokratie erfasst.[985] Drittens aber ist die Frage, ob heute alle sogenannten Demokratien guten Gewissens als demokratisch bezeichnet werden können. Ist die Demokratie nicht mancherorts nichts weiter als ein formales Zugeständnis, hinter dem sich in Wirklichkeit zutiefst autoritäre und illiberale Momente verbergen? Hans Vorländer kommt zu dem Schluss, dass von den 120 demokratischen Staaten, die zu Beginn des 21. Jahrhunderts existieren – ganz zu schweigen von den 190 Gemeinwesen, die 1999 *formal* als moderne demokratische National- und Verfassungsstaaten gelten –[986], nur noch etwa 45 Staaten als demokratisch durchgehen, sobald man einen *anspruchsvolleren* Demokratiebegriff anlegt, der über das reine Wahl-Kriterium hinausgeht.[987] Bis auch in den restlichen Staaten „wahrhaft" demokratische Verhältnisse herrschen – wobei natürlich umstritten ist, was wahrhaft demokratische Verhältnisse über-

---

984 Beetham 1991 – The Legitimation of Power, S. 190. Auch ist die Frage, ob die wirtschaftliche Liberalisierung notgedrungen mit einer politischen Liberalisierung einhergeht. Belehren uns Länder wie China und Singapur nicht eines Besseren? Oder befindet sich China gegenwärtig auf genau jenem (demokratischen) Weg, auf dem Taiwan bereits weiter fortgeschritten ist?

985 Wie Huntington übrigens selbst bemerkt. Sein Artikel schließt daher vorsichtig optimistisch (Huntington 1991 – The Third Wave, S. 34).

986 Siehe Reinhard 2007 – Geschichte des modernen Staates, S. 14. Das heißt, von den 191 Gemeinwesen, die das Völkerrecht 1999 anerkannte, war nur ein einziges formal kein moderner demokratischer National- und Verfassungsstaat. „Dass die Wirklichkeit oft ganz anders aussieht", beeilt sich Reinhard zu ergänzen, „steht auf einem anderen Blatt".

987 Vgl. Vorländer 2010 – Demokratie, S. 6-8; siehe skeptisch auch Buchstein/Jörke 2000 – Das Unbehagen an der Demokratietheorie, S. 485. Anspruchsvolle Demokratiebegriffe umfassen zusätzlich grundlegende Menschen- und Bürgerrechte, rechtsstaatliche Sicherungen, eine politische Unabhängigkeit und Neutralität der Justiz, Gewaltenteilung, ein freies Mediensystem und eine pluralistische Öffentlichkeit.

haupt sind –, könnte es somit noch so mancher Revolution in „wilder" oder, was die Erfolgsaussichten anscheinend erhöht, „geordneter" Form bedürfen. Und doch spricht aus dem Umstand, dass beinahe alle Staaten entweder Demokratien sind oder sich als solche ausgeben, dass der, wie Osterhammel meint, durch Wahlen legitimierte Verfassungsstaat in der zweiten Hälfte des 20. Jahrhunderts zur *weltweit anerkannten Norm* aufgestiegen ist – die deshalb freilich noch lange nicht auch weltweit „erfüllt" wird.[988] In der Frage, wieso selbst rein formale Demokratien in der Regel von Revolutionen „verschont" bleiben, wird immer wieder vorgebracht, dass der Wahlmechanismus einerseits Unzufriedenheit absorbiert, indem er die Abwahl ungeliebter Herrscher und einen begrenzten Politikwechsel erlaubt, und andererseits (bzw. deshalb) das für Revolutionen so wichtige Bündnis von Mittel- und Unterschicht(en) zerstört oder verhindert, wenn Erstere Veränderungen auf regulärem statt auf revolutionärem Wege anstrebt.[989] Kurz: Potentielle Revolutionen verfügen in „Wahldemokratien" häufig nicht über die nötige *Massenbasis* und hierdurch nicht über die nötige *delegitimierende Wucht*. Viertens verbietet sich eine abschließende Antwort mit Blick auf die Zukunft der Revolution allein schon deshalb, weil die Zukunft *kontingent* ist und wir daher nicht wissen können, mit welchen Zielen zukünftige Revolutionen ausbrechen, d.h. was für eine Form von Demokratie sie oder ob sie überhaupt die Demokratie zum Thema haben werden, und welchen Einfluss sie wiederum auf die Idee der Revolution haben werden. (Wobei sich die Frage stellen würde, ob man im Falle einer Abwendung von der Demokratie überhaupt noch sinnvoll von „Revolution" sprechen oder nicht besser einen neuen Begriff suchen sollte.) Wenn das Phänomen der Revolution in der Vergangenheit für eines gut war – dann für Überraschungen. Wie John Dunn schon neun Jahre vor den Ereignissen von 1989 voraussagte: „what we may be *certain* lies ahead for

---

988 Vgl. Osterhammel 2009 – Die Verwandlung der Welt, S. 819f. Mit Ausnahme des Gegenmodells der islamischen Republik theokratischer Prägung wohlgemerkt, wie Osterhammel selbst hinzufügt.
989 Siehe u.a. Foran 1997 – The Future of Revolutions, Snyder 1999 – The End of Revolution, Goodwin 2001 – No Other Way Out, v.a. S. 27f. und 301-303, ders.: The Renewal of Socialism and the Decline of Revolution, in: Foran, John (Hrsg.): The Future of Revolutions. Rethinking Radical Change in the Age of Globalization, London 2003, S. 59-72 und Farhi 2003 – The Democratic Turn, S. 33.

3. Vom Ende der Revolution

us in future decades of revolutionary experience is surprises"[990]. Ferner muss man sich darüber im Klaren sein, dass wer die Geschichte *notwendig* auf eine weltweite Diffusion der liberalen Demokratie hinauslaufen lässt, nicht minder *deterministisch* als der Marxismus-Leninismus argumentiert, der Geschichte also einen objektiven Sinn unterstellt. Ebendeshalb gibt Wydra zu bedenken: „The proclaimed universal victory of liberal democracy has obscured the fact that the evolution of democracy both as an idea and a constitutional form of government has not been a goal of history but an ‚accident' in a historically contingent process."[991] Wie sich Idee und Praxis der Demokratie künftig entwickeln werden, können wir daher nicht wissen.

Noch viel wichtiger scheint mir indes zu sein, dass „1989/90" eine Warnung auch an die *etablierten* Demokratien im Westen ist. Nicht deshalb, weil die Ereignisse eine *post*moderne Stoßrichtung gehabt hätten. Man wollte ganz im Gegenteil Versäumtes nachholen, ja, anstelle eines *Ab*schlusses mit der europäischen Moderne (wieder) *An*schluss an sie und ihre liberal-demokratische Tradition finden. Entsprechend wertet Habermas die „nachholende Revolution" von 1989/90 als *Teil* und *Fortsetzung* des Projekts der Moderne: Es „kündigt sich im revolutionären Zusammenbruch des bürokratischen Sozialismus ein *Ausgreifen der Moderne* an – der Geist des Okzidents holt den Osten ein, nicht nur mit der technischen Zivilisation, sondern auch mit seiner demokratischen Tradition"[992]. Nein, Warnung vielmehr insofern, als die Geschehnisse von 1989/90 nicht nur, wie angesprochen, von der Negation eines *bestimmten Typs* von Modernität zeugen, sondern ebenso von der *Fragilität* der Moderne *als Ganzes*.[993] Der modernen Gesellschaft als solcher eignen Probleme und Spannungen, durch die sie immer wieder zu zerbrechen droht. Zwar hat sich der demokratische Rechtsstaat, was ihm hoch anzurechnen ist, im Gegensatz zu den kommunistischen Diktaturen bislang als überaus erfolgreich im Umgang mit diesen Spannungen erwiesen, die abstrakt besehen das Resultat eines der modernen Gesellschaft inhärenten Pluralismus sind. Aber nicht nur ist keineswegs erwiesen, dass der demokratische Rechtsstaat die *einzige*

---

990 Dunn, John: The Success and Failure of Modern Revolutions, in: ders.: Political Obligation in Its Historical Context. Essays in Political Theory, Cambridge 1980, S. 217-240, hier S. 239.
991 Wydra 2008 – Revolution and Democracy, S. 28.
992 Habermas 1992 – Nachholende Revolution, S. 220, m.H.
993 Siehe Eisenstadt 1992 – The Breakdown of Communist Regimes, S. 35-39.

Möglichkeit darstellt, mit ihm umzugehen, auch *bleibt* dieser Pluralismus für ihn eine permanent zu bewältigende Herausforderung, an der er eines Tages auch scheitern könnte. Anders gesagt: Die Moderne ist außer- *und* innerhalb des Westens ein „*unvollendetes* Projekt" (Habermas); oder genauer noch: ein Projekt, das sich im Grunde genommen gar nicht vollenden lässt, weil es *unablässig vorangebracht*, *verbessert* werden kann – eben ein Projekt der *Zukunft*. Vollendung hieße immer schon Stillstand, Stillstand wiederum hieße Niedergang. Um diesen Gedankengang einsichtig zu machen, muss man sich nochmals die große Leistung des demokratischen Rechtsstaats in Erinnerung rufen.

Sie besteht darin, Strukturen, um deren Kontingenz man in der Moderne allgemein weiß, *variabel* zu halten und sie im selben Moment *trotzdem* (oder gerade deshalb) mit *Verbindlichkeit* auszustatten.[994] Nur aufgrund dieser paradoxen Leistung gelingt der Demokratie der Ausstieg aus dem Meadschen Revolutionszirkel, d.h. die Abwendung der immer wiederkehrenden „wilden" Revolution, die starr gewordene Strukturen auf irreguläre und gewaltsame Weise aufreißt und variiert. Die Verbindlichkeit werden Strukturen nicht erlangen, wenn nicht die, die den Strukturen unterworfen sind, an der Gestaltung dieser Strukturen *mitwirken* können. Es ist diese Mitwirkung, aus der die Strukturen theoretisch und praktisch ihre Legitimität beziehen. Das räumt implizit selbst ein die Lage wesentlich nüchterner einschätzender Luhmann ein, so sehr er sich auch sträubt, „Demokratie" und „Partizipation" begrifflich zusammen zu denken.[995] Denn auch Luhmann lässt die Herrschaftsunterworfenen durch Verfahren an der Politik *teilnehmen*. Er lässt diese Teilhabe zwar, anders als Habermas, ins *Leere* laufen, aber er lässt sie nichtsdestotrotz *laufen*, erkennt also deren Notwendigkeit grundsätzlich an. Beide, Luhmann wie Habermas, kommen zu dem Schluss, dass die *kritische Dauerreflexion institutionalisiert werden muss* – gleichsam eine permanente „kreative Unruhe" –, wenn (Herrschafts-)Ordnungen in der Moderne noch legitim und damit stabil sein sollen. Beide sehen gleichsam um der fortlaufenden „Umordnung" willen

---

994 Balibar 2012 – Gleichfreiheit würde von der *Dialektik von „Aufstand" und „Verfassung"* sprechen, die sich im Staatsbürger (citoyen) verdichte, der zugleich Subjekt und Objekt der Politik sei.

995 Siehe nur Luhmann 1987 – Die Zukunft der Demokratie, S. 126f. und ders.: Enttäuschungen und Hoffnungen. Zur Zukunft der Demokratie, in: ders.: Soziologische Aufklärung. Bd. 4: Beiträge zur funktionalen Differenzierung der Gesellschaft, Opladen 1987, S. 133-141.

3. Vom Ende der Revolution

eine Institutionalisierung der „Unordnung" vor: Verfahren nämlich, die darüber befinden, ob und, wenn ja, wie die bestehende Ordnung umgestaltet wird. Denn „[j]ede politische Gemeinschaft", weiß Anter, „muß ein gewisses Maß an Unordnung tolerieren, vielleicht sogar aktiv produzieren, um ihre Stabilität und Dynamik zu erhalten"[996]. Nur solche Ordnungen, die sich ihre Flexibilität, ihre Anpassungsfähigkeit an sich ständig wandelnde Umstände bewahren, sind – jedenfalls unter spezifisch modernen Bedingungen – stabile Ordnungen. Von diesem Anpassungsvermögen – und gerade nicht: von einer Krise – der repräsentativen Demokratie zeugt auch, dass sie in jüngster Zeit in immer mehr Ländern *nicht*-institutionalisierte Formen politischer Partizipation (wie Demonstrationen, Petitionen oder inoffizielle Streiks) erfolgreich integriert hat.[997]

Dieser Dynamik ist es indes nicht zuträglich, wenn man meint, die *vollkommene* Ordnung bereits *realisiert* zu haben. Von einem derartigen Triumphalismus, wie er seit 1989 zu vernehmen ist, muss unweigerlich eine *lähmende* Wirkung ausgehen: eine Erstarrung der Ordnung. Popper würde vielleicht von einer drohenden *„Schließung"* der Gesellschaft sprechen. Schließung deshalb, weil der für die „offene Gesellschaft" konstitutive Irrtum *ausgeschlossen* wird. Die „offene Gesellschaft" zeichnet aus, dass sie die *Korrektur* des Irrtums ermöglicht, ja, die Bereitschaft aufbringt, aus Fehlern zu *lernen* – trial-and-error ist ihr Prinzip, das sie in die Lage versetzt, mit einer offenen Zukunft wesentlich besser fertig zu werden als zum Dogmatismus neigende „geschlossene Gesellschaften". Reformen können wieder zurückgenommen und neue angestrengt werden; augenblicklich Herrschende können im Zuge der nächsten Wahl ausgetauscht werden. Auch bei Habermas und Mouffe begegnet dieser Gedanke, wenn Ersterer einräumt, dass Diskurse immer nur die *fallibilistische Vermutung* der Vernünftigkeit begründen können – und alles (insofern positive) Recht daher immer nur *bis auf Weiteres* gilt –, und Letztere eindringlich vor der Gefahr warnt, die von der Illusion einer vollständig realisierten Demokratie ausginge. Und so ist es kein Zufall, dass wir nach 1989 vermehrt Zeugen einer neoliberalen Rhetorik der „Alternativlosigkeit" werden, wie sie

---

[996] Anter 2007 – Die Macht der Ordnung, S. 56.
[997] Vgl. zu dieser Entwicklungstendenz das Nachwort zur deutschen Ausgabe von Manin 2007 – Kritik der repräsentativen Demokratie, v.a. S. 342-349.

jüngst im Zusammenhang mit der Finanzkrise zu beobachten ist.[998] Wer indes eine Politik für alternativlos erklärt, der *leugnet Kontingenz* – und damit nicht nur die Möglichkeit, etwas *anders*, sondern auch *besser* oder *gerechter* zu machen. Beides aber steht am Anfang der neuzeitlichen Revolution: die Erkenntnis, dass alle gesellschaftlichen Verhältnisse auch anders sein könnten, und der daraus abgeleitete Wunsch, ihnen eine neue, legitime Gestalt zu geben, die auf die Zustimmung der Betroffenen trifft.

Womöglich liegt genau darin der tiefere Grund dafür, warum an Fukuyamas Thesen und seinem (vermeintlichen) Triumphalismus derart heftig Anstoß genommen wird. Weniger, weil er den westlichen Modernisierungspfad zum universalen erklärt, sondern mehr noch, weil er die Modernisierung im Westen für abgeschlossen hält. Der Westen, so scheint es, könne sich nun, nach getaner Arbeit, zurücklehnen. Daher auch die große Langeweile, die uns Fukuyama zufolge bevorsteht. Huntingtons geschichtsphilosophischen Gegenentwurf – dessen materiale Aussagen über den „clash of civilizations" sicherlich, um es so neutral wie möglich zu formulieren, „diskussionswürdig" sind – werte ich denn auch im Kern als Versuch, die kulturelle Dynamik des Westens gerade *nicht* erlahmen zu lassen. Darin sehe ich den eigentlichen Impetus Huntingtons. „Der Kampf der Kulturen" ist im Grunde genommen nichts anderes als ein *Weckruf*: eine Warnung an die westliche Kultur, im Moment des Erfolgs nicht in Selbstgefälligkeit und -sicherheit zu verfallen, sich nicht auf dem bislang Erreichten auszuruhen. Stattdessen gilt es weiterhin, die kritische Reflexion aufrechtzuerhalten, und sich auf diese Weise kontinuierlich weiterzuentwickeln. In der Tradition Oswald Spenglers und Arnold Toynbees stehend, nimmt Huntington in seinem zyklischen Geschichtsverständnis nämlich an, dass eine jede Kultur Aufstieg und Niedergang kennt und dass der Niedergang immer dann droht – der Zustand der „Zivilisation" bei Spengler, „the mirage of immortality" bei Toynbee und Huntington –[999],

---

998 Siehe hierzu auch Marchart 2005 – Neu beginnen, S. 25-27, der die Hegemonie dieser „Ideologie politischer Alternativlosigkeit" indes schon mit Margaret Thatchers Slogan „There is no alternative" beginnen lässt.

999 Vgl. Spengler, Oswald: Der Untergang des Abendlandes. Umrisse einer Morphologie der Weltgeschichte, Mannheim 2011/1923, S. 43-50 und Huntington 2002 – Kampf der Kulturen, S. 495. „Mirage of immortality" wird hier übersetzt mit „Fata Morgana der Unsterblichkeit". Um auch Spengler 2011 – Der Untergang des Abendlandes, S. 43 einmal zu Wort kommen zu lassen: „Die Zivilisation ist das unausweichliche *Schicksal* einer Kultur. Hier ist der Gipfel erreicht, von dem aus die letzten und schwersten Fragen der historischen Morphologie lösbar werd-

3. Vom Ende der Revolution

wenn die jeweilige Kultur sich am Ende der Geschichte, d.h. auf dem Gipfel der kulturellen Entwicklung wähnt. Dann nämlich sei das Stadium der *Stasis* erreicht, in dem sich die Kultur selbstgenügsam jedem weiteren Wandel versperrt – und schließlich von anderen aufstrebenden, weil noch nicht satten und deshalb kreativen, Kulturen „überholt" und letztlich ausgelöscht wird. Wie jeder Geschichtsphilosophie mal offensichtlich, mal verdeckt eignet mithin auch der Huntingtonschen ein Rest *Hoffnung*: Nichts in der Geschichte geschieht notwendig; geschichtliche Muster können, müssen sich aber nicht wiederholen.[1000] Der drohende Untergang der westlichen Kultur lässt sich daher noch *abwenden* – *wenn* entsprechende Maßnahmen ergriffen werden.

Die Ereignisse von 1989/90 sollten „dem Westen" daher nicht Bestätigung, sondern *Ansporn* sein: Ansporn, die eigene Ordnung weiter unablässig kritisch zu hinterfragen und dabei Stück für Stück zu verbessern. Diese Intention scheinen mir Habermas und Mouffe zu teilen: Für beide *harrt* die „radikale Demokratie" (unter der sie freilich Unterschiedliches verstehen) weiterhin ihrer Verwirklichung, beide aber halten sie *innerhalb* des demokratischen Rechtsstaats für realisierbar.[1001] Von einem Abschluss noch weit entfernt, ist für beide vor allem die *soziale* Emanzipation, wie u.a. an Habermas' Kritik des Sozialstaats (in seiner gegenwärtigen Form) deutlich wird. Dieser sei zwar nötig und wünschenswert, um die faktische

---

en. Zivilisationen sind die *äußersten* und *künstlichsten* Zustände, deren eine höhere Art von Menschen fähig ist. Sie sind ein Abschluß; sie folgen dem Werden als das Gewordene, dem Leben als der Tod, der Entwicklung als die Starrheit, dem Lande und der seelischen Kindheit, wie sie Dorik und Gotik zeigen, als das geistige Greisentum und die steinerne, versteinernde Weltstadt. Sie sind ein *Ende*, unwiderruflich, aber sie sind mit innerster Notwendigkeit immer wieder erreicht worden."

1000 Bei allem Pessimismus, den beispielsweise die Geschichtsphilosophie Spenglers angesichts des Ersten Weltkrieges befallen hat, würde man ohne einen Funken Hoffnung keine Geschichtsphilosophie betreiben, wie Kumar 2009 – Philosophy of History, S. 550f. zu denken gibt.
Vielleicht soll auch die seit Jahrzehnten umgehende Chimäre vom „relative decline" des Westens und v.a. der USA eine ähnlich (re-)animierende Funktion wie Huntingtons „clash of civilizations" erfüllen.

1001 Bei Habermas wird dies vor allem im Vorwort zu „Faktizität und Geltung" deutlich (S. 9-14). Auch Goodwin 2003 – The Renewal of Socialism betont, dass die Demokratie zwar der Revolution ein Ende setzt, nicht aber dem Kampf für soziale Gerechtigkeit – im Gegenteil: die Demokratie liefert allererst die Arenen hierfür.

(materielle) Ungleichheit in einem Maße zu reduzieren, dass die rechtliche Gleichheit und damit auch Wahrnehmung politischer Rechte von ihr nicht beeinträchtigt wird; doch habe er sich inzwischen in einen *paternalistischen* Sozialstaat verwandelt, der die Freiheit, statt sie zu ermöglichen, *beschneidet*, indem er den Ausgleich von materiellen Nachteilen an eine Praxis der staatlichen Bevormundung knüpft.[1002] Der Habermasschen deliberativen Demokratietheorie geht es mithin genauso wie der Mouffeschen pluralen Demokratietheorie genau darum: um eine *Wiederbelebung* bzw. um ein *Lebendighalten der demokratischen Herausforderung*, um eine *ständige Überarbeitung der Herrschafts- und Gesellschaftsordnung auf dem Grund der Volkssouveränität*, kurz: um eine *Institutionalisierung der demokratischen Revolution*, die hierdurch zugleich *permanent* und *alltäglich* werden soll. Nach wie vor dynamisch wirksam also und doch nicht überbordend-utopisch. Diese Aufgabe ist nicht dadurch leichter geworden, dass seit 1989 die Drohung der sozialistischen Revolution zusehends verblasst. Schon den Sozialstaat begreifen manche Skeptiker mehr als Produkt der *Angst* denn der Einsicht: der Angst vor einer sozialistischen Revolution auch im Westen. Was bei Hobsbawm in der provokanten Erklärung mündet: „Whatever Stalin did to the Russians, he was good for the common people of the West."[1003] Was aber, wenn diese Angst seit 1989 verschwunden ist? Droht die soziale und mit ihr die politische Emanzipation als Prozess dann zu stagnieren oder gar zurückzufallen, wie u.a. Crouch befürchtet?[1004] Parker hebt zu Recht hervor: „Sometimes [...] *perceptions* of revolutions are a greater political force than their reality."[1005] Das aber hieße im Umkehrschluss, dass die Revolution dort, wo man, geblendet vom eigenen Triumph, für ihr Möglichsein blind geworden ist, rasch wieder Wirklichkeit werden könnte. Ein jedes Ende der Revolution ist mit anderen Worten immer nur ein *vorläufiges* Ende, d.h. ein Ende, das nur so lange währt, wie sie erfolgreich institutionalisiert *bleibt* und das heißt: in institutionalisierter Form *fortgeführt* wird. Die demokratische Re-

---

1002 Siehe Habermas 1998 – Faktizität und Geltung, S. 493-515.
1003 Hobsbawm 1990 – Goodbye to All That, S. 21. Auch Nygaard fürchtet um die sozialstaatliche Zähmung des Kapitalismus, seitdem keine (sozialistische) Revolution mehr droht (Nygaard, Bertel: Revolutions and World History. A Long View, in: Stopińska, Agata (Hrsg.): Revolutions. Reframed – Revisited – Revised, Frankfurt/M. 2007, S. 77-90, hier S. 78, 88f.).
1004 Vgl. Crouch 2008 – Postdemokratie, S. 11f.
1005 Parker 1999 – Revolutions and History, S. 39.

3. Vom Ende der Revolution

volution ist kein einmaliges Ereignis, sondern ein *permanenter Prozess*; ein Prozess, dem kein Endziel vorab eingeschrieben ist und der mit dessen Erreichen abgeschlossen wäre. Nein, der Punkt ist vielmehr,

> that there is no emancipatory peak to be climbed. Revolutionary or progressive politics is the *very act of climbing*, daily, tenaciously and incessantly. It is not an event that happens once, a spectacular outburst of energy that overcomes the dark forces of oppression and lifts liberation into a superior state of perpetual triumph.[1006]

Die Jahre 1989/90 sollten „dem Westen" darum auch insofern eine Lektion sein, als es genau diese zutage getretenen spontanen Massenaktionen sind – die Luhmann vielleicht etwas voreilig meint, durch Entscheidungsverfahren unterbinden zu können –, die dem demokratischen Rechtsstaat eines Tages gefährlich und ihn als nachahmenswertes Modell entwerten könnten, falls und sobald er in den Augen der Herrschaftsunterworfenen keine Legitimität mehr genießt. Die Legitimierung von Herrschaft bleibt eine ständig abzutragende, dabei aber niemals gänzlich auszulöschende Schuld – und die Revolution darum eine ständige „Gefahr", mal latent, dann wieder aktuell. „Die Revolution riskiert immer den Rückfall ins alte Gleis, aber als *Ereignis*, dessen Inhalt unwichtig ist, bezeugt sie eine *beständige Möglichkeit*, ein *Vermögen*, das nicht vergessen werden kann"[1007], wie Foucault einmal bemerkte. Die besondere Ironie könnte mithin darin bestehen, dass die „entfesselte" Revolution in genau dem Moment wiederkehrt, in dem man wie noch nie zuvor von ihrem Ende überzeugt war.

[1006] Farhi 2003 – The Democratic Turn, S. 39, m.H.
[1007] Foucault, Michel: Was ist Aufklärung? Was ist Revolution? (1983), in: Bröckers, Mathias/Berentzen, Detlef/Brugger, Bernhard (Hrsg.): Die taz – das Buch. Aktuelle Ewigkeitswerte aus zehn Jahren „tageszeitung", Frankfurt/M. 1989, S. 332-335, hier S. 335, m.H. Das Zitat stammt aus einer Vorlesung Foucaults (über Kants Fragestellung, was Aufklärung und Revolution sind) vom 5. Januar 1983 am Collège du France, die in Auszügen im Magazine Littéraire (Nr. 207, Mai 1984) abgedruckt und in der taz (vom 2. Juli 1984) nach einer Übersetzung von Thierry Chervel wiederabgedruckt wurde. Am Ende des zitierten Satzes konkretisiert Foucault, was er meint mit dem „Vermögen, das nicht vergessen werden kann: die Garantie für einen auch zukünftig kontinuierlichen Fortschritt".

4. Analyse: Die Revolutionen in China, Mexiko und Iran

> Some books present fresh evidence; others make arguments that urge the reader to see problems in a new light. This work is decidedly of the latter sort.[1008]

Diese Worte schickt Theda Skocpol ihrer inzwischen klassischen komparativen Studie der großen Revolutionen in Frankreich, Russland und China voraus, wohl wissend, dass man andernfalls Maßstäbe anlegen würde, die für Historiker gelten mögen, ihrer eigenen Arbeit aber nicht gerecht werden. Skocpol ist historische Soziologin. Sie erhebt nicht den Anspruch, über die Entdeckung neuer Quellen oder deren abermalige Auswertung zu neuen historischen Erkenntnissen zu gelangen, und möchte folgerichtig nicht an ihm gemessen werden. Gleiches gilt für das vorliegende Kapitel. Wer sich von ihm neue historische Fakten oder eine neue Synthese oder auch nur eine (komparative) Geschichte der Revolutionen in Mexiko, China und im Iran verspricht, der wird unweigerlich enttäuscht werden. Diesbezüglich verlasse ich mich ganz auf die dankenswerte Vorarbeit von Historikern – ein Vertrauen, das mir diese schwerlich zum Vorwurf machen können. Mein Anliegen ist ein anderes. Die vorhandenen historischen Daten über die drei Revolutionen sollen in einem speziellen analytischen Rahmen untersucht werden, nämlich mit Hilfe jenes im ersten Kapitel entwickelten heuristischen Schemas. Ziel ist es, neues Licht auf den unterstellten Zusammenhang von Revolution und politischer (Il-)Legitimität zu werfen, der ohne die Differenzierung dreier Dimensionen von Legitimität, der theoretisch-reflexiven, der performativ-expressiven sowie der basalpragmatischen, verborgen bleibt oder jedenfalls weniger stark hervortritt. Die (soziologische) Analyse hat mithin Vorrang gegenüber der (historischen) Beschreibung. Ich bleibe damit „sociology's traditional concern with cause"[1009] treu. Was indes nicht heißt, dass irgendwelchen „Gesetzen" nach Art der Naturwissenschaften nachgespürt wird. Die Annahme von determinierenden historischen Gesetzen widerspricht der prinzipiellen Kontingenz aller Geschichte, die wiederum darin gründet, dass es (strukturbedingt mehr oder weniger freie) Menschen sind, die so oder auch an-

---

1008 Skocpol 1979 – States and Social Revolutions, S. XI.
1009 Sewell 2005 – Three Temporalities, S. 111.

4. Analyse: Die Revolutionen in China, Mexiko und Iran

ders handeln oder hätten handeln (und dadurch Strukturen reproduzieren oder modifizieren) können. Die Geschichte kann daher im Übrigen auch kein Telos, keinen Generalplan haben. Sie steuert auf keinen Zielpunkt zu, auch nicht langfristig. Es geht vielmehr um das Aufspüren von *Zusammenhängen*, oder besser noch: von *Möglichkeitsspielräumen*, die sich Akteuren durch bestimmte Entwicklungen eröffnen. Ich möchte mich nachfolgend, anders gesagt, um eine *Balance* bemühen zwischen einer historisch-narrativen Schilderung und einem ursachen- bzw. theorieorientierten Verständnis der politischen Entwicklungen in China, Mexiko und im Iran. Um einerseits dem Einzelfall gerecht zu werden und zugleich die Analyse verständlich zu machen und um andererseits nicht die vermuteten *analogen* Zusammenhänge aus den Augen zu verlieren. Vermieden werden sollen also die jeweiligen Schwächen, die mit einem einseitig historischen oder einseitig soziologischen Vorgehen verbunden wären.

> The problem with the historical strategy is that crucial causal processes tend to get lost in a muddle of narrative detail and are seldom separated out enough to make their autonomous dynamics clear. The trouble with the sociological strategy is that although it successfully specifies the causal dynamics of one factor, it tends either to conflate other causal factors with the chosen cause [...] or to treat them as mere background.[1010]

Eine historische Soziologie will den Ansprüchen sowohl einer *historischen* Soziologie als auch einer historischen *Soziologie* genügen. In der Hinsicht nehme ich mir ein Beispiel an Jeff Goodwins „No Other Way Out" (ohne den vermessenen Anspruch zu erheben, es mit seiner vergleichenden Studie in qualitativer Hinsicht auch nur annähernd aufnehmen zu können), der mir diesbezüglich eine gute Balance zu finden scheint.

Dass man sich in einer differenzierten Weise dem Konnex von Revolution und Legitimität widmet, ist (leider) keine Selbstverständlichkeit. In der Forschung dominieren stattdessen, wie in der Einleitung in aller Ausführlichkeit dargelegt wurde, zwei Tendenzen. Entweder der Zusammenhang wird für zu banal befunden, als dass man sich eingehender mit ihm beschäftigte. Natürlich fällt nicht legitime, sondern nur illegitime Herrschaft einer Revolution zum Opfer, weshalb sonst sollte man sich gegen sie erheben und dabei sein Leben für eine andere und womöglich legitime Herrschaftsordnung riskieren? Die Richtigkeit der Aussage wird mit anderen Worten nicht ernsthaft bestritten, in ihrem Erkenntniswert aber doch

---

1010 Ebd., S. 98.

eher gering veranschlagt. Die entgegengesetzte Position, zu der tendenziell marxistisch inspirierte Theoretiker neigen, besteht darin, die Verbindung zu bestreiten. Alle Herrschaft ist immer schon illegitim, wieso also sollte uns der Befund ihrer Illegitimität dem Verständnis oder gar der Erklärung einer Revolution näherbringen? Eine verwandte Variante dieser Position ist die, den Zusammenhang zwar nicht gänzlich zu leugnen, ihn aber in seiner Relevanz herunterzuspielen. Es mag ja sein, dass illegitime Herrschaft in noch höherem Maße gefährdet ist, aber die wirklich wichtigen, entscheidenden Faktoren dafür, ob eine Revolution ausbricht oder nicht, sind andere. Skocpol ist die vielleicht prominenteste Vertreterin dieser Ansicht. An zentraler Stelle stellt sie fest: „Even after great loss of legitimacy has occurred, a state can remain quite stable – and certainly invulnerable to internal mass-based revolts – especially if its coercive organizations remain coherent and effective."[1011] Kurzum, das Phänomen der Revolution und der Grad der (Il-)Legitimität einer gegebenen Herrschaftsordnung stehen in einem banalen, in keinem oder in einem zu vernachlässigenden Konnex. Die Folge ist stets dieselbe: Der Kategorie der Legitimität wird in der Revolutionsforschung nicht die Beachtung geschenkt, die ihr meiner Meinung nach gebührt. Oder aber sie findet Berücksichtigung, dann jedoch ausgehend von den falschen Prämissen. Der Strukturfunktionalismus Parsonsscher Provenienz wäre ein Beispiel hierfür. Revolutionen müssen illegitime Verhältnisse zugrundeliegen (bzw. eine „dis-synchronization" zwischen den gesellschaftlichen Werten und der Umwelt), doch der Grund- und Normalzustand ist der einer Gesellschaft, die durch Normen und Werte hochgradig integriert ist, in der also Uniformität und Konsens anstelle von Diversität und Konflikt überwiegen.[1012] Der Status quo und mit ihm die bestehende Herrschaftsordnung erhalten so immer schon eine zumindest implizite Rechtfertigung. Insofern ist die skeptische Haltung Skocpols gegenüber einer legitimitätstheoretisch angeleiteten Analyse durchaus nachvollziehbar; vorausgesetzt freilich, man setzt wie sie ein solches Vorgehen mit jenem der Strukturfunktionalisten gleich – was indes

---

1011 Skocpol 1979 – States and Social Revolutions, S. 32. Skocpol wird diese Sichtweise später nolens volens korrigieren müssen, im Angesicht der iranischen Revolution. Dazu in der Analyse derselben weiter unten mehr.
1012 Vgl. etwa Johnson 1964 – Revolution and the Social System und Johnson 1971 – Revolutionstheorie.

4. Analyse: Die Revolutionen in China, Mexiko und Iran

keineswegs zwingend ist.[1013] Wenn man dagegen seinen Ausgang nicht von der sozialen Einmütigkeit, sondern wie Weber von der prinzipiellen *Fragwürdigkeit* aller Herrschaft nimmt, d.h. wenn man herrschaftssoziologisch ansetzt, dann gelangt man zu einem ganz anderen Bild: zum dauerhaft *Umstrittenen* aller Herrschaft und zum sich daraus ergebenden steten *Ringen um Legitimität*, die insofern in hohem Maße *prekär* ist und bleibt. Dies auch deshalb, weil sie eine Frage nicht nur von Werten bzw. Überzeugungen ist, sondern ebenso der herrschaftlichen Performance und der davon abhängenden expressiven Zustimmung *oder* Ablehnung seitens der Betroffenen.

Eine der Hauptschwierigkeiten für eine Analyse von Revolutionen, die sich hauptsächlich der Kategorie der Legitimität bedient, besteht gleichwohl darin, das „Timing" zu plausibilisieren: Warum bricht die Revolution genau zu *diesem* Zeitpunkt aus, warum nicht einige Jahre, Monate, Wochen oder Tage früher – oder später? Es fällt schwer, zu glauben – und mutet als nachträglich eingeschobene Erklärung desjenigen an, der schon weiß, dass im nächsten Moment eine Revolution ausbrechen wird –, dass die Herrschaft erst kurz vor Ausbruch der Revolution in den Augen signifikanter Gruppen das („moralische") Recht zu herrschen verwirkt hat. Gerade die Erosion des Glaubens an eine transzendente Herrschaftslegitimation wird man sich als einen sehr langwierigen Prozess vorstellen müssen, der nur schwer eine solche „Punktlandung" wird hingelegt haben können. Der Vorteil eines *mehrdimensionalen* Legitimitätskonzepts – zur Erinnerung: gerade die für gewöhnlich geringe Differenziertheit des Legitimitätskonzepts lässt einen führenden Revolutionsforscher wie Goldstone noch Abstand von ihm nehmen –[1014] liegt meines Erachtens nun aber darin, den der Revolution vorausgehenden Prozessen der Delegitimation differenzierter nachspüren zu können. Insbesondere die performativ-expressive Dimension erlaubt es, die Dynamik besser einzufangen. Unbewusst mag Herrschaft schon länger an einem Legitimitätsdefizit in der theoretisch-reflexiven Dimension leiden, aber ebendieses Defizits *bewusst* machen sich viele Gruppen erst im Vorfeld einer Revolution. Das kann das Ergebnis einer breiteren Diskussion sein, etwa der Entstehung einer „öffentlichen Meinung", die sich kritisch zur bestehenden Herrschaftsord-

---

1013 Siehe Skocpol 1979 – States and Social Revolutions, S. 11f. und kritisch dazu Beetham 1991 – The Legitimation of Power, S. 218-221.
1014 Davon war bereits in der Einleitung die Rede; vgl. Goldstone 1991 – Revolution and Rebellion, S. 9.

nung äußert und mit dieser Meinung immer mehr Menschen erreicht. Der Bewusstseinswandel hätte seinen Grund dann in einer breit angelegten expressiven Delegitimation von Seiten der Herrschaftsunterworfenen, die bis hin zu öffentlichen Protesten oder Aufständen reichen kann. Herrschaft würde in dem Fall aktiv und öffentlich ihre Legitimität entzogen. Ins Bewusstsein dringen kann die Illegitimität daneben – und in Interaktion mit der ersten Variante – aber auch infolge von performativen Problemen der Herrschaft, die auf Seiten der Herrschaftsunterworfenen für Unmut sorgen (der sich wiederum in delegitimatorischen Handlungen äußern kann) und diese nach den Ursachen der unzulänglichen Leistung fragen lassen. Kommen sie hierbei zu dem Schluss, die Probleme lägen im *Wesen* der Herrschaftsordnung begründet – und nicht in einem falschen „Herrschaftspersonal", das bloß ausgetauscht zu werden bräuchte –, genauer: im *Ursprung* von deren Legitimität, so wäre mit Blick auf die theoretisch-reflexive Legitimität auch hier ein Bewusstseinswandel bzw. eine Bewusstmachung der eigentlichen Illegitimität zu verzeichnen. Beetham drückt es präzise aus: „One essential element, then, in a regime's loss of moral authority is the process whereby people come to make the link between the policy failures from which they suffer, and the invalidity of a principle of authority which excludes them from political influence: to make the link, so to say, between the ‚bad' and the ‚wrong'."[1015] Im Vorfeld von Revolutionen sind es häufig besonders aufsehenerregende Ereignisse, die für diese Verbindung sorgen, dafür also, dass es gleichzeitig bei einer großen Zahl von Herrschaftsunterworfenen „klick" macht. Und inwieweit Herrschaft, damit sie hinsichtlich ihrer Legitimität überhaupt öffentlich auf den Prüfstand gestellt wird, auf solche „aufklärenden" Prozesse angewiesen ist – ja, welche Hindernisse für die offene Problematisierung einer Herrschaftsordnung allererst überwunden werden müssen –, dafür sensibilisiert wiederum die basal-pragmatische Legitimitätsdimension. Herrschaft verfügt über Basislegitimität, sie wird mithin als *selbstverständlich* wahrgenommen. Nach ihrer Berechtigung wird im Normalfall gar nicht gefragt. Sie erfährt einen Teil ihrer (auch insofern basalen) Legitimation bereits im vorreflexiv-habituellen Raum. Deren (potentielle) Fragwürdigkeit wird, anders gesagt, aus dem allgemeinen Bewusstsein gedrängt und muss erst mühsam wieder in dieses Bewusstsein gehoben werden.

1015 Beetham 1991 – The Legitimation of Power, S. 216.

4. Analyse: Die Revolutionen in China, Mexiko und Iran

Die alternative Position bezüglich des Zusammenhangs von Revolution und Legitimität, für die ich mich nachstehend stark machen möchte, besagt nun aber auch nicht, dass wir nichts weiter als die legitimatorische Struktur einer Herrschaftsordnung zu analysieren brauchen, um das (Nicht-)Eintreten einer Revolutionen einsichtig zu machen. Eine jede Revolution, das scheint mittlerweile mehr oder weniger Gemeingut zu sein, bedarf, will man ihrer Komplexität gerecht werden, einer *multikausalen* „Erklärung", oder besser: einer Aufklärung, die mehrere Ursachen aufspürt. Entsprechend bescheiden ist mein Anspruch, den ich Beetham entlehne: „to identify the contribution that an understanding of legitimacy can make to the analysis of revolution, as one element in a complex whole"[1016]. Die (Il-)Legitimität ist *nur ein* Element in einem überaus komplexen Gefüge. Andere Elemente müssen in der Aufklärung der Zusammenhänge hinzutreten. Das ergibt sich schon daraus, dass Herrschaft, wie im ersten Kapitel unter Rückgriff auf Weber gesehen, auf einer *Vielzahl* von Gehorsamsmotiven beruhen kann, unter denen die Legitimität lediglich eines ist. So ist es auch nicht weiter verwunderlich, dass die Geschichte voll von Beispielen illegitimer Herrschaft ist, *ohne* dass dies immer, geschweige denn sofort einen revolutionären Umsturz zur Folge gehabt hätte. Und doch handelt es sich bei der Legitimität zugleich um ein besonders *gewichtiges* Gehorsamsmotiv, ja, um einen Stabilisierungsfaktor, auf den Herrschaft dauerhaft nur schwer verzichten kann, wenn sie sich behaupten und darüber hinaus ihre Macht steigern will. Daneben rechtfertigt den Akzent auf das Element der (Il-)Legitimität aber auch, dass es meines Erachtens hilft, die anderen Elemente in eine gedankliche *Ordnung* zu bringen, oder besser noch: ihnen einen *Platz* in dem komplexen Ganzen zuzuweisen und dadurch wiederum ein besseres Verständnis von ihrem jeweiligen *individuellen Beitrag* innerhalb des Gefüges zu gewinnen. Das ist bereits die erste jener Hypothesen, die es im Laufe dieses Kapitels zu überprüfen gilt: Die Kategorie der Legitimität erlaubt es, die Ursachen und Auslöser von Revolutionen zu *systematisieren*, indem man deren delegitimierende Wirkung in den jeweiligen Dimensionen bestimmt.

Mit dem nächsten Grund dafür, die Legitimitätskategorie zum analytischen Hauptwerkzeug zu machen, kommt die zweite Hypothese ins Spiel, die in Kapitel zwei bereits Thema war. Aus einem (womöglich nur latenten, d.h. öffentlich nicht zur Darstellung gebrachten) theoretisch-reflexi-

---

1016 Ebd., S. 214.

4. Analyse: Die Revolutionen in China, Mexiko und Iran

ven Legitimitätsdefizit *allein* folgt zwar nicht zwingend eine Revolution, aber es stellt für sie nichtsdestotrotz eine *notwendige* Bedingung dar, gewissermaßen ihre Ermöglichungsbedingung, eben ihre „Ur-Sache". Kürzer noch: ohne Illegitimität in theoretisch-reflexiver Hinsicht keine Revolution. Politische Krisen können viele Gründe haben und sind auch schon in der Vormoderne eingetreten, doch zu einer *revolutionären* Krise bzw. „revolutionären Situation" entwickeln sie sich der Möglichkeit nach nur dann weiter, wenn der Herrschaft ihre theoretische Legitimität abgesprochen wird.[1017] Einzig unter dieser Prämisse wird sich etwas ereignen können, das über einen reinen Dynastiewechsel (bzw. bloßen Austausch der Herrschenden) oder einen faktischen (nicht aber „ideologischen") Zusammenbruch der Herrschaftsordnung hinausgeht – nämlich eine tiefgreifende und intendierte Umgestaltung der Herrschaftsordnung, eben eine Revolution. In einem solchen Legitimitätsdefizit müsste demnach eine Gemeinsamkeit aller drei Anciens Régimes in China, Mexiko und im Iran liegen. Ob sich hiermit verbundene Gemeinsamkeiten in der Struktur der Herrschaft feststellen lassen, beispielsweise im Hinblick auf den (limitierten) Zugang zur Politik, wird ebenfalls zu prüfen sein.

Damit sich indes eine Revolution ereignet bzw. Erfolg hat, müssen sich, das ist die dritte Hypothese, Prozesse der Delegitimation auch in den anderen beiden Dimensionen vollziehen, sprich ebenso in der performativ-expressiven wie der basal-pragmatischen. Mit anderen Worten: Legitimitätsverluste müssen in den drei Dimensionen *kumulieren*. Das aber würde bedeuten, dass, damit sich Herrschaft *auch* um ihre basal-pragmatische Legitimität bringt, die alte Ordnung zusammenbrechen und daher zuvor gewaltsam herausgefordert werden muss. Hierin könnte ein Grund für den regelmäßig „kataklysmischen" Verlauf von Revolutionen liegen. In welchem (inneren) Wechselverhältnis die drei Dimensionen stehen – ob Legitimitätsverluste in der einen Dimension solche in den anderen hervorrufen, begünstigen oder aber, ganz im Gegenteil, teilweise behindern, kurz: ob und inwieweit sich die Dimensionen in ein *genetisch-dynamisches* Verhältnis bringen lassen –, wird ebenso zu untersuchen sein wie deren (äuße-

---

1017 Das ist auch die Position von Beetham (ebd., u.a. S. 211 und 220), sowie, indes mit Blick auf die Legitimitätskategorie weniger differenziert, da David Easton hier Pate steht, von Zimmermann 1981 – Krisen, S. 26-47, 249-257. Von Beetham und Zimmermann stammen meiner Meinung nach die besten, weil nuanciertesten legitimitätstheoretischen Analysen von Revolutionen und anderen Aufstandsformen.

4. Analyse: Die Revolutionen in China, Mexiko und Iran

res) Verhältnis zu anderen Ursachen und Auslösern der Revolutionen, beispielweise welche Revolutionsursachen Herrschaft gemeinhin performative Schwierigkeiten bereiten, die auf Seiten der Herrschaftsunterworfenen wiederum in einem Ausdruck von Unzufriedenheit münden können. Letztere Frage ist indes mehr Gegenstand der ersten Hypothese. Ferner verspreche ich mir weiteren Aufschluss über die Dynamik delegitimatorischer und revolutionärer Prozesse von einer Differenzierung zwischen unterschiedlichen Legitimationsadressaten. Insbesondere die Rolle der Armee bzw. des Erzwingungsstabs auf der einen, der Grad der „speziellen Herrschaftslegitimation" (Henner Hess) also, und die der Oberschicht und der Intelligentsia auf der anderen Seite gilt es, in dem Zusammenhang näher zu beleuchten.

Als vierte Hypothese oder besser als Unterthese wird bei alledem zu kontrollieren sein, ob sich die bisher in dieser Arbeit verfochtene Ansicht halten lässt, das *Thema* der Revolution sei die Demokratie in einem sehr weiten Sinne. Ging es den Akteuren in allen drei Fällen um eine Ausweitung der politischen Mitsprache? Auf den ersten Blick scheint dem insbesondere die iranische Revolution von 1977 bis 1979 zu widersprechen. Aber auch die chinesische Revolution von 1911 bis 1949 wirft diesbezüglich Fragen auf, gerade wenn man sich das Schicksal der „republikanischen" (Teil-)Revolution von 1911/12 vergegenwärtigt. Mit dem Thema der Demokratie unmittelbar zusammenhängend, wird des Weiteren zu fragen sein, welche Rolle *horizontale* (im Unterschied zu vertikalen) Legitimitätsfragen in den jeweiligen Revolutionen einnehmen, Fragen also nach der Definition der und Zugehörigkeit zur politischen Gemeinschaft. Handelt es sich jeweils um *nationalistische* Revolutionen? Und wenn ja, werden die „alten" Herrscher als der Nation zugehörig oder fremd wahrgenommen?

Doch warum China, Mexiko und der Iran? Die vierte Hypothese deutet bereits auf einen der wichtigsten Gründe für die Fallauswahl hin. (1) Vom westlichen Standpunkt aus betrachtet, handelt es sich um *periphere* Revolutionen. Peripher in dem Sinne, dass sie weder in Westeuropa noch in den USA stattfanden, d.h. nicht in der „Wiege der neuzeitlichen Revolution", sondern in anderen Weltregionen und damit grundverschiedenen Kulturräumen mit gänzlich anderen historischen Traditionen. Obschon alle drei Länder unter westlichem Einfluss standen, in materieller wie auch in ideeller Hinsicht. Peripher aber auch in dem Sinne, dass insbesondere China (zumindest bis zum Beginn der Reform- und Öffnungspolitik unter Deng Xiaoping im Jahre 1978 bzw. bis zum „Ende des Sozialismus" im Jahre

1989) und der Iran gemeinhin *abseits* des westlichen Modernisierungspfades verortet werden, ja, geradezu als Gegenmodelle für einen *alternativen Weg in die Moderne* bzw. Entwicklungspfad gelten, worin nach meinem Eindruck auch einer der Gründe dafür liegt, warum über beide Revolutionen ein anhaltender Deutungskampf tobt.[1018] Die drei Fälle eignen sich daher in hervorragendem Maße als Test für meine bisherige mehr oder minder implizite modernisierungstheoretische Argumentation. Die Revolution ist für mich ein Phänomen der *Moderne*. Weil zunächst gewisse geschichtliche Voraussetzungen erfüllt sein müssen, bevor sich Revolutionen der Möglichkeit nach ereignen können, kommen sie in vormodernen Gesellschaften nicht vor. In sich modernisierenden bzw. modernen Gesellschaften dagegen können sie, müssen sie aber nicht eintreten. Modernisierung ist auch ohne Revolution möglich; es gibt funktionale Äquivalente. Daraus folgt, dass auch die drei zu untersuchenden Gesellschaften zum Zeitpunkt der Revolution an der Schwelle zur Moderne standen bzw. teilweise bereits modernisiert waren. Wobei „Moderne" nicht allein in dem engen Sinne einer westlichen Moderne verstanden werden darf (die gleichwohl die erste – primordiale – und vermutlich einzige autochthone Modernisierung darstellt). Vielmehr ist von einer *Vielfalt* der Moderne auszugehen, mit Eisenstadt: von „multiple modernities"[1019]. Es gibt sowohl mehrere *Pfade* in Richtung Moderne als auch mehrere *Typen* von Moderne, d.h. es werden weder ein kongruenter noch ein konvergenter Geschichtsprozess unterstellt. Die Modernität der Revolution lässt sich im Falle Chinas anhand der Begriffsgeschichte sehr gut belegen. Der Begriff der Revolution („geming") hatte zwar schon in vormodernen Zeiten Verwendung gefunden, aber erst gegen Ende des 19. Jahrhunderts nahm er die moderne, westliche Bedeutung an. Hatte „Revolution" zuvor nichts anderes als einen Herrscher- bzw. Dynastiewechsel gemeint, dem ein Verlust des „Mandats des Himmels" durch den Kaiser vorausging und der die Herrschaftsordnung in ihren Grundzügen unverändert ließ, so erhielt der Begriff erst um die Jahrhundertwende – vermittelt über Japan – die Bedeu-

---

1018 Auch die mexikanische Revolution rückte nicht zuletzt durch die globalisierungskritischen Aktivitäten der Zapatistas unter der Führung des Subcomandante Marcos Mitte der 1990er Jahre wieder in den Vordergrund.
1019 Siehe Eisenstadt, Shmuel N.: Die Vielfalt der Moderne. Heidelberger Max-Weber-Vorlesungen 1997, Weilerswist 2000.

4. Analyse: Die Revolutionen in China, Mexiko und Iran

tung einer bewussten Umgestaltung der Herrschaftsordnung an sich.[1020] Die Revolutionen in Mexiko, China und im Iran bieten mit anderen Worten Gelegenheit, mit dem Revolutionsbegriff und dem dreidimensionalen Legitimitätsschema Begriffe und Konzepte, die in einem westlichen Kontext entwickelt worden sind, *außerhalb* des Westens auf die Bewährungsprobe zu stellen.

Für die Auswahl spricht ferner (2), dass es sich um drei heterogene Fälle handelt, die nicht nur eine geographische Distanz, sondern auch große kulturelle und historische Unterschiede aufweisen. Und je heterogener die Fälle, desto besser lassen sich die Untersuchungsergebnisse für gewöhnlich verallgemeinern. Zumal direkte Wechselwirkungen zwischen den drei Revolutionen ausgeschlossen werden können; selbst zwischen den zeitlich gesehen sehr nahen Revolutionen, der mexikanischen und der chinesischen, sind mir keine bekannt. Alle drei Revolutionen brachen, anders gesagt, weitgehend unabhängig voneinander aus. Und doch standen sie allesamt im Schatten der das revolutionäre Zeitalter einläutenden Französischen Revolution, die theoretisch – und praktisch durch die Mitwirkung des Volkes – das Prinzip der Volkssouveränität in die Welt gesetzt hat: den Anspruch, dass Herrschaft vom Volk ausgehen soll.

(3) Die drei Gesellschaften weisen mit Blick auf den Untersuchungszeitraum *keine* oder aber nur eine *mittelbare koloniale Vergangenheit* auf. Mexiko erlangte seine Unabhängigkeit 1821 und damit fast ein Jahrhundert vor Ausbruch der Revolution, China sah sich vor der Revolution nur in seinen Randgebieten (quasi-)kolonialer Herrschaft ausgesetzt (u.a. in Hongkong, einigen „Vertragshäfen", Taiwan und der Mandschurei), und der Iran wiederum stand zu keinem Zeitpunkt seiner Geschichte unter der direkten Kontrolle einer Kolonialmacht. Inwiefern ist das von Belang? Insofern als es in keiner der drei Revolutionen darum ging, das Joch der

---

1020 „Eine Umwälzung des politischen Systems an sich war [in der alten chinesischen Staatsphilosophie] indessen undenkbar. [...] Diese semantische Umwertung von *geming* zur Vorstellung des Systemumsturzes wurde auf China zuerst 1895 angewandt, als eine japanische Zeitung die anti-monarchische Bewegung Sun-Yatsens als ‚Revolutionspartei' (*geming dang*) bezeichnete. Bald darauf wurde der moderne Revolutionsbegriff von Chinesen selbst übernommen: Sun sprach seit 1905 von einer ‚Volksrevolution' als seinem vorrangigen politischen Ziel." Osterhammel, Jürgen: Shanghai, 30. Mai 1925. Die chinesische Revolution, München 1997, S. 23f.; vgl. auch Franke, Wolfgang: Das Jahrhundert der chinesischen Revolution, 1851–1949, München 1980/1958, S. 11-17 und Dabringhaus, Sabine: Geschichte Chinas 1279–1949, München 2009, S. 188.

Fremdherrschaft abzuschütteln. Selbst im Falle Mexikos war der Befreiungskampf längst abgeschlossen. Das heißt, die Herrschaft, gegen die sich die Revolution richtete, wurde von Gruppen ausgeübt, die aus der *eigenen* Gesellschaft stammten. Das ist wichtig: Die Revolution stürzte nicht eine einigermaßen neue und von außen aufgezwungene, sondern eine *alte*, über *längere* Zeit bestehende und daher vermutlich vormals *legitime* Herrschaftsordnung. Ausgeführt wurde sie wiederum vorrangig von Angehörigen der indigenen Gesellschaft anstelle von externen Eroberern, Objekt wie Subjekt der Revolution waren also indigener Natur. Gleiches gilt für die Ursprünge der Erosion des Ancien Régime. Ihr lagen in erster Linie *endogene* Ursachen zugrunde. Exogenen Ursachen – in Mexiko: dem Verhalten der USA, in China: dem westlichen und japanischem Imperialismus, im Iran: dem Verhalten der USA und Großbritanniens – fiel zwar ebenfalls eine Rolle zu, aber lediglich eine nachgeordnete bzw. vermittelte.

Unmittelbar mit dem vorherigen Grund zusammenhängend, handelte es sich außerdem (4) bei jedem der drei Fälle um eine *konsolidierte* Herrschaft. Im Falle Chinas und des Iran lag eine jahrtausendealte Reichstradition vor, aber selbst die Herrschaft der jeweiligen Dynastien war bereits einige Jahrhunderte bzw. Jahrzehnte alt, als die Revolutionen ausbrachen: die der Qing dauerte bereits seit 1644, die der Pahlavis seit 1925. Und in Mexiko? Dort vermochte Porfirio Díaz die gesellschaftliche Pazifizierung und politische Konsolidierung seiner Herrschaft spätestens in den 1880er Jahren abzuschließen. Man sprach und spricht bezeichnenderweise von der „pax porfiriana", um diese Phase ungewöhnlich hoher gesellschaftlicher wie politischer Stabilität und wirtschaftlicher Prosperität von den Wirren der ersten Jahrzehnte nach der Unabhängigkeit (und während der späteren Revolution) abzugrenzen.[1021] Es handelte sich mithin nirgends um eine „Eintagsfliege". Die Herrschaftsordnungen hatten vielmehr über einen langen Zeitraum ihre Stabilität und Funktionstüchtigkeit unter Beweis gestellt. Auch hier liegt deshalb die Vermutung nahe, dass die Herrschaft einst, zumindest bei den maßgeblichen Gruppen des Landes, über Legitimität verfügt hatte – bevor die politische Krise ihren Lauf nahm.

Schließlich ist (5) in der Forschung der Befund relativ einmütig, dass sich überall eine *„echte"* Revolution ereignete, einerlei ob eine anspruchs-

---

1021 Vgl. Tobler, Hans W.: Die mexikanische Revolution. Gesellschaftlicher Wandel und politischer Umbruch, 1876–1940, Frankfurt/M. 1984, S. 27 und 34.

4. Analyse: Die Revolutionen in China, Mexiko und Iran

volle oder eine großzügige Definition zugrundegelegt wird. In China ohne jeden Zweifel, wird sie doch sogar immer wieder in den Rang einer der wenigen „großen" bzw. noch selteneren „totalen Revolutionen" (Chalmers Johnson) gehoben, beinahe auf einer Stufe mit der Französischen und der russischen Revolution, wenn nicht deren weltweite Wirkung größer gewesen wäre. (Unsicheren) Schätzungen zufolge kamen zwischen 1900 und 1949 insgesamt 42 Millionen chinesische Zivilisten ums Leben, darunter mehr als 18 Millionen durch „Demozid" (Rudolph Rummel), neun Millionen durch Krieg und Revolution sowie knapp 15 Millionen infolge von Hungersnöten und anderen Naturkatastrophen.[1022] Ein absolutes Ausmaß an Verlusten von Menschenleben, das wohl auch damit zusammenhing, dass die chinesische die mit Abstand *längste* aller bisherigen Revolutionen war. Dunns Einschätzung aus dem Jahre 1972 dürfte nach wie vor Gültigkeit besitzen: „In terms of the numbers of human beings which it involved [...] the Chinese revolution has been the greatest so far of all the revolutions of the twentieth century."[1023] Die chinesische Revolution sah die Mobilisierung breiter Bevölkerungskreise, die im weiteren Verlauf auch Millionen von Bauern auf dem Land umfasste. Ein mal weniger, mal (seit der Song-Zeit und damit auch gegen Ende) mehr zentralisiertes kaiserliches System, das über zweitausend Jahre Bestand und mit Hilfe seiner Bürokratie das Reich zusammengehalten hatte, wurde überraschend schnell und mühelos gestürzt und für kurze Zeit durch eine Republik ersetzt. Auf diese folgten die Diktatur Yuan Shikais und, nach einer dazwischenliegenden Warlord-Periode (1916-1928), die diktatorischen Regime zunächst der Kuomintang (KMT bzw. Guomindang, GMD) und dann der Kommunistischen Partei Chinas (KPCh). Die Eingriffe in Kultur und Gesellschaft (auch nach 1949) waren von ungeheurem Ausmaß und mündeten u.a. im (vorübergehenden) Ende des Konfuzianismus und in der Beseitigung einer ganzen Gesellschaftsklasse: der alten ländlichen Oberschicht.

1022 Für die spekulativen Zahlen siehe Osterhammel 1997 – Shanghai, S. 29, der sich dabei auf „Erhebungen" von Rudolph Rummel bezieht.
1023 Dunn, John: Modern Revolutions. An Introduction to the Analysis of a Political Phenomenon, Cambridge 1972, S. 70. Auch Osterhammel bestätigt, dass „keine Revolution je eine größere Zahl von Menschen unmittelbar in ihrer gesamten Lebensführung betroffen" habe, zählte China doch um 1950 auf dem Höhepunkt des revolutionären Geschehens, das vor niemandem Halt machte, rund 580 Millionen Einwohner (Osterhammel, Jürgen: Die chinesische Revolution, in: Wende, Peter (Hrsg.): Große Revolutionen der Geschichte. Von der Frühzeit bis zur Gegenwart, München 2000, S. 244-258, hier S. 245).

4. Analyse: Die Revolutionen in China, Mexiko und Iran

Der mexikanischen Revolution, der aus den unterschiedlichsten Gründen vergleichsweise wenig Beachtung geschenkt wurde und wird – obwohl sie „für Lateinamerika" zahlreichen Staatsstreichen und Putschen zum Trotz „doch die erste ‚wirkliche' Revolution im 20. Jahrhundert"[1024] darstellte und trotz ihrer langen Dauer und hohen Gewaltsamkeit –, gesteht man den Status einer vollwertigen Revolution (was für manche Autoren gleichbedeutend mit dem einer „sozialen" Revolution ist) spätestens dann zu, wenn man die weitreichenden gesellschaftlichen Veränderungen der 1920er und 1930er Jahre, vor allem unter der Präsidentschaft von Lázaro Cárdenas (1934-1940), mit einschließt. Schätzungsweise jeder achte Mexikaner fiel ihr und dem mit ihr verbundenen blutigen Bürgerkrieg seinerzeit zum Opfer.[1025] Unter breiter – und das heißt: klassenübergreifender – Massenbeteiligung wurde gewaltsam und dauerhaft ein Schlussstrich unter eine gegen Ende hin versteinerte Oligarchie gezogen. An ihre Stelle trat ein Regime, das zwar weiterhin autoritäre Züge aufwies, aber einerseits einer neuen Schicht Zugang zu den Herrschaftspositionen verschaffte – und im Gegenzug der zuvor herrschenden Schicht, der alten Armee und den Científicos, diesen versperrte – und andererseits die Massen, wenigstens formal, über ein Einparteiensystem in die Politik integrierte (Beginn der Massenpolitik). Tiefgreifende Agrarreformen wurden, wenn auch verspätet, durchgeführt.

An der iranischen Revolution wiederum wird mit Blick auf die begrifflichen Kriterien, wenn überhaupt, weniger der Umfang der Transformation von Gesellschafts- und Herrschaftsordnung bemängelt als vielmehr die nicht-säkulare und daher (vermeintlich) anti-moderne Stoßrichtung. Darauf wird noch einzugehen sein. Die weitgehend friedlichen Protestmärsche von Millionen von Menschen in den Städten bleiben unvergessen. Michel Foucault, der den Iran während der Revolution als Korrespondent der italienischen Tageszeitung Corriere della Sera bereist hatte, sah in ihnen die Manifestation jener volonté de tous, ja, jenes gemeinschaftlichen Willens, die bzw. den er bis dahin für nichts weiter als einen politischen Mythos gehalten hatte.[1026] Das autokratische Herrschaftssystem des Schahs war ein für alle Mal dem Erdboden gleichgemacht und durch eine

---

1024 Tobler 1984 – Die mexikanische Revolution, S. 7.
1025 Vgl. Osterhammel 2009 – Die Verwandlung der Welt, S. 799.
1026 Vgl. Foucault, Michel: Eine Revolte mit bloßen Händen (05.11.1978), in: ders.: Schriften in vier Bänden, Dits et Ecrits. Bd. 3: 1976-1979, hrsg. von Daniel Defert und François Ewald, Frankfurt/M. 2003, S. 878-882, hier S. 881 und Fou-

4. Analyse: Die Revolutionen in China, Mexiko und Iran

islamische Republik theokratischer Prägung ersetzt worden, die wiederum – *nach* den rund eineinhalb Jahre dauernden Konsolidierungskämpfen – für umfassende gesellschaftliche Veränderungen sorgte: die „Islamisierung" der Gesellschaft.

Aus den genannten Hypothesen ergibt sich der ausgesprochen enge analytische Fokus des vorliegenden Kapitels. Mich interessieren primär die *Ursachen* der drei Revolutionen. Deren Verlauf (nach der Beseitigung des Ancien Régime) und deren Ergebnisse behandle ich daher entweder gar nicht oder – aus dem einfachen Grund, weil sowohl mein (retrospektiver) Blick als auch der jener Forscher, auf die ich mich berufe, von beidem getrübt sein dürfte, was es sich zuweilen vor Augen zu führen gilt – nur am Rande. Gerade im Falle der iranischen Revolution scheinen mir die „Augenzeugenberichte" eines Michel Foucault, der von den zu diesem Zeitpunkt ungewissen späteren Entwicklungen und von den nachträglichen Interpretationen noch nichts weiß, von besonderem Wert zu sein. Ins Zentrum der Analyse rückt stattdessen zweierlei. Einerseits, der Ursachenerforschung halber, das Ancien Régime mit seinen Charakteristika und seiner der Revolution mittelbar vorausgehenden Geschichte. Auf den vorhergehenden sozialen Wandel wird dabei ebenfalls einzugehen sein. Andererseits werden der (unmittelbare) Vorabend der Revolution und der Auftakt der Revolution bis zum Sturz des Ancien Régime in Augenschein genommen, um die delegitimatorisch-revolutionäre Dynamik zu ergründen. Die Analyse der drei Revolutionen erfolgt dabei in drei gesonderten Kapiteln. Von Anfang an gilt es dort, die Voraussetzungen und Ursachen der jeweiligen Revolution, die eine breite Diskussion erfahren werden, auf ihre legitimatorische Relevanz zu befragen (Systematisierung). In dem Zusammenhang wird auch das mutmaßliche (latente) Legitimitätsdefizit in der theoretisch-reflexiven Dimension zu ergründen sein („Ur-Sache" der Revolution). Im nächsten Schritt werde ich (immer noch in den drei Kapiteln) eine Analyse der „revolutionären Situation" am Vorabend der Revolution sowie des Umsturzes des Ancien Régime vornehmen. Insbesondere die Delegitimationsprozesse in den drei Dimensionen, deren Kumulierung, sollen hierbei in den Blick genommen werden. Auch, um zu Aussagen über deren dynamisch-genetisches Verhältnis zu gelangen. Abschließend werde ich jeweils nach dem (nicht-)demokratischen Charakter der Revolu-

---

cault: Der Geist geistloser Zustände. Gespräch mit P. Blanchet und Cl. Brière (1979), in: ders.: Schriften in vier Bänden, S. 929-943, hier S. 933f.

tion fragen. Den drei Kapiteln folgt ein Schlusskapitel, in dem die Ergebnisse zusammengefasst werden. Inwieweit bestätigen sich die drei bzw. vier aufgestellten Hypothesen, inwieweit sind sie zu korrigieren – und inwieweit müssen sie als widerlegt gelten?

Den Auftakt der Analyse wird, obwohl sie von den dreien nicht als erste (sondern erst ein Jahr nach der mexikanischen) ausbricht, die chinesische Revolution bilden, weil man für ein Verständnis ihrer Voraussetzungen am weitesten in die Geschichte zurückgehen muss.

4.1 Die chinesische Revolution (1911-1949)

Dass es sich bei der chinesischen Revolution um eine Revolution im Vollsinn des Wortes handelte, ist, mehr noch als bei den beiden anderen Revolutionen in Mexiko und im Iran, unstreitig. In der Einleitung wurde bereits darauf eingegangen. Unmittelbar hiermit zusammen hängt das Problem ihrer zeitlichen Eingrenzung. Wann begann und wann endete die chinesische Revolution? *Sinnvollerweise*, wie man ergänzen müsste, gibt es doch in der Frage kein „Richtig" oder „Falsch" – und demgemäß auch reichlich Uneinigkeit unter Historikern. Die jeweilige Antwort aber hat nicht nur Folgen auf der begrifflichen Ebene, dafür also, wie gut sich das Phänomen gedanklich abgrenzen lässt, ja, welche Trennschärfe der Revolutionsbegriff im konkreten Fall erlaubt, sondern daneben auch für die Wesensbestimmung der Revolution und damit für die Ermittlung ihrer Ursachen.

Wer die chinesische Revolution Anfang des 19. Jahrhunderts beginnen lässt, wie es zeitweise John Fairbank tat,[1027] der Altmeister der amerikanischen China-Forschung und Mitherausgeber der bedeutenden „Cambridge History of China", der wird die Ursachen für den Sturz des Ancien Régime spätestens im ausgehenden 18. Jahrhundert mit seinen Krisenerscheinungen von Staat und Gesellschaft suchen. Das ist zwar nicht per se falsch, und ich werde im kommenden Unterkapitel so manche innerchinesische Entwicklung aufgreifen, die man zusammengenommen statt als Ursachen vielleicht besser als Voraussetzungen der späteren Revolution auffassen kann. Ganz im Gegenteil: Fairbank *korrigiert* auf diese Weise das

---

1027 Vgl. Fairbank, John K.: Geschichte des modernen China. 1800–1985, München 1991/1986, im Original mit „The Great Chinese Revolution: 1800-1985" betitelt. Anders jedoch in seiner letzten Synthese, siehe ders./Goldman, Merle: China. A New History, Cambridge/Mass. 2006/1992.

4. Analyse: Die Revolutionen in China, Mexiko und Iran

im Westen lange Zeit vorherrschende Bild von der statischen Gesellschaft Chinas, die über zweitausend Jahre weitgehend unverändert geblieben sei. Aber in bestimmter Hinsicht ist diese Ansetzung wieder fragwürdig, unterstellt sie doch pauschal einen *steten* Niedergang der Qing, jener mandschurischen Dynastie, die seit 1644 über China herrschte, gleichsam eine *lineare* Entwicklung, die sich von ungefähr 1800 bis zur Abdankung Kaiser Puyis im Februar 1912 erstreckt. Die neuere Forschung schätzt die Anpassungsfähigkeit der Qing-Dynastie an veränderte Bedingungen indes anders ein – und damit auch deren teilweise alles andere als hilflose Reaktion auf neue Herausforderungen.[1028] Oder aber man wählt, wie wiederum die „Fairbank-Schule", den „Ersten Opiumkrieg" (1839/40-1842) als Ausgangspunkt. Eine Deutung der Revolution würde in dem Fall als Faktor das Vordringen des westlichen Imperialismus zwischen 1840 und 1860 favorisieren: Die Revolution erschiene als ein reines oder wenigstens wesentliches Produkt des Imperialismus, eben als „China's Response to the West"[1029]. Endogene Ursachen dagegen blieben aus dieser Sicht (stärker) außen vor. Die sino-marxistische Geschichtsschreibung wiederum ließ (bis vor kurzem) die Revolution mit der ersten Welle von Aufständen um die Jahrhundertwende einsetzen, worunter der Taiping-Aufstand (1850-1864) nur der bekannteste, weil heftigste und für die Qing-Dynastie gefährlichste, war. Schätzungsweise 25 bis 30 Millionen Menschen fielen ihm zum Opfer, was ihn zum bei Weitem blutigsten Bürgerkrieg des 19. Jahrhunderts macht.[1030] Nur war er nicht der einzige. In etwa zeitgleich brachen außerdem der Nian-Aufstand sowie mehrere, regional verstreute Moslemaufstände aus. Ganz ähnlich, wenn auch im Ausgang von anderen Prämissen, verfährt auch der deutsche Sinologe Wolfgang Franke, der schon 1958 von einem *„Jahrhundert der chinesischen Revolution"* spricht, das von 1850/51, dem Ausbruch des Taiping-Aufstands, bis 1949 währe, dem Jahr der Machtübernahme durch die Kommunistische Partei Chinas (KPCh).[1031] Im Nachwort von 1980 erwägt Franke gar, die Revolution bis

---

1028 Vgl. Spence, Jonathan D.: Chinas Weg in die Moderne, München 2001/1990, S. 269 und Dabringhaus 2009 – Geschichte Chinas, S. 139. Das Argument der Anpassungsfähigkeit entkräftet auch die beiden folgenden zeitlichen Bestimmungen der chinesischen Revolution.
1029 So der vielsagende Titel einer von Fairbank und anderen 1954 herausgegebenen Quellensammlung.
1030 Zum Vergleich: Der Amerikanische Bürgerkrieg (1861-1865) kostete weniger als 700.000 Menschen das Leben.
1031 Vgl. Franke 1980 – Das Jahrhundert der chinesischen Revolution.

4.1 Die chinesische Revolution (1911-1949)

zur (damaligen) Gegenwart reichen zu lassen, eine Einschätzung, die sich wiederum mit jener Fairbanks deckt, bei dem die Revolution bei der Fertigstellung seiner „Geschichte des modernen China" im Jahre 1985 bzw. 1986 noch anhält. Dann aber würde man die chinesische Revolution mit der Geschichte des modernen China überhaupt gleichsetzen, der Revolutionsbegriff, er wäre vollends zum *Epochen*begriff verkommen.

Will man einer solchen Überdehnung des Revolutionsbegriffs vorbeugen und demgegenüber den Ereignischarakter der Revolution retten und nicht gänzlich dem „Epochenhaften" opfern, so bietet es sich an, den revolutionären Umbruch erst mit jenem Ereignis einsetzen zu lassen, das unmittelbar den (in der Folge weiter wachsenden) *Zweifel am Alten* weckte und mittelbar die *Vernichtung des Alten* und hierdurch letztlich einen wahren *Neuanfang* ermöglichte. Jürgen Osterhammel und Sabine Dabringhaus schlagen einen solchen Weg ein, dem auch ich folgen möchte.[1032] Sie lassen die revolutionäre Periode um die Jahrhundertwende beginnen, genauer: mit der 1895 erfolgenden Niederlage Chinas im Krieg gegen Japan, und 1949 mit dem Sieg der KPCh gegen die GMD enden. Zum eigentlichen Ausbruch der Revolution als einem Ereignis kam es wiederum im Jahre 1911 (man bezeichnet diese „erste" Revolution als die „Xinhai"-Revolution). Wieso? Was spricht für diese zeitliche Eingrenzung? Kurz gesagt: die enorme Wirkung, die von der für die Chinesen nicht weniger als für die Japaner und den Westen überraschenden Niederlage von 1895 ausging. Damit soll nicht ausgesagt werden, dass exogene Kräfte die Revolution verursacht hätten, auch wenn der westlich-japanische Imperialismus von da an – eben als Reaktion auf die gezeigte Schwäche Chinas – deutlich aggressivere Züge annahm. Nein, wesentlich bedeutender ist die Wirkung des sino-japanischen Krieges auf die *Wahrnehmung der Zeitgenossen*, für die er zu einer „*Epochenwende* der chinesischen Neuzeit" wurde und „den tiefsten Einschnitt des 19. Jahrhunderts"[1033] markierte. In der chinesischen Elite wurden erste Stimmen laut, die China am Scheideweg stehen sahen: zwischen Fortbestand und Untergang. Die „Selbststärkungsbewegung", jene mit einigem Selbstbewusstsein in den 1860er Jahren vom Staat eingeleiteten (zaghaften) Bemühungen um eine *technologische* Mo-

---

1032 Vgl. Dabringhaus 2009 – Geschichte Chinas, v.a. S. 69 und Osterhammel 2000 – Die chinesische Revolution, v.a. S. 248-250. Die folgende Begründung hierfür orientiert sich stark an jener, welche die beiden vorbringen.
1033 Dabringhaus 2009 – Geschichte Chinas, beide Zitate S. 69, m.H.

dernisierung Chinas nach westlichem Vorbild,[1034] sei offenkundig gescheitert, so dass die Krise Chinas nunmehr nur noch auf *reformerischem* oder aber *revolutionärem* Wege abgewendet werden könne. Teile der gesellschaftlichen Elite begannen mit anderen Worten plötzlich daran zu zweifeln, ob die bestehende Herrschaftsordnung für die Stärke und das Überleben Chinas weiterhin die angemessene sei oder ob nicht der Übergang zu einer *konstitutionellen* Regierungsweise, sei es in Gestalt einer Republik oder einer Monarchie, ratsam wäre, um gegenüber den anderen Nationen verlorenen Boden wiedergutzumachen. Aus den Aufständen der Jahrhundertmitte hingegen schien der Qing-Staat noch *gestärkt* hervorzugehen. Allein die Niederschlagung des Taiping-Aufstands gilt – genauso wie die Verteidigung der innerasiatischen Grenzen des Reiches gegen ein expansives russisches Zarenreich – nach allgemeiner Auffassung als außerordentliche organisatorische Leistung, zu der ein allzu schwacher Staat niemals imstande gewesen wäre.[1035] Jedenfalls hielt die gesellschaftliche Elite dem Kaiser die Treue, worin rückblickend einer der maßgeblichen Gründe für das Scheitern der Taiping-Bewegung gesehen wird.[1036] Es ist jedoch genau diese Treue zum Kaisertum, die seit 1895 allmählich schwand. Erstmals stand nicht weniger als die Herrschaftsordnung als solche zur Disposition, wenn auch anfangs lediglich innerhalb einer Minderheit von Gelehrten, Beamten und Auslandschinesen. Liang Qichao (1873-1929) etwa, einer der bedeutendsten chinesischen Intellektuellen der damaligen Zeit, war sich an der Jahrhundertwende sicher, China sei – übrigens zum ersten Mal in seiner langen Geschichte – in einen Strudel revolutionärer Ver-

---

1034 Zur Selbststärkung, die von Prinz Gong Yixin (1833-1898) eingeleitet wurde, werden u.a. einerseits die Anfänge des Eisenbahnbaus und der Dampfschifffahrt, des mechanisierten Bergbaus sowie des Telegraphenwesen gezählt, andererseits die beginnende Modernisierung der Armee, insbesondere durch die Ausstattung mit modernen Waffen (den Aufbau einer Werftindustrie eingeschlossen) und die Einführung einer modernen Militärausbildung. Die konservativen Modernisierer orientierten sich dabei an der Losung von Zhang Zhidong (= Chang Chih-tung, 1837-1909): „‚Chinesisches Wissen für die Grundprinzipien, westliches Wissen für die praktische Anwendung'". Zitiert nach Fairbank 1991 – Geschichte des modernen Chinas, S. 127. Der kulturelle Kern Chinas sollte demnach gewahrt bleiben, ohne indes auf das technisch-instrumentelle Wissen des Westens zu verzichten.
1035 Vgl. Dabringhaus 2009 – Geschichte Chinas, S. 138.
1036 Siehe Franke 1980 – Das Jahrhundert der chinesischen Revolution, S. 64, Fairbank 1991 – Geschichte des modernen China, S. 83 und Schrecker, John E.: The Chinese Revolution in Historical Perspective, New York 1991, S. 83 und 105.

wicklungen geraten, durch den das Land einen umfassenden Strukturwandel erfahren werde: „eine große Veränderung der Gesellschaft in all ihren sichtbaren und unsichtbaren Elementen"[1037]. Und es ist erneut die zeitgenössische Wahrnehmung, die für ein *Ende* der Revolution schon im Jahre 1949 spricht, *obwohl* die heftigsten staatlichen Eingriffe in die Gesellschaft zu dem Zeitpunkt noch bevorstanden. Denn in Analogie zu den vergangenen dynastischen Zyklen wurde auch die Machtübernahme der KPCh seinerzeit als der Beginn eines neuen Zyklus aufgefasst, der zunächst einmal *Stabilität* anstelle von Unruhe und Umwälzung versprach.[1038] Tatsächlich hatte China zum ersten Mal seit 1916, als die sogenannte Warlord-Periode angebrochen war, wieder einen starken, handlungsfähigen Zentralstaat, der über das gesamte nationale Territorium herrschte. Doch selbst unter Zugrundelegung eines zeitlich engeren Revolutionsbegriffs ergibt sich für China mit 38 Jahren Revolutionsdauer (1911-1949) zuzüglich eines 16 Jahre dauernden Vorspiels (1895-1911), das für ein Verständnis von deren Ursachen essentiell ist, noch immer eine ungemein *lange* revolutionäre Umbruchphase.

4.1.1 Ihre Voraussetzungen und Ursachen

> Chinas große Krise des 19. Jahrhunderts hatte viele Ursachen. [...] Sie ist zunächst eine *innere* Krise gewesen, die später durch Einwirkung von *außen* verschärft wurde.[1039]

Auf diese knappe Formel bringt Osterhammel das Nach-, Neben- und Miteinander von inneren und äußeren Gründen für Chinas große Krise im 19. Jahrhundert, das sich ganz ähnlich auch bei Skocpol und Fairbank wiederfindet.[1040] Bevor man sich der äußeren Einwirkung durch den westlichen und später dann auch japanischen Imperialismus widmet, ist es daher an-

---

1037 Zitiert nach Osterhammel 1997 – Shanghai, S. 24. Liang kontrastiert an dieser Stelle eine weite und eine enge Bedeutung von Revolution und orientiert sich bei Ersterer am modernen, westlichen Revolutionsbegriff.
1038 Vgl. ebd., S. 27.
1039 Ebd., S. 48, m.H.
1040 Siehe Skocpol 1979 – States and Social Revolutions, deren Ausgangspunkt wohlgemerkt die chinesische Revolution war, während ihr (komparatives) Interesse an der Französischen und der russischen Revolution erst später erwachte, und Fairbank 1991 – Geschichte des modernen China.

4. Analyse: Die Revolutionen in China, Mexiko und Iran

gebracht, zunächst auf die hausgemachten Probleme von Chinas Ancien Régime zu Beginn des 19. Jahrhunderts einzugehen.

Von was für einem Ancien Régime und von was für einer Gesellschaft sprechen wir, wenn wir das späte kaiserliche China am Ende des 18. Jahrhunderts betrachten? Das Kaisertum hatte seine Wurzeln zwar schon im dritten Jahrhundert vor Christus, doch den Charakter eines *bürokratisch-zentralistischen* Systems, wofür der chinesische Begriff „junxian" steht, nahm die politische Ordnung erst seit der Song-Zeit (960-1279) an. Den „Feudalismus" (fengjian), dessen volle Ausprägung in Europa und Japan zu dem Zeitpunkt noch ausstand, ließ China seither hinter sich.[1041] Es gelang in China also frühzeitig, eine landbesitzende Erbaristokratie als inneren Machtrivalen auszuschalten. Dem Kaiser stand daher auch keine machtbegrenzende Institution in Gestalt von Ständevertretungen oder Parlamenten gegenüber. „Es gab im letzten Jahrtausend des kaiserlichen China", so Osterhammel, „keine unabhängigen Magnaten, Territorialfürsten und Bürgerkorporationen, die dem Kaiser auf Reichstagen selbstbewußt entgegengetreten wären und ihm Steuern oder militärische Gefolgschaft verweigert hätten"[1042]. Auch die Religion brachte keine Kirche hervor, die wie in Europa in Konkurrenz zum weltlichen Herrschaftsanspruch des Kaisers hätte treten können. Es fehlte mit anderen Worten (mit Ausnahme der Bürokratie) an einem wirksamen Machtkorrektiv, das den zentralen Herrscher in die Pflicht hätte nehmen und ihm Grenzen hätte aufzeigen können. Der Kaiser brauchte sich in der performativ-expressiven Legitimitätsdimension weitgehend nicht gegenüber mächtigen Intermediären zu bewähren, weder um nicht gestürzt zu werden, noch um an Steuern oder Krieger zu gelangen. Es handelte sich bei dem Ancien Régime somit um eine *Autokratie* alten Stils, die Europa in der extremen Form niemals gekannt hat, auch weil hier die Begrenzung von Macht durch Recht traditio-

---

1041 Der bekannteste Versuch, die Geschichte Chinas über das chinesische Begriffspaar „junxian" und „fengjian" zu lesen, stammt von Schrecker 1991 – The Chinese Revolution. Auch Moore bemerkt, dass schon seit langer Zeit „im chinesischen Staatswesen das Problem einer an den Grundbesitz gebundenen, aufsässigen Aristokratie beseitigt worden" sei (Moore, Barrington: Soziale Ursprünge von Diktatur und Demokratie. Die Rolle der Grundbesitzer und Bauern bei der Entstehung der modernen Welt, Frankfurt/M. 1969, S. 198). Vgl. hierzu ebenso Dabringhaus 2009 – Geschichte Chinas, S. 133.
1042 Osterhammel 1997 – Shanghai, S. 36.

nell wesentlich stärker als in China ausgeprägt war.[1043] Das soll nicht heißen, dass der „Himmelssohn" in der Praxis keinerlei Rücksicht zu nehmen brauchte, konnte er doch bei einem Verstoß gegen die Tradition, untugendhaftem Verhalten oder Missachtung des Wohls seiner Untertanen im äußersten Falle sein „Mandat des Himmels" verlieren und hierdurch den Widerstand der Herrschaftsunterworfenen rechtfertigen.[1044] Wohl aber, dass seine Macht *theoretisch* „absoluter" als die eines jeden absolutistischen Monarchen in Europa war. Wodurch in der Praxis aber auch *mehr* als in anderen Herrschaftssystemen von den *persönlichen Qualitäten* des jeweiligen Herrschers abhing, von seiner Befähigung und seinem Engagement.[1045]

Doch nicht nur nach innen, sondern auch nach außen hin mangelte es dem chinesischen Kaiser an mächtigen Konkurrenten. China war im Ostasien des 18. Jahrhunderts der unumstrittene Hegemon. Die Qing-Kaiser vermochten die Grenzen nicht nur erfolgreich zu verteidigen, in Innerasien gelang ihnen gar der Zugewinn weiterer Gebiete. Nicht wenige sehen in diesem fehlenden Machtwettbewerb im Inneren wie Äußeren einen Grund für die Stärke *und* Schwäche des chinesischen Staates zugleich.[1046] Zugespitzter: Nicht obwohl, sondern *gerade weil* dem chinesischen Zentralstaat niemand die Macht streitig machte, war er verglichen mit den europäischen Staaten, die sich endogen wie exogen in einem sehr viel kompetitiveren Umfeld befanden, so schwach. Was das für Folgen haben sollte, wird im 19. Jahrhundert sichtbar.

Nur, wie gelang es dem Universalmonarchen, einer feudalen Aristokratie (dauerhaft) die Machtgrundlage zu entziehen? Zwei Mittel erwiesen

---

1043 Siehe Osterhammel 2009 – Die Verwandlung der Welt, S. 803f. Klein charakterisiert das Ancien Régime als eine autokratisch-bürokratische Monarchie (Klein, Thoralf: Geschichte Chinas. Von 1800 bis zur Gegenwart, Paderborn 2009, S. 91-94).

1044 Vgl. Hsü, Immanuel C. Y.: The Rise of Modern China, New York 2000, S. 46, aber auch schon Weber 1980 – Wirtschaft und Gesellschaft, S. 140f. Diese „Denkfigur der Delegitimation eines Herrschers oder einer Herrscherdynastie durch den Verlust des ‚Mandats des Himmels' *(tianming)*" kennt die chinesische Staatsphilosophie spätestens seit Megzi (Menzius, 372-289 v.Chr.), wie Osterhammel 1997 – Shanghai, S. 23 bemerkt.

1045 Siehe Hsü 2000 – The Rise of Modern China, S. 124 und Osterhammel 2009 – Die Verwandlung der Welt, S. 803.

1046 Siehe u.a. Esherick, Joseph W.: Ten Theses on the Chinese Revolution, in: Modern China, Bd. 21/1995, Heft 1, S. 45-76, hier S. 57.

sich als zentral: die Realerbteilung auf der einen und die Nicht-Vererbbarkeit des Gentry-Ranges auf der anderen Seite. Realerbteilung will sagen, dass das Erbe zu gleichen Teilen auf alle Erbberechtigten verteilt wurde und nicht, wie im Falle des Erstgeburtsrechts, ausschließlich an den ältesten Erbberechtigten ging. Einer Konzentration von (Land-)Besitz wurde so entgegengewirkt. Großgrundbesitzer kannte China demgemäß kaum.

> Instead, land was owned, rented, and bought and sold almost invariably in small units. The vast majority of Chinese, at least 80 percent, were peasant agriculturalists, living in villages of several hundred families, each of which farmed plots of land that the family owned, or rented, or both.[1047]

Einen ähnlichen Effekt hatte das staatliche Prüfungssystem. Ein jeder, der in den Rang der Gentry und damit in die Oberschicht aufsteigen wollte, musste hierfür zuallererst die Prüfungen absolvieren. Das Prinzip sozialer Differenzierung war hier nicht das der Herkunft, sondern das der Meritokratie. Es handelte sich mit anderen Worten bei der chinesischen um eine hochgradig stratifizierte und doch um keine Kastengesellschaft.[1048] Angehörige wohlhabender Gentry-Familien mochten zwar weitaus bessere Chancen haben, sozial aufzusteigen bzw. oben zu bleiben, weil deren Ausgangsbedingungen für das erforderliche intensive Studium des Konfuzianismus günstiger waren, aber *im Prinzip* stand *jedem* Individuum – als Individuum – der soziale Auf- und Abstieg offen. Die chinesische Gesellschaft zeichnete insofern eine vergleichsweise hohe soziale Mobilität in der Vertikalen aus, worin im Übrigen auch immer wieder ein wesentlicher Grund für deren Stabilität erblickt wird.[1049] Denn für den „Nachschub" einer in stratifizierten Gesellschaften regelmäßig schrumpfenden Oberschicht war gesorgt. Die hohe vertikale soziale Mobilität wiederum, die es mit sich brachte, dass einzelne Familien zuweilen innerhalb weniger Generationen sozial auf- und wieder abstiegen, war verantwortlich dafür,

---

1047 Skocpol 1979 – States and Social Revolutions, S. 68. Auch Osterhammel 1997 – Shanghai, S. 41f. meint: „Der typische chinesische Bauer des 18. Jahrhunderts war persönlich frei, hatte nur geringe außerökonomische Feudallasten zu tragen und konnte in der Praxis (von der Theorie nur zögernd anerkannt) Land kaufen und verkaufen sowie mit Grundbesitzern über die Konditionen in Pachtverträgen verhandeln."
1048 Vgl. Hsü 2000 – The Rise of Modern China, S. 70-72.
1049 Siehe Osterhammel 1997 – Shanghai, S. 40.

dass „die alten Adelsgeschlechter und Kaufmannsdynastien, wie man sie aus Europa und Japan kennt"[1050], in China nicht existierten.

Wie aber vermochte der Kaiser die regionale und lokale Herrschaft auszuüben, wenn nicht vermittelt über die Aristokratie? Kurz gesagt, *formell* über die Bürokratie und *informell* über die Gentry. Die Bürokratie war „im Prinzip das ausführende Organ des Herrscherwillens"[1051], in gewisser Weise aber auch das einzige Gegengewicht zur kaiserlichen Autokratie. Sie bildete die wichtigste Klammer des Großreichs, gleichsam das notwendige zentripetale Gegenstück zu den zentrifugalen Kräften des Riesenreichs.[1052] Rekrutiert wurden ihre Beamten aus demselben staatlichen Prüfungssystem, das auch über die Vergabe des Gentry-Ranges entschied. Die Gentry bildete mit anderen Worten das Reservoir, aus dem die Beamten ausgewählt wurden, teilweise unter Ablegung weiterer Prüfungen. Deren Loyalität und Folgsamkeit wurden auf unterschiedliche Art und Weise gesichert, was mitunter auch zu Lasten der administrativen Effizienz ging: u.a. durch die Internalisierung der konfuzianischen Sozialphilosophie, die zugleich für eine kulturelle Homogenität der Elite insgesamt (d.h. der Gentry) sorgte; durch eine regelmäßige Rotation; durch die „rule of avoidance", derzufolge es nicht gestattet war, in der Heimatprovinz als Beamter tätig zu sein; durch das Verbot, ohne vorherige Erlaubnis Familienangehörige zu beschäftigen oder lokale Frauen zu heiraten; durch die strikte Trennung von zivilen und militärischen Funktionen; und durch ein wohldurchdachtes System, das einem *engagierten* Kaiser zahlreiche Kontroll- und Sanktionsmöglichkeiten an die Hand gab.[1053]

Schwer tun sich Historiker wie Soziologen mit der Bestimmung der „Gentry" (*shenshi*). Da die (unglückliche) Übersetzung unweigerlich eine Nähe zum niederen englischen Landadel suggeriert, warnt Fairbank: „But do not let yourself be reminded of the landed gentry, roast beef, and fox

---

1050 Ebd.
1051 Ebd., S. 37.
1052 Zu den weiteren Faktoren, die das riesige Reich zusammenhielten, u.a. der von der Elite kultivierten und propagierten Weltanschauung, die den Kaiser in den Mittelpunkt der weltlichen und kosmischen Ordnung rückte, und dem Mythos vom Einheitsstaat, siehe ebd., S. 43f. und Fairbank 1991 – Geschichte des modernen China, S. 19f.
1053 Vgl. hierzu u.a. Skocpol 1979 – States and Social Revolutions, S. 70f. und Osterhammel 1997 – Shanghai, S. 37f.

4. Analyse: Die Revolutionen in China, Mexiko und Iran

hunts of merry England"[1054]. In einer ersten Annäherung lässt sich mit Skocpol vielmehr sagen:

> it makes sense to argue that the *core* of the gentry were landlord families with degree holding official members presently in their ranks. Others who lacked all of this constellation of gentry attributes – such as wealthy families without degree-holder members, or poor literati or officials – should also be considered as *marginal* members of the dominant class. For they shared the distinctive Confucian culture or the sources of wealth of the core gentry, and thus partook of aspects of its power.[1055]

Den Kern der Gentry bildeten demnach Familien wohlhabender Grundbesitzer mit gelehrten Titelträgern in ihren Reihen. Gleichwohl gab es innerhalb der Gentry, eben weil das Individuum schon mit dem Bestehen der Prüfung in deren Rang aufstieg, einerseits auch arme Gelehrte ohne Landbesitz, die indes dennoch über zahlreiche Privilegien verfügten. Andererseits zählten aber dadurch, dass in einer Agrargesellschaft der Grundbesitz unvermeidlich zur wichtigsten Einnahmequelle wird, ebenso solche Familien wohlhabender Grundbesitzer zur Elite bzw. Oberschicht, in deren Reihen sich keine Titelträger befanden, die deshalb indes auf so manches rechtliche Privileg und auf das mit dem Titel verbundene soziale Prestige verzichten mussten. Es empfiehlt sich daher, in der Gentry „eher eine *Statusgruppe* als […] eine gesellschaftliche Klasse mit ähnlichen wirtschaftlichen Grundlagen"[1056] zu sehen. Der Gentry, aus der nur etwa 3% eine offizielle Anstellung in der staatlichen Verwaltung fanden, kam, wie schon angedeutet wurde, eine informelle, helfende Rolle in der Verwaltung zu. Sie war eine Art Intermediär, an den sich sowohl die Bauern „von unten" wandten (um in welcher konkreten Form auch immer die Not zu lindern) als auch die Bürokratie „von oben" (um beispielsweise Steuern einzutreiben oder sie in lokalen Angelegenheiten zu Rate zu ziehen). Gleichzeitig übernahm sie zahlreiche lokale administrative Funktionen, darunter die Organisation der Wasserregulierung vor Ort, die Betreibung von Wohlfahrtseinrichtungen, Schulen und Akademien, die außergerichtliche Streit-

---

[1054] Fairbank 2006 – China, S. 101. Vgl. grundlegend zur Gentry ebd., S. 101-107, Osterhammel 1997 – Shanghai, S. 38-41 sowie Hsü 2000 – The Rise of Modern China, S. 72-75.

[1055] Skocpol 1979 – States and Social Revolutions, S. 72. Auch Fairbank 2006 – China, S. 102, m.H. hebt hervor: „The Chinese gentry […] can be understood only in a *dual* economic and political sense as connected both with land-holding and with degree-holding.".

[1056] Osterhammel 1997 – Shanghai, S. 38, m.H.

schlichtung sowie die Organisation und Anführung von örtlichen Milizen zu Verteidigungszwecken. Bei alledem verstand es die Gentry, sich über die Erhebung von Gebühren und Abgaben selbst zu bereichern. Insofern kann Fairbank pointieren:

> The local leadership and management functions of the gentry families explain why officialdom did not penetrate lower down into Chinese society. Or to put it the other way in terms of origin, the gentry had emerged to fill a vacuum between the early bureaucratic state and the Chinese peasant society that in the Song was outgrowing its control.[1057]

Der kaiserliche Staatsapparat auf der einen und die Gentry auf der anderen Seite waren daher zugleich *Partner* und *Rivalen*. Partner in dem Maße, als beide aufeinander angewiesen waren: der Staat auf die Mithilfe der Gentry, weil er mit seinem kleinen Beamtenkorps andernfalls keinen Zugriff auf die lokalen Bauern gehabt hätte, die Gentry auf den Staat, damit dieser die Herrschaftsordnung, gleichsam den Rahmen, (notfalls gewaltsam) aufrechterhält und daneben Teilen der Gentry auch Verdienstmöglichkeiten in und im informellen Auftrag der formellen Bürokratie eröffnet. Rivalen insoweit, als beide Seiten um die Ressourcen der breiten Bevölkerung konkurrierten, auch wenn man das Verhältnis von Staat und Bauern bzw. Gentry und Bauern keineswegs so einseitig als Ausbeutungsverhältnis bewerten muss, wie es beispielsweise Skocpol tut.[1058]

1057 Fairbank 2006 – China, S. 105. Osterhammel zufolge war die Gentry „der informelle Autoritätspartner der formellen Beamtenhierarchie" (Osterhammel 1997 – Shanghai, S. 39). Problematisch war dabei nur, dass die Gentry am Missbrauch ihrer informellen Stellung „weniger durch rechtliche oder administrative Kontrollen gehindert [wurde] als durch die tief internalisierte konfuzianische Sozialphilosophie, die nicht nur den Beamten als ‚Vater und Mutter' des Volkes ansah, sondern von jedem Mann edlen Charakters (*junzi*) Einsatz für das allgemeine Wohl und Fürsorge für sozial tiefer Stehende verlangte. Da dieses Ethos niemals institutionalisiert wurde, war es labil und krisenanfällig" (ebd.).

1058 Vgl. Skocpol 1979 – States and Social Revolutions, S. 48f., hier indes auf einer generalisierten Ebene für das bourbonische Frankreich, das zaristische Russland der Romanows und das mandschurische China. Gleichwohl erfasst Skocpol (ebd., S. 72) in einzigartiger Schärfe das ambivalente Verhältnis zwischen Gentry und kaiserlichem Staatsapparat: „The dominant agrarian class depended upon the administrative/military backing of, and employment opportunities within, the Imperial state. And ruling dynasties depended upon local class domination to extend controls over and appropriate resources from the huge, unwieldy agrarian expanse that was China." Zur Einschätzung, dass in der Frage, ob die vormoderne chinesische Staatsbürokratie „ein parasitärer Ausbeutungs-

4. Analyse: Die Revolutionen in China, Mexiko und Iran

Worin liegen nun die Gründe für die Schwächung des Qing-Staates zu Beginn des 19. Jahrhunderts? Paradoxerweise in seinem eigenen *Erfolg*, zumindest teilweise. Eine drei- bzw. vierfache Krise lässt sich identifizieren, die sich wechselseitig verstärkte: (1) eine ökologische Krise, (2) eine Staatskrise, die sich wiederum in eine (a) Finanz- und (b) administrative Krise unterteilen ließe, sowie (3) eine Wirtschaftskrise.[1059] (1) Die ökologische Krise war das mittelbare Resultat des Bevölkerungswachstums, das China insbesondere im 18. Jahrhundert erfahren hatte. Wenngleich man es in der Höhe inzwischen ein Stück weit nach unten korrigiert hat, ist zwischen 1700 und 1800 immer noch von einem Anstieg von 275 auf 360 Millionen Einwohnern auszugehen.[1060] An sich ist ein langfristiges Bevölkerungswachstum noch kein Problem, es wird erst zu einem, wenn wie in China einerseits die Grenzen der landwirtschaftlichen Produktivität bereits erreicht wurden (weil die Agrartechnik stagnierte und kein Neuland mehr verfügbar war) und andererseits das vorherige Wachstum durch Raubbau an der Natur erkauft worden war. Die Gewinnung von Neuland durch Brandrodung führte zu Bodenerosion; Mikro-Systeme der Wasserregulierung wurden infolge von menschlichen Eingriffen aus dem Gleichgewicht gebracht; der Staat war – vor allem aufgrund finanzieller Engpässe – nicht nur außerstande, den Schaden zu beheben oder zu begrenzen, sondern erhöhte ihn noch zusätzlich durch die Vernachlässigung seiner traditionellen Pflichten im Bereich des Makro-Wasserbaus (Regulierung der großen Flüsse). In der Folge nahm nicht nur die Zahl, sondern auch die verheerende Wirkung von Naturkatastrophen, insbesondere Überschwemmungen,

---

apparat oder eine gemeinwohlorientierte Wohlfahrtsagentur" war, keine pauschalen Antworten zu erwarten sind, vgl. Dabringhaus 2009 – Geschichte Chinas, S. 136. „Die Forschung neigt dazu, dem kaiserlichen Staat des 18. Jahrhunderts ein prinzipiell und vergleichsweise hohes Maß an Aufmerksamkeit für das allgemeine Wohl zuzubilligen, weist aber auf die Existenz von Zyklen administrativer Effizienz hin." Die steuerliche Belastung der Bauern durch den chinesischen Staat war im internationalen Vergleich relativ gering; vgl. Fairbank 2006 – China, S. 248, Esherick 1995 – Ten Theses, S. 57 und Osterhammel 1997 – Shanghai, S. 41. Zum Nebeneinander einer „idealistischen" und einer „realistischen" Deutung der Beziehung zwischen Gentry und einfachem Volk, siehe Fairbank 2006 – China, S. 104f.

1059 Nachfolgend stütze ich mich insbesondere auf Skocpol 1979 – States and Social Revolutions, S. 74f., Osterhammel 1997 – Shanghai, S. 49f. und Dabringhaus 2009 – Geschichte Chinas, S. 54f.

1060 Vgl. ebd., S. 46. Lange Zeit nahm man für die besagten 100 Jahre eine Verdopplung der Bevölkerung an: von 150 auf 300 Millionen.

zu; eine Hungersnot jagte die nächste und noch schlimmere. Nicht selten mündete all dies in (Bauern-)Aufstände. (2) Die Staats- bzw. Finanzkrise war das Resultat der Reichseinigungsfeldzüge der Qing-Kaiser im 18. Jahrhundert einerseits und der kostspieligen Unterdrückung einiger Rebellionen andererseits, unter denen besonders der Weiße-Lotus-Aufstand (1796-1804) hervorsticht. Als der Staat kurzerhand die Steuern anhob, um die finanzielle Belastung schultern zu können, stieg wiederum der Unmut in der Bevölkerung. Mehr und mehr drängte sich der Eindruck auf, dass die eigentlichen Probleme nicht personeller, sondern *struktureller* Natur waren: die Vetternwirtschaft innerhalb der Bürokratie; die hohe Abhängigkeit vom Ethos der Beamten, gerade wenn und weil die Kaiser mangels Interesse oder Qualifikation keine ganz so intensive persönliche Kontrolle mehr ausübten; und die zu geringe Anzahl von Beamten in Relation zu den zu bewältigenden Aufgaben – ein Missverhältnis, das wiederum durch das Bevölkerungswachstum verstärkt wurde. „Kurz: Zu Beginn des 19. Jahrhunderts hatte der chinesische Staat in einem Maße wie zuletzt gegen Ende der Ming-Zeit Handlungsfähigkeit und Legitimität eingebüßt."[1061] Wobei das eine unmittelbar mit dem anderen zusammenhing: Die zunehmend schlechter werdende Performance des Qing-Staates, bezogen sowohl auf Fragen der Effizienz als auch auf solche der Gerechtigkeit, zog einen schleichenden Legitimitätsverlust desselben nach sich; immer mehr Herrschaftsunterworfene zeigen sich (expressiv) unzufrieden. Hinzu kam, dass, obschon das Bevölkerungswachstum immer mehr Prüfungsabsolventen hervorbrachte, die Beamtenquoten in den meisten Provinzen dennoch weitgehend starr blieben.[1062] Dies hatte einerseits zur Folge, dass viele, die jung und gebildet waren, am erhofften sozialen Aufstieg gehindert wurden und sich frustriert nach alternativen Beschäftigungsmöglichkeiten umschauen mussten. Andererseits stieg durch den verschärften Konkurrenzkampf um die wenigen staatlichen Stellen aber auch die Korruption an

---

1061 Osterhammel 1997 – Shanghai, S. 50; ähnlich auch Dabringhaus 2009 – Geschichte Chinas, S. 55 und Fairbank 1991 – Geschichte des modernen China, S. 93, der zum Schluss kommt, dass „die alten Institutionen des Kaiserreichs ihre Aufgaben nicht mehr erfüllen konnten: Die Mandschu-Banner, das Salzmonopol, der Große Kanal, das Prüfungssystem, alles zeigte ein Nachlassen der Kräfte." Deutlich wurde dies nicht zuletzt am Tributsystem.
Zur Einordnung: Die Herrschaft der Ming-Dynastie ging jener der Qing-Dynastie unmittelbar voraus und währte von 1368 bis 1644.
1062 Vgl. hierzu und zu den Folgen Fairbank 1991 – Geschichte des modernen China, S. 71f.

4. Analyse: Die Revolutionen in China, Mexiko und Iran

– indem man ihn mit unlauteren Mitteln für sich zu entscheiden suchte. (3) Zu alledem gesellte sich in den 1830ern eine akute Wirtschaftsdepression, die in erster Linie durch die steigenden und v.a. die Exporte *über*steigenden Opium-Importe ausgelöst worden war, die zwecks Ausgleich des Handelsbilanzdefizits einen erhöhten Silber-Abfluss erzwangen, was wiederum zu einer deflationären Krise und der Verarmung weiter Teile der Bevölkerung führte. Man sieht, um ein kurzes Zwischenfazit zu ziehen, dass der Qing-Staat, der zur Mitte des 18. Jahrhunderts seine Blütezeit gehabt hatte, bereits erheblich geschwächt war, als der westliche Imperialismus in China auf dem Vormarsch war und den Druck auf ihn weiter erhöhte.

Was veränderte sich mit dem „Ersten Opiumkrieg" (1839/40-1842)? Durch ihn wurde China, das lange Zeit von außen keine ernsthaften Bedrohungen zu befürchten hatte, schlagartig in eine Welt konkurrierender Staaten und imperialistischer Übergriffe geworfen. Den Briten, die sich mit dem für sie dürftigen Kanton-System nicht abfinden wollten, das eine Beschränkung des Handels auf das entlegene Guangzhou (Kanton) vorsah, ging es dabei um eine Öffnung Chinas für den internationalen Handel und daneben für die christlichen Missionare. Die Niederlage Chinas kam rückblickend nicht sonderlich überraschend, hatte es den britischen Kriegsschiffen doch nichts weiter als eine Küstensicherung entgegenzusetzen, die es vielleicht mit Piraten, keineswegs aber mit der Kriegsflotte der damals führenden Seemacht und ersten Industrienation der Welt aufnehmen konnte. Der (Friedens)Vertrag von Nanjing (1842) machte deutlich, dass sich China fortan international gesehen in einer unterlegenen Position befand: „Der englische Sieg verkehrte den internationalen Status des chinesischen Kaisers ins Gegenteil. Aus dem Weltherrscher an der Spitze der Zivilisation wurde ein halbkolonialer Anachronismus."[1063] Indem die anderen westlichen Großmächte dem britischen Beispiel folgten und mit China gleichartige Verträge schlossen, war das System der „ungleichen Verträge"

1063 Ebd., S. 94. Vgl. zu den beiden Opiumkriegen, zu deren Entstehung und Wirkung, auch Skocpol 1979 – States and Social Revolutions, S. 73-77, Osterhammel 1997 – Shanghai, S. 50f. und Dabringhaus 2009 – Geschichte Chinas, S. 56-59. Der Vertrag von Nanjing sah u.a. vor, dass China Hongkong an Großbritannien abtritt, fünf Hafenstädte (die sogenannten treaty ports) für den Freihandel freigibt und die dortige Stationierung britischer Kanonenboote akzeptiert, konsularische Vertreter Großbritanniens auf chinesischem Territorium zulässt und die Zölle auf britische Waren fixiert werden. Dank der Meistbegünstigungsklausel konnten in der Folge auch alle anderen Großmächte ähnliche Verträge aushandeln.

geboren. Dennoch wollte die chinesische Führung den Ernst der Lage und das Ausmaß der westlichen Bedrohung offenbar nicht wahrhaben; warum, ist nach wie vor nicht ganz klar. Vielleicht, weil sie annahm, mit den westlichen Großmächten ähnlich wie bislang (und zuletzt im innerasiatischen Krieg von 1826 bis 1835) mit den „Barbaren" jenseits der Reichsgrenze verfahren zu können, deren Vordringen man mit ein paar formalen Zugeständnissen zu unterbinden gepflegt hatte, verweigerte sie stur die Umsetzung mancher eigens ausgehandelten und unterschriebenen Bestimmungen der „ungleichen Verträge". Ein Verhalten, das für die Briten und Franzosen einen willkommenen Anlass für eine erneute und für China noch verheerendere Intervention bildete, den sogenannten „Zweiten Opiumkrieg" (1858-1860), im Zuge dessen es zum weiteren Ausbau der ausländischen Privilegien kam. Man täuschte sich mit anderen Worten gehörig in der Einschätzung des neuen „Gegners": „England, Amerika und Frankreich waren *expansive* Seemächte aus einer *anderen* Welt, die sich auf Flotten, Gewalt und Verträge stützten. Für sie waren die Verträge von 1842 bis 1844 *nur der Anfang* weiterer Übergriffe."[1064] Nach 1861 fiel die chinesische Führung dann wiederum ins andere Extrem einer allzu willfährigen Politik vis-à-vis den westlichen Großmächten. Osterhammel macht für diese Unstetigkeit, mit der die politische Führung auf die westliche Herausforderung antwortete, vier Gründe aus:[1065] (1) das „sinozentrische" Weltbild, durch das man meinte, mit den „Barbaren" nicht auf Augenhöhe verkehren zu müssen und sie stattdessen auf herkömmliche Weise „zähmen" zu können; (2) die generelle Vernachlässigung der Küstenverteidigung in einem Land, dessen (strategischer) Blick sich traditionell gen Westen und die dortigen Reichsgrenzen und weniger gen Osten richtete; (3) die erwähnte Staatskrise, die in Ermangelung einer starken kaiserlichen Hand und im Angesicht rivalisierender Bürokraten-Cliquen im politischen System entweder keine kohärenten oder aber gar keine Entscheidungen erlaubte; (4) der Taiping-Aufstand, der China zusammen mit anderen Aufständen seit den 1850er Jahren heimsuchte und einen Großteil der Aufmerksamkeit absorbierte – zeitweise aus gutem Grund.

Von den Aufständen aus der Jahrhundertmitte, allen voran dem Taiping-Aufstand, ging eine ernsthafte Bedrohung für die kaiserliche Herrschaftsordnung aus, die lange Zeit nicht nur größer schien, sondern de facto wohl

---

1064 Fairbank 1991 – Geschichte des modernen China, S. 102, m.H.
1065 Siehe Osterhammel 1997 – Shanghai, S. 51.

4. Analyse: Die Revolutionen in China, Mexiko und Iran

auch größer *war* als die westliche Herausforderung. Die hohen Opferzahlen sprechen Bände und zeugen von einem bis dahin unbekannten ideologischen Eifer, mit dem auf beiden Seiten gekämpft wurde. Zwischen 1850 und 1873 soll die Bevölkerung Chinas von 410 auf 350 Millionen zurückgegangen sein.[1066] Nicht wenige gestehen dem Taiping-Aufstand, der im Wesentlichen aus der genannten dreifachen Krise hervorging und einen wichtigen Impuls aus der protestantischen Missionsliteratur erhielt, den Charakter einer (wenn auch gescheiterten) Revolution zu, u.a. weil die Taiping-Bewegung im Unterschied zu den „klassischen" Bauernaufständen über eine breite gesellschaftliche Basis verfügte (wodurch sich wiederum gigantische Massen mobilisieren ließen) und eine radikal andere Herrschafts- und Gesellschaftsordnung anstrebte und ansatzweise auch verwirklichen konnte.[1067] Sabine Dabringhaus zufolge erweckten die Taiping vorübergehend „den Eindruck, einen alternativen Weg für die Erneuerung Chinas aufzuzeigen"[1068]. Nach anfänglichen und äußerst beacht-

---

1066 Vgl. Fairbank 1991 – Geschichte des modernen China, S. 90; an selber Stelle erklärt er: „Die westliche Kanonenbootpolitik und auch die anglo-französische Besetzung Pekings im Jahre 1860 waren kleine und kurze Zwischenfälle, verglichen mit den inneren Kämpfen, die um die Jahrhundertmitte in den wichtigsten Provinzen tobten." Osterhammel 2009 – Die Verwandlung der Welt, S. 188f. meint, dass in jenen fünf Provinzen, die vom Taiping-Aufstand am stärksten in Mitleidenschaft gezogen wurden, die Bevölkerung zwischen 1819 und 1893 von 154 Millionen auf 102 Millionen zurückging; dem Taiping-Aufstand selbst fielen schätzungsweise bis zu 30 Millionen Menschen zum Opfer.

1067 Siehe Osterhammel 2009 – Die Verwandlung der Welt, S. 783-788 und Franke 1980 – Das Jahrhundert der chinesischen Revolution, S. 37ff. Das Programm der Taiping charakterisiert Osterhammel als „eine Verbindung von christlichem Egalitarismus, chinesischem Messianismus und einem sich hier erstmals artikulierenden Anti-Mandschu-Nationalismus, der über die Loyalität zur 1644 gestürzten Ming-Dynastie hinausführte." Osterhammel 1997 – Shanghai, S. 52f. In manchen Provinzen löschten die Taiping die alte gesellschaftliche Elite weitestgehend aus. Im Hinblick auf das geradezu *sozial*revolutionäre Potential der Taiping-Bewegung meint ders. 2009 – Die Verwandlung der Welt, S. 784f.: „Immer mehr traten neben das politische Ziel, die ethnisch fremden Mandschu zu vertreiben, Programme einer radikalen gesellschaftlichen Umgestaltung. In jenen Gebieten Süd- und Zentralchinas, die unter Taiping-Kontrolle gerieten, wurde im großen Stil Land enteignet, wurden Beamte und Grundbesitzer verfolgt und neue Gesetze eingeführt. Das Anfang 1851 proklamierte Himmlische Reich des Großen Friedens (*Taiping Tianguo*), das 1853 Nanjing, die alte Kaiserstadt der Ming-Dynastie, zu seiner Hauptstadt erhob, verwirklichte einige Jahre lang ein radikales Gegenmodell zur überkommenen konfuzianischen Ordnung".

1068 Dabringhaus 2009 – Geschichte Chinas, S. 59.

lichen Erfolgen der Taiping gegen die offiziellen kaiserlichen Truppen, wandte sich indes das (Bürgerkriegs-)Blatt seit etwa 1856. Der Grund hierfür lag weniger in der Anwerbung westlicher Söldner als in einer Maßnahme der Qing-Dynastie, die für diese noch Folgen haben sollte: In ihrer Not gestattete sie es zum einen einzelnen Provinzgouverneuren, Privatarmeen aufzustellen, und zum anderen der ländlichen Gentry, lokale Milizen zu organisieren. Es war dieser energische Widerstand der Provinzeliten, der letztlich den Ausschlag für den Sieg der kaiserlichen Seite und damit den Erhalt der alten Ordnung gab – der aber zugleich die Qing-Dynastie vor neue Probleme stellte. Denn nicht nur galt es, die neuen Truppen unter zentralstaatliche Kontrolle zu bringen, nein, darüber hinaus brachte die Militarisierung der chinesischen Gesellschaft, v.a. im ländlichen Raum, eine *Machtverschiebung* mit sich. Die lokale und regionale Gentry (oder anders gesagt: die Provinzen) konnte(n) gegenüber Peking einen relativen Machtgewinn verbuchen.[1069]

Nichtsdestotrotz hatte es den Anschein, als ginge die Qing-Dynastie *gestärkt* aus den heftigen Aufständen der Jahrhundertmitte hervor. Die anschließende „Tongzhi-Restauration" der 1860er Jahre sorgte sogar für erste, zaghafte Reformen. Nur waren diese vorwiegend *militärischer*, weniger politischer, geschweige denn sozialer Natur, d.h. es fehlte zu diesem Zeitpunkt auf Seiten der gesellschaftlichen Elite – inner- wie außerhalb der Bürokratie – noch völlig das Bewusstsein für die bestehenden politischen und sozialen Missstände. Klar war fürs Erste nur, dass man auf technologischem Gebiet aufholen musste, auch und gerade gegenüber dem Westen. Der kulturelle Kern dagegen sollte hiervon unberührt, die konfuzianische Kultur gewahrt bleiben. Entsprechend selbstbewusst sprach man denn auch von einer „Selbststärkungsbewegung": Durch eine Modernisierung insbesondere der Infrastruktur (Eisenbahn, Dampfschifffahrt, Telegraphenwesen) einerseits und des Militärs (Kriegsflotte, Ausstattung mit und eigene Produktion von modernen Waffen, Ausbildung an Militärakademien) andererseits wollte man sich *eigenhändig* stärken, um so für den sich verschärfenden internationalen Wettbewerb im wahrsten Sinne des Wortes (besser) gerüstet zu sein. Die „Restaurateure" waren mit anderen

---

[1069] Vgl. Fairbank 2006 – China, S. 235-238, Skocpol 1979 – States and Social Revolutions, S. 75f. und Schmidt-Glintzer, Helwig: Das neue China. Von den Opiumkriegen bis heute, München 2009, S. 19f. sowie relativierend Osterhammel 1997 – Shanghai, S. 54f., der parallel ebenso eine Stärkung der Position des Zentralstaates ausmacht.

4. Analyse: Die Revolutionen in China, Mexiko und Iran

Worten blind für die *inneren* Missstände, nicht aber (wie noch zwischen den Opiumkriegen) für die *äußeren* Gefahren.[1070]

Doch anders als die berühmte „Meiji-Restauration" Japans von 1868, die in Wirklichkeit mehr einer Revolution „von oben" glich und die Tongzhi-Restauration hinsichtlich ihres Umfangs, ihrer zentralen Leitung und ihrer Systematik deutlich in den Schatten stellte, scheiterte diese am Widerstand der konservativen Hofkreise.[1071] Jonathan Spence mutmaßt, dass sie – die immerhin von einer grundsätzlich gegebenen (wenn auch begrenzten) Anpassungsfähigkeit der alten Ordnung zeugt – mit einem *starken* Kaiser hätte gelingen können.[1072] Eine These, die vor dem Hintergrund der besagten hohen Abhängigkeit des autokratischen Systems von den persönlichen Qualitäten ihrer jeweiligen Herrscher an Plausibilität gewinnt. Doch Kaiser Tongzhi, mit dem die Periode der minderjährigen Kaiser eingesetzt hatte und in dessen Namen die Restauration durchgeführt worden war, starb 1875 überraschend im Alter von 18 Jahren. Stattdessen übte wieder bzw. weiterhin dessen Mutter, die „Kaiserinwitwe" Cixi, die *faktische* monarchische Gewalt aus, indem sie den zum damaligen Zeitpunkt dreijährigen Guangxu, der ihr Neffe war, zum Kaiser ernennen ließ (und die schwangere Frau des verstorbenen Kaisers, ihre Schwiegertochter also, noch vor der Geburt des Kindes vermutlich in den Selbstmord trieb). Zwar billigte Cixi einige Einzelprojekte der Selbststärkungsbewegung, aber sie forcierte sie nicht; schon gar nicht entwarf sie ein ganzheitliches Reformprogramm. Hierfür war sie nicht nur politisch zu konservativ, vor allem später, sondern wohl auch finanziell zu verschwenderisch.[1073] Cixis Augenmerk lag vielmehr darauf, die Interessen der Dynastie und damit

---

[1070] Siehe Klein 2009 – Geschichte Chinas, S. 39f. und Osterhammel 1997 – Shanghai, S. 54, der hierunter die erfolgreiche Eindämmung des Zarenreiches, die Verteidigung der Gebietszugewinne aus dem 18. Jahrhundert und die kooperative Politik mit dem Westen subsumiert.

[1071] Zu den Gründen vgl. ebd., S. 55: „die schwache Finanzbasis der Modernisierung, der Mangel an privatwirtschaftlichem Engagement und vor allem das Unkoordinierte und Unstetige der regionalen Bemühungen". Dennoch ist der Name „Meiji-*Restauration*" von ihren Betreibern mit Bedacht gewählt worden: Denn es gelang, die tiefgreifenden Reformen im Namen der alten Kaiserdynastie durchzuführen, man bediente sich also eines legitimen Symbols *vergangener* Tage, um die *bestehende* Ordnung zu diskreditieren und deren Ablösung durch eine *neue* Ordnung zu legitimieren – gleichsam eine Revolution unter dem Deckmantel einer Restauration.

[1072] Vgl. Spence 2001 – Chinas Weg in die Moderne, S. 269.

[1073] Siehe ebd., S. 270f.

4.1 Die chinesische Revolution (1911-1949)

auch ihre eigene autokratische Machtposition zu wahren, weshalb sie auch die reformfreudigeren Provinzgouverneure um Li Hongzhang (1823-1901) an der kurzen Leine hielt. Insofern kann Dabringhaus im Hinblick auf das Modernisierungsprogramm der „Selbststärkung" pointieren, dass es bei dessen Verwirklichung „an starken Herrschergestalten [fehlte], die eine Kontrolle über die differenziert aufgebaute, stets für Korruption und Indolenz anfällige Bürokratie übernehmen konnten und gleichzeitig aus den Erfahrungen mit den gewaltigen Rebellionen Konsequenzen für die Dynastie zogen"[1074]. Prinz Gong Yixin (1833-1898) wiederum, der als Kopf der Selbststärkungsstrategie gilt, wurde von Cixi im Jahre 1884 endgültig seines Macht- und Wirkungsbereichs beraubt, so dass selbst eine weitestgehend auf den technologischen Bereich beschränkte Modernisierung des Landes ins Stocken geriet. „Statt für weitere Modernisierungsprojekte von Armee und Marine verwendete die Kaiserinwitwe die Staatsgelder für den Ausbau des Sommerpalastes im Nordwesten von Beijing."[1075] Immer schwerer wog ferner, dass der Qing-Staat es nicht verstand, genügend Ressourcen zu mobilisieren, um einerseits den Beamtenapparat zu vergrößern und andererseits weitere Reformen zu finanzieren: Zwar profitierte er entgegen früherer Ansichten in Form von Handelssteuern und einer neuen Transitsteuer (*likin* genannt) durchaus vom Handelsaufschwung innerhalb Chinas, auch war er zur Linderung der akuten Finanznot infolge der Aufstände dazu übergegangen, immer mehr staatliche Ämter zu verkaufen (was allerdings zulasten der staatlichen Effizienz ging und die Bürokratie insgesamt korruptionsanfälliger machte), aber er vermochte dennoch keine effektive Besteuerung des Agrarsektors zu organisieren.[1076] Erschwerend

---

1074 Dabringhaus 2009 – Geschichte Chinas, S. 67; vgl. ähnlich auch Klein 2009 – Geschichte Chinas, S. 93.
1075 Dabringhaus 2009 – Geschichte Chinas, S. 67; siehe hierzu und zum Bruch Cixis mit Prinz Gong auch Fairbank 1991 – Geschichte des modernen China, S. 128 und Spence 2001 – Chinas Weg in die Moderne, S. 270f.
1076 Vgl. hierzu Dabringhaus 2009 – Geschichte Chinas, S. 68. Fairbank zufolge schätzt man, dass 1753 noch 74% aller Steuern aus der Besteuerung des Bodens gekommen waren, während der Anteil 1908 nur noch 35% betrug. Er sieht darin einen Beleg nicht nur für die lange Zeit unterschätzte Kommerzialisierung der chinesischen (Land-)Wirtschaft im 19. Jahrhundert, sondern auch für das Interesse des Qing-Staates am Handel, den er aktiv förderte. Die Landsteuer dagegen war seit 1712 (in regionalen Quoten) fixiert, was sie zu einem unelastischen Finanzierungsinstrument machte (vgl. Fairbank 1991 – Geschichte des modernen China, S. 106). Esherick zieht einen aufschlussreichen Vergleich zwischen dem späten kaiserlichen China und Japan zur gleichen Zeit: „It commanded an

4. Analyse: Die Revolutionen in China, Mexiko und Iran

hinzu kam, dass in China für die Finanzierung einzelner Modernisierungsprojekte (etwa im Eisenbahnbau, der sich durch einen hohen Kapitalbedarf auszeichnet) auch kein privates Bankwesen zur Verfügung stand.

Das Scheitern der Selbststärkungspolitik offenbarte sich sodann, nachdem es sich zehn Jahre zuvor bereits im Krieg mit Frankreich angedeutet hatte, endgültig mit der schmerzlichen Niederlage gegen Japan im Jahre 1895. Mit ihr beginnen, wie ich argumentieren möchte, jene Prozesse, die in die Revolution von 1911 münden werden. Inwiefern stellt das Jahr 1895 eine Zäsur für die chinesische Geschichte dar? Was genau löst es aus?

4.1.2 Die politische Krise und der Ausbruch der Revolution

Obwohl der Qing-Staat in Li Hongzhang einen Provinzgouverneur mit Chinas erstem modernem Krieg betraute und lediglich dessen nördliche Armee und Flotte, nicht aber die mittel- und südchinesischen Streitkräfte an den Kampfhandlungen teilnehmen ließ, „als würde es sich nur um den Schutz eines Grenzabschnitts handeln"[1077], und obwohl der Qing-Staat nach wie vor über keine schlagkräftige Kriegsmarine verfügte, kam dessen vernichtende Niederlage im sino-japanischen Krieg für alle Seiten überraschend, für Japan und den Westen ebenso wie für China selbst. Sie war deshalb von so außerordentlich hohem Symbolwert, weil mit Japan nicht nur ein Staat innerhalb Ostasiens China den Rang als Hegemon abgelaufen hatte, sondern noch dazu einer, den man bis dahin als eine Art Vasall zu behandeln gepflegt hatte, auf einer Stufe beinahe mit tributpflichtigen Staaten wie Korea, Vietnam und Burma. Das sinozentrische Weltbild, das China in den Mittelpunkt der ostasiatischen (wenn nicht globalen) Weltordnung stellte, es war spätestens jetzt erschüttert.[1078] Doch die Wirkung der Niederlage ging noch viel weiter, tiefer. Es schwand bei Teilen der chi-

---

     extraordinarily small portion of national revenues: the land tax, which was the basis of state finances, took only 5% to 6% of the harvest against some 30% to 40% in Japan. Low tax rates meant that, in comparative terms, the state's burden on the peasantry was quite light." Esherick 1995 – Ten Theses, S. 57. Der Anteil der gekauften an den insgesamt vergebenen Ämtern stieg auf der mittleren Verwaltungsebene von 29% im Jahre 1840 auf 50% nach 1865; siehe Dabringhaus 2009 – Geschichte Chinas, S. 55.
1077 Fairbank 1991 – Geschichte des modernen China, S. 129.
1078 Vgl. Osterhammel 1997 – Shanghai, S. 249f.

4.1 Die chinesische Revolution (1911-1949)

nesischen Elite, für die das Jahr 1895 „ein schwerer Schock"[1079] war, die Zuversicht, dass China mit seiner bisherigen autokratisch-bürokratischen Herrschaftsordnung im internationalen Daseinskampf, wie der zwischenstaatliche Wettbewerb innerhalb Chinas zunehmend in sozialdarwinistischer Weise gelesen wurde, überhaupt würde überleben können.[1080] Die performativen Schwierigkeiten des Qing-Staates, die, wie dargelegt, u.a. administrativer, ökologischer und finanzieller Natur waren, *manifestierten* sich in der Kriegsniederlage besonders deutlich, mehr noch: sie *überschritten* mit ihr, und das ist meines Erachtens entscheidend, eine kritische Schwelle. Es ist eine Sache, wenn sie (ausgehend von den *alten* Theorien) mit dem legitimatorischen Makel des mandschurischen Herrscherhauses in Zusammenhang gebracht werden, in dem Fall: mit dem Umstand, dass in Cixi streng genommen seit 1861 eine Usurpatorin faktisch die Herrschaft ausübte einerseits und man andererseits mit der Ernennung Guangxus zum Kaiser gegen geltende Nachfolgeregeln insofern verstoßen hatte, als dieser derselben Generation wie Tongzhi angehörte.[1081] Die Position der Dynastie wurde hierdurch sicherlich nicht gestärkt, im Gegenteil. Es ist aber eine andere Sache und sehr viel fundamentaler, wenn die mangelhafte Performance, wie nach dem verlorenen Krieg, der als Ausdruck einer im Ganzen gescheiterten Modernisierungspolitik gedeutet wurde, mit der *institutionellen Formung der Macht insgesamt*, d.h. mit der bestehenden Herrschaftsform in Verbindung gebracht wird. Es müsse, so der Gedankengang, die autokratische Herrschaftsform überwunden werden und, wie im – *deshalb* – so starken westlich-japanischen Ausland, eine *konstitutionelle* an ihre Stelle treten, sei sie nun monarchischer, wie u.a. Kang Youwei und Liang Qichao argumentierten, oder republikanischer Natur, wie Sun Yatsen argumentierte; andernfalls sei China dem Untergang geweiht. Damit aber vergegenwärtigte man sich nicht nur die prinzipielle Kontingenz und

---

1079 Fairbank 1991 – Geschichte des modernen China, S. 138.
1080 Siehe ebd., S. 113, Osterhammel 2000 – Die chinesische Revolution, S. 249f., Dabringhaus 2009 – Geschichte Chinas, S. 78; zur chinesischen Rezeption des Sozialdarwinismus insgesamt vgl. Spence 2001 – Chinas Weg in die Moderne, S. 367-372.
1081 Siehe ebd., S. 270, Schrecker 1991 – The Chinese Revolution, S. 107 und Osterhammel 2009 – Die Verwandlung der Welt, S. 805. Es blieb zwar ein isolierter Einzelfall, aber immerhin beging aus Protest gegen Guangxus Besteigung des Drachenthrons ein aufrichtiger konfuzianischer Beamter Selbstmord. Die Verletzung der Nachfolgeregeln blieb mit anderen Worten nicht unbemerkt, wenn die hohen Beamten sich auch damit abfanden.

4. Analyse: Die Revolutionen in China, Mexiko und Iran

Gestaltbarkeit von Herrschaftsverhältnissen – „[m]it Rhetorik und Praxis des Konstitutionalismus", weiß Osterhammel, „begann unweigerlich der Kampf um den Staat"[1082] –, nein, darüber hinaus wurden unmittelbar *theoretische Legitimationsfragen* aufgeworfen, Fragen also nach dem (legitimen) *Ursprung* von Herrschaft. Weil Herrschaft der falschen Quelle entspringe, scheitere sie an der Erfüllung ihrer performativen Pflichten.[1083]

Konstitutionelle Herrschaftsformen dürfen zwar nicht vorbehaltlos mit demokratischen gleichgesetzt werden, aber nichtsdestotrotz enthalten jene stets einen Bezug zum Volk: Die Herrschaftsordnung kommt irgendwie, wenn auch nicht unbedingt vollständig, „von unten". Das aber bedeutet, dass gedanklich als Ersatz für oder wenigstens neben das „Mandat des Himmels" ein wie auch immer genau geartetes „Mandat des Volkes" trat – die bisherige Legitimitätsformel in der theoretisch-reflexiven Dimension also nicht mehr (restlos) überzeugte. Man begann stattdessen, *neue* Maßstäbe für die Legitimität von Herrschaft anzulegen. Immer wieder begegnet dabei das nationalistische oder jedenfalls patriotische Motiv einer zu schwachen Staatsgewalt, die dem zwischenstaatlichen Wettbewerb nicht gewachsen sei und daher dringend einer umfassenden Modernisierung bedürfe. Es ging mithin primär um eine *Stärkung* der staatlichen Herrschaft und nur sekundär darum, sie „gerechter" zu gestalten. Genauer noch: Herrschaft sollte auf eine neue Legitimationsbasis gegründet werden, *damit* sie stärker und instand versetzt wird, das Überleben Chinas zu garantieren. Legitimation, das war eine wesentliche Erkenntnis des ersten Kapitels, die im dritten Kapitel wieder aufgegriffen wurde, ist immer ein Mittel der Festigung *und* der Ausdehnung von Herrschaft. Entsprechend gewann der Konstitutionalismus seine Anhänger in China weniger aus gerechtigkeitstheoretischen denn aus nationalistischen Erwägungen.[1084]

Der chinesische Nationalismus, dessen Aufstieg um die Jahrhundertwende Fairbank für „das wichtigste politische Faktum" hält, ja, für die „Triebkraft der Revolution", da die Revolutionäre (1911 und später) von dem Streben erfüllt waren, „China als politische Größe in der Welt der Na-

---

1082 Ebd., S. 817.
1083 In genetischer Perspektive verlief es freilich genau umgekehrt: Der performative Misserfolg führte zum Zweifel am legitimen Ursprung der Herrschaft.
1084 So fremd sind solche Gedankengänge indes auch dem Westen nicht. Weber etwa wurde zum Fürsprecher einer demokratischen Herrschaftsform, weil er meinte, dass das Deutsche Reich so für den internationalen Konkurrenzkampf besser gewappnet sei; vgl. nur Weber 1988 – Parlament und Regierung.

tionen zu erhalten, die es nun bedrängten"[1085], war doppelgesichtig: Einerseits enthielt er von Anfang an eine *anti-imperialistische* Note. Es war die Konfrontation mit den imperialistischen Mächten während des 19. Jahrhunderts, die den Nationalismus allererst begründete: In der Abwehr der fremden Mächte entwickelte sich allmählich ein Bewusstsein der eigenen nationalen Identität (das sich in der Folge natürlich *auch* – und gerade als Reaktion auf die äußere Bedrohung – auf die eigene kulturelle Tradition stützte und in ihr Abwehrlösungen suchte). Das Konzept der Nation ist, wie im dritten Kapitel gesehen, auf die Abgrenzung von anderen angewiesen, Identität auf Alterität. Als Schlüsselereignis für das Erwachen des Nationalismus fungierte die besagte Niederlage gegen Japan 1895; in ihrem Gefolge bedrängte der Imperialismus China in einem nie gekannten Ausmaß. „Ein Gefühl tiefer nationaler Gefährdung griff um sich"[1086], das die Chinesen – genauer: die chinesische Elite, deren Geschöpf der Nationalismus anfänglich war – „ein neues, geschärftes Bewußtsein für ihre Beziehungen zu den Fremdmächten wie auch zu den Mandschu und ein entsprechendes Zusammengehörigkeitsgefühl [entwickeln ließ], das es, sollte das chinesische Volk überleben, nun zu mobilisieren galt"[1087]. Es ist indes das zweite (von Spence bereits angesprochene) Gesicht, das den Nationalismus unter legitimatorischen Aspekten besonders bedeutsam macht: Andererseits beinhaltete der chinesische Nationalismus nämlich immer auch eine ethnische, d.h. hanchinesische, und damit *anti-mandschurische* Komponente.[1088] Die für die nationale Identitätsbildung konstitutive Abgrenzung erfolgte mithin (wie andernorts auch) im chinesischen Fall nicht allein im Außenverhältnis, sondern ebenso im Inneren der Gesellschaft. Der

---

1085 Alle Zitate Fairbank 1991 – Geschichte des modernen China, S. 151f.
1086 Dabringhaus 2009 – Geschichte Chinas, S. 78.
1087 Spence 2001 – Chinas Weg in die Moderne, S. 287. Bezogen auf die schmachvolle Niederlage im sino-japanischen Krieg schreibt auch Schmidt-Glintzer 2009 – Das neue China, S. 26: „Der Anstoß von außen wurde zum bestimmenden Element und bewirkte, daß das ganze 20. Jahrhundert hindurch jedem Chinesen vor allem anderen an der Rehabilitierung seines Landes gelegen war."
1088 Osterhammel 1997 – Shanghai, S. 115-121 differenziert idealtypisch zwischen *vier* Spielarten des chinesischen Nationalismus: (1) einem anti-imperialistischen, (2) einem politischen, (3) einem ethnischen sowie (4) einem kulturellen. Wobei es zu ergänzen gilt, dass es sich beim politischen Nationalismus um keinen Rousseauschen Nationalismus in dem Sinne handelte, dass sich die mündigen Bürger freiwillig zur Nation zusammenschließen. Der politische Nationalismus war vielmehr *etatistisch*: „Priorität kam dem Staat zu, in dem sich die Nation verkörperte und dem der Bürger zu dienen habe." Ebd., S. 117.

4. Analyse: Die Revolutionen in China, Mexiko und Iran

Anti-Mandschurismus hatte die Qing-Dynastie zwar schon seit ihrem Herrschaftsantritt Mitte des 17. Jahrhunderts begleitet, doch zu einem konstitutiven Bestandteil des Nationalismus wurde er frühestens mit und seit dem Ersten Opiumkrieg. Hier wurde erstmals der später des Öfteren wiederholte Vorwurf laut, das mandschurische Herrscherhaus habe seine *dynastischen* Interessen über die Interessen der *Nation* gestellt, als es den Vertrag von Nanjing und die anderen „ungleichen Verträge" unterzeichnete.[1089] Seither eignete der Qing-Herrschaft das, was man ein *horizontales* Legitimitätsdefizit nennen könnte: Die Mandschu wurden nicht als Teil der chinesischen Nation aufgefasst, weshalb ihrer Herrschaft der Charakter einer illegitimen *Fremd*herrschaft eignete. Anders gesagt: Die chinesische Nation brauchte eine neue politische Ordnung, weil die alte insofern auf einer theoretischen Ebene illegitim war, als in ihr solche Gruppen herrschten, die nicht der Nation angehörten, deren Herrschaft folglich weder von der Nation ausging, noch das Wohl der Nation verfolgte. Das heißt, der Souveränitätsanspruch der chinesischen Nation, ihr Anspruch auf politische Selbstbestimmung, wurde durch die Herrschaft der Qing verletzt. In ideeller Hinsicht ist das meines Erachtens folgenschwer, denn in dem (weiter unten noch zu besprechenden) Moment, als sich der Qing-Staat seit 1901 freiwillig zum Nationalstaat transformieren wollte, um sich über den Zugriff auf mehr nationale Ressourcen für den internationalen Wettbewerb zu rüsten, verweigerten ihm die Provinzeliten ebendiesen Zugriff mit dem Argument, wer der Nation nicht angehöre, der habe auch keinen Anspruch auf deren Ressourcen. Der Qing-Staat saß somit in der Zwickmühle: Einerseits wurde ihm aus nationalistischer Sicht vorgeworfen, den imperialistischen Mächten nicht genügend entgegenzusetzen – und genau hieraus speiste sich immer wieder aufs Neue ein Anti-Mandschu-Nationalismus, weil die Mandschu in performativer Hinsicht an der Modernisierung und Stärkung Chinas scheiterten –, andererseits verwehrte man ihm aber mit gleichfalls nationalistischen Argumenten die eigene Stärkung qua Zentralisierung der Staatsgewalt, verhinderte also, dass der chinesische Staat auf eine Stufe mit den westlichen Großmächten und Japan treten konnte.

1089 Vgl. Fairbank 1991 – Geschichte des modernen China, S. 102f. Osterhammel zufolge trat der Anti-Mandschu-*Nationalismus* allerdings erst mit der Taiping-Rebellion in Erscheinung: auf Seiten der Taiping-Bewegung (Osterhammel 1997 – Shanghai, S. 52f.).

4.1 Die chinesische Revolution (1911-1949)

Wie in Europa sorgte auch in China der Nationalismus – und damit indirekt der westliche Imperialismus – für eine *politische Mobilisierung*: im Vorfeld der Revolution von 1911 zunächst der Provinzeliten, spätestens seit dem 4. Mai 1919 dann aber ebenso größerer Teile der Bevölkerung (wenngleich sich der Massennationalismus auch schon zuvor in den 1900er Jahren im Boxer-Aufstand und in den Boykotten gegen amerikanische und später dann japanische Waren artikuliert hatte). Interessanterweise verband der Nationalismus dabei „als einzige ideologische Gemeinsamkeit nahezu alle politischen Strömungen im China der ersten Jahrhunderthälfte"[1090]; das Motiv der „nationalen Rettung" tauchte, wie gesagt, in allen politischen Ordnungsmodellen auf, die der bestehenden autokratisch-bürokratischen Monarchie entgegengesetzt wurden. Wenn sich dieser Nationalismus indes nicht nur gegen den westlichen und japanischen Imperialismus, d.h. gegen die *äußere* Bedrohung, wandte, sondern aktuell oder latent immer auch gegen die Herrschaft der mandschurischen Qing-Dynastie, gleichsam die *innere* Bedrohung, dann folgte daraus, dass all jene, die durch den Nationalismus politisch aktiviert wurden, zugleich auf Distanz zur Qing-Dynastie gingen.[1091] Die nationalistisch motivierte konstitutionelle Bewegung der reformorientierten städtischen Elite, die nachfolgend im Zentrum meiner Analyse stehen wird, fand nach Aussage Fairbanks die Qing-Dynastie denn auch „too slow, obstructive, and incapable of leading a Chinese nation"[1092]; und die radikalere, vor allem aus dem Exil agierende revolutionäre Bewegung um Sun Yat-sen lehnte das mandschurische Herrscherhaus freiheraus ab. Dabringhaus kann daher im Hinblick auf die Revolution von 1911 resümieren: „Das Jahr 1911 hatte dem antimandschurischen Nationalismus zum Sieg verholfen"[1093].

Besonders gut lassen sich die verschärfte Krisenwahrnehmung in Teilen der chinesischen Elite seit 1895 und die Schlussfolgerungen, die daraus gezogen wurden, an der sogenannten „Hunderttagereform" von 1898 nachvollziehen. Die Reformer unter der Führung von Kang Youwei (1858-1927) und dessen Schüler Liang Qichao, die anlässlich der Palast-

---

1090 Ebd., S. 115; so auch Dabringhaus 2009 – Geschichte Chinas, S. 86.
1091 Ein Gegenbeispiel stellt gleichwohl die konstitutionelle Monarchie dar, die Kang Youwei vorschwebte: Dieser baute auch *nach* dem konservativen Coup von 1898 weiterhin auf die Qing-Dynastie mit Kaiser Guangxu an der Spitze. Vgl. Spence 2001 – Chinas Weg in die Moderne, S. 293.
1092 Fairbank 2006 – China, S. 236.
1093 Dabringhaus 2009 – Geschichte Chinas, S. 76.

4. Analyse: Die Revolutionen in China, Mexiko und Iran

prüfungen in Peking zusammentrafen und beim inzwischen 27-jährigen Kaiser Guangxu ein offenes Ohr fanden, waren zu der Einsicht gelangt,

> daß der immer offenkundigeren Schwäche Chinas gegenüber den fremden Mächten tiefere Ursachen zugrunde liegen müßten als nur ein Mangel an Kanonen und Kriegsschiffen. Sie kamen zu der Überzeugung, daß nicht nur auf technischen Gebieten, sondern auch in der Organisation von Staat und Gesellschaft in China vieles grundsätzlich geändert werden müßte, wenn nicht das Reich in kurzem unter dem Druck der fremden Mächte völlig zugrunde gehen sollte.[1094]

Die Kriegsniederlage von 1895 war der Startschuss zu einem Jahrzehnt deutlich intensivierter imperialistischer Aggressionen von westlicher und japanischer Seite gewesen. China hatte „sich als ‚kranker Mann am Gelben Meer' zu erkennen gegeben, der den Begehrlichkeiten von Regierungen und Militärstrategen, von Banken und multinationalen Konzernen kaum noch etwas entgegenzusetzen vermochte"[1095]. Während sich die imperialistischen Großmächte in China zuvor noch mehr oder weniger in Zurückhaltung geübt hatten, jedenfalls verglichen mit dem Auftreten in anderen Ländern, nutzte man dessen Schwäche nun gnadenlos aus. Zu dem Zeitpunkt, als sich die konstitutionelle Bewegung um Kang und Liang an den jungen Kaiser wandte, drohte China nach damaliger Auffassung „‚wie eine Melone aufgeschnitten' zu werden"[1096]; Afrika war warnendes Bei-

---

[1094] Franke 1980 – Das Jahrhundert der chinesischen Revolution, S. 72; ähnlich auch Hsü 2000 – The Rise of Modern China, S. 420f.: „After the Japanese war of 1894-95 the trend shifted. The narrowness of China's modernization program became fully apparent: men of foresight realized clearly that China must broaden its understanding of the West beyond merely military and industrial techniques to include studies of political institutions, economic systems, social structures, and scientific as well philosophical thought." In der Folge wurden zahlreiche westliche Werke aus diesen Bereichen ins Chinesische übersetzt.

[1095] Osterhammel 2000 – Die chinesische Revolution, S. 249.

[1096] Spence 2001 – Chinas Weg in die Moderne, S. 287. So auch Schrecker 1991 – The Chinese Revolution, S. 117: „China, it seemed, was on the verge of ‚being carved up like a melon', to use a common image of the time. In this situation, the need for drastic reform became evident not only for internal reasons but for survival of the nation itself." Osterhammel 1997 – Shanghai, S. 57 bestätigt: „Der Imperialismus, bis 1895 noch eingedämmt, brach nun mit den bereits in anderen Weltgegenden praktizierten Methoden über China herein: mit erzwungenen kolonialen Gebietsabtretungen, auferlegten Anleihen zu ungünstigen Konditionen, der teilweisen Übernahme der Kontrolle über einheimische Staatsbehörden, dem Übergang zur ausländischen Industrieproduktion im Lande selbst und der Öffnung der Binnenmärkte für die direkte Penetration durch multinatio-

spiel. Um dies zu verhindern, sollte die bestehende Herrschaftsordnung nach dem Willen der Reformer in eine konstitutionelle Monarchie umgewandelt werden; die Reformer beabsichtigten demnach, die monarchische Herrschaftsform zu bewahren, indem man ihre *Legitimationsbasis erneuerte*.[1097]

Die Reformideen, die schließlich mit den 40 Edikten des Kaisers auf den Weg gebracht wurden, waren zwar nicht gänzlich neu, „doch nie zuvor [war] eine so kohärente Sammlung von Reformideen auf kaiserliche Initiative und mit dem ganzen Gewicht kaiserlichen Prestiges vorgelegt worden"[1098]; der Kaiser selbst konnte für einen umfassenden Systemwandel gewonnen werden. Unter anderem sahen die Edikte vor, die Armee nach westlichem Vorbild zu modernisieren, eine eigenständige Industrie aufzubauen, das Eisenbahnnetz auszuweiten und unter staatliche Kontrolle zu bringen, die Landwirtschaft technisch zu modernisieren, das Erziehungs- und Prüfungswesen um westliches Wissen zu erweitern sowie die Korruption in der Verwaltung zu verringern.[1099] Doch die Reformen scheiterten, zunächst an der Weigerung der Verwaltung, sie (zügig) umzusetzen, und schließlich an einem rigorosen konservativen Staatsstreich unter der Führung von Cixi, die ihren Neffen (für den Rest seines Lebens) politisch mundtot machte und unter Hausarrest stellte, sich selbst wieder zur Regentin machte und einige der Reformer hinrichten ließ. Die Botschaft war klar: Auf *reformerischem* Wege waren zukünftig keine Änderungen zu erwarten.

Sun Yat-sen (1866-1925), der bereits 1894 eine Geheimgesellschaft mit dem Ziel gegründet hatte, die Qing zu stürzen, um China vor dem Untergang zu bewahren, musste sich durch die Ereignisse von 1898 darin bestätigt sehen, den Weg der Revolution einzuschlagen und an die Stelle der Monarchie eine Republik zu setzen, hierin wesentlich radikaler als Kang und Liang.[1100] Er gilt als der erste Berufsrevolutionär Chinas, der im Jahre

---

nale Konzerne […]. Trotz zahlreicher diplomatischer Reibereien zwischen den Großmächten war man sich im Prinzip über die gemeinschaftliche Kontrolle und Ausbeutung Chinas einig."

1097 Vgl. hierzu auch Klein 2009 – Geschichte Chinas, S. 94.
1098 Spence 2001 – Chinas Weg in die Moderne, S. 284.
1099 Siehe Dabringhaus 2009 – Geschichte Chinas, S. 70.
1100 Das Problem des Konzepts der konstitutionellen Monarchie war freilich von Anfang an, dass sich für viele, angefangen mit den Opiumkriegen und vollends mit der Niederlage gegen Japan und dem Boxerdebakel, die Qing-Dynastie in Verruf gebracht hatte und folglich für die neue Ordnung abgelehnt wurde (Anti-

4. Analyse: Die Revolutionen in China, Mexiko und Iran

1905 in Japan zusammen mit mehreren Hundert Vertretern der 17 Provinzen, die in der Mehrzahl Akademiker und Mitglieder der Gentry waren, den Chinesischen Revolutionären Schwurbund gründete – „die erste politische Organisation, die sich zu revolutionären Zielen bekannte und ganz China im Blick hatte"[1101]. Aus ihm sollte später dann die Guomindang hervorgehen. Obschon Suns tatsächliche Führungsrolle für die Revolution von 1911 umstritten ist und inzwischen ein Stück weit relativiert wird, trug seine revolutionäre Bewegung nichtsdestotrotz neben und nach der (gemäßigteren) konstitutionellen Bewegung der Provinzeliten unbestritten ihren Teil zur Revolution von 1911 bei. Unter anderem entwickelte sie Theorien eines chinesischen Nationalismus und Republikanismus, womit sie einer weiteren Radikalisierung Vorschub leistete; daneben sammelte sie Gelder von wohlhabenden Exilchinesen zur Unterstützung ihrer revolutionären Aktivitäten ein; sie initiierte außerdem mehrere erfolglose Aufstände; schließlich unterwanderte sie nach und nach das chinesische Militär mit eigenen Agitatoren.

Allein, die historische Initiative wurde nachfolgend weder von den Berufsrevolutionären noch von den Gelehrten und stattdessen von nordchinesischen Bauern ergriffen. Als Reaktion weniger auf eine Ausbeutung durch die landbesitzende Gentry oder ein Anziehen der Steuerschraube durch den Qing-Staat als auf die sich wieder verschärfende Versorgungslage einerseits und das Verhalten der Missionare andererseits, durch welches die Wirkung der Naturkatastrophen von 1898 nur noch verschlimmert worden war, kam es im Jahre 1899 zum Boxeraufstand, der bis zum Folgejahr andauern sollte.[1102] Trug die im Wesentlichen rückwärtsge-

---

      Mandschurismus, auch und gerade auf Seiten Suns), dass aber gleichzeitig auch keine alternative Kaiserdynastie „im Wartestand" zur Verfügung stand, weil die Qing-Dynastie schon mehr als zweieinhalb Jahrhunderte an der Macht war, aber auch, weil es in China keinen Hochadel gab, der leichter in den Kaiserrang hätte „aufsteigen" können. Zur fehlenden dynastischen Alternative vgl. Osterhammel 2009 – Die Verwandlung der Welt, S. 805.

1101 Dabringhaus 2009 – Geschichte Chinas, S. 74. Zum Schwurbund bzw. zur „Revolutionären Allianz" siehe auch Fairbank 1991 – Geschichte des modernen China, S. 162f.

1102 Bezüglich der Gründe und (kurz- wie langfristigen) Folgen des Boxer-Aufstands berufe ich mich nachfolgend insbesondere auf Fairbank 1991 – Geschichte des modernen China, S. 144-147, Osterhammel 2000 – Die chinesische Revolution, S. 250, Dabringhaus 2009 – Geschichte Chinas, S. 71f. und Klein 2009 – Geschichte Chinas, S. 42.

wandte Boxer-Bewegung anfänglich noch anti-mandschurische Züge – waren doch die Qing nicht ganz unschuldig an den ökologischen Problemen –, so setzte sich im weiteren Verlauf dadurch, dass konservative Hofkreise deren Angriffe auf Ausländer und chinesische Christen deckten oder sogar guthießen, immer eindeutiger die anti-imperialistische und fremdenfeindliche Stoßrichtung durch; aus der Parole „Stürzt die Qing, vernichtet die Fremden" wurde binnen kurzem „Unterstützt die Qing, vernichtet die Fremden". Der Boxeraufstand weitete sich schließlich zu einer internationalen Krise aus, als das Gesandtschaftsviertel in Peking sowohl von Boxerrebellen als auch von kaiserlichen Truppen angegriffen wurde und die internationale Gemeinschaft daraufhin China den Krieg erklärte. Auf Betreiben von Li Hongzhang und anderen Provinzgouverneuren, die die Pekinger Kriegserklärung übergingen und sich der internationalen Gemeinschaft gegenüber für den Frieden im südlichen und mittleren China verbürgten, blieb der Krieg indes – wie auch der Aufstand selbst, der insofern gerade *keine* nationale Erhebung war – auf Nordchina beschränkt. Nachdem die europäischen, amerikanischen und japanischen Truppen u.a. das Pekinger Gesandtschaftsviertel befreit hatten, begnügte man sich in der Folge mit einer Strafexpedition gegen die Boxerrebellen. Die finanziellen und symbolischen Folgen aber waren nichtsdestotrotz fatal. Nicht nur verpflichtete sich die Qing-Regierung mit der Unterzeichnung des „Boxer-Protokolls" von 1901 zur Zahlung einer exorbitant hohen Strafe, wodurch sich die finanziellen Nöte des Qing-Staates, der daneben weiterhin hohe Kriegsentschädigungen an Japan zahlen und im Ausland begebene Anleihen zu äußerst ungünstigen Konditionen bedienen musste, auf Jahre hin nur noch weiter verschlimmerten; an Steuererhöhungen führte in der Folge kein Weg vorbei.[1103] Auch erwies sich der kaiserliche Staat ein weiteres Mal chancenlos im Kampf gegen die fremden Mächten, welche die Demütigung Chinas mit der Plünderung und Entweihung der Verbotenen Stadt im Sommer 1900 komplettierten. Osterhammel schreibt dem

---

1103 Um das Ausmaß zu verdeutlichen: Die im Boxer-Protokoll festgelegten Strafzahlungen in Höhe von 67 Millionen Pfund Sterling verschlangen zwischen 1902 und 1910 rund die Hälfte(!) des Budgets, das der Qing-Regierung zur Verfügung stand (vgl. Dabringhaus 2009 – Geschichte Chinas, S. 72). Anleihen wiederum wurden begeben bzw. vom Westen aufgezwungen, um die Kriegsentschädigungen zu zahlen, aber auch schon zuvor, um den Eisenbahnbau und die Kosten des Krieges gegen Japan zu finanzieren.

4. Analyse: Die Revolutionen in China, Mexiko und Iran

Boxeraufstand für China denn auch die Wirkung einer „kollektivpsychologische[n] Katastrophe"[1104] zu.

Aber, so widersprüchlich das auf den ersten Blick erscheinen mag, das Boxerfiasko hatte auch seine guten Seiten. Zum einen nahm der chinesische Nationalismus von da an zivilisiertere Züge an, was seiner Entschiedenheit jedoch keinen Abbruch tat. Zum anderen konnte endgültig der Widerstand der konservativ-reaktionären Kräfte am Hof gebrochen werden; selbst Cixi schwenkte kurzerhand um und mit ihr der Qing-Staat auf einen Reformkurs ein. „Alle Politik in China, selbst die der mandschurischen Qing-Dynastie in ihren letzten Jahren, war fortan in irgendeiner Weise reformorientiert."[1105] Die Zeit der „Neuen Politik" (xin zheng) war angebrochen, in der es zwischen 1901 und 1911 zu Reformen kam, die weit über die Pläne der nur einige Jahre zurückliegenden und noch brutal niedergeschlagenen „Hunderttagereform" hinausgingen:[1106] Das altehrwürdige System der Staatsprüfungen – bis dahin das Prinzip sozialer Differenzierung schlechthin und Hauptinstrument des Kaisertums für die Heranzüchtung einer loyalen, weil ideologisch indoktrinierten Beamtenschaft – wurde abgeschafft und durch ein modernes Schulsystem nach japanischem Vorbild ersetzt.[1107] Universitäten und andere Bildungseinrichtungen wurden gefördert und Studenten in großer Zahl ins Ausland geschickt, insbesondere an japanische Universitäten, eine Maßnahme, von der zu Zeiten der „Selbststärkung" noch Abstand genommen worden war, weil man eine Verwilderung der Jugend befürchtet hatte. Das Militär wurde vollständig reorganisiert und modernisiert, die neu geschaffenen „Neue Armeen" verdrängten nach und nach die qingkaiserlichen Bannertruppen. Es kam zu einem beschleunigten Ausbau des Eisenbahnnetzes. Die Verwaltung erfuhr, insbesondere auf lokaler Ebene, eine grundlegende Reformierung,

---

1104 Osterhammel 2000 – Die chinesische Revolution, S. 250.
1105 Osterhammel 1997 – Shanghai, S. 25f.
1106 Siehe zu den Maßnahmen der „Neuen Politik" v.a. Hsü 2000 – The Rise of Modern China, S. 408-417, Dabringhaus 2009 – Geschichte Chinas, S. 72-75 und Klein 2009 – Geschichte Chinas, S. 42f.
1107 Fairbank 2006 – China, S. 243 geht so weit zu sagen: „The old order was losing its intellectual foundation and therefore its philosophical cohesion". Osterhammel 2009 – Die Verwandlung der Welt, S. 808 wiederum meint: „Die Abschaffung des Prüfungssystems veränderte von heute auf morgen den Charakter des chinesischen Staates und zugleich den der gesellschaftlichen Oberschicht." In der Einschätzung ähnlich auch schon Franke 1980 – Das Jahrhundert der chinesischen Revolution, S. 105.

die sie nicht nur effizienter machte, sondern auch zu deren Zentralisierung beitrug. Moderne Ministerien traten an die Stelle der alten kaiserlichen Hofämter. Handelskammern wurden erstmals legalisiert, wodurch sich für gesellschaftliche Gruppen mit einem Mal Möglichkeiten zur Selbstorganisation außerhalb der Bürokratie eröffneten. Der Opiumanbau wurde erfolgreich unterbunden und damit eines der seinerzeit brennenden gesellschaftspolitischen Probleme gelöst. Ja, sogar eine Verfassung und damit der Übergang zu einem konstitutionellen Herrschaftssystem wurde 1906 von Cixi in Aussicht gestellt; im Oktober 1909 traten schließlich Provinzversammlungen in beratender Funktion zusammen, die zugleich die ersten Repräsentativorgane in der chinesischen Geschichte überhaupt darstellten und ein Jahr später um eine ebenfalls konsultative Nationalversammlung in Peking ergänzt wurden.

Ich möchte nachfolgend argumentieren, dass der umfassende Reformprozess, den die Qing seit 1901 in Gang setzten und ab 1905 nochmals intensivierten, in legitimatorischer Hinsicht eine neue Phase einläutete. In einer ersten Phase seit 1895, auf die bereits eingegangen worden ist, hatte eine Minderheit von Bürokraten, Gelehrten und Auslandschinesen (v.a. in Hongkong und Japan) die chinesische Revolution gleichsam *vorgedacht*, indem sie – angeregt durch performative Schwierigkeiten des Qing-Staates, auch und gerade in der Außenpolitik – im Zuge ihrer Reflexionen das theoretische Legitimitätsdefizit der bestehenden autokratisch-bürokratischen Herrschaftsordnung aufgedeckt und sodann (miteinander konkurrierende) alternative politische Ordnungsentwürfe entwickelt hatten, die aufgrund ihrer konstitutionellen Beschaffenheit Legitimität beanspruchen können sollten. Osterhammel kann vor diesem Hintergrund pointieren: „Am Beginn der chinesischen Revolution standen Ideen"[1108], der Zweifel der Intellektuellen also an der theoretisch-reflexiven Legitimität des Ancien Régime. Obschon man sich weder bezüglich der Diagnose noch bezüglich der Therapie der Probleme Chinas einig wurde. Doch Ideen entfalten ihre Wirkung nur in dem Maße, wie sie von Trägergruppen verfochten werden, die an ihrer Realisierung ein reales Interesse haben. Diese Rolle fiel in der besagten zweiten Phase ganz wesentlich der Gentry zu, die durch ihr einerseits nationalistisch angeleitetes, andererseits auf ihr materielles Eigenwohl bedachtes Handeln die Herrschaft der Qing zu Fall brachte. Die sich wandelnde Beziehung der Gentry zum Qing-Staat oder, genau-

---

1108 Osterhammel 1997 – Shanghai, S. 102.

er noch, deren *Politisierung* wird daher völlig zu Recht als Schlüssel für ein Verständnis der Revolution von 1911 angesehen.[1109] Ich möchte nachstehend aus legitimitätstheoretischer Perspektive erhellen, wieso dem so ist.

Zunächst ist auf den Wandel der chinesischen Gentry einzugehen. Bis zum Beginn des 20. Jahrhunderts wurde sie als Schicht nicht nur größer, sondern in ihrer Zusammensetzung auch bunter. Vor allem die Grenze zwischen den (verachteten) Kaufleuten auf der einen und der (geachteten) Gentry auf der anderen Seite verwischte sich seit der zweiten Hälfte des 19. Jahrhunderts zusehends. Bedingt durch die wachsenden kommerziellen Möglichkeiten infolge der stärkeren Integration Chinas in den Weltmarkt kamen einerseits immer mehr wohlhabende Kaufleute zu Landbesitz und per Kauf zu akademischen Graden, andererseits zogen immer mehr ländliche Grundbesitzer in die Stadt, wo sie zunehmend auch internationalen Handelsgeschäften nachgingen; mit dem Ergebnis, dass sich in Gestalt einer *fusionierten Gentry-Kaufmanns-Schicht* eine Oberschicht bildete, in der sich die Kaufleute nicht nur erfolgreich von der Geringschätzung durch die Gelehrten, sondern zunehmend auch von staatlicher Bevormundung befreit hatten.[1110] Die Gentry-Kaufmanns-Schicht, in der sich die gebildeten und wirtschaftlichen Eliten Chinas vereinten, trat dem Zentralstaat immer selbstbewusster entgegen. Es war dies das Resultat eines dreistufigen Prozesses. Ihre ausschlaggebende Rolle in der Niederschlagung der Taiping-Rebellion verschaffte der Gentry auf einer ersten Stufe gegenüber Peking eine günstigere Machtposition, weil die Milizen und regionalen Armeen faktisch unter deren Kontrolle blieben und daneben die likin-Steuer zu einer wichtigen Einnahmequelle nicht allein für den Staat, sondern ebenso für die Gentry wurde. In einer zweiten Phase nach den Aufständen aus der Jahrhundertmitte übernahm die zunehmend in die Städte ziehende und mit der Kaufmannschaft verschmelzende Gentry sodann immer mehr Aufgaben im öffentlichen Bereich, von denen einige

---

1109 Siehe Skocpol 1979 – States and Social Revolutions, v.a. S. 75-79, Fairbank 2006 – China, S. 235-253, McCord, Edward A.: The Power of the Gun. The Emergence of Modern Chinese Warlordism, Berkeley 1993, S. 55-59 und Osterhammel 1997 – Shanghai, S. 58.

1110 Vgl. zu diesem Wandel insbesondere Fairbank 1991 – Geschichte des modernen China, S. 166f., Osterhammel 1997 – Shanghai, S. 40f. und Dabringhaus 2009 – Geschichte Chinas, S. 81. Osterhammel 2000 – Die chinesische Revolution, S. 249 sieht in dieser Emanzipation der Kaufmannschaft die langfristig wichtigste sozialgeschichtliche Tendenz des 19. Jahrhunderts.

neu waren, einige aber auch (wie der Betrieb der Bewässerungsanlagen) vormals dem Staat oblegen hatten. In den späten 1890er Jahren formiert sich schließlich auf der dritten und letzten Stufe eine „urban reformist elite" (Joseph Esherick), deren Ziele sich mit Fairbank wie folgt angeben lassen: „provincial development, local self-government, and constitutionalism"[1111]. Die Mitglieder der Gentry bekannten sich mit anderen Worten erstmalig offensiv zur Verfolgung ihrer Sonderinteressen: Sie wollten materiell profitieren und politisch mitreden können. Und wie all jene, die seit 1895 ein Bewusstsein der Krise ausgebildet hatten, wurden auch sie von der Sorge um die Nation erfüllt – und angetrieben.

Die staatliche Ankündigung umfassender Reformen bestärkte die Gentry hierauf in ihrem neuen Aktivismus. Denn zum einen gestanden sich die Qing hiermit eigene Versäumnisse ein, ja, offenbarten sie eine Schwäche, die es aus Sicht der lokalen und regionalen Eliten auszunutzen galt. Zum anderen schien mit einem Mal die Veränderbarkeit der Verhältnisse auf; Hoffnungen auf bessere Verhältnisse – für einen selbst wie für die Nation – wurden wach und regten zur Mitwirkung an. Vor allem die Beseitigung des staatlichen Prüfungssystems im Jahre 1905 hatte weitreichende Folgen. Für die jüngeren, gebildeten Generationen wurde mit einem Male die gesamte bisherige und von außen weitgehend vorgegebene Lebensplanung hinfällig, was allgemeine Desorientierung hervorrief.[1112] Auf der Suche nach alternativen Beschäftigungsmöglichkeiten in den Städten fiel die Wahl auch auf freie Berufe, nicht wenige wurden Schriftsteller oder Journalisten, einige gingen zum Studium ins Ausland, insbesondere nach Japan. Es entstand hierdurch eine „freischwebende Intelligenz" (Karl Mannheim), d.h. eine in ihrer Bewertung von Politik und Gesellschaft relativ ungebundene, einfühlsame und dabei kritische Intelligentsia, die durch ihre in Zeitungen und Zeitschriften publizierte Diskussion des politischen Geschehens zu einer politischen Meinungsbildung beitrug. Gerade dort, wo man als kritische Stimme mangels Zugriffsmöglichkeiten gegen staat-

---

1111 Fairbank 2006 – China, S. 236. Fairbank entnehme ich auch die drei Etappen im Verhältnis zwischen Gentry bzw. Provinzen und Zentralstaat, die zu dem führen, was er „a new domestic balance of power" nennt: „a new balance between the central and provincial governments that was to shift steadily in favor of the latter" (ebd., S. 238).
1112 Siehe ebd., S. 243, McCord 1993 – The Power of the Gun, S. 52, Osterhammel 2000 – Die chinesische Revolution, S. 253 und ders. 2009 – Die Verwandlung der Welt, S. 810.

4. Analyse: Die Revolutionen in China, Mexiko und Iran

liche Repression weitgehend gefeit war, in den unter dem rechtlichen Schutz der internationalen Konzessionen stehenden Vertragshäfen einerseits und in ausländischen Städten wie Hongkong, Tokio und Yokohama andererseits, formierte sich so eine städtische Öffentlichkeit.[1113] Erstmals konnte politische Kritik damit auch *außerhalb* der Bürokratie geäußert werden. Unter legitimatorischen Gesichtspunkten ist dies insofern von großer Bedeutung, als sich hiermit der integrierten Gentry-Kaufmanns-Schicht die Gelegenheit bot, ihren Unmut öffentlich kundzutun und den Hof zugleich mit Forderungen nach politischer Mitwirkung zu konfrontieren. Das Politikmonopol von Thron und Bürokratie wurde auf diese Weise zum ersten Mal offen und von weiten Teilen der nicht-bürokratischen Elite selbst in Frage gestellt.[1114] Anders gesagt: Das theoretisch-reflexive Legitimitätsdefizit, das eine intellektuelle Minderheit bereits seit 1895 aufgespürt hatte, konnte endlich *öffentlich kommuniziert* und damit einem sehr viel *breiteren* Kreis entweder bekannt oder bewusst gemacht werden. Die theoretische Illegitimität des Ancien Régime wechselte mithin von einem Zustand der Abwesenheit oder Latenz in einen solchen der *Aktualität*: Es

---

1113 Über Shanghai etwa weiß Osterhammel 1997 – Shanghai, S. 10f. zu berichten: „Seit den Tagen des Taiping-Aufstandes in den fünfziger Jahren des 19. Jahrhunderts hatte ein relativ ordentlich verwaltetes Territorium, das unter dem Schutz ausländischer Kriegsschiffe stand, Hunderttausenden von Menschen Zuflucht vor den Wirren des im Landesinneren geboten. In den beiden ausländischen Enklaven herrschte zumindest jenes Mindestmaß an Rechtssicherheit, von ‚rule of law‘, das weder der kaiserliche chinesische Staat noch nach dessen Ende die Militärmachthaber und revolutionären Führer, die über die Chinesische Republik herrschten, zu respektieren gedachten. Shanghai wurde deshalb zu einem Zufluchtsort nicht nur für reiche Chinesen, die ihr mobiles Eigentum staatlicher Willkür zu entziehen versuchten, sondern auch für Dissidenten und Freigeister aller Art. Auch wenn man dort vor der Auslieferung an chinesische Behörden niemals völlig sicher war, so bildeten das International Settlement und die Französische Konzession doch Freiräume für radikale Literaten und Widersacher der jeweiligen chinesischen Machthaber. Deshalb entstanden vor allem hier eine moderne Presse und ein unabhängiges Verlagswesen. Eine politische Öffentlichkeit formierte sich in der Internationalen Niederlassung zu Shanghai und strahlte landesweit aus. Vor allem zwischen 1912 und 1937 war Shanghai die ‚große Bühne der chinesischen Politik‘." Zur Bedeutung der treaty ports für die Formierung einer politischen Meinung zwischen 1901 und 1911 vgl. auch Fairbank 2006 – China, S. 235.
1114 Vgl. Osterhammel 1997 – Shanghai, S. 58.

wurde allgemein bekannt, nämlich „öffentliche Meinung"[1115], dass nur noch solche Herrschaft erfolgreich Legitimität beanspruchen kann, die sich eine Verfassung gibt. Das Ancien Régime erfuhr so eine expressive Delegitimation durch Teile der gesellschaftlichen Elite.

Cixi verschloss sich den Wünschen dieser konstitutionellen Bewegung nicht, im Gegenteil, sie kam ihnen entgegen. Schon in den Jahren zuvor hatten, wie bereits thematisiert wurde, einige chinesische Intellektuelle in einer Verfassung den eigentlichen Grund für die Stärke des Westens wie für den rasanten Aufstieg Japans zur Großmacht vermutet. Als sich dann auch noch das russische Zarenreich, das wie China über *keine* Verfassung verfügte, im russisch-japanischen Krieg von 1904/05 Japan geschlagen geben musste und es obendrein 1905 in Russland selbst zu konstitutionellen Bestrebungen kam, ließ sich Cixi von der Notwendigkeit eines Übergangs zur konstitutionellen Monarchie überzeugen. Allerdings verfolgte sie mit diesem Schritt gänzlich *andere* Ziele als die reformorientierte städtische Elite, die sich hiervon nach Aussage von Hsü „liberation from unfair, oppressive Manchu discrimination and domination"[1116] erhoffte: nämlich eine weitere *Zentralisierung* der staatlichen Herrschaft und die Verdrängung von Hanchinesen aus den provinzialen Machtpositionen, die stattdessen von *Mandschu* besetzt werden sollten. Kurz gesagt: Eine Verfassung sollte den *dynastischen* Interessen des mandschurischen Herrscherhauses zugutekommen, auf die Cixi zeit ihres Lebens bedacht war. So setzte sie eine Studiengruppe mit dem Zweck ein, Japan, die USA, Großbritannien, Frankreich, Deutschland, Russland und Italien zu bereisen und die dortigen politischen Systeme zu untersuchen. Davon, wie groß auf Seiten radikal-revolutionärer Nationalisten, denen die Schaffung einer konstitutionellen Monarchie nicht weit genug ging und die sich stattdessen vehement für eine Republik (ohne die Mandschu) einsetzten, die Sorge war, dass die Qing-Dynastie mit dieser Strategie Erfolg haben und in Zukunft wieder fester im Sattel sitzen könnte, zeugen terroristische Maßnahmen aus die-

---

1115 Inwieweit es berechtigt ist, bereits zu diesem Zeitpunkt von einer Habermasschen „Öffentlichkeit" zu sprechen, wird in der Forschung intensiv diskutiert. Dass sich aber eine „mittlere Sphäre" zwischen der Bürokratie und dem einfachen Volk herausgebildet hatte, die wiederum Voraussetzung für das Herauskristallisieren eines in der Öffentlichkeit verbreiteten Reform- und Modernisierungswillen war, ist unbestritten. Vgl. Dabringhaus 2009 – Geschichte Chinas, S. 163f.
1116 Hsü 2000 – The Rise of Modern China, S. 414.

sem Umfeld: Es wurde ein Bombenanschlag auf den Zug der besagten Studiengruppe verübt, als sich diese vom Pekinger Bahnhof aus auf den Weg machen wollte; obschon nur zwei Vertreter der Gesandtschaft verletzt wurden, verzögerte sich deren Abreise dennoch um vier Monate.[1117] Zurück in China, empfahl die Studiengruppe sodann eine konstitutionelle Reform nach dem Vorbild Japans, wo nicht nur die Kaiserfamilie auf dem Thron geblieben war, sondern des Weiteren dem Volk erfolgreich die Macht vorenthalten worden war. Im November 1906 kündigte Cixi schließlich die Vorbereitung einer Verfassung samt Bildung einer Nationalversammlung an.

Doch zunächst räumte der Qing-Staat der nicht-bürokratischen Elite des Landes mit den im Oktober 1909 zusammentretenden Provinzversammlungen ein formelles Mitspracherecht ein, was Dabringhaus zufolge trotz der elitären Zusammensetzung dieser Parlamente „einen tiefgreifenden Bruch mit der politischen Tradition"[1118] signalisierte, insofern als das Prinzip der Repräsentation dieser völlig fremd war. Zwar hatte die reformorientierte städtische Elite schon zuvor in Gestalt der „öffentlichen Meinung" über Möglichkeiten der expressiven Delegitimation verfügt, indem sie der kaiserlichen Politik die Zustimmung versagte und Alternativen aufzeigte. Auch waren seit der Jahrhundertwende parallel weitere Formen breiten gesellschaftlichen Protests erprobt worden, etwa im nationalistisch motivierten Boykott gegen amerikanische Waren im Jahre 1905, dessen Bedeutung Dabringhaus darin sieht, dass sich die „städtische Massenbewegung [...] als ein politisches Instrument etabliert"[1119] hatte. Man ging mit anderen Worten fortan dazu über, gezielt die Zustimmung oder Ablehnung der städtischen Massen zu mobilisieren, um eine bestimmte Politik ausdrucksvoll zu unterstützen oder zu bekämpfen, kurz: um ein öffentliches Urteil über die herrschaftliche Performance abzugeben. Und doch wurde mit der Einberufung der Provinzversammlungen insofern nochmals eine wichtige Schwelle überschritten, als der reformorientierten Elite aus den Provinzhauptstädten seitdem nicht nur sehr viel mehr Aufmerksamkeit sicher war, sondern sie des Weiteren zum ersten Mal über ein öffentliches und legales Forum, ja, ein Sprachrohr verfügte, mit Hilfe dessen sie *legitimerweise* vor aller Augen Kritik an der (Reform-)Politik der Qing

---

1117 Vgl. Spence 2001 – Chinas Weg in die Moderne, S. 306.
1118 Dabringhaus 2009 – Geschichte Chinas, S. 73; siehe hierzu auch Osterhammel 2009 – Die Verwandlung der Welt, S. 807f.
1119 Dabringhaus 2009 – Geschichte Chinas, S. 73.

üben konnte – frei von Angst vor Repressionen. Aus einem inoffiziellen Adressaten in der performativ-expressiven Legitimitätsdimension, der für den kaiserlichen Staat nicht nur Rivale, sondern auf lokaler Ebene auch *informeller Autoritätspartner* für die Herrschaft über die Bauern war und allein schon aufgrund seiner sozialen und wirtschaftlichen Stellung *faktisch* nicht einfach übergangen werden konnte, v.a. nicht mehr seit seinem relativen Machtgewinn in und nach der Taiping-Rebellion, wurde ein *offizieller* Adressat, der formal dazu berechtigt war, Herrschaft nach Maßgabe ihrer Performance durch sein demonstratives Handeln Legitimität entweder zu verleihen oder zu entziehen. Dissens von Seiten der Gentry wurde nun, da sie offiziell in die politische Gemeinschaft aufgenommen war, gleichbedeutend mit *legitimer Delegitimation*. Man setzte sich mit anderen Worten freiwillig dem Legitimitätsurteil der Provinzeliten aus.[1120] Zwar übten die Provinzversammlungen lediglich eine beratende Funktion aus, doch der *Legitimitätspolitik*, die ihr nun als Mittel offenstand, tat dies keinen Abbruch. Ihr steigender Einfluss in einer Monarchie, die durch den beinahe gleichzeitigen Tod von Cixi und Guangxu im Jahre 1908 zusätzlich geschwächt worden war,[1121] zeigte sich u.a. darin, dass die Regierung auf deren Drängen hin den Reformprozess beschleunigte und nur ein Jahr später, im Oktober 1910, eine Nationalversammlung in Peking zusammenkommen ließ, d.h. wesentlich früher als ursprünglich geplant.

Zum offenen Bruch zwischen dem kaiserlichen Staat und der fusionierten Gentry-Kaufmanns-Schicht kam es schließlich, weil Letztere die sich verschärfende Zentralisierungspolitik der Qing nicht länger hinzunehmen bereit war und sich energisch zur Wehr setzte. Es waren insbesondere die qingkaiserlichen Pläne, die Eisenbahnen unter zentralstaatliche Kontrolle

---

1120 „Der Qing-Hof hatte nun nachhaltig dafür gesorgt, daß in Zukunft jeder seiner Schritte zur Sicherung seiner Position von ebender sozialen Schicht, die in der Vergangenheit die vertrauenswürdigsten Anhänger der Dynastie gestellt hatte, auf sorgfältigste überprüft werden würde." Spence 2001 – Chinas Weg in die Moderne, S. 310. Auch Schrecker 1991 – The Chinese Revolution, S. 130 betont, dass die lokale und regionale Opposition mit den Provinzversammlungen erstmals über eine *legitime offizielle Autorität* verfügt hätte.

1121 Kaiser Guangxu, den Cixi kurz vor ihrem eigenen Tod vermutlich vergiften ließ, folgte auf dem Drachenthron der damals zweijährige Kaiser Puyi (Xuantong-Kaiser), dessen Regentschaft sein Vater, Prinz Chun (Qun), übernahm – ein nach Meinung der Historiker engstirniger und selbstsüchtiger Mann. Vgl. Fairbank 2006 – China, S. 250 und Osterhammel 2009 – Die Verwandlung der Welt, S. 805.

zu bringen, an denen sich die Gemüter entzündeten. Denn die Provinzeliten selbst hatten vielerorts in den Eisenbahnbau investiert und erhofften sich hiervon für die Zukunft einen guten Ertrag, um den sie die Realisierung der Verstaatlichungspläne gebracht hätte. Es waren mithin ganz wesentlich die partikularen Interessen der Provinzeliten, die sie zur Auflehnung gegen den Qing-Staat trieben: Sie fürchteten um ihre provinziale Autonomie und in Verbindung hiermit gleichzeitig um ihre soziale und wirtschaftliche Stellung.[1122] Hinzu kam die anhaltende Diskriminierung der Hanchinesen: Diese äußerte sich nicht nur in der Praxis, wichtige Posten auf Provinzebene und innerhalb der „Neuen Armeen" mit Mandschu zu besetzen, sondern ebenso in der Zusammensetzung des von den Qing im April 1911 ernannten Kabinetts, in dem acht Mandschu und ein Mongole vertreten waren, aber nur vier Hanchinesen.[1123] Der Gegensatz zwischen Zentrale und Provinzen entwickelte sich in den Augen der Leidtragenden immer mehr zu einem (ethnischen) Gegensatz auch zwischen Mandschu und Hanchinesen.[1124] Die Lage spitzte sich schließlich in den „Bahnunruhen" von 1910 und 1911 zu, vorrangig in der Provinz Sichuan: In dem dortigen Widerstand der (hanchinesischen) Provinzeliten gegen Pekings Pläne zur Verstaatlichung der Eisenbahnlinien entdeckt Fairbank das „Vorspiel der Revolution"[1125]. Die Frage der Eisenbahnrechte war auch deshalb so heikel, weil sich die Qing zur Finanzierung ihres Vorhabens Geld von ausländischen Bankenkonsortien lieh (und schon in der Vergangenheit zum Ausbau des Schienennetzes geliehen hatte). Es hatte für manch einen den Anschein, als würde sich die „Fremdherrschaft" der Qing mit der imperialistischen „Herrschaft der Fremden" gegen die (han-)chinesische Nation verbünden. Das Verhalten der Qing glich so – auch, und das ist wesentlich, in den Augen der in den Provinzen stationierten „Neuen Armeen" – einem „Ausverkauf nationaler Güter an die Fremden"[1126]. Kurz: Die Eisenbahnfrage war und wurde nationalistisch aufgeladen und eignete sich

---

1122 Siehe zur Loslösung der Gentry Fairbank 2006 – China, S. 240: „Their eventual alienation from the effete Manchu ruling house would be based on the cultural nationalism of Chinese patriots determined to preserve not only their country but also their own social leadership and domination."
1123 Vgl. Fairbank 1991 – Geschichte des modernen China, S. 166 und Hsü 2000 – The Rise of Modern China, S. 417.
1124 Siehe Fairbank 1991 – Geschichte des modernen China, S. 168.
1125 Ebd., S. 169. Zur Rolle des Streits über die Eisenbahnrechte für die Revolution siehe v.a. Spence 2001 – Chinas Weg in die Moderne, S. 310-315.
1126 Ebd., S. 315.

4.1 Die chinesische Revolution (1911-1949)

sowohl zur anti-imperialistischen wie auch zur anti-mandschurischen Stimmungsmache.

Der anschließende Auslöser der Revolution wirkt für sich genommen geradezu banal. Aber so verhält es sich meistens mit dem berühmten Funken: Ohne ein entsprechendes Brennmaterial, ja, ohne einen entsprechenden Hintergrund, würde er verpuffen, mit diesem aber vermag er eine ganze Herrschaftsordnung in Brand zu setzen.[1127] Eine zufällige Aufdeckung antimandschurischer Umsturzpläne von Armeekreisen in der Provinz Hubei durch die dortigen Polizeibehörden am neunten Oktober 1911 dadurch, dass es zu einer unbeabsichtigten Bombenexplosion kam, ließ die betroffenen Offiziere ihr Heil in der Flucht nach vorn suchen: einer Meuterei am Folgetag („Wuchang-Aufstand"). Innerhalb nur weniger Wochen hatten sich zahlreiche (v.a. zentrale und südliche) Provinzen von der Dynastie losgelöst, bis Ende November 1911 waren alle bis auf drei (Zhili bzw. Hebei, Henan und Gansu) unabhängig; die Initiative übernahmen dabei abwechselnd die Provinzversammlungen oder die Befehlshaber der „Neuen Armeen" in den Provinzen. Zu dieser Koalition gesellte sich als dritte Kraft die revolutionäre Bewegung um Sun Yat-sen, die bereits im Vorfeld Teile der Armee infiltriert hatte. Schon bald „überschlugen sich die Ereignisse derartig, daß sie kein einzelner und keine politische Partei mehr unter Kontrolle halten konnte"[1128]. Zwar reagierte der Qing-Hof umgehend und vehement, er konnte gar einige Anfangserfolge im Kampf gegen die sezessionistischen Truppen verbuchen, aber nach jeder Rückeroberung der einen Provinz erklärten sich wieder andere unabhängig. Die militärische Niederlage der Mandschu-Streitkräfte und anderer loyaler Truppen Anfang Dezember 1911 in Nanjing besiegelte schließlich das Ende der Qing-Dynastie und Monarchie insgesamt, deren letzter Kaiser, der sechsjährige Puyi, am 12. Februar 1912 offiziell abdankte. Obschon anfänglich vieles auf einen Übergang zur konstitutionellen Monarchie hingedeutet hatte, wurde zum Jahresbeginn 1912 die Chinesische Republik ausgerufen. Als provisorischer Präsident stand ihr zunächst Sun Yat-sen vor,

---

1127 So urteilt Spence (ebd., S. 325) mit Blick auf die versehentliche Bombenexplosion, die die Behörden erst auf die Spur der Umstürzler kommen ließ, richtig: „Ohne die durch Diskussionen über Konstitutionalismus, Eisenbahn, Armee, Macht der Mandschu und Übergriffe des Auslands allgemein aufgeheizte Atmosphäre hätte diese Explosion leicht ein isolierter Vorfall bleiben und in Vergessenheit geraten können."
1128 Ebd., S. 328.

der sein Amt indes schon bald an Yuan Shikai, einen hohen Würdenträger und mächtigen Militärführer des Ancien Régime, abtrat, dem man als Einzigem zutraute, nach innen die Einheit Chinas zu wahren und nach außen das Land zu schützen.

Doch wieso stellten sich überhaupt weite Teile des Militärs gegen den Qing-Staat? Wieso erlitt er zusätzlich zum Legitimitätsverfall in den Augen der nicht-bürokratischen Elite einen *speziellen* Legitimitätsverlust im Hessschen Sinne? Kurz gesagt: Weil sich in dem Fall das eine vom anderen nicht trennen ließ; die Politisierung der Armee war ein *Derivat* der Politisierung der Gentry insgesamt. Um diesen Zusammenhang zu verstehen, müssen wir zurück zu den staatlichen Reformen seit 1901 gehen. Sie bewirkten nämlich, dass sich im Unterschied zu vorangegangen Zeiten zahlreiche Mitglieder der Provinzeliten der Armee anschlossen, deren soziale Zusammensetzung sich infolgedessen grundlegend wandelte. Mehrere Gründe lassen sich hierfür ausmachen:[1129] die nationalistisch aufgeheizte Atmosphäre seit der Jahrhundertwende, durch die dem Dienst für das Vaterland generell ein höherer Wert beigemessen wurde und die Armee in den Genuss eines größeren Ansehens kam; die im Zuge der Armeereformen neu geschaffenen Militärschulen, in denen neuerdings mehr Wert auf geistige als auf körperliche Fähigkeiten gelegt wurde; schließlich der Attraktivitätsgewinn einer Offizierskarriere dadurch, dass die Besoldung in den „Neuen Armeen" höher als in den traditionellen Armeen war, mit der Abschaffung des Prüfungssystems andere Karrierewege (gerade in der zivilen Verwaltung) mit viel mehr Unsicherheit behaftet waren und auch der Besuch der modernen Schulen kostspieliger als bislang war. Aufgrund ihrer sozialen Zusammensetzung waren die „Neuen Armeen" somit, obwohl sie ursprünglich als ein Mittel zur Ausweitung der zentralstaatlichen Kontrolle über das Militär vorgesehen waren, stärker als alle anderen Armeen zuvor mit den zivilen Provinzeliten verbunden und in der Gesellschaft der einzelnen Provinzen verwurzelt – welch Ironie.[1130] Jene Faktoren, die für die Politisierung der Gentry verantwortlich waren, unter denen insbesondere der Nationalismus und die Verteidigung der provinzialen

---

1129 Vgl. hierzu insbesondere McCord 1993 – The Power of the Gun, S. 48-54 und daneben Fairbank 1991 – Geschichte des modernen China, S. 155, Spence 2001 – Chinas Weg in die Moderne, S. 317, Osterhammel 1997 – Shanghai, S. 138-140 und Dabringhaus 2009 – Geschichte Chinas, S. 74.
1130 Vgl. zu dieser Ironie u.a. McCord 1993 – The Power of the Gun, S. 46 und Dabringhaus 2009 – Geschichte Chinas, S. 74.

4.1 Die chinesische Revolution (1911-1949)

Autonomie und Vorherrschaft im Zeichen einer kaiserlichen Zentralisierungspolitik hervorstachen, waren auch für die Politisierung der „Neuen Armeen" verantwortlich. „Military participation in the 1911 Revolution was only one side of a broader elite political disaffection"[1131], wie es Edward McCord auf den Punkt bringt. Hinzu kam, dass die „Neuen Armeen" von agitierenden Revolutionären aus dem Umfeld von Sun Yat-sen durchsetzt waren, darunter insbesondere junge Chinesen, die zuvor ein Studium in Japan absolviert hatten. Diese begnügten sich freilich nicht mit einer Konstitutionalisierung der Monarchie und machten sich stattdessen für eine republikanische Revolution stark, einen Sturz der mandschurischen Qing-Dynastie eingeschlossen.[1132] Die Protagonisten des Wuchang-Aufstands unterhielten jedenfalls enge Beziehungen zur revolutionären Bewegung Suns.[1133] Doch eine derartige Kettenreaktion konnte die allgemeine Meuterei in der Provinz Hubei nur deshalb auslösen, weil die sich in der Verstaatlichung der Eisenbahnen manifestierende Zentralisierungspolitik der Qing auf den *gemeinsamen* Widerstand der Provinzeliten und der mit ihnen verbundenen Offiziere der „Neuen Armeen" traf. Ausschlaggebend dafür, dass es nicht bei einem reinen Militärputsch blieb, war mit anderen Worten das Bündnis zwischen militärischen und zivilen Eliten; es ließ die Meuterei zu einer Revolution auswachsen.[1134]

Zu einer Revolution freilich, die einerseits (in diesem Stadium) eine *rein politische* und eben (noch) *keine soziale* Revolution war, da ihr, die im Wesentlichen ein Produkt der Eliten war, hierfür die Massenbasis fehlte. In den Städten bildete sich erst ganz allmählich ein Industrieproletariat und die Bauern blieben außen vor.[1135] Es ist gleichwohl eine der Hauptthe-

---

1131 McCord 1993 – The Power of the Gun, S. 47. Oder ausführlicher noch (ebd., S. 78, m.H.): „The political disaffection of a large section of the New Army was a *reflection* of the broader elite estrangement from the Qing dynasty that provided the foundation for revolution."
1132 Relativierend merkt Dabringhaus 2009 – Geschichte Chinas, S. 74 indes an: „Es ist jedoch fraglich, ob die meisten Offiziere 1911 die Revolution wirklich aus prinzipiellen Überlegungen unterstützten."
1133 Vgl. Osterhammel 2000 – Die chinesische Revolution, S. 247f.
1134 So sehen es auch McCord 1993 – The Power of the Gun, S. 70 und Dabringhaus 2009 – Geschichte Chinas, S. 74.
1135 „So war zu Anfang des zwanzigsten Jahrhunderts die herrschende Schicht Chinas politisch in Bewegung, nicht jedoch die chinesische Bauernschaft", wie Fairbank 1991 – Geschichte des modernen China, S. 169 herausstreicht. Auch Osterhammel 2000 – Die chinesische Revolution, S. 257 betont: „In den ersten drei Jahrzehnten der chinesischen Revolution spielte das Land kaum eine Rolle.

sen von Skocpol, dass die politische Revolution von 1911 der späteren sozialen Revolution allererst den Weg bereitete, indem sie den staatlichen Apparat auf eine Weise schwächte, die ihn anfällig für Revolten „von unten" werden ließ.[1136] Und ich würde ergänzen: Die soziale Revolution wurde in der nächsten Phase deshalb möglich, weil man sich *nicht einig* wurde, welche Art von Herrschaft erfolgreich (theoretische) Legitimität würde beanspruchen können. Alle staatliche Herrschaft zwischen 1911/12 und 1949 war Herrschaft, deren Legitimität hochgradig *umstritten* war. Und weil der Zentralstaat zusätzlich über *kein evidentes* Gewalt-„Monopol" verfügte, vermochte er sich gleichfalls nicht (hinlänglich) in basalpragmatischer Hinsicht zu legitimieren. Mit der Folge, dass (1) alle Herrschaft bis 1949 letztlich *fragil* bleiben musste, (2) nach dem Tod Yuan Shikais im Sommer 1916 zunächst die „Warlords" das entstandene zentralstaatliche „Gewalt-Vakuum" füllen konnten,[1137] und (3) sich die GMD und KPCh als wuchtige Gewalt-Akteure bzw. Rekonstrukteure des staatlichen Gewaltmonopols beweisen mussten. Zugleich handelte es sich im Jahre 1911 andererseits bzw. unmittelbar hiermit zusammenhängend um eine Revolution, die dadurch, dass sie sich in Gestalt eines allmählichen Abfalls der Provinzen vom kaiserlichen Staat vollzog, „ihrem Wesen nach ein *Zusammenbruch*, nicht eine neue Schöpfung"[1138] war. Man wusste nicht recht oder wurde sich nicht einig, was genau an seine Stelle treten sollte; es ist daher auch von der „*perspektivenlosen* Revolution von 1911"

    Erst als die von der KMT aus den Städten vertriebenen kommunistischen Intellektuellen und Massenorganisatoren die Bauernfrage für sich entdeckten, wurden die Bauern zum ‚revolutionären Subjekt'. Aus der Sicht der Partei waren sie das mobilisierbare Fußvolk der Revolution, eher Manövriermasse als treibende Kraft." Anders gesagt: Zwischen 1895 und 1911 (und später) nahm fast alle politische Dynamik ihren Ausgang nicht vom Land, sondern von den *Städten*. Vgl. ders. 1997 – Shanghai, S. 61.

1136 Siehe Skocpol 1979 – States and Social Revolutions, v.a. S. 47, 50f., 81 und 152.

1137 An zentraler Stelle heißt es daher bei McCord 1993 – The Power of the Gun, S. 310: „Warlordism did not originate simply in the rejection of legitimate political authority by military commanders, but rather in the difficulty of defining which authority was legitimate. [...] In the absence of a political consensus able to mediate fundamental conflicts over the structure and distribution of political power, fatal choices were made to resolve the crisis of political authority by force.".

1138 Fairbank 1991 – Geschichte des modernen China, S. 170, m.H.

4.1 Die chinesische Revolution (1911-1949)

die Rede, hinter der „*keine* geschlossene revolutionäre Bewegung mit einem konstruktiven Programm"[1139] stand.

Es fällt auf, dass sich ein aus anderen Revolutionen bekanntes Muster in der chinesischen wiederholte: Durch die Ankündigung und Durchführung von Reformen destabilisiert sich ein Ancien Régime selbst – „‚reform destroyed the reforming government'"[1140]. In Reformen generell einen Auslöser für Revolutionen zu erblicken, wäre freilich falsch, weil viel zu pauschal. Für den chinesischen Fall lässt sich vielmehr spezifizieren, dass sich das Ancien Régime dadurch selbst destabilisierte, dass es sich *zu spät* umfassend zu reformieren bzw. modernisieren begann, namentlich erst nach der Boxerkatastrophe. Zu spät vor allem deshalb, weil die Gentry in der Zwischenzeit um ein Vielfaches *stärker* geworden war. Angefangen mit ihrem Beitrag zur Unterdrückung des Taiping-Aufstands und mit der anschließenden Übernahme zahlreicher weiterer öffentlicher Aufgaben in den Provinzen war sie bis zum Ende des 19. Jahrhunderts mit der Kaufmannschaft zu einer selbstbewussten und reformorientierten städtischen Elite verschmolzen, die es in einer frühen städtischen Öffentlichkeit verstand, sich durch den Einsatz der modernen Presse wirkmächtig zu Wort zu melden und auf diese Weise die Qing-Dynastie unter Druck zu setzen. Diese Macht der expressiven Delegitimation erreichte mit der Einrichtung der Provinzversammlungen und der folgenden Nationalver-

---

[1139] Beide Zitate Osterhammel 2000 – Die chinesische Revolution, S. 251, m.H. Auch Schmidt-Glintzer 2009 – Das neue China, S. 40 hebt hervor: „Im Sommer 1911 spitzten sich die vorangegangenen Entwicklungen krisenhaft zu, und doch war die Abdankung der Dynastie und die Errichtung der Republik dann eher das Ergebnis eines Zufalls als zielgerichteter Anstrengungen." Entsprechend wertet Osterhammel 2000 – Die chinesische Revolution, S. 251 die Revolution von 1911 als „das ungeplante und unkoordinierte Ergebnis eines Zusammentreffens dreier Tendenzen: des Widerstands aufstrebender Grundbesitzer- und Kaufmannseliten in den Provinzhauptstädten gegen das neue Selbstbewußtsein der Zentralregierung, des Bestrebens von Kommandeuren der kurz zuvor geschaffenen ‚Neuen Armeen', sich provinziale Machtbases zu schaffen, und schließlich der Anti-Mandschu-Agitation von Revolutionären und Geheimgesellschaften." An anderer Stelle meint er: „Wie sich bald zeigen sollte, bedeutete das Jahr 1911 zwar das Ende des Ancien Régime, nicht aber einen konstruktiven und dauerhaften Neubeginn. Politisch trat China in ein Zeitalter der Wirren ein, aus denen sich erst allmählich die Muster der Revolution herauskristallisieren sollten." Ders. 1997 – Shanghai, S. 59.

[1140] So Mary C. Wright, zitiert nach Skocpol 1979 – States and Social Revolutions, S. 78.

sammlung ihren vorläufigen Höhepunkt. Anders gesagt: Als die Qing-Dynastie sich der (ganz entscheidend auch international bedingten) Notwendigkeit besann, die staatliche Herrschaft weiter zu zentralisieren, waren jene Kräfte, die ein Interesse an dezentralen Verhältnissen hatten, an einer Autonomie der Provinzen also, schon viel zu widerstandskräftig geworden. Aber auch die *Reformen selbst* trugen dazu bei, dass sich der kaiserliche Staat neuen Akteuren bzw. neuen Gegnern gegenübersah. Gerade darin liegt ja die besondere Ironie. Um nur die wichtigsten Beispiele zu nennen: Jene Studenten, die man im Zuge der Bildungsreformen ins Ausland, v.a. nach Japan, geschickt hatte, reiften im radikalisierten Exilmilieu zu erbitterten Gegnern der Qing heran und schlossen sich Sun Yat-sens revolutionärer Bewegung an. Die „Neuen Armeen", von deren Schaffung sich die Qing einen besseren zentralstaatlichen Zugriff auf das Militär versprochen hatten, wandten sich ebenfalls gegen die Qing und wurden zur wichtigsten Waffe in den Händen der abtrünnigen Provinzen. Die fusionierte Gentry-Kaufmanns-Schicht, deren Unterstützung für die Reformen die Qing-Dynastie mit Hilfe von Zugeständnissen zu mobilisieren versucht hatte, geriet, wie gesagt, außer Kontrolle und kündigte ihr die Gefolgschaft. Die Abschaffung des staatlichen Prüfungssystems hatte die jüngeren Generationen gezwungen, sich neu zu orientieren, was u.a. die Entstehung einer Intelligentsia nach sich zog, die mit ihrer Kritik am Ancien Régime nicht hinterm Berg hielt. Und selbst die neu geschaffenen Handelskammern, die der Kontrolle einer erstarkten Kaufmannschaft hatte dienen sollen, bewirkten das genaue Gegenteil: eine erhöhte Autonomie der Kaufmannschaft, die endlich über legale Möglichkeiten der Selbstorganisation verfügte.

In analytischer Perspektive lässt sich die Abkehr der „Neuen Armeen" vom Kaiserhaus als ein *spezieller* Legitimitätsverlust begreifen: Herrschaft büßte in den Augen des Erzwingungsstabs an Legitimität ein; oder, um genau zu sein, als ein *versäumter* spezieller Legitimitätsgewinn. Denn nachdem der Qing-Staat die „Neuen Armeen" ins Leben gerufen hatte, versäumte er es, sich ihnen gegenüber zu legitimieren und sich so deren Loyalität zu sichern. Die Folge war, dass dieser zusätzlich zum (auch und gerade aus nationalistischer Perspektive) theoretisch-reflexiven Legitimitätsdefizit und zur expressiven Delegitimation durch die (zivilen) Provinzeliten einen *basal-pragmatischen* Legitimitätsverlust erleiden musste. Der kaiserliche Staat war nicht mehr imstande, die alte Ordnung (mit ihren 18 Provinzen) zusammenzuhalten, geschweige denn die alte Ordnung äußerstenfalls *gewaltsam* durchzusetzen. Und da ihm in den „Neuen Armeen"

4.1 Die chinesische Revolution (1911-1949)

das mit Abstand *wichtigste* militärische Organ den Rücken zukehrte,[1141] die Gewaltasymmetrie zwischen Reaktionären und Revolutionären folglich *eindeutiger* Natur war, verlief dieser basal-pragmatische Legitimitätsverlust und der damit einhergehende Zusammenbruch der ältesten Monarchie der Welt vergleichsweise unblutig und zügig. Doch schon bevor der Verlust der überlegenen Gewaltmittel dem kaiserlichen Staat seine letzte, basale Legitimitätsgrundlage entzog, dürfte die Selbstverständlichkeit der bestehenden Ordnung, die ebenfalls ein (fortgeschrittener, vorbewusst-habitueller) Bestandteil von Legitimität in der basal-pragmatischen Dimension ist, dadurch abgenommen haben, dass zum einen bereits alternative Ordnungsmodelle auf chinesischem Boden *realisiert* worden waren – zu denken wäre an die vorübergehende Ordnung der Taiping einerseits und an die kolonialen Enklaven andererseits (Hongkong, Taiwan, Kiautschou in der Provinz Shandong, die Südmandschurei) –,[1142] und zum anderen der *Verfassungsdiskurs* die Kontingenz und Umgestaltbarkeit politischer Ordnungen mehr und mehr ins Bewusstsein rief. Aber letztlich blieb für den Ausbruch wie für den (schnellen) Erfolg der Revolution von 1911 das Verhalten der Offiziere ausschlaggebend: Erst hierdurch *kumulierte* sich die Delegitimation in ausreichendem Maße in *allen drei* Dimensionen. Das soll nicht heißen, dass das Militär der wichtigste Akteur für die Revolution war – diese Rolle fiel vielmehr der politisierten Gentry bzw. reformorientierten städtischen Elite zu –, wohl aber, dass der Qing-Staat vermutlich nicht zusammengebrochen wäre, wenn es dem Kaiser die Treue gehalten hätte.[1143] Die „Neuen Armeen" waren gleichsam das *Zünglein an der Waage*. Denn gegen einen genauso funktionstüchtigen wie loyalen staatlichen Gewaltapparat ist schlecht Revolution zu machen. Im Hinblick auf den Verlust der Legitimität in sämtlichen Dimensionen ist ferner das Verhalten des „einfachen Volkes" relevant: Es trug zwar, von einigen zu vernachlässigenden Bauernaufständen im Jahre 1911 abgesehen, nicht zur aktiven (expressiven) Delegitimation des Ancien Régime bei, aber es sorgte

---

1141 Vgl. zur wachsenden Bedeutung der „Neuen Armeen" und Bedeutungslosigkeit der traditionellen Bannertruppen Osterhammel 1997 – Shanghai, S. 138-140.
1142 Siehe Dabringhaus 2009 – Geschichte Chinas, S. 139.
1143 So schätzen es auch Fairbank 1991 – Geschichte des modernen China, S. 106f., Dabringhaus 2009 – Geschichte Chinas, S. 73 und Osterhammel 2009 – Die Verwandlung der Welt, S. 811 ein. Gleichwohl lassen sich, wie angesprochen, städtische Elite und Offiziere der „Neuen Armeen" nicht gänzlich trennen, entstammten doch viele der Offiziere ebendieser Elite, mit der sie auch weiterhin verbunden blieben.

4. Analyse: Die Revolutionen in China, Mexiko und Iran

genauso wenig für eine aktive *Legitimation* desselben. Öffentliche Bekundungen der Legitimität der Qing-Monarchie blieben mit anderen Worten weitgehend aus. Ein Grund könnte darin gelegen haben, dass „dem chinesischen Kaiser traditionell zwar Loyalität, aber *keine* religiös begründete, hingebungsvolle Verehrung entgegengebracht wurde, wie sie etwa der russische Zwar genoß"; mit der besagten Folge, dass „die Monarchie auch kaum Verteidiger im einfachen Volk"[1144] fand. Daneben dürfte aber ebenso die angesprochene Summe der performativen Probleme, denen sich der Qing-Staat seit dem Ende des 18. Jahrhunderts ausgesetzt sah, ja, die wachsende Diskrepanz zwischen Anspruch und Wirklichkeit in der Erfüllung der herrschaftlichen Pflichten, dazu beigetragen haben, dass die Qing im Volk massiv an Unterstützung einbüßten.

Bleibt noch die Frage, inwieweit die chinesische Revolution das Thema der *Demokratie* teilte. Um diesbezüglich zu einer fundierten Antwort zu gelangen, müsste man die gesamte chinesische Revolution samt ihrem Ergebnis in Augenschein nehmen, was an dieser Stelle leider nicht möglich ist. Nur so viel: Die anfänglich rein politische Revolution weitete sich im weiteren Verlauf zu einer sozialen Revolution aus. Sie erhielt mit anderen Worten eine Massenbasis. Und es waren genau diese Massen – das entstehende Proletariat in den Städten, aber vor allem die Bauern auf dem Land –, die während *und* nach der Revolution dauerhaft politisiert blieben und erfolgreich in die Politik integriert wurden; auf einer sowohl theoretischen als auch praktischen Ebene. Von beidem war bereits im dritten Kapitel die Rede, in der Frage nach dem im weitesten Sinne demokratischen Charakter der kommunistischen Parteidiktaturen bzw. sozialistischen Revolutionen. Kommunismus und Nationalismus dienen dazu, die Herrschaft theoretisch vom Volk ausgehen bzw. im Interesse des Volkes erfolgen zu lassen. Praktisch wiederum kam es durch die chinesische Revolution zu einer Ausweitung der politischen Mitsprache dahingehend, dass fortan die Massen Herrschaft per Akklamation ihre Zustimmung erteil(t)en (und ergänzend mit den Mitteln der Überwachung und der Repression am Widerspruch gehindert wurden und werden), in Beethams Terminologie: im Modus der „Mobilisierung". Am Ende der langen chinesischen Revolution verfügte China somit zwar über kein liberal-demokratisches, aber dennoch über ein nicht minder *modernes* Mobilisierungsregime; anders gesagt: über einen *Nationalstaat*: einen Staat also, der nach innen wie nach außen

---

1144 Beide Zitate Osterhammel 1997 – Shanghai, S. 58, m.H.

4.1 Die chinesische Revolution (1911-1949)

mächtiger als alle vorherigen war – und damit, wie von nationalistischer Seite beabsichtigt, „fit" für den internationalen Daseinskampf gemacht wurde –, *weil* er seine Legitimation theoretisch wie expressiv „von unten" bezog.[1145] Auch in der chinesischen Revolution wechselte die Legitimierungsrichtung und kam es zur Expansion der Staatsgewalt. Doch bereits in der republikanischen Revolution von 1911 ließ sich ebenfalls – für kurze Zeit wenigstens, da Yuan Shikai schon 1913 die Republik in eine Diktatur umwandelte, der wiederum nach einer dazwischenliegenden Warlord-Periode erst die Diktatur der Guomindang und dann der KPCh folgten – eine *Ausweitung* der politischen Mitsprache beobachten: Nicht mehr allein der Thron und die bürokratische Elite nahmen Anteil an der Politik, sondern neuerdings auch die nicht-bürokratische Elite, die städtischen Provinz-

---

1145 Insofern kann Dunn 1972 – Modern Revolutions, S. 70, m.H. pointieren: „The Chinese revolution was supremely a *nationalist* revolution, a revolution in which highly civilized elites set themselves to vindicate the battered pride of a great civilization and in the end in part succeeded in doing so." Vgl. zum Wachstum der Staatsgewalt durch die chinesische Revolution u.a. Skocpol 1979 – States and Social Revolutions, S. 162f., der ebenfalls nicht zu entgehen scheint, dass dieses mit dem Beginn der *Massenpolitik* verknüpft war: „In China, the Revolution generated a state that was, to be sure, highly centralized and in basic ways thoroughly bureaucratic. But it was also oriented to fostering broad and penetrating popular mobilization. Party or army organizations served not only as means of control over the state administration and the society [...] but also as agents of popular mobilization – especially to further national economic development." Osterhammel 1997 – Shanghai, S. 160 kommt im Hinblick auf den expandierenden Staat, der von *sämtlichen* Strömungen im politischen Denken Chinas während des 20. Jahrhunderts *gewollt* gewesen sei, zu einem ähnlichen Schluss: „Dennoch ist ein langfristiger, durch Regimewechsel kaum unterbrochener Trend von der Neuen Politik der späten Qing-Zeit bis über 1937 hinaus unverkennbar: eine allmähliche Zunahme der Kontrolle durch die staatliche Bürokratie nicht nur im städtischen, sondern auch im ländlichen China. [...] Die langsame Durchdringung der Gesellschaft durch den Staat war ein Basisprozeß, der sich über die zahlreichen Zäsuren und Kurswechsel der Hohen Politik hinweg entfaltete. Selbstverständlich handelt es sich dabei um ein nahezu universales Merkmal von Modernisierung. Man findet es in Europa ebenso wie in Japan. Das Frappierende an China ist, daß sich die Expansion des Staates vor dem Hintergrund territorialer Parzellierung und bürgerkriegsartiger Anarchie vollzog." Esherick 1995 – Ten Theses, S. 48 hält es ebenfalls für angebracht, mit einem Mythos der (chinesischen) Revolution, an dem nicht zuletzt die KPCh gestrickt hat, aufzuräumen: „The revolution was not a Liberation but (for most) was the replacement of one form of domination with another." Vgl. hierzu auch Klein 2009 – Geschichte Chinas, S. 24.

4. Analyse: Die Revolutionen in China, Mexiko und Iran

eliten; ferner beriefen sich zwischen 1912 und 1926 alle Verfassungen formal auf das Prinzip der Volkssouveränität.[1146] Weite Teile der Bevölkerung blieben freilich vorerst von der Politik ausgeschlossen, nur wo war dies im 19. und Anfang des 20. Jahrhunderts nicht so? Demokratische Verhältnisse mögen mit anderen Worten mit der chinesischen Revolution nicht realisiert worden sein, aber sie scheinen seither am fernen Horizont auf, werden denkbar – wovon nicht zuletzt die faktische politische Entwicklung der letzten Jahrzehnte in Taiwan zeugt. Auch in dem für das politische Denken Chinas sehr einflussreichen Demokratiebegriff Sun Yatsens, den dieser noch vor 1911 entwickelte, ist mit Nachdruck von Volkssouveränität die Rede, obschon gleichzeitig – zumindest für den Moment und die nähere Zukunft – die Freiheit des Einzelnen unbedingt der Freiheit der Nation unterzuordnen sei. „Sun dachte nicht vom Bürger und seinen Rechten her, sondern vom Staat. Sein Demokratiebegriff, wie derjenige der Reformer der Jahrhundertwende, war etatistisch"[1147], also alles andere als liberal. Ehe es zu einer echten Selbstregierung unter republikanischer Verfassung kommen könne, seien zunächst die zwei vorgängigen Phasen

---

1146 Siehe ebd., S. 98.
1147 Osterhammel 1997 – Shanghai, S. 123; vgl. ähnlich Klein 2009 – Geschichte Chinas, S. 81: „Suns oberstes Ziel bestand weder in der Sicherung von Freiheitsrechten noch in der politischen Partizipation, sondern in der Schaffung eines starken und handlungsfähigen Staates." Auch Fairbank 1991 – Geschichte des modernen China, S. 160 bestätigt für das politische Denken Chinas: „Zu Beginn des zwanzigsten Jahrhunderts kam die Nation vor dem einzelnen." Ohnehin sei der westliche Liberalismus in China um die Jahrhundertwende sehr einseitig rezipiert worden. Man sah „den Wert liberaler Grundsätze nicht in der Sicherung persönlicher Freiheit, sondern in der Möglichkeit des Aufbaus nationaler Macht und nationalen Wohlstands durch die Bemühungen jedes Einzelnen um Selbstverwirklichung" (ebd., S. 158).
Nicht unterschlagen darf man indes, dass es im politischen Denken Chinas um die Jahrhundertwende ebenso das Motiv der „Aufklärung" (*qimeng*) gab, neben dem und in Konkurrenz zum Motiv der „nationalen Rettung" (*juiuguo*). Es ging den „Aufklärern" darum, im Zuge einer kritischen Neubewertung der Tradition Freiräume für die Entwicklung des Individuums zu schaffen. Obschon sie sich in der zweiten Hälfte der 1920er Jahre den (kollektivistischen) Verfechtern der „nationalen Rettung" endgültig geschlagen geben mussten, liegt ihr bleibender Wert dennoch „darin, daß sie durch ihre bloße Existenz die Auffassung widerlegen, liberale und demokratische Ideen seien der politischen Kultur Chinas fremd, sie seien unnatürliche Importe aus einem sich kulturimperialistisch spreizenden Westen" (Osterhammel 1997 – Shanghai, S. 114, zum Motiv der „Aufklärung" S. 107-114).

der „Militärregierung" und „Vormundschaftsregierung" zu durchlaufen, in denen das chinesische Volk behutsam auf die Demokratie vorbereitet würde.[1148] Ähnlich schätzte es Liang Qichao ein, demzufolge das chinesische Volk am Vorabend der Revolution noch nicht reif genug für die Übernahme demokratischer Verantwortung sei und der daher für einen aufgeklärten Despoten bzw. eisernen Zuchtmeister plädierte, dem es obliege, eine aufgeklärte Bürgerschaft allererst heranzubilden.[1149] Volkssouveränität und demokratische Teilnahme? Ja, aber erst nach einer langen Phase der „Vormundschaft". Wie in der Marxschen Geschichtsphilosophie wird man bei beiden Denkern um der Rechtfertigung des Status quo willen auf spätere Zeiten vertröstet. Allein, es sollte zu denken geben, dass man sich *überhaupt* veranlasst sieht, zu vertrösten.

4.2 Die mexikanische Revolution (1910-1920)

Bis heute findet die mexikanische Revolution nicht die Beachtung, wie sie den „großen" Revolutionen in Frankreich, China und Russland zuteilwird. Mindestens vier Gründe scheinen mir hierbei eine Rolle zu spielen. Erstens war lange umstritten, ob es sich bei der mexikanischen überhaupt um eine „wirkliche" Revolution handelte. Noch 1977 spricht der mexikanische Historiker Jan Bazant in seiner „Concise History of Mexico" in Bezug auf den Abschnitt von 1910 bis 1920 von einem *Bürgerkrieg*; und auch Ramón Eduardo Ruíz macht ihr in seiner 1980 veröffentlichten Monographie den Rang einer Revolution streitig, indem er sie als *große Rebellion* bezeichnet.[1150] Gegen eine solche Abqualifizierung und für die

---

1148 Siehe Spence 2001 – Chinas Weg in die Moderne, S. 361.
1149 Vgl. ebd., S. 321f.
1150 Vgl. Bazant, Jan: A Concise History of Mexico. From Hidalgo to Cárdenas, 1805–1940, Cambridge/Mass. 1977 und Ruíz, Ramón E.: The Great Rebellion. Mexico, 1905–1924, New York 1980. Obschon die Reihe, in der Ruíz' Arbeit erschienen ist, anderes vermuten lässt: „*Revolutions* in the Modern World". So sehr weite Teile seiner Arbeit auch zu überzeugen vermögen, die Revolutionsdefinition tut es nicht: „a sudden, violent, social and economic catharsis" (ebd., S. 5). „Katharsis" ist nicht nur schwammig, sondern enthält desgleichen eine Wertung. Ferner verfehlt die Definition meiner Meinung nach den *primär politischen* Charakter des Phänomens Revolution. Vgl. kritisch zu Ruíz' (marxistisch angeleiteter) Einschätzung der mexikanischen Revolution auch Knight, Alan: The Mexican Revolution. Bourgeois? Nationalist? Or Just a „Great Rebellion"?, in: Bulletin of Latin American Research, Bd. 4/1985, Heft 2, S. 1-37.

4. Analyse: Die Revolutionen in China, Mexiko und Iran

Anerkennung als „vollwertige" Revolution sprechen indes, unter Zugrundelegung der in dieser Arbeit verwandten Definition, mehrere Gründe: Die Ereignisse führten zum *unwiderruflichen Ende* eines Ancien Régime, dessen herrschende Elite dauerhaft von der Macht ausgeschlossen blieb; an seine Stelle trat in Gestalt eines modernen Einparteiensystems ein Regime, das neuen gesellschaftlichen Schichten den Zugang zu Herrschaftspositionen eröffnete und bis vor wenigen Jahren Bestand hatte. Es kam des Weiteren von Anfang an zur politischen Mobilisierung breiter Bevölkerungsschichten, d.h. die Erhebung – ein Begriff, der schon impliziert, dass sie ihren Ausgang „von unten" nimmt – verfügte über die nötige *Massenbasis*. Darüber hinaus erfolgte die Umwälzung nicht nur *intendiert*, sondern noch dazu schlagartig im doppelten Sinne: *schleunig* und (überaus) *gewaltsam*. Und es ist nicht zuletzt die hohe Gewaltsamkeit – schätzungsweise jeder achte Mexikaner fiel der Revolution zum Opfer, mindestens aber eine Million von damals rund 16 Millionen Mexikanern –[1151], die belegt, dass von diesem fundamentalen Wandel niemand in Mexiko verschont blieb – betroffen war vielmehr die *ganze* Gesellschaft. Einwände derart, dass eine nachhaltige Veränderung der Herrschaftsordnung insofern nicht stattgefunden hätte, als sie *unvermindert autoritäre* Züge aufwies,[1152] überzeugen meines Erachtens nicht – denn dann wären die chinesische und die Oktoberrevolution genauso wenig Revolutionen gewesen. Die Tatsache, dass die Revolution die mexikanische Herrschaftsordnung für die *Massenpolitik* öffnete, kann in ihrer Bedeutung meiner Meinung nach gar nicht hoch genug veranschlagt werden. Daneben wird der mexikanischen Revolution der Status einer *sozialen* (bzw. „großen") Revolution mit dem Argument streitig gemacht, sie habe zwar eine Transformation der Herrschafts-, nicht aber der *Gesellschafts*ordnung bewirkt. Zum einen bin ich mir indes nicht sicher, ob man das „Soziale" einer Revolution – so

---

[1151] Siehe Wolf, Eric R.: Peasant Wars of the Twentieth Century, London 1971, S. 44; Foran, John: The Causes of Latin American Social Revolutions. Searching for Patterns in Mexico, Cuba, and Nicaragua, in: Bornschier, Volker/Lengyel, Peter (Hrsg.): Conflicts and New Departures in World Society. World Society Studies, Bd. 3, New Brunswick/N.J. 1994, S. 209-244, hier S. 221 und Osterhammel 2009 – Die Verwandlung der Welt, S. 799.

[1152] Siehe u.a. Womack, John: The Mexican Revolution, 1910–1920, in: Bethell, Leslie (Hrsg.): The Cambridge History of Latin America. Bd. 5: c. 1870 to 1930, Cambridge 1989, S. 79-153; Meyer, Jean: Mexico. Revolution and Reconstruction in the 1920s, in: Bethell (Hrsg.): The Cambridge History of Latin America, S. 155-194 und Tobler 1984 – Die mexikanische Revolution, S. 624.

4.2 Die mexikanische Revolution (1910-1920)

man denn überhaupt zwischen politischen und sozialen Revolutionen differenziert – nicht besser an der Massenbeteiligung festmacht.[1153] Zum anderen wurden tiefgreifende Agrarreformen, v.a. unter der Präsidentschaft von Lázaro Cárdenas (1934-1940), sehr wohl durchgeführt. Ich werde zwar nachfolgend argumentieren, dass die Revolution (im engeren Sinne) bis dahin bereits abgeschlossen gewesen war, doch dass die gesellschaftlichen Strukturveränderungen erst durch sie möglich wurden und daher in einem Zusammenhang mit ihr standen, wird niemand ernsthaft bestreiten wollen. Ein Blick auf die *während* der Revolution in Kraft getretene Verfassung von 1917 genügt, um zu erkennen, dass umfassende Reformen im Agrarbereich schon zu diesem Zeitpunkt auf der Agenda standen.

Zweitens schenkt man der mexikanischen Revolution deshalb vergleichsweise wenig Beachtung, weil sie, vom weltgeschichtlichen Standpunkt aus betrachtet, ein *lokales* Ereignis geblieben ist, das weder in Lateinamerika insgesamt noch in der unmittelbaren Nachbarschaft, geschweige denn weltweit, eine sonderlich große Wirkung entfalten konnte. Ein Ereignis zugleich, das diese Wirkung aber auch gar nicht entfalten *wollte*: Der mexikanischen Revolution fehlte, darin liegt eine ihrer Besonderheiten, jener *universalistische Anspruch*, den insbesondere die Amerikanische, die Französische und die Oktoberrevolution erheben und den Arendt zum Spezifikum der modernen Revolution an sich erklärt, wenn sie meint, diese vertrete ihrem Anspruch nach immer schon die Sache der Menschheit.[1154] Frank Tannenbaum, der große Lateinamerika-Historiker und erste bedeutende Interpret der mexikanischen Revolution, hält bereits im Jahre 1933 fest: „There is no Lenin in Mexico. There is no doctrine, no program, no definite end, no crystallized formula which must be achieved at all costs, no pattern for the reform of all mankind, or even for all of Mexico. The whole thing has grown piecemeal, in patches, in places."[1155]

1153 So scheinen es mir im Hinblick auf die mexikanische Revolution auch Knight 1986 – The Mexican Revolution 1, S. 78, Foran, John: Taking Power. On the Origins of Third World Revolutions, Cambridge 2005, S. 44f. und Osterhammel 2009 – Die Verwandlung der Welt, S. 799 zu sehen. Darauf, dass und warum ich in dieser Arbeit die Unterscheidung von politischer und sozialer Revolution im Grunde genommen ablehne, wurde eingegangen.
1154 Vgl. Arendt 1974 – Über die Revolution, S. 10.
1155 Tannenbaum, Frank: Peace by Revolution. Mexico after 1910, New York 1966/1933, S. 118; ähnlich auch Osterhammel 2009 – Die Verwandlung der Welt, S. 800, welcher der mexikanische Revolution „die Abwesenheit einer ausformulierten revolutionären Theorie [bescheinigt]. Ein mexikanischer Jefferson,

4. Analyse: Die Revolutionen in China, Mexiko und Iran

Ohnehin wurde sie, ganz im Gegensatz zur chinesischen Revolution etwa, in keiner nennenswerten Weise von einer Intelligentsia *vorgedacht*. Doch gerade der Mangel an einer kohärenten Ideologie einerseits und einer Avantgarde-Partei andererseits macht sie nach meinem Dafürhalten umso faszinierender. Auch weil sie dadurch zu einer unverfälschten Revolution des *Volkes* wurde; die mexikanische Revolution war in den Worten Alan Knights „a genuinely popular movement and thus an example of those relatively rare episodes in history when the mass of the people profoundly influenced events"[1156]. Ihr wohnte, anders gesagt, etwas ungemein *Pragmatisch-Spontanes* inne.

Drittens zieht man es womöglich vor, die mexikanische Revolution zu übergehen, weil sie sich den gängigen Erklärungsmustern entzieht. Das Scheitern der Revolutionstheorien am mexikanischen Beispiel brachte Walter Goldfrank 1979 in einem vielbeachteten Aufsatz zum Ausdruck, der den programmatischen Titel trägt: „Theories of Revolution and Revolution without Theory. The Case of Mexico".[1157] Unter anderem wendet er hier zu Recht gegen solche Theorien ein, welche die mexikanische Revolution über Elend und Unterdrückung *allein* erklären wollen, dass sie nicht beantworten könnten, (a) wieso die Revolution nicht schon *früher* ausbrach, (b) wieso *andere* Länder innerhalb Lateinamerikas nicht gleichfalls Revolutionen erlebten, und (c) warum ausgerechnet jene Elemente in der Revolution passiv blieben, die unter der *größten* Not und *stärksten* Unterdrückung litten: die Plantagenarbeiter im Südosten Mexikos. Wiederum sehe ich in den theoretischen Problemen indes mehr Ansporn als Hemmnis, sich der mexikanischen Revolution zu widmen, in dem Fall: unter Anwendung und Überprüfung der Legitimitätstheorie. So gilt es etwa plausibel zu machen, wieso es in Mexiko zu einer (erfolgreichen) Revolution

---

Sieyès, Lenin oder Mao wurde niemals international bekannt, und die mexikanischen Revolutionäre erhoben nie den Anspruch, den Rest der Welt oder auch nur ihre Nachbarländer beglücken zu wollen." Zum Einfluss Tannenbaums auf die Forschung über die mexikanische Revolution vgl. Hale, Charles A.: Frank Tannenbaum and the Mexican Revolution, in: The Hispanic American Historical Review, Bd. 75/1995, Heft 2, S. 215-246. Auch auf die (neben der von Tobler 1984 – Die mexikanische Revolution) beste Gesamtdarstellung der mexikanischen Revolution ist er durchgängig zu spüren: Knight 1986 – The Mexican Revolution 1, ders.: The Mexican Revolution. Bd. 2: Counter-Revolution and Reconstruction, Cambridge 1986.

1156 Knight 1986 – The Mexican Revolution 1, S. XI.
1157 Siehe Goldfrank 1979 – Theories of Revolution.

kommen konnte, *ohne* dass der Verwaltungs- und Gewaltapparat zuvor durch einen Krieg geschwächt worden wäre und *ohne* dass sich das Land außenpolitisch in irgendeiner Weise in der Defensive befunden hätte. Zum fehlenden oder nur spärlich ausgeprägten anti-imperialistischen Zug der mexikanischen Revolution bemerkt Osterhammel denn auch treffend: „Gewiss, die USA mischten sich ein, aber das sollte man nicht überschätzen. Anders als später die Bauern Chinas oder Vietnams kämpften die Mexikaner nicht primär gegen koloniale Herren und imperiale Eindringlinge."[1158] Anders gesagt: Der Druck von außen, der im Falle der chinesischen Revolution die (bzw. die Bemühungen um eine) Modernisierung und das heißt Stärkung des Staates maßgeblich vorantrieb, spielte im mexikanischen Fall eine eher untergeordnete Rolle. Ohnehin scheint die Wirkung exogener Faktoren zwar vorhanden, aber mehr *indirekter* Natur gewesen zu sein. So meint Knight unter Berücksichtigung des in der Tat bemerkenswerten Umstands, dass innerhalb Lateinamerikas *allein Mexiko* zwischen dem Beginn des 20. Jahrhunderts und dem Zweiten Weltkrieg eine (soziale) Revolution erfuhr:

> This is not to ignore the impact of foreign economic penetration or of Mexico's integration into world markets, both of which [...] were crucial in stimulating economic and social change during the Porfiriato. But Mexico was *not alone* in experiencing this impact; it was, rather, the *mediation* of these exogenous forces within *domestic* social, economic and political structures which was distinctive.[1159]

Es waren, anders gesagt, *endogene* Faktoren, die den Unterschied machten, genauer: das *Zusammenspiel* von exogenen Entwicklungen, denen auch andere Länder in Lateinamerika ausgesetzt waren, mit endogenen Entwicklungen, die sich zu dem Zeitpunkt (vereint) nur in Mexiko vollzogen. Mit Blick auf ihre Ursachen, ihre wesentlichen Akteure und ihre internationale Wirkung ist somit John Dunn zuzustimmen: Die mexikanische Revolution war „the *most domestic* of twentieth-century revolutions"[1160].

1158 Osterhammel 2009 – Die Verwandlung der Welt, S. 799f.
1159 Knight 1986 – The Mexican Revolution 1, S. 151, m.H. Tobler, Hans W.: Mexiko, in: Bernecker, Walther L./Tobler (Hrsg.): Handbuch der Geschichte Lateinamerikas. Bd. 3: Lateinamerika im 20. Jahrhundert, Stuttgart 1996, S. 257-363, hier S. 258, m.H., sieht in der mexikanischen Revolution gar die „*erste* soziale Revolution Lateinamerikas".
1160 Dunn 1980 – The Success and Failure, S. 228. Wolf 1971 – Peasant Wars, S. 47 bekräftigt: „Again, in contrast to other cases, the revolutionary upheaval was

4. Analyse: Die Revolutionen in China, Mexiko und Iran

Mit den vorangegangenen Punkten zusammenhängend, eignete der mexikanischen Revolution, viertens, eine ausgeprägte *Heterogenität*, die es besonders schwer macht, ihr Wesen zu bestimmen. John Foran sieht in ihr „a complex, multi-sided event"[1161]. Was damit zusammenhängt, dass es nicht eine, sondern *mehrere* und noch dazu *parallele* revolutionäre Erhebungen gab, die sowohl geographische als auch soziale und kulturelle Unterschiede aufwiesen. Demgemäß existierten verschiedenartige und spezifisch lokale Gründe für das jeweilige Aufbegehren, aus denen sich wiederum grundverschiedene Forderungen politischer, wirtschaftlicher und gesellschaftlicher Art ergaben, die an die neue Ordnung gestellt wurden. Der mexikanischen Revolution wird man daher nur gerecht, wenn man *alle* „Unruheherde" mit einbezieht. Wenngleich ich argumentieren werde, dass es ungeachtet der verschiedenen lokalen Motive auch *gemeinsame*, die diversen Erhebungen *verbindende* Motive gab. Die unterschiedlichen Gruppierungen schlossen sich zudem immer wieder zu Koalitionen zusammen. Die aber genauso schnell wieder zerfielen wie sie entstanden waren, so dass Gruppierungen plötzlich gegeneinander kämpften, die kurz zuvor noch verbündet gewesen waren. Es stellt sich mit anderen Worten stärker als bei manch anderer Revolution die Frage nach der *Einheitlichkeit* des revolutionären Prozesses – nicht zuletzt deshalb, weil sie nicht, wie alle vorherigen Revolutionen, vom Zentrum in die Peripherie, sondern umgekehrt *von der Peripherie ins Zentrum* verlief.[1162] So spricht etwa Hans Werner Tobler den unterschiedlichen regionalen Erhebungen eine gewisse Einheitlichkeit zwar nicht ab, er fasst diese aber als eine *nachträgliche* Konstruktion auf, als Erhebungen also, „die erst im nachhinein unter dem übergreifenden Dach *der* Revolution eine gemeinsame historische Identität zugesprochen erhielten"[1163]. Es ist wiederum Tannenbaum, der schon

---

wholly internal." Einen größeren Stellenwert nehmen exogene Faktoren ein bei Hart, John M.: Revolutionary Mexico. The Coming and Process of the Mexican Revolution, Berkeley 1987.

1161 Foran 1994 – The Causes, S. 214. Für eine eingehende Diskussion der Wesensbestimmung der mexikanischen Revolution vgl. auch Knight 1985 – Bourgeois.

1162 Diese Besonderheit der mexikanischen Revolution, die sie im Übrigen mit der chinesischen und späteren Revolutionen im 20. Jahrhundert teilt, betonen u.a. Dunn 1980 – The Success and Failure, S. 237 und Knight 1986 – The Mexican Revolution 1, S. 2.

1163 Tobler 1984 – Die mexikanische Revolution, S. 137. Vgl. zur Frage nach der Einheitlichkeit des revolutionären Prozesses ebenso Meyer 1989 – Revolution and Reconstruction, S. 155 und Pietschmann, Horst: Die mexikanische Revolu-

4.2 Die mexikanische Revolution (1910-1920)

zu einem frühen Zeitpunkt diesen eigentümlichen Zug der mexikanischen Revolution in einem treffenden Bild auszudrücken vermag:

> It is best to think of the Mexican Revolution as a movement made up of a series of waves having more or less independent beginnings and independent objectives. At times these movements fused together for a while, and then separated again. [...] So rapid and varied have been the cross currents that have come to the surface in the Revolution that it is most difficult to discover any given direction in the movement as a whole.[1164]

Und doch ist es auch und gerade Tannenbaum, der als Historiker mit seiner Pionierarbeit maßgeblich dazu beigetragen hat, der mexikanischen Revolution allererst eine einheitliche Identität zu verleihen – indem er sie im Kern als eine *Bauern*revolution begriff und darstellte.

Dennoch ist die mexikanische Revolution sehr viel *mehr* als eine Revolution, die sich an der Agrarfrage entzündete und in der es zu einer ungewöhnlich tiefen Mobilisierung der Bauernschaft kam. Gerade in den 1970er und 1980er Jahren erfuhr das Bild von ihr eine nachhaltige Korrektur.[1165] Seither wird in ihr (1) die Bedeutung der *Mittelschicht* und von Teilen der *Oberschicht* stärker betont, die neben und zusammen mit den Bauern maßgeblichen Anteil daran hatten, dass sie, statt im Stadium eines reinen Bauernaufstands zu verbleiben (und womöglich zu versanden), überhaupt zu einer Revolution auswachsen und als solche Erfolg haben konnte. Teilweise in Verbindung hiermit ist inzwischen (2) aus der Revolution allein des Südens eine Revolution des Südens *und* des Nordens geworden. Das Bild wird nicht länger vom Revolutionsführer Emiliano Za-

---

tion, in: Wende, Peter (Hrsg.): Große Revolutionen der Geschichte. Von der Frühzeit bis zur Gegenwart, München 2000, S. 225-243, hier S. 228.

1164 Tannenbaum 1966 – Peace by Revolution, S. 147. Ganz ähnlich bemerkt auch Knight 1986 – The Mexican Revolution 1, S. 2 zu ihrem äußerst heterogenen Charakter: „in its provincial origins, the Revolution displayed kaleidoscopic variations; often it seemed less a Revolution than a multitude of disparate revolts, some endowed with national aspirations, many purely provincial, but all reflecting local conditions and concerns". Wolf 1971 – Peasant Wars, S. 25f. bemüht das Bild einer *riesigen Lawine*, deren genaue Bewegung sich nicht vorhersagen ließ, weil sie weder von einer einzelnen Person, einer Gruppe oder Partei gesteuert wurde, noch einem ausformulierten Programm folgte.

1165 Ich berufe mich nachfolgend v.a. auf Tobler 1984 – Die mexikanische Revolution, S. 8 und ders. 1996 – Mexiko, S. 261-265. Siehe für einen (älteren) Forschungsüberblick daneben auch ders.: Zur Historiographie der Mexikanischen Revolution 1910–1940, in: Mols, Manfred/Tobler: Mexiko. Die institutionalisierte Revolution, Köln 1976, S. 4-48.

4. Analyse: Die Revolutionen in China, Mexiko und Iran

pata und den von ihm angeführten Erhebungen im Bundesstaat Morelos dominiert.[1166] Stattdessen misst man der Revolution in den nördlichen Bundesstaaten Sonora, Chihuahua und Coahuila eine mindestens genauso große, wenn nicht sogar größere Bedeutung für die Initiierung, den Verlauf und den Erfolg der Revolution bei. Letztlich waren es auch Teile der (ebenfalls alles andere als in sich homogenen) nördlichen revolutionären Bewegung, nämlich die Sonorenser, die sich am Ende auf nationaler Ebene durchsetzen konnten. Schließlich tritt (3) mehr und mehr die *Kontinuität* zwischen vorrevolutionärem, revolutionärem und nachrevolutionärem Regime in den Vordergrund. Wobei die Kontinuitätslinien entweder stärker im Bereich der staatlichen Expansion (Jean Meyer) oder aber der wirtschaftlichen, d.h. kapitalistischen Entwicklung (Arnaldo Córdova) verfolgt und nachgezeichnet werden.[1167] Die mexikanische Revolution erscheint so weniger als Zäsur denn als Fortführung und Verstärkung von Entwicklungen, die schon während der Herrschaft von Porfirio Díaz (1876-1910) ihren Anfang nahmen.

Umstritten bleibt jedoch die Frage, wie sich die mexikanische Revolution zeitlich eingrenzen lässt. Der Beginn bereitet noch die geringsten Schwierigkeiten, herrscht doch weitgehend Einigkeit darüber, dass sie mit dem maderistischen Aufstand im November 1910 einsetzte und sich seit der Jahrhundertwende mit den ersten Krisenerscheinungen in Staat, Wirtschaft und Gesellschaft allmählich angebahnt hatte.[1168] Nur, ob sie bis 1917 (Ende der Bürgerkriege, Etablierung einer nationalen Regierung und Verabschiedung der Verfassung von Querétaro), bis 1920 (Ende der gewaltsam-irregulären Regierungswechsel), bis 1924 (Befriedung des Landes und Beginn der langen anfangs offiziellen, später dann inoffiziellen Herrschaft von Plutarco Elías Calles) oder bis 1940 (Realisierung des tiefgreifenden wirtschaftlichen und sozialen Wandels und Abschluss des politischen Institutionalisierungsprozesses) dauerte, wird nach wie vor

---

1166 Wie zum Beispiel noch bei der Studie von Womack, John: Sterben für die Indios. Zapata und die mexikanische Revolution, Zürich 1972/1968.
1167 Siehe hierzu Tobler 1984 – Die mexikanische Revolution, S. 15f. und Meyer 1989 – Revolution and Reconstruction.
1168 Wie im Falle der chinesischen Revolution fehlt es indes auch bei der mexikanischen Revolution nicht an Versuchen, sie mit der Geschichte des modernen Mexiko insgesamt gleichzusetzen, sie also mit der Unabhängigkeit 1821 beginnen zu lassen. Dann aber beraubt man den Begriff, wie gesagt, vollends seiner Trennschärfe.

4.2 Die mexikanische Revolution (1910-1920)

kontrovers diskutiert.[1169] Ich neige dazu, sie im Jahre 1920 enden zu lassen – womit sie immer noch verhältnismäßig lang war, was wiederum (zusammen mit der enormen Gewaltsamkeit) ein Stück weit die hohen Opferzahlen erklärt –, weil sich von da an alles um die Stabilisierung der neuen Herrschaftsordnung und den Aufbau des neuen Staates sowie um die Pazifizierung der Gesellschaft drehte. Nicht Revolutionierung, sondern *Konsolidierung* machte sich die von 1920 bis 1935 während „sonorensische Hegemonie" zur Aufgabe. Selbst Tobler, bei dem die Revolution bis ins Jahr 1940 reichte, leugnet nicht, dass 1920 einen *Wendepunkt* markierte: „zwischen revolutionärer Umbruch- und spätrevolutionärer Stabilisierungsphase"[1170]. Obwohl also die tiefsten Eingriffe in die Gesellschaftsordnung 1920 noch bevorstanden, werte ich, wie schon im Falle der chinesischen Revolution, das Vorliegen einer Stabilisierungsphase als Ausdruck nicht spät-, sondern *nach*revolutionärer Verhältnisse – so sehr man in dieser Phase freilich noch mit den *Folgen* der Revolution zu kämpfen hatte.[1171] Auch dem eigenen Selbstverständnis nach wurde die Revolution spätestens mit der 1929 gegründeten Partido Nacional Revolucionario (ab 1946: Partido Revolucionario Institucional, PRI) *institutionalisiert*: umfassender Wandel weiterhin, ja, aber auf *kontrollierte*, *eingedämmte* Weise und unter „Einschluss" aller relevanten gesellschaftlichen Gruppen, so dass er nicht wieder *aus dem Ruder* läuft und geradewegs *in den Bürgerkrieg* (zurück-)führt.

Der Verlauf der Revolution selbst lässt sich grob in vier Hauptphasen unterteilen, wenngleich meine auf ihre Ursachen fokussierte Untersuchung

---

1169 Siehe Tobler 1984 – Die mexikanische Revolution, S. 16f. und ders. 1996 – Mexiko, S. 262. Bei Knight 1986 – The Mexican Revolution 1 und Womack 1989 – The Mexican Revolution endet sie 1920, bei Ruíz 1980 – The Great Rebellion und Hart 1987 – Revolutionary Mexico 1924 und bei Tobler 1984 – Die mexikanische Revolution 1940.

1170 Ebd., S. 19, Fn. 12. Und in Tobler, Hans W.: Mexiko im 20. Jahrhundert. Die Revolution und ihre Folgen, in: Bernecker, Walther L./Pietschmann, Horst/Tobler: Eine kleine Geschichte Mexikos, Frankfurt/M. 2007, S. 241-365 lautet die Überschrift des zweiten Kapitels bereits „Die mexikanische Revolution (1910-1920)".

1171 Man denke nur an die zwei großen Armeeaufstände in den 1920er Jahren und an den von Calles brutal niedergeschlagenen Cristero-Aufstand (Guerra Cristera), der von 1926 bis 1929 in weiten Teilen des nördlichen Zentralmexikos zwischen der Regierung und einer katholisch-bäuerlichen Massenbewegung tobte, die aus Gegnern der Antikirchenpolitik bzw. Gegnern der zunehmenden staatlichen Zentralisierung bestand.

4. Analyse: Die Revolutionen in China, Mexiko und Iran

nur die erste und auch die nur teilweise berühren wird: (1) der maderistische Aufstand und die anschließende Präsidentschaft Maderos, der mit dem (konterrevolutionären) Staatsstreich von General Huerta ein Ende gesetzt wurde (1910-1913); (2) der anderthalbjährige Bürgerkrieg zwischen dem Huerta-Regime auf der einen und den verbündeten nördlichen und südlichen Revolutionstruppen auf der anderen Seite (1913/14); (3) der Bürgerkrieg zwischen den ehemals verbündeten und im Sturz Huertas noch erfolgreichen Konstitutionalisten (um Carranza und Obregón) und Konventionisten (um Villa und Zapata) (1915/16); (4) der Sieg der nördlichen Konstitutionalisten, die Verabschiedung der Verfassung von 1917 und die Präsidentschaft Carranzas (1916-1920).[1172]

Die Analyse der mexikanischen Revolution muss demgemäß mit der Entstehung und Entwicklung der langen Herrschaft von Porfirio Díaz und einer Untersuchung ihrer Legitimationsstruktur in ihrer frühen und mittleren Phase beginnen. Denn aus ihr heraus entstand und gegen sie richtete sich die mexikanische Revolution. Sie ist für ein Verständnis ihrer Voraussetzungen, Ursachen und Auslöser unerlässlich.

4.2.1 Die Entstehung des Porfiriats und seine Legitimation

Als im April 1877 Porfirio Díaz erstmals zum Präsidenten gewählt wurde, lag mehr als ein halbes Jahrhundert voller innenpolitischer Wirren, wirtschaftlicher Stagnation und außenpolitischer Erniedrigung hinter einem sich 1821 von der spanischen Krone unabhängig erklärenden Mexiko. Ohne an dieser Stelle auf die Details dieser Vorgeschichte einzugehen, muss man sich zumindest den *Kontrast* zwischen dem vorporfiristischen Mexiko auf der einen und dem porfiristischen Mexiko auf der anderen Seite vor Augen führen. Denn er hatte meines Erachtens gewichtige *legitimatorische* Konsequenzen.

Die Herausbildung eines starken Zentralstaats ließ im unabhängig gewordenen Mexiko, dem die in hohem Maße kolonial geprägte Gesellschaftsstruktur mit ihrer Privilegierung von katholischer Kirche und kreolischer Aristokratie fürs Erste erhalten geblieben war, auf sich warten.[1173]

1172 Vgl. für diese Einteilung ebd., S. 251f.
1173 Für die Geschichte Mexikos zwischen Unabhängigkeit und dem Machtantritt Díaz' stütze ich mich im Folgenden v.a. auf Bazant, Jan: From Independence to the Liberal Republic, 1821–1867, in: Bethell, Leslie (Hrsg.): Mexico Since In-

4.2 Die mexikanische Revolution (1910-1920)

Die wesentlichen Akteure, als da waren die landbesitzende Aristokratie, die katholische Kirche und neuerdings das Militär, brachten weder das Interesse noch die Mittel hierfür mit; auch das Fehlen einer Tradition politischer Selbstverwaltung aus kolonialen Zeiten wirkte sich in dem Zusammenhang aus. Stattdessen dominierten zunächst einmal regionalistische Tendenzen, die für chronisch instabile politische Verhältnisse sorgten: Zwischen 1820 und 1850 gelang es lokalen und regionalen Machthabern, ganze 50 Mal die Zentralregierung gewaltsam abzulösen; die durchschnittliche Regierungszeit betrug in diesen 30 Jahren demnach etwas mehr als sieben Monate. Erschwerend hinzu kamen ein wachsendes Banden(un-)wesen auf der einen und neuerliche Indianerkriege auf der anderen Seite. Doch damit nicht genug, geriet Mexiko ebenso außenpolitisch in die Defensive: Zwar hatten spanische Pläne zur Rückeroberung Mexikos in den 1820er Jahren noch erfolgreich vereitelt werden können, doch nur um den Preis einer Öffnung von Handel und Wirtschaft für ausländisches, insbesondere britisches Kapital, das in rasender Geschwindigkeit einströmte. Überdies ging der Krieg gegen die USA (1846-1848) verloren – und mit ihm rund die Hälfte des damaligen Territoriums (darunter u.a. die heutigen Bundesstaaten Texas, New Mexico, Utah und Kalifornien). Zu den politischen und außenpolitischen traten wirtschaftliche und fiskalische Probleme hinzu, die auf die Bevölkerungsverluste und die Kapitalvernichtung während der Unabhängigkeitskämpfe, die politisch-sozial unsicheren Verhältnisse und das Erbe einer Staatsschuld in Höhe von 70 Millionen Pesos von den ehemaligen spanischen Kolonialherren zurückgingen. Zaghafte Versuche zur Industrialisierung versandeten unter diesen Bedingungen.

Die folgenden Jahrzehnte waren schließlich, im Wissen um die unhaltbaren Zustände, geprägt von einer Intensivierung nicht nur der politisch-gesellschaftlichen Modernisierungsversuche, sondern – infolgedessen – auch der politischen Konflikte zwischen (die Modernisierung antreibenden) liberal-antiklerikalen und (bremsenden) konservativ-klerikalen Kräf-

---

dependence, Cambridge 1991, S. 1-48; Katz, Friedrich: Mexico. Restored Republic and Porfiriato, 1867-1910, in: Bethell, Leslie (Hrsg.): The Cambridge History of Latin America. Bd. 5: c. 1870 to 1930, Cambridge 1989, S. 3-78; Tobler 1984 – Die mexikanische Revolution, S. 34-48 und Bernecker, Walther L.: Mexiko im 19. Jahrhundert. Zwischen Unabhängigkeit und Revolution, in: ders./Pietschmann, Horst/Tobler, Hans W.: Eine kleine Geschichte Mexikos, Frankfurt/M. 2007, S. 119-240.

4. Analyse: Die Revolutionen in China, Mexiko und Iran

ten, die letztlich in einen Bürgerkrieg mündeten, der von Dezember 1857 bis Januar 1861 dauerte. Dieser endete zwar mit einem Sieg der Liberalen um Benito Juárez, doch da sich der mexikanische Staat, bedingt auch durch die Kosten des Bürgerkrieges, nicht länger imstande sah, die ausländischen Schulden zu bedienen, beschloss Napoleon III. die Entsendung einer starken französischen Expeditionsarmee. Im Zuge der anschließenden Invasion – an der sich anfänglich noch Briten und Spanier beteiligt hatten – kam es zum Sturz der liberalen Regierung und 1864 zur Gründung des „Zweiten Kaiserreichs" unter Maximilian I., das auf Seiten der Konservativen in Mexiko Unterstützung fand und von Frankreich abhängig war. Drei Jahre später vermochten die Liberalen indes, nachdem sich die französischen Truppen auf Druck der (den eigenen Bürgerkrieg überwundenen) USA zum Abzug gezwungen gesehen hatten, den „nationalen Befreiungskampf" für sich zu entscheiden, die „kollaborierenden" Konservativen dabei endgültig zu diskreditieren und die Republik unter der Führung von Juárez wiederherzustellen (república restaurada). 1876 machte sich schließlich Porfirio Díaz, ein Militär und Kriegsheld im Befreiungskrieg, in der sogenannten „Revolution von Tuxtapec" (die tatsächlich mehr einem Staatsstreich entsprach) zum neuen Herrscher, gefolgt von dessen formaler Wahl zum Präsidenten im April 1877.

Vor diesem Hintergrund mutet das, was Díaz während seiner mehr als 30 Jahre andauernden Herrschaft vollbrachte, wie ein Wunder an: nicht nur *politisch stabile* und *gesellschaftlich friedliche*, sondern auch *wirtschaftlich prosperierende* Verhältnisse. Er erreichte dies zwar nicht auf Anhieb, aber doch schon im Laufe der 1880er Jahre. Man spricht in Anerkennung der mit Blick auf die Vergangenheit ausnehmenden Stabilität und Friedfertigkeit von der *pax porfiriana*, die zwischen 1877 und 1910/11 in den Genuss eines durchschnittlichen Wirtschaftswachstums von jährlich 2,7% kam, welches wiederum in hohem Maße durch Auslandsinvestitionen hervorgerufen wurde. Die pax porfiriana war, wie Tobler zu pointieren weiß, gleichermaßen *Voraussetzung* wie *Ergebnis* der wirtschaftlichen und infrastrukturellen Modernisierung, die Mexiko unter Díaz erfuhr:

> Voraussetzung deshalb, weil damit die grundlegende Bedingung für die massiven ausländischen Kapitalinvestitionen gelegt wurde; Folge insofern, als die durch die neue wirtschaftliche Prosperität angewachsenen Staatseinnahmen den Aufbau eines effizienteren Verwaltungs- und Polizeiapparates zur Aufrechterhaltung der inneren Ruhe und Ordnung ermöglichten.[1174]

1174 Tobler 1984 – Die mexikanische Revolution, S. 34.

Politische Stabilität und wirtschaftliche Prosperität, so könnte man auch sagen, bedingten und verstärkten sich wechselseitig.

Doch gerade zu Beginn seiner Herrschaft, als Díaz noch nicht über die finanziellen Mittel zum Ausbau des staatlichen Apparats verfügte, weil der Wirtschaft ihre lange Wachstumsphase noch bevorstand, beruhten die stabilisierenden Effekte in hohem Maße auf seiner *persönlichen Herrschaftstechnik*. Sie lässt sich mit zwei Begriffen einfangen: Aussöhnung auf der einen und Zuckerbrot und Peitsche (pan o palo) auf der anderen Seite. Konziliant gab sich Díaz nicht nur gegenüber seiner eigenen Gruppierung, den entzweiten Liberalen, sondern auch gegenüber den Konservativen und der katholischen Kirche, die im Gefolge des Bürgerkriegs und des „nationalen Befreiungskriegs" beide eine deutliche Marginalisierung erfahren hatten. Die katholische Kirche beschwichtigte Díaz dadurch, dass er die Gesetze, auf deren Grundlage es zur Enteignung der riesigen kirchlichen Ländereien und zur Unterwerfung der Kirche unter den Staat gekommen war (Ley Lordo 1856 und Leyes de Reforma 1859), de jure zwar nicht aufhob, de facto aber ausgesprochen milde anwandte. Die landbesitzende Aristokratie wiederum band Díaz erfolgreich an sein Regime, indem er ihr Eigentum schützte und ihr darüber hinaus den verlorengegangenen politischen Einfluss zurückgab. Ergänzt wurde seine Strategie schließlich auf heiratspolitischem Wege einerseits – er ehelichte eine Frau aus angesehenem konservativ-katholischem Hause – und über eine „Entideologisierung" der Politik andererseits, die sich besonders gut in der Losung des Porfiriats ausdrückte: „mucha administración y poca política" – einmütige Verwaltung anstelle von kontroverser Politik. Díaz verwandelte so aufbegehrende Feinde in stillhaltende Gegner, wenn nicht treue Freunde.[1175]

Eine ganz ähnliche Wirkung ging von Díaz' klientelistischer Politik aus. Es wird häufig angenommen, dass „Don Porfirio" mit harter Hand regiert hätte, zumal als ehemaliger Militär. Das ist zwar nicht gänzlich falsch – auch insofern nicht, als Díaz selbst an der Entstehung und Verbreitung dieses Bildes in der in- und ausländischen Öffentlichkeit mitwirkte –, aber dennoch allenfalls die halbe Wahrheit. Wenn unbedingt nötig, dann scheute er den Einsatz repressiver Mittel keineswegs, das ist richtig, nur für ge-

---

1175 Vgl. zu dieser Konziliationsstrategie von Díaz insgesamt v.a. ebd., S. 42f. und Pietschmann 2000 – Die mexikanische Revolution, S. 230 sowie zum Ende der ideologischen Auseinandersetzungen Knight 1986 – The Mexican Revolution 1, S. 15.

wöhnlich zog er es vor, sich die Zustimmung lokaler und regionaler Eliten über die Vergabe von Posten oder sonstigen „Geschenken" zu *erkaufen*. Das Porfiriat war daher *weder ein Militär- noch ein Polizeistaat*.[1176] Militärstaat deshalb nicht, weil Díaz – aus Erfahrung klug geworden – ganz im Gegenteil daran gelegen war, das Militär als (eigenständigen) politischen Akteur *auszuschalten*. Dessen Rolle sollte sich im Wesentlichen auf die Durchsetzung der staatlichen Ordnung im Inneren beschränken; waren anfänglich manche Generäle noch mit Gouverneursposten abgefunden worden, so nahm die Zahl der Gouverneure mit militärischem Hintergrund im weiteren Verlauf immer mehr ab; auch die Truppenstärke insgesamt wurde sukzessive reduziert; des Weiteren sollten gerade die *rurales*, die gefürchtete Landpolizei, ein Gegengewicht gegen die Armee darstellen, um auch für den Fall einer Rebellion von Teilen der Armee weiterhin über Gewaltmittel zu verfügen. Um einen Polizeistaat handelte es sich insofern nicht, als für eine umfassende politische Überwachung schlicht die Mittel fehlten. Obschon seine Herrschaft mithin weit davon entfernt war, demokratischen Standards zu genügen, basierte sie doch zu einem hohen Grad auf der *Zustimmung* derjenigen, deren Stimme auf lokaler, regionaler oder nationaler Ebene Gewicht hatte. Ruíz umschreibt die Methode von Díaz so: „In return for backing, he granted key segments of society access to the national pork barrel."[1177] Gleichzeitig vermochte er es immer wieder, Gruppen *gegeneinander auszuspielen*. Díaz nahm sich mit anderen Worten sehr genau das Prinzip des „*divide et impera*" zu Herzen. Wenn ich meine Untergebenen schon nicht (wahrhaftig) für mich gewinnen kann, dann sollen sie sich wenigstens nicht gegen mich verbünden.

Es lassen sich nun einige generellere und zugleich differenziertere Aussagen über die Legitimationsstruktur des porfiristischen Regimes machen. (1) Vor allen Dingen verfügte es über eine ausgeprägte basal-pragmatische Legitimität, auch und gerade vor der Folie der zutiefst unruhigen Vorzeit. Díaz versprach und gab den Mexikanern nach bitteren Jahren der Unordnung *Ordnung*, der schon *als solcher* (wie im ersten Kapitel gesehen) ein „Ordnungswert" (Popitz) eignet. Als entscheidend erwies sich hierbei die Überwindung der postkolonialen Schwäche des mexikanischen Staates, ja,

---

1176 Das arbeitet Knight (ebd., S. 17-19, 32) sehr schön heraus.
1177 Ruíz 1980 – The Great Rebellion, S. 26. Wie viele andere sieht auch Hart 1987 – Revolutionary Mexico, S. 353 in der breiten Zustimmung, die Díaz unter den lokalen und regionalen Eliten genoss, eine der Hauptstützen seiner Herrschaft. Siehe außerdem Katz 1989 – Mexico, S. 63.

4.2 Die mexikanische Revolution (1910-1920)

die Ausweitung der zentralstaatlichen Kontrolle bis in die Peripherie. Zahlreicher Mittel bediente sich Díaz hierbei. (a) Zunächst ermöglichten es ihm die rurales, in den entlegensten Gebieten des Landes die zentralstaatliche Ordnung *gewaltsam durchzusetzen*, sei es gegen das grassierende Banditenwesen oder sei es gegen kleinere (Bauern-)Aufstände. Das ist ungemein wichtig: Die Faktizität einer (neuen) Ordnung wollte – gerade in der Peripherie, fern von der Machtzentrale also – allererst anerkannt werden, was auch und vor allem *gewaltvermittelt* geschah. Wenn nun aber konkurrierende Ordnungen existierten, deren Geltung, wie die Ordnung der Banditen, ebenfalls auf Gewalt beruhte, dann vermochte sich diejenige Ordnung durchzusetzen, die über *mehr* und das heißt *überlegene* Gewalt verfügte. Daher war auch die Abschaffung einzelstaatlicher Milizen einerseits und freiwilliger Einheiten in den Dörfern andererseits von Bedeutung – denn sie stellten mehr oder weniger *selbstständige* Gewaltakteure dar, die grundsätzlich imstande gewesen wären, *eigene* Ordnungsvorstellungen durchzusetzen.[1178] Zwar ist umstritten, wie sehr die national organisierten rurales *tatsächlich* zur Anerkennung der neuen Ordnung beitrugen, aber wie heißt es mit Blick auf die Ordnungsleistung im Porfiriat so schön bei Robert Buffington und William French: „the *illusion* of stability made a *real* difference"[1179]. Entscheidend war mit anderen Worten die Erwartungshaltung. Weil man *erwartete*, dass jeder die Ordnung in ihrer Faktizität anerkennt und befolgt, weil andernfalls rurales und Armee gewaltsam dafür sorgen würden, *handelte* man ordnungskonform, was wiederum der allgemeinen Erwartung, dass sie äußerstenfalls gewaltsam durchgesetzt würde, neue Nahrung gab usw. Es wurde dann im (seltenen) Falle einer Auflehnung für die Herrschenden zur Abwägungsfrage, ob sie diese öffentlich machten und wiederum vor aller Öffentlichkeit ein gewaltsames Exempel statuierten – um ein für alle Mal klar zu machen, was Aufrührern blüht – oder aber ob sie die Auflehnung samt repressiver Reaktion möglichst geheim hielten – um die Illusion aufrechtzuerhalten, dass niemand es wagen würde. Díaz' Ordnungsleistung war mithin zu einem guten Teil auch ein *Propagandaerfolg*, im In- wie im Ausland, wovon nicht zuletzt die folgende Äußerung zeugt: „,There are times', Don Porfirio once told a

---

1178 Vgl. zu diesen Maßnahmen Bernecker 2007 – Mexiko im 19. Jahrhundert, S. 229.
1179 Buffington, Robert M./French, William E.: The Culture of Modernity, in: Meyer, Michael C./Beezley, William H. (Hrsg.): The Oxford History of Mexico, New York 2000, S. 397-432, hier S. 406, m.H.

U.S. reporter, ‚when a little cannon smoke is not such a bad thing'."[1180] (b) Daneben erwies sich für die Geltendmachung der zentralstaatlichen Ordnung Díaz' direkte Kontrolle nicht nur der bundesstaatlichen Gouverneure, sondern vor allem der Distriktvorsteher (jefes políticos) als zentral, denen auf Distriktebene praktisch alle Verwaltungsaufgaben oblagen: vom Steuereinzug bis hin zur Sicherstellung von Ruhe und Ordnung. Deren Beitrag zur „weichen" Ordnungsdurchsetzung umschreibt Robert Delorme wie folgt: „‚Es waren diese Beamten, welche Díaz erlaubten, eine beträchtliche administrative Kontrolle über die lokalen Regierungseinheiten auszuüben und auf diese Weise politische Entscheidungen wirksamer als frühere Regierungen durchzusetzen.'"[1181] Über die Kontrolle der lokalen Verwaltung vermochte Díaz mit anderen Worten die zentrale Ordnung mit den lokalen Ordnungen in Übereinstimmung zu bringen. Ganz wesentlich begünstigt wurde dieser Vorgang durch das Wachstum des staatlichen Apparats insgesamt: Zwischen 1876 und 1910 soll sich die Zahl der öffentlichen Angestellten und Beamten verneunfacht(!) haben.[1182] Der (Extraktions- und Erzwingungs-)Apparat wurde hierdurch effektiver, so dass im Gegenzug die staatlichen Einnahmen stiegen, was wiederum einen weiteren Ausbau des staatlichen Apparats ermöglichte usw. – Samuel Finers berühmter „coercion-extraction-cycle". (c) Der (ordnende) Arm des Zentralstaats wurde außerdem durch den Ausbau der Infrastruktur verlängert. Eisenbahn, Straßen und Telegraph erschlossen immer weitere Teile Mexikos und relativierten so die Distanz zwischen Peripherie und Zentrum zusehends. Ordnungsverstöße wurden schneller – oder überhaupt erst – bekannt, Ordnungskräfte konnten zwecks Ahndung schneller vor Ort – und damit in rascher Aufeinanderfolge an mehr Orten – sein und die Verwaltung bis hinunter auf die lokale Ebene besser kontrolliert werden. Allein das Schienennetz wuchs zwischen 1876 und 1910 von 700 auf stattliche 20.000 Kilometer.[1183] (d) Dem geschickten Nebeneinander aus konzilianter und klientelistischer Politik verdankte es Díaz darüber hinaus, dass sich lokale und regionale Eliten (aus der Kirche, dem Militär oder dem Großgrundbesitz) mit der neuen Ordnung *arrangierten*, also wenn schon nicht zu glühenden Verfechtern, so doch wenigstens zu „Mitläufern", zu schweigenden Neinsagern wurden, die an der Ordnung selbst teilnahmen, statt

---

1180 Ebd., S. 403.
1181 Zitiert nach Tobler 1984 – Die mexikanische Revolution, S. 44.
1182 Vgl. ebd., S. 58.
1183 Siehe ebd., S. 50.

aktiv gegen sie zu opponieren. Dies hatte einerseits auf Dritte jenen Effekt, den von Trotha den „Demonstrationswert"[1184] nennt – andere lebten einem vor, dass man sich in der neuen Ordnung zurechtfinden konnte, was wiederum zur Nachahmung einlud –, und sorgte andererseits dafür, dass die Ordnung für ebendiese Eliten qua Teilnahme allmählich einen Investitions- und Alltagswert ausbildete. Das heißt, die Eliten entwickelten sowohl ein *explizites Interesse* am Fortbestand der (neuen) Ordnung – weil Interessen im weitesten Sinne in sie investiert wurden und man nicht um den künftigen Rückfluss dieses „Investments" gebracht werden wollte; die konservative Landaristokratie etwa konnte sich nicht sicher sein, ob sie unter einem anderen und womöglich radikaleren Verfechter aus dem liberalen Lager einen ähnlichen Schutz ihres Eigentums wie unter Díaz genießen würde – als auch eine *implizite Wertschätzung* dahingehend, dass die neue Ordnung sich mit jedem Tag mehr mit dem Alltag verwob und zur unhinterfragten Tat-Sache wurde, sich mit anderen Worten ebenso auf einer vorreflexiv-habituellen Ebene zu (quasi-)legitimieren begann. Wenn der Ordnungswert mit der bloßen Dauer einer Ordnung steigt, dann hatte er während des Porfiriats mehr als 30 Jahre Zeit, zu steigen. Der Erfolg der kooptativen Politik von Díaz lässt sich nicht zuletzt daran ablesen, dass seine Herrschaft die längste Zeit – abgesehen von einigen Bauernaufständen, die aber lokal und auf die Bauernschaft beschränkt waren –, von die Ordnung erschütternden politischen Unruhen verschont blieb.[1185]

(2) Sodann verstand es Díaz, wie bereits ausführlich geschildert, sich performativ Zustimmung zu sichern: einerseits von der Gesamtheit der Herrschaftsunterworfenen, indem er für eine außergewöhnlich gute wirtschaftliche Entwicklung sorgte, von der (bis auf die Bauernschaft) weite Teile der Bevölkerung, wenn auch in höchst unterschiedlichem Ausmaße, materiell profitierten. Es entstanden, wie noch näher auszuführen sein wird, eine neue Mittelschicht sowie in Ansätzen eine „nationale Bourgeoisie". Andererseits – und wichtiger noch – verschaffte sich Díaz die Zustimmung der Eliten des Landes, indem er sie im Austausch gegen deren politische Unterstützung (zum Beispiel im Kongress oder auf bundesstaatlicher Ebene) mit staatlichen Posten oder Ähnlichem bedachte oder ihnen dergleichen beließ, sich ihnen gegenüber also *reziprok* legitimierte. Zu beachten ist dabei, dass Letztere als Klienten ausschließlich der *Person* Díaz

---

1184 Vgl. Trotha 1994 – Basislegitimität, S. 84-86.
1185 Vgl. Katz 1989 – Mexico, S. 63.

Loyalität schuldeten; sie fühlten sich weder der Herrschaftsordnung insgesamt noch den Herrschaftsunterworfenen gegenüber verantwortlich. Insofern nimmt es nicht wunder, wenn die Herrschaft von Díaz immer wieder als personalistische Form von Herrschaft charakterisiert wird, die über eine nur schwach ausgeprägte institutionelle Grundlage verfügte.[1186] Ein Vorteil klientelistischer Beziehungen liegt unter performativ-expressiven Legitimationsgesichtspunkten darin, ausschließlich in der sozialen *Vertikalen* zu verlaufen: Verbunden sind ein im Status niederer Klient und ein im Status höherer Patron, d.h. für den Fall, dass sich der Klient vom Patron ausgebeutet fühlt, kann er auf keine horizontalen Solidarbeziehungen zurückgreifen. Es fällt, anders gesagt, aus *strukturellen* Gründen schwer, sich gegen den Patron zu verbünden und vereint-stimmgewaltig auf dessen Illegitimität hinzuweisen. Díaz' Sorge um das expressive Legitimitätsbild zeigt sich nicht zuletzt daran, dass er sich bis zuletzt formal zum Präsidenten *(wieder-)wählen* ließ. Die Wahlen mochten noch so sehr manipuliert und zur bloßen Akklamation verkommen sein, auf das damit verbundene *öffentliche Zeugnis der Legitimität*, das er Machtkonkurrenten, den Herrschaftsunterworfenen, dem Ausland und wohl auch sich selbst vorzeigen konnte, wollte Díaz offensichtlich nicht verzichten. Davon, wie sehr ihm an öffentlicher Zusprache von Legitimität bzw. umgekehrt an der Vermeidung öffentlicher Absprache dieser Legitimität gelegen war, zeugt nicht minder sein Umgang mit Repression. So Díaz denn auf sie zurückgreifen musste, hielt er sie, so gut es ging, *geheim*: Die Allgemeinheit sollte von Unmutsbekundungen möglichst keine Kenntnis nehmen.[1187] Damit zusammenhängend, herrschte während des Porfiriats lange Zeit ein allgemeines Streik- und Organisationsverbot.

(3) In theoretisch-reflexiver Hinsicht fällt auf, dass Díaz in seinem Handeln stets um *Legalität* bemüht war: 1880 verzichtete er – zugunsten seines ehemaligen Waffengefährten und von ihm unterstützten Generals Manuel González – auf eine direkte Wiederwahl, da dies der geltenden Verfassung widersprach; zumal Díaz ursprünglich mit dem Versprechen angetreten war, dieser unter Juárez und dessen Nachfolger Sebastián Lerdo de Tejada üblich gewordenen Praxis Einhalt zu gebieten. Er kandidierte erst

---

1186 So u.a. bei Tobler 1984 – Die mexikanische Revolution, S. 30, 97 und Foran 1994 – The Causes, S. 216.
1187 Vgl. Katz 1989 – Mexico, S. 66: „Díaz preferred to make deals rather than to repress and when he did use repressive means he attempted to keep them as secret as possible."

wieder 1884. Vier Jahre später war seine Machtposition dann in einem Maße gefestigt, dass er den Kongress zu einer Verfassungsänderung bewegen konnte, die ihm eine unbeschränkte Wiederwahl ermöglichte. Die Einhaltung der Legalität diente Díaz nach meinem Dafürhalten ganz maßgeblich dazu, den *Schein der Demokratie* zu wahren: Formal blieb bis zum Schluss die liberale Verfassung von 1857 in Kraft, die Mexiko als eine föderalistische und repräsentative Demokratie auswies. In der Vorspiegelung einer konstitutionellen Herrschaft erblicken Buffington und French denn auch „the foundation of the regime's legitimacy"[1188]. Und um dieses (Trug-)Bild abzurunden, ließ sich Díaz, mit Ausnahme der besagten Periode von 1880 bis 1884, alle vier (bzw. seit 1904 sechs) Jahre wiederwählen – „dictatorship had to be disguised under the cloak of a normal, democratic reelection"[1189]. Für Knight war das Porfiriat darum ein Fall von künstlicher bzw. unechter Demokratie, in der die politische *Praxis* radikal von der liberalen *Theorie* abwich, *ohne* sich indes der (theoretisch) legitimierenden Wirkung von Letzterer (völlig) zu begeben.[1190] Ferner dürfen in dem Zusammenhang nicht die Ursprünge des Díaz-Regimes übersehen werden: Wie John Foran von einer Volksbewegung zu sprechen, mag übertrieben sein, doch über eine *breite Unterstützung* verfügte sein Staatsstreich gegen Lerdo allemal.[1191] Aufhorchen lässt außerdem eine Einschätzung Buffingtons und Frenchs: „Order was the *raison d'être* of the Porfirian regime."[1192] Auf den ersten Blick scheint diese Aussage auf die basalpragmatische Legitimitätsdimension gemünzt zu sein, doch spätestens sobald man „raison" wörtlich nimmt, ergibt sich meiner Meinung nach ein anderes Bild: Die Garantie von Ordnung war vor dem Hintergrund der äußerst chaotischen vorporfiristischen Zustände zu einem *bewussten* Wert geworden, ja, zu einem ausdrücklichen *Grund* für die Herrschaftsordnung. Herrschaft, die Ordnung gewährleistete, wurde nicht nur *hingenommen*, sondern auch (normativ) *gutgeheißen*, d.h. Díaz genoss mit seiner Law-and-Order-Politik wenigstens ein Stück weit Legitimität *auch* in der theoretisch-reflexiven Dimension. Wie gesagt: Die (Quasi-)Legitimität in der

---

1188 Buffington/French 2000 – The Culture of Modernity, S. 415.
1189 Bazant 1977 – A Concise History of Mexico, S. 103.
1190 Siehe Knight 1986 – The Mexican Revolution 1, S. 19-21.
1191 Vgl. Foran 1994 – The Causes, S. 216 und Bernecker 2007 – Mexiko im 19. Jahrhundert, S. 225f.
1192 Buffington/French 2000 – The Culture of Modernity, S. 403, m.H.

4. Analyse: Die Revolutionen in China, Mexiko und Iran

basal-pragmatischen Dimension steht *zwischen* nicht-normativen und normativen Gehorsamsmotiven, mal weiter weg von, mal näher an Letzteren.

(4) Auf die (spezielle) Legitimität der porfiristischen Herrschaft in den Augen des Erzwingungsstabes wurde bereits eingegangen. Die Loyalität der von Díaz misstrauisch beäugten Armee sicherte er sich u.a. über die Gewährung von wirtschaftlichen Privilegien (bzw. die Duldung von Korruption), eine umfassende, auf Díaz bzw. das Kriegsministerium zulaufende Reorganisierung der Kommandostruktur, eine höhere Besoldung und über deren allmähliche politische Neutralisierung.[1193] Die rurales wiederum waren Díaz insofern treu ergeben, als sie ihre privilegierte Stellung einzig und allein Díaz verdankten, der sie zwar nicht ins Leben gerufen hatte, aber doch maßgeblich zu ihrer Aufwertung beitrug, indem er sie sowohl personell als auch finanziell aufstockte. Im Hinblick auf Ausrüstung, Mobilität, Ausbildung und Korpsgeist sind sie, zumindest im frühen und mittleren Porfiriat, als Elitetruppe einzustufen.[1194]

So viel zur legitimatorischen Struktur der porfiristischen Herrschaft, die meines Erachtens ein Stück weit verständlicher macht, wieso ihr solch eine hohe Stabilität eignete und wieso sie so lange dauern konnte. An der Jahrhundertwende kam es indes zur Zäsur. Die ersten krisenhaften Auswirkungen der vielfältigen Veränderungen im Bereich von Politik, Wirtschaft und Gesellschaft machten sich bemerkbar. Es vollzog sich, erst untergründig, mit dem Zusammenfallen einer wirtschaftlichen und einer politischen Krise dann aber zunehmend offenkundig, ein grundlegender Wandel in der Legitimationsstruktur. Diese Entwicklung, die im Ausbruch der mexikanischen Revolution kulminierte, steht im Mittelpunkt des folgenden Unterkapitels. Den Auftakt bildete der Legitimitätsverlust, den die porfiristische Herrschaft auf Seiten der Bauernschaft erlitt, gefolgt von jenem innerhalb der städtischen wie ländlichen Mittel- und Oberschicht.

1193 Siehe hierzu u.a. ebd., S. 409f. und Ruíz 1980 – The Great Rebellion, S. 41.
1194 Siehe Tobler 1984 – Die mexikanische Revolution, S. 44 und Buffington/French 2000 – The Culture of Modernity, S. 405f.

4.2.2 Die Krise des Porfiriats und der Ausbruch der Revolution

> The struggle that began in 1910 featured not so much the lower versus the upper class as frustrated elements of the upper and middle classes versus favoured elements of the *same* classes.[1195]

In John Womacks Aussage spiegelt sich jene Korrektur wider, die das Bild der mexikanischen Revolution seit den 1970er Jahren erfahren hat. Sie ist dahingehend richtig, dass man *auch*, was lange Zeit versäumt wurde, untersuchen muss, was einen Großteil der Mittel- und Teile der Oberschicht gerade im nördlichen Mexiko gegen Ende des Porfiriats in die Revolution trieb. Auch stecken in ihr Hinweise dafür, von wem die historische Initiative ausging und wer in der Folge (vieler-, aber nicht allerorts) die Führung übernahm. Nur, sie ist insofern falsch, weil einseitig, als sie ins andere Extrem verfällt: in eine Vernachlässigung der agrarischen Komponente der mexikanischen Revolution. Womack steht damit stellvertretend für eine allgemeine Tendenz der 1970er und 1980er Jahre, aus der ehemals strahlenden Bauernrevolution eine „bürgerliche" Revolution zu machen (und sie als solche gering zu schätzen, eine Bewertung, wie sie zumindest bei Womack überdeutlich zu erkennen ist). Man könne, so Womack weiter, eine Beteiligung der Bauern an der Revolution zwar nicht abstreiten, aber: „In this struggle masses of people were involved, but intermittently, differently from region to region, and mostly under middle-class direction, less in economic and social causes than in a bourgeois civil war."[1196] Ganz ähnlich behauptet Ruíz mit geradezu apodiktischer Bestimmtheit: „Revolutions originate not in the souls of people crippled by hunger and want, but with those who have tasted the fruits of change"[1197]. Auch das ist nicht ganz falsch – aber ebenso nicht ganz richtig, weil zu sehr simplifiziert. Wie so oft trübt der retrospektive Blick, der um spätere Entwicklungen weiß, die aber zum damaligen Zeitpunkt weder absehbar waren noch feststanden, das Urteil. Oder anders gesagt: Man schließt irrtümlich von der Wirkung der Revolution auf deren Ursachen. Mit Alan

---

1195 Womack 1989 – The Mexican Revolution, S. 81, m.H.
1196 Ebd.
1197 Ruíz 1980 – The Great Rebellion, S. 9. Oder an anderer Stelle (ebd., S. 73): „To credit the discontent of landless for the rebellion is to simplify, if not to distort, the nature of the situation." Über Hobsbawm wundert sich Knight 1986 – The Mexican Revolution 1, S. 79: „And a prestigious authority (an expert on ‚peasants', if not on Mexico) has ventured the incredible assertion that ‚the bulk of the peasantry…was not much involved in the revolution of 1910-1920'."

4. Analyse: Die Revolutionen in China, Mexiko und Iran

Knight, der dieser „revisionistischen" Tendenz mit seiner Studie von 1986 überzeugend entgegentritt, möchte ich mich indes – *obwohl* mir wohlgemerkt im Hinblick auf die bisherigen Ergebnisse meiner Arbeit die rein „bürgerliche" Interpretation in die Karten zu spielen scheint – dafür stark machen, in der Analyse und Beurteilung der mexikanischen Revolution *beides* zu berücksichtigen: ihren „bürgerlichen" Aspekt, d.h. die unbestreitbare (an Tocqueville gemahnende) Tatsache, dass Teile derer, die wirtschaftlich von der Modernisierung im Porfiriat *profitiert* hatten, sich am Ende gegen ebendieses Porfiriat wandten, *und* ihren „agrarischen" Aspekt. Nicht nur, um ihren Nimbus zu bewahren,[1198] sondern auch um zu einer vollständigen Erfassung ihrer Ursachen zu gelangen. Und zwar, wie zu ergänzen wäre, der Ursachen sowohl der zapatistischen Erhebung als auch der mexikanischen Revolution insgesamt – denn dem Agrarfaktor kam auch *außerhalb* von Morelos eine zutiefst wichtige Rolle zu, im nördlichen Chihuahua etwa oder in anderen Teilen des zentralen Hochlands.

Wie schon im Falle der chinesischen Revolution sehe ich in der (Il-)Legitimität des Ancien Régime dasjenige Element, das die verschiedenen Ursachen verbindet und sie ordnen (weil in ihrer delegitimierenden Wirkung bestimmen) hilft. Die mexikanische Revolution wurde möglich, d.h. das Porfiriat geriet in eine tiefe, revolutionäre Krise, weil es *schichtübergreifend* seiner Legitimität verlustig ging. Dies freilich aus je *unterschiedlichen* Gründen – die aber bei genauerem Hinsehen eine entscheidende *Gemeinsamkeit* aufwiesen: den Wunsch nach politischer Mitbestimmung, sei sie nur punktuell oder sei sie strukturell garantiert. Ich beginne mit jenen Entwicklungen, die eine politisch für gewöhnlich passive Bauernschaft in eine politisch aktive – weil im Sinne Barrington Moores *moralisch empörte* – Bauernschaft verwandelte. Wie und warum braute sich, anders gefragt, in Teilen Mexikos innerhalb der Bauernschaft ein revolutionäres Potential zusammen? Zunächst geht es also, um es mit Scott zu halten, um „the creation of social dynamite rather than its detonation"[1199].

1198 Vgl. Knight (ebd., S. 78f.), der hinter dem Herunterspielen des agrarischen Faktors den Versuch vermutet, die mexikanische Revolution zu entzaubern. Vielleicht, um für deren Kompatibilität mit gängigen Theorien zu sorgen. In seiner gesamten Arbeit wendet sich Knight denn auch gegen revisionistische und marxistische Erklärungen der mexikanischen Revolution (*ohne* deshalb jedoch in jeder Hinsicht anti-marxistisch zu argumentieren).

1199 Scott, James C.: The Moral Economy of the Peasant. Rebellion and Subsistence in Southeast Asia, New Haven 1976, S. 4.

Daran anschließen wird sich eine Analyse des Legitimitätsverlusts des porfiristischen Regimes in den Augen der Mittel- und von Teilen der (insofern antiporfiristischen) Oberschicht. Denn von dieser Seite ging gleichsam die *Initialzündung* für die mexikanische Revolution aus.

Die hohe Bedeutung der wirtschaftlich-sozialen Entwicklung im Agrarbereich geht allein schon aus dem Umstand hervor, dass es sich noch im spätporfiristischen Mexiko um eine überwiegend ländliche Gesellschaft handelte, in der nicht mehr als ein Fünftel der Bevölkerung in den Städten lebte. Wenn Mexiko also eine Revolution „des Volkes" erlebte, dann muss sie vom Land und hier ganz wesentlich von den Bauern ausgegangen sein. Nicht ohne Grund handelt Knight in seinem erstem Band zur mexikanischen Revolution unter dem Titel *„Popular* Protest" im dritten (und zentralen) Kapitel schwerpunktmäßig die Entwicklung des revolutionären Potentials der *Bauern* ab. Die Beschäftigungsstruktur lässt sich für das Jahr 1910 wie folgt in Relation rücken: „Mexico's labour force was primarily agricultural, secondarily artisan and only thirdly industrial; for every hundred rural workers, there were perhaps a dozen small farmers and a dozen artisans, four factory operatives (at least one a woman), three miners, one *ranchero*, and a quarter of one per cent of an *hacendado*."[1200] Zwar gestaltete sich im Porfiriat die Entwicklung im Agrarbereich regional höchst unterschiedlich, insgesamt aber zeichnete sich dennoch eine wichtige Grundtendenz mit erheblichem Konfliktpotential ab: eine fortschreitende *Landkonzentration*. Einige wenige Großgrundbesitzer und rancheros verfügten über immer mehr Landbesitz, während die Dorfbewohner und Kleinbauern ihr Land zunehmend verloren und vielerorts zu peones, zu Landarbeitern auf den Haciendas oder (Halb-)Pächtern degradiert wurden (oder sich als Wanderarbeiter durchschlugen oder sich auf die verzweifelte Suche nach einer Beschäftigung außerhalb der Landwirtschaft machten).[1201] Vor

---

1200 Knight 1986 – The Mexican Revolution 1, S. 79; hier auch zum Anteil der ländlichen an der Gesamtbevölkerung.

1201 Vgl. zu diesem allgemeinen Trend v.a. ebd., S. 79 und Tobler 1984 – Die mexikanische Revolution, S. 70f. sowie ders. 2007 – Mexiko im 20. Jahrhundert, S. 247-249. Die gesellschaftliche Reformpolitik des 19. Jahrhunderts fasst Wolf 1971 – Peasant Wars, S. 9 so zusammen: „No matter what attempts at reform were carried through in the course of the nineteenth century, every one of them served to strengthen and extend rather than to weaken the grip of the latifundium over its subject population." Statt von einer einfachen Polarisierung von hacendados auf der einen und peones auf der anderen Seite auszugehen, registriert man mittlerweile indes auch zunehmend die Entstehung einer bäuerlichen „Mit-

dem Hintergrund kann Knight pointieren: „It is worth stressing the point that, unlike many earlier peasant revolts, not only in Mexico but also in Latin America, Asia or medieval and early modern Europe, those of Porfirian and revolutionary Mexico centred upon and derived their character from the *struggle for land*."[1202] Die Gründe für diese Landkonzentration, die v.a. in den 1880er und 1890er Jahren ein noch nie dagewesenes Ausmaß annahm, sind vielfältiger Natur.[1203] Großgrundbesitz hatte es zwar schon zu Kolonialzeiten gegeben, doch er wurde die längste Zeit in seiner Expansion dadurch eingedämmt, dass korporatives Grundeigentum rechtlich geschützt war. Der dörfliche Gemeinbesitz blieb so, ebenso wie der riesige kirchliche Landbesitz, unangetastet. Dieser rechtliche Schutz entfiel indes, wie angesprochen, durch die liberale Gesetzgebung der 1850er Jahre, mit der in erster Linie die wirtschaftliche Macht der katholischen Kirche gebrochen werden sollte, mit der zugleich aber auch, einerlei ob beabsichtigt oder nicht, die rechtlichen Voraussetzungen für die Landenteignung der Dörfer geschaffen wurden. Den langfristigen Effekt der liberalen Reformen beschreibt Wolf wie folgt:

> Freedom for the landowner would mean added freedom to acquire more land to add to his already engorged holdings; freedom for the Indian – no longer subject to his community and now lord of his own property – would mean the

---

telschicht", der rancheros, in einigen Regionen; wenngleich deren genaues Ausmaß umstritten bleibt. Vgl. hierzu v.a. Tobler 1984 – Die mexikanische Revolution, S. 74, ders. 1996 – Mexiko, S. 270 und Knight 1986 – The Mexican Revolution 1, S. 99-115.

1202 Ebd., S. 155, m.H. Und weiter (ebd.): „Conversely, taxation – a good indicator of state-building, and cause of frequent rebellions in Mexico's past – was less important. For, with the political and financial consolidation of the Porfirian regime, the end of civil war, and the rapid growth of the economy, the fiscal basis of the Mexican state both shifted and became more secure. Tax collection became more efficient, less arbitrary and desperate. Traditional taxes, such as the *alcabala* and the *capitación* (head tax), vestiges of the colonial era, gave way to import duties, stamp taxes and property taxes, all of which were boosted by economic growth. The decline in importance of the head tax, which was highly repressive and had weighed heavily on the rural poor (especially the Indian population), was of particular significance [...] A central feature of popular, especially Indian revolt, evident throughout the colonial period, the Independence movement and the early nineteenth century, thus faded."

1203 Nachfolgend stütze ich mich auf Wolf 1971 – Peasant Wars, S. 15-37, Goldfrank 1979 – Theories of Revolution, S. 153-158 und v.a. Tobler 1984 – Die mexikanische Revolution, S. 68-86 sowie Knight 1986 – The Mexican Revolution 1, S. 78-115, 150-170.

ability to sell his land, and to join the throng landless in search of employment.[1204]

Zur *faktischen* Enteignung der Dörfer kam es indes hauptsächlich erst während des Porfiriats, was unter dem Gesichtspunkt einer Zuspitzung des für die mexikanische Revolution zentralen Konflikts zwischen Haciendas und Dörfern nicht ganz unwichtig war. Zuvor waren hierfür, wie Tobler argumentiert, die realen Voraussetzungen noch nicht gegeben, insbesondere hatte eine starke und selbst auf dem Land präsente Staatsgewalt gefehlt.[1205] Fragt man statt nach den Voraussetzungen nach den Gründen für die Ausbreitung von Hacienda und rancho, stößt man unweigerlich auf die allgemeine *Kommerzialisierung* der Landwirtschaft: Ermöglicht durch den rasanten Auf- und Ausbau des Schienennetzes, wurden immer mehr landwirtschaftliche Erzeugnisse für den Weltmarkt einerseits und einen neu entstehenden nationalen Markt andererseits produziert, wodurch die Nachfrage nach landwirtschaftlichen Erzeugnissen drastisch stieg.[1206] Zugleich konnten dadurch, dass die rechtlichen Schranken für eine vollständige Kommodifizierung von Grund und Boden – und damit indirekt auch von menschlicher Arbeit – weggefallen waren, auch immer mehr ausländische Investoren Land kaufen, die wiederum nicht nur von der besseren Anbindung an den Eisenbahnverkehr, sondern vor allem auch von der politischen Stabilität unter Díaz angelockt wurden. Da manche Segmente der Landwirtschaft zudem eine (kapitalintensive) technische Modernisierung erfuhren, wurden die selbstständigen Kleinbauern und kleineren Pächter von Seiten des Großgrundbesitzes unter zusätzlichen (Konkurrenz-)Druck gesetzt. Aber auch die Veräußerung von Staatsland unter Díaz sorgte dafür, dass rund 40 Millionen Hektar, „d.h. ein Fünftel der gesamten Staatsfläche, in die Hand privater Besitzer gelangt"[1207]. Zu Konflikten mit Dör-

---

1204 Wolf 1971 – Peasant Wars, S. 13. Wenngleich zu ergänzen wäre, dass von der Enteignung nicht allein die Dörfer der indigenen Bevölkerung betroffen waren, sondern daneben auch mestizische Dörfer.
1205 Siehe Tobler 1984 – Die mexikanische Revolution, S. 71f. Unter Verweis auf die Arbeiten John Coatsworths macht Tobler daneben auch auf die Bedeutung der Eisenbahn aufmerksam, die eine Kommerzialisierung der Landwirtschaft allererst möglich machte.
1206 Siehe für diese Integration der mexikanischen Landwirtschaft in einen nationalen und internationalen Markt insbesondere Knight 1986 – The Mexican Revolution 1, S. 79-81 und 151f., der aber zugleich hervorhebt, dass andere lateinamerikanische Länder *stärker* als Mexiko in den Weltmarkt integriert waren.
1207 Tobler 1984 – Die mexikanische Revolution, S. 73.

fern und Kleinbauern kam es dabei insofern, als diese gerade in den nördlichen Bundesstaaten in einigen Fällen seit geraumer Zeit „Staatsland" bearbeiteten, *ohne* indes über einen entsprechenden Rechtsanspruch zu verfügen, was in den meisten Fällen zum Entzug dieser Ländereien führte.

Das porfiristische Regime brachte die Bauernschaft demnach weder durch einen Anstieg der *steuerlichen Belastung* gegen sich auf – eine Praxis, die in der Vergangenheit immer wieder Anlass für die sogenannten „serrano"-Aufstände geboten hatte, in denen die Bauern gegen das Vordringen des (Zentral-)Staats protestiert hatten – noch durch eine Intensivierung von Ausbeutung und Repression *innerhalb* der Haciendas – also nicht aufgrund von Veränderungen in den Beziehungen zwischen hacendados und peones –, sondern in erster Linie durch eine *Expansion des Hacienda-Systems als Ganzes* (wobei der Ausbreitung des rancho-Systems eine vergleichbare Wirkung zukam).[1208] Diese Expansion vollzog sich insbesondere auf Kosten der ehedem unabhängigen Dörfer (pueblos) mit ihrem gemeinschaftlich genutzten Land, die seit der Kolonialzeit, über drei Jahrhunderte also, in einer Art Symbiose mit der Hacienda gelebt hatten – die nun aber zusammenbrach. Symbiose deshalb, weil streng genommen auch die Haciendas auf die umliegenden Dörfer angewiesen (gewesen) waren: als (saisonales) Arbeitskräftereservoir.[1209] Mit der Ausdehnung des Hacienda- und rancho-Systems wurden nun aber nicht einfach nur die Dörfer ihrer eigenen Existenzgrundlage beraubt, vielmehr war hiermit zusätzlich ein *veränderter Status* der Bauernschaft verbunden: „the transformation of ‚external' into ‚*internal*' peasants, or even rural proletarians"[1210]. Die ehemals freien Bauern begaben sich gegenüber den hacendados und rancheros vollends in ein Abhängigkeitsverhältnis, verloren sowohl ihre vorherige Autonomie als auch ihre Produktionsmittel und damit ihre bisherige „Überlebensversicherung". Wobei der Verlust des ei-

---

1208 Vgl. Knight 1986 – The Mexican Revolution 1, S. 156. Wie im Übrigen auch schon Tannenbaum 1966 – Peace by Revolution, S. 138 und Wolf 1971 – Peasant Wars erkennen. Wobei es während der mexikanischen Revolution im abgelegeneren Hochland *auch* zu „serrano"-Aufständen kam, die sich in erster Linie gegen die Einmischung des Zentralstaats richteten, dabei aber kein agrarisches oder nationales Programm verfolgten; siehe Knight 1986 – The Mexican Revolution 1, S. 115-127.
1209 Siehe zu diesem symbiotischen Verhältnis Wolf 1971 – Peasant Wars, S. 4, Dunn 1972 – Modern Revolutions, S. 55 und Knight 1986 – The Mexican Revolution 1, S. 82.
1210 Ebd., S. 156, m.H.

genen bzw. gemeinschaftlichen Landbesitzes umso schwerer wog, als spätestens seit der Mitte der 1890er Jahre der allgemeine Lebensstandard sank: Reallöhne fielen und Pachtzinsen stiegen. Die Gründe für diese Entwicklung lagen im Arbeitskräfteüberschuss, der eine Folge des Bevölkerungswachstums einerseits und der Massen arbeitsuchender Bauern andererseits war, die durch die Enteignung der Dörfer landlos geworden waren.[1211]

Um jedoch zu verstehen, wieso von der Landenteignung solch eine explosive Wirkung ausgehen konnte, ja, warum in ihr der tiefere Grund für den Aufbau eines revolutionären Potentials im Agrarbereich lag, reicht es nicht, sich die objektive ökonomische Bedrängnis zu vergegenwärtigen, in welche die Bauern gerieten. Not und Hunger allein erklären noch keinen Aufstand. Das beste Beispiel ist, wie gesagt, der Südosten Mexikos, Yucatán oder Oaxaca etwa, wo besonders repressive (Arbeits-)Verhältnisse herrschten und sich trotzdem (von innen heraus) kein Aufstand ereignete.[1212] Viel wichtiger war die *subjektive und kollektive Wahrnehmung* dieser Vorgänge, genauer: von Vorgängen, die eine *Veränderung* darstellten. Die Landenteignung – die vom legalen Kauf über die willkürliche Einverleibung rechtlich umstrittener Ländereien nach vorheriger Bestechung von korrupten Richtern und Beamten bis hin zur gewaltsamen Enteignung durch politisch einflussreiche hacendados reichte –[1213] verletzte in den

---

1211 Vgl. Tobler 1984 – Die mexikanische Revolution, S. 79 und Knight 1986 – The Mexican Revolution 1, S. 86, 101f., 155f., der auch darauf hinweist, dass die „billige Arbeit" eine weitere technologische Modernisierung im Bereich der Landwirtschaft verhinderte.
1212 Siehe hierzu u.a. Tobler 1984 – Die mexikanische Revolution, S. 144 und Knight 1986 – The Mexican Revolution 1, S. 88f., der auch mit einer guten Erklärung aufwartet: „the plantocracy had grown a carapace of social control and repression which, in defiance of concerted challenges from within, could only be dismantled by alien interlopers. The harsh discipline […], the combination of public and private violence, the planters' domination of local politics, maintained the plantocracy; while the peons, shipped into a strange malarial environment, lacked common origins, common traditions, even a common tongue, and the weakness and remoteness of free villages in the south made escape and resistance almost impossible. Indeed, it is unlikely that the peons of the south developed a countervailing culture, based on combined accommodation and resistance, as did the slaves of North America."
1213 Vgl. Tobler 1984 – Die mexikanische Revolution, S. 72. Wobei die Form des legalen Kaufs nicht minder anstößige Formen annehmen konnte, wurden doch teilweise aberwitzig niedrige Preise gezahlt; siehe ebd., S. 89, Fn. 21.

4. Analyse: Die Revolutionen in China, Mexiko und Iran

Augen der Dorfbewohner den traditionell begründeten Anspruch ihrer Gemeinschaft auf das Land, sie war daher im normativ-moralischen Sinne *illegitim*, bot also Anlass für das, was Barrington Moore eine „moralische Empörung" nennt und als Grundvoraussetzung dafür erachtet, dass Menschen sich gegen die herrschenden Verhältnisse auflehnen. Entscheidend war mit anderen Worten weniger, ob die Landenteignung formal legal ablief – in manchen Fällen tat sie das sogar –, entscheidend war vielmehr, ob sie nach Maßgabe der bäuerlichen „moral economy" für gerecht befunden wurde. Es ist diese normativ-moralische Dimension, die (zusammen mit dem Umstand, dass es um nicht weniger als die Subsistenz ging) nicht nur die *Brisanz* der Landfrage erklärt, sondern auch die *Unerbittlichkeit*, mit der um sie gestritten wurde; der Widerstand der Bauern verfügte dadurch, dass sie im Glauben waren, ihr altes Recht zu verteidigen, ja, sich im Recht fühlten, über ein *normatives Fundament*.[1214] „The problem of exploitation and rebellion is not just a problem of calories and income but is a question of peasant conceptions of social justice, of rights and obligations, of reciprocity"[1215], weiß James Scott. Und gegen ebendiese Vorstellungen verstießen im porfiristischen Mexiko (performativ) weite Teile der hacendados und rancheros: Aus einem tolerablen wurde so ein *intolerables* Verhalten, aus Legitimität – oder vielleicht sollte man besser sagen: aus Legitimitätslosigkeit – wurde *Illegitimität*.

Verschärft wurde dieser Konflikt schließlich dadurch, dass die hacendados vielerorts den politischen Apparat auf der lokalen und bundesstaatlichen Ebene kontrollierten.

> Granted the close contiguity of hacienda and community, and the landlords' local political monopoly, there was little opportunity for the peasantry to seek sympathetic *patrones*, who might defend their interests. Such clientelism was feasible in less commercialised, highland regions, it often formed an integral

---

1214 Unter explizitem Bezug auf die Arbeiten James Scotts meint Knight 1986 – The Mexican Revolution 1, S. 158: „it is essential to stress the moral (hence intransigent) nature of peasant protest in its inception. This was not simply a manifestation of peasant conservatism, nostalgia or religiosity […] Rather […] the moral bases of peasant protest derive from the logic of subsistence farming, its attendant insecurity, and the perennial – often seemingly illegitimate and capricious – threats posed by the state and the landlord class."

1215 Scott 1976 – The Moral Economy of the Peasant, S. VII. „But if anger born of exploitation were sufficient to spark a rebellion, most of the Third World (and not only the Third World) would be in flames", wie Scott (ebd., S. 4) ergänzt.

part of *serrano* rebellions, but it could not bridge the class divide in zones of agrarian polarisation.[1216]

Die Bauern waren dieser für sie inakzeptablen Praxis mithin politisch völlig schutzlos ausgeliefert, was das Ungerechtigkeitsempfinden abermals gesteigert haben dürfte. Zumal auch die lokalen Beamten immer weniger Widerstand gegen die Landenteignungspolitik der Oligarchie leisteten, wurden sie doch immer mehr „von oben" ernannt, statt wie früher „von unten" gewählt. Auf diese Weise eröffnete sich in Morelos der dortigen Zuckeraristokratie die Möglichkeit zur nicht nur sporadischen, sondern *systematischen* Enteignungspolitik.[1217] Statt gegen einzelne hacendados richtete sich der Protest der Bauern daher gegen ein ganzes System, gegen den Großgrundbesitz als solchen.[1218] Doch so aufsehenerregend (auch für die Wissenschaft) der Aufstand in Morelos während der Revolution war – weil er sich auf den *gesamten* Bundesstaat erstreckte sowie seiner Heftigkeit, seiner Ausdauer und nicht zuletzt seines Erfolgs wegen –, *dieselben* Ursachen führten ebenso in *anderen* Regionen Mexikos (insbesondere in den übrigen Teilen des zentralen Hochlands sowie in Sonora, Sinaloa, in La Laguna und der Region Huasteca) zu agrarisch motivierten Bauernaufständen, wie Knight nicht müde wird zu betonen: „commentators have been misled into seeing Morelos and Zapatismo as unique cases. But they were not."[1219] Auch in Chihuahua, wo in Luis Terrazas einer der mäch-

---

1216 Knight 1986 – The Mexican Revolution 1, S. 157.
1217 „Mit Hilfe der von ihnen weitgehend kontrollierten Staatsregierung, voreingenommenen oder korrupten Gerichten und nötigenfalls dem gewogenen Ohr des Präsidenten und seiner Minister gelang es den morelensischen Großgrundbesitzern, ihre Güter – sei es pseudolegal, sei es unter Androhung oder Anwendung von Gewalt – in den alten Gemeinde- und den unabhängigen Kleinbesitz hinein auszudehnen und so nicht nur die wirtschaftlich erforderliche Vergrößerung der Zuckeranbaufläche, sondern gleichzeitig auch ein größeres Arbeitsreservoir unter den nun landlos gewordenen Bauern zu erreichen." Tobler 1984 – Die mexikanische Revolution, S. 85. Zur Agrarentwicklung in Morelos vgl. bündig auch Knight 1986 – The Mexican Revolution 1, S. 105f.; zum fehlenden Widerstand der Lokalbehörden siehe Tobler 2007 – Mexiko im 20. Jahrhundert, S. 245.
1218 Ausnahmen bestätigen die Regel: Die Hacienda von San Felipe del Progreso, die in einer vom Zapatismus beeinflussten Region lag, erlebte während der mexikanischen Revolution nicht einen einzigen internen Aufstand, weil es die Großgrundbesitzer verstanden, neben ihrem Gewinnstreben auch den traditionellen Pflichten den peones gegenüber nachzukommen. Vgl. Knight 1986 – The Mexican Revolution 1, S. 168.
1219 Ebd., S. 105.

tigsten Científicos als Gouverneur herrschte, wurden die unabhängigen Bauern und v.a. die ehemaligen Militärkolonisten, die man nach dem Ende der Apacheneinfälle für Verteidigungszwecke nicht mehr benötigte, durch ein neues Agrargesetz ihres Landes beraubt – und hierdurch letztlich in den bewaffneten Aufstand getrieben.[1220]

Die Bauern waren somit in hohem Maße auf sich selbst angewiesen, gleichsam zur Selbsthilfe verdammt. Mit Blick auf die spätere Organisation und die „ideologische" Einkleidung des Widerstands fiel deshalb der Institution des Dorfes eine zentrale Rolle zu. Das Vordringen der Hacienda hatte das Dorf zwar seiner wirtschaftlichen, doch nicht so sehr seiner politischen und sozialen Unabhängigkeit beraubt. In Morelos beispielsweise lebten am Vorabend der Revolution noch rund drei Viertel der Bauern in freien Dörfern, landesweit etwa die Hälfte.[1221] Was den Großgrundbesitzern sogar gelegen kam, hatten sie doch nur in der Erntezeit einen hohen Bedarf an Arbeitskräften, den sie so über temporär beschäftigte „Externe" decken konnten. Die Ironie war dabei nur: „They thus, however, also left *intact cohesive social units*, which possessed the advantage of a social solidarity built up over long periods of time"[1222]. Eine Solidarität, die zudem über die Logik der Subsistenzwirtschaft einerseits und die Bedrohung durch die „externen" hacendados und rancheros andererseits verstärkt wurde. Knight kann darum pointieren: „The community [...] afforded both the *casus belli* and the *modus operandi* of the revolutionary war."[1223] Modus Operandi auch insofern, als die Anführer der zapatistischen und gleichartiger Erhebungen aus den dörflichen Gemeinschaften selbst stammten und gerade nicht wie im Falle der chinesischen Revolution von außen kamen.

Knight bringt die *Ursachen* (nicht die oder den Auslöser) für die spätere Bauernrevolution meisterhaft auf den Punkt, wenn er schreibt:

> Under Díaz, poverty and powerlessness increased. The mass of the people grew poorer (certainly after the mid-1890s) and their capacity to influence events, never great, became even more exiguous. But for this process to cul-

---

1220 Vgl. Katz 1989 – Mexico, S. 70f. und Tobler 1996 – Mexiko, S. 270f.
1221 Siehe Tobler 1984 – Die mexikanische Revolution, S. 86.
1222 Wolf 1971 – Peasant Wars, S. 27, m.H., bezogen auf die morelensischen Dörfer.
1223 Knight 1986 – The Mexican Revolution 1, S. 158. Die Rolle der Dorfbewohner in der mexikanischen Revolution ist für Knight das beste Beispiel dafür, dass die (Klassen-)Solidarität unter Bauern chronisch unterschätzt (und die des Proletariats überschätzt) werde.

minate in rebellion, it had not only to be accompanied by tactical opportunities for protest and revolt, but had also to engender deep feelings of injustice and outrage. Such feelings were subjective, were conditioned by particular circumstances, and cannot be reduced to ‚relative deprivation' [...] according to some neat formulation. [...] It was not exploitation *per se*, but ostensibly new, arbitrary, unjustified exploitation which provoked resistance.[1224]

Oder, schematischer ausgedrückt: „it could be said that revolt possessed an economic, an organisational and a moral dimension: it occurred not just when times were bad, and when resistance seemed worth a try, but also when the badness of the times engendered a kind of moral outrage leading to resistance."[1225] Und Widerstand schien in eben dem Moment „einen Versuch wert zu sein", als im Porfiriat eine wirtschaftliche und eine politische Krise koinzidierten und sich in der Folge weitere, nicht-bäuerliche Schichten und Gruppen gegen das Ancien Régime erhoben. Den tieferen Ursachen hierfür möchte ich nachfolgend genauso nachgehen wie der Dynamik, die schließlich zum Ausbruch der Revolution führte. Nachgezeichnet werden soll mit anderen Worten die Entwicklung, durch die das auch, aber nicht nur in der Bauernschaft schlummernde revolutionäre Potential *aktiviert* wurde. Denn die theoretisch-reflexive Illegitimität des Porfiriats war „lediglich" eine *notwendige*, nicht aber schon hinreichende Bedingung für eine Revolution.

Wenn man sich vergegenwärtigt, welch tiefgreifenden politischen, wirtschaftlichen und gesellschaftlichen Wandel Mexiko unter Díaz durchlebte, erstaunt vielleicht weniger, dass sich letztendlich Widerstand regte, als der Umstand, dass es Díaz so überaus lange gelang, jegliche Opposition schon im Keim zu ersticken.[1226] Auf die Expansion der Staatsgewalt wurde bereits eingegangen, ebenso auf das Wirtschaftswachstum. Was aber waren außerhalb des Agrarbereichs die gesellschaftlichen Auswirkungen der wirtschaftlichen (Teil-)Modernisierung? Mit Tobler lassen sich drei wesentliche gesellschaftliche Entwicklungen unterscheiden, die während des Porfiriats durch Wachstum und Diversifizierung der Wirtschaft hervorgerufen wurden.[1227] Erstens kam es zur allmählichen Entstehung einer (zahlenmäßig begrenzt bleibenden) Arbeiterschaft außerhalb der Landwirt-

---

1224 Ebd., S. 166.
1225 Ebd., S. 165. Darauf, dass die „moralische Empörung" der Bauern in Morelos durch den dortigen 1908/09 erfolgenden Wechsel des Gouverneurs nochmals gesteigert wurde, werde ich weiter unten eingehen.
1226 Vgl. Katz 1989 – Mexico, S. 62f.
1227 Vgl. Tobler 1984 – Die mexikanische Revolution, S. 56-61.

4. Analyse: Die Revolutionen in China, Mexiko und Iran

schaft. Diese blieb indes sozial ausgesprochen heterogen, weil es sich nicht nur um ein städtisches Proletariat handelte, sondern daneben auch um Beschäftigte im Bergbau und Eisenbahnbau. Von „einer einheitlichen, ‚modernen' Industriearbeiterklasse"[1228] konnte in diesem Stadium jedenfalls ebenso wenig die Rede sein wie von der Ausbildung eines Klassenbewusstseins – weshalb der Arbeiterschaft insgesamt in der mexikanischen Revolution eine eher geringe Rolle zufiel und sie in der folgenden Analyse weniger Berücksichtigung findet.[1229] Zweitens wuchs und differenzierte sich die Mittelschicht. Am stärksten war die Zunahme unter den privaten und staatlichen Angestellten, die bis 1910 den Großteil der Mittelschicht bildeten. Aber auch die Zahl der kleinen Geschäftsleute, selbstständigen rancheros und größeren Pächter nahm zu – vor allem im dynamischeren Norden, wo sich durch die Nähe zu den USA in kürzester Zeit größere Veränderungen im wirtschaftlich-sozialen Bereich ereigneten –, während die Zahl der Handwerker und Fuhrleute, bedingt durch die einsetzende Industrialisierung, langsam und stetig abnahm. Innerhalb der bis dahin hauptsächlich von Großgrundbesitzern und Militärs dominierten Oberschicht ließ sich, drittens, ebenfalls eine Differenzierung beobachten. Das Porfiriat erlebte sowohl die Bildung einer vornehmlich im Norden beheimateten „nationalen Bourgeoisie", der auch Francisco Madero entstammte, als auch, beginnend in den 1890er Jahren, den rasanten Aufstieg der sogenannten „Científicos", die Tobler zufolge den „kosmopolitischen ‚wissenschaftlich' technokratischen Flügel der Regierungselite"[1230] bildeten. Erstere blieb indes aufgrund der dominierenden Stellung, die das ausländi-

---

1228 Ebd., S. 57.
1229 Vgl. für diese Einschätzung auch Dunn 1972 – Modern Revolutions, S. 67-69, Zitat S. 67, demzufolge die Arbeiterschaft „more anti-foreign than anti-capitalist" eingestellt und von konservativen Vorstellungen erfüllt gewesen sei, sowie Tobler 1984 – Die mexikanische Revolution, S. 29, 121 und Knight 1986 – The Mexican Revolution 1, S. 128, 170. Eine verhältnismäßig große Rolle spielt das „Proletariat" in der Interpretation von Hart 1987 – Revolutionary Mexico, dem man zugutehalten muss, dass er den Beitrag revolutionärer Kräfte nicht allein im gewaltsamen, sondern auch im *verbalen* Protest sieht.
1230 Tobler 2007 – Mexiko im 20. Jahrhundert, S. 247. Die Científicos „leitete[n] ihre Bezeichnung von einer gemeinsamen sozialphilosophischen Überzeugung ab, die – vornehmlich unter dem Einfluß von Auguste Comte und Herbert Spencer – in einer stark sozialdarwinistisch gefärbten ‚wissenschaftlichen' Theorie von Ordnung und Fortschritt gründete" (ders. 1984 – Die mexikanische Revolution, S. 99). Zur Charakterisierung der Científicos vgl. auch Knight 1986 – The Mexican Revolution 1, S. 21-24.

sche und insbesondere amerikanische Kapital in der mexikanischen Wirtschaft einnahm, zahlenmäßig klein, während Letztere ihren Status umgekehrt gerade dem ausländischen Kapital verdankten, weil sie zwischen diesem und der mexikanischen Regierung als *Bindeglied* fungierten. Eine vermittelnde Funktion, die wiederum auf die zahlreicher werdenden Regierungsposten in den Händen der Científicos zurückzuführen war. Insofern die „nationale Bourgeoisie" für die Interessen der einheimischen und die Científicos für jene der ausländischen Unternehmen einstanden, waren Spannungen zwischen beiden von Anfang an vorprogrammiert gewesen.

Worauf der anfängliche Erfolg von Díaz' Herrschaft beruhte, wurde eingehend erläutert. Neben der Ordnungsleistung hatte er seine Legitimität vor allem der performativ generierten Zustimmung und damit Einbindung all jener zu verdanken, deren Stimme lokal, regional oder national irgendwie ins Gewicht fiel.

> The Pax Porfiriana had been based on the fact that Díaz had either won over or neutralized groups and classes which had traditionally led revolutionary and armed movements in Mexico: the army, the upper class, and the middle class. Without them, those lower-class rebellions which did break out in spite of the repressive machinery of the Díaz state were easily crushed and never transcended the local level.[1231]

Genau dieser Mittel-und-Oberschichten-Konsens ging nun aber, und das ist für die weitere krisenhafte Entwicklung entscheidend, an der Jahrhundertwende verloren. Abstrakt kann man darin das Resultat (1) einer *allgemeinen, sich verschärfenden Oligarchisierung*, (2) einer *institutionellen Schwäche* der porfiristischen Herrschaft und (3) einer *fortschreitenden staatlich-administrativen Durchdringung der Gesellschaft* sehen.[1232] Die Wirkung dieser drei ineinander verschlungenen Prozesse soll anhand der Ober- und Mittelschicht näher beleuchtet werden.

Für die lokalen und regionalen Eliten im Norden und Süden Mexikos bedeutete die politische Zentralisierung zunächst einmal einen Verlust an politischer Autonomie. Sie gerieten in Reichweite eines länger werdenden staatlichen Arms. Vor allem die nördlichen Bundesstaaten hatten (in ihrer Eigenschaft als frontier societies) lange Zeit regierungsperiphere Gebiete dargestellt, in denen der Einfluss der Zentralregierung sich, wenn überhaupt, nur indirekt geäußert hatte. Dies änderte sich mit dem Ausbau des

---

1231 Katz 1989 – Mexico, S. 63.
1232 So besonders pointiert Tobler 2007 – Mexiko im 20. Jahrhundert, S. 244; vgl. daneben auch Ruíz 1980 – The Great Rebellion, S. 26-39, 44-57.

4. Analyse: Die Revolutionen in China, Mexiko und Iran

Staatsapparats einerseits und der Anbindung an das Bahn- und Telegraphennetz andererseits. Doch während Díaz in der Anfangszeit die dortigen „alteingesessenen" Eliten noch zu kooptieren versucht hatte, indem er sie auf lokaler und regionaler Ebene mit politischen Posten oder Ähnlichem versorgt hatte, so dass deren politische Macht mehr oder weniger erhalten geblieben war, erfuhren sie im späten Porfiriat eine systematische Entmachtung. Mehr und mehr fielen Posten auf regionaler und lokaler Ebene nur noch an solche, die in der Gunst von Díaz standen und diese nur so lange genossen, wie sie sich ihm gegenüber absolut loyal zeigten. Allen voran die Científicos, jene in den 1890er Jahren aufsteigende technokratisch-metropolitische Regierungselite, vermochten die Regierungspositionen nicht nur auf nationaler, sondern zusehends auch auf einzelstaatlicher Ebene zu monopolisieren und selbst auf die Bestimmung der jefes políticos einen steigenden Einfluss auszuüben.[1233] Das heißt, die Científicos weiteten – auf dem Rücken der steigenden staatlich-administrativen Durchdringung Mexikos – ihren politischen Einfluss vom Zentrum in die Peripherie und von der nationalen bis hinunter auf die lokale Ebene aus. Die Folge war eine *Spaltung* der Oberschicht: hier die mächtiger werdenden „metropolitischen" Científicos oder, allgemeiner gehalten, die Günstlinge von Díaz, dort die zunehmend unzufrieden werdenden „traditionalen" lokalen und regionalen Eliten, einschließlich der v.a. im Norden beheimateten „nationalen Bourgeoisie" *und* ehemaliger militärischer Gefolgsleute von Díaz, die ebenfalls immer mehr aus dem inneren Machtzirkel verdrängt wurden. Doch auch im Parlament und in den Spitzen von Bürokratie und Armee war es zwar nicht immer nur die Gruppe der Científicos, aber doch „im Kern stets der gleiche kleine Personenkreis, der die Schlüsselstellungen und die einträglichen Pfründen kontrollierte"[1234]. Diese *Versteinerung* der Oligarchie lässt sich vielleicht am besten an der Regierungsdauer der Amtsträger ablesen. Im Jahre 1910 brachte es Díaz selbst auf 26 Jahre Präsidentschaft am Stück; rechnet man seine erste Amtsperiode vor der vierjährigen Unterbrechung hinzu, kam er auf insgesamt 30 Jahre. Außenminister Ignacio Mariscal gehörte dem Kabinett 26

1233 Knight 1986 – The Mexican Revolution 1, S. 24 relativiert indes den Einfluss der Científicos insbesondere auf lokaler Ebene. Dazu, dass auf lokaler Ebene die *caudillos* zunehmend durch solche Personen ersetzt wurden, die ihren Aufstieg einzig und allein Díaz verdankten und in der Regel über keine lokalen Verbindungen mehr verfügten, vgl. auch Katz 1989 – Mexico, S. 68f.
1234 Tobler 2007 – Mexiko im 20. Jahrhundert, S. 245.

Jahre an, Kriegsminister González Cosío und Finanzminister José Yves Limantour (seit dem Tod Romero Rubios im Jahre 1895 unbestrittener Führer der Científicos) bekleideten ihr Amt zu diesem Zeitpunkt seit 19 Jahren. Auf einzelstaatlicher Ebene ergab sich ein ganz ähnliches Bild: Die Gouverneure von Puebla, Coahuila und Guanajuato waren beim Ausbruch der Revolution bereits seit 15 Jahren im Amt, Luis Terrazas in Chihuahua seit 20 Jahren, mehrere Staatsgouverneure seit mehr als 25 Jahren und der Gouverneur von Tlaxcala seit 34 Jahren – was nicht weniger als der gesamten Dauer des Porfiriats entspricht.[1235]

Es war diese Oligarchisierung, diese Abschottung des politischen Systems, die auch die Mittelschicht aufbrachte. Bar jedweder Partizipationsmöglichkeiten litt sie hierunter indes nicht nur politisch, sondern – stärker noch als Teile der Oberschicht – gleichfalls im Hinblick auf ihre wirtschaftliche und damit gesellschaftliche Stellung, waren Politik und Wirtschaft im Porfiriat doch aufs Engste miteinander verzahnt. Wofür wiederum die Científicos das beste Beispiel sind: Dank ihrer Kontrolle des politischen Apparats verfügten sie über privilegierte Verbindungen zum Auslandskapital, die wiederum (zusammen mit ihrer finanz- und wirtschaftspolitischen Expertise) ihren informellen Einfluss auf Díaz ungemein erhöhten. Insofern hat Tobler mit seiner Einschätzung Recht:

> Diese Oligarchisierung des porfiristischen Regierungssystems, von ihren Kritikern auch als Politik des *carro completo* (des ‚vollen Wagens') attackiert, sollte […] gegen Ende des Porfiriats eine zunehmende politische Konfliktträchtigkeit erzeugen, deren Brisanz allerdings nicht allein von den verstopften politischen Partizipationskanälen im engeren Sinne herrührte als vielmehr von den dadurch ebenfalls weitgehend verbauten gesellschaftlich-wirtschaftlichen Aufstiegsmöglichkeiten, insbesondere für aufstiegsorientierte Angehörige der mexikanischen Mittelschicht.[1236]

1235 Siehe für die Zahlen Hart 1987 – Revolutionary Mexico, S. 176f. und Tobler 1984 – Die mexikanische Revolution, S. 101f. Mit dieser Versteinerung geht natürlich ebenso eine *Vergreisung* einher (ebd., S. 102): „Díaz selbst zählte 1910 79 Jahre. Sein Kriegs- und sein Justizminister waren beide über achtzig, zahlreiche Gouverneure waren über siebzig, die meisten mehr als sechzig Jahre alt." In der Armee und im Parlament stellte sich die Lage ähnlich dar.
1236 Ebd.; siehe auch Tobler 1996 – Mexiko, S. 267: „[D]ie wichtigste Route wirtschaftlich-sozialen Aufstiegs [führte] nach wie vor über den Erwerb politischer Macht". Vgl. zur Verzahnung von Wirtschaft und Politik außerdem Knight 1986 – The Mexican Revolution 1, S. 63.

4. Analyse: Die Revolutionen in China, Mexiko und Iran

Gerade die vielen und jungen staatlichen Angestellten mussten erfahren, dass die höheren Verwaltungsposten auf lange Sicht vergeben waren – von der älteren Generation, weshalb die Auseinandersetzung ebenso Züge eines *Generationenkonflikts* trug, wie Tannenbaum schon früh feststellt.[1237] Hinzu kam, dass sich weite Teile der Mittelschicht gegenüber den im Inland tätigen Ausländern benachteiligt fühlten, hinsichtlich der Entlohnung, vor allem (und dem vorgelagert) aber hinsichtlich der Chancen auf eine Beschäftigung in den die mexikanische Wirtschaft zunehmend dominierenden ausländischen Unternehmen. So ergab sich für die Mittelschicht insgesamt der Eindruck einer „*selektiven* Prosperität": Obschon sie ihre Entstehung allererst dem allgemeinen wirtschaftlichen Aufschwung während des Porfiriats zu verdanken hatten, profitierten in ihren Augen von diesem dennoch unverhältnismäßig stark das Auslandskapital und die mit diesem eng verbundenen Científicos.[1238]

Die politische Machtlosigkeit der Mittel- und von Teilen der Oberschicht hing indes nicht allein mit der „científico offensive" (Friedrich Katz) zusammen, sondern ebenso damit, dass Díaz es verpasste bzw. sich weigerte, seine Herrschaft auf eine stabile institutionelle Grundlage zu stellen. Vielleicht weil ihn seine im frühen und mittleren Porfiriat erfolgreiche „anti-institutionelle" bzw. personalistisch-klientelistische Herrschaftstechnik blind für dieses Erfordernis gemacht hatte. Ironischerweise waren es in den 1890er Jahren sogar ausgerechnet die Científicos, die dieses Manko beheben wollten und sich deshalb um eine Stärkung der Institutionen (in dem Fall v.a. der politischen Parteien) bemühten. Sie scheiterten mit ihrer Initiative jedoch am Widerstand von Díaz, womit womöglich die letzte Chance einer von oben eingeleiteten *politischen* Modernisierung verspielt wurde.[1239] Was sich gerade im frühen Porfiriat unter Legitimierungs- und Stabilisierungsgesichtspunkten als großer Vorteil erwiesen hat-

---

1237 Siehe Tannenbaum 1966 – Peace by Revolution, S. 133f. sowie Katz 1989 – Mexico, S. 67.
1238 Vgl. Tobler 1996 – Mexiko, S. 270, der den Begriff der „selektiven Prosperität" Stanley Ross entlehnt. Aber auch Katz 1989 – Mexico, S. 67 betont: „In the eyes of many of the young, the Díaz regime was a closed dictatorial society subservient to foreign and above all US interests which many of the young felt threatened the integrity and independence of Mexico. Their opportunities for social mobility, they felt, were smaller than those of the generation of their fathers. The older generation still filled the positions in the federal bureaucracy and Díaz gave no indication that he planned any kind of a turnover."
1239 So schätzt es auch Knight 1986 – The Mexican Revolution 1, S. 21f. ein.

te, wurde mit der Zeit und dem gesellschaftlichen Aufstieg neuer Gruppen immer mehr zur Belastung: der *personalistisch-autokratische* Charakter seiner Herrschaft. Díaz duldete weder ein mächtiges Parlament neben sich noch eine unabhängige Justiz; freie Wahlen fanden nicht statt und (selbstständige) Parteien und Verbände fehlten genauso wie eine freie Presse. Stattdessen hingen politische Entscheidungen – und damit auch etwaige politische Kurskorrekturen – in hohem Maße von Díaz allein ab, genauer: von Díaz und denen, die ihren *informellen* Einfluss auf ihn geltend machen konnten: den Científicos. Die Folgen gerade mit Blick auf die (Nicht-)Einbindung der Mittel- und von Teilen der Oberschicht bringt Goldfrank auf den Punkt:

> In civil politics, he [Díaz] destroyed the potentially selfcorrecting liberal institutions (free speech and press, independent judiciary, meaningful legislative assemblies and elections) that elsewhere *regulated conflict within ruling groups* and helped them to *absorb popular demands* – in that period in Latin America typically originating among the urban middle strata. A personal political machine was enhanced at the expense of liberal institutions, while the ideology of liberalism was paid lip service.[1240]

Ein mittelbares Produkt des geringen politischen Institutionalisierungsgrades war mit anderen Worten die *Spaltung der Oberschicht* einerseits und die *Enttäuschung der Mittelschicht* andererseits insofern, als das porfiristische Regime außerstande war, sich den gewandelten Bedingungen *anzupassen*: „After thirty years in office, the rulers of the Republic had failed to keep abreast of the transformations wrought by their success. Time and changing conditions demanded fresh accommodations if the masters were to cling to power. Unable to adjust, Díaz and his allies lost their popularity and their legitimacy."[1241] Mit John Hart lässt sich darum in Hinblick auf das Díaz-Regime allgemein festhalten: „It had *failed* to incorporate the new groups that came into being because of the economic growth that took place between 1876 and 1907, or to address their needs and aspirations."[1242] Weder in sozialer noch in politischer Hinsicht gelang eine Inte-

---

1240 Goldfrank 1979 – Theories of Revolution, S. 152, m.H. Auch Tobler 1984 – Die mexikanische Revolution, S. 100 hebt hervor, dass die Art des politischen Entscheidungsprozesses, „auf welchen weder Parteien noch Parlament oder Presse effektiv einwirken konnten [...] informellen Einflüssen breiten Raum gewährte".
1241 Ruíz 1980 – The Great Rebellion, S. 24.
1242 Hart 1987 – Revolutionary Mexico, S. 177, m.H. Er schreibt unter diesen Gruppen der *pequeña burgesía* eine Schlüsselrolle zu, ohne den Begriff jedoch rich-

gration von Mittel- und Teilen der Oberschicht (ganz zu schweigen von der Unterschicht). Die Gründe für die mangelhafte Performance wurden von diesen Schichten mehr und mehr in der *Struktur* gesucht, genauer: in der Oligarchisierung einerseits und dem autokratischen Charakter der Herrschaft andererseits. Die demokratische Fassade erwies sich in zunehmenden Maße als eben das: eine bloße Fassade. Das porfiristische Regime führte mit anderen Worten auf performativem Wege ein theoretisch-reflexives Legitimitätsdefizit herbei: Die „ungerechte" Politik wurde auf die bestehende Herrschaftsstruktur zurückgeführt, in welcher der Mittel- und dem ausgeschlossenen Teil der Oberschicht vielleicht formal, keineswegs aber de facto politische Mitwirkungschancen eröffnet wurden. Zum grundlegenden Strukturproblem – und als solches zunehmend *erkannt* – wurde in Toblers Worten die „Reformunfähigkeit des Regierungsapparates, der – ungeachtet der Überalterung seiner führenden Exponenten – keine Öffnung seiner politisch-sozialen Basis, mithin auch keine über die Person von Díaz hinausgehende Institutionalisierung, zustande brachte"[1243]. Wobei die besondere Ironie darin lag, dass es allererst die (wirtschaftspolitische) Performance der porfiristischen Herrschaft gewesen war, die eine (breitere) Mittelschicht und eine „nationale Bourgeoisie" entstehen ließ, die sich nun beide gegen sie wandten. In gewisser Weise hatte das Porfiriat seine eigene Opposition herangezüchtet.

Mit der um die Jahrhundertwende, spätestens aber seit 1907 einsetzenden *wirtschaftlichen* Krise wurden die Spannungen schließlich *akzentuiert* und weiter *verschärft*. Man könnte auch sagen: Die schlechte wirtschaftliche Performance schuf ein *günstiges Protestklima*, weil sich die porfiristische Herrschaft nicht einmal mehr auf materiellem Wege die Zustimmung unter den Herrschaftsunterworfenen zu sichern vermochte. Die daraus resultierende allgemeine Unzufriedenheit hatte zwar Gründe, die *tiefer* reichten, doch *dass* eine allgemeine Unzufriedenheit vorherrschte, wurde jetzt besonders offenkundig. Mit der Folge, dass man verstärkt nach den Ursachen hierfür zu suchen begann und sich mehr und mehr ein Zu-

---

tig zu erklären. Man erfährt nur, dass er hierunter „middle classes" versteht, die aber nicht wirklich „middle" gewesen seien; siehe ebd., S. 176f. und kritisch hierzu Foran, John: Review: Reinventing the Mexican Revolution. The Competing Paradigms of Alan Knight and John Mason Hart, in: Latin American Perspectives, Bd. 23/1996, Heft 4, S. 115-131, hier S. 124, der darin eine generelle Schwäche marxistisch angeleiteter Analysen sieht.

1243 Tobler 1984 – Die mexikanische Revolution, S. 122.

4.2 Die mexikanische Revolution (1910-1920)

sammenhang zwischen (nicht nur im wirtschaftlichen Sinne) ungenügender Performance einerseits und (illegitimer) Herrschaftsstruktur andererseits aufdrängte. Wenngleich Teilen der mexikanischen Wirtschaft schon die Finanzkrise in Europa zwischen 1899 und 1904 zu schaffen machte und man ebenso unter dem fallenden Silberpreis 1905/06 litt, setzte eine richtiggehende wirtschaftliche Depression erst im Jahre 1907 ein. Sie war ausgelöst worden durch die wirtschaftliche Rezession in den USA, die sich in der Folge – aufgrund der starken Durchdringung der mexikanischen Wirtschaft mit amerikanischem Kapital und ihrer hohen Exportorientierung – auf Mexiko übertrug und in ihren Auswirkungen durch eine simultane Agrarkrise noch verschlimmert wurde, die zu einem scharfen landwirtschaftlichen Produktionsrückgang und infolgedessen in Teilen Mexikos zu einer Hungersnot führte und ihre Gründe teils in Dürreperioden, teils in Überschwemmungen hatte.[1244] Die wirtschaftliche Depression, die auch deshalb so verheerende Ausmaße annahm, weil die Díaz-Regierung vor Staatsschulden zurückschreckte und vom Glauben an den sich selbst regulierenden Markt beseelt war, traf jedenfalls zwischen 1907 und 1911 *alle* Schichten – bis auf, und das ist entscheidend, weil symptomatisch, die *herrschende* Schicht. Die Unterschicht, deren Lebensstandard ohnehin schon prekär war, hatte mit fallenden Reallöhnen einerseits und einer steigenden Arbeitslosigkeit andererseits zu kämpfen; die Mittelschicht litt unter steigenden Nahrungsmittelpreisen, erhöhten Mieten und einer verstärkten steuerlichen Belastung; und unter den Teilen der Oberschicht, die nicht mit Díaz und den Científicos eng verbunden waren, wurden die Großgrundbesitzer von der Kreditkrise und die Unternehmer von den allgemeinen Auswirkungen der Wirtschaftskrise hart getroffen.[1245] Damit aber fiel für die lokalen und regionalen Eliten der letzte (performative) Grund fort, am Regime festzuhalten, das also, was für die erlittene politische Entmachtung noch entschädigt haben mochte: wirtschaftlicher

---

[1244] Der Vollständigkeit halber sei indes erwähnt, dass die Volkswirtschaft insgesamt im letzten Jahrzehnt des Porfiriats stärker als zuvor wuchs: nämlich im Jahr um durchschnittlich 3,3%, während der jährliche Anstieg zwischen 1877 und 1900 lediglich 2,1% betragen hatte (vgl. ebd., S. 117f. und ders. 1996 – Mexiko, S. 269).

[1245] Vgl. zu den Auswirkungen der Wirtschaftskrise u.a. Ruíz 1980 – The Great Rebellion, S. 120-135, Tobler 1984 – Die mexikanische Revolution, S. 117-121, ders. 1996 – Mexiko, S. 266-270 und Katz 1989 – Mexico, S. 62-72.

Wohlstand.[1246] Die Científicos dagegen schafften es, die Kosten auf die anderen Schichten *abzuwälzen*, was wiederum nicht nur Ausdruck der politischen Machtverhältnisse war, sondern eben auch des Umstands, dass politische Macht in hohem Maße mit wirtschaftlichen Privilegien einherging – mit dem Ergebnis, dass die eigene politische Machtlosigkeit v.a. für die Mittel- und antiporfiristische Oberschicht (noch mehr) zum Skandalon wurde; ja, diesen wurde ein weiteres Mal eindringlich vor Augen geführt, welche *auch wirtschaftlich-sozialen* Folgen die cliquenhafte Kontrolle der Politik zeitigte. Nochmal anders: Die herrschaftssystemimmanente Ungerechtigkeit manifestierte sich in Gestalt der Wirtschaftskrise in drastischer Weise auch materiell. Und dadurch, dass sie sich *allen* Schichten offenbarte, konnte von der wirtschaftlichen Depression auch solch ein „unifying impulse"[1247] ausgehen: Alle wurden *schichtübergreifend* in ihrer Ablehnung des porfiristischen Regimes geeint. Insbesondere dort, wo die mexikanische Revolution in Form des maderistischen Aufstands ausbrechen sollte, im Norden Mexikos, ergab sich so eine einzigartige Konstellation, wie Katz zu pointieren weiß:

> The *científico* offensive and the economic crisis of 1907 created an unprecedented and unique situation in the northern triangle of Sonora, Chihuahua and Coahuila. What was unique to this region was that substantial portions from all classes of society ranging from hacendados and the middle classes to industrial workers to the dispossessed former military colonists were united in their opposition to the Díaz regime.[1248]

Es ist dies ein Zug, welcher den revolutionären Bewegungen im Norden von Anfang an eignen sollte: dass in ihr *sämtliche* Schichten vertreten waren, ihr „breites gesellschaftliches Spektrum"[1249] also, während etwa in Morelos von der „científico offensive" oder, wie man vielleicht besser sagen könnte, „hacendado offensive" lediglich die Bauern betroffen waren und sich am Aufstand beteiligten.

1246 So Hart 1987 – Revolutionary Mexico, S. 349: „The loss of economic prosperity removed the only source of satisfaction that the politically and socially displaced provincial and local elites could claim."
1247 Ebd., S. 363.
1248 Katz 1989 – Mexico, S. 71. Der Norden mit seiner vergleichsweise großen Mittelschicht wurde von der Wirtschaftskrise besonders hart getroffen und auch die alten lokalen und regionalen Eliten wurden hier politisch stärker als andernorts verdrängt; siehe ebd.
1249 Tobler 1984 – Die mexikanische Revolution, S. 113.

4.2 Die mexikanische Revolution (1910-1920)

Und doch entfalteten die allgemeinen Krisenerscheinungen eine *politische* Wirkung erst in dem Moment, in dem Díaz eine *Öffnung* des politischen Systems in Aussicht stellte. Wieder einmal ist es die Bekundung von Reformbereitschaft und das damit einhergehende leichte Nachlassen des herrschaftlichen Drucks, die bzw. das ein Regime in eine politisch-revolutionäre Krise stürzt. Die aufblitzende Kontingenz weckte widerstreitende Erwartungen und sorgte so für eine breite Politisierung. Es brauchte aber auch das Signal eines nachlassenden Drucks insofern, als in den Jahren zuvor das genaue Gegenteil signalisiert worden war: mit einer *steigenden* Repression, die nun auch, was neu war, öffentlich *sichtbar* gemacht wurde.[1250] Die bestehenden Verhältnisse schienen hierdurch zementierter denn je. Insbesondere die Unterdrückung und Fragmentierung jener liberalen Bewegung, die 1900/01 in San Luis Potosí entstand und aus der die sich rasch radikalisierende Partido Liberal Mexicano (PLM) hervorgehen sollte einerseits – die erste nationale Oppositionsbewegung, deren Führung (darunter auch die Brüder Flores Magón) indes vom Díaz-Regime ins amerikanische Exil gedrängt wurde – sowie andererseits die brutale Niederschlagung der Arbeiterstreiks in den Jahren 1906 und 1907 in Cananea (Sonora) und Río Blanco (Veracruz) standen für diese Tendenz. Unter diesem Eindruck musste Amado Escobar, ein Anhänger der PLM, im Herbst 1906 resigniert feststellen: „‚The age of revolutions has passed into history and, even when the present Dictator dies another will come along and matters will continue the same'"[1251]. Und der deutsche Botschafter in Mexiko sagte in einem Schreiben an seine Regierung Ende 1910 noch vo-

---

1250 Siehe Katz 1989 – Mexico, S. 66f. Während Díaz früher, wie gesagt, stets daran gelegen gewesen war, den Einsatz repressiver Mittel zu vertuschen. Einen wesentlichen Grund für den steigenden Repressionsgrad im späten Porfiriat erblickt Hart 1987 – Revolutionary Mexico, S. 176 im steigenden ausländischen Einfluss auf die mexikanische Wirtschaft: „The foreign-dominated system of production thus had the effect of encouraging the use of government violence, not because foreign capital desired that result but because the contradictions between the Mexican working classes and the capitalist elites required it." Zur steigenden Aktivität der Geheimpolizei im späten Porfiriat vgl. Knight 1986 – The Mexican Revolution 1, S. 32f., die ihm zufolge indes trotz einiger Erfolge in der frühzeitigen Aufdeckung und Unterdrückung von Aufständen über das Ausmaß des revolutionären Potentials in Mexiko im Unklaren blieb.
1251 Zitiert nach Knight 1986 – The Mexican Revolution 1, S. 530, Fn. 609.

raus: „,I consider general revolution to be out of the question as does public opinion and the press'"[1252].

Das berühmte „Creelman-Interview", das Díaz im Februar 1908 einem amerikanischen Journalisten gewährte und das offenbar ausschließlich für fremde Ohren, nämlich das Ausland bestimmt war, setzte nun aber eine Dynamik in Gang, die letztlich im Ausbruch der Revolution mündete; ihm wird daher gemeinhin eine *auslösende*, eine *katalysatorische* Funktion zugeschrieben.[1253] Wie Knight richtig konstatiert: „The timetable of middle-class protest was determined not, in some mechanistic fashion, by the curves of the business cycle, but by the *political* chronology of the 1900s – the Creelman interview, the impending 1910 elections."[1254] Wenngleich die wirtschaftliche Krise einem solchen Protest, wie angedeutet, zweifelsohne günstigere Bedingungen verschaffte. Entsprechend bedarf der den Mittelschichten-Protest auf sich vereinigende Maderismus (der auch Unterstützung von Teilen der Unter- und Oberschicht erfuhr) einer primär *politischen* Erklärung. Wieso aber schlug das Interview so hohe Wellen? Und worin lag die Bedeutung der bevorstehenden Präsidentschaftswahlen? Vor dem skizzierten Hintergrund dürfte das Bild klarer werden.

Im Creelman-Interview, das in Mexiko auf große Resonanz stieß, verkündete Díaz nicht nur, dass das mexikanische Volk nun (da sich eine Mittelschicht herausgebildet habe) endlich reif für die Demokratie sei und die bevorstehenden Präsidentschafts- und Kongresswahlen im Jahre 1910 daher als freie und faire Wahlen abgehalten werden könnten, sondern er bestärkte darüber hinaus sogar oppositionelle Parteien in ihrem politischen Engagement, er stellte seinen politischen Gegnern mithin indirekt ein Weniger an staatlicher Repression in Aussicht.[1255] Zugleich schien er seinen Rücktritt am Ende der Amtsperiode wenn nicht anzukündigen, so doch zumindest anzudeuten, er warf mithin obendrein die Nachfolgefrage auf, die

---

1252 Zitiert nach Katz 1989 – Mexico, S. 77. Obwohl der maderistische Aufstand zu dem Zeitpunkt (am vierten Dezember 1910) schon im Gange war.
1253 Siehe u.a. Ruíz 1980 – The Great Rebellion, S. 42f., Tobler 1984 – Die mexikanische Revolution, S. 123 und Katz 1989 – Mexico, S. 72f. Tannenbaum 1966 – Peace by Revolution, S. 146 drückt die Lage in einem schönen Bild aus: „The air was filled with grievances, political and economic, moral and social. All that was needed was a spark to set the ready tinder aflame." Das Creelman-Interview bildet ebendiesen Funken.
1254 Knight 1986 – The Mexican Revolution 1, S. 65, m.H.
1255 Zum Inhalt des Interviews vgl. u.a. Tobler 1984 – Die mexikanische Revolution, S. 123 und Katz 1989 – Mexico, S. 73.

in einem derart personalistischen Herrschaftssystem umso mehr Zündstoff bergen musste: wegen der ungemeinen Machtfülle des Präsidenten einerseits, wegen seines geringen Institutionalisierungsgrades andererseits.[1256] Die (insofern als Díaz vieles von dem, was er von sich gab, offensichtlich nicht ernst meinte: unbeabsichtigte) Wirkung des Interviews bestand in einer *politischen Mobilisierung*, wie sie Mexiko in dieser Breite bis dahin noch nicht erlebt hatte: „Opponents of the regime felt that Díaz had given his official blessing to an opposition party and that they would suffer no reprisal if they joined such a group. The authorities became disoriented, and for a time allowed such movements a far greater degree of freedom than they had ever enjoyed before."[1257] Es formierte sich eine breite und eigenständige politische Bewegung, die sich – zunächst unter der Führung von General Bernardo Reyes, der zu dem Zeitpunkt auch Gouverneur von Nuevo León war – gegen die Oligarchisierung von Staat und Gesellschaft und folgerichtig gegen den Vizepräsidentschaftskandidaten (und seit 1904 bereits amtierenden Vizepräsidenten) der verhassten Científicos richtet: Ramón Corral.[1258] An der Nominierung des Vizepräsidenten entzündete sich somit die Frage, wer in der zukünftigen Ordnung das Sagen haben

---

[1256] Dass das Porfiriat über diese Nachfolgefrage beinahe zwangsläufig in eine politische Krise geraten musste, weil es nicht über die Institutionen verfügte, um einen geregelten und reibungslosen Machtübergang zu ermöglichen, lässt sich Popitz' Stufenmodell der Machtinstitutionalisierung entnehmen: Die Nachfolgefrage ist hiernach die *Achillesferse* einer jeden (neuen) Herrschaft insofern, als sie darüber entscheidet, ob die Herrschaft dauern, genauer: ob ihre Positionalisierung und damit Institutionalisierung gelingen wird oder nicht. Die Durchsetzung von Nachfolge-Regeln sei daher „die eigentliche Risikoschwelle der Macht-Positionalisierung" (vgl. Popitz 2004 – Phänomene der Macht, S. 244-246, Zitat S. 245).

[1257] Katz 1989 – Mexico, S. 73. Über die Motive für die im Interview getätigten Äußerungen von Díaz wird nach wie vor gerätselt. Er wollte seine politischen Gegner aus der Reserve locken, sagen die einen, er wollte sich dem Ausland gegenüber gefälliger präsentieren, sagen die anderen. Wiederum andere führen sie auf Díaz' fortgeschrittenes Alter zurück, das ihn die Konsequenzen seines Handelns nicht mehr voll überblicken ließ. Siehe zu diesen Interpretationen v.a. Knight 1986 – The Mexican Revolution 1, S. 48, der im Übrigen selbst zu Letzterer zu tendieren scheint.

[1258] Tobler 1984 – Die mexikanische Revolution, S. 123 ordnet Corral den Científicos zu, wenngleich Knight 1986 – The Mexican Revolution 1, S. 47-49 in ihm einem Kandidaten sieht, mit dem Díaz nicht nur die Reyisten und Maderisten, sondern – in Teilen jedenfalls – auch die Científicos enttäuschte, die auf eine Nominierung ihres Anführers Limantour gehofft hätten.

würde: das Lager der Científicos oder das von Reyes, dessen deutliche Distanz zu den Científicos „ihn in weiten Kreisen als ‚Kandidat des Volkes' gegen den Machtanspruch der ‚Científico-Plutokratie' erscheinen"[1259] ließ. Dass mit dem Vizepräsidenten zugleich der nächste Präsident gekürt werden würde, schien jedem bewusst zu sein – ebendeshalb wurde dessen Nominierung politisch so große Bedeutung beigemessen. Zwar erklärte Díaz entgegen seiner ursprünglichen Ankündigung schon wenige Monate nach dem Creelman-Interview, er werde sich ein weiteres Mal „für das mexikanische Volk opfern" und als Präsident kandidieren, doch allein schon angesichts seines fortgeschrittenen Alters schien es mehr als fraglich, ob er eine weitere sechsjährige Amtszeit würde beenden können. 1916 wäre er 86 Jahre alt geworden.

In der Unterstützung eines Gegenkandidaten für die Vizepräsidentschaft konnte sich demnach eine Kritik am porfiristischen System, genauer: an seinem autokratischen und oligarchisch-versteinerten Wesen, erstmals auf breiterer Front *artikulieren*. Was unter performativ-expressiven (De-)Legitimationsgesichtspunkten gar nicht hoch genug bewertet werden kann: Nur Kritik, die öffentlich geäußert wird, entzieht der Herrschaft ihre Legitimität. Latent mochte diese Kritik zwar schon länger vorhanden sein, sozial wirksam (weil von anderen Herrschaftsunterworfenen und den Herrschenden selbst registriert) aber wurde sie erst im Moment ihrer *Kommunikation*. Konkreter und offener wurde die Kritik schließlich – nachdem Díaz die Kandidatur Reyes' öffentlich abgelehnt hatte, im Sommer 1909 gegen führende Reyisten gewaltsam vorgegangen war und einen kuschenden Reyes auf „Auslandsmission" nach Europa geschickt hatte –, als Francisco Madero an die Spitze der liberalen politischen Bewegung rückte. Dieser hatte seine politische Kritik am porfiristischen System nicht nur bereits in seinem 1908 erschienenen Buch „La Sucesión presidencial en 1910" öffentlich gemacht – in dem er für eine (elitistische) Form von Demokratie eintritt, in der, um einer abermaligen Verschließung des politischen Systems entgegenzuwirken, ein regelmäßiger Austausch der Herrschenden stattfinden und insbesondere der (intellektuellen) Mittelschicht die Aufgabe der politischen Opposition zufallen soll –[1260], sondern trat, anders als Reyes, als *Präsidentschafts*kandidat an, forderte Díaz mithin direkt heraus. Der Slogan seiner Anti-Wiederwahl-Partei lautete: „Sufragio

---

1259 Tobler 1984 – Die mexikanische Revolution, S. 123.
1260 Vgl. ebd., S. 124 und Katz 1989 – Mexico, S. 74.

Efectivo, No Reelección". Die Maderisten setzten sich mithin genau für das ein, was weite Teile der Mittel- und Oberschicht einforderten: effektive politische Institutionen – allen voran: freie Wahlen –, um das politische System zu öffnen, d.h. die Herrschenden zur Verantwortung ziehen und gegebenenfalls austauschen zu können und die partizipatorische Basis des politischen Systems zu verbreitern. Anders gesagt, thematisierten die Maderisten öffentlich jenes allgemeine Strukturproblem, das dem porfiristischen Regime ein theoretisch-reflexives Legitimitätsdefizit bescherte: die *fehlende institutionelle Grundlage*, die aus der vermeintlich demokratischen Herrschaft von Díaz eine Autokratie ohne jede Machtbegrenzung machte, und den *undurchlässigen* Charakter des oligarchisch-versteinerten politischen Systems.

Der Vorteil für Madero bestand darin, dass Díaz ihn zunächst (wie der eine oder andere Historiker später auch) *unterschätzte*, vor allem deshalb, weil er im Gegensatz zu Reyes über keine Verbindungen zum Militär verfügte; womöglich erhoffte sich Díaz von Maderos Aufstieg gar eine Schwächung der reyistischen Bewegung, eine Fragmentierung der Opposition also.[1261] Madero genoss daher anfänglich sehr viel mehr Freiheiten, die er für seinen Wahlkampf zu nutzen verstand, um eine breite Unterstützung in der Mittel- und Oberschicht zu mobilisieren. Als Díaz jedoch erkannte, welche Gefahr vom immer populärer werdenden Madero ausging, dem sich auch viele ehemalige Reyisten anschlossen, ließ er ihn und einige andere führende Maderisten noch vor der Präsidentschaftswahl im Juni 1910 in Gewahrsam nehmen. Dem vorausgegangen war ein Kompromissvorschlag Maderos, der Díaz anbot, auf die eigene Kandidatur als Präsident zu verzichten, wenn dieser sich im Gegenzug für freie und faire Wahlen verbürgen und Madero anstelle von Corral zum Vizepräsidentschaftskandidaten ernennen würde. Mit seiner Weigerung, auf dieses Angebot einzugehen, ließ Díaz wohl die letzte Möglichkeit verstreichen, die politische Nachfolge auf *friedlichem* Wege zu regeln.[1262] In den wie eh und je gefälschten Wahlen wurde Díaz sodann mit überwältigender – und daher umso fragwürdigerer – Mehrheit zum Sieger erklärt.[1263] Die Lage der

---

1261 Siehe ebd.
1262 Vgl. Knight 1986 – The Mexican Revolution 1, S. 74.
1263 Schätzungen gehen von 5.000 bis 60.000 Festnahmen unter den Maderistas aus; siehe ebd., S. 75. Um zu verdeutlichen, inwieweit die Wahlergebnisse blanker Hohn waren (und von ihnen daher gerade *keine* erhoffte expressive Legitimationswirkung ausgehen konnte): „In the primaries, Díaz had secured 18,829 votes

4. Analyse: Die Revolutionen in China, Mexiko und Iran

Maderisten und aller auf Änderungen dringenden Kräfte mutete hoffnungslos an: „It seemed as if the great hopes, first aroused by the Creelman interview, nurtured by dozens of local clubs and newspapers, disappointed by Reyes, revived by Madero, were now irrevocably dashed."[1264]

Doch Madero gelang kurze Zeit später, nachdem er nach den Wahlen auf Kaution freigelassen worden war, nicht nur die Flucht nach San Antonio (Texas), sondern er sah auch jener bitteren Wahrheit ins Gesicht, vor der viele seiner Mitstreiter (die wie er aus wohlhabenden, zumindest aber materiell gesicherten Verhältnissen kamen und über ein ausgeprägtes Ordnungsinteresse verfügten) anfänglich noch die Augen verschlossen: dass an einem bewaffneten Widerstand, ja, an einer gewaltsamen Revolution kein Weg vorbeiführte.

> The logic of the situation, which Madero had earlier perceived, and by April 1910 accepted, demanded some kind of armed resistance. If the force of enlightened public opinion failed to budge Díaz, if the speeches, rallies and reasoned arguments – all the weapons of the liberal arsenal – had proved ineffective, then the only alternative was force. [...] Where Reyes had drawn back from revolution in 1909, ‚stunted, ugly' Francisco Madero (Reyes' words) accepted the logic of the situation.[1265]

---

to Madero's 221. Towns in the Maderista heartland were said to have voted thus: Saltillo, 110 for Díaz, 0 for Madero; Monclova, 84 for Díaz, 0 for Madero; Parras (Madero's home town), 65 for Díaz, 0 for Madero." Ebd.; hier auch zu weiteren „Unregelmäßigkeiten" bei der Wahl. Angeblich erhielt nicht ein Kandidat aus dem Lager der Opposition genügend Stimmen, um in den neuen Kongress einzuziehen (vgl. Katz 1989 – Mexico, S. 76f.).

1264 Knight 1986 – The Mexican Revolution 1, S. 76.

1265 Ebd., S. 76. Insofern muss das in der Forschung lange Zeit von Madero gezeichnete Bild eines naiven Träumers, der doch tatsächlich glaubte, Díaz würde freie Wahlen abhalten, revidiert werden. Für seine realistische und kühle Einschätzung der Situation spricht auch ein Interview, das er 1911 gab (welches freilich insofern mit Vorsicht zu genießen ist, als es retrospektiv gefärbt ist). Dort heißt es: „,Nevertheless, I understood that General Díaz could only have been toppled by armed force. But in order to carry out the revolution the democratic campaign was indispensable because it would prepare public opinion and justify an armed uprising. We carried out the democratic campaign as if we had no intention of resorting to an armed uprising. We used all legal means and when it became clear that General Díaz would not respect the national will [...] we carried out an armed uprising.'" Zitiert nach Katz 1989 – Mexico, S. 74. Dafür, dass Madero ganz bewusst alle legalen Mittel ausreizt, um eine spätere „illegale" Erhebung zu rechtfertigen, spricht meiner Meinung nach auch das angesprochene und von Díaz ausgeschlagene Kompromissangebot.

Das Díaz-Regime provozierte mit anderen Worten durch sein repressives Vorgehen, genauer: durch seine irrtümlichen liberalen Signale, dank der in der Öffentlichkeit eine expressive Delegitimation einsetzen konnte, und das anschließende (Wieder-)Einschlagen eines repressiven Kurses die Revolution. Im „Plan von San Luis Potosí", in dem Madero die Präsidentschafts- und Kongresswahlen für ungültig und sich selbst zum Übergangspräsidenten erklärte, rief er das mexikanische Volk schließlich dazu auf, sich zu erheben: am 20. November um 18 Uhr (gleich einer Einladung zur dinner party, wie Mao einwenden könnte). In dem Wissen aber, dass die Erhebung ohne Reyes auf keine Unterstützung von Seiten des Militärs bauen konnte und daher umso mehr auf eine Unterstützung der (Volks-)Massen angewiesen war, enthielt das Manifest auch Zugeständnisse an die Bauern bzw. Dörfer, denen, wenn auch etwas vage gehalten, die Rückgabe der widerrechtlich angeeigneten Ländereien in Aussicht gestellt wurde.[1266] Madero, dem eine rein *politische* Revolution vorschwebte und dessen Manifest die „soziale Frage" ansonsten gar nicht berührte, bereitete damit den Boden für eine *schichtübergreifende* revolutionäre Allianz, die sich zwar im weiteren Verlauf als äußerst prekär erweisen und nach dem Sturz von Díaz rasch auseinanderbrechen sollte, für den Moment aber der Erhebung die nötige *Durchschlagskraft* verlieh bzw. den diversen Erhebung*en* die nötige *Synchronizität*. Die mexikanische Revolution trat in ihre erste Phase.

Anders als von Madero erwartet, gingen die ersten Aufstände im November 1910 indes nicht von den Städten aus, d.h. nicht von dort, wo die Anti-Wiederwahl-Bewegung ihren größten Anhang hatte, sondern vom Land, wo dem staatlichen Apparat die Niederschlagung sehr viel schwerer fiel.[1267] Die ersten Erfolge feierten die Rebellentruppen in Chihuahua unter der Führung von Pascual Orozco und Francisco „Pancho" Villa; schon bald kontrollierten sie weite Teile Chihuahuas, wo zudem Anfang Januar 1911 erstmals eine starke porfiristische Armeeeinheit vernichtend geschla-

---

1266 Tutino, John: From Insurrection to Revolution in Mexico. Social Bases of Agrarian Violence, 1750–1940, Princeton/N.J. 1986, S. 326-349, 368f. sieht in der Bereitschaft zu solch einer klassenübergreifenden (die Bauern und Arbeiter mit beinhaltenden) Koalition einen Beleg dafür, wie *tief* das Zerwürfnis innerhalb der Elite bzw. zwischen Científicos einerseits und Mittel- und restlicher Oberschicht andererseits gewesen sein muss.
1267 Vgl. Tobler 1984 – Die mexikanische Revolution, S. 150; nachfolgend stütze ich mich in der Wiedergabe des Verlaufs v.a. auf Tobler (ebd., S. 150-164), Womack 1989 – The Mexican Revolution, S. 82-85 und Katz 1989 – Mexico, S. 77f.

gen werden konnte. Aber auch in vielen anderen Einzelstaaten breitete sich der maderistische Aufstand im Winter und Frühjahr 1910/11 in Windeseile aus, wobei die beiden revolutionären Hauptzentren vereinfacht gesagt die nördlichen Bundesstaaten Sonora, Chihuahua und Coahuila einerseits und das südliche zentrale Hochland um Morelos andererseits bildeten. In Morelos waren in der Zwischenzeit die Konflikte zwischen Haciendas und Dörfern dadurch weiter angeheizt worden, dass Pablo Escandón, ein Angehöriger der morelensischen Hacienda-Oligarchie mit besten Verbindungen zu den Científicos, 1909 dem Ende des Vorjahres verstorbenen (relativ liberalen und um Ausgleich bemühten) Manuel Alarcón auf dem Gouverneursposten folgte, d.h. wie im Falle der mexikanischen Revolution insgesamt entluden sich auch in Morelos die über einen längeren Zeitraum aufgebauten Spannungen infolge einer durch die Nachfolgeproblematik akut gewordenen politischen Krise.[1268] Im April 1911, in dem auch Bauern südlich von Mexiko-Stadt, darunter die Zapatisten, zu den Waffen griffen, befanden sich bereits weite Teile der ländlichen Regionen Mexikos in den Händen der Rebellen; in Sonora nahmen Maderisten die Stadt Agua Prieta ein. Im Folgemonat gelang ihnen schließlich die Einnahme der ersten großen und strategisch wichtigen (Grenz-)Stadt Ciudad Juárez, die „mehr noch durch ihre *politisch-psychologischen* als durch ihre militärischen Auswirkungen"[1269] die Wende brachte. Spätestens jetzt wurde klar, dass das Díaz-Regime nicht mehr imstande war, die Ordnung gewaltsam durchzusetzen. In jedem Einzelstaat schossen maderistische Rebellengruppen wie Pilze aus dem Boden. Nach dem Verlust der theoretisch-reflexiven Legitimität und nach der massiven expressiven Delegitimation quer durch alle Schichten verlor es letztlich auch seine basal-pragmatische Legitimität. Am 21. Mai unterzeichneten Maderisten und Bundesregierung im Vertrag von Ciudad Juárez ein Waffenstillstandsabkommen, in dem sich Díaz und Corral zum Rücktritt noch im selben Monat verpflichteten (und in dessen Gefolge ebenso sämtliche Gouverneure zurücktraten). Madero wurde einige Monate später, im Oktober 1911, mit großer Mehrheit

---

1268 Vgl. Tobler 1996 – Mexiko, S. 270, Knight 1986 – The Mexican Revolution 1, S. 72, 106 und Katz 1989 – Mexico, S. 72, der Alarcón wie folgt charakterisiert: „a traditional *caudillo*, not unfriendly to the planters but still considered by a large part of the state's population to have been his own man with whom they could at least deal in times of crisis and who was not part of the local oligarchy".
1269 Tobler 1984 – Die mexikanische Revolution, S. 161, m.H.

4.2 Die mexikanische Revolution (1910-1920)

zum neuen Präsidenten gewählt – „in what was probably the most honest election the country had ever had"[1270].

Stellt sich noch die Frage, wie dieser basal-pragmatische Legitimitätsverlust möglich wurde. In dem Zusammenhang halte ich – zusammen mit dem Umstand, dass die jüngeren Generationen Ordnung an sich womöglich keinen so großen Wert mehr beimaßen, weil sie selbst die politisch unruhigen vorporfiristischen Zeiten nicht mehr erlebt hatten –[1271] für aufschlussreich: (1) dass die bewaffneten Aufstände eine erstaunlich große Stoßkraft entwickelten, was nicht nur auf die breite Mobilisierung allein zurückzuführen war – die wiederum, neben dem (normativen) Motiv der Illegitimität, innerhalb der Unterschicht dadurch (materiell) begünstigt wurde, dass viele der Arbeitslosen in den Revolutionsarmeen eine relativ gut bezahlte Arbeit fanden –, sondern auch darauf, dass die nördlichen Bundesstaaten dank ihrer „spezifisch nördliche[n] Gewalttradition"[1272] über kampferprobte und bewaffnete Aufständische verfügten, darunter ehemalige Militärkolonisten und Banditen, die wiederum durch die Nähe zu den USA leicht an Waffen gelangten; (2) dass die ersten Erfolge der Aufständischen, gepaart mit dem ohnehin weitverbreiteten revolutionären Potential, zum Aufflackern immer weiterer Aufstände im ganzen Land führten, was Armee und rurales zwang, an mehreren Fronten gleichzeitig zu kämpfen, sich also aufzuspalten; erschwerend hinzu kam, dass die Rebellen teilweise in schwer zugänglichen Gebieten agierten; (3) dass die Stärke der Rebellentruppen auf eine *komplementäre Schwäche* der Regierungstruppen traf,[1273] die ihre Gründe wiederum u.a. darin hatte, (a) dass

---

1270 Katz 1989 – Mexico, S. 78. Darauf, dass der Kompromiss von Juárez bereits den Keim der (1913 erfolgenden) Konterrevolution durch General Victoriano Huerta enthielt, weist Tobler 1984 – Die mexikanische Revolution, S. 140 hin. Denn der alte Staatsapparat und die alte Armee blieben personell weitestgehend unverändert, während die Revolutionstruppen entwaffnet wurden bzw. werden sollten.
1271 Eine Form der Legitimation, die wohlgemerkt *zwischen* theoretisch-reflexiver und basal-pragmatischer Legitimitätsdimension steht, weil Ordnung dieser Argumentation zufolge zu einem *bewussten* Wert wird.
1272 Ebd., S. 151. Auf die unterschiedlichen Arten der Mobilisierung, die mal „von unten" (wie in Chihuahua und Morelos), mal „von oben" (wie in Sonora) erfolgten, kann hier nicht eingegangen werden.
1273 Vgl. Tobler (ebd., S. 140), der angesichts der immer offener zutage tretenden Unfähigkeit, außerhalb der befestigten Stützpunkte und abseits der Eisenbahnlinien für Ruhe und Ordnung zu sorgen, meint (ebd., S. 156): „Dieses Versagen von Armee und *rurales* in der Eindämmung des Aufstandes war – zusammen

4. Analyse: Die Revolutionen in China, Mexiko und Iran

die Armee von Díaz aus Misstrauen über Jahrzehnte kleingehalten worden war, weshalb sie im Winter 1910 offiziell lediglich 30.000 und faktisch sogar nur 14.000 Mann stark war;[1274] (b) dass im Porfiriat von einer Modernisierung und damit Effizienzsteigerung der Armee abgesehen worden war, in deren höchsten Rängen sich zudem mehrheitlich nach wie vor ehemalige Waffengefährten von Díaz befanden, die der Alterung genauso wenig entgehen konnten wie Díaz selbst;[1275] und (c) dass sich die unteren Ränge der Armee zu einem nicht unbeträchtlichen Teil aus Zwangsrekrutierten zusammensetzten, deren Disziplin und Kampfmoral zu wünschen übrig ließen;[1276] (4) dass die rurales bei Ausbruch der Revolution in hohem Maße verkommen waren;[1277] (5) dass die Aufständischen vielerorts die Unterstützung der Zivilbevölkerung genossen und (6) dass die frühere Ordnungsleistung unter Díaz, wie angesprochen, zu einem wesentlichen Teil *auch* ein Propagandaerfolg gewesen war, also nicht (nur) auf harten Fakten beruht hatte und daher wie ein Kartenhaus in sich zusammenfallen konnte. Nur unter Berücksichtigung dieser und weiterer Faktoren ist zu erklären, wie ein Ancien Régime gewaltvermittelt zu Fall bzw. zur Kapitulation gebracht werden konnte, dessen Erzwingungsstab weiterhin *loyal* zum Herrscher hielt – der mit anderen Worten *keinen* speziellen Legitimitätsverlust erlitten hatte – *und* zuvor durch *keinen* zwischenstaatlichen Krieg oder Ähnliches geschwächt worden war. Knight stellt denn auch die alles

---

mit der fortschreitenden Paralyse des porfiristischen Regierungsapparates – mindestens so sehr für den unerwartet raschen Zusammenbruch des Díaz-Regimes verantwortlich wie die Herausforderung der maderistischen Erhebung von unten."

1274 Siehe Knight 1986 – The Mexican Revolution 1, S. 17f. und Foran 1994 – The Causes, S. 216. Auch rurales gab es nicht mehr als 2.400. Foran (ebd., S. 219) zufolge stand die Bundesarmee im späten Mai 1911 70.000 bewaffneten (wenn auch lose organisierten) Rebellen gegenüber, Womack 1989 – The Mexican Revolution, S. 85 zählt 25.000 an der Front.

1275 Siehe Tobler 1984 – Die mexikanische Revolution, S. 156, der meint, die Armee sei weder technisch modernisiert noch in ihrer Offiziersausbildung professionalisiert worden, so dass sie „weitgehend der Militärtradition des 19. Jahrhunderts verhaftet" blieb. Siehe zu den Defiziten der Armee außerdem Buffington/French 2000 – The Culture of Modernity, S. 411.

1276 Vgl. Tobler 1984 – Die mexikanische Revolution, S. 157 und Knight 1986 – The Mexican Revolution 1, S. 18, demzufolge es nicht unüblich war, dass die Arbeit der einfachen Soldaten mangels Zuverlässigkeit von Polizisten überwacht wurde.

1277 Zum Zustand der rurales, d.h. zu ihrer mangelhaften Disziplin, Straffälligkeit, Unfähigkeit, Unbeliebtheit usw., vgl. v.a. ebd., S. 33-35.

4.2 Die mexikanische Revolution (1910-1920)

andere als abwegig erscheinende Vermutung auf: „Indeed, a fully-fledged police or militarist state might have coped with the challenge of 1910 better than Díaz's ramshackle civilian/*caciquista* regime could."[1278] So aber ging die porfiristische Herrschaft ihrer Legitimität in *sämtlichen* Dimensionen verlustig – und sackte zusammen.

Am Rande sei außerdem bemerkt, dass das Porfiriat noch in anderer Hinsicht an expressiver Zustimmung verlor: von *außen* nämlich. Die USA stellten sich zwar zu keinem Zeitpunkt offen gegen Díaz, aber aus ihrem Verhalten gegen Ende seiner Herrschaft sprach ebenso wenig eine Unterstützung. In dieser bewussten Neutralität sehen Goldfrank und Foran einen die Wahrscheinlichkeit einer Revolution erhöhenden „tolerant or permissive world context" bzw. ein „world-systemic opening".[1279] Unter anderem ließen die USA viele der Aufrührer, die auf ihrem Territorium Zuflucht suchten, darunter Teile der PLM und führende Maderisten, unbehelligt agi(ti)eren. Sie intervenierten während der Revolution nicht zugunsten von Díaz. Und sie ließen im März 1911 Truppen an der mexikanischen Grenze zusammenziehen und entsendeten Kriegsschiffe in den Golf von Mexiko, was von der mexikanischen Öffentlichkeit als Misstrauensvotum aufgefasst wurde: Man traue Díaz nicht mehr zu, Herr der Lage zu werden, ja, lasse ihn fallen.[1280]

Ungeachtet der Pluralität und Heterogenität der Aufstände in der ersten Phase der Revolution lässt sich somit zweierlei festhalten. Zum einen wur-

---

1278 Ebd., S. 35. Ein „cacique" ist ein lokaler politischer Boss. Die Besonderheit der mexikanischen Revolution dahingehend, dass ihr kein Krieg vorausging und sie auch in ihrem weiteren Verlauf von keinem zwischenstaatlichen Krieg erschüttert wurde, bemerkt auch Hart, John M.: The Mexican Revolution, 1910–1920, in: Meyer, Michael C./Beezley, William H. (Hrsg.): The Oxford History of Mexico, New York 2000, S. 435-466, hier S. 435.

1279 Siehe Goldfrank 1979 – Theories of Revolution, S. 149f. und Foran 1994 – The Causes, S. 212, 219. Wenngleich sich mir nicht erschließt, inwiefern der mehr als dreieinhalb Jahre *später* beginnende Erste Weltkrieg für den *Ausbruch* der Revolution förderlich gewesen sein soll.

1280 Vgl. hierzu Womack 1989 – The Mexican Revolution, S. 84, Tobler 1984 – Die mexikanische Revolution, S. 163 und Foran 1994 – The Causes, S. 219. Zu den Gründen für das Nichteingreifen der USA zugunsten der Díaz-Administration siehe Goldfrank 1979 – Theories of Revolution, S. 149f., Tobler 1984 – Die mexikanische Revolution, S. 32, 114-117 und Foran 1994 – The Causes, S. 219. Als ein zentraler Grund wird der Versuch der Díaz-Regierung gewertet, die Abhängigkeit vom amerikanischen Kapital zu verringern, indem vermehrt europäisches Kapital angelockt wird, kurz: in einer Diversifizierungsstrategie.

den sie alle kurzzeitig unter dem Banner des Maderismus *vereint*. Denn obschon dieser eine Bewegung primär der neuen Mittelschicht darstellte, die für sich ein Recht auf politische Mitsprache reklamierte, war er in seinem Versprechen freier Wahlen dennoch *allgemein* und *elastisch* genug, um beinahe jede andere soziale Gruppe anzusprechen. Freie Wahlen ließen sich als ein Mittel für die Realisierung der unterschiedlichsten Anliegen denken. Wie auch Knight bemerkt:

> The Maderista programme and philosophy were thus variably conjugated: for some, they implied a progressive, up-to-the-minute polity, well-governed, hard-working and prosperous; for some, a political housecleaning and overdue access to power; for some, a reassertion of old, heroic, liberal values; for some, agrarian restitution and/or village autonomy.[1281]

Der Maderismus füllte damit ein Stück weit die Lücke, die durch den fehlenden oder nur schwach ausgeprägten Nationalismus entstand, der in anderen Revolutionen ganz wesentlich zur Vereinigung der Gegner des Ancien Régime beitrug. Wobei es daneben ebenso der Kampf der „Peripherie" gegen das „Zentrum" war, der von Anbeginn eine der wichtigsten Integrationsklammern für die mexikanische Revolution bildete.[1282] Der maderistische Aufstand war deshalb nicht einfach nur ein Vorbote oder die Voraussetzung für eine *spätere* (vollwertige bzw. soziale) Revolution, viel-

---

1281 Knight 1986 – The Mexican Revolution 1, S. 413. Vgl. auch Foran 1994 – The Causes, S. 217f. und ders. 2005 – Taking Power, S. 38, m.H., wo es zur liberaldemokratischen Ideologie des Maderismus heißt: „This amalgam would prove a political culture of resistance *sufficiently inclusive* to unify broad forces against Díaz in 1910".

1282 Vgl. Tobler 1984 – Die mexikanische Revolution, S. 25 und ders. 2007 – Mexiko im 20. Jahrhundert, S. 246. Wobei von dieser „Peripherie" die einzelstaatlichen Gouverneure ausdrücklich *ausgenommen* waren, schließlich wurden sie als *Teil* der vom Zentralstaat ausgehenden Oligarchisierung wahrgenommen, ja, als *Fremd*körper, die ihre Macht einzig und allein dem Wohlwollen Díaz verdankten. In der mexikanischen Revolution spielten sie daher keine Rolle.
Zum Nationalismus: Obwohl manch einer ihm (und damit zusammenhängend: externen Faktoren) inzwischen eine größere Bedeutung für die mexikanische Revolution beimisst (wie v.a. Hart 1987 – Revolutionary Mexico), schätze ich es eher wie Knight 1986 – The Mexican Revolution 1, S. 2, m.H., ein: „[T]he Mexico of 1910 was, borrowing Lesley Simpson's phrase, ‚many Mexicos', less a nation than a geographical expression, a mosaic of regions and communities, introverted and jealous, ethnically and physically fragmented, and lacking common national sentiments; these sentiments came *after* the Revolution and were (notwithstanding some theories to the contrary) its *offspring* rather than its parents."

mehr *begann* mit ihm die mexikanische Revolution, er war deren Initialzündung. Von Anfang an *beteiligten* sich die Massen und von Anfang an *artikulierten* sie ihren Unmut.[1283] Das heißt, es kam schon zu diesem Zeitpunkt zum Ausbruch des aufgestauten revolutionären Potentials sowohl der Mittel- und von Teilen der Oberschicht als auch der enteigneten Bauern in Morelos, Chihuahua und andernorts. Ja, der maderistische Aufstand wurde zur *Gelegenheit* für die Entladung jener quer durch alle Schichten aufgeladenen revolutionären Energie, die sich zwar aus unterschiedlichen Ursachen speiste, zusammengenommen aber als das Resultat einer *illegitim* gewordenen Herrschaftsordnung begriffen werden kann. Ohne die Massenbasis wäre ihm sicherlich ein anderes Schicksal beschieden gewesen, wie auch Knight vermutet: „Indeed, without mass popular participation the Maderistas could not have overthrown Díaz and their respectable reformism would have remained on a par with similar movements of urban middle-class protest [...] moderate movements, directed against incumbent oligarchies, liable to be co-opted or crushed."[1284] Darin, dass die Maderisten bzw. Protagonisten der Ober- und Mittelschicht in den nördlichen Bundesstaaten sich nicht davor scheuten, mit den Bauern und anderen Angehörigen der Unterschicht zu koalieren, lag das eigentliche Erfolgsgeheimnis.

Zum anderen weisen die unterschiedlichen Erhebungen hinsichtlich ihrer Motive dennoch eine wichtige *Gemeinsamkeit* auf, die John Hart vielleicht am besten zu erfassen vermag und die mir ein Licht auf den spezifisch *demokratischen* Charakter der mexikanischen Revolution insgesamt (und nicht allein der maderistischen Erhebung) zu werfen scheint: „In making their demands all of these groups called for *full political participation*. They rejected the narrowly based polity of the ancien régime, controlled by metropolitan elites."[1285] Es ging darum, aus der vermeint-

---

1283 Wiederum bringt es Knight (ebd., S. 78) mit Blick auf die maderistische Revolte auf den Punkt: „Its ‚social revolutionary' character derived from mass participation and from its expression of genuine popular grievances, both of which were evident from the start. There was no clear, chronological distinction (as has often been posited) between initial ‚political' revolt and subsequent ‚social' revolution; on the contrary, the two were coeval." Aber auch Knight (ebd., S. 103) sieht in der *nationalen politischen Krise* zwischen 1908 und 1910 den „crucial additional factor", um das im Agrarbereich angehäufte revolutionäre Dynamit zur Detonation zu bringen.
1284 Ebd., S. 78.
1285 Hart 2000 – The Mexican Revolution, S. 464.

lichen eine *echte* Demokratie zu machen, in der die Herrschaft nicht nur scheinbar, sondern auch *faktisch* vom Volk ausgeht, darum also, dass zusätzliche gesellschaftliche Gruppen als offizielle Legitimationsadressaten in die performativ-expressive Dimension aufgenommen werden. Der Unterschied zwischen den verschiedenen revolutionären Bewegungen bestand nur darin, dass es die Maderisten waren, die der Mittelschicht und dem ausgeschlossenen Teil der Oberschicht, einen *institutionalisierten* Platz im politischen System sichern wollten, während Teile der Bauernschaft sich zwar an den *Folgen* der eigenen politischen Machtlosigkeit stießen – mithin *irgendwie* in Zukunft politisch beteiligt werden wollten, um nicht wieder von regionalen und nationalen Oligarchen übergangen zu werden –, aber im Grunde genommen „lediglich" ihr Land zurückhaben, nicht aber die politische Macht auf nationaler Ebene erringen wollten. Die Maderisten (und zuvor die Reyisten) verliehen der Revolution somit, so blind sie für die sozialen Belange auch gewesen sein mochten, die so wichtige *politische* Komponente oder, besser noch, weil die mexikanische Bauernschaft alles andere als a-politisch war, die für Revolutionen so entscheidende *holistische* Perspektive: Sie trachteten danach, die Herrschaftsordnung *als Ganzes* umzuwandeln – und die Eroberung der Staatsgewalt wurde zum Mittel für diesen Zweck. Sie wünschten keine nur punktuelle politische Mitbestimmung, vielmehr wollten sie die politische Mitbestimmung qua *struktureller* Garantie *dauerhaft* ausgeweitet wissen, kurz: sie forderten die *Institutionalisierung des Prinzips der Volkssouveränität*, d.h. die Übersetzung dieses Prinzips in entsprechende Institutionen. Es ist genau dieser ganzheitliche Ansatz, der Zapata und Villa immer wieder abgesprochen wird. So bescheinigt Wolf den Zapatisten, da es diesen in der Hauptsache um die Landnahme gegangen sei, einen „narrow focus of aims"[1286], der ein Grund für die Schwäche wie auch die Stärke der Bewegung gewesen sei und der sich ebenso in der fehlenden Bereitschaft ausgedrückt habe, ihre militärischen Aktivitäten auf Regionen außerhalb von Morelos auszuweiten. Sowohl Zapata als auch Villa hätten mit ihren Rebellentruppen zwar wesentlich zum Sturz von Díaz beigetragen, doch zugleich seien sie außerstande gewesen, eine stabile revolutionäre Regierung zu errichten bzw. eine neue Ordnung einzurichten: „Zapata, because he was unable to transcend the demands of his revolutionary peasantry, concentrated upon a narrow area of Mexico, and Villa glorified in warfare, but

---

1286 Wolf 1971 – Peasant Wars, S. 32.

had no understanding for social and political exigencies."[1287] Und Foran bestätigt mit Blick auf die beiden Revolutiosführer: „Neither sought political power, however, and no comprehensive national program was put forward beyond the revolutionary agrarian demands of the Plan de Ayala. Radical as it was in the countryside, the political culture of Zapatismo did not encompass the broad spectrum of the revolution's forces."[1288] Der „bürgerliche" und der „agrarische" Aspekt der mexikanischen Revolution waren mit anderen Worten zwingend aufeinander angewiesen. Jener auf diesen, weil die mexikanische Revolution andernfalls nicht über die nötige Massenbasis verfügt hätte und wohl eine allzu leichte Beute für die porfiristischen Truppen geworden wäre, der „agrarische" auf den „bürgerlichen", weil sich durch die Erhebung der Bauern andernfalls – selbst im Falle eines Erfolgs – wahrscheinlich (herrschafts-)strukturell nichts oder nur wenig geändert hätte. Beide Aspekte einte jedoch, wie gesagt, der Kampf gegen eine illegitim gewordene Herrschaft.

Und auch wenn man nicht ohne Weiteres vom Ergebnis auf die ursprünglichen Motive schließen sollte, ist es meines Erachtens mit Blick auf den – wohlgemerkt: im weitesten Sinne – demokratischen Charakter der mexikanischen Revolution dennoch aufschlussreich, in was für einem politischen System sie mündete: nicht in dem zwar, was man heutzutage unter einer liberalen und pluralistischen Demokratie versteht, aber doch in einem Regime, das *die Massen politisch zu mobilisieren und zu integrieren vermochte*, d.h. in einer Art von „Mobilisierungsregime" im Sinne Beethams. Spätestens seit Alvaro Obregón, der im Jahre 1920 Venustiano Carranza als Präsident ablöste, wussten die Herrschenden um die politi-

---

1287 Ebd., S. 37. Darin sieht Wolf im Übrigen den Grund dafür, warum sich im weiteren Revolutionsverlauf eine *dritte* Kraft durchsetzen konnte: die Konstitutionalisten, die sich wiederum in einen linken Flügel um Alvaro Obregón und einen liberalen Flügel um Venustiano Carranza aufspalteten. Vgl. für eine ähnliche Einschätzung auch Dunn 1972 – Modern Revolutions, S. 58: „Villa and the ranchlands of Chihuahua had neither a memory nor a dream to offer the people of Mexico. Zapata and his men had only a memory: not enough to win power (or even *wish* to win power) and unite a nation."
1288 Foran 2005 – Taking Power, S. 43. Den „Plan de Ayala" verkündete Zapata im November 1911 als Reaktion darauf, dass er sich noch im Sommer 1911 von Madero abgewandt hatte, dem er vorwarf, die versprochene Agrarreform nicht oder nur halbherzig umzusetzen. Ähnlich zur „localistic orientation" der Zapatisten auch Goldfrank 1979 – Theories of Revolution, S. 157 und Tobler 1984 – Die mexikanische Revolution, S. 145 sowie ders. 2007 – Mexiko im 20. Jahrhundert, S. 264.

4. Analyse: Die Revolutionen in China, Mexiko und Iran

sche Notwendigkeit einer *Massenbasis*, „was wiederum die Entwicklung neuer Mechanismen zur Massenmobilisierung und gleichzeitigen Massenkontrolle voraussetzte"[1289]. Den in den 1920er Jahren „von oben" geschaffenen und weitgehend „von oben" (d.h. durch die nationale Regierung) gelenkten Parteien und Massenorganisationen von Bauern und Arbeitern fiel dabei eine wesentliche Rolle zu, ja, sie verschafften dem neuen Regime, wie Tobler treffend bemerkt, „einen ‚*populistischen*' Anstrich" bzw. „eine *breitere* Legitimitätsbasis"[1290]. Die Revolution läutete mit anderen Worten auch für Mexiko das Zeitalter der *Massenpolitik* ein. Die Abweichung vom Díaz-Regime könnte diesbezüglich nicht größer sein. Díaz' Devise war: „‚Don't [...] stampede my horses'"[1291], wobei er unter seinen „Pferden" die mexikanischen Massen verstand. In der revolutionären und postrevolutionären Ordnung dagegen wurden die „Pferde" von den Herrschenden ganz *bewusst* (wiewohl auf äußerst *kontrollierte* Weise) aufgescheucht – um sie für die eigenen Zwecke zu instrumentalisieren. So ließe sich pointieren: Eine Kontinuität zwischen vorrevolutionärer, revolutionärer und nachrevolutionärer Herrschaft bestand im *Ergebnis* einer wachsenden Staatsgewalt (und damit auch, obwohl das nicht zwangsläufig die Folge sein muss, in einer unverändert autoritären Herrschaft), eine Diskontinuität aber in der Wahl der *Mittel*: Seit der mexikanischen Revolution legitimier(t)en sich die Herrschenden (performativ-expressiv) qua Mobilisierung und Akklamation den Massen gegenüber, um die eigene Macht aufrechtzuerhalten, vor allem aber: um sie und damit auch jene des Staates zu *steigern*.[1292] Man darf vermuten, dass Mexiko seine außergewöhnliche politische Stabilität in den Jahrzehnten nach der Revolution – und die damit zusammenhängende Vermeidung einer Militärdiktatur, womit Mexiko in Lateinamerika eher die Ausnahme als die Regel bildete – genau dieser massenintegrierenden Leistung zu verdanken hatte, die Teil eines insgesamt wesentlich *höheren politischen Institutionalisierungsgrades* war. Das

---

1289 Tobler 1984 – Die mexikanische Revolution, S. 148.
1290 Beide Zitate ebd., S. 368, m.H.; vgl. zu dieser Entwicklung ausführlicher ebd., S. 445-477. Die massenmobilisierende und -integrierende Leistung der Partido Revolucionario Institucional und ihrer Vorgänger in Mexiko würdigt auch Huntington 2006 – Political Order, S. 322f.
1291 Ruíz 1980 – The Great Rebellion, S. 22. Und weiter: „The less said of liberty and social justice, in his judgment, the better off were he and Mexico."
1292 Auch Foran 1994 – The Causes, S. 220f. konstatiert, die mexikanische Revolution „led to a stronger, more legitimate, and popular state than Díaz's had been"; ähnlich ders. 2005 – Taking Power, S. 44f.

ehemals personalistische System wurde durch die Revolution zu einem *modernen Einparteiensystem*.[1293] John Hart kann vor diesem Hintergrund resümieren: „The Revolution broadened political participation on a grand scale"[1294] – auch wenn man die *Form* der politischen Partizipation noch so kritisch beurteilen mag.

4.3 Die iranische Revolution (1977-1979)

> The question for social theory in the 1980s became: Is the Iranian revolution to be treated as a uniquely deviant case of revolution, or should the causality of social revolution generally be reexamined in light of the evidence from Iran?[1295]

Die iranische Revolution war eine Sensation, und ist es bis heute. Innerhalb von wenig mehr als einem Jahr sackte eines der am meisten gefürchteten, weil repressivsten, und scheinbar stabilsten Regime der Welt unter dem Druck weitgehend friedlicher Massenproteste, an denen sich mehrere Millionen Iraner beteiligten, zusammen; um schließlich von einer islamischen Republik theokratischer Prägung substituiert zu werden, die bis heute Bestand hat. Nach wie vor drängt sich die Frage auf: Wie ist das alles möglich gewesen? Zu einem Verständnis herkömmlicher Revolutionen zu gelangen, mag schon schwer genug sein, deren (vollständige) Erklärung ein Ding der Unmöglichkeit, die iranische Revolution aber gibt besonders große Rätsel auf, wie nicht nur Valentine Moghadam weiß: „Relative to the classic bourgeois and socialist revolutions, the Iranian revolution remains an enigma, not easily categorized or explicated."[1296]

Am offenkundigsten wird dies vielleicht an Skocpols Versuch, ihre noch während der iranischen Revolution veröffentlichte und gefeierte strukturelle Theorie kurze Zeit später, im Jahre 1982 nämlich, auf den ira-

---

1293 So auch Meyer 1989 – Revolution and Reconstruction, S. 193, der diesen Prozess auch als *Nationalstaats*werdung beschreibt, und Osterhammel 2009 – Die Verwandlung der Welt, S. 799.
1294 Hart 2000 – The Mexican Revolution, S. 465.
1295 Foran, John: The Iranian Revolution of 1977–79. A Challenge for Social Theory, in: ders. (Hrsg.): A Century of Revolution. Social Movements in Iran, London 1994, S. 160-188, hier S. 162.
1296 Moghadam, Valentine M.: Populist Revolution and the Islamic State in Iran, in: Boswell, Terry (Hrsg.): Revolution in the World-System, New York 1989, S. 147-163, hier S. 147.

4. Analyse: Die Revolutionen in China, Mexiko und Iran

nischen Fall anzuwenden. In Hinblick auf die Revolutionen in Frankreich, China und Russland mag sich diese noch bewährt haben – obschon umstritten bleibt, inwieweit die hervorragenden Analysen Skocpols sich tatsächlich ihrer Theorie verdanken –, in Hinblick auf die iranische Revolution aber, deren sozialrevolutionären Charakter Skocpol an keiner Stelle anzweifelt, scheitert sie. Es sind vor allem drei ihre Ursachen betreffenden Eigenschaften der iranischen Revolution, die Skocpols Theorie sichtlich Probleme bereiten, wie sie im Übrigen auch selbst einräumt.[1297] Erstens scheint sie das Resultat einer übermäßig schnellen wirtschaftlichen und gesellschaftlichen Modernisierung „von oben" gewesen zu sein, die in den 1960er Jahren begonnen hatte und in den 1970er Jahren immer mehr an Fahrt aufnahm. Diese führte u.a. zu einer massiven Landflucht, einer allmählichen Industrialisierung und einer großen Bildungsexpansion, vor allem aber zu einer weit verbreiteten Unzufriedenheit unter der Bevölkerung. Zweitens wurden Armee und Polizei – die nicht nur mit modernster Technik ausgestattet waren, sondern zusammengenommen auch rund 410.000 Mann stark waren und darüber hinaus mit dem SAVAK über ein effektives politisches Überwachungsinstrument verfügten – paralysiert, *ohne* dass sie zuvor durch einen zwischenstaatlichen Krieg geschwächt worden wären und *ohne* dass das Schah-Regime einem (sonderlich starken) externen Druck ausgesetzt gewesen wäre, der (wie beispielsweise in China der imperialistische Druck des Westens und Japans) dessen Legitimität untergraben und zu einer Spaltung von Zentralherrschaft und gesellschaftlichen Eliten geführt hätte. Die iranische Revolution widerlegt, drittens, Skocpols Grundannahme, wonach Revolutionen nicht willentlich „gemacht" werden, sondern *geschehen*.

> An extraordinary series of mass urban demonstrations and strikes, ever growing in size and revolutionary fervor, even in the face of lethal military repression, pitted the unemployed, workers, artisans, merchants, students, and middle-ranking officials of Iran against the Shah's regime. What Western socialists long dreamt of doing (without success except where war has intervened to help), the people of urban Iran did accomplish as they mobilized in an all-inclusive movement against a ‚corrupt', ‚imperialist' monarchy. Their revolution did not just come; it was deliberately and coherently made – specifically in its opening phase, the overthrow of the old regime.[1298]

1297 Siehe zu den drei Schwierigkeiten Skocpol 1982 – Rentier State, S. 267.
1298 Ebd.

4.3 Die iranische Revolution (1977-1979)

Und dafür wiederum, dass sie in stärkerem Maße als andere Revolutionen *gemacht* wurde, macht Skocpol nicht nur die Organisationsleistung der Basare und Religionsschulen in den Städten verantwortlich, sondern auch *Ideen*, darunter insbesondere den Schiismus. Das kann gar nicht stark genug betont werden: *Skocpol* gesteht mit einem Mal revolutionären Ideen bzw. Ideologien eine zündende, ja, eine die Massen mobilisierende Wirkung zu – nachdem sie drei Jahre zuvor noch die Illegitimität von Herrschaft in der Frage, ob eine Revolution ausbricht oder nicht, grundsätzlich für irrelevant, zumindest aber zweitrangig, erklärte.[1299] Drei Jahre später wird sie sich, gemeinsam mit Tilly und anderen, „Bringing the State Back In" auf die Fahnen schreiben; was nur folgerichtig ist, legt „States and Social Revolutions" von 1979 doch eindrücklich Zeugnis davon ab, warum es in Revolutionen so wichtig ist, den Staat als *eigenständigen* (eben nicht von der „herrschenden Klasse" gesteuerten) Akteur – und daneben auch *andere* Staaten und damit das kompetitive internationale (Staaten-)System – wieder ernst zu nehmen. Und doch scheint sie, was meines Erachtens kein Widerspruch sein muss, in Anbetracht der iranischen Revolution und in scharfem Gegensatz zu ihrer eigenen strukturellen, nicht-voluntaristischen Theorie das folgende Forschungsdesiderat zu formulieren, nein, vielmehr zu flüstern: „Bringing *Agency* and *Ideology* Back In".

Es ist genau diese in der iranischen Revolution hervortretende Agency, diese Handlungsmacht des iranischen Volkes, die auch Michel Foucault auf Anhieb fesselt. Er sieht, als er im Herbst 1978 den Iran zwei Mal für den Corriera della Sera bereist, in den weitgehend friedlichen Protestmärschen von Millionen von Menschen die Manifestation jenes einheitlichen gemeinschaftlichen Willens eines Volkes, der für ihn bis dahin nichts weiter als ein politischer Mythos war; eines nicht bloß imaginierten, sondern *tatsächlichen* Willens, der sämtliche Schicht- und Parteigrenzen transzendiert und selbst im Angesicht drohender und faktischer Gewalt nicht zurückweicht. In ihrer Ablehnung des Schahs vereint, vermochten die Ira-

---

[1299] „However, this remarkable revolution also forces me to deepen my understanding of the possible role of idea systems and cultural understandings in the shaping of political action." Ebd., S. 268. Zur alten Position siehe demgegenüber Skocpol 1979 – States and Social Revolutions, S. 31f. Kaum merklich stellt sie daher auch ihre Definition um (dies. 1982 – Rentier State, S. 265, m.H.): „‚Social revolutions' as I define them [now] are rapid, basic transformations of a country's state and class structures, *and of its dominant ideology*. Moreover, social revolutions are carried through, in part, by class-based upheavals from below."

4. Analyse: Die Revolutionen in China, Mexiko und Iran

ner „mit bloßen Händen", weitgehend unbewaffnet und ohne Gewaltanwendung also, innerhalb kürzester Zeit ein übermächtig erscheinendes und hochgradig repressives Regime zu stürzen – und das, wie Foucault erstaunt feststellen muss, „ohne Militärapparat, ohne Avantgarde und ohne eine Partei"[1300]. Noch Ende November 1978 heißt es ganz ähnlich:

> Doch keine Partei, keine Person und keine politische Ideologie kann gegenwärtig den Anspruch erheben, diese Bewegung zu repräsentieren. Niemand kann behaupten, sie zu führen. In der politischen Sphäre findet sie keine Entsprechung und keinen Ausdruck. Paradoxerweise bildet sie dennoch einen vollkommen einheitlichen gemeinschaftlichen Willen. Es ist erstaunlich, dass dieses riesige Land, dessen Bevölkerung um zwei wüstenartige Hochebenen zerstreut lebt, dieses Land, in dem man neben der neuesten Technologie auch Lebensweisen findet, die sich seit einem Jahrtausend nicht verändert haben, dass dieses Land, das unter Zensur leidet und keine politische Freiheit kennt, dennoch eine so großartige Einheit beweist. Derselbe Protest, derselbe Wille wird hier von einem Arzt in Teheran und einem Mullah in der Provinz, einem Arbeiter in der Ölindustrie, einem Postbeamten und einer mit dem Tschador bekleideten Studentin zum Ausdruck gebracht [...] Es geht stets um ein und dieselbe Sache: Der Schah soll das Land verlassen.[1301]

Den Grund für die Konstitution und Persistenz dieses kollektiven Willens vermutet Foucault im islamisch-schiitischen Glauben.[1302] Womit eine weitere Eigentümlichkeit der iranischen Revolution angesprochen wäre: Sie fand im Namen einer Religion statt, war mithin keine säkulare, sondern eine *islamische* Revolution, in der sich die Protagonisten mehrheitlich die Errichtung einer „islamischen Republik" zum Ziel setzten. Was genau das

---

1300 Foucault 2003 – Eine Revolte mit bloßen Händen, S. 878.
1301 Foucault, Michel: Das mythische Oberhaupt der Revolte im Iran (26.11.1978), in: ders.: Schriften in vier Bänden, Dits et Ecrits. Bd. 3: 1976-1979, hrsg. von Daniel Defert und François Ewald, Frankfurt/M. 2003, S. 894-897, hier S. 895f. Siehe auch Lemke, Thomas: „Die verrückteste Form der Revolte". Michel Foucault und die Iranische Revolution, in: 1999. Zeitschrift für Sozialgeschichte des 20. und 21. Jahrhunderts, Bd. 17/2002, Heft 2, S. 73-89, hier S. 78: „Die Eigenart der revolutionären Ereignisse und die Bedingung ihres Erfolgs (die Beseitigung des Schahregimes) besteht [für Foucault] in der Konstitution eines kollektiven Willens, der über Parteigrenzen und soziale Fragmentierungen hindurch wirksam ist und sich in der Zurückweisung des bisherigen Herrschaftsregimes artikuliert".
1302 Siehe v.a. Foucault, Michel: Wovon träumen die Iraner? (16.10.1978), in: ders.: Schriften in vier Bänden, Dits et Ecrits. Bd. 3: 1976-1979, hrsg. von Daniel Defert und François Ewald, Frankfurt/M. 2003, S. 862-870 und Foucault 2003 – Der Geist geistloser Zustände sowie Lemke 2002 – Die verrückteste Form der Revolte, S. 80-82.

4.3 Die iranische Revolution (1977-1979)

heißt, wird noch zu besprechen sein. Um eine islamische Revolution handelte es sich aber auch insofern, als sie tatsächlich in einer die spezifisch säkulare Trennung von Politik und Religion aufhebenden *theokratischen* Herrschaft mündete. Es gibt nicht wenige, die der iranischen Revolution deshalb den Charakter einer (modernen) Revolution ganz *absprechen* – eben weil die neuzeitliche Revolution im Kern ein säkulares Projekt sei.[1303] Sie übersehen dabei gleichwohl, dass eine religiöse Motivation sich auch in anderen Revolutionen oder revolutionären Bewegungen wiederfindet, erinnert sei nur an die Puritanische Revolution (der freilich noch das revolutionäre Bewusstsein fehlte) oder die (gescheiterte) Taiping-Revolution. Daneben – und wichtiger – gibt es Stimmen, die sie zur *antimodernen* Revolution erheben (oder zur ersten „postmodernen" Revolution, was auch immer das genau heißen mag). Doch in ihr einen Aufstand gegen die Moderne an sich zu sehen, geht wohl zu weit; eher schon richtete sie sich gegen eine *bestimmte Form* der Moderne,[1304] oder auch: gegen das *Diktat* einer bestimmten Form der Moderne. Sie als anti-moderne Revolution hinzustellen, hieße ihre spezifisch modernen Elemente übersehen. Fred Halliday erblickt demgegenüber gerade im *Zusammenspiel* von „traditionalen" und „modernen" Aspekten das Spezifikum bzw. die Originalität der iranischen Revolution.[1305] Sicher, der Religion kam eine wichtige Rolle zu (wie schon in anderen Revolutionen zuvor und vor allem wie schon bei der sogenannten „konstitutionellen" Revolution von 1906 bis 1911 im Iran), und ja, dies verwundert umso mehr, als eine solche religiös motivierte Revolution weder im 18. noch im 19. Jahrhundert, geschweige denn im 17., sondern in der *zweiten Hälfte des 20. Jahrhunderts* erfolgte und noch dazu *Erfolg* hatte beim Sturz des Ancien Régime. Dennoch wohnte der iranischen Revolution zugleich etwas durch und durch Modernes inne. „If the Iranian Revolution was the *first contemporary* instance to be religious in orientation, it was also the *first ‚modern'* revolu-

---

1303 So zum Beispiel Kumar 2008 – The Future of Revolution, S. 230.
1304 So auch Moghadam 1989 – Populist Revolution, S. 150 und, zumindest anfänglich noch, Foucault, Michel: Der Schah ist hundert Jahre zurück (01.10.1978), in: ders.: Schriften in vier Bänden, Dits et Ecrits. Bd. 3: 1976-1979, hrsg. von Daniel Defert und François Ewald, Frankfurt/M. 2003, S. 850-856, hier S. 852.
1305 Vgl. Halliday, Fred: The Iranian Revolution. Uneven Development and Religious Populism, in: ders./Alavi, Hamza (Hrsg.): State and Ideology in the Middle East and Pakistan, Basingstoke 1988, S. 31-63, hier S. 36, passim.

4. Analyse: Die Revolutionen in China, Mexiko und Iran

tion"[1306], wie Halliday im Jahre 1988 überspitzt formulieren kann. Inwiefern aber war die iranische Revolution „moderner" als so manch andere? Vier Aspekte ließen sich (ohne Anspruch auf Vollständigkeit) ins Feld führen.[1307] Die iranische Revolution fand, erstens, in einer Gesellschaft statt, die in sozio-ökonomischer Hinsicht sehr viel *weiter fortgeschritten* war als beispielsweise die Gesellschaften Frankreichs, Mexikos, Chinas oder Russlands zum Zeitpunkt ihrer Revolutionen. Prozesse der Industrialisierung, Urbanisierung, Bildungsexpansion usw. hatten längst eingesetzt und ihre Wirkung entfaltet, etwa mit Blick auf die Bildung eines Proletariats und einer neuen Mittelschicht. Zweitens handelte es sich nicht um eine ländliche, sondern um eine *urbane* Revolution.[1308] Und damit um nicht weniger als eine Trendumkehr. Denn seit der mexikanischen und chinesischen Revolution nahmen sämtliche Revolutionen ihren Ausgang vom Land bzw. von der Peripherie, um sich von dort aus allmählich in die Hauptstadt, ins Zentrum also, vorzukämpfen. Hiermit unmittelbar zusammenhängend, kannte die iranische Revolution, drittens, auch keinen langwierigen Guerilla-Krieg. Überhaupt wurde von Seiten der Revolutionäre (anfangs zumindest) so gut wie keine Gewalt angewandt: „Only in the last days of the Shah's regime was armed confrontation the dominant form of resistance: the preceding months were dominated by the street demonstration and the political general strike, forms of opposition associated with

---

1306 Ebd., S. 35, m.H.; vgl. zu diesem Paradoxon aus „Modernität" und „Traditionalität" auch Ahmad, Eqbal: Comments on Skocpol, in: Theory and Society, Bd. 11/1982, Heft 3, S. 293-300, hier S. 295.
1307 Ich berufe mich nachfolgend v.a. auf ebd., S. 293-295, Arjomand, Said A.: The Causes and Significance of the Iranian Revolution, in: State, Culture, and Society, Bd. 1/1985, Heft 3, S. 41-66, hier S. 58, und Halliday 1988 – The Iranian Revolution, S. 35f. sowie Ansari, Ali M.: Modern Iran Since 1921. The Pahlavis and After, London 2003, S. 208. Im Gegensatz zu Halliday sehe ich indes in der fehlenden vorgängigen Schwächung des Ancien Régime durch internationale Entwicklungen (wie einen faktischen oder drohenden Krieg oder einen verschärften ökonomischen Druck) keinen Ausweis für die erhöhte Modernität der iranischen Revolution. Wie gesehen wies schon die fast 70 Jahre zuvor ausbrechende mexikanische Revolution dieses Merkmal auf (wie mir im Übrigen auch Skocpol zu übersehen scheint).
1308 Viele der Revolutionsteilnehmer verfügten zwar als „Landflüchtige" über einen ländlichen Hintergrund, aber ihr Aufstand fand nicht nur in den Städten statt, sondern wurde auch ausgelöst durch Bedingungen in den Städten; siehe Halliday 1988 – The Iranian Revolution, S. 35.

schemata of revolution in the most advanced capitalist countries."[1309] Man suchte, anders gesagt, zwar die Konfrontation mit der Staatsgewalt, aber auf *friedlichem* und *direktem* Wege, genau dort, wo sie saß, nicht dort, wo ihr Griff lockerer war. Auf eine Weise also, die keinerlei Interpretationsspielraum ließ, ja, die der Herrschaft unmissverständlich ihre Legitimität absprach.

Diesbezüglich, aber auch mit Blick auf die beiden vorherigen Punkte, sollte das iranische Beispiel Schule machen: Zwischen 1989 und 1991 brachen, wie im dritten Kapitel angesprochen, in Ost- und Mitteleuropa mehrere kommunistische Parteidiktaturen unter dem (friedlichen) Druck der Straße zusammen; und zwar von den Städten ausgehend und in bereits modernisierten Gesellschaften (der „Zweiten Welt"). Gerade in dieser Modellwirkung – wohlgemerkt über die Grenzen der muslimischen Welt hinaus – liegt einer der Gründe dafür, warum die iranische als *große* Revolution oder gar „The Last Great Revolution" (Robin Wright) anzusehen ist.[1310] Zwar sind Nachahmer innerhalb der muslimischen Welt, anders als ursprünglich erwartet,[1311] bislang ausgeblieben; es sei denn, man zieht eine (sich nicht unmittelbar aufdrängende) Linie von der iranischen zu den jüngsten „Revolutionen" im arabischen Raum. Aber nichtsdestotrotz hat sie nachhaltig die *Verwundbarkeit* autoritär-repressiver Regime demonstriert, genauer: deren Verwundbarkeit gegenüber *spontanen Massenaktio-*

1309 Ebd., S. 36.
1310 Vgl. zur Trendbegründung auch Goodwin 2001 – No Other Way Out, S. 294f.: „Beginning with the Iranian Revolution of 1978–9, moreover, a growing number of *nonviolent* or at least unarmed popular insurgencies have arisen against authoritarian states."
1311 Foucault, Michel: Pulverfass Islam (13.02.1979), in: ders.: Schriften in vier Bänden, Dits et Ecrits. Bd. 3: 1976-1979, hrsg. von Daniel Defert und François Ewald, Frankfurt/M. 2003, S. 949-952, hier S. 952, etwa bemerkt: „Ihre Einzigartigkeit, die bislang ihre Stärke ausmachte, droht nun zur Grundlage ihres Expansionsvermögens zu werden. Denn gerade als ‚islamische' Bewegung könnte sie die ganze Region in Brand setzen, indem sie die instabilsten Regime umstürzt und die stabilsten in Unruhe versetzt. Der Islam – der nicht bloß eine Religion ist, sondern eine Lebensweise, eine Zugehörigkeit zu einer Geschichte und einer Kultur – droht ein gewaltiges Pulverfass zu werden, das mehrere hundert Millionen Menschen ergreift. Seit gestern kann jeder muslimische Staat von innen her revolutioniert werden, auf der Grundlage jahrhundertealter Traditionen." Beetham 1991 – The Legitimation of Power, S. 203 wiederum gibt zu bedenken, dass die iranische Revolution in einer mehrheitlich *schiitischen* und *nicht-arabischen* Gesellschaft stattfand, was der „Exportierbarkeit" der Revolution sogar in der unmittelbaren Nachbarschaft Grenzen setzen dürfte.

nen, die sich 1989/90 ein weiteres Mal bestätigt hat und seitdem immer wieder bestätigt. Die Botschaft ist seither: Herrschaft, die in den Augen der Mehrheit der Herrschaftsunterworfenen über keine Legitimität verfügt, ist auf kurz oder lang dem Untergang geweiht, aller politischen Überwachung und Repression zum Trotz. Die (Handlungs-)Macht des Volkes, sie wird sich früher oder später Bahn brechen. „Like the Revolution of 1789 its importance may be less in the results it would produce, and more in the trends it has announced, and the fears it has aroused in the ruling establishments of the Middle East", wie Eqbal Ahmad pointiert, der in der iranischen Revolution daher „an event of lasting historical significance"[1312] sieht. Wobei ich deren anhaltende historische Bedeutung, wie gesagt, nicht auf den Nahen Osten beschränken würde.

Die Modernität der iranischen Revolution besteht indes noch in einem weiteren, vierten Punkt. Mit ihr und der Etablierung einer islamischen Republik wurde ein *alternativer Modernisierungspfad* beschritten und begründet. Sie war keineswegs (nur) reaktionär, keine Rückkehr oder Verteidigung alter Verhältnisse. Vielmehr war und ist sie in den Augen der Protagonisten – unter expliziter Zurückweisung des (vermeintlichen) westlichen Universalismus demokratischer oder kommunistischer Provenienz – ein alternatives *Fortschreiten*, ein Fortschreiten in die Zukunft, das mit der Kultur und den Traditionen islamischer Gesellschaften vereinbar ist, statt in kulturimperialistisch-selbstherrlicher Manier von außen aufgezwungen zu werden.[1313] Die islamische Republik theokratischer Prägung, so könnte man auch sagen, erhebt nicht weniger als den Anspruch einer *Systemalternative*. Seit 1989/90, d.h. seit dem Ende der kommunistischen Utopie (als dessen erster Vorbote die iranische Revolution rückblickend anmutet), bildet sie somit gegenwärtig das *letzte verbliebene* sich auf eigene Prinzipien gründende Gegenmodell zur sonst weltweit anerkannten Norm demokrati-

---

1312 Beide Zitate Ahmad 1982 – Comments on Skocpol, S. 293.
1313 Den, wie Beetham 1991 – The Legitimation of Power, S. 191 auf einer allgemeineren Ebene erläutert, wiederauflebenden politischen Islam kennzeichnet „its rejection of any universal validity inhering in Western development models, whether capitalist or communist, and its search for a developmental path that is more tune with its own history and traditions. The Islamic revival as a political phenomenon, in other words, has attained its momentum from the discrediting of the capitalist and communist models, both for their intrinsic defects – pursuit of profit without social responsibility on one side, hostility to private property on the other – and above all because they have involved subordination to foreign influences and interest, whether those of the USA or the USSR."

scher Rechtsstaatlichkeit (die freilich keineswegs auch weltweit durchgesetzt worden ist).[1314] Ein Gegenmodell, das nicht nur die scheinbar selbstverständliche Prämisse herausfordert, alle politische Legitimität werde in der Moderne auf eine *säkulare* Basis gegründet, sondern ein Gegenmodell zugleich, das, statt unverändert aus der Vergangenheit übernommen zu werden, auf einer *innovativen,* von der Tradition also gerade *abweichenden* Interpretation des schiitischen Islam beruht – worin wiederum dessen Modernität begründet liegt. Mit Blick auf die diesbezüglich maßgeblichen Interpretationen von Ayatollah Khomeini hebt Nikki Keddie denn auch hervor: „They contained *new* ideological elements appropriate to an Islamic revolution and to direct rule by the ulama. Khomeini's notion of direct ulama rule is *new* to Shi'ism"[1315]. Ganz ähnlich erkennt auch Skocpol in der Machtkonzentration der Ulema eine historische Neuheit:

> Remarkably in the overall history of religion and the state in Shi'a Iran, the central phalanx of the clergy fused its authority and activities with the state itself. This was not a ‚return to tradition' in Iran, but rather a strikingly innovative contemporary departure, in which Khomeini and his associates took upon themselves a vanguard, state-building and state-controlling role analogous to that of the Jacobins in revolutionary France and the Communists in revolutionary Russia and China.[1316]

Vor diesem theokratischen Hintergrund wird die iranische Revolution jedoch zu einem echten Prüfstein für meine These vom (bislang wenigstens) demokratischen Charakter der Revolution. Zu untersuchen gilt es daher zweierlei. Zum einen, ob die iranische *von Anfang an* eine und von Anfang an *eine* islamische Revolution war oder ob ihr heute geläufiger Titel nicht vielmehr eine retrospektive Projektion darstellt, die der damaligen Kontingenz Unrecht tut, mithin überstrahlt, wie leicht alles auch hätte anders kommen können und wie sehr die Zielsetzungen der in der revolutionären Koalition vereinten Kräfte divergierten. Zum anderen, ob und, wenn ja, inwieweit es im Zuge der Revolution zur *Ausweitung* der politischen Partizipation in sowohl theoretischer als auch praktischer Hinsicht kam, kurz: was für eine Art von Herrschaft sich nach der Revolution herauskris-

---

1314 Siehe Osterhammel 2009 – Die Verwandlung der Welt, S. 819f. Vgl. zur welthistorischen Bedeutung der iranischen Revolution, die der Nachwelt „value-ideas" hinterlassen habe, auch Arjomand 1985 – Causes and Significance, S. 41f.
1315 Keddie, Nikki R.: Iranian Revolutions in Comparative Perspective, in: The American Historical Review, Bd. 88/1983, Heft 3, S. 579-598, hier S. 595, m.H.
1316 Skocpol 1982 – Rentier State, S. 278f.

4. Analyse: Die Revolutionen in China, Mexiko und Iran

tallisiert hat. Anders gefragt: Fließt dem neuen Regime theoretische Legitimität *allein* aus einer transzendenten Quelle zu? Und wird auf eine expressive Legitimation durch das iranische Volk *vollkommen* verzichtet?

Dass und wann eine Revolution stattfand, ist im iranischen Fall relativ unumstritten. Außer den Einwänden ihre Nicht-Säkularität betreffend, wird zugestanden, dass sie unter außergewöhnlich hoher Massenbeteiligung und, gegen Ende, unter Anwendung von Gewalt binnen Kurzem zum irreversiblen Sturz eines Ancien Régime führte, dessen Führungsschicht (die sich im Wesentlichen aus der Pahlavi-Familie und eng mit dieser verbundenen Familien zusammengesetzt hatte) dauerhaft von der Macht ausgeschlossen und durch eine neue ersetzt wurde. Eine grundlegende Transformation der Gesellschaft, in dem Falle: deren „Islamisierung", fand im Anschluss an die Revolution im engeren Sinne ebenfalls statt. Grob einteilen lässt sich die iranische Revolution in fünf Phasen; mit jeder der zeitlich aufeinander folgenden Phasen wechselten nicht nur die dominanten Akteure, sondern auch die jeweiligen Formen des Protests.[1317] Als Startschuss für die Revolution wird gemeinhin der am 7. Januar 1978 erscheinende diffamierende Zeitungsartikel gegen Khomeini angesehen, mit dem das Schah-Regime zwischen Januar und Juli desselben Jahres wiederkehrende Wellen scharfen (und teilweise gewaltsamen) Protestes auslöste, an denen sich vorrangig Religionsgelehrte (zunächst in Qom, sehr bald aber auch in anderen Städten) auf der einen und Basarkaufleute (mittels vorübergehender Schließung der Basare) auf der anderen Seite beteiligten.[1318] Doch schon zuvor kam es in einer ersten Phase zwischen Juni und

---

[1317] Vgl. für das folgende Fünf-Phasen-Modell Foran 1994 – The Iranian Revolution, S. 178 und Moghadam 1989 – Populist Revolution, S. 155, die sich beide wiederum auf Ashraf und Banuazizi berufen.

[1318] Mit der Reaktion auf den Zeitungsartikel nimmt die iranische Revolution ihren Anfang u.a. bei Halliday 1988 – The Iranian Revolution, S. 36f., Hambly, Gavin: The Pahlavi Autocracy: Muhammad Riza Shah, 1941–1979, in: Avery, Peter/Hambly/Melville, Charles P. (Hrsg.): The Cambridge History of Iran. Bd. 7: From Nadir Shah to the Islamic Republic, Cambridge 1991, S. 244-293, hier S. 292, und Luft, J. Paul.: Die islamische Revolution 1979, in: Wende, Peter (Hrsg.): Große Revolutionen der Geschichte. Von der Frühzeit bis zur Gegenwart, München 2000, S. 333-356, hier S. 348f. Foran 1994 – The Iranian Revolution scheint mir unentschieden zu sein: Im Titel wird die Revolution zwar zwischen 1977 und 1979 verortet und er verwendet das genannte Fünf-Phasen-Modell, in dem die Revolution bereits 1977 beginnt, doch an einer Stelle spricht er vom „*pre*revolutionary year of 1977". Ebd., S. 179, m.H. Arjomand, Said A.: The Turban for the Crown. The Islamic Revolution in Iran, New York 1988

4.3 Die iranische Revolution (1977-1979)

Dezember 1977 zu von Studenten und Intellektuellen organisierten gewaltlosen Protesten und Versammlungen, denen wiederum seit Anfang des Jahres erste offene Briefe an den Schah vorausgegangen waren, in denen ehemals führende Politiker, Schriftsteller und Juristen u.a. die Achtung der Menschenrechte sowie die Wiederherstellung der konstitutionellen Ordnung eingeklagt hatten. Vor allem in den Dichterlesungen an der Aryamehr Universität in Teheran, die an ihrem letzten Abend, am 19. November, zu Straßenprotesten und Zusammenstößen mit der Polizei führten, bei denen ein Student ums Leben kam (Majid Sharif Vaghefi, nach dem die Sharif-Universität für Technologie heute benannt ist), kann mit gutem Grund ebenfalls der Revolutionsbeginn gesehen werden.[1319] Ich neige zu dieser Datierung deshalb, weil zu diesem Zeitpunkt erstmals jenes Mittel seine Wirkung unter Beweis stellte, das während der gesamten Revolution zur wichtigsten (und schönsten) „Waffe" wurde: der friedliche Massenprotest. Mit Aussagen über den Zeitpunkt des Revolutionsausbruchs trifft man jedenfalls unweigerlich Aussagen über das Wesen der Revolution. Den Ereignissen an der Teheraner Universität folgten weitere Studentenproteste, allen voran am 7. Dezember, bei denen die Festgenommenen zügig entweder mit keiner oder aber nur einer milden Strafe belegt wurden, was wiederum nicht ohne Signalwirkung für die Theologiestudenten in Qom zu Beginn des Folgejahres blieb. In ihre dritte Phase trat die Revolution mit den friedlichen Massendemonstrationen im August und September 1978, an denen sich zusätzlich die urban poor sowie Teile der städtischen Mittelschicht beteiligten. Die nächste Phase läuteten die im Herbst einsetzenden Streiks ein, die sich rasch zu einem (politischen) Generalstreik ausweiteten. Die Arbeiter und Angestellten schlossen sich der Revolution an. Das Stadium „dualer Souveränität" zwischen Dezember 1978 und Februar 1979 – dual wegen des im November desselben Jahres gegründeten islamischen Revolutionsrats, der mehr und mehr auch staatliche Funktionen übernahm – bildete schließlich die letzte Phase. In ihr waren

---

und Ansari 2003 – Modern Iran wiederum kennen beide nur die Revolution von 1979, ordnen ihr mithin noch nicht einmal das Jahr 1978 zu. Gleichwohl setzte zumindest bei Ansari der Zeitungsartikel eine Entwicklung in Gang, die in der Revolution kulminierte.

1319 So argumentiert u.a. Abrahamian, Ervand: Iran Between Two Revolutions, Princeton/N.J. 1982, S. 505f.; siehe auch ders.: A History of Modern Iran, Cambridge 2008, S. 158. Moghadam 1989 – Populist Revolution, S. 155f. lässt die Revolution ebenfalls schon 1977 beginnen.

4. Analyse: Die Revolutionen in China, Mexiko und Iran

alle genannten Gruppen – die zusammen eine extrem breite und schichtübergreifende revolutionäre Koalition formten – in ihrer Ablehnung des Schahs vereint, der schließlich am 16. Januar ins Exil flüchtete. Am 1. Februar kehrte Khomeini in den Iran zurück, vier Tage später konstituierte sich die erste provisorische Regierung unter dem Ministerpräsidenten Mehdi Bazargan. Zum Abschluss kam die Revolution – kurz nachdem die Armee ihre politische Neutralität erklärt hatte – mit dem Sieg über die mehrere Tausend Mann starke Garde des Schahs am 11. Februar, der nicht nur zur formalen Entlassung des bisherigen „offiziellen" Ministerpräsidenten Shapour Bakhtiar führte, sondern zugleich das Ende der Monarchie besiegelte. Nach weiteren anderthalb Jahren voller ideologischer und politischer Kämpfe, an deren Ende sich die radikalen Kräfte um Khomeini durchsetzten und ihre Herrschaft konsolidieren konnten, setzte sodann die (zwar nachrevolutionäre, aber durch die Revolution allererst ermöglichte) „Islamisierung" der iranischen Gesellschaft ein.

Werfen wir nun einen genaueren Blick auf die Ursachen der iranischen Revolution, werfen wir also einen Blick auf die Genese und das Wesen des Pahlavi-Regimes sowie auf dessen hiermit zusammenhängende Legitimitätsstruktur.

4.3.1 Die Herrschaft Mohammad Reza Schah Pahlavis

> It is a truism, nonetheless a significant one, that the delegitimization of monarchy occurred prior to the legitimization of ‚Islamic government' (not to mention theocratic government) and was a far more important factor in contributing to the demise of the Pahlavi regime.[1320]

Als die iranische Revolution im November 1977 losbrach, konnte der Iran zwar auf eine mehr als 2.500 Jahre alte monarchische Tradition zurückblicken, die Pahlavi-Dynastie aber existierte zu diesem Zeitpunkt gerade einmal 52 Jahre. Am 31. Oktober 1925 stimmte das iranische Parlament, dessen Wurzeln in der „konstitutionellen" Revolution (1906-1911) liegen, für die Absetzung der zu diesem Zeitpunkt nur noch der Form nach herrschenden Kadscharen-Dynastie. Kurze Zeit später, am 12. Dezember desselben Jahres, wurde Reza Khan (1878-1944), der sich fortan Reza Schah Pahlavi nannte, zum neuen Staatsoberhaupt gewählt: Die Herrschaft der Pahlavi-Dynastie begann. Reza, der seinen Aufstieg vor allem seinen mili-

---

1320 Arjomand 1988 – The Turban for the Crown, S. 147.

4.3 Die iranische Revolution (1977-1979)

tärischen Verdiensten verdankte und der vor seiner Krönung – infolge eines von ihm angeführten Staatsstreichs im Jahre 1921 – bereits in mehreren Kabinetten als Kriegs- oder Premierminister tätig gewesen war, verkörpert Osterhammel zufolge „den Typus des brachialen, aber begrenzt modernisierungswilligen Militärdiktators", der jedoch, ganz im Gegensatz zu seinem Zeitgenossen Kemal Atatürk in der Türkei, „kein Institutionenbauer und kein Mann mit politischen Visionen"[1321] war. Ohne auf die Details seiner Herrschaft einzugehen, sind somit drei Punkte aufschlussreich, auch weil sie in hohem Maße die Herrschaft seines Sohnes prägen sollten: (1) Reza kam mit Hilfe des *Militärs* an die Macht, das auch in der Folgezeit die Hauptstütze seiner autoritär-repressiven Herrschaft bildete. Dennoch achtete er darauf, den Dynastiewechsel auf *legalem* Wege zu vollziehen. (2) Reza stieß zwar Reformen im sozialen und wirtschaftlichen Bereich an, u.a. im Bildungs- und Gesundheitswesen, doch eine Reformierung im *politischen* Bereich wurde ausgespart, so dass es zu keiner Öffnung, sondern ganz im Gegenteil zu einer weiteren *Schließung* des politischen Systems kam. (3) Neben der expandierenden Armee bildeten die wachsende Bürokratie auf der einen und das Patronagenetzwerk des Hofes, mit dem er insbesondere Teile der Oberschicht kooptierte, auf der anderen Seite die weiteren Stützen seiner Herrschaft. Wenn man sich diesen Unterbau zusammen mit dem geringen politischen Institutionalisierungsgrad vor Augen führt, wird leicht erkennbar, wieso Reza schon bald die Unterstützung verlor, die er in Teilen des Volkes anfänglich besessen hatte.

> Whereas Mustafa Kemal consciounciously channeled the enthusiastic backing of the intelligentsia into the Republican party, Reza Shah gradually lost his initial civilian support, and, failing to secure social foundations for his institutions, ruled without the assistance of an organized political party. Thus whereas Mustafa Kemal's authority rested firmly on Turkey's intelligentsia, Reza Shah's state hovered somewhat precariously, without class foundations, over Iran's society.[1322]

1321 Beide Zitate Osterhammel 2009 – Die Verwandlung der Welt, S. 816; ähnlich im Urteil Abrahamian 1982 – Iran Between Two Revolutions, S. 135-149. Für Rezas Herrschaft insgesamt siehe daneben auch Hambly, Gavin: The Pahlavi Autocracy: Riza Shah, 1921–41, in: Avery, Peter/Hambly/Melville, Charles P. (Hrsg.): The Cambridge History of Iran. Bd. 7: From Nadir Shah to the Islamic Republic, Cambridge 1991, S. 213-243.
1322 Abrahamian 1982 – Iran Between Two Revolutions, S. 149. Unter der Intelligentsia scheint mir Abrahamian hier die „moderne" Mittelschicht, d.h. die pri-

4. Analyse: Die Revolutionen in China, Mexiko und Iran

Doch nicht die politisch ausgeschlossene Mittelschicht beendete Rezas faktische Alleinherrschaft, sondern die Okkupation des Iran durch Großbritannien und die Sowjetunion während des Zweiten Weltkrieges, die hauptsächlich aufgrund von dessen pro-deutscher Haltung erfolgte. Die beiden Großmächte erzwangen daraufhin die Abdankung des Schahs im September 1941, wobei es diesem noch gelang, ohne diesen Schritt mit den Besatzungsmächten abzusprechen, um sie so vor vollendete Tatsachen zu stellen, seinem ältesten Sohn die Nachfolge zu sichern: Mohammad Reza Schah Pahlavi (1919-1980).

Die ersten Jahre unter dem neuen und jungen Schah standen insofern unter dem Zeichen von politischer Instabilität und häufig wechselnden Regierungen, als die Monarchie erheblich geschwächt aus dem Zweiten Weltkrieg hervorgangen war. Positiv gewendet, könnte man auch sagen, dass sich das politische System des Iran *öffnete*: Die (unzensierte) Presse blühte auf und sowohl das Parlament (Majles) und mit ihm das Amt des Ministerpräsidenten als auch die politischen Parteien gewannen an Stärke, allen voran die kommunistische Tudeh-Partei auf der einen und die nationalistische Nationale Front auf der anderen Seite. Politisch etwas stabilere Verhältnisse stellten sich mit dem Beginn der Regierung unter Ministerpräsident Mohammad Mossadegh im Mai 1951 ein, der sich schon vor seinem Regierungsantritt vehement für die Verstaatlichung der Ölindustrie (bzw. der mehrheitlich in britischem Besitz befindlichen Anglo-Iranian Oil Company) eingesetzt hatte und darüber während seiner Regierungszeit in Konflikt mit den Briten geriet. Auch die Machtposition des Schahs versuchte Mossadegh unter Berufung auf die Verfassung von 1906 zu beschneiden: „to reduce him to a constitutional monarch and a ceremonial figurehead"[1323]. Aus einem Machtkampf mit dem Schah im Sommer 1952 ging Mossadegh schließlich als vorläufiger Sieger hervor; bis zum Sommer des Folgejahres folgten weitere Maßnahmen, durch welche die Position des Schahs geschwächt und die des Ministerpräsidenten gestärkt wur-

---

     vaten und öffentlichen Angestellten, zu verstehen. Dafür spricht ein Hinweis an anderer Stelle (siehe ders. 2008 – A History of Modern Iran, S. 138). Zu den drei Stützen seiner Herrschaft vgl. ders. 1982 – Iran Between Two Revolutions, S. 135-138.
1323 Arjomand 1988 – The Turban for the Crown, S. 72. Zur Regierungszeit von Mossadegh bzw. zu dessen Rivalität mit dem Schah vgl. auch Abrahamian 1982 – Iran Between Two Revolutions, S. 267-280 und Hambly 1991 – The Pahlavi Autocracy 2, S. 253-264.

de, vor allem über die Kontrolle des Militärs. Durch seine Politik zog Mossadegh indes nicht nur den Unmut des Schahs auf sich – dem er u.a. das Hofbudget kürzte, dessen Ländereien er verstaatlichte und dem er jeglichen direkten diplomatischen Kontakt untersagte –, sondern gleichermaßen den der Armee – deren Budget er (in seiner neu dazugewonnenen Funktion als Kriegs- bzw. Verteidigungsminister) um 15% kürzte und aus deren oberen Rängen er mehr als 100 Offiziere, darunter auch 15 hochdekorierte Generäle, entfernte – und in Teilen den des Parlaments – dem er zunächst für sechs und danach weitere zwölf Monate Sondervollmachten abtrotzte, um fortan per Dekret eine Reihe von Reformen auf den Weg zu bringen, die zunehmend auf den Widerstand der Abgeordneten stießen. Insbesondere die (gegen die Großgrundbesitzer gerichtete) Landreform auf der einen und die neuen (die Wohlhabenden stärker belastenden) Steuergesetze auf der anderen Seite wurden im Parlament kritisiert, weil sie entweder den eigenen materiellen Interessen oder aber denen ihrer Gönner zuwiderliefen. Mossadegh löste daraufhin mit Unterstützung der Abgeordneten der Nationalen Front das Parlament auf und legitimierte diesen Schritt anschließend mit Hilfe eines nationalen Referendums, das ihm eine überwältigende Mehrheit verschaffte. Mossadegh schien im Sommer 1953 auf dem Höhepunkt seiner Macht angelangt zu sein. Und der Iran? „Iran [...] appeared to be taking the road of republicanism, neutralism, and middle-class radicalism. Not since 1925 had so much power been concentrated in the office of the prime minister and so little in the hands of the shah."[1324]

Doch noch im August 1953 erfolgte – mit der Billigung der Amerikaner und Briten, vor allem aber mit der finanziellen und organisatorischen Hilfe des CIA – ein Militärputsch, der auf den Zuspruch führender Geistlicher, der Großgrundbesitzer und einiger Unternehmer traf und den Sturz Mossadeghs nach sich zog. Diesem wurde nicht nur zum Verhängnis, dass sich die konservativen Kreise gegen ihn wandten, sondern auch, dass er ehemalige Mitstreiter aus der Nationalen Front verprellte und gegen Ende sogar Maßnahmen gegen seinen mächtigsten Verbündeten ergriff: die städtischen Massen.[1325] Der Schah kehrte, nachdem er einige Tage zuvor ins

---

1324 Abrahamian 1982 – Iran Between Two Revolutions, S. 274.
1325 Warum Mossadegh am 18. August, einen Tag vor dem Putsch, die Straßen räumen ließ, warum er also ausgerechnet das Militär gegen seine größte Machtbasis, die demonstrierenden städtischen Massen, einsetzte, ist nicht ganz klar. Vielleicht, um die öffentliche Ordnung wiederherzustellen, vielleicht aber auch,

4. Analyse: Die Revolutionen in China, Mexiko und Iran

Ausland geflohen war, zurück in den Iran und auf den Thron. Die führenden Vertreter der Nationalen Front und Tudeh-Partei wiederum wurden systematisch und teilweise mit äußerster Härte verfolgt. Kurz: Die politische Opposition wurde, wie schon zu Zeiten Reza Schah Pahlavis, weitestgehend ausgeschaltet, um einem repressiv-autoritären Regime den Weg zu bereiten. Nach Einschätzung von Gavin Hambly endete mit dem Sturz von Mossadegh rückblickend „Iran's last chance for the establishment of a liberal reformist government, functioning within a parliamentary constitution"[1326]. Nicht nur das: Zugleich ließ der Coup von 1953 den Schah innerhalb des Iran (endgültig) als *Marionette* des Westens, allen voran der USA erscheinen, auf deren Geheiß eine *legitime* Regierung gestürzt worden war.[1327] Es wurden mit anderen Worten spätestens zu diesem Zeitpunkt die Voraussetzungen für den späteren *anti-imperialistischen* Zug der iranischen Revolution geschaffen, dafür also, dass der Kampf gegen den die iranische Kultur und Nation gefährdenden Westen zunehmend mit dem Kampf gegen das Pahlavi-Regime verschmelzen konnte. Darüber hinaus signalisierte der gewaltsame Sturz Mossadeghs, dass allein eine *Revolution* die Aussicht auf eine dauerhafte, einem Staatsstreich nicht zum Opfer fallende Änderung der Herrschaftsverhältnisse hätte. Das heißt, durch die gescheiterten Reformbemühungen – und durch den hernach eingeschlagenen repressiven Kurs der neuen Regierung – wurde einer Radikalisierung der politischen Kräfte Vorschub geleistet.

Obwohl es dem Schah in der Folge gelang, verlorengegangene Macht zurückzugewinnen, dauerte es weitere zehn Jahre, bis wahrhaft autokratische Herrschaftsverhältnisse (wieder-)hergestellt wurden, Verhältnisse also, in denen beinahe alle politische Macht in seiner Person konzentriert war, sich Kabinett wie auch Parlament ausschließlich aus „seinen Leuten" zusammensetzten und auch die restlichen politischen Institutionen, vor allem die Parteien, ihrer politischen Wirkmächtigkeit bzw. Oppositionsfähigkeit beraubt waren.[1328] Fürs Erste war er wenig mehr als ein gleich-

---

      um die Amerikaner davon zu überzeugen, dass er weiterhin das Sagen hat. Siehe Hambly 1991 – The Pahlavi Autocracy 2, S. 263.

1326 Ebd., S. 264.

1327 Wiederum mit Hambly (ebd.): „For Iranians of all political persuasions, whether pro- or anti-Shah, the *coup* of 19 August 1953 confirmed a long-held conviction, that the source of all effective political action was to be sought in the machinations of foreigners."

1328 Vgl. ebd., S. 264-279, Foran 1994 – The Iranian Revolution, S. 169 und Luft 2000 – Die islamische Revolution, S. 335f. Auch Abrahamian 1982 – Iran Be-

berechtigter Partner all jener Kräfte, die seine Rückkehr ermöglicht hatten, d.h. der Militärführer, der hohen Geistlichen sowie der Großgrundbesitzer und Unternehmer. Insbesondere General Fazlollah Zahedi (1897-1963), der den Staatsstreich maßgeblich vorangetrieben hatte und zum ersten Ministerpräsidenten nach Mossadegh wurde, nahm zunächst einen wichtigen Platz in der iranischen Politik ein – bevor er keine zwei Jahre später, im April 1955, vom Schah zum Rücktritt gedrängt und in die Schweiz geschickt wurde.

Die für den Schah letzte ernsthafte Herausforderung durch das politische Establishment erfolgte mit der Ministerpräsidentschaft Ali Aminis, dem er diesen Posten auf Druck der USA und im Gefolge einer durch die Parlamentswahlen im Frühjahr 1960 ausgelösten politischen Krise, die mit einer wirtschaftlichen Krise zusammenfiel, im Mai 1961 überlassen musste. Erstmals nach Jahren zunehmender Repression und politischer Überwachung durch den SAVAK ließ der herrschaftliche Druck auf die politische Opposition ein wenig nach; die Nationale Front vermochte sich sogar wieder neu zu formieren. Amini nahm hierauf ein umfassendes (und rückblickend wahrscheinlich zu breit gefächertes) Reformprogramm in Angriff, mit dem u.a. die Korruption verringert, Steuern effektiver eingetrieben, staatliche Ausgaben gekürzt, die Inflation verringert, die Verwaltung dezentralisiert und die lokale Autonomie erhöht werden sollten sowie, last but not least, der Großgrundbesitz zerschlagen und neu verteilt werden sollte.[1329] Hambly schließt nicht aus, dass sich der Iran unter Amini sogar noch im Sinne der „konstitutionellen" Revolution hätte entwickeln, d.h. sich in eine konstitutionelle Monarchie mit einem starken, die Macht des Schahs begrenzenden Parlament hätte wandeln können – eben weil Amini um die Notwendigkeit dieser Maßnahmen wusste –, doch letztlich scheiterte auch er am Widerstand des Schahs, an seinem fehlenden politischen Rückhalt im Volk und im Parlament gleichermaßen sowie an der mangelhaften, von Amini überschätzten Unterstützung seitens der USA.[1330] Sein Rücktritt im Juli 1962 wurde zur *Zäsur*: „From the resignation of Amini until the disintegration of the monarchy in 1978, Muhammad Riza Shah

---

tween Two Revolutions, S. 419-426 behandelt die Dekade zwischen 1953 und 1963 unter der Überschrift „Consolidation of Power".
1329 Siehe Hambly 1991 – The Pahlavi Autocracy 2, S. 274.
1330 Siehe für eine Einschätzung der Regierungszeit Aminis ebd., S. 271-279 und, zu den Gründen seines Scheiterns, außerdem Abrahamian 1982 – Iran Between Two Revolutions, S. 423f.

was more than ever the absolute ruler of the country."[1331] Der Schah stieg endgültig zum autokratischen Herrscher auf, dessen Machtposition ungefährdeter denn je war und der durch den folgenden Ausbau der Staatsgewalt über eine nie gekannte Machtfülle verfügte.

Der Schah höchstpersönlich setzte sich in den folgenden Jahren an die Spitze einer „von oben" initiierten und „von oben" gelenkten sozio-ökonomischen Modernisierung, der sogenannten „Weißen Revolution". Schon dem Namen nach sollte sie einer etwaigen „Roten Revolution" („von unten") zuvorkommen, ja, dieser die Grundlage entziehen. Zwecks Legitimierung des Reformprogramms wandte sich der Schah im Januar 1963 in einem nationalen Referendum direkt ans Volk, unter *bewusster Umgehung* der politischen Institutionen also – worin ein weiterer Beleg und eine weitere Maßnahme für die Marginalisierung der politischen Opposition gesehen werden kann (die daher auch zum Widerstand aufrief).[1332] Das Programm der „Weißen Revolution" bestand ursprünglich aus sechs (später dann zwölf und gegen Ende 17) Punkten, darunter einer Ausweitung des aktiven wie passiven Frauenwahlrechts, einer Bildungsoffensive sowie Maßnahmen zur Forcierung der bereits im Gang befindlichen Industrialisierung, wobei ihr Herzstück eindeutig die schon unter Amini begonnene *Landreform* bildete, als dessen Architekt Aminis damaliger Landwirtschaftsminister Hassan Arsanjani gilt. Die Gründe dafür, dass der Schah aktiv einen solch schwerwiegenden Wandel vorantrieb, der, wie aus anderen (Dritte-Welt-)Ländern bekannt war, durchaus Risiken barg, waren vielfältiger Natur.[1333] Erstens drängten ihn die USA mehr und mehr zu diesem Schritt. Sie sahen in einer Landreform eine unabdingbare Voraussetzung für die Modernisierung des Iran insgesamt. Zweitens gefiel sich der Schah in der Rolle des fortschrittlichen Reformers bzw. „aufgeklärten Absolutisten", der seinem Volk den Weg in die Moderne wies. Schließlich spielten, drittens, sicherlich auch machtpolitische Erwägungen eine nicht unwesentliche Rolle. Dies insofern, als der Schah sich von der Landreform eine po-

---

1331 Hambly 1991 – The Pahlavi Autocracy 2, S. 278.
1332 So werten diesen Schritt auch Hambly (ebd., S. 279) und Luft 2000 – Die islamische Revolution, S. 336. Die Nationale Front beispielsweise boykottierte das Plebiszit, weil deren Mitglieder der Meinung waren, ein so wichtiges Reformpaket müsse unbedingt vom Parlament autorisiert werden. Das Ergebnis des Referendums kommentiert Ansari 2003 – Modern Iran, S. 159 so, dass es dem Schah „a suspicious 99% of the popular vote" eingebracht hätte.
1333 Vgl. hierzu Hambly 1991 – The Pahlavi Autocracy 2, S. 276-278, Luft 2000 – Die islamische Revolution, S. 335f. und Ansari 2003 – Modern Iran, S. 158-160.

litische Entmachtung der Großgrundbesitzer versprach, die bisher als Intermediäre zwischen ihm und den Bauern gestanden hatten (und ihren Einfluss im Parlament hatten geltend machen können), und eine damit verbundene Steigerung seiner eigenen Macht. Hambly kann darum mit Blick auf die Landreform pointieren: „The Shah favoured it for the political benefits which might accrue to him as a royal reformer, *freed from the constraints* of having to consider landlord interests."[1334] Anders gesagt: Die Landreform wurde zu einem Mittel für die weitere politische Zentralisierung, d.h. für die Umwandlung der indirekten zur *direkten* staatlichen Herrschaft oder, wie von Trotha sagen würde: für die Ausweitung der *bürokratischen* Herrschaft.[1335] Als dieses Ziel – die Entledigung der Großgrundbesitzer „als Klasse" – verwirklicht war, verlor der Schah denn auch rasch das Interesse an der Landreform und der Lage der Bauern. Diese wurden zwar aus den klientelistischen Bindungen befreit, doch in den meisten Fällen reichte das bisschen Land, das an sie verteilt wurde, nicht zum Überleben, wenn sie denn überhaupt zu Landbesitz kamen.[1336] Viele sahen sich daher gezwungen, vom Land in die Städte zu ziehen, um dort einer Beschäftigung nachgehen zu können. Bis 1976 sollte beinahe die Hälfte der iranischen Bevölkerung in den Städten leben (im Jahre 1956 waren es noch 31% bzw. sechs statt 16 Millionen gewesen).[1337] In den rasch wachsenden Slums und Elendsvierteln von Teheran und anderen

---

1334 Hambly 1991 – The Pahlavi Autocracy 2, S. 276, m.H.
1335 Vgl. Trotha 1994 – Koloniale Herrschaft.
1336 Abrahamian 2008 – A History of Modern Iran, S. 132 versucht den Effekt der Landreform zu quantifizieren: „It [instead] stratified the countryside into some 1,300 commercial enterprises each owning more than 200 hectares; some 640,000 landlords – many of them absentees – owning between 10 and 200 hectares; 1,200,000 families – most former sharecroppers with tenancy rights – owning less than 10 hectares; and more than 700,000 laborers – all former non-tenant peasants. Since 10 hectares was the minimum needed to survive in most regions, many smallholders were not better off than the landless laborers." Auch Foran 1994 – The Iranian Revolution, S. 167 meint: „In fact, more than 90 percent of former sharecroppers received some land; however, the half of the peasantry who had been landless received nothing, the half who received land found themselves mostly on plots too small to support their families, and up to one-half of all land remained in the hands of large landlords." Arjomand 1988 – The Turban for the Crown, S. 73 kommt mit Blick auf die Landreform zu dem Schluss: „Although its redistributive effects fell short of what could be expected, it liquidated the big landlords as a class – and a nationally dominant class at that."
1337 Siehe ebd., S. 74 und 216f.

4. Analyse: Die Revolutionen in China, Mexiko und Iran

Großstädten entkamen die ehemaligen Bauern der Armut indes häufig ebenso wenig. So entbehrt es nicht der Ironie, dass ausgerechnet jene Bauern, deren politische Unterstützung der Schah durch die – rückblickend als gescheitert anzusehende – Landreform meinte, gewinnen zu können, später zu den städtischen Fußsoldaten der Revolution wurden, die vermeintlichen Stützen der neuen Ordnung zu deren Umstürzlern.[1338] Doch was waren die weiteren Ergebnisse der „Weißen Revolution" neben der Entmachtung der Großgrundbesitzer und der Urbanisierung?

(1) Eine kurzfristige Folge stellten die Demonstrationen vom Juni 1963 dar, die aus mehreren Gründen bemerkenswert waren. Nicht nur, weil sich Ruhollah Khomeini hier erstmals als Oppositionsfigur profilieren konnte, der selbst nach mehreren Haftstrafen von seinem oppositionellen Engagement nicht abließ und im November 1964 schließlich ins Exil geschickt wurde, zunächst in die Türkei und dann in den Irak, nach Nadschaf. Sondern auch, weil der Widerstand stellvertretend dafür stand, dass sich Teile der traditionellen Mittelschicht, d.h. der Ulema einerseits und der Basarkaufleute (die aus Solidarität mit den Geistlichen die Basare schlossen) andererseits, vom Schah abgewandt hatten, royalistische Kräfte also, die in der Vergangenheit die Pahlavis grundsätzlich (wenn auch auf ambivalente Weise) gestützt hatten. Mindestens bis zu (den Vorbereitungen) der Landreform hatten die führenden Geistlichen mit dem Schah „im wesentlichen freundliche Beziehungen"[1339] unterhalten. Schließlich legte der Aufstand Zeugnis davon ab, dass einerseits – vornehmlich unter den unmittelbar betroffenen Großgrundbesitzern, aber auch unter den Klerikern mit Landbesitz (die weitestgehend auch die neuen Rechte der Frauen ablehnten) – Unzufriedenheit über die Reformpolitik des Schahs herrschte und dass man andererseits bereit war, für eine Besserung der Verhältnisse zu protestieren, selbst wenn man damit gegebenenfalls das eigene Leben riskierte – eine Erinnerung, die sich Ende der 1970er Jahre wecken ließ. Und doch ginge es vermutlich zu weit, für das Jahr 1963 bereits ein revolutionäres Potential anzunehmen oder in dem Aufstand ein Vorspiel der späteren Revolution zu sehen. Denn nicht nur waren die proklamierten Ziele *gemäßigt-reformerischer* Natur. Selbst Khomeini griff den Schah zwar scharf und persönlich an, forderte indes nicht (offen) dessen Sturz. Auch die erforderliche *politische Basis* war zwar breit, aber nicht breit genug,

---

1338 Vgl. hierzu auch Luft 2000 – Die islamische Revolution, S. 337.
1339 Ebd., S. 338.

4.3 Die iranische Revolution (1977-1979)

insofern als die säkularisierte Mittelschicht (inklusive der Staatsangestellten) und die Arbeiter in der Ölindustrie größtenteils nach wie vor zum Schah hielten, von der Armee ganz zu schweigen. Ferner blieb der Aufstand regional begrenzt, auf Teheran und einige Provinzhauptstädte nämlich (Qom, Isfahan, Schiras, Maschhad und Tabriz), von einer *nationalen* Erhebung konnte mithin ausdrücklich nicht die Rede sein.[1340] Und doch drängte sich für die Beteiligten und Beobachter angesichts der äußerst brutalen Niederschlagung der Proteste – man geht von mehreren Hundert, wenn nicht gar mehreren Tausend Toten aus, ein Gewaltausmaß, das auch andere (eigentlich quietistisch eingestellte) Großayatollahs wie Mohammad Reza Golpeigani und Mohammad Kasem Shari'atmadari zur Solidarisierung mit den Demonstranten trieb – seit 1963 der Schluss auf, dass die Herrschaftsordnung, wenn überhaupt, dann nur auf *revolutionärem* Wege transformiert werden konnte.[1341]

(2) Mittelfristig trieb die „Weiße Revolution" einen massiven gesellschaftlichen und wirtschaftlichen Strukturwandel voran, wie er unter Mohammads Vater noch ausgeblieben war.[1342] So ging sie, erstens, mit einer Bildungsexpansion einher, die nicht nur die nationale Integration, sondern daneben wohl auch (ungewollt) die Ausbildung eines politischen Bewusstseins förderte. Die Alphabetisierungsrate konnte im Rahmen des Reformprogramms von 26% auf 42% gesteigert werden, die Zahl der Bildungseinrichtungen verdreifachte sich, die Einschreibung an den Grundschulen stieg von 1.640.000 auf 4.080.000, an weiterführenden Schulen von 370.000 auf 741.000, an Berufsschulen von 14.240 auf 227.000, an inlän-

---

1340 Vgl. zu den genannten Gründen v.a. ebd., S. 340 und 343 sowie Abrahamian 1982 – Iran Between Two Revolutions, S. 426. Abrahamian (ebd.) zitiert Khomeini anlässlich einer Proklamation im Jahre 1963 mit den folgenden Worten: „,,my generation remembers that in 1941 the Iranian people were actually happy that the invading foreigners threw out the shah. I do not want the present shah to meet the same fate as the old shah. This is why I beseech the shah: respect the religious authorities, don't help Israel, and learn from your father's mistakes.'".
1341 Siehe Hambly 1991 – The Pahlavi Autocracy 2, S. 280. Für die nach wie vor unklaren Opferzahlen vgl. Abrahamian 1982 – Iran Between Two Revolutions, S. 426.
1342 Vgl. Foran 1994 – The Iranian Revolution, S. 167: „Even after the centralizing modernization project of Reza Shah Pahlavi from 1926 until his forced abdication by the Allies in 1941, the social structure of Iran remained essentially that of earlier in the century." Die nachfolgenden Zahlen entnehme ich allesamt Abrahamian 2008 – A History of Modern Iran, S. 131-139.

dischen Hochschulen von 24.885 auf 145.210 und an ausländischen Hochschulen von 18.000 auf 80.000. Zweitens wurde die Gesundheitsversorgung verbessert. Zwischen 1956 und 1976 konnte so die Bevölkerung von knapp 19 Millionen auf mehr als 33 Millionen wachsen, auch bedingt durch wirksame Maßnahmen gegen eine mögliche Hungersnot. Drittens erlebte die iranische Wirtschaft in den 1960er und frühen 1970er Jahren einen weiteren (wenn auch geringfügigen) Industrialisierungsschub. Die Hafenanlagen wurden ebenso ausgebaut wie das Eisenbahn- und Straßennetz. Durch Schutzzölle, Steuererleichterungen, günstige Kredite und andere Maßnahmen wuchs die Zahl kleiner Fabriken zwischen 1953 und 1975 von 1.500 auf mehr als 7.000, mittelgroßer von 300 auf mehr als 800 und großer (mit mindestens 500 Arbeitern) von weniger als 100 auf mehr als 150.[1343] Hiermit unmittelbar zusammenhängend kam es, viertens, zur Ausbildung neuer „Klassen", darunter vor allem eines (Industrie-)Proletariats, einer neuen, modernen Mittelschicht sowie einer (nicht allzu großen) Gruppe kapitalistischer Unternehmer. Daraus ergab sich für das Jahr 1977 folgende gesellschaftliche Schichtung. Die Oberschicht setzte sich zusammen aus einem „narrow circle of families linked to the Pahlavi court – the royal family itself, senior politicians and government officials, military officers, as well as court-connected entrepreneurs, industrialists, and commercial farmers"[1344]. Die städtische Mittelschicht wiederum teilte sich in zwei Hälften: eine traditionelle und eine moderne. Ersterer gehörten vor allem die (ökonomisch nach wie vor gewichtigen) Basarkaufleute und Kleriker an, aber auch Werkstattbesitzer, kleinere Hersteller und mittelgroße (in den Städten lebende) Landwirte. Zusammengenommen kamen sie auf mehr als eine Million Familien. Die moderne Mittelschicht baute sich aus den privaten und öffentlichen Angestellten sowie Akademikern auf. Zählt man neben den 304.000 Staatsbeamten, 200.000 Lehrern und 60.000 Managern, Ingenieuren und Freiberuflern die Studenten und andere aufstrebende Gesellschaftsmitglieder hinzu, belief sich die Zahl der Angehörigen dieses Teils der Mittelschicht auf mehr als eine Million. Die städtische Unterschicht zählte rund 1,3 Millionen Arbeiter, darunter knapp 900.000 in modernen Wirtschaftsbetrieben, die Bewohner in den an-

---

1343 Zahlen zum Anstieg der industriellen Produktion finden sich wiederum ebd., S. 134.
1344 Ebd., S. 134 und 138.

4.3 Die iranische Revolution (1977-1979)

schwellenden Elendsvierteln nicht mitgerechnet.[1345] Die ländliche Bevölkerung repräsentierte 54% der Gesamtbevölkerung. Sie lässt sich grob einteilen in wohlhabende Besitzer eines landwirtschaftlichen Betriebs (die nicht mit dem ehemaligen „Landadel" der Großgrundbesitzer verwechselt werden dürfen), Kleinbauern und Dorfarbeiter.

In ökonomischer Hinsicht war die „Weiße Revolution" zweifellos ein Erfolg: Zwischen 1963 und 1978 betrug das jährliche Wirtschaftswachstum durchschnittlich 10,8% – „a figure surpassed by only two or three countries in the world"[1346] –, das Bruttosozialprodukt stieg von $3 Milliarden im Jahre 1953 auf $53 Milliarden im Jahre 1977, das Pro-Kopf-Einkommen im selben Zeitraum von $166 auf $1.514. An diesem Wohlstand partizipierten freilich nicht alle in gleichem Maße, im Gegenteil, die Einkommensschere öffnete sich immer mehr, sowohl zwischen Stadt und Land als auch innerhalb der Städte. Was aber zunächst weniger stark wahrgenommen wurde, weil die meisten Stadtbewohner Ende der 1970er materiell bessergestellt waren als eine Dekade zuvor und weil der Staat mit imposanten öffentlichen Bauprojekten, kostenfreien Bildungsprogrammen und dergleichen mehr zu beeindrucken wusste.[1347] Der Iran, so hatte es den Anschein, sei auf dem besten Wege, zu den entwickelten Ländern aufzuschließen, und die (Entwicklungs-)Diktatur, die man sich als nur transitorischer Natur schönredete, daher nur noch von kurzer Dauer. Zum Motor der ökonomischen Entwicklung avancierte dabei eindeutig die Ölindustrie: Zwischen 1963 und 1976 stiegen die Einnahmen aus ihr beinahe um das *Siebzigfache*, nämlich von $555 Millionen auf $38 Milliarden.[1348] Nur, die Kehrseite war die extreme Abhängigkeit: Im Jahre 1963 zeichne-

---

1345 Foran 1994 – The Iranian Revolution, S. 168 zufolge verdoppelte sich die „working class" innerhalb von 20 Jahren.
1346 Ebd., S. 167; hier auch zur Entwicklung des Bruttosozialeinkommens und Pro-Kopf-Einkommens. Für den Zeitraum von 1963 und 1973 – also *bevor* der Ölboom die extremsten Ausmaße annahm – gibt Ansari 2003 – Modern Iran, S. 167 für den Iran ebenfalls ein durchschnittliches Wirtschaftswachstum von 10% pro Jahr an.
1347 Siehe Halliday 1988 – The Iranian Revolution, S. 35 und 39 und Ansari 2003 – Modern Iran, S. 167.
1348 Vgl. Luft 2000 – Die islamische Revolution, S. 344. Etwas niedrigere Zahlen finden sich bei Halliday 1988 – The Iranian Revolution, S. 39 und Abrahamian 2008 – A History of Modern Iran, S. 123f., die beide für das Jahr 1976 „nur" rund $20 Milliarden Einkünfte aus der Ölindustrie angeben.

ten Öl und Gas für 77% aller Exporte verantwortlich, 1978 waren es schon ganze 98%.[1349]

(3) Die steigenden Einnahmen des Staates auf der einen und die finanziellen Hilfen der USA auf der anderen Seite ermöglichten wiederum einen massiven Ausbau des Staatsapparates. Es wurde bereits angedeutet, dass der Schah seine Herrschaft, wie sein Vater auch, im Wesentlichen auf drei Pfeiler stützte: Armee, Bürokratie und (Hof-)Patronage, zu dem sich unter Mohammad als vierte Stütze das enge Bündnis mit den USA gesellte. Alle drei Pfeiler erfuhren nun durch das Reformprogramm einen weiteren Ausbau; wenn das Schah-Regime mit anderen Worten schon zuvor durch die Pfeiler gestützt worden war, so dürfte sich der Halt durch die „Weiße Revolution" nochmals enorm gesteigert haben. Einige wenige Zahlen sollen dies verdeutlichen.[1350] Zwischen 1954 und 1977 stieg das Militärbudget um das Hundertzwanzigfache und dessen Anteil am Jahresbudget von 24% auf 35%, d.h. in absoluten Zahlen von $60 Millionen auf $7,3 Milliarden, wobei das meiste Geld in die Ausrüstung mit modernen Waffen floss. Im selben Zeitraum wuchs der Erzwingungsstab von 127.000 auf 410.000 Mann (Heer 220.000, Luftwaffe 100.000, Marine 25.000 und Polizei 60.000). Um diese Zahlen in Relation zu bringen bzw. um ein Gefühl von der Maßlosigkeit zu bekommen: „By 1975, the shah had the largest navy in the Persian Gulf, the largest air force in Western Asia, and the fifth largest army in the whole world."[1351] Die Loyalität der Offiziere sicherte sich der Schah dabei auf unterschiedliche Weise, insbesondere aber durch materielle Anreize, die Vergabe von staatlichen Posten und die öffentliche Anerkennung ihrer historischen Leistung:

> He showered them with generous salaries, pensions, and fringe benefits, including comfortable housing, frequent travel abroad, periodic bonuses, modern medical facilities, discount department stores, and real estate gifts. He performed state functions in military uniform; placed officers in high administrative positions; vetted all promotions above the rank of major; and praised the officer corps for having saved the country in 1953 on that ‚blessed day' of August 19 (28th Mordad). The day was celebrated every year as a national holiday.[1352]

1349 Siehe Foran 1994 – The Iranian Revolution, S. 168.
1350 Ich stütze mich nachfolgend wiederum auf Abrahamian 2008 – A History of Modern Iran, S. 123-131.
1351 Ebd., S. 124.
1352 Ebd., S. 125.

4.3 Die iranische Revolution (1977-1979)

Einem möglichen Militärcoup vorbeugend, besetzte der Schah außerdem die Schlüsselpositionen der Sicherheitskräfte ausschließlich mit vertrauenswürdigen Männern, die zudem, statt direkt miteinander zu kommunizieren, nur vermittelt über den königlichen Hof kommunizieren durften. Parallel wurde auch der zivile Apparat massiv aufgebläht: Bis 1975 waren bereits mehr als 304.000 Beamte im Dienst des Staates, zusätzlich zu etwa einer Million Arbeiter oder Angestellter, die mehr oder weniger direkt für den Staat arbeiteten.[1353] In Gestalt der Pahlavi-Stiftung erfuhr obendrein der dritte Pfeiler des Schah-Regimes eine weitere Stärkung: Zu Patronagezwecken standen ihr zur Hochzeit Vermögensgegenstände im Wert von rund $3 Milliarden zur Verfügung; das damalige Vermögen der königlichen Familie insgesamt wird auf mehr als $20 Milliarden geschätzt. „The opposition at home described the foundation as a giant octopus whose tentacles tapped into almost all spheres of economic activity"[1354], weiß Ervand Abrahamian zu berichten.

Alles in allem lässt sich der Effekt der „Weißen Revolution" wie folgt bilanzieren:

> Mohammad Reza Shah's reform and modernization programs of the 1960s and 1970s went hand in hand with the strengthening of his personal rule and the establishment of neo-patrimonial dictatorship. The Majles once more became the rubber stamp for royal dictates. The secret police, the SAVAK, [...] became increasingly omnipresent and increasingly hated. The army was expanded to an efficient force of 400,000 men equipped with technologically advanced U.S. weapons.[1355]

Anders gesagt: Die staatliche Herrschaft wurde ausgeweitet und immer mehr auf die Person des Schahs zentriert, der sich in der Ausübung seiner Herrschaft wiederum immer weniger Beschränkungen (seitens des Ministerpräsidenten, des Parlamentes, der politischen Parteien oder der öffentlichen Meinung) ausgesetzt sah und gleichzeitig über immer mehr Mittel zur politischen Überwachung und Repression verfügte. John Foran charakterisiert das Schah-Regime daher treffend als „repressive, exclusionary state"[1356], Luft spricht von einer „Konzentration aller Verfügungsge-

---

1353 Die Schätzung von Abrahamian (ebd., S. 127) scheint mir etwas zu hoch gegriffen: „By 1977, the state was directly paying one of every two full-time employees."
1354 Ebd., S. 128.
1355 Arjomand 1988 – The Turban for the Crown, S. 73f.
1356 Foran 1994 – The Iranian Revolution, S. 169f.

4. Analyse: Die Revolutionen in China, Mexiko und Iran

walt"[1357] in den Händen des Schahs. Für die ungewöhnlich lange Ministerpräsidentschaft von Amir Abbas Hoveyda von Januar 1965 bis August 1977, ergibt sich so oberflächlich betrachtet das folgende Bild: „The Huvaida years (at least until the mid-1970s) seemed like a halcyon time of economic growth and apparent stability, with the spectacular increase in oil revenues after 1973 resulting in vast government spending."[1358]

4.3.2 Das Pahlavi-Regime in der Krise

> In the opening months of 1977, on the eve of the revolution, it seemed as if the Pahlavi autocracy had attained the apogee of power and prestige. Yet beneath the surface all was far from well.[1359]

Wieder einmal hat es den Anschein, als ob einer Revolution wirtschaftliche Ursachen zugrunde gelegen hätten. Es lässt sich auch gar nicht leugnen, dass das Schah-Regime seit 1975 in eine schwerwiegende wirtschaftliche Depression stürzte, ausgelöst durch das abrupte Ende des Ölbooms, das wiederum weitere Strukturprobleme der iranischen Wirtschaft aufdeckte und die Inflation zwischen 1975 und 1977 von zunächst 9,9% auf 16,6% und schließlich 25,1% steigen ließ, nachdem sie beispielsweise zwischen 1968 und 1972 im Schnitt weniger als 4% betragen hatte. Die ohnehin eklatante soziale Ungleichheit wurde hierdurch weiter verschärft, in Teheran etwa stiegen die Mieten 1975 verglichen zum Vorjahr um 200% und um nochmal 100% im Folgejahr.[1360] Genauso wenig möchte ich bestreiten, dass die über den Iran hereinbrechenden wirtschaftlichen Probleme eine *exponierende* Wirkung hatten, ja, Zustände von größter (normativer) Fragwürdigkeit zutage treten und vor allem zum Thema werden ließen. Und doch sind die „eigentlichen", die tieferen Ursachen der iranischen Revolution meiner Meinung nach woanders zu suchen.[1361] Die

---

1357 Luft 2000 – Die islamische Revolution, S. 346.
1358 Hambly 1991 – The Pahlavi Autocracy 2, S. 284.
1359 Ebd., S. 287.
1360 Vgl. für alle Zahlen Foran 1994 – The Iranian Revolution, S. 169, 172 und Luft 2000 – Die islamische Revolution, S. 347f.
1361 Schon Foucault 2003 – Der Geist geistloser Zustände, S. 936 bemerkt, „die ökonomischen Schwierigkeiten, unter denen der Iran damals litt, waren nicht so groß, dass die Menschen deshalb zu Hunderttausenden und zu Millionen auf die Straße gegangen wären und sich mit bloßer Brust den Maschinengewehren entgegengestellt hätten".

4.3 Die iranische Revolution (1977-1979)

wirtschaftliche Krise nahm vielen, das ist richtig, den *letzten* verbliebenen positiven Grund, den Schah zu unterstützen, sie raubte ihnen oder schmälerte wenigstens das (materielle) *Interesse* an einer Fortsetzung von dessen Herrschaft, das, wie wir dank Weber wissen, immer schon ein äußerst *labiles* Gehorsamsmotiv darstellt. Aber das Augenmerk sollte darauf liegen, warum die Herrschaftsunterworfenen keine *anderen*, vor allem: keine *stabileren*, *verlässlicheren* Motive mehr hatten, die Herrschaft des Schahs gutzuheißen. Dann aber rücken unweigerlich Fragen der *Legitimität* in den Vordergrund. Der Eintritt einer wirtschaftlichen Depression mochte für einen „rentier state" (H. Mahdavy), wie der Iran zweifellos einer war, verheerende Konsequenzen haben, doch die entscheidende Frage muss lauten: Wieso trifft *ausgerechnet* einen „rentier state" eine wirtschaftliche Depression so hart? Welche Eigenschaften machen ihn so verwundbar? Meine Antwort lautet, kurz gesagt: seine fehlende Legitimität, oder genauer noch: seine fehlende bzw. dürftige Legitimität in der theoretisch-reflexiven wie performativ-expressiven Dimension (die wirtschaftliche Performance zu konjunkturell besseren Zeiten einmal ausgenommen). Durch die wirtschaftliche Depression trat, anders gesagt, die bestehende Illegitimität des Pahlavi-Regimes besonders unverhohlen zutage: Es wurde eine gedankliche Verbindung gezogen zwischen der (nicht allein in ökonomischer Hinsicht) mangelhaften herrschaftlichen Performance einerseits und dem ungerechten Ursprung der Herrschaft andererseits. Inwieweit aber war der Schah in den Jahr(zehnt)en zuvor sukzessive seiner Legitimität verlustig gegangen? Und was hatte dies mit jenen zwei zentralen Vorgängen zu tun, die eine Entwicklung in Gang setzten, die letztlich im Ausbruch der iranischen Revolution mündete, mit Vorgängen also, die zu einer Aktualisierung des vorhandenen revolutionären Potentials führten: der Umwandlung des Zwei-Parteien- in ein Ein-Parteien-System im Jahre 1975 auf der einen und der politischen Liberalisierung seit 1977 auf der anderen Seite?

Was also lässt sich differenziert über die legitimatorische Struktur der Herrschaft Mohammad Reza Schah Pahlavis sagen? Und in welcher Beziehung steht diese Struktur mit jenen Ursachen der iranischen Revolution, die in der Literatur für gewöhnlich genannt werden? Der Zustand der Illegitimität mag die Pahlavi-Herrschaft latent schon sehr lange begleitet haben, *manifest* aber wurde er erst gegen Ende. Seiner Manifestierung standen die längste Zeit vor allem zwei Dinge im Weg: erstens das repressive Potential des Staates und zweitens die Petro-Dollars. (1) Dass ein hoher Repressionsgrad die Artikulation eines Legitimitätsdefizits deutlich erschweren kann, ist nichts Neues. Dem Schah gelang es auf geschickte und

4. Analyse: Die Revolutionen in China, Mexiko und Iran

rücksichtlose Art und Weise, jegliche politische Opposition, ja, jegliche öffentliche Kritik an den Herrschaftsverhältnissen verstummen zu lassen, indem er (a) Dissidenten mit Hilfe des scheinbar omnipräsenten SAVAK verfolgen ließ – nach einer Schätzung von Amnesty International gab es im Jahre 1975 im Iran zwischen 25.000 und 100.000 politische Gefangene –[1362], der auch vor Folter und Mord nicht zurückschreckte, (b) die Presse zensierte und so keine unabhängige öffentliche Meinung entstehen ließ, (c) das Parlament in einen „rubber stamp for royal dictates"[1363] verwandelte, in dem die zwei 1958 gegründeten Parteien – die Melliyun (Nationalpartei) und Mardom (Volkspartei) sowie seit 1965 statt der Melliyun die Iran-e Novin Partei (Das neue Iran) –, die wahlweise als „Yes"- oder „Yes Sir"-Parteien verspottet wurden,[1364] keine wirkliche Oppositionspolitik betrieben, und in dem (d) die ehemals einflussreichen und Paroli bietenden Parteien keine Rolle mehr spielten (die Nationale Front hatte sich nach der politischen Verfolgung im Anschluss an den Sturz Mossadeghs zwar wieder neu formieren können, verlor aber spätestens nach 1963 jede politische Bedeutung; die Tudeh-Partei wiederum war mit dem Militärcoup von 1953 dauerhaft in den Untergrund getrieben worden). Abrahamian drückt die Lage wie folgt aus:

> The 1953 coup brought down an iron curtain on Iranian politics. It cut the opposition leaders from their followers, the militants from the general public, and the political parties from their social bases. […] [F]or the next twenty-four years – with the brief exception of 1960-1963 – the country was to follow a quiet course, with the politics of social conflict giving way to those of social engineering.[1365]

Oder kürzer noch mit Hambly: „After Amini, there were to be no more challenges from the political establishment."[1366] Öffentlich ließ sich das Legitimitätsdefizit mithin fast gar nicht kommunizieren. Einzig die Guerilla-Organisationen vermochten durch ihre vereinzelten Anschläge das (öffentliche) Bewusstsein der Illegitimität und die Erinnerung an die Bereit-

---

1362 Vgl. Foran 1994 – The Iranian Revolution, S. 170.
1363 Arjomand 1988 – The Turban for the Crown, S. 73. Vgl. ähnlich auch Halliday 1988 – The Iranian Revolution, S. 42.
1364 Vgl. Foran 1994 – The Iranian Revolution, S. 170 und Ansari 2003 – Modern Iran, S. 139. „Tweedledum and Tweedledee in the art of obsequiousness", wie Hambly 1991 – The Pahlavi Autocracy 2, S. 289 (wohl in Anlehnung an Lewis Carroll) kommentiert.
1365 Abrahamian 1982 – Iran Between Two Revolutions, S. 450.
1366 Hambly 1991 – The Pahlavi Autocracy 2, S. 279.

schaft zum Leisten von Widerstand wachzuhalten, wenngleich sie das Regime zu keinem Zeitpunkt ernsthaft gefährden konnten.[1367]

(2) Das Legitimitätsdefizit wurde indes nicht nur totgeschwiegen, sondern das Schah-Regime sorgte zudem aktiv für dessen *Verhüllung*. Halliday bringt es folgendermaßen auf den Punkt: „Yet the quality of the Shah's political illegitimacy was not constant: the dictatorship of the 1950s, and the prospects of economic improvement of the 1960s and early 1970s seem to have produced at least some *tacit acceptance*."[1368] Die sozioökonomische Entwicklung bewirkte bei einem Teil der Beherrschten, insbesondere bei der neu entstehenden modernen Mittelschicht, wenn schon nicht eine Legitimierung, so doch wenigstens eine stillschweigende Hinnahme der Herrschaftsverhältnisse, ein Stillhalten also. „[V]orerst garantierte der Ölboom dem Regime Stabilität"[1369], wie Paul Luft bemerkt. Die ökonomische und staatliche Performance *überstrahlte* mit anderen Worten lange Zeit das theoretische Legitimitätsdefizit, weil es genügend Leute gab, die von ihr materiell profitierten, wenn auch ungleichmäßig.

Allein, die sozioökonomische Modernisierung verdeckte das Legitimitätsdefizit nicht nur, in gewisser Weise *verschärfte* sie es ebenso. Dies insofern, als die soziale Ungleichheit drastisch zunahm und gerade in den Städten mit ihren Slums und Elendsvierteln besonders offenkundig wurde. Darin lag ja die besondere Ironie des großen Ölbooms Anfang und Mitte der 1970er Jahre: „that it undermined this tacit acceptance by *highlighting* the inequalities and the corruption inherent in the regime"[1370]. Daneben verschärfte die soziökonomische Modernisierung die Legitimitätsprobleme vor allem deshalb, weil mit ihr das Bedürfnis nach einer *politischen* Modernisierung stieg. Abrahamian sieht genau hierin denn auch (in seiner deutlich von Huntington beeinflussten Interpretation) die Hauptursache für die iranische Revolution. An zentraler Stelle – und sie ist es wert, in dieser Ausführlichkeit wiedergegeben zu werden, weil man es nicht besser sagen kann – heißt es:

1367 Siehe ebd., S. 284.
1368 Halliday 1988 – The Iranian Revolution, S. 42, m.H. Zu einem ähnlichen Ergebnis kommt auch Luft 2000 – Die islamische Revolution, S. 343, demzufolge sich die säkularisierte Mittelschicht in den 1960er und frühen 1970er Jahren noch nicht vollständig vom Schah-Regime abwandte.
1369 Ebd.
1370 Halliday 1988 – The Iranian Revolution, S. 42, m.H.

4. Analyse: Die Revolutionen in China, Mexiko und Iran

> Two very different interpretations have been offered to explain the long-term causes of the Islamic revolution. One interpretation [...] claims that the revolution occurred because the shah modernized too much and too quickly for his traditional-minded and backward-looking people. The other [...] argues that the revolution occurred because the shah did not modernize fast enough and thoroughly enough to overcome his initial handicap of being a CIA-installed monarch in an age of nationalism, neutralism, and republicanism. The contention of this chapter is that both interpretations are wrong – or, more correctly, both are half right and half wrong; that the revolution came because the shah modernized on the socioeconomic level and thus expanded the ranks of the modern middle class and the industrial working class, but failed to modernize on another level – the *political* level; and that this failure inevitably strained the links between the government and the social structure, blocked the channels of communication between the political system and the general population, widened the gap between the ruling circles and the new social forces, and, most serious of all, cut down the few bridges that had in the past connected the political establishment with the traditional social forces, especially with the bazaars and the religious authorities. Thus by 1977 the gulf between the developing socioeconomic system and the underdeveloped political system was so wide that an economic crisis was able to bring down the whole regime. In short, the revolution took place neither because of *over*development nor because of *under*development but because of *uneven* development.[1371]

Zu Recht wird gegen Abrahamians Argumentation eingewandt, dass die ungleiche Entwicklung von Gesellschaft und Ökonomie einerseits und Politik andererseits *allein* keine erschöpfende Erklärung für den Ausbruch der iranischen Revolution bietet, weil ansonsten eine Vielzahl von Ländern Revolutionen in der Vergangenheit erlebt haben und weiterhin erleben müssten (und auch der Iran schon einige Jahre zuvor hätte erleben

---

1371 Abrahamian 1982 – Iran Between Two Revolutions, S. 426f., m.H. Das ist bekanntlich einer der Haupteinwände, die Huntington Ende der 1960er Jahre gegen die (Parsonssche) Modernisierungstheorie vorbringt: dass die Modernisierung kein gleichlaufender Prozess ist, der sich in allen Bereichen gleichzeitig und -mäßig vollzieht, oder dass sich Modernisierungsprozesse keineswegs (zwangsläufig) wechselseitig verstärken. Huntington beobachtet vielmehr „gaps" bzw. „lags" und sieht in ihnen, genauer: im Hinterherhinken der *politischen* Modernisierung die wesentliche Ursache für politische Unruhen, Staatsstreiche – oder eben: Revolutionen. Siehe Huntington 2006 – Political Order, wo es an einer Stelle (S. 265) heißt: „it [revolution] is most likely to occur in societies which have experienced some social and economic development and where the processes of political modernization and political development have lagged behind the processes of social and economic change".

können).[1372] Aber zum einen bezweifle ich, dass Abrahamian diesen Anspruch erhebt – ohnehin sind vollständige Erklärungen eine Illusion, weil sie spätestens an der menschlichen Agency scheitern, daran also, dass es mehr oder weniger freie Menschen sind, die sich zu einem bestimmten (auch revolutionären) Handeln entschließen müssen –, und zum anderen wäre doch schon ungemein viel gewonnen, wenn eine *notwendige* – wenn auch keine hinreichende – Bedingung für die iranische Revolution ausfindig gemacht wäre. In der Verweigerung politischer Partizipationsmöglichkeiten durch den Schah sehen denn auch viele andere eine wesentliche Ursache für die Revolution. „One of the most serious shortcomings of the Pahlavi regime", schreibt etwa Said Arjomand, zusammen mit Abrahamian sicherlich einer der renommiertesten Iran-Historiker, „was its failure to increase political participation in the face of rapid social change"[1373]. Vor ebendiesem Hintergrund ist auch Keddies Aussage zu sehen: „*Both* the successes and the failures of modernization put different classes, from the urban poor to the new middle classes, at odds with the autocratic government."[1374] Das Scheitern der Modernisierung insofern, als die soziale Ungleichheit drastisch zunahm und vor allem die in die Städte ziehenden ehemaligen Bauern, die große Erwartungen an die Landreform geknüpft hatten, unter Armut litten, wohlgemerkt *ohne* dass diese, wie früher, durch traditionelle Institutionen aufgefangen worden wären.[1375] Der Erfolg insofern, als die Profiteure der sozioökonomischen Modernisierung – vornehmlich die neue Mittelschicht – für sich nun auch zusätzlich politische Mitwirkungsmöglichkeiten reklamierten, statt dass andauernd und willkürlich über ihre Köpfe hinweg entschieden wird. Ein Recht, das sie nicht nur, aber auch deshalb für sich beanspruchten, weil sie durch den neu eröffneten Zugang zu Bildung und Massenmedien mit der Praxis und den zugrundeliegenden Ideen der westlichen Demokratien bestens vertraut wa-

---

1372 So Luft 2000 – Die islamische Revolution, S. 334.
1373 Arjomand 1988 – The Turban for the Crown, S. 108; auch Luft 2000 – Die islamische Revolution, S. 337 zufolge hielt die politische Entwicklung mit der sozioökonomischen nicht Schritt; vgl. ähnlich Hambly 1991 – The Pahlavi Autocracy 2, S. 289.
1374 Keddie 1983 – Iranian Revolutions, S. 592, m.H.
1375 Hambly 1991 – The Pahlavi Autocracy 2, S. 293 und Ansari 2003 – Modern Iran, S. 193 gehen u.a. auf das Verschwinden der Großgrundbesitzer auf dem Land ein, die dort als Patron in Notzeiten für ihre Klienten sorgen konnten, und auf die in den Städten fehlenden Solidarleistungen durch Dorf und (erweiterte) Verwandtschaft.

ren.[1376] Asef Bayat erhebt die Asymmetrie von sozioökonomischer und politischer Entwicklung gar zum Charakteristikum der „Middle Eastern modernity" an sich.[1377]

Was dem Schah-Regime (wie schon im Falle des Porfiriats) fehlte, war mit anderen Worten eine angemessene *institutionelle Grundlage*, die dafür Sorge hätte tragen können, dass die Interessen und Wünsche der Herrschaftsunterworfenen Berücksichtigung finden, auf welchem vermittelten Wege auch immer. So aber mangelte es dem politischen System an der nötigen *Responsivität*. Weder der „Landadel", demgegenüber sich der Schah in der Vergangenheit noch performativ-expressiv legitimieren (sprich auf dessen Interessen Rücksicht nehmen) musste, der aber durch die Landreform politisch außer Gefecht gesetzt wurde, noch die politischen Parteien oder das Parlament, die Halliday zufolge beide zu Phantomen verkommen waren,[1378] konnten diesbezüglich Abhilfe schaffen, d.h. für eine Verbindung von Staat und Gesellschaft sorgen. Es fehlten, anders gesagt, die *vermittelnden*, die Kluft zwischen Staat und Gesellschaft *überbrückenden* Institutionen: „the superstructure of the Pahlevi state had little logical and no organic relationship to the infrastructure of Iranian society. Hence, it had no capacity to serve the society's needs, accommodate its demands, or keep pace with changes within it."[1379] Die Gründe hierfür allein in der *Person* des Schahs zu suchen, wäre zu kurz gegriffen, auch wenn diesem Faktor in einer Autokratie naturgemäß eine größere Bedeutung zukommt. Er mag zwar blind für die Forderungen der Herrschaftsunterworfenen gewesen sein – Halliday etwa attestiert ihm einen fehlenden Realitätsbezug –[1380], aber er war dies vor allem aus *strukturellen* Gründen. Wie gesagt:

1376 Darauf weist auch Hambly 1991 – The Pahlavi Autocracy 2, S. 289 hin.
1377 Vgl. Bayat, Asef: Is There a Future for Islamist Revolutions? Religion, Revolt, and Middle Eastern Modernity, in: Foran, John/Lane, David S./Zivkovic, Andreja (Hrsg.): Revolution in the Making of the Modern World. Social Identities, Globalization, and Modernity, Milton Park 2008, S. 96-111, hier S. 98. Und er fügt, wenn man sich die Entwicklung im arabischen Raum seit Dezember 2010 vor Augen führt, äußerst vorausschauend hinzu: „a condition ripe for democratic revolutions".
1378 Siehe Halliday 1988 – The Iranian Revolution, S. 42. Schon das Parlament unter seinem Vater, Reza Schah Pahlavi, charakterisiert Abrahamian 1982 – Iran Between Two Revolutions, S. 138 folgendermaßen: „Parliament ceased to be a meaningful institution, and instead became a decorative garb covering the nakedness of military rule."
1379 Ahmad 1982 – Comments on Skocpol, S. 295.
1380 Vgl. Halliday 1988 – The Iranian Revolution, S. 41.

4.3 Die iranische Revolution (1977-1979)

Weil die politische Macht der Großgrundbesitzer gebrochen war und die staatliche Bürokratie die dadurch entstandene Lücke, d.h. die intermediäre Funktion nicht auszufüllen vermochte, einerseits. Im Gegenteil: Die Technokraten aus der staatlichen Bürokratie begegneten den entmachteten Großgrundbesitzern und den Ulema sowie teilweise den Basarkaufleuten, neben der ländlichen Oberschicht also auch der traditionellen Mittelschicht, sogar mit offener Verachtung.[1381] Und er war andererseits blind, weil Parteien und Parlament sukzessive ins Abseits geschoben worden waren und sich Interessengruppen gar nicht erst hatten bilden können.

Aber noch aus einem dritten und ganz zentralen strukturellen Grund eignete der Pahlavi-Herrschaft eine ausgeprägte „Insularität": Weil sie es sich im wahrsten Sinne des Wortes *leisten* konnte. Die Rede ist von den Öl-Einkünften, davon also, dass es sich beim Schah-Regime um einen „rentier state" handelte. Ein Faktum, das im Übrigen auch Skocpol in den Mittelpunkt ihrer Analyse rückt (auch wenn das in der Regel untergeht, weil andere Abweichungen von ihrer Revolutionstheorie interessanter scheinen).[1382] Was nämlich war die unter legitimatorischen Gesichtspunkten wesentliche Folge? In erster Linie die, dass der Staat weitestgehend *auch ohne* die Zustimmung der Herrschaftsunterworfenen oder auch nur mächtiger Intermediäre an die nötigen Ressourcen zur Finanzierung des staatlichen Apparates und politischer Projekte gelangte. Der Öl-Reichtum brachte ihn in die komfortable Lage, seit Mitte der 1960er Jahre praktisch keine Steuern mehr erheben zu brauchen. Wie formuliert es Luft so schön: „Die Petro-Dollars enthoben den Schah jeder Verantwortung gegenüber anderen Gruppen im Lande."[1383] Herrschaft wurde gleichsam zur *Verantwortungslosigkeit* angehalten. In die Sprache des Analyseschemas übersetzt, stand der Schah dank der Petro-Dollars nicht länger in der Pflicht,

---

1381 Vgl. Ansari 2003 – Modern Iran, S. 194.
1382 Vgl. Skocpol 1982 – Rentier State. Auch Ansari 2003 – Modern Iran, S. 193f. macht für die Abschottung des Staates gegenüber der Gesellschaft vor allem zwei Entwicklungen verantwortlich: die Entmachtung der Großgrundbesitzer auf der einen und die Öl-Einkünfte auf der anderen Seite. Der Begriff des „rentier state" geht auf Mahdavy, Hossein: The Patterns and Problems of Economic Development in Rentier States. The Case of Iran, in: Cook, Michael A. (Hrsg.): Studies in the Economic History of the Middle East. From the Rise of Islam to the Present Day, London 1970, S. 428-467 zurück, den dieser am iranischen Beispiel entwickelt.
1383 Luft 2000 – Die islamische Revolution, S. 344. Zur Nicht-Angewiesenheit auf Steuern siehe Skocpol 1982 – Rentier State, S. 269.

sich gegenüber gesellschaftlichen Gruppen performativ-expressiv zu legitimieren (vom Militär einmal abgesehen). Wäre der Staat auf eine direkte Belastung der Herrschaftsunterworfenen in Form von Steuern angewiesen gewesen, darauf also, dass diese mehr oder minder freiwillig eigene Ressourcen an ihn abtreten, hätte die Lage anders ausgesehen: Er hätte deren Zustimmung einholen, mithin eine responsive Politik betreiben müssen. Die Gewaltdrohung allein hätte nicht ausgereicht. So aber wurden die staatlichen *Ausgaben* zur beinahe einzigen Verbindung zwischen Staat und Gesellschaft: vor allem jene für den militärischen und zivilen Apparat, für die Bereitstellung öffentlicher Güter und für wirtschaftliche Investitionen. Skocpol kann darum pointieren: „The Shah did not rule through, or in alliance with, any independent social class."[1384] Stattdessen verließ er sich einzig und allein auf die besagten drei bzw. vier Stützen und „vergaß" darüber die gesellschaftliche Fundierung seiner Herrschaft: „to permit the formation of pressure groups, open the political arena for various social forces, forge links between the regime and the new classes, preserve the existing links between the regime and the old classes, and broaden the social base of the monarchy"[1385].

Dass er einem solchen performativ-expressiven Legitimationserfordernis nicht unterstand, ihm also auch keine Legitimität öffentlich zugesprochen wurde (expressive Legitimation), wurde ihm indes spätestens dann zum Verhängnis, als er sich im Herbst 1977 der ersten expressiven Delegitimationswelle ausgesetzt sah, zu einem Zeitpunkt also, da der Staat die öffentliche Kommunikation von Kritik nicht mehr mit der gewohnten Härte mit den Methoden der Überwachung und Repression unterband und sich zudem die extreme Abhängigkeit der (Export-)Wirtschaft eines „rentier state" von der Konjunktur der Weltwirtschaft zeigte. „[T]he Shah failed to mobilise an active social constituency in his period of success and was thus *left isolated* throughout the course of the revolution"[1386], wie Halliday daher resümieren kann. Insbesondere die fehlende Unterstützung von Seiten der neuen Mittelschicht erwies sich als zentrale Schwäche. Womöglich nahm der Schah irrigerweise an, diese müsste ihm (wie die im Zuge der Landreform „befreite" Bauernschaft auch) zu ewiger Dankbarkeit verpflichtet sein, weil erst seine Modernisierungspolitik deren sozia-

---

1384 Ebd.
1385 Abrahamian 1982 – Iran Between Two Revolutions, S. 435.
1386 Halliday 1988 – The Iranian Revolution, S. 43, m.H. Vgl. ähnlich auch Arjomand 1988 – The Turban for the Crown, S. 107.

len Aufstieg ermöglicht hatte. Doch er verkannte dabei die politischen Ansprüche, die nicht trotz, sondern *gerade wegen* der sozioökonomischen Modernisierung gestiegen waren. „The Shah simply could not understand that in raising the political consciousness of his subjects he would have to renegotiate the social contract with them. Gratitude could not be eternal."[1387]

Neuaushandlung des „Gesellschaftsvertrags" aber hieß, dass die moderne Mittelschicht nicht nur faktisch in die Politik integriert bzw. politisch gehört zu werden wünschte, sondern diesen Anspruch auch theoretisch formulierte. Dabei konnte sie sich auf westliche Ideen und praktische Vorbilder von Demokratie berufen, vor allem aber konnte sie sich auf die *eigene* Tradition berufen: auf die „konstitutionelle" Revolution zwischen 1906 und 1911 nämlich. Auf den ersten Blick mochte diese zwar gescheitert sein – schließlich wurde das Parlament durch einen Staatsstreich des Schahs im Juni 1908 wieder fortgejagt und auch die Revolution insgesamt endete 1911 zunächst mit einem Abbruch der Parlamentarisierung –, doch in der politischen Kultur hatte die Institution des Parlaments nichtsdestotrotz Spuren hinterlassen, ja, innerhalb kürzester Zeit Wurzeln schlagen können – „der Iran hat sich seither über alle Regimewechsel hinweg immer als ein prinzipiell konstitutionelles Land betrachtet"[1388]. Das heißt, in der „konstitutionellen" Revolution war *autokratischen* Herrschaftsformen bereits in aller Deutlichkeit die Legitimität abgesprochen worden. Seither galt und gilt im Iran in theoretisch-reflexiver (und davon abgeleitet auch performativ-expressiver) Hinsicht nur noch solche Herrschaft als legitim, die in ihrer Ausübung qua Verfassung und Parlament *limitiert* wird: zunächst also die konstitutionelle Monarchie, später dann die islamische Republik.[1389] Reza Schah Pahlavi wusste um diesen Umstand, als er sich seinen Machtantritt vom Parlament genehmigen ließ und er und sein Sohn

---

1387 Ansari 2003 – Modern Iran, S. 195.
1388 Osterhammel 2009 – Die Verwandlung der Welt, S. 814; hier auch zur nachhaltigen Entwicklung des Parlamentarismus. Siehe zur „konstitutionellen" Revolution außerdem Abrahamian 1982 – Iran Between Two Revolutions, S. 50-101, Keddie 1983 – Iranian Revolutions und Arjomand 1988 – The Turban for the Crown, S. 34-58.
1389 Den Herrschaft in die *Schranken* weisenden Zug des „islamischen Staates" fasziniert im Übrigen auch Foucault von Anbeginn, dem zwar nicht (wie ihm gelegentlich unterstellt wird) Macht per se ein Gräuel ist, wohl aber *unbegrenzte* Macht. Siehe v.a. Foucault 2003 – Wovon träumen die Iraner und ders.: Offener Brief an Mehdi Bazargan (14.04.1979), in: ders.: Schriften in vier Bänden, Dits

4. Analyse: Die Revolutionen in China, Mexiko und Iran

auch danach niemals so weit gingen, Parlament und Verfassung ganz abzuschaffen. Doch je länger deren jeweilige Herrschaft währte, desto stärker wurden Macht und Eigenständigkeit des Parlaments verringert, bis es nicht viel mehr als ein Scheinparlament war, das der neuen alten Autokratie nichts mehr entgegenzusetzen hatte und mehr der Spiegelfechterei diente. Das Pahlavi-Regime litt indes nicht einfach deshalb unter einem theoretischen Legitimitätsdefizit, weil die in der politischen Kultur verankerte Institution eines *effektiven* Parlaments fehlte, sondern auch, weil dies die Verfassung von 1906 *vorschrieb*, die formal die ganze Zeit über in Kraft blieb.[1390] Die autokratische Pahlavi-Herrschaft war mit anderen Worten *im Lichte der geltenden Verfassung* illegitim, wies mithin sogar eine fragwürdige Legalität auf.

Doch besonders offensichtlich wird die theoretische Illegitimität der Pahlavi-Dynastie, wenn man sich ihren *Ursprung* vergegenwärtigt. Zwei Mal kamen die Pahlavis durch einen *Militärcoup* (zurück) an die Macht: erst 1921 Reza, dann 1953 Mohammad. Nicht nur das: beide Male durch einen *vom Ausland unterstützten* Militärcoup, im ersten Fall von den Briten, im zweiten von den Amerikanern und Briten.[1391] Ihrer *Herkunft* nach war die Herrschaft der Pahlavis somit weder nach den neuen noch nach den alten normativen Maßstäben bzw. Überzeugungen legitim. Weder konnten sie ihre Herrschaft der Idee nach auf das Volk zurückführen, ja, selbst in der Praxis bemühten sie sich, wie gesehen, nicht sonderlich um einen solchen Schein, noch verfügten sie qua königlicher Blutlinie über ein traditionales Herrschaftsrecht: „Lacking any credible claim to traditional right, his regime was also hostile to any genuinely popular source of legitimacy that cooperation with a freely elected assembly might have provided,"[1392] wie Beetham festhält. Sie waren vielmehr *Usurpatoren*, die

---

et Ecrits. Bd. 3: 1976-1979, hrsg. von Daniel Defert und François Ewald, Frankfurt/M. 2003, S. 974-977.

1390 Vgl. Beetham 1991 – The Legitimation of Power, S. 197 und Hambly 1991 – The Pahlavi Autocracy 2, S. 290.

1391 Vgl. insbesondere Halliday 1988 – The Iranian Revolution, S. 42, Beetham 1991 – The Legitimation of Power, S. 197 und Ansari 2003 – Modern Iran, S. 26f. Der tatsächliche Beitrag der Briten beim Staatsstreich von 1921 bleibt zwar umstritten, aber viel wichtiger war und ist der im Volk weitverbreitete *Glaube* daran. Dieser sollte die Pahlavi-Dynastie von Anfang bis Ende begleiten.

1392 Beetham 1991 – The Legitimation of Power, S. 197. Dass die (v.a. absolutistische) Monarchie im 20. Jahrhundert über die Verbreitung demokratischer Theo-

4.3 Die iranische Revolution (1977-1979)

ihren Aufstieg dem Militär einerseits und den Interventionen des Auslands andererseits zu verdanken hatten, was nicht allein aus republikanischer und royalistischer, sondern vor allem auch aus *nationalistischer* Sichtweise Zweifel an der (horizontalen!) Legitimität weckte. In seiner Eigenschaft als Marionette des Westens gefährde der Schah die Souveränität der iranischen Nation, wie nicht allein Khomeini argumentierte, der frühzeitig erkannte, dass der Anti-Imperialismus die Gelegenheit bot, die Opposition gegen den Schah hinter sich zu bringen, inklusive der säkularisierten Mittelschicht wohlgemerkt.[1393] Dieser in ihrem Ursprung gründende legitimatorische Makel begleitete die Herrschaft der Pahlavis von Anfang an; Moghadam spricht folgerichtig von einer „*chronic* inability of the Pahlavi state to establish legitimacy"[1394] (jedenfalls dann, wenn man die Aussage nicht auf die basal-pragmatische Dimension bezieht). Ich könnte mir vorstellen, dass Mohammad sich gerade in dem Wissen um diesen Makel bzw. in dem Drang, diesen auszulöschen, in den letzten Jahren – darin Napoleon nicht unähnlich – (vergeblich) um eine neue theoretische Legitimation bemühte, indem er erstens nachträglich eine königliche Abstammungslinie konstruierte, zweitens in öffentlichen Auftritten zunehmend eine sakrale Legitimität suggerierte, und drittens eine (fragliche) Kontinuitätslinie zog, die vom ersten persischen Reich unter Kyros dem Großen bis

---

rien im Iran zunehmend an Legitimität einbüßte, betont auch Arjomand 1988 – The Turban for the Crown, S. 147: „The idea of republicanism gained some currency after World War I and gained even more after the abdication of Reza Shah in 1941. It remained in the background and, as one would expect, began to be espoused openly during the crisis of 1978."

1393 Vgl. Luft 2000 – Die islamische Revolution, S. 339-341. Daneben habe Khomeini, so Luft, weiter stets die Gesetzlosigkeit der Regierungsmaßnahmen nach Maßgabe der Verfassung von 1906 herausgestellt. Khomeini wusste um die Notwendigkeit einer breiten Mobilisierung der urbanen Bevölkerung. Inwieweit der Anti-Imperialismus im Iran schon vor dem der iranischen Revolution von 1977-1979 bzw. schon vor dem Staatsstreich von 1953 Tradition hatte, erhellt Keddie 1983 – Iranian Revolutions, v.a. S. 584f., die darin eine Gemeinsamkeit aller bisherigen Protestbewegungen, angefangen mit der „tobacco rebellion" (1890-1892) und fortgeführt u.a. mit der „konstitutionellen" Revolution, der „oil nationalization crisis" und den Demonstrationen von 1963, sieht.

1394 Moghadam 1989 – Populist Revolution, S. 151, m.H.; für sie „a result of popular historical memory and collective consciousness of the ‚coup d'etat [sic] regime'". Auch Ansari 2003 – Modern Iran, S. 27 sieht in den beiden mit ausländischer Unterstützung erfolgenden Militärcoups den Grund für andauernde Legitimationsprobleme: „There was an essential crisis of legitimacy which plagued the Pahlavi dynasty from its inception."

4. Analyse: Die Revolutionen in China, Mexiko und Iran

ins 20. Jahrhundert reichte, ein Unterfangen, das im Oktober 1971 in der pompösen 2500-Jahr-Feier gipfelte.[1395] Insbesondere die letzte Maßnahme verfehlte indes nicht nur wie die beiden anderen ihre Wirkung, sondern schlug ins genaue Gegenteil um: in eine weitere Untergrabung seiner Legitimität.[1396] Zum einen, weil viele Iraner mit Unverständnis auf die Gigantomanie reagierten, mit der die Feierlichkeiten begangen wurden, während sich parallel das Elend in den Slums der Großstädte immer weiter verschärfte.[1397] Zum anderen, und wichtiger, weil die Bezugnahme auf eine *vor*islamische Vergangenheit auf den erbitterten Widerstand derer traf, die um die spezifisch islamisch-schiitische kulturelle Identität des Iran im Angesicht einer über das Land hereinbrechenden (westlichen) Moderne fürchteten.

Auch in dieser im iranischen Falle sehr deutlich ausgeprägten *kulturellen* Dimension des gesellschaftlichen Unbehagens kann man meines Erachtens ein Resultat der fehlenden gesellschaftlichen Einbettung – und damit mittelbar der gegenüber der sozioökonomischen hinterherhinkenden politischen Modernisierung – des Schah-Regimes sehen, auf die vorstehend bereits eingegangen worden ist. Insofern als der Schah von der performativ-expressiven Pflicht enthoben war, Zustimmung für seine (Modernisierungs-)Politik zu generieren, konnte er sich über die Vorbehalte gegenüber einer „Verwestlichung" des Iran leichtfertig hinwegsetzen, ja, seine (einseitige) Vorstellung von Modernisierung eigenmächtig durchsetzen. Vorbehalte, die im Übrigen nicht allein auf Seiten der „traditionellen" Mittelschicht, d.h. der Ulema und Basarkaufleute, bestanden, sondern daneben auch auf Seiten der *säkularisierten* Mittelschicht und hier vor allem vieler iranischer Intellektueller, die zumindest von einer *ambivalenten* Einstellung der einbrechenden (westlichen) Moderne gegenüber erfüllt waren.[1398] „The regime came to be seen as, among other things, too West-

---

1395 Vgl. hierzu v.a. Halliday 1988 – The Iranian Revolution, S. 42 und Ansari 2003 – Modern Iran, S. 187-189. Der Schah bemühte u.a. den Mythos des Erlösers, dessen Handeln göttlicher Führung unterstehe. Die behauptete Genealogie wiederum ist Ansari zufolge nichts weiter als ein Märchen.
1396 Auch Beetham 1991 – The Legitimation of Power, S. 197 und Hambly 1991 – The Pahlavi Autocracy 2, S. 284f. meinen, die Feier habe eher die Schwäche als die Stärke seiner Autorität offenbart bzw. habe eher zu dessen Untergang beigetragen.
1397 Siehe ebd.
1398 Vgl. Luft 2000 – Die islamische Revolution, S. 343, wo es mit Blick auf die iranischen Intellektuellen heißt: „Man begrüßte zwar die technischen und sozialen

ern, and there developed among the alienated a search for roots and for a return to ‚authentic' Iranian or Islamic values."[1399] Mehr und mehr wurde die unter den Pahlavis einsetzende sogenannte „Westoxication" angeprangert:

> [W]ith the import of Western consumer goods for the Iranian élite came also Western lifestyles and culture, films and TV programmes and the pervasiveness of consumer values. The Shah's policies, besides intensifying economic inequalities, thus came also to be associated with the undermining of any distinctive Iranian identity and its submergence in an alien culture.[1400]

Zurückgeführt wurde diese „Westoxication" wiederum auf die Nähe des Schahs zum Westen, insbesondere zu den USA, als deren Marionette er vielen Iranern spätestens seit dem Staatsstreich gegen Mossadegh erschien, dem u.a. im Jahre 1964 noch die hochumstrittene (v.a. von Khomeini scharf kritisierte) Gewährung diplomatischer Immunität für das im Iran stationierte US-Militärpersonal folgte. Das heißt, der Graben zwischen Staat und Gesellschaft, dem die institutionellen Brücken fehlten, vertiefte sich zusätzlich in kultureller Hinsicht.

Eine kulturelle Entfremdung wiederum musste die Frage nach der *horizontalen* Legitimität aufwerfen: Man fasste den Schah nicht nur als Gefahr für die (Souveränität der) iranische(n) Nation auf, weil er zum Erfüllungsgehilfen der USA geworden war, sondern zugleich als *Fremdkörper*: Durch westliche Hilfe an die Macht gekommen, mit keinem traditionalen Herrschaftsrecht ausgestattet und die überlieferte religiöse Kultur missachtend, wurde ihm die Zugehörigkeit zur iranischen Nation und damit die Gemeinschaftlichkeit abgesprochen. Ein Gegensatz tat sich auf: hier die iranische Nation, dort das Schah-Regime mitsamt dem (imperialistischen) Westen. Die Pahlavi-Herrschaft, sie wurde zur *Fremd*herrschaft. Jedenfalls von der Warte eines *religiösen* Nationalismus, demzufolge sich die iranische Nation ganz wesentlich über den schiitischen Glauben bestimmt. Er wurde in den 1970er Jahren zur dominanten Spielart des Nationalismus. Wenngleich Ansari betont, dass selbst die säkulare Spielart im Iran den schiitischen Glauben als wesentlichen Bestandteil der nationalen Identität

---

    Neuerungen aus der europäischen Welt, sah aber gleichzeitig Gefahren für die eigene Identität auf sich zukommen."

1399 Keddie 1983 – Iranian Revolutions, S. 594.

1400 Beetham 1991 – The Legitimation of Power, S. 198. Großen Einfluss auf den öffentlichen Diskurs über die Verwestlichung des Iran hatte v.a. der 1962 von Jalal Al-e Ahmad veröffentliche Essay „Gharbzadegi".

4. Analyse: Die Revolutionen in China, Mexiko und Iran

auffasst (der – vor allem organisierten – Religion wird in ihr freilich eine andere gesellschaftliche Rolle zugedacht).[1401] Mit der Inszenierung der 2500-Jahr-Feier erreichte diese Missachtung der islamischen Wurzeln des Iran schließlich insofern ihren Gipfel, als der Schah mit ihr, wie gesagt, Bezug auf eine *vor*islamische Vergangenheit nahm und damit den kulturell-identitätsstiftenden Beitrag des Islam relativierte.

Der Pluspunkt des Islam und einer der Gründe dafür, warum er vor, in und nach der Revolution eine so zentrale Rolle einnahm – *obwohl* die säkulare Opposition im Iran des 20. Jahrhunderts eine so starke Tradition aufwies –, bestand nun darin, für die Kritik an den bestehenden und als zu westlich empfundenen Verhältnissen *nicht*-westliche Begriffe zur Verfügung zu stellen. Keddie spricht in dem Zusammenhang von einem „growing need felt to differentiate oppositional ideology from that of the Westernizing shah and his presumed Western masters"[1402]. Die islamischen Begriffe und Ideen hatten mit anderen Worten gegenüber den säkularen den Vorzug, noch nicht kontaminiert zu sein und eine schärfere Abgrenzung vom Schah-Regime zu erlauben. „The categories of the secular opposition, whether those of a democratic republic or a socialised economy, had the disadvantage of themselves being of Western origin, and were incapable of addressing the cultural dimensions of the society's malaise."[1403] Ferner zeichnete die islamischen Begriffe und Ideen aus, noch nicht gescheitert zu sein (jedenfalls nicht in der „jüngeren" Vergangenheit). Der (westliche) Konstitutionalismus dagegen hatte gewissermaßen seine historische Chance gehabt, *ohne* jedoch den autokratischen Tendenzen des Schahs auf Dau-

---

1401 Siehe Ansari 2003 – Modern Iran, S. 14-18, 200-202. Ohnehin sei die Idee der Nation im Iran eine in Theorie und Praxis hochgradig umkämpfte Vorstellung gewesen. Ansari unterscheidet einen säkularen, einen dynastischen und einen religiösen Nationalismus. Letzterer habe in den 1970er Jahren die führende Rolle eingenommen und sei in der Verurteilung der „Westoxication" tonangebend gewesen.
1402 Keddie, Nikki R.: Comments on Skocpol, in: Theory and Society, Bd. 11/1982, Heft 3, S. 285-292, hier S. 290. Ohnehin ist es eine der zentralen Thesen von Keddie 1983 – Iranian Revolutions, dass die islamische Ideologie sich in der „islamischen" Revolution, anders als in der „konstitutionellen" Revolution, deshalb durchsetzen konnte, weil das Ancien Régime kein traditionalistisches (wie noch 1906), sondern ein verweltlichtes war.
1403 Beetham 1991 – The Legitimation of Power, S. 199.

4.3 Die iranische Revolution (1977-1979)

er Einhalt gebieten zu können und *ohne*, wie ursprünglich erhofft, kraft Verfassung dem Westen auf Augenhöhe begegnen zu können.[1404]

Es lässt sich somit festhalten, dass das Schah-Regime Mitte der 1970er Jahre ein spezifisches Nebeneinander von Stärke und Schwäche kennzeichnete: Es war stark aufgrund seiner überlegenen Gewalt-, Verwaltungs- und Überwachungsmittel einerseits, die bis in die Peripherie reichten und ihm ein Höchstmaß an basal-pragmatischer Legitimität verschafften, und aufgrund seiner wirtschaftlichen Potenz andererseits, durch die viele der Herrschaftsunterworfenen aus Interesse Gehorsam leisteten. Es war zugleich schwach, oder besser vielleicht: *verwundbar*, weil das (zweckrationale) Interesse schnell schwinden kann, vor allem aber, weil es weder über eine theoretisch-reflexive Legitimität verfügte, noch eine expressive Legitimation durch irgendeine gesellschaftliche Gruppe in der Öffentlichkeit erfuhr, geschweige denn überhaupt für nötig erachtete. Was dagegen lange Zeit gelang, war die Unterdrückung einer öffentlichen Kommunikation dieses Legitimitätsdefizits. Man könnte auch sagen, dass den Schah seine äußerliche Stärke dazu verleitete, sich nicht mehr um eine Legitimation in den anderen beiden Dimensionen zu bemühen, ja, dass ihn seine Stärke mittel- und langfristig schwächte. Denn die letztlich institutionell begründete Kluft zwischen Regime und Gesellschaft vergrößerte sich infolge mangelnder Responsivität – und damit auch fehlender Absorption von Protest – immer mehr. Nicht eingegangen wurde so auf die kulturelle Entfremdung, auf den Wunsch nach politischer Partizipation (der nicht allein in der säkularisierten Mittelschicht vorherrschte), auf den Ärger über die bis in die Regierungsspitzen reichende Korruption, auf den Unmut über die steigende soziale Ungleichheit und auf die Empörung über die harte Repression sowie auf das Unverständnis für die überdimensionierte Armee und die das Land überfordernde sozioökonomische Entwicklungsbesessenheit des Schahs, um nur einige der wichtigsten Punkte zu nennen, die eine responsivere Herrschaftsordnung zum Anlass für eine Korrektur der Politik hätte nehmen können.[1405] Was aber änderte sich nun

---

1404 Wie schon im Falle Chinas galt auch im Iran spätestens nach dem Sieg des einzigen asiatischen Landes *mit* Verfassung über das einzige westliche Land *ohne* Verfassung im russisch-japanischen Krieg von 1904/05 eine Verfassung als Ursache für die internationale Stärke. Siehe Keddie 1983 – Iranian Revolutions, S. 586.
1405 Diese mittelbaren und unmittelbaren Ursachen der iranischen Revolution zählt etwa Hambly 1991 – The Pahlavi Autocracy 2, S. 289 auf.

4. Analyse: Die Revolutionen in China, Mexiko und Iran

mit der Einführung des Ein-Parteien-Systems im Jahre 1975 auf der einen und der zwei Jahre später erfolgenden politischen Liberalisierung (die mit einer wirtschaftlichen Depression zusammenfiel) auf der anderen Seite?

Entscheidend ist meines Erachtens die *Widersprüchlichkeit* dieser beiden Entwicklungen. Während mit der Auflösung der beiden bisherigen Parteien, Mardom und Iran-e Novin, an deren Stelle eine neue Einheitspartei getreten war, die Rastakhiz-Partei (Auferstehungspartei), der herrschaftliche Druck auf die Bevölkerung im März 1975 noch einmal *zugenommen* hatte, *sank* er plötzlich im Zuge einer politischen Liberalisierungsphase, die der Schah zwei Jahre später einläutete, indem er freie Wahlen, eine Lockerung der Zensur und eine allgemeine Amnesie politischer Gefangener in Aussicht stellte. Erst hatte man weiteren Unmut geschürt, dann gab man ihm die Gelegenheit, sich zu entladen – eine riskante Abfolge. Welche Ziele verfolgte der Schah mit der Einführung des Ein-Parteien-Systems? Kurz gesagt, ging es darum, die staatliche Kontrolle über die Bevölkerung sowohl zu *intensivieren* als auch zu *extensivieren*. Einerseits sollte die Kontrolle über die neue Mittelschicht, das städtische Proletariat und die ländlichen Massen verstärkt werden, andererseits sollte die Kontrolle auf die traditionelle Mittelschicht ausgeweitet werden, die Ulema und die Basarkaufleute also. Oder wie Abrahamian den Hauptzweck ausdrückt: „It was to transform the somewhat old-fashioned military dictatorship into a totalitarian-style one-party state."[1406] Hierbei bediente man sich verschiedenster Mittel. Um die Zensur der Presse und die Verfolgung von Dissidenten zu verschärfen, wurden entsprechende Ministerien sowie Radio- und Fernsehanstalten unter die Kontrolle der Rastakhiz-Partei gebracht. Die Basarkaufleute wurden konfrontiert mit neuen Abgaben, einem Mindestlohn, einer Reformierung der Gilden, Handelsbeschränkungen usw. Die Ulema wiederum mussten u.a. die Ausweitung der Rechtsprechung durch säkulare Gerichte, die Einführung eines neuen royalistischen Kalenders, der den alten muslimischen ersetzte, sowie die Entsendung religiöser Kader, die den Bauern auf dem Land den „wahren Islam" lehren sollten, über sich ergehen lassen. Die Mitgliedschaft in der Einheitspartei wurde für obligatorisch erklärt; wer ihr nicht beitrat, sei ein Verräter und solle entweder das Land verlassen oder werde andernfalls ins Gefängnis wandern, wie der Schah wissen ließ.[1407] Dieser

---

1406 Abrahamian 1982 – Iran Between Two Revolutions, S. 441.
1407 Siehe u.a. Arjomand 1988 – The Turban for the Crown, S. 108 und Ansari 2003 – Modern Iran, S. 186.

schien sich nicht mehr damit zu begnügen, Politik im eigentlichen Sinne des Wortes abzutöten. Er wollte die Bevölkerung vielmehr (vielleicht nach chinesischem Vorbild) politisch mobilisieren, um sie für seine Zwecke einzuspannen. Kontrolliertes politisches Engagement anstelle von politischer Apathie also.[1408]

Doch so weit kam es nicht. Der Einfluss der Einheitspartei auf die iranische Bevölkerung blieb alles in allem begrenzt – insbesondere die Basarkaufleute und die Ulema konnten ihre verglichen mit anderen Gruppen noch relativ hohe institutionelle Autonomie wahren –, mehr noch, sie sorgte für einen weiteren Legitimitätsverlust des Schah-Regimes. „Die Rastakhiz Partei trug eher dazu bei, daß ein nicht unwesentlicher Teil der mittleren städtischen Schichten sich weiter von dem ‚großen Führer', dem Schah, abwandte. Die Art, wie die Partei geschaffen und dem Land aufgezwungen worden war, kennzeichnete das gebrochene Verhältnis des Schahs zu ‚seinem' Volk."[1409] Arjomands Urteil fällt ähnlich aus: „The attempt to integrate the socially mobile groups into the political system through the agitprops of the Rastakhiz Party was a fiasco."[1410] Und auch Abrahamian kommt mit Blick auf die neu gegründete Partei zu dem Schluss:

> Its aim was to strengthen the regime, further institutionalize the monarchy, and firmly anchor the state into the wider society. [...] But instead of establishing stability, the Resurgence party weakened the whole regime, cut the monarchy further off from the country, and intensified resentment among diverse groups. For mass mobilization meant mass manipulation, which, in turn, produced mass dissatisfaction.[1411]

Ebenso zerstörte die Einführung des Ein-Parteien-Systems die vielleicht letzte Hoffnung auf Seiten mancher Iraner, die bestehende Autokratie könne nur vorübergehender Natur sein, d.h. ein notwendiger Schritt, mit dem die sozioökonomische Modernisierung vorangetrieben werde, um den Weg für eine anschließende politische Modernisierung bzw. Demokratisie-

---

1408 Ähnlich argumentiert auch Ansari (ebd., S. 185-187).
1409 Luft 2000 – Die islamische Revolution, S. 338; hier auch zum tatsächlich beschränkten Einfluss der Rastakhiz-Partei, die nur ihrer Programmatik nach totalitäre Tendenzen aufwies.
1410 Arjomand 1988 – The Turban for the Crown, S. 108. Hambly 1991 – The Pahlavi Autocracy 2, S. 290 wiederum bestätigt: „In fact, the Rastakhiz Party was the ultimate folly which fuelled the fires of popular resentment".
1411 Abrahamian 1982 – Iran Between Two Revolutions, S. 445f.

rung frei zu machen. Noch Anfang der 1960er Jahre verkündete der Schah:

> ‚If I were a dictator rather than a constitutionalist monarch, then I might be tempted to sponsor a single dominant party such as Hitler organized or such as you find today in Communist countries. But as a constitutional monarch I can afford to encourage large-scale party activity free from the strait-jacket of one-party rule or the one-party state.'[1412]

Abgesehen davon, dass die Aussage schon den damaligen Verhältnissen nicht entsprach, wurde nun auch *offiziell* eine Kehrtwende vollzogen, indem der für diktatorisch erklärte Ein-Parteien-Staat Wirklichkeit wurde, begleitet von folgenden Äußerungen des Schahs gegenüber ausländischen Journalisten: „‚Democracy? Freedom? What do these words mean? I don't want any part of them.'"[1413] Passend hierzu gerierte sich der Schah in der Öffentlichkeit immer mehr als paternalistischer Monarch, der besser als das Volk wisse, was gut für es sei, als ein politischer *und* spiritueller Führer und Lehrer, „‚who not only builds his nation roads, bridges, dams, and qanats, but also guides the spirit, the thought and hearts of his people'"[1414].

Als sich dann der Schah 1977 zu einer politischen Liberalisierung – deren Gefahr er unterschätzte, weil er zum Opfer seiner eigenen Propaganda geworden war –[1415] durchringen konnte, ob bedingt durch sein (öffentlich nicht bekannt werdendes) Krebsleiden und die dadurch akuter werdende Nachfolgeproblematik oder auf Druck seiner neuen, liberaler eingestellten und im Westen ausgebildeten Berater oder aber – gleichsam durch eine expressive Delegitimation „von außen" – auf Druck der „Weltöffentlichkeit" (der insbesondere Amnesty International und die Internationale Juristenkommission ihre Stimme liehen) und der neuen US-Regierung unter Jimmy Carter, die zumindest verbal international für die Menschenrechte ein-

---

1412 Zitiert nach ebd., S. 440.
1413 Zitiert nach ebd., S. 441.
1414 Wie es in einem Handbuch der Rastakhiz-Partei namens „Philosophy of Iran's Revolution" heißt; zitiert nach ebd., S. 442. Zum paternalistischen Gebaren vgl. auch Ansari 2003 – Modern Iran, S. 184f.
1415 Vgl. Abrahamian 1982 – Iran Between Two Revolutions, S. 500: „Moreover, he [the Shah] was convinced that his reforms were so popular that he could relax controls without endangering the whole regime; decades of propaganda had managed to fool the ruler if not the ruled."

4.3 Die iranische Revolution (1977-1979)

trat,[1416] machte sich der ohnehin aufgestaute Ärger, der seit 1975 durch die wirtschaftliche Depression einerseits und die Einführung des Ein-Parteien-Systems andererseits weiter angefacht worden war, Luft. Und zwar, eben weil die entsprechenden institutionellen Kanäle blockiert waren, Luft *außerhalb* von Parlament und Parteien. Der leicht nachlassende herrschaftliche Druck, d.h. das Signalisieren von Reformbereitschaft, wurde, wie in anderen Revolution zuvor, zum Startschuss für eine *Delegitimationskaskade*: für die Kumulierung von Delegitimationsprozessen in sämtlichen drei Dimensionen, wie es nachfolgend nachzuzeichnen gilt.

Inwieweit dem Pahlavi-Regime von Anbeginn ein theoretisch-reflexives Legitimitätsdefizit anhaftete, weil es seinem Ursprung nach aus „traditionaler" wie aus „moderner" Sicht illegitim war, wurde ausführlich dargelegt. Ebenso wie es über Jahrzehnte hinweg auf performativem Wege beinahe jeder gesellschaftlichen Gruppe gegenüber an Legitimität einbüßte: den ehemaligen Großgrundbesitzern, den urban poor mit ländlichem Hintergrund, den Ulema und Basarkaufleuten sowie der neuen Mittelschicht und den Arbeitern gegenüber. Was indes die längste Zeit im wahrsten Sinne des Wortes unterdrückt wurde, in erster Linie qua Repression und Überwachung, aber auch qua Wohlstandsmehrung, ist die entsprechende *Reaktion*: die *öffentliche Kommunikation* und damit *Manifestierung* des Legitimitätsdefizits. In dem Moment, in dem die diesbezüglichen Hemmungen fielen, konnte die *expressive Delegitimation* einsetzen, der vor aller Öffentlichkeit erfolgende *Entzug* von Legitimität also.

Die leichte Lockerung der Zügel offenbarte sich der politischen Opposition ganz allmählich durch eine Reihe von Maßnahmen, die der Schah seit Anfang 1977 ergriff: Im Februar entließ er mehr als 350 politische Gefangene; im Folgemonat gestattete er Vertretern des Internationalen Roten Kreuzes, 20 Gefängnisse zu inspizieren, und im April ausländischen Anwälten, mehreren Prozessen gegen politische Dissidenten beizuwohnen, beides völlig neue Schritte; im Mai traf er sich mit Vertretern von Amnesty International und der Internationalen Juristenkommission, denen er bessere Haftbedingungen und einen Ausbau des Rechtsschutzes in Aussicht stellte; im Juni rief die Rastakhiz-Partei zu freier Diskussion und offener Kritik auf; im Juli wurde nach zwölf Jahren Amtszeit Ministerpräsident

---

1416 Vgl. zu den möglichen Gründen Keddie, Nikki R.: Modern Iran. Roots and Results of Revolution, New Haven 2006, S. 214f., Abrahamian 1982 – Iran Between Two Revolutions, S. 500, Hambly 1991 – The Pahlavi Autocracy 2, S. 290 und Luft 2000 – Die islamische Revolution, S. 347.

4. Analyse: Die Revolutionen in China, Mexiko und Iran

Hoveyda entlassen, dem Dschamschid Amuzegar folgte; und im August schließlich traten erste (im Mai versprochene) Justizreformen in Kraft.[1417] Die politische Opposition reagierte auf das neue politische Klima seit Mai 1977 mit ersten offenen Briefen und kleineren Demonstrationen, in denen Juristen, ehemalige Größen der Nationalen Front, Professoren, Schriftsteller und führende Intellektuelle, aber auch Anhänger Khomeinis, u.a. die Wiederachtung der Verfassung von 1906 (und das hieß: eine Stärkung des Parlaments), rechtsstaatliche Verhältnisse und demokratische Verfahren sowie ein Ende der Zensur, der polizeilichen Schikane und der Aktivitäten von SAVAK und Rastakhiz-Partei forderten. Im Sommer und Herbst entstanden sodann immer mehr Vereinigungen der unterschiedlichsten Gruppen, die auf bestehende Missstände hinwiesen; auch alte Parteien wie die Nationale Front, die Iranische Freiheitsbewegung (um Mehdi Bazargan) und die Tudeh-Partei erlebten eine leichte Wiederbelebung. Die politischen Ziele, jedenfalls die offen bekundeten, blieben in diesem Stadium indes *gemäßigter* Natur: „It is significant that in this early stage of the revolution none of the major opposition parties openly called for the establishment of a republic or an Islamic republic. On the contrary, they all stressed that their immediate goal was to reestablish the 1906-1909 fundamental laws that had created a constitutional monarchy."[1418]

In ein neues Stadium, nämlich auf die Straße, traten die Proteste sodann Mitte November 1977 – und die Revolution, wie ich argumentieren möchte, in ihr *erstes* Stadium. Eine mehrtätige Reihe von Dichterlesungen an der Aryamehr Universität in Teheran wurde an ihrem letzten Abend, an dem rund 10.000 Studenten teilnahmen, von der Polizei aufgelöst, woraufhin eine aufgebrachte Menge unter lautem Protest, der sich explizit gegen das Regime als Ganzes richtete, auf die Straßen stürmte und dort mit der Polizei zusammenstieß. Ein Student kam ums Leben, mehrere wurden verletzt und einige Hundert festgenommen. Weitere Studentenproteste folgten

---

1417 Vgl. zu diesen Maßnahmen v.a. Abrahamian 1982 – Iran Between Two Revolutions, S. 500f. In Hinblick auf den Verlauf der Revolution stütze ich mich nachfolgend in erster Linie auf Abrahamian (ebd., S. 496-529), Halliday 1988 – The Iranian Revolution, S. 36-39, Arjomand 1988 – The Turban for the Crown, S. 103-133, Foran 1994 – The Iranian Revolution, S. 176-181, Luft 2000 – Die islamische Revolution, S. 346-356 und Ansari 2003 – Modern Iran, S. 195-211.
1418 Abrahamian 1982 – Iran Between Two Revolutions, S. 504. Ähnlich auch Luft 2000 – Die islamische Revolution, S. 348, m.H.: „Khomeini ausgenommen, standen zu diesem Zeitpunkt innerhalb der Opposition Vorstellungen über *grundlegende* Veränderungen des Systems noch nicht im Vordergrund."

4.3 Die iranische Revolution (1977-1979)

in den anschließenden Wochen. Entscheidend war indes die Signalwirkung, die von der zügigen Entlassung der Festgenommenen ausging, die vor zivilen Gerichten (und seit den jüngsten Justizreformen eben nicht länger: vor Militärgerichten) entweder gar nicht oder aber nur verhältnismäßig milde bestraft wurden.[1419] Das Regime, so hatte es den Anschein, reagierte nicht länger mit der gewohnten Härte, zeigte Schwäche, ja, war verwundbar – gegenüber *friedlichem Protest*. Ebendeshalb sehe ich in den Protesten vom 19. November den Beginn der Revolution: Weil die Herrschaftsunterworfenen hier zum ersten Mal die Wirksamkeit friedlicher Massenproteste *erkannten*, ja, zum ersten Mal realisierten, dass sie etwas *ausrichten*, etwas *bewegen* konnten, wenn sie vereint ihre Stimme erhoben. Es stellte sich das ein, was Charles Kurzman die „perception of a ‚viable' alternative"[1420] nennt: Bislang als unverrückbar empfundene (Herrschafts-)Verhältnisse wurden mit einem Mal als kontingent und änderbar erfahren. Andere und bessere Verhältnisse schienen möglich, erreichbar. Die im Januar als Reaktion auf den Schmähartikel gegen Khomeini einsetzenden Massenproteste verstärkten diesen Trend „nur", sie stellten mithin eine quantitative, nicht aber eine qualitative Änderung dar. Anders gesagt: Im gesamten für die Revolution so überaus wichtigen, ja, zentralen Folgejahr 1978 erkannten *immer mehr* Iraner die Macht des friedlich demonstrierenden Volkes und *immer mehr* Iraner nahmen an friedlichen Demonstrationen teil. Aber die „Hauptwaffe" der iranischen Revolution war *als* Waffe, die dem Pahlavi-Regime *wehtun* konnte, bereits im Herbst des Vorjahres entdeckt worden. Hier schon war der sprichwörtliche erste Funke ins Pulverfass geworfen worden.[1421]

1419 Auch Abrahamian 1982 – Iran Between Two Revolutions, S. 505 meint hierzu: „These trials were a clear sign to the country that SAVAK could no longer use military tribunals to intimidate dissenters. Liberalization, which had been introduced as a political tranquilizer, was proving to be a potent stimulant."
1420 Kurzman, Charles: The Unthinkable Revolution in Iran, Cambridge/Mass. 2004. Vgl. auch Luft 2000 – Die islamische Revolution, S. 348, der bemerkt: „Als die Regierung, insbesondere der SAVAK, nicht mit der gewohnten Härte reagierte, entstand in der Öffentlichkeit der Eindruck, daß das Regime zu mehr Reform gezwungen werden konnte. Ayatollah Khomeini und mit ihm auch andere Oppositionsführer erkannten die politische Wirksamkeit der Protestbewegungen. Der ‚Pahlavi-Panzer' zeigte kleine Risse, die man weiter auszunutzen verstand."
1421 Wie im Übrigen auch Abrahamian 1982 – Iran Between Two Revolutions, S. 506 argumentiert.

Und doch trug der diffamierende Artikel, der am 7. Januar 1978 in der iranischen Tageszeitung Ittila'at erschien, zweifellos dazu bei, dass sich die Proteste ausweiteten und weiter radikalisierten. Noch am selben Tag stürmte eine aufgebrachte Menge das Zeitungsbüro. In Qom wiederum, dem religiösen Zentrum des Iran, schlossen aus Protest die religiösen Schulen und die Basare; der dortige Zusammenstoß von rund 5.000 Demonstranten, die immer noch relativ moderate, man könnte auch sagen: *inklusive* Ziele proklamierten,[1422] mit der Polizei endete blutig, für einige sogar tödlich. Großayatollah Shari'atmadari verurteilte daraufhin die polizeiliche Gewalt gegen die friedlichen Demonstranten, unter denen sich vorwiegend Theologiestudenten befunden hatten, aufs Schärfste und verordnete zugleich in mehreren Städten die traditionellen Trauerfeierlichkeiten zum 40. Todestag der Verstorbenen. Genau diese wiederkehrenden Gedächtnisfeiern – die wiederkehrten, weil es während der Zeremonien zu immer neuen Todesopfern kam, derer wiederum 40 Tage später gedacht wurde – gaben in den Folgemonaten den Takt für die Proteste vor. Sie selbst „verwandelten sich jetzt in den Moscheen und auf den Straßen zu *dauernden öffentlichen Akten des Widerstandes und Protestes*"[1423]. Die Zeremonien wurden mit anderen Worten zu Anlass und Bühne in einem für die expressive Delegitimation der Schah-Herrschaft in aller Öffentlichkeit. Für Proteste zumal, an denen sich nicht nur immer mehr Menschen aus Empörung über das brutale Vorgehen des Regimes beteiligten – aus Solidarität blieben auch jedes Mal viele Basare und Universitäten geschlossen –, sondern die unter dem Schutz der Religion standen, mithin *legitimer* Natur waren, so dass dem Regime, sofern die Gedenkfeiern einen friedlichen Verlauf nahmen, die Hände gebunden waren. Wie Skocpol, auch mit Blick auf die späteren Massenproteste (v.a. im September und Dezember 1978), richtigerweise hervorhebt: „The Islamic annual calendar of collective rituals, the weekly public prayer meetings, and the prescriptions for public funeral processions to mourn the dead all provided widely understood forms in which to channel simultaneously mass political action."[1424] In den meisten Fällen verliefen die Trauerfeiern friedlich,

---

[1422] Hambly 1991 – The Pahlavi Autocracy 2, S. 292 zählt auf: „implementation of the Constitution, freedom of speech, freedom for political prisoners, freedom to form religious associations, an end of censorship and police violence, the dissolution of the Rastakhiz Party etc."

[1423] Luft 2000 – Die islamische Revolution, S. 349, m.H.

[1424] Skocpol 1982 – Rentier State, S. 274.

4.3 Die iranische Revolution (1977-1979)

in einigen wenigen Fällen aber, wie am 18. Februar in Tabriz nachdem ein jugendlicher Demonstrant von einem Polizisten erschossen worden war, kam es zu Übergriffen auf Polizeistationen, Büros der Rastakhiz-Partei, Banken, Luxushotels und Kinos – allesamt Symbole entweder der Repression, der sozialen Ungleichheit oder der Verwestlichung. Die Unterdrückung des Aufstandes durch die Sicherheitskräfte, an der sich nun auch das Militär beteiligte, führte zu etwa 100 Toten. Bei den folgenden Trauerfeiern Ende März hatten die Demonstranten wiederum viele (neue) Tote zu beklagen, allein in Yazd, wo rund 10.000 Trauernde „Tod dem Schah" riefen, kamen bis zu 100 Personen ums Leben. Anfang Mai brach anlässlich der Gedenkfeiern erneut in 34 Städten Gewalt aus, wobei es dem Schah im Anschluss gelang, den Protest von der Straße zu holen – wenigstens den Juni und weite Teile des Juli über.[1425] Was sich rückblickend jedoch nur als Ruhe vor dem Sturm erweisen sollte.

Noch eine weitere Wirkung ging von der gewaltsamen Niederschlagung der Demonstrationen in Qom und den anschließenden Demonstrationen mit teilweise blutigem Ausgang rund um die Trauerzeremonien aus: Sie schufen aus Sicht der Khomeini-Anhänger „nicht nur eine einheitliche Front mit den anderen prominenten Ayatollahs, sondern brachten weite Teile der säkularen und religiösen Opposition zusammen"[1426]. Anders formuliert, wurden im Januar 1978 die Grundlagen für eine ungemein breite Anti-Schah-Front bzw. revolutionäre Koalition gelegt, die sowohl religiöse als auch säkulare Elemente umfasste und als deren Führer sich in zunehmenden Maße die Ayatollahs Khomeini und Shari'atmadari herauskristallisierten. Ironischerweise trug das Regime selbst hierzu bei, indem es die besagte Attacke gegen Khomeini ritt.[1427]

Weil es zur Verbindung von religiösen und säkularen Elementen kam, konnte sich die Opposition ab August 1978 – im Anschluss an einen neuerliche Demonstrationen auslösenden Brandanschlag auf das Cinema Rex in Abadan, bei dem mehr als 400 Menschen ums Leben gekommen waren

---

1425 Der Schah bediente sich hierbei mehrerer (und widersprüchlicher) Mittel: Er entschuldigte sich öffentlich, stellte eine weitere Liberalisierung der Politik in Aussicht, nahm Teile jener Politik zurück, mit der er den Unmut des Klerus und der Basarkaufleute auf sich gezogen hatte, bemühte sich um eine Senkung der rasant angestiegenen Lebenskosten bzw. um eine Kontrolle der Inflation – und ließ säkulare Oppositionsführer verfolgen. Vgl. hierzu v.a. Abrahamian 1982 – Iran Between Two Revolutions, S. 508-510.
1426 Luft 2000 – Die islamische Revolution, S. 348.
1427 Diese Ironie entgeht auch Ahmad 1982 – Comments on Skocpol, S. 297 nicht.

und für den in der öffentlichen Meinung (wie es scheint: fälschlicherweise) der SAVAK verantwortlich gemacht wurde – mehr und mehr zu einer *breiten Volksbewegung* ausweiten.[1428] Anfang September protestierten zum Abschluss des Fastenmonats Ramadan mehr als 500.000 Menschen in Teheran; erneut war es der religiöse Kalender, der das Timing der Proteste vorgab. Als der Schah daraufhin am 7. September den Ausnahmezustand verhängte und es am Folgetag, dem sogenannten „Schwarzen Freitag", zur blutigen Unterdrückung einer (weitgehend) unbewaffneten Demonstration auf dem Jaleh-Platz in Teheran kam, waren alle Vermittlungsversuche zwischen dem neuen Ministerpräsidenten Jafar Sharif Emami (der nach dem Brand im Cinema Rex Amuzegar abgelöst hatte) und den Konstitutionalisten (d.h. der Nationalen Front und den gemäßigten Ayatollahs) – die ohnehin die ganze Zeit über an der fehlenden Bereitschaft des Schahs gekrankt hatten, seine Herrschaft einer parlamentarischen Kontrolle zu unterwerfen – endgültig gescheitert. Gewissermaßen war hiermit der „point of no return" überschritten. Die Protestbewegung radikalisierte sich weiter. Statt sich mit der Wiederherstellung der konstitutionellen Ordnung zu begnügen, forderte sie nun zunehmend die Errichtung einer islamischen Republik. So vereinbarte der Führer der Nationalen Front, Karim Sanjabi, Anfang November bei einem Treffen mit dem inzwischen in Neauphle-le-Château weilenden Khomeini, dass es die monarchische Ordnung zu überwinden gelte, um Platz für eine zukünftige, auf islamischen und demokratischen Prinzipien beruhende politische Ordnung zu schaffen, die in einem nationalen Plebiszit legitimiert werden solle.[1429] Der Schulterschluss von religiöser und säkularer Opposition wurde gleichsam besiegelt. Auch schlossen sich der Protestbewegung immer mehr gesellschaftliche Gruppen an: neben dem Subproletariat (mit überwiegend ländlichem Hintergrund), das bereits bei den Demonstrationen Anfang September teilgenommen hatte, nun auch erstmals öffentliche Angestellte auf der einen und Arbeiter auf der anderen Seite, d.h. white-collar und blue-collar workers gleichermaßen, die im September in vereinzelte Streiks traten,

---

1428 Vgl. zur Einschätzung, dass weder der SAVAK noch das Regime insgesamt hinter dem Brandanschlag steckten, Arjomand 1988 – The Turban for the Crown, S. 118 und Ansari 2003 – Modern Iran, S. 203, der zugleich herausstellt: „Such was the public distrust of the Pahlavi state that unsubstantiated allegations of this nature could pass as truth."
1429 Vgl. Luft 2000 – Die islamische Revolution, S. 351.

4.3 Die iranische Revolution (1977-1979)

welche sich wiederum im Laufe des Oktobers und Novembers rasch zu einem (politischen) Generalstreik ausweiteten.

Dieser Generalstreik war jedoch nicht nur ein weiterer Akt in der durch die Volksmassen erfolgenden expressiven Delegitimierung der Herrschaftsordnung, sondern zugleich auch Ausdruck dessen, dass der Schah immer weniger die Ordnung durchzusetzen vermochte, also allmählich auch an basal-pragmatischer Legitimität einbüßte. Insbesondere die Stilllegung von weiten Teilen der Ölindustrie und der Ausfall der Elektrizität in den Großstädten beeinträchtigten sogar unmittelbar das repressive Potential des Regimes insofern, als die Armee sowohl auf Treibstoff als auch auf Kommunikation angewiesen war.[1430] Zugleich verloren immer mehr Kräfte innerhalb wie außerhalb des Iran das Zutrauen zum Schah, das Vertrauen darauf also, dass er wieder Herr der Lage werde (und so die einträgliche Versorgung der Weltwirtschaft mit Öl sicherstelle). Hiervon zeugten nicht zuletzt die massive und pikanterweise öffentlich werdende Kapitalflucht seit September, auch von amtierenden Ministern und ranghohen Militärs – die Ratten trafen gleichsam Vorkehrungen für das Verlassen des sinkenden Schiffs –, sowie die mangelnde Unterstützung des Schahs durch die USA.[1431] Nichtsdestotrotz hielt die Armee, oder genauer: hielten die Offiziere, weiterhin treu zum Schah, den sie im November erfolgreich zur Bildung einer Militärregierung drängen konnten. Eine Maßnahme, die sogar für eine zweiwöchige Unterbrechung der Demonstrationen und Streiks sorgte.[1432]

Im Dezember erreichten die Anti-Schah-Demonstrationen während des heiligen Trauermonats Muharram schließlich ihren Höhepunkt: „Millions defied martial law to take to the streets, strikes shut down the economy, American support for the shah finally wavered, and the shah himself

---

1430 Siehe v.a. Foran 1994 – The Iranian Revolution, S. 179f.
1431 Siehe zur Kapitalflucht, die von Mitarbeitern der Zentralbank öffentlich gemacht wurde (worin Arjomand übrigens einen Beleg für die Spaltung innerhalb der iranischen Elite sieht) u.a. Abrahamian 1982 – Iran Between Two Revolutions, S. 517 und Arjomand 1988 – The Turban for the Crown, S. 117 sowie zum Verhalten des engsten Bündnispartners, der USA, während der Revolution Abrahamian 1982 – Iran Between Two Revolutions, S. 523f., Hambly 1991 – The Pahlavi Autocracy 2, S. 287, Luft 2000 – Die islamische Revolution, S. 353 und ausführlich Arjomand 1988 – The Turban for the Crown, S. 128-133. Der Schah wurde von den USA, kurz gesagt, als immer verzichtbarer für die Versorgung mit Öl und als Bollwerk gegen den Kommunismus angesehen.
1432 Siehe ebd., S. 116.

seemed to lose his remaining resolve."[1433] Nachdem der Schah am 16. Januar 1979 den Iran verlassen hatte, kehrte Khomeini unter dem Beifall der Massen am 1. Februar in den Iran zurück: „with three to four million people, perhaps the largest crowd in world history, lining the streets"[1434]. Vier Tage später wurde eine provisorische Regierung unter der Leitung von Mehdi Bazargan gebildet. Weitere sechs Tage später, am 11. Februar, stürzte mit dem Sieg der bewaffneten Revolutionsgruppen über die rund 30.000 Mann starke Garde des Schahs das Ancien Régime endgültig zusammen. Noch am selben Tag erklärte die Armeeführung, aus der einige Generäle schon in den Wochen zuvor geheime Abkommen mit Khomeinis Anhängern getroffen hatten,[1435] öffentlich ihre Neutralität im politischen Konflikt zwischen den zwei Regierungen: der „offiziellen" unter Shapur Bachtiyar, den der Schah am 1. Januar zum Ministerpräsident ernannt hatte, und der „provisorischen" unter Bazargan.

Letztlich brach das Schah-Regime somit – und das macht den spezifischen Reiz der iranischen Revolution aus – unter dem Druck der politisch mobilisierten Massen zusammen, indem es mit den friedlichen Mitteln des Massenprotests einerseits und des Generalstreiks andererseits jeglicher Legitimität beraubt wurde. „It was the actively delegitimating force of the huge mass demonstrations during 1978 that undermined the will and the capacity of the Shah to maintain his repressive system in being"[1436], wie Beetham pointiert. Die Legitimität öffentlich in Abrede stellende Handlungen zumal, die *nicht abrissen*, die sich *wieder und wieder* ereigneten und jedes Mal mit *mehr* Teilnehmern, *größerer* Wucht. Foucault vermutet dahinter einen bestimmten Effekt:

> Aber ich glaube, gerade in der Wiederholung der Demonstrationen [manifestations] lag ein starker politischer Sinn. Man muss den Ausdruck wörtlich nehmen: manifestation – ein Volk manifestiert unermüdlich seinen Willen. Der Schah hat natürlich nicht nur wegen dieser Demonstrationen abgedankt. Aber man kann nicht bestreiten, dass er einer unendlich manifesten Ablehnung gegenüberstand.[1437]

1433 Foran 1994 – The Iranian Revolution, S. 177.
1434 Ebd., S. 178.
1435 Siehe Arjomand 1988 – The Turban for the Crown, S. 122 und Halliday 1988 – The Iranian Revolution, S. 43.
1436 Beetham 1991 – The Legitimation of Power, S. 197.
1437 Foucault 2003 – Der Geist geistloser Zustände, S. 935.

4.3 Die iranische Revolution (1977-1979)

Die Ablehnung war mit anderen Worten so manifest, auch in ihrer Breite so unbestreitbar, dass niemand sich länger auch nur einreden konnte, der Schah herrsche mit der Zustimmung des Volkes: weder das iranische Volk noch der Schah selbst noch die USA (bzw. die US-Öffentlichkeit). Dies auch deshalb, weil sich der Protest vorrangig auf ein einziges und eindeutiges (negatives) Ziel heftete: Alles, was das Volk wollte, war die Abdankung des Schahs. Zwei Millionen am 10. und 11. Dezember demonstrierende Menschen allein auf den Straßen Teherans – und damit fast die halbe Stadt – ließen gar keinen anderen Schluss zu, ja, engten den Interpretationsspielraum auf ein Minimum ein.[1438] Bezeichnenderweise übernahm denn auch der Schah höchstpersönlich das Labeling, indem er in einer öffentlichen Fernsehansprache vom 6. November 1978 von der „Revolution des iranischen Volkes"(!) sprach, womit er unfreiwillig nicht nur die *Einmütigkeit* der Opposition, sondern noch dazu – für alle, die es noch nicht wussten, und es wussten im Iran zu diesem Zeitpunkt tatsächlich noch nicht alle – ihre *revolutionären* Absichten herausstrich.[1439] Diese äußerst selten vorkommende Einigkeit lässt Foucault seine ursprüngliche Meinung *revidieren*, der nicht theoretische, sondern *tatsächliche*, in der Praxis erfahrbare einheitliche Wille eines Volkes, der volonté de tous (im Gegensatz zum volonté générale), sei nichts als ein politischer Mythos, ein Ammenmärchen, das man erzählen, nicht aber empirisch beobachten könne.[1440] Vielmehr entfaltete im Iran genau dieser gemeinschaftliche Wille

---

1438 Vgl. für die Zahlen Ansari 2003 – Modern Iran, S. 208. Für Arjomand 1988 – The Turban for the Crown, S. 121 markieren diese Massendemonstrationen das Ende des Schah-Regimes. Halliday 1988 – The Iranian Revolution, S. 59, Fn. 10 meint: „The demonstrations in the last months of the Shah's regime, involving up to 2 million people in Tehran, and several million more in provincial towns, were the largest protest demonstrations in human history. States have mobilised larger numbers in supportive marches – as in China's Tien An Men Square – but such crowds have never before been seen in an oppositional context."
1439 Siehe Ansari 2003 – Modern Iran, S. 206.
1440 Siehe v.a. Foucault 2003 – Eine Revolte mit bloßen Händen und ders. 2003 – Der Geist geistloser Zustände. „Zu den charakteristischen Merkmalen dieses revolutionären Ereignisses gehört auch die Tatsache, dass es einen absolut gemeinschaftlichen Willen aufscheinen lässt – und dazu hatten in der Geschichte nur wenige Völker Gelegenheit. Der gemeinschaftliche Wille ist ein politischer Mythos, mit dessen Hilfe Rechtswissenschaftler oder Philosophen Institutionen zu analysieren oder zu rechtfertigen versuchen. Er ist ein theoretisches Instrument. Den ‚gemeinschaftlichen Willen' hat noch niemand gesehen, und ich selbst sah im gemeinschaftlichen Willen so etwas wie Gott oder die Seele, de-

4. Analyse: Die Revolutionen in China, Mexiko und Iran

eine zutiefst *reale Wirkung*: die restlose Delegitimation der Herrschaft in theoretisch-reflexiver und performativ-expressiver Hinsicht. „Die endlosen – zuweilen blutigen und dennoch immer wieder aufflammenden – Demonstrationen waren gleichermaßen rechtliche und politische Akte, die dem Schah die Legitimität und dem politischen Personal die Repräsentativität nahmen."[1441] Luft kann vor diesem Hintergrund – die Rolle der Berufsrevolutionäre und islamischen Aktivisten deutlich relativierend – hervorheben:

> Aber wichtig für den Erfolg [der revolutionären Koalition über das Regime des Schahs] war die Tatsache, daß die Opposition innerhalb von zwölf Monaten lawinenartig zu einer breiten Volksbewegung angewachsen war. Es waren nicht die politischen Manöver der Aktivisten, sondern Hunderttausende und am Ende Millionen von Menschen aus allen Schichten, die durch ihre ständige Präsenz in der Öffentlichkeit das Regime verunsichert und schließlich zur Aufgabe gezwungen hatten.[1442]

Und auch Arjomand kann ganz ähnlich schließen:

> [T]hough Islamic activists and professional revolutionists were intensely committed to their cause and willing to risk their lives, it was not their activism per se but the widespread, low-level participation of virtually all urban social groups precipitated by their activism that brought about paralysis of the state. [...] In other words, it was a massive campaign of civil disobedience, both within the state bureaucracy and state economic enterprises and outside of the state among other urban strata, against which the army was of little avail.[1443]

Der gemeinschaftliche Wille des iranischen Volkes übte demnach mittelbar eine *revolutionäre* und damit *(re-)strukturierende* Wirkung aus: Er brachte die alte Herrschaftsordnung zu Fall und ebnete einer neuen den Weg.

---

nen man niemals begegnet. Ich weiß nicht, ob ihr mir da zustimmt, aber in Teheran und im ganzen Iran sind wir dem gemeinschaftlichen Willen eines Volkes begegnet. Das ist großartig, und das kommt nicht alle Tage vor. Außerdem (und hier kann man Khomeyni politisches Gespür bescheinigen) hat man diesem gemeinschaftlichen Willen ein Objekt, ein Ziel gegeben, und zwar ein einziges: die Abdankung des Schahs. Dieser gemeinschaftliche Wille, der in unseren Theorien stets allgemein ist, hat sich im Iran an ein vollkommen klares und eindeutiges Objekt geheftet und so seinen Einbruch in die Geschichte bewerkstelligt." Ebd. S. 933f.

1441 Foucault 2003 – Pulverfass Islam, S. 950.
1442 Luft 2000 – Die islamische Revolution, S. 353.
1443 Arjomand 1988 – The Turban for the Crown, S. 119.

4.3 Die iranische Revolution (1977-1979)

Allein, die Proteste brachten nicht nur ans Licht, dass die Herrschaft im Lichte der verschiedensten Theorien illegitim war – des Konstitutionalismus, Monarchismus, Nationalismus, Republikanismus, Sozialismus und der unterschiedlichen Theorien des „islamischen Staates" –, auch erfuhr die Herrschaft durch sie nicht nur eine expressive Delegitimation. Vielmehr raubten sie der Herrschaft ebenso ihre basal-pragmatische Legitimität. Massendemonstrationen und ein Generalstreik, vor allem streikende (ihrem Ethos zuwiderhandelnde) *Staats*angestellte, bedeuteten nicht weniger als eine massive *Störung* der bisherigen Ordnung, in der alte (normative) Erwartungen und Erwartungserwartungen enttäuscht wurden und ihre Geltung zu verlieren drohten. Zwar blieb das Militär als zentrale Sanktionierungsinstanz ungeachtet der einen oder anderen Fahnenflucht und kleineren Meuterei im Grunde genommen bis zur Abreise des Schahs erstaunlich loyal und intakt.[1444] Genau hierin sehe ich denn auch ein weiteres Mal Skocpols „legitimitätsskeptische" Revolutionstheorie widerlegt: *Obwohl* der Erzwingungsstab weiter zum Schah hielt und *obwohl* er nicht durch einen Krieg geschwächt worden war, also funktionsfähig blieb, wurde die Revolution dennoch möglich – eben weil die Herrschaft ihrer *Legitimität* verlustig ging.

> The truth of the matter is: the collapse of the political order in Iran demonstrates that there is more to a system of authority than coercion. There is also the normative factor of legitimacy. What brought the Pahlavi regime down was not the disintegration of its army but rather its loss of legitimacy and a massive nationwide campaign of civil disobedience.[1445]

Gleichwohl spricht vieles dafür, dass ein *konsequenter* und *skrupelloser* Einsatz der Gewaltmittel die Revolution noch hätte verhindern oder wenigstens aufschieben können. Doch die massiven Gewaltmittel in den Händen des Schahs wurden aus mehreren Gründen zum *stumpfen* Schwert, mithin zu einem *ungeeigneten* Mittel, um Ordnung und Ruhe wiederherzustellen. Erstens reichte die Gewalt*drohung* allein nicht aus, weil sie einerseits angesichts von parallel erfolgenden Zugeständnissen

---

1444 Zumindest nach Meinung von Arjomand (ebd., S. 119-128) und Ansari 2003 – Modern Iran, S. 209; Foran 1994 – The Iranian Revolution, S. 181 erwähnt daneben auch andere Einschätzungen.
1445 Arjomand 1988 – The Turban for the Crown, S. 191. Arjomand wirft an dieser Stelle Skocpol direkt vor, die diesbezüglichen *theoretischen* Konsequenzen nicht zu ziehen, obwohl sie sich mit der iranischen Revolution intensiv auseinandergesetzt hat.

der Emami-Regierung *unglaubwürdig* wurde und weil die Protestanten andererseits ungewöhnlich *entschlossen* waren (wegen der besonders eklatanten Illegitimität, die eine „moralische Empörung" im Mooreschen Sinne hervorrief, vielleicht aber auch, weil der Islam eine „Religion des Kampfes und des Opfers" ist, wie beispielsweise Foucault mutmaßt).[1446] Wenn aber, zweitens, die Drohung mit Gewalt nicht die gewünschte Wirkung erzielte, so hätte es der (zumindest punktuellen) *Anwendung* von Gewalt bedurft, um der Drohung zukünftig wieder zur nötigen Glaubwürdigkeit zu verhelfen. Genau hiervor schreckte der Schah aber zurück. Das Massaker am Jaleh-Platz hatte er nicht befohlen; zum Ministerpräsidenten der im November 1978 eingesetzten Militärregierung, der es immerhin gelang, die Demonstrationen und Streiks für eine kurze Zeit zu unterbrechen, ernannte er nicht den als Hardliner verschrienen General Oveisi, sondern General Azhari, „the one general many recognised as inherently incapable of ruthlessness"[1447]; und der Militärregierung untersagte der Schah ferner die Anwendung des Kriegsrechts. Kurz: „the Shah miscarried because he refused to use the army effectively to repress the revolutionary movement, hoping, in vain, to quell the mounting popular rage by the threat or semblance of its use"[1448]. Es ist allerdings, drittens, ungewiss, wie lange die Armee zum Schah gehalten und dessen Befehle befolgt hätte, wenn er tatsächlich eine härtere Linie gefahren wäre. Denn Soldaten im Allgemeinen und Wehrpflichtige im Besonderen tun sich schwer mit der Anwendung von Gewalt gegen *Mitburger*, zumal gegen *unbewaffnete* Mitbürger; spätestens seit Dezember 1978 zeichnete sich denn auch die fehlende Bereitschaft hierzu immer deutlicher ab.[1449] Die Gewaltanwendung, so sie denn beispielsweise am Jaleh-Platz erfolgte, mochte *kurzfristig* die Demons-

---

1446 Siehe zum Verlust der Glaubwürdigkeit der Gewaltdrohung durch die Konzessionen unter Emami Ansari 2003 – Modern Iran, S. 204. Für das Zitat vgl. Foucault 2003 – Der Geist geistloser Zustände, S. 933.
1447 Ansari 2003 – Modern Iran, S. 206.
1448 Arjomand 1988 – The Turban for the Crown, S. 120. Und weiter: „He simply did not dare take the ruthless measures required by the logic of his neo-patrimonial dictatorship to assure its survival."
1449 Siehe Abrahamian 1982 – Iran Between Two Revolutions, S. 523, Halliday 1988 – The Iranian Revolution, S. 43, Foran 1994 – The Iranian Revolution, S. 181 und Luft 2000 – Die islamische Revolution, S. 350. Dass staatliche Gewalt gegen unbewaffnete Demonstranten zu Auseinandersetzungen und zur Aufspaltung innerhalb des Militärs und der Polizei führen kann, stellt auf einer allgemeineren Ebene auch Goodwin 2001 – No Other Way Out, S. 296 fest.

4.3 Die iranische Revolution (1977-1979)

tranten von der Straße treiben und so die basal-pragmatische Legitimität wiederherstellen, *langfristig* aber, womit der vierte Grund angesprochen wäre, vergrößerte sie die Reihen der Demonstranten, wie besonders deutlich die Trauerzeremonien belegten. Es gab sich mit anderen Worten eine Art Zielkonflikt zwischen zwei Legitimitätsdimensionen zu erkennen: Die gewaltsame Unterdrückung steigerte (kurzfristig) die basal-pragmatische Legitimität, minderte aber zugleich die Legitimität in der performativ-expressiven Dimension insofern, als die skandalöse Performance zu einem weiteren und abermals intensivierten öffentlichen Ausdruck von Legitimitätsabsprache führte. Fünftens hätten die staatlichen Zwangsmittel womöglich erfolgreicher für die auch langfristige Steigerung der basal-pragmatischen Legitimität eingesetzt werden können, wenn die Sicherheitskräfte im Umgang mit Demonstranten *geübt* gewesen wären, also, statt sogleich das Feuer zu eröffnen, beispielsweise Deeskalationsstrategien angewandt hätten.[1450] Andererseits handelte sich der Schah gerade mit seinem „weicheren" Vorgehen, etwa der Anweisung, Gummigeschosse anstelle von scharfer Munition gegen Demonstranten einzusetzen, den Vorwurf ein, er agiere nicht energisch genug. Man sieht: Es gibt nicht *die* Lösung zur Wiederherstellung von Ruhe und Ordnung im Angesicht von zivilem Ungehorsam. Und doch trug das zögerliche Handeln des Schahs, seine Unentschlossenheit, ja, sein permanentes *Hin-und-her-Schwanken* zwischen einem mal konziliant-friedlichen und dann wieder konfrontativ-gewaltsamen Kurs gegenüber der Opposition zweifellos zum Legitimitätsverlust in *allen* Dimensionen bei.[1451] Anders gesagt: Eine gnadenlose Unterdrückung der Protestbewegung von Anbeginn, d.h. seit Mitte oder spätestens Ende 1977, hätte ihm zwar performativ einen noch größeren Legitimitätsverlust beschert, seine basal-pragmatische Legitimität aber hätte er so womöglich retten und damit zugleich die öffentliche Kommunikation des Legitimitätsdefizits besser unterbinden können. Und genauso hätte vielleicht ein echtes Entgegenkommen des Schahs gegenüber den gemä-

---

1450 Siehe zum fehlenden „training in crowd control" u.a. Arjomand 1988 – The Turban for the Crown, S. 120 und Ansari 2003 – Modern Iran, S. 202.
1451 Das unentschlossene und unstete Handeln des Schahs betonen in ihren Analysen u.a. auch Abrahamian 1982 – Iran Between Two Revolutions, S. 518f., Arjomand 1985 – Causes and Significance, S. 44f., Halliday 1988 – The Iranian Revolution, S. 43, Foran 1994 – The Iranian Revolution, S. 181, Luft 2000 – Die islamische Revolution, S. 349f. und Ansari 2003 – Modern Iran, v.a. S. 205. Khomeini bildete demgegenüber in seiner entschiedenen und kompromisslosen Haltung das genaue Gegenteil.

4. Analyse: Die Revolutionen in China, Mexiko und Iran

ßigten Geistlichen auf der einen und dem nationalistisch-liberalen Lager auf der anderen Seite eine Revolution verhindern, ihr nämlich den Wind aus den Segeln nehmen können. Doch der Schah war, wie gesagt, nicht bereit, dem Parlament die in der Verfassung von 1906 vorgesehene machtbegrenzende Rolle einzuräumen. Von der Übertragung des militärischen Oberkommandos ans Parlament hätte desgleichen eine die Wogen glättende Wirkung ausgehen können.[1452] Darin, dass es den Sicherheitskräften nicht gelang, die *Kommunikation* der Oppositionellen untereinander wirksam zu unterbinden, ist ein sechster Grund für das Scheitern der basalpragmatischen (Re-)Legitimierungsbemühungen zu sehen. Jeder Zwischenfall konnte so in der Öffentlichkeit thematisiert und memoriert werden. Von der gewaltsamen Niederschlagung der Demonstration in Yazd Ende März 1978 existierten sogar Videoaufnahmen, die im ganzen Land zirkulierten und die Gemüter stets aufs Neue erregten.[1453] Vor allem die religiöse Opposition verfügte über ein engmaschiges Kommunikationsnetz, auch weil sie im Gegensatz zur säkularen Opposition nicht jahrzehntelang unter der staatlichen Repression gelitten hatte und daher über eine höhere institutionelle Autonomie verfügte (worin wiederum ein Grund dafür gesehen wird, warum die religiöse Opposition über eine stärkere Bindung zu den Massen verfügte, als die Revolution ausbrach und es galt, die Massen zu mobilisieren – Stichwort „Vakuum-Theorie"[1454]). Berühmt geworden sind die in den Moscheen verteilten Tonbandkassetten mit Predigten hoher Geistlicher, in denen Foucault „ein ausgezeichnetes Instrument

---

1452 Siehe hierzu auch Luft 2000 – Die islamische Revolution, S. 350.
1453 Vgl. Foran 1994 – The Iranian Revolution, S. 176.
1454 Vakuum deshalb, weil die religiöse Opposition in den Raum vorstoßen konnte, der durch die Ausschaltung der säkularen Opposition unter dem Schah frei geworden war. Vgl. zur Vakuum-Theorie und zum Organisationsvorteil der religiösen Opposition Abrahamian 1982 – Iran Between Two Revolutions, S. 533, 536, Skocpol 1982 – Rentier State, S. 278, Arjomand 1985 – Causes and Significance, S. 46, Halliday 1988 – The Iranian Revolution, S. 46, Moghadam 1989 – Populist Revolution, S. 153, Foran 1994 – The Iranian Revolution, S. 163 und Beetham 1991 – The Legitimation of Power, S. 199, wo es heißt: „[T]he Shah's religious critics had the advantage over the secular opposition of much closer links with the deprived masses, both urban and rural, and an institutional autonomy that enabled them to survive the extremes of repression, for all that the Pahlavis had systematically sought to limit the role and influence of the mullahs over many decades".

der *Gegen*information"[1455] erkennt. Hinzu kam, dass Khomeini von seinem französischen Exil aus, mehr noch als vom nahegelegenen Nadschaf, national wie international eine beispiellose Aufmerksamkeit zuteilwurde, er also höchst öffentlichkeitswirksam das repressiv-exkludierende Regime des Schahs kritisieren konnte.

Als Khomeini Anfang Februar in den Iran zurückkehrte, war die staatliche Ordnung daher – bar jedweder Legitimität in irgendeiner der drei Dimensionen – bereits zusammengebrochen. Abrahamian fasst die Lage wie folgt zusammen:

> Battered by sixteen months of street clashes, six months of mass rallies, and five months of crippling strikes, the three pillars that held up the state and at one time looked formidable now lay in utter ruins. The armed forces, despite their large numbers and ultrasophisticated weapons, were traumatized by having to go out into the streets day in and day out to shoot down unarmed fellow citizens shouting religious slogans. The vast patronage system was now not a lucrative asset but a political liability. Moreover, the gigantic bureaucracy no longer functioned: the Resurgency party had faded away; former ministers were either in exile or in prison; and current ministers, such as Bakhtiyar, were physically immobilized; and the central as well as the provincial administration had been crippled by large-scale civil service strikes.[1456]

Und doch war der Untergang des Ancien Régime auch im iranischen Falle erst in dem Moment besiegelt, in dem es die Kontrolle über die eigenen Gewaltmittel und damit die Fähigkeit zur basal-pragmatischen (Re-)Legitimation vollständig verloren hatte: mit der politischen Neutralitätserklärung der Armee am 11. Februar 1979 um 14 Uhr einerseits und mit dem Sieg über die kaiserliche Garde, der jener unmittelbar vorausgegangen war, andererseits, an dem neben den zwei Guerillabewegungen, der marxistischen Feda'in-e Chalq und der radikalislamischen Mojahedin-e Chalq, die in Teilen übergelaufenen „Homafaran" (das technische Perso-

---

1455 Foucault, Michel: Die iranische Revolte breitet sich mittels Tonbandkassetten aus (19.11.1978), in: ders.: Schriften in vier Bänden, Dits et Ecrits. Bd. 3: 1976-1979, hrsg. von Daniel Defert und François Ewald, Frankfurt/M. 2003, S. 888-893, hier S. 893, m.H. Dazu, dass die Sicherheitsorgane die religiöse Opposition bis zuletzt unterschätzten, siehe u.a. Luft 2000 – Die islamische Revolution, S. 349 und Hambly 1991 – The Pahlavi Autocracy 2, S. 290f.
1456 Abrahamian 1982 – Iran Between Two Revolutions, S. 526. Und er fährt sehr pointiert fort: „In fact, by joining the general strikes, the civil servants placed institutional interests behind their class sentiments and proved that they viewed themselves not as clogs in the state machinery but as members of the discontented middle classes."

nal der Luftstreitkräfte) maßgeblichen Anteil hatten – gleichsam der coup de grâce für das Ancien Régime. Ganz ohne (Eigen-)Gewalt kam mithin auch die ansonsten (wenigstens bis zum Sturz der Monarchie) so friedliche iranische Revolution nicht aus. Vier Stunden nach der öffentlichen Verlautbarung der Armeeführung waren aus dem Radio schließlich die berühmten Worte zu hören: „This is the voice of Tehran, the voice of true Iran, the voice of the revolution."

Die einzelnen Schritte auf dem (beschwerlichen) Weg zur Etablierung der neuen staatlichen Ordnung müssen an dieser Stelle leider unberücksichtigt bleiben, obwohl sie vor allem unter basal-pragmatischen Gesichtspunkten (mit den komitehs, den revolutionären Gerichtshöfen, der Vielzahl an bewaffneten Gewaltakteuren usw.) sehr aufschlussreich wären. Zu erwähnen gilt es für die abschließende Erörterung des (un-)demokratischen Charakters der iranischen Revolution indes noch zwei Dinge: Zum einen, dass im Iran nach dem Sturz des Ancien Régime noch anderthalb Jahre erbitterte politische und ideologische Kämpfe tobten, *bevor* die Islamisierung der Gesellschaft einsetzte.[1457] Zum anderen, dass die neue politische Ordnung in zwei nationalen Referenden mit jeweils überwältigenden Mehrheiten ausgestattet wurde: Am 30. und 31. März 1979 stimmten, vor die Wahl zwischen einer Monarchie und einer islamischen Republik gestellt, 98% für die islamische Republik; und am 2. und 3. Dezember desselben Jahres wurde mit 99% der Stimmen die neue Verfassung angenommen, in die das Konzept der Statthalterschaft des Rechtsgelehrten (vali-ye faqih) Eingang fand und mit der die islamische Republik theokratischer Prägung Wirklichkeit wurde. Khomeini selbst übernahm in der Folge (bis zu seinem Tod im Jahre 1989) das neu geschaffene Amt des Obersten Rechtsgelehrten bzw. Revolutionsführers, welches mit weitreichenden Machtbefugnissen ausgestattet war.

Die (politische) Herrschaft der Ulema, die mit der iranischen Revolution institutionalisiert worden ist, steht auf den ersten Blick in krassem Widerspruch zu meiner These vom demokratischen Charakter der Revolution. Nicht nur faktisch vorhanden, sondern noch dazu mit einem *Legitimitätsanspruch* ausgestattet, ist im Iran seither eine Herrschaft, die sich statt auf den Willen des Volkes auf den Willen *Gottes* beruft, eine Herrschaft also, deren Legitimität *transzendenten* Ursprungs ist. Khomeini entwickelte diese Theorie theokratischer Herrschaft Anfang der 1970er Jahre: Das

---

1457 Siehe Moghadam 1989 – Populist Revolution, S. 149.

4.3 Die iranische Revolution (1977-1979)

Mandat der schiitischen Rechts- und Religionsgelehrten in Vertretung des verborgenen (zwölften) Imam weitete Khomeini hierin von der religiösen und rechtlichen auf die *politische* Sphäre aus. Sie sollten, anders gesagt, nicht wie bislang die bestehende Herrschaft für solche Maßnahmen kritisieren, die den Grundsätzen des islamischen Glaubens widersprachen, sondern *selbst* eine aktive Rolle in der Politik einnehmen, um die Gesellschaft nach Maßgabe des islamischen Rechts zu formen. Zugleich wurde das die politische Herrschaft legitimierende Mandat limitiert bzw. individualisiert: Nicht die Herrschaft *aller* Rechts- und Religionsgelehrten sei legitim, sondern lediglich die des Obersten Rechtsgelehrten bzw. die des obersten Rates (später dann: des zwölfköpfigen Wächterrates).[1458] Das politische Denken der Schiiten, das traditionell eigentlich eher pluralistische Züge aufgewiesen hatte, erfuhr in der Interpretation Khomeinis eine „Monisierung" bzw. „Unitarisierung": „If the only legitimate government, as he [Khomeini] argued, was government which actively sought to implement the *shari'a* in all spheres of life, then only those trained to interpret Islamic law were competent to oversee legislation, and any opposition to them must by definition be illegitimate."[1459] Die Ulema erheben demgemäß einen *exklusiven Wahrheitsanspruch*: Sie allein sind kraft ihres theologischen Studiums dafür qualifiziert, zu herrschen. Alle anderen sind demgegenüber von der Herrschaft ausgeschlossen, so dass auch das Volk keinen (theoretischen) Souveränitätsanspruch erheben kann.

Wie aber passt das mit der Behauptung zusammen, das Thema der Revolution sei die *Demokratie*? Halliday bezieht diesbezüglich – *obwohl* er das Spezifikum der iranischen Revolution nicht in ihrer vermeintlichen Anti-Modernität, sondern im *Zusammenspiel* aus traditionalen und modernen Elementen sieht, und *obwohl* ihm das Bild von der „islamischen Revolution" viel zu undifferenziert ist – eine eindeutige Position:

> [W]hile a mass uprising, it cannot be considered a democratic revolution even in theory. Khomeini's writings and the constitution of the Islamic Republic made clear that ultimate power rests with the divinely-inspired religious authority, the *faqih*, who can override all elected bodies and can dictate his views to the faithful.[1460]

1458 Vgl. für diese beiden abweichenden Interpretationen Khomeinis insbesondere Arjomand 1988 – The Turban for the Crown, S. 180 und Ansari 2003 – Modern Iran, S. 225f.
1459 Beetham 1991 – The Legitimation of Power, S. 200.
1460 Halliday 1988 – The Iranian Revolution, S. 34.

4. Analyse: Die Revolutionen in China, Mexiko und Iran

Ich möchte demgegenüber eine abweichende, zweifache Antwort geben: Der erste Teil bezieht sich auf die Zeit *bis* zur Annahme der neuen Verfassung, der zweite auf die Zeit *seit* der Annahme der Verfassung im Dezember 1979.

(1) Wie bei jedem Rückblick ist auch im Falle der iranischen Revolution retrospektiv die Versuchung groß, von der Wirkung auf die Ursache zu schließen. Sie hat dem Iran eine islamische Republik theokratischer Prägung gebracht, *also* müssen sich die revolutionären Akteure allesamt genau hierfür eingesetzt haben. Ausgeblendet wird hierbei großzügig die prinzipielle Kontingenz aller Geschichte: Alles hätte so leicht auch *anders* kommen können. Als die Revolution ausbrach, stand ihr künftiges Ergebnis keineswegs bereits fest, schon gar nicht kannten es die damaligen Akteure. „All revolutions are supported by many who would not have supported them had they had a clear understanding of what the revolutions were in fact to bring about"[1461], wie Dunn einmal anmerkte. Die iranische Revolution stellt diesbezüglich keine Ausnahme dar: Längst nicht jeder, der dem Schah die Gefolgschaft gekündigt und gegen seine Herrschaft protestiert hatte, war von dem Motiv beseelt gewesen, an die Stelle des Schah-Regimes jene islamische Republik zu setzen, die sich letztlich Ende 1979 herauskristallisierte. Erst recht nicht zu Beginn der Revolution. Und was unter einer islamischen Republik zu verstehen sei, war bis zuletzt, d.h. noch im Jahre 1979, unklar und umstritten, selbst unter den Geistlichen – und ist es gewissermaßen bis heute. Es bietet sich daher meines Erachtens mit Valerie Moghadam an, analytisch zu differenzieren zwischen der *iranischen Revolution* einerseits und der *islamischen Republik* andererseits.[1462] Anders gesagt: Die iranische Revolution mag uns vom heutigen Standpunkt aus als *islamische* Revolution erscheinen – unter diesem Namen führen sie auch die meisten –, sie *wurde* zu einer solchen aber erst im Zuge von Entwicklungen, die am *Ende* bzw. *nach* der Revolution im engeren Sinne standen. Genau hierfür vermag die besagte analytische Differenzierung zu sensibilisieren.

Darauf, dass sich die Protestbewegung, aus der später dann eine revolutionäre Bewegung werden sollte, aus beinahe allen gesellschaftlichen Schichten und Gruppen speiste, wurde bereits eingegangen. Ihr vereinigendes Ziel war das Ende des Schah-Regimes. Um genau zu sein, schrieb

---

1461 Dunn 1972 – Modern Revolutions, S. 236.
1462 Vgl. Moghadam 1989 – Populist Revolution.

4.3 Die iranische Revolution (1977-1979)

sich die (insofern dann revolutionäre) Bewegung indes selbst dieses Ziel erst im November 1978 endgültig auf die Fahnen: mit dem formalen Schulterschluss von Khomeini und Sanjabi und dem gemeinsam erklärten Ziel einer islamisch-demokratischen Republik und damit nicht-monarchischen politischen Ordnung. Den Schah beizubehalten, wenn auch in anderer, begrenzterer Funktion, nämlich in jener Rolle, die für ihn schon in der „konstitutionellen" Revolution vorgesehen gewesen war, war für die gemäßigteren Kräfte zuvor – und in der Anfangszeit hegten, wie gesehen, selbst die religiösen Demonstranten in Qom im Januar 1978 noch moderate (nämlich auf die Wiederherstellung der konstitutionellen Ordnung gerichtete) Ziele – durchaus eine, um nicht zu sagen: die präferierte Option. Die Protestbewegung setzte sich jedoch nicht nur aus den unterschiedlichsten Gruppen und Schichten zusammen, sondern wurde auch in ideeller Hinsicht auf vielfältige Weise zur politischen Aktion motiviert. Foran identifiziert fünf verschiedene solcher „political cultures of resistance" bzw. „value orientations": „Khumaini's militant Islam, Shari'ati's radical liberation theology, Bazargan's liberal-democratic Islam, the guerrilla groups' socialism (with Islamic and secular variants), and secular nationalism (both socialist and democratic in form)"[1463]. Es war demnach nicht die *eine* islamische und von Khomeini formulierte Idee bzw. „Ideologie", die zur Mobilisierung der Iraner während der Revolution beitrug.

> Out of these several political cultures, then, came the ideas that would mobilize millions of Iranians in 1977-79: nationalism, democracy, socialism, Islamic fundamentalism, radicalism, and liberalism all appealed in sometimes complex and overlapping fashion to the various constituencies – young ulama, merchants, students, artisans, intellectuals, urban marginals – that would loosely coalesce into an urban populist social movement.[1464]

[1463] Foran 1994 – The Iranian Revolution, S. 173. Pesaran, Mohammad H.: The System of Dependent Capitalism in Pre- and Post-Revolutionary Iran, in: International Journal of Middle East Studies, Bd. 14/1982, Heft 4, S. 501-522, hier S. 501-504, unterscheidet vier Lager: ein (islamisch-)fundamentalistisches, ein liberales, ein sozialistisches und ein royalistisches.

[1464] Foran 1994 – The Iranian Revolution, S. 175. Angemerkt sei an dieser Stelle noch, dass „Populismus" in den USA eine nicht ganz so negative Konnotation wie bei uns hat. Auch Moghadam 1989 – Populist Revolution wertet die iranische als eine populistische Revolution, weil die revolutionäre Bewegung über eine ungemein breite, heterogene Basis verfügt, aber auch, weil deren Ziele zutiefst vage bleiben (und der Anti-Imperialismus eine Rolle spielt).

4. Analyse: Die Revolutionen in China, Mexiko und Iran

Auch Rouhollah Ramazani bescheinigt der iranischen Revolution eine *ideologische Diversität*.[1465] Wider eine rein islamische Interpretation der iranischen Revolution streicht Moghadam daher heraus:

> [A] liberal, constitutionalist, republican project has been part of Iranian politics and discourse since the end of the previous century; socialist politics and a Communist party were particularly strong in the 1920s and 1940s; a highly nationalist project was defeated by British and American intervention; and, of course, the political map is dotted with clerical participation (although despite their self-image the clergy have not always been revolutionary or antistatist). *All* the above tendencies were present in the 1978-1979 revolution.[1466]

Insofern trifft Dunns generalisierte Aussage ebenso auf die iranische Revolution zu: Sehr viele bekamen am Ende nicht das, was sie ursprünglich gewollt hatten. Eine Beobachtung, wie sie gleichfalls Keddie gerade mit Blick auf die im Vorfeld und während der Revolution vorhandenen konstitutionalistischen und demokratischen Tendenzen macht.[1467]

Doch selbst ein Blick auf die religiöse Opposition, deren herausragende Rolle während der Revolution gerade in der Organisation und „ideologischen" Einkleidung des Widerstands gar nicht in Abrede gestellt werden soll, offenbart ein heterogenes Bild (was sich schon daran erkennen lässt, dass dreieinhalb der „political cultures of resistance" bei Foran islamische Elemente enthalten): „Islamic discourse was not a monolithic and politically coherent ideology"[1468]. Vielmehr unterscheidet Moghadam innerhalb des islamischen Diskurses vier Varianten, die in der iranischen Gesellschaft bei unterschiedlichen Gruppen Zustimmung fanden: (a) eine radikale (der jungen Intelligentsia), (b) eine militante (um Khomeini), (c) eine liberale (um Bazargan und seine Freiheitsbewegung) und (d) eine traditionalistische (der weite Teile der Ulema anhängen). Doch was noch viel wichtiger ist: Alle Varianten bis auf die (wie Keddie sie nennt) „absolutistische" Khomeinis sprachen sich in der Hauptsache bis einschließlich 1978/79 für eine *Wiederherstellung der konstitutionellen Ordnung* von 1906/07 aus. Alles Recht sollte zwar auf seine Kompatibilität mit der Scharia geprüft werden, aber von einer Direktherrschaft der Ulema war

---

1465 Vgl. Ramazani, Rouhollah K.: Iran's Revolution. Patterns, Problems and Prospects, in: International Affairs, Bd. 56/1980, Heft 3, S. 443-457, hier S. 445f.
1466 Moghadam 1989 – Populist Revolution, S. 155, m.H.
1467 Vgl. Keddie 1983 – Iranian Revolutions.
1468 Moghadam 1989 – Populist Revolution, S. 156; hier auch zu den vier Strömungen.

4.3 Die iranische Revolution (1977-1979)

diese Forderung noch weit entfernt.[1469] Die Ulema waren mit anderen Worten mehrheitlich *quietistisch* eingestellt, weshalb Khomeinis Ansichten über die *aktive* politische Rolle der Ulema nach der Ratifizierung der neuen Verfassung bei mehreren Ayatollahs auf deutliche Kritik stieß, darunter auch bei drei der sechs Großayatollahs (Shari'atmadari, Ahmad Azari-Qomi und Abul Kassem al-Khoei) sowie bei Ayatollah Mahmud Taleghani, dem „Vater" der Volksmojahedin.[1470] Foucault kann daher noch im Oktober 1978 nach bestem Wissen und Gewissen behaupten: „Unter einem ‚islamischen Staat' versteht niemand im Iran ein politisches Regime, in dem der Klerus die Leitung übernähme oder den Rahmen setzte."[1471] Und obschon Khomeini für eine solche politische (Direkt-)Herrschaft der Ulema in der Tat bereits Anfang der 1970er Jahre die theoretische Vorarbeit geleistet hatte (in „Der islamische Staat" von 1970, wo von einer islamischen *Republik* im Übrigen keine Rede ist), darf bezweifelt werden, ob diese radikalen Ideen vor und während der Revolution selbst eine sonderlich große Rolle spielten. „However, his writings did not serve as an ideological vehicle in Iran either before or during the revolution; they were known only to a narrow circle of theologians and scholars."[1472] Ganz im Gegenteil, Khomeini war eher darum bemüht, seine radikalen Ansichten zu *verbergen*, wie sich an einer Reihe von Maßnahmen ablesen lässt, die zugleich belegen mit welch außerordentlich großem politischen Geschick und Gespür er gesegnet war und außerdem ein Gefühl dafür vermitteln, wieso ihm so viele – Foucault eingeschlossen – auf den Leim ge-

---

1469 Vgl. Keddie 1983 – Iranian Revolutions, S. 595, die wie Moghadam vier Strömungen innerhalb des schiitischen Islam im Iran unterscheidet: eine liberale (um Bazargan, inklusive der etwas traditionalistischeren Ausrichtung bei Shari'atmadari), eine progressive (um Ayatollah Taleghani und Ali Shariati), eine linke (um die Mojahedin) und eine fundamentalistische bzw. absolutistische (um Khomeini). Davon, dass die Interpretation Khomeinis innovativer – und eben nicht traditionalistischer bzw. restaurativer – Natur ist, war bereits weiter oben die Rede.
1470 Vgl. Arjomand 1988 – The Turban for the Crown, S. 155f., der noch mehr opponierende Ayatollahs nennt und auf die schon *vor* der Revolution bestehenden Differenzen zwischen Khomeini und Shari'atmadari eingeht, sowie Moghadam 1989 – Populist Revolution, S. 156.
1471 Foucault 2003 – Wovon träumen die Iraner, S. 866.
1472 Ahmad 1982 – Comments on Skocpol, S. 296. Auch Foran 1994 – The Iranian Revolution, S. 173f. bestätigt, dass Khomeinis Kritik am Schah-Regime vor und während der Revolution wesentlich bekannter war als seine eigenen Überlegungen zum (theokratischen) „islamischen Staat".

4. Analyse: Die Revolutionen in China, Mexiko und Iran

hen konnten: Schon seit 1963 kritisierte Khomeini den Schah (wie gesagt) in erster Linie für seine Ungesetzlichkeit im Lichte der geltenden Verfassung von 1906 und für seine servile Politik gegenüber den USA und Israel, weil er um die Wirkung dieser beiden Kritikpunkte bei den Massen und der restlichen Opposition wusste; im November 1978 kam es zur besagten Vereinbarung zwischen ihm und Sanjabi, in der sich beide für eine islamische *und* demokratische Republik aussprachen; ohnehin stellte Khomeini während seines französischen Exils wieder und wieder eine pluralistische Politik mit einer parlamentarischen Regierung in Aussicht;[1473] noch im Februar 1979 sprach Khomeini statt von einer islamischen von der *iranischen* Revolution;[1474] zum ersten Ministerpräsidenten ernannte er Bazargan und zum ersten Außenminister Sanjabi, mithin Teile der *säkularen* Opposition; und schließlich stellten erst *nach* der Machtergreifung (radikale) Teile der Ulema die Verfassung von 1906 offen in Frage.[1475] Kurz gesagt, Khomeini „kept his intentions for the future regime as vague as possible in order to maximise political support"[1476].

Darüber hinaus legen die rund anderthalb Jahre dauernden politischen und ideologischen Kämpfe im Anschluss an den Sturz des Schahs Zeugnis davon ab, wie unterschiedlich innerhalb des revolutionären Lagers die *konkreten* Vorstellungen bezüglich der künftigen politischen und gesellschaftlichen Ordnung waren – und wie leicht daher auch alles hätte anders kommen können. Das beste Beispiel ist vielleicht der Verfassungsdiskurs: Der erste, bis Juni 1979 von der Regierung erarbeitete Verfassungsentwurf, der sich in hohem Maße an der Verfassung von 1906 einerseits und an der Verfassung der Fünften Französischen Republik andererseits orientierte, in dem also von Khomeinis theokratischen Ideen noch jede Spur fehlte, nahm die entscheidenden Hürden (Kabinett, Revolutionsrat und

---

1473 Siehe u.a. Ahmad 1982 – Comments on Skocpol, S. 296 und Abrahamian 1982 – Iran Between Two Revolutions, S. 533f., der detaillierter aufzählt: „In November, he [Khomeini] told the press that the future government would be ‚democratic' as well as Islamic. Also in November, he solicited help from ‚all organizations', and assured the public that neither he nor his clerical supporters harbored any secret desire to ‚rule' the country. In December, he declared that in an Islamic society women would be able to vote and have the same rights as men. And in January 1979, he proclaimed that the constitution of the Islamic republic would be drafted by a ‚freely elected Constituent Assembly'."
1474 Siehe Ansari 2003 – Modern Iran, S. 216.
1475 Vgl. Ahmad 1982 – Comments on Skocpol, S. 296.
1476 Halliday 1988 – The Iranian Revolution, S. 49.

Khomeini), um dem Volk zur Abstimmung vorgelegt zu werden, bevor er in letzter Sekunde an der Zerstrittenheit der *säkularen* Opposition scheiterte. Indem diese (im Gegensatz zur Islamisch Republikanischen Partei) auf der Wahl einer verfassunggebenden Versammlung bestand, worauf Khomeini trotz ursprünglich anderslautender Versprechungen sogar zu verzichten bereit gewesen wäre, ermöglichte sie allererst eine Wiederaufnahme der Verfassungsdebatte, im Zuge derer Khomeini und seine Anhänger ihr Interesse am „constitution making" entdeckten und erstmals die institutionellen und konstitutionellen Implikationen ihrer theokratischen Ideen ausarbeiteten.[1477] Wieso sich in der Debatte letztlich solch *radikalen* Ansichten durchsetzen konnten, ist schwer und sicher nicht in der Kürze zu beantworten. Sicherlich spielten, um nur einige Faktoren zu nennen, eine Rolle: (a) die nach dem Sturz des Ancien Régime durchgängig „anarchischen" Verhältnisse im Jahre 1979, die ganz allgemein autoritären Tendenzen förderlich gewesen sein dürften; (b) das politische Geschick, das Charisma und die Popularität Khomeinis, der sich mehrmals als entschiedener und kompromissloser Gegner des Schahs, der Monarchie und des „imperialistischen" Westens einen Namen gemacht hatte und daher über mehr politische Ressourcen verfügte, d.h. über ein größeres politisches Mobilisierungspotential bei den Massen; (c) die besagte Uneinigkeit der säkularen Opposition, die zudem unter dem Schah jahrzehntelang geschwächt worden war und so ihre Bindung zu den Massen verloren hatte; (d) die Tatsache, dass moderate Versuche, wie die „konstitutionelle" Revolution, in der Vergangenheit gescheitert waren; (e) der Umstand, dass es sich beim Ancien Régime um ein weithin als zu westlich empfundenes Regime handelte, so dass westliche Ideen und Konzepte automatisch einen schwe-

---

1477 Siehe Arjomand 1988 – The Turban for the Crown, S. 150f. und Luft 2000 – Die islamische Revolution, S. 356, der mutmaßt: „Khomeini und seine Anhänger hatten offensichtlich ursprünglich ein Minimum an politischer Einflußnahme für den radikalen islamischen Flügel vorgesehen, und gehofft, in Zukunft gestützt auf das Charisma des Imams, ihre politische Position ausbauen zu können. Mit der Wiedereröffnung der konstitutionellen Debatte bot sich ihnen aber die Gelegenheit, ein völlig neues Konzept, das der Statthalterschaft des Rechtsgelehrten (*vali-ye faqih*), in die zukünftige Verfassung einzuführen." Rafsandschani soll Banisadr, der sich wie Bazargan für die Einberufung einer verfassunggebenden Versammlung aussprach, entgegnet haben: „'Who do you think will be elected to a constituent assembly? A fistful of ignorant and fanatic fundamentalists who will do such damage that you will regret ever having convened them.'" Zitiert nach Arjomand 1988 – The Turban for the Crown, S. 150.

ren Stand hatten, während Khomeinis theokratische Ideen schiitisch-iranischen Ursprungs sind und sogar den Anschein erwecken, der schiitisch-iranischen Tradition entnommen zu sein (obwohl sie in Wahrheit auf einer abweichenden Neuinterpretation beruhen); (f) die mit der Verwestlichung zusammenhängende kulturelle Krise, die im Iran eine Sehnsucht nach herrschaftlichen und gesellschaftlichen Verhältnissen entstehen ließ, die (besser) mit dem islamischen Glauben bzw. dem kulturellen Erbe des Iran vereinbar sind; sowie (g) die diplomatische Krise zwischen dem Iran und den USA im Jahre 1979 (Geiseldrama), durch die anti-imperialistische bzw. nationalistische Ängste geschürt werden konnten und nach der Vertreibung des Schahs ein neuer gemeinsamer Feind gefunden war.

Nun ließe sich freilich einwenden, dass doch schon *während* der Revolution von weiten Teilen der – nicht allein religiösen – Opposition eine islamische Republik gefordert wurde, dass die iranische Revolution mithin schon sehr viel früher auf eine islamische Republik zusteuerte. Das ist zwar richtig, aber zum einen trifft dies erst auf ihre *letzte* Phase (ab November oder Dezember 1978) zu,[1478] und zum anderen war zu diesem Zeitpunkt *keineswegs* klar, was unter einer islamischen Republik genau zu verstehen sei, weil ein öffentlicher Diskurs hierüber noch gar nicht stattgefunden hatte. Mit der Folge, dass beinahe jede Gruppe eine *eigene* Vorstellung von ihrer konkreten Gestalt hatte. Insofern war auch der Volksentscheid Ende März 1979 weniger eine Entscheidung *für* eine bestimmte Herrschaftsform als vielmehr *gegen* das alte Schah-Regime – eben weil die Formel von der „islamischen Republik" in diesem Moment noch zutiefst *vage* war. Wie Ansari zu Recht bemerkt: „[T]his phrase was sufficiently *ambiguous* to be open to interpretation, and hence *inclusive*. It reassured traditional constituents by the emphasis on Islam, while at the same time appealing to the ‚modernists' by being republican and hence progressive."[1479] Das macht meines Erachtens auch die Reportagen Foucaults so ungemein wertvoll. Er schreibt zu einer Zeit, in der noch lange nicht absehbar, geschweige denn ausgemacht war, welchen radikalen Verlauf die politische Entwicklung des Iran nach dem Sturz des Schahs nehmen würde, zu einer Zeit nämlich, da man (auch im Westen) große Erwartungen an die iranische Revolution knüpfte und der Blick auf sie noch nicht retrospektiv eingefärbt war. Foucault ging nach zahlreichen Gesprä-

---

1478 Vgl. Moghadam 1989 – Populist Revolution, S. 156.
1479 Ansari 2003 – Modern Iran, S. 221.

chen, die er im Iran geführt hatte, davon aus, wie insbesondere sein offener Brief an Ministerpräsident Bazargan belegt,[1480] dass mit dem „islamischen Staat" gerade *keine* „Herrschaft der Mullahs" einhergehen werde, sondern eine Herrschaft, die dem Volk gegenüber verantwortlich ist, weil der Islam ihr Pflichten auferlegt. Erfüllt sie diese Pflichten nicht, so kann sie vom Volk jederzeit – im Namen der Religion – zur Rechenschaft gezogen werden. Der Vorwurf, Foucault habe einer repressiven Theokratie das Wort geredet (oder die, wie er sie in der Regel nannte, „Revolte" um ihrer selbst willen begrüßt), geht daher fehl. Vielmehr zeugen seine Artikel davon, welche demokratischen Hoffnungen sich damals noch mit der iranischen Revolution verbunden hatten – und wie diese schließlich enttäuscht wurden.

Die eigentliche Motivation vieler Teilnehmer der iranischen Revolution kommt vielleicht deutlicher zum Vorschein – womit man auch ihre dargelegten Ursachen stärker einbezöge –, wenn man sich nochmals den Anfängen der Revolution zuwendet, d.h. der Zeit, bevor allerorten die Konstitution einer islamischen Republik bzw. die Beseitigung des Schahs gefordert wurde. Denn die Ablehnung der Institution der Monarchie als solcher war, wie gesehen, erst das Ergebnis eines Radikalisierungsprozesses während der Revolution. Anfänglich hatte die Oppositionsbewegung etwas zwar Verwandtes, aber doch Anderes verbunden: der Wunsch nach *politischer Inklusion*, nach *politischen Partizipationsmöglichkeiten* in einem Herrschaftssystem, das ihnen genau diese verwehrte, weil sämtliche politischen Institutionen, die für eine Verbindung von Staat und Gesellschaft hätten sorgen, also Forderungen der Herrschaftsunterworfenen ins politische System hätten transportieren können, ja, für eine Responsivität des politischen Systems im weitesten Sinne gesorgt hätten, entweder beseitigt oder aber wirkungslos gemacht worden waren. Arjomand bringt dies vielleicht am treffendsten zum Ausdruck, wenngleich sich dieselbe Argumentation bei Abrahamian – Stichwort: ungleiche Entwicklung von Wirtschaft und Gesellschaft einerseits und Politik andererseits – und anderen – Stichwort: „rentier state" – herausdestillieren ließe:

> In short, the groups and social classes that were aligned against the Shah in 1978 had different motives for opposing him and proposed different alterna-

---

[1480] Siehe Foucault 2003 – Offener Brief an Bazargan, in dem er seine Bestürzung über die Hinrichtungen von Oppositionellen äußert, die seit dem 17. Februar 1979 stattfanden. Für eine vortreffliche Einordnung der Reportagen vgl. auch Lemke 2002 – Die verrückteste Form der Revolte.

tives to the Pahlavi regime. They did, however, share a basic political motive for their opposition: the desire for political enfranchisement and for inclusion in the political system. They all lacked political power and were denied any meaningful political participation.[1481]

Die politische Inklusion, die den Beteiligten dabei vorschwebte, muss keineswegs demokratischen Mitwirkungsmöglichkeiten im strengeren Sinne entsprechen, also sich nicht am (westlichen) Ideal des demokratischen Rechtsstaats orientieren. Aber es handelte sich nichtsdestotrotz um die Forderung nach einer *Ausweitung* der politischen Partizipationsmöglichkeiten, was wiederum voraussetzt, dass man es – auch unter Berufung auf die Verfassung von 1906, ja, auf die in der politischen Kultur des Iran verwurzelte Tradition des Konstitutionalismus und Parlamentarismus – für sein gutes *Recht* hielt, an der Politik irgendwie teilzuhaben. Das Volk erhob bzw. Teile des Volkes erhoben – zumindest auf einer theoretischen Ebene – den Anspruch auf politische Selbst- oder Mitbestimmung. Allzu weit entfernt vom Prinzip der Volkssouveränität und damit von der Demokratie als Thema der Revolution war und ist man dann nicht mehr. Wie andere Revolutionen zuvor sollte man die iranische Revolution darum vielleicht weniger an ihren unmittelbaren Resultaten als an den Ideen messen, die sich in ihr artikulierten, teils erst-, teils abermals. Diese Ideen, auch und gerade betreffend die Legitimität von Herrschaft, wirken langsam, dafür aber umso nachhaltiger und unnachgiebiger. Auf sie berief man sich sieben Jahrzehnte nach der „konstitutionellen" Revolution und auf sie wird man sich auch nach der „zweiten" Revolution wieder berufen. Beim nächsten Mal jedoch im Wissen um die „people power": um die Wirksamkeit friedlicher Massenproteste.

(2) Aber selbst wenn man nur das *unmittelbare Ergebnis* der iranischen Revolution gelten lässt, mithin den seinerzeit hochgradig kontingenten Verlauf der Revolution, die unterschiedlichen und mitunter dezidiert demokratischen Motive der beteiligten Gruppen sowie die – auf Seiten der säkularen wie auch religiösen Opposition – divergierenden Vorstellungen darüber, was eine islamische Republik auszeichnet, außer Acht lässt, wird man meines Erachtens dennoch nicht so weit gehen können, sie eine undemokratische Revolution zu heißen. Anhand der Legitimationsstruktur der 1979 ins Leben gerufenen islamischen Republik möchte ich dies in aller Kürze darlegen. Mit ihr hängt meiner Meinung nach die bis heute anhal-

---

1481 Arjomand 1988 – The Turban for the Crown, S. 108.

4.3 Die iranische Revolution (1977-1979)

tende Deutungsstreit über das Wesen der iranischen Revolution zusammen.

Keine Frage, die iranische Revolution von 1977 bis 1979 hat dem Iran keine liberale Demokratie gebracht. Nur, genauso wenig hat sie ihm eine *reine* Theokratie gebracht, wie ein Blick auf ihre Legitimationsstruktur verrät. Zwar liegt eine transzendente Form der theoretischen Legitimation vor, die vorstehend bereits erläutert wurde, und durch welche die Exklusion eines Großteils der Herrschaftsunterworfenen von den politischen Entscheidungsprozessen gerechtfertigt wird. Doch zugleich kommt es im postrevolutionären Iran ebenso zur Mobilisierung und damit politischen Inklusion der Volksmassen: Per Akklamation sollen sie öffentlich ihre Zustimmung kundtun, was das postrevolutionäre zu einem *Mobilisierungsregime* im Sinne Beethams macht. Wie in jedem – wie hinzuzufügen wäre: spezifisch modernen – Mobilisierungsregime gibt es komplementär einen hohen Grad an politischer Überwachung und Repression, die nicht im Widerspruch zur Legitimität stehen, sondern ganz im Gegenteil die Legitimität insofern *ergänzen*, als der doktrinäre Anspruch auf das Wahrheitsmonopol keine abweichende Meinung erlaubt.

> From the standpoint of its victims Khomeini's repression was no different from that of the Shah. From the standpoint of the character of the regime, however, it was less a sign of weakness or lack of support than a necessity for preserving the doctrinal exclusivity around which its support was mobilised. In a mobilisation regime the legitimation of the leadership and its policies and the radical delegitimation of opponents are systematically connected; and repression serves as part of a political crusade as much as the interests of ‚state security'.[1482]

Nur, was noch viel entscheidender ist, das postrevolutionäre Regime zeichnet sich daneben auch durch *demokratische* Elemente aus, sowohl in der theoretisch-reflexiven als auch in der performativ-expressiven Dimension. Theoretisch legitimiert sich die Herrschaft unter Bezugnahme auf die göttliche Souveränität einerseits – die im Zweifel höher steht – *und* auf die Souveränität des Volkes andererseits. Der (gedachte) Ursprung der Herrschaft ist mithin ein *doppelter*. Nur so lässt sich erklären, wieso sich in der politischen Praxis (aus der Theorie abgeleitet nämlich) demokratische Verfahren wiederfinden.

> In Iran, despite the renunciation of democracy as a Western import, the Constitution includes democratic procedures, such as popular representation, ma-

---

1482 Beetham 1991 – The Legitimation of Power, S. 201.

jority vote, Parliament, and the separation of powers. The ‚will of the people' is one form of legitimacy, for Iran has both a ‚popular system' and a ‚divine government'.[1483]

Das Parlament, dem die legislative Funktion zufällt, wird ebenso vom Volk gewählt wie der die Regierungsgeschäfte übernehmende Präsident (sowie der Ministerpräsident, dessen Amt jedoch schon bald wieder abgeschafft wurde). Zwar werden alle Gesetze vom Wächterrat auf ihre Vereinbarkeit mit den Prinzipien des Islam und der Verfassung überprüft, der gegebenenfalls sein (nicht nur suspensives, sondern absolutes) Veto einlegen kann, auch müssen bei sämtlichen Wahlen die Kandidaten vom Wächterrat zugelassen werden, aber nichtsdestotrotz bestimmt das Volk (unter den zugelassenen Kandidaten) über die Zusammensetzung des Parlaments, in dem darüber hinaus Politikalternativen aufgezeigt werden, also politische Opposition betrieben wird. Wodurch wiederum ein politischer Machtwettbewerb stattfindet – und damit gegebenenfalls eine Abstrafung und ein Austausch der politischen Machtträger. Und obschon der Wächterrat – neben und nach dem Obersten Rechtsgelehrten – eine dominante Stellung einnimmt, wird auch er zur Hälfte vom Parlament gewählt (das wiederum zwischen zugelassenen Kandidaten entscheidet), d.h. er legitimiert sich teilweise über eine indirekt zum Volk führende Legitimationskette.[1484]

[1483] Moghadam 1989 – Populist Revolution, S. 157. Ich würde daher auch Luft 2000 – Die islamische Revolution, S. 356 widersprechen, wenn er meint, dass mit der Einführung des Konzepts der Statthalterschaft des Rechtsgelehrten in die Verfassung „die Idee von der Volkssouveränität verworfen und durch die göttliche ersetzt" worden sei. Beide bestehen vielmehr nebeneinander fort – wenn auch in einem hierarchischem Verhältnis.
Die Ausweitung des Kreises der Legitimationsadressaten, ob im elektoralen oder im Mobilisierungsmodus, macht wiederum einsichtig, warum die iranische Revolution – aller anti-staatlichen Rhetorik Khomeinis zum Trotz – die Tocquevillesche These bestätigt: Revolutionen *stärken* die Staatsgewalt. Zu diesem Ergebnis gelangen u.a. auch Skocpol 1982 – Rentier State, Arjomand 1988 – The Turban for the Crown, S. 173f., Ansari 2003 – Modern Iran, S. 223 und Abrahamian 2008 – A History of Modern Iran, S. 155-195.

[1484] Eine Auflistung der demokratischen Konzessionen in der Verfassung von 1979 findet sich bei Abrahamian 2008 – A History of Modern Iran, S. 166f., der sich deren Existenz ebenfalls nur so erklären kann, dass die iranische Revolution nicht nur unter dem Banner des Islam durchgeführt wurde, „but also in response to demands for ‚liberty, equality, and social justice'." Er weist in dem Zusammenhang – neben der langen Tradition von „popular struggles" in der Geschichte des Iran und der Beteiligung säkularer Gruppen an der Revolution – allerdings noch auf einen weiteren wichtigen Punkt hin: „[T]he revolution itself had

4.3 Die iranische Revolution (1977-1979)

Aus ebendiesem Grund behauptet Moghadam, es handle sich im Iran um keine Theokratie im strengen Sinne, und spricht Osterhammel lediglich von einer islamischen Republik theokratischer *Prägung*.[1485] Den Herrschenden im postrevolutionären Iran kann mit anderen Worten eine ambivalente Haltung zur Demokratie bescheinigt werden: „Like the fascists, the Islamic militants are against liberal democracy, a foreign political form that provides opportunities for the free expression of alien influences and ideas. However, like the fascists, the Islamic militants would not accept the accusation of being ‚anti-democratic'."[1486] Das Risiko wäre viel zu groß, nach Maßgabe nicht irgendwelcher westlicher Normen, sondern der in der politischen Kultur des *Iran* verwurzelten konstitutionell-parlamentarischen Tradition für illegitim befunden zu werden. Einer Tradition, die nicht zuletzt dadurch bestärkt worden ist (und ihre in der „konstitutionellen" Revolution noch gegebene Elitenkonnotation abstreifen konnte), dass es das iranische Volk selbst war, das „mit bloßen Händen" (Foucault) die Herrschaft des Schahs beendet hat. Die doppelte Legitimationsbasis zeigte sich besonders deutlich zu Beginn:

> The early years after the revolution were marked by a condition of dual power, between the President and Khomeini as Vice-Regent, between the formal institutions of the state and the revolutionary institutions of law enforcement, and between two incompatible principles of legitimacy: appointment to high office through electoral choice in open competition; and appointment by virtue of qualifications in religious law, confirmed by mass acclaim and the power of mass-mobilisation.[1487]

Obwohl sich in der Folge immer mehr das zweite Legitimitätsprinzip durchzusetzen vermochte, verschwindet das erste nichtsdestotrotz niemals ganz.

---

      been carried out through *popular participation from below* – through mass meetings, general strikes, and street protests." Alle Zitate ebd., S. 167, m.H.

1485 Vgl. Moghadam 1989 – Populist Revolution, S. 158 und Osterhammel 2009 – Die Verwandlung der Welt, S. 819f.

1486 Arjomand 1985 – Causes and Significance, S. 54.

1487 Beetham 1991 – The Legitimation of Power, S. 201. Mit Blick auf die iranische Verfassung meint auch Abrahamian 2008 – A History of Modern Iran, S. 163f.: „The final product was a hybrid – albeit weighted heavily in favor of one – between Khomeini's *velayat-e faqeh* and Bazargan's French Republic; between divine rights and the rights of man; between theocracy and democracy; between *vox dei* and *vox populi*; and between clerical authority and popular sovereignty."

4. Analyse: Die Revolutionen in China, Mexiko und Iran

Die anhaltende Konkurrenz zwischen den beiden Legitimationsquellen könnte wiederum erklären, wieso nach wie vor ein Deutungsstreit über das Wesen der iranischen Revolution selbst im Iran tobt. Die Ambivalenz, derer sich Khomeini und seine Anhänger bewusst bedien(t)en, um die neue Herrschaftsordnung mehrheitsfähig zu machen, ist der Preis dafür, dass umstritten bleibt, ob es sich mehr um eine *islamische* Republik oder mehr um eine islamische *Republik* handelt. Und gerade vor dem Hintergrund des „democratic turn" im Hinblick auf die Idee der Revolution, der (wie im dritten Kapitel gesehen) durch die Ereignisse von 1989/90 (wieder-)eingeleitet wurde, hat die demokratische Deutung der iranischen Revolution neuen Auftrieb bekommen, wie Farideh Farhi überzeugend argumentiert. Viele der Revolutionsteilnehmer hätten ihr zufolge demokratische Ambitionen gehegt. Anders sei die Bildung der „multi-class coalition" gar nicht zu erklären. Und genau daran *erinnert* die allgemeine demokratische Wende im Verständnis der Revolution als solcher.[1488] Allgemeiner ließe sich mit Ansari schließen: „In a country which continues to be politically volatile, history remains contested as rival interpretations of determining events are vigorously debated and refined. The narrative is still being woven."[1489] Auch ohne neuerliche Revolution könnte der Iran mithin zu einer Form von Demokratie gelangen, die mit seinem kulturellen Erbe vereinbar ist *und* zugleich ein höheres Maß an politischer Freiheit erlaubt. Dann aber wäre die vermeintlich islamische und undemokratische Revolution schon ein Schritt in die demokratische Richtung gewesen, gerade wenn man den Zustand der Demokratie heute nicht mit den Errungenschaften der „konstitutionellen" Revolution von 1906 bis 1911 vergleicht, in deren Bannkreis die Geschichte des Iran seither steht, sondern mit den autokratisch-repressiven Phasen unter den beiden Pahlavis, die zwischen 1963 und 1977 auf die Spitze getrieben wurden.

4.4 Multipler Legitimitätsverlust und Revolution. Eine Sequenz

> At the heart of every process which leads to the overthrow of a political system lies a legitimacy deficit: a conviction that the existing regime cannot satisfy the general interests of society, whether through persistent incapacity or chronic divisiveness and partiality. What makes the process a revolutionary

---

1488 Vgl. Farhi 2003 – The Democratic Turn, v.a. S. 36f.
1489 Ansari 2003 – Modern Iran, S. 2f.

4.4 Multipler Legitimitätsverlust und Revolution. Eine Sequenz

one is not only that this conviction becomes widespread, but that the regime's inadequacy comes to be linked to the absence of any valid source of it's authority. In particular, those who wield power are seen to lack effective authorisation ‚from the people'. It is the failure to acknowledge the people as the ultimate source of authority in the system's rules of power that is not only seen as unjustifiable in itself, but comes to be defined as the root cause of the regime's failings.[1490]

Ich möchte abschließend die vorstehenden Ergebnisse nicht einfach rekapitulieren, sondern die Gelegenheit nutzen, um so etwas wie eine idealtypische „Sequenz" der den drei Revolutionen vorausgehenden delegitimatorischen Prozesse herauszudestillieren.[1491] Wie der Zusatz „idealtypisch" schon impliziert, geht es um keine getreue Abbildung, sondern um eine gedankliche Ordnung der Wirklichkeit, indem einzelne Aspekte einseitig gesteigert werden, so dass Vereinfachungen nicht ausbleiben. Die drei Fälle entsprechen dieser Sequenz nicht eins zu eins, es gibt vielmehr punktuelle Abweichungen, auf die kurz einzugehen sein wird. Auch war der Ablauf keinesfalls unvermeidlich. Im Gegenteil, an jeder Stelle hätten Akteure (allen voran: die Herrscher) solche Entscheidungen treffen können, die womöglich eine *andere* politische Entwicklung Chinas, Mexikos und des Iran eingeleitet hätten: den Weg grundlegender Reformen etwa oder den einer blutigen Niederschlagung der revolutionären Bewegung. Keine Etappe folgte, anders gesagt, notwendigerweise der nächsten, so dass es auch nicht zwingend zu einer Revolution hätte kommen müssen. Mit dem Versuch, zu einer idealtypischen Chronologie des multiplen Legitimitätsverlusts zu gelangen, werde ich zugleich das dynamisch-genetische Verhältnis der drei Legitimitätsdimensionen untereinander berühren. Schematisch gesprochen, führt der Weg von ersten Schwierigkeiten in der herr-

---

[1490] Beetham 1991 – The Legitimation of Power, S. 214f.
[1491] Wichtige Anregungen entnehme ich hierbei, wie die einleitenden Worte bereits verraten, Beetham (ebd., S. 211-221), der von einem ähnlichen Unterfangen beseelt ist, allerdings unter Verwendung eines etwas anders akzentuierten Legitimitätsschemas. Seine Sequenz sieht er (im rund 20 Jahre später erfolgenden Rückblick) im „Arabischen Frühling", bestätigt. Vgl. ders. 2013 – The Legitimation of Power, S. XVI f. und 264f. Instruktiv ist ferner Zimmermann 1981 – Krisen, S. 249-257, der in seinem „Kausalmodell von Revolutionen" drei bzw. vier kritische Schwellen unterscheidet, die zugleich kritische Entscheidungspunkte darstellen. Er behält mit anderen Worten die *Kontingenz* im Blick: Je nach Entscheidung (v.a. der Herrschenden) könnte eine Revolution noch abgewandt werden, der Weg ist keineswegs vorgezeichnet. Zugleich aber verringert sich der Handlungsspielraum der Regierung mit jeder weiteren Schwelle.

4. Analyse: Die Revolutionen in China, Mexiko und Iran

schaftlichen Erfüllung performativer Pflichten zur reflexiven „Entdeckung" eines theoretischen Legitimitätsdefizits den Ursprung der Herrschaft betreffend durch eine intellektuelle Minderheit. Für das Gros der Herrschaftsunterworfenen dagegen bleibt dieses Legitimitätsdefizit zunächst mehr oder weniger verborgen. Nach einer weiteren Verschärfung der performativen Probleme und damit einhergehenden Unmutsbekundungen sieht sich das insofern zusätzlich geschwächte Ancien Régime schließlich zur Ankündigung von Reformen gezwungen. Der herrschaftliche Druck lässt nach, wodurch sich das theoretische Legitimitätsdefizit sodann in zunehmendem Maße manifestieren kann, indem es öffentlich kommuniziert wird. Bleiben im Anschluss Reformen zur Behebung dieses Defizits aus, setzt eine massive expressive Delegitimation durch die inzwischen politisierten Herrschaftsunterworfenen ein. Das Legitimitätsdefizit in der theoretisch-reflexiven und die Delegitimation in der performativ-expressiven Dimension müssen schließlich mit einem Verlust der basal-pragmatischen Legitimität komplementiert werden, sofern das Ancien Régime zusammenbrechen und die Revolution Erfolg haben soll. In dieser Sequenz enthalten sind mehr oder weniger implizit alle drei Hypothesen: (1) dass sich die Ursachen einer Revolution entlang des Legitimitätskriteriums *ordnen* lassen, (2) dass Herrschaft der Ausbildung eines revolutionären Potentials halber ein *theoretisches* Legitimitätsdefizit eignen muss („Ur-Sache"), und (3) dass der Legitimitätsverlust in den drei Dimensionen *kumulieren* muss, wenn das Ancien Régime auf revolutionärem Wege zu Fall gebracht werden soll.

Den Anfang machen *performative Probleme* der verschiedensten Art. Die Ausübung der Herrschaft enttäuscht die Herrschaftsunterworfenen, weil ihre tatsächliche nicht mit der von ihnen (normativ) erwarteten Leistung übereinstimmt. In China lassen sich ökologische, staatliche (d.h. finanzielle und administrative) und wirtschaftliche Krisenerscheinungen unterscheiden, die sich durch das ganze 19. Jahrhundert zogen. Die inneren Probleme wurden dadurch, dass sich das Land im internationalen Wettbewerb mit den imperialistischen Mächten mehrmals als hoffnungslos unterlegen erwiesen hatte (Opium-Kriege, Niederlage gegen Frankreich und v.a. gegen Japan 1895), von außen sowohl verschärft als auch exponiert. In Mexiko zog die porfiristische Herrschaft einerseits den Unmut der Bauern über die „hacendado offensive", d.h. die massive Landenteignung, durch welche die „moral economy" der Bauern verletzt wurde, auf sich und andererseits den Unmut der Mittel- und von Teilen der Oberschicht über die „científico offensive" (Friedrich Katz), im Zuge derer sie auf sys-

4.4 Multipler Legitimitätsverlust und Revolution. Eine Sequenz

tematische Weise politisch entmachtet wurden, was wiederum auch wirtschaftlich und sozial nicht ohne Folgen blieb. Im Iran wiederum brachte die „Weiße Revolution" unmittelbar die Großgrundbesitzer, Teile der Geistlichen und der Basarkaufleute und mittelbar die Bauern auf, deren materielle Probleme durch die Landreform keineswegs gelöst wurden und die stattdessen massenweise in die Städte ziehen mussten, wo sie neues Elend erwartete. Die neue Mittelschicht profitierte zwar von der sozioökonomischen Modernisierung, sah sich aber nicht nur einer steigenden sozialen Ungleichheit, sondern auch einer Verwehrung politischer Mitspracherechte ausgesetzt. Weitere performative Probleme betrafen u.a. die überhandnehmende Korruption, die kulturelle Entfremdung, die Einflussnahme des Westens und die scharfe Repression.

Die herrschaftliche Performance ist in einer Weise und für eine Dauer mangelhaft, dass sie einen *reflexiven Prozess* in Gang setzt: eine Suche nach den Ursachen des herrschaftlichen Versagens, vornehmlich innerhalb der Intelligentsia. Besonders gut lässt sich dieser Prozess am chinesischen Beispiel nachvollziehen. Seit der schmerzlichen Niederlage im sino-japanischen Krieg 1895 sprach sich eine intellektuelle Minderheit für eine konstitutionelle Herrschaftsform aus, sei sie monarchischer, wie von Kang Youwei und Liang Qichao gefordert, oder sei sie republikanischer Natur, wie von Sun Yat-sen gefordert. Desgleichen unterzog Khomeini das (unterdessen „reautokratisierte") Pahlavi-Regime seit 1963 einer grundsätzlichen Kritik, dem er, nachdem er das Land hatte verlassen müssen, in Gestalt des islamischen Staates einen alternativen Ordnungsentwurf gegenüberstellte. Die mexikanische Revolution dagegen war in sehr viel geringerem Maße vorgedacht worden. Eine (bekannte) systematische Kritik erfuhr die politische Ordnung des Porfiriats durch Madero erst in einem späteren Stadium. Wichtig an den reflexiven Prozessen ist jedenfalls, dass eine gedankliche Verbindung zwischen der *Ausübung* der Herrschaft einerseits und dem *Grund* der Herrschaft andererseits hergestellt wird. Das heißt, die (schlechte) Performance wird auf den (falschen) Ursprung der Herrschaft zurückgeführt. Das ist eine wesentliche, ja, die *notwendige* Bedingung für eine Revolution. Schlechte Performance hat es immer gegeben. Sich hiergegen richtender Protest seitens der in ihren (normativen) Erwartungen enttäuschten Herrschaftsunterworfenen ebenfalls. Sogar *legitimen* Protest, weil alle Herrschaft sich *qua* Legitimierung (theoretische) Pflichten auferlegt, deren (praktische) Nichterfüllung von den Herrschaftsunterworfenen legitimerweise kritisiert werden darf. Darin liegt die Ambivalenz aller Legitimität begründet, in ihrem zugleich begründenden *und*

4. Analyse: Die Revolutionen in China, Mexiko und Iran

begrenzenden bzw. verpflichtenden Moment. Eine Revolution aber wird erst in dem Moment möglich – und insofern ist ein „mangelnder Output" *allein* eben nicht ausreichend –[1492], in dem die Ursache für die mangelhaf-

---

[1492] Hier ist der Punkt gekommen, an dem ich mein Unbehagen an der Input-/Output-Dichotomie, die in der Legitimitätsforschung eine so dominante Rolle spielt, kurz begründen möchte. Zwar ist es grundsätzlich zu begrüßen, dass man (anders als etwa Schaar 1984 – Legitimacy in the Modern State) in Rechnung stellt, dass Output normative bzw. legitimatorische Folgen haben *kann*, aber das Konzept der Output-Legitimität wird immer häufiger so verwendet, als ob eine effiziente oder effektive Problemlösung *allein* schon Legitimität generiere. Was nicht zutrifft. Individueller *Gehorsam* – nämlich *interessen*bedingter (und daher schwankender) Gehorsam – mag auf materiell vorteilhaften Politikergebnissen beruhen, nicht aber Legitimität. Gerne wird übersehen, dass bei demjenigen, der maßgeblichen Anteil an der Übernahme der Input-/Output-Dichotomie in der Legitimitätsforschung hatte (Scharpf 1970 – Demokratietheorie zwischen Utopie und Anpassung), die Output-Legitimität *demokratietheoretisch eingebettet* wurde. Es kommt also, damit Output Legitimität generieren kann, auf die *dahinterstehende(n) Theorie(n)* an, etwa auf Theorien von der Gemeinwohlorientierung oder Theorien von der Gewaltenteilung. Das Konzept der Output-Legitimität unterliegt mit anderen Worten inzwischen einer *verkürzten*, nämlich rein *funktionalistischen* Lesart, ja, ist „normativ entleert", wie besonders nachdrücklich auch Steffek, Jens: Die Output-Legitimität internationaler Organisationen und die Idee des globalen Gemeinwohls, in: Geis, Anna/Nullmeier, Frank/Daase, Christopher (Hrsg.): Der Aufstieg der Legitimitätspolitik. Rechtfertigung und Kritik politisch-ökonomischer Ordnungen. Leviathan Sonderband 27, Baden-Baden 2012, S. 83-99, Zitat S. 86, kritisiert. Tatsächlich aber ist Output-Legitimität keine (a-demokratische) Alternative zur (demokratischen) Input-Legitimität. Vielmehr sind *beide* Formen von „praktischer" Legitimität auf eine ihnen zugrundeliegende *theoretische* Legitimität (bzw. Legitimität in der theoretisch-reflexiven Dimension) angewiesen; im Falle der Demokratie: die Legitimation qua Teilhabe an der Politik auf die Vorstellung einer „Herrschaft *durch* das Volk" (darauf also, dass alle politischen Entscheidungen vom Volk ausgehen) und die Legitimation qua (Qualität von) Politikergebnissen auf die Vorstellung einer „Herrschaft *für* das Volk" (darauf also, dass alle politischen Entscheidungen zum Wohle des Volkes erfolgen).
Umgekehrt folgt hieraus, dass schlechter Output allein erst in dem Moment delegitimatorische und potentiell sogar revolutionäre Folgen haben *kann*, wenn die Gründe hierfür von den Beteiligten darin gesehen werden, dass die Herrschaft sich *nicht* am Gemeinwohl (also einem übergeordneten gesellschaftlichen Interesse) orientiert oder sich *keinen* Beschränkungen (rechtlicher Natur o.Ä.) unterwirft *und* vor allem darin, dass bestimmte Gruppen von der Politik *ausgeschlossen* sind, die dieses Recht (auf Input) für sich *beanspruchen*. Herrschaft wird also weder ihrem theoretischen Zweck gerecht, noch nimmt sie ihren Ausgang von denjenigen, von denen Herrschaft theoretisch ihren Ausgang nehmen soll.

4.4 Multipler Legitimitätsverlust und Revolution. Eine Sequenz

te Performance nicht in irgendwelchen äußeren Umständen oder den Herrschenden selbst (die es zur Behebung der Probleme lediglich auszutauschen gelte) verortet wird, sondern in der *Struktur* der Herrschaftsordnung. Die Herrschaftsordnung *als solche* gerät in die Kritik. Gefordert wird nicht weniger als deren *grundlegende Umgestaltung*.[1493] Umgestaltung derart, dass die Herrschaft einen anderen Anfang nimmt, nämlich *vom Volk ausgeht*, in welcher konkreten und vermittelten Form auch immer. Im Vorfeld der drei Revolutionen ist es in erster Linie die *autokratische* Herrschaftsstruktur, die auf Kritik stößt, der Umstand also, dass die Herrschaft *strukturell schrankenlos* ist, d.h. weder auf eine Verfassung noch auf ein Parlament oder andere Institutionen Rücksicht zu nehmen braucht, durch welche die Interessen des oder von Teilen des Volkes politisch in Rechnung gestellt würden. Die reflexive Problematisierung der Herrschaftsordnung – die, wie gesagt, wiederum performativ angeregt wird – fördert mit anderen Worten ein theoretisches Legitimitätsdefizit zutage: Herrschaft wird ihrem Ursprung nach für illegitim gehalten. Weil die Herrschaft in keiner Weise durch „das Volk" autorisiert werde, scheitere sie an der Erfüllung von dessen Erwartungen an die Herrschaft, an der Erfüllung des herrschaftlichen Zwecks.

[1493] Insofern findet im Übrigen bereits in diesem Stadium eine Minderung auch der basal-pragmatischen Legitimität statt. Durch die reflexive Problematisierung der Herrschaftsordnung und durch die Erörterung von Alternativen wird die bestehende Herrschaftsordnung sukzessive ihrer Selbstverständlichkeit beraubt. Ein Vorgang, dessen Wirkung sich in dem Moment multipliziert, in dem die Diskussion *öffentlich* stattfindet. Man sieht demnach, dass sich keine einfache Abfolge derart behaupten lässt, dass Herrschaft zuerst (infolge performativer Probleme) ihrer theoretischen Legitimität verlustig geht, dann eine expressive Delegitimation erleidet, um schließlich die basal-pragmatische Legitimität zu verlieren. Vielmehr verlaufen die Prozesse der Delegitimation in den unterschiedlichen Dimensionen teilweise *parallel*. Und doch bietet diese Abfolge eine gute erste Orientierung. Nicht zuletzt deshalb, weil ein Rest von basal-pragmatischer Legitimität so lange erhalten bleibt, wie die Herrschaft über überlegene Gewaltmittel verfügt.
Revolutionen werden möglich, um es in der Eastonschen Terminologie auszudrücken, sobald nicht nur die „political authorities" die (primär über „outputs" generierte) *spezifische* Unterstützung verlieren, sondern zusätzlich das politische Regime die (normativ gestützte) *diffuse* Unterstützung der Herrschaftsunterworfenen verliert (wobei Easton in Anlehnung an Weber unter diffuser Unterstützung in erster Linie den Legitimitätsglauben versteht). Vgl. Easton 1965 – A Systems Analysis, v.a. S. 267-310 und ders. 1975 – A Re-Assessment.

4. Analyse: Die Revolutionen in China, Mexiko und Iran

Doch zunächst verbleibt das theoretische Legitimitätsdefizit *im Verborgenen*, mal mehr – wie in Mexiko, wo Díaz lange Zeit seine Ordnungsleistung zugutegehalten und zugleich großer Aufwand für die Wahrung des Scheins der Legitimität betrieben wurde, und v.a. in China, wo die Kaiser seit vielen Jahrhunderten eine traditionale bzw. transzendente Legitimation erfuhren –, mal weniger – wie im Iran, wo die in der politischen Kultur bereits verankerte konstitutionelle und parlamentarische Tradition von Schah Mohammad Pahlavi ersichtlich mit Füßen getreten wurde. Die Kritik verharrt anders gesagt im Stadium eines „hidden transcript" (James Scott). Das heißt, sie wird entweder individuell im Stillen gehegt oder kollektiv geäußert, dann aber lediglich hinter vorgehaltener Hand, so dass sie weder den Herrschenden noch dem Gros der Herrschaftsunterworfenen zu Ohren kommt.[1494] Eine *private* Ansicht aber, daran sei abermals erinnert, bleibt *ohne* delegitimatorische Folgen, insofern als Handlungen, die vor aller Öffentlichkeit von dieser Ansicht künden, für die Delegitimation nicht minder konstitutiv sind als für die Legitimation von Herrschaft. Anders gesagt: Meiner individuellen Überzeugung nach mag Herrschaft noch so illegitim sein, wenn ich diese Überzeugung nicht *darstelle*, wird sie keine soziale Wirkung entfalten. Umgekehrt genügt es nicht, wenn Herrschaft theoretisch für legitim gehalten wird, sie ist zusätzlich davon abhängig, dass die Handlungen der Herrschaftsunterworfenen in der Öffentlichkeit von dieser theoretischen Legitimität *zeugen*. „Just as consent has no legitimating force unless it is expressed, so the withdrawal of consent has no delegitimating impact if it is not generally known."[1495] Die theoretisch-reflexive und performativ-expressive Dimension stehen mit anderen Worten in einer engen Wechselbeziehung. Alle theoretische Legitimität ist darauf angewiesen, von den Beherrschten expressiv *zugesprochen* zu werden; und alle (Legitimität allererst verleihende) expressive Legitimation beruht zu einem großen Teil auf der *Überzeugung* der Beherrschten von der theoretischen Legitimität der Herrschaft. Im Normalfall folgt aus einer theoretischen (Il-)Legitimität eine expressive (De-)Legitimation. Beispielsweise klatsche ich der Partei Beifall, weil ich glaube, dass sie exklusive Einblicke in den künftigen Verlauf der Geschichte hat. Es sind aber auch Grenzfälle möglich, in denen sich entweder trotz theoretischer Legi-

---

1494 Eine Ausnahme bildet die „Hunderttagereform" von 1898 in China. Doch auch hier suchten die Reformer um Kang Youwei und Liang Qichao nicht die Öffentlichkeit, sondern direkt das Ohr des Kaisers.
1495 Beetham 1991 – The Legitimation of Power, S. 210.

4.4 Multipler Legitimitätsverlust und Revolution. Eine Sequenz

timität expressive Delegitimationshandlungen ereignen (zum Beispiel weil eine demokratisch legitimierte Herrschaft über einen längeren Zeitraum weder Ordnungssicherheit noch Wirtschaftswachstum garantieren kann und infolgedessen von einer Militärregierung abgelöst wird). Oder – und in unserem Zusammenhang relevanter – in denen es trotz theoretischer Illegitimität zu expressiven Legitimationshandlungen kommt bzw. in denen trotz theoretischer Illegitimität expressive *De*legitimationshandlungen *ausbleiben*. Genau diese Grenzfälle, in denen die theoretisch-reflexive und die performativ-expressive Dimension *keine Kongruenz* aufweisen, begegnen uns in China, Mexiko und im Iran. Die reflexiv gewonnene Einsicht in die theoretische Illegitimität der Herrschaft, zu der mal kleinere und mal größere Segmente der Bevölkerung gelangen, wird *im Angesicht* der Herrschenden nicht artikuliert. Der öffentliche *Schein* der Legitimität bleibt daher in allen drei Fällen fürs Erste gewahrt.

Die Gründe hierfür liegen in erster Linie im hochgradig *repressiven* Charakter des jeweiligen Ancien Régime.[1496] Diejenigen, die von der theoretischen Illegitimität überzeugt sind, scheuen deren öffentliche Thematisierung, weil sie andernfalls mit Repressionen zu rechnen hätten. Nicht nur der SAVAK, sondern auch die Behörden des Qing-Staates und des Porfiriats gingen äußerst hart gegen Regimekritiker vor, wovon im Iran die physische Verfolgung von Tudeh-Partei und Nationaler Front im Anschluss an den Militärputsch gegen Mossadegh im Jahre 1953 und die blutige Unterdrückung der Proteste vom Juni 1963 genauso Zeugnis ablegten wie die brutale Niederschlagung der „Hunderttagereform" in China 1898 oder die Unterdrückung der liberalen und anarchistischen Bewegungen um die Jahrhundertwende in Mexiko.[1497] Außerhalb der Bürokratie

---

[1496] Daneben aber auch darin, gerade im Falle Chinas, dass die theoretische Illegitimität noch nicht allen Herrschaftsunterworfenen *bewusst* ist. Die Herrschaft des Himmelssohnes wurde über viele Jahrhunderte für legitim gehalten, während Konstitutionalismus und Nationalismus als „legitimitätskritische" Theorien noch sehr jung waren. Im iranischen Beispiel wiederum wurde die Bewusstmachung und/oder Kommunikation des Legitimitätsdefizits lange Zeit zusätzlich dadurch behindert, dass viele Herrschaftsunterworfene, v.a. innerhalb der modernen Mittelschicht, absolut gesehen vom Ölboom materiell profitierten (rentier state), also ein explizites *Interesse* am Fortbestand der Herrschaft hatten. Wiederum mit Easton: Der Schah vermochte sich die *spezifische* Unterstützung von Teilen der Herrschaftsunterworfenen zu sichern.

[1497] Bei den (öffentlichen) Beispielen von Repression handelte es sich um eine herrschaftliche Performance, die zwar bei Teilen der Herrschaftsunterworfenen für

4. Analyse: Die Revolutionen in China, Mexiko und Iran

konnte in China praktisch keine Herrschaftskritik geäußert werden, auch weil es an Ständeversammlungen oder Parlamenten fehlte, und die ehemals vorhandene politische Opposition war in Mexiko und im Iran systematisch ausgeschaltet worden. Nicht minder wurde in allen drei Ländern die Presse zensiert. Der tatsächliche Grad der politischen Überwachung mochte dabei stark variieren und war im mexikanischen Falle sicher geringer als im iranischen, doch nicht nur verstanden es die mexikanischen Sicherheitsbehörden, sich mit den Mitteln der Propaganda stärker zu machen, als sie waren, auch erhöhten sie nach der Jahrhundertwende den repressiven Druck spürbar. Als umso wichtiger für die Aufrechterhaltung und weitere Ausarbeitung der theoretischen Kritik an den Herrschaftsverhältnissen erwies sich daher in allen drei Fällen die Existenz „herrschaftsferner" Räume. Von Räumen also, in denen man (gemeinsam!) Kritik entwickeln und (semi-öffentlich!) üben konnte, *ohne* sich dadurch sogleich dem direkten Zugriff der Repressionsorgane auszusetzen.[1498] Solche Räume fanden sich im Falle Chinas in Japan (hier v.a. in Tokyo) und in den kolonialen Enklaven bzw. Vertragshäfen (hier v.a. in Shanghai), im Falle Mexikos jenseits der US-Grenze und im Falle des Iran im Irak und in Frankreich sowie in gewisser Weise auch im religiösen Milieu (in dem die berühmten Tonbandkassetten zirkulieren konnten) und auf den Basaren. Hier konnte nicht nur die Kritik an den Herrschaftsverhältnissen ausgetauscht und weiterentwickelt werden, vielmehr konnten daneben auch alternative Ordnungsentwürfe ausgearbeitet werden.

Genau jene Gründe, die dafür verantwortlich sind, dass das theoretische Legitimitätsdefizit nicht oder nur vereinzelt in der Öffentlichkeit zum Thema gemacht wird, entfallen nun aber auf der nächsten Stufe. Die performativen Schwierigkeiten verschärfen sich zusätzlich, was auf Seiten der Herrschaftsunterworfenen für neuen Unmut sorgt, dem sie in (aus offizieller Sicht teilweise legitimen) Protesten Ausdruck verleihen. Hierdurch gerät die Herrschaft wiederum unter zusätzlichen Druck, weshalb sie in allen drei Fällen eine Bereitschaft zu Reformen bekundet. In China setzte nach dem Boxerfiasko und einer sich weiter zuspitzenden Finanznot ab 1901

---

weiteren Unmut sorgte, die aber – zunächst wenigstens – ohne delegitimatorische Folgen blieb, weil von einer Artikulation des Unmuts, von einer expressiven Delegitimation also, abgesehen wurde. Zugleich wurde die basal-pragmatische Legitimität gesteigert.

1498 Es handelte sich um keine offstage- bzw. backstage-Räume im engen (Scottschen) Sinne, weil die Kritik durchaus ein breites Publikum erreichen konnte.

4.4 Multipler Legitimitätsverlust und Revolution. Eine Sequenz

die „Neue Politik" ein. Der Reformwiderstand der reaktionären Kreise am Hof war endgültig gebrochen. In Mexiko gab Díaz angesichts der bevorstehenden Präsidentschaftswahl im Februar 1908 das „Creelman-Interview", das zeitlich mit einer schweren wirtschaftlichen Depression zusammenfiel und in dem nicht nur politische Reformen in Aussicht gestellt wurden, sondern des Weiteren die Nachfolgefrage (d.h. die heikle Frage der zukünftigen Machtverteilung) aufgeworfen wurde. Und im Iran gingen der 1977 eingeläuteten politischen Liberalisierung die auf großen Widerstand treffende Einführung des Ein-Parteien-Systems einerseits und eine wirtschaftliche Depression andererseits voraus.[1499] Das leichte Nachlassen des herrschaftlich-repressiven Drucks ermöglicht es nun, das theoretische Legitimitätsdefizit – das durch die verschärften performativen Probleme nochmals verstärkt in den Fokus tritt – öffentlich zu thematisieren, das „hidden transcript" gleichsam zu *veröffentlichen*. Es entsteht in Ansätzen ein öffentlicher Diskurs, in dem vorwiegend strukturelle Gründe, nämlich der Ausschluss von weiten Teilen der Bevölkerung vom politischen Prozess, für das performative Scheitern der Herrschaft verantwortlich gemacht werden, woraus sich wiederum entsprechende Reformforderungen ableiten, die von nunmehr *politisch aktivierten* Herrschaftsunterworfenen vor aller Welt an die Herrschenden gerichtet werden. Vor allem in Mexiko musste die erfolgreiche Abwälzung der Kosten der schweren wirtschaftlichen Krise durch Díaz und die Científicos auf den Rest der Bevölkerung dieser nicht nur ein weiteres Mal ihre politische Exklusion in aller Deutlichkeit vor Augen führen, sondern auch die damit einhergehenden wirtschaftlichen und sozialen Nachteile. Die Unterschicht litt unter fallenden Reallöhnen und der steigenden Arbeitslosigkeit, die Mittelschicht unter einem Anstieg der Nahrungsmittelpreise und Mieten sowie einem Anziehen der Steuerschraube, und Teile der Oberschicht unter der Kreditkrise und den allgemeinen Auswirkungen der Rezession. Ein Zusammenhang

---

[1499] In gewisser Weise *zeigten* sich auch die „Weltöffentlichkeit" und die USA mit der Performance des Schahs unzufrieden, indem sie öffentlich die Achtung der Menschenrechte einklagten. Die Herrschaft des Schahs erfuhr mit anderen Worten eine expressive Delegitimation *von außen*. Diese internationale Dimension der Legitimität – für deren Beachtung sich in jüngster Zeit v.a. Holbig 2011 – International Dimensions of Legitimacy stark macht – findet sich in abgeschwächter Form auch im mexikanischen Beispiel. Díaz wollte gegenüber dem amerikanischen Journalisten Creelman und damit vor der US-Öffentlichkeit womöglich nicht als anti-demokratischer Despot erscheinen – und stellte *deshalb* eine politische Liberalisierung in Aussicht.

4. Analyse: Die Revolutionen in China, Mexiko und Iran

zwischen Ursprung und (parteiischer, sich für Partikularinteressen einsetzender) Ausübung der Herrschaft musste sich förmlich aufdrängen. Ähnlich verhielt es sich mit der Ernennung des neuen Gouverneurs in Morelos zu Beginn des Jahres 1909. Pablo Escandón war ein Angehöriger der morelensischen Hacienda-Oligarchie. Den Bauern bzw. Dorfbewohnern wurde so erneut die eigene politische Ohnmacht im Kampf gegen die vordringende Hacienda vergegenwärtigt. Im Iran wiederum musste die Ablösung des Zwei- durch ein Ein-Parteien-System als *offizieller* Übergang in eine faktisch schon länger bestehende Diktatur erscheinen, in der dem iranischen Volk jede politische Mitsprache verweigert wurde. Mit dem Ende des Ölbooms wurde man nicht einmal mehr wirtschaftlich dafür entschädigt. Im Gegenteil, selbst die moderne Mittelschicht litt unter der galoppierenden Inflation. Und in China musste das Boxerfiasko einmal mehr die seit Langem bestehenden Zweifel nähren, ob die („fremdherrschenden") Qing und die bestehende, nicht-konstitutionelle Herrschaftsform geeignet sind, Chinas Überleben im internationalen Daseinskampf zu sichern.

Die Herrschaftskritik äußert sich wie folgt: In China vermochten sich die nicht-bürokratischen Provinzeliten an die Spitze einer politischen Bewegung zu setzen, die sich vehement für die Einrichtung einer konstitutionellen Ordnung einsetzte. Sie stießen sich am Politikmonopol von Kaiser und Bürokratie und erhoben für sich den Anspruch auf politische Inklusion bzw. Repräsentation. Druck konnten sie dabei über die im Entstehen begriffene „öffentliche Meinung" ausüben, später dann auch über die Provinzversammlungen und die Nationalversammlung. In Mexiko konnte sich an der Nominierung des verhassten Vizepräsidentschaftskandidaten Ramón Corral eine scharfe Kritik an der gesamten porfiristischen Herrschaftsordnung entspinnen. Vor allem die Mittelschicht und die aus der Politik verdrängten Teile der Oberschicht richteten sich gegen das Politikmonopol bzw. -oligopol von Díaz und den Científicos. Die Losung der Anti-Wiederwahl-Bewegung der Reyisten und Maderisten lautete dementsprechend: „Sufragio Efectivo, No Reelección". Freie Wahlen sollten die versteinerte Oligarchie aufbrechen, indem sie die Wähler in den Stand versetzten, Machthaber regelmäßig mit dem Stimmzettel für eine schlechte Politik zur Verantwortung zu ziehen. Zumindest der (gesamten) Ober- und Mittelschicht sollte so Zugang zu den Machtpositionen verschafft werden. Und im Iran wiederum waren es vor allem die traditionelle und die moderne Mittelschicht, die das Politikmonopol des selbstherrlich regierenden Schahs kritisierten. Angefangen mit den an den Schah adressierten offenen Briefen wurden erste Stimmen laut, die stattdessen eine Wiederherstellung der konstitutionellen Ordnung forderten, in der eine Limitierung der Macht des Schahs vorgesehen gewesen war. Von Bedeutung ist, dass die öffentliche Kritik in allen drei Fällen innerhalb von *autoritären* Regimen erfolgte, unter Bedingungen also, die ihr zwangsläufig eine delegitimierende Wirkung verschafften. Denn anders als im demokratischen Rechtsstaat ist öffentliche Kritik hier weder als legitim anerkannt, noch wird sie zu einem wesentlichen Bestandteil der Legitimierung selbst. Vielmehr stellt sie unwiderruflich den (in der Mehrzahl der Fälle zynischen) Anspruch eines jeden Autokraten in Frage, mit der expressiven *oder* stillschweigenden Zustimmung der Herrschaftsunterworfenen zu herrschen. Das heißt, den Herrschenden gelingt es fortan nicht einmal mehr, Legitimität erfolgreich zu *fingieren*, geschweige denn sie realiter zu erzeugen. Denn es kommt zur expressiven Delegitimation, d.h. zu öffentlichen Handlungen seitens der Herrschaftsunterworfenen, durch die der Herrschaft ihre Legitimität aktiv abgesprochen wird. Die Fassade der Legitimität bröckelt nun vollends. Das ist ungemein wichtig: Ein theoretisches Legitimitätsdefizit ist zwar eine unverzichtbare Voraussetzung dafür, dass sich eine Revolution überhaupt ereignen *kann*, sorgt für ein revolutionäres *Potential*, aber *an sich* führt es noch keine Revolution herbei. Es muss, wie gesagt, *allgemein bekannt* werden, bedarf der *Symbolisierung*.

Entschließen sich die Herrschenden zur gewaltsamen Unterdrückung der delegitimierenden Handlungen, so geben sie ihrem Legitimitätsdefizit nur neue Nahrung, was wiederum die Reihen der Opposition vergrößert. An der Repression gibt sich mit anderen Worten abermals die fehlende Rücksichtnahme der Herrschaft auf die Interessen des Volkes zu erkennen. Die Opposition sieht sich in ihrem (Legitimitäts-)Urteil bestätigt und weitere Teile der Bevölkerung schließen sich ihm an – und teilen dies öffentlich durch ihre Teilnahme an den Protesten mit. Und je größerer der Anteil der Beherrschten ist, der die Legitimität expressiv in Abrede stellt, desto größer ist auch der Legitimitätsverlust, den die Herrschaft erleidet, wie besonders eindrucksvoll das iranische Beispiel zeigt, wo die Ablehnung dank der wiederholten Massenproteste einen einzigartigen Manifestationsgrad erreichte. Die Angewiesenheit einer Revolution auf die *massenhafte* Beteiligung des Volkes ergibt sich, anders gesagt, aus der Logik der Delegitimation: Nur solcher Herrschaft wird ihre theoretische Legitimität vollends entzogen, die sich expressiven Delegitimationshandlungen der Massen und damit *virtuell aller* Herrschaftsunterworfenen ausgesetzt sieht.[1500] In dieser Situation tut sich für die Machthaber somit ein Dilemma auf: Schlagen sie die Proteste nicht nieder, so riskieren sie nicht nur eine Fortsetzung der expressiven Delegitimation, sondern daneben auch einen Legitimitätsverlust in der basal-pragmatischen Dimension. Dies insofern, als sie außerstande scheinen, die öffentliche Ordnung durchzusetzen und vor „Störenfrieden" zu schützen. Schlagen sie hingegen die Proteste nieder, so vermögen sie zwar (kurzfristig) die basal-pragmatische Legitimität zu erhalten bzw. wiederherzustellen, bezahlen dies aber damit, dass sie sich einerseits neue Gegner schaffen, die sich aus Solidarität mit den Opfern der Repression gegen das Regime stellen, und andererseits die bestehenden Gegner zusätzlich verbittern (und beispielsweise in den Guerillakrieg treiben). Insofern kann die Wahl nur die sein: entweder per Gewalt*anwendung* eine vollständige und rücksichtslose Repression (versuchen), die alle *künftige* expressive und basal-pragmatische Delegitimation per Gewalt*drohung* unterbindet, oder aber *echte* Zugeständnisse an die Opposition, wodurch ebenfalls expressive Delegitimationshandlungen dadurch in Zukunft ausbleiben, dass ihnen der Grund genommen wird, und die öffentliche Ordnung (ohne Gewaltanwendung) wiederhergestellt wird, weil die Protestierenden von sich aus die Straße verlassen.[1501] Anders gesagt: Wenn Zugeständnisse, dann weitreichende; wenn Repression, dann (nach Möglichkeit) restlos und unerbittlich. Entweder man nimmt der Opposition den Wind aus den Segeln oder man sorgt dafür, dass sie die Segel streicht.

Der Schah schwankte zwischen beiden Optionen: Einerseits scheute er den konsequenten Gewalteinsatz und beließ es bei einzelnen repressiven Maßnahmen, andererseits aber konnte er sich gleichfalls nicht dazu durch-

---

1500 Die chinesische Revolution bildet diesbezüglich, wie gesagt, eine Ausnahme. Anfänglich stellte sie eine reine Elitenrevolution dar. Erfolg hatte sie vermutlich dennoch, weil die konstitutionelle Bewegung sich die Unterstützung der „Neuen Armeen" sichern konnte und weil sich so gut wie keine Verteidiger der alten Ordnung fanden, die öffentlich ihre Zustimmung zur Schau hätten stellen können.

1501 Da die Opposition in den seltensten Fällen einheitliche Ziele hat (man denke nur an den radikalen revolutionären Schwurbund Sun Yat-sens im Gegensatz zur gemäßigten konstitutionellen Bewegung), wäre es präziser zu sagen, dass sie durch weitreichende Zugeständnisse seitens der Herrschenden zumindest *gespalten* würde. Genau diese Möglichkeit bereitete auch Khomeini, zumindest bis zum „Schwarzen Freitag", die größte Sorge.

ringen, seine Herrschaft einer effektiven parlamentarischen Kontrolle zu unterwerfen, also die Forderungen der (anfangs mehrheitlich noch gemäßigten) Opposition zu erfüllen. Ganz ähnlich hatte auch Díaz politische Reformen angekündigt, doch er verweigerte sich nachfolgend einer Zusammenarbeit erst mit Reyes und dann mit Madero, den er – nach der Ablehnung von dessen Kompromissangebot – gemeinsam mit anderen führenden Maderisten noch vor der Präsidentschaftswahl festnehmen ließ. Beide Herrscher leisteten damit einerseits einer Radikalisierung der (auch gemäßigten) politischen Opposition Vorschub, die erkennen musste, dass am Sturz des Ancien Régime kein Weg vorbeiführte, um die gewünschten Änderungen zu erreichen. Beetham spricht in dem Zusammenhang von einem „agenda shift": Die Opposition erkennt, dass sich die gewünschten Änderungen auf legal-reformerischem Wege nicht werden realisieren lassen, ja, dass sich ihr Groll nicht nur gegen eine bestimmte Politik, sondern gegen die Herrschaftsordnung als Ganzes richtet, die ihr systematisch das Recht auf politische Mitwirkung vorenthält.[1502] So begann (der konservative und ordnungsliebende) Madero nach seiner Flucht von Texas aus mit den Vorbereitungen zu einer gewaltsamen Revolution und so verständigte sich im Iran die säkulare mit der religiösen Opposition darauf, dass eine islamische Republik an die Stelle der Monarchie treten solle. Andererseits vergrößerten beide Herrscher durch ihr partiell repressives Verhalten die Reihen der Opposition, indem sie den Rest an Legitimität verspielten, die sie bei einigen Gruppen zuvor noch genossen hatten. Gerade das brutale Vorgehen der iranischen Armee gegen friedliche Demonstranten am „Schwarzen Freitag" rief immer neue Kritiker des Schah-Regimes auf den Plan: Arbeiter und öffentliche Angestellte traten nun aus Protest in den Streik, die Massenkundgebungen überstiegen schon bald die Millionengrenze. Eine Einigung zwischen Schah und Opposition war spätestens jetzt unmöglich. Und auch in Mexiko kam es zu einer Vielzahl von bewaffneten Aufständen gegen das porfiristische Regime, die ungeachtet ihrer Heterogenität allesamt kurzzeitig unter dem Banner des Maderismus vereint waren und sich mancherorts der Beteiligung sämtlicher Schichten erfreuten. Dass im bewaffneten Widerstand eine weitere und besonders deutliche Variante von expressiver Delegitimation zu sehen ist, bedarf wohl kaum der Erwähnung. Da er zugleich durch die Ausübung eigener Gewalt das staatliche Gewaltmonopol offen in Frage stellt, mindert er da-

---

[1502] Vgl. Beetham 1991 – The Legitimation of Power, S. 216.

rüber hinaus, stärker noch als friedliche Protesthandlungen, unmittelbar die basal-pragmatische Legitimität.

Einen etwas anderen Verlauf nahmen die Ereignisse in China. Nach dem Boxerfiasko beließ es der Qing-Staat nicht bei (leeren) Versprechungen. Stattdessen führte er umfassende Reformen tatsächlich durch, sogar im politischen Bereich. Erste Provinzversammlungen konstituierten sich, später dann eine Nationalversammlung in Peking. Zugleich wurde ein zeitnaher Übergang zur konstitutionellen Regierungsweise angekündigt. Doch mit dem gewaltigen Reformprogramm verfolgten die Qing *andere* Ziele als die konstitutionelle Bewegung: Es sollte als Sprungbrett für eine weitere politische Zentralisierung, ja, für eine Stärkung des Qing-Staates und damit der Qing-Dynastie dienen. Als den Provinzeliten dies an den Plänen zur Verstaatlichung der Eisenbahnen bewusst wurde, d.h. als sie sich über die Gefahr klar wurden, die darin für die eigene lokale wie regionale Autonomie und die eigenen wirtschaftlichen Interessen steckte, traten sie (nachdem der Wuchang-Aufstand die Funktion des Auslösers übernommen hatte) in den gewaltsamen Widerstand, um eine (politische) Revolution herbeizuführen („agenda shift"). Die politischen Reformen erfolgten mit anderen Worten im chinesischen Fall zu spät – nämlich erst nachdem die Gentry zusammen mit der Kaufmannschaft zu einer selbstbewussten und reformorientierten städtischen Elite verschmolzen war –, während sie im mexikanischen und iranischen Fall nicht weit genug gingen, um einer Revolution noch vorzubeugen.

Über den Erfolg der revolutionären Erhebung entscheidet im Anschluss an die massive expressive und beginnende basal-pragmatische Delegitimation der Erzwingungsstab. Gegen einen staatlichen Erzwingungsstab, der sowohl *imstande* als auch *willens* ist, mit Gewalt gegen die Aufständischen vorzugehen, ist wenig auszurichten. Restriktive Gewalt stellt für eine jede Ordnung das „letzte ‚Verhütungsmittel'" (H. Tyrell) dar. Um ihre (Macht-)Wirkung zu entfalten, ist sie nicht darauf angewiesen, dass sich andere „aus freien Stücken" fügen, sich etwa mittels Drohung oder Versprechung fremdmotivieren lassen, sondern sie lässt dem, der ihr ausgesetzt ist, tatsächlich keine Wahl mehr. Sie entzieht ihm physisch seine Handlungsalternativen. Restriktive Gewalt zwingt im wahrsten (und eben nicht übertragenen) Sinne des Wortes zu einem bestimmten Handeln, genauer: zur Unterlassung eines bestimmten (widerständigen) Handelns. Von ihr geht, wie uns Simmel lehrt, der einzige *un*bedingte Zwang aus. Sie kann eine Revolution daher im Blut ersticken. Und doch ist die freie Verfügung des Herrschers über solche überlegenen Gewaltmittel in diesem

Stadium keine Selbstverständlichkeit mehr, wie die drei Revolutionen auf unterschiedliche Art und Weise demonstrieren. Auch und vor allem deshalb nicht, weil selbst die Armeeangehörigen – trotz der Kasernierung (d.h. räumlichen Distanzierung von der Zivilbevölkerung), trotz der Indoktrination, trotz des militärischen Gehorsams und trotz des geleisteten Eides (mit seiner bindenden Wirkung) – *nicht* unbeeindruckt von der vorherigen massiven öffentlichen Aberkennung der Legitimität durch die Herrschaftsunterworfenen bleiben; erst recht nicht Wehrpflichtige. Man könnte daher formulieren, dass die (relative) Stärke und Folgsamkeit des Erzwingungsstabs zum „Zünglein an der Waage"[1503] werden. Im Falle der chinesischen Revolution hatten es die Qing versäumt, sich gegenüber den (politisierten) „Neuen Armeen" speziell zu legitimieren, die sich daher gegen sie wenden konnten, was im Kampf zwischen den regimetreuen und den regimefeindlichen Truppen den Ausschlag geben sollte. Im Falle der mexikanischen Revolution waren Armee und rurales „Don Porfirio" zwar bis zum Schluss loyal ergeben, doch beide erwiesen sich als unfähig, den bewaffneten Revolutionstruppen Einhalt zu gebieten, so dass sie sich diesen letztlich geschlagen geben mussten. Im Falle der iranischen Revolution wiederum blieben Polizei und Armee zwar bis zur Abreise des Schahs weitgehend loyal *und* intakt, doch es fehlte an der Bereitschaft zur Gewaltanwendung gegen unbewaffnet-friedliche Mitbürger. Mit der Folge, dass das bis an die Zähne bewaffnete Schah-Regime wehrlos wurde – wie es die Ironie will: gegenüber *gewaltlosem* Protest. Nach der Flucht des Schahs wiederum erklärte sich die Armeeführung für politisch neutral. Anders gesagt: Einmal stand der so wichtigen *basal-pragmatischen (Re-)Legitimierung*, die über Sturz oder Bewahrung des Ancien Régime entscheiden sollte, die Illoyalität, ein anderes Mal das Unvermögen und ein drittes Mal das Gewissen des Erzwingungsstabs im Weg.[1504]

Sobald aber Herrschaft ihrer Legitimität in *allen drei* Dimensionen verlustig geht, das lehren die drei Revolutionen, ist sie unrettbar verloren.

1503 Zimmermann 1981 – Krisen, S. 137.
1504 Darüber hinaus darf nicht übersehen werden, dass eine blutige Unterdrückung der revolutionären Bewegung auf immer Zeugnis von der theoretischen Illegitimität der Herrschaft ablegen würde: Die öffentliche Kommunikation der Herrschaftskritik vermöchte so vielleicht unterbunden zu werden, das „hidden transcript" selbst aber brennte sich umso stärker ins kollektive Gedächtnis der Herrschaftsunterworfenen. Anders gesagt: Ein revolutionäres Potential würde weiterhin schlummern.

4. Analyse: Die Revolutionen in China, Mexiko und Iran

Denn ein kumulativer Legitimitätsverlust in sämtlichen drei Dimensionen, d.h. *auch* in der basal-pragmatischen, bedeutet nicht nur den vollständigen Wegfall des wichtigsten und verlässlichsten Gehorsamsmotivs, der Legitimität nämlich, sondern ebenso, dass sich Herrschaft der Möglichkeit begeben hat, sich äußerstenfalls gewaltsam Geltung zu verschaffen. Das Ancien Régime kann sich von da an weder auf (weitverbreitete) Zustimmung noch auf (ausreichenden) Zwang stützen – und wird gestürzt. Herrschaft bricht somit letzten Endes genau dort zusammen, wo sich ihre Legitimität (gewaltvermittelt) erstmalig ausgebildet hatte und von wo aus die Legitimationsprozesse in den anderen beiden Dimensionen ihren Ausgang nahmen: in der basal-pragmatischen Dimension. Eine Sequenz, die, veranlasst durch performative Schwierigkeiten, als Zweifel an der theoretischen Legitimität beginnt und im nächsten Schritt zur expressiven Delegitimation führt, findet ihren Abschluss im Verlust der basal-pragmatischen Legitimität. Umgekehrt wird es für ein (post-)revolutionäres Regime immer zunächst darum gehen, sich in basal-pragmatischer Hinsicht zu legitimieren, was voraussetzt, dass es imstande ist, Ordnung zu setzen und vor allem durchzusetzen. Auch das neue, ja, *gerade* ein neues Regime wird daher, will es erfolgreich Legitimität beanspruchen und dauern, nicht auf den Einsatz und die Drohung mit Gewalt verzichten können.

Schluss

> Seid entschlossen, keine Knechte mehr zu sein, und ihr seid frei. Ich will nicht, daß ihr ihn verjaget oder vom Throne werfet; aber stützt ihn nur nicht; und ihr sollt sehen, daß er, wie ein riesiger Koloß, dem man die Unterlage nimmt, in seiner eigenen Schwere zusammenbricht und in Stücke geht.[1505]

Why men obey? Das war der Ausgangspunkt dieser herrschaftssoziologischen Untersuchung über das Phänomen der Revolution. Der (bewusst gewählte Um-)Weg führte von der grundsätzlichen Fragwürdigkeit aller Herrschaft, d.h. von der Realisierung von deren Nicht-Selbstverständlichkeit vor dem Hintergrund der prinzipiellen Handlungsautonomie des Menschen, zum Phänomen der Legitimität (Kapitel 1). Unter der Bedingung von Legitimität ist Gehorsam seitens der Herrschaftsunterworfenen verlässlich, wodurch Herrschaft wiederum an Stabilität gewinnt. Einer jeden Revolution, das war die zunächst etwas vage Vermutung, muss daher ein Legitimitätsdefizit vorausgehen. Wenn ein wesentlicher (wenn auch bei Weitem nicht einziger) Grund für Gehorsam in der Legitimität von Herrschaft besteht, dann, so der Gedanke, dürfte der Verlust ebendieser Legitimität ein wesentlicher (wenn auch allein nicht hinreichender) Grund für die Aufkündigung des Gehorsams und damit für die Destabilisierung von Herrschaft sein. Es wurde jedoch schnell deutlich, dass bisherige Konzeptionen von Legitimität deren Komplexität, oder besser vielleicht: inneren „Systematizität", nicht gerecht werden. Im Ausgang von Weber wurde daher ein *mehrdimensionales* Konzept von Legitimität entwickelt. Hierbei wurden maßgebliche Anregungen von Beetham aufgegriffen, dessen eigenes Legitimitätsschema indes bei Axel Paul und mir eine etwas andere Akzentuierung erfuhr, u.a. um auf diese Weise (a) Popitz' und von Trothas Gedanken zum Phänomen der „Basislegitimität" aufzugreifen (und damit die praktische Selbstläufigkeit von Legitimationsprozessen im Allgemeinen und deren Gewaltförmigkeit im Besonderen in den Blick zu bekommen), (b) Holstis Unterscheidung von „horizontaler" und „vertikaler" Legitimität einzubauen (die quer zu den drei Dimensionen steht) und (c) Dux' Überlegungen zur „subjektivischen Logik" zu berücksichtigen (de-

---

[1505] La Boétie, Étienne de: Von der freiwilligen Knechtschaft, hrsg. von Ulrich Klemm, Frankfurt/M. 2009/1547, S. 30.

Schluss

ren Vorherrschen den Spielraum normativer Reflexion auf Seiten der Beteiligten einengt). Eine (1) theoretisch-reflexive, (2) performativ-expressive und (3) basal-pragmatische Dimension von Legitimität unterscheidend, konnte anschließend der Zusammenhang zwischen den beiden Phänomenen Revolution und (Il-)Legitimität nuancierter erfasst werden.

Hierdurch gelang es, eine wesentliche *Ermöglichungsbedingung* der Revolution zu präzisieren, d.h. einen Zugang zu deren Historisierung zu gewinnen, zur Bestimmung von deren Anfang nämlich (Kapitel 2). Als solche wurde ein Legitimitätsdefizit in der theoretisch-reflexiven Dimension ausgemacht. Herrschaft muss von den Herrschaftsunterworfenen ihrem *Ursprung* nach für illegitim gehalten werden, damit Revolutionen zwar nicht unmittelbar verursacht, aber doch allererst möglich werden. Ein solches Defizit erwies sich indes als äußerst voraussetzungsreich, wie ein Blick auf vormoderne Formen von Legitimität offenbarte. Hier konnte Herrschaft zwar ihrer Legitimität in performativ-expressiver und basal-pragmatischer, nicht aber in theoretisch-reflexiver Hinsicht verlustig gehen. („Frühe" staatliche) Herrschaft vermochte mit anderen Worten faktisch, nicht aber „ideologisch" zusammenzubrechen. Verantwortlich gemacht wurde hierfür – unter Bemühung eines evolutionär gewendeten kognitivistischen Arguments, das der historisch-genetischen Theorie Duxens entnommen wurde – das Vorherrschen der subjektivischen Logik: Diese ließ die Beteiligten – und damit auch all jene, die die Herrschaftsordnung reflexiv problematisierten – den Ursprung der Ordnung aus *denknotwendigen* Gründen in einem transzendenten Agens verorten. Alle faktische, d.h. (gewaltvermittelt) Ordnung erfolgreich durchsetzende Herrschaft, war damit immer schon theoretisch legitim. Erst in dem „Moment", in dem soziale Ordnungen – ermöglicht durch einen kognitiven Wandel: die Entwicklung der funktional-relationalen Logik – allmählich als „menschengemacht", d.h. als *immanente* Produkte (eines systemischen Wirkungszusammenhangs) vorgestellt werden, wird den Beteiligten deren *Kontingenz* und *Änderbarkeit* bewusst. Ein Prozess, der sich exemplarisch an den neuzeitlichen Theorien vom Gesellschaftsvertrag nachvollziehen ließ: Weil Herrschaft nun, da ihre transzendente Legitimität fragwürdig geworden war, eine akute *Legitimationsbedürftigkeit* in theoretisch-reflexiver Hinsicht eignete, wurden in Gestalt von Vertragskonstruktionen die (neuen) Bedingungen formuliert, unter denen Herrschaft wieder erfolgreich Legitimität beanspruchen kann. Die *Zustimmung* all jener, die einer Ordnung unterworfen sind, wurde zum zentralen Legitimitätskriterium: Legitim wurde Herrschaft kraft Vereinbarung unter Freien und Gleichen.

Es war die spezifische Mischung, die für die Explosivität dieser Entwicklung sorgte: Ordnungen wurden als *änderbar* und Menschen als *mündig* aufgefasst, *also* unterlag eine jede Herrschaftsordnung der (fortlaufenden) Zustimmungspflicht all derer, die in und mit ihr leben mussten. Wider Erwarten ließ sich dieser Aufstieg des „bürgerlichen Legitimitätsprinzips" (Sternberger) besonders gut an Thomas Hobbes nachweisen: Zwar unterlag Herrschaft bei ihm *nicht* der Notwendigkeit, die Zustimmung der Herrschaftsunterworfenen zu generieren, aber nur deshalb, weil diese zuvor die *Zustimmung* hierzu gegeben hatten, d.h. weil sie eingewilligt hatten, künftig nicht länger einwilligen zu brauchen – der Aufrechterhaltung der staatlichen Ordnung und Wahrung des innergesellschaftlichen Friedens wegen (Primat der Ordnung). Ein „Konflikt von Legitimitätsgründen" (Sternberger) – in dem ich die „Ur-Sache" der Revolution sehe – zeichnete sich ab: zwischen transzendenten bzw. „numinosen" Legitimitätsgründen auf der einen und immanenten bzw. „bürgerlichen" auf der anderen Seite. An Hobbes' politischem Denken ließ sich mit anderen Worten eine Phase der Des- und Neuorientierung beobachten: Man wusste bereits, dass die alten Legitimitätsprinzipien nicht mehr (restlos) überzeugen (Hobbes war sich der Legitimationsbedürftigkeit von Herrschaft überhaupt bewusst), aber man begann erst zu erahnen, was dereinst an deren Stelle treten wird (oder scheute vielleicht auch, wie Hobbes, die „anarchischen" Konsequenzen einer allein auf Zustimmung der Herrschaftsunterworfenen basierenden Legitimität, war soziale Ordnung doch zu etwas geworden, das nicht länger vorgefunden wird, sondern das der Welt mühsam abgetrotzt werden muss und äußerst fragil bleibt). Die politische Theorie der Neuzeit steckte gleichsam noch in den Kinderschuhen. Erst mit John Locke sollte die neue Begründung politischer Legitimität eine nähere Bestimmung erfahren. Der zunächst latent bleibende Konflikt von Legitimitätsgründen hatte anschließend während der Aufklärung zusätzlich an Konturen wie auch Brisanz gewonnen und wurde schließlich (zuerst in Frankreich) *offen* ausgetragen: durch die im Entstehen begriffene „bürgerliche Öffentlichkeit". Dieser Schritt war insofern unabdingbar, als eine Kritik an den Herrschaftsverhältnissen und ihrer Legitimitätsgrundlage, so eine Wirkung von ihr ausgehen soll, der öffentlichen Thematisierung bedarf: Das „hidden transcript" (Scott) muss publik gemacht werden. Einer solchen Veröffentlichung aber stehen, wie im Kapitel „Über die Seltenheit der Revolution" dargelegt wurde, zahlreiche – wiederum mit Prozessen der (De-)Legitimation zusammenhängende – Hindernisse im Weg: drohende Sanktionen und lockende Gratifikationen der Herrschenden; Ohnmachtsgefühle auf Seiten

Schluss

der Beherrschten; herrschaftsinterne Kritikmöglichkeiten, die aber die Herrschaft selbst nicht in Frage stellen; Beschneidungen von offstage-Freiheiten der Beherrschten mittels Überwachung und Atomisierung; die Deutungshoheit des Staates usw. Als Sieger des besagten Konflikts ging aus der Französischen Revolution schließlich das bürgerliche Legitimitätsprinzip hervor, symbolisiert durch den Sturm auf die Bastille einerseits, in der das Volk seine Souveränität durch den Sturz des Ancien Régime gewaltsam einklagte, und die öffentliche Hinrichtung Ludwigs XVI. andererseits, durch die alle transzendente Legitimität ein für alle Mal entwertet wurde. Monarchen mochten danach wiederkommen, deren sakrale Legitimitätsgrundlage aber war unwiderruflich zerstört. Seither obliegt es aller Herrschaft, sich *auch* bürgerlich, d.h. unter Bezugnahme auf die theoretische und praktische Zustimmung der Herrschaftsunterworfenen („von unten") zu legitimieren; eine – wie man mit Blick auf den Iran hinzufügen muss: rein – transzendente Legitimation „von oben" vermag nicht länger zu überzeugen. Die Umkehr in der „Richtung" der Legitimierung ist gleichsam unumkehrbar; unter den Konflikt von Legitimitätsgründen wurde ein symbolischer Schlussstrich gezogen, mit Folgen gleichwohl, die bis ins 21. Jahrhundert reichen. Mit Kielmansegg: „Der Konflikt", in dem sich die Idee der Volkssouveränität mit älteren Legitimitätsvorstellungen befand, „ist entschieden, so grundsätzlich entschieden, daß es unmöglich geworden zu sein scheint, Legitimität anders als demokratisch zu begründen"[1506]. Der historische *Anfang* der Revolution konnte demgemäß wie folgt bestimmt werden: Sie wurde möglich, als die Herrschaftsordnung als einer intendierten Umgestaltung offen vorgestellt wurde *und* das Volk den Anspruch erhob, an dieser Umgestaltung – nicht nur anfänglich, sondern kontinuierlich – mitzuwirken. Sie begann, anders gesagt, mit der Einklagung des Prinzips der Volkssouveränität, was impliziert, dass das Volk zum Urheber einer neuen (Herrschafts-)Ordnung werden konnte und auf eine politische Inklusion drängte. Insofern stellt die Revolution ein *genuin neuzeitliches* Phänomen dar.

Eine so geartete Historisierung stand gleichwohl vor mehreren Herausforderungen (Kapitel 3). (1) Wenn das Thema der Revolution – wie in einer „Familiengeschichte" der Revolution(en) dargelegt wurde – die Demokratie ist, wieso *widersprechen* dem dann so viele Revolutionen hinsichtlich ihrer Ergebnisse? Meine These lautete, dass man Revolutionen

---

1506 Kielmansegg 1977 – Volkssouveränität, S. 267.

weniger an ihren unmittelbaren Resultaten als an den Motiven der maßgeblichen Akteure und an ihrem damit direkt verbundenen langfristig wirksamen *ideellen Vermächtnis* messen sollte. Sie üb(t)en – wie vor allem die „revolutionäre Urerzeugung" (Osterhammel) von 1776 und 1789 – einen nachhaltigen Einfluss auf die politische Kultur aus, sie revolutionierten, anders gesagt, weniger die jeweiligen Herrschaftsstrukturen als vielmehr die *Ideen deren Legitimität betreffend*. Weshalb sich wiederum, auf lange Sicht gesehen, die Tendenz abzeichnet, dass Herrschaft in zunehmendem Maße unter Rückgriff auf das Prinzip der Volkssouveränität legitimiert wird. Herrschaft „im Namen des Volkes" sollte sich in der Praxis freilich (besonders anfangs) als äußerst vielgestaltig erweisen. (2) Wenn das Ziel der Revolution die Demokratie ist, wie verhält sich dann die *sozialistische* Revolutionstradition hierzu? Zunächst wurde festgehalten, dass jede (Gruppe von) Revolution(en) ihre *eigenen*, insbesondere dem jeweiligen historischen Kontext geschuldeten Akzente hat, neben dem „general aspect", dem mein Augenmerk galt, also auch einen „particular aspect" (Krishan Kumar). Mit Blick auf die Gemeinsamkeiten wurde einerseits argumentiert, dass die Entgegensetzung von Demokratie und Sozialismus erst das Produkt *späterer* Entwicklungen war und dieser ursprünglich als eine *Weiterführung* der Demokratie verstanden wurde. Er sollte die wirtschaftlichen und sozialen Bedingungen dafür schaffen, dass *alle* Gesellschaftsmitglieder an der Politik teilnehmen können, die Demokratie mithin demokratisieren. Andererseits ließen sich – neben der marxistisch-leninistischen Doktrin – (formale) Anleihen beim Prinzip der Volkssouveränität auch in „realsozialistischen" Herrschaftsordnungen nachweisen. Vor allem fand sich in ihnen das *praktische* Zustimmungserfordernis wieder: Die *Massen* mussten der Herrschaft öffentlich ihre Zustimmung geben, wenn auch in *anderer Form* als in liberalen Demokratien, nämlich per Akklamation statt per Wahl. Beetham spricht in dem Zusammenhang von – ebenfalls spezifisch modernen – „Mobilisierungsregimen". Die Mobilisierung der Beherrschten wurde nötig, damit sie öffentlich den Anspruch der Herrschenden beglaubigten, besser als das Volk bzw. Proletariat zu wissen, was gut für es ist und welche Maßnahmen zu ergreifen sind, um das „Endziel" der Geschichte zu erreichen: den Kommunismus. (3) Daneben musste der Versuch, die Revolution als demokratische Revolution zu lesen, mit dem Umstand vereinbar sein, dass die Französische Revolution die Geburtsstunde nicht nur der Idee der Volkssouveränität, sondern auch der Idee der *Nation* ist. Wie aber passt die „gute" Demokratie mit dem „bösen" Nationalismus zusammen? Es wurde argumentiert, dass der gedankliche Wechsel von der göttlichen Souveränität zur Volkssouveränität die Frage nach der *Zugehörigkeit* zu diesem neuen Souverän besonders virulent machen musste. Wer oder was ist das Volk? Aus wem setzt es sich zusammen, wer gehört ihm an – und wer nicht? Die Idee der kollektiven Selbstbestimmung konnte (und kann) nur unter der Bedingung eine legitimierende Wirkung entfalten, dass sich die einzelnen (vom Staat direkt *als Individuen* „angesprochenen") Herrschaftsunterworfenen, die sich ihres Rechts auf individuelle Selbstbestimmung bewusst sind, diesem Kollektiv auch zugehörig fühlen. Ebendiese Funktion übernimmt, so der Gedankengang, die Vorstellung der Nation. Sie integriert (und mobilisiert darüber hinaus in politischer Hinsicht) *schichtübergreifend*, also quer zu jenen Schichten, die in stratifizierten Gesellschaften noch über die Zugehörigkeit zur politischen Gemeinschaft entschieden. Zwar wurden (und werden) die Herrschenden dadurch, dass sie unter nationalstaatlichen Bedingungen vorgeben können, im Interesse der Nation zu handeln, zuweilen in den Stand versetzt, sich legitimerweise(!) über individuelle Interessen *hinwegzusetzen* (Lepsius' Typen der „Volksnation" und „Klassennation"). Insofern kann der Nationalismus bei aller ideellen Affinität zur Demokratie ebenso *nicht*-demokratische Verhältnisse begünstigen und zementieren. Doch auf lange Sicht scheint sich die *demokratische* Spielart des Nationalismus bzw. Nationalstaats durchzusetzen. Die (moderne) Nation – die aufgrund ihres Egalitarismus begrifflich schon immer eine „Verheißung demokratischer Partizipation" (von Hirschhausen/ Leonhard) in sich trägt – wurde historisch gesehen mit der Demokratie kompatibel, indem man Erstere (wieder, wie schon in der Französischen Revolution) in einem *staatsbürgerlichen* Sinne verstand, d.h. indem man die Nation mit der Gemeinschaft der mündig gewordenen Bürger gleichsetzte. Doch wieso konnte sich ein staatsbürgerliches Verständnis der Nation überhaupt durchsetzen? Weil die Bürger darauf drängten? Zum Teil, ja, gleichzeitig und ergänzend aber nicht zuletzt deshalb, weil auch die *Herrschenden selbst* aus legitimatorischen Erwägungen heraus ein (machtpolitisches) *Interesse* daran hatten – was zur nächsten „Ungereimtheit" überleitet. (4) Schließlich galt es – mit dem vorherigen Punkt insofern unmittelbar zusammenhängend, als es die Entstehung des *National*staats betrifft – einsichtig zu machen, wieso die Geschichte der Revolution zugleich eine Geschichte der *Expansion der Staatsgewalt* ist. Wie kann, zugespitzter gefragt, etwas, das sich ganz wesentlich an der Idee der *Selbst*bestimmung orientiert, faktisch mit einem *Mehr* an *Fremd*bestimmung verbunden sein? Ausgehend von einem richtigen Verständnis von

Legitimität – das deren grundlegende *Ambivalenz* in Rechnung stellt – wurde argumentiert, dass die Revolution auf lange Sicht für eine demokratische Legitimation des Staates sorgt, wodurch dieser jedoch nicht zurückgedrängt, geschweige denn (wie uns das Ammenmärchen der sozialistischen Revolution glauben machen will) beseitigt, sondern ganz im Gegenteil in seinen Machtbefugnissen *ausgeweitet* wird. Mehr Legitimation, vor allem: *direkte* Anerkennung der Legitimität durch staatsunmittelbar gewordene Individuen (statt vermittelt über Herrschaftsintermediäre), bedeutet für Herrschaft zwar ein Mehr an Begrenzung und Verpflichtung – eben weil sie sich gegenüber einem größeren Adressatenkreis kontinuierlich performativ-expressiv legitimieren muss –, aber eben auch ein Mehr an Befähigung, an *Autorisierung*. Ausgestattet mit der ausdrücklichen und unvermittelten Zustimmung des ganzen Volkes ist demokratische mächtiger als nicht-demokratische Herrschaft.[1507] Sie vermag Steuern und Wehrpflichtige gleichermaßen einzuziehen (und auch ihrem Kontrollwahn scheinen keine Grenzen gesetzt zu sein, wie uns die aktuelle Zeit mehr denn je lehrt). Gleiches gilt für die ebenfalls aus Revolutionen hervorgehenden (scheindemokratischen) „Mobilisierungsregime": In ihnen ist der Staat qua Massenpolitik, genauer: qua Legitimation durch die mobilisierten Massen, mächtiger als zuvor. Insofern kann den Herrschenden – wenigstens prinzipiell – ein *machtpolitisches Interesse* an der demokratischen Revolution unterstellt werden: Auf sie wird nicht nur „von unten" (d.h. von den von der Politik Ausgeschlossenen), sondern gleichfalls „von oben" hingewirkt, weil sich der Staat durch sie *re-legitimiert* und damit letztlich erstarkt. In dieser überraschenden *Interessenkonvergenz* – die abstrakt besehen eine Folge der „Paradoxie der Machtsteigerung" (Alois Hahn) ist, also erst von einer legitimitätstheoretischen Warte aus erkennbar wird – scheint mir eine wesentliche Erklärung für den weltweiten Erfolg der demokratischen Revolution im weitesten Sinne zu liegen.

Wenn aber die neuzeitliche Revolution im Kern die Realisierung der Demokratie intendiert, dann wirft dies zugleich ein spezifisches Licht auf ihr mögliches Ende. Unter Rückgriff auf diesbezügliche Gedankenspiele von Mead und Arendt wurde ein *Revolutionszirkel* ausgemacht: Eine ewige Wiederkehr der Revolution, die daher rührt, dass Revolutionäre in ihrem Bestreben, die eigenen Errungenschaften für alle Zeiten zu retten

---

1507 Zugleich ist sie aber auch *weniger* mächtig – denn sie muss die Zustimmung des Volkes einholen. Die Janusköpfigkeit des Phänomens der Legitimität erlaubt keine einfachen quantitativen Aussagen.

Schluss

und v.a. nicht der Konterrevolution preiszugeben, Strukturen *zementieren*. Wodurch indes der kommenden Revolution insofern immer schon der Boden vorbereitet wird, als künftige Generationen, die nicht Urheber der ursprünglich geschaffenen Strukturen sind, sich gezwungen sehen, die Strukturen wieder *aufzubrechen*. Aus derselben Motivation fixieren indes auch sie im nächsten Schritt die neuen Strukturen – der Zirkel nimmt seinen Lauf. Innergesellschaftlich durchbrechen ließe sich dieser Zirkel demnach, wie argumentiert wurde, unter folgenden Bedingungen. Strukturen müssten einerseits *flexibel* gehalten werden, um anpassungsfähig an sich in der Moderne fortlaufend und rasch wandelnde Bedingungen zu bleiben, *ohne* deshalb aber *jederzeit* zur Disposition zu stehen, weil andernfalls keine strukturierende (d.h. erwartungsorientierende) Wirkung mehr von ihnen ausginge. Sie müssten mit anderen Worten variabel *und* invariant in einem sein und gerade aus ihrer Flexibilität Stabilität gewinnen. Und Strukturen müssten andererseits in ihrer jeweiligen Gestalt auf die *Zustimmung* (oder wenigstens: Nicht-Ablehnung) derjenigen treffen, die ihnen unterworfen sind, da sie andernfalls auf deren Änderung hinwirken würden – notfalls mit ordnungs*fremden* Mitteln, gewaltsam etwa. Die Lösung für diese doppelte Anforderung besteht in modernen, funktional differenzierten Gesellschaften meines Erachtens in einer *Positivierung* des Rechts einerseits – durch die (bewehrtes) Recht *allein* kraft Entscheidung gilt und dementsprechend auch jederzeit per Entscheidung des politischen Gesetzgebers wieder geändert werden kann – und der Legitimation dieses positiven – und daher umso legitimationsbedürftigeren – Rechts durch *Verfahren* andererseits, wobei offen bleibt, ob diese mehr den Charakter von *Entscheidungs*verfahren (Luhmann) oder von *Begründungs*verfahren (Habermas) haben. Hierdurch gelingt – wenigstens der Idee nach – nicht weniger als die Institutionalisierung der Dauerreflexion im Bereich der Politik, d.h. die Umwandlung eines bei Gehlen noch Institutionen *zersetzenden* Faktors in einen Schelsky zufolge Institutionen (qua Mitinstitutionalisierung) *stabilisierenden* Faktor. Man könnte auch sagen: Die Prozeduralisierung der Volkssouveränität sorgt für die *Institutionalisierung der Revolution*, für deren *Permanenzerklärung* also. Revolutionärer Wandel wird verstetigt – und zwar, das ist ob der hohen Komplexität moderner Gesellschaft der springende Punkt: mittels *Institutionen* (Luhmann würde sagen: mit Hilfe von „reflexiven Mechanismen"), d.h. gerade nicht im Vertrauen auf das (allzu schnell überforderte) einzelne kritische Subjekt –, ohne deshalb jedoch zugleich die ordnende Funktion gesellschaftlicher Strukturen aufzugeben. Alles, was Geltung beansprucht, gilt, aber immer nur: bis auf Weiteres. Anders gesagt: In ihrer bisherigen *Gestalt* verschwindet die Revolution, in ihrer *Funktion* wird sie gleichwohl auf Dauer gestellt: Strukturen bleiben nicht einfach nur *elastisch*, sondern darüber hinaus auch – wenn nicht in der Luhmannschen, so doch wenigstens in der Habermasschen Vorstellung – *responsiv* gegenüber dem Willen des (souveränen) Volkes.[1508] Die Herrschaftsunterworfenen vermögen sich im selben Moment als *Adressaten* und als *Autoren* des Rechts zu verstehen; das fremdbestimmende Moment des Rechts bleibt zwar erhalten, wird aber dadurch, dass ihm zugleich ein selbstbestimmendes Moment innewohnt, akzeptiert, ja, mehr noch: akzeptabel, nämlich legitim nach Maßgabe der *einzigen* unter den Bedingungen nachmetaphysischen Denkens noch nicht versiegten Legitimitätsquelle: der Idee der Selbstbestimmung.

Ein weiteres Indiz dafür, dass die Revolution in ihrer bisherigen „überschießenden" bzw. „außeralltäglichen" Gestalt zwar nicht weltweit,[1509] aber doch innerhalb des demokratischen Rechtsstaats (jedenfalls vorläufig) beseitigt worden ist, wurde darin gesehen, dass es seit 1989/90 an einem „ideologischen" Konkurrenten mangelt.[1510] Allem Anschein nach herrscht gegenwärtig ein *Ende der Utopie* vor, oder auch: ein „Ende der Geschichte" nicht im Sinne der Ereignisgeschichte, aber doch im (Hegelschen) Sinne eines Endes der Geschichte *konfligierender Ideen die Legitimität von Herrschaft betreffend*. Die Sache mutet seither eindeutiger denn je an: Die Revolution intendiert nicht den Sozialismus (bzw. Kommunis-

---

1508 Wenngleich es, wie gesehen, auch in der Luhmannschen Konzeption von Demokratie politische Prozesse (wie die politische Opposition und die öffentliche Meinung) gibt, durch welche die Meinungen der Herrschaftsunterworfenen indirekt Berücksichtigung finden. Den Leitgedanken seiner Ausführungen zur „Legitimation durch Verfahren" habe ich gleichwohl darin entdeckt, dass Verfahren weniger für eine expressive Legitimation als für die *Verhinderung* einer expressiven *De*legitimation sorgen.

1509 Wobei die „wilde" Revolution *teilweise* (bei Vorliegen günstiger Rahmenbedingungen, v.a. internationaler Art, nämlich) selbst dort ausgedient zu haben – und das heißt: „domestiziert" worden zu sein – scheint, wo demokratische Verhältnisse allererst hergestellt werden müssen, wie ich in einer Untersuchung der „Refolutionen" (Timothy Garton Ash) von 1989/90 zu zeigen versucht habe. Auch deshalb – weil der Nachweis erbracht wurde, dass sich illegitime Herrschaftsverhältnisse unter Umständen ebenso *friedlich* revolutionieren lassen – haben 1989/90 Ideen, auch und gerade solche die Legitimität von Herrschaft betreffend, ihre totgeglaubte Wirkmächtigkeit zurückgewonnen.

1510 Mit Ausnahme des islamischen Staats theokratischer Prägung, der bislang in seiner Modellwirkung jedoch äußerst begrenzt geblieben ist.

mus), sondern die (liberale) Demokratie (sofern man die beiden Modelle überhaupt als Gegensatz auffasst). Auf revolutionärem Wege wird für keine alternative Idee bzw. Ordnung mehr gekämpft: Herrschaft wird nicht länger deshalb für legitim erachtet, weil sie auf ihre eigene Auflösung hinarbeitet, d.h. weil sie die Voraussetzungen für die Möglichkeit von herrschaftsfreien Verhältnissen in der Zukunft schafft (Ideal der Herrschaftsfreiheit), sondern weil sie demokratisch eingehegt wird, d.h. von der expressiven Zustimmung der Herrschaftsunterworfenen abhängt, die sich hierdurch virtuell selbst regieren (Ideal der Volkssouveränität). Die „nachholende Revolution" (Habermas) von 1989/90 hat, anders gesagt, den Kern der neuzeitlichen Revolution – der insbesondere durch die Oktoberrevolution von 1917 zwischenzeitlich verschüttet zu werden drohte – *wieder freigelegt*: die Demokratie. Hinsichtlich der Idee der Revolution hat sich ein „democratic turn" (F. Farhi) zugetragen. Darüber hinaus haben die „Revolutionen" in Ost- und Mitteleuropa diesen demokratischen Kern beim Verlassen des „Irrwegs von 1917" aber auch *konkretisiert*, indem sie einerseits – um (wie schon 1848/49) dem demokratischen Despotismus entgegenzutreten – der *Ergänzungsbedürftigkeit* der Demokratie um liberale (Abwehr-)Rechte Ausdruck verliehen und in ihnen andererseits – zwecks Entlarvung paternalistischer Scheindemokratien, die lediglich theoretisch, nicht aber praktisch an den Willen des Volkes zurückgebunden werden – „das Volk" endgültig als *pluralistische* Größe anerkannt wurde (der kein einheitlicher, geschweige denn präexistenter Wille à la Rousseau eignet, die mithin von ihren transzendenten Konnotationen befreit wurde).

Ist der Sozialismus deshalb tot? Es galt zu differenzieren: Der Sozialismus mag aufgehört haben, als System*alternative* zu fungieren. Doch in seiner Rolle als System*korrektiv* ist er womöglich so unentbehrlich wie nie. Denn mit dem Wegfall der *von außen* drohenden sozialistischen Revolution ist der demokratische Rechtsstaat gezwungen, die revolutionäre Spannung bzw. permanente produktive Unruhe nun vollends *von innen* zu gewinnen. Liberalismus und Sozialismus neigen beide zur Einseitigkeit, jener zur Akzentuierung der „Freiheit", dieser zur Akzentuierung der „Gleichheit". In Wirklichkeit aber gilt es, zwischen den beiden Werten eine Balance zu finden, da der eine die jeweilige *Voraussetzung* für den anderen bildet: ohne Freiheit keine Gleichheit und ohne Gleichheit keine Freiheit, bzw. da der *Umfang* des einen den Umfang des anderen bestimmt: je mehr (oder weniger) Freiheit, desto mehr (oder weniger)

Gleichheit, und umgekehrt.[1511] Der (Neo-)Liberalismus droht mit anderen Worten, so er nicht durch ein (sozialistisches) Gegengewicht ausgeglichen wird, mit seiner Überbetonung des freiheitlichen Aspekts dazu zu führen, dass die (materielle) Gleichheit ein Maß unterschreitet, das einen Ausschluss von (weiteren) Gruppen aus der politischen Gemeinschaft und damit letztlich einen Verlust auch an (politischer) Freiheit nach sich ziehen würde. Eine Revolution könnte so eines Tages wieder Wirklichkeit werden – wie es die Ironie will: nicht trotz, sondern gerade wegen des liberalen Triumphs von 1989/90.

Aufschlussreich waren nach meinem Dafürhalten in dem Zusammenhang die Positionen von Habermas und Mouffe. Dies insofern, als beide an einem Ideal „radikaler Demokratie" (unter dem sie freilich Unterschiedliches verstehen) festhalten, das unerreicht ist und dem es sich weiter anzunähern gilt. Beide streben die erforderlichen (und zum Teil tiefgreifenden) Veränderungen – zu denen Habermas insbesondere die Fortführung des *sozialen* Emanzipationsprozesses und Mouffe die Rettung des „demokratischen" gegenüber dem „liberalen" Moment zählt – gleichwohl *im Rahmen* des demokratischen Rechtsstaats bzw. der liberalen Demokratie an. Aufgabe ist es, die demokratische Herausforderung *innerhalb* des demokratischen Rechtsstaats lebendig zu halten. Beide haben sich mit anderen Worten von der Vorstellung (der Notwendigkeit) eines revolutionären *Bruchs* mit der bestehenden Ordnung verabschiedet. Mehr noch, beide haben, wie so viele andere seit 1989 auch, den (sozialistischen) Traum von der herrschaftsfreien Gesellschaft aufgegeben. Sie fragen stattdessen nach der Möglichkeit von politischer Freiheit bzw. Selbstbestimmung *unter den nicht zu vermeidenden Bedingungen* von staatlicher Herrschaft bzw. funktional differenzierten (und dementsprechend komplexen und pluralistischen) Gesellschaften. Habermas meint, wie ausführlich dargelegt wurde, die Idee der Selbstbestimmung über sein Verfahrensmodell deliberativer Politik, d.h. über die Proceduralisierung der Volkssouveränität, in die moderne Gesellschaft hinüberzuretten.

Versteckt sich hinter einer Gedankenführung, die den demokratischen Rechtsstaat als institutionalisierte Revolution versteht, eine implizite Rechtfertigung des Status quo, ein gewisses Maß an Konservatismus also?

1511 Vgl. zu dieser „Interdependenz" von Freiheit und Gleichheit sowie zur ideen- und realgeschichtlichen einseitigen Akzentuierung eines der beiden Werte (Locke vs. Rousseau, Liberalismus vs. Sozialismus-Kommunismus) auch Balibar 2012 – Gleichfreiheit, v.a. S. 75-98 und 184-190.

Schluss

Vielleicht, aber eine implizite Rechtfertigung eines Status, der *im Fluss ist*, der *in einem fort revidiert* wird; revidiert – wenigstens mittelbar – durch das *Volk*, das ursprüngliche Revolutionssubjekt also, das sich für die Durchsetzung seiner Souveränität erhoben hat. Demokratie ist und bleibt, so verstanden, ein *unabgeschlossenes, weil unabschließbares* Projekt, auf immer, wie schon Tocqueville erkannte, ein Projekt der *Zukunft*. Sie wird ihren idealen Endzustand, nach dem sie kontinuierlich strebt, niemals erreichen. In ihr wird die Revolution in dem Maße – und nur so lange – permanent, wie sie, mit Étienne Balibar gesprochen, die *dialektische Spannung bewahrt* zwischen den Momenten des „*Aufstands*" und der „*Verfassung*". Mit der Folge, dass der *citoyen* gegen eine „Verfassung", die in seinen Augen keine Legitimität mehr genießt, rebelliert, damit sie auf eine Weise transformiert wird, die sie wieder legitim sein lässt.

> Der [...] aufständische Moment weist zugleich in die Vergangenheit und in die Zukunft: in die Vergangenheit, weil er darauf zurückverweist, dass jede Verfassung im Volk gründet, die ihre Legitimität nicht aus der Tradition, aus einer Offenbarung, bezieht oder aus der bloßen bürokratischen Effizienz, so bestimmend diese Legitimationsformen beim Aufbau von Staaten auch sein mögen; und in die Zukunft, weil angesichts der Einschränkungen und Hindernisse bei der Verwirklichung der Demokratie in den historischen Verfassungen die *Rückkehr zum Aufstand* (und die Rückkehr *des* mehr oder weniger lange gebannten *Aufstands*) eine ständige Möglichkeit darstellt.[1512]

Die gesellschaftlichen Strukturen schwanken so hin und her zwischen Destruktion bzw. Aufweichung und (Re-)Konstruktion bzw. Verhärtung, zwischen einem Zustand der Varianz und der Invarianz. Die Revolution wird aus dieser Sicht zu etwas, das sich nicht auf einen Streich realisieren lässt, sondern das zu einem *zeitlichen ausgedehnten, ja niemals abgeschlossenen Prozess* wird und damit auch unweigerlich Züge des *Reformerischen* annimmt. Darin spiegelt sich nicht zuletzt eine historisch bedingte Ernüchterung wider: Das Vertrauen in den einen großen revolutionären Sprung ist nach all den gescheiterten Versuchen, die regelmäßig in einem Mehr statt wie versprochen in einem Weniger an Autoritarismus endeten, gewichen. An seine Stelle sind die *kleinen Schritte* getreten, mit denen man unablässig voranschreitet: „Etwas ist mehr als Alles" (Dahrendorf). Vorausset-

---

[1512] Ebd., S. 19f.; Balibar nimmt hier im Übrigen auf Webers drei Typen legitimer Herrschaft Bezug. Vorzüglich zusammengefasst und systematisiert wird die Balibarsche Revolutionstheorie bei Grosser 2013 – Theorien der Revolution, S. 149-154.

zung für die Permanenzerklärung der Revolution, für deren erfolgreiche Institutionalisierung also, bleibt gleichwohl, wie wiederum Balibar erkennt: der *aktive* Bürger. Der *„Rebell"*, der in seiner Eigenschaft als politisches Subjekt – und eben nicht nur: als Untertan bzw. politisches Objekt – durch seinen regelmäßigen Widerspruch dafür Sorge trägt, dass der Status quo unablässig in Frage gestellt und überarbeitet, ja, weiter vervollkommnet wird (wenn auch zweifellos in der Permanenzerklärung der Revolution bereits das stillschweigende Eingeständnis steckt, dass sie – und damit auch die Demokratie – niemals vollständig verwirklicht sein wird). Balibar kann vor dem Hintergrund zuspitzen: *„Die demokratische Staatsbürgerschaft ist also konfliktgeladen oder sie ist nicht."*[1513] Widerspruch seitens der Staatsbürger muss ihm zufolge vor allem für eines sorgen: Dafür, dass die „Gleichfreiheit" realisiert wird, d.h. „Gleichheit" und „Freiheit" auf all jene Gruppen ausgeweitet werden, die bislang nicht in ihren Genuss kamen. Demokratie ist „eine immer wieder neu zu unternehmende Anstrengung, diejenigen in den politischen Raum miteinzubeziehen, die vorher davon ausgeschlossen waren, nach Rancières inzwischen berühmt gewordenen Worten den ‚Anteil der Anteilslosen' zu gewährleisten"[1514] An der „Demokratisierung der Demokratie" muss in einem fort gearbeitet werden. Mit Habermas gesprochen würde dies bedeuten, dass *alle* Adressaten des Rechts sich auch als dessen Autoren verstehen können, die mit Herrschaft notwendig einhergehende Fremdbestimmung also virtuell für *jeden* zur Selbstbestimmung wird.[1515]

[1513] Balibar 2012 – Gleichfreiheit, S. 236. „Der aktive Bürger ist demnach nicht der, der durch sein Gehorchen die Rechtsordnung oder das System der Institutionen sanktioniert, denen er selbst direkt oder indirekt durch einen ausdrücklichen oder stillschweigenden ‚Vertrag' Rechtmäßigkeit verliehen hat, indem er sich an den repräsentativen Verfahren beteiligt hat, die in der Abtretung von Macht münden. Sondern er ist seinem Wesen nach ein Rebell, der *Nein* sagt oder zumindest die Möglichkeit dazu hat [...] Darin besteht das Paradox der politischen Staatsbürgerschaft: Um auf eine Weise, die tatsächliche Macht zum Ausdruck bringt, Ja sagen zu können, muss man gelegentlich und womöglich regelmäßig Nein sagen." Ebd., S. 235.

[1514] Ebd., S. 242.

[1515] Stärker noch als Balibar weiß Habermas indes um die Notwendigkeit von Institutionen, darum also, dass die Volkssouveränität der *Prozeduralisierung* bedarf, um unter der Bedingung hoher gesellschaftlicher Komplexität kein bloßes Desiderat zu bleiben, weil übertriebene Hoffnungen in eine kollektiv handlungsfähige Bürgerschaft gesetzt werden.

Schluss

In der Analyse der drei Revolutionen in China, Mexiko und im Iran sollte in erster Linie die in einem westlichen Kontext entstandene Legitimitätskategorie einer *außerwestlichen* empirischen Probe ausgesetzt werden (Kapitel 4). Es galt den Nachweis zu erbringen, dass das im ersten Kapitel entwickelte heuristische Schema – das dreidimensionale Legitimitätskonzept – ein differenzierteres Verständnis der Revolutionen, besonders ihrer Ursachen, ermöglicht. Einerseits sollte es dazu dienen, die spezifisch lokalen Ursprünge, Ursachen und Auslöser der drei Revolutionen zu *systematisieren*, indem deren delegitimatorische Wirkung in den unterschiedlichen Dimensionen bestimmt wurde, andererseits sollte mit seiner Hilfe der Konnex von Revolution und (Il-)Legitimität weiter *präzisiert* werden. Zwei Hypothesen wurden in dem Zusammenhang überprüft: Erstens, ob einer jeden Revolution ein Legitimitätsverlust in der *theoretisch-reflexiven* Dimension zugrundeliegt (notwendige Bedingung), und zweitens, ob sich jeweils ein *multipler* Legitimitätsverlust in sämtlichen Dimensionen nachweisen lässt (hinreichende Bedingung).

(1) In allen drei Fällen litt nicht einfach nur der amtierende Herrscher unter einem Legitimitätsdefizit, vielmehr wurde der Herrschaftsordnung insgesamt die Legitimität abgesprochen, weshalb (anstelle eines bloßen Austauschs des Herrschers) Forderungen nach deren *Umgestaltung* laut wurden. Insbesondere der *autokratische* Zug der Herrschaft rief allenthalben Missfallen hervor. Thema war also überall die *institutionelle Formung* oder besser noch: *Begrenzung* der Macht.[1516] In China, wo die jahrhundertealte sakrale Legitimation des „himmlischen" Kaisers immer weniger verfing, war sich die Opposition darin einig, dass an der Einführung einer konstitutionellen Ordnung kein Weg vorbeiführte. Die nicht-bürokratischen Provinzeliten, die sich am Politikmonopol von Thron und Bürokra-

---

1516 Worin im Übrigen eine gewisse Vereinbarkeit mit den Ergebnissen aus dem zweiten Kapitel begründet liegt: Allen drei Revolutionen ging ein Verfassungsdiskurs voraus, d.h. eine Problematisierung der bestehenden Herrschaftsordnung vor dem Hintergrund ihres Auch-anders-Sein-Könnens. Und alle drei Revolutionen mündeten in einer (neuen) Verfassung, d.h. in einer tatsächlichen Neugestaltung derselben. Beides bestätigt, dass es in Revolutionen vorrangig um die Umgestaltung der Herrschaftsordnung geht, was wiederum zuallererst ein Bewusstsein von deren Gestaltbarkeit voraussetzt: ein Bewusstsein der in ihnen lebenden Menschen, dass sie es selbst sind, die sie nach ihren Vorstellungen formen können. Dieses Bewusstsein wird ein für alle Mal mit der Französischen Revolution geweckt. Ihr kommt (nicht nur) deshalb für die drei Revolutionen eine mittelbare Wirkung zu.

tie stießen, versuchten sich auf diese Weise ein politisches Mitspracherecht zu sichern. Der mandschurischen Qing-Dynastie eignete zusätzlich ein horizontales Legitimitätsdefizit, durch das jeder theoretische Anspruch seitens der Qing, von der Nation ausgehend oder zu deren Wohl zu herrschen, ins Leere laufen musste. Im Gegenteil, in ihrer Eigenschaft als „Fremdherrschaft" gefährdete sie aus Sicht der Beteiligten das nationale Wohl.

In Mexiko waren es die Oligarchisierung, d.h. die „científico offensive" (F. Katz), einerseits und der autokratische Charakter, d.h. die fehlende institutionelle Grundlage, andererseits, die dem Porfiriat in den Augen der Mittelschicht und der benachteiligten Teile der Oberschicht die theoretische Legitimität kosteten. Weder war in dem oligarchisch-versteinerten System ein Mindestmaß an Durchlässigkeit gegeben (im Gegenteil: alte regionale und lokale Eliten wurden sogar verdrängt), noch unterlag die Herrschaft von Díaz faktisch irgendwelchen Grenzen, brauchte dieser doch weder auf das Parlament, politische Parteien oder die „öffentliche Meinung" noch auf die Verfassung Rücksicht zu nehmen. „Sufragio Efectivo, No Reelección" avancierten so zu den Schlagworten der mexikanischen Revolution. Die Bauernschaft wiederum war nicht einfach nur von Unzufriedenheit, sondern von einer „moralischen Empörung" im Sinne Barrington Moores erfüllt. Die Landenteignung, von der viele Dörfer betroffen waren, werteten deren Mitglieder als Verletzung ihrer traditionellen Rechte, sie war mit anderen Worten vor dem Hintergrund ihrer „moral economy" illegitim. Beim Versuch, diese Rechte einzuklagen, mussten die Bauern die gleiche Erfahrung machen wie weite Teile der Mittel- und Oberschicht: die einer politischen Ohnmacht (mit auch wirtschaftlich-sozialen Nachteilen).

Im Iran haftete der Herrschaft der Pahlavis von Anfang an ein theoretisches Legitimitätsdefizit an, das jedoch lange Zeit auf repressivem Wege und mit Hilfe der Petro-Dollars überspielt werden konnte. Es speiste sich aus verschiedenen Quellen. Beide Pahlavis waren, streng genommen, *Usurpatoren*, die ihren (Wieder-)Aufstieg dem Militär verdankten, also über kein traditionales (dynastisches) Herrschaftsrecht verfügten. Vater und Sohn galten zudem beide als Marionetten des Westens, auch weil die zwei Staatsstreiche unter westlicher Mithilfe erfolgten, wodurch dem Pahlavi-Regime ein *horizontales* Legitimitätsdefizit innewohnte (das sich über die Jahrzehnte immer mehr steigerte). Und schließlich war autokratischen Herrschaftsformen im Iran bereits mit der „konstitutionellen" Revolution zu Beginn des 20. Jahrhunderts endgültig alle Legitimität abgespro-

Schluss

chen worden. Die Herrschaft der Pahlavis war daher nicht nur vor dem Hintergrund westlicher Ideen und Vorbilder von Demokratie (mit denen die gebildete Mittelschicht zunehmend in Berührung kam), sondern auch, und wesentlich wichtiger, nach Maßgabe der *eigenen* politischen Kultur illegitim, in welcher der Konstitutionalismus und Parlamentarismus zu festen Bestandteilen geworden waren. Die Stärkung des Parlaments (bzw. eine politische Aufwertung der traditionellen und modernen Mittelschicht), um der Verfassung wieder Geltung zu verschaffen und die Macht des Schahs einzuhegen, wurde so zu einem zentralen Anliegen der Opposition in den ersten (gemäßigteren) Phasen der Revolution.

(2) Hinsichtlich des vermuteten kumulativen Legitimitätsverlusts in allen drei Dimensionen, der theoretisch-reflexiven, performativ-expressiven wie auch basal-pragmatischen, konnte aus der Analyse der drei Revolutionen eine *idealtypische Sequenz* abstrahiert werden (Kapitel 4.4). Ihr entsprechen die drei Fälle in ihrem Verlauf an einigen Stellen mehr, an anderen Stellen dagegen weniger. Sie beginnt, veranlasst oder verstärkt durch Schwierigkeiten performativer Natur, mit dem Zweifel an der theoretischen Legitimität der Herrschaft, der indes zunächst in der Öffentlichkeit nicht oder nur wenig kommuniziert wird. Im Anschluss an eine weitere Verschärfung der performativen Probleme und ein leichtes Nachlassen des herrschaftlichen Drucks erfährt das theoretische, den Ursprung der Herrschaft betreffende Legitimitätsdefizit sodann eine offene Thematisierung. Der Herrschaft wird im nächsten Schritt, sofern tiefgreifende Reformen („von oben") zur Behebung des Defizits ausbleiben, durch expressive Handlungen der Herrschaftsunterworfenen – die hierdurch zugleich auf ihr Recht auf politische Mitsprache pochen – in zunehmendem Maße die Legitimität entzogen. Ihren Abschluss findet die Sequenz mit dem Legitimitätsverlust in der basal-pragmatischen Dimension: mit der Unfähigkeit der Herrschenden also, die alte Ordnung (nötigenfalls unter Anwendung von Gewalt) durchzusetzen. Bar *jedweder* Legitimität bricht das Ancien Régime schließlich zusammen.

In zweiter Linie galt es daneben aber ebenso zu überprüfen, ob der – wiederum „westliche" – Begriff der Revolution für die untersuchten Umbrüche angebracht ist, d.h. ob sich der unterstellte *demokratische* Charakter auch im chinesischen, mexikanischen und iranischen Fall als zutreffend herausstellt. Dieser Frage möchte ich abschließend etwas mehr Aufmerksamkeit widmen, um nachzuholen, was im vierten Kapitel versäumt oder nur kurz angerissen wurde. Alle drei Revolutionen lassen sich unter Zugrundelegung eines weiten Demokratiebegriffs als demokratische Revolutionen charakterisieren. Sowohl in Hinblick auf die (post-) revolutionären *Ergebnisse* als auch, was mir wichtiger erscheint, in Hinblick auf die ursprünglichen *Motive* der jeweiligen Akteure vor und während der Revolutionen. In allen drei Fällen setzten sich die (maßgeblichen) Akteure für ein Recht auf *politische Mitsprache* ein, dafür also, dass die politischen Mitbestimmungsmöglichkeiten eine Ausweitung erfahren. In China fiel diese Rolle der fusionierten Gentry-Kaufmanns-Schicht zu, der nichtbürokratischen Elite in den (Provinzhaupt-)Städten also;[1517] in Mexiko der Mittelschicht und jenen Teilen der Oberschicht, die im Gegensatz zu den Científicos von der Politik ausgeschlossen waren, sowie, wenn auch weniger in struktureller denn in punktueller Absicht (um die Landenteignung rückgängig zu machen), den Bauern; im Iran wiederum vor allem der traditionellen und der modernen Mittelschicht, d.h. den Basarkaufleuten, Ulema, Studenten sowie privaten und öffentlichen Angestellten gleichermaßen. Das ist die Motivseite. Auf den ersten Blick nehmen sich vor diesem Hintergrund die Ergebnisse als Enttäuschung aus. Für viele Akteure werden sie vermutlich auch genau das gewesen sein. Und doch führten alle drei Revolutionen entweder zu einem Mobilisierungsregime im Sinne Beethams (China) oder zu einer Mischform mit sowohl „mobilisatorischen" als auch demokratischen Elementen (Mexiko und Iran). Zu Herrschaftsformen also, in denen weite Teile der Bevölkerung in die Politik *integriert* wurden, was ein Spezifikum der Moderne zu sein scheint. Politik hört auf, reine Elitenpolitik zu sein, wird Massenpolitik. Dem Volk obliegt es fortan, der Herrschaft ihre nicht nur stillschweigende, sondern *ausdrückliche* Zustimmung zu erteilen: per Akklamation oder per Wahl oder parallel auf akklamatorische *und* elektorale Weise. Doch nicht allein in der performativ-expressiven Dimension erweiterte sich der legitimationsrelevante Adressatenkreis. Auch, und dem vorgelagert, „ideologisch" wurden die Massen eingebunden, sei es mit Hilfe von Nationalismus und Sozialismus, der dem Volk die politische Freiheit nach einer Übergangszeit in Aussicht stellt (China), sei es mit Hilfe des Prinzips der (von oben gelenkten, d.h. elitistisch verstandenen) Volkssouveränität (Mexiko) oder sei es mit Hilfe einer Verbindung des Konzepts der Statthalterschaft des Rechtsgelehrten mit der Idee der Volkssouveränität (Iran). Das heißt, jene demo-

---

1517 Insofern als die *Massen* in China erst im weiteren Verlauf der Revolution (d.h. nach der „republikanischen Revolution") ein politisches Mitspracherecht einklagen, erfüllt die chinesische Revolution anfänglich noch nicht ganz die Anforderungen an eine Revolution mit *demokratischer* Intention.

Schluss

kratischen Ideen, die am Anfang der drei Revolutionen gestanden hatten, schlugen sich – wie verzerrt auch immer – in der legitimatorischen Struktur der postrevolutionären Herrschaft nieder. Die politischen Mitwirkungsmöglichkeiten mochten zum (großen) Teil mehr kosmetischer Natur sein und sich aufs sprichwörtliche Beifallklatschen begrenzen, nichtsdestotrotz aber blieben die Massen formal in der Politik nicht länger außen vor. Sie hatten ihre Handlungsmächtigkeit in den jeweiligen Revolutionen – und eben nicht nur: einmalig in Frankreich am 14. Juli 1789 – nachhaltig unter Beweis gestellt, es galt sie daher zu integrieren, um sie besser zu kontrollieren. Statt *gegen* die bestehende Herrschaft sollte das Volk *für* die bestehende Herrschaft kontrolliert mobilisiert werden. Dies jedoch nicht nur, um eine neuerliche Revolution zu verhindern, sondern ebenso, um dem Volk gegenüber größere Ansprüche anmelden zu können. Womit wieder das paradoxe Ergebnis angesprochen wäre, auf das vereinzelt (von Tocqueville über Jouvenel und Borkenau bis Skocpol) hingewiesen wurde, welches nun aber auch in den drei Fällen konkret nachgewiesen werden konnte: das revolutionsbedingte *Wachstum* der Staatsgewalt.

Paradox ist das Wachstum der Staatsgewalt deshalb, weil in allen drei Fällen im Vorfeld der Revolution ein expandierender (Zentral-)Staat Widerstand erregte, mal mehr (wie in Mexiko und im Iran), mal weniger (wie in China, wobei sich der Widerstand der dortigen Provinzeliten ebenfalls aus der Furcht um die provinziale Autonomie speiste). Die revolutionäre Rhetorik versprach dementsprechend eine Schwächung, wenn nicht gar Beseitigung des Staates. Zumindest im chinesischen und iranischen Fall wurde dies überdeutlich (obwohl sich in China parallel alle maßgeblichen Kräfte zwischen 1911 und 1949 um der Abwehr des Imperialismus willen *faktisch* für eine Stärkung des Staates einsetzten – ein Verhalten, zu dem auch die politische Führung im Iran nach 1979 rasch überging). Seine Auflösung findet dieser Widerspruch, wie angesprochen, in den legitimatorischen Weichen, die in und mit den Revolutionen gestellt werden. Alle Legitimität begrenzt nicht nur, sondern *begründet* gleichfalls Macht. Woraus sich wiederum der zentrale Schluss ergibt: Nicht obwohl, sondern *gerade weil* sich der postrevolutionäre Staat gegenüber den Herrschaftsunterworfenen *direkt* legitimiert, kann er diesen so viel zumuten. Staatliche Herrschaft wird zwar stärker in die Pflicht genommen – im reinen oder mit demokratischen Elementen vermischten Mobilisierungsregime gleichwohl zu einem gewissen Grad nur scheinbar –, im Gegenzug aber weiten sich auch deren Befugnisse. Anders gesagt: Der nachrevolutionäre ist regelmäßig mächtiger als der vorrevolutionäre Staat, weil sich jener theoretisch wie praktisch gegenüber den Volksmassen zu legitimieren versteht (und im selben Moment weniger mächtig, weil er hierzu ständig verpflichtet ist). Davon zeugt die kommunistische Parteidiktatur, die stärker als alle kaiserliche Herrschaft in China zuvor ist, nicht minder als die Ein-Parteien-Herrschaft im Vergleich mit dem Porfiriat in Mexiko oder der islamische Staat theokratischer Prägung im Vergleich mit dem Pahlavi- und jedem vorherigen Schah-Regime im Iran. In jeder der drei postrevolutionären Herrschaftsordnungen wurde einer wirksamen Inpflichtnahme der Herrschaft durch die als Legitimationsadressaten nunmehr relevanten Herrschaftsunterworfenen gleichwohl – mal mehr (wie in China und im Iran), mal weniger (wie in Mexiko) – insofern ein Riegel vorgeschoben, als man mit den Mitteln der politischen Überwachung und Repression die öffentliche Kommunikation von Missbilligung zu unterbinden sucht(e). Was jedoch, wie mehrmals thematisiert, anders als in (reinen) liberalen Demokratien keinen Widerspruch, sondern – aufgrund des *exklusiven* Wahrheitsanspruchs, den die kommunistische Partei oder der Oberste Rechtsgelehrte erheben – eine *Ergänzung* zur Legitimation in Mobilisierungsregimen darstellt. Der expandierende moderne (Zentral-)Staat steht somit am *Anfang* wie am *Ende* der drei Revolutionen.

Die Revolution, so viel steht fest, ist weit davon entfernt, sich aus der Geschichte zu verabschieden, geschweige denn bereits verabschiedet zu haben. Ihre „Ur-Sache" hat sich keineswegs erledigt. Nach wie vor leben weltweit Menschen unter Herrschaftsverhältnissen, die sie – wenn nicht offen, so doch insgeheim – für theoretisch illegitim erachten. Innerhalb des demokratischen Rechtsstaats mag diese grundlegende Bedingung momentan nicht mehr (oder jedenfalls für weitaus weniger Menschen) gegeben sein, ihm droht daher fürs Erste keine Revolution mehr. Mit dem demokratischen Rechtsstaat *endet* gewissermaßen die ordnungs*fremde* Revolution, qua „*Ein*ordnung" der Revolution. Aber wie hat es Halliday im Anschluss an die revolutionären Umbrüche von 1989/90 so schön formuliert? „There are less than two dozen countries in the world which meet this criterion. In other words, for the great majority of the 169 states in the world, the conditions under which revolutions can occur still prevail."[1518] Zu einer ganz ähnlichen Einschätzung kommt aktuell auch Goldstone: „Someday, all countries in the world will have stable, resilient, inclusive, and just

---

1518 Halliday, Fred: Revolution in the Third World. 1945 and After, in: Rice, Ellen E. (Hrsg.): Revolution and Counter-Revolution, Oxford 1991, S. 129-152, hier S. 151.

regimes. At that point, perhaps revolutions will fade into history with other heroic tales of wars and the creation of states and peoples. But we are a long way from that day."[1519]

Der Kampf gegen die immer noch gegebenen oppressiven Regime mag zuweilen aussichtslos erscheinen, noch mehr die Herstellung stabiler und dauerhafter demokratischer Verhältnisse, doch das ist nichts Neues. „The odds for success will remain long and the difficulties of social transformation daunting, but this has always been the case"[1520], stellt Foran mit Blick auf die Zukunft der Revolution fest. Mit dem wichtigen Unterschied gleichwohl, dass man seit der Französischen Revolution um die Machbarkeit einer Revolution *weiß* (seit der iranischen bzw. seit den „Refolutionen" von 1989/90, sofern günstige Rahmenbedingungen vorliegen, sogar um die Machbarkeit einer *friedlichen* Revolution) und die Erinnerung an dieses Potential mit jeder neuen Revolution *aufgefrischt* wird. „Es ist ja durchaus richtig, und alle geschichtliche Erfahrung bestätigt es", wie einst Weber bemerkte, „daß man das Mögliche nicht erreichte, wenn nicht immer wieder in der Welt nach dem Unmöglichen gegriffen worden wäre"[1521]. Die Revolution gleicht diesem Griff nach dem Unmöglichen. Sie erreicht das Mögliche, weil die Beteiligten in ihr nach dem vermeintlich Unmöglichen greifen. Nichts symbolisiert dieses kühne Wagnis besser als der (Mythos vom) Sturm auf die Bastille: die Erstürmung der Trutzburg des Ancien Régime durch das französische Volk. Seither, genauer: seit der nur wenige Tage später abgeschlossenen Interpretation dieses Ereignisses durch die Mitglieder der Nationalversammlung,[1522] lässt sich aus dem kulturellen Gedächtnis nicht mehr streichen, wozu jene, die Herrschaft unterworfen sind, imstande sind: zum Sturz einer alten und zur Errichtung einer neuen (der Möglichkeit nach präzedenzlosen) Ordnung – zum *Neuanfang*. In den Worten Arendts:

> Von diesen Neuanfängen im Kontinuum historischer Zeit geben die Revolutionen letztlich Kunde. Das große Pathos, das sich aller bemächtigt, die an ih-

---

1519 Goldstone 2014 – Revolutions, S. 133.
1520 Foran 1997 – The Future of Revolutions, S. 815.
1521 Weber, Max: Politik als Beruf (Oktober 1919), in: ders.: Gesammelte Politische Schriften, hrsg. von Johannes Winckelmann, Tübingen 1988, S. 505-560, hier S. 560.
1522 Vgl. Sewell, William H.: Historical Events as Transformations of Structures. Inventing Revolution at the Bastille (1996), in: ders.: Logics of History. Social Theory and Social Transformation, Chicago 2005, S. 225-270.

nen, ob im Glück oder Unglück, im Erfolg oder Scheitern, teilnehmen, entstammt der Erfahrung, daß der Mensch in der Tat dies vermag – einen Anfang machen, *novus ordo saeclorum*.[1523]

Von diesem Vermögen zum Neuanfang, zum *demokratischen* Neuanfang, kündet nicht zuletzt die jüngste Entwicklung im arabischen Raum: der „Arabische Frühling". Mit seinem Anbruch keimten in einer Region demokratische Ambitionen auf, wo für diese bislang ein eher unwirtliches Klima zu herrschen schien. Der letzte verbliebene regionale weiße Fleck auf der „demokratischen Landkarte" wurde gleichsam mit Farbe ausgefüllt.[1524] Zwar bleibt der langfristige (demokratische) Erfolg selbst dort höchst ungewiss, wo die alten Diktatoren gestürzt werden konnten: in Tunesien, in Ägypten, im Jemen und in Libyen. Obwohl es sicherlich noch zu früh für ein Fazit bezüglich der Ergebnisse ist und obwohl vergangene Revolutionen lehren, wie langwierig und mühsam eine nachhaltige demokratische Transformation sein kann, bemüht gar manch einer bereits die Rede vom „Arabischen Winter". Doch so sehr eine jede Revolution auch „immer den Rückfall ins alte Gleis" riskiert, wie uns Foucault ins Gedächtnis ruft, „als Ereignis, dessen Inhalt unwichtig ist", man könnte auch sagen: als Ereignis, dessen Inhalt immer wieder aufs Neue *offen* (nämlich kontingent) ist, „bezeugt sie eine beständige Möglichkeit, ein Vermögen, das nicht vergessen werden kann"[1525]. Die Menschen in der arabischen Welt haben sich dieses Vermögens zum Neuanfang, zum *eigenmächtigen Machen* eines Neuanfangs vergewissert, als sie die ehemals übermächtig-unverrückbar erscheinenden „Sultane" vertrieben, deren Herrschaft ein theoretisches Legitimitätsdefizit anhaftete.[1526] Und sie werden sich dieses Vermögens, wenn nötig, *wieder* entsinnen und dabei womöglich auf sol-

---

1523 Arendt 1974 – Über die Revolution, S. 276.
1524 Vgl. Goldstone 2011 – Understanding the Revolutions of 2011, S. 16.
1525 Foucault 1989 – Was ist Aufklärung, S. 335, wiederabgedruckt aus der taz vom 2. Juli 1984.
1526 Auch Beetham 2013 – The Legitimation of Power, S. 264f. sieht den tieferen Grund für den Anbruch des „Arabischen Frühlings" darin, dass die Herrschaft von den Beteiligten ihrem *Ursprung* nach für illegitim gehalten wurde. Und mit Blick auf die Ergebnisse des „Arabischen Frühlings" wagt Goldstone 2011 – Understanding the Revolutions of 2011, S. 16 eine vorsichtige Prognose: „Whatever the final outcome, this much can be said: the rule of the sultans is coming to an end." Die (dynastisch legitimierten) Monarchien im arabischen Raum wiederum sehen sich bislang zwar Reformforderungen, nicht aber revolutionären Herausforderungen ausgesetzt. Vgl. zu den Gründen ders. 2014 – Revolutions, S. 127-130.

che Ideen (auch und v.a. der Volkssouveränität) Bezug nehmen, denen während des „Arabischen Frühlings" erstmals in dem Umfang öffentlich Ausdruck verliehen wurde. Alle verbliebenen oder neu entstehenden Autokratien, und seien sie mit noch so viel repressiver Kapazität ausgestattet, werden von nun an zittern: zittern vor den gewaltfreien Massendemonstrationen, vor der friedlichen Macht des Volkes, welches entschlossen ist, sich die herrschaftlichen und gesellschaftlichen Verhältnisse nach seinen eigenen Vorstellungen zu formen und für die Erreichung dieses Ziels äußerstenfalls auch vor dem Gebrauch von Gewalt nicht zurückschreckt.

Es könnte darin zweifellos auch eine indirekte Mahnung an alle Herrschaft in den konsolidierten Demokratien stecken. Nur so lange, wie sie sich gegenüber den (oder dem Großteil der) Herrschaftsunterworfenen zu legitimieren – und das heißt: die Idee der Selbstbestimmung hinlänglich zu verwirklichen – vermag, wird sie keine neuerliche Revolution fürchten müssen. Die Revolution will *institutionalisiert* sein, will *innerhalb* der Ordnung *permanent fortgeführt* werden, wenn sie nicht in nicht-institutioneller und punktuell-ereignishafter Form wiederkehren soll, um so dem Wunsch der Beteiligten nach einem demokratischen Neuanfang den nötigen Nachdruck zu verleihen. Seit dem Anfang der Revolution steht alle Herrschaft in der Pflicht, sich gegenüber dem Volk, welches sich (wie von Étienne de La Boétie so emphatisch gefordert) den freiwilligen und daher selbstverschuldeten Charakter seiner Knechtschaft vergegenwärtigt hat, fortlaufend für ihr So-Sein theoretisch und performativ zu legitimieren – wenn nicht früher oder später vermöge seiner Handlungsmacht ein Anders-Sein Wirklichkeit werden soll, sei es auf reformerischem oder sei es auf revolutionärem Wege. Und sollten die Menschen eines Tages etwas anderes als die Demokratie intendieren, d.h. anderen Ideen bezüglich der Legitimation von Herrschaft anhängen? Dann müsste ein neuer Name gefunden werden. Denn für den im weitesten Sinne demokratischen Neuanfang ist aus historischen Gründen der Begriff der „Revolution" reserviert.

Literaturverzeichnis

Abrahamian, Ervand: Iran Between Two Revolutions, Princeton/N.J. 1982.

Abrahamian, Ervand: A History of Modern Iran, Cambridge 2008.

Achterberg, Norbert/Krawietz, Werner (Hrsg.): Legitimation des modernen Staates. Archiv für Rechts- und Sozialphilosophie, Beiheft 15, Wiesbaden 1981.

Ahmad, Eqbal: Comments on Skocpol, in: Theory and Society, Bd. 11/1982, Heft 3, S. 293-300.

Alagappa, Muthiah (Hrsg.): Political Legitimacy in Southeast Asia. The Quest for Moral Authority, Stanford/Calif. 1995.

Algazi, Gadi: Herrengewalt und Gewalt der Herren im späten Mittelalter. Herrschaft, Gegenseitigkeit und Sprachgebrauch, Frankfurt/M. 1996.

Alter, Peter: Nationalismus, Frankfurt/M. 1985.

Anderson, Benedict: Die Erfindung der Nation. Zur Karriere eines erfolgreichen Konzepts, Frankfurt/M. 1993/1983.

Anderson, Perry: A Zone of Engagement, London 1992.

Anderson, Perry: The Ends of History (1992), in: ders.: A Zone of Engagement, London 1992, S. 279-375.

Ansari, Ali M.: Modern Iran Since 1921. The Pahlavis and After, London 2003.

Anter, Andreas: Die Macht der Ordnung. Aspekte einer Grundkategorie des Politischen, Tübingen 2007.

Arendt, Hannah: Fragwürdige Traditionsbestände im politischen Denken der Gegenwart. Vier Essays, Frankfurt/M. 1957.

Arendt, Hannah: Was ist Autorität?, in: dies.: Fragwürdige Traditionsbestände im politischen Denken der Gegenwart. Vier Essays, Frankfurt/M. 1957, S. 117-168.

Arendt, Hannah: Macht und Gewalt, München 1971.

Arendt, Hannah: Über die Revolution, München 1974/1963.

Arjomand, Said A.: The Causes and Significance of the Iranian Revolution, in: State, Culture, and Society, Bd. 1/1985, Heft 3, S. 41-66.

Arjomand, Said A.: The Turban for the Crown. The Islamic Revolution in Iran, New York 1988.

Asch, Ronald G./Freist, Dagmar (Hrsg.): Staatsbildung als kultureller Prozess. Strukturwandel und Legitimation von Herrschaft in der Frühen Neuzeit, Köln 2005.

Avery, Peter/Hambly, Gavin/Melville, Charles P. (Hrsg.): The Cambridge History of Iran. Bd. 7: From Nadir Shah to the Islamic Republic, Cambridge 1991.

Aya, Rod: Theories of Revolution Reconsidered: Contrasting Models of Collective Violence, in: Theory and Society, Bd. 8/1979, Heft 1, S. 39-99.

Bader, Veit-Michael: Max Webers Begriff der Legitimität. Versuch einer systematisch-kritischen Rekonstruktion, in: Weiß, Johannes (Hrsg.): Max Weber heute. Erträge und Probleme der Forschung, Frankfurt/M. 1989, S. 296-334.

Baker, Keith M.: Politics and Public Opinion under the Old Regime. Some Reflections, in: Censer, Jack R./Popkin, Jeremy D. (Hrsg.): Press and Politics in Pre-Revolutionary France, Berkeley 1987, S. 204-246.

Baker, Keith M.: Zum Problem der ideologischen Ursprünge der Französischen Revolution, in: Conrad, Christoph/Kessel, Martina (Hrsg.): Geschichte schreiben in der Postmoderne. Beiträge zur aktuellen Diskussion, Stuttgart 1994, S. 251-282.

Balandier, Georges: Politische Anthropologie, München 1976.

Balibar, Étienne: Gleichfreiheit. Politische Essays (1989–2009), Berlin 2012.

Ballestrem, Karl L.: Vertragstheoretische Ansätze in der politischen Philosophie, in: Zeitschrift für Politik, Bd. 30/1983, Heft 1, S. 1-17.

Barker, Rodney: Political Legitimacy and the State, Oxford 1990.

Barker, Rodney: Legitimating Identities. The Self-Presentations of Rulers and Subjects, Cambridge 2001.

Barth, Fredrik (Hrsg.): Ethnic Groups and Boundaries. The Social Organization of Culture Difference, Bergen 1969.

Barth, Fredrik: Introduction, in: ders. (Hrsg.): Ethnic Groups and Boundaries. The Social Organization of Culture Difference, Bergen 1969, S. 9-38.

Baudrillard, Jean: Transparenz des Bösen. Ein Essay über extreme Phänomene, Berlin 1992/1990.

Baumann, Peter: Die Motive des Gehorsams bei Max Weber, in: Zeitschrift für Soziologie, Bd. 22/1993, Heft 5, S. 355-370.

Bayat, Asef: Is There a Future for Islamist Revolutions? Religion, Revolt, and Middle Eastern Modernity, in: Foran, John/Lane, David S./Zivkovic, Andreja (Hrsg.): Revolution in the Making of the Modern World. Social Identities, Globalization, and Modernity, Milton Park 2008, S. 96-111.

Baycroft, Timothy/Hewitson, Mark: Introduction. What was a Nation in Nineteenth-Century Europe?, in: dies. (Hrsg.): What is a Nation? Europe 1789–1914, Oxford 2006, S. 1-13.

Baycroft, Timothy/Hewitson, Mark (Hrsg.): What is a Nation? Europe 1789–1914, Oxford 2006.

Bayly, Christopher A.: Die Geburt der modernen Welt. Eine Globalgeschichte 1780–1914, Frankfurt/M. 2006.

Bazant, Jan: A Concise History of Mexico. From Hidalgo to Cárdenas, 1805–1940, Cambridge/Mass. 1977.

Bazant, Jan: From Independence to the Liberal Republic, 1821–1867, in: Bethell, Leslie (Hrsg.): Mexico Since Independence, Cambridge 1991, S. 1-48.

Beetham, David: Max Weber and the Legitimacy of the Modern State, in: Analyse und Kritik, Bd. 13/1991, Heft 1, S. 34-45.

Beetham, David: The Legitimation of Power, Basingstoke 1991.

Beetham, David: The Legitimation of Power, Basingstoke 2013/1991.

Bendix, Reinhard: Könige oder Volk. Machtausübung und Herrschaftsmandat, Bd. 1, 2 Bde., Frankfurt/M. 1980.

Bendix, Reinhard: Könige oder Volk. Machtausübung und Herrschaftsmandat, Bd. 2, 2 Bde., Frankfurt/M. 1980.

Benjamin, Andrew (Hrsg.): Judging Lyotard, London 1992.

Berger, Peter L.: Zur Dialektik von Religion und Gesellschaft. Elemente einer soziologischen Theorie, Frankfurt/M. 1973.

Berger, Peter L./Luckmann, Thomas: Die gesellschaftliche Konstruktion der Wirklichkeit. Eine Theorie der Wissenssoziologie, Frankfurt/M. 2007/1966.

Berlin, Isaiah: Freiheit. Vier Versuche, Frankfurt/M. 1995.

Berlin, Isaiah: Zwei Freiheitsbegriffe, in: ders.: Freiheit. Vier Versuche, Frankfurt/M. 1995, S. 197-256.

Bernecker, Walther L.: Mexiko im 19. Jahrhundert. Zwischen Unabhängigkeit und Revolution, in: ders./Pietschmann, Horst/Tobler, Hans W.: Eine kleine Geschichte Mexikos, Frankfurt/M. 2007, S. 119-240.

Bernecker, Walther L./Pietschmann, Horst/Tobler, Hans W.: Eine kleine Geschichte Mexikos, Frankfurt/M. 2007.

Bernecker, Walther L./Tobler, Hans W. (Hrsg.): Handbuch der Geschichte Lateinamerikas. Bd. 3: Lateinamerika im 20. Jahrhundert, Stuttgart 1996.

Bethell, Leslie (Hrsg.): The Cambridge History of Latin America. Bd. 5: c. 1870 to 1930, Cambridge 1989.

Bethell, Leslie (Hrsg.): Mexico Since Independence, Cambridge 1991.

Beyme, Klaus von: Einleitung, in: ders. (Hrsg.): Empirische Revolutionsforschung, Opladen 1973, S. 7-38.

Beyme, Klaus von (Hrsg.): Empirische Revolutionsforschung, Opladen 1973.

Blanning, Timothy C. W.: Das alte Europa 1660–1789. Kultur der Macht und Macht der Kultur, Darmstadt 2006.

Bockelmann, Eske: Im Takt des Geldes. Zur Genese modernen Denkens, Springe 2004.

Böckenförde, Ernst-Wolfgang: Die Entstehung des Staates als Vorgang der Säkularisation (1967), in: ders.: Staat, Gesellschaft, Freiheit. Studien zur Staatstheorie und zum Verfassungsrecht, Frankfurt/M. 1976, S. 42-64.

Böckenförde, Ernst-Wolfgang: Staat, Gesellschaft, Freiheit. Studien zur Staatstheorie und zum Verfassungsrecht, Frankfurt/M. 1976.

Bohn, Cornelia/Willems, Herbert (Hrsg.): Sinngeneratoren. Fremd- und Selbstthematisierung in soziologisch-historischer Perspektive, Konstanz 2001.

Boltanski, Luc/Thévenot, Laurent: Über die Rechtfertigung. Eine Soziologie der kritischen Urteilskraft, Hamburg 2007.

Borkenau, Franz: State and Revolution in the Paris Commune, the Russian Revolution, and the Spanish Civil War, in: The Sociological Review, Bd. 29/1937, Heft 1, S. 41-75.

Borkenau, Franz: Der Übergang vom feudalen zum bürgerlichen Weltbild. Studien zur Geschichte der Philosophie der Manufakturperiode, Darmstadt 1976/1934.

Literaturverzeichnis

Bornschier, Volker/Lengyel, Peter (Hrsg.): Conflicts and New Departures in World Society. World Society Studies, Bd. 3, New Brunswick/N.J. 1994.

Boswell, Terry (Hrsg.): Revolution in the World-System, New York 1989.

Bourdieu, Pierre: Sozialer Sinn. Kritik der theoretischen Vernunft, Frankfurt/M. 1993.

Bourdieu, Pierre: Praktische Vernunft. Zur Theorie des Handelns, Frankfurt/M. 1998.

Breuer, Stefan: Magisches und religiöses Charisma. Entwicklungsgeschichtliche Perspektiven, in: Kölner Zeitschrift für Soziologie und Sozialpsychologie, Bd. 41/1989, Heft 2, S. 215-240.

Breuer, Stefan: Der archaische Staat. Zur Soziologie charismatischer Herrschaft, Berlin 1990.

Breuer, Stefan: Max Webers Herrschaftssoziologie, Frankfurt/M. 1991.

Breuer, Stefan: Der Staat. Entstehung, Typen, Organisationsstadien, Reinbek bei Hamburg 1998.

Breuer, Stefan: Legitime Herrschaft, in: ders.: Max Webers tragische Soziologie. Aspekte und Perspektiven, Tübingen 2006, S. 63-79.

Breuer, Stefan: Max Webers tragische Soziologie. Aspekte und Perspektiven, Tübingen 2006.

Breuer, Stefan/Treiber, Hubert (Hrsg.): Entstehung und Strukturwandel des Staates, Opladen 1982.

Breuilly, John: Nationalismus und moderner Staat. Deutschland und Europa, hrsg. von Johannes Müller, Köln 1999/1982.

Brinton, Crane: Die Revolution und ihre Gesetze, Frankfurt/M. 1959/1938.

Bröckers, Mathias/Berentzen, Detlef/Brugger, Bernhard (Hrsg.): Die taz – das Buch. Aktuelle Ewigkeitswerte aus zehn Jahren „tageszeitung", Frankfurt/M. 1989.

Bröckling, Ulrich/Paul, Axel T./Kaufmann, Stefan (Hrsg.): Vernunft – Entwicklung – Leben. Schlüsselbegriffe der Moderne, München 2004.

Browning, Gary/Halcli, Abigail/Webster, Frank (Hrsg.): Understanding Contemporary Society. Theories of the Present, London 2000.

Brunner, Otto/Conze, Werner/Koselleck, Reinhart (Hrsg.): Geschichtliche Grundbegriffe. Historisches Lexikon zur politisch-sozialen Sprache in Deutschland, 8 Bde., Stuttgart 1972–1997.

Bruszt, László: 1989: The Negotiated Revolution in Hungary, in: Social Research, Bd. 57/1990, Heft 2, S. 365-387.

Buchheim, Hans: Das Prinzip „Nation" und der neuzeitliche Verfassungsstaat, in: Zeitschrift für Politik, Bd. 42/1995, Heft 1, S. 60-67.

Buchstein, Hubertus/Jörke, Dirk: Das Unbehagen an der Demokratietheorie, in: Leviathan: Zeitschrift für Sozialwissenschaft, Bd. 31/2000, Heft 4, S. 470-495.

Buffington, Robert M./French, William E.: The Culture of Modernity, in: Meyer, Michael C./Beezley, William H. (Hrsg.): The Oxford History of Mexico, New York 2000, S. 397-432.

Burger, Rudolf: Man lache nicht über Fukuyama, in: Leviathan: Zeitschrift für Sozialwissenschaft, Bd. 18/1990, Heft 4, S. 453-461.

Literaturverzeichnis

Campbell, Peter R.: Introduction. The Origins of the French Revolution in Focus, in: ders. (Hrsg.): The Origins of the French Revolution, Basingstoke 2006, S. 1-34.

Campbell, Peter R. (Hrsg.): The Origins of the French Revolution, Basingstoke 2006.

Canetti, Elias: Masse und Macht, Düsseldorf 1978/1960.

Censer, Jack R./Popkin, Jeremy D. (Hrsg.): Press and Politics in Pre-Revolutionary France, Berkeley 1987.

Chartier, Roger: The Cultural Origins of the French Revolution, Durham 1991.

Cipriani, Roberto: The Sociology of Legitimation. An Introduction, in: Current Sociology, Bd. 35/1987, Heft 2, S. 1-20.

Claessen, Henri J. M.: On Early States. Structure, Development, and Fall, in: Social Evolution and History, Bd. 9/2010, Heft 1, S. 3-51.

Claessen, Henri J. M./Skalník, Peter (Hrsg.): The Early State, The Hague 1978.

Claessen, Henri J. M./Skalník, Peter: The Early State. Models and Reality, in: dies. (Hrsg.): The Early State, The Hague 1978, S. 637-650.

Cohen, Ronald: Introduction, in: ders./Service, Elman R. (Hrsg.): Origins of the State. The Anthropology of Political Evolution, Philadelphia 1978, S. 1-20.

Cohen, Ronald: Introduction, in: ders./Toland, Judith D. (Hrsg.): State Formation and Political Legitimacy, New Brunswick/N.J. 1988, S. 1-21.

Cohen, Ronald/Service, Elman R. (Hrsg.): Origins of the State. The Anthropology of Political Evolution, Philadelphia 1978.

Cohen, Ronald/Toland, Judith D. (Hrsg.): State Formation and Political Legitimacy, New Brunswick/N.J. 1988.

Collins, Randall: Weberian Sociological Theory, Cambridge 1986.

Connolly, William E. (Hrsg.): Legitimacy and the State, Oxford 1984.

Connor, Walker: A Nation is a Nation, is a State, is an Ethnic Group, is a... (1978), in: ders.: Ethnonationalism. The Quest for Understanding, Princeton/N.J. 1994, S. 90-117.

Connor, Walker: Ethnonationalism. The Quest for Understanding, Princeton/N.J. 1994.

Connor, Walker: Nation-Building or Nation-Destroying? (1972), in: ders.: Ethnonationalism. The Quest for Understanding, Princeton/N.J. 1994, S. 29-66.

Conrad, Christoph/Kessel, Martina (Hrsg.): Geschichte schreiben in der Postmoderne. Beiträge zur aktuellen Diskussion, Stuttgart 1994.

Cook, Michael A. (Hrsg.): Studies in the Economic History of the Middle East. From the Rise of Islam to the Present Day, London 1970.

Coser, Lewis A.: Continuities in the Study of Social Conflict, New York 1967.

Crouch, Colin: Postdemokratie, Frankfurt/M. 2008.

Dabringhaus, Sabine: Geschichte Chinas 1279–1949, München 2009.

Dahrendorf, Ralf: Über einige Probleme der soziologischen Theorie der Revolution, in: European Journal of Sociology, Bd. 2/1961, Heft 1, S. 153-162.

Dahrendorf, Ralf: Die Funktionen sozialer Konflikte (1961), in: ders.: Pfade aus Utopia. Arbeiten zur Theorie und Methode der Soziologie, München 1986, S. 263-277.

617

Literaturverzeichnis

Dahrendorf, Ralf: Karl Marx und die Theorie des sozialen Wandels (1964), in: ders.: Pfade aus Utopia. Arbeiten zur Theorie und Methode der Soziologie, München 1986, S. 277-293.

Dahrendorf, Ralf: Pfade aus Utopia. Zu einer Neuorientierung der soziologischen Analyse (1958), in: ders.: Pfade aus Utopia. Arbeiten zur Theorie und Methode der Soziologie, München 1986, S. 242-263.

Dahrendorf, Ralf: Pfade aus Utopia. Arbeiten zur Theorie und Methode der Soziologie, München 1986.

Dahrendorf, Ralf: Struktur und Funktion. Talcott Parsons und die Entwicklung der soziologischen Theorie (1955), in: ders.: Pfade aus Utopia. Arbeiten zur Theorie und Methode der Soziologie, München 1986, S. 213-242.

Dahrendorf, Ralf: Der Wiederbeginn der Geschichte. Vom Fall der Mauer zum Krieg im Irak, München 2004.

Dahrendorf, Ralf: Müssen Revolutionen scheitern? (1990), in: ders.: Der Wiederbeginn der Geschichte. Vom Fall der Mauer zum Krieg im Irak, München 2004, S. 15-29.

Dahrendorf, Ralf: Revolution und Reform, oder Etwas ist mehr als Alles (1998), in: ders.: Der Wiederbeginn der Geschichte. Vom Fall der Mauer zum Krieg im Irak, München 2004, S. 162-174.

Dahrendorf, Ralf: Zuvor, in: ders.: Der Wiederbeginn der Geschichte. Vom Fall der Mauer zum Krieg im Irak, München 2004, S. 11-14.

Davies, James C.: Eine Theorie der Revolution (1962), in: Beyme, Klaus von (Hrsg.): Empirische Revolutionsforschung, Opladen 1973, S. 185-204.

Deutsch, Karl W.: Nationalism and Social Communication. An Inquiry into the Foundations of Nationality, Cambridge/Mass. 1966/1953.

Deutsch, Karl W.: Nation und Welt (1966), in: ders.: Nationenbildung – Nationalstaat – Integration, hrsg. von Abraham Ashkenasi und Peter W. Schulze, Düsseldorf 1972, S. 202-219.

Deutsch, Karl W.: Nationenbildung – Nationalstaat – Integration, hrsg. von Abraham Ashkenasi und Peter W. Schulze, Düsseldorf 1972.

Dölling, Dieter (Hrsg.): Jus humanum. Grundlagen des Rechts und Strafrecht. Festschrift für Ernst-Joachim Lampe zum 70. Geburtstag, Berlin 2003.

Drake, Michael S.: Revolution, in: Nash, Kate/Scott, Alan (Hrsg.): The Blackwell Companion to Political Sociology, Malden/Mass. 2001, S. 195-207.

Dunn, John: Modern Revolutions. An Introduction to the Analysis of a Political Phenomenon, Cambridge 1972.

Dunn, John: Political Obligation in Its Historical Context. Essays in Political Theory, Cambridge 1980.

Dunn, John: The Success and Failure of Modern Revolutions, in: ders.: Political Obligation in Its Historical Context. Essays in Political Theory, Cambridge 1980, S. 217-240.

Durkheim, Emile: Über soziale Arbeitsteilung. Studie über die Organisation höherer Gesellschaften, Frankfurt/M. 1992/1893.

Dux, Günter: Religion, Geschichte und sozialer Wandel in Max Webers Religionssoziologie, in: Seyfarth, Constans/Sprondel, Walter M. (Hrsg.): Seminar: Religion und gesellschaftliche Entwicklung. Studien zur Protestantismus-Kapitalismus-These Max Webers, Frankfurt/M. 1973, S. 313-337.

Dux, Günter: Die ontogenetische und historische Entwicklung des Geistes, in: ders./ Wenzel, Ulrich (Hrsg.): Der Prozeß der Geistesgeschichte. Studien zur ontogenetischen und historischen Entwicklung des Geistes, Frankfurt/M. 1994, S. 173-224.

Dux, Günter: Historisch-genetische Theorie der Kultur. Instabile Welten - Zur prozessualen Logik im kulturellen Wandel, Weilerswist 2000.

Dux, Günter: Gerechtigkeit. Die Genese einer Idee, in: Dölling, Dieter (Hrsg.): Jus humanum. Grundlagen des Rechts und Strafrecht. Festschrift für Ernst-Joachim Lampe zum 70. Geburtstag, Berlin 2003, S. 81-105.

Dux, Günter: Von allem Anfang an: Macht, nicht Gerechtigkeit. Studien zur Genese und historischen Entwicklung des Postulats der Gerechtigkeit, Weilerswist 2009.

Dux, Günter/Wenzel, Ulrich (Hrsg.): Der Prozeß der Geistesgeschichte. Studien zur ontogenetischen und historischen Entwicklung des Geistes, Frankfurt/M. 1994.

Easton, David: A Systems Analysis of Political Life, New York 1965.

Easton, David: A Re-Assessment of the Concept of Political Support, in: British Journal of Political Science, Bd. 5/1975, Heft 4, S. 435-457.

Edwards, Lyford P.: The Natural History of Revolution, Chicago 1927.

Eisenstadt, Shmuel N.: Revolution und die Transformation von Gesellschaften. Eine vergleichende Untersuchung verschiedener Kulturen, Opladen 1982.

Eisenstadt, Shmuel N.: The Breakdown of Communist Regimes and the Vicissitudes of Modernity, in: Daedalus, Bd. 121/1992, Heft 2, S. 21-41.

Eisenstadt, Shmuel N.: Die Vielfalt der Moderne. Heidelberger Max-Weber-Vorlesungen 1997, Weilerswist 2000.

Elias, Norbert: Ein Exkurs über Nationalismus, in: ders.: Studien über die Deutschen. Machtkämpfe und Habitusentwicklung im 19. und 20. Jahrhundert, hrsg. von Michael Schröter, Frankfurt/M. 1992, S. 159-222.

Elias, Norbert: Studien über die Deutschen. Machtkämpfe und Habitusentwicklung im 19. und 20. Jahrhundert, hrsg. von Michael Schröter, Frankfurt/M. 1992.

Elwert, Georg: Nationalismus und Ethnizität. Über die Bildung von Wir-Gruppen, in: Kölner Zeitschrift für Soziologie und Sozialpsychologie, Bd. 41/1989, Heft 3, S. 440-464.

Englebert, Pierre: State Legitimacy and Development in Africa, Boulder/Colo. 2000.

Ernst, Werner W.: Legitimationswandel und Revolution. Studien zur neuzeitlichen Entwicklung und Rechtfertigung politischer Gewalt, Berlin 1986.

Esherick, Joseph W.: Ten Theses on the Chinese Revolution, in: Modern China, Bd. 21/1995, Heft 1, S. 45-76.

Eßbach, Wolfgang (Hrsg.): Wir – ihr – sie. Identität und Alterität in Theorie und Methode, Würzburg 2000.

Esser, Hartmut: Soziologie: Spezielle Grundlagen. Bd. 5: Institutionen, 6 Bde., Frankfurt/M. 2000.

Literaturverzeichnis

Euchner, Walter: Einleitung, in: Locke, John: Zwei Abhandlungen über die Regierung, hrsg. von Walter Euchner, Frankfurt/M. 1977, S. 9-59.

Evans, Peter B./Rueschemeyer, Dietrich/Skocpol, Theda (Hrsg.): Bringing the State Back In, Cambridge 1985.

Fairbank, John K.: Geschichte des modernen China. 1800–1985, München 1991/1986.

Fairbank, John K./Goldman, Merle: China. A New History, Cambridge/Mass. 2006/1992.

Farhi, Farideh: The Democratic Turn. New Ways of Understanding Revolution, in: Foran, John (Hrsg.): The Future of Revolutions. Rethinking Radical Change in the Age of Globalization, London 2003, S. 30-41.

Ferber, Christian von: Die Gewalt in der Politik. Auseinandersetzung mit Max Weber, Stuttgart 1970.

Fetscher, Iring: Einleitung, in: Hobbes, Thomas: Leviathan. Oder Stoff, Form und Gewalt eines kirchlichen und bürgerlichen Staates, hrsg. von Iring Fetscher, Frankfurt/M. 1984, S. IX-LXVI.

Fischer, Joachim: Philosophische Anthropologie. Eine Denkrichtung des 20. Jahrhunderts, Freiburg/Br. 2008.

Fischer, Joachim/Rehberg, Karl-Siegbert (Hrsg.): Kunst, Macht und Institution. Studien zur philosophischen Anthropologie, soziologischen Theorie und Kultursoziologie der Moderne, Frankfurt/M. 2003.

Foran, John: Theories of Revolution Revisited. Toward a Fourth Generation?, in: Sociological Theory, Bd. 11/1993, Heft 1, S. 1-20.

Foran, John (Hrsg.): A Century of Revolution. Social Movements in Iran, London 1994.

Foran, John: The Causes of Latin American Social Revolutions. Searching for Patterns in Mexico, Cuba, and Nicaragua, in: Bornschier, Volker/Lengyel, Peter (Hrsg.): Conflicts and New Departures in World Society. World Society Studies, Bd. 3, New Brunswick/N.J. 1994, S. 209-244.

Foran, John: The Iranian Revolution of 1977–79. A Challenge for Social Theory, in: Foran, John (Hrsg.): A Century of Revolution. Social Movements in Iran, London 1994, S. 160-188.

Foran, John: Review: Reinventing the Mexican Revolution. The Competing Paradigms of Alan Knight and John Mason Hart, in: Latin American Perspectives, Bd. 23/1996, Heft 4, S. 115-131.

Foran, John: The Future of Revolutions at the fin-de-siècle, in: Third World Quarterly, Bd. 18/1997, Heft 5, S. 791-820.

Foran, John (Hrsg.): The Future of Revolutions. Rethinking Radical Change in the Age of Globalization, London 2003.

Foran, John: Taking Power. On the Origins of Third World Revolutions, Cambridge 2005.

Foran, John: New Political Cultures of Opposition. What Future for Revolutions?, in: ders./Lane, David S./Zivkovic, Andreja (Hrsg.): Revolution in the Making of the Modern World. Social Identities, Globalization, and Modernity, Milton Park 2008, S. 236-251.

Foran, John/Lane, David S./Zivkovic, Andreja (Hrsg.): Revolution in the Making of the Modern World. Social Identities, Globalization, and Modernity, Milton Park 2008.

Foucault, Michel: Was ist Aufklärung? Was ist Revolution? (1983), in: Bröckers, Mathias/Berentzen, Detlef/Brugger, Bernhard (Hrsg.): Die taz – das Buch. Aktuelle Ewigkeitswerte aus zehn Jahren „tageszeitung", Frankfurt/M. 1989, S. 332-335.

Foucault, Michel: Das mythische Oberhaupt der Revolte im Iran (26.11.1978), in: ders.: Schriften in vier Bänden, Dits et Ecrits. Bd. 3: 1976-1979, hrsg. von Daniel Defert und François Ewald, Frankfurt/M. 2003, S. 894-897.

Foucault, Michel: Der Geist geistloser Zustände. Gespräch mit P. Blanchet und Cl. Brière (1979), in: ders.: Schriften in vier Bänden, Dits et Ecrits. Bd. 3: 1976-1979, hrsg. von Daniel Defert und François Ewald, Frankfurt/M. 2003, S. 929-943.

Foucault, Michel: Der Schah ist hundert Jahre zurück (01.10.1978), in: ders.: Schriften in vier Bänden, Dits et Ecrits. Bd. 3: 1976-1979, hrsg. von Daniel Defert und François Ewald, Frankfurt/M. 2003, S. 850-856.

Foucault, Michel: Die iranische Revolte breitet sich mittels Tonbandkassetten aus (19.11.1978), in: ders.: Schriften in vier Bänden, Dits et Ecrits. Bd. 3: 1976-1979, hrsg. von Daniel Defert und François Ewald, Frankfurt/M. 2003, S. 888-893.

Foucault, Michel: Eine Revolte mit bloßen Händen (05.11.1978), in: ders.: Schriften in vier Bänden, Dits et Ecrits. Bd. 3: 1976-1979, hrsg. von Daniel Defert und François Ewald, Frankfurt/M. 2003, S. 878-882.

Foucault, Michel: Offener Brief an Mehdi Bazargan (14.04.1979), in: ders.: Schriften in vier Bänden, Dits et Ecrits. Bd. 3: 1976-1979, hrsg. von Daniel Defert und François Ewald, Frankfurt/M. 2003, S. 974-977.

Foucault, Michel: Pulverfass Islam (13.02.1979), in: ders.: Schriften in vier Bänden, Dits et Ecrits. Bd. 3: 1976-1979, hrsg. von Daniel Defert und François Ewald, Frankfurt/M. 2003, S. 949-952.

Foucault, Michel: Schriften in vier Bänden, Dits et Ecrits. Bd. 3: 1976-1979, hrsg. von Daniel Defert und François Ewald, Frankfurt/M. 2003.

Foucault, Michel: Wovon träumen die Iraner? (16.10.1978), in: ders.: Schriften in vier Bänden, Dits et Ecrits. Bd. 3: 1976-1979, hrsg. von Daniel Defert und François Ewald, Frankfurt/M. 2003, S. 862-870.

Foucault, Michel: Analytik der Macht, hrsg. von Daniel Defert und François Ewald, Frankfurt/M. 2005.

Foucault, Michel: Die Ethik der Sorge um sich als Praxis der Freiheit, in: ders.: Analytik der Macht, hrsg. von Daniel Defert und François Ewald, Frankfurt/M. 2005, S. 274-300.

Foucault, Michel: Subjekt und Macht (1982), in: ders.: Analytik der Macht, hrsg. von Daniel Defert und François Ewald, Frankfurt/M. 2005, S. 240-263.

Fraenkel, Ernst: Der Pluralismus als Strukturelement der freiheitlich-rechtsstaatlichen Demokratie (1964), in: ders.: Deutschland und die westlichen Demokratien, hrsg. von Alexander v. Brünneck, Stuttgart 2011, S. 256-280.

Fraenkel, Ernst: Deutschland und die westlichen Demokratien, hrsg. von Alexander v. Brünneck, Stuttgart 2011/1964.

Franke, Wolfgang: Das Jahrhundert der chinesischen Revolution, 1851–1949, München 1980/1958.

Frank, Manfred/Kittler, Friedrich A./Weber, Samuel (Hrsg.): Fugen. Deutsch-Französisches Jahrbuch für Text-Analytik, Freiburg/Br. 1980.

Freist, Dagmar: Einleitung. Staatsbildung, lokale Herrschaftsprozesse und kultureller Wandel in der Frühen Neuzeit, in: Asch, Ronald G./Freist, Dagmar (Hrsg.): Staatsbildung als kultureller Prozess. Strukturwandel und Legitimation von Herrschaft in der Frühen Neuzeit, Köln 2005, S. 1-47.

Freist, Dagmar: Öffentlichkeit und Herrschaftslegitimation in der Frühen Neuzeit. Deutschland und England im Vergleich, in: Asch, Ronald G./Freist, Dagmar (Hrsg.): Staatsbildung als kultureller Prozess. Strukturwandel und Legitimation von Herrschaft in der Frühen Neuzeit, Köln 2005, S. 321-351.

Fried, Morton H.: The Evolution of Political Society. An Essay in Political Anthropology, New York 1967.

Fried, Morton H.: The State, the Chicken, and the Egg. Or, What Came First?, in: Cohen, Ronald/Service, Elman R. (Hrsg.): Origins of the State. The Anthropology of Political Evolution, Philadelphia 1978, S. 35-47.

Fukuyama, Francis: Das Ende der Geschichte?, in: Europäische Rundschau, Bd. 17/1989, Heft 4, S. 3-25.

Fukuyama, Francis: Das Ende der Geschichte. Wo stehen wir?, München 1992.

Fukuyama, Francis: Reflections on the End of History. Five Years Later, in: History and Theory, Bd. 34/1995, Heft 2, S. 27-43.

Fukuyama, Francis: Second Thoughts. The Last Man in a Bottle, in: The National Interest, 1999, 56 der Gesamtfolge, S. 16-33.

Fukuyama, Francis: Foreword, in: Huntington, Samuel P.: Political Order in Changing Societies, New Haven/Conn. 2006, S. XII-XVII.

Furet, François: 1789 – Vom Ereignis zum Gegenstand der Geschichtswissenschaft, Frankfurt/M. 1980/1978.

Furet, François: From 1789 to 1917 & 1989. Looking Back at Revolutionary Traditions, in: Encounter, 1990, September-Heft, S. 3-7.

Furet, François/Richet, Denis: Die Französische Revolution, München 1968.

Garton Ash, Timothy: Ein Jahrhundert wird abgewählt. Aus den Zentren Mitteleuropas 1980–1990, München 1990.

Gauchet, Marcel: Die Erklärung der Menschenrechte. Die Debatte um die bürgerlichen Freiheiten 1789, Reinbek bei Hamburg 1991/1989.

Gebhardt, Jürgen/Schmalz-Bruns, Rainer (Hrsg.): Demokratie, Verfassung und Nation. Die politische Integration moderner Gesellschaften, Baden-Baden 1994.

Gehlen, Arnold: Studien zur Anthropologie und Soziologie, Neuwied am Rhein 1963.

Gehlen, Arnold: Über die Geburt der Freiheit aus der Entfremdung (1952), in: ders.: Studien zur Anthropologie und Soziologie, Neuwied am Rhein 1963, S. 232-246.

Gehlen, Arnold: Über kulturelle Kristallisation (1961), in: ders.: Studien zur Anthropologie und Soziologie, Neuwied am Rhein 1963, S. 311-328.

Gehlen, Arnold: Der Mensch. Seine Natur und seine Stellung in der Welt, Wiebelsheim 2009.

Geis, Anna/Nullmeier, Frank/Daase, Christopher (Hrsg.): Der Aufstieg der Legitimitätspolitik. Rechtfertigung und Kritik politisch-ökonomischer Ordnungen. Leviathan Sonderband 27, Baden-Baden 2012.

Gellner, Ernest: Nationalismus und Moderne, Berlin 1991/1983.

Godechot, Jacques L.: France and the Atlantic Revolution of the Eighteenth Century, 1770–1799, New York 1965/1963.

Godelier, Maurice: Zur Diskussion über den Staat, die Prozesse seiner Bildung und die Vielfalt seiner Formen und Grundlagen, in: Breuer, Stefan/Treiber, Hubert (Hrsg.): Entstehung und Strukturwandel des Staates, Opladen 1982, S. 18-35.

Goldfrank, Walter L.: Theories of Revolution and Revolution without Theory. The Case of Mexico, in: Theory and Society, Bd. 7/1979, Hefte 1/2, S. 135-165.

Goldstone, Jack A.: Review: Theories of Revolution. The Third Generation, in: World Politics, Bd. 32/1980, Heft 3, S. 425-453.

Goldstone, Jack A.: The Comparative and Historical Study of Revolutions, in: Annual Review of Sociology, Bd. 8/1982, S. 187-207.

Goldstone, Jack A.: Revolution and Rebellion in the Early Modern World, Berkeley 1991.

Goldstone, Jack A.: Toward a Fourth Generation of Revolutionary Theory, in: Annual Review of Political Science, Bd. 4/2001, S. 139-187.

Goldstone, Jack A.: Understanding the Revolutions of 2011. Weakness and Resilience in Middle Eastern Autocracies, in: Foreign Affairs, Bd. 90/2011, Heft 3, S. 8-16.

Goldstone, Jack A.: Revolutions. A Very Short Introduction, New York 2014.

Goodwin, Jeff: No Other Way Out. States and Revolutionary Movements, 1945–1991, Cambridge 2001.

Goodwin, Jeff: The Renewal of Socialism and the Decline of Revolution, in: Foran, John (Hrsg.): The Future of Revolutions. Rethinking Radical Change in the Age of Globalization, London 2003, S. 59-72.

Gottschalk, Louis: Ursachen der Revolution (1944), in: Jaeggi, Urs/Papcke, Sven (Hrsg.): Revolution und Theorie. Bd. 1: Materialien zum bürgerlichen Revolutionsverständnis, Frankfurt/M. 1974, S. 135-148.

Graeber, David: Direkte Aktion. Ein Handbuch, Hamburg 2013.

Greenstein, Fred I./Polsby, Nelson W. (Hrsg.): Handbook of Political Science. Bd. 3: Macropolitical Theory, Reading/Mass. 1975.

Griewank, Karl: Der neuzeitliche Revolutionsbegriff. Entstehung und Geschichte, Frankfurt/M. 1973/1955.

Grosser, Florian: Theorien der Revolution zur Einführung, Hamburg 2013.

Gundlach, Rolf: Der Sakralherrscher als historisches und phänomenologisches Problem, in: ders./Weber, Hermann (Hrsg.): Legitimation und Funktion des Herrschers. Vom ägyptischen Pharao zum neuzeitlichen Diktator, Stuttgart 1992, S. 1-22.

Gundlach, Rolf: Weltherrscher und Weltordnung. Legitimation und Funktion des ägyptischen Königs am Beispiel Thutmosis III. und Amenophis III., in: ders./Weber, Hermann (Hrsg.): Legitimation und Funktion des Herrschers. Vom ägyptischen Pharao zum neuzeitlichen Diktator, Stuttgart 1992, S. 23-50.

Gundlach, Rolf/Weber, Hermann (Hrsg.): Legitimation und Funktion des Herrschers. Vom ägyptischen Pharao zum neuzeitlichen Diktator, Stuttgart 1992.

Gurr, Ted R.: Why Men Rebel, Princeton/N.J. 1970.

Habermas, Jürgen: Legitimationsprobleme im modernen Staat, in: Kielmansegg, Peter (Hrsg.): Legitimationsprobleme politischer Systeme (Politische Vierteljahresschrift, Sonderheft 7), Opladen 1976, S. 39-61.

Habermas, Jürgen: Wie ist Legitimität durch Legalität möglich?, in: Kritische Justiz, Bd. 20/1987, Heft 1, S. 1-16.

Habermas, Jürgen: Strukturwandel der Öffentlichkeit. Untersuchungen zu einer Kategorie der bürgerlichen Gesellschaft, Frankfurt/M. 1990/1962.

Habermas, Jürgen: Die Moderne – ein unvollendetes Projekt. Philosophisch-politische Aufsätze, Leipzig 1992.

Habermas, Jürgen: Nachholende Revolution und linker Revisionsbedarf. Was heißt Sozialismus heute? (1990), in: ders.: Die Moderne – ein unvollendetes Projekt. Philosophisch-politische Aufsätze, Leipzig 1992, S. 213-241.

Habermas, Jürgen: Die postnationale Konstellation. Politische Essays, Frankfurt/M. 1998.

Habermas, Jürgen: Faktizität und Geltung. Beiträge zur Diskurstheorie des Rechts und des demokratischen Rechtsstaats, Frankfurt/M. 1998/1992.

Habermas, Jürgen: Recht und Moral (Tanner Lectures 1986), in: ders.: Faktizität und Geltung. Beiträge zur Diskurstheorie des Rechts und des demokratischen Rechtsstaats, Frankfurt/M. 1998/1992, S. 541-599.

Habermas, Jürgen: Volkssouveränität als Verfahren (1988), in: ders.: Faktizität und Geltung. Beiträge zur Diskurstheorie des Rechts und des demokratischen Rechtsstaats, Frankfurt/M. 1998, S. 600-631.

Habermas, Jürgen: Zur Legitimation durch Menschenrechte, in: ders.: Die postnationale Konstellation. Politische Essays, Frankfurt/M. 1998, S. 170-192.

Habermas, Jürgen: Drei normative Modelle der Demokratie (1996), in: ders.: Philosophische Texte. Studienausgabe in fünf Bänden. Bd. 4: Politische Theorie, Frankfurt/M. 2009, S. 70-86.

Habermas, Jürgen: Philosophische Texte. Studienausgabe in fünf Bänden. Bd. 4: Politische Theorie, Frankfurt/M. 2009.

Habermas, Jürgen: Über den internen Zusammenhang von Rechtsstaat und Demokratie (1996), in: ders.: Philosophische Texte. Studienausgabe in fünf Bänden. Bd. 4: Politische Theorie, Frankfurt/M. 2009, S. 140-153.

Habermas, Jürgen: Zum Verhältnis von Nation, Rechtsstaat und Demokratie (1996), in: ders.: Philosophische Texte. Studienausgabe in fünf Bänden. Bd. 4: Politische Theorie, Frankfurt/M. 2009, S. 176-208.

Habermas, Jürgen/Luhmann, Niklas: Theorie der Gesellschaft oder Sozialtechnologie – Was leistet die Systemforschung?, Frankfurt/M. 1971.

Hagesteijn, Renée R.: Circles of Kings. Political Dynamics in Early Continental Southeast Asia, Dordrecht 1989.

Hagopian, Mark N.: The Phenomenon of Revolution, New York 1974.

Hahn, Alois: Herrschaft und Religion, in: Fischer, Joachim/Rehberg, Karl-Siegbert (Hrsg.): Kunst, Macht und Institution. Studien zur philosophischen Anthropologie, soziologischen Theorie und Kultursoziologie der Moderne, Frankfurt/M. 2003, S. 331-346.

Hale, Charles A.: Frank Tannenbaum and the Mexican Revolution, in: The Hispanic American Historical Review, Bd. 75/1995, Heft 2, S. 215-246.

Halliday, Fred: The Iranian Revolution. Uneven Development and Religious Populism, in: ders./Alavi, Hamza (Hrsg.): State and Ideology in the Middle East and Pakistan, Basingstoke 1988, S. 31-63.

Halliday, Fred: The Ends of Cold War, in: New Left Review, 1990, 180 der Gesamtfolge, S. 5-23.

Halliday, Fred: Revolution in the Third World. 1945 and After, in: Rice, Ellen E. (Hrsg.): Revolution and Counter-Revolution, Oxford 1991, S. 129-152.

Halliday, Fred/Alavi, Hamza (Hrsg.): State and Ideology in the Middle East and Pakistan, Basingstoke 1988.

Hall, John A. (Hrsg.): States in History, Oxford 1986.

Hallpike, Christopher R.: The Evolution of Moral Understanding, Alton 2004.

Hambly, Gavin: The Pahlavi Autocracy: Muhammad Riza Shah, 1941–1979, in: Avery, Peter/Hambly, Gavin/Melville, Charles P. (Hrsg.): The Cambridge History of Iran. Bd. 7: From Nadir Shah to the Islamic Republic, Cambridge 1991, S. 244-293.

Hambly, Gavin: The Pahlavi Autocracy: Riza Shah, 1921–41, in: Avery, Peter/Hambly, Gavin/Melville, Charles P. (Hrsg.): The Cambridge History of Iran. Bd. 7: From Nadir Shah to the Islamic Republic, Cambridge 1991, S. 213-243.

Hart, John M.: Revolutionary Mexico. The Coming and Process of the Mexican Revolution, Berkeley 1987.

Hart, John M.: The Mexican Revolution, 1910–1920, in: Meyer, Michael C./Beezley, William H. (Hrsg.): The Oxford History of Mexico, New York 2000, S. 435-466.

Heidorn, Joachim: Legitimität und Regierbarkeit. Studien zu den Legitimitätstheorien von Max Weber, Niklas Luhmann, Jürgen Habermas und der Unregierbarkeitsforschung, Berlin 1982.

Heins, Volker: Strategien der Legitimation. Das Legitimationsparadigma in der politischen Theorie, Münster 1990.

Held, David: Liberalism, Marxism, and Democracy, in: Theory and Society, Bd. 22/1993, Heft 2, S. 249-281.

Literaturverzeichnis

Hennis, Wilhelm: Politik und praktische Philosophie. Eine Studie zur Rekonstruktion der politischen Wissenschaft, Neuwied am Rhein 1963.

Hennis, Wilhelm: Legitimität. Zu einer Kategorie der bürgerlichen Gesellschaft (1976), in: ders.: Politikwissenschaft und politisches Denken. Politikwissenschaftliche Abhandlungen II, Tübingen 2000, S. 250-289.

Hennis, Wilhelm: Politikwissenschaft und politisches Denken. Politikwissenschaftliche Abhandlungen II, Tübingen 2000.

Herborth, Benjamin/Kessler, Oliver: Revolution and Democracy. On the Historical Semantics of Political Change, in: Stopińska, Agata (Hrsg.): Revolutions. Reframed – Revisited – Revised, Frankfurt/M. 2007, S. 51-62.

Herz, Peter: Die frühen Ptolemaier bis 180 v.Chr., in: Gundlach, Rolf/Weber, Hermann (Hrsg.): Legitimation und Funktion des Herrschers. Vom ägyptischen Pharao zum neuzeitlichen Diktator, Stuttgart 1992, S. 51-97.

Hess, Henner: Die Entstehung zentraler Herrschaftsinstanzen durch die Bildung klientelärer Gefolgschaft. Zur Diskussion um die Entstehung staatlich organisierter Gesellschaften, in: Kölner Zeitschrift für Soziologie und Sozialpsychologie, Bd. 29/1979, Heft 4, S. 762-778.

Heydemann, Günther/Vodička, Karel (Hrsg.): Vom Ostblock zur EU. Systemtransformationen 1990–2012, Göttingen 2013.

Himmelstein, Jerome L./Kimmel, Michael S.: Review: States and Revolutions. The Implications and Limits of Skocpols Structural Model, in: The American Journal of Sociology, Bd. 86/1981, Heft 5, S. 1145-1154.

Hirschhausen, Ulrike von/Leonhard, Jörn: Europäische Nationalismen im West-Ost-Vergleich. Von der Typologie zur Differenzbestimmung, in: dies. (Hrsg.): Nationalismen in Europa. West- und Osteuropa im Vergleich, Göttingen 2001, S. 11-45.

Hirschhausen, Ulrike von/Leonhard, Jörn (Hrsg.): Nationalismen in Europa. West- und Osteuropa im Vergleich, Göttingen 2001.

Hobbes, Thomas: Leviathan. Oder Stoff, Form und Gewalt eines kirchlichen und bürgerlichen Staates, hrsg. von Iring Fetscher, Frankfurt/M. 1984.

Hobsbawm, Eric J.: Revolution, in: Porter, Roy (Hrsg.): Revolution in History, Cambridge 1986, S. 5-46.

Hobsbawm, Eric J.: Goodbye to All That, in: Marxism Today, 1990, Oktober-Heft, S. 18-23.

Hobsbawm, Eric J.: Nationen und Nationalismus. Mythos und Realität seit 1780, Frankfurt/M. 2005/1990.

Holbig, Heike: International Dimensions of Legitimacy. Reflections on Western Theories and the Chinese Experience, in: Journal of Chinese Political Science, Bd. 16/2011, Heft 2, S. 161-181.

Holbig, Heike: Ideology After the End of Ideology. China and the Quest for Autocratic Legitimation, in: Democratization, Bd. 20/2013, Heft 1, S. 61-81.

Holsti, Kalevi J.: The State, War, and the State of War, Cambridge 1996.

Holz, Klaus/Wenzel, Ulrich: Einleitung. Handlungen und Subjekte in der historisch-genetischen Theorie, in: Wenzel, Ulrich/Bretzinger, Bettina/Holz, Klaus (Hrsg.): Subjekte und Gesellschaft. Zur Konstitution von Sozialität, Weilerswist 2003, S. 9-42.

Hsü, Immanuel C. Y.: The Rise of Modern China, New York 2000.

Hume, David: Essays. Moral, Political, and Literary, hrsg. von Eugene F. Miller, Indianapolis 1987.

Hume, David: Of the First Principles of Government, in: ders.: Essays. Moral, Political, and Literary, hrsg. von Eugene F. Miller, Indianapolis 1987, S. 32-36.

Huntington, Samuel P.: Modernisierung durch Revolution, in: Beyme, Klaus von (Hrsg.): Empirische Revolutionsforschung, Opladen 1973, S. 92-104.

Huntington, Samuel P.: The Third Wave. Democratization in the Late Twentieth Century, Norman 1991.

Huntington, Samuel P.: The Clash of Civilizations?, in: Foreign Affairs, Bd. 72/1993, Heft 3, S. 22-49.

Huntington, Samuel P.: Kampf der Kulturen. Die Neugestaltung der Weltpolitik im 21. Jahrhundert, München 2002.

Huntington, Samuel P.: Political Order in Changing Societies, New Haven/Conn. 2006/1968.

Imbusch, Peter (Hrsg.): Macht und Herrschaft. Sozialwissenschaftliche Konzeptionen und Theorien, Opladen 1998.

Ingold, Ingmar: Die Genese des frühen Staates. Eine legitimitätstheoretische Beleuchtung, Freiburg/Br.: unveröffentlichtes Manuskript 2009.

Ingold, Ingmar/Paul, Axel T.: Multiple Legitimitäten. Zur Systematik des Legitimitätsbegriffs, in: Archiv für Rechts- und Sozialphilosophie, Bd. 100/2014, Heft 2, S. 243-262.

Institut International de Philosophie Politique (Hrsg.): L'idée de Légitimité, Paris 1967.

Israel, Jonathan I.: A Revolution of the Mind. Radical Enlightenment and the Intellectual Origins of Modern Democracy, Princeton/N.J. 2010.

Jaeggi, Urs/Papcke, Sven (Hrsg.): Revolution und Theorie. Bd. 1: Materialien zum bürgerlichen Revolutionsverständnis, Frankfurt/M. 1974.

Johnson, Chalmers: Revolution and the Social System, Stanford/Calif. 1964.

Johnson, Chalmers: Revolutionstheorie, Köln 1971.

Jost, John T./Major, Brenda (Hrsg.): The Psychology of Legitimacy. Emerging Perspectives on Ideology, Justice, and Intergroup Relations, Cambridge 2001.

Jouvenel, Bertrand de: Über die Staatsgewalt. Die Naturgeschichte ihres Wachstums, Freiburg/Br. 1972/1947.

Jowitt, Ken: New World Disorder. The Leninist Extinction, Berkeley 1992.

Jowitt, Ken: The Leninist Extinction (1991), in: ders.: New World Disorder. The Leninist Extinction, Berkeley 1992, S. 249-283.

Jung, Thomas: Vom Ende der Geschichte. Rekonstruktionen zum Posthistoire in kritischer Absicht, Münster 1989.

Kantorowicz, Ernst H.: Die zwei Körper des Königs. Eine Studie zur politischen Theologie des Mittelalters, München 1990/1957.

Katz, Friedrich: Mexico. Restored Republic and Porfiriato, 1867-1910, in: Bethell, Leslie (Hrsg.): The Cambridge History of Latin America. Bd. 5: c. 1870 to 1930, Cambridge 1989, S. 3-78.

Keane, John: The Modern Democratic Revolution. Reflections on Lyotard's *The Postmodern Condition, in:* Benjamin, Andrew (Hrsg.): Judging Lyotard, London 1992, S. 81-98.

Keddie, Nikki R.: Comments on Skocpol, in: Theory and Society, Bd. 11/1982, Heft 3, S. 285-292.

Keddie, Nikki R.: Iranian Revolutions in Comparative Perspective, in: The American Historical Review, Bd. 88/1983, Heft 3, S. 579-598.

Keddie, Nikki R.: Modern Iran. Roots and Results of Revolution, New Haven 2006.

Kern, Fritz: Gottesgnadentum und Widerstandsrecht im früheren Mittelalter. Zur Entwicklungsgeschichte der Monarchie, hrsg. von Rudolf Buchner, Münster 1954/1914.

Kernig, Claus D. (Hrsg.): Sowjetsystem und demokratische Gesellschaft. Eine vergleichende Enzyklopädie, 6 Bde., Freiburg/Br. 1966–1972.

Kersting, Wolfgang: Die politische Philosophie des Gesellschaftsvertrags, Darmstadt 1994.

Kielmansegg, Peter: Legitimität als analytische Kategorie, in: Politische Vierteljahresschrift, Bd. 12/1971, Heft 3, S. 367-401.

Kielmansegg, Peter (Hrsg.): Legitimationsprobleme politischer Systeme (Politische Vierteljahresschrift, Sonderheft 7), Opladen 1976.

Kielmansegg, Peter: Volkssouveränität. Eine Untersuchung der Bedingungen demokratischer Legitimität, Stuttgart 1977.

Kimmel, Michael S.: Revolution. A Sociological Interpretation, Cambridge 1990.

Kis, János: Zwischen Reform und Revolution, in: Berliner Journal für Soziologie, Bd. 9/1999, Heft 3, S. 311-338.

Klein, Thoralf: Geschichte Chinas. Von 1800 bis zur Gegenwart, Paderborn 2009.

Knight, Alan: The Mexican Revolution. Bourgeois? Nationalist? Or Just a „Great Rebellion"?, in: Bulletin of Latin American Research, Bd. 4/1985, Heft 2, S. 1-37.

Knight, Alan: The Mexican Revolution. Bd. 1: Porfirians, Liberals and Peasants, Cambridge 1986.

Knight, Alan: The Mexican Revolution. Bd. 2: Counter-Revolution and Reconstruction, Cambridge 1986.

Kojève, Alexandre: Hegel, eine Vergegenwärtigung seines Denkens. Kommentar zur „Phänomenologie des Geistes", hrsg. von Iring Fetscher, Frankfurt/M. 2005.

König, Traugott: Die Abenteuer der Dialektik in Frankreich, in: Frank, Manfred/Kittler, Friedrich A./Weber, Samuel (Hrsg.): Fugen. Deutsch-Französisches Jahrbuch für Text-Analytik, Freiburg/Br. 1980, S. 282-289.

Koselleck, Reinhart et al.: Revolution (Rebellion, Aufruhr, Bürgerkrieg), in: Brunner, Otto/Conze, Werner/Koselleck, Reinhart (Hrsg.): Geschichtliche Grundbegriffe. Historisches Lexikon zur politisch-sozialen Sprache in Deutschland, Bd. 5/1984, Stuttgart 1972–1997, S. 653-788.

Koselleck, Reinhart: Kritik und Krise. Eine Studie zur Pathogenese der bürgerlichen Welt, Frankfurt/M. 1973/1959.

Koselleck, Reinhart: Historische Kriterien des neuzeitlichen Revolutionsbegriffs, in: ders. Vergangene Zukunft. Zur Semantik geschichtlicher Zeiten, Frankfurt/M. 1979, S. 67-86.

Koselleck, Reinhart: Vergangene Zukunft. Zur Semantik geschichtlicher Zeiten, Frankfurt/M. 1979.

Koselleck, Reinhart: Begriffsgeschichten. Studien zur Semantik und Pragmatik der politischen und sozialen Sprache, Frankfurt/M. 2006.

Koselleck, Reinhart: Revolution als Begriff und als Metapher. Zur Semantik eines einst emphatischen Worts, in: ders.: Begriffsgeschichten. Studien zur Semantik und Pragmatik der politischen und sozialen Sprache, Frankfurt/M. 2006, S. 240-251.

Kradin, Nikolay N.: State Origins in Anthropological Thought, in: Social Evolution and History, Bd. 8/2009, Heft 1, S. 25-51.

Kumar, Krishan: The Rise of Modern Society. Aspects of the Social and Political Development of the West, Oxford 1988.

Kumar, Krishan: Twentieth-Century Revolutions in Historical Perspective, in: ders.: The Rise of Modern Society. Aspects of the Social and Political Development of the West, Oxford 1988, S. 169-205.

Kumar, Krishan: Post-History. Living at the End, in: Browning, Gary/Halcli, Abigail/ Webster, Frank (Hrsg.): Understanding Contemporary Society. Theories of the Present, London 2000, S. 57-70.

Kumar, Krishan: 1989. Revolutionary Ideas and Ideals, Minneapolis 2001.

Kumar, Krishan: The 1989 Revolutions and the Idea of Revolution (1996), in: ders.: 1989. Revolutionary Ideas and Ideals, Minneapolis 2001, S. 104-141.

Kumar, Krishan: The End of Socialism? The End of Utopia? The End of History? (1993), in: ders.: 1989. Revolutionary Ideas and Ideals, Minneapolis 2001, S. 171-193.

Kumar, Krishan: The Revolutionary Idea in the Twentieth-Century World (2000), in: ders.: 1989. Revolutionary Ideas and Ideals, Minneapolis 2001, S. 215-237.

Kumar, Krishan: The Revolutions of 1989. Socialism, Capitalism, and Democracy (1992), in: ders.: 1989. Revolutionary Ideas and Ideals, Minneapolis 2001, S. 31-70.

Kumar, Krishan: The Future of Revolution. Imitation or Innovation?, in: Foran, John/ Lane, David S./Zivkovic, Andreja (Hrsg.): Revolution in the Making of the Modern World. Social Identities, Globalization, and Modernity, Milton Park 2008, S. 222-235.

Kumar, Krishan: Philosophy of History at the End of the Cold War, in: Tucker, Aviezer (Hrsg.): A Companion to the Philosophy of History and Historiography, Malden 2009, S. 550-560.

Literaturverzeichnis

Kurzman, Charles: The Unthinkable Revolution in Iran, Cambridge/Mass. 2004.

Kurzrock, Ruprecht (Hrsg.): Systemtheorie, Berlin 1972.

La Boétie, Étienne de: Von der freiwilligen Knechtschaft, hrsg. von Ulrich Klemm, Frankfurt/M. 2009/1547.

Laitin, David D./Warner, Carolyn M.: Structure and Irony in Social Revolutions, in: Political Theory, Bd. 20/1992, Heft 1, S. 147-151.

Langewiesche, Dieter: Nationalismus im 19. und 20. Jahrhundert. Zwischen Partizipation und Aggression, hrsg. von Dieter Dowe, Bonn 1994.

Langewiesche, Dieter: Nachwort zur Neuauflage. Eric J. Hobsbawms Blick auf Nationen, Nationalismus und Nationalstaaten, in: Hobsbawm, Eric J.: Nationen und Nationalismus. Mythos und Realität seit 1780, Frankfurt/M. 2005, S. 225-241.

Lapouge, Gilles: Hegel, das Ende der Geschichte und das Ende des philosophischen Diskurses. Gespräch mit Alexandre Kojève (1968), in: Sieß, Jürgen (Hrsg.): Vermittler. H. Mann, Benjamin, Groethuysen, Kojève, Szondi, Heidegger in Frankreich, Goldmann, Sieburg. Deutsch-französisches Jahrbuch 1, Frankfurt/M. 1981, S. 119-125.

Laski, Harold J.: Authority in the Modern State, New Haven 1919.

Lautmann, Rüdiger/Maihofer, Werner/Schelsky, Helmut (Hrsg.): Die Funktion des Rechts in der modernen Gesellschaft. Jahrbuch für Rechtssoziologie und Rechtstheorie, Bd. 1, Bielefeld 1970.

Lederer, Emil: On Revolutions, in: Social Research, Bd. 3/1936, Heft 1, S. 1-18.

Lemarchand, René/Legg, Keith: Political Clientelism and Development. A Preliminary Analysis, in: Comparative Politics, Bd. 4/1972, Heft 2, S. 149-178.

Lemke, Thomas: „Die verrückteste Form der Revolte". Michel Foucault und die Iranische Revolution, in: 1999. Zeitschrift für Sozialgeschichte des 20. und 21. Jahrhunderts, Bd. 17/2002, Heft 2, S. 73-89.

Lemke, Thomas: Nachwort: Geschichte und Erfahrung. Michel Foucault und die Spuren der Macht, in: Foucault, Michel: Analytik der Macht, hrsg. von Daniel Defert und François Ewald, Frankfurt/M. 2005, S. 317-347.

Lepsius, M. R.: Nation und Nationalismus in Deutschland, in: Winkler, Heinrich A. (Hrsg.): Nationalismus in der Welt von heute. Geschichte und Gesellschaft, Sonderheft 8, Göttingen 1982, S. 12-27.

Lévi-Strauss, Claude: Traurige Tropen, Frankfurt/M. 1978.

Linton, Marisa: The Intellectual Origins of the French Revolution, in: Campbell, Peter R. (Hrsg.): The Origins of the French Revolution, Basingstoke 2006, S. 139-159.

Locke, John: Zwei Abhandlungen über die Regierung, hrsg. von Walter Euchner, Frankfurt/M. 1977.

Loubser, Jan J./Baum, Rainer C./Effrat, Andrew/Lidz, Victor M. (Hrsg.): Explorations in General Theory in Social Science. Essays in Honor of Talcott Parsons, 2 Bde., New York 1976.

Lübbe, Hermann: Helmut Schelsky und die Institutionalisierung der Reflexion, in: Recht und Institution. Helmut-Schelsky-Gedächtnissymposion (Münster 1985), hrsg. von der Rechtswissenschaftlichen Fakultät der Universität Münster, Berlin 1985, S. 59-70.

Lübbe, Weyma: Legitimität kraft Legalität. Sinnverstehen und Institutionenanalyse bei Max Weber und seinen Kritikern, Tübingen 1991.

Lübbe, Weyma: Wie ist Legitimität durch Legalität möglich? Rekonstruktion der Antwort Max Webers, in: Archiv für Rechts- und Sozialphilosophie, Bd. 79/1993, S. 80-90.

Lucas, Colin (Hrsg.): The French Revolution and the Creation of Modern Political Culture. Bd. 2: The Political Culture of the French Revolution, Oxford 1988.

Luckmann, Thomas: Einige Bemerkungen zum Problem der Legitimation, in: Bohn, Cornelia/Willems, Herbert (Hrsg.): Sinngeneratoren. Fremd- und Selbstthematisierung in soziologisch-historischer Perspektive, Konstanz 2001, S. 339-345.

Luft, J. Paul: Die islamische Revolution 1979, in: Wende, Peter (Hrsg.): Große Revolutionen der Geschichte. Von der Frühzeit bis zur Gegenwart, München 2000, S. 333-356.

Luhmann, Niklas: Soziologie als Theorie sozialer Systeme, in: Kölner Zeitschrift für Soziologie und Sozialpsychologie, Bd. 19/1967, S. 615-644.

Luhmann, Niklas: Soziologie des politischen Systems, in: Kölner Zeitschrift für Soziologie und Sozialpsychologie, Bd. 20/1968, S. 705-733.

Luhmann, Niklas: Buchbesprechung. Heinrich Popitz: Prozesse der Machtbildung (1968), in: Soziale Welt: Zeitschrift für sozialwissenschaftliche Forschung und Praxis, Bd. 20/1969, Heft 3, S. 369-370.

Luhmann, Niklas: Klassische Theorie der Macht. Kritik ihrer Prämissen, in: Zeitschrift für Politik, Bd. 16/1969, Heft 2, S. 149-170.

Luhmann, Niklas: Positivität des Rechts als Voraussetzung einer modernen Gesellschaft, in: Lautmann, Rüdiger/Maihofer, Werner/Schelsky, Helmut (Hrsg.): Die Funktion des Rechts in der modernen Gesellschaft. Jahrbuch für Rechtssoziologie und Rechtstheorie, Bd. 1, Bielefeld 1970, S. 175-202.

Luhmann, Niklas: Reflexive Mechanismen (1966), in: ders.: Soziologische Aufklärung. Bd. 1: Aufsätze zur Theorie sozialer Systeme, Opladen 1970, S. 92-112.

Luhmann, Niklas: Soziologische Aufklärung. Bd. 1: Aufsätze zur Theorie sozialer Systeme, Opladen 1970.

Luhmann, Niklas: Komplexität und Demokratie (1969), in: ders.: Politische Planung. Aufsätze zur Soziologie von Politik und Verwaltung, Opladen 1971, S. 35-45.

Luhmann, Niklas: Lob der Routine (1964), in: ders.: Politische Planung. Aufsätze zur Soziologie von Politik und Verwaltung, Opladen 1971, S. 113-142.

Luhmann, Niklas: Öffentliche Meinung (1970), in: ders.: Politische Planung. Aufsätze zur Soziologie von Politik und Verwaltung, Opladen 1971, S. 9-34.

Luhmann, Niklas: Politische Planung. Aufsätze zur Soziologie von Politik und Verwaltung, Opladen 1971.

Literaturverzeichnis

Luhmann, Niklas: Sinn als Grundbegriff der Soziologie, in: Habermas, Jürgen/ Luhmann, Niklas: Theorie der Gesellschaft oder Sozialtechnologie – Was leistet die Systemforschung?, Frankfurt/M. 1971, S. 25-100.

Luhmann, Niklas: Systemtheoretische Ansätze zur Analyse von Macht, in: Kurzrock, Ruprecht (Hrsg.): Systemtheorie, Berlin 1972, S. 103-111.

Luhmann, Niklas: Generalized Media and the Problem of Contingency, in: Loubser, Jan J./Baum, Rainer C./Effrat, Andrew/Lidz, Victor M. (Hrsg.): Explorations in General Theory in Social Science. Essays in Honor of Talcott Parsons, Bd. 2, New York 1976, S. 507-532.

Luhmann, Niklas: Selbstlegitimation des Staates, in: Achterberg, Norbert/Krawietz, Werner (Hrsg.): Legitimation des modernen Staates. Archiv für Rechts- und Sozialphilosophie, Beiheft 15, Wiesbaden 1981, S. 65-83.

Luhmann, Niklas: Legitimation durch Verfahren, Frankfurt/M. 1983/1969.

Luhmann, Niklas: Die Zukunft der Demokratie (1986), in: ders.: Soziologische Aufklärung. Bd. 4: Beiträge zur funktionalen Differenzierung der Gesellschaft, Opladen 1987, S. 126-132.

Luhmann, Niklas: Enttäuschungen und Hoffnungen. Zur Zukunft der Demokratie, in: ders.: Soziologische Aufklärung. Bd. 4: Beiträge zur funktionalen Differenzierung der Gesellschaft, Opladen 1987, S. 133-141.

Luhmann, Niklas: Soziale Systeme. Grundriß einer allgemeinen Theorie, Frankfurt/M. 1987/1984.

Luhmann, Niklas: Soziologische Aufklärung. Bd. 4: Beiträge zur funktionalen Differenzierung der Gesellschaft, Opladen 1987.

Luhmann, Niklas: Widerstandsrecht und politische Gewalt (1984), in: ders.: Soziologische Aufklärung. Bd. 4: Beiträge zur funktionalen Differenzierung der Gesellschaft, Opladen 1987, S. 169-179.

Luhmann, Niklas: Theorie der politischen Opposition, in: Zeitschrift für Politik, Bd. 36/1989, Heft 1, S. 13-26.

Luhmann, Niklas: Das Recht der Gesellschaft, Frankfurt/M. 1995.

Luhmann, Niklas: Die Gesellschaft der Gesellschaft, 2 Bde., Frankfurt/M. 1997.

Luhmann, Niklas: Vertrauen. Ein Mechanismus der Reduktion sozialer Komplexität, Stuttgart 2000/1968.

Luhmann, Niklas: Die Politik der Gesellschaft, hrsg. von André Kieserling, Frankfurt/M. 2002.

Luhmann, Niklas: Macht, Stuttgart 2003/1975.

Luhmann, Niklas: Rechtssoziologie, Wiesbaden 2008/1972.

Luhmann, Niklas: Politische Soziologie, hrsg. von André Kieserling, Frankfurt/M. 2010.

Mahdavy, Hossein: The Patterns and Problems of Economic Development in Rentier States. The Case of Iran, in: Cook, Michael A. (Hrsg.): Studies in the Economic History of the Middle East. From the Rise of Islam to the Present Day, London 1970, S. 428-467.

Mair, Lucy: Primitive Government, Harmondsworth 1962.

Manin, Bernard: Kritik der repräsentativen Demokratie, Berlin 2007.

Mann, Michael: The Sources of Social Power. Volume 1: A History of Power from the Beginning to AD 1760, Cambridge 1986.

Maquet, Jacques: Herrschafts- und Gesellschaftsstrukturen in Afrika, München 1971.

Marchart, Oliver: Neu beginnen. Hannah Arendt, die Revolution und die Globalisierung, Wien 2005.

Marchart, Oliver: Äquivalenz und Autonomie. Vorbemerkungen zu Chantal Mouffes Demokratietheorie, in: Mouffe, Chantal: Das demokratische Paradox, Wien 2010, S. 7-14.

Marx, Karl: Der achtzehnte Brumaire des Louis Bonaparte, Frankfurt/M. 2007.

Matheson, Craig: Weber and the Classification of Forms of Legitimacy, in: British Journal of Sociology, Bd. 38/1987, Heft 2, S. 199-215.

McCord, Edward A.: The Power of the Gun. The Emergence of Modern Chinese Warlordism, Berkeley 1993.

Mead, George H.: Gesammelte Aufsätze, 2 Bde., Bd. 2, hrsg. von Hans Joas, Frankfurt/M. 1983.

Mead, George H.: Naturrecht und die Theorie der politischen Institutionen (1915), in: ders.: Gesammelte Aufsätze, hrsg. von Hans Joas, Frankfurt/M. 1983, S. 403-423.

Meyer, Georg P.: Revolutionstheorien heute. Ein kritischer Überblick in historischer Absicht, in: Wehler, Hans-Ulrich (Hrsg.): 200 Jahre amerikanische Revolution und moderne Revolutionsforschung, Göttingen 1976, S. 122-176.

Meyer, Jean: Mexico. Revolution and Reconstruction in the 1920s, in: Bethell, Leslie (Hrsg.): The Cambridge History of Latin America. Bd. 5: c. 1870 to 1930, Cambridge 1989, S. 155-194.

Meyer, Michael C./Beezley, William H. (Hrsg.): The Oxford History of Mexico, New York 2000.

Moghadam, Valentine M.: Populist Revolution and the Islamic State in Iran, in: Boswell, Terry (Hrsg.): Revolution in the World-System, New York 1989, S. 147-163.

Möhlig, Wilhelm J. G./Trotha, Trutz von (Hrsg.): Legitimation von Herrschaft und Recht, Köln 1994.

Möllers, Christoph: Gewaltengliederung. Legitimation und Dogmatik im nationalen und internationalen Rechtsvergleich, Tübingen 2005.

Mols, Manfred/Tobler, Hans W.: Mexiko. Die institutionalisierte Revolution, Köln 1976.

Moore, Barrington: Soziale Ursprünge von Diktatur und Demokratie. Die Rolle der Grundbesitzer und Bauern bei der Entstehung der modernen Welt, Frankfurt/M. 1969.

Moore, Barrington: Ungerechtigkeit. Die sozialen Ursachen von Unterordnung und Widerstand, Frankfurt/M. 1982/1978.

Mouffe, Chantal: Über das Politische. Wider die kosmopolitische Illusion, Frankfurt/M. 2007/2005.

Mouffe, Chantal: Das demokratische Paradox, Wien 2010/2000.

Müller, Klaus E.: Ethnicity, Ethnozentrismus und Essentialismus, in: Eßbach, Wolfgang (Hrsg.): Wir – ihr – sie. Identität und Alterität in Theorie und Methode, Würzburg 2000, S. 317-343.

Münkler, Herfried: Im Namen des Staates. Die Begründung der Staatsraison in der Frühen Neuzeit, Frankfurt/M. 1987.

Münkler, Herfried: Thomas Hobbes, Frankfurt/M. 2001.

Nagl, Dominik/Stange, Marion: Staatlichkeit und Governance im Zeitalter der europäischen Expansion. Verwaltungsstrukturen und Herrschaftsinstitutionen in den britischen und französischen Kolonialimperien, in: SFB-Governance Working Paper Series, 2009, Heft 19.

Nash, Kate/Scott, Alan (Hrsg.): The Blackwell Companion to Political Sociology, Malden/Mass. 2001.

Niethammer, Lutz: Posthistoire. Ist die Geschichte zu Ende?, Reinbek bei Hamburg 1989.

Nullmeier, Frank (Hrsg.): Prekäre Legitimitäten. Rechtfertigung von Herrschaft in der postnationalen Konstellation, Frankfurt/M. 2010.

Nullmeier, Frank/Geis, Anna/Daase, Christopher: Der Aufstieg der Legitimitätspolitik. Rechtfertigung und Kritik politisch-ökonomischer Ordnungen, in: dies. (Hrsg.): Der Aufstieg der Legitimitätspolitik. Rechtfertigung und Kritik politisch-ökonomischer Ordnungen. Leviathan Sonderband 27, Baden-Baden 2012, S. 11-38.

Nullmeier, Frank/Nonhoff, Martin: Der Wandel des Legitimitätsdenkens, in: Nullmeier, Frank (Hrsg.): Prekäre Legitimitäten. Rechtfertigung von Herrschaft in der postnationalen Konstellation, Frankfurt/M. 2010, S. 16-44.

Nygaard, Bertel: Revolutions and World History. A Long View, in: Stopińska, Agata (Hrsg.): Revolutions. Reframed – Revisited – Revised, Frankfurt/M. 2007, S. 77-90.

Olson, Mancur: Rapides Wachstum als Destabilisierungsfaktor (1971), in: Beyme, Klaus von (Hrsg.): Empirische Revolutionsforschung, Opladen 1973, S. 205-222.

Osterhammel, Jürgen: Shanghai, 30. Mai 1925. Die chinesische Revolution, München 1997.

Osterhammel, Jürgen: Die chinesische Revolution, in: Wende, Peter (Hrsg.): Große Revolutionen der Geschichte. Von der Frühzeit bis zur Gegenwart, München 2000, S. 244-258.

Osterhammel, Jürgen: Die Verwandlung der Welt. Eine Geschichte des 19. Jahrhunderts, München 2009.

Palmer, Robert R.: Das Zeitalter der demokratischen Revolution. Eine vergleichende Geschichte Europas und Amerikas von 1760 bis zur Französischen Revolution, Frankfurt/M. 1970/1959.

Parker, Noel: Revolutions and History. An Essay in Interpretation, Cambridge 1999.

Parsons, Talcott: The Structure of Social Action. A Study in Social Theory with Special Reference to a Group of Recent European Writers, New York 1964/1937.

Parsons, Talcott/Shils, Edward A. (Hrsg.): Toward a General Theory of Action, Cambridge/Mass. 1962.

Pauen, Michael: Gottes Gnade – Bürgers Recht. Macht und Herrschaft in der politischen Philosophie der Neuzeit, in: Imbusch, Peter (Hrsg.): Macht und Herrschaft. Sozialwissenschaftliche Konzeptionen und Theorien, Opladen 1998, S. 27-44.

Paul, Axel T.: Sohn-Rethel auf dem Zauberberg. Über phantastische Ideen, intellektuelle Isolation und den Abstieg der Philosophie zur Wissenschaft, in: Bröckling, Ulrich/Paul, Axel T./Kaufmann, Stefan (Hrsg.): Vernunft – Entwicklung – Leben. Schlüsselbegriffe der Moderne, München 2004, S. 73-96.

Paul, Axel T.: Reciprocity and Statehood in Africa. From Clientelism to Cleptocracy, in: International Review of Economics, Bd. 55/2008, Hefte 1-2, S. 209-227.

Paul, Axel T.: Traditionelles Erbe, kolonialer Import, Opfer der Globalisierung? Geschichte und Perspektiven afrikanischer Staatlichkeit am Beispiel Ruandas, in: Paul, Axel T./Pelfini, Alejandro/Rehbein, Boike (Hrsg.): Globalisierung Süd, Wiesbaden 2011, S. 21-53.

Paul, Axel T./Pelfini, Alejandro/Rehbein, Boike (Hrsg.): Globalisierung Süd, Wiesbaden 2011.

Pesaran, Mohammad H.: The System of Dependent Capitalism in Pre- and Post-Revolutionary Iran, in: International Journal of Middle East Studies, Bd. 14/1982, Heft 4, S. 501-522.

Pettee, George S.: The Process of Revolution, New York 1938.

Pietschmann, Horst: Die mexikanische Revolution, in: Wende, Peter (Hrsg.): Große Revolutionen der Geschichte. Von der Frühzeit bis zur Gegenwart, München 2000, S. 225-243.

Pohlmann, Rosemarie (Hrsg.): Person und Institution. Helmut Schelsky gewidmet, Würzburg 1980.

Popitz, Heinrich: Phänomene der Macht, Tübingen 2004/1992.

Popitz, Heinrich: Soziale Normen, hrsg. von Friedrich Pohlmann und Wolfgang Eßbach, Frankfurt/M. 2006.

Popitz, Heinrich: Über die Präventivwirkung des Nichtwissens. Dunkelziffer, Norm und Strafe, in: ders.: Soziale Normen, hrsg. von Friedrich Pohlmann und Wolfgang Eßbach, Frankfurt/M. 2006, S. 158-174.

Popper, Karl R.: Die offene Gesellschaft und ihre Feinde. Bd. 1: Der Zauber Platons, Tübingen 2003.

Porter, Bruce D.: War and the Rise of the State. The Military Foundations of Modern Politics, New York 1994.

Porter, Roy (Hrsg.): Revolution in History, Cambridge 1986.

Ramazani, Rouhollah K.: Iran's Revolution. Patterns, Problems and Prospects, in: International Affairs, Bd. 56/1980, Heft 3, S. 443-457.

Recht und Institution. Helmut-Schelsky-Gedächtnissymposion (Münster 1985), hrsg. von der Rechtswissenschaftlichen Fakultät der Universität Münster, Berlin 1985.

Reemtsma, Jan P.: Vertrauen und Gewalt. Versuch über eine besondere Konstellation der Moderne, Hamburg 2008.

Reinhard, Wolfgang: Geschichte der Staatsgewalt. Eine vergleichende Verfassungsgeschichte Europas von den Anfängen bis zur Gegenwart, München 1999.

Reinhard, Wolfgang: Geschichte des modernen Staates. Von den Anfängen bis zur Gegenwart, München 2007.

Remmele, Bernd: Das Maschinenparadigma im Umbruch der Logiken, in: Wenzel, Ulrich/Bretzinger, Bettina/Holz, Klaus (Hrsg.): Subjekte und Gesellschaft. Zur Konstitution von Sozialität, Weilerswist 2003, S. 259-276.

Renan, Ernest: Qu'est-ce qu'une Nation? Et autres écrits politiques, Paris 1996.

Renan, Ernest: Qu'est-ce qu'une Nation? (1882), in: ders.: Qu'est-ce qu'une Nation? Et autres écrits politiques, Paris 1996, S. 221-246.

Rice, Ellen E. (Hrsg.): Revolution and Counter-Revolution, Oxford 1991.

Rigby, Thomas H./Fehér, Ferenc (Hrsg.): Political Legitimation in Communist States, London 1982.

Rittberger, Volker: Über sozialwissenschaftliche Theorien der Revolution – Kritik und Versuch eines Neuansatzes, in: Beyme, Klaus von (Hrsg.): Empirische Revolutionsforschung, Opladen 1973, S. 39-80.

Rosanvallon, Pierre: Demokratische Legitimität. Unparteilichkeit – Reflexivität – Nähe, Hamburg 2010.

Rosenstock-Huessy, Eugen: Die europäischen Revolutionen und der Charakter der Nationen, Stuttgart 1951/1931.

Ruíz, Ramón E.: The Great Rebellion. Mexico, 1905–1924, New York 1980.

Satow, Roberta L.: Value-Rational Authority and Professional Organizations. Weber's Missing Type, in: Administrative Science Quarterly, Bd. 20/1975, Heft 4, S. 526-531.

Schaar, John H.: Legitimacy in the Modern State (1970), in: Connolly, William E. (Hrsg.): Legitimacy and the State, Oxford 1984, S. 104-133.

Scharpf, Fritz W.: Demokratietheorie zwischen Utopie und Anpassung, Konstanz 1970.

Schelsky, Helmut: Auf der Suche nach Wirklichkeit. Gesammelte Aufsätze, Düsseldorf 1965.

Schelsky, Helmut: Ist die Dauerreflexion institutionalisierbar? Zum Thema einer modernen Religionssoziologie (1957), in: ders.: Auf der Suche nach Wirklichkeit. Gesammelte Aufsätze, Düsseldorf 1965, S. 250-275.

Schelsky, Helmut: Über die Stabilität von Institutionen, besonders Verfassungen. Kulturanthropologische Gedanken zu einem rechtssoziologischen Thema (1949), in: ders.: Auf der Suche nach Wirklichkeit. Gesammelte Aufsätze, Düsseldorf 1965, S. 33-55.

Schelsky, Helmut: Zur soziologischen Theorie der Institution, in: ders. (Hrsg.): Zur Theorie der Institution, Düsseldorf 1970, S. 9-26.

Schelsky, Helmut (Hrsg.): Zur Theorie der Institution, Düsseldorf 1970.

Schieder, Theodor: Revolution, in: Kernig, Claus D. (Hrsg.): Sowjetsystem und demokratische Gesellschaft. Eine vergleichende Enzyklopädie, Bd. 5/1972, Freiburg/Br. 1966–1972, S. 692-719.

Schieder, Theodor (Hrsg.): Revolution und Gesellschaft. Theorie und Praxis der Systemveränderung, Freiburg/Br. 1973.

Schieder, Theodor: Theorie der Revolution, in: ders. (Hrsg.): Revolution und Gesellschaft. Theorie und Praxis der Systemveränderung, Freiburg/Br. 1973, S. 13-45.

Schieder, Theodor: Der Nationalstaat in Europa als historisches Phänomen, in: ders.: Nationalismus und Nationalstaat. Studien zum nationalen Problem im modernen Europa, hrsg. von Otto Dann und Hans-Ulrich Wehler, Göttingen 1991, S. 87-101.

Schieder, Theodor: Nationalismus und Nationalstaat. Studien zum nationalen Problem im modernen Europa, hrsg. von Otto Dann und Hans-Ulrich Wehler, Göttingen 1991.

Schieder, Theodor: Probleme der Nationalismus-Forschung, in: ders.: Nationalismus und Nationalstaat. Studien zum nationalen Problem im modernen Europa, hrsg. von Otto Dann und Hans-Ulrich Wehler, Göttingen 1991, S. 102-112.

Schieder, Theodor: Typologie und Erscheinungsformen des Nationalstaats in Europa, in: ders.: Nationalismus und Nationalstaat. Studien zum nationalen Problem im modernen Europa, hrsg. von Otto Dann und Hans-Ulrich Wehler, Göttingen 1991, S. 65-86.

Schlichte, Klaus: Der Streit der Legitimitäten. Der Konflikt als Grund einer historischen Soziologie des Politischen, in: Zeitschrift für Friedens- und Konfliktforschung, Bd. 1/2012, Heft 1, S. 9-43.

Schmidt, Daniel-C., Als die Geschichte mal zu Ende war. Interview mit Francis Fukuyama, in: Frankfurter Allgemeine Sonntagszeitung, 6. Juli 2014, Nr. 27, S. 32.

Schmidt-Glintzer, Helwig: Das neue China. Von den Opiumkriegen bis heute, München 2009.

Schmidt, Manfred G.: Demokratietheorien. Eine Einführung, Opladen 2006.

Schmidt, Steffen W. (Hrsg.): Friends, Followers, and Factions. A Reader in Political Clientelism, Berkeley 1977.

Schmitt, Carl: Der Leviathan in der Staatslehre des Thomas Hobbes. Sinn und Fehlschlag eines politischen Symbols, Köln 1982/1938.

Schramm, Percy E.: Der König von Frankreich. Das Wesen der Monarchie vom 9. zum 16. Jahrhundert, Weimar 1960/1939.

Schrecker, John E.: The Chinese Revolution in Historical Perspective, New York 1991.

Schulin, Ernst: Die Französische Revolution, München 2004.

Schulze, Hagen: Staat und Nation in der europäischen Geschichte, München 2004/1994.

Scott, James C.: The Moral Economy of the Peasant. Rebellion and Subsistence in Southeast Asia, New Haven 1976.

Scott, James C.: Domination and the Arts of Resistance. Hidden Transcripts, New Haven/Conn. 1990.

Scott, James C./Kerkvliet, Benedict: How Traditional Rural Patrons Lose Legitimacy, in: Schmidt, Steffen W. (Hrsg.): Friends, Followers, and Factions. A Reader in Poitical Clientelism, Berkeley 1977, S. 439-458.

Seidler, Franz W.: Die Geschichte des Wortes Revolution. Ein Beitrag zur Revolutionsforschung, München 1955.

Selz, Gebhard J.: „Streit herrscht, Gewalt droht". Zu Konfliktregelung und Recht in der frühdynastischen und altakkadischen Zeit, in: Wiener Zeitschrift für die Kunde des Morgenlandes, Bd. 92/2002, S. 155-203.

Sewell, William H.: Ideologies and Social Revolutions. Reflections on the French Case, in: The Journal of Modern History, Bd. 57/1985, Heft 1, S. 57-85.

Sewell, William H.: A Theory of Structure. Duality, Agency, and Transformation (1992), in: ders.: Logics of History. Social Theory and Social Transformation, Chicago 2005, S. 124-151.

Sewell, William H.: Historical Events as Transformations of Structures. Inventing Revolution at the Bastille (1996), in: ders.: Logics of History. Social Theory and Social Transformation, Chicago 2005, S. 225-270.

Sewell, William H.: Logics of History. Social Theory and Social Transformation, Chicago 2005.

Sewell, William H.: Three Temporalities. Toward an Eventful Sociology (1996), in: ders.: Logics of History. Social Theory and Social Transformation, Chicago 2005, S. 81-123.

Seyfarth, Constans/Sprondel, Walter M. (Hrsg.): Seminar: Religion und gesellschaftliche Entwicklung. Studien zur Protestantismus-Kapitalismus-These Max Webers, Frankfurt/M. 1973.

Sieß, Jürgen (Hrsg.): Vermittler. H. Mann, Benjamin, Groethuysen, Kojève, Szondi, Heidegger in Frankreich, Goldmann, Sieburg. Deutsch-französisches Jahrbuch 1, Frankfurt/M. 1981.

Sieyès, Emmanuel J.: Abhandlung über die Privilegien. Was ist der dritte Stand?, hrsg. von Rolf H. Foerster, Frankfurt/M. 1968/1789.

Sills, David L. (Hrsg.): International Encyclopedia of the Social Sciences, 18 Bde., New York 1968–1979.

Simmel, Georg: Soziologie. Untersuchungen über die Formen der Vergesellschaftung, hrsg. von Otthein Rammstedt, Frankfurt/M. 1992.

Skocpol, Theda: States and Social Revolutions. A Comparative Analysis of France, Russia, and China, Cambridge 1979.

Skocpol, Theda: Rentier State and Shi'a Islam in the Iranian Revolution, in: Theory and Society, Bd. 11/1982, Heft 3, S. 265-283.

Smelser, Neil J.: Social Change in the Industrial Revolution. An Application of Theory to the Lancashire Cotton Industry 1770–1840, London 1960/1959.

Smelser, Neil J.: Theorie des kollektiven Verhaltens, Köln 1972/1962.

Smith, Anthony D.: State-Making and Nation-Building, in: Hall, John A. (Hrsg.): States in History, Oxford 1986, S. 228-263.

Smith, Anthony D.: The Ethnic Origins of Nations, Oxford 1986.

Snyder, Robert S.: The End of Revolution?, in: The Review of Politics, Bd. 61/1999, Heft 1, S. 5-28.

Spence, Jonathan D.: Chinas Weg in die Moderne, München 2001/1990.

Spencer, Martin E.: Weber on Legitimate Norms and Authority, in: The British Journal of Sociology, Bd. 21/1970, Heft 2, S. 123-134.

Spengler, Oswald: Der Untergang des Abendlandes. Umrisse einer Morphologie der Weltgeschichte, Mannheim 2011/1923.

Spittler, Gerd: Herrschaftsmodell und Herrschaftspraxis. Eine Untersuchung über das legitimitätslose Herrschaftsmodell von Bauern in Niger, in: Kielmansegg, Peter (Hrsg.): Legitimationsprobleme politischer Systeme (Politische Vierteljahresschrift, Sonderheft 7), Opladen 1976, S. 270-288.

Spittler, Gerd: Staat und Klientelstruktur in Entwicklungsländern. Zum Problem der politischen Organisation von Bauern, in: Europäisches Archiv für Soziologie, Bd. 18/1977, Heft 1, S. 57-83.

Steele, Jonathan/Mortimer, Edward/Stedman Jones, Gareth: The End of History?, in: Marxism Today, 1989, Heft 11, S. 26-33.

Steffek, Jens: The Legitimation of International Governance. A Discourse Approach, in: European Journal of International Relations, Bd. 9/2003, Heft 2, S. 249-275.

Steffek, Jens: Die Output-Legitimität internationaler Organisationen und die Idee des globalen Gemeinwohls, in: Geis, Anna/Nullmeier, Frank/Daase, Christopher (Hrsg.): Der Aufstieg der Legitimitätspolitik. Rechtfertigung und Kritik politisch-ökonomischer Ordnungen. Leviathan Sonderband 27, Baden-Baden 2012, S. 83-99.

Stemmer, Peter: Moralischer Kontraktualismus, in: Zeitschrift für philosophische Forschung, Bd. 56/2002, S. 1-21.

Sternberger, Dolf: Typologie de la Légitimité, in: Institut International de Philosophie Politique (Hrsg.): L'idée de Légitimité, Paris 1967, S. 87-96.

Sternberger, Dolf: Legitimacy, in: Sills, David L. (Hrsg.): International Encyclopedia of the Social Sciences, Bd. 9, New York 1968–1979, S. 244-248.

Sternberger, Dolf: Herrschaft und Vereinbarung, Frankfurt/M. 1980.

Sternberger, Dolf: Herrschaft und Vereinbarung. Eine Vorlesung über bürgerliche Legitimität (1964), in: ders.: Herrschaft und Vereinbarung, Frankfurt/M. 1980, S. 115-134.

Sternberger, Dolf: Max Weber und die Demokratie (1964), in: ders.: Herrschaft und Vereinbarung, Frankfurt/M. 1980, S. 135-158.

Sternberger, Dolf: Grund und Abgrund der Macht. Über Legitimität von Regierungen, Frankfurt/M. 1986.

Stokes, Gale: The Walls Came Tumbling Down. Collapse and Rebirth in Eastern Europe, Oxford 2012.

Stone, Lawrence: Ursachen der englischen Revolution, 1529–1642, Frankfurt/M. 1983/1972.

Stopińska, Agata (Hrsg.): Revolutions. Reframed – Revisited – Revised, Frankfurt/M. 2007.

Strauss, Leo: On Tyranny, hrsg. von Victor Gourevitch und Michael S. Roth, Chicago 2000/1948.

Tannenbaum, Frank: Peace by Revolution. Mexico after 1910, New York 1966/1933.

Tilly, Charles: Does Modernization Breed Revolution?, in: Comparative Politics, Bd. 5/1973, Heft 3, S. 425-447.

Literaturverzeichnis

Tilly, Charles: Revolutions and Collective Violence, in: Greenstein, Fred I./Polsby, Nelson W. (Hrsg.): Handbook of Political Science. Bd. 3: Macropolitical Theory, Reading/Mass. 1975, S. 483-556.

Tilly, Charles (Hrsg.): The Formation of National States in Western Europe, Princeton/N.J. 1975.

Tilly, Charles: From Mobilization to Revolution, Reading/Mass. 1978.

Tilly, Charles: War Making and State Making as Organized Crime, in: Evans, Peter B./Rueschemeyer, Dietrich/Skocpol, Theda (Hrsg.): Bringing the State Back In, Cambridge 1985, S. 169-191.

Tilly, Charles: Coercion, Capital, and European States. AD 990–1992, Cambridge/Mass. 1992.

Tilly, Charles: Die europäischen Revolutionen, München 1999.

Tobler, Hans W.: Zur Historiographie der Mexikanischen Revolution 1910–1940, in: Mols, Manfred/Tobler, Hans W.: Mexiko. Die institutionalisierte Revolution, Köln 1976, S. 4-48.

Tobler, Hans W.: Die mexikanische Revolution. Gesellschaftlicher Wandel und politischer Umbruch, 1876–1940, Frankfurt/M. 1984.

Tobler, Hans W.: Mexiko, in: Bernecker, Walther L./Tobler, Hans W. (Hrsg.): Handbuch der Geschichte Lateinamerikas. Bd. 3: Lateinamerika im 20. Jahrhundert, Stuttgart 1996, S. 257-363.

Tobler, Hans W.: Mexiko im 20. Jahrhundert. Die Revolution und ihre Folgen, in: Bernecker, Walther L./Pietschmann, Horst/Tobler, Hans W.: Eine kleine Geschichte Mexikos, Frankfurt/M. 2007, S. 241-365.

Tocqueville, Alexis de: Der Alte Staat und die Revolution, München 1978/1856.

Tocqueville, Alexis de: Über die Demokratie in Amerika, Stuttgart 2011/1835.

Trotha, Trutz von: Einleitung, in: Möhlig, Wilhelm J. G./Trotha, Trutz von (Hrsg.): Legitimation von Herrschaft und Recht, Köln 1994, S. 9-30.

Trotha, Trutz von: Koloniale Herrschaft. Zur soziologischen Theorie der Staatsentstehung am Beispiel des „Schutzgebietes Togo", Tübingen 1994.

Trotha, Trutz von: „Streng, aber gerecht" – „hart, aber tüchtig". Über Formen von Basislegitimität und ihre Ausprägungen am Beginn staatlicher Herrschaft, in: Möhlig, Wilhelm J. G./Trotha, Trutz von (Hrsg.): Legitimation von Herrschaft und Recht, Köln 1994, S. 69-90.

Tucker, Aviezer (Hrsg.): A Companion to the Philosophy of History and Historiography, Malden 2009.

Tutino, John: From Insurrection to Revolution in Mexico. Social Bases of Agrarian Violence, 1750–1940, Princeton/N.J. 1986.

Tyler, Tom R.: Psychological Perspectives on Legitimacy and Legitimation, in: Annual Review of Psychology, Bd. 57/2006, S. 375-400.

Tyrell, Hartmann: Gewalt, Zwang und die Institutionalisierung von Herrschaft. Versuch einer Neuinterpretation von Max Webers Herrschaftsbegriff, in: Pohlmann, Rosemarie (Hrsg.): Person und Institution. Helmut Schelsky gewidmet, Würzburg 1980, S. 59-92.

Vorländer, Hans: Demokratie. Geschichte, Formen, Theorien, München 2010.

Walzer, Michael: Regicide and Revolution, in: ders. (Hrsg.): Regicide and Revolution. Speeches at the Trial of Louis XVI, London 1974, S. 1-89.

Walzer, Michael (Hrsg.): Regicide and Revolution. Speeches at the Trial of Louis XVI, London 1974.

Walzer, Michael: The King's Trial and the Political Culture of the Revolution, in: Lucas, Colin (Hrsg.): The French Revolution and the Creation of Modern Political Culture. Bd. 2: The Political Culture of the French Revolution, Oxford 1988, S. 183-192.

Weber, Hermann: Sakralkönigtum und Herrscherlegitimation unter Heinrich IV., in: Gundlach, Rolf/Weber, Hermann (Hrsg.): Legitimation und Funktion des Herrschers. Vom ägyptischen Pharao zum neuzeitlichen Diktator, Stuttgart 1992, S. 233-258.

Weber, Max: Wirtschaft und Gesellschaft. Grundriß der verstehenden Soziologie, hrsg. von Johannes Winckelmann, Tübingen 1980/1921.

Weber, Max: Der Reichspräsident (Februar 1919), in: ders.: Gesammelte Politische Schriften, hrsg. von Johannes Winckelmann, Tübingen 1988, S. 498-501.

Weber, Max: Die „Objektivität" sozialwissenschaftlicher und sozialpolitischer Erkenntnis (1904), in: ders.: Gesammelte Aufsätze zur Wissenschaftslehre, hrsg. von Johannes Winckelmann, Tübingen 1988, S. 146-214.

Weber, Max: Gesammelte Aufsätze zur Wissenschaftslehre, hrsg. von Johannes Winckelmann, Tübingen 1988.

Weber, Max: Gesammelte Politische Schriften, hrsg. von Johannes Winckelmann, Tübingen 1988.

Weber, Max: Parlament und Regierung im neugeordneten Deutschland (Mai 1918), in: ders.: Gesammelte Politische Schriften, hrsg. von Johannes Winckelmann, Tübingen 1988, S. 306-443.

Weber, Max: Politik als Beruf (Oktober 1919), in: ders.: Gesammelte Politische Schriften, hrsg. von Johannes Winckelmann, Tübingen 1988, S. 505-560.

Weber, Max: Die drei reinen Typen der legitimen Herrschaft (1922), in: ders.: Wirtschaft und Gesellschaft. Die Wirtschaft und die gesellschaftlichen Ordnungen und Mächte. Nachlaß, Teilbd. 4: Herrschaft (Bd. 22 der Max Weber Gesamtausgabe), hrsg. von Edith Hanke und Thomas Kroll, Tübingen 2005, S. 726-742.

Weber, Max: Probleme der Staatssoziologie. Vortrag am 25. Oktober 1917 in Wien, in: ders.: Wirtschaft und Gesellschaft. Die Wirtschaft und die gesellschaftlichen Ordnungen und Mächte. Nachlaß, Teilbd. 4: Herrschaft (Bd. 22 der Max Weber Gesamtausgabe), hrsg. von Edith Hanke und Thomas Kroll, Tübingen 2005, S. 745-756.

Weber, Max: Wirtschaft und Gesellschaft. Die Wirtschaft und die gesellschaftlichen Ordnungen und Mächte. Nachlaß, Teilbd. 4: Herrschaft (Bd. 22 der Max Weber Gesamtausgabe), hrsg. von Edith Hanke und Thomas Kroll, Tübingen 2005.

Wehler, Hans-Ulrich (Hrsg.): 200 Jahre amerikanische Revolution und moderne Revolutionsforschung, Göttingen 1976.

Wehler, Hans-Ulrich: Nationalismus. Geschichte, Formen, Folgen, München 2007.

Literaturverzeichnis

Weinacht, Paul-Ludwig: Nation als Integral moderner Gesellschaft, in: Gebhardt, Jürgen/Schmalz-Bruns, Rainer (Hrsg.): Demokratie, Verfassung und Nation. Die politische Integration moderner Gesellschaften, Baden-Baden 1994, S. 102-122.

Weinfurter, Stefan: Idee und Funktion des „Sakralkönigtums" bei den ottonischen und salischen Herrschern (10. und 11. Jahrhundert), in: Gundlach, Rolf/Weber, Hermann (Hrsg.): Legitimation und Funktion des Herrschers. Vom ägyptischen Pharao zum neuzeitlichen Diktator, Stuttgart 1992, S. 99-127.

Weiß, Johannes (Hrsg.): Max Weber heute. Erträge und Probleme der Forschung, Frankfurt/M. 1989.

Wende, Peter (Hrsg.): Große Revolutionen der Geschichte. Von der Frühzeit bis zur Gegenwart, München 2000.

Wenzel, Ulrich: Vom Ursprung zum Prozeß. Zur Rekonstruktion des Aristotelischen Kausalitätsverständnisses und seiner Wandlungen bis zur Neuzeit, Opladen 2000.

Wenzel, Ulrich/Bretzinger, Bettina/Holz, Klaus (Hrsg.): Subjekte und Gesellschaft. Zur Konstitution von Sozialität, Weilerswist 2003.

Willer, David E.: Max Weber's Missing Authority Type, in: Sociological Inquiry, Bd. 37/1967, S. 231-239.

Willms, Bernard: Die Antwort des Leviathan. Thomas Hobbes' politische Theorie, Neuwied am Rhein 1970.

Winckelmann, Johannes: Legitimität und Legalität in Max Webers Herrschaftssoziologie, Tübingen 1952.

Winkler, Heinrich A. (Hrsg.): Nationalismus in der Welt von heute. Geschichte und Gesellschaft, Sonderheft 8, Göttingen 1982.

Winkler, Heinrich A.: Einleitung. Der Nationalismus und seine Funktionen, in: ders. (Hrsg.): Nationalismus, Königstein/Ts. 1985, S. 5-46.

Winkler, Heinrich A. (Hrsg.): Nationalismus, Königstein/Ts. 1985.

Wolf, Eric R.: Peasant Wars of the Twentieth Century, London 1971.

Womack, John: Sterben für die Indios. Zapata und die mexikanische Revolution, Zürich 1972/1968.

Womack, John: The Mexican Revolution, 1910–1920, in: Bethell, Leslie (Hrsg.): The Cambridge History of Latin America. Bd. 5: c. 1870 to 1930, Cambridge 1989, S. 79-153.

Wydra, Harald: Revolution and Democracy. The European Experience, in: Foran, John/Lane, David S./Zivkovic, Andreja (Hrsg.): Revolution in the Making of the Modern World. Social Identities, Globalization, and Modernity, Milton Park 2008, S. 27-44.

Young, Crawford: The African Colonial State in Comparative Perspective, New Haven 1994.

Young, Iron M.: Activist Challenges to Deliberative Democracy, in: Political Theory, Bd. 29/2001, Heft 5, S. 670-690.

Zimmermann, Ekkart: Krisen, Staatsstreiche und Revolutionen. Theorien, Daten und neuere Forschungsansätze, Opladen 1981.